Eduard Christian Scharlau Alberti

Lexikon der schleswig-holstein-lauenburgischen

und eutinischen Schriftsteller von 1829 bis Mitte 1866

Eduard Christian Scharlau Alberti

Lexikon der schleswig-holstein-lauenburgischen
und eutinischen Schriftsteller von 1829 bis Mitte 1866

ISBN/EAN: 9783743326576

Hergestellt in Europa, USA, Kanada, Australien, Japan

Cover: Foto ©ninafisch / pixelio.de

Manufactured and distributed by brebook publishing software
(www.brebook.com)

Eduard Christian Scharlau Alberti

Lexikon der schleswig-holstein-lauenburgischen

Lexikon

der

Schleswig-Holstein-Lauenburgischen und Eutinischen

Schriftsteller

von 1829 bis Mitte 1866.

Gesammelt und herausgegeben

von

Dr. Eduard Alberti,

Privatdocenten der Universität in Kiel.

Zweite Abtheilung.

M—Z.

Kiel 1868.
Akademische Buchhandlung.
G. v. Maack's Verlag.

Vorwort.

Der gegenwärtige zweite und letzte Band des Lexikons darf sich, weil ganz nach denselben Gesichtspunkten, wie der erste, bearbeitet, auf das diesem vorangeschickte Vorwort, was Einrichtung, Material und Zweck angeht, zurückbeziehen. Wenn ich bei dieser Gelegenheit meine Freude ausdrücke, dass das Werk im geeigneten Zeitpunkte zu einem Abschluss wenigstens im Grossen und Ganzen gebracht ist: so wird das derjenige gerechtfertigt finden, welcher anerkennt, wie weitschichtig dasselbe war, besonders wenn ihm zugleich einiger Nutzen desselben einleuchtet.

Aber nach demjenigen zu urtheilen, was mich theils Freunde der Sache, theils eigene Beobachtungen nachträglich zum ersten Bande berichtigend und vervollständigend gelehrt haben, dass nämlich ein Supplement nichts weniger als überflüssig wäre, um darin Irrthümer und Lücken in den einzelnen Artikeln zu bessern oder andere übergangene Schriftsteller nachzuholen, — wird ein ähnliches Desiderium sich wahrscheinlich auch hinsichtlich dieses zweiten Bandes bemerklich machen, so sehr ich auch für Richtigkeit und Vollständigkeit bestrebt gewesen bin und so viel ich der treuen Hülfe namentlich des Herrn Pastors Michler in Petersdorf auf Fehmarn gerade für diesen Theil in dieser Rücksicht in noch erhöhterem Grade, als für den früheren ersten Theil, verdanke.

Zugleich statte ich hier noch dem Conrector Herrn Dr. Jessen in Hadersleben, sowie dem Organisten und Lehrer Herrn Heinrich in Hohenfelde bei Crempe für die freundliche Bereitwilligkeit meinen herzlichen Dank auch öffentlich ab, mit der sie mir auf jede meiner Anfragen möglichen Bescheid gaben.

Die Aussicht auf ein Supplement zum Ganzen hat mich abgehalten, diesem zweiten Bande Berichtigungen und Nachträge zum ersten anzuhängen, soweit mir dieselben bis jetzt zu verzeichnen möglich wäre. Wenn es geschähe, würde ja der wünschenswerthe Zusammenhang zwischen diesen und dem, für den zweiten Band möglicher oder wahrscheinlicher Weise sich ergebenden Anhang ähnlicher Art unterbrochen, der doch zweckgemässer bewahrt bleibt.

Nun kann ich freilich, wie meine sonstigen und persönlichen Verhältnisse zur Zeit liegen, nicht auf alle Fälle versprechen, dass das Supplement von mir geliefert werde, so sehr ich es im Interesse der Sache wünsche. In der Hoffnung jedoch, dass es mir möglich sein werde, dem Bedürfniss zu genügen, sollte es mich gar sehr freuen, wenn mir entweder von den Schriftstellern oder von Freunden des Werkes alle diejenigen Mittheilungen, Berichtigungen und Ergänzungen übermittelt würden, die dem Zwecke möglichster Genauigkeit und Vollständigkeit entsprechen.

Kiel, im December 1867.

G. Alberti.

Subscribenten-Verzeichniß.

Altona.
Herren Lehmkuhl & Co., Buchhändler . . . . 2 Ex.
Herr Mentzel, Buchhändler . . . . 9 „
Herr Schlüter, Buchhändler . . . . 8 „

Athen.
Herr Wilberg, Buchhändler . . . . 1 „

Barmstedt.
Herr Pastor Redling . . . . 1 „

Berlin.
Die Königl. Bibliothek . . . . 1 „
Herren Asher & Co., Buchhändler . . . . 1 „
Herr Geerz, Major im Kgl. Pr. grossen Generalstab . 1 „

Bonn.
Herr A. Marcus, Buchhändler . . . . 1 „

Breslau.
Die Hirt'sche Sort.-Buchhandlung . . . . 1 „

Cassel.
Die Königl. Landesbibliothek durch die C. Luck-
hardt'sche Buchhandlung . . . . 1 „

Darmstadt.
Herr Jonghaus, Hofbuchhändler . . . . 1 „

Dresden.
Die Arnoldische Buchhandlung . . . . 1 „
Herrn Schönfeld's Buchhandlung . . . . 1 „

Entin.
Die Grossherzogliche öffentliche Bibliothek . . . . 1 „
Herr Gymnasial-Director Dr. Pansch . . . . . . 1 „

Herr Oberkriegscommissär v. Balle, Univers. Stallmeister 1 Ex.
Herr Oberappellationsrath Burchardi . . . . 1 „
Herr Obersachwalter Castagne. . . . . 1 „
Herr Rechtsanwalt Feldmann . . . . 1 „
Herr Professor Forchhammer . . . . 1 „
Herr Justizrath Forchhammer . . . . 1 „
Fräulein Geyser, Institutsvorsteherin. . . . . . . 1 „
Herr Professor Dr. Klaus Groth . . . . 1 „
Die Gesellschaft Harmonie . . . . 1 „
Herr E. Homann, Verlagsbuchhändler . . . . . . 2 „
Herr Professor Karsten . . . . 1 „
Herr Senator Klotz . . . . 1 „
Herr Stadtbaumeister Martens. . . . . 1 „
Herr Stud. jur. C. S. Melfsen . . . . 1 „
Herr J. Meyer, Vorsteher der Idiotenanstalt . . . . 1 „
Herr Rechtsanwalt Michelsen . . . . 1 „
Herr Professor Möbius . . . . 1 „
Herr Professor Nolte . . . . 1 „
Herr Conferenzrath Ratjen, Bibliothekar d. Universität 1 „
Herr Kirchenrath Professor Dr. Thomsen . . . . . 1 „
Herr Paul Toeche (Universitäts-Buchhandlung) . . . 1 „

Königsberg i. Pr.
Die Akadem. Buchhandlung der Herren Schubert & Seidel 1 „

Kopenhagen.
Herr Gad, Buchhändler . . . . 5 „
Die Gyldendal'sche Buchhandlung . . . . 1 „
Herr Hagerup, Buchhändler. . . . . 6 „
Herr Reitzel, Buchhändler . . . . 2 „
Herr Stinck, Buchhändler . . . . 1 „

Leipzig.
Herr K. F. Koehler, Buchhändler . . . . 1 „
Herr Steinacker, Buchhändler . . . . 1 „

Lübeck.
Die Dittmer'sche Buchhandlung . . . . 1 „

Lund.
Herr Gleerup, Buchhändler . . . . 1 „

Lügumkloster.
Herr Pastor Holdt . . . . 1 „

Marburg.
Herr Elwert, Buchhändler . . . . 1 „

München.
Herr Chr. Kaiser, Buchhändler . . . . 1 „
Die Lindauer'sche Buchhandlung . . . . 1 „
Die Rieger'sche Universitäts-Buchhandlung .

M.

1267) **v. Maack,** Christian Gustav Leopold, geb.
1813 auf Schlafenhof (Slavshof) im Kirchspiel Ottensen (einem seiner
Zeit für den in der Struensee'schen Geschichte betheiligten Obersten
v. Köller-Banner errichteten Freihofe); wurde bis 1819 in Kopenhagen, von 1819—1821 auf der Insel Aerrœ, von 1822 bis 1828
in Uetersen von dem dortigen Rector Andresen gebildet; trat
1828 bei seinem älteren Bruder, dem nachfolgenden Johann Christian
Friedrich v. Maack, der Zeit Universitäts-Buchhändler in Kiel, in
die Lehre, ging 1836—1838 nach Heidelberg, von 1839—1845
wieder zurück nach Kiel, mit dem 1. Januar 1846 Universitäts-Buchhändler das., verkaufte das Sortimentsgeschäft am 1. Mai 1867 u.
lebt jetzt als Verlags- u. Antiquariats-Buchhändler in Kiel.

Uebersetzte aus dem Dänischen:
1) Ueber die Wahl, den Gebrauch und den Nutzen der verschiedenen Arten von
   Brillen. Quedlinburg 1840. 8.
2) J. F. Schouw: Naturschilderungen. Eine Reihe allgemein fasslicher Vorlesungen. Kiel 1840. 8. M. 2. Tafeln (s. Erslew's Dänisches Schriftst.-L.
   Suppl. III, S. 96).
3) C. G. N. David: Ueber die neueren Versuche zur Verbesserung der Gefängnisse. Mit Vorwort von N. N. Falck. Kiel 1842. 8. Rec. Gött. Gel.
   Anz. 1843. S. 900 ff.
4) C. F. Allen: Geschichte des Königreichs Dänemark mit steter Rücksicht auf
   die innere Entwicklung in Staat u. Volk. Mit Vorwort v. N. Falck. Kiel
   1842. 8. 2. Aufl. 1846. (Zu No. 4 sowohl, als zu No. 3 lieferte Falck nur
   die Vorrede, wonach die Angaben unter Falck im 1. Bdo. zu berichtigen sind.)
   Lieferte einen Auszug aus Prof. Davids Bericht über seine 1841 bis 1842 auf
kön. Dänischen Befehl gemachte Reise zur Untersuchung verbesserter Gefängnisse
in verschiedenen Ländern in den Jahrbüchern für Gefängnisskunde v. Julius
Nöllner u. Varrentrapp" Bd. 6, 1845, S. 141—182; — im Stuttgarter „Kunstblatt" einen Artikel „über Kunst und Malerei in Schweden"; diverse Aufsätze in
dem „Magazin für Literatur des Auslandes", sowie über communale Angelegenheiten in der „Kieler Zeitung" und im „Kieler Wochenblatt". (Revidirt.)

1

1268) **v. Maack**, Johann Christian Friedrich, ältester Bruder des vorhergehenden, geb. den 1. August 1794, in Hamburg; gebildet das. bei Hrn. dr. Stahlschmidt († 29. Sept. 1843 als deutsch-reformirter Prediger in Friedericia); war von 1811 bis 1814 in Kopenhagen, 1815 — 1818 in Berlin, von 1818 — 1819 in Greifswald, von 1819 — 1821 in Breslau, von 1821 — 1824 in Hamburg, von 1824 — 1845 Universitäts-Buchhändler in Kiel, von 1846 Verlagsbuchhändler das. u. seit 1848 in Hamburg.

1) Ludwig Philipp der Erste von Orleans, König der Franzosen. Ein gedrängter Abriss der merkwürdigsten Ereignisse aus dem Leben dieses Fürsten. Nebst Geschlechtsregister des Hauses Bourbon. Kiel 1830. 8.

2) Uebers. aus dem Dänischen J. F. Schouw: Europa. Ein Naturgemäldo. Auch als Beigabe zu jeder Geographie. Kiel 1833. 8.

3) Uebersetzte unter dem Namen N. N. Markmann Mrs. Markham's „the new children's friend" aus dem Englischen unter verändertem Titel: Proserpina. Samenkörner des Guten für Knaben und Mädchen von 6 bis 10 Jahren. Kiel s. a. SS. 162. 8.

4) Aurora. Unterhaltungen zur Belebung u. Erhöhung des sittlichen Gefühls. Für Söhne und Töchter von 8 bis 12 Jahren. Das. s. a. SS. 278.

5) Prometheus. Für die heranwachsende Jugend von 10 bis 14 Jahren. Zur Anregung des Nachdenkens und zur Kräftigung der Gesinnung. Kiel s. a. SS. 234. 8.

6) * Ein Schutzengel auf dem Lebenswege. Stimmen der Erweckung, Mahnung u. Tröstung aus dem Munde deutscher Dichter. Kiel s. a. 8.

7) Lieferte zu C. F. Allens, von seinem jüngeren Bruder übersetzten und von N. N. Falck bevorworteten „Geschichte des Königreichs Dänemark" (Kiel 1842. 2. Aufl. 1846) 33 gen-alogische Tabellen.

8) Gab unter dem Namen N. N. Markmann heraus: Ariadne. Ein Leitfaden zum Guten, Edlen, Schönen. In einer Auswahl von Gedichten u. Darstellungen in Prosa. Kiel 1843. 8. XVI u. 727 SS. Siehe Lotz' „Originalien" XXVIII, 1843, No. 115. (Revidirt.)

1269) **Maack**, Johann Nicolaus Wilhelm, geb. in Rendsburg, Sohn des akademischen Fechtmeisters Maack in Kiel; studirte Medicin und wurde 1843 in Kiel promovirt; ist gegenwärtig Arzt in Barmstedt.

De placenta praevia diss. inaug. Kiliae 1843. 8.

1270) **v. Maack**, Petrus Heinrich Karl, geb. den 16. Juli 1806 zu Hamburg, wo sein Vater Kaufmann war (Bruder von No. 1267 u. 1268); kam im 11. Jahre nach Kopenhagen, wo er, durch Privatlehrer unterrichtet, 1825 dem üblichen Maturitäts-Examen sich unterwarf und dasselbe mit dem 1. Char. bestand, studirte dann Medicin daselbst u. in Kiel v. Michaelis 1827 bis Ostern 1830, dann in Berlin u. Würzburg; gleich nach seinem, mit dem 1. Character bestandenen Examen 1832 ward er von dem

Schleswig-Holsteinischen Sanitätscollegium nach der Insel Aerrœ gesandt, um bei der damaligen Blattern-Epidemie dort Hülfe zu leisten; nach dreivierteljährigem Aufenthalt von dort zurückgekehrt, promovirte er 1833 u. nahm das Physikats-Examen in Kiel 1834; von 1834 bis 1837 practisirender Arzt in Uetersen, ward naturalisirt und 1837 im December zum Interims-Physicus in Apenrade u. Lygumkloster ernannt; Mitglied der Landesversammlung v. 1848 bis 1851; 1850 von der Landesverwaltung in Schleswig von Tillisch aus dem Physicat removirt und ist seit 1851 practischer Arzt in Kiel.

1) De ratione, quae inter colorem sanguinis et respirationis functionem intercedit, dissertatio chemico-physiologica. Kiliae 1834. 8. SS. 38. Recc. Pfaffs Mittheill. III, H. 1 u. 2, S. 117—122. Müller's Archiv f. Anatomie Jahrg. 1836, H. 3, S. 348—349, Schmidts Jahrbb. der ges. Medicin 4, II. 3, S. 348 flgde. (v. E. H. Weber in Leipzig).

2) Die geburtshülfliche Operationslehre. Tabellarisch dargestellt zum Gebrauch für Studirende u. praktische Geburtshelfer. Kiel, Universitäts-Buchh., 1839. 4. II u. 31 SS. Rec. in Pfaffs Mitthh. VII, N. F. V, H. 7 u. 8. S. 93 bis 103. Sach's Jahrbb. der Leistungen der Heilkunst 1839, Th. 1, S. 65. Gersdorfs Repert. der deutschen Literatur Bd. 22, 1839, St. 1, S. 23.

3) Die Dampfmaschine. In 12 allgemein fasslichen Vorlesungen dargestellt von dr. G. F. Ursin. Aus dem Dänischen mit 7 Tfln. Kiel, Universitäts-Buchh., 1840. 8. VIII u. 142 SS.

4) Bearbeitete frei nach der 5. vermehrten u. mit neuen Anmerkungen von Arago, E. de Beaumont, A. Brogniard u. Anderen bereicherten Ausgabe dr. A. Bertrand's: Die Revolutionen des Erdballs. Mit 5 Steindrücken. Kiel, Universitäts-Bchh. 1843. 8. VIII u. 314 SS.

5) Das urgeschichtliche Schleswig-Holsteinische Land. Ein Beitrag zur historischen Geographie. Mit 1 Karte. Berlin 1860. 8. SS. 59. Steht auch in der „Zeitschrift f. allgemeine Erdkunde" herausgeg. v. K. Neumann N. F. Bd. 8 (Berlin 1860). S. 1—30 u. S. 112—140. Rec. Jahrbb. f. d. Landeskunde IV, 1861, S. 22—33.

6) Aerztliches Gutachten über den Geisteszustand des auf Hornheim detinirt gewesenen Mexicanischen Bürgers Herm. Facklam (Neustadt a. n.) 8. SS. 8. Steht auch in: „Die Hornheimer Angelegenheit vor den Richterstuhl der öffentlichen Meinung gestellt". Itzehoe, Nusser 1862. 8. S. 33—38.

7) Kurzer Abriss des Schleswig-Holsteinischen Staatsrechts, geschichtlich nachgewiesen. Hamburg, Fuleke, 1863. 8.

In Pfaffs Mitthh. Bd. 2, Jahrg. 2, S. 577--582 (Blatternepidemie auf der Insel Aerrœ); Bd. 5, N. F. 3, H. 5 u. 6, S. 65—79 (Miscellen). — Beiträge zu Karl Chr. Schmidts Jahrbb. der in- und ausländischen gesammten Medicin u. A. XXIX, Leipzig 1841, Nr. 2, S. 145—161 (Zur wissenschaftlichen Pharmakodynamik). — Beiträge zum Archiv des Vereins für gemeinschaftliche Arbeiten zur Förderung der wissenschaftlichen Heilkunde v. Vogel u. A., z. B. Bd. 2 (Göttingen 1856), S. 24—30 (Beiträge zur Ozonometrie. Erster Artikel: Kritik des Schönbein'schen Ozonometers); Bd. 4, 1860, S. 159—165 u. Bd. 5 (Marburg u. Leipzig 1861) S. 129—136 (Miscellen aus der Theorie u. Praxis). — In Pfeifers „Germania",

Jahrg. 4 (Wien 1859), S. 385—414 (Die Insel der Nertbus. Erschien auch separat.
Das. 1859. 8.). — Beiträge zum „Norddeutschen Grenzboten" u. A. 1862, No. 51
(11. Mai) (Recension von K. Jungb. Clement's: Schleswig, das urheimische Land
des nicht Dänischen Volks der Angeln u. Friesen etc.). — Beitrag zum Kieler
Wochenbl. 1862, No. 123 u. 124 (Rec. über dr. P. Jessen's „Das Asyl Hornheim" etc.). — Revidirt.

1271) **Maassen,** Claus Rudolf, geb. 4. Mai 1836 zu
Blankenmoor, Kirchsp. Neuenkirchen, Ldsch. Norderditmarschen,
Sohn des Handelsmannes Cl. Joh. M. († 1858), besuchte die Land-
schulen zu Borgholz u. Weddingstedt u. hatte in letzterem Dorfe auch Un-
terricht beim Pastor Kelter; war dann eine Zeit lang Schreiber auf der
Kirchspielvogtei in Hemme bis 1853 u. im Branddirectorat in Heide
u. 1856 in der Kirchspielvogtei zu Wesselburen; 1857 Segeberger
Seminarist bis 1860 (2. Charact. m. A.); dann Hauslehrer auf
Löhndorf bis 1861 November; sodann Lehrer in Bimöhlen, Kirchsp.
Bramstedt; Schullehrer in Bentfeld, Kirchspiels Altencrempe v. Mai
1862 bis 1865 April, wo er nach Trenthorst, im Kirchsp. Klein-
Wesenberg, versetzt wurde.

Einige Gedichte in den Itzehoer Nachrichten v. 1864 u. dem Neustädter Wochenblatt 1864. Ausserdem Correspondenz-Artikel für einige Blätter. — Revidirt.

1272) **Maassen,** Friedrich Wilhelm, geb. in Marne,
studirte Jura seit 1826 Ostern in Kiel, wurde im juristischen
Examen zu Glückstadt 1831 mit dem 2. Char. examinirt, später
U.-G.-A. u. zur Zeit zugleich Landpfenningmeister in Meldorf.

Süderditmarsische Landesrechnung f. d. Jahr 1864 bis Mai 1865. Meldorf 1865. 4.

1273) **Mackensen,** Wilhelm Friedrich August
(L. & S. No. 735).

Von ihm noch in der „Deutschen Monatsschrift" 1796, April-Mai (Ueber die
natürliche Grausamkeit des Menschen).

1274) **v. Madai,** Karl Otto, geb. den 29. März 1809
auf dem Gute Zscherben bei Halle, Sohn des Steuerbeamten
A. v. Madai; besuchte das Gymnasium in Thorn von 1821—1825,
das in Potsdam von 1826—1828, studirte seit Herbst 1828 zuerst
Theologie, dann, durch den Prof. Pernice bestimmt, Jura in Halle;
habilitirte sich dort als Privatdocent u. wurde 1834 a. Prof.; 1837
Prof. der Rechte in Dorpat bis 1842; privatisirte nach seinem Abgange
von Dorpat eine Zeit lang in Preussen, wurde 1843 Rath am Nassauischen Hofe, 1845 Prof. der Rechte in Kiel, von wo er als Holsteinischer Bundestagsgesandter nach Frankfurt ging; nach Errichtung
der Deutschen Centralgewalt Prof. in Freiburg, von wo er während

der Badischen Unruhen eine Zeit lang nach der Schweiz ging; nahm
einen Ruf als Professor nach Giessen an; starb den 4. Juni 1850.
Verh. mit . . . geb. Reuter in Hamburg. Vergl. über ihn den
Neuen Nekrol. der D. XXVIII, S. 364 — 366. Augsb. Allgem.
Zeitung 1850 No. 174. Prellers Monographie über ihn (Leipzig
1850. 8.).

1) Commentatio juris Romani de vi publica et privata, ab illustri jctorum
   Berolinensium ordine regio praemio ornata. Halis 1832. 8. SS. 111.
2) De stellionatu scripsit. Halis 1832. 8.
3) Die statu liberi des Römischen Rechts. Halle 1834. 8. X u. 206 SS.
4) Lehre von der Mora nach Römischem Recht. Halle 1837. 8. 34½ Bgg.
5) Beiträge zur Dogmengeschichte des gemeinen Civilrechts. Riga u. Leipzig
   1839. 8.
6) Gab mit F. G. v. Bunge u. A. heraus: Theoretisch-practische Erörterungen aus
   den in Liv-, Esth- u. Curland geltenden Rechten. Bd. 1—4 (jeder Band v.
   4 Heften). Dorpat u. Leipzig 1839—1843. 8.
7) Das Obligationenrecht Esth-, Liv- u. Curlands erörtert an einzelnen Rechtsfällen. Lief. 1. Dorpat 1841. 8. 14¼ Bgg.
8) Besorgte die 4. Ausgabe von Mühlenbruchs Pandecten.
9) Wahl oder Nichtwahl. Hamburg, Perthes, Besser & Mauke, 1848. 8 SS. 16.
10) Nach seinem Tode: Die Philosophie unserer Zeit u. die positive Wissenschaft.
    Rede am Eröffnungstage der literar. Esthländischen Gesellschaft zu Reval am
    St. Johannistage 1842 gesprochen. Dorpat 1853. 8.
    Lieferte Beiträge zu dem „Archiv für die civilistische Praxis", und
    der „Ztschr. für Civilrecht u. Process" z. B. XI, S. 1—19 (Aus welchem
    Grund u. von welchem Zeitpunkt an steht der malae fidei possessor für fructus
    percipiendi?), zu der „Allgemeinen Literatur-Zeitung", zu Ersch und
    Grubers Encyclopädie. Auch war er neben M. Tönsen, E. Herrmann, J. Christian-
    sen, G. Droysen, G. Waitz, J. C. Ravit, Stein u. Falck betheiligt bei der Schrift:
    Staats- u. Erbrecht des Herzogthums Schleswig. Hamb. 1846. 8.

1275) Mähl, J., geb. zu Niendorf, Segeberger Seminarist,
examinirt 1848 (2 m. A.), 1850 Lehrer in Segeberg, 1854 Oberknabenlehrer in Reinfeld.

Im Schulbl. f. die Herzogthh. 20, 1858 S. 12—24 (Sprachunterricht); 21, S. 1—21
(Dem Herrn „Ungenannt" zu Gr.-T. zur vorläufigen freundlichen Entgegnung);
das. S. 593—601 (Recognoscirung).

1276) Maes, Conrad Heinrich (L. & S. No. 736) geb.
12. Jan. 1788 zu Kiel, Sohn des Kriegsraths, Arztes u. Chirurgen Joh.
Nic. H. Maes daselbst; studirte seit 1806 Medicin u. Chirurgie in Kiel
u. Kopenhagen; erhielt in Kopenhagen im Examen bei der chirurgischen Akademie den 1. Char.; stand eine Zeit lang an Prof.
Wiedemanns Stelle der Entbindungs-Anstalt in Kiel vor; machte
1811 eine Reise nach Berlin, Wien, Paris u. kam im October 1812
zurück; promovirte in Kiel als dr. medic. u. wurde, nachdem er

1 Jahr das. practisirt hatte, 1813 Physicus in Neumünster, 1824 aber, an Suadicanis Stelle, in Schleswig; 1826 ärztl. Mitglied der Direction der Irren-Anstalt u. 1. August 1829 Justizrath; er starb den 26. August 1836 in Schleswig. Verh. mit Margaretha geb. Triller. Vergl. Neuen Nekrol. d. D. XIV, S. 550. Callisens medic. Schriftsteller'-Lexicon Bd. 12, S. 102—103; Nachtrr. Bd. 30, S. 182. Diss. inaugur. de coxalgia. Kiliae 1812. In C. H. Pfaffs Mitth. aus dem Gebiet der Medicin etc. sind die von Schröder N. St. M. X, S. 470 genannten Beiträge, wenn vorhanden, anonym.

1277) Mahr, Christian Heinrich Karl (L. & S. No. 1482); geb. den 21. Februar 1803 in Rendsburg, wo sein Vater Militärarzt war, studirte Medicin in Berlin unter Leitung von Rudolphi, Behrens, Rust, Gräfe, Jüngken; absolvirte das Biennium in Kiel als Candidat auf dem Friedrichshospital; promovirt in Kiel 21. Juni 1828; war von 1829 bis 1851 practisirender Arzt in Kiel und hielt seit 1832 auch Vorlesungen an der Universität; war im November 1831 bei dem ersten Erscheinen der Cholera vom Sanitäts-Collegium nach Hamburg committirt; 1851 bis 1859 practisirender Arzt in Altona, 1859—1863 in Burg auf Fehmarn, 1863—1866 in Oldenburg im östlichen Holstein, 1866 in Altona. Verheirathet mit Caroline, geb. Thayssen († in Altona 22. Juli 1867).

1) Diss. inaugur. sistens morbi, qui in praediis excell. comitis de Hardenberg nuctumno a. 1827 grassatus est, historiam. Kiliae 1828. 8. SS. 50.
2) Paragramme u. Beiträge zur allgemeinen Pathologie u. Therapie. Braunschweig, C. A. Schwetschke & Sohn, 1854. 8.
3) Denkschrift zur Jubelfeier des 50jährigen Doctorats des Dänischen Etatsraths u. s. w. Franz Hermann Hegewisch, begleitet von einer geschichtlichen Abhandlung über die Verheerungen, welche der schwarze Tod in den Herzogthümern angerichtet u. über die damaligen culturhistorischen Zustände. Hamburg, Hoffmann u. Campe, 1855. 8. SS. 66.
In Pfaffs „Mittheilungen" sind die Uebersichten über den Gang der Epidemien in den Herzogthümern bis zum Jahre 1834 von ihm. Auch lieferte er eine Beschreibung der Cholera in Kiel im Jahre 1850; doch ist die Zeitschrift nicht angegeben, wofür dieselbe geliefert ist. Verfasste auch mehrere publicistische Aufsätze z. B. im Hamb. Correspond. v. 1851, Aug. — Sept. 7 Aufsätze über die 1. Londoner Weltausstellung. Revidirt.

1277a) Manhard, Johann Wilhelm (L. & S. No. 738) v. unter Mannhardt.

1278) Manicus, Claus, geboren den 12. Septemder 1795 in Sörup im Amte Flensburg, Sohn des Tischlers u. Bohlsmanns David Heinrich M. u. der Anna Margar. Schwennesen; besuchte die Flensburger Gelehrten-Schule; befliss sich seit 1811 der Chirurgie; studirte seit dem Frühjahr 1815 in Kopenhagen; wurde 1817 Unter-

Chirurg bei der 2. Division im See-Etat; nahm im Herbst 1818
Examen bei der chirurgischen Akademie mit dem 1. Char.; wurde
den 25. Mai 1820 Chirurg auf den Færœr; erhielt d. 5. Dec. 1827
Character als Regiments-Chirurg, den 31. März 1829 Regiments-
Chirurg beim Schleswigschen Jägercorps; 3. Sept. dess. Jahrs o.
Mitglied der k. medicinischen Gesellschaft; 1832 dr. med. in Halle;
v. 1. Juli 1836 Arzt u. 1842 Oberarzt beim Christians-Pflegehaus
in Eckernförde; erhielt 1. Juli 1840 Capitäns-Rang; 28. Juni 1845
R. v. D.; fungirte 1850 als Ober-Arzt beim Lazareth in Hadersleben; als Ober-Arzt am Christians-Pflegehaus den 11. Februar
1851 entlassen; 28. April 1851 Mitglied der Notabeln-Versamml.
in Flensburg, an deren Versammlungen er vom 14. Mai bis 17. Juli
s. Jahrs Theil nahm; practisirender Arzt in Flensburg; Redacteur
der Flensburger Zeitung 1851—1860, 1. Januar 1859 Titular-
Professor; seit 1864 in Kopenhagen. — Vergl. Erslew II, S. 222
bis 223, Supplem. II, S. 313.

1) Annotationum in historiam et aetiologiam morborum quorundam borealium p. 1
(Diss. inaug.) Halae 1832. 8. SS. 33.

2) s. nom.dr.Davidson: Die Angeln in Cimbrien u. England. Flensb. 1846. 64 SS. 8.

3) s. nom. C. Hinrichsen, herausgeg. v. L. Skau: Kort Udsigt over de separatistiske
snakaldte slesvig-holsteenske Partibevægelser i den danske Staat. Kbh. 1847.
2. Ausg. das. in dems. Jahre. 8. Deutsch s. t. Historische Uebersicht der
Schleswig.-Holst. Bewegungen, aus dem Dänischen v. E. C. (Christiani?) Mit
literarischen Beilagen. Kopenh. 1847. 8. Vergl. Falcks Archiv V, 1847,
S. 377—380, wo die Schrift irrthümlich C. Flor zugeschrieben wird.

4) Vielleicht von ihm s. nom. C. Hinrichsen: Die Germanisten und die Wege
der Geschichte. Kopenh. 1848. 8.

5) Redigirte die Flensburger Zeitung von 1851—1860. Flensb. fol.

6) Den dansk-tydske Strid. Bidrag til en Charakteristik af de mod Danmark
rettede tydske Partibevægelser. Kbh. 1864. 228 SS.

Beitrr. zur „Bibliothek for Læger" IV, 1824, S. 15—40 (Nogle Jagttagelser over de paa Færœrne herskende og de sammesteds manglende Sygdomme;
Auszug daraus in Gerson u. Julius Mag. der ausl. Heilk. 9, 1825, Mai u. Juni
S. 514—525; Frorieps Notizen Bd. 10, 1825, Mai, No. 14 (No. 212), S. 215
bis 219; benutzt in dr. Julius Thomsens Schrift über die Krankheiten u. Krankheitsverhältnisse auf Island etc.), VIII, S. 207—233 (Om den ondartede Catarrhal-
feber i flere nordiske Lande kaldet Landfarsot); X, 1—29 (Bemærkninger med
Hensyn til nogle Sindssygdommes Aetiologi); XI, 43—95 (Historiske Bemærk-
ninger over Rheumatalgie og nogle beslægtede Sygdomme. Mit 1 Tabelle); XIII,
76—82 (Beretning om en sjelden chronisk Art af Catalepsis. Auszug in Caspers
krit. Repertorium f. Heilk. Bd. 30 (10) 1831, S. 118—120, Kleinerts allgem. Repert.
Mai 1832; Siebolds Journal Bd. 16, H. 2 u. daher in Schmidts Jahrbb. 1838,
Bd. 20, S. 190—191); XIV, S. 1—69 (Om Contagiernes Natur og Oprindelse.
Uebers. in Pfaffs Mitthh. Jahrg. IV, 1836, II. 7 u. 8); XV, 279—377 (Bidrag til
Kundskab om Cholera); XVI, S. 242—272 (Bemærkninger over nogle fødsels-

videnskabelige Gjenstande. Uebers. von J. F. W. Nevermann in Siebolds Journal XVI, H. 1. Auszug daraus in Schmidts Jahrbb. 1840, 2. Supplem. S. 150—151) XXII, S. 335—410 (Om Aarsagerne til mediciniske Theoriers og Methoders Foranderlighed); XXV, S. 258—280 (Blandede Bemærkninger om Skarlageusfeberen. Auszug in Frickes u. Oppenheims Ztschr. f. d. gesammte Medicin Bd. 5, H. 4, 1837); XXIX, S. 1—53 (Om specifiske og nye Midlers Brug. Angez. Frickes u. Oppenheims Zuschr. f. d. ges. Medicin Bd. 11, H. 4, 1839); XXXVII (Ny Rœkke Bd. 7, S. 217—225 (dr. Stevens's Meninger om Livsprincipet); XXXVIII, Ny Rœkke Bd. 8, S. 209—237 (Om vegetabilske Kontagier og Miasmer); XL, Ny Rœkke Bd. 10, S. 294—314 (Om Magnetismens senere Skjœbne); XLI, Ny Rœkke Bd. 11, S. 277—301 (Biologiske Problemer); XLIV, N. Rœkke Bd. 14, S. 225—247 (Om Hernier og Herniotomi). — In Otto's „Tidsskrift for Phrenologien" III, S. 1—45 (Gaaer Menneskeslægten frem til intellectuel Fuldkommenhed?). — In „Journal for Medicin og Chirurgie" IV, 1—10 (Om Caries i Tænderne og et nyt Tandinstrument. Uebers. in Schmidts Jahrbb. der inund ausl. Medicin 1834, 11, S. 330—332 mit Abbildungen). In Pfaffs „Mitthh. aus dem Gebiete der Medicin" Jahrg. 4, N. F. 2, H. 7 u. 8, S. 1—21 (Allgemeine Bemerkungen über die Natur u. Verbreitung der Epidemien); Jahrg. 5, N. F. 3, H. 3 u. 4, S. 1—52, 6, N. F. 4, H. 5 u. 6, S. 1—31 (Bemerkungen zur Geschichte u. Aetiologie einiger in den beiden letzten Decennien beobachteten epidemischen Krankheiten); Jahrg. 6, N. F. 4, S. 31—41 (Nachschrift dazu; Antikritik gegen Hrn. dr. Neuber); Jahrg. 8, N. F. 6, H. 5 u. 6, S. 14—46 (Fernere Bemerkungen über die Natur u. Verbreitung der Epidemien); Jahrg. 9, N. F. 7, H. 5 u. 6, S. 70—78 (zur Pathologie des Säufer-Wahnsinns). — In „Annaler for nordisk Oldkyndighed" 1838—1839, S. 377—86 (Om Œstrevoldens Retning og Beskaffenhed). — Im 3. Bericht über die Wirksamkeit der Schleswig-Holsteinischen Gesellschaft für Sammlung u. Erhaltung vaterländischer Alterthümer 1838 (Bemerkungen zu einer eingesandten Karte der westlichen Umgegend von Eckernförde). — In „Nyt historisk Tidskrift" V, S. 415—466 (Om Anglernes Fædreland og Nationalitet). War Mitarbeiter an der Dannevirke v. 1838 an. Gedicht von ihm in „Dagen" 1829, No. 95.

1279) **Manicus,** Theodor Emil, geb. den 8. Mai 1823 in Thorshavn auf den Færœrn, Sohn des vorhergenannten Claus Manicus u. Bruder von August Henrik Manicus (über welchen s. im Ersl. Suppl. II, S. 312—313); besuchte seit 1838 die Rendsburger Gelehrten-Schule u. studirte von Ostern 1842 bis Mich. 1847 in Kiel Philologie; promovirt das. den 9. September 1846; wurde 10. September 1850 Collaborator an der Gelehrten-Schule in Hadersleben, den 3. November 1853 Subrector an der Domschule in Schleswig; den 2. Mai 1855 Conrector daselbst; ging im Frühjahr 1864 nach Kopenhagen.

1) Tydsk Sproglære til Skolebrug. Hadersleben 1853. 8. Rec. Dannevirke XVI, No. 241.

2) De civitatis Platonicae arte et consilio. P. I. II. Slesvici 1854. 1855. 8. SS. 45 u. 55. Sind zwei Schulprogramme der Schlesw. Domschule.

In den „Slesvigske Provindsialefterretninger" herausgeg. von

Fr. Knudsen Bd. 1, S. 141—168 (Efterretninger om Husum Latinskole i det
16—19 Aarh.); Bd. 2. S. 1—44 (Om Nordfrisisk og dets Forhold til Dansk).
— In Steenstrups „Dansk Maanedskrift" 1857, I, p. 186—200 (Et Bidrag til
den danske Nationalitets Historie i Slesvig"), 1859, p. 244—65, p. 321—50 u.
p. 409—433 (Om det lærde Skolevæsen i England), 1861, I, p. 365—97 (Den
germaniske Idee's Udvikling), II, p. 73—115 (Forslag til en Reform af det lærde
Skolevæsen i Danmark), 1862 p. 1—85 (Macaulay's Levnet og Skrifter), 1863, L.
p. 1—66 (Enhedsbevægelser i Tydskland siden 1806. En historisk Skizze. Förste
Afdeel. 1806—1850.)

1280) **Mannhardt,** John'nn Wilhelm, geb. 1820 zu
Hanerau; Sohn des nachfolgenden gl. Namens; studirte die Rechte,
war nach bestandenem Examen zuerst U.-G.-A. und Notar zu Hanerau,
seit 1850 in Rendsburg u. daselbst später Ober- u. Landgerichts-
Advocat für Holstein u. Lauenburg. Starb, 39 Jahr alt, den 29. December
1859 in Rendsburg. Verh. mit Louise Theod. geb. Klenze aus Uetersen.

Ueber die Nothwendigkeit der Präsentation u. Protestirung eigener Wechsel,
deren Aussteller gegenüber. Nach der Wechselordnung für das Herzogthum
Holstein vom 23. Febr. 1854 unter Berücksichtigung der allgemeinen deutschen
Wechselordnung. Schleswig, v. d. Smissen, 1855. 8.
Lieferte Beiträge zu den Schleswig-Holsteinischen Anzeigen.

1281) **Mannhardt,** Johann Wilhelm (L. & S. No. 738);
war seit 28. Januar 1810 R. v. D.; starb zu Hanerau den 20. Nov.
1831. Verh. mit Anna, geb. van der Smissen (+ 20. September 1843
zu Hanerau). •

1282) **Mannhardt,** Johannes, geb. 10. April 1793 in
Altona, studirte Medicin, wurde in ihr 1818 in Kiel promovirt u.
ist zur Zeit Arzt in Hanerau.

Lobariae parietinae sive lichenis parietini Linn. analysis chemica. Kiliae 1818. 4.

1283) **Mannhardt,** Julius, geb. 8. Febr. 1834 in Hanerau, studirte Medicin u. wurde 1857 dr. med. & chir. in Kiel u.
ging als Arzt nach Hamburg (Mitgetheilt).

De pseudarthrosi diss. inaugur. Kiliae 1857. 4. SS. 11.

1284) **Mannhardt,** Martin Gilbert, geb. in Hanerau,
ein Sohn des Institutsvorstehers Wilhelm Mannhardt, Bruder des •
vorhergenannten Jul. Mannhardt, besuchte das Hamburger Johanneum,
studirte ebenfalls Medicin in Kiel, Leipzig u. Wien, promovirte
1860 in Kiel und ist Arzt in Hanerau.

Osteotomiae specimina duo in nosocomio Friedericiano observata. Kiliae 1860.
4. Revidirt.

1285) **Mannhardt,** Wilhelm Johann Emanuel, geb.
den 26. März 1831 in Friedrichstadt, welche Stadt sein Vater
(— Herausgeber der mennonitischen Blätter? —) später mit Danzig

vertauschte, studirte Philologie u. namentlich deutsche Sprache u.
Alterthümer, wurde dr. philos., war 1855 in Danzig, redigirte
1855—1859 die in Göttingen erscheinende Zeitschrift für deutsche
Mythologie u. Sittenkunde, habilitirte sich um Ostern 1858 als
Privatdocent der Deutschen Mythologie u. Alterthümer in Berlin bis
1863; zur Zeit Bibliothekar in Danzig.

1) Gab heraus die von dr. J. W. Wolf begründete Zeitschrift für deutsche Mytho-
logie u. Sittenkunde Bd. 3, Bd. 4 (wurde nicht weiter fortgesetzt) Göttingen
1855. 1859. 8. Darin von ihm Bd. 3, S. 86 (Frô Donar); S. 116 ff. (Nach-
träge u. Berichtigungen zu früheren Aufsätzen in Bd. 2 s. u.), S. 209—298
(Der Kukuk); Bd. 4, S. 93—103 (Ulysses in Germanien); S. 228—283
(Magonia. — Das älteste Märchen. — Ueber Vampyrismus); S. 295—298
(Die Einweihung des Scheiterhaufens durch das Donnerfeuer); 301—320 (Das
Brückenspiel); S. 393 (Adalbert Adebar); S. 417—50 (Aus Niederaltaich.
Nachträge u. Berichtigungen zu den germanischen Mythen).

2) Germanische Mythen. Forschungen. Berlin, F. Schneider, 1857. 8 XXIII
u. 760 SS.

3) Die Götterwelt der deutschen u. nordischen Völker. Th. 1. Die Götter.
Berlin 1860. 8. IV u. 328 SS.

4) Weihnachtsblüthen in Sitte u. Sage. Berlin, F. Duncker, 1864. 8. VI u. 180 SS.

5) Roggenwolf u. Roggenhund. Beitrag zur germanischen Sittenkunde. 2. verm.
Aufl. Danzig, Ziemssen, 1866. 8. XIII u. 74 SS.

In J. W. Wolfs Zeitschr. f. deutsche Mythologie u. Sittenkunde Bd. 2
(Göttingen 1855) S. 135—139 (Jeversche Hochzeitsgebräuche); S. 193—197
(Peter Holl. Kazroll); S. 290—329 (Wato); S. 330—340 (Sif. Sippia); 431 bis
433 (Westphälische Sage. Kinderreime). — In M. Haupts Zeitschrift f. deutsche
Alterthumskunde 12, 1865, S. 400 (Angang der Vögel im Frühling). — Be-
absichtigt eine Sammlung u. zusammenhängende Beschreibung der alten agrari-
schen Gebräuche u. zwar zunächst besonders der Erntesitten der Germanen,
für die er in einem gedruckten Circular um Unterstützung bat.

1286) **Manns,** Lehrer in Oesterbelmhusen, Kirchspiel Brunsbüttel; ist 1861 emeritirt (ob gestorben?). — Mitgetheilt.

Kein Schulcollegium ohne einen practischen Schulmann. Wider Versmann.
Brunsbüttel 1863. 8. (Herausgeber (wenn nicht Verf.) könnte der Sohn sein,
welcher Buchbinder in Brunsbüttel ist.)

1287) **Manthey,** Joh. Daniel Timotheus (L. & S.
No. 739), wurde den 24. Mai 1820 Censor für die politischen
Blätter in Kopenhagen; den 16. Mai 1824 D. M., den 1. November
1828 Confer.-R.; den 21. Juli 1829 Mitglied der Theater-Direction
in Kopenhagen; den 1. August dess. Jahrs. C. v. D.; starb den
1. October 1831. — Verh. mit Lucie Margarethe geb. Valentiner
(† 18. Juni 1824). — Vergl. N. Nekrol. d. D. IX, 1831, S. 861
bis 862. Ersl. II, S. 227—228, Supplem. II, S. 317.

Von ihm noch:

Efterretning om St. Petri Kirkes Istandsættelse. Kbh. 1816.

Tale holden i Dœttreskolen stiftet 1791 ved Hœitideligheden d. 30. May 1823. Kbh. 1823.

Tale holden i Selskabet for Efterslægten d. 4. Marts 1825. Kbh. 8.

Einzelne Gelegenheitsgedichte in dänischer Sprache. — War von September 1808 einige Jahre Redacteur der politischen Artikel in „den danske Statstidende." — Er begann eine Sammlung kurzer Biographien nach den beim Ordens-Kapitel eingelaufenen Lebensläuften der mit Ritterorden decorirten u. v. 1809—1817 verstorbenen Männer. (Diese Sammlung, obwohl schon bis zu 10 Bgg. gedruckt, erschien nicht).

1288) **Manthey,** Johann Georg Ludwig (L. & S. No. 740), wurde 1812 auf Ansuchen als Administrator der Porcelanfabrik in Kopenhagen entlassen; wohnte später auf dem Hofe Falkensteen auf Seeland; den 18. März 1829 wirkl. Etatsrath; 4. October 1834 zum 3. Suppleanten für die Eigenthümer ländlicher Güter auf Seeland erwählt, ohne doch in den Ständeversammlungen Sitz zu nehmen; starb den 21. Januar 1842 in Kopenhagen. — Verh. 1) mit Auguste geb. Günther († 1806), 2) mit Anna Pauline v. Holten. Vergl. Ersl. II, S. 228—230. Supplem. II, S. 317.

Noch von ihm in Trommsdorff's Journal der Pharmacie VIII, 1800, St. 1, S. 8—21 (Untersuchung des Lenhardtschen Gesundheitstranks. — Auszug daraus in den Berliner Jahrbb. f. Pharmacie 6, 1800, S. 225) S. 22, 23 (Unvermuthete Erzeugung der Salpeter-Säure). — In Tode's „Sundhedsraad i Anledning af Ildebranden" No. 20 (Skrivelse angaaende Steno til Bygninger). — Er hatte Antheil an der 1805 in Kopenhagen erschienenen Pharmacopoea Danica.

1289) **Marckmann,** Albert Hinrich, geboren den 20. September 1825 in Uetersen, Sohn des Webers u. Musikers Claus Marckmann; wurde auf dem Seminar in Segeberg unter Leitung des Prof. dr. Asmussen gebildet u. 1848 examinirt, war von 1849 bis 1855 Lehrer am Neuendeich, Kirchsp. Uetersen, von da an erster Mädchenlehrer u. Organist in Heide, im September 1866 Lehrer u. Organist in Husbye.

In den Darstellungen aus dem Christenleben herausgegeben v. Elb-Pinnauer Lehrerverein (1857) No. 10, S. 87—96 (Jesus der gute Hirte).

Als Mitglied des Heider-Meldorfer Lehrervereins: Mitarbeiter an dem Lesebuch für Elementarschulen.

Einige meist anonyme Beitr. zur Schlesw.-Holst. Schulzeitung u. ein Artikel in der allgemeinen deutschen Lehrerzeitung über Leistung (der Lehrer) u. Gegenleistung (der Commünen). — Revidirt.

1290) **Marcus,** Joseph Alexander, geb. den 18. März 1809 in Schleswig, Sohn des Kaufmanns Alexander Marcus († in Apenrade); siedelte in frühester Kindheit mit den Eltern nach Apenrade über; wurde bis zum 15. Jahre von Privatlehrern, von Ostern

1824 auf der Domschule in Schleswig unter vorwiegender Leitung des Rectors Schumacher u. des Conrectors Olshausen gebildet; studirte seit Michaelis 1826 Medicin in Kiel, von Ostern 1827 bis dahin 1830 in Berlin u. von Ostern 1830 bis dahin 1831 wieder in Kiel. In Berlin waren seine Lehrer vorwiegend die Proff. Rudolphi, Schlemm, Rust, Gräfe, Mitscherlich. Wurde 1831 in Kiel examinirt u. zugleich dr. med. & chir.; war im Winter 1831/32 Arzt auf den Quarantaine-Anstalten von Rendsburg zum Schutz gegen die Cholera; 1832 Arzt in Hadersleben; erhielt 1846 im September in Anerkennung seiner Bemühungen für die Industrie-Ausstellung von Haderslebener gewerbetreibenden Bürgern einen silbernen Pocal; 1850 von der Amnestie ausgeschlossen; 1851 u. noch Arzt in Segeberg.

1) Pathologia asthmatis Millari. Diss. innugur. Kiliae 1831. (s. Chronik der Universität Kiel 1831 S. 10.)

2) Kort Fremstilling af Slesvigs og Holsteens Historie saavel samme af deres Forhold til Kongeriget Danmark. Slesvig, M. Bruhn, 1844. 8. Angez Itzeh. Wochenbl. 1844 No. 50.

3) Meine Erlebnisse in Dänischer Gefangenschaft. Schleswig, M. Bruhn, 1848. 8. SS. 52. S. Kieler Corresp. Bl. 1849 No. 7.

In Pfaffs „Mittheil." etc. 4, 1836, H. 1 u. 2, S. 106—114 (Beobachtungen am Krankenbette); 5, H. 11 u. 12, S. 81— 83 (Ueber einen Fall v. Variolideo); 6, H. 7 u. 8, S. 76—91 (Bemerkenswerthe Krankheitsfälle aus der Praxis); 7. H 11 u. 12, S. 48—57 (Noch einige Worte über die Behandlung wunder Brustwarzen); 8, H. 1 u. 2, S. 32—52 (Betrachtungen und Erfahrungen über das Scharlachfieber); 9, H. 1 u. 2, S. 38—56 (Beitrag zur Operation des strabiesmus convergens). — In Biernazki's „Volksbuch" f. d. J. 1847, S. 114—122 (Törning., Mit Abbildung.); f. 1848, S. 112—120 (Haderslevhuus. Hansburg. Haderslebens Hafen: Mit Holzschnitt). — In den Mitthh. f. den Verein Schlesw.-Holst. Aerzte H. 1 (d. 30. April 1866). S. 23—28 (Ueber die Verordnung betr. das Medicinalwesen vom 3. Aug. 1865). — Im „Alt. Merk." 1849 No. 442 (Ein Schreiben). In der „Lyna" (meist anonym) 1841 No. 2 (Mit dem Beginn des neuen Jahrs); No. 4 (Oeffentliche Beurtheilung einer öffentlichen Handlung. — Ständewahlen.) No. 8 (Fest im Haderslebener Bürgerverein); No. 10 (Uebersicht der gewählten Abgeordneten zur Ständeversammlung; No. 12 (Wie urtheilt die Dannevirke); 1842, No. 19 u. 20 (Ueber die Hundswuth); No. 31 (Wer Andern eine Grube gräbt); No. 50 (Die dänische Sprachsache in der Schlesw. Ständeversammlung); 1843, No. 4 (Beschreibung des Festmahls); No. 29 (Betr. das bei Apenrade abgehaltene Volksfest); 1844, No. 1 (Eine Feier); No. 66 (Das Thermometer); No. 70 u. 71 (Ueber die Chronik der Stadt Hadersleben v. Past. Lautrup); No. 73 u. 74 (Einiges über Daguerreotypie); No. 86 u. 87 (Beschreibung des Festmahls); No. 92 (Daguerreotypie); 1848, No. 24 (Schlesw.-Holst. patriotischer Verein, Nachschrift); No. 56 u. 57 (Statuterne for den S. H. patriotiske Forening); No. 83 (Industrie-Ausstellung); Nr. 89 (Til Hans Maj. Kongen); 1846, No. 6 (Den i Haderslev oprettede Sl. H. Forening); No. 53 (Beretning over Industriudstilling i Haderslev; steht auch deutsch im Itzhoer Wochenbl.); No. 68 (Allerd. Stormargt. Konge; von ihm concipirt); No. 80 u. 81 (Comiteeberetning; ebenfalls von ihm concipirt); (Die dänisch geschriebenen Artikel sind nus dem deutschen Original übersetzt). Revidirt. —

1291) **Marcus,** Moritz (Mauritius) (L. & S. No. 1483). Er war vielleicht praktischer Arzt in Altona. Mit dem vorhergenannten Jos. Alex. Marcus steht er in keiner verwandtschaftlichen Beziehung.

1292) **Marcussen,** Johann Ambrosius (L. & S. No. 741). War 1809 Prediger zu Asnæs auf Seeland; starb als Pastor zu Faareveile im Amte Holbek auf Seeland im Jahre 1811. S. N. St. M. X., 470.

Schrieb noch: Versuch einer politischen Uebersicht des Kriegszugs der Britten nach Seeland im Jahre 1807 von C. F. v. Hellfried, königl. dänischem Stiftsamtmann. Mit Beilagen. Aus dem Dänischen übersetzt. Kopenh. Schubothe, 1809. 224 u. 84 SS.

Ueber die vom Himmel gefallenen Steine der Alten, Bethylien genannt, von F. Münter. A d. Dänischen. Kopenh. u. Leipzig, 1805. 8.

1293) **Marie** Sophie Friederike, geb. d. 28. October 1767, Tochter des Landgrafen Carl zu Hessen-Cassel (s. den Artikel) u. der Prinzessin Louise v. Dänemark († 12. Januar 1831); vermählt mit dem damaligen Kronprinzen Frederik von Dänemark den 31. Juli 1790; Königin von Dänemark den 13. März 1808; gekrönt den 31. Juli 1815; verwittwet den 3. December 1839; starb in Kopenhagen den 21. März 1852. — Vergl. Ersl. II., S. 234, Supplem. II. S. 325.

Supplement-Tafeln zu Johann Hübner's genealogischen Tabellen Lief. 1—6 Kopenh. 1822—1824, qfol. Vergl. Prov. Bert. 1824, 1, S. 60—62. Heidelb. Jahrb. der L. 1824, März, S. 251—253 (v. Schlosser); C. W. O. A. v. Schindel's Lexicon der deutschen Schriftstellerinnen des 19. Jahrh. 3. Th. (Leipz. 1825) S. 72. Hallesche Allgem. Liter. Zeitung 1823, I., S. 90—93; IV., S. 835—836; 1824, IV., S. 520 u. 1119. Ausserdem auch Erslew. n. a. O.).

1294) **Markgraf,** August Friedrich, geb. um 1780 in Dresden, diente 18 Jahre im dänischen Militär, zuletzt als Unterofficier im Oldenburgischen Regiment, 1823 Oberpolizeidiener in Rendsburg bis 1844; lebte dann in Ahlefeld im Amte Hütten, wo er den 5. Februar 1856 starb.

1) Nothwendiger Einblick in's sog. Juden-Ebräisch oder Wörterbuch für die Gojim, die lernen wollen zu sein Chochum und wollen begreifen schmussen als a Bargissrol. Herausgegeben von einem Occidentalen. Rendsburg 1833. 8. 38 SS.

2) Paraklysis oder kleiner Hausbedarf für Jedermann in unfreundlichen Tagen. Ein Gedicht von Heideke mit einer Vorrede. Rendsburg, gedr. bei Fr. Lexow, 1849. 8. 22 SS.

3) Eine auf Grammatik und polyglotte Worterklärung bezügliche Schrift in 4, deren Titel nicht angegeben werden kann. — Mitgetheilt.

1295) **Markmann,** N. N. v. v. Maack, Joh. Christ. Friedr.

1296) **Marquardsen,** Heinrich, geb. in Schleswig den 25. October 1826; Sohn des weil. Senators und Ständeabgeordneten Marquardsen daselbst; studirte die Rechte in Kiel seit Ostern 1846, dann in Heidelberg, wurde Anfangs der 50ger Jahre zum dr. jur. promovirt, 1852 Privatdocent und 1857 ord. Prof. der Rechte in Heidelberg, 1861 ord. Prof. des Staatsrechts in Erlangen.

1) Der Process Manning. Zur Veranschaulichung des Englischen Strafverfahrens nach unmittelbarer Aufzeichnung dargestellt (Beilageheft zum „Gerichtssaal," Juni 1850) Erlangen — Encke. 8.

2) Ueber Kraft u. Bürgschaft bei den Angelsachsen. Erlangen 1852. 8. SS 70.

3) Gab heraus mit dr. Brinkmann, Dernburg u. A.: Kritische Zeitschrift für die gesammte Rechtswissenschaft. Bd. 1—5. Heidelberg 1853—1859. 8. Darin von ihm Bd. 1, S. 65—70 (Rec. v. Bluntschli's: Allgemeines Staatsrecht, München 1851.); S. 101—102 (Anz. v. dr. C. F. Müllers Strafgesetzbuch f. d. Preussischen Staaten. Halle 1852; u. J. Häberlin's Sammlung der neuen Deutschen Strafprocessordnungen. Greifswald 1852); S. 276—279 (Anz. v. II. Korb's Gesetze über das mündliche n. öffentl. Verfahren mit Geschworenen. Berlin 1852, u. C. F. Müllers Preuss. Strafprocessordnung. Berlin 1852); S. 309—311 (Anz. v. Cushings: Handbuch der parlamentar. Praxis. A. d. Engl. Hamb. 1852); S. 374—397 (Rec. v. Fr. Aug. Bieners: Das Englische Geschwornengericht. Leipz. 1852; u. William Forsyth's: History of Trial by Jury. London 1852); S. 406 (Anz. v. Jagemanns Criminallexicon. Erlangen 1853); — Bd. 2, S. 34—59 (Rec. über R. Gneists Adel u. Ritterschaft in England. Berlin 1853); S. 92—96 (Anz. v. Goldtummers Archiv f. Preuss. Strafrecht Bd. 1, H. 4); S. 193—203 (Rec. über Damerow's: Sefeloge. Eine Wahnsinns-Studie. Halle 1853); S. 206—212 (Rec. über „Die sog. Unverletzlichkeit der Landtagsabgeordneten." Giessen 1853); S. 398—401 (Rec. über M. Best's: a treatise on the principles of evidence and practise. Lond. 1854); S. 401—402 (Rec. über Charles Ginoulhiac: Revue bibliographique et critique. Paris 1853, 1854); S. 402—404 (Rec. über Hoffmann's: Aus dem Gerichtssaale. Erlangen 1854); S. 447—449 (Rec. über Schletters: Zur Textes-Critik der Carolina. Leipz. 1854); S. 457—483 (Rec. über Schletters: Ueber den Entwurf der Strafprocessordnung f. Sachsen. Dresden 1853); S. 580—583 (Rec. über Osenbrüggens: Casuistik des Criminalrechts); Bd. 3, S. 93—120 (Rec. v. Baudrillards: J. Bodin et son temps. Paris 1853 und K. H. Müller's: Von dem einen Anfang u. dem einen Ende alles Rechts nach Baptisto Vico's liber de universi juris uno principio et fine uno. Neubrandenburg 1854); S. 202—221 (Rec. über Soetbeers: Grundzüge des Seevölkerrechts. Hamb. 1854; Gessners: Recht des neutralen Seehandels. Bremen 1855; u. Heffters Europäisches Völkerrecht 1855); S. 232—241 (Rec. über Bieners: Englische Geschwornengerichte 3 Bd.); S. 388—392 (Rec. über Abeggs: Preussische Gesetzgebung. Berlin 1854; u. über: Betrachtungen über die Gerichtsverfassung in Deutschland. Stuttgart 1855); S. 512—517 (Rec. über Krugs:

Die sächsischen Staatsverträge. Leipzig 1856); Bd. 4 S. 58—81 (Rec. über Schwarzes Strafprocessordnung v. Sachsen, u. über desselben: Strafprocessrecht, über Schletter's Strafprocessrecht); S. 82 (Rec. über Brauers: Deutsche Schwurgerichtsgesetze 1856); S. 83—85 (Anz. v. Lossow's u. Dockhorns: Preussische Strafgesetze); S. 198—201 (Anz. v. Papers, read before the juridical society vol. 1); S. 201—227 (Rec. v. R. Mohls: Geschichte u. Literatur der Staatswissenschaften 2 Bd.); S. 277—278 (Rec. über: Hogendorps: commentatio de juris gentium studio. Amstelod. 1856); S. 383—384 (Rec. über Schwarze's Allgemeine Gerichtszeitung); Bd. 5, S. 88 fl. (Rec. v. Charles Samwers Nouveau recueil général de traités etc. t. XIV. [I] Götting. 1856.)

4) Der Trent-Fall. Zur Lehre von der Kriegs-Contrebande in dem Transportdienst der Neutralen. Erlangen 1862. 8.

In Pözl's kr. Vierteljahrsschr. f. Gesetzg. u. Rechtsw. I., S. 216 ff. 399 ff. (Rec. über Gneist: Das heutige englische Verfassungs- u. Verwaltungsrecht.) ÷

1297) **Marquardsen,** Samuel Ludwig, geb. den 21. Februar 1787 in Krammark im Sundewitt, Kirchsp. Broacker; studirte die Rechte in Kiel u. war nach bestandenem Examen (Mich. 1812; 2. m. r. A.) U.-G.-A. u. Sachwalter für die Stadt u. das Amt Hadersleben, wo er den 30. Juli 1840 starb. — Mitgetheilt.

Beitrag zur Charakteristik der „Dannevirke," einer in Hadersleben erscheinenden Dänischen Wochenschrift. Hadersleben — auf Kosten des Verf. — 1839. 8. SS. 31. Angez. im Alt. Merk. 1839 No. 10. 14.

1298) **Marr,** Karl Christian Ludwig, geb. 1781 den 11. März in Kopenhagen (nicht in Rendsburg); war Gevollmächtigter, als er den 8. Juni 1815 im Schlesw. Zoll-Comtoir unter dem G.-Zollkammer- u. Commerzcollegium angestellt wurde; 1817 Kammerrath, 1826 Zollverwalter in Holtenau, 1845 den 28. Juni Justizrath. Starb den 5. November 1855, 74 Jahr alt, in Holtenau. — Verh. mit H. C., geb. Rönnau. Vergl. Ersl. II., S. 234 u. 235 u. Suppl. II. S. 326; Alt. Merk. 1855. Nr. 202. N. St. M. X., S. 426.

1) Combineret dansk og slesvig-holsteensk Toldtarif, efter de nu gjeldende Anordninger. Kbh. 1816. 4.

2) Tarife für den Ein- u. Ausfuhr-Zoll in Schleswig-Holstein. Kopenhagen 1823. S. Prov. Berr. 1823 H. 4 S. 89.

3) Tarif for Ind- og Udførsels-Tolden i Danmark og Slesvig-Holsteen. Kbh. 1823. 8.

1299) **Marsh,** William, Consul der Vereinigten Staaten von Nord-Amerika für Altona u. dessen District.

Wegweiser für Auswanderer nach den Vereinigten Staaten. Altona 1866. 8.

1300) **Martens,** Anton Nicolaus (L. & S. No. 744). Wurde den 13. April 1843 Kirchenprobst in Süderdithmarschen, den 28. Juni 1847 R. v. D. Starb den 28. Februar 1848. Verh. mit

Louise geb. Carthcuser. — Vergl. über ihn Schlesw.-Holst. Schulbl.
10. S. 290—293 u. S. 399—408 u. Itzch. K. u. Schulbl. 1848, 118
bis 120 u. 134 u. 135.

Von ihm noch:

Woran werden Gottes Kinder erkannt? Predigt am 8. Sonntage nach Trinitatis
über Römer 8, 12—17, in Brodersens: 30 Predigten etc. (Itzehoe 1842.) S. 227 bis 241.

1301) **Martens,** Christian Heinrich, geboren den 21.
October 1808 in Hassendorf, Sohn des Peter Asmus Martens, Lehrers am Jordan im Schnellmarker Holz u. der Elsabe geb. Langbehn;
gebildet auf dem Seminar in Tondern, examinirt Ostern 1833; den
1. December 1833 Lehrer in Neuheikendorf, wo er noch ist.

In den Mittheill. des Vereins nördlich der Elbe für Verbreit. naturwissenschaft-
licher Kenntnisse 1860, S. 32 ff. (verschiedene kleinere Mittheill.). — In den
Jahrbb. f. d. Landeskunde IV, 1861, S. 61—65 (Das Schnellmarker Holz u. die
Ziegeunerhöhle).

1302) **Martens,** Friedrich Lorenz Johann Heinrich,
geb. den 19. Februar 1801 zu Dürwade im Kirchsp. Kosel, studirte Theologie in Kiel seit Michaelis 1821, wurde 1829 examinirt
(2 Char. m. r. A.), war Vorsteher eines Instituts für höhere Bürger-
bildung in Kiel, den 4. September 1840 2. Lehrer am Seminar in
Segeberg. Starb den 6. August 1865. Vgl. seinen Necrolog in
d. Schleswig-Holst. Zeitg. 1865, No. 259 (von H. C. Lange).

Im Kieler Corresp. Bl. 1837 No. 103 u, 104 (Latein n. Naturgeschichte).
— Mehrere Bemerkk. v. ihm über gemachte Einsendungen zu den Versammlun-
gen des Vereins für Verbreitung naturwissenschaftlicher Kenntnisse stehn in dem
Bericht über diese Versammlungen u. in A. P. Sönksens Schulzeitung 1856 57.

1302a) **Martens,** Fritz, Thierarzt u. Landwirth in Holstein.

Praktisches Vieharzneibuch od. die Thierarzneikunst in ihrem ganzen Umfange. Hamb., B. S. Behrendsohn, 1867. 8.

1303) **Martens.** Gustav Ludolph, geb. den 20. October 1818 zu Wismar in Mecklenburg-Schwerin, Sohn des Kaufmanns
Joh. Gottfr. Martens u. der Dora geb. Kindt, besuchte die Akademien in Kopenhagen und München unter Leitung der Proff. Hetsch
in Kopenhagen u. Theophilus Hansen in München, jetzt in Wien,
sowie der Oberbauräthe Gärtner u. Bürklein in München; seit 1842
Architect in Hamburg, dann von 1850—53 in Rendsburg u. von
da in Kiel; seit Juni 1865 Stadtbaumeister in Kiel.

1) Tagebuch eines Freiwilligen des von der Tann'schen Corps. Mit 4 Plänen
u. Porträt v. der Tann's. Hamburg 1848. 4.

2) Ausgeführte Mobilien, zunächst bestimmt für Schreiner u. Metallarbeiter. H.
1—3. Kiel, Akad. Buchh. 1859—1862. In jedem Heft 6 Sttfl. in gr. fol. u.
Imperial-Form. — Revidirt.

Veröffentlichungen in dem in Berlin erscheinenden „Architektonischen Skizzenbuch," in der Zeitschrift für Bauwesen, redig. v. Baurath Erbkam, in der „Bauzeitung" von Förster, Ritter etc. in Wien. Revidirt.

1304) **Martens,** Hans Jacob, geb. 1796 in Meldorf, Sohn des dortigen Zimmermeisters Maas Martens; besuchte eine Zeitlang die Gelehrten-Schule das., kam 1822 nach Kopenhagen, um chirurgische Studien auf der Akademie zu machen, wo er im Herbst 1829 mit dem 2. Char. mit A. das Examen bestand; war dann Amts-Chirurg u. kaufte sich später ein Barbier-Amt in Kopenhagen, zugleich ärztliche Praxis ausübend; er starb unverheirathet in Kopenhagen den 24. Juli 1848.

(Obductions-Forretning over Liget af et nyfødt Barn, fundet med en Strimmel Tøj fast bunden om Halsen, hos hvilket Luftindblæsning var skeet, men Aandedræt ikke antages at have fundet Sted [zusammen mit B. A. Hoppe]) in Biblioth. for Læger. Bd. XXXI. (Ny Række Bd. I.) 1839, S. 269—274.

1305) **Martens,** Heinrich Claus Friedrich, geb. den 14. November 1837 in Tondorf bei Wandsbeck, Sohn des Kornmäklers Heinrich Martens in Wandsbeck; besuchte bis zum 13. Jahre die Volksschule, dann 2½ Jahre das Privatinstitut des Lehrers Eichhorn in Wandsbeck; conditionirte von Ostern 1853 bis Ende 1861 in Hamburger Handlungshäusern, in welcher Stellung er 5 Jahre in den Herzogthümern u. in Dänemark u. Norwegen reiste; diente von Mitte 1863 bis März 1864 in der Dänischen Armee; wurde Januar 1864 Assistent bei der Intendantur des Holsteinischen Contingents; lebt zur Zeit in Wandsbeck. Er war Mitbegründer des Wandsbecker Turnvereins.

1) Wenn Deutschland thäte, was Deutschland müsste. Hamburg, Falcke 1863. 8.
2) Neun Monate unter dem Danebrog. Erlebnisse im 18. dänischen Bataillon. Kiel, Schröder & Co. 1864. 8.
Beitrr. zur (Hamburger) „Reform" 1864 Decemb. (Ein Wintervergnügen); 1865 (Politische Briefe aus Schleswig-Holstein); zu Ausgang dess. Jahres u. Anf. 1866 (Wandsbecker Federzeichnungen). Ausserdem v. Anfang Mai 1865 bis dahin 1866 (12 politische Leitartikel). — Zu den „Schleswiger Nachrichten" u. der Flensburger „Norddeutschen Zeitung," Ende 1865 u. Anf. 1866 diverse politische Artikel (unter der Bezeichnung „von einem Schlesw.-Holst. Demokraten," od. H. M., z. B. in ersteren Ende December 1865 „Preussen u. das deutsche Volk," 1866 „Der preussische Parlamentsvorschlag" — Zu den „Itzehoer Nachrichten" im April u. Mai 1864. — In dem (Hamburger) Reformkalender 1863 (Die Turnerei). Zum „Wandsbecker Boten" u. andern Pressorganen vor 1863 diverse kleinere Beiträge. — Er verfasste auch Dichtungen u. Lieder für festliche Gelegenheiten, z. B. „Festlied zum 18. März 1863" im Conventgarten zu Hamburg, „Prolog, gesprochen am 16. April 1863" in Wandsbeck zum Besten eines Schützenbanners, diverse Turn-Lieder, Schlesw.-Holst. Fahnenlied 1865, auf

mehreren Sänger- und Schützenfesten gesungen, Ode an die Befreier Schleswig-Holsteins 1865. — Revidirt.

1305a) **Martens,** Jacob, geboren in Neustadt, Sohn des Apothekers und Senators Franz Christian Martens daselbst, besuchte die Eutiner Schule, studirte in Kiel u. Tübingen Jura u. Cameralia, wurde 1859 im juristischen Amts-Examen mit dem 2. Char. m. A. examinirt, war dann Amt-Haus-Secretär auf Reinbeck, dann Gevollmächtigter im H. L. Zollexp.-Comt. in Kopenhagen bis Nov. 1863, trat später in die Regierung in Schleswig u. ist Bureauchef im Finanzbureau.

In den Jahrbb. f. die Landeskunde 1, S. 401—424 u. 2, S. 387—409 (Uebersicht über die Bevölkerungsverhältnisse der Herzogthümer Schleswig, Holstein u. Lauenburg im Laufe des 19. Jahrhunderts). —

1306) **Martens,** Johann Daniel (L. & S. No. 745), geb. 1773 zu ...., war seit 1812 Pächter auf Wisch in Mecklenburg, dann zu Fahrensted in Angeln, seit 1820 zu Noer bei Eckernförde, befand sich 1827 zu Quastrup, Kirchspiels Uelsby in Angeln, kam später als Inspector auf das Gut Loitmark u. starb hier den 5. September 1849. S. N. Nekrol. der Deutschen XXVII., S. 727—728.

Von ihm ist noch:

In den „Schriften der Schlesw.-Holst. patriotischen Gesellschaft" Bd. 2 H. 3 Abth. 1: Ueber den Rapsbau u. dessen Anwendbarkeit auf die Geest. Altona 1820. 8.

Belehrende Unterhaltung, insbesondere für Landleute. Schleswig 1828. 8. (Enthält die drei von L. & Schr. aufgezählten Aufsätze aus dem Schlesw.-Holst. Almanach f. 1820, 1821 u. 1822).

Die Rindviehzucht, die Meiereiwirthschaft u. die damit verbundene Schweinezucht auf den adeligen Höfen der Herzogthümer Schleswig u. Holstein. Mit Anmerkungen mehrerer erfahrener Landwirthe. Berlin — Rücker — 1830. 8. 30 Bogen. 2. stark vermehrte Aufl. Mit beigegebenem Grundriss einer 1844 erbauten Meierei u. Abbildung mehrerer Meierei-Gegenstände. Oldenburg 1850. 3. Aufl. 1853.

Die Schleswig-Holsteinische Rindviehzucht u. Milchwirthschaft, sowie die damit verbundene Schweinezucht. Im Auszuge aus dessen grösseren Werke über diese Gegenstände für Inhaber kleiner Landbesitze. Berlin — Rücker & Püchler, 1842. 8.

Landwirthschaftliche Miscellen, Schlesw.-Holsteinische Rindviehzucht u. Meiereiwirthschaft betreffend. Mit Anmerkungen erfahrener Landwirthe. Oldenburg 1844. 8.

Eine von ihm herrührende praktische Anweisung zu vortheilhaftester Winterpflege der Milchkühe, nach den in den Herzogthümern gemachten Erfahrungen, wurde von einem praktischen Landmanne frei in's Dänische übersetzt u. erschien in 2. Dänischer Ausgabe, verbessert u. vermehrt v. G. Michelsen. Kbh. 1845. 8.

1307) **Martens,** J. H., geb. in Mildstedt, Amts Husum, zuerst nach der Confirmation Grobschmied, durch Krankheit verhindert, den Beruf als Grobschmied zu versehn, legte er sich auf die Uhrmacherkunst, arbeitete als solcher in Kiel, ging 1851 ausser Landes u. wurde im Jahre 1859 von der Badischen Regierung als Lehrer für den theoretisch-praktischen Unterricht in der höheren Uhrmacherkunst in der Stadt Furtwangen angestellt.

Beschreibung der Hemmungen der höhern Uhrmacherkunst. Anleitung zur Anfertigung dieser Hemmungen u. die Kunst, Edelsteine zu jeglichem Gebrauche für Uhren zu bearbeiten. Furtwangen, Selbstverlag des Verfassers. Leipzig, C. G. Friedlein. (Braunschweig, C. Neuhoff & Co.) 1858. XXIV. u. 248 SS. nebst einem Atlas von 24 Steintaff. mit Zeichnungen in q. 4.

Rathgeber für Uhrenbesitzer. Belehrung über die Behandlung der Taschenuhr u. das Reguliren derselben. Lahr (Freiburg im Breisgau) — Schmidt 1866, 8. IV. u. 28 SS.

1308) **Martens,** Otto (L.. & S. No. 746). Er war 1810 6. Lehrer mit dem Titel Professor am Heidelberger Gymnasium, 1825 am Gymnasium zu Bielefeld angestellt. Starb zu Anfang des Jahres 1830 in Bielefeld. — Vergl. Leipz. Jahrbb. Bd. 13, S. 103. Ueber sein Leben u. Wirken s. das Bielefelder Herbstprogramm v. 1830. S. 28—30.

Die in den Nachtrr. v. S. angeführte Schrift „Sophokles Philoktet, übersetzt," erschien schon 1810 bei Cotta in Tübingen. (S. Ersch' Hdb. der Philol.)

Von ihm noch: Einige Worte über den sogenannten deutschen Unterricht auf Gymnasien u. ähnlichen Lehranstalten. Progr. Bielefeld 1826. 4. S. Seebodes N. Archiv f. Phil. u. Pädag. 1828 H. 2, S. 69.

1309) **Martens,** Otto Friedrich, geb. zu Nienrade, studirte Medicin, promovirt in ihr in Kiel 1836, war dann Arzt in Rendsburg, wo er den 23. März 1856 starb.

Morborum prostatae expositio brevis. Diss. inaugur. Kiliae 1836. 4.

1310) **Martens,** Peter, geb. den 7. December 1804 in Flensburg, studirte Theologie in Kiel seit Michaelis 1826, wurde 1831 auf Gottorf mit dem 2. Char. m. A. examinirt, den 7. April 1836 Diaconus u. Rector in Tönning, trat an den 7. August, den 21. December 1846 Prediger zu Neukirchen in Angeln, den 18. März 1850 Hauptprediger in Apenrade, den 5. September 1850 const. Prediger an der Domkirche in Schleswig, zugleich Probst für Gottorf u. Hütten bis 11. October 1856, fest angestellt als Pred. der Domkirche den 9. December 1850, dazu den 28. Febr. 1860 bis 7. Febr. 1864 interimistischer Past. am St. Johanniskloster bei Schleswig, den 15. März 1864 seiner Aemter entlassen, im April 1864 const. Past. an der Friedrichs-Kirche in Kopenhagen.

1) Predigt über Joh. 3 v. 16, zum Abschiede gehalten in der Kirche St. Marien zu Flensburg am 2. Pfingsttage, den 23. Mai 1836 u. Antrittspredigt über

Joh. 21 v. 15—17, den zum Hirten berufenen Jünger des Herrn. Husum 1837. 8. SS. 47.

2) Ein Votum zur Gewissensfrage der Schleswig - Holsteinischen Geistlichkeit. Flensburg — Kastrup — 1850. 8. SS. 44.

3) Offener Protest in Sachen des Landes. Flensb. 1850. 8. SS. 17. Vergl. Apenrader Wochenblatt 1850, No. 19 seine Worte „Zur Verständigung," · die wieder abgedruckt sind in Versmann's „Kirchen- u. Schulblatt" 1850 No. 22.

4) Predigt im 3. Bericht der Bibelgesellschaft f. d. Herzogth. Schleswig. Flensburg 1859. 8. S. 13—35.

Ob er auch ein Lesebuch zum Gebrauch f. d. öffentl. Schulen herausgab?

1311) **Martensen,** Hans Andersen (L. & S. No. 743). Er war geboren den 13. Januar 1782 in Rurup, Kirchsp. Branderup im Amte Hadersleben u. starb in Kopenhagen den 7. October 1822. — Vergl. Ersl. 1, S. 235—237 u. Suppl. I., S. 327. —

Von ihm noch:

Almindelig dansk Handels-Contoirist etc. Udarbeidet efter de nyeste og tilforladeligste Efterretuinger. Kbh. 1819. 8.

Almeennyttig Lommebog, indeholdende de europæiske Støders og Landes Mynt, Maal, Vægt etc. etc. med deres nøeiagtige Forhold til Dansk etc. Kbh. 1819. 2. forbedrede og forøgede Oplag; med 1 Titel-Kobber. Das. 1820. 3. forb. og forøg. Oplag udgivet af F. A. Kjær das. 1826.

Tabel som viser hvad Rigsbankpenge Sølv udgjør i Sedler og Tegn efter Quartalscours 262½. Kbh. 1819.

Handels-Lærebog, eller theoretisk-praktisk Underviisning i Handelsvidenskaben, 1. Deel. Kbh. 1820.

Comtoir- og Handels - Lexicon, I.—III. Bd. Kbh. 1820—1822. — (Vom Buchst. A bis P incl.; das Uebrige von Q bis Rom war v. Martensen ausgearbeitet u. steht in dem von Fr. Thaarup abgeschlossenen u. herausgegebenen 4. Bd. Kbh. 1824)

Almindelig Signal-Bog. Kbh. 1820. Auch in's Deutsche übersetzt das. in dems. J., sowie in's Französische u. Englische das. 1821. SS. 16 mit 2 Kupfert.

Europa og Amerika, eller den civiliserte Verdens fremtidige Forhold. Af. C. F. v. Schmidt-Phiseldeck. Oversat og forsynet mod Anmærkninger af D. Didrichsen og H. A. Martensen. Kbh. 1820. 8.

Den nyeste reviderede Øresundske Toldtarif, udarbeidet af F. Thaarup og H. A. Martensen. Kbh. 1821. In's Deutsche, Englische u. Französische übersetzt. Kbh. 1821 — 1823.

Er war Mitherausgeber von „Handels- og Industri-Tidenden" von Anf. Juni 1818 bis an seinen Tod. (Kbh. 4.)

1312) **Martensen,** Hans Lassen, geb. den 19. August 1808 in Flensburg, Sohn des vorhergenannten Hans Andersen Martensen u. der Anna Marie Truelsen († 23. März 1853); studirte Theologie in Kopenhagen seit 1827; examinirt den 25. October 1832 (laudabilis et quidem egregie); gewann 1834 die Universitäts-Goldmedaille für eine Abhandlung über die theol. Preisfrage v.

1833: Quodnam est fundamentum theologiae naturalis, quis ejus ambitus, quae ejus relatio ad theologiam christianam?; reiste im Herbst 1834 mit Unterstützung des Fonds ad usus publicos u. verschiedener akademischen Stipendien nach Deutschland (namentlich Berlin, Heidelberg, München); kehrte 1836 nach Kopenhagen zurück; 12. Juli 1837 licent. theol.; 21. April 1838 Lector der Theol. an der Universität das.; 28. Juni 1840 dr. theol. h. c. v. Kiel aus; 1. December s. Jahrs prof. extraord. in der Theol. in Kopenh., 3. December 1841 Mitgl. der k. Dänischen Wissensch.'s-Gesellsch.; 16. Mai 1845 Hof-Prädicant; 28. Juni 1847 R. v. D.; 1. Sept. 1850 ord. Prof. der Theol., 30. April 1852 erwähltes Mitglied des Consistoriums u. 17. Dec. 1853 der Commission für Ordnung der Kirchenverfassung; 15. April 1854 Bischof über Seeland; 17. Juni 1854 1. Mitglied der Direction für das Pastoral-Seminar u. des Missions-Collegiums; 6. October 1854 D. M.; 1. Januar 1859 C. v. D.; 5. Juni dess. Jahrs Mitglied des Comitee zur Ausarbeitung eines Gesetzvorschlages betr. Ehescheidung. — Vergl. Ersl. II. S. 237—238, Supplem. II. S. 327—332, wo S. 328 viele andere Quellen angeführt sind.

1) De autonomia conscientiae sui humanae, in theologiam dogmaticam nostri temporis introducta, diss. pro gradu licentiati. Hanniae 1837. 8. (Dänisch herausgeg. von L. V. Petersen. Kbh. 1841. 8. Angef. Zeller's Theol. Jahrbb. 1844, S. 502 [v. A. F. Beck], in mehreren im Ersl. angef. Dänischen Journalen.)

2) Mester Eckart. Et Bidrag til at oplyse Middelaldernes Mystik. Kbh. 1840. 8. (Deutsch: Meister Eckart. Eine theol. Studie. Hamb. 1842. 8.). S. N. Jen. L. Z. 1843 No. 30 S. 122—123 (v. Baumgarten—Crusius), Ztschr. f. luth. Theol. u. Kirche 1842, 2. Quart. (v. A. G. Rudelbach), Tholucks liter Anzeiger 1842; Zellers theol. Jahrbb. 1843 H. 1, S. 146—153 (v. dr. F. C. Baur in Tübingen); Berl. Jahrbb. f. wissensch. Kritik 1845 No. 112—14 (v. H. Reuter), Theol. Studien u. Kritiken 1845, III, 721—60; IV, 895—933; ausserdem in Dänischen Zeitschr. 3. (Dänische) Ausgabe 1851.

3) Grundrids til Moralphilosophiens System. Udgivet til Brug ved academiske Forelæsninger. Kbh. 1841. 8. 2. Opl. 1864. S. 98. 8. (Schwedisch: Stockholm 1841. 12. — Deutsche Ausgabe. Kiel 1845. XVI. u. 100 SS. — Holländisch von dr. J. Mieuwenhuis 1847). S. ausser mehreren Dänischen Zeitschr. folgende Deutsche: N. Jen. L. Z. 1842 No. 46, 47 (v. A. L. J. Michelsen), Zeitschr. f. luth. Theol. u. Kirche 1842, 2. Quart. (v. A. G. Rudelbach), Zellers Jahrbb. 1844, H. 3, S. 526—36 (v. A. F. Beck).

4) Den christelige Daab, betragtet med Hensyn paa de baptistiske Spørgsmaal. Kbh. 1843. 8. (Schwedisch v. C. M. Fallenius. Calmar 1847. 8. — Deutsch: Die christliche Taufe u. die baptistische Frage. Hamburg u. Gotha 1843.) Besprochen in Dänischen Zeitschr. u in Folge derselben erschienenen selbstständigen Schriften von H. Brœchner, M. Eiriksson. Ausserdem in Zeitschr. f.

luther. TheoL u. Kirche 1843, III., 191—92; allgom. Hallesche L. Z. 1844, No. 25, 26. S. 193—95 205—07; Nitzsch System der christl. Lehre. 6. Aufl. S. 371. 2. (Dänische) Aufl. Kbh. 1847. (2. Deutsche Aufl. Gotha 1860. XVI. u. 124. SS. S. Leipz. Repert. 18. Jahrg. III., 65—67).   ⸗   ⸱

5) Prædikener. Kbh. 1847 (2. Aufl.). 3. Aufl. 1852. 2. Saml., Kbh. 1849. 3. Saml. (Ny Samling) Kbh. 1852. 4. Saml. (Ny Samling) Kbh. 1854. (Schwedisch 1. SammL Christianstad 1848. 2. Sammul. v. C E. Wenström. Stockh. 1849. 3. Saml. Mariestad 1852. Deutsch: Predigten. Kiel 1849 (v. Otto Chemnitz) VIII u. 149 SS.

6) Prædikener, holdte i Aarene 1854 til 1858. Kbh. 1859. (Deutsch v. J. C. Jacobsen. Gotha 1859. 8. IV u. 308 SS.) Recc. u. Anzz. der Dänischen Ausgaben führt Ersl. an.

7) Prædiken, holden i Christiansborg Slotskirke paa femte Søndag efter Hellig-Tre-Kongers-Dag den 6. Febr. 1848. Kbh. 1848. 8. 22 SS.

8) Tale i Selskabet „for Efterslægten." Kbh. 1848. 8. 16 SS.

9) Den christelige Dogmatik. Kbh. 1849. 2. Opl. 1850. 3. Opl. 1865. (Schwedisch, übers. v. Th. Wensjoo I u. II. Mariestad 1849—50. 2. Aufl. 1852. Deutsch: Kiel 1850, 1851. 8. 2. verb. Aufl. 1853. 3. verb. Aufl. 1855. 4. verb. mit einem Vorworte verm. Aufl. 1858. 422 SS. — Vom Verfasser selbst veranstaltete Deutsche Ausgabe Berlin 1856. X u. 460 SS.) S. Theol. Studien u. Kritiken 1852, II, 393—467 (v. Schöberlein), Zeitschr. f. d. histor. Theol. N. F. XVI, S. 558—608; Allgem. Kirchenzeitung 1858 Januar; Zeitschr. f. luther. Theologie und Kirche Jahrg. 20, 1859, S. 175—81. — Besprechungen der Dänischen und Schwedischen Ausgaben führt Ersl. ausserdem zahlreich an.

10) Dogmatiske Oplysninger. Et Leilighedsskrift. Kbh. 1850. 106 SS. 2. Opl. das. in dems. J. (Schwedisch: Mariestad 1850.) Vergl. die v. Erslew angef. Anzz. u. Recc.

11) Sendschreiben an den Herrn Oberconsistorialrath Nielsen in Schleswig. (Ein Wort über den Amtseid u. die Schleswig-Holsteinische Geistlichkeit) Kopenh. 1850. 2. Aufl. das. in dems. Jahre. 31 SS. (Dänisch Kbh. 1850. 29 SS. 8.). Vergl. ausser den v. Erslew angeführten Dänischen Besprechungen, Kiel. Corresp. Bl. 1850 Jan. von Liebner; Versmann „Schlesw.-Holstein u. seine Verkläger." Kiel 1850. Th. Thygesen: „Das Sendschreiben des dr. H. Martensen in Kopenhagen an den O.-C.-R. Nielsen in Schleswig widerlegt. (Altona 1850); Randglossen aus der Laienbibel über die Souveränität u. den Predigereid im Dänischen Staate. (Hamb. 1850. 16 SS.)

12) Den danske Folkekirkes Forfatnings-Spørgsmaal, betragtet. Kbh. 1851. 8. 104 SS. S. die v. Ersl. angef. Besprr. Auch deutsch: Die Verfassungsfrage der Dänischen Volkskirche. Kiel 1849. 8.

13) Om Gudstjenestens Indretning i den Lutherske Kirke. Et Forsög i den praktiske Theologie. Indbydelsesskrift til Reformationshöitiden ved Kjøbenhavns Universitet i Aaret 1853. Kbh. 43 SS. 4. Erschien auch als Abdruck des Programms. Kbh. 1854. 88 SS. 8. Vgl. Erslew.

14) Prædiken holdt i Christiansborg Slotskirke paa 5. Søndag efter Hellig Tre Konger, Søendagen før Biskop dr. Mynsters Jordefærd. Kbh. 1854.

15) Til Erindring om J. P. Mynster. Kbh. 1855.

16) I Anledning af Pastor Grundvigs Oplysninger om „Alterbogs-Daaben". Kbh. 1856. 50 SS. 8. 2. Oplag das. in dems. Jahr.

17) Ved Anders Sandøe Oersteds Jordefærd i Frue-Kirke d. 9. Mai 1860. Kbh. 1860. 16 SS. 8.

18) Ved Johann Ludvig Heibergs Jordefærd i Holmens Kirke d. 3. September 1860. Kbh. 1860. 2. Opl. das. in dems. J. 16 SS. 8.

19) Taler ved Præstevielse., Kbh. 1860.

20) Apostlenes Inspiration. Tale ved Præstevielse i Frue-Kirke d. 29. April 1863. 1 u. 2. Aufl. Kbh. 1863. 16 SS. 8.

21) Sørge-Tale ved Hans K. Højheds Arveprinds Frederik Ferdinands Bisættelse i Roeskilde Domkirke d. 6. Juli 1863. Kbh. 16 SS. 8.

22) Til Forsvar mod den saakaldte Grundvigianisme. 5. Opl. Kbh. 1863. 112 SS. 8.

23) Prædikener holdte i Aarene 1859—1863. Kbh. 1863. 368 SS. 8.

24) Sørge-Tale ved Hans Maj. Kong Frederik VII. Bisættelse i Roeskilde Domkirke 19. Dec. 1863. Kbh. 1863. 16 SS. 8.

25) Den lærde Skole, Tale ved Rectorindsættelse i Frederiksborg lærde Skole d. 10. Sept. 1864. Kbh. 16 SS. 8.

26) Tale ved Indvielsen af Frederiksborg Slotskirke, 14. Sønd. efter Trinit. 28. Aug. 1864. Kbh. 1864. 16 SS. 8.

27) Ved Stiftsprovst, K. Confessionarius dr. theol. Just. Henrik Paullis Jordefærd i Frue Kirke, 17. Juli 1865. Kbh. 1865. 16 SS. 8.

Beitrr. von ihm in „Maanedskrift for Litteratur" XII, 1—31 (Anz. v. E. W. Kolthoff: Apocalysis, Joanni Apostolo vindicata), XVI, 515—528 (von J. L. Heibergs Indlednings-Foredrag til det i Nov. 1834 begyndte logiske Cursus); XIX, S. 361—97 (v. J. L. Heibergs Fata Morgana, Eventyr-Comedie i 5 Acter); in Heibergs „Perseus, Journal for den speculative Idee" 1837, No. 1, S. 91 bis 164 (Betragtninger over Ideen af Faust. Med Hensyn paa Lenaus Faust); — in desselben „Intelligensblade" I, 1842, S. 53—73 (Nutidens religiøse Crisis; auch ins Schwedische übers. in Theol. Quartalskrift 1842 S. 194—207); in desselben „Urania" for 1844, S. 161—188 (Kirke-Aaret); in Petersens „Tidsskrift for Literatur og Kritik I, 456—73 (Rationalisme, Supranaturalisme og principium exclusi tertii); in Damkiers „Samling af Prædikener over Evangelierne" I, 412—420 (Glæden over Christus som sin Menigheds evige Herre og Hoved; paa Christi Himmelfartsdag); in „A. Oehlenschläger, et Mindeskrift" 1849, S. 20—21 (Tale); in „Bispevielse i Frue-Kirke d. 5. Juni 1854" S. 33—48 (Prædiken efter hans Indvielse til Biskop over Sjællands Stift); in „Ugeskrift for den evangeliske Kirke i Danmark" III, 490—491 (Hyrdebrev til Geistligheden i Sjællands Stift; steht auch, eingeleitet mit seiner Biographie in D. Kirketid. IX, 437—40); IV, 32 (Skrivelse til Provsterne i Sjællands Stift); in „Bispevielse i Frue-Kirke" 26. Decemb. 1854 (Kbh. 1855) S. 11 bis 20 (Tale ved J. H. Lautrup's og H. O. C. Laub's Indvielse til Biskopper); in „40 Beretning fra det danske Bibelselskab" (Tale ved Selskabets Aarsfest 1855); in „Acta synodi Joanneae" 1855, S. 53—65 (Prædiken ved St. Johannis Landemøde i Roeskilde Domkirke d. 4. Juli 1855); 1857, S. 59—69 (Tale ved Provsteindsættelse); S. 84—86, 93, 101, 107, 115, 118, 123—124, 125 (Om Kirkeforfatningsspørgsmaalet); 1858, S. 45—53 (Tale ved Provsteindsættelse); S. 54 bis 56, 72—77, 82, 92, vergl. D. Kirke-Tid. 1858, Sp. 477—79 (Om Fraskiltes Vielse); 1859, S. 65—74 (Tale ved Provsteindsættelse); S. 92, 125—129, 152 vgl. Evangel. Ugeskr. 2 R., II, S. 438—441 (Om det kirkelige Skriftemaal); 1860, S. 55—58, 68, 71 (Om Oprettelsen af Menighedsraad); S. 82—86 (Om Foran-

dringer i Geistlichedens Lønningsmaade. Vergl. Evangel. Ugeskr. 2 R. IV, 40
bis 42, 50—52 u. D. Kirke-Tid. 1860, Sp. 462—63, 464—65, 467—68); in „Indvielsen af Bedesalen i Kjøbenhavns Sygehjem" den 4. Dec. 1859, S. 5—12 (Ind-
vielsestale); in „Fædrelandet" 1840, S. 259—61 (Philosophiske Beskedenhed i
Kjøbenhavnsposten; auch in „Søndagen" Tillægsbl. til „Dagen" 1840, No. 10);
S. 315—16 (Erklæring); 1841, No. 398, S. 399—400 (Anz. v. J. L. Heibergs
„Nye Digte"). —

Er war Mitherausgeber von: Kirke-Psalmer, udgivne til Prøve af Kjøbenhavns
geistlige Convents Psalme-Comitee. Kbh. 1845. 2. Opl. Das. 1848. Vergl.
darüber Ersl. Suppl. II, S. 332.

Hatte Antheil an „Betænkninger og Andragender, indgivne til Kirke-Ministeriet
af den i Aaret 1854 allerhøist nedsatte Commission". Kbh. 1854. Vergl. Ersl.

1313) **Martini,** Anton, geb. den 4. Januar 1773 in Seth
im Amte Tondern, wo sein Vater Landmann war; studirte zu Kopenhagen 1793 u. nahm im folgenden Jahre das sog. philologisch-
philosophische Examen das.; 1801 Canzellist im Archiv-Comtoir der
Schleswig.-Holst. Canzelei; 1815 aus diesem Amte entlassen, privatisirte er in Kopenhagen u. starb daselbst den 1. November
1847. Vergl. über ihn N. St. M. II, 1834, S. 683, Ersl. II, S. 241
bis 242. Supplem. II, S. 333.

1) Poetiske Markblomster. Kbh. 1800. 8.
2) Det menneskelige Liv, et lyrisk Læredigt. (Aus der „Minerva" 1806, IV,
84—97; 1807, I, 141—156, II, 264—76, 1808, S. 189—202, besonders herausgegeben) Kjøbenhavn 1810. 8. Rec. Literatur-Tidende 1811, No. 27.
3) Der Bräutigam ohne Strümpfe. Ein Trauerspiel in 5 Acten von Johann
Hermann Wessel. Aus dem Dänischen übers. Kopenh. 1827. 8. Rec. (v.
J. L. A. Kolderup-Rosenvinge) in der „Liter. Tidende" 1827, No. 39.
4) Belinde eller den røvede Haarlok, et Skjemtedigt in 5 Sange efter Popes
„The rape of the Lock" fordansket og localiseret. Kbh. 1829. 8.
5) Olger Danske som Ridder uden Dadel, barokt Drama i 5 Acter. Kbh. 1844. 8.
6) * Pater noster coelestis. Herrens Bøn i fire Sprog, versificiret og med én
egen Melodie for Pianoforte. Kbh. (1845) fol.
In der „Minerva" 1805, IV, 313 (Almeenaande, en Ode). In Kjøbenhavns Skilderie" 1811, (Gedichte). In „Dagen" 1835, No. 272 (G. G.
Mac-Drugells Nekrolog, samt et Sørgedigt); 1824, No. 177, 179, 213; 1825, No. 2,
52, 66, 106, 191, 254, 312; 1826, No. 61; 1830, No. 67; 1831, No. 26; 1832,
No. 35; 1835, No. 8; 1838, No. 63 (Gedichte). Ebenfalls in Langes „Ny Freia"
1827, No. 19. In Fr. Thaarups „Kopenhagener Börsenhalle", Bd. 2, 1832,
No. 25 (Vignetten an dänische Dichter, von H. C. Andersen, auszugsweise und
zwanglos verdeutscht); No. 30 (Sympathie).

1314) **Martini,** Georg Christlieb (L. & S. No. 747).
Vergl. über ihn noch P. Hanssen „v. Plönischen Landen" S. 107,
Rotermund 4, S. 849. Pauli 2, S. 339.

Von ihm noch (nach Pauli):

(Das Volk der Juden als ein Beweis, dass Jesus der wahre Messias. Predigt

aus Lucas 19, 41—48) in F. Wagners Kanzelreden Th. 2, No. 8. — (Die Erkenntniss Jesu Christi besser denn alles Wissen. Predigt über Epist. dom. 23. p. trinit.)
Das. Th. 6, No. 5.

1315) **Marxen,** Marx Christian (L. & S. No. 748); geb.
in Marne am 27. Januar 1780, Sohn des dortigen Kirchspieleinnch-
mers Hinrich Christian Marxen u. der Anna Sophie geb. Behrens,
besuchte von 1792—1799 die Gelehrtenschule in Meldorf, bezog
1799 die Universität Kiel, Ostern 1802 Jena; im Sommer 1803 tentirt,
conditionirte er als Hauslehrer, bestand 1808 das theol. Examen
in Glückstadt mit dem 2. Char.; 23. Aug. 1810 Diakonus in Schwabstedt, 26. Sept. 1814 Diakonus in Wesselburen, wo er starb 23. März
1831. Verh. mit Rebecka Elisabeth Catharina, Tochter des Hauptpastoren River Schmidt in Marne. Mitgetheilt.

1316) **Marxsen,** Christian Detlef (L. & S. No. 749);
er erhielt unter dem 27. September 1838 von der Schleswig-Holsteinischen Regierung eine Belobung; er blieb als Organist in Rendsburg auch, als er im März 1840 zum Organisten, Küster u. Lehrer
in Bramstedt ernannt worden war; er starb in Rendsburg, nach
einer Mittheilung, vor mehreren Jahren. — Verh. seit 20. April
1814 mit Johanna Margaretha Pöhls aus Oldesloe.

Von ihm noch:

Kleines Choral-Melodienbuch für die Schleswig-Holsteinischen Schulen. Altona,
Hammerich, 1835. 8.

Zwei Reden, gehalten bei Entlassung der Confirmanden. Hamburg, Heroldsche
Buchh., 1838. 8. Angez. Schlesw.-Holst. Schulbl. I, 1839, H. 1, S. 183. Itzehoer
Wochenbl. 1838, No. 50, Sp. 1207—1208.

Im „Itzehoer Wochenbl." 1836, No. 44, Sp. 1049—52 (Privat-Wittwen-Pension-
Verein); 1841 No. 11, Sp. 277—78 (Entgegnung auf eine, die von ihm beabsichtigte Herausgabe eines Choralbuchs zum Schlesw.-Holsteinischen Gesangbuch
mit beziffertem Bass betreffende Anzeige des Organisten Barbeck).

1317) **Marxsen,** Christoph Heinrich (L. & S. No. 742
u. No. 1485; denn beide No. bezeichnen eine u. dieselbe Person u.
ist in No 742 der Name Marnsen statt Marxsen verdruckt). Er
war ein Bruder der nachfolgenden Detlev Johann u. Peter Christ.
Marxsen u. starb als Arzt in Heiligenhafen, beinahe 70 Jahr alt,
den 8. April 1867. — Zum Theil mitgetheilt.

In Pfaffs Mittheilungen 1, 1832, H. 3 & 4, S. 230—238 (Scharlachepidemie
in Heiligenhafen); 3, N. F. 1, H. 9 u. 10, S. 1—22 (Practische Beobachtungen);
4, N. F. 2, H. 1 u. 2, S. 17—32 (Masernepidemie in Heiligenhafen); 8, N. F. 6,
H. 3 u. 4, S. 1—23 (Ueber die in u. bei Heiligenhafen im Jahre 1837 u. 1838
erschienenen Variolen u. Varioliden).

1318) **Marxsen,** Detlev Johann (L. & S. No. 750), Arz
in Boel in Angeln, später u. noch zur Zeit in Cappeln.

1319) **Marxsen,** Harald Marquard; geb. in Cappeln, ein Sohn des vorhergenannten Detl. Joh., studirte Medicin, promovirt in ihr 1848 in Kiel, war Arzt in Segeberg, seit April 1866 in Heiligenhafen.

Descriptio morbi, qui consistit in paralysi radicis sensitivae nervi trigemini una cum hemiplegia in sinistra parte. Kiliae 1842. 8.

1320) **Marxsen,** Peter Christian, geb. den 1. Juni 1806 in Ulsnis in Angeln; Sohn des Landmanns Marquard Nicolai Marxsen daselbst, des Ersten, welcher auf seinem Hof in Arrild in den 80ger Jahren des vorigen Jahrhunderts zu mergeln anfing und später in Ulsnis als Licentiat der Medicin und Landarzt practisirte; Bruder der vorhergenannten Detlev Johann u. Christoph Heinrich Marxsen; wurde vom 15. Jahre an privatim unterrichtet, dann auf der Schleswiger Domschule u. besuchte darauf die Universitäten Kiel u. Halle, um Philologie zu studiren; promovirt im Juni 1838 als dr. philos. in Kiel; war dann zuerst Hülfslehrer an der Kieler Gelehrten-Schule, darauf an der Gelehrten-Schule in Rendsburg nach Conrector Nissen's Tod 1844 const. u. wurde 1848 zum Subrector ernannt.

1) Ueber die Verwandtschaft des Platonischen Symposiums mit den Thesmophoriazusen des Aristophanes: im Rendsburger Schulprogramm 1853, S. 3—13. 4.

2) Die Griechische Schule in Beziehung auf Lehren u. Lernen in Genossenschaft: im Osterprogramm des Rendsburger Realgymnasiums 1865, S. 3—25. 4.

(Seine Inaugural-Dissertation de Agathonis tragici vita et poesi blieb ungedruckt). Revidirt.

1321) **Matthiesen,**[*] Adolf, aus Altona. (Ob ein Verwandter, ein Sohn des nachfolgenden Erhard Adolf Matthiesen?)

Im Supplément à la bibliotheque universelle de Genève. Archives des sciences physiques et naturelles t. 5, 1847, p. 126—142 (cfr. p. 112): (Determination experimentale du pouvoir rotateur par influence magnétique d'un grand nombre de composés transparents. Steht im Auszuge auch in: Comptes rendues des seances de l'academie des sciences, 1847, t. XXIV, p. 969—973); in demselben Supplément p. 221—229 (Determination exacte de la dispersion de l'oeil humain par des mesures directes. — Steht im Auszuge ebenfalls in den Comptes rendues etc. 1847, Janvier-Juin, p. 875); in dems. Supplément tom. 6, 1847, p. 141—143 (Observation du spectre optique pendant l'eclipse du 9. Octobr. 1847). — In den Comptes rendues des seances de l'academie des sciences, t. 24, 1847, Janv.-Juin, p. 781 (Petit goniométre à reflexion comparée), t. 25, 1847, Juillet-Decembre, p. 20 (Etude des effets rotateurs produits par les poles d'un électroaimant sur les solides transparents); p. 173 (Liste des composés vitrifiés qui produisent une rotation du plan de polarisation plus forte que le verre pesant de Faraday); p. 548 (Extrait d'une lettre à M. Arago).

———

[*] Wir führen diesen Namen mit einem s an.

1322) **Matthiesen,** Christian, geb. in Schleswig, studirte die Rechte in Kiel 1831—1835, darauf Untergerichts-Advocat in Schleswig, 1839 den 7. December auch Notar, Hardesvogt der Saatrup- u. Mohrkirch-Harde im Amte Gottorf bis 1851, 1853 in seiner Bestallung nicht bestätigt, dann Bürgermeister in Wolgast, den 6. September 1864 const. Hardesvogt in der Wies- u. Uggel-Harde im Amte Flensburg, Jan. 1866 Amtmann über Sonderburg u. Norburg.

Bittschrift der Aelterleute von eilf Zünften in der Stadt Schleswig in Betreff des der Ständeversammlung vorgelegten Entwurfs einer Gewerbeordnung, Erörterungen über die Grundlage des Entwurfs enthaltend. Schleswig, Serringhausen, 1844. 8. SS. 42.

Beitrr. im Itzeh. Wochenbl. u. A. 1840, No. 3.

1323) **Matthiesen,** Danklef Adolf Ferdinand, geb. den 19. September 1811 zu Schleswig, Sohn des weil. Landinspectors Ingwer Paul M. u. der Marie Louise geb. Thiessen in Schleswig; besuchte die Schleswiger Domschule bis Mich. 1832, wo er die Universität Kiel bezog, um Theologie zu studiren, examinirt auf Gottorf Michalis 1836 mit dem 3. Chr. m. s. r. A. u. Michaelis 1841 mit dem 2. Char.; am 1. Juli 1849 gewählt zum Diaconus in Petersdorf auf Fehmarn.

Einweihungsrede bei Errichtung einer Gedenktafel am 12. September 1865 in der Kirche zu Burg, zu Ehren der in den Jahren 1848—51 im Kriege gegen Dänemark gefallenen Fehmaraner. Druck u. Verl. v. D. H. Sieverts in Burg. kl. 8. 11 SS. Auf dem Titel steht irrthümlich D. C. Matthiesen.

1324) **Matthiesen,** Erhard Adolf (L. & S. No. 753); starb zu Altona den 1. November 1831. (Er war ein Schwager des Professors Nasser). — S. Alt. Merk. 1831, No. 176, Sp. 3762. Poggendorffs biogr.-liter. Handwörterbuch der exacten Ww. II, Sp. 82.

1325) **Matthiesen,** Hans Christian, geb. den 22. Januar 1833 in Burg auf Fehmarn, Sohn des Justizraths gl. Namens (früher Landschreibers das., seit seinem Abgang im Juli 1865 in Eckernförde und Bergedorf wohnhaft) u. der Marie geb. Hammer († 1859); besuchte die Gelehrtenschule in Ratzeburg unter den Lehrern Zander, Rieck, Aldenhoven u. Bobertag; studirte 1853 Philologie u. Geschichte in Kiel, 1855 in Berlin bei Böckh, Haupt u. Ritter, Sommer 1857 in Göttingen bei Curtius u. Waitz, wieder in Kiel u. hier im März 1858 dr. philos.; privatisirte dann in Berlin u. war Assistent beim Professor der Archäologie dr. Eduard Gerhard; machte das Schulamts-Examen in Kiel im März 1861; war von April bis December 1861 Hülfslehrer in Rendsburg, bis Michaelis 1862 Hülfslehrer in Altona, dann in Glückstadt; Mich. 1863 in Plön, den 31. Mai 1864 7. Lehrer in Plön; den 11. September 1865 6., Jan. 1865 5. Lehrer das.

1) Ein Beitrag zur Würdigung des Ephorus. Leipzig, B. G. Teubner, 1859. 8. Auch im Supplem. zu Fleckeisens Jahrbb. III, H. 6, S. 877 ff.

2) Einige Andeutungen über die Richtung u. den Einfluss der Isokratischen Schule im Plöner Oster-Progr. 1865, SS. 24. 4.

In Gerhards „archäologischer Zeitung" 1859, No. 128, 129 (Tropäum der Göttin Roma nebst Abbildung). Im „archäologischen Anzeiger" No. 123a, 1859 (Relief aus Isernia, eine Replik der Alexanderschlacht darstellend). Revidirt.

1326) Matthiesen, Heinrich Friedrich Ludwig, geb. 22. September 1830 in Fissau, Amt u. Kirchsp. Eutin; sein Vater Christ. M., Schullehrer das., friesischer Abkunft, (Sohn v. Matthias Nissen, geb. 1757, Sohn v. Niss Feddersen, geb. 1704, Sohn v. Fedder Nissen, geb. 1675, Sohn v. Niss Ingwersen, geb. 1640); seine Mutter Juliane Marie Gustave geb. Hansen. Der Sohn besuchte das Gymnasium in Eutin, Rector Meyer, v. 1845—1851, u. verdankte seine Ausbildung in den mathematischen Wissenschaften ausser seinem Vater den Lehrern Bobertag u. Vechtmann; war 1851—1852 Hauslehrer auf Neunordsee, studirte Mathematik u. Physik in Kiel v. 1852—1857, promovirt das. d. 7. April 1857; war schon seit 1855 Assistent am physicalischen Institut in Kiel u. von Michaelis 1857 bis dahin 1859 Privatdocent der Universität in Kiel, dann Lehrer der Mathematik u. Physik in Jever, im October 1864 Subrector in Husum. Er ist auch Mitglied der mathematischen Societät in Jena.

1) Ueber die Gleichgewichtsfiguren homogener frei rotironder Flüssigkeiten. Kiel 1857. 8. (Ist aus seiner Inaugural-Dissertation de quaestionibus analyticis, quas de figura terrae inde a Newtoni temporibus, instituerant geometrae deutsch übersetzt u. verändert.)

2) Neue Untersuchungen über frei rotirende Flüssigkeiten im Zustande des Gleichgewichts. Ein Beitrag zur mathematischen Physik: steht vor dem Universitäts-Progr. zur Feier des k. Geburtstages d. 6. October 1859 u. erschien auch separat Kiel 1859. 4. Mit Tafel. SS. 74. Nachträge zu dieser Schrift: Zeitschr. f. Mathem. u. Physik v. O. Schlömilch VI, 1861. 1.

3) Beiträge zur Anordnung u. Bildung der Electricität auf isolirten Leitern. Jever 1861. 4. Separat-Abdruck des Oster-Programms f. 1861.

4) Die algebraischen Methoden der Auflösung der litteralen quadratischen, cubischen u. biquadratischen Gleichungen. Nach ihren Principien u. ihrem innern Zusammenhange dargestellt. Erste Serie, enthaltend 51 Substitutionsmethoden. Leipzig 1866. gr. 8. VII u. 40 SS. (Separatabdruck aus dem Progr. der Husumer Gelehrtenschule.)

In der „Zeitschrift f. Mathematik u. Physik" v. Schlömilch. J. 5, 1860 (Elementarer Beweis des Völlerschen Satzes u. Uebertragung desselben auf räumliche Verhältnisse); J. 6, 1861 (Anwendung der oscillirenden Kettenbrüche zur gleichzeitigen Bestimmung zweier Wurzelwerthe einer Gleichung); J. 7, 1862 (Ueber die Abweichung des freien Falls der Körper von der Verticalen); J. 8, 1863 (Neue Auflösungen der cubischen u. biquadratischen Gleichungen; Ueber die scheinbaren Einschränkungen des Eulerschen Satzes von den Polyedern; Ueber Gestalt u. Maass der singulären Puncte der Curven u. Flächen; Ueber eine besondere Art von secundären Gleichgewichtsfiguren); J. 9, 1864 (Beschreibung u. Theorie eines Variationsinstrumentes für Declination u. Intensität des Erdmagnetismus; Ueber eine Beziehung der Seiten u. Diagonalen eines Kreisvierecks zu den Wurzeln einer biquadratischen Gleichung u. ihrer Resolvente); J. 10, 1865 (Ueber Systeme kosmischer Ringe von gleicher Umlaufzeit als discontinuirliche Gleichgewichtsfiguren im frei rotirenden Flüssigkeitsmaasse; Methode eine Potenz mit rationalgebrochenem Exponent in einen Kettenbruch zu verwandeln, dessen Partialbrüche Stammbrüche sind; Ueber den Einfluss der Gestalt und täglichen Bewegung des Erdballs auf Gleichgewicht u. scheinbare Bewegung irdischer Gegenstände in der Nähe der Erdoberfläche); Jahrg. 11, 1866 (Ueber sogenannte Freundschaftszahlen). In den „Mittheilungen des Vereins nördlich der Elbe für Verbreitung naturwissensch. Kenntnisse" 1861, S. 63—66 (Zur Kenntniss der sog. Sternschnuppen insoweit sie nicht kosmischen Ursprungs u. nicht Nostoc sind.); 1866, H. 7 (Neue Beobachtungen über den animalischen Ursprung der Sternschnuppen). — In den „Jeverländischen Nachrr." 1861 (Ueber die Leuchtkraft der Kerzen, der Oel- u. Hydrocarbürlampen). — In Grunerts „Archiv" Bd. 41 S. 231 sqq.; (Eine neue Auflösung der biquadratischen Gleichungen). — — In „Chronik der Univers." Kiel 1866 (Kiel 1867) S. 56—60 mit Tafel (Ueber die jährliche Drehung der mittleren monatlichen Windrichtung im nördlichen Deutschland.) — Revidirt. Vergl. auch biogr. literarisches Handwörterbuch zur Geschichte der exacten Wissenschaften v. Poggendorf (Leipz. 1863) Bd. II p. 82.

1327) **Matthiesen,** Johann, geb. den 28. December 1802 in Brockdorf, 1818 Unterlehrer in Wilster, 1820 u. 1824 in Wewelsfleth; inzwischen Hauslehrer; Tondernscher Seminarist, exam. 1826 (1. Char.); Hauslehrer; dann 3½ Jahre Lehrer in Ahrensbock, 4½ Jahre in Segeberg, im September 1838 Organist in Brockdorf; starb im Mai 1854. — Vergl. den Nekrol. im Schulbl. 1857 S. 33—38 (vom Organisten Peters in Neuenkirchen bei Heide).

In den Darstellungen aus dem Christenleben, herausgeg. v. Elb-Pinnauer Lehrerverein (1857, wo der Verf. also bereits verstorben) Nr. 21, S. 186—193 (Des Christen Osterfest). —

1328) **Matthiesen,** Johann Jacob Nicolaus (L. & S. Nr. 1486); seit 1831 practisirender Arzt in Oldesloe, wo er noch ist. — Vergl. Chronik der Universität Kiel 1828/29 S. 7.

1329) **Matthiesen,** Karl Marcus Andreas, geb. in Oeversee im Amte Flensburg den 14. November 1820, Sohn des dortigen Predigers Ivar Matthiesen († 12. December 1842) u. der Helene geb. Petersen; wurde im October 1843 Student auf der Kopenhagener Universität, nahm im folgenden Jahre das zweite Examen

u. verrichtete seit Frühjahr 1850 Dienste beim Geheimen Archiv, bei dem er 1852 Stipendiat, später Secretär wurde. Vergl. Erslew Supplem. II S. 335.

1) Diplomatarium collegii canonicorum Hadersleviensium. Aktstykker til Oplysning om Kannikecollegiet i Haderslev för Reformationen. Kbh. 1856. 4. (Steht auch in Wegener's Aarsberetninger fra det k. Gebeimearchiv II. Bd. Tillæg S. 3—72). In „Ny kirkehistoriske Samlinger" I, S. 668—73 (Mitgetheilt v. ihm: Ribe Arkidiakonats Indtægter ved Reformationen). — Der IV.—VI. Bd. des Danischen Magazins, 3. Reihe, Kopenh. 1854—69, sind, was Abschrift u. Correctur betrifft, beinahe ganz seine Arbeit u. die Register von ihm. — Ueber seine Theilnahme an Kriegers „Antislesvigholsteensko Fragmenter" XIV. H. (1851) vgl. die Vorrede dieses Heftes. — In den „Slesvigske Provindsialefterretninger" Bd. 3, S. 209 ff. (Slesvigske Herredssegl).

1330) **Matthiesen,** Karl Robert, geb. in Glückstadt, Sohn des nachfolgenden Canzleiraths Peter Friedrich Christian Matthiesen; studirte Medicin u. wurde promovirt in ihr 1855 in Kiel; ist zur Zeit practisirender Arzt in Glückstadt.

Congenitum oesophogi vitium in neonatis observatum. Diss. inaugur. Kiliae 1855. 4.

1331) **Matthiesen,** Peter Friedr. Christian (L. & S. No. 755); 1832 Justitiar in Seestermühe, Gross- u. Klein-Collmar, seit 6. Aug. 1839 Canzleirath, später Justitiar in Glückstadt; starb 1865.

Von ihm noch:

Betheiligte sich neben dr. Lübkert, Subrector A. Petersen u. Diaconus Nicol. Hartwig Bünz an der Herausgabe der Sammlung christlicher Predigten u. Gelegenheitsreden. Zum Besten der Kinder des weiland Pastors dr. Gerber in Collmar (Itzehoe 1847. 8.). Von ihm ist darin Nekrolog des Pastors dr. Gerber XI—XVI. Die Holsteinischen adeligen Marschgüter Seestermühe, Gross- u. Klein-Collmar. Eine historisch-statistische Skizze mit 15 Beilagen als Beitrag zur Kunde des Vaterlands. Altona, Aue, 1838. 8. XII u. 214 SS. Rec.: Göttingensche Gel. Anzz. 1841, Bd. 1, S. 77—80. Im Neuen Staatsb. Mag. 6, 1837, S. 305—323 (Ueber die Aufhebung der Dinggerichte in den adeligen Marschgütern, mit besonderer Beziehung auf die neuere Gerichtsverfassung der Marschgüter Haseldorf u. Haselau.) — In Falcks Archiv Jahrg. 1, 1842, S. 125—140: (Inwiefern ist die Halbprocent-Steuer bei Auctionen von Staatspapieren zu entrichten?) 2, S. 635—665 (Das Vergehen der Quacksalberei. Nach Schleswig-Holsteinischen Gesetzen). —

1332) **Matzen,** Adolph Heinrich Strodtmann, geb. d. 6. Juli 1819 in Törning, studirte in Kiel Theologie seit Mich. 1843, wurde 1850 Ostern in Kiel mit dem 2. Char. m. r. A. examinirt, den 19. April 1859 (10. Juli antretend) Subrector an dem

deutschen Nationallyceum u. deutscher Hülfsprediger in Stockholm,
23. April 1864, antretend 22. Mai, Past. in Fjelstrup, dazu 1. Juni
bis 18. Juli 1864 constituirter Probst für Hadersleben. Vergl.
Jahrbb. f. d. L. VIII p. 310. —

Von ihm sind, nach einer authentischen Mittheilung, mehrere v. Stockholm
aus datirte Artikel in dem in Hamburg erscheinenden „Alsterboten."

1333) **Matzen,** Andreas, geb. den 18. December 1818
in Dührhuus, studirte Theologie in Kiel seit Ostern 1842, wurde
1847 mit dem 2. Char. m. s. r. A. examinirt, den 7. Juni 1849 Past. in
Büldrup, den 29. August 1850 entlassen u. constituirter Past. daselbst, den 16. April 1851 const. Pastor in Friedrichstadt, den 9.
Juli 1854 Past. in Drelsdorf, 17. März 1865 voc. Past. in Büldrup.

Beitrr. zu den Pastoral-Studien des Probsten Caspers Jahrg. 1, 1860, S. 328
bis 338; S. 385—387; S. 450—461; Jahrg. 2, 1861, S. 77—89. — Ein Artikel
in der Beilage des Alton. Merk. 1865.

1334) **Matzen,** Christian Adolf, geb. 28. April 1800
in Altona, wo sein Vater Kaufmann war; war mehrere Jahre Güter-
makler u. gleichzeitig zuerst Angostellter an Ourupgaards Comtoir,
später Pächter v. Christiansminde auf Falster; ist seit den letzten
Jahren Lichtgiesser in Nykjœbing auf Falster. — Vergl. Erslew
Supplm. II S. 386.

1) Den practiske Huusven, indeholdende Forskrifter og Anviisninger til Brug
for Huusfædre og Huusmœdre, Landoeconomer og Kjœbstædbeboere; deels Over-
sættelser af tydske polytechniske Værker, deels Originaler. Nykjœbing paa
Falster 1845. 8.

2) Fremgangsmaaden ved Udplantning af Kartoffelspirer, som et meget sandsyn-
ligt Præservativ imod Kartoffelsygdommens Gjentagelse, practisk fremstilles efter
mangeaars Erfaring, saavel til Anvendelse ved Kartofflernes Dyrkning i Haven
som i Marken. Nykjœbing paa Falster 1846. 8. 16 SS.

3) Das Verfahren des Verpflanzens der Kartoffeln durch Keime, begleitet von
einigen Anmerkungen über das Erziehen der Kartoffeln aus Saamen. Nykjœbing auf Falster 1847. 16 SS. 8. (Ist wohl eine Uebers. der No. 2.)

Beitrr. zur „Berlingske Tidende." 1846 No. 97 (Präservativ imod Kartoffelsygdommens Gjentagelse). No. 212 (Om Rugen); zu „Lollands - Falsters Stifts-
Tidende" 1846 No. 96 u. 1854 No. 150 (Kartoffelsygdommen); — zu „Lollands-
Posten" 1846 September (At pnaagtes!); zur „Landoeconomik, Maaneds-Skrift"
1847, No. 10, 11, S. 76—80, 86—88 (Bemœrkninger om Kartoffelavlen). —

1335) **Matzen,** Jürgen Friedrich, geb. den 21. Januar
1807 in Borgwedel; studirte Theol. in Kiel seit Ostern 1830, examinirt 1836 resp. 1838 (2. Char.), den 23. März 1842 ordinirter
Prädicant am St. Jahanniskloster bei Schleswig bis Michaelis 1845,
den 28. April 1848 Past. adjunctus, den 13. September 1849 con-

stituirter, im April 1851 vocirter Pastor in Odenbüll; den 13. Juni 1864, antretend den 12. Juli, Pastor in Sieverstedt.

Beitr. zu Caspers Pastoral-Studien Jahrg. 1, 1860. S. 405—409.

1336) **Mau,** August, geb. in Kiel 15. October 1840, Sohn des nachfolgenden Professors H. A. Mau, studirte Philologie u. wurde promovirt 1865 in Kiel, nachdem er schon interimistisch als Gymnasiallehrer fungirte.

De Tibulli elegia libri primi secunda: im Oster-Progr. der Glückst. Gel. Sch. 1866. 4. SS 20.

1337) **Mau,** Heinrich August, geb. den 20. November 1806 zu Hollingstedt, Probstei Gottorf, Sohn des nachfolgenden Johann August Mau u. der Maria Louise, geb. Carstens; von seinem Vater bis Ostern 1824 vorbereitet, kam er in die Prima des Catharineums in Lübeck; ging von dort Ostern 1826 auf die Universität in Leipzig, wo er sich durch eine lateinische Abhandlung über Platons Phädon Aufnahme in die von Gottfr. Hermann geleitete Griechische Gesellschaft· verschaffte, ebenfalls auch einer vom mag. Frotscher geleiteten lateinischen Gesellschaft angehörte; setzte Ostern 1828 seine Studien in Theologie in Kiel fort; übernahm Ostern 1830 eine Hauslehrerstelle bei dem Hrn. v. Rumohr auf Grundhof in Angeln; stellte sich von dort aus 1831 dem Examen auf Gottorp (1. Charakter); kam Ostern 1832 nach Kiel als Substitut des Subrectors Asmussen an der Gelehrten-Schule; wurde Ostern 1834 dr. philos. u. hielt zugleich theologische u. namentlich exegetische Vorlesungen; im Sommer 1836 ausserord. Prof.; Ostern 1839 ord. Prof. u. dr. theol. in Kiel; 1844—45 u. 1849 bis 50 Rector der Universität; schon 1841 R. v. D.; erhielt im Frühjahr 1847 einen Ruf nach Königsberg, blieb jedoch in Kiel, als seine Stelle verbessert wurde; 1850 ordentl. Mitglied der historisch-theologischen Gesellschaft zu Leipzig; starb den 21. August 1850. Verh. seit 1839 mit Louise v. Rumohr. — Vergl. N. Nekrol. d. D. XXVIII, S. 551—558. Theol. Literat.-Bl. zur allgem. Kirchenzeitung 1851 No. 1 (v. Prof. Thomsen in Kiel); — Alt. Merk. 1850 No. 199.

1) Vom Tode, dem Solde der Sünden u. der Aufhebung desselben durch die Auferstehung Christi. 1. u. 2. Abth. Kiel. Universitäts-B. 1841. 8. 1. Abth. (Mit Rücksicht auf Otto Krabbe: die Lehre von der Sünde u. vom Tode in ihrer Beziehung zu einander u. zu der Auferstehung Christi) in den „Theol. Mitarbeiten" Jahrg. 1, H. 2, Kiel 1838, S. 3—132. 2. Abth. das. Jahrg. 3, H. 4, S. 3—112. —

2) Commentatio de norma judicii extremi, quam proposuit Christus apud Matth. c. 25, v. 31—46. Kiliae 1841. 4. Ist dem Probsten Cl. Harms zu der Jubelfeier der 25jährigen Amtsthätigkeit desselben in der Gemeinde Kiel 1841 Namens der theol. Facultät gewidmet. —

3) De christologia novi testamenti observationes. Kiliae 1843. 4. SS. 34. Ist eine Einladungsschrift zum Geburtsfeste des Königs.

4) War seit 1840 neben G. S. Francke, A. F. L. Pelt u. J. A. Dorner Mitherausgeber der „Theologischen Mitarbeiten." Kiel 1840—1841. 8. Darin von ihm III, H. 4, S. 154—165: das Evangelium Johannis u. die Apostelgeschichte.

In der „Evangelischen Kirchenzeitung" 1850, Juli-Heft, (Die Schleswig-Holsteinische Sache. Entgegnung auf No. 24 u. 25 dess. Jahrg. der Ev. Kirchenzeit. — Steht auch im Kirchen- u. Schulbl. 1850 N. 71—73. Auch besonders gedruckt. Kiel. Akad. B. 1850. 8. SS. 32. Angez. Kiel. Corresp.-Bl. 1850 No. 195.)

Schrieb manche kleinere Aufsätze für politische Zeitschriften der Herzogthümer. — Auch ein Gutachten über den gegenwärtig in der Baierischen Rheinpfalz zur Annahme vorgeschlagenen kirchlich-demokratischen Entwurf einer Kirchenverfassung im Jahre 1850.

1338) **Mau,** Johann August (L. & S. No. 756), den 7. Aug. 1838—1840 u. 26. November 1841—1846 geistl. Mitglied der Holsteinischen Ständeversammlung, 4. November 1842 Assessor des Kieler Landconsistorii, den 18. Febr. 1846 dr. theol. in Kiel, den 20. Mai 1854 R. v. D., d. 7. Juni dess. J. Jubilar; starb den 13. Juni 1861.

Von ihm noch: Auserlesene Historien u. Erzählungen aus der Geschichte der christlichen Kirche. Zunächst für Schulen u. zur lehrreichen Unterhaltung für Erwachsene. Hamb., Perthes & Besser — 1829. SS. 314.

Gebetbüchlein für Kinder. Kiel — Akad. Bchh. — (L. & S.) 2. verm. Aufl. 1831. 8.

Die Bergpredigt Christi nach St. Matthäus. Homiletisch bearbeitet und in 24 Predigten dargestellt. Hamb., Perthes & Besser, 1835. gr. 8.

Christlich-biblisches Gebetbuch zur Stärkung des kirchlichen Sinnes u. zur Beförderung eines gottseligen Lebens. Schleswig, Tbst. Institut. (L. & S., S. 365) 3. Aufl. 1839. 8.

Das erste Wort des Auferstandenen: Was weinst du? wen suchest du? in seiner hohen Bedeutung für alle gläubigen Christen. Predigt am Osterfest über Joh. 20 v. 11—18: in Brodersens Sammlung von 30 Predigten. (Itzehoe 1842.) S. 129—156.

Der 7. Juni 1854 oder das Jubelfest in Schönberg, adeligen Klosters Preetz in der Probstei Kiel, zunächst den Gemeinden Schönberg u. Probsteier-Hagen, sowie allen Probsteiern gewidmet v. dem Jubilar. Kiel 1854. 8.

1339) **Mau,** Johann Friedrich (L. & S. No. 757). Starb den 25. März 1831, 66 Jahr alt. Verheir. mit Lina, einer Tochter des Landvogts in Süder-Ditmarschen H. Chr. Boie.

1340) **Mau,** Karl Eduard, geb. den 15. August 1814 in

Probsteierhagen; studirte Theologie seit Michaelis 1834 in Kiel, examinirt Mich. 1839 mit dem 2. Char. m. s. r. A; den 23. April 1843 Pastor
in Bannesdorf auf Fehmarn; den 21. Januar 1849 Pastor in Burg
in Süder-Ditmarschen, wo er den 25. März dess. Jahrs antrat; hielt
1866 im Aug. bei der Vacanz des Hauptpastorats in Kiel unter
7 vorgeschlagenen Predigern eine Gastpredigt; im März 1867 const.
Probst f. Süder-Ditmarschen.

1) Ich bin gekommen, dass ich ein Feuer anzünde auf Erden; was wollte ich
lieber, denn es brennete schon. Predigt, gehalten am Missionsfest zu Süder-
hattstedt in Ditmarschen, den 21. September 1853. Altona, Schlüter, 1853. 8.
2) Die Wiedergeburt. Predigt über Ev. Joh. 3, 1—15, gehalten in Altona am
Sonntag Trinitatis 1864. Altona, Schlüter. 1864. 8. 16 SS.
Im (Flensb.) Religionsblatt XIII, 1844, No. 39 (Wodurch hat Christus uns
erlöst?) 37, 38, 41, 52 (Gleichnissreden). Beitrag zum Itzeh. Wochenbl. 1845,
No. 45. — Im Kirchen- u. Schulblatt 1844, Jahrg. 1, Sp. 17—23 (Was heisst Christum
predigen?); No. 42 (Was ist die Schule?); 1846, Jahrg. 3, Sp. 184—192 (Der
freie Protestantismus u. die Orthodoxie); Sp. 317—319 (Zur Steuer der Wahrheit);
Sp. 425—430 u. Sp. 433—442 (Orthodoxie u. freier Protestantismus, eine Entgegnung auf den unter derselben Ueberschr. im Juni-Heft der Norddeutschen
Monatsschr. enthaltenen Aufsatz des Hrn. Cand. Schwartz); Sp. 529—534 (Ueber
die Bedeutung der Auferstehung Christi f. das christliche Bewusstsein); Sp. 332
bis 336 (Angezeigt von ihm Franz Baltisch's (Hegewisch's) „Eigenthum u. Viel-
kinderei"; cfr. Kieler Corresp.-Bl. 1846, No. 78); Sp. 385—392 (Angez. v. ihm
Kähler's Katechismus); 1847, 4. Jahrg., Sp. 97—108 (zur Charakteristik des sog.
freien Protestantismus); 1848, 5 Jahrg., Sp. 271—275 (Haben die Könige ihre
Macht vom Volke oder v. Gott?); Sp. 304—308 (Ueber das Verhältniss zwischen
Predigern u. Schullehrern); Sp. 761—767 (Betrachtungen über Gegenwart u. Zukunft der Kirche); Sp. 841—846 (Ueber den sog. allgemeinen Religionsunterricht
in der Schule); Sp. 655 (Rec. über „Leben u. Denkwürdigkeiten der Frau Elise
Fry"); 1849, Jahrg. 6, Sp. 497—503 (Christi Jünger sind das Salz der Erde);
Sp. 605—608 (Das Kirchengebet, eine Macht); Sp. 689—696 (Auch ein Beitrag
zur richtigen Ausleg. von Röm. 13, 1—5); Sp. 820—824 (Die Renitenz der Schleswigschen Geistlichen gegen die Landesverwaltung); 1850, Jahrg. 7, Sp. 7—8 (Nachtrag dazu); Sp. 145—151 (Obrigkeit u. Unterthanen). — In der kirchlichen
Monatsschrift Jahrg. 1852, S. 241—270 (Die römisch-katholische Kirche u. ihr
gegenwärtiger Aufschwung). — In Past. Clausens „Kirchen- u. Schulzeitung" 1863,
No. 22 & 23 (Zur Confirmation). — Einige Aufsätze im Rendtorff'schen Kirchen-
u. Schulblatt 1866 u. 67.

1341) **Mauch,** Johann Wilhelm Theodor, geb. 1788 in
Schleswig, studirte Medicin, wurde dr. med. & chir., war im Deutschen Befreiungskriege Militär-Arzt, später practischer Arzt in der
Stadt Schleswig, den 29. April 1844 Physicus in Stadt u. Amt
Rendsburg (wiederernannt den 25. März 1855); 1860 den 3. Januar
als solcher auf Ansuchen entlassen; starb zu Niendorf bei Hamburg den 5. October 1863.

1) Beweis, dass Karl Friedrich Traub an der hitzigen Gehirn-Wassersucht gestorben sei. Schleswig 1820. 4. SS. 16.
2) Ueber das Emphysem in den Lungen neugeborner Kinder. Ein Beitrag zur Lehre von der Lungenprobe. Hamburg, Perthes, Besser & Mauke, 1841. 8.
3) Amtlicher Bericht über den Vorgang, welcher bei Besetzung der Hebammenstelle in Brammer stattgehabt hat. s. l. et a. (1847) fol.
4) Beantwortung einiger mir von dem k. Schleswig-Holsteinischen Sanitäts-Collegium in Kiel gemachter Vorwürfe. Rendsburg 1847. 8. SS. 16.
5) Das Wissenswürdigste über die Beschaffenheit, Anpflanzung, Aufbewahrung u. Benutzung der Kartoffeln. Beigegeben eine Tafel mit colorirten Abbildungen. Rendsburg 1847. 8. Angez. Alton. Merk. 1847, No. 93. Itzeh. Wochenbl. 1847 No. 18; No. 28.
6) Von den asthmatischen Krankheiten der Kinder. Eine Monographie. Erster Theil: Vom Verhältnisse der Thymus bei Asthma. Berlin, in Commiss. bei A. Hirschfeld, 1852. 8. VIII u. 181 SS. Rec. Gött. Gel. Anz. 1853, S. 93 bis 95.
7) Von der Ehrsamkeit u. Gelehrsamkeit unserer modernen Deutschen Physiologen. Ein offenes Schreiben an den Herrn dr. Friedleben in Frankfurt a. M., sowie an den Herrn dr. Helfft in Berlin. Rendsburg, Oberreich, 1854. 8. IV u. 48 SS.
Im „N. Staatsb. Mag." X, 1841, S. 509—540 (Einige Notizen über Pflanzen u. pflanzenkundige Männer in Schleswig-Holstein u. Lauenburg). — Für Joh. v. Schröder's Geschichte u. Beschreibung der Stadt Schleswig, S. 392 (Zusammenstellung der seltenen, in der nächsten Umgebung der Stadt Schleswig vorkommenden Phanerogamen). Einzelne Beitrr. im Itzeh. Wochenbl. 1842, No. 16, 19, 21.

1341a) **May,** Martin, in Schlesien gebürtig, redigirte eine Zeit lang in den 50ger Jahren das Kieler Corresp.-Bl. bis er von der Dänischen Regierung 1857 od. 1858 (?) zur Entfernung genöthigt wurde, ging nach Wien (?), war in den Jahren des letzten Krieges in Altona, wo er die „Schleswig-Holsteinische Zeitung" redigirte; wurde 1865 angeklagt, soll jetzt in Süddeutschland leben.

Ausser dem im Text Erwähnten können wir, als wahrscheinlich ihm angehörig, hier nennen:
* Die Politik der Dänischen Regierung u. die Missverständnisse zur Würdigung des Budgetstreits. Hamb. 1861. 8.
* Woher? wohin? an das Volk in Schleswig-Holstein. s. l. 1864. 8.

1341b) **Mechlenburg,** Jürgen (L. & S., No. 759), cfr. über ihn Nyerup 380, Prov. Berr. 1832, S. 204. Er starb 1808.

1342) **Meding,** Johann Jacob, geb. 1774 in Tönning, studirte Theologie in Kiel seit Ostern 1793; wurde 1798 auf Gottorf mit dem 2. Charakter examinirt; darauf 6 Jahre Hauslehrer u. Gehülfe an Hofprediger Christianis Lehr-Anstalt; wurde 1805 d. 13. December Pastor in Maibölle auf Lalland u. starb daselbst den 5. August 1824. Verh. mit Margarethe Elisabeth Edinger aus Aalborg. — (Fehlt im L. & S. — Vergl. Wulffs C.-Verzeichn. S. 21, Ersl. II, S. 248 u. Supplem. II. S. 342 u. 343)

Uobersetzte nach der 4. Auflage in's Dänische: Tro, Haab og Kjærlighed. En Haandbog for unge Jesu Venner og Veninder, v. J. H. L. Dräseke. Kbh. 1821. 8.

1343) **Mehlert,** Jacob Wilhelm, geb. 1824 zu St. Margarethen, wo sein Vater als Organist u. Lehrer stand; Segeberger Seminarist, 1847 examinirt mit dem 2. Char. m. s. r. A., in demselben Jahre Elementarlehrer zu Rödemis bei Husum, 1848 Rechenlehrer in Büsum in Ditmarschen, 1855 Rector daselbst; am 20. Febr. 1867 zum Organisten u. Lehrer in Eichéde, Probstei Stormarn, erwählt.

In den Darstellungen aus dem Christenleben, herausgeg. vom Elb-Pinnauer Lehrerverein (1857) No. 30, S. 248—260 (Fleischeslust).

1344) **Meier,** C. E. H., lebte nach dem N. St. M. X, S. 426 1818 in Altona.

Dreifacher Tonarten-Cirkel. Nach Angabe seines Lehrers des Herrn J. F. Grönlund. Hamb. 1818. 8.

1345) **Meier,** Wilhelm Eduard Karl Henrich, geb. den 6. October 1837 auf Klein Königsföhrde, Sohn des nachfolgenden Wilh. Gustav Meier, gebildet auf dem Gymnasium zu Kiel nach vorausgegangenem Privatunterricht, studirte Jura in Heidelberg u. Kiel von Ostern 1857 bis Michaelis 1861 u. wurde um Mich. 1861 mit dem 2. Char. m. r. A. examinirt; jetzt Advocat in Kiel seit Juli 1862 u. seit 1864 Secretär des Schlesw.-Holsteinischen landwirthsch. General-Vereins.

Redigirte seit 1864 No. 21 das landwirthschaftliche Wochenblatt für die Herzogthümer Schleswig, Holstein u. Lauenborg, jetzt „landwirthschaftliches Wochenblatt für Schleswig-Holstein" betitelt. Kiel 4. — Revidirt.

1346) **Meier,** Ivar Nielsen, geb. d. 12. Juni 1806 in Kolstrup, Kirchsp. Stepping, im Amte Hadersleben, Sohn des Hufners Niels Nielsen u. der Kirsten Ivers-Meier; war 3 Jahre Schullehrer in Bekke u. Krogstrup; besuchte das Skaaruper Seminar bis 1828; war 4 Jahre Hauslehrer beim Past. O. E. Friis in Kjœbstrup; den 1. Juli 1832 Lehrer beim Skaaruper Seminar; ging 1834 auf die Universität nach Kopenhagen, wo er zwei Examina machte; den 29. Sept. 1834 3. Lehrer am Skaaruper Seminar; bestand 24. Oct. 1839 das theol. Amts-Examen u. 6. Juni 1841 die praktischen Prüfungen; 13. Sept. 1850 2. Lehrer an dem genannten Seminar, 28. Juni 1857 Pred. in Vernige im Stifte Fühnen; 4. Aug. 1852 erwähltes Folkethingsmitglied für den 3. Wahlkr. im Amte Svend-

borg, wieder gewählt 26. Febr. 1853 u. den 27. Mai 1853 für
den 4. Wahlkreis in dems. Amte; legte 27. Sept. 1854 sein Mandat nieder. — Vergl. Erslew Suppl. II, S. 345—346.

1) Kortfattet Fremstilling af Hovedregningens Væsen og Værd. En theoretisk-
practisk Veiledning ved Underviisningen i den mentale Regnekunst. Kbh.
1841. 2. umarbeidede Opl. s. t. Almindelig Hovedregning. Das. 1856.
2) Dansk Grammatik til Brug for Skoler. Kbh. 1843. 8. ʼ
3) Practisk Regnebog. Første. Cursus (for Begyndere). Kbh. 1844. 8. Facit-
tabel. das. in dems. J. (H. Schneekloth rec. es in Tidskr. f. Almuesk. og Se-
minarivæs. II, 216—229, worauf der Verf. das. S. 307—328 „Bemærkninger"
folgen liess, die zu Gegenbemerkk. veranlassten, worauf Meier abermals III,
S. 116—120 antwortete). Andet Cursus (For Seminarier og Realklasser).
Kbh. 1854. 2. Opl. 1857.
4) Kortfattet dansk Sproglære. Kbh. 1852. 2. Opl. 1860.
5) Grundsteene til den nye Skolebygning. Et motiveret Forslag til Forbedringen
i det danske Folke-Skolevæsen. Odense 1852. 8. Recensionen dieser Schriften führt Ersl. 1. c. mehrere an.) —

1347) **Meier,** Peter Christian, geb. in Heide den 28.
Febr. 1783, Sohn des Bürgers Peter Meier u. der Sophie Wiebke,
geb. Berend, war 1810 Forstreiter auf Flyvesand im Kronburger
District auf der Insel Seeland, 1825 in dem Odsherre'schen Forstdistrict; starb den 3. Mai 1827. S. Ersl. Suppl. II, S. 346. ⟨Fehlt
im Kordes u. im L. & S.⟩

In A. Niemanns „Vaterländischen Waldberichten" I, 402—411 u. 530—542
(Beschreibung des Tidvilder Flugsanddistricts auf Seeland, seiner Dämpfung u.
der darauf unternommenen Holzkulturen). —

1348) **Meier,** Wilhelm Gustav, Besitzer des adl. Guts
Klein-Königsföhrde im Kieler Güter-District; lebt zur Zeit in Kiel.

Einzelne Beiträge in den „landwirthsch. Heften der. Herzogth. Schl. u. II."
1840, H. 2 S. 49—53 (Gypsen u. Auspflanzen der Gerste betr.); in der „landwirthsch. Zeitung f. d. Herzogthh." Jahrg. 1, 1842, No. 26, J. 2, 1843, No. 29.

1349) **Meins,** Claus, geb. 29. Sept. 1806 zu Heiligenstedt-
ten, besuchte die Gelehrtenschule in Glückstadt, als st. th. in Kiel.
Mich. 1829 inscribirt, examinirt Ostern 1840 (2. m. A.), 15. Sept. 1848
(1. October) u. 28. Sept. 1853 siebenter, 26. Sept. 1854 fünfter,
31. Mai 1861 (1. Juni) Collaborator in Glückstadt; 12. Septemb.
1865 Past. zu St. Margarethen.

1) Die Naturwissenschaften u. das Gymnasium. Glückst. 1852. 4. (Schulprogramm) S. 1—16.
2) Das Christenthum u. die Naturwissenschaften. Glückst. 1857. 4. (Schulprogr.)
S. 1—21.
3) Die Flora der Umgegend v. Glückstadt in Beziehung auf den Unterricht in
der Botanik. Glückstadt 1862. 4. (Schulprogramm) S. 1—18. 4.

1350) **Meissner,** Christian Karl (L. & S. No. 1487); er

erhielt im theol. Examen zu Glückstadt 1828 den 3. Char. m. r. A. (Die
Bck. Candid.-Verzz. geben über sein späteres Leben keine Auskunft.)
1351) **Meissner,** Georg Ernst Wilhelm, geb. den 6. Januar 1770 zu Ilfeld am Ober-Harz; Sohn des Directors des dortigen Pädagogiums *); der Sohn ward von Hauslehrern u. im Pädagogium gebildet, ihm ward aber das philologische Studium verleidet
u. er kam nach der Confirmation zuerst ¼ Jahr in die Lehre bei
einem Apotheker, wurde darauf Cadett in Dresden u. lag anderthalb Jahr auf dem Königstein; dann verliess er die militärische
Carriere u. zog im April 1787 auf die Göttinger Universität, um
Mathematik und das Baufach zu studiren u. war nebenher in der
Steinhauerlehre. Nach einem Biennium ging er wieder nach Dresden u. übte sich unter Leitung des Bauraths Weinlig. In Folge
einer Abhandlung über höhere Architectur erhielt er vom Hannoverschen Ministerium ein Reisestipendium nach Rom für den Sommer 1791. Zurückgekehrt, leitete er den Umbau der Sternwarte
in Gotha, wobei er die Freundschaft des Directors Zach gewann;
1793 übernahm er den Umbau der Michaeliskirche in Lüneburg;
kam später von Hamburg auf Veranlassung des Landvogts Boie
nach Ditmarschen, wo er den Deichbau studirte u. durch Aufsätze
in öffentlichen Blättern den Pisé-Bau in Holstein bekannt machte.
Wurde auf Zach's Empfehlung 1796 Landbaumeister in Bückeburg. In
diesem Amte blieb er, bis nach dem Tode der Fürstin Juliane von
Bückeburg, 1805, der Graf Wallmoden die Vormundschaft u. Regierung f. den minderjährigen Fürsten übernahm. In Folge erlit-
tener Zurücksetzung quittirte er das Amt u. zog auf das von seinem Schwiegervater, dem Kirchspielvogt Matthiessen in Marne, zu
der Zeit angekaufte Gut Muggesfelde. Hier blieb er nur kurze
Zeit, weil das Gut nach dem Tode seines Schwiegervaters wieder
verkauft werden musste. Im Jahre 1808 wurde Meissner Hofbau-
meister in Eutin durch Vermittlung des Regierungspräsidenten v.
Hammerstein bis 1815, wo er entlassen wurde. Er blieb aber
in Eutin als Privat-Architect u. Zeichenlehrer u. verfasste in dieser Stellung die beiden unten verzeichneten Schriften. Im Jahre
1839 gab er zur Vorbeugung der Versandung des Norwegischen
Hafens Bergen einen technischen Beirath. Im Jahre 1841 vom

---

*) Dessen Vorfahren hiessen v. Miltitz u. einer aus dieser Familie kam im
30jährigen Kriege aus Meissen mit der Tilly'schen Armee nach dem Harz u.
wurde Bürgermeister in einem Städtchen am Harz; sein Name ward aber, wie er
vormals unter den Soldaten der Meissner geheissen hatte, in jenen obigen verwandelt u. pflanzte sich so auf seine Nachkommen über.

Schlagfluss gerührt und gelähmt, kam er um eine Pension bei der Oldenburgischen Regierung ein, die ihm zwar gewährt wurde, aber für den Genuss zu spät eintraf. Meissner starb am 3. Febr. 1842. — Er war zweimal verheirathet; seit 1796 mit einer Tochter des Kirchspielvogts Matthiessen u. seit 1809 mit deren Schwester. — Nach Mittheilungen des Lehrers Kirchmann.

1) Anleitung zum Bau der Mahlmühlen nach ihren mechanischen u. dynamischen Gründen. Hamb., Hoffmann & Campe. 1835. 8. 15 B. mit 11 Stfl.

2) Neue Theorie des Ufer- u. Strombaues, erläutert durch die Geschichte der Wasserbauten an dem Süder-Ditmarsischen Elbufer. Das. 1837. 15½ Bg. u. 3 Stfl. (Diese Schrift rief einigermassen Bewegung unter den Wasserbaubeamten hervor.)

Ausserdem mehrere Aufsätze architectonischen Inhalts in öffentlichen, nicht näher anzugebenden Blättern. Vergl. auch den biogr. Text.

1352) **Melwerk,** Hans Jürgen (L. & S. 761). Derselbe ist, wie in L. & S. vermuthet, nach einer Mittheilung des Advocaten Dörfer in Rendsburg allerdings identisch mit Prof. H. J. Stubbe.

1353) **Melchert,** Hermann, geb. in Altona, studirte Medicin, promovirt in ihr 1834 in Kiel.

De gastritide chronica. Kiliae 1839. 8.

1354) **Meldal,** Georg Christopher, geb. den 1. März in Atzerballig auf Alsen; Sohn des Augustin Meldal; war Gärtner auf Martinsminde bei Veile, starb den 26. October 1858 in Aarhuus. S. Ersl. Supplem. II S. 357.

Krigssang for Danske, forfattet i Aaret 1849. Viborg 1849. 8.

1355) **Mencke,** Wilhelm, geb. in Itzehoe 1. Juli 1825, Sohn des Oberarztes, Kriegsraths u. praktisirenden Arztes daselbst, Herm. Ant. Mencke, u. der Charlotte geb. Zachariae, Tochter des im L. & S. angeführten Pastors Aug. Jac. Gotthilf Zachariae; besuchte die Gelehrten-Schule in Glückstadt, die Universitäten Kiel u. Heidelberg (Lehrer die Proff. Henle, Pfeuffer, Nägele, Frerichs, Stromeyer); war 1848 im Ranzau'schen Freicorps, dann Volontär im Neuwerker Hospital in Rendsburg, 1850 bis April 1852 Unterarzt in der Schlesw.-Holst. Armee, von da bis Mai 1853 Assistenzarzt im Friedrichshospital, 1853 dr. med. et chir. in Kiel, zur Zeit praktisirender Arzt in Wilster.

1) De tumoribus cavernosis. Kiliae 1853. 8.

2) Uebersetzte L. Baudens: Krimkrieg. Lager, Unterkunft, Ambulance u. Spitäler. Mit Vorwort v. Prof. J. F. A. Esmarch. Kiel, Homann, 1864. 8.

3) Bekannte Sachen über die Cholera. Zur Förderung der Vorsicht, zum Besten der guten Freunde u. zur Erleichterung der Praxis. Wilster, Oscar Schultze, 1866. 8.

In den Itzoh. Nachr. 1862, No. 97, 98 u. 99 (I. Was ist ein Sanitäts-Colle-
gium. II. Ein Director eines Sanitäts-Collegiums. III. Schlussbemerkungen.).
Stehn auch in „Die Hornheimer Angelegenh. vor dem Richterstuhl der öffentl·
Meinung." Itzehoe 1863, S. 143—149. In dieser letzteren Schrift v. ihm noch
S. 191 flgde.: (Bemerkungen zur Schrift des Herrn Prof. dr. P. Jessen über das Asyl
Hornheim vom Physicus dr. Francke). In dens. Itz. Nachrr. 1866 veröffentlichte
er ferner nach dem Bericht des dr. v. Appia den Bericht an den Bundesrath über
den Genfer Congress u. weitere Mittheill. über internationale Krankenpflege. —
Revidirt.

1356) **Mendel,** Adolf, geb. um 1816 in Friedrichstadt,
studirte Medicin u. promovirte in Kiel 1846, war dann praktisirender Arzt in Friedrichstadt, eine Zeit lang in Altona.

De methodis operandi quae coreomorphosin spectant. Kiel 1846. 8.

1357) **Mendelssohn,** Georg Benjamin (L. & S.
No. 1489).

Die im L. & S. angeführte Inaugural-Dissertation hat den genaueren Titel
Observationes geologico-geographicae de naturalibus soli in Germania formis.
Kiliae, typis Mohr, 1828. 8.

1358) **Mensing,** Karl Heinrich Wilhelm, geb. den 11.
Juni 1816 zu Klinken im Kirchspiel Oldesloe, Sohn des Käthners
Hartwig Heinrich Mensing; gebildet auf dem Seminar in Tondern,
examinirt 1841 mit dem 2. Char. mit A., seit 1841 Lehrer in Husum, seit 1842 Elementarlehrer in Sarau, den 26. Juni 1846 Elementarlehrer in Lütjenburg u. 1849 Lehrer an der Mittelclasse
daselbst.

1) Lehrbuch der Geometrie, bearbeitet zum Gebrauch f. die Volksschule u. den
Selbstunterricht. Oldenburg. C. Fränckel, 1845. 8. Rec. Schlesw. Holst.
Schulbl. 1844 H. 4 S. 179—181 (von Nissen in Deichkamp) u. 181—183 u.
1845 H. 3, S. 220—225 (Selbst-Anzeige).
2) Kleine Deutsche Sprachlehre, besonders für Schüler der Volksschule von
einem Holsteinischen Lehrer. Oldesloe, Druck u. Verlag von J. Scythe,
1858. 8.
3) Redigirte das Preetz-Lütjenburger Wochenblatt von Neujahr bis Mich. 1856.
Im Schlesw. Holst. Schulbl. 1842 H. 4, S. 52—60 (Ein Wort über Bedürfniss u. Abfassung einer Geometrie f. die Volksschule); 1847, 9. Jahrg., H. 4 S.
32—38 (Verbesserung der kleinen Schulstellen etc.); 1849, Jahrg. 11, S. 468 bis
473 (Die Theilnahme der Geistlichen an der Beaufsichtigung der Schulen). — In
A. P. Sönksens Schulzeitung, Jahrg. 1, 1852,53, No. 8; No. 29. — Beiträge zum
Oldesloer Landboten in verschiedenen Jahrgängen; zu den Hamburger Nachrichten
u. zum Preetz-Lütjenb. Wochenblatt. — Revidirt.

1359) **Mensinga,** Johannes Aletta Marinus, geb. 15.
Aug. 1809 in Utrecht, Sohn des Kaufmanns Eento Lesterhuis Mensinga u. der Johanna Aletta Suidhof, besuchte das Gymnasium in

Utrecht (Lehrer G. Dorneissen), die Universität das. und studirte
2 Jahre Philologie (Lehrer vorw. v. Heusde) u. 4 Jahre Theologie
(Lehrer Heringa für Dogmatik, Schröder für Mathematik, Mol für
Physik, Pareau für Semitische Sprache, Goudvever für Lateinische
Literatur u. Archäologie, Royaards für Kirchengeschichte, Bouman
für Exegese); 1834 Hülfsprediger, 1835 ordinirter Prediger in
Sybecarspel, Prov. Nordholland, 1850 Pastor an der remonstrantischen Gemeinde in Friedrichstadt, wo er den 14. Juli 1850 ankam
u. im September u. October 4 Tage lang während des Bombarde-
ments aushielt; erhielt im Febr. 1865 den Preussischen Kronenorden vierter Klasse; ist ausserdem Mitglied der historisch-literar. Gesellschaft in Leiden „Maatschappy van Nederlandsche Letterkunde“
seit 1847, der archäologischen Gesellschaft in Athen seit 1848 u.
der k. Akademie der bildenden Künste in Amsterdam seit 1850.

Wissenschaftlich-theologische Schriften: *)

1) Die Verehrung der Maria, historisch dargestellt. 3 Bände. Haarlem 1846. 8.
2) Ueber die liturgischen Schriften der niederländischen reformirten Kirche. s.
   Gravenhago 1851. SS. 498. (Eine von der Gesellschaft „zur Vertheidigung
   der christl. Religion“ mit Gold gekrönte Preisschrift.)
3) Zur Lehre des Abendmahls im N. T. u. in der Kirche: in der Quartalschrift:
   „Jaarboeken voor wetenschappelyke Theologie“ 1849, III. & IV. u. 1850 I. St.
4) Ueber die Parabel vom reichen Manne u. dem Bettler Luc. XVI, in der Monatsschr.: „Godgeleerde Bydragen“ 1848.
5) Ueber die beiden Wunder Matth. XIV, 29 u. Joh. II, 7—11: Das. 1849.
6) Ueber die (richtige) Uebersetzung der Wörter ἱλασμός u. καταλλαγή in der
   Dänischen Uebers. des N. T. In „Dansk Kirketidende“ 1855 No. 14 & 15 u.
   übers. in den „godgeleerde Bydr.“ 1856.
7—13) Sieben kirchenrechtliche Abhandlungen in Veranlassung der Reorganisation
   der niederländ. reformirten Kirche, theils selbstständig herausgegeben (Amsterdam 1848) theils in den Monatsschriften „de Gidt“ 1847 u. „Boekzaal voor
   de geleerde wereld“ 1849. Die Titel übersetzt sind: Ueber Repräsentativ-
   System u. Wahl in der niederländ. ref. Kirche. Amsterdam 1848. 8. Gegen
   die Verbindlichkeit der Confessionsschriften. Das. 1848. 8. Beiträge zur
   Organisation der reform. Kirche in „Gidt“ 1847 No. 6. Ueber das Concept-
   Regulativ. — Ueber die Pensionirung der Prediger u. Predigerwittwen. — Ueber
   die patronatliche Besetzung der Predigerstellen in „Boekzaal“ 1849.
14) In populärer Form in dem Wochenblatt „evangelische Kerkbock“: Ueber
   das Fest der Himmelfahrt Mariens; — drei Briefe über die Bilder in den
   Kirchen; — Ueber die verkürzten Bibelausgaben im 15. Jahrh. — Ueber die
   Ueberlieferung hinsichtlich der Erfindung des h. Kreuzes. Alle im Jahrg.
   1845. Geschichte des Frohnleichnamsfestes. Ueber den Stercoranismus im
   Jahrg. 1846. —

---

*) Der Verfasser hat uns die Titel seiner Schriften in deutscher Ueber-
setzung mitzutheilen die Güte gehabt, ursprünglich sind sie, bis auf die im Text
bemerkten oder leicht ersichtlichen Ausnahmen, in Holländischer Sprache verfasst.

Erbauliche Schriften:

15) Vier Predigten nebst einer Traurede u. einer Abendmahlsrede. Amsterdam 1843.

16) Predigt am Säcularfest des Todes M. Luthers. Amsterdam 1846. 8.

17) Predigt über Auswanderung. Amsterdam 1849. 8.

18) „Meine zwei merkwürdigsten Predigten." (Mit Vorwort, enthaltend eine Skizze des Lebens u. der Verhältnisse in Friedrichstadt im November 1850). Amsterdam 1852. 8.

19) Glaube od. Liebe, welche ist die grössere. Amsterd. 1854. 8.

20) Predigt nach dem Tode S. M. Willem I., Grafen v. Nassau: in Boekzaal 1844.

21) David in seinem Fall in „Christelyk Album" 1849.

Archäologische, heraldische u. zur Geschichte u. Theorie der bildenden Künste gehörende Schriften:

22) Ueber das Studium der heraldischen Wissenschaft: in der Monatsschr. „de Recensent" 1844 No. 4 u. 5.

23) Der Hahn in der Archäologie, der Heraldik u. dem Sprichwort, das. 1849 No. 5.

24) Ueber den Pensionär de Haen, seine Familie u. sein Wappen: im „Friedrichstädter (Eiderstedter u. Stapelholmer) Wochenblatte," 1851 vom 15. October. — Ueber die Wappenbilder am Friedrichstädter Rathhause, das. 1852 vom 14. u. 21. April.

25) Die mittelalterliche Legende vom Holze des Kreuzes in dem belletristischen Jahrb. „Christophilus" 1846.

26) Die Maria der Kirche und die Maria der Kunst im „Gidt" 1845 No. 1; Studien über heil. Kunst das. 1847 No. 2 u. 3.

27) Ueber den Heiligenschein (nimbus) im Kunstblatt „Kunst-Kronyk" 1847. Johannes der Täufer u. sein Attribut, das. 1848.

28) Die h. 3 Könige in: „Schilder- en letterkundig Album" 1848. Das Kreuz. Das. 1849.

Geschichtliches:

29) Ueber des Grafen Leycestero Aufenthalt: in Holland im „Recensent" 1848 No. 2 u. 3.

30) Der Friede zu Münster in „Bockzaal" 1848.

31) Drei Hauptstädte (Paris, Rom, Washington) im „Gidt" 1848 No. 9.

Musikalisches:

32) Diorismen über Kirchengesang u. Kirchenmusik: im „Gidt" 1845 No. 11 u. 12.

33) Blicke in die Geschichte der christlichen Musik. Schleswig, v. der Smissen, 1855. 8. SS. 31. Angez. Alt. Merk. 1855 No. 161. (Ist in Deutscher Sprache verfasst.

34) Belletristische, humoristische u. sonstige Beiträge zum „Gidt" No. 5 (Der Levite u. sein Kebsweib); zur „Aurora" belletristisches Jahrb. 1846 (Ein schlafender Engel), 1847: (Trinchens Begräbniss, Skizze aus dem Pastoralleben); zum belletr. Jahrb. „Vergeet my niet" 1847 (Auf meinem Kirchthurm); zum „Christophilus" 1847 (Die Prophetenwittwe); zu „de Tyd" 1849 Charakteristik der Schriftstellerin Toussaint (ist benutzt zum Vorwort der Deutschen Uebersetzung ihres Romans: „Das Haus Lauernesse" (Stuttgart, Frankh, 1849) u. der Englischen (London — Newby — 1849); zur Monatsschrift „Nederland" 1850 No. 4 (Lob des Meeres); zum „Tydspiegel" 1848 (Abschaffung der Todesstrafe wegen politischer Verbrechen); zum „Eiderstedter u. Stapelholmer Wochenblatt" 1852, 1853 u. 1865 mehrere Beiträge; zum Leipziger

„illustr. Familienjournal" 1857 (nachgedruckt in den Frauendorfer Blättern
1857) (Ueber Anlage u. Pflege des Blumengartens) u. 1859 (Ueber Anlage
v. Lauben); zum „christelyk Album" Mai 1864: (Erfahrungen bei einem Besuch in den Lazarethen in Schleswig im Febr. 1864.) — Ein Brief über denselben Gegenstand in Past. J. Vahls '„Almindelig Kirketidende" 1865 No.
4; endlich zum „Tydspiegel" 1853, eine holländishe Uebersetzung der Skizze
„en Bondebryllup i Nœrre-Jylland" aus dem dansk Folke-Kalender 1853; zum
„Altonaer Merk." 1855 No. 161 u. 1860; zu den „Itzeh. Nachrichten" 1859
(?) (Ueber Ditmarsische Familienwappen); zu der Leipz. „Illustrirten Zeitung"
1855 (Ueber die remonstrantische Kirche in Friedrichstadt).

35) Recensionen v. 1845—1850 in „de Boekzaal" kürzere u. längere (u. a. eine
von 70 SS) — Zu Gelzers „protestantischen Monatsblättern" Febr. 1866
(Kirche u. Schauspiel in Holland, eine Zuschrift an Hrn. Prof. Hagenbach.
Ist ins Holländische übersetzt in „kerkelyke Courant" Mai 1866). — In „Ausland" 1867 („Ueber die astrologische Stelle in Schillers Wallenstein"). —

1360) **Mensinga,** Willem P. J., geb. in Sybecarspel
in Holland; sein Vater der vorherg. J. A. M. Menzinga; besuchte
die Domschule in Schleswig, studirte seit Ostern 1856 Medicin
in Kiel u. Würzburg, promovirt 1861 in Kiel, practischer Arzt in
Trittau, gegenwärtig in Flensburg.

Monstri gallinacei bicorporei bicephali descriptio anatomica una cum disquisitione de ejus ortu. Kiliae 1861. 4. Mit lithogr. Tafel. SS. 17.

1361) **Messner,** Friedrich (L. & S., No. 763); starb zu
Crempe den 5. August 1839 im 63. Jahre des Lebens. Verh. mit
. . . geb. v. d. Wisch. — Vergl. Neuen Nekrol. d. D. 17, S. 682
bis 683.

1362) **Messner,** Peter Matthias (L. & S., No. 764); starb
zu Meldorf den 22. August 1832 im 65. Lebensjahre. Vergl. Neuen
Nekrol. d. D. 10, S. 628—629. (Wahrscheinlich verwandt mit ihm
der durch seine Sammlung vaterländischer Alterthümer bekannte
Joh. Bendix Messner, geb. zu Burg in Süderdithmarschen, u. später
Kirchspielvogt das., † 31. Aug. 1835). — Verh. mit Maria Dorothea
geb. Reimer.

1363) **Messtorff,** Hermann Otto, geb. den 28. Juli 1819
zu Neumünster, studirte Theologie zu Kiel seit Michaelis 1839,
wurde 1843 mit dem 2 Char. m. s. r. A. examinirt, den 14. März 1847
erster Compastor in Meldorf, den 2. Februar 1854 Compastor der
2. Gemeinde zu Rellingen u. Probst für Pinneberg.

Redigirte: „Allgemeines Missionsblatt für Holstein": Jahrg. I, 1859, II, 1860,
III (erschien nicht mehr zu Ende). Hamburg. 8.

Im Schleswig-Holsteinischen Schulbl. Bd. 18, S. 383—384 (Mitgetheilt ein
Schreiben des früheren Seminardirectors Müller in Kiel an den vormaligen Probsten Adler in Altona); S. 464—468 (Ansprache an die Lehrer der Probstei Pinne-

berg). — In A. P. Sönksens Schulzeit. 1863, No. 15, Beilage (Erklärung [in betreff einer Prüfung des Lehrers Höck in Tating] cfr. No. 13 u. No. 17, No. 19). — In den Jahrbb. f. d. Landeskunde V, 1862, S. 53—56 (Die Kirche in Rellingen).

1364) **Mester, Marcus,** geb. 1806 in der Nähe v. Brügge, Sohn des Organisten Mester in Brügge; bildete sich grösstentheils selbst, mit Unterstützung des Pastors Stubbe in Brügge; wurde Unterlehrer in Grossen-Aspe, dann Interimslehrer in Kronshörn, sodann in Tökendorf, 1825 Lehrer in Pohnsdorf, im Herbst 1829 in Döhnsdorf; im Febr. u. März 1851 angeklagt, ward er am 1. März 1851 v. Oldenburger Visitatorium vom Amte suspendirt; befand sich in Criminaluntersuchung bis September beim Weissenhäuser Justitiariat, dann bis November bei einer Commission des Obercriminalgerichts in Lütjenburg; supplicirte gegen das Obercriminalgerichts-Urtheil v. 22. Febr. 1852 an das Ober-Appellationsgericht u. wurde von dem Advocaten Hedde vertheidigt, den 9. Juli 1853 freigesprochen. — Vergl. die Vertheidigungsschrift v. Hedde für ihn.

Im Schlesw.-Holst. SchulbL 5, 1843, H. 4, S. 38—44 (Ueber Verhältnisse u. Diensteinnahmen der Holsteinischen Schullehrer). — In der landwirthsch. Zeitung f. d. Herzogthh. 1844, No. 40, 1845, No. 25 u. No. 45 (Protocoll des landwirthsch. Vereins zu Bordesholm.

1365) **Mestorf,** Julie (Johanne?), in Hamburg; wohl eine Schleswig-Holsteinerin.

1) Wiebecke Kruse, eine Holsteinische Bauerntochter. Ein Blatt aus der Zeit Christian's IV. Hamb., Otto Meissner, 1866. 8. 13 Bgg. Steht auch in den Itzehoer Nachrichten 1865? Zu Anf. 1866 in den Itzeh. Nachrr. als „Wiebecke Kruse v. II. Bram" angezeigt. Vergl. das. 1866, No. 134, 22. Nov. Darnach übersetzte sie auch:

2) S. Nilssons: Die Ureinwohner des Skandinavischen Nordens. Ein Versuch in der comparativen Ethnographie u. ein Beitrag zur Entwickelungsgeschichte des Menschengeschlechts. Hamb., Meissner, 1865. 8. Mit 13 in den Text gedruckten Abbildd. Rec. v. Chr. Petersen: Gött. Gel. Anzz. 1865. S. 961-984.

1366) **Meyer,** Adolph, geb. in Glückstadt, studirte Medicin, wurde 1860 in Kiel promovirt.

Iridectomia quam vim habeat ad sanandas oculorum inflammationes necnon ad tollenda mechanica visus impedimenta casibus nonnullis demonstratur. Kiliae 1860. 4. SS. 24.

1367) **Meyer,** Christian Friedrich (L. & S. No. 766); seit 2. September 1834 Amtsverwalter im Ostertheil des Amtes Hadersleben; 18. Sept. 1843 Etatsrath; bat später um seine Entlassung u. wählte nun wieder Lygumkloster zu seinem Wohnort. Dort starb er den 16. Febr. 1848. (Er war ein Bruder des Pastors

Andreas Meyer zu Grömitz [† den 10. August 1848]). — Vergl.
N. St. M. X, S. 470. Neuen Nekrol. d. D. XXVI, S. 929—930.

1368) **Meyer,** Christian Wollesen, geb. den 25. Juni
1795 zu Loitkirkeby, studirte Theologie in Kiel seit Mich.
1819, wurde examinirt auf Gottorf. (2 Char m. r. A), den 24.
November 1825 Past. in Abild, eingeführt den 16. April; den 20.
Mai 1840, antretend den 19. Juli, Past. in Wilstrup; den 29.
Juli 1850 entlassen; den 1. Mai 1853 Pfarrverweser in Annweiler
in der Pfalz; den 7. December 1854, antretend 24. Juni 1855,
Past. in Ruchheim, Pfalz; starb den 7. December 1859.

1) Psalmebog, samlet og bearbeidet. 1. Oplag udgivet af C. W. Meyer. Haderslev
  1844. 8. 2. Oplag. Haderslev 1852. 8. (Die 4. Aufl. gab später U. S. Boesen
  allein heraus, der auch schon die erste mitbesorgt hatte).
2) Nach seinem Tode: Gedichte eines Schleswigschen Predigers, die Frucht seiner
  mehrjährigen unfreien Musse. Mit dem Lebenslauf des Verfassers u. erklä-
  renden Anmerkungen. Westheim 1862. 8.
  Beitrr. zum Flensb. Religionsblatt IX z. B. N. F., No. 14 (Erst das gute
  Werk, dann die guten Werke, das ist die Ordnung im Christenthum). — Im
  Kirchen- u. Schulblatt 1848, Sp. 881—885 (Bedenken gegen das in Neumünster
  von Geistlichen ausgesprochene Bekenntniss über ihre Stellung zur Augsb. Confession); 1851, Sp. 520 (Des Predigers Abschied).

1369) **Meyer,** Friedrich Ludwig Wilhelm (L. & S.
No. 767); starb den 1. September 1840 auf seinem Gute Bram-
stedt. — Vergl. N. Nekrol. d. D. 18, 1840, S. 987—989; „Prof.
Meyer in Bramstedt. Handschrift f. seine Freunde" s. l. 1841,
SS. 40; „Zur Erinnerung an F. L. W. Meyer den Biographen
Schröders" Th. 1, 2. Braunschweig 1847. 8. (Verfasst von der
Frau des Buchhändlers Campe, geb. Ruperti).

Von ihm noch Erzählungen in Lotz' Originalien 1818- 1826. Beiträge zu
Winfrieds „Nordischen Musen-Almanach" (s. u. Farmer); zur Hamburger „Biene".
Recensionen in Bertrams Journal für Literatur u. Theater, in den Göttinger
G. Anzeigen, Beitrr. zu den ersten Jahrgängen der Blätter für literarische Unter-
haltung, zu Schmidts Theater-Almanach in den Jahrgängen 1831 u. 1834, zu den
literarischen Blättern der Börsenhalle.

1370) **Meyer,** Friedrich Marquard (L. & S., No. 768).
Geb. 12. Juni 1709 zu Arnis, sein Vater Friedr. Meyer, Prediger
das. († 1806, cfr. N. St. M. X, S. 427); inscribirt als stud. theol.
in Kiel Ostern 1788, examinirt zu Glückstadt 1792 (nicht 1794),
2 Char; nach seinem Examen war er eine Zeit lang Legations-
Prediger in Frankreich u. hatte Gelegenheit, seine freisinnigen Ansichten noch mehr auszubilden u. sich mit seiner Lieblings-Wissen-
schaft, der Politik, vertrauter zu machen; 1796 Prediger in Siver-

stedt, Probstei Flensburg, 1801 Past. in Atzbüll u. Gravenstein;
1807 in Hagenberg auf der Insel Alsen; starb das. d. 6. December
1834. (Meyer war eigentlich der Begründer der bekannten Thesen-
fehde von 1817 ff., indem er gleich nach dem Erscheinen der
Harmsischen Thesen im Alt. Merk. zur Bestreitung derselben auf-
forderte mit dem Hinzufügen: „Der Erste will ich nicht sein; der
Zweite muss ich sein.") S. Neuen Nekrol. d. Deutschen XII,
S. 1031—1032. Jensen: K. St. 1044. N. Staatsb. Mag. II, 721
u. X, 471. Wits Jugendleben S. 6—10. Wulffs Verz. S. 13.

Von ihm rühren die mit y unterzeichneten Gedichte und Charaden in dem
Taschenbuche „Eidora" her (s. Prov. Berr. 1832, S. 204).

1371) **Meyer,** Friedrich Peter Emil, geb. in Cappeln,
studirte Medicin u. wurde in ihr 1853 in Kiel promovirt; ist zur
Zeit Arzt in Cappeln.

De oleo jecoris aselli diss. inaugur. Kiliae 1853. 8. SS. 13.

1372) **Meyer,** Georg Karl August, Advocat u. Notar,
dazu (seit 1863) Stadtsecretair in Lauenburg.

In Sachau's „Archiv für Lauenburg" Bd. 1, 1857, S. 83—92 (Zur Würdigung
des Werthes der Actenverschickung bei Lauenburger Gerichten); S. 207—270
und Bd. 2, 1859, S. 3—46 (Fromme Wünsche eines Lauenburger Juristen). ÷

1373) **Meyer,** Hieronymus Heinrich (L. & S. No. 770).

Im L. & S. fehlt folgende Predigt: Rechenschaft des christlichen Religions-
lehrers vor seiner Gemeine von seinen Lehren, von seiner Seelsorge u. von seinem
Leben. Abschiedspredigt, gehalten zu Nortorf am 1. September 1811. Kiel, gedruckt bei C. F. Mohr, 1812. 8. 16 SS.

1374) **Meyer,** Johann Hinrich Otto, geb. den 5. Jan.
1829 in Wilster, Sohn des Otto Meyer (nachher Müller zu Sollerup
im Schleswigschen, später Bäcker in Schleswig) u. der Christine
geb. Lagesen; lebte als Knabe in dem Ditmarsischen Geestdorf
Schaafstedt, später im Schleswigschen im Elternhause u. war bis
zu seinem 21. Jahre Zimmermann u. Müller; 1851 auf der Meldorfer
Gelehrtenschule u. 1854 auf der Universität Kiel, theils Theologie,
theils philosophische und ästhetische Wissenschaften studirend;
1857 eine Zeit lang im elterlichen Hause in Schleswig; von Michaelis
1858 bis Juli 1859 Lehrer an dem Institut des Hrn. Andresen in
Altona; von Juli 1859 bis Neujahr 1862 Redacteur der Itzehoer
Nachrichten; vom 1. Januar 1862 bis 1. Juli selbigen Jahrs in
Schleswig im Elternhause; 1862 im Juli Begründer der Idioten-
Anstalt in Kiel, deren Vorstand er bildet.

1) Lyrische Gedichte. Schleswig, im Selbstverlage, 1856. 8. 15 Bgg. Rec. in den Itzeh. Nachrr., Hamb. Nachrr. u. anderen Blättern.

2) Ditmarsische Gedichte. Plattdeutsche Poesien in Ditmarscher Mundart Bd. 1 Hamburg, Hoffmann & Campe, 1858. 8. SS. 234. Recc. Wiener Ztg. 1859, No. 80 (v. Friedr. Hebbel). — Itzeh. Nachrr. 1859, No. 50 (v. dr. Volbehr); das. No. 33 (v. dr. Meyn); Hamb. Nachrr. 1858, No. 295; Hamb. Corresp. 1858, No. 283; Hamb. Freischütz 1858, No. 153; Hamb. Reform 1858, No. 114; 1859, No. 51 u. 149; Alt. Merk. 1857, No. 275, Beil.; 1860, No. 225, Beil.; Alt. Wochenbl. 1859, No. 3 (v. H. Zeise); Eisenbahn-Zeitung 1858, No. 182 kathol. Literatur-Zeitung (Wien) 1858, No. 44; Wigands Telegraph (Göttingen) 1860, No. 7; Blätter f. liter. Unterh. 1859, No. 20.

— — Bd. 2. das. 1859. 8. Recc. Schulbl. f. d. Herz. Schl. u. Holst. XXI, S. 115—118, S. 532—533; Hamb. Nachrr. 1859, No. 11, Hamb. Freischütz 1859, No. 15 (v. Ad. Strodtmann); Hamb. „Reform" 1858, No. 147; kathol. Liter.-Zeit. 1859, No. 21.

Von diesen Gedichten erschienen 5 componirt v. Claudius Serpentin. Hamb. 1859; einige andere componirt v. Fr. Dörr das. 1860; von den hochdeutschen erschien 1 Lied componirt v. Paul Semler. London 1860.

3) Plattdeutscher Hebel. Eine freie Uebersetzung der Hebelschen allemannischen Gedichte. Hamb., Hoffmann & Campe, 1859. 8. SS. 290. Angez. Schulbl. f. d. Herzogth. XXII, 1860, S. 57 u. 58; Hamb. Corresp. 1859, No. 296, u. Hamb. Freischütz 1859, No. 91, Kieler Corresp.-Bl. 1860, No. 114.

4) Redigirte v. Juli 1859 bis Neujahr 1862 die Itzehoer Nachrichten.

5) In Dörr's „Plattdütsche Volkskalenner" 1858: De Kontrelör sin Dochder.

6) In desselben „Volkskalenner" 1859: Kassen mit de Hummel.

7) Das „Hohelied" Salomons in plattdeutscher Uebersetzung für die von dr. Frommann veranstaltete Ausgabe der Blüthe der Hebräischen Poesie.

8) Prolog zum Schillerfest in Itzehoe. Itzehoe 1859. 8.

9) Bericht 1—3 über die Idioten-Anstalt in Kiel. Kiel 1864—1866. 8.

Gedichte im „Itzehoer Wochenbl." 1845, No. 19; 1846, No. 12, 34; 1847, No. 23; 1853, No. 47, 51, 54, 58, 85; 1855, No. 10, 24, 48, 53; Itzehoer Nachrichten 1857, No. 36; 1858, No. 18, 49; 1859, No. 62, 70, 80, 90, 100, 103, 105; 1860, No. 12, 23, 49, 57, 62, 76, 78, 82, 95, 103; 1861, No. 1, 6, 12, 26, 36, 49. Ausserdem eine Menge Correspond.-Artikel in den Jahrgängen 1859 bis 1861. Gedichte in der (Hamb.) „Reform" 1849, No. 89; 1856, No. 64, 68, 72, 78, 90, 96, 103, 111, 118, 124, 130, 136, 143, 148, 154; 1857, No. 5, 11, 20, 35, 45, 53, 61, 74, 76, 84, 93, 107, 128 u. in mehreren anderen Jahrgängen. Gedichte im „Husumer Wochenbl." 1844, No. 1, 1847, No. 30; im Kieler Corresp.-Bl." 1860, No. 128, 1861, No. 2; in der „Amicitia & Fidelitas" Hamb. Bl. 1858, No. 50; in der „Eckernförder Zeitung" 1857, No. 11, 12, 15; in der „Flensb. Zeitung" 1859, No. 28, 1860, No. 258. Ausserdem poetische Beitr. zu „der Dichter Schönstes" herausgeg. v. Fr. Dörr; zu „Dichterstimmen der Gegenwart" v. Carl Weller; zum „Album plattdeutscher Dichter" v. H. Eschenhagen; zum „Schleswig-Holsteinischen Lesebuch" v. Petersen; zu den „Bildern aus der Schleswig-Holsteinischen Geschichte" v. Dücker; zum „Poetischen Album der Reform" v. Peist; zum „Teut, Jahrbuch der junggermanischen Gesellschaft". — Ungedruckte Manuscripte: Die Nachbarn. Idyll in 7 Ges. Ann-Marie. Plattdeutsche Erzählung. Revidirt.

1375) **Meyer,** Johann Friedrich Ernst, geb. den 25. Sept. 1791 in Athenstadt bei Halberstadt, Sohn des im Jahre 1800 in Wegeleben bei Halberstadt verstorbenen Predigers; für den Sohn sorgte der Mutterbruder, Commissionsrath Leveille in Halberstadt; er besuchte das Dom-Gymnasium dieser Stadt u. ging 1810 nach Göttingen, wo er Philologie u. Theologie studirte; Ostern 1813 verliess er die Universität u. war Hauslehrer in Herzberg; 1815 nahm er an dem Feldzuge gegen Frankreich einen kurzen Antheil; war 1816 wieder Hauslehrer in Berlin; den 17. Februar 1817 Collaborator in Halberstadt; bestand den 13. October 1818 das theologische Amts-Examen in Magdeburg; den 23. November 1823 Oberlehrer, im October 1834 Rector der vereinigten Gelehrten- u. Bürger-Schule in Eutin; 1840 Professor; er starb den 2. Februar 1851. — Verheir. seit dem 5. October 1826 mit Emma Friedeline, Tochter des Oberdompredigers dr. Augustin in Halberstadt. Vergl. Neuen Nekrol. d. D. XXIX, S. 1005—1018.

1) Dissertatio philologico-philosophica, observationes quasdam in doctrinam de synonymis latinis continens. Halae 1821. Ist vielleicht nicht gedruckt.

2) Symbolae ad comparationem linguarum: im Michaelis-Programm 1820 des Halberstädter Domgymnasiums. 4.

3) Anleitung zum Uebersetzen aus dem Lateinischen in das Griechische nach Parallelstellen als Stoff zu einem heuristischen Unterricht in der Syntax der Griechischen Sprache. Halberstadt 1824. 8. Rec. Seebodes krit. Biblioth. N. F. Jahrg. 3, Bd. 2, No. 89 u. 90. Heidelberger Jahrbb. 23. Jahrg., H. 7, Juli 1830.

4) Das Gymnasium u. die Bürgerschule. Was sie vereinigt, was sie trennt? im Oster-Progr. der Eutiner Schule 1835.

5) Commentatio de epithetorum ornantium vi et natura deque eorum usu apud Graecorum et Latinorum poetas. Utini 1837, S. 3—33 des Oster-Programms. 4.

6) Das Haus muss eine Schule, die Schule ein Haus sein. Wie beugt der Erzieher dem Ausbruche fehlerhafter Neigungen bei seinen Zöglingen am besten vor. Eutin 1839, im Oster-Programm.

7) Ueber den Begriff der Bildung mit praktischen Andeutungen für die Schule. Mit ergänzender Abhandlung: Amphion u. Zethus, ein Gleichniss: im Oster-Progr. der Eutiner Schule 1840. 4.

8) Ueber die Noth der Gelehrtenschule bei Ueberfüllung derselben mit Lehrgegenständen u. über Vereinfachung des Unterrichts. Schleswig 1842. 8. Ist ein Vortrag, gehalten in der 9. Versammlung norddeutscher Schulmänner zu Schleswig.

9) Commentariolum de aliquot locis Virgilianis: in der Gratulationsschrift zum
. Amtsjubiläum des Directors König 1842.

10) Bruchstücke aus meinem Tagebuche: im Eutiner Oster-Progr. 1844, S. 5—16. 4.

11) Thoma a Kempis capita XV inedita. Lubecae 1845. 8. S. Allgem. Kirchenzeit. v. März 1846.

12) Ueber den Begriff der Aesopischen Fabel: im Eutiner Oster-Progr. 1847,
S. 3—29. 4.

13) Uebersicht des protestantisch-deutschen Unterrichts u. Erziehungswesens seit
den 70er Jahren des vorigen Jahrhunderts: im Eutiner Osterprogramm 1849,
S. 3—23. 4. Auch abgedruckt in der Allgemeinen Schulzeitung v. dr. A. Zimmermann, August 1850, No. 122—125.

14) Pestalozzi als Mensch, Staatsbürger, Dichter u. Erzieher mit seinen eigenen
Worten geschildert. Lesefrüchte aus seinen Werken: im Eutiner Schulprogramm 1850. 4. Vergl. Allgem. Schulzeitung v. dr. A. Zimmermann,
1850, No. 136. Vielleicht in demselben Programm auch die Biographie des
Directors König.

15) Der Lebensberuf. Eine Mosaik-Arbeit. Eutin 1850. 8.

16) Göthe über Art u. Unart, Freud' u. Leid der Jugend u. ihrer Erzieher mit
Illustrationen fremder u. eigener Hand. Eutin 1851. 8.

Verschiedene Abhandlungen in der Allgemeinen Schulzeitung Abth. 1, No 62,
v. 1828; im Neuen Archiv für Philol. u. Pädagogik, u. A. Jahrg. 5, 1830, Oct. No. 96.

1376) **Meyer,** Johann Heinrich (L. & S. No. 772). Seit
27. Mai 1831 Conferenzrath, seit 28. October 1835 Command. d.
Danebr. Er starb den 23. April 1839. Vergl. N. Nekrol. d. D.
17, S. 404—409. Ersl. II, S. 259—260. Suppl. II, S. 367 (Im
Ersl. II, S. 260—261 u. Suppl. II, S. 367 vergl. über seinen Bruder
Ludwig Beatus Meyer). Ein Sohn von ihm war der Bau-Inspector
Meyer in der Stadt Schleswig u. für das Herzogthum Schleswig
(† auf einer Inspections-Reise in Friedrichstadt 1866, Mitte Januar),
von welchem einige kleine Artikel im Kieler Corresp.-Bl. 1843,
No. 55 u. im Itzeh. W. 1844, No. 114 (die Bauten im Plöner Schlosse
betr.) stehen.

1377) **Meyer,** Jürgen, war bis vor 2 Jahren Uhrmacher
in Itzehoe, welche Stadt er seitdem verlassen hat, ohne dass anzugeben wäre, wohin er sich gewandt hat. —

Die Grundlehren der Uhrmacherkunst. Weimar — C. F. Voigt. 1864. 8.
Angez. Itzehoer Wochenbl. 1865 No. 24.

1378) **Meyer,** Peter Krog, geb. 7. Januar 1780 auf dem
Gute Œgstad in Værdalen im Stifte Drontheim in Norwegen, Sohn
des Majors beim Drontheimschen nationalen Infanterie-Regiment
Nicolaus Meyer u. der Inger Marie Krog. Er wurde im Anfang
des Jahres 1808 Erzieher u. Lehrer bei den Söhnen des Herzogs
v. Augustenburg auf Alsen u. blieb in dieser Stellung bis 1816.
Im Uebrigen möchte auf Ersl. II, S. 261—263 u. Supplem. II, S.
368 zu verweisen sein. Vergl. noch Prov. Ber. 1832 S. 204 u. N.
St. M. II, S. 683—84, Jensen K. Stat. v. Schlesw. p. 1588.

Unter seinen Schriften sind hier zu nennen:

4

Hans Hoifyrstelige Durchlauchtighed Hertug til Slesvig-Holsteen-Sœnderborg Christian Carl Frederik August's Confirmationsact, holden i Augustenborgs Slotskirke den 12. Mai 1815. Kbh. 1815. 8.

De ratione et argumento apologetici Arnobiani. Diss. inaugur. Havniae 1815. 8. S. Lit. Tidende 1815 No. 37. Journal des savans, 1817. Oct. p 614—25.

Taler og Sange ved Hans Hoifyrstelige Durchlauchtigheds Prinds Frederik Emil Augusts Confirmation i Augustenborgs Slotskirke d. 22. Juli 1816. Sœnderborg 1816. 8.

1378a) **Meyer, W. H.**

Plan der Stadt Kiel u. Umgegend. Nach Vermessungen v. H. Speck zusammengestellt. Kiel, Schröder & Co. 1867. qf.

1379) **Meyerink,** Jan Hinrich, schon 1833 Besitzer des adligen Gutes Schönböken, im Preetzer Güterdistrict.

(Ueber das Einsalzen des Grünfutters) in den landwirthschaftlichen Heften f. die Herzogth. Schleswig u. Holstein 1833 1stes Quart. S. 15—60.

1380) **Meyn,** Andreas Ludwig Adolf (L. & S. No. 773). Geb. den 7. April 1786 zu Glückstadt, einer alten Kaufmannsfamilie entstammend; besuchte die latein. Schule das., dann die zu Tönning unter Rector Stubbe, studirte seit 1804 Ostern Medicin in Kiel, promovirt d. 20. Juni 1808, wurde unmittelbar darnach Landschaftsarzt auf Föhr, legte 1810 vor dem Schl. H. Sanitätscollegium die staatsärztliche Prüfung ab u. ward Physicus in der Herrschaft Pinneberg u. der Grafschaft Ranzau. Erhielt den 29. Januar 1833 den Ruf als ord. Prof. der Pathologie u. Director des klinischen Instituts an A. F. Lüders Stelle nach Kiel u. war seit 14. Mai dess. Jahrs auch Mitglied des Schl. H. Sanitätscollegiums. Seinen Verdiensten in dieser Stellung ist zuzuschreiben, dass die Physicatsgeschäfte der Stadt Kiel, sowie der Aemter Kiel, Kronshagen, Bordesholm durch einen besondern Physikus versehen wurden, sowie dass dem Krankenhause Seitens des Apothekers Schübeler in Kellinghusen ein Legat von 20,000 ℳ vermacht wurde. Er war auch Leibarzt des Herzogs Carl v. Glücksburg u. Gemahlin bei ihrer Anwesenheit in Kiel; 1845 zur Revidirung der Medicinalverfassung der Herzogthümer committirt; 3. Juli dess. J. Etatsrath u. 28. Juni 1847 R. v. D.; 1851 seiner bisherigen Aemter durch die oberste Civilbehörde enthoben u. dafür Prof. der practischen Medicin u. Director des Sanitäts-Collegiums; 4. Juni 1852 mit 7 seiner Collegen entlassen. Er starb den 15. November 1859. Verh. mit Johanna geb. Heydorn aus Pinneberg.

Ausser den im L. & S. angeführten schriftstellerischen Arbeiten ist von ihm anzuführen:

Setzte neben W. F. G. Behn, G. B. Günther u. G. A. Michaelis fort: C. H. Pfaffs practische u. kritische Mittheilungen aus dem Gebiete der Medicin, Chirurgie u. Pharmacie, Jahrg. 6—9. Altona 1837—1841. 8. Darin von ihm (Ueber die wahrscheinliche Ursache eines bei einem Neugebornen gefundenen emphysema pulmonum interstitiale).

In F. L. W. Meyers: F. L. Schröder Th. 2 Abth. 1 S. 342—348 (Krankengeschichte F. L. Schröders).

Die Asphyxie in ihren staatsärztlichen u. klinischen Beziehungen. Kiel 1843. 8. (Bei Gelegenheit des 50jähr. Doctorjubiläums Chr. H. Pfaffs.)

In Pfaffs Mitth. I, 1832, H. 3 u. 4 S. 156—160 (Ueber eine in der Pinneberger Gegend gebräuchliche Verfälschung der Butter mit Alaun); S. 163—178 (Gutachten über den psychischen Zustand u. die Zurechnungsfähigkeit eines 40jährigen Brandstifters); IV, N. F. 2, H. 5 & 6 S. 6—11 (Epistola gratulatoria Joachimo Diet. Brandisio); S. 81—87 (Mitth. aus den Amtsberr. der Schl. Holst. Physici u. Districtsärzte); V, N. F. 3, H. 11 u. 12 S. 102—110 (Bemerkungen, veranlasst durch einen in den Mittheill. V H. 3 u. 4 mitgetheilten Fall für die Lehre von der hydrostatischen Lungenprobe). — Nach Mitth. seines Sohnes ergänzt. —

1381) **Meyn,** Claus Christian Ludwig, geb. 1. October 1820 in Pinneberg; Sohn des vorhergenannten A. L. A. Meyn; besuchte bis zum 12. Jahre die Bürgerschule in Pinneberg, dann in Kiel das Institut des späteren Seminarlehrers Martens u. die Gelehrtenschule, 1839—40 im Winter das Hamburgische akad. Gymnasium; studirte 1840 bis 1843 in Berlin (Assistent bei Marchand), bis 1844 in Kiel; dr. philos. 30. Aug. 1844; im Winter auf 1845 in Kopenhagen; lehnte eine Aufforderung, an der Weltumseglungs-Expedition der Galathea als Mineraloge Theil zu nehmen, ab; machte 1845 eine Instructionsreise nach dem Oberharz, studirte dann noch ein Semester in Berlin u. wurde 1846 Lehrer am Gymnasium in Kiel; Privatdocent der Mineralogie u. Geologie an der Universität das.; Gründer des akademischen Mineralien-Cabinets u. der geognostischen Sammlung; 1848—1850 Obersalinen-Inspector u. Bergcontroleur in Oldesloe u. Segeberg; lehnte eine 1853 an ihn ergehende Designation zur Professur an der landwirthsch. Akademie zu Waldau bei Königsberg ab; übernahm 1. October 1854 die Sägemühle, Kalkbrennerei u. Papierfabrik v. Kedenburg u. Blecker in Uetersen; hob dort 1856 die Papierfabrik auf u. gründete eine Düngerfabrik; gründete 1857 eine Photogenfabrik bei Heide u. verband 1864 mit den bisherigen Geschäften eine Cementfabrication; legte 1866 eine Torfdestillation in Söndersthoved in Jütland an. Er ist Mitglied mehrerer vaterl. landwirthsch. Vereine u.

corresp. Mitgl. des Mecklenb. naturw. Vereins, war auch Ständeabgeordneter f. d. 7. ländl. Wahldistrict u. ist Ausschussmitglied der Altona-Kieler Eisenbahngesellschaft.

1) Gedichte. Kiel 1843. 8.

2) Holsteinische Geschiebe I. Asphalt in Granit. Michaelis - Programm der Kieler Gelehrten - Schule. Kiel 1846. 4. S. 3—22. Steht auch in H. Biernatzkis Schleswig-Holst. Landesberr. Jahrg. 1, 1846, S. 342—353.

3) Im Jahresbericht der Naturforscherversammlung zu Kiel 1846: Ueber die Krystallform des Strurits.

4) Holstein u. Lauenburg, Hamburg u. Lübeck, ein Führer durch Stadt u. Land, mit 7 Karten u. einem Meilenzeiger. Kiel, Akad. Buchh., 1847. 8. SS. 96.

5) Geognostische Beobachtungen in den Herzogthümern Schleswig u. Holstein. Kiel 1848. 8.

6) Der mechanische Theil der Naturlehre v. H. C. Oersted, theils übersetzt, theils bearbeitet. Braunschweig 1851. 8.

7) Die nachhaltige Vertilgung des Duwock. Weimar 1854. 8.

8) Die Torfconcentrationsmethode des Hrn. Challeton. Kiel 1856. 8.

9) Das Salz im Haushalt der Natur u. der Menschen. Leipzig 1857. 8.

10) Die Plaggenwirthschaft. Kiel 1858. 8.

11) Gab heraus: Schleswig-Holsteinisches landwirthschaftliches Taschenbuch Jahrg. 1—7. Itzehoe, Pfingsten, 1861—1867. 8. (Wird fortgesetzt.)

12) Neue allgemeine u. wohlfeile Methode der höchsten Wiesencultur. Wismar & Ludwigslust, Hinstorff, 1861. 8.

13) Zur Geologie der Insel Helgoland. Kiel 1864. 8.

14) Der Durchstich der Holsteinischen Landenge. Schleswig, Heiberg, 1865. 8.

15) Fünf Stunden Abenteuer. Lustspiel in 5 Acten. Nach einem altenglischen Muster des Samuel Tuke. Kiel, Schwers'sche Buchhandlung 1865. 16.

16) Aufklärungen über den Guano-Handel für den Deutschen Landmann. Itzehoe, G. J. Pfingsten, 1867. 8.

Gedichte im Plöner Donnerstagsblatt 1838. — Aufsätze u. Beitrr. zu Gutzkow's Telegraphen 1840 No. 52 ü. sonst. — Gedichte in den „literar. u. kritischen Blättern" 1839 u. 1840. — In den „neuen Kieler Blättern" 1844 S. 545 sqq. (Ueber Steinkohlengrabungen in Schleswig). — Viele Aufsätze chemischen Inhalts in Uebersetzungen aus Englischen u. Französischen Zeitschrr., namentlich den Comptes rendus des séances hebdomadaires de l'academie des sciences, in Erdmann u. Marchands „Journal für praktische Chemie" 1840—1843. In der „Zeitschrift der Deutschen geologischen Gesellschaft" II, 1850 (Die Erdfälle); III, 1851 (Neue Beobachtungen mitteltertiärer Schichten in Holstein); IV, 1852 (Eine neue Insel in Norddeutschland); V, 1853 (Miocänschichten des nördlichen Hannovers); VI, 1853 (Zur Chronologie des Paroxysmus des Hekla); VIII, 1856 (Riffsteinbildung im Kleinen an der deutschen Nordküste). — In der „Allgemeinen Monatsschr. f. Wissensch. u. Literatur" (Braunschweig 1853) 3, S. 57—71 u. S. 137—156 (Ueber die fossile Thierwelt des einfachen Mikroscops u. deren geognostische Bedeutung). — In der (Cotta'schen) „Deutschen Vierteljahrsschr." 1854 (Helgoland). — Im „Archiv der Mecklenburgischen naturforschenden Gesellsch." 185 ... (Der Sonnenvorbote). — Im Familienbuch des österreichischen „Lloyd": (Der Torf.) In den, theils der Schleswig-Holst. Schulzeitung verbundenen, theils für sich, theils auch den Jahrbb. der Landeskunde angehängten „Mittheilungen des Vereins nördlich

der Elbe zur Verbreitung naturwissensch. Kenntnisse": (Schulzeitung 1855/56 No.
2: Anstehende Gesteine älteren Ursprungs); No. 7 (Die Gliederung des norddeutschen Diluviums); 1857 (Kiel 4) S. 22—25 (Die Kalk- u. Thonlager zu Lieth
bei Elmshorn; auch Schulzeitung 1856/57 No. 30) 1859, III, S. 28—32 (Beobachtungen über das Alter des Segeberger Gypsstockes); S. 64—67 (Geologische
Karte. Kritik.) S. 79—101 (Dolomit-Geschiebe in Holstein); S. 102—104 (Wurm-
sandstein); 1860 S. 23—31 (Siphonia praemorsa Goldfuss — rectius Astylospon-
gia praemorsa Ferd. Römer); 1861 S. 47—62 (Das turonische Gestein bei
Heiligenhafen). — In Petermanns „Mittheilungen" 1857 No. 11, Gotha 4, (Der
Friedrichskoog in Ditmarschen. Beitrag zur Geschichte der Veränderungen der
Nordseeküste) u. andere Aufsätze. — In den Jahrbb. f. d. Landeskunde III, 1860,
S. 274—283 (F. Geers' Generalkarte der Herzogthümer Schleswig-Holstein-Lauenburg). — Viele Beiträge zu den „Itzehoer Nachrichten," für die er auch den
„Wirthschaftsfreund" redigirte u. noch redigirt, theils staatswirth- u. wissenschaft-
lichen, theils auch politischen Inhalts u. A. 1860 No. 87 (Neu entdecktes Gestein
bei Heiligenhafen; cf. Mittheill. des Vereins nördlich der Elbe 1860. S. 34—36);
1865, März (Der Nord-Ostsee-Canal; steht auch in der Beilage zur Kieler Zeitung
No. 233). — Zur „Kieler Zeitung" auch 1864—1866 einzelne Leitartikel. — (Mittheilungen über Island) im „Ausland." — In Hennebergs Journal für Landwirthsch.
1862 p. 331 (Zur Geognosie u. Cultur der Norddeutschen Haiden). — In der
Hamb. Börsenhalle 1862 (Bericht über die landwirthschaftliche Weltausstellung)
u. ausserdem andere politische u. wirthschaftliche Aufsätze. — In den 50ger Jahren bis 1862 politische u. wirthschaftliche Artikel im Hauptbl. u. Beilagen der
„Augsburger allgemeinen Zeitung." — In Stöckhardts „Zeitschrift f. deutsche
Landwirthe" 1862 Aufsätze u. Berichte. -- In der „Gartenlaube" 1862: (Ueber
grossartige Erscheinungen des St. Elmenfeuers). In Löbe's illustrirten landwirthsch.
Zeitung 1863 (Ueber die Insel Sombrero) . In der „Illustrirten Zeitung" über
Sombrerogestein. In „Ueber Land u. Meer" 1866: (Die Electricität, ein Schoos-
kind der Napoleoniden). — Er redigirte während zweier Diäten der Holst. Stände
1860 u. 1863 die Ständezeitung. — Revidirt. Vergl. auch Poggendorffs biogra-
phisch-liter. Hdwörterb. d. exacten Ww. II, Sp. 142.

1382) **Meyn,** Wilhelm Matthias Conrad, geb. den
5. December 1793 in Glückstadt; Sohn des Canzleiraths Nicol.
Heinrich Meyn, Bürgermeisters das., u. der Maria Elisabeth geb.
Kirchhoff; wurde den 16. October 1808 Landcadet, den 30. December
1811 Seconde-Lieutenant beim 1. Jütischen Infanterie-Regiment;
darauf Premier-Lieutenant, zuerst beim Kopenh. Infanterie-Regiment, dann beim 3. Leibregiment; den 31. December 1825 Capitain;
1838 Compagnie-Chef; mit Wartegeld entlassen den 20. Mai 1840;
starb 1850 in Kopenhagen.

In „Militairt Reportorium" 2. Reihe, 1. B., S. 34—39 (Om et russisk Feldtog
til Indien); S. 40—56, 134—154 (Auszug aus der „allgem. Militär-Zeitung" f.
1842, betr. Garnisons-Uebungen in Preussischen Festungen; den Wachedienst in
der Garnison u. A.); S. 122—133 (Europa og Amerika militairt betragtede);
S. 223—238, 321—327 (Europas Armeeformationer); S. 239—253 (Udtog af „le
spectateur militaire"); S. 328—34 (Nikobarœernes Colonisering); S. 335—355

(Udtog af „United Service Magazine and Naval military Journal); 2. B., S. 16
bis 38 (Den amerikanske General Don Simon Bolivar); S. 123—166 (General-
lieutenant Georg Ludvig Greve von der Schulenburg); S. 341—377 (Krigen mellem
Danmark og Sverrig tillige med dets Allierede England i Aarene 1808 og 1809);
S. 375—398 (Krigen i Syrien 1840 og 1841 mellem Mehemed Ali, Vicekonge af
Egypten, og England med dets Allierede); 3. B., S. 55—79 (Den russiske Expe-
dition mod Khiwa i 1839 og 1840); S. 237—287 (Felttogen i Finland og
Sverrig i Aarene 1808 og 1809); 4. B., S. 67—88 (Sikhstaten Lahore under
Runschit Singh og hans Efterfœlgere); S. 186—196 (Militaire Miceller); S. 482
bis 485 (Den Kaukasiske Linies Bevogtning); 5. B., S. 55—77 (Krigen imellem
Republiken Mexiko og de forenede nordamerikanske Stater); S. 463—68 (Den
hannoverske General von der Deckens Fortœlling om Slaget ved Lutter am
Barenberge).

1383) **Michaelis,** Adolph Theodor Friedrich, geb.
den 22. Juni 1835 in Kiel, Sohn des nachfolgenden Gustav Adolf
M. u. der Julie geb. Jahn; besuchte die Kieler Gelehrten-Schule
bis Ostern 1853, Rector Lucht; von wo an er Philologie erst in
Leipzig seit Ostern 1853, in Berlin seit Mich. 1854, in Kiel seit
Mich. 1855 studirte; promovirt 1857 den 20. October als dr. philos.
in Kiel; war seit Herbst 1857 in Italien, hauptsächlich in Rom, im
Frühjahr und Sommer 1860 in Griechenland, bis Frühjahr 1861 in
Italien u. im Sommer 1861 in London u. Paris; habilitirte sich im Herbst
1861 als Privatdocent in Kiel; wurde 1862 ausserord. Prof. der
Archäologie in Greifswalde u. Director der akademischen Kunst-
sammlung daselbst; erhielt zu Ostern 1865 einen Ruf als ordent-
licher Professor der klassischen Philologie u. Archäologie nach
Tübingen, wo er auch Mitdirector des philologischen Seminars u.
Director des Münz- u. Antiken-Kabinets ist.

1) Dissert. de auctoribus, quos Horatius in libro de arte poetica secutus esse
videatur, praemio Schassinno ornata: vor dem Progr. zur Feier des K. Geburtstages d. 6. Octob. 1857. Kiliae 1857. 4. SS. 35. (Bildete auch seine In-
auguralschrift.)

2) Das corsinische Silbergefäss. Leipzig 1859. 4. (Gratulationsschrift für
Welckers Jubiläum).

3) Mit Cunze: Rapporto d'un viaggio fatto nella Grecia. Roma 1861. 8. (Wurde
in 100 Exempll. besondors gedruckt aus den Annali dell' Instituto 1861).

4) Die Verurtheilung des Marsyas. Greifswald 1864. 4.

5) Anaglyphum Vaticanum (auf Tellus u. Apollon bezüglich). Tubingae 1865.
21 SS. Mit 3 Taff. (Gratulationsschrift für die Universität Wien.)

6) Thamyris und Sappho auf einem Vasenbilde. Mit 1 Tafel. Festzuschrift für
Ed. Gerhard. Leipzig, Breitkopf & Härtel, 1865. 8. SS. 18.

Beitrr. zu Gerhards „Denkmäler u. Forschungen" seit 1858 (namentlich: 1859
die neuen Bäder in Pompeii; — 1861 Berichte über Athenische Alterthümer; —
1862 die Balustrade am Tempel der Athene Nike auf der Akropolis von Athen
Berichte über Londoner Alterthümer; — 1863 Terracottagruppe aus Athen;

Antiken im Pallast Sciarra; — 1864 Terracotten in Canterbury; — 1866 Zwei römische Grabsteine). — Im „Rhein. Mus. f. Phil." XVI, 1861, S. 210—235 (Ueber den jetzigen Zustand der Akropolis von Athen. Erschien auch separat,) — Einzelnes im „Philologus" von 1866. — In den „Neuen Jahrbb. f. Philologie" 1859 (Bericht über die Schriften des archäol. Instituts); 1861 (Inschrift v. Tegea). — Zerstreute Beiträge zu den „Grenzboten". — In den „Annali dell' instituto di correspondenza archeologica" 1857, p. 232—274 et 359 bis 361 (Filotteto Ferito); 1858, p. 100—125 (Inscriptiones tabulae Iliacae); p. 298—347 (Apolline e Marsia); 1859, p. 60—81 (Il lione nemea); p. 267 bis 278 (Vaso cretano); 1861, p. 6—90 (die oben genannte mit Cunze herausgeg. Schrift); 1862, p. 208—220 (Due bassirilievi atenicsi); 1863, p. 292 bis 336 (Il dio Pan colle Ore e con Ninfe su rilievi votici greci); 1864 (Osservazioni fatte in alcune isole dell' Arcipelago). Verschiedene Kleinigkeiten im „Bullettino dell' Instituto" 1858, p. 129—144 (Antichita napolitane); 160 (Iscrizione greca); 170 bis 173 (Penteo. Rappresentazioni della giraffa); 1859, p. 112 (Sopra: Luetzow: Geschichte des Ornaments an den bemalten griechischen Thongefässen); 1860, p. 26—39 (Sopra Cunze: Reise auf den Inseln des Thrakischen Meeres); 1860, 113—118 (Antichita di Atene); p. 122—126 (l'Ercolo epitrapezzio di Lisippo); p. 177—183 (mit Cunze: Scavi di Eleusi); 1862, 56—59 (Giunta al' articolo di Rhusopulos sopra un vasetto corintio con iscrizioni d'un carattere antichissimo). — Revidirt.

1384) **Michaelis,** Gustav Adolf (L. & S. No. 775). Seit 1833 dr. u. ausübender Arzt, wie auch Assistenz-Arzt an der Hebammen-Anstalt u. Privat-Docent zu Kiel; 1836 Physicus der Stadt u. der Aemter Kiel, Cronshagen u. Bordesholm; den 12. Febr. 1839 ausserordentl. Prof. der Medicin, und nach Prof. Wiedemanns Tode (den 31. December 1840) den 24. August 1841 ordentl. Prof. der Geburtshülfe, sowie Vorsteher der Gebäranstalt u. Oberlehrer der Hebammenschule; im Laufe des Sommers 1848 reiste er ins Bad um für seine zerrüttete Gesundheit Genesung zu suchen. Als er krank wieder heimkehrte, fand er auf der Station Lehrte im Hannoverschen den Tod. Verh. mit einer Tochter des Syndicus Jahn.

Von ihm noch:

Ueber das Leuchten der Ostsee nach eigenen Beobachtungen nebst einigen Bemerkungen über diese Erscheinung in anderen Meeren. Mit einem Vorwort von Chr. Hoinr. Pfaff. Mit 2 Kupfern. Hamburg 1830.' 8. SS. 52.

Setzte neben W. F. G. Behn. G. B. Günther, A. L. A. Meyn fort; C. H. Pfaffs practische u. kritische Mittheilungen aus dem Gebiete der Medicin. Chirurgie u. Pharmacie redigirt v. dr. J. Samson Jahrg. 6, N. F. 4.—Jahrg. 9, N. F. 7. Altona 1838—1841. 8. Von ihm darin: Bd. 6, N. F. 4, II. 7—8, S. 92—115 (Anzeige über H. Fr. Nägele's geburtshülfliche Auscultation. Mainz 1838); H. 9 u. 10, S. 62—64 (Fall von Drillingsschwangerschaft); S. 78—96 (Ueber die Anlegung neuer Apotheken in den Herzogthümern); S. 115—130 (Anzeige v. Fr. A. Wildn's das weibliche Gebärunvermögen, Berlin 1838), Bd. 8., N. F. 6, H. 1 u. 2, S. 52 bis 82 (Rec. über F. Dubarque's Geschichte der Durchlöcherungen etc. des Uterus etc.,

Quedlinburg u. Leipzig 1839), H. 5 u. 6 (Rec. über F. L. Feist: Ueber die Kopf-
blutgeschwulst'der Neugebornen, Mainz 1839).

Abhandlungen aus dem Gebiete der Geburtshülfe. Mit 8 Kupfertafeln. Kiel
1833. 8. SS. 326. Rec. in Pfaffs Mitth. 2, 1833, H. 2, S. 337—345.
Mit Prof. Scherk: Amtlicher Bericht über die 24. Versammlung der Deutschen
Naturforscher u. Aerzte in Kiel. Kiel, Akad. B., 1847. 4. SS. 292.
(Ueber das Sommerfieber, wie es sich vom J. 1826 an im nördlichen Theile
von Holstein namentlich in der Probstei Preetz zeigte; nebst einigen Bemerkungen
über den Gesundheitszustand anliegender Districte) in Gerson u. Julius' Magazin
der ausländischen Heilkunde Bd. 19 (1830), S. 251—270. (Geschichte der Kieler
Hebammen- u. Gebär-Anstalt): in Pfaffs Mittheilungen Bd. 1, H. 1 u. 2, 1832,
S. 127—144; (Miasma malaria) das. H. 3 u. 4, S. 213—217; (Kaiserschnitt un-
glücklich für Mutter u. Kind) das. Bd. 2, H. 1, S. 111—124; (Tracheotomie bei
einem Kinde von 11 Monaten) das. S. 125—132; (Recension v. N. Dohrns Schleswig-
Holsteinischer Medicinalverfassung) das. Bd. 3, 1835, H. 1 u. 2, S. 98—114; (Ueber
die Anwendung der äusseren mechanischen Hülfsmittel bei regelwidrigen Geburten)
das. Bd. 6, N. F. 4, H. 3 u. 4, S. 1—86; (Kaiserschnitt glücklich für Mutter u.
Kind) das. S. 87—103. Beitrr. zu mehreren anderen medicinischen Zeitschriften.

Nach seinem Tode: Das enge Becken nach eigenen Beobachtungen u. Untersuchungen. Herausgeg. von Karl Conr. Theod. Litzmann. Leipzig 1851. 8.
XVI u. 446 SS. Rec. Gött. Gel. Anzz. 1852, S. 353 ff.

1385) **Michaelsen,** Johann Friedrich Christian, geb.
in Eckernförde, studirte Medicin; promovirt in ihr 1846 in Kiel;
ist zur Zeit practisirender Arzt in Sonderburg.

De epididymitide gonorrhoica diss. inaugur. medica. Kiliae 1846. 8. SS. 15.

1386) **Michaelsen,** Johann Georg (L. & S. No. 776);
wurde 1849 Physicus der Landschaft Süderditmarschen in Meldorf
u. ist vermuthlich 1863 oder Anfang 1864 verstorben.

Von ihm noch:

Im Itzch. Wochenbl. 1831, No. 27, Sp. 423—425 (Einige Worte über die
Aehnlichkeit unserer Küsten-Epidemie mit der orientalischen Cholera). In Pfaffs
„Mitth." etc. Bd. 1, 1832, H. 1 u. 2, S. 94—109, H. 3 u. 4, S. 58—74 (Beobachtungen u. Ansichten über die im Jahre 1826 u. folgenden Jahren in Süder-
ditmarschen herrschend gewesene Küsten-Epidemie); H. 3 u. 4, S. 75—103 (Keine
Identität der cholera orientalis mit unserer Nordsee-Küsten-Epidemie der Jahre
1826 u. 1827 u. folgende Jahre); Bd. 2, H. 3 u. 4, S. 386—420 (Epidemie des
essentiellen primären Frieselexanthems im Jahre 1833); Bd. 3, N. F. 1, H. 3 u.
4, S. 54—80 (Mehrere Epidemien im Frühjahr 1834 in Süderditmarschen); H. 9
u. 10, S. 23—26 (Auch in den Marschgegenden an der Westküste der Herzogthh.,
wenigstens in Süderditmarschen, hat die Grippe od. der epidemische Katarrh im
Jahre 1833 geherrscht); S. 23—34 (Practische Notizen); Bd. 4, N. F. 2, H. 9 u.
10, S. 53—67 (Vollkommene Heilung einer completen Zerschneidung des Kehlkopfs
in Verbindung mit fast vollständiger Zerschneidung der Speiseröhre); Bd. 5, N. F. 3,
H. 11 u. 12, S. 27—43 (Bemerkungen über die Epidemie der Influenza od. Grippe
in den ersten Monaten des Jahrs 1837 in Süderditmarschen); S. 77—80 (Aus einem
Briefe: über Heilkraft des mineralischen Magnetismus u. s. w.); Bd. 6., N. F. 4,

H. 3 u. 4, S. 104—120 (Ueber medicinisch-polizeiliche Massregeln gegen das Scharlachfieber in Süderditmarschen); H. 9 u. 10, S. 64—77 (Zwei Fälle von absichtlicher Vergiftung mit concentrirter Schwefelsäure); Bd. 8, N. F. 6, H. 7 u. 8, S. 72—86 (Freiwillige acute Arsenikvergiftung glücklich geheilt u. Anwendung des Eisenoxydhydrats dagegen); Bd. 9, N. F. 7, H. 5 u. 6, S. 1—35 (Epidemie des typhus contagiosus exanthematicus in Süderditmarschen insbesondere im Jahre 1838).

1387) **Michélsen,** Albert, geb. 1800, Sprachlehrer in Tondern; starb daselbst den 16. August 1847. — Vergl. Ersl. II S. 266, Supplem. II. S. 372.

Amor u. Psyche, lyrisches Drama von Fr. Paludan-Müller. A. d. Dänischen. Kopenhagen 1835. 8.

Eine historisch-poetische Rede von ihm wurde gedruckt zum 5. Juli 1841 bei Kastrup in Flensburg. S. Itzeh. Wochenbl. 1841 p. 722.

1388) **Michelsen,** Andreas Ludwig Jacob (L. & S. Nr. 778), geb. den 31. Mai 1801 in Saatrup auf Sundewitt, Sohn des dortigen Diakonus Franz M. († als Prediger zu Oeddis im Amte Hadersleben d. 15. Januar 1806) u. der Johanna Henriette geb. Born, Tochter des Amtsverwalters C. S. v. Born in Apenrade; besuchte das Gymnasium in Altona von Ostern 1816 bis Michaelis 1819, studirte von 1819 bis 1823 die Rechte in Kiel u. Göttingen, wurde 1823 mit dem 1. Charakter auf Gottorf examinirt; machte darauf mit höherer Unterstützung eine zweijährige wissenschaftliche Reise, auf der er die Universitäten Berlin, Heidelberg, Paris besuchte; promovirt als dr. jur. in Berlin den 20. November 1824; privatisirte, mit wissenschaftlichen Sammlungen u. Arbeiten beschäftigt, seit 1825 in Kopenhagen, wo er den 1. Juli 1826 ord. Mitglied der Isländischen Literaturgesellschaft, den 14. März 1829 Mitglied der k. Dänischen Gesellschaft für vaterländische Geschichte u. Sprache und den 30. Juni dess. J. ord. Mitglied der k. Norwegischen Gesellschaft der Wissensch. wurde; den 11. August 1829 ausserord. Prof. der Geschichte in Kiel; 1833 Secretär des Vereins für vaterländische Geschichte; seit 17. December desselben Jahres h. c. dr. philos. das.; den 11. Juni 1834 corresp. Mitglied der Gesellschaft für Pommersche Geschichte; 5. Oct. 1835 corresp. Mitglied des Vereins für Mecklenburgische Geschichte; schlug 1837 einen Ruf als ordentlicher Professor der Rechte nach Basel aus u. wurde im October desselben Jahres ordentlicher Prof. der Geschichte in Kiel; in dems. Jahre auch ausländisches Mitglied der Kurländischen Gesellschaft für Literatur u. Kunst; 28. Mai 1838 Ehren-Mitglied des Nassauischen Vereins f. Geschichte; 11. Juli

1839 corresp. Mitglied der Gesellsch. f. Friesische Geschichte zu
Leuwarden; wurde 1841 als ordentl. Professor des Staats- u. Völkerrechts nach Jena zu Ostern 1842 berufen; daselbst Michaelis
1843 Hof- u. Justizrath u. Beisitzer des Schöffenstuhls u. 1845
den 24. Juni Geh. Justiz-R.; auch im Vorstand des Vereins für
Thüringische Geschichte u. Alterthumskunde; von 1844 bis 1848
Redacteur der N. Allgem. Jenaer Literatur-Zeitung; wurde 1848
von der provisorischen Regierung der Herzogthümer Schleswig-
Holstein mit einer ausserordentlichen Sendung nach Berlin betraut;
wurde von dem 1. Schleswigschen Wahldistrict zum Mitglied der
Frankfurter Nationalversammlung erwählt u. war Vice-Präsident in
dem gesetzgebenden Committee, auch Vorsitzender der Commission
für die allgemeine Wechselordnung; erklärte den 26. Mai 1849
seinen Austritt aus dieser Versammlung; den 29. September 1851
Mitdirector des staatswissensch. Seminars in Jena; war seit 2. Januar 1852 Vorstand u. seit 1863 erster Vorstand des Germanischen
Museums in Nürnberg; 29. December 1855 Geheimer Justiz- u.
Oberappellations-Rath; den 1. März 1855 ord. Mitglied des Gelehr-
ten-Ausschusses des Germanischen Museums; 28. Nov. 1855 Mit-
glied der K. Akademie der Wissenschaften in München; 14. April
1856 ord. Mitglied d. k. Sächsischen Gesellschaft der Wissensch. in
Leipzig; den 15. Aug. 1857 corresp. Mitglied der Gesellsch. für
Niederländische Literatur in Leyden; 1857 auch Ehren-Mitglied
der judicial society in London; 26. Aug. 1858 Ehren-Mitglied des
Voigtländischen Alterthumsforschenden Vereins; 16. August 1861
Ehrenbürger der Stadt Jena; 1864 Comthur des Grossherz. Oldenb.
Hauss- u. Verdienstordens; 1865 Comthur des Sachsen-Ernestini-
schen Hausordens; legte Johannis 1864 sein Amt als erster Vor-
stand des Germanischen Museums nieder, um für die Schlesw.-
Holst. Sache thätig sein zu können; lebte 1867 in der Stadt
Schleswig. — Revidirt. — Vergl. die Leipz. Illustr. Zeitung v. 1864
(worin auch sein Bildniss in Holzschnitt), ferner die biogr. Umrisse
der Mitglieder deutscher National-Vers. (Frkf. 1848) H. 2, Erslew
II, S. 266—267 u. Supplem. II, S. 372. — Verh. seit 2. Octob.
1840 mit Comtesse Ernestine Sophie Friederike v. Brockdorff, Tochter von No. 219.

Von ihm noch:

2) Gab heraus mit Vorwort: Georg Nicolaus Wölfke: Ueber die Sylter Land-
schafts-Verfassung u. ihre zeitgemässe Verbesserung. Kiel, Univers.-B., 1831.
XVI u. SS. 99. Rec.: N. Provinzialberr. 1831 S. 658—663.

3) Sendschreiben an Herrn dr C. F. v. Schmidt-Phiseldeck, betreffend das Verfassungswerk in Schleswig-Holstein. Hamburg 1831.ᵗ 16 SS. 8.

4) Gab heraus, zuerst mit J. Asmussen (welchen vergl): Archiv für die Staats- u. Kirchen-Geschichte der Herzogthümer Schleswig, Holstein u. Lauenburg u. der angrenzenden Länder u. Städte Bd. 1 H. 1. Kiel 1833. 8. VI u. 266 SS. — Rec. N. Prov.-Berr.ᵗ1833 S. 313—315.

Darin von ihm: S. 1—48 (Die ältere Geschichte des adeligen Guts Rundhof in Angeln); S. 243—258 (Ueber das Wahlrecht der Schleswig-Holsteinischen Stände zur Zeit Christian I. Dieser Artikel gegen Estrup: Om Slesvig og Holsteens Uadskillelighed efter Forsikkringsacten af 1460. Kbh. 1832; u. in „Blandinger fra Sorœe." 3. H. v. 1832.

— — Bd. 1. Altona 1833. 8. XLII u. SS. 425. Rec. Prov.-Berr. 1833, S. 638—639. Von ihm ausser dem Antheil am Vorbericht, S. 1—87 (Die Haseldorfer Marsch im Mittelalter).

— — Bd. 2. Altona 1834. 8. XX u. 571 SS. Von ihm ist ein Antheil am Vorbericht.

— — Bd. 3. Das. 1837. 8. XXII u. 385. Von ihm S. 167—194 (Die Erbunterthänigkeit der Stadt Lütjenburg im 16. u. 17. Jahrh.); S. 339—372 (Bericht eines Augenzeugen über die Eroberung Ditmarschens; S. 379—383. (Auszüge aus den ältesten auf Pergament geschriebenen Kirchenbüchern zu Tellingstedt in Norderditmarschen); S. 383 (Notizen über codices des Presbyter Bremensis aus der k. Biblioth. in Kopenhagen).

—·— Bd. 4, von ihm allein herausgegeben. Das. 1840. 8. XVI u. 602 SS. Von ihm: Vorbericht; S. 599 (Leibeigne wurden in Holstein noch im 18. Jahrh. verschenkt); S. 601 (Die ältesten Grabschriften in der Kirche zu Bordesholm). — Bd. 5, das. 1843, 8., ist nicht mehr v. Michelsen redigirt, sondern v. Falck u. Ratjen.

5) Das alte Ditmarschen in seinem Verhältnisse zum Bremischen Erzstift beurkundet. Schleswig, Tbst.-Inst. 1829. gr. 8. VI u. 115 u. 2 Bll. Urkundenverzeichniss.

6) Ueber die vormalige Landesvertretung in Schleswig-Holstein, mit besonderer Rücksicht auf die Aemter u. Landschaften. Eine historisch-publicistische Erörterung. Mit Urkunden. Hamburg, Perthes & Besser, 1831. gr. 8. SS. 104. Rec. im Kieler Corresp.-Bl. 1831 No. 55.

7) Urkundenbuch zur Geschichte des Landes Ditmarschen. Altona 1834. gr. 4. XX u. 414 SS. Mit 1 Wappent. Rec. Prov.-Berr. 1834, S. 436—439. Kieler Corresp.-Bl. 1834 No. 91.

8) * Ueber die Aufhebung der Zollfreiheiten in Schleswig-Holstein. Ein publicistisches Votum eines Zollfreien. Kiel, Univers.-Buchh., 1836. gr. 8. SS. 44. S. Alt. Merk. 1836 No. 110, Sp. 2124—2125.

9) Ueber die erste Holsteinische Landestheilung. Eine historische Abhandlung, geschrieben zur Säcularfeier des Altonaer Gymnasiums am 19. September 1838. Mit Lithographirtem Wappen. Kiel u. Eutin. 8. SS. 40. Rec. Kieler Corresp.-Bl. 1838 N. 85, S. 348—349, Alt. Merk. 1839 No. 193 u. 195.

10) Der ehemalige Oberhof zu Lübeck u. seine Rechtssprüche. Altona, Hammerich, 1839. 8. XXIX u. SS. 374. S. N. St. M. IX, 1840, S. 618.

11) Primogeniturordnungen im Schleswig-Holsteinischen Fürstenhause. Eine staatsrechtliche Erörterung. Zum 50jährigen Amtsjubiläum des Geh. Conferenzraths Cai Lor. v. Brockdorff, den 13. Nov. 1839. Kiel 1839. 4. (Nur S-

1—24 wurde bei dieser Gelegenheit gedruckt, der weitere Abdruck wurde von der Regierung inhibirt.)

12) Ueber die ehemaligen Landestheilungen in Schleswig-Holstein unter dem Oldenburgischen Hause. Eine staatsrechtliche Erörterung. Zum 50jährigen Amtsjubiläum des Geh. Conferenzraths Cai Lor. v. Brockdorff. Kiel 1839. 4. SS. 40. S. N. St. M. X, S. 557.

13) Redigirte: Urkunden-Sammlung der Schleswig-Holstein-Lauenburgischen Gesellschaft für vaterländische Geschichte. 1 Bd. (I. Schleswig-Holstein-Lauenburgische Urkunde bis zum Jahre 1360; II. Diplomatar des Klosters Preetz v. Adam Jessin. Mit 1 Wappentafel.) Kiel 1839. 4. SS. 404 (Nachträge, Register u. Glossar zum 1. Bande, das Register, v. H. Biernatzki erschien unter Waitz' Redaction 1849.) 2. Bd. 1 Abth. mit Vorwort v. Michelsen: Urkunden von 1300—1350. Mit 1 Wappentafel. Kiel 1842. 4. VIII u. SS. 126. Rec. des 1. Bandes im Kieler Corresp.-Bl. 1839 No. 72.

14) Grundriss zu seinen Vorlesungen über das positive Völkerrecht. Kiel, Universitäts-B., 1840. gr. 8. SS. 16.

15) Entstehung u. Begründung der Predigerwahl in Schleswig-Holstein als protestantische Norm. Eine kirchenrechtliche Abhandlung. Kiel 1841. 8. SS. 24. Ist akademisches Festprogramm auf Veranlassung der am 4. Advent-Sonntag 1840 begangenen Jubelfeier des Ober-Consistorialraths dr. Cl. Harms. — S. Lyna 1842 No. 4.

16) Sammlung alt-ditmarsischer Rechtsquellen. Namens der Schleswig-Holstein-Lauenburgischen Gesellschaft für vaterländische Geschichte. Altona, Hammerich, 1842. 8. XXVIII u. SS. 370.

17) Grundriss zu Vorlesungen über katholisches u. protestantisches Kirchenrecht. Jena, Frommann, 1842. 8. SS. 16.

18) Grundriss zu Vorlesungen über allgemeines u. Deutsches Staatsrecht. Jena bei dems. 1843. 8. S. 16. S. Falcks Archiv II. S. 414.

19) Acta judicialia in caussa, quae inter comites Holsatiae et consules Hamburgenses medio saeculo XIV. agitata est de libertate civitatis Hamburgensis publica. Jenae, Frommann, 1844. 4. SS. 24. Angez. im Alton. Merk. 1844 No. 148 S. 687.

20) Polemische Erörterung über die Schleswig-Holsteinische Staatssuccession mit bisher ungedruckten Urkunden. Leipzig, Weidmannsche Buchh. 1844. 8. SS. 104. Angez. Kieler Corresp.-Bl. 1844 No. 46.

21) Zweite polemische Erörterung über die Schleswig-Holsteinische Staatssuccession. Mit einem Nachwort über den offenen Brief. Mit bisher ungedruckten Urkunden. Leipzig, Weidmannsche Buchh., 1846. 8. SS. 146. Rec. Liter. u. krit. Bll. 1846 No. 106, S. 830—833. Alt. Merk. 1840 No. 202.

22) Die vier wichtigsten Actenstücke der Schleswigschen Ständeversammlung von 1846. Jena, Frommann, 1847. 8. VIII u. SS. 57.

23) Ueber die Genesis der Jury. Eine germanistische Untersuchung. Leipzig, Otto Wiegand, 1847. 8. VII u. 190.

24) Specimen codicis diplomatici Jenensis: Universitäts-Progr. zu Jena 1852. S. Zeitschr. des Vereins f. Thüringische Geschichte Bd. 1 (Jena 1852) H. 1, S. 69—70.

25) Die Hausmarke. Eine germanistische Abhandlung. Mit 3 lithographirten Tafeln. Jena, Frommann, 1853. gr. 8. SS. 68.

26) Der Mainzer Hof zu Erfurt am Ausgange des Mittelalters. Eine urkundliche Mittheilung als Einladungsschrift zu der, am 4. Juni 1853 in Eisenach zu haltenden Generalversammlung des Vereins für Thüringische Geschichte u. Alterthumskunde. Namens des Vorstandes. Jena, Frommann, 1853. gr. 4. SS. 46.

27) Ueber die Ehrenstücke u. den Rautenkranz als historische Probleme der Heraldik, Programm zu der am 6. August 1854 in Gotha zu haltenden Generalversammlung des Vereins für Thüringische Geschichte u. Alterthumskunde. Namens des Vorstandes. Jena, bei dems., 1854. gr. 4.

28) Die Rathsverfassung von Erfurt im Mittelalter. Eine urkundliche Mittheilung, als Programm zu der 3. am 30. Juli 1855 in Erfurt zu haltenden Generalversammlung des Vereins für Thüringische Geschichte u. Alterthumskunde. Namens des Vorstandes. Jena, bei dems. 1855. gr. 4. SS. 47.

29) Ueber die festuca notata u. die germanische Traditionssymbolik. Ein germanistischer für die K. Baierische Akademie der Wissenschaften bestimmter Vortrag. Jena, Frommann, 1855. gr. 4. SS. 30.

30) Urkundlicher Ausgang der Grafschaft Orlamünde. Hauptsächlich nach Urkunden der Hoffmann-Heydenreichischen Handschrift. Programm zu der 4. am 15. Juni 1856 zu Weimar abzuhaltenden Generalversammlung des Vereins für Thüringische Geschichte u. Alterthumskunde. Jena, Frommann, 1856. gr. 4. SS. 38.

31) Die ältesten Wappenschilde der Landgrafen von Thüringen. Mit 1 lithogr. Tfl. Programm zu der am 2. August 1857 in Jena zu haltenden Generalversammlung des Vereins für Thüringische Geschichte u. Alterthumskunde. Jena, Frommann, 1857. 4.   •

32) Johann Friedrich des Grossmüthigen Städteordnung für Jena. Zur Feier der Enthüllung des Standbildes desselben auf dem Markte in Jena den 15. August 1858. Jena, Frommann, 1858. 4.

33) Frisiae septentrionalis vetus jus agrale. Jenae 1859. 4.

34) Die Landgrafschaft Thüringen unter den Königen Adolf, Albrecht und Heinrich VII. Jena 1860. 4.

35) Codex Thuringiae diplomaticus. Sammlung ungedruckter Urkunden zur Geschichte Thüringens. Lief. 1. Jena, Frommann, 1854. 4. III u. 96 SS.

36) Urkundlicher Beitrag zur Geschichte der Landfrieden in Deutschland. Eine archivalische Mittheilung zur Ankündigung seines Antritts als erster Vorstand des Germanischen Museums. Nürnberg 1863. 4. 31 SS.

37) Rechtsdenkmale aus Thüringen. Jena, Frommann, 1863. VIII u. 532 SS. 8.

38) Widerlegung des gegen das Augustenburgische Successionsrecht auf Schleswig-Holstein vom vorzeitigen Institute der gesammten Hand hergenommenen Einwandes. s. l. et a. (1864). 4.

39) * Urkundliche Darlegung der besonderen Successionsrechte des Schleswig-Holstein-Sonderburgischen Hauses auf den vormals Gottorpischen Antheil des Herzogthums Holstein s. l. et a. 4. Auch Franz. s. t. Memoire contenant l'exposé des droits de succession de la maison de Sonderbourg-Augustenbourg à la partie ci-devant Gottorpienne du duché de Holstein. Stuttgart, Aug. Wörner, 1864. 4. 38 SS.

40) Ueber Schleswig-Holsteinische Staatserbfolge. Ein Rechtsgutachten. Gotha, Thienemann, 1864. 8.

41) Gab neben G. K. Frommann den früher v. Aufsess, A. v. Eye herausgegebenen „Anzeiger für Kunde der deutschen Vorzeit", Jahrg. X, 1863, 1—12, XI, 1864, 1—12, XII, 1865, 1—12, Nürnberg, 4, heraus.

42) Ineditorum historiam juris Cimbrici illustrantium particula ex schedis suis collegit et Joanneo Haderslebiensi sacra saecularia tertia celebraturo gratulabundus exhibuit. Slesvici 1867. 8. pp. 20.
Beiträge zu Zeitschriften u. anderen Werken ausser den im L. & S. bereits angeführten:
a) Im Staatsb. Mag. IX, S. 800—803 (Mittheilungen von Urkunden [Zeugnisse aus der alten Lübschen Stadt-Chronik zur Ditmarsischen Geschichte]); S. 804 bis 809 (Documente betr. das Recht des Ripener Bischofs auf Mögeltondern u. nahe gelegene Ortschaften v. 1241—1261) S. 809—814 (Documente zur Erklärung der Abweichungen in den Abdrücken der ersten Ausgabe von Eckenbergers Uebersetzung des Lübschen Lov). — b) Im Kieler Corresp.-Bl. 1831, No. 86 (Bedenken wider eine in der Sylter Landschaftsverfassung vorgeschlagene Abänderung); No. 90 (Rec. v. L. Ross Geschichte der Herzogth. Kiel 1831.); No. 93 (Neue Chronik von Ditmarschen); 1832, Beil. No. 4 v. 9. Mai (Rec. v. Blome's: Ueber Gemeindewesen. Hamb. 1832. Vergl. No. 45 desselben Bls. u. Erwiderung v. Michelsen in No. 47); No. 89 (Antiquarische Anfragen); 1833, No. 74 (Landgilde); No. 95 (Rec. der „Chronik des Landes Ditmarschen" v. J. Hanssen u. H. Wulff); 1834, No. 55 (Vortrag in der diesjährigen Hauptversammlung der historischen Gesellschaft); 1835, No. 80 (Rec. v. F. v. Warnstedts: „Ueber Alterthums-Gegenstände"); 1837, No. 76 (Bedeutung einer Lehens-Anwartschaft); 1849, No. 133 (An meine Wähler). — c) Im Neuen Staatsb. Magaz. IV, 1836, S. 250—253 (Aus Diedr. Blome, Amtmann zu Steinburg, Schreiben an Christian III, d. d. Kiel 1553, zur Zeit des Umschlags, vornemlich das Bramstedter Göding betr.). — d) Im 3. Bericht der Schlesw.-Holst.-Lauenb. Gesellsch. f. Samml. u. Erhalt. vaterl. Alterthh. 1838 (Denkmäler im südwestlichen Deutschland). — e) Im Itzeh. Wochenbl. 1838, No. 17, Sp. 465—67 (Ueber C. F. Ecklon). — f) In der Zeitschrift des Vereins für Thüringische Geschichte Bd. 1, 1852/53, S. 73—90 (Ueber eine handschriftliche Chronik Thüringiens aus dem 15. Jahrh.); S. 129 bis 160 (Die Kiffhäuser Kaisersage); S. 217—236 (Ueber die ungedruckte Thüringische Chronik von Conrad Stolle); Bd. 3, 1857, S. 21—44 (Urkundenverzeichniss: Johann Rothe betr.); S. 65—70 (Siegelsammlung des Herzogthums Coburg); S. 226 bis 222 (Jahresrechnung eines Jenaischen stud. jur. aus Wismar v. Jahre 1590); S. 373—374 (Aufforderung); Bd. 4, 1860. S. 1—22 (E. G. Förstemann über zwei Nordhausische Schriftsteller im 10. u. 11 Jahrh.); S. 145—158 (Zur Beurkundigung des Judensturms zu Erfurt im Jahre 1349); S. 319—330 (Urkundlicher Nachtrag dazu); S. 247—250 (Wechsel der Herrschaft zu Schauenforst); S. 361 bis 394 (Legendarium des Dominikaner-Klosters zu Eisenach); S. 492—494 (Fehde und Einigung der von Stuternheim mit der Stadt Erfurt 1269—1286); S. 495 (Kaiserl. Einberufung von Abgeordneten der Stadt Erfurt zu dem Concilium in Constanz 1417); S. 496—97 (Documente zur Geschichte des Hussitenkrieges in Thüringen v. 1428—1431); S. 497—502 (Zur Antikritik); Bd. 5, 1862; S. 290 bis 295 (Miscellen). — g) In den Berichten der K. Sächsischen Gesellsch. der Wissenschaften, Phil.-Hist.-Classe, 1859, Bd. 11, S. 25—48, mit E. G. Förstemann (Ueber die von Kaiser Friedrich an seinen Pathen Otto geschenkte silberne Schaale, jetzt in Weimar. Speciell v. Michelsen ist S. 40—48. Wurde auch separat gedruckt.

Leipzig 1859.) — h) In Reischers u. Wilda's Zeitschr. f. Deutsches Recht u. Deutsche Rechtswissenschaft Bd. 2, Leipzig. 1840 S. 84 ff. (Entstehung, Beschaffenheit u Aufhebung des Wahlrechts der Schlesw.-Holst. Stände); Bd. 7, S. 89—110 (Von der bauerschaftlichen Meent-Verfassung in Ditmarschen u. ihrer heutigen Reform). — i) In den „Verhandlungen der Germanisten" 24/26. Sept. 1846 zu Frankf. a. M. S. 52 (Vortrag über die Schlesw.-Holst. Frage im Allgemeinen); S. 170 ff. (Vortrag über die Genesis der Jury); S. 203 (Antrag auf Errichtung eines Central-Antiquariums für Deutschland. Schreiben an Pertz). — k) In den Jahrbb. f. die Landeskunde der Herzogthh. Schl.-H. u. L. IX, II. 2 (Nachträge zum Ditmarscher Urkundenbuche). Die Schrift „Ueber die Erbverpachtung kleiner u. grösserer Grundstücke, mit besonderer Rücksicht auf Mecklenburg. Rostock, Stille, 1832. 8. SS. 96, welche ihm in einigen Literaturwerken beigelegt wird, gehört nicht ihm; der Verf. ist ein Mecklenburgischer Amtmann u. hat auch anderen Vornamen.

1388a) **Michelsen.** C. C. L., geboren den 5. Juli 1834 in Kiel, studirte Jura in Kiel u. Göttingen, machte 1859 Michaelis das Holsteinische Amts-Examen mit dem 2. Char. m. A. u. ist zur Zeit Anwald in Kiel, nachdem er vorher in Kellinghusen war.

Pandectentabellen. Abth. 1: die Lehre vom Besitz. Kiel, Ak. Buchh., 1867. gr. f. Revidirt.

1389) **Michelsen,** Conrad Anton, geb. den 14. Mai 1804 zu Saatrup; Bruder von No. 1388; studirte Theologie seit Ostern 1826 in Kiel; wurde 1830 zu Gottorf mit dem 2. Char. m. A. examinirt; den 16. September 1835 dr. philos.; den 17. Oct. 1837 Collaborator; den 25. September 1838 Subrector an der Gelehrten-Schule in Hadersleben; 1848 den 5. September Conrector daselbst; im Aug. 1850 entlassen; 1854/55 const. Seminar-Inspector zu Alfeld im Hannöverschen; Ostern 1858 Director der Ackerbauschule bei Hildesheim; starb den 16. Mai 1862. Verh. mit Johanne Caroline Elisabeth geb. Jürs aus Altona († 29. September 1838).

1) Historische] Uebersicht des Studiums der lateinischen Grammatik seit der Wiederherstellung der Wissenschaften, nebst einer Einleitung über das allgemeine Wesen der Sprache. Ein grammatischer Versuch. Hamburg, Perthes, Besser u. Mauke, 1837. gr. 8. VI u. 138 SS. Angez. Kiel. Corresp.-Bl. 1837 No. 68, S. 276.

2) Grammatica omnium disciplinarum fundamentum et praesidium. Haderslebiae 1842. 4. In dem Schulprogramm der Gelehrten-Schule.

3) Philosophie der Grammatik. Unter steter Leitung der Geschichte entworfen. Bd. 1. Casuslehren der lateinischen Sprache vom causal-localen Standpuncte aus. Berlin 1843. 8.

4) Die Gemeinden u. die Agende. Ein Wort aus der Gemeinde. Hadersleben 1844. 8. Rec. Kirchen- u. Schulbl. f. d. Herzogthh. I, 1844, Sp. 48 u. II, 1845, Sp. 81—83.

5) Der evangel. Verein der Gustav-Adolf-Stiftung. Predigt am Sonnt. Reminiscere gehalten. Hadersleben 1844. 8. Auch dänisch. Rec. Kirchen- u. Schulbl. 1845, Sp. 94 u. 95.

6) Haderslebens Seeweg in alter u. neuer Zeit. Hadersleben 1847. 4. Im Programm der Gelehrten-Schule.

7) Redigirte einige Zeit im Jahre 1848 die „Nordslesvigske Tidende."

8) Die Arbeitsschulen in den Landgemeinden in ihrem vollberechtigten Zusammenwirken mit den Lehrschulen. Eine historisch begründete Beantwortung der Zeitfrage: Wie wird die Volksschule von der abstracten Methode emancipirt u. fruchtbarer gemacht für Herz u. Hand der Zöglinge. Eutin, Völkers, 1851. 8. III u. 119 SS. mit 1 Tafel in 4. Rec. Schl.-Holst.-Schulbl. XIII, 1851, S. 377—378 u. Kirchen- u. Schulbl. 1851, Sp. 673—677 (v. Superintendenten Nielsen); Alt. Merk. 1851, No. 158. Prutz's Deutsches Museum 1853, Januar-Juni, S. 649; Kieler Corresp.-Bl. 1851, No. 78. (Diese Schrift ist nicht etwa von dem früheren Oberknabenlehrer an der Bürgerschule in Hadersleben, H. Ch. Michelsen, der in den 50ger Jahren ein Erziehungsinstitut in Oldesloe anlegte u. April 1867 in Jörl starb. Derselbe ist nicht Schriftst.)

9) Methodologie des Hannöverschen Landeskatechismus. Alfeld (Leipzig, R. Hoffmann), 1853. 8. VI u. 118 SS.

10) Wie nimmt die Schule Theil am Kampfe gegen den Pauperismus? beantwortet durch ein Referat über die Lehr- u. Arbeitsschulen in Alfeld. Hildesheim, Gerstenbergsche Buchh., 1854. gr. 8. XIV u. 71 SS.

11) Katechismus der Deutschen Sprachlehre: in J. J. Webers illustrirten Katechismen No. 36. Leipzig 1857. 8. VIII u. 216 SS.

12) Die Deutsche Rechtschreibung. Ein Leitfaden für Zweifelhafte. Nebst einem Wörterverzeichniss. Leipzig, Weber, 1858. 8. VIII u. 119 SS.

13) Andreas Treu. Bauermeister in Wolfendorf. Wahrheit u. Dichtung. Th. 1. Entwaldung u. Entwässerung, Bewaldung u. Bewässerung. Mit Holzschnn. u. 1 lithogr. Tf. (VI u. 152 SS.) Th. 2. Die Wiesencultur. Mit Holzschnn. (VI u. 157 SS.) Th. 3. Flachs u. Leinwand (IV u. 160 SS). Hildesheim, Gerstenb., 1859. 62. 8. Rec. Itzh. Nachrr. 1859 No. 13.

14) Die Buchführung auf kleineren landwirthschaftlichen Besitzungen. Hildesheim, Gerstenberg, 1862. q. 8. II u. 103 SS.

15) Gab heraus einen Theil des 1. Jahrgangs 1862 von: Hannoversches land- u. forstwissenschaftliches Vereinsblatt. Mit steter Rücksicht auf Gartenbau, Seidenbau u. a. verwandte Zweige, Hildesheim, Gerstenb. 1862. 4.

16) Landwirthschaftliche Lebensfragen. Beantwortet in Gesprächen. 2. neue wohlf. Ausgabe. Hildesheim, Gerstenberg, 1864. 8. XX u. 472 SS. mit Holzschnn. u. 1 lithogr. Tf. (Nach des Verf.'s Tode).

Im Schlesw.-Holst. Schulbl. J. V, 1843, H. 1, S. 5—16, H. 2, S. 103—116, H. 4, S. 1—10 (Schule u. Leben. Schule u. Grammatik). Ein Auszug eines Aufsatzes aus der Berlingschen Zeitung 1847, steht deutsch im Kieler Corresp.-Bl., 1847, No. 32 s. t. Ueber die Besetzung der geistl. Aemter in Nordschl. Mehrere Beitrr. zur „Lyna" u. A. 1844, No. 52 u. 54 (Die Gustav-Adolf-Stiftung in Hadersleben); 1845, No. 5 (Das hiesige — Haderslebener — Asyl während seines bisherigen Bestehens. Auch im Schl.-Holst.-Schulbl. 1845, H. 3, S. 180—182). — Im Alt. Merk. 1849, No. 77, 95, 101, 113 (Realschulen u. Gymnasien od. Realgymnasien?), 1851, No. 3 (Die Arbeitsschule in ihrem Zusammenwirken mit der Lehrschule). Beitrr. zum Schulbl. f. d. Prov. Brandenburg z. B. J. 22, No. 2 (der Helferdienst). In Zeitschr. f. d. Alterth.-Wissensch. 1847, No. 55—56 (Rec. über Rumpel: Die Casuslehre in bes. Beziehung auf die Griechische Sprache).

1390) **Michelsen,** Eduard, geb. in Preetz, studirte Medicin, wurde 1844 in Kiel dr. med. & chir.; ob später, 1849, Arzt in Treya, wo wenigstens ein Michelsen im Staatshandbuch von Ravit aus dem Jahre vorkommt.

De bubone syphilitico diss. inaug. Kiliae 1844. 8.

1391) **Michelsen,** Hans, geb. 1805 in Hjerting im Törninglehn im Amt Hadersleben, besuchte das Seminar in Skaarup bis 1835, war von Juni 1835 bis April 1837 Hülfslehrer,° später const. Küster u. Schullehrer auf Thurö bei 'Svendborg, darnach Gehülfslehrer in Oerbek bei Nyborg, wo er den 8. October 1840 Küster u. Lehrer wurde. Vergl. Erst. II, S. 269 u. Suppl. II, S. 373.

Afskedsord og Leveregler for Konfirmander ved deres Afgang. Nyborg 1853 8. 24 SS.

In „Maanedsskr. og Repertorium for Almue-Skolelærere" II, S. 16—21 (Om Afkortning i Undervliisningstiden i Almueskoler).

1392) **Michelsen,** Heinrich Erich, geb. zu Priis im Kirchspiel Dänischenhagen, studirte Medicin, wurde 1836 in Kiel dr. med. & chir., ist seit 1857 Physicus f. d. 1. Holsteinischen Phycatsdistrict in Heide.

Trium partuum historiae. Diss. inaugur. Kiliae 1836. 4.

1393) **Michelsen,** Johann Heinrich Eduard, geb. den 11. September 1838 in Hadersleben, Sohn des vorhergenannten Conrad Anton Michelsen, studirte seit Michaelis 1857 Theologie in Halle, später in Kiel u. in Erlangen, u. ist dr. philos. u. jetzt Director der Ackerbauschule bei Hildesheim.

Setzte, zuerst mit F. Burgstorf, das von seinem Vater begonnene Hannoversche land- u. forstwissenschaftliche Vereinsblatt seit 1862 fort. 4.

Gab im Auftrage heraus: Mittheilungen über landwirthschaftliches Unterrichtswesen. Eine Vierteljahrsschrift, Jahrg. 1, 1865. 2, 1866. Hildesheim, Gerstenberg. gr. 8.

1394) **Michelsen,** Ove Wilhelm, geb. den 29. August 1800 in Tönning, Sohn des Rathsherrn u. Stadtsecretairs Christoph Friedrich Michelsen u. der Margarethe Christine geb. Wallern; den 27. Aug. 1818 Secondelieutenant im See-Etat; den 6. Febr. 1825 Premierlieutenant; 18. Decbr. 1830 Unterzeugmeister u. Mitglied der Constructions- u. Regulirungs-Commission; 1833 Artillerie-Lehrer der Seecadetten-Akademie; 20. December 1834 Capitain-Lieutenant; 1. Januar 1835 See-Zeugmeister u. Chef für das See-Artillerie-Corps; 28. Oct. 1836 R. v. D., 23. März 1838 Mitglied der Defensions-Commission; 28. Juni 1840 D. M.; 15. Febr. 1842 Capitain; 8. Oct. 1850 Commandeur-Capitain; 6. Oct. 1852 C. v. D.;

21. Nov. 1852 Commandeur im See-Etat; 10. Febr. 1853 Mitglied der Commission behufs Erweiterung der Militär-Schule; 3. Oct. 1853 seines Postens als Artillerie-Lehrer entledigt; 12. Dec. 1854 interimistischer, 15. Januar 1855 definitiver Marine-Minister u. Mitglied des Geh. Staatsraths; 14. Juni 1855 Folkethings-Mitglied; 12. Oct. 1855 Kammerherr; 13. Mai 1857 auch Minister des Auswärtigen bis 10. Juli 1858; R. des Russ. St. Stanislaus-Ordens, Grosskr. v. D. d. 18. Aug. 1858, u. des Sicilianischen Franz I. Ordens; als Marine-Minister u. Commandeur im See-Etat unter Beilegung des Titels eines Contre-Admirals den 2. December 1859 entlassen; Grosskr. des Persischen Sonnen- und Löwen-Ordens. Vergl. Erslew II, S. 272. Suppl. II, S. 347—375.

Lærebog i Sœ-Artilleriet for do k. Sœcadetter. Kbh. 1836. Mit 38 Tabellen u. einer Samml. v. 17 Kupff. in fol.

Im „Archiv f. Sœvæsenet" X, 130—133 (Oplysninger til en af L. de Coninck fremsat Erklæring); XII, 290—327 (Gammelholms Fraflytning). — Im „Nyt Archiv for Sœvæsenet" 2. Reiho V, 123—133 (Nogle Oplysninger over det danske Krud).

1395) **Michelsen,** Sören Johann Diedrich, wurde Ende der 90ger Jahre des vorigen Jahrhunderts in der Landschaft Eiderstedt geboren; machte einen Theil des Napoleonischen Feldzuges mit; diente nach dem Frieden bis zum Jahre 1848 in den Herzogthümern (im 5. Jägercorps als Capitän) u. zog zur Vertheidigung derselben im März 1848 in den ersten Schleswig-Holsteinischen Krieg (als Major?); er fiel in dem Treffen bei Bau-Crusau den Dänen verwundet in die Hände u. starb bald darauf in Folge seiner Wunden u. der ihm gewordenen Behandlung. Nach Mittheil. seines Sohnes.

Ausser einigen militärischen Aufsätzen verfasste er zur Zeit, als die Holsteinische Ständeversammlung allgemeine Wehrpflicht u. in Verbindung damit eingeborene Officiere bei den hies. Truppen wünschte u. als die Wiederherstellung einer Rendsburger Officierschule in Anregung kam:

Die k. Württembergische Verordnung zur Bildung von Officierzöglingen in den Regimentern. Mit einleitenden Bemerkungen u. Erörterungen über die Anwendbarkeit der dort aufgestellten Grundsätze auf hierländische Zustände herausgegeben. Kiel 1844. 8.

1396) **Michler,** Johann Martin, geb. zu Grömitz den 16. April 1837, studirte seit Ostern 1855 in Kiel und Heidelberg Philologie und Theologie; machte das theol. Amtsexamen in Glückstadt Herbst 1861 (2. Char. m. A.), war Hauslehrer bei Pastor Lüdemann in Süsel und bei dem Grafen von Brockdorff auf Kletkamp, ward am 21. Septb. 1863 ernannt zum vierten, am 18. October

1864 zum dritten Collaborator am Real-Gymnasium in Rendsburg, om 12. März 1865 gewählt zum Hauptpastor in Petersdorf auf Fehmarn, wo er am 25. Juni antrat. Im Sommer 1864 ward ihm das Harmsische Stipendium zum Zweck der Bearbeitung verschiedener Gegenstände aus der kirchlichen Statistik des Herzogthums Holstein verliehen.

Nachträge und Berichtigungen zu dem Wulffschen Verzeichniss der im Schleswig-Holsteinischen Amtsexamen bestandenen Theologen. Kiel 1865. Ernst Homann. 4. SS. 42. Recc. in der Flensb. Nordd. Zeitung 1865. No. 119; Rendsb. Wochenbl. 1865, No. 22; Alt. Merc. 1865, No. 76, Beilage; Kiel. Wochenbl. 1865, No. 58. Arbeitet an einer kirchlichen Statistik des Herzogthums Holstein, für welche das Material zum grössesten Theil bereits gesammelt ist, sowie an einer Schleswig-Holsteinischen Prediger-Geschichte. Lieferte für mehrere inländische Zeitungen meistens anonyme kleinere Aufsätze und Mittheilungen kirchlichen Inhalts, z. B. für den Alt. Mercur, Alt. Nachr. und Alt. Wochenbl., Rendsb. Wochbl. (z. B. 1864, No. 27, * Mittheilungen über die Predigerfamilie Callisen; 1864, No. 70, * Nekrolog des Herrn Adjuncten C. Hansen hieselbst; 1866, No. 19, Joh. Friedr. Aug. Dörfer, 1766—1827) sowie für die Kirchen- und Schulzeitung von Past. Clausen in Glückstadt 1863 u. 1864 und im Schlesw.-Holst. Kirchen- und Schulbl. v. Past. Rendtorff in Preetz (1866, No. 2, Statistisches über die Zunahme der Bevölkerung und Einziehung der Predigerstellen in Schleswig-Holstein seit den letzten 75 Jahren; No. 5, Ueber die neue Visitatorialverfügung zur Förderung des Schulbesuchs in der Probstei Fehmarn; No. 38, Wie vor Zeiten bei uns Kirchenvisitation gehalten ward; No. 39, Ueber das Wachsen der grossen Gemeinden in unserer vaterländischen Kirche. Ausserdem kirchlich-statistische Mittheilungen über verschiedene Holsteinische Pastorate). — Autogramm.

1397) **Middelboe,** Stephan, geb. 8. März 1802 in Kopenh., Sohn des Commandeur-Capitains Bernhard Ulrik M. († 25. Oct. 1825) u. der Magdalena geb. Foersom; erst Seconde- (14. Sept. 1823), dann Premier-Lieutenant (29. April 1832) im See-Etat, ging ab als Capitainlieutenant 10. November 1833 u. war Navigations-Examinator für das Herzogthum Schleswig in Tönning, 6. Oct. 1852 R. v. D., Generalkriegscommissar 1. Januar 1856. Starb 16. Juli 1856 in Ottensen. S. Erslew Supplem. 2, S. 376.

1) Haandbog for den practiske Navigateur. Tönning 1843. VI u. 320 SS. 2 Aufl. Flensb. 1855. 8.

2) Handbuch f. den Navigateur, enthaltend ein kurzes Resumé der für den Seefahrer nothwendigen Vorkenntnisse etc. Flensb. 1854. 4. X u. SS. 176 mit Holzschnitten.

3) Schiffskalender zum Gebrauch bei Observationen am Bord, ausgezogen aus dem Nautical-Almanac 1855—57, sowie die Uhrzeit vom Hochwasser für jeden Tag. Flensb. 1854—56. 4. (Auch dänisch).

Beiträge zum „Nyt Arkiv for Søevesenet" 2. Rœkke (II, S. 90—98, V, S. 313 bis 322).

5 *

1398) **Mielck,** Eduard, geb. 28. April 1806 in Haseldorf; sein Vater, der Past. J. B. Mielck das. († 25. März 1824); ging Ostern 1824 auf die Kieler Forstlehranstalt, übernahm, nachdem er examinirt war, im Herbst 1827 die Stelle eines Försters im Gute Borstel, 1838 Forstaufsichtsbeamter in Pinneberg, 1842 Holzvogt in Hohenrade, Amt Plön, 1844 nach Reorganisation des Wegewesens neben dem jetzigen Preussischen Major Geerz zum Wegeconducteur ernannt mit dem Wohnort Schleswig, stand 1849 bis 1851 zeitweilig dem ganzen Wegewesen in den Herzogth. vor, wurde nach der Schlacht bei Idstedt als Hausvogt im Amte Reinbeck von der obersten Civilbehörde bestallt; dort wieder von der Dänischen Regierung entsetzt, ging er nach Wandsbeck, wo er ein grösseres Fabrikgeschäft übernahm; 1864 Hausvogt u. Branddirector im Amte Neumünster.

* Die Riesen der Pflanzenwelt. Mit 16 lithographirten Abbildungen. Leipzig, C. F. Winter, 1863. 4.

Lieferte (von Borstel aus in den letzten 20ger u. 30ger Jahren) mehrere Aufsätze für die „Forst- u. Jagdzeitung." Einzelne Beiträge im Kieler Correspondenzblatt. Beitrag zu der landwirthschaftlichen Zeitung für die Herzogthümer Schlesw.-Holst. u. Lauenb. 1840, No. 25. In H. Biernatzkis Landesberichten, Jahrg. 1, 1846, S. 233—246 (Die Natur des Holzdiebstahls u. die daraus abgeleiteten Mittel zu seiner Beseitigung). Mehrere meistens statistische u. volkswirthschaftliche Aufsätze für inländische Blätter, namentlich die Itzehoer Nachrichten aus den 50ger u. 60ger Jahren. — Revidirt.

1399) **Mirbeck,** C. L. B., ein Jngenieur, aus Frankreich gebürtig, hielt sich in den ersten Jahren dieses Jahrhunderts in Altona u. Hamburg auf. — Vergl. N. St. M. 10, S. 426.

Topographischer Grundriss v. Altona. 1802.

1400) **Möbius,** August Theodor, geb. am 22. Juni 1821 zu Leipzig, Sohn des Professors der höheren Mechanik u. Astronomie an der Leipziger Universität August Ferdinand Möbius; erhielt in der Bürgerschule bis zum Jahre 1831, von da ab auf dem Gymnasium zu St. Nicolai den vorbereitenden Unterricht; besuchte seit Ostern 1840 die Leipziger, Ostern 1842—1843 die Berliner Universität, unter Leitung der Professoren Gottfr. Hermann, Moritz Haupt, Böckh u. Lachmann dem Studium der klassischen Philologie obliegend; promovirt 1844, bestand er in demselben Jahre das Examen für die Candidatur des höhern Schulamts, in Folge dessen er ein Jahr auf dem Gymnasium zu St. Nicolai Unterricht in der Griechischen u. Lateinischen Sprache ertheilte; 1845 Assistent an der Leipziger Universitätsbibliothek, später 1.

Custos derselben bis Ostern 1861; 1852 habilitirte er sich an der Leipziger Universität als Docent theils der classischen, theils u. vorzugsweise der nordischen (nordgermanischen) Sprachen; diesen letzteren hatte er sich seit 1849 fast ausschliesslich zugewendet u. für deren Studium in dem wiederholten längern Aufenthalte zu Kopenhagen, 1849, 1854 u. 1865 u. zu Christiania 1854 u. der Benutzung der dortigen Bibliotheken u. in dem persönlichen Verkehr mit den dortigen Gelehrten seines Faches Anregung u. Förderung empfangen; 1859 ward er zum ausserordentlichen Professor in der philosophischen Facultät zu Leipzig ernannt; folgte 1865, Ostern, einem Rufe an die Universität Kiel als ordentlicher Professor für nordische Sprachen u. Literatur u. als Lector der Dänischen Sprache.

1) Ueber die ältere isländische Saga (Habilitations-Schrift). Leipzig 1852. 92 SS. 8.

2) Blbmstr-valla-saga. Edidit Th. Möbius. Lipsiae 1855. XXVIII u. 83 SS. 8.

3) Catalogus librorum Islandicorum et Norvegicorum aetatis mediae editorum, versorum, illustratorum. Skáldatal sive poetarum recensus Eddae Upsal. Theod. Möbius concinnavit et edidit Lipsiae 1856. XIV u. 208 SS. 8. S. Gersdorfs Repertorium 1856, III, S. 194—196.

4) Analecta norrœna, Auswahl aus der Isländischen u. Norwegischen Litteratur des Mittelalters, herausgegeben von Th. Möbius. Leipzig 1859. XIV, 319 SS. 8.

5) Edda Sæmundar hins fróda, mit einem Anhang zum Theil bisher ungedruckter Gedichte, herausgeg. v. Th. M. Leipzig 1860. XVIII u. 302 SS. 8.

6) Fornsögur, herausgegeben von Gutbrandr Vigfússon u. Theod. Möbius. Leipzig 1860. XXXII u. 239 SS. 8.

7) Ueber die altnordische Philologie im Skandinavischen Norden (Vortrag vor den Germanisten der Philologenversammlung zu Meissen im Jahre 1863). Leipzig 1864. 40 SS. 8.

8) Altnordischer Glossar. Wörterbuch zu einer Auswahl altisländischer u. altnorwegischer Prosatexte. Leipzig 1866. XII u. 532 SS. 8.

Referate u. Recensionen von ihm in Gersdorfs Repertorium; in Zarnckes literar. Centralblatt; im Philologus v. E. v. Leutsch (I, S. 631 ff); in Pfeiffers Germania (IX, S. 337 ff.); ausserdem grössere u. kleinere Artikel in der Halleschen Encyclopädie u. in Brockhaus' Conversations-Lexikon, 10. Aufl. — Nach dem Selbstbericht.

1401) **Möller.** Cajus (Cay), geb. d. 11. Decbr. 1839 zu Plön, Sohn des nachfolgenden Conrectors Thom. Henn. Möller, besuchte die Flensburger Lateinische u. Real-Schule von 1853—1856 u. das Gymnasium in Plön bis 1859, studirte dann auf den Universitäten Kiel, München u. Berlin resp. v. 1859—1861, 1861—62 u. 1862—63 Philosophie u. Geschichte u. lebte dann, ausser an verschiedenen Orten der Herzogthümer, in Hamburg, Graudenz u.

Berlin als Geschichtsschreiber u. Publicist; Redacteur des Grauden-
zer „Geselligen" vom 5. Nov. 1865 bis zum 15. Febr. 1866 u. vom
5. October bis zum 31. December 1866 des „Altonaer Merkur."

1) An Deutschlands Jugend. Politisches Gedicht. Flugblatt. Hamb. 1863. 8.
2) Die Sturmzeit. Das. 8.
3) Geschichte Schleswig-Holsteins für das deutsche Volk. Hannover, Rümpler,
 1864. 8.
4) * Dies Wort gehört dem Erbprinzen von Augustenburg. Die wirklichen politischen Interessen Schleswig-Holsteins u. der deutschen Demokratie. Von
 einem Schlesw.-Holstein. 1. u. 2. Aufl. Hamburg, J. P. Fr. E. Richter, 1865. 8.
5) Uebersetzte Voltaires satirische Romane und Erzählungen. Berlin, Alb.
 Eichhoff, 1866.
 Viele zerstreute Gedichte namentl. in Strodtmanns „Orion". Diverse Aufsätze
im Berliner „Sonntagsblatt" v. Fr. Spielhagen (z. B. Land u. Leute in Lauenburg);
in den „Blättern für literarische Unterhaltung", im „Altonaer Merkur". Darin u.
in anderen Pressorganen, wie der Flensb. „Nordd. Zeitung", der „Weser-Zeitung",
„Nationalzeitung", „Magdeburgische Zeitung", „Kölnische Zeitung", „Hamb. Nachrichten" u. „Börsenhalle", diverse politische Aufsätze. Nach dem Autogramm.

1402) **Möller,** Detlev Friedrich (L. & S. No. 780);
geb. den 25. Febr. 1783 in Schleswig; studirte seit Ostern 1802
Theologie in Kiel, wurde 1810 in Glückstadt mit dem 2. Character
examinirt, im December 1807 Lector in Preetz; 21. September
1817 (3. November antretend) Pastor in Krummendieck; den 24.
Oct. 1819 (19. December antretend) Pastor in Heiligenstedten; den
29. Januar 1839 Past. in Reinfeld; den 10. Juli 1858 emeritirt;
lebt noch in Rendsburg. — Vergl. Schröders „Versuch etc." in Michelsens Archiv IV,' S. 150—151.

Von ihm noch:
Synodalpredigt über 1. Korinther 4, 1 u. 2, gehalten in der St. Laurentiikirche
in Itzehoe den 17. September 1836 u. auf Verlangen in den Druck gegeben. Itzehoe
1836. 8. Angez. Kieler Corresp.-Bl. 1836, No. 110.

1403) **Möller,** F. H. E., Lehrer in Oesterfeld im Kirchspiel
St. Annen in Norder-Ditmarschen.
Im „Schlesw.-Holsteinischen Schulbl." 8, H. 1, S. 116—125 (Bemerkungen
über den Reimers'schen Plan eines Schullehrerwaisenvereins).

1404) **Möller,** Georg Wilhelm Christian Eduard,
geboren den 18. November 1797 in Altona, Sohn des Katecheten
am Waisenhause daselbst Johann Christoph Möller († 9. September
1827; cfr. L. & S.); studirte Theologie seit Ostern 1818 in Kiel;
wurde 1821 in Glückstadt mit dem 2. Char. m. r. A. examinirt;
war dann Lehrer am Vett'schen Lehrinstitut in Altona; den 31.
October 1826 adj. minist. in Altona u. Nachmittagsprediger in Otten-

sen, auch Lehrer der Französischen Sprache am Altonaer Gymnasium, dazu den 27. Aug. 1839 Oberküster in Altona, den 4. Sept. 1840 erster Compastor in Altona, den 11. Oct. antretend, war auch Mitdirector der vom Pastor Funk im Jahre 1801 gestifteten Sonntagsschule; starb den 19. März 1850. — Verh. mit einer Tochter des Consistorialraths Joh. Sebastian Stöhr in Preetz, † 14. Aug. 1847. — Sein Bildniss wurde gezeichnet u. lithogr. v. Taube.

1) Predigten über die Bestimmung des Menschen, nebst Anhang von 2. Antrittspredigten. Altona, Hammerich, 1832. 8. XII, SS. 352 (Zur Feier des 50jähr. Amtsjubiläums seines Schwiegervaters J. Seb. Stöhr, Pastors in Preetz, herausgegeben.)

2) Sechszehn in Altona gehaltene Vacanzpredigten. Nebst zwei Beilagen über die Kirche u. das Schulwesen daselbst. Altona, in Comm. bei Hammerich, 1837. 8. VI u. 253 SS.

3) Abschiedspredigt in Ottensen u. Antrittspredigt in Altona. Altona, Aue, 1840. Mit O.-C.-R. Paulsens Introductionsrede. SS. 47. 8.

4) Konfirmationsrede, gehalten in Altona. Altona 1840. 8.

5) Predigt am Charfreitage des Jahres 1848. Altona 1848. 8.

In der Samml. v. Predd. u. Gelegenheitsreden zum Besten der Kinder dr. Gerbers S. 190—199 (Ist das Reich Gottes zu Euch gekommen? Predigt über Lucas 17, v. 20 u. 21 am Tage der Kirchenvisitation 1845). — In der norddeutschen Monatsschr. zur Förder. des freien Protestantismus 1846, Januar, S. 14—42, Febr., S. 49—62 (Die Kirche. Ein Votum über sie mit Rücksicht auf die hierarchischen Momente in der protestantischen Kirche unserer Zeit). — In der v. Past. Schaar herausgeg. Denkschrift für die erste Säcularfeier der Dreifalt.-K. (1843, S. 59 u. 60 Altargebet).

1404a) **Möller,** Hans, geb. den 11. April 1819 in Rabenkirchen, studirte Theologie in Kiel seit Ostern 1841, wurde 1847 Ostern mit dem 2. Char. examinirt; 1856 ord. Prädicant in Rendsburg; den 1. April 1860, antretend den 29. April, Diaconus in Neuenkirchen in Norder-Ditmarschen; 23. April 1865 Hauptpastor in Herzhorn.

Lieferte Beiträge zu Ohly's „Mancherlei Gaben u. Ein Geist."

1405) **Möller,** Heinrich, geb. 1798, seit 1825 Lehrer an der Freischule in Heide, den 23. April 1857 emeritirt, starb den 11. December 1857, 59 Jahr alt.

Gebetbuch f. lutherische Christen. Schleswig, v. d. Smissen, 1855. 8.

Christliches Gebet- u. Liederbuch für Schule u. Haus u. besonders für gemischte Volksschulen. Heide, Pauly, 1855. 8. SS. 176. Rec. Schlesw.-Holst. SchulbL 18, S. 163.

1406) **Möller,** Jens Georg Marius, geb. den 12. März 1816 zu Glücksburg; studirte Theologie in Kiel seit Ostern 1837; wurde 1842 mit dem 2. Char. m. A. examinirt; den 29. November

1848, antretend den 25. Febr. 1849, Past. in Jerpstedt; den 14. October 1850 entlassen; den 13. November 1850 const. Pastor in Keitum auf Sylt; den 22. November 1860, antretend den 7. April 1861, Pastor, Küster u. Schullehrer auf Oland; den 2. April 1864 const. Pastor in Queern; den 31. Mai 1864, antretend den 3. Juli, Pastor in Süderbrarup u. Loit.

In Caspers Pastoral-Studien 1861, Jahrg. 2, S. 385—402 u. 485—491 (Die Bedeutung des Passah-Opfers). — Kleinere Aufsätze in Zeitschriften.

1407) **Möller,** Johann Karl Friedrich, geb. in Kiel, studirte Medicin; promovirt in ihr 1835; ist zur Zeit practisirender Arzt in Neumünster.

De methodo endermatica. Diss. inaug. Kiliae 1835. 4.

1408) **Möller,** Thomas Henning, geb. 1806 in Glücksburg, besuchte die Flensburger Schule, studirte in Kiel Philologie; promovirt zum dr. philos. daselbst den 25. September 1830; wurde den 28. August (4.' September?) desselben Jahrs Conrector in Plön; starb den 28. Mai 1847. — Verheir. mit . . . . . Fräul. v. Moltke. — Vergl. Plöner Schulprogr. v. 1848, S. 18. Neuen Nekrol. der Deutschen XXV, S. 826.

Zur Bestimmung des classischen Ausdrucks. Plön, Hirt, 1845. 4. SS. 29. Ist das Schulprogr. des genannten Jahrs.

1409) **Mölling,** Georg Friedr. Philipp (L. & S. No. 783); 23. März 1824 Gerichtshalter der Herz. Holst. Oldenb. Fideicommissgüter u. der Allodialgüter Mannhagen u. Lensahn; nahm den 14. Juni 1833 als Justitiar der genannten Fideicommissgüter seine Entlassung; in demselben Jahr Amtmann des Amts Eutin; wurde im Jahr 1847 als Landvogt nach Jever versetzt; 1848 in den constituirenden Landtag zu Oldenburg gewählt; war auch im Reichsparlament zu Frankfurt; einige Jahre später als Landvogt in Jever pensionirt, siedelte er nach Amerika über. Mitgetheilt.

Versuch einer systematischen Darstellung des Holsteinisch-Deutschen Gesinderechts u.' des Entwurfs einer Gesindeordnung. Oldenburg 1832. 8.

1410) **Mohr,** Nicolaus, geb. in Horst, in der Probstei Münsterstorf; wurde den 22. Mai 1832 dr. philos in Jena, u. vertheidigte pro venia legendi in Dorpat in dems. Jahre die unten verzeichnete Dissertation; wurde später Oberlehrer am Gymnasium in Dorpat u. etatsmässiger Docent an der Universität daselbst bis 1852; auch Collegienrath. — Vergl. Album academic. der K. Univers. Dorpat. (Dorpat 1852. 4.) S. 56, No. 2340.

1) De nonnullis locis Horatianis. Dorp. 1833. 8. 59 SS. Vergl. Schulzeitung 1833, Abth. II, No. 99, S. 792. Rec. Dorpater Jahrbb. II, S. 407—420.

2) Specilegium annotationum ad D. Junii Juvenalis satiram primam et secundam sive censura commentariorum C. Fr. Heinrichii in has satiras. Dorpat Severins Verlag, 1845. 8.

3) Carmen in honorem universitatis literarum Caesareae Dorpatensis ante decem lustra conditae canendum inter coenam sollemnem priedie Idus Decembris 1853, steht in: Das 2. Jubelfest der k. Univers. Dorpat. (Dorpat 1853.) p. XXVIII.

1411) **Molbech,** Christian Knud Frederik, seit dem 24. Febr. (1. März) 1853 ausserord. Prof. der Dänischen u. nordischen Literatur in Kiel; seit 5. Nov. s. Jahrs beauftragt, die Prüfung in der Dänischen Sprache bei dem durch Patent v. 4. Aug. s. Jahrs angeordneten theol. Amts-Examen für das Herzogth. Holstein abzuhalten u. wurde den 15. September 1855 beordert, im Verein mit dem Conferenzrath J. C. Hauch, die Kenntniss der in diesem Herzogthum ein Amt Suchenden in der Dänischen Sprache zu prüfen u. zu bezeugen; den 11. März 1858 bis 1864 ord. Prof. in der philos. Facultät in Kiel. — Wir verweisen im Uebrigen auf Erslew II. S. 289 u. Supplem. II. S. 390—391.

Unter seinen Schriften sei hier genannt:
Zur Verwahrung. Einige Worte. Kiel 1864. 8. SS. 8.

1412) **von Moltke,** Adam Gottlob Detlef, Graf (L. &. S. No. 788); er trat im Jahre 1826 seinen Sitz, das adl. Gut Nütschau, seinem ältesten Sohne Grafen Karl v. Moltke ab u. lebte von da an bis an seinen Tod in Lübeck; er starb den 17. Juni 1843. Verh. 1. mit Auguste v. Wibel, 2. mit deren Schwester Marie Christiane, 3. mit Karoline geb. Klüver. Vergl. über ihn N. Nekrol. d. D. XXI, S. 1139—1140. N. St. M. X, S. 472. Schilder. eines Vielgereisten Bd. 2 S. 88 ff. — Nachruf an ihn in Falcks Archiv II, S. 573—576, III, S. 438 ff.

Von ihm noch:
Briefe in K. H. Kramers „Menschliches Leben", St. 12 (cf. L. & S.). Gedichte im „Vaterländischen Museum". (Hamb. 1810. 8.) Briefe in „Fr. Perthes Leben", Bd. 2, S. 296 ff.

Einiges über die Verfassung Schleswig-Holsteins u. die Ritterschaft als eine in fortwährender Wirksamkeit bestehende Landschaft. Lübeck 1833. 8. 24½ Bgg. Rec. Kiel. Corresp.-Bl. 1833, No. 80.

Radirte Blätter in Anleitung der Schrift „Rechtliche Bemerkungen eines Zollpflichtigen über das zu Kiel publicirte Votum eines Zollfreien". Hamburg 1838. 8. SS. 132. Rec. Kiel. Corresp.-Bl. 1838, No. 45 u. 46.

Nach seinem Tode: in Falcks Archiv 3, 1844, H. 3, S. 499 (Einige Gedichte).

1413) **v. Moltke,** Karl, Graf, geb. 1798 auf Noer (?), ältester Sohn des vorhergenannten Grafen Ad. Gottl. Detl. v. Moltke; vom Hauslehrer N. N. Falck, in Kiel auch von dem spätern Conrector

Wittrock u. in Hamb. v. Gurlitt gebildet, studirte er später Jura in Kiel u. auf andern Universitäten; wurde 1826 Besitzer des adeligen Gutes Nütschau; den 13. April 1830 wirklicher Landrath; Kammerherr; den 1. Febr. 1831 achter O.-G.-R. beim Holstein. Lauenb. Obergericht; 1847 Präsident der Schlesw.-Holst.-Lauenburgischen Canzlei bis 21. März 1848; Mitglied der Finanz-Deputation, der Commission zur Behandlung der Eisenbahn-Angelegenheiten u. der Commission des Tabellenwerks; 1854 Minister f. das Herzogthum Schleswig bis 1856; Geh. Confer.-Rath; Inhaber der meisten Dänischen Orden, auch R. des r. Adler-Ord. 2. Classe mit dem Stern in Brillanten; seit 1862 Ordens-Canzler; im Juli 1864 Mitglied des Dänischen Ministeriums unter König Christian IX; er starb den 12. April 1866 auf dem Gute Assiden in Livland.

In „Historisk Tidskrift" 3. Række, 5. B., H. 1, S. 217—254 stehen in dem Briefwechsel v. 1846—1847 mit dem Grafen Reventlow einige Briefe von ihm, dem damals bereits Verstorbenen, mitgetheilt, deren Veröffentlichung jedoch nach einer Anzeige der Hinterbliebenen in der „Berl. Tid." v. Juni 1867 nicht nach dem Wunsch des Verstorbenen geschehen.

1414) **v. Moltke,** Magnus, Graf, zweiter Sohn des vorhergenannten Grafen Ad. Gottlob Detlef v. Moltke u. der Marie Christiane v. Wibel; von Hauslehrern gebildet; studirte Jura; 1834 Besitzer des adligen Guts Grünholz u. des dazu gehörigen Meierhofes Grünthal im Schwansenschen adl. Güter-District; den 28. Juni 1840 Kammerherr; Inhaber einer Virilstimme der Schleswigschen Ständeversammlung 1840 den 4. September bis den 14. October 1846; den 26. Februar 1847 Verbitter des Klosters zu Itzehoe; R. v. Dannebrog bis 28. Juli 1852; verkaufte 1855 seinen Besitz im Schwansenschen an den Herzog Carl v. Schlesw.-Holst.-Sonderb.-Glücksburg; wohnte darauf eine Zeitlang bis Mai 1856 in Horn bei Hamburg, dann in Plön u. siedelte kurz darauf nach dem von ihm erkauften Gute Zalenze in Ober-Schlesien über; er starb im November 1860 in Wien.

1) Ueber die Einnahme-Quellen des Staats. Hamburg, Perthes & Besser, 1846. 8. Angef. Alt. Merk. 1846, No. 158. Rec. (v. G. Hanssen) im Archiv für politische Oekonomie N. F. VI, 1847, S. 338—371.
2) Einige Bemerkungen über eine zu versuchende Ausgleichung zwischen Hülfsbedürftigkeit u. Wohlstand. Hamburg, Perthes, Besser & Mauke, 1848. 8.
3) Offener Brief an meine Mitbürger in Schleswig-Holstein. Hamburg, Perthes, Besser & Mauke, 1848. 8.
4) Die Schleswig-Holsteinische Frage. Hamb., bei dens., 1849. 8. SS. 59. Angez. N. Preuss. Zeitung v. 30. Oct. 1849. Kiel. Corresp.-Bl. 1849, No. 247.

5) Ist Grund zum Kriege da? Hamb., bei dens., 1850. 8. SS. 32. S. Alt.
Merk. 1850, No. 295.

Kleinere landwirthsch. u. die Süderbraruper Thierschau betr. Mitth. in der
landwirthschaftlichen Zeitung f. d. Herzogth. Schlesw.-Holst. u. Lauenb. 1842,
1843, No. 24, No. 34, 1844, No. 19, 1845, No. 20, 1848, No. 20.

' 1415) **v. Moltke,** Magnus, geboren 1783 auf dem adligen Gute Noer; Bruder des vorhergenannten Ad. Gottl. Detlev v.
Moltke; wurde bis zu seinem 16. Jahre von Hofmeistern erzogen;
besuchte dann die Schule in Gotha; studirte darauf die Rechte in
Kiel u. Göttingen u. wurde im Herbst 1806 mit dem 1. Charakter
in Schleswig examinirt; reiste hiernach vielfach u. war u. A. in
Paris; wurde im Juni 1808 beim Obergericht auf Gottorf angestellt,
1813 jüngster Rath in demselben Gericht u. rückte nach einander
auf; den 9. September 1834 ältester Rath; war auch Landrath;
Kammerherr; den 7. December 1834 R. v. D.; im September 1834
erwähltes Mitglied des 2. städtischen Wahldistricts zur Schleswigschen Ständeversammlung; 1836 Präsident dieser Versammlung;
wurde im Juli 1850 als Obergerichts-Rath u. Landrath verabschiedet, nachdem er 1848 seine Titel u. Orden niedergelegt hatte;
lebte seit 1850 in Kiel u. starb daselbst den 12. März 1864.

1) Welche Folgen hat die Herrschaft des Römischen Rechts in Beziehung auf
die Rechtspflege gehabt u. was ist zunächst zu thun, um den Zustand derselben zu verbessern. Lübeck 1830. 8.

2) Gedanken über Gewerbefreiheit. Lübeck, Fr. Asschenfeld, 1830. 8. SS. 47.

3) Ueber den Adel u. dessen Verhältniss zum Bürgerstande. Hamburg 1830. 8.

4) Reise durch das obere u. mittlere Italien in den Monaten März, April, Mai
des Jahres 1832. Hamburg, Perthes & Besser, 1833. 8. XVI u. SS. 254.

5) Das Wahlgesetz u. die Kammer mit Rücksicht auf die Herzogthümer Schleswig
u. Holstein. Hamburg 1834. 8. SS. 57. Rec. Kieler Corresp.-Bl. 1834,
No. 4. Alt. Merk. 1834, No. 4.

6) Bemerkungen über den Krieg der Herzogthümer Schleswig u. Holstein mit
der Krone Dänemark u. den abzuschliessenden Frieden. Hamburg, Perthes,
Besser & Mauke, 1849. SS. 15. Angez. Kieler Corresp.-Bl. 1849, No. 185
(Unrichtig wird dort der Graf Magnus v. Moltke auf Grünholz der Verf. genannt; cfr. desselben Blattes No. 186, die den Irrthum berichtigt.).

Im Alt. Merk. 1848, No. 121 (Ein kleiner Artikel). Im Norddeutschen Grenzboten 1863, No. 98 (Rec. über Richard v. d. Alm: Theol. Briefe). Deltri. zum
Kieler Corresp.-Bl. u. A. 1837, No. 51, 54—57, 60, 63. In der Beilage zu den
in Kiel erschienenen Schlesw.-Holst. Bl. 1864, No. 6 u. 7 (Eingabe von ihm an
die Bundes-Commissäre).

1416) **Moltzen,** (Molzen) Nicolai (L. & S. No. 791);
scheint nicht nach Russland übergesiedelt zu sein, war 1832 Arzt
zu Kallloft im Amte Gottorf, darauf in Ulsnis u. wird 1838 als

Arzt in der Stadt Schleswig im Staatskalender aufgeführt, worin er seit dem Jahre nicht weiter vorkommt.

1417) **Mommsen, August**, geb. den 25. Juli 1821 in Oldesloe, Bruder der nachfolgenden beiden Christian Matthias Theodor u. Karl Johannes Tycho Mommsen; besuchte von Michaelis 1835 bis Ostern 1841 das Altonaer Gymnasium; studirte von da an, vorwiegend unter Nitzsch u. Olshausen, Philologie in Kiel, wo er zu zweien Malen glücklich um die Schassische Prämie concurrirte; im Herbst 1846 dr. philos.; trat Ende März 1848 in das 2. Freicorps ein; den 15. Sept. 1848 5. Lehrer an der Gelehrten-Schule in Flensburg; nach seiner Entfernung von da im Winter 1850—51 interim. Hülfslehrer in Meldorf, 1851 Lehrer an der Realschule u. Lehrer des Englischen an der Gelehrtenschule des Johanneums in Hamburg; im Januar 1853 Ober-Lehrer in Parchim; im Juli 1864 Conrector an der Schleswiger Domschule, von wo er im November 1865 bis April 1866 eine wissenschaftliche Reise nach Griechenland machte; laut Patents vom 21. April 1865 Mitglied des archäologischen Instituts in Rom. — Vergl. den Schulbericht der Flensb. Gelehrten-Schule im Progr. v. 1849.

1) De futuri Graeci indole: ist eine prämiirte Schassische u. im Progr. des k. Geburtstages der Kieler Universität 1845 gedruckte Abhandlung.

2) Byrons Childe Harold, mit erläuternden Anmerkungen. Hamburg, Th. Niemeyer, 1853.

3) Römische Daten, in den Schulschriften des Friedrich-Franz-Gymnasiums, 3. Folge, H. 6. Parchim 1856. 4. Bildet auch einen Verlagsartikel von B. G. Teubner in Leipzig.

4) Beiträge zur griechischen Zeitrechnung. Leipzig, B. G. Teubner, 1856. 8.

5) Zweiter Beitrag zur Zeitrechnung der Griechen u. Römer. Leipzig, B. G. Teubner, 1859. 8.

6) Heortologie. Antiquarische Untersuchungen über die städtischen Feste der Athener. Gekrönte Preisschrift. Leipzig, B. G. Teubner, 1864. 8.

7) De aedibus sacris christianorum Atheniensium, im Osterpr. der Schleswiger Gelehrtenschule 1867. 4.

8) Athenae christianae, Lipsiae, B. G. Teubner, 1867. 8.

Im Rheinischen Museum für Philologie v. F. G. Welcker u. F. Ritschl, Jahrg. XII, 1857, S. 539—550 (Die Säkula der Etrusker). XIII, 1858, S. 49—75 (Zur altrömischen Zeitrechnung u. Geschichte); S. 428 ff. (Meton u. sein Cyclus); S. 497—516 (Reformen u. Neubildungen der Kalender bei den Alten). Im Philologus v. Schneidewin u. Ernst v. Leutsch V, 1850, S. 522 ff. (Der Schiffskatalog der Ilias); VIII, 1853, S. 721—726 (Nestors Erzählung, Jl. λ, v. 668—762); XI, 1857, S. 706 ff. (Die Dioskuren); XII, 1858, S. 329 ff (Jahresberichte über alte Chronologie); XXIV, 1866, S. 1 ff. (Delphische Archonten). In Jahns N. Jahrbb. f. Philol. Jahrg. 25, Bd. 71, 1855, S. 249—252 (Numa's Schaltcyclus, Liv. 1, 19), S. 369 (Rec. über Nedlichs Meton); Bd. 73, S. 49 ff. (Rec. über Westermanns

Demosthenes); Bd. 75, 1856 u. Bd. 77, 1857, S 126 ff. (Rec. über Lewis credibility of Roman history), Bd. 75, 1856, auch (Rec. über Böhme's Thukydides) u. 1859 (Rec. über die Liebrecht'sche Uebers. von Lewis oben angef. Schrift). In Höfer's Zeitschr. f. Sprachwissenschaft B. II, 1850, S. 364—372 (Ueber anlautendes F im Baskischen). In Berichten d. Ges. d. Ww. z. Leipzig, philol.-histor. Classe Bd. 2, S. 196—199 (Ueber das Berliner Liviusfragment nach Mitth. v. Borghese). Revidirt.

1418) **Mommsen.** Christian Matthias Theodor (bedient sich als Schriftsteller des letzten Vornamens), geb. den 30. November 1817 in Garding, wo sein Vater, der nachfolgende Jens Mommsen damals Diac. war (d. 19. Dcc. 1820 Diac. in Oldesloe; starb d. 18. Febr. 1851); seine Mutter Sophie Elisab. geb. Krumbhaar; besuchte, von seinem Vater vorbereitet, seit 1833 das Altonaer Gymnasium, das er zugleich mit seinem Bruder, dem nachfolgenden Karl Johannes Tycho, Ostern 1838 verliess, um zunächst in Kiel Philologie u. Jura zu studiren; (er redete bei seinem Abgange vom Gymnasium über den Werth des Gymnasiums für das Land); Ostern 1843 als Jurist mit dem 1. Charakter in Kiel examinirt; im November desselben Jahres dr. jur. daselbst; ihm wurde ein Reisestipendium bewilligt u. er war 1845 und folgende Jahre in Italien; 1850 ausserord. Prof. der Rechte in Leipzig bis 29. April 1851; 1852 ordentlicher Prof. in der juristischen Facultät in Zürich; in demselben Jahre Mitglied der k. Baierischen Akademie der Wissenschaften in München; gleichfalls in demselben Jahre corresp. Mitglied der Akademie d. Wissenschaften in Berlin, deren ordentliches Mitglied er 1858 wurde; 1854 bis 1857 ordentlicher Professor des Rechts in Breslau; darauf Prof. in der philosophischen Facultät in Berlin.

1) Ad legem de scribis et viatoribus et de auctoritate commentationes duae. Diss. inaugur. Kiliae 1843. 8. SS. 21. S. Jahns Jahrbb. f. Phil. Bd. 65, 162.

2) De collegiis et sodaliciis Romanorum. Accedit inscriptio Lanuvina. Kiliae 1843. 8. VI u. 130. S. Allgem. Literat. Zeitung 1845, Febr., No. 44. Göttinger Gel. Anz. 1844, Juli, No. 114, S. 1132 ff. Zeitschr. f. d. Alterth.-Wissensch. 1846, No. 129. Neue Jahrbb. f. Philol. u. Pädag. Bd. 65, S. 147 sqq.

3) Die Römischen Tribus in administrativer Beziehung. Altona, Hammerich, 1844. 8. SS. 242. S. Jahns Jahrbb. Bd. 65, S. 167.

4) Mit seinem Bruder K. J. Tycho M. u. Theod. Woldsen Storm: Liederbuch dreier Freunde. Kiel 1843. 8. VIII. SS. 170.

5) Oscische Studien. Berlin, Nicolaische Buchh., 1845. 8. SS. 116. Steht auch in der Zeitschrift für geschichtliche Rechtswissenschaft Bd. XIII. Rec. Gött. Gel. Anzz. 1846, S. 505 ff.

6) Nachträge zu den oscischen Studien. Das. 1846. gr. 8. SS. 120 mit Tab. Rec. Gött. Gel. Anzz. 1847, S. 322 ff.

7) Iscrizioni Messapiche. Roma 1848. 8. SS. 100 mit 2 Taff.

In den Abhandl. der philosophisch-historischen Classe der k. Sächsischen Gesellschaft der Wissenschaften:

8) Bd. 1 (Leipzig 1850) S. 223—427: Ueber das Römische Münzwesen. Auch separat gedruckt. Leipzig, Hirzel, 1850. gr. 8. SS. 208.

9) Das. S. 547—693: Ueber den Chronographen vom Jahre 354 mit einem Anhange über die Quellen der Chronik des Hieronymus. Auch separat gedruckt. Das. 1850. gr. 8. SS. 147.

10) Bd. II (Leipzig 1857) S. 231—277: Polemii Silvii Laterculus.

11) Das. S. 279—295: Volusii Maeciani distributio partium. Auch separat. Leipzig, Hirzel, 1853. gr. 8.

12) Das. S. 361—507: Die Stadtrechte der lateinischen Gemeinden Salpensa u. Malaca in der Provinz Bætica. Auch separat erschienen. Das. 1857. gr. 8.

13) Bd. III (Leipzig 1861) S. 547—696: Die Chronik des Cassiodor, Senators vom Jahre 519 n. Chr., nach den Handschriften, nebst 6 Beilagen. Auch separat erschienen. Das. 1861. gr. 8.

14) In den Berichten der K. Sächsischen Gesellschaft der Wissenschaften, philol.-historische Classe 1849, Bd. 1, S. 49—55 (Ueber zwei Römische Colonien bei Veblejus Paterculus), S. 266—276 (Ueber Inschriften von Ameria); S. 286 bis 298 (Epigraphische Analecten); 1850, Bd. 2, S. 57—72, 199—238, 287 bis 326 (Epigraphische Analecten); S. 89—101 (Ueber das Thorische Ackergesetz); 1851, Bd. 3, S. 1—80 (Das Edict Diocletians de pretiis rerum venalium vom Jahre 301). Auch besonders gedruckt. Leipzig, Hirzel, 1851. gr. 8. SS. 80. Das. S. 80—117 (Ueber die Unteritalien betreffenden Abschnitte der Ravennatischen Cosmographie); das. S. 180—313 (Ueber den Verfall des Römischen Münzwesens in der Kaiserzeit); das. S. 372—383 (Ueber die Subscription u. Edition der Rechtsurkunden); das. S. 383—400 (Ueber ein neu aufgefundenes Bruchstück des Diocletianischen Edicts de pretiis rerum venalium); 1852, Bd. 4, S. 188—282 (Epigraphische analecten); 1853, Bd. 5, S. 91—135 (M. Valerius Probus de notis antiquis); auch separat. Leipzig, Hirzel, 1855. 8; 1854, Bd. 6, S. 153—160 Kritische Miscellen (zu Sallust, Livius, Servius, Vellejus, Plinius, Florus, Victor, Charisius, Festus, Nonius).

15) Die unteritalischen Dialecte. Leipzig, G. Wigand, 1850. 4. VIII u. 368 SS. mit 17 Sttff. u. 2 Karten. Rec. Jahns Jahrbb. f. Philol. Bd. 62, S. 153 ff. u. S. 241 ff.

16) Inscriptiones regni Neapolitani latinae: Adjectae inscriptiones falsae et suspectae. Lipsiae, sumtib. Wigandi, 1852. fol. XXIV u. SS. 486 u. der adjectae et suspectae SS. 40. Mit 2 Kartt. Angez. Jahns Jahrbb. Bd. 69, S. 112 ff.

17) Römische Geschichte Bd. 1: Bis zur Schlacht von Pydna (mit einer Militärkarte von Italien). Bd. 2: Bis auf Sullas Tod. Bd. 3 Bis zur Schlacht von Thapsus. Leipzig (Berlin), Weidmann, 1854—1856. 8. 2. Aufl. Berlin bei dems. 1856, 1857, 8, resp. XII u. SS. 924, VI u. 463 u. VI u. 609 SS. 4. Aufl. das. 1865, 1866, 8. Recc. u. a. Jahrbb. f. Philol. Bd. 73, H. 11 u. 79, H. 6 u. 9 (v. K. W. Nitzsch); Zarnckes Liter. Centralbl. 1854, Sp. 742 bis 744 (v. L. Preller).

18) In Mittheilungen der antiquarischen Gesellschaft in Zürich, Bd. VII, Zürich 1853. 4. (Die nordetruskischen Alphabete auf Inschriften u. Münzen); Bd. IX, Abth. 2. No. 1, Zürich 1852 (Die Schweiz in Römischer Zeit); Bd. X, Zürich 1854 (Inscriptiones confoederationis Helveticae latinae. Mit 2 lithographirten Karten der Schweiz. XXVIII u. 134 SS. Die Karte fol.).

19) In den Abhandlungen der historisch-philosophischen Gesellschaft in Breslau, Bd. 1, Breslau 1858, S. 1—58 (Die Rechtsfrage zwischen Cäsar u. dem Senat); auch separat ausgegebn. Breslau, Trewendt, 1857. 8. SS. 58.

20) Die Römische Chronologie bis auf Cäsar. Berlin 1858. 8. SS. 282. 2. Aufl. Das. 1859. SS. 333.

21) Geschichte des Römischen Münzwesens. Berlin, Weidmannsche B., 1860. 8. XXXII u. 900.
Ins Französische übers. s. t. Histoire de la monnaie romaine (par le duc de Blacas). Paris 1864. — Rec. der Deutschen Ausgabe u. A. (Jahns) Jahrbb. für classische Philologie von Fleckeisen, Jahrg. VIII, 1862, S. 558—568.
In den philologischen u. historischen Abhandlungen der K. Akademie der Wissenschaften zu Berlin:

22) f. 1859, Berlin 1860, 4, S. 265—408: Codicis Vaticani No. 5766, in quo insunt juris Antejustinni fragmenta, quae dicuntur Vaticana, exemplum, addita transscriptione notisque criticis. Erschien auch separat. Berlin, Dümler, 1860. 4. SS. 149.

23) f. 1860, Berlin 1861, S. 349—447: Ueber die Zeitfolge der in den Rechtsbüchern enthaltenen Verordnungen Diocletians u. seiner Mitregenten. Mit 1 Tafel.

24) f. 1862, Berlin 1863, S. 498—538: Verzeichniss der Römischen Provinzen, aufgesetzt um 297, herausgegeben v. Th. Mommsen. Mit einem Anhang von K. Müllenhoff. Auch separat. Berlin, Dümler, 1863. 4. SS. 40.
Das. S. 539—566: Zeitzer Ostertafel vom Jahr 447, herausgegeben v. Th. M. Mit 2 Tafeln. Auch separat ausgegeben. Berlin, bei dems. — SS. 274.

25) Für 1863, S. 455—489: Zwei Sepulcralreden aus der Zeit Augusts u. Hadrians. Auch separat ausgegeben. Das. 1863. SS. 34. 4. S. Philologus XXIII., H. 1, S. 153—154.

26) f. 1864, S. 51—86: Festi codicis quaternionem decimum sextum denuo edidit Th. M. Auch separat ausgegeben. Das. 1865. 29 SS. 4. S. Zarncke's Liter. Centralbl. 1865 No. 37.

27) In den Monatsberichten der K. Preussischen Akademie der Wissenschaften zu Berlin für 1854 S. 698, 1855 S. 32 (vgl. die späteren Jahrgänge, z. B. 1856 mit Henzen u. De Rossi, 1860 S. 747, 1861 S. 1144) (Auszüge aus seinen Berichten über die Arbeiten an der Sammlung lateinischer Inschriften für das corpus inscriptionum latt.); für 1857, Berlin 1858, S. 448—455 u. 513—525 (Reiseberichte vom 12. Septemb. u. vom 26. Octob. 1857, lateinische Inschrr. in Oesterreich betr.); für 1858, Berlin 1859, S. 393—395 (Antrittsrede bei seiner Aufnahme als Mitglied der Akademie); das. S. 498—503 (Vortrag über röm. Chronologie); f. 1860, S. 451 (Ueber archaiische Inschriften in den alten Falerii); für 1861, S. 114 (Bericht über eine Mailänder Handschrift nach Mitth. des dr. Jaffé); S. 317—338 (Die patricischen Claudier.) Erschien auch separat. Berlin 1861. 8. SS. 24); für 1865, Juli (Mitgetheilt v. ihm Schubrings Aufsatz über das neuausgegrabene Gebäude in der campagna Bufardeci zu Syrakus. Handschriftliche Inschriften-Sammlung des Thomas Gammarus. — Ausserdem verschiedene Notizen über seine Inschriften-Sammlung (z. B. 1846 S. 277 u. die von ihm gehaltenen Vorträge).

28) In den Sitzungsberr. der Münchener Akad. u. A. 1861 (Autobiographie des Venezianers Giro. Bembo).

29) Römische Forschungen. Bd. 1. ·Berlin, Weidmannsche Buchh. 1863. 2 Aufl. das. 1864. 8. (Enthalten 4 schon früher gedruckte Abhandll. 1. Die· Römischen Eigennamen der republicanischen u. Augusteischen Zeit (im Rheinischen Mus. 1860, 191—210), 2. Ueber die Römischen Patriciergeschlechter — (im Rhein. Mus. 1861 S. 321—360), 3. Ueber die patricischen Claudier — (in den Monatsberr. der Berl. Ak. 1861, S. 317—338), 4. Das Römische Gastrecht u. die Römische Clientel — u. eine neue Abhandl.: Die patricischen u. plebeiischen Sonderrechte in den Bürger- u. den Raths-Versammlungen. Rec. Fr. Zarnkes Liter. Centralbl. 1865 No. 35 Sp. 917—919.

30) Inscriptiones latinae antiquissimae ad C. Caesaris mortem. Consilio et auctoritate academiae litterarum regiae Borussicae edidit Th. Mommsen. Accedunt elogia clarorum virorum, fasti anni Juliani editi ab eod., fasti consulares ad a. u. c., 764 editi a Guiliemo Henzeno. Auch m. d. T. Corpus inscriptionum latinarum vol. I. Berolini, Georg Reimer, 1863 fol. VI u. 649 SS.

31) Recens. Notarum Laterculi librum: in Grammaticis latinis ex recens. Henrici Keilii vol. IV. fasc. I. Lipsiae 1863. 8.

32) Recognovit: C. Julii Solini collectanea rerum memorabilium sive polyhistor. Berolini 1864. 8. Rec. Gött. Gel. Anzz. 1865, S. 1089—1109.

33) Die Annexion Schleswig-Holsteins. Ein Sendschreiben an die Wahlmänner der Stadt Halle u. des Saalkreises. Berlin, Weidmannsche Buchh. 1865. 8. S. die „Grenzboten" 1865 Bd. 2, S. 156. ff. s. t. Mommsen u. die Schlesw.-Holst. Frage. Dagegen A. J. F. Henrichsen (welchen vergl) mit der Broschüre: Theod. Mommsens Schrift über die Annexion Schleswig-Holsteins beleuchtet (Altona 1865).

34) Gab aus dem corpus inscriptionum gesondert mit Erklärungen heraus: Augusti res gestae cx monumentis Ancyrano et Appolloniensi. Berolini 1865. 8. LXXXVII u. 162 SS. Nebst 2 Tafeln. Recc. Heidelb. Jahrbb. 1866, 18; Zeitschr. f. das Oesterr. Gymnasial-W. J. 16, 1865, H. 8 S. 603.

35) Gab heraus: Justiniani digestorum seu pandectorum libr. I—X. Acced. 2. tabb. Berolini 1866. 4.

Arbeiten in Zeitschriften:

a) In Zeitschrift für die Alterthumswissenschaft: 1843 No. 102—104 (Ueber die leges judiciariae des 7. Jahrhunderts bis zur lex Aurelia); 1844 No. 75 und 76 (Ueber eine Blätterversetzung im 2. Buche der Briefe Ciceros ad Quintum fratrem); 1845 No. 40 Sp. 320 (Paricidium), No. 65 (Sacerdotalfasten. Etruskisches Alphabet. Griechische Marmorchronik.); No. 97—99 (Die Florentiner Handschr. der Briefe des Cicero — Reiseberichte); 1846 No. 14 (Die lex Cornelia de XX quaestoribus noch einmal); No. 38—39 (Reiseberichte. Lateinische Inschriften); No. 93 (Der älteste Römische Kalender); No. 97—98 (Reiseberichte. Figlinae Siculae. Glandes later.); 1847, No. 1 (Tribusinschrr.). — b) In der Jenaer Liter.-Zeitung 1844 No. 62—67 (Rec. v. G. Geib's Geschichte des Römischen Criminalprocesses). — c) Im Philologus v. Schneidewin I, 1846, S. 180 u. 18 (Ueber Suetonius de viris illustribus). — In Höfers Ztschrift f. die Wissenschaft der Sprache I, 1845, S. 393—398 (Zur Kenntniss der Umbrischen Sprache); S. 399 (Miscelle). — d) Im Rheinischen Museum für Philologie v. F.

G. Welcker u. F. Ritschl, N. F. Bd. IV, 1846 S. 625—629 (Syrakusanische Inschriften); S. 629—633 (Feriale Cumanum); Bd. V, 1847 ,S. 457—462 (Inschriften der Venus Pompejana) u. S. 463 (Epigraphische Kleinigkeiten); Bd. VI, 1848, S. 1—57 (de apparitoribus magistratuum Romanorum); S 138—141 (Zwei metrische Inschriften); Bd. VIII, 1853, S. 448—464 (mit E. Huschke u. F. Ritschl.: Nachträge zu der lex Rubria), S. 623—624 (Die Colonie Casinum); Bd. IX, 1854, S. 296 bis 301, 480 (Zur lateinischen Anthologie); S. 448—450 (Zur Rede des Claudius); S. 450—461, 639 (Altröm. Inschr. in Basel. Mit 2 Tff.); S. 461 bis 468 (Die ältesten Scipionengrabschriften); S. 481—486 (Die Venusinischen Fasten); Bd. X, 1855, S. 122—127 (Zum Prolog der Plautinischen Casina); 136—141 (Ueber die von Huschke herausgegebenen „magistratuum et sacerdotiorum populi Romani expositiones ineditae); S. 141—148 (Ueber den Meilenstein des Popillius); Bd. XI, S. 625—626 (Zur byzantinischen Chronographie); Bd. XII, 1857, S. 467—69 (Zu Festus über die Teretina Tribus); S. 633 u. 634 (Zu Festus. Nachtrag); Bd. XIII, 1858, S. 565—572 (Die lex curiata de imperio); Bd. XIV, 1859, S. 79—87 (die ludi magni et Romani); Bd. XV, 1860, S. 191—210 u. S. 328 (Die röm. Eigennamen); S. 165—167 (Zu Cicero de republ. 2, 10); S. 463—467 (Ueber die Buchstabenfolge des latein. Alphabets); Bd. XVI S. 442—453 u. XVII, S. 143—144 (Zu den Scholien der Virgilischen Georgica); XVI, 1861, S. 135—147 (Aus u. über Leidener u. Münchener Handschriften); S. 282—287 (Manilius Sura, Aemilius Sura, L. Manlius); S. 321—360 (Die Römischen Patriciergeschlechter); S. 363 (Teretina. Vicetia); XVIII, 1863, S. 594—61 (de Laelii Ciceroniani codice Didotiano narratio); XIX, 1864, S. 455—457 (Ueber den princeps senatus); S. 457 bis 459 (Tusculanische Priesterthümer). — e) In Zeitschr. f. geschichtl. Rechtswissensch. herausgeg. v. Savigny, Eichhorn u. Rudorf, Bd. 15, 1850, S. 357 bis 364 (Römische Urkunden). — f) In „Allgemeine Monatsschrift für Wissenschaft u. Literatur, Braunschweig 1853, S 539—548 (Der Fund von Vicarillo), S. 694 (Inschriften von Lyon). — g) In „Archäol. Zeitung" u. A. Jahrg. 4, 1846, No. 38 (Topographische Analecten); No. 45 (Römische Patronatstafel); No. 46 (Inschrift aus Corfinium); No. 47 (Römisches Decret aus Venafro); No. 48 (Messapische Inschriften); Jahrg. 5, 1847, No. 7 (Der Kalender von Amiternum); Jahrg 9, 1851, No. 36 (Zur Stammtafel der Caesaren). — h) In Bekker u. Muthers Jahrbuch des gemeinen Rechts II, S. 319—335 (Ueber den Inhalt des Rubrischen Gesetzes); S. 335—399 (Ueber das Visellische Gesetz); III, S. 1 - 16 (Gajus, ein Provinzialjurist); S. 359 ff. (Zur Lehre vom Schulttag); S. 369 ff. (Zum Römischen Kalender); S. 454 (Fränkische Interpolation im Theodosischen Codex); V, S. 129—132 (Zu Cod. Theod. 12, 7, 1); S. 407—449 (Ueber die kritische Grundlage unseres Digestenrechts); VI, S. 398—416 (Fragmento zweier lateinischen Kaiserrescripte auf Papyrus. Mit lithogr. Tafel). — i) In Hübners „Hermes", Bd. 1, Berlin 1866, S. 47—68 (Die Stadtverfassung Cirtas u. der Cirtensischen Colonien), 0. 128—154 (Plinius u. Catullus. Zum Livius. Zum Vegetius. Zu den lateinischen Katalecten. Die historia Papinii des Henoch v. Ascalum); S. 165—216 (Die Scipionenprocesse); S. 427 (Zu Sallust). — k) In Bullettino archeolog. Napoletano publ. da F. M. Avellino 1845 p. 118 ff. (Osservazioni sopra una iscrizioni lat. graffita in Pompei); 1846 p. 65 ff. (Intorno ad alcune iscrizioni dell' antica Teano Sidicina nelle quali si fa menzione di Giunone Populona). — l) In Bullettino dell' instit. arch. 1845 p. 85—88 (Errori dell' Garucci nella restituzione della tavola bebiano); p. 119—127 (Discorso letto

nell' adunanza intitolata all natale di Roma); p. 141—144 (de testamenti ad prac-
torem allati imagine in anaglypho Columnensi); p. 34, 193—197 (Sul Bronzo capito-
lino dei sedici vigili); p. 206—208 (Sopra Minervini); p. 229—232 (Sopra una
iscrizione nel chiostro di san Paolo suori le mura); 1846 p. 42—45 (Decreto
municipalo di Sora); p. 45—48 (Sul suo opusculo: oskische Studien); p. 78—80
(Calendario Cumano); p. 134—139 (Sull' alfabeto de Messapj); p. 149—156
(Lapida Mamertina); p. 164—166 (Decreto venafrano); p. 179—184 (Topographica
[iscrizioni di Prezza, di Entrodacqua, dell' Auxanum Marsorum, di Sorrento,
d'Isernia]); 1847 p. 3—8 (Nuova revisione della tavola alimentaria de' Liguri
Rebinui); p. 23—26 (Antichita di Benevento); p. 27—32 (Sopra Gervasio: osservazioni sulla iscrizione onoraria di Mavorzio Lolliano); p. 94—95 vgl. p. 91, 92
(Lapida di Grottaminarda); p. 108 u. 109 (Correzioni al calendario di Amiterno);
p. 119—121 (Sulla mala fede del Lupoli); p. 151—158 (Iscrizione napoletane);
p. 161—174 u. 1848 p. 4—13 (Sulla topografia degli Irpini); 1847 p. 174—176
(Strada antica da Salorno a Nocera); 1850 p. 44—63 (Sull' editto acquario venafrano); p. 113—115 (Frammento di calendario ritrovato in via graziosa); 1852
p. 99—107, 113, 114 (Sulle iscrizione della Svizzera); p. 165—175 (Sui governa-
tori della Numidia e sui sexfascales e quinquefascales); 1853 p. 27—32 (Iscrizione
de Narbona); 1853 p. 170—175 (Iscrizione di Guinone Sispita); 1861 p. 78—80
(Alcune osservazioni sul ripostiglio di Carrara); p. 205—207 (Sul sacerdos Cabesis);
1862 p. 44—47 (Sulla silloge epigrafica dello Smezio). — m) In Annali dell' instit. arch.
vol. XVI, 1844, S. 288—318 (de comitio Romano, curiis Janiquo templo); XVIII
(Ser. N. vol. III), 1846, p. 82—119, 356—357 (Iscrizioni marse); vol. XX, 1848,
p. 59—156 (Iscrizioni messapiche s. o.); p. 414—429 (Sulla iscrizioni osca di
Agnone); vol. XXI (Ser. Nuo. vol. VI), 1849, p. 209—220 (Degli accensi velati);
XXIV, 1853, p. 50—83 (Sopra Boissieu: inscriptions antiques de Lyon); XXIX,
1858 p. 173—181 (Sul fornice Fabiano), p. 181—212 (Sui modi usati da' Romani
nel conservare e publicare le leggi ed i senatusconsulti); XXXIII, 1863 p. 5—80
(Sopra alcuni ripostigli di denari romani scoperti nella Spagna). — n) In Monum.
ed Annali dell' instit. arch. 1854 p. 41—44 (Miscellance epigrafiche al dott.
G. Henzen). ÷

1419) **Mommsen,** Friedrich, geb. 3. Januar 1818 in
Flensburg, Sohn des Kaufmanns Fedder Mommsen daselbst († 28.
Mai 1866), besuchte die Flensb. Schule bis Ostern 1836, studirte
Jura, seit Mich. 1839 in Kiel, exam. Ostern 1841 (1. Char.), dr. jur.,
Auscultant beim Schleswigschen Obergericht, Dec. 1847 zum 6.
Rath dess. Gerichts designirt, 1848—1851 Departements-Chef f. d.
Justiz u. Mitgl. der Landesversammlung in Kiel, verliess nach dem
Kriege sein Vaterland u. habilitirte sich als Privatdocent in Göttin-
gen, wo er 1858 zum Professor der Rechte ernannt wurde, trat
1864 als Rath in das Schleswigsche Appellations-Gericht ein, Aug.
1867 zum O.-A.-G.-R. in Berlin ernannt.

1) Beiträge zum Obligationenrecht. Abth. 1: Die Unmöglichkeit der Leistung
in ihrem Einfluss auf obligatorische Verhältnisse. Abth. 2: Zur Lehre vom
Interesse. Abth. 3: Die Lehre von der Mora nebst Beiträgen zur Lehre von

der Culpa. Braunschweig, C. A. Schwetschke & Sohn (M: Bruhn), 1853 bis
1855. 8. XX u. 420. XIV u. 301 u. XII 438.
2) Erörterungen aus dem Obligationenrecht II. 1: Erörterungen über die Regel:
commodum ejus esso debet, cujus periculum est. Braunschweig, bei dems., 1859.
8. IV u. 144.
3) Die Nichtigk. des Londoner Vertrags v. 8. Mai 1852. Göttingen, Vandenhoeck
u. Ruprecht, 1863. 8. Vergl. darüber „Hamb. Corresp." vom Anf. 1864
(od·Ende 1863).

1420) **Mommsen,** Jens (L. & S. No. 790). Geb. den 24.
Juni 1783 zu Hülltoft, Kirchspiel Neuenkirchen, Amts Tondern;
studirte seit Ostern 1803 in Kiel Theologie, examinirt Michaelis
1808 auf Gottorf (2. Char.). Mehrere Jahre Hauslehrer. 1816 den
29. September Diakonus in Garding, 1820 den 19. December Diakonus in Oldesloe, trat an den 1. April 1821. Starb 18. Febr.
1851, im 68. Jahre. Verh. mit Sophie Elisab. geb. Krumbhaar.

1421) **Mommsen,** Karl Johannes Tycho, geboren am
23. Mai 1819 in Garding, Bruder der vorhergeh. Aug. u. Christ.
Matth. Theod. Mommsen; zuerst mit seinen Brüdern fast lediglich v.
dem Vater unterrichtet; besuchte mit seinem ältern Bruder Theodor u. theilweise auch mit dem jüngeren August von 1834 bis
1838 das Christianeum in Altona u. von 1838 bis 1843 die Landes-
universität Kiel, an der, für ihn von vorwiegender Bedeutung,
damals G. W. Nitzsch, J. Olshausen, O. Jahn, G. Waitz u. J. G. Droysen lehrten; nahm nach seinem Examen u. seiner Promotion zum
dr. philos. Ostern 1843 eine Stelle als Privatlehrer in Altona an
u. wurde, nachdem er mehrere philologische Arbeiten veröffentlicht
hatte, auf Kosten seiner Landesregierung nach Italien geschickt,
theils zur allgemeinen Ausbildung, theils zu dem Zwecke, dort eine
kritische Pindarausgabe vorzubereiten; bereiste vom Juli 1846 bis
Frühjahr 1848 Italien u. Sicilien u. fand auch Gelegenheit, einen
kurzen Abstecher nach Korfu u. Athen zu machen. Die reiche
Fülle von Anschauungen aus den classischen Ländern u. die mit-
gebrachte literarische Ausbeute sogleich als akademischer Lehrer od.
Schriftsteller zu verwerthen, ergab sich in den Wirren des Jahres
1848 keine Gelegenheit. Er glaubte seine Pflicht gegen seine Heimath
Schleswig-Holstein durch den Eintritt in das Ranzau'sche Freiwil-
ligencorps erfüllen zu müssen. Als jenes Corps nach dem Monat
Mai dess. Jahres aufgelöst worden war, nahm er im Herbst 1848
die Stelle als Collaborator in Husum an. Nach dem Juli 1850
erhielt er eine provisorische Beschäftigung am Christianeum in Altona; 1851 zum 2. Collaborator nach Eutin berufen, zog er vor,

6*

die Berufung zu einer Professur am Realgymnasium zu Eisenach
anzunehmen vom Herbst 1851 bis Ostern 1856, dann wurde er
Rector der höhern Bürgerschule in Oldenburg, welches Amt er
8 Jahre bekleidete. Von Oldenburg aus machte er wissenschaftliche Reisen einestheils nach England u. Frankreich, anderntheils
abermals nach Italien, letztere auf Verwendung der Professoren
Böckh, Trendelenburg u. Haupt mit Hülfe der Berliner Akademie der
Wissenschaften zur Vollendung der früher beabsichtigten Pindarausgabe. Die Ausgabe, welche sich auf diese Ergebnisse stützt,
war zum grossen Theile fertig, als mit dem Winter 1863/64 die
Schlesw.-Holst. Sache eine glücklichere Wendung nahm u. er
war eben im Begriff, Schritte zu thun, welche seine Rückkehr in
das engere Vaterland vorbereiten sollten, als ihm der Antrag kam,
das Directorat des Gymnasiums in Frankf. a. M. an dr. Classens.
Stelle 1864 zu übernehmen. — Nach dem Selbstbericht in den
Schulnachrichten des Frankf. Gymnasiums v. 1865. —

1) De Aristotelis poeticae capp. I—IX contra Franciscum Ritterum commentatio.
   Kiliae 1842. 8. II u. 30 SS. (Ist eine Gratulationsschrift der Mitglieder des
   philologischen Seminars zur silbernen Hochzeit des Professors Nitzsch in Kiel).
2) Mit seinem Bruder u. mit Theod. Storm: Liederbuch dreier Freunde. Kiel
   1845. 8.
3) Pindaros. Zur Geschichte des Dichters u. der Parteikämpfe seiner Zeit. Kiel
   1845. 8. X u. 102 SS. Rec. Gött. Gel. Anz. 1847. S. 663 ff. Zeitschr.
   f. Alterthumswissensch. 1847, No. 91.
4) Pindars Werke in die Versmaasse des Originals übersetzt. Leipzig, Fleischer,
   1846. gr. 4.
5) Marlowe u. Shakespeare. Eisenach 1854.
6) Der Perkins-Shakespeare. Berlin, Georg Reimer, 1854. 8. XXXVI u. 496 SS.
7) Uebersetzung des Macbeth in dem Schlegel-Tieckschen Shakespeare (Berlin
   1855). Er besorgte von 1853—1855 die Revision dieser Uebersetzung.
8) Die Kunst des Deutschen Uebersetzers aus neueren Sprachen. Leipzig,
   Gumprecht, 1858. 8. SS. 67. Erschien auch als Programm der Vorschule
   zu Oldenburg (Grossherzogth.).
9) Gab heraus Shakespeares Pericles, Prince of Tyre. Oldenb., Stalling, 1857. 8.
10) Shakespeares Romeo u. Julliet. Eine kritische Ausgabe des überlieferten Doppel-
   textes mit vollständiger varia lectio bis auf Rowe. Nebst einer Einleitung
   über den Werth der Textquellen u. den Versbau Shakespeares. Oldenb.,
   Stalling, 1859. 8. XI u. 171 SS. Anz. v. (Carl Ferd. Lüders) im „Jahrb."
   Jahrg. 4, 1859. No. 4.
11) Die Schillerfeier der höheren Bürgerschule in Oldenburg. Oldenb. 1860. 8.
12) Ueber die Wiedereinführung des Lateinischen auf der höheren Bürgerschule.
   Oldenb. 1860. (Osterprogramm)
13) Germani scholia in Pindari Olympia e codice Vindobonensi edidit, aliorum
   scholiorum specimina adjecit, epistolarum criticarum triadem praemisit. Kiliae

1861. **8.** XXVIII u. 70 SS. Rec. Heidelberger Jahrbb. Jahrg. 54, 1861,
S. 317—318.

14) Zur Geschichte u. Literatur der Französischen Revolution. Oldenburg 1861. 8.

15) Bemerkungen über Kritik, Exegese u. Versabtheilung des Pindar. Sendschreiben
an Friedrichs. Oldenburg 1863. 8.

16) Pindari carmina. Ad fidem optimorum codicum recensuit, integram scripturae
diversitatem subjecit, adnotationem criticam addidit. Berolini, apud Weidmannos, 1864. 8. LI u. 491 SS.

17) Annotationes criticae; supplementum ad Pindari Olympia scripsit. Berolini, apud
Weidmannos, 1864. 8. SS. 204. Rec. dieser u. der s. 16 angef. Schrift (v. F. Blass)
in Jacobs u. Rühles Zeitschr. f. d. Gymnasialwesen 1866, Febr., S. 642—654.

18) Edidit scholia Thomano-Tricliniana in Pindarum. 1865.

19) Exercitationes Sophocleac. De scholiis Pindaricis epimctra. Francof. ad M.
1865. 4. SS. 32. Gymnasial-Progr.

20) Viro amplissimo summeque reverendo Joanni Philippo König ministerii seniori
ph. d. senatus ecclesiastici Lutheranorum socio ord. et cons. XXX. Decembris
a. 1866. die semisueculari a suscepto munere clerici gratulantur gymnasii
Moenofrancofurtani rector et professores. (s. l.) 4. SS. 26 (Handelt über
v. 1084 der Electra, über v. 757 des Philoctet von Sophocles u. schliesslich
über eine Stelle aus cap. 87 der Historien von Tacitus).

In Zeitschr. für die Alterthumswissensch. 1845, No. 1, 2 (De Pindaro Aegidã-
rum gentili); Supplem. No. 16 (Trilogia Aeschylea in Aristotelis poetica suo loco
invenitur); 1846, No. 15 (Onomatologica); 1847, No. 114 (Handschriften des Pindar);
1848, No. 16 u. 17 (Reiseberichte). Im Rheinischen Museum f. Philol., N. F., IV,
1846, S. 539—566 (Rec über die commentatio Pindarica v. Rauchenstein, Aarau
1844). VI, S. 299—301 (Hesiodi scuti argumentum ex codice Casanatensi); S. 435
bis 438 (Handschriften des Pindaros); S. 626—629 (Zu Virgils Catalectis. Zu
Valerius Flaccus. Zu Pomponius Laetus); XIV, 1859, S. 478—480 (Sophocles
Electra v. 993—996, 1117); XV, 1860, S. 584—595 u. XVI, 1861, S. 115—134
(Bemerkungen zu Aeschylus Agamemnon). XVIII, 1863, S. 303—306 (Zu Pindar).
In den Jahrbb. f. class. Philol. u. A. 1855, Bd. 72 (Rec. über die Delius'sche
erste Hamlet-Ausgabe), Jahrg. VII, 1861, S. 40—47 (ad Pindari dialcetum) Im
Philologus u. A. XVI, S. 721 ff. (Accentcholiamben u. prosodische Choliamben,
I. Aesop, II Babrius). Kleinere Aufsätze u. Rec. im Londoner Athenäum, im
Liter. Centralblatt, im Jahrb. für die Romanische u. Engl. Literatur. Im Itzeh.
Wochenbl. 1845, No. 26 (Ueber Müllenhoffs „Samml. v. Sagen etc."). Im Grenzboten
1853 (Flüchtige Gedanken über Real- und Gelehrtenschulen); 1855 (Ueber das
Trauerspiel Bernhard von Weimar). In Höfers Zeitschr. f. die Wissensch. der
Sprache I, Berlin 1845, S. 261—264 (Bemerkk. über einige Zahlwörter). Revidirt.

14**22) Momsen, Petor,** gob. 9. März 1801 in Horstedt,
Amts Husum, besuchte die Husumer Schule vom Frühjahr 1821
bis dahin 1824, studirte Mathematik v. 1824—1827 in Göttingen
u. Kopenhagen, Volontär im Deichfach v. 1827—1830, Deichcon-
ducteur im Herzogthum Holstein von 1830—1836, 1833 dr. phil.,
seit 1836 Schlesw. Holst. Canalinspectorats-Assistent, Packhausverwalter in Holtenau, trat diese Stelle erst 1839 an, 10. April 1844

fest angestellt, 27. Febr. 1846 wirkl. Kammerrath, seit dem Herbst 1847—1852 constituirter Canalinspector, von 1852 — 11. Juli 1864 wirklicher Canalinspector in Rendsburg, seit 1. Juli 1864 pensionirt; wohnt in Rendsburg. ·

1) Elementa calculi variationum ratione ad analysin infinitorum quam proxime accedente tractata. Altonae, ex officina Hammerichi & Lesseri, 1833. 4. SS. 74.

2) Einiges über die öffentlichen Arbeiten in England, sowohl in ihrer wichtigeren Beziehung zu dem dortigen öffentlichen u. Privat-Wohlstande, als auch mit Rücksicht auf die sie betreffende Gesetzgebung u. Verwaltung. Kiel, in Comm. bei Schwers' Wwe., 1838. 8. S. 91. S. Kiel. Corresp.-Bl. 1838, No. 20. Momsen äusserte sich v. Heide aus gegen diesen Artikel des Corresp.-Bl. das. 1838, No. 26, S. 108. S. Alt. Merk. 1838, Beiblätter No. 275, 276, 277, 278, 279. Im N St. Mag IX (1840) S. 53—101 (Beitrag zur Prüfung der in der Schrift des Herrn dr. u. Hofpredigers Germar, betitelt: „die Vorzüge der doppelten Spur-Bahn" empfohlenen Vorschläge. Erschien auch separat). Schleswig, Taubst.-Inst., 1839. 8. 59 SS. Im Kieler Corresp.-Bl. 1841, No. 3 u. 4 (Technische Bemerkungen zum Entwurfe einer Eisenbahn-Anlage von Altona nach Kiel); No. 92 (Deich- u. Wasserbau betreffend). Beiträge zum Itzehoer Wochenbl. Im Alt. Merk. 1863, vom Juli (Gegen einen Angriff auf die Kanal-Verwaltung. Vergl. dass. Bl. v. dems. J.vom 26. Juli). Zum Theil revidirt.

1423) **Moraht,** Adolf, geb. den 28. November 1805 in Hamburg, Sohn des Kaufmanns u. spätern Assecuradeurs Jacob Daniel Matthias Moraht das. u. der Maria Elisabeth geb. Fick; gebildet in der Privatschule von Leonhard Wächter (genannt Veit Weber) in Hamburg, im dortigen Johanneum u. auf den Universitäten Halle u. Göttingen; wurde als Cand. der Theologie in Hamburg 1828 examinirt u. später in Ratzeburg 1838; promovirt als dr. philos. in Göttingen 1828; bis 1838 Candidat in Hamburg, seit 1838 zuerst Diakonus, dann seit 1856 Past. primar. in Mölln.

1) Harfenklänge. Eine Sammlung christlicher Gedichte. Lüneburg 1840. 2. Ausg. Agent. des R. H. 1865. 8.

2) Ein Wort über die Stellung der evangel.-luther. Kirche des Herzogthums Lauenburg zu dem nicht christl. Staate. Ratzeb. 1849. 8.

3) Noch ein Wort über den nicht christlichen Staat u. dessen Stellung zur Kirche u. Schule des Herzogthums Lauenburg. Ratzeburg 1849. 8.

4) Predigt b. d. Beerdigung des weil. Superintendenten Catenhusen. Ratzeb. 1853. 8.

5) Die luther. Mission u. d. Kasten in Ostindien. Rostock, Stillersche Hofbuchh, 1860. 8.

6) Gab im Verein mit Genzken eine Sammlung von Predigten des weil. zweiten Predigers in Mölln M. H. F. Volbehr heraus s. t. Evangelische Zeugnisse. Rendsburg 1862. 8.

7) Gab die v. Kirchenrath Arndt verfasste Schrift „Der heilige Ansverus", Ratzeburg 1866, 8, heraus.

Beiträge zum „Archiv f. Lauenb." 1, 1857, S. 434—439 (Einige Bemerkk. zu dem Aufsatze: über die Zahl der unehelichen Geburten), S. 440—447 (Die Kirche u. das Rathhaus in Mölln); Bd. 2, 1859, S. 47 (Nachtr. dazu). Bd. 3,

S. 121—245 (Carl Friedr. Wilh. Catenhusen. Ein Denkmal. Erschien auch separat.
Ratzeburg 1860. 8.). Beiträge zum „Bergedorfer Boten" 1832—1833, zum
„christlichen Hausfreund" 1835—1837, zum (Flensburger) „Religionsblatt" 1846 u. 1847, zu K. L. Biernatzkis Volksbuch f. 1844 u. 1845, zu Sengel-
manns „Alsterboten" 1865 u. 1866; zu Jess u. Versmanns K.- u. Schulbl. 1844,
Sp. 78—80 (Aus dem Lauenburgischen). Predigten von ihm in den von Genzken
herausgegebenen „Epistelpredigten" (Lüneburg 1853) u. „Evangelienpredigten" (das.
1861). Revidirt.

1424) **Mordhorst,** Karl Diedr. Christ., geb. in Schleswig?, dr. med. & chir. 1845, zur Zeit practisirender Arzt in
Apenrade.

De medicaminum resorptione. Kil. 1845. 8.

1425) **Moritzen,** Nicolaus Friedrich, geb. den 22.
Juli 1783 zu Moorkirchteich im Kirchspiel Sörup; studirte Theologie zu Kiel seit Ostern 1802; wurde 1812 zu Gottorf mit dem
1. Charakter examinirt; den 27. Februar 1817 Pastor zu Stedesand; den 12. September 1820 zu Lindholm; den 5. August 1828
Pastor zu Ulsnis; war 1840 u. 1847 Abgeordneter des 16. ländlichen Wahldistricts, 1848 Mitglied der Landesversammlung f. den
25. Wahldistrict; wurde den 30. August 1852 von seinem Amte
mit Pension entlassen; er starb den 17. November 1859 in Moorkirchteich. — Vergl. Alt. Merk. 1859 No. 294. Die bekk. Cand.-
Verzeichnisse.

Beiträge von ihm stehen in der landwirthsch. Zeitung f. die Herzogthh. Schlesw.,
Holst. u. Lauenb. v. Neergaard u. Wilda, Jahrg. II, 1843, No. 18 u. 19 (Land-
wirthschaftlicher Bericht aus dem südlichen Angeln); No. 31 (Auszug aus dem
Protocoll des landwirthsch. Vereins an der Schlei vom 27. März 1843); Jahrg. III,
1844, No. 13 (Bericht über die Verhandlungen des landwirthsch. Vereins an der
Schlei in der Generalversamml. vom 6. December 1844); No. 40 (Protocoll-Extract
aus den Verhh. in der G.-V. dess. Vereins vom 28. Mai 1844); Jahrg. IV, 1845,
No. 9 (Prot.-Extr. aus den Verhh. in der G.-V. v. 24. October 1844); No. 21
(Prot.-Extr. aus den Verhh. in der G.-V. vom 21. Febr.); No. 35 (id. vom 10. April
1845); No. 46 (vom 3. Juni 1855); No. 49 u. 50 (vom 17. October 1845); Jahrg. V,
1846, No. 9 (vom 6. Nov. 1845); No. 32 (vom 15. April 1846); No. 47 (vom
13. Juli 1846); No. 50 (vom 16. August 1846); Jahrg. VI, 1847, No. 32 (vom
11. Mai 1847); No. 50 (vom 21. Juli 1847).

- 1426) **Moser,** Samuel Jacob, geb. in Kappeln, studirte
Medicin, promovirte 1835 in Kiel; ist zur Zeit practischer Arzt in
Wandsbek.

Nonnulla de hydrocephalo interno chronico. Diss. inaugur. Kiliae 1835. 4.

1427) **Mothean,** ein geborener Franzose; war seit 1829,
September, Privatlehrer der Französischen Sprache in Itzehoe.

Traite des regles de la construction ordinaire et figurée ou syntaxe française
en forme de dialogue. Hambourg 1824. 8.

1428) **de la Motte,** Johann Karl, geb. in Hohenwestedt, studirte Medicin, wurde 1835 dr. med. & chir. in Kiel.

Nonnulla de apoplexia. Diss. inaugur. Kiliae 1835. 8.

1429) **de la Motte,** Karl Marcus, geb. in Angeln, studirte Medicin u. promovirte in ihr 1864, ist zur Zeit Arzt in Tharstedt.

De fistula vesico-uterina diss. inaugur. Kiliae 1864. 4.

1430) **Motz,** Ursula Elisabeth v., geb. Flessburg (L. & S. No. 1495); starb den 10. Juni 1840 im 79. Lebensjahre zu Lübeck. Ihr Gatte, der Oberst Johann Hermann v. Motz war bereits 1839 gestorben.

1431) zur **Mühlen,** Johann Hermann Gottfried (L. & S. No. 792), geb. 24. Aug. 1762 zu Rendsburg; sein Vater Franz Gottfried z. M., Archidiak. das., später Hauptpastor († 1788), seine Mutter Elsabe Anna Marie, geb. Berends († den 19. Jan. 1796); inscribirt in Kiel als Theologe Ostern 1782, examinirt 1789 zu Glückstadt (3. Char. m. U.), Hauslehrer bei dem Herrn v. Warnstedt zu Loitmark, 14. März 1791 Prediger auf Nordmarsch, 19. Januar 1800 Pastor an der alten Kirche auf Pellworm, 28. Juni 1811 Pastor in Eckernförde, trat an d. 22. September; Mitglied der Commission zur Förderung der wechselseitigen Schuleinrichtung; 31. Januar 1826 R. v. D.; starb 10. Juni 1840. Verh. mit Sara geb. Volquarts († 21. Nov. 1836). — S. Eckernf. Wochenbl. 1840, No. 49. N. Nekrol. d. D. XVIII, S. 114—115. Wulffs Verz. S. 10.

1432) **Müllenhoff,** Karl Victor, geb. zu Marne in Süderditmarschen den 8. Sept. 1818, Sohn des Kaufmanns Johann Anton Müllenhoff u. der Anna geb. Peters aus Oldenswort; er besuchte anfangs die Volksschule seines Geburtsorts und erhielt den ersten Unterricht im Lateinischen u. Griechischen von einem Candidaten der Theologie, dem nachherigen Pastor Nehlsen in Wesselburen. Ostern 1830 kam er auf die Gelehrte-Schule in Meldorf, wo fast zu gleicher Zeit W. H. Kolster, der jetzige Rector, als Collaborator eintrat. Seiner treuen Pflege verdankt er den wesentlichsten Theil seiner Ausbildung. Im Herbst 1837 bezog er, um Philologie zu studiren, die Universität in Kiel, wo sich bald Gr. W. Nitzsch seiner freundlich annahm u. ihm an den Uebungen des damals durch das Zusammentreffen mancher tüchtigen Kräfte blühenden philologischen Seminars theilzunehmen gestattete. Es gelang ihm indess nicht sobald, eine feste Richtung in seinen

Studien zu gewinnen u. auch die Schule u. Vorlesungen Gottfried Herrmanns, die er in Leipzig im Sommer 1839 besuchte, hatten für ihn nicht den gehofften Erfolg. Auf den Rath v. Moritz Haupt, damals in Leipzig ausserordentlicher Professor, bei dem er die erste Vorlesung über altdeutsche Literatur hörte, begab er sich im Herbst 1839 nach Berlin u. hier, mit strebsamen Freunden, wie Wilhelm Nitzsch aus Kiel u. Sœren Thrige aus Rothschild, vereint, gewannen seine Studien unter dem Einfluss Lachmanns u. Rankes bald den gewünschten Zusammenhang. Nach zweijährigem Aufenthalt in Berlin, wo er zuletzt auch noch Jacob u. Wilh. Grimm's Vorlesungen besuchen konnte, kehrte er im Herbste 1841 nach Kiel zurück, nahm hier im Winter wieder 'an den Arbeiten des' philologischen Seminars theil u. ward am 2. April 1842 zum dr. phil. promovirt. Seine Dissertation Theologumena Sophoclis ist ungedruckt. Auf Gr. W. Nitzsch's Rath trat er alsbald als Hülfslehrer an der Meldorfer Gelehrten-Schule ein. Während der anderthalb Jahre, die er hier verlebte, wandten sich seine Studien erst ausschliesslicher dem Deutschen Alterthum zu. Die Arbeit über die Kudrun wurde begonnen, die Sammlung der Schleswig-Holsteinischen Sagen in's Auge gefasst. Gegen den Herbst 1843 als Secretär an die Universitäts-Bibliothek nach Kiel berufen, trat er dort mit dem Wintersemester als Privatdocent für das Fach der Deutschen Philologie auf. Unter dem 2. März 1846 ward er zum ausserord. Professor der Deutschen Sprache, Literatur u. Alterthumskunde ernannt, zum ordentlichen Prof. am 30. December 1854. Im Herbst 1858 folgte er einem Rufe als ordentlicher Prof. an die Universität zu Berlin an Friedr. Heinrich v. der Hagens Stelle. Seit dem 3. Febr. 1864 ist er ordentliches Mitglied der k. Akademie der Wissenschaften daselbst an Jakob Grimms Stelle, seit dem 1. Januar 1866 Mitglied der wissenschaftl. Prüfungs-Commission f. die Provinz Brandenburg.

1) Gab heraus: Kudrun, die echten Theile mit kritischer Einleitung. Kiel 1845. .8.

2) Gab heraus: Sagen u. Märchen u. Lieder der Herzogthümer Schleswig, Holstein u. Lauenburg Kiel 1845. 8. I.IV u. 619 SS. Rec: Rendsb. Wochenbl. 1845 No. 7 & 8. Literarische Zeitung, Berlin 1846, No. 23. Neue Jenaer Literatur-Zeitung 1846 No. 214.

3) Die Deutschen Wörter der lex Salica: in Waitz' „Das alte Recht der Salischen Franken." Kiel 1846. S. 271—295.

4) De antiquissima Germanorum poesi chorica. Kiliae 1847. 4.

5) Erstattete den 13. u. 14. Bericht der Schlesw.-Holst. Gesellschaft f. d. Sammlung u. Erhaltung vaterländischer Alterthümer. Kiel 1848, 1849. 8. SS. 33.

6) Mit dr. Jul. Friedländer: Der Silberfund v. Farve beschrieben u. Namens der
Schl.-Holst.-Lauenb. Gesellschaft für Samml. u. Erhaltung vaterländischer
Alterthümer bekannt gemacht. Mit 2 Kupfertff. Kiel 1850. 8. (Von ihm
S. 1—19). Bildet auch den 15. Bericht der Schlesw.-Holst.-Lauenb. Ges. f.
Samml. u. Erhalt. v. Alterth.

7) Zur Runenlehre. Zwei Abhandlungen von Liliencron u. Müllenh. Braunschweig 1852. 8. Die Abhandlung von ihm, S. 26—64, steht s. t. über altdeutsche Loosung und Weissagung mit Rücksicht auf die neuesten Interpreten
der Germania und die Sammler Deutscher Eigennamen auch in der allgemeinen Monatsschrift für Wissenschaft und Literatur von 1852, S. 310—348 u.
bildet zusammen mit der v. Liliencron auch den 16. Bericht der Schlesw.-
Holst.-Lauenburgischen Gesellschaft f. d. Samml. u. Erhalt. vaterl. Alterth.

8) Leitete von 1852—1854 die Redaction der Allgemeinen Monatsschrift für Wissenschaft u. Literatur. Halle (Braunschweig) 1852—1854. gr. 8. Darin von
ihm: 1851 S. 77 f. 1852 S. 248—50 (Rec. von Schwenck Mythologie der
Germanen); 1852, S. 310—348 (die oben erwähnte Abhandl. über altdeutsche
Loossung etc.); S. 541—548 (Ueber Grimms Deutsches Wörterbuch); S. 825
bis 27 (Die Malbergsche Glosse, Anzeige eines Programms v. A. Holtzmann);
1853, S. 195—197 (Die Meusebachsche Bibliothek); 1854 S. 186—201 (Ueber
den Bau der Elegien von Properz); S. 877—979 (Zur Geschichte der Nibelunge
Noth), auch als besondere Schrift erschienen. Halle, 1855. 8. Rec. Gött.
Gel. Anz. 1855 S. 689—720.

9) Glossar mit Einleitung zu Klaus Groths Quickborn. 3. Aufl. Hamburg 1854.
8. Verbessert und vermehrt zur 4. (illustrirten) Hamb. 1855 u. namentlich
zur 6. Auflage, Hamburg 1856. 8.

10) „Nachricht an den Leser" zur 5. Aufl. des Quickborn mit hochdeutscher
Uebersetzung. Hamb. 1856 u. zur 7. Aufl. Hamb. 1857. 8.

11) Ueber die Weltkarte u. Chorographie des Kaisers Augustus: im Einladungs-
programm zur Feier des K. Geburtstages den 6. October 1856. Kiel 1856.
4. SS. 55.

12) Paradigmata zur deutschen Grammatik. Berlin 1859. 8. 2. Aufl. 1867. 8.

13) De carmine Wessofontano et de versu ac stropharum usu apud Germanos
antiquissimo. Berolini 1861. 4.

14) Altdeutsche Sprachproben. Berlin 1864. 8.

15) Mit Scherer: Denkmäler Deutscher Poesie u. Prosa aus dem 8.—12. Jahrhundert. Berlin 1864. 8.

16) Gab heraus: Jacob Grimms kleinere Schriften Bd. I—III. Berlin 1864—66.
8. (Ein 4. Bd. soll noch folgen).

17) Unter seiner Leitung u. Mitwirkung erscheint: Deutsches Heldenbuch Bd. I,
II. Berlin 1866. 8. u. im 1. Bde. S. 199 sind von ihm bearbeitet Laurin
u. Walteran mit Einleitung u. Anmerkungen.

Beiträge von ihm in a) „Gött. Gel. Anz." 1851 S. 239—266 (Ueber Kno-
bel: die Völkertafel der Genesis). — b) „Neuen Kieler Blättern" (herausge-
geg. v. Karl Lorentzen) 1844 (Unsere Sagen). — c) In „Neue Jenaisch. Allgem. Liter.-Zeit. 1844 No. 237—239 (Rec. v. Vollmers Ausgabe der Nibelungen u. Zells Schrift über Ilias u. Nibelungen). — d) In Nordalbingischen
Studien Bd. 1, 1844, S. 11—40 (Ein altsächsischer Gott Welo); S. 111—174
(Die Deutschen Völker an der Nord- u. Ostsee in ältester Zeit); S. 191—197

(Ueber Siegfrieds Sachsen- u. Dänenkriege); S. 208—226 u. Bd. 4, 1847, S. 201
bis 218 (Kleine Beiträge zur Deutschen Mythologie); Bd. 3, 1846, S. 91—102
(Mittelhochdeutsche Gedichte an Nordelbische Herren). — e) In den „Jahrbb.
f. wissensch. Kritik, Berlin 1846, No. 75—79 (Rec. v. Wilh. Müller „über
die Lieder von den Niebelungen"). — cc) In Schmidts Allgem. Zeitschr. f. Geschichte
Bd. 8, S. 209—269 (Ueber Tuisco und seine Nachkommen). — f) In den Verhandlungen der Germanisten zu Lübeck, 1848, 185—193 (Ueber die
ältesten Epochen der Deutschen Dichtung, besonders die Gestaltung der Deutschen Heldendichtung). — g) In Haupt's „Zeitschrift für Deutsches Alterthum" 6, 1848, S. 62—69 (Wado); S 430—434 (Die Merovingische Stammsage);
S. 435—459 (Die Austrasische Dietrichssage); 7, 1849, S. 383—385 (Framea.
Semnones); S. 410—419 (Scesf und seine Nachkommen); S. 419—491 (Der Mythus
v. Beowulf); S. 526—531 (Sudeta. Aelteste Spuren der Allitteration. Aelteste
Beispiele des langen û. Donar u. Wuotan. Sängernamen. Lunron); Bd. 9, 1853,
S. 127—133 (Lust u. Unlust. Winnasang und Winileod. Ubii. Zwei Stellen der
Scriptores historiae Augustae); S. 223—261 (Verderbte Namen bei Tacitus); Bd. 10,
1856, S. 146—180 (Zur Geschichte der Nibelungensage); S. 550—565 (Zur Germania); Bd. 11, S. 254—294 (Des Todes Zeichen. Wiener Hundsegen. Ruore.
Zur Kritik des angelsächsischen Volksepos); S. 381—393 (Zum Muspilli); Bd. 12,
1865, S. 252 (Wolf u. Wölfin); S. 253—386 (Zeugnisse u. Excurse zur Deutschen
Heldensage); S. 396—399 (Iddja. Angebliche Aoriste oder Perfecta im Altnordi-
schen und Hochdeutschen); S. 401—436 (Zur Deutschen Mythologie. Alte Thier-
fabel. Werdener Abecedarium u. Bruchstück des Rosengartens F.); Bd. 13, N. F.
1, 1866, S. 182—192 (Agez u. Elbegast. Das Alter des Ortnit. Fränkische
Glosse zu den Evangelien); S. 288—321 (Bordesholmer Marienklage. Zwei Fabeln
aus dem Karlingischen Zeitalter). — gg) Zu Gersdorfs Repertorium Bd. 3, S. 273 bis
78 (Rec. von Cädmons bibl. Dichtungen herausgeg. v. Bouterwek); Bd. 4, 1849,
S. 2 (Rec. v. A. Fuchs: die romanischen Sprachen) u. a. m. — h) In der „Schlesw.-
Holst. Universitäts- u. Schulzeitung" herausgeg. v. Thaulow 1850, No. 28
bis 35 (Ein Votum über den Deutschen Unterricht. Sendschreiben an Hrn. Rector
Rieck in Ratzeburg). — i) In der „Deutschen Vierteljahrsschrift", Stuttg.
u. Tüb. 1851. H. 4, S. 239—66 (Die Deutsche Philologie u. die höhere Schulbildung); 1852, H. 3, S. 75—109 (Ueber die geschichtliche Bedeutung und Stellung
der höfischen Poesie des Deutschen Mittelalters). — k) In der „deutschen Reichszeitung", Braunschweig 1853, No. 10 ([Erste] Anzeige u. Charakteristik v. Groths
Quickborn). — l) In Zarncke's „literar. Centralbl." 1853, No. 33, 47; 1854,
No. 1 (Anzeige v. Zeuss: Gramm. celtic.); No. 18 (Rec. v. Landau Territorien).
— m) In Mützells „Zeitschr. f. Gymnasialwesen" 1854, Bd. 8, S. 172 bis
199 (Die Deutsche Philologie, die Schule und die klassische Philologie [eine neue
Bearbeitung des Aufsatzes in der Vierteljahrsschrift 1851]). — n) In Zeitschrift
f. deutsche Mythologie u. Sittenkunde Bd. 3, 1855, S. 1—20 (Nordische,
Englische u. Deutsche Räthsel). — o) Im „Itzehoer Wochenbl." 1855, No. 43
(Anzeige v. Kl. Groths „Vertelln"); 1862, No. 70—71 (Ueber die Namen der General-
stabskarte; cfr. Norddeutschen Grenzboten 1862, No. 70). — p) In Ersch und
Grubers Encyclopädie I. Sect., Bd. 64. S. 448—464 („Geten"). — q) In Kuhn's
„Zeitschr. f. vergleichende Sprachforschung" Bd. 9, 1860, S. 394 bis
399 (Anz. von van den Helm Woordgronding); Bd. 12, 1863, S. 139—41 (Anzeige
v. Greins Sprachschatz der angelsächsischen Dichter). — r) In den „Abhand-

lungen der Berliner Akademie", philos. histor. Classe, 1862, Berlin 1863, S. 518—531 (Ueber den Anhang zu dem Provinzialverzeichniss von 297); S. 532 bis 538 (Die Fränkische Völkertafel; französisch in der Revue archéologique v. 1865). — s) In den „Jahrbb. f. Deutsche Theologie" Bd. 10, 1864, S. 167 bis 169 (Ueber die Wirksamkeit Karls des Grossen, die Deutsche Volksbildung u. die Anfänge der Deutschen Literatur, ein Referat über die Denkmäler). — t) In den „Monatsberr. des Berliner Akademie" 1864, S. 459—464 (Antritts-rede); 1866, S. 1—12 (Ueber das Sarmatien des Ptolemäus), August (Ueber die Abkunft u. Sprache der pontischen Scythen und Sarmaten). — Revidirt.

1433) **Müller,** Andreas Christian, geb. in Hadersleben; studirte Medicin; promovirt als dr. med. & chir. in Kiel im Jahre 1836; er starb, erst 26 Jahr alt, den 8. April 1837 in Hadersleben.

De fontibus caloris animalis specimen inaugurale. Kiliae 1836. 8. SS. 67. S. Pfaffs Mitth. etc. V, N. F. III, II. 7 & 8, S. 87—88.

1434) **Müller,** Friedrich Karl, wohnte vor Eckernförde und war Erbpächter der Mühlen zu Schnaap u. Borbye; starb den 4. Januar 1843.

Lieferte einige Beiträge in Biels „Gewerbefreund" 1828 No. 40 (Conservi-rung der Butter betr.); im „Kieler Corresp.-Bl." 1836 No. 6 (Die Mehlgefässe auf den K. Schnaaper Erbpachtsmühlen betr.).

1435) **v. Müller,** Georg Heinrich Waldemar (L. & S. No. 793); er legte das Amt als Rector an der Friedrichsberger Schule in Schleswig 1827 nieder u. starb in Schleswig, 72 Jahr alt, den 12. Juli 1834. — Vergl. Neuen Nekrol. d. D. XII, S. 513 bis 514. Todes-Anz. Alt. Merk. 1834 No. 115.

Von der Schrift: „Kurzer Auszug der Deutschen Sprachlehre u. Orthographie, durch Beispiele erläutert u. mit Formularen zu allerlei Aufsätzen u. Gelegenheits-briefen ausgestattet erschien die 2. Aufl. Schleswig 1827. 8. Vergl. L. & S. S. 833.

1436) **Müller,** Georg Karl, geb. 20. Aug. 1813 zu Schnaap; Sohn des vorhergenannten Friedrich Karl Müller, Erbpächters der Mühlen zu Schnaap u. Borbye; gebildet auf der Domschule zu Schleswig; studirte in den Jahren 1832—1837 die Rechte in Kiel u. München; examinirt in Kiel Mich. 1837 mit dem 2. Char. m. A.; promovirt den 7. April 1838 in Kiel als dr. jur.; war dann Unter-gerichts-Advocat u. Notar in Kiel; 1844—1848 Abgeordneter zur Schleswigschen Ständeversammlung; von 1848 — 1851 Mitglied der Schleswig-Holsteinischen Landesversammlung, 1856 u. 1857 von der Schleswigschen Ständeversammlung erwähltes Mitglied des Reichsraths; den 18. Sept. 1860 Ober- u. Landgerichts-Advocat f. Holstein; den 15. October 1864 auch für Schleswig.

Commentatio inauguralis ad L. XXII D. de pignoribus et L. XLI D. de pignorat. actione. Kiliae — ex officina C. F. Mohr — 1838. 8. SS. 40.

In Reischer u Wilda's „Zeitschrift für Deutsches Recht" Bd. 1 (Leipzig 1839) S. 320 sq.: (Ueber die Germanische Bürgschaft mit besonderer Rücksicht auf das Jütsche Lov). — Revidirt. —

1436 a) **Müller,** Gustav Eduard, geb. in Uetersen, studirte Medicin, wurde 1865 dr. medic. & chir. in Kiel. De ulcere ventriculi perforante. Kiliae 1865.

1437) **Müller,** Heinrich Friedrich, geb. in Lensahn, Sohn des Schmiedemeisters Müller daselbst, besuchte die Eutiner Gelehrten-Schule, studirte Medicin in Kiel u. Würzburg, wurde dr. medic. & chir. 1859 in Kiel; starb bald nach seinem Examen 1860 in Lensahn. —

Descriptio anatomica pulli gallinacei extremitatibus superfluis praediti simul cum disquisitione physiologica de ortu monstrorum duplicium parasiticorum. Kiliae 1859. 4. SS 12. Mit 2 Tafeln.

1438) **Müller,** Heinrich Friedrich Jacob, geb. den 11. November 1815 in Burg in Süderditmarschen, ein jüngerer Bruder des nachfolgenden Ludwig Müller; besuchte die Kieler Schule, später die Universität unter Leitung der Proff. Meyn, Günther, Michaelis, Pfaff, Behn, Kirchner, Ritter, Nolte u. dr. Valentiner; promovirt als dr. medic. & chir. 1840 in Kiel; war practischer Arzt in Fleckebye im Schleswigschen von 1840—1848, von da an bis jetzt in Plön.

1) Nonnulla de lithotria. Kiliae 1840. 8.
2) Die Uglei-Sage. Plön, Hirt, 1858. 8. S. Itzeh. Nachrr. 1858 Sp. 1708.

In der „Vereinten Deutschen Zeitschrift für Staatsarzneikunde" 1851 (Das neue Strafsystem für die Herzogthümer Schleswig u. Holstein; — Ueber den psychischen u. physischen Gesundheitszustand der Gefangenen in den pensylvanischen Strafanstalten). — Verschiedene Gedichte in verschiedenen Zeitschriften unter dem Namen Ernst Lewald. — Revidirt.

1439) **Müller,** Henriette*) (L. & S. No. 795); sie starb 1838. Vergl. N. Nekrol. d. D. XVI, S. 167—174.

Von ihr noch:
Sechs Erzählungen. Berlin 1826. 8. Rec. Hamb. „Biene" 1826, No. 142—143. Dramatische Werke. Bd. 1, 2. Braunschweig, Verlags-Comtoir, 1800. 0. SS. 222 u. 264.
Novellen, Erzählungen u. Reiseskizzen, Bd. 1, 2. Das. 1830. 8. SS. 271 und 292.

———

*) Von H. M. Müller erschien: Lohn der Tugend. Ein moralisches Sittengemälde. Hamb. u. Altona (auf Kosten der Verfasserin) 1843. VI u. 62 SS. Ob diese Schriftstellerin aus Schleswig-Holstein stammt? Sie ist von der oben genannten verschieden.

1440) **Müller,** Jacob, geb. 9. December 1807 in Burg in Dilmarschen; jüngerer Bruder des nachfolgenden Ludwig Müller, ein älterer Bruder des vorhergen. Heinr. Fr. J.; studirte Medicin seit 1827, wurde promovirt in ihr in Kiel 1832 u. ist gegenwärtig practisirender Arzt in Meldorf.

De aquae communis usu medicinali. Kiliae 1832. 8.

1441) **Müller,** Johann Otto Christian, geb. den 10. Decbr. 1797 in Heiligenhafen, studirte die Rechte, war nach dem Examen in Glückstadt 1826 mit d. 2. Char. zuerst U.-G.-A., später O.-G.-A. in Lütjenburg, wo er den 17. April 1844 starb. (Mitgetheilt.)

Ueber Eigenmacht im Staate od. meine Rechtfertigung. Lübeck 1834. 8. SS. 104.

1442) **Müller,** Karl Eduard, geb. den 29. Mai 1812 in Haderslehen, ein Bruder des nachfolgenden Niels Julius Ferdinand Müller, verliess 1830 die Schule in Hadersleben u. studirte Theologie, wurde Ende 1834 in Kopenhagen examinirt u. besuchte dann eine Zeitlang Deutsche Universitäten, 1840 ord. Katechet in Prästö, den 7. Febr. 1845 Prediger in Hammelef; später Präpositus zu Gorschendorf in Mecklenburg-Schwerin, seit 1853 zu Dobberan, seit 12. Septbr. 1864 Hauptpastor von St. Marien in Hadersleben.

1) Predigt am 18. Sonntag n. Trinit.: im Kirchenblatt des Grossherzogthums Mecklenburg-Schwerin v. 1858.

2) Predigt am Geburtstage Sr. Majest. des Königs v. Preussen am 22. März 1866 in der St. Marienkirche zu Hadersleben gehalten. Hadersleben 1866. 13 SS. Im (Versmannschen) „Kirchen- u. Schulbl." 1848, V, Sp. 805—810 (Die Augsburgische Confession u. die Neumünstersche Prediger-Conferenz); im (Rendtorff'schen „Kirchen- u. Schulbl." 1867 No. 2, vom 13. Januar (Unsere brennende Frage) u. Mehreres. — Mitgetheilt.

1443) **Müller,** Karl Johann Georg, ein Sohn des bekannten Johann Gottwerth Müller (L. & S. No. 796 u. Schlesw.-Holst.-Lauenb. Prov. Berr. 1830, II. IV S. 526—527), war einige Jahre Verwalter beim Grafen Reventlow auf der Insel Laaland, später beim Grafen Schulin, darnach Pächter auf Edelgave bei Rothschild u. dann Besitzer von Overberg u. Pagterold; wurde den 18. Sept. 1846 wirkl. Kammerrath u. starb auf Overberg den 12. Juli 1853 im 68. Lebensjahre. — Verh. mit Gerhardine Louise Pfeiffer († 30. März 1857 in Kopenhagen). S. Erslew II S. 333 u. Supplem. II S. 445.

Von ihm steht ein Beitrag in „den öconom. Correspondent" Aar III, S. 348 bis 352 (Om St. Hans Rug eller anden hvid Rugart, I gjødsket Brak, eller anden Jord, som kan sættes i Lighed dermed).

1444) **Müller,** Karl Justus Waldemar, geb. den 23. September 1809 in Rendsburg; sein Vater der vorhergeh. Georg Heinrich Waldemar v. M.; studirte Theologie in Kiel seit Ostern 1828; examinirt Ostern 1841 (2 m. r. A.); Mich. 1840 bis Ostern 1843 interimistischer Rector im Friedrichsberg in Schleswig, Johannis 1843 interimistischer Rector, den 7. Juni 1844 (antretend 26. Juli) Rector in Segeberg, den 10. April 1856 Diakonus in Oldesloe, den 31. Mai 1864 Pastor in Satrup.

Im „Schleswig-Holsteinischen Schulblatt" 8, 1846, II. 1, S. 82—90 (Nothwendigkeit des Unterrichts in der Kirchengeschichte in den Volksschulen). — Einzelne Beitr. in Versmanns „Kirchen- u. Schubl." —

1445) **Müller,** Karl Matthias, geb. den 16. October 1808 in Bremen, Sohn des Kaufmanns Johann Philipp Müller das. u. der Catharina Elisabeth geb. Förstner; besuchte das Gymnasium seiner Vaterstadt, studirte von Mich. 1827 bis Ostern 1830 Theologie in Leipzig, von da bis Ostern 1831 in Bonn, vorzugsweise unter Nitzsch's Leitung; wurde, von der Universität zurückgekehrt, Hauslehrer eines Kaufmanns in Bremen, stand von Michaelis 1833 in Gemeinschaft mit einem anderen theologischen Candidaten einer Privatknabenschule vor; war schon im Herbst 1831 in Bremen pro candidatura u. 1833 im August in Magdeburg pro ministerio examinirt; im Jahre 1838 vom Grossherzog zu Oldenburg zum Compastor in Eutin ernannt.

1) Festpredigten. Bremen, A. D. Geisler, 1836. 8.
2) Antrittspredigt. Eutin u. Kiel, Baurmeister u. Griem, 1838. 8.
3) Zwei Predigten beim Jahreswechsel. Eutin, G. Struve, 1839. 8.
4) Predigt am Feste der Reformation, als Aufforderung zur Theilnahme am evangelischen Verein der Gustav-Adolf-Stiftung. Eutin, Griem, 1844. 14 SS. 8.
5) Gab in Eutin heraus mit Superintendent N.·J. E. Nielsen (welchen vergl.): Sonntagsblatt. Betrachtungen etc. v. März 1852 bis Mai 1853.
6) Begräbnissfeier des verewigten Hauptpastors Encke. Zwei Reden v. Past. Müller u. Superintendent Nielsen. Eutin 1852.
7) In: Jubelfeier des 700jähr. Bestehens der Kircho zu Bosau im Fürstenthum Lübeck (Eutin 1852) S. 5 u. 6: Gebet.
8) In: „Gottesdienstliche Feier zum Gedächtniss des Grossherzogs Paul Friedrich August v. Oldenburg" (Eutin, Völkers, 1853) S. 3—5 Gebet u. biblische Vorlesung.
9) Die kirchliche Armenpflege in der Eutiner Gemeinde. Eutin 1851.
10) Drei Berichte über die Wirksamkeit der Diakonen in der Eutiner Gemeinde vom Jahre 1853, 1858 u. 1861. — Revidirt. —

1446) **Müller,** Ludwig, geb. den 7. August 1801 zu Tellingstedt; sein Vater Jacob Nicolaus Karl Müller, der dort bis

Febr. 1805 Diaconus war († als Pastor zu Burg in Süderditmarschen 1826, 27. August). Der Sohn kam Ostern 1820 von der
Meldorfer Schule nach Kiel um Theologie zu studiren u.
erhielt im Examen 1826 zu Glückstadt den 2. Char. m. A. Schon den 5. Nov.
1822 (eingeführt den 19. Nov.) war er Collaborator in Kiel u.
wurde den 18. Febr. 1840 Subrector, im Nov. 1847 dr. phil. Kiliensis. Er starb den 7. October 1864. Er war unverheirathet. Ein
poetischer Nachruf an ihn im Kieler Wochenbl. 1864, No. 121.
Ueber ihn Kieler W. 1864, No. 126 u. Kieler O.-Progr. v. 1865.

1) De re militari Romanorum quaedam e Caesaris commentariis excerpta. (Michaelis-
Schulprogramm der Kieler Schule 1844.) S. 1—16. 4.
2) Bemerkungen zu Cäsars Gallischem Kriege Bch. I—IV. Osterprogramm der
Kieler Schule 1854. S. 1—14 4.
3) Bemerkungen zu Cäsars Gallischem Kriege Bch. V—VIII. Osterprogramm
der Kieler Schule 1855, S. 1—29. 4.

1447) **Müller,** Niels Julius Ferdinand, geb. den
15. Januar 1821, zu Hadersleben, studirte Theologie, examinirt 1845
Ostern auf Gottorp (1. Char.), reiste, nachdem ihm 1845 u. 1846
das Stipendium Harmsianum verliehen war, 1845 in Schweden, 1846
im Sommer in Schottland, um die kirchlichen Verhältnisse dieser
Länder kennen zu lernen; wurde den 28. Mai 1848 ord. Prädicant,
d. 22. December 1848 Prediger in Wonsbeck; d. 5. Feb. 1850 entlassen; starb, 29 J. alt, den 28. März 1850 in Wilstrup. Vergl.
(Versmanns) K.- u. Schulbl. 1850, Sp. 229. Michlers Candid.-Verz. S. 30.

Bibelstunden. Der Brief Pauli an die Galater. Mit Vorwort v. Oberconsistorialrath dr. Nitzsch. Hamb., A. d. R. H., 1850. 8.

Im (Jess u. Versmanns) „Kirchen- u. Schulbl." IV, 1847, Sp. 201—211
u. 217—228 (der Schwedische, Gottesdienst); Sp. 233—243 (Die Schwedische
Theologie. Ist ein Bericht an das Curatorium des stipendii Harmsiani); VI, 1849,
Sp. 65—72, 73—78, 97—164, 105—112, 137—146, 153—160, 201—208, 209 bis
216, 217—223, 241—248, 249—252 (Die freie Kirche Schottlands in ihrem Entstehen u. Bestehen).

1448) **Münster,** Sohn des Schullehrers Münster in Lütz-
horn bei Elmshorn; Tondernscher Seminarist und 1842 mit dem
2. Char. m. s. r. A. examinirt; später Lehrer an der Bürgerschule
in Elmshorn, 1845 Küster u. Lehrer zu St. Laurentii auf Föhr,
dann Institutsvorsteher und seit 1861 Cantor in Trittau.

In (Versmanns) „Kirchen- u. Schulblatt" 1848, V, Sp. 707—712 (Andeutungen über die Stellung des Schullehrerstandes zur Zukunft der Schule).

1449) **Muhl,** Claus Jess, ist zur Zeit seit mehreren Jahren Inhaber eines Nachweisungs-Comtoirs in Kiel, wo er früher
eine Zeit lang bis 1855 Mitinhaber des Stadt-Theaters war.

Gab feit mehreren Jahren, ſchon 1860, ein Adreſsbuch der Stadt Kiel, der Brunswiek u. Düſternbrook nebst Verzeichniſs ſämmtlicher Hausbesitzer u. Strassen, einer Uebersicht der öffentlichen Einrichtungen u. Institute, einem Verzeichniſs der Ortschaften u. Güter der Umgegend etc. im Selbstverlage heraus.

1450) **Muhl**, Peter, war Landmann zu Süderhöft in der Landschaft Eiderstedt.

Lieferte im Jahre 1804 mehrere landwirthſchaftliche Beitrr. zum „Ditmarser u. Eiderstedter Boten".

1451) **Muth**, Ferdinand, geb. in Tönning, studirte Medicin, promovirte in ihr in Kiel 1839 u. ist zur Zeit seit einer Reihe von Jahren practisirender Arzt in Friedrichstadt.

De digitali purpurea. Kiliae 1839. 8. SS. 27.

1452) **Mutzenbecher**, Ludwig Samuel Dieterich (L. & S. No. 800, wo der erste Vorname fehlt); geb. am 4. Febr. (nach Nopitsch a. unten angef. Ort S. 35; nach Kordes' revidirtem Artikel über ihn d. 5. Nov.) 1766 zu Bordeaux, Sohn des Kaufmanns Samuel Dieterich M. aus Hamburg u. der Jeanne, geb. Rey, aus der Gascogne; kam schon im 3. Jahre nach Altona zu seiner Tante Johanna Elisabeth, Gattin des Vicebürgermeisters Peter Rode; bildete schon früh, namentlich unter dem Organisten Christ. Friedr. Endter sein musicalisches Talent aus; studirte Medicin seit 1784 in Göttingen u. seit 1787 in Kopenhagen; promovirt 1790 im Frühjahr in Kiel (vgl. Kordes); practischer Arzt in Altona; 1801 Postmeister daselbst; 1. Nov. 1828 Justizrath; wurde im Febr. 1837 als Postmeister in Altona pensionirt; starb den 24. Mai 1838. In den letzten 10 Jahren seines Lebens war er erblindet. Vergl. Neuen Nekrol. d. D. 16, S. 536—539. Pfaff's „Mitthh." etc. 6, N. F. 4, II. 3 & 4, S. 121—122. Nopitsch's Jahrbb. der Altonaer Sing-Akademie H. 1, 1860, bes. S. 34 u. 35. Seine Verdienste für Hebung der Musik in Altona waren bedeutend, so erbaute er unter Anderem in den 20ger Jahren die 1822 eröffnete Altonaer Tonhalle.

Von ihm noch:

Bericht nebst Beilagen betreffend die Arbeiten der Special-Commission zur Unterstützung der vertriebenen Hamburger in Altona. Hamb. 1814. 8.

Mutzenbecher schrieb auch einzelne Compositionen.

1453) **Mygind**, Karl Valentin, geb. in Christiansfeld, studirte Medicin; promovirt in ihr in Kiel 1841; ist zur Zeit practisirender Arzt in Christiansfeld.

De cephalacmatomate neonatorum. Kiliae 1841. 8.

7

1454) **Mylord,** J. C., 1834 Pächter auf Louisenlund, später Besitzer des adl. Guts Ornum im Schwansener District, wo er vor 1859 gestorben ist.

In den landwirthsch. Heften 1834, H. 3 u. 4, S. 46—57 (Ueber Winterfütterung des Rindviehes); 1835, H. 3, S. 29—31 (Bemerkungen zu dem vorigen Aufs.).

N.

1454a) **Nagel,** Adolf, geb. in Neustadt, lebt zur Zeit, als Copiist thätig, in Kiel.

Von ihm sind in verschiedenen Tages- u. Wochenblättern der 50ger u. 60ger Jahre, sowie in einzelnen Gedichtsammlungen, wie z. B. in dem v. Göders u. Hugo Staacke (welchen letzteren vergl.) herausgegebenen Schleswig-Holsteinischen Musen-Almanach (Kiel 1851 u. 1852) diverse Gedichte.

1455) **Nagel,** Karl Friedrich (L. & S. No. 1498); geboren den 4. März 1794 in Kopenhagen; Sohn des Buchbinders u. Classenlotterie-Collecteurs Andreas Nagel u. der Lucia Dorothea geb. Anthon († 14. Juli 1821); besuchte das Institut v. Brendstrup u. v. Westen bis 1811, u. nahm im folgenden Jahre das 2. Examen an der Kopenhagener Universität, studirte Medicin in Kopenhagen, wo er Amanuensis beim Conferenzrath J. D. Brandis war, u. Kiel, wo er den 30. Mai 1818 zum dr. med. & chir. promovirt wurde; in dems. Jahre Arzt auf dem adl. Gute Ahrensburg u. darnach beim Armenwesen in Altona u. Ottensen; wurde den 29. December 1832 Physicus für die Stadt Altona; den 29. Juni 1833 Lehrer u. Arzt, sowie Mitdirector bei dem Altonaer Gebärhause; in demselben Jahre Vorsteher des Vaccinations-Instituts daselbst; den 22. October R. v. D.; erhielt d. 1. April 1840 den Titel Professor; wurde den 27. März 1841 zum Hof-Medicus ernannt u. den 18. September 1843 D. M.; wurde den 8. Nov. 1845 k. Leib-Medicus; im Oct. 1853 Conferenz-Rath; den 25. März 1855 Physicus f. den 13. Holsteinischen Physicats-District; ist Inhaber der Französischen St. Helena-Medaille; den 6. October 1860 C. v. D.; ist auch auswärtiges Mitglied des ärztlichen Vereins in Hamburg. — Vergl. Callisens med. Schriftst.-Lexic. XIII, S. 409 u. XXI, S. 5, N. St.-M. 10, S. 507, Ersl. II, S. 426—427 u. Supplem. S. 516. (Seine im Ersl. genannte Gattin Sophia Margaretha Bauer ist gestorben; seine zweite Gattin (seit 11. März 1854) ist Amalie Elisabeth geb. Nebel, verwittw. Heyer.)

Recc. u. Besprechungen der schon im L. & S. genannten Schrift „Ueber das Entkräftungsfieber der alten Leute" (Itzehoe 1829) stehen: Hecker litter. Annalen der Heilkunde XVI, 68—75; Medic.-chir. Zeit. 1830, Bd. II, No. 49, S. 401—410; Pierer allgem. medic. Annalen 1830, Apr. S. 492—500; Allgem. Hall. Liter. Ztg. 1831, No. 165; Leipz. L. Z. 1833, No. 101, S. 808; Jen. Liter.-Ztg. 1833, Erg. Bl. No. 42 (v. A. v. Schönberg); Medic.-chir. Pfennigbibl. VI, 1836, S. 65—73; Summe der Med. 1830, Bd. 3, S. 659; Kleinert Repert. der medic. Journalist. 1833, Juli, S. 172, Note 16.

Von ihm noch:

Ueber Armenwesen u. Naturalverpflegung der Armen. Mit bes. Rücksicht auf die Stadt Altona. Zum Besten der Speiseanstalt für Dürftige u. Arme in Altona. Altona 1830. 8. SS. 90. S. Mag. f. L. VI, S. 187—209; N. Prov.-Berr. 1831, S. 151—152.

Kriegshygiene, mod særdeles Hensyn paa den danske Armee. Til Brug for Officerer og Læger. Altona 1830. 8.

Ein Wort über das jetzt grassirende Scharlachfieber. Altona 1831. 8. S. Pierer's med. Ztg. 1832, No. 9. S. 140.

Nachricht an das Publicum über die zweckmässigsten Verhaltungsmassregeln bei einer etwaigen Erscheinung der ausländischen Brechruhr (cholera morbus). Altona 1831. 8. 2 unveränderte Ausgaben.

Anleitung u. Aufforderung zur Errichtung öffentl. Speiseanstalten, jetzt zunächst als kräftiges Mittel gegen die Verbreitung der Cholera. Angehängt der 2. Jahresbericht der Altonaer Speiseanstalt für Dürftige u. Arme. Altona 1831. 8. 32 SS.

Antiquitates cholericae sive tentamen disquirendi: quatenus cholera hodierna maligna veteribus medicis cognita fuerit. Tractatus epistolicus ad perillustrem astronomum Henr. Chr. Schumacher. Altonae 1833. 8. SS. 52. Recc. u. Besprechungen: Pabst.: med. Zeit. 1833, No. 89, S. 1421—1422; Horn: Archiv f. med. Erfahr. 1833, Novemb. u. Dec. S. 1135—1136; Hufeland Biblioth. d. Heilk. LXXI, 1834, No. 2, S. 96 u. 99; Heidelb. Jahrbb. der Liter. 1834, September; Jen. L. Z. 1835, No. 52.

In Gersons u. Julius' Magazin der ausländischen Heilkunde 23, 1831, H. 2, S. 279—294 (Ueber die Cholera in Altona. Fragment eines amtlichen Berichts an das Schlesw.-Holst.-Lauenb. Sanitäts-Coll.). In Pfaffs Mitth. I, 1832, H. 1 u. 2, S. 51—59 (Auszug aus einem Berichte über die Cholera in Altona vom 10. Jan. 1832 u. die daraus f. d. Verbreitungsart derselben zu ziehenden Folgerungen; ein Auszug in Kleinert Extrabl. Cholera orient. No. 59, 1832, S. 944); S. 224—230 (Choleraausbruch 1832 in Altona); IV, 1836, N. F. 2, H. 9 u. 10, S. 1—15 (Ueber abnorme Geistesstörungen bei Kindern, als Vorboten einer Hirnaffection).

1456) **Nathanson,** Mendel Levin, geb. den 20. November 1780 in Altona, Sohn des Kaufmanns Levin Nathan u. der Tochter des Hofraths D. A. Meyer in Kopenhagen; kam 1793 nach Kopenhagen; wurde im Aug. 1798 Bürger u. Manufacturhändler daselbst; machte v. 1799—1807 verschiedene Reisen nach England; wurde 1799 Associé im Handelshause Meyer & Nathanson, u. 1806 im Handelshause Meyer & Trier; gründete 1805 die Freischule für

Knaben des mosaischen Glaubens, deren 50jähr. Jubiläum am 3. Juni 1855 gehalten wurde; nahm 1810 Theil an der Gründung der Carolinenschule; übernahm von October 1838 bis Ausgang 1858 die Redaction der Berl. Zeit.; 22. Mai 1855 R. v. D.; 1. Jan. 1859 D. M., den 24. Juni 1860 Etatsrath in Veranlassung seines 50jährigen Jubiläums als Director der „Carolinenschule". Er bestritt die Kosten des Drucks mancher Werke u. liess für eine Prachtausgabe der Holbergschen Schauspiele Scenen von den besten Dänischen Malern u. Kupferstechern verfertigen. Sein eigenes Porträt v. Marstrand, lithogr. v. Kaufmann, erschien 1859 in Kopenhagen. (Vergleiche Ersl. II, S. 429—431, Supplem. II. S. 519—521 (wo mehrere andere Quellen angeführt sind).

1) Hofraad David Amsel Meyers Levnet. Kbh. 1816. In Deutscher Uebersetzung v. L. C. Sander mit der Beilage des Verfs. „Vorerinnerung an die Deutschen Leser." Das. in dems. J. 8. (Besprechungen dieser Schrift führt Ersl. an.)

2) Fornœdent Gjenmæle paa Hr. T. Thaarups Anhang til Rüh's, tilligemed Bemærkninger om vor Handel og vort Pengevæsen. Kbh. 1816. (S. Erslew.)

3) Danmarks Handel, Skibsfart, Penge- og Finantsvæsen i 1730 til 1830. Historisk fremstillet og oplyst. 1.—3. Deel Kbh. 1832—1834. (Der 2. Th. hat auch d. T. Nye Bidrag til Danmarks Handels- og Finants-Historie, samt fortsatte Undersœgelser med Hensyn til Fleres, især Prof. Davids Bemærkninger; der 3. Th. enthält zugleich „Svar til Prof. David). 2. umgearbeitete u. vermehrte Ausg. des 1. Th. Kbh. 1832. (Ein Bruchstück übers. in Falcks N. St. M. I. 640—42).

4) Udførligere Oplysninger om Handels- og Finantsvæsenet i Christian den 7des og Frederik den 6des Regjeringstid, som en Fortsættelse af Skriftet: Danmarks Handel etc. Kbh. 1832. 8.

5) Erklæring i Anledning af de i Bladet „Bien" af Indsenderen R. fremsatte Spørgsmaal og Beskyldninger betræffende Yttringer i mit Skrift: „Danmarks Handel etc. Kbh. 1832. 16 SS. (Vergl. hierüber Erslew).

6) Handelens Theorie og Politik. En Haandbog for Statskyndige og Forretningsmænd af K. Murhard. Overs. og med Anmærkninger forœget. 1.—2. Deel. Kbh. 1834—1835. 8. (s. Erslew.)

7) Budgettet, No. I og II. (Bes. abgedruckt aus „Kjøbenhavnsposten.) Kbh. 1835. 8. 47 SS.

8) Historisk-statistisk Fremstilling af Danmarks National- og Staats-Huusholdning, fra Frederik IV. Tid indtil Nutiden. Kbh. 1836. 2. umgearbeitete Aufl. das. 1844. Ins Deutsche übersetzt. II. 1, 2. Schleswig 1837. 8. (vergl. Erslew.)

9) Om Klagerne over Næringsløshed, en historisk-statistisk Undersœgelse. Udgivet af Selskabet for Trykkefrihedens rette Brug. Kbh. 1838. 8.

10) Redigirte „den Berlingske politiske og Avertissements Tidende" v. 1. Oct. 1838 bis Ausg. 1858. Kbh. fol., sowie das diese Zeitung begleitende „Sœndagsblad." 1840—1844. Auch redigirte er „Sœndagen," Beilageblatt zu „Dagen" v. 1. Oct. bis ult. Dec. 1839.

11) War Mitherausgeber von „Handels- og Skibfarts- Tidende" vom Juli 1841 bis 1845.

12) War Herausgeber v. Dansk Folkekalender for 1848. Kbh.

13) Tilbageblik paa Frederik den Syvendes Regjeringstid. Kbh. 1853. 8. 98 SS.

14) * En Hverdagsfortælling fra 1809. Kbh. 1854. IV u. 288 SS.

15) Om Mønt- og Bankvæsen, Finantsvæsen, Handel og Industrie. 1—3 Hefte. Kbh. 1855—1862. 8. (Vergl. Erslew Suppl. II S. 320).

16) Børs-Operationerne og Coursens Gang, fornemmelig fra 1807—1814. Kjøbenhavn 1857.

17) Historisk Fremstilling af Jødernes Forhold og Stilling i Danmark, navnlig i Kjøbenhavn. Kbh. 1860. 8.

18) Ogsaa en Mening om Aursagen til Krigens Udfald. Kbh. 1865.

Er arbeitete aus u. schrieb Einleitung für das 3. Heft (Danmarks Skibsfart i 1834 og 1837) des „statistischen Tabellenwerks". Kbh. 1840 qf. u. bevorwortete gleichfalls einigo andere Hefte dieses Werks.

Beitrr. zu „den Danske Tilskuer" 1807 No. 70 & 71 (Juniors Svar paa Ant:qui Skrivelse); No. 77 & 78 (Juniors endelige Svar paa Antiqui Gjensvar); zu „Kjøbenhavnsposten" u. A. 1835 No. 37, 153, 202 (Nationalbanken især med Hensyn til dens Actionärer; übersetzt in Falcks N. St. M. IV, S. 286—93); No. 77 & 78 (Nationalbanken med Hensyn til Seddelindragelsen; übersetzt in Falcks St. M. IV, 293—298); S. 374—376 (Om Skibsafgifter); No. 109 (Om Consumtionsvæsenet); No. 231 (Om Garverierne); 1837 No. 29 & 30 (Oversigt over Kjøbenhavns Handel i Aar 1836); No. 66 (Om Finantssagen); No. 148 (Om de uægte Fødsler i Danmark); No. 112 (Spørgsmaalet angaaende de 12 Millioner eller Finantserne og Banken); No. 189 (Om Bankbestyrelsens Competence); 1838 No. 27 & 28 (Om Finantsernes Underbalance); — zu „Maanedsskrift f. Literatur" XVI, 95—149 (Anz. v. „Ræders, Withs u. Wedel-Heincns" om Brændeviinsbrænding); XVIII, 295—388 (Anz. des 1. Hefts des statistischen Tabellenwerks u. der „Tabellen über die nach der Resolution v. 24. Mai 1834 in den Herzogth. Schl. u. Holst. am 1. Febr. 1835 vorgenommene Volkszählung). — In „Dansk Folkekalender" f. 1842 S. 3—12 (Statistiske Optegnelser); S. 191—200 (Danmarks Skibsfart), f. 1843; S. 197 bis 204 (Om det danske Riges Befolkning); S. 205—208 (Om Danmarks og Hertugdømmernes Udførsel af Kornvarer). — Er schrieb eine Vorerinneruag zu J. K. Hoëst's Dänischer Uebers. v. Lüders „Die Veredlung der Juden durch die Regierung." Eine Zugabe zu dieser Vorerinnerung erschien separat. Kopenhagen 1813. 8. Lieferte nach seinem Rücktritt von der Redaction der „Berlingske Tidende" zu derselben noch: 1859 No. 64, 66, 68, 70, 75, 82, 85 (Kjøbenhavns Handel og Skibsfart for Aaret 1858); No. 103 (Om Kjøbstæderne i Kongeriget); No. 130 (Landhuusholdningsselskabet), No. 178 (Om Mangel paa Beboelseslciligheder i Kjøbenhavn); No. 203 (Om Forfalskning af Mælk og Fløde); No. 249 (Faltigvæsnet og Næringsløesheden); No. 270 (Brødpriserne i Hertugdømmerne); No. 284, 90, 99 u. 1860 No. 4 (Anzeige des statistischen Tabellenwerks); 1860 No. 9 (St. Johannes-Kirke); No. 77, 82, 84, 85—87 (Oversigt over Kjøbenhavns Handel og Skibsfart i 1859); No 218 (Et Forslag til Nationalbankens Repræsentantskab); No. 227 (Om de directe kongelige Skatter samt Communal-Afgifter, som for Tiden svares af Landmanden); No. 256 (Kjøbenhavns Coffardiflaade for 1859); No. 266 (Om Productionen og Forbrugen af Brændeviin i Kongeriget); No. 279 (Om Forbrugen af dansk Brændeviin og andre Forbrugsgjenstande); 1861 No. 65

(Om Hvedsbrœdspriserne); No. 112, 145, 147 (Kjœbstædernes og Landdistrikternes Befolkning); No. 122 (Forbrugen af Brœndeviin); 1862, No. 22, No. 58 (Toldreform); No. 46 (Om Priserne paa Ilvedebrœdet). — Lieferte auch noch lange Zeit monatliche Uebersichten über Kopenhagens Handel für „Kjœbenhavnsposten." —

1457) **Neelsen,** Hans Friedrich, geb. den 4. Mai 1821 zu Borgdorf, Kirchsp. Nortorf, Amts Rendsburg; Sohn von dem erst in Borgdorf zur Miethe wohnenden Hufnerssohne Jürgen Neelsen, der nachher $\frac{1}{16}$ Hufe in Seedorf, Kirchspiel Nortorf, bewohnte; sollte ursprünglich nach dem Willen seines Vaters Landmann, dann, da dies seiner Neigung entgegen war, auf den Rath seines Lehrers Bock in Borgdorf (jetzt in Kl. Vollstedt) Volksschullehrer werden u. wurde daher nach seiner Confirmation als Präparande zu dem Rector Pahl an der Neuwerker Bürgerschule in Rendsburg gegeben; verwaltete interim. einige Schulstellen, war dann Hauslehrer, durfte endlich seiner Neigung zum Studium folgen; war zur Vorbereitung ein Jahr bei dem Past. v. d. Heyde in Friedrichsort, besuchte dann die Prima der Kiel. Gelehrtenschule (Rect. Lucht) seit Mich. 1842 u. als Theol. seit Ostern 1843 die Univers. in Kiel, Ostern 1844 die in Bonn u. Mich. 1845 wieder Kiel, wurde Mich. 1846 examinirt mit dem 2. Char. m. s. r. A.; den 2. Juni 1849 const. Feldprediger in der Schleswig-Holsteinischen Armee, den 3. Februar 1850 Diaconus in Uetersen, introducirt den 5. Mai, den 4. März 1855 erster Compastor, introducirt am 6. Mai, den 2. Mai 1855 Probst in Plön, den 13. August 1864 Mitglied im theologischen Examinations-Collegium in Kiel bis Neujahr 1867.

1) Ein Oelkröglein den Confirmirten mitgegeben auf den Lebensweg, um den Denkstein der Confirmation daraus zu salben. Hamburg, Perthes, Besser & Mauke, 1857. 8. IX u 84 SS.

2) Siebzehn Predigten über die Evangelien als 1. Abth. einer Hauspostille. Hamburg, Perthes, Besser & Mauke 1863. gr. 8. 196 SS. Die im Juli u. Aug. 1862 auf Subscription angekündigte Hauspostille selbst erschien nicht.

3) Gott ist unsre Hoffnung u. Hülfe. Predigt über Psalm 146, den 2. März 1864 gehalten. Kiel 1864. 8.

4) Predigt, gehalten am Jahresfeste d. 22. Nov. 1864 in der St. Peterskirche, zusammen mit Rechenschaftsbericht über die Wirksamkeit des Hamb. Hauptvereins der Gustav-Adolf-Stiftung im Jahre 1864. Hamburg, Nolte, 1864. 8. 28 SS.

5) Hören wir denn nun, was Gott der Herr redet in unserer Landessache! Predigt zur Friedensfeier am 4. December 1864. Plön, Hirt, 1864. 8.

In Jess u. Versmanns „Kirchen- u. Schulblatt" 1847 (Ueber specielle Seelsorge). — In der kirchlichen Monatsschrift (Itzehoe 1852 u. 1853) (Was ist die Revolution?) u. einige andere Aufsätze. — In Past. Clausens Kirchen- u. Schulzeitung 1863 No. 23 (Aphorismen über die Confirmation). — Schrieb ein Vorwort zu der v. H. B. Neergaard herausgegebénen Brochûre „Lieb Holstein, musst mehr Kirchen bauen". — Vertheidigte 1860 in den „Itzehoer Nachrichten" des Bischofs Koopmann Landeskatechismus gegen die masslosen Angriffe der Lehrer. — In Rendtorffs „Schlesw.-Holst. Kirchen- u. Schulblatt" 1866 u. 1857 einzelne Artikel. — Revidirt. —

1458) **Neergaard,** Ernst von Bruun-, geb. 1795 auf Eckhof im Dänisch-Wohlder adeligen Güterdistrict, Sohn des nachfolgenden Jens Peter Bruun v. Neergard († 1842); studirte die Rechte, promovirte als dr. derselben in Göttingen im Jahre 1817 u. war später Obergerichts-Advocat in Kiel, wo er seit 1830 die „landwirthschaftlichen Hefte" bis 1841 u. später bis 1847 neben dr. Wilda die „landwirthschaftliche Zeitung" redigirte; war auch Kammerjunker u. Besitzer von Eckhof, wo er den 28. October 1865 starb.

1) De servitutibus ad aquam ducendam et percipiendam spectantibus. Göttingae 1817. 4. SS. 59.

2) Redigirte: Landwirthschaftliche Hefte für die Herzogthümer Schleswig u. Holstein Jahrg. 1, von Juni 1830 an bis Jahrg. 10, 1841. Kiel. 8. Von seinen Beitr. können nur folgende mit Sicherheit angegeben werden: 1830, Jahrg. 1, II. 1, S. 159—171 (Einige Bemerkungen über den Aufsatz im Aprilheft 1830 der allgemeinen landwirthschaftlichen Zeitung v. Räder, betr. die von den Directionen der in den Herzogthümern Schlesw. u. Holstein bestehenden landwirthschaftlichen Vereine aufgeworfenen Fragen über Rindviehzucht); 1838 H. 3, S. 23—33 (Aufsatz betr. die Errichtung von Sparkassen in den adeligen Gütern).

3) Redigirte neben dr. Wilda in Kiel: Landwirthschaftliche Zeitung von 1842 bis 1847. Kiel. 4. Darin von ihm u. A. 1842 No. 10 (Ueber Bildung des Bauernstandes).

1459) **Neergaard,** Harald Emil Daniel Heinrich v. Bruun-, geboren den 18. April 1827 zu Ratzeburg, besuchte die Schule in Eutin, ging aus der Secunda auf die Cadettenschule in Kopenh. u. blieb eine Zeit lang bis 1851, auf der militär. Laufbahn, dann Landmann; stud. Theol. in Kiel seit Sommer 1860, wurde 1863 m. d. 2. Char. examinirt, hielt sich dann eine Zeit lang in Kiel auf; wurde den 30. Juli 1864 ordin., den 8. August 1864 constituirter Pastor in Starup u. Grarup, den 26. October dess. Jahrs const. Past. in Kliplev, wo er den 11. November antrat; den 6. Mai 1865 Pastor zu Aller in der Probstei Hadersleben.

* Lieb Holstein, musst mehr Kirchen bauen! Rendsburg, Matthiesensche Buchh., 1856. kl. 8. 55 SS. (Wird irrthümlich in Heumann's (Heinsius') Bücher-Lexicon H. Neelsen zugeschrieben, der nur die Vorrede schrieb.)

Lieferte diverse, meist anonyme, Artikel im „Altonaer Merkur," im „Itzehoer u. Kieler Wochenbl.", dem „Glückstädter Kirchen- u. Schulblatt." — In Past.

Clausens „Kirchen- u. Schulzeitung" 1863 No. 5 (*Dreierlei Noth erfordert dreierlei Hülfe), No. 10 (* Zu beherzigen), No. 11 (* Zur Holsteinischen Gemeindetheilungs-Frage).

1460) **v. Neergaard,** Jens Peter Bruun- (L. & S. No. 803); geb. den 7. December 1764 zu Svenstrup auf Seeland; Sohn des Etatsraths und Landrichters Jens Bruun de Neergaard zu Svenstrup, Skjoldnæsholm und Mjerlosegaard, der 1780 den 31. Mai in den Adelstand erhoben wurde, u. ein Sohn war des Kriegsraths Peter Johansen Neergaard zu Ringstedkloster, Meerløse und Kjærup; seine Mutter war Anna Marie geb. Mœller; er wurde 1783 Hofjunker; den 9. November 1800 Kammerherr, war Besitzer von Eckhof seit 1789 bis 1825, von Bülk seit 1793 bis 1824, Warleberg bis 1827 im Dänisch Wohlder Güterdistricte; lebte, nachdem Eckhof für seine Gemahlin wieder erworben war, das. u. starb 1842. Verh. mit Henriette Caroline Elisabeth, Comtesse v. Baudissin-Knoop.

　　Eine Prüfung der (von ihm 1798 veröffentlichten) Vorschläge zur besseren Ausschreibung des Landausschusses in den Herzogth. Schlesw. u. Holstein erschien in demselben Jahre in Altona.

　　Von ihm noch in den „landwirthschaftlichen Heften f. die Herzogth. Schleswig u. Holstein" J. 1, 1830, H. 2, S. 20—24, S. 32—39 (Ueber die Fruchtfolge); S. 24—32 (Berechnung über den Verlust od. Reinertrag bei Haltung von Kühen, Jungvieh u. Schaafen); S. 76—83 (Beitr. zur Prüfung der Ertragsberechnung von verschiedenen landwirthschaftlichen Thieren); 1838, H. 1, S. 24—25 (Schreiben an den Director des landwirthschaftlichen Vereins am Schleswig-Holsteinischen Kanal).

1461) **Neergaard,** Lucius Karl Joseph v. Bruun-, geb. in Schleswig (nennt sich auf dem Titel seiner Inaugural-Dissertation Slesvicensis), vielleicht aber genauer auf Eckhof; studirte die Rechte; promovirt als dr. jur. in Göttingen; Kammerjunker; seit 1821 Besitzer des adligen Guts Oevelgönne, Kirchsp. Süsel, 1836 u. ff. Abgeordneter zur Holsteinischen Ständeversammlung; lebt in Kiel (Vater von No. 1459).

　　1) De conatu delicti ejusque poena. Göttingae s. a. 4. SS. 54.
　　2) Ueber die Verfassung u. Verwaltung der Landgemeinden im Herzogthum Holstein. Kiel, Univers.-Buchh., 1837. 8. SS. 46. Rec. Kieler Corresp.-Bl. 1837 No. 61.
　　In den „landwirthsch. Heften f. die Herzogth. Schlesw. u. Holstein" · 1830, H. 2, S. 158—163 (Bemerkungen, betr. die landwirthsch. u. häusliche Industrie der Land- u. Häuer-Insten); 1835, H. 2, S. 86—92 (Ueber Benutzung der Brache in Holstein); S. 122—124, 1836, H. 3, S. 32—57, 1837, H. 1, S. 19—27 (Ueber Fruchtfolgen im Allgemeinen). — In der „landwirthsch. Zeitung f. d. Herzogth. Schleswig, Holstein u. Lauenburg" 1842 No. 45, 47—49 (Die Bildung des Land-

wirths); 1843 No. 39 (Weidegang u. Stallfütterung); No. 43 (Die erste Prüfung
in der Rendsburger Volksschule betr.); No. 51 u. 1844 No. 15 (Aus dem Protocoll
des Wagrischen landwirthschaftlichen Vereins); 1844 No. 4 (Anfrage, betr. Wirkung des stickstoffhaltigen Düngers). — Im „Kieler Corrsp.-Bl." 1838 No. 28 &
29. 30 & 33 (Womit wird sich die zweite Holsteinische Ständeversammlung beschäftigen?)

1462) **Neergaard,** Richard Jens Ernst v. Bruun-,
geb. um 1820, Sohn des vorhergenannten Lucius Karl Joseph v.
Br.-Neergaard, studirte Jura in Kiel u. Bonn, war längere Jahre
U.-G.-A. in Kiel, nahm inzwischen thätigen Antheil am 1. Schleswig-Holsteinischen Kriege, auch Mitglied der S.-H. Landesversammlung, nahm ebenfalls thätigen Antheil an den politischen Fragen
der jüngsten Geschichte der Herzogthümer; starb den 30. Oct. 1866
auf der Durchreise in Stuttgart, von wo seine Leiche feierlich in
die Heimath gebracht wurde, um im Familienbegräbniss zu Dänisch-
Hagen beigesetzt zu werden.

Er ist als Schriftsteller in politischen Fragen journalistisch thätig gewesen,
doch vermögen wir seine Arbeiten im Näheren nicht anzugeben. ÷

1463) **Neergaard,** Tönnies Christian Bruun- (L. & S.
No. 804), er war 1796 Besitzer von Bonderup (bis 1803) u. Mjer-
løsegaard (bis 1798) auf Seeland; 1799 Auscultant in der Rente-
Kammer bis 1805; 1800 Kammerjunker; wurde 1804 Besitzer des
adel. Gutes Hütten u. starb nach Erslew u. Thaarup (Fædrene-
landsk Nekrolog I, 317—319) zu Paris am 14. Januar 1824 (also
nicht wie im L. & Schr. 1822). Vermählt seit 1804 in Wien mit
Therese Louise Bernhardine, Baronesse von Monnagetha u. Ler-
chenau. Vergl. über ihn Erslew II, S. 440—441 u. Supplem. II,
S. 529, wo noch andere Quellen.

Von ihm noch:

État de l'art de guérir en Danemarck aux temps les plus reculés, ainsi qu'en
moyen âge. (Extr. des annales encycl.) Paris 1818. 8. 32 SS. (Wurde in
100 Exemplaren separat gedruckt.)

Traité sur la salaison des viandes et du beurre en Irlande, et manière de
fumer le boeuf à Hambourg, par Chr. Martfelt, traduit du danois par T. C. Bruun-
Neergaurd. Paris 1821. 8. (Für diese Uebersetzung, die auf Kosten des Ministeriums des Seewesens gedruckt wurde, erhielt Neergaard eine Medaille von der
Pariser Ackerbau-Gesellschaft.)

Die im L. & S. angedeuteten Beiträge zu „Nyt Bibliothek for Physik" führt
Ersl. namentlich auf. Ausserdem lieferte er Beiträge zu dem „Journal des mines"
XXI, 1807 (Description de la manufacture de porphyre d'Elfredalen, en Suède;
— De la Haüyne, nouvelle substance minerale, übersetzt in dem v. L. & S. angeführten Journal f. Chemie v. Gehler); XXV, 1809 (Note sur différentes sub-
stances minérales); XXX, 1811 (Notice historique sur l'alumine fluatée alkaline
de Haüy, appelée vulgairement cryolithe); XXXI, 1812 (Mémoire de M. le lieut.

Ohlsen sur les jets d'eau bouillante du Geyser et du Strok, en Islando, trad. du
danois). — In J. K. Hœst's „Ei blot til Lyst" IV, 36 (Over Kirkegaardene);
S. 42 (Thusnelda til den Due, hun har fundet). — In Œst's Misceller 1807 No.
32 (Forslag om Orthografie), No. 41 (Professor Chaudet).— In ‚Iris og Hebe"
III, 74—96 (Afhandling om Konsternes ældre Tilstand i Sverrig). — In „Efterretninger fra Selskabet for indenlandsk Kunstflid" I, 180—84 (Beretning om et
Selskab for Kunstflid i Paris, kaldet Société d'encouragement). — In den Schleswig-Holst. Prov. Berr. 1814, 489—93 (Ueber die Talente u. den Charakter des k.
Hofkupferstechers Christ. Fr. Müller); S. 568—77 (Ueber die Arbeiten des Däni-
schen Bildhauers Thorwaldsen in Rom). — In den von Tessier u. Bosc herausgeg.
Annales de l'agriculture française 2ième serie, t. X, p. 181—212 eine franz. Uebers.
von E. N. Viborgs „Bemærkninger angaaende Faarcavlen i Hertugdœmmerne Sles-
vig og Holsteen, samlede paa en Reise; s. St. M. 1 782—84. —
   Das Journal du dernier voyage de C. Dolomieu (Paris 1801) wurde ins
Deutsche übersetzt v. D. L. G. Karsten. Berlin 1802, SS. 171 u. eine andere
Uebers. erschien Hamb. 1803 mit 1 Kpf.

1463a) **Neiling,** Peter Hjort, geb. den 2. Febr. 1817 in
Hadersleben, stud. Theol. seit Ostern 1838 in Kiel, wurde Mich. 1842
m. d. 2. Char. m. r. A. examinirt, d. 28. Mai 1848 ord. Prädicant in
Moltrup u. Bjerning, den 7. Januar 1849, antretend den 28. Jan.,
Past. in Lügumkloster, den 21. Januar 1850 entlassen, vom 18.
Juli 1850 bis 13. Januar 1851 Past. vic. in Itzehoe, den 27. Decem-
ber 1851 const. Pfarrer, den 30. Juni 1853, antretend den 31. Juli,
zweiter, den 24. Juni 1863 erster Pfarrer in Grünstadt in der Pfalz,
den 26. September 1864, antretend den 25. October, Pastor u.
Probst in Sonderburg.

   Beiträge zu Ohly „Mancherlei Gaben u. Ein Geist."

1464) **Nerong,** Gottfried Johann (L. & S. No. 805);
geb. den 9. October 1765 zu Sonderburg auf Alsen; sein Vater
war der Sohn eines, aus einem französischen Geschlecht in Lyon
stammenden Obersten in Französischen Diensten, der wegen Reli-
gionsverfolgung sein Vaterland verliess u. als Officier in Hannover
Anstellung fand u. zu Ratzeburg starb; der Vater selbst war Rathsverwandter, Stadtvogt u. Auctionsverwalter in Sonderburg. Seine
Mutter war die Tochter eines Rathsherrn Gottfried Meyer in Segeberg. Unser Gottf. Joh. lernte die Kaufmannschaft bei dem Kaufmann Joach. Fr. Lüring in Hamburg 1781—1789. Nach beendigter
Lehrzeit u. einigen Conditionen in Hamburg u. Glückstadt wurde
er Buchhalter in Flensburg, eröffnete aber 1797 das. ein eigenes
Geschäft u. ward bald wohlhabend. Er gründete 1803 die Harmonie; 1805 Deputirter, 1810 Deputirten-Aeltermann, 1814 Hospi-
tal-Vorsteher, 1818 Senator. Er stiftete eine Speise- u. Spinn-

Anstalt, eine Armenfreischule im Kirchsp. St. Marien. Am 1. Novb.
1828 ernannte ihn der König zum Agenten. Er starb 1. Juni 1832.
Verh. s. 1811 mit Christine Helene geb. Bender, die ihn mit einem
Sohn überlebte, der die Rechte studirt hat. Sie starb 31. März
1854. — S. Prov. Berr. 1833, H. 2 S. 290—309. N. Nekrol. d.
Deutsch. X, S. 445—447. N. St. M. X, S. 473.

In den Prov. Ber. 1827 H. 2, S. 312 ff. steht noch von ihm: (Die Freischule
zu St. Marien in Flensburg).
Er entwarf die Statuten der Harmonie in Flensburg v. 10. Nov. 1803.

1465) **Neuber,** August Wilhelm (L. & S., No. 807);
starb zu Apenrade den 22. Januar 1849. Vergl. über ihn N. Nekrol.
der D. XXVII, S. 123-124 (nach dem Artikel im L. & S.), Poggendorffs biogr.-literarisches Handwörterb. der exacten Wissensch. II,
Sp. 272; Provinzialberr. 1829, S. 140. Callisens medic. Schrift-
steller-Lexic. XIII, S. 464—470.

Von ihm noch:

Collectanea meteorologica sub auspiciis societatis scientiarum Danicae edita.
Fasciculus I continens: observationes d. Neuberi Apenroae institutas; etiam s. t.
Observationes meteorologicae a calendis Juniis 1824 ad calendas Junias 1825
Apenroae in ducatu Slesvicensi factae. Havniae 1829. 4. XXXIV u. 245 SS.
Ueber die Materie u. den Urstoff in seinem vierfachen chemischen Grund-
verhältnisse u. seiner fünffachen Erscheinungsform. Hamburg 1830. 8. SS. 30.
Entdeckung der Convergenz des Sonnenlichts, indem es die Atmosphäre durch-
dringt. Kopenhagen 1830. 8.
Ueber schwebende Flecken im Auge od. den sog. Mückentanz; nach Beobach-
tungen an sich selber; zu einem Vortrage in der Section der Aerzte bei Gelegen-
heit der Versammlung deutscher Naturforscher bestimmt. Hamburg 1830. 8. Rec.
Hufelands Bibliothek der Heilk. 64, 1830, September, No. 3, S. 194—195. Leipz.
Liter. Ztg. 1831, No. 76.
Schriften zur Abwendung u. Heilung der morgenländischen Brechruhr, cholera
orientalis. Hamburg, Nestler, 1831. Bd. 1: zur Abwendung XII u. 114 SS. Bd. II
zur Heilung IV u. SS. 102. Rec. Leipz. Liter.-Ztg., 1832, No. 140, 141.
Kurze Beleuchtung der Ansicht des Pastors Harms in der Sprachsache, nebst
einer Nachschrift. Apenrade 1840. 8. Rec. Kieler Corresp.-Bl. 1840, No. 79.
Alt. Merk. 1840, No. 206, S. 929.
Der Name Apenrade. Apenrade, Ratjen, 1840. SS. 16. S. Falcks Archiv I,
S. 189.
Drei Schleswig-Holsteinische Lieder für vierstimmigen Männerchor in Musik
gesetzt von C. G. Bellmann. Schleswig, M. Bruhn, 1845. Diese Lieder wurden
von der Censur unterdrückt.
Beitrr. zu Poggendorffs Annalen, z. B. LI, 1840 (Beobachtung einer Feuer-
kugel); zum Kieler Corresp.-Bl. z. B. 1831, No. 35, 40, 57; zum Itzehoer Wochenbl.
z. B. 1840, No. 29, No. 37; zu Schumachers astronomischen Nachrichten I, III,
VI u. XV (Meteorologische Beobachtungen); zu Pfaffs Mittheilungen aus dem

Gebiete der Medicin etc. I, 1832, H. 1 u 2, S. 110—126 (Allgemeine Witterungs-
u. Krankheitsverhältnisse des Wintervierteljahrs 1832); S. 145—165 u. II. 3 u. 4,
S. 104—114 (Nachricht von zweien durch den dr. u. Physicus Neuber zu
Meldorf glücklich verrichteten Operationen des Kaiserschnitts); II, H. 1, S. 1—21
(Allgemeine Witterungs- u. Krankheitsverhältnisse des Frühlingsvierteljahrs 1832);
S. 22—46 (desgl. des Sommervierteljahrs 1832); S. 47—95 u. S. 421—470 (Philo-
sophische Grundlegung eines Systems der Heilkunde, behufs der Eintheilung u.
Anordnung der allgemeinen Krankheitsformen); III, N. F. I, II. 3 u. 4, S. 33 bis
54 (Miscellen); V, N. F. III, II. 1 u. 2, S. 103—106 (Bericht über die Influenz-
epidemie in Apenrade im Januar 1837); II. 11 u. 12, S. 1—27 (Bemerkenswerthe
Krankheitsfälle); S. 44—76 (Meine Erfahrung über Revaccination); S. 84—97 (Das
Wunder der Homöopathie); VI, N. F. IV, II. 1 u. 2, S. 1—75 (Bemerkk. zu den
Abhandlungen: „Allgem. Bemerkk. über die Natur u. Verbreitung der Epidemie"
im Jahrgg. 1836, H. 7 u. 8, u. „Bemerkk. zur Geschichte u. Aetiologie einiger in
den beiden letzten Decennien beobachteten epidemischen Krankheiten" im Jahrg.
1832, H. 3 u. 6, vom Reg.-Chir. Manicus, nebst einem Nachtrag betr. den Aufsatz
des dr. Stintzing „über die Ansicht, dass die Krankheiten Parasyten seien" im
Jahrg. 1835, II. 9 u. 10 der Mitthh.); H. 5 u. 6, S. 41—121 (Meine Erfahrungen über
die Menschenblattern); H. 9 u. 10, S. 23—43 (Ueber die grosse Wirksamkeit der
concentrirten Nordhäuser oder rauchenden Schwefelsäure in krebsartigen Uebeln,
zum Theil vorgetragen in der Versammlung der Aerzte u. Naturforscher in Kiel
den 29. Juli 1837); VII, N. F. V, H. 5 u. 6, S. 1—75 (Ueber die wahre Beschaffenheit der eigentlichen oder materiellen Contagien mit besonderer Beziehung
auf die eigentlichen u. materiellen Miasmen); H. 11 und 12, S. 1—43 (Ueber
schwebende Flecken im Auge od. den sog. Mückentanz nach Beobachtungen an
sich selber); VIII, N. F. VI, H. 1 u. 2, S. 1—20 (Das Allgemeinste von den
Krankheits-Ursachen); H. 9 u. 10, S. 1—39 (Das kranke Leben); H. 11 u. 12,
S. 1—77 (Meine wohlgemeinte Wirksamkeit bei u. nach der Versammlung der
Aerzte in Schleswig den 23. Juli 1840); IX, N. F. VII, H. 3 u. 4, S. 1—86,
H. 7 u. 8, S. 23—120, H. 9 u. 10, S. 61—104, II. 11 u. 12, S. 1—75 (Kritische
Lesefrüchte gesammelt auf dem Gebiete der theoretischen u. praktischen Arznei-
kunde); S. 97—98 (Eine Bemerk. über „Praktische Mittheilung aus dem Gebiete
der Nervenkrankheiten" in dens. Mitthh. 1840, VIII, II. 5 u. 6, S. 46 ff.).

1466) **Neuber,** Bertus Cuno, geb. in Meldorf, Sohn des
nachfolgenden J. Chr. V. N., studirte Medicin, promovirte in Kiel
1851 u. ist zur Zeit practisirender Arzt in Burg in Süder-Ditmarschen.

De dysenteria. Kiliae 1851. 8.

1467) **Neuber,** Johann Christian Valentin (L. & S.
No. 808); er nahm wegen Altersschwäche den 4. Januar 1849 als
Physicus seine Entlassung u. starb in Meldorf den 25. März 1850.
— S. Neuen Nekrol. d. D. XXVIII, S. 882.

Was ihn betrifft, so vergleiche noch:
Nachricht von zwei glücklich verrichteten Operationen des Kaiserschnitts in
Pfaffs Mitth. B. 1 H. 1 & 2, S. 145—164 u. H. 3 & 4, S. 104—114; cfr. den vor-

hergehenden Artikel. — Von ihm ist noch in dens. Mitth. Bd. 1 H. 3 & 4, S. 218—230 (Variolidenepidemie in Süder-Ditmarschen). —

1468) **Neuber,** Johann Christian Valentin, geb. in Meldorf, Sohn des vorhergenannten gleichen Namens, besuchte die Meldorfer Gelehrtenschule, studirte darauf Medicin u. promovirte in ihr in Kiel 1845; war dann bis jetzt practisirender Arzt in Meldorf.

De tumoribus erectilibus. Kiliae 1845. 8

1469) **v. Neuendahl,** G. P. Gottl. (L. & S. No. 1499). Er starb in Crempe schon 20. November 1803.

(Seine medicinische Doctor-Dissertation ist auch uns unbekannt.)

1470) **Neuner,** Georg Karl, geb. den 24. Juni 1815 in Darmstadt, Sohn des grossh. Hessischen Stabsarztes Georg Neuner, studirte die Rechte in Heidelberg u. Giessen u. wurde den 8. Januar 1847 als dr. jur. in Giessen promovirt, wo er sich Ostern 1848 als Privatdocent habilitirte u. im Herbst 1852 ausserord. Prof. der Rechte wurde; den 7. September 1854 ordentl. Prof. des Römischen Rechts in Kiel.

1) Ueber den Widerruf eines von dem Anwalte in einer Civilprocesssache irrthümlich abgelegten Geständnisses. Inaugural-Schrift. Giessen 1848. 8.

2) Die heredis institutio ex re certa, eine civilistische Abhandlung. Giessen 1853. 8.

3) Grundriss zu Vorlesungen über Institutionen u. Geschichte des Römischen Privatrechts. Kiel s. a. 8.

4) Grundriss zu Vorlesungen über Pandecten. Kiel (1862). 8.

5) Wesen u. Arten der Privatrechtsverhältnisse. Eine civilistische Ausführung nebst einem Anhang, den Grundriss zu einem neuen Systeme für die Darstellung des Pandectenrechts enthaltend. Kiel, Schwers'sche Buchh. 1866. 8. — Revidirt. —

1471) **Neupert,** Fr., praktischer Zahnarzt in Schleswig. — Er war der Gatte von No. 522.

Brennstoffe, deren Verhältniss zu einander u. deren praktische Anwendung zur Ersparniss bei Zimmerheizung u. Kochheerden, nebst Einrichtung zweckmässiger Heizapparate, mit besonderer Berücksichtigung der Steinkohlenheizung. Zum gemeinnützigen Gebrauche für Techniker, wie für jede Haushaltung. Schleswig, Serringhausen, 1851. gr. 8. SS. 36. (Zum Besten der durch das Bombardement v. Friedrichstadt verunglückten Einwohner.)

Im Itzeh. Wochenbl. 1843 No. 30 Sp. 958—960 Abfertigung. (Rec. einer Posse betreffend, die unter dem Titel „Die beiden Fouriere" von ihm verfasst u. in Schleswig nach dem Manuscript aufgeführt worden war.) ÷

1472) **Nickels,** Jacob, geb. den 20. Febr. 1799 in Poggenburg bei Rödemis, Kirchsp. Mildstedt, machte das juristische Examen auf Gottorf 1822 mit dem 1. Character; 25. Febr. 1823 als U.-G.-A. in den Herzogthümern bestallt, doch blieb er Land-drosteisecretär in Pinneberg, bis er am 12. Januar 1825 zum Kanz-leisecretär u. supernumerären Secretär beim Holstein-Lauenburgi-schen Obergericht ernannt ward; den 11. Nov. 1828 4. Secretär u. Archivar beim Holst.-Lauenburgischen Obergericht; den 2. Sept. 1834 4. Rath in dems. Gericht, worin er successive aufstieg; R. v. D. den 18. Sept. 1843, auch Etatsrath; † 26. März 1854 in Glück-stadt. (Er war ein Schwager von C. F. Elvers, No. 448.)

Nennt sich als Redacteur der Schlesw.-Holst. Anzeigen neben Schirach von 1839 an, neben v. Moltke v. 1842, allein bis 1854. Glückstadt. 4. In der juristischen Zeitschr. des Schl. H. L. Adv. Vereins 1845 H. 2 S. 282 u. flgd. (Der Injurienprocess der Aufseher u. Vögte in den Schl. Holst. Strafan-stalten zu Glückstadt, Kläger, gegen Past. Gleiss das., Beklagten). — In Falcks Archiv IV, (Kiel 1845) S. 67—78: (Einige Nachrichten über das in dem Herzog-thum Holstein bei der Succession in Bauerngütern zur Anwendung kommende sogenannte Näherrecht); V (Kiel 1847) S. 425—444: (Die Verfassung der Stadt Glückstadt vor hundert Jahren. Mitgetheilt.)

1473) **Nicolai,** Karl Ludwig, geb. in Ahrensburg, stu-dirte Medicin in Kiel u. promovirte das. 1838 als dr. med. & chir.; ist practisirender Arzt in Ahrensburg.

Nonnulla de inflammatione atque de ejus theoria. Kiliae 1838. 8.

1474) **Nicolaisen,** Hans, geb. im Anfange dieses Jahr-hunderts in Lygumkloster, Sohn eines Spitzenhändlers daselbst u. Neffe des Missionars Riis; kam nach der Confirmation nach Chri-stiansfeld u. von da nach Basel, später Missionar bei den Juden in Palästina im Jahre 1838. (Zum Theil mitgetheilt.)

Briefe von ihm aus Jerusalem theilt das Flensb. „Religionsbl." N. F. Jahrg. VIII, No. 16 mit.

1475) **Niebuhr,** Barthold Georg (L. & S. No. 812). Ueber ihn unter A. noch: „Lebensnachrichten über B. G. Niebuhr aus Briefen desselben u.- aus Erinnerungen einiger seiner nächsten Freunde" 1, 2. Hamburg, Perthes, 1838. (Auszug im Alt. Merk. 1838 No. 113.) Seine ihm von der Kieler Universität gewidmete, v. G. W. Nitzsch verfasste Memoria steht auch in der Chronik der Universität, Kiel 1830, S. 39—41. Schilderung Niebuhrs während seines Aufenthalts im Rom 1822 u. 1823 v. Franz Lieber in des-sen Briefen über Amerika (1836). Vergl. Fr. Lieber: Erinnerungen aus meinem Zusammenleben mit Niebuhr. A. d. Engl. v. Thibaut. Heidelberg 1837. Vergl. auch Perthes Leben I, 162 sqq; Nie-buhriana im Freihafen 1838 H. 2 No. 6 u. H. 3 No. 7, wo auch etzte Briefe Niebuhrs an Münch. „Zur Charakteristik Niebuhrs"

in den Halle'schen Jahrbb. f. Wissensch. u. Kunst 1838 No. 11—13.
— Karl Georg Jacob: „Barthold Georg Niebuhrs Brief an einen
jungen Philol. Mit Abh. über Niebuhrs philol. Wirksamk." Leipz.
1839. 8. In Westermanns illustrirten Deutschen Monatsheften Januar 1866 S. 863—871 von Wilh. Heffner: Deutsche Geschicht-
schreiber, II: „Barthold Georg Niebuhr". Martin Hertz „Oratio de
Niebuhrio". Vratisl. 1863. Der damalige Kronprinz, nachh. König
Friedrich Wilhelm IV, stiftete ihm ein Denkmal, welches im November 1836 auf dem Gottesacker zu Bonn aufgerichtet wurde.

Von ihm noch:
In den Abhandl. der Berl. Akad. d. W. 1820, 21 (Zwei klassische lateinische
Schriftsteller des 3. Jahrh. nach Chr., Curtius u. Petronius; steht auch in seinen
kleinen philol. Schriften 1. Samml. Bonn 1828. S. 305—351).
Von der Römischen Geschichte erschien in der 2. völlig umgearbeiteten Ausgabe, in der der 1. Theil Berlin, Reimer, 1827 (XVI u. 657 SS.) erschienen war,
der 2. Th. das. bei dems., 1830, 3. Th. (herausgeg. v. J. Classen) 1832, Th. 1
3. Aufl. 1828, 4. Aufl. 1833, Register zu Bd. 1, 2 1831, Th. 2. 3. Aufl. das. 1836,
Th. 3 2. Aufl. 1843. 8. 5. Aufl. des 1., 4. des 2. u. 3. des 3. Th. Berlin, G.
Reimer 1853. 8. XXXIII u. 1186 SS. — Ins Französische übersetzte diese Geschichte M. P. A. de Golbery in 4 Theilen. Paris u Strassb. 1835. 8. Th. 4,
5 od. Römische Geschichte vom 1. Punischen Kriege bis Constantin mit einer Einleitung über die Quellen u. das Studium der R. Gesch. nach Niebuhrs Vorträgen
bearb. v. Bernhard Schmitz. Aus dem Englischen v. Gustav Zeiss. 1, 2. Jen.
1844, 1845. 8.
Erste Philippische Rede des Demosthenes. Im Auszuge übersetzt. Neuer Abdruck mit einem Vorworte. Hamburg 1831. 8.
Unter seinen Auspicien war bearbeitet: Beschreibung der Stadt Rom von
Ernst Platner, Karl Bunsen, Eduard Gerhard u. Wilh. Rössell. Mit Beiträgen v. B. G. Niebuhr u. einer geognostischen Abhandlung von F. Hoffmann.
Erläutert durch Pläne, Aufrisse u. Ansichten von den Architekten Knapp u. Stier
u. begleitet von einem besonderen Urkunden- u. Inschriften-Buch v. Eduard Ger-
hard u. Emiliano Sarli. Erster Bd. Allgemeiner Theil. Mit synchronistischen
Tabellen u. grossem Stadtplan, nebst einem geognostischen Blatte. Stuttgart u.
Tübingen, Cotta, 1833. 2. Bd. Das Vaticanische Gebiet u. die Vaticanischen
Sammlungen. 1., 2. Abth. od. der Beschreibung 2. Buch. 1833. 1834. 29½ Bgg.
gr. 8. Bilderheft dazu 63 Bll. , Das. 1833 in Portefeuille-Fol.
Briefe von ihm in: Lebensnachrichten über Barthold Georg Niebuhr aus
Briefen desselben u. aus Erinnerungen einiger seiner nächsten Freunde. Bd.1—3.
Hamb., Perthes, 1838, 1839. 8.
Brief an einen jungen Philologen. Mit einer Abhandlung über Niebuhrs
philologische Wirksamkeit u. einigen Excursen v. Karl Georg Jacob. Leipzig
1839. 8.
Nachgelassene Schriften nicht philologischen Inhalts (herausgeg. v. M. Niebuhr).
Hamburg 1842. 8. 34 Bgg. m. Titelkpfr.
Kleine historische u. philologische Schriften. 2. Sammlung. (Herausgeg. v.
M. Niebuhr.) Bonn, Weber, 1843. (1. Samml. das. 1828.)

Griechische Heroengeschichten. An seinen Sohn erzählt. Hamb., Perthes, 1842.
SS. 48. 2. Aufl. 1850. IV u. 80 SS. 3. Aufl. das. (Gotha) 1859. 8. IV u. 86 SS.
Geschichte des Zeitalters der Revolution. Vorlesungen an der Universität zu
Bonn im Sommer 1829 gehalten. 1, 2. Bd. Hamburg, Agent. des R. II., 1845.
8. XIX u. 242 u. 416 SS. Rec. N. Jen. Lit. Ztg. 1846, No. 263—265 (v. K. G.
Jacob in Pforte). (Der Herausgeber ist Niebuhrs Sohn, der Regierungsassessor
Marc. Niebuhr.)
Historische u. philologische Vorträge, an der Universität zu Bonn gehalten.
Abth. 1. Römische Geschichte bis zum Untergange des abendl. Reichs, herausgeg.
v. M. Isler. Bd. 1 (36 Bgg.) bis zum 1. Punischen Kriege; Bd. 2 (26½ Bgg.)
vom 1. Punischen Kriege bis Pompejus' 1. Consulat. Bd. 3 (XVIII u. 456 SS.)
bis Untergang des abendländischen Reichs. Abth. 2. Alte Geschichte nach Justins
Folge mit Ausschluss der Römischen oder Vorträge über alte Geschichte. Bd. 1
(29½ Bgg.) der Orient bis zur Schlacht bei Salamis. Griechenland bis auf Perikles;
Bd. 2 (XVI u. 508 SS.) Griechenland bis zur Niederlage des Agis. Siciliens
Primordien. Der Orient bis zum Tode Alexanders des Gr. Philipp u. Alexander
v. Makedonien; Bd. 3 (XIV u. 762) die Makedonischen Reiche. Hellenisirung
des Orients. Untergang des alten Griechenlands. Die römische Weltherrschaft).
Abth. 3 (XIV u. 705 SS.) Alte Länder- u. Völkerkunde herausgeg. v. M. Isler.
Abth. 4 (XXIV u. 672 SS.) Römische Alterthümer. Herausgeg. v. M. Isler. Berlin
1846—1858. 8.
Grundzüge für eine Verfassung Niederlands. 1813 geschrieben. Berlin, Hertz,
1852. gr. 8. SS 18.

1476) **Niebuhr,** Carsten (L. & S., No. 813). Seine Gattin
Christine Sophie geb. Blumenberg starb den 14. Nov. 1807. Sein
Bildniss auch vor dem 3. Bande der Lebensnachrr. über Barthold
G. Niebuhr. Hamb. 1839. 8.

Der 3. Bd. seiner Reisebeschreibung nach Arabien, herausgegeben v. J. N.
Gloyer u. Just. Olshausen erschien Gotha 1838. 8.
Von ihm noch nach den Kieler Blättern III, 1816, S. 330—332 folgende im
L. & S. fehlende Beiträge im „Genius der Zeit", Oct. 1798 (Ueber den Zug der
Französischen Armee nach Egypten); Febr. 1799 (Ueber die Verbindung des Ara-
bischen Meerbusens mit dem mittelländischen Meer). — In der „Minerva" Dec.
1798 (Sollte das Französische Directorium wohl jemals geglaubt haben, die Eng-
länder in Indien mit Vortheil angreifen zu können?) — In v. Zachs monatlicher
Correspondenz 1801 Sept. (Schreiben vom 9. Juli 1801 mit Beobachtungen der
Polhöhe zu Alexandrien u. Kahira); Oct. (Bestimmung der Länge von Alexandrien);
Nov. (Bestimmung der Länge von Kahira); December (Diese Beobachtungen berechnet v. Herrn v. Zach u. Prof. Bürg); 1802 Jan. (Bestimmung der Länge von
Alexandrien v. Bürg); Febr. (Bestimmung der Länge von Kahira von Bürg); März
(Schreiben vom 21. Oct. 1801: Beobachtungen aus dem Archipel); April (Schreiben
vom 25. Januar: Länge- u. Breitenbestimmung von Rosette u. Damiät u. den klei-
neren Oertern am Nil); Mai (Schreiben mit Beobachtungen zu Constantinopel u.
den Dardanellen, ferner Rhodus u. s. w.); Juni (Schreiben vom 9. März wegen
Längenbeobachtungen auf u. an dem Arabischen Meerbusen); Juli (Fortsetzung);
Aug. (Längenbeobachtungen zu Suez, Tor u. s. w.); November (Ueber D. Seetzens
Reiseplan); December (Längenbestimmungen zu Ghunfude); 1803 Januar (Längen-

bestimmungen zu Losnia); Febr. (Geogr. Bestimmung von Rosette u. Damiát u s. w.);
März (Geogr. Best. zu Dahhi); April (Geogr. Ortsbest. auf der Rhede von Suez,
Girondel u. s. w.); Mai (Schreiben v. 12. März Bemerkk. über Fr. Hornemanns
Reisen nach dem Innern v. Afrika u. über Schriften auf gebrannten Steinen);
September (Biogr. Nachrr. aus Tob. Mayers Jugendjahren, vgl. Juni).

1477) **Nielsen,** Adolf Gottfried Heinrich, geb. am
7. August 1801 in Rendsburg, studirte Theologie in Kiel seit Ostern
1822, wurde 1826 in Glückstadt mit dem 2. Character m. A. examinirt, den 22. August 1827 Collaborator an der Gelehrtenschule in
Rendsburg, den 28. August 1836 2. Compastor in Plön, den 7. April
1853 Diaconus in Oldesloe, starb daselbst den 21. October 1855.
Vergl. über ihn die bek. Candidaten-Verzz., Alt. Merk. 1855,
No. 251 u. das Plöner Schulprogr.. von 1856. Er vermachte der
Plöner Schulbibliothek seine Bücher, und setzte die Stadt Plön zu
seiner Universalerbin ein.

1) Trauerpredigt in Veranlassung des Ablebens des Königs Friedrich VI., gehalten
am 16. Januar 1840 in der Neustadt zu Plön. Plön 1840. 8. SS. 18.

2) Predigt über die G.-A.-Stiftung. Plön 1843. 8. S. K.- u. Sch.-Bl. 1845
p. 97 u. 99.

3) Trauerpredigt am Tage der Beisetzung des Königs Christian VIII, am 26. Febr.
1848 gehalten. Plön. 8. SS. 16.

Im Schleswig-Holsteinischen Schulbl. IV, 1842, II. 3, S. 28—34
(Rede bei Eröffnung der Plöner Schullehrerconferenzen); XII, S. 116—170 (Rede
bei der Einführung des Lehrers Schmidt in Dersau).

1477a) **Nielsen,** Henrik Bartholomäus Godske, geb.
auf Lindersvold bei Prästö am 17. December 1826, Sohn des Kammerraths Christian N., Gutsverwalters auf der Baronie Gaunœ, u. der
Frederike Sœllnie Thomasine geb. Dall; kam, nachdem er von einem
Hauslehrer den ersten Unterricht erhalten, nach Nestved in eine
Privatschule u. d. 1. März 1838 in die Sorœer Akademie bis Mai
1848; studirte dann Aesthetik u. Cameralia in Kopenhagen u. wandte
sich darauf der Journalistik zu; er schrieb mehrere Artikel für
„Kjœbenhavnsposten", „Fædrelandet" u. „Middagsposten" u. wurde
1851 Mitglied der Redaction des „Dagblad" von dessen Begründung
an bis 1. Decemb. 1855; er kaufte im November 1855 die Officin
u. die „Dannevirke" des P. Chr. Koch in Hadersleben, worauf er
17. Jan. 1856 das Privilegium erhielt; gewählter Ständedeputirter für
den 2. Schlesw. District am 5. Dec. 1860; kehrte 1866 nach dem
Dänischen zurück. Vergl. über ihn Erslew im Suppl. II, S. 543.

Redigirte u. gab heraus den 19—25 Jahrg. der „Dannevirke". Hadersleben
1856—1862.

Gab heraus „Dansk Ugeblad, et Folkeskrift af belærende og morende Indhold".
Hadersl. 1857. 8.

8

1478) **Nielsen,** Jacob, geb. auf der Insel Alsen, studirte Medicin, wurde in ihr in Kiel 1844 promovirt u. ist Arzt zu Iistrup auf Alsen.

De scarlatina. Kiliae 1844 8.

1479) **Nielsen,** Nicolaus Johann Ernst, geb. den 19. April 1806 zu Rendsburg, studirte Theologie in Kiel seit Ostern 1826, examinirt zu Glückstadt mit dem 2. Char. m. r. A. 1830; wurde den 12. Febr. 1832 Pastor in Sarau, den 4. September 1840 Past. im Friedrichsberg in Schleswig, auch Probst über die Probstei Hütten u. 2. geistliches Mitglied der Schleswig-Holsteinischen Regierung u. des Schleswiger Oberconsistorii auf Gottorf; am 10. Juni 1841 R. v. D.; den 28. Juni 1847 Oberconsistorialrath; den 3. Juli 1848 interimistischer, den 2. März 1849 Superintendent für den deutschredenden Theil des Herzogthums Schleswig; den 24. Juli dess. Jahrs dr. theol. Kiliensis; den 8. April 1850 entlassen; im Juli 1850 u. 1851 Mitglied der Schleswig-Holsteinischen Landesversammlung; den 21. März 1851 Superintendent und Pastor in Eutin; im April 1853 Oberhofprediger u. Mitglied des Oberkirchenraths in Oldenburg.

1) Reden, zum Abschiede vom früheren Sarauer Begräbnissplatz, wie zur Einweihung des neuen den 4. October 1835 u. zur kirchlichen Empfangnahme der Sarauer Orgel den 7. Mai 1837. Lübeck, v. Rhoden. '8. SS. 50.

2) Die Seligpreisungen unsers Herrn in seiner Bergpredigt in 9 Predigten. Lübeck, v. Rhoden, 1838. 8.

3) Auch für die Könige ruht die Verheissung des Behütetseins auf der Bedingung des Frommseins. Trauerpredigt über Sprüchw. Salom. 20 v. 28, am 16. Januar 1840 am Begräbnisstage Frederik VI. gehalten. Lübeck, v. Rhoden, 1840. 8.

4) Die sieben Sendschreiben in der Offenbarung Johannis, in acht Predigten vorgetragen. Lübeck 1840. 8. SS. 128.

5) Abschiedspredigt in Sarau u. Antrittspredigt in Schleswig. Schleswig 1842. 8. 44 SS.

6) Die zwei letzten Worte Christi am Kreuze. Predigt über Joh. 19 v. 30 u. Lucas 23 v. 46 in: C. W. Brodersens 30 Predigten von 30 Predigern Schleswig-Holsteins (Itzehoe 1842) S. 110—129.

7) Predigt am Tage der Eröffnung der 4. Versammlung der Stände des Herzogthums Schleswig am 12. October 1842, gehalten in der Domkirche zu Schleswig. Schleswig 1842. 8. 16 SS.

8) Liturgische Studien, u. Stimmen über eine Kirchen-Agende v. Schleswig-Holsteinischen Geistlichen herausgegeben. II. 1. Schleswig 1842. 8. SS. 154.

9) Bericht über Hergang u. Resultat der am 21. u. 22. September 1843 zu Frankfurt a. M. gehaltenen Hauptversammlung des evangelischen Vereins der Gustav-Adolf-Stiftung. Schleswig 1843. 8. SS. 26. Rec. Schlesw.-Holstein. Schulbl. I, 1844, Sp. 95—96.

9a) Auszüge aus den bei der Gustav-Adolf-Stiftung eingegangenen Unterstützungs-
gesuchen. Schleswig 1843.

10) Predigt am Tage der Eröffnung der 5. Versammlung der Stände des Herzogthums Schleswig, am 9. Juli 1844 gehalten in der Domkirche in Schleswig.
Schleswig 1844. 8. Rec. Kirchen- u. Schulbl. II, 1845, Sp. 157.

11) Predigt am Tage der Eröffnung der 6. Versammlung der Stände des Herzogthums Schleswig. Schleswig, M. Bruhn, 1846. 8.

12) In „Altargebete, gesammelt u. herausgegeben von einigen Holsteinischen Predigern" (Itzehoe, Nissen, 1846) ist eine Sammlung solcher Gebete von Nielsen enthalten, worüber s. Kirchen- u. Schulbl. 1846, III, Sp. 272. —

13) Bericht über die im Septmb. 1847 in Darmstadt gehaltene 6. Generalversammlung der Gustav-Adolf-Stiftung. Schleswig 1847. 8. SS. 22.

14) An die Schleswig-Holsteinischen Krieger, welche früher Mitglieder der Gemeinde Friedrichsberg in Schleswig waren, zugleich an Alle, welche sonst an
dem Dargebotenen Theil nehmen wollen, ein brüderlicher Gruss. 1848.
Wurde ins Dänische übers. in der Dannevirke X, No. 129, 29. Aug. 1848.

14a) Predigt über Epheser 5, 1—9 am 26. März 1848. Schleswig 1848. 8.

15) Die Gottesdienste in der Friedrichsberger Kirche in Schleswig vom 26. März
bis 30. April 1848. Hamburg, Agent. des R. H., 1848. 8. Rec. Kirchen-
u. Schulbl. 1848 Sp. 660—661.

16) Materialien zu einer Appellation für Schleswig-Holstein u. dessen Geistlichkeit, unter Mittheilung von Acten an Alle, in Dänemark nicht weniger als
in Deutschland, die Gott fürchten u. Recht thun. Schleswig, M. Bruhn,
1849. 8. SS. 66. Vergl. unter Ludw. Nic. v. Scheele.

17) Das erste Missionsfest in der Kirche zu Sarau, den 14. Juli 1851. Vorträge,
bei dieser Feier gehalten von dem gegenwärtigen u. den beiden früheren Predigern Steffensen, Nielsen u. Hasselmann. Eutin, Völkers, 1851. 8.

18) Betstunden. Vorträge in Bezug auf die Schlesw.-Holst. Landessache in der
Klosterkirche zu Kiel gehalten. (Zum Besten der ihres Amtes entsetzten
Schleswigschen Geistlichen.) Kiel, Schröder & Co., 1851. 8. SS. 76.

19) Predigt über Ps. 43 v. 3 u. 4 am 6. April 1851 (bei seiner Einführung in
Eutin). Eutin 1851.

19a) Wortsinn u. Bau des kl. luther. Katechismus. Eutin 1851. 2. Aufl. 1856.

20) Gab in Eutin während seiner Stellung als Superintendent mit Past. Müller
in Eutin heraus: Sonntagsblatt. Betrachtungen. Mittheilungen über Kirche,
Schule u. damit zusammenhängende Vereine vom März 1852 bis Mai 1853.

21) Ein von ihm bei der 9. Hauptversammlung des Vereins der Gustav-Adolf-
Stiftung in Hamburg am 23. Sept. 1851 gesprochenes Gebet erschien mit dr.
Zimmermanns Predigt bei derselben Gelegenheit. Hamburg 1851. 8.

22) In „die Jubelfeier des 700jähr. Bestehens der Kirche zu Bosau (Eutin 1852.)"
p 23—32: Schlussrede.

22a) Mit K. M. Müller: Begräbnissfeier des verew. Hauptpast. Encke. Eutin 1852.

23) Predigt bei der 11. Hauptversammlung des G. A. V. Leipzig 1853.

24) Gottesdienstliche Feier bei der Confirmation S. Hoheit des Herzogs Anton ·
Günther Friedrich Elimar von Oldenburg am Gründonnerstage den 21. April
1859 auf dem Schlosse zu Oldenburg. Oldenburg, Schulze'sche Buchh., 1859.
18 SS. 8.

25) Confirmanden-Bereitung. H. 1—3. Oldenburg, Schmidt, 1860. 12.

26) Rede bei der Ordination zweier Missionäre u. Predigt bei der Constituirung der Pfarrgemeinde Neuenburg. Oldenburg (Leipzig, Reinsche Buchh.) 1860.

27) Rede bei der Confirmation am Palmsonntage den 24. März 1861 in Oldenburg gehalten. Oldenb. 1861. 8. 24 SS.

28) Grabrede auf Jul. Hellweg in dess. Predigten. Aus dem Nachlass. Jever 1860. 8.

29) Predigt nach der Rückkehr der Oldenburgischen Truppen am 17. Sonnt. n. Trinit., den 23. Septemb. 1866 über Ps. 121 v. 7 u. 8.   Oldenburg, Schulze, 1866. 8. 14 SS.

In Pelts „Theol. Mitarbeiten" II, 1839, H. 2, S. 149—171 (Was die sogen. Kinderlehre, namentlich in Schlesw.-Holst., ist, was sie sein soll u. wie sie darnach einzurichten); III, 1840, H. 2, S. 146—158 (Ueber die Confirmation). — In (Jess u. Versmanns) Kirchen- u. Schulbl. 1844, I, No. 30: (Erwiderung in Betreff des Gust.-Adolf-Vereins); No. 36, Sp. 293—296: (Vorläufige Mittheilung über die diessjährige Generalversammlung des Gust.-Adolf-Vereins in Göttingen); 1845, II, No. 30, 31, 32, 35 (Protocoll der am 10. Juli in Schleswig gehaltenen Prediger-Conferenz); 1847, IV, Sp. 229—230: (Ist bei der Confirmation ein Bekenntniss zu den Principien der protestantischen Kirche zu fordern?) 1848, V, Sp. 217—220: (Bibelunterricht); Sp. 398—400: (Berichtigung, betreffend die Kirchenofficialen in Gottorf u. Hütten); Sp. 226—228: (Antwort auf die sieben Fragen der Regierungs-Commission in Hadersleben v. 10. April 1848); Sp. 681—682: (Aufforderung zu einem allgemeinen Buss- u. Bettag); 1849, VI, Sp. 637—639: (Rec. von Prof. Herrmann's in Göttingen „Commissions-Entwürfen etc." Göttingen 1849. 8.); Sp. 48: (Ueber die unmassgeblichen Gedanken' über Besetzung erledigter Predigtämter); Sp. 81—86: (Briefliche Mittheilung über die 1848 abgehaltenen Schleswigschen Probsteiconferenzen); Sp. 680: (In Veranlassung eines „Baldthunlichst" überschriebenen Aufsatzes in No. 82 des K.- u. Schulbl.); 1850, VII, Sp. 81—88 u. 89—94: (Schreiben an die Gemeinden des Herzogthums Schleswig, bei welchen im J. 1849 von ihm Generalkirchenvisitation gehalten ist); Sp. 230—232: (Erklärung gegen Geh. R. v. Scheele; auch im Alt. Merk. 1859 No. 92); Sp. 359—360: (Zur Geschichte der Beerdigungen in unserm Lande); Sp. 505—508: (Schreiben an die Prediger u. Lehrer aus dem Herzogthum Schleswig, die zur Zeit ihre Aemter haben verlassen müssen); Sp. 609—611: (Schreiben über den Stuttgarter Kirchentag); Sp. 671—672: (Uebersichtliche Zusammenstellung derjenigen Geistlichen des Herzogthums Schleswig, die während der letzten Monate 1850 vor Octob. von der Verwaltung ihrer Aemter entfernt gewesen sind); Sp. 673—676 (Zweites Schreiben an die Prediger u. Lehrer aus dem Herzogthum Schleswig, die zur Zeit ihre Aemter verlassen haben); Sp. 102—104: (Vaterländisches). — Im Altonaer Merkur 1849, Beil. No. 503: (Correspondenz mit dem Grafen u. Regierungs-Vicepräsidenten B. G. H. Eulenburg in Flensburg, vergl. auch Kieler Corresp.-Bl. 1849 No. 271 bis 272); 1850 No. 22: Probst Rehhofs in Apenrade Entlassung Betreffendes). — Er hatte nebst Rehhoff u. Hertzbruch auch Theil an dem unterm 30. April 1849 publicirten Hirtenbrief. —

1480) **Nielsen,** Niels Jürgen, geb. 1815 zu Harrislev bei Flensburg, Sohn eines zugleich einige Landwirthschaft betreibenden Schusters; ward nach seiner Confirmation Unterlehrer, besuchte dann das Skaaruper Seminar, worauf er zuerst Gehülfslehrer in Flensburg, dann Lehrer in Puttgarden auf Fehmarn wurde, kam 1845

als Organist u. zweiter Lehrer der Knabenschule nach Glückstadt.
Starb daselbst 23. Aug. 1860, 45 Jahr alt. Verh. mit Emilie geb.
Braadan aus Flensburg. S. Sönksens Schulzeitung 1860/1861 No. 11.

Im Schlesw.-Holst. Schulbl. X, S. 66—69 (Recension v. K. Cäsar v. Leonhards Populäre Mineralogie); S. 233—243 (Andeutungen über die Stellung des
Lehrers zur Litteratur u. zu einigen Erscheinungen unserer Zeit); XIII, S. 191
bis 159 (Bemerkk. u. Beiträge, die Veranschaulichung des naturgeschichtlichen u.
physicalischen Unterrichts betr. Mit Figurentafel); S. 273—287 (Zur Methodik
der vergleichenden Physiologie); S. 409—428 (Von den Organen, mit welchen die
Thiere ihre Nahrung angreifen); XIV, S. 182—212 u. 245—273 (Das Wasser der
Erde); S. 559—590 (Wie Gott die Thiere kleidet); XV, S. 71—80 (Ueber den
Zweck des naturwissenschaftlichen Unterrichts in Volksschulen). — In der Schulzeitung, herausgegeben v. A. P. Sönksen, 1852/53, No. 7 (Anzeige, Naturwissen-
schaftliches betreffend, vgl. No. 14); No. 22 (Aufforderung an tüchtige Karten-
zeichner zur Entwerfung einer Wandkarte v. Holstein); 1857/1858, No. 3, 4 nebst
Beil. (Zum Begriff u. Wesen des christlichen Glaubens); No. 6 u. 7 (Johann
Nissen. Nekrolog); 1858/59, No. 50 (Thomas Hansen. Nekrolog). — Im Kirchen-
u. Schulblatt 1844, S. 92—94. — In den Darstellungen aus dem Christenleben
vom Elb-Pinnauer Lehrerverein 1857, No. 11, S. 96—107: Der Herr ist mein Licht.

1481) **Nielsen**, P., Kaufmann u. deputirter Bürger in Flensburg; am 14. Septb. 1825 zum Hospitalsvorsteher das. erwählt;
während mehrerer Diäten Abgeordneter zur Ständeversammlung des
Herzogthums Schleswig, Senator in Flensburg bis etwa 1840; ist,
nach einer Mittheilung, 1847 od. im Anfang des Jahrs 1848 gestorben.

Einzelne Beitrr. zum Kieler Corresp. Blatt 1836, No. 11 u. 12 (Ueber Zucker-
raffinaderien u. ihren möglichen Nutzen für das Land; vergl. No. 14 das. eine Beleuchtung des Aufsatzes). — Mehrere Beitrr. zur Dannevirke VIII, No. 97, 27. Mai
1846 (Duplik, das Leuchtfeuerwesen an der Westküste Schleswigs betr.; steht deutsch
auch im Alt. Merk. 1846, No. 93 Beil.); IX, No. 48, 28. Nov. 1846 (Et Foredrag
i Stændeforsamling angaaende Jernbanespörgsmaalet i Slesvig).

1482) **Nielsen**, R., Küster u. Schullehrer in Rinkenis im
Sundewitt, 1867 im Juni Districtsschullehrer in Emmerlev.

Ungdomsvennen. En dansk Læsebog for Begyndere. Itzehoo 1850. 8. Rec.
in der Dannevirke XIV, No. 104, vom 8. Juli 1851. —

1483) **Niemann**, August Christian Heinrich (L. & S.
No. 816); starb in Kiel den 21. Mai 1832. Seine Wittwe, eine
Tochter des bekannten Theologen Oemler in Jena, † 86 Jahre alt,
den 24. Februar 1848 in Süderdithmarsischen, District Mühlenstrasse
im Kirchsp. Brunsbüttel. Vergl. über ihn: N. St.-M. II, 1834, S. 722
u. III, S. 1—27 (eine von Prof. H. Ratjen verfasste Biographie)
u. X, S. 473—474; Prov.-Berr. 1833, S. 1—12; N. Nekrol. d. D. 10,
S. 420—424; K. Corresp.-Bl. 1832, No. 40, S. 180; Itzch. Wochenbl.
1832, No. 22, Sp. 429; Steffens „Was ich erlebte" Th. 3, S. 295.

Von ihm noch: Chronik der Universität Kiel u. der Gelehrten-Schulen in Schleswig-Holstein von 1829. Kiel, Univers.-B., 1830. 4. IV u. 60 SS.; von 1830 das. 1831. 4. SS. 54 u. 1 Bg. Rec. Prov. Berr. 1831, S. 651; von 1831. Das. SS. 66 u. 2 Bgg. 4.

Einzelne Beitrr. lieferte er auch für das Kieler Corresp.-Blatt in dessen ersten Jahrgängen, namentlich 1831.

1484) **Niemann**, Christian Gottlieb Ditmer (L. & S. No. 817); starb in Altona den 5. November 1847, 82 Jahr alt. Verh. seit dem 1. März 1818 mit Christiane Lucie Wilhelmine geb. Stinde († 1823). Vergl. über ihn N. Nekrol. d. D. XXV, S. 690—691; Hamb. wöchentl. Nachrr. 1847, No. 274.

Von ihm noch:
Belehrung über die Bedeutsamkeit u. Wichtigkeit des evangelisch-protestantischen Confessionsfestes, bei der nach 300 Jahren wiederkehrenden Jubelfeier den 25. Juni 1830 in einer geschichtlichen Darstellung der Zeit von 1517—1530 für Schüler in Stadt- u. Land-Schulen als Vorbereitung zu der allerh. angeordneten Säcularfeier entworfen. Altona, K. Aue, 1830. 8. SS. 52. Wurde in demselben Jahre dreimal aufgelegt.

Die Volkszählung in Altona am 1. Februar 1835. Nach ihren interessantesten Beziehungen bearbeitet. Altona, K. Aue, 1835. 8. SS. 80 mit Tabelle. S. Alt. Merk. 1835, No. 101. Itzeh, Wochenbl. 1835, No. 28 Sp. 677.

Die Volkszählung in Altona u. in den Dorfschaften Ottensen u. Neumühlen am 1. Febr. 1840 nach ihren interessantesten Beziehungen. In höherem Auftrage. Altona 1840. 8. SS. 78.

Die Volkszählung in Altona u. in den Dorfschaften Ottensen u. Neumühlen am 1. Februar 1845 auf Veranlassung eines höheren Antrags nach ihren interessantesten Beziehungen tabellarisch gegliedert u. bearbeitet. Altona 1845. 8.

1485) **Niemann**, Heinrich Friedrich, geb. in Eckernförde, studirte Medicin u. promovirte in ihr in Kiel 1853, ist Arzt in Wilster.

De aneurysmatis nonnulla. Kiliae 1853. 8.

1486) **Niemann**, Johann Karl Nicolaus (L. & S. No. 818); er war geboren den 7. März 1764, besuchte das Altonaer Gymnasium, studirte später Medicin, promovirte 1787 u. war practischer Arzt in Segeberg u. 1793 bis 1796 Physicus daselbst (vgl. Kordes); später in Crempe; dann aber in Altona wohnhaft, übernahm er die Redaction des Altonaer Merkurs bis 1830; von diesem Jahre an lebte er bis an seinen Tod in Musse; er starb den 14. April 1845. Vergl. über ihn Neuen Nekrol. d. D. XXIII, S. 1136—1137.

Von ihm sind noch einzelne Beitr. zu Oppenheims Zeitschrift für die gesammte Medicin, unter Anderem Bd. 14, S. 236.

1486a) **Niepa**, Alexander Karl Martin, geb. am 7. Dec. 1841 in Kiel, besuchte bis zu seinem 16. Jahre die Kieler Gelehrtenschule; erlernte alsdann die Handlung; beschäftigte sich bis 1863 lebhaft mit dem Studium der Literatur u. Handelswissenschaften; verliess in Folge der politischen Ereignisse am Ende des Jahrs 1863 die kaufmännische Carriere u. arbeitete v. Anfang 1864 bis zum Juni 1866 auf einem Bureau des Erbprinzen Friedrich v. Augustenburg u. ist seit Juli 1866 Mitredacteur der Kieler Zeitung.

Veröffentlichte 1863 einige volkswirthschaftliche Aufsätze u. Artikel zur Belebung handelswissenschaftlicher Bestrebungen; dann in den Jahren 1864—1866 eine grössere Reihe politischer Aufsätze für verschiedene inländische u. besonders nordschleswigsche u. für einige Deutsche Zeitungen u. ist zur Zeit in der politischen u. volkswirthschaftlichen Tagesliteratur thätig. Nach dem Autogr.

1487) **Niese**, Emil August, geboren den 28. März 1816 zu Petersdorf auf Fehmarn, Sohn des den 10. Mai 1779 in Flensburg geborenen Joh. Chr. Niese, (von Ostern 1804 bis Michaelis 1818 Cantor in Petersdorf, † als Pastor in Burg u. Probst über Fehmarn den 4. August 1827) u. der Marie Christine Elisabeth geb. Wittrock; besuchte die Flensburger Schule, studirte seit Michaelis 1833 Theologie in Kiel, wurde Ostern 1840 examinirt mit dem 2. Char. m. s. r. Auszeichnung; den 28. April 1844 Compastor in Burg auf Fehmarn; den 28. September 1862 Pastor in Riesebye, seit 10. Mai 1865 Director u. erster Lehrer des Schullehrerseminars in Eckernförde.

Neun Predigten über das Gebet des Herrn. Burg, L. Rathje, 1857. 8. SS. 151. Im Kirchen- u. Schulblatt III, 1846, Sp. 65—70 (Die Bekenntnissschriften u. die Agende); Sp. 81—91 (Die Verpflichtung auf die Augsburgische Confession); Sp. 215—224 (Die protestantische Kirche u. der Rationalismus); Sp. 246—254 (Ueber die Bedeutung der Augsburgischen Confession); Sp. 413—421 (Das Evangelium u. der freie Protestantismus); Sp. 585—590 u. Sp. 593—599 (Nochmals die Augsburgische Confession); IV, 1847, Sp. 49—59 (Die Schleswig-Holsteinische Kirchenordnung u. die Agende); Sp. 185—193 (Von der Confirmation); Sp. 249 bis 258 (Des Anselmus Lehre von der Versöhnung); V, 1848, Sp 156—160 (* Kirchl. Nachrichten von der Insel Fehmarn); VI, 1849, Sp. 121—128, 129—132 (Die Bedeutung der Ordination für den evangelischen Lehrstand); Sp. 145—152 (Sendschreiben, betreffend die Trennung der Kirche vom Staat); Sp. 799—800 u. 815—816 (Von den Gevattern); VII, 1850, Sp. 105—109 u. 121 bis 126 (Offenes Schreiben an Pastor G. Haase in Sterley). — In der kirchlichen Monatsschrift, Itzehoe, Jahrg. 1852, deren 6 erste Hefte er mitherausgab, II. 2, S. 84 bis 91 u. II. 3, S. 123—137 (Exegetische Bemerkungen zu einigen Stellen im 11. Capit. des Evangel. Matthäi). Im Rendtorffschen Kirchen- u. Schulblatt 1867, No. 9 (Der Unterricht der Präparanden).

1488) **Niese**, Heinrich Christoph, geb. 16. Oct. 1810 zu Petersdorf auf Fehmarn, ein Bruder des vorhergenannten Emil August Niese, besuchte die Gelehrten-Schule in Rendsburg, studirte Medicin in Kiel 1829 u. 1830, in Würzburg u. Halle von 1831 bis

1833 u. wieder in Kiel, wo er den 16. Novemb. 1833 promovirt wurde; darauf v. 1833—1848 praktischer Arzt u. Physicus auf der Insel Aerrö; während des 1. Krieges in den Herzogthümern von 1848 bis 1851 zuerst Ober-, dann Generalarzt in der Schleswig-Holsteinischen Armee; seit 1852 practisirender Arzt in Altona u. war vom 17. Juni bis zum 1. October 1866 Chef-Arzt des k. Preussischen Militär-Lazareths in Altona während des Kriegs; erhielt im Sommer 1867 den Kronenorden 3. Classe.

1) Diss. inaugur. de typho abdominali. Kiline 1833. 8.

2) Namentliches Verzeichniss der Todten u. Invaliden der Schleswig-Holsteinischen Armee aus den Jahren 1848, 1849 u. 1850/51 (Kiel, Schulbuchdruckerei, 1852). 4. In Pfaffs Mitthh. etc. IV, N. F. II, H. 11 u. 12, S. 28—52 (Bericht über die Scharlach-Epidemie auf der Insel Aerrö in den Jahren 1833—1835); V, N. F. III, H. 1 u. 2, S. 58—88 (Ueber das Empyem); das. II. 9 u. 10, S. 1—63 (Beiträge zu den Krankheiten der Rückenmarksgelenke). — Im Kieler Corresp.-Bl. 1844, No. 9 (Schreiben, die Behandlung eines Inculpaten betreffend). Verschiedeno Aufsätze in der „allgemeinen medicinischen Central-Zeitung" aus den Jahren 1846 u. 1847 u. in der „deutschen Klinik" von Göschen 1852 ff. — Revidirt.

1489) **Nievert,** Friedrich Heinrich Christoph Daniel, geb. den 13. October 1807 in Helmstedt, st. theol. Kil. Ost. 1828, ex. 1833 (2. m. s. r. A.), 1834 Rector, 19. März 1837 adj. P. im Friedrichsberg in Schleswig, 15. September 1840 2. Compastor in Altona, 25. Januar 1853 const. Probst zu Altona, 6. Oct. 1853 R. v. D., 15. Januar 1854 (19. März) Past. u. Probst in Altona, 27. März 1864 emeritirt, † 22. April 1867 in Ratzeburg.

Abschieds- u. Antritts-Predigt von Fr. H. N., bisher const. Prediger an der Friedrichsberger Gemeinde in Schleswig, jetzigem 2. Compastor in Altona. Nebst der Introductionsrede des Hrn. Oberconsistorialraths u. Probsten Paulsen. Altona 1841. 8.

In der v. Past. Schaar herausgeg. Denkschrift auf die erste Säcularfeier der Dreifaltigkeits-Kirche in Altona (1843) S. 73—76: Schlussgebet.

1490) **Nissen,** Adolf, geb. den 1. Februar 1835 in Kiel, Sohn des weiland Ober-Appellationsgerichtsraths J. Nissen daselbst, besuchte die Glückstädter u. später die Plöner Gelehrtenschule u. studirte die Rechte in Kiel, in Heidelberg u. Leipzig seit Michaelis 1853, wurde in Kiel Mich. 1857 mit dem 2. Char. mit s. r. A. examinirt; in demselben Jahre dr. jur. in Leipzig; war in Leipzig von Michaelis 1858 bis Ostern 1862 Privatdocent u. wurde darauf (zuerst designirter) ausserordentlicher Professor der Rechte daselbst.

1) De perjuri in jurejurando litis decisorio conditione. Commentatio pro summis in utroque jure honoribus capessendis. Lipsiae 1857. 8. SS. 36.

2) Die Gewissensvertretung nach gemeinem deutschem Processrecht. Leipzig, F. A. Brockhaus, 1861. 8. XI u. 412 SS.

3) Der Entwurf einer Deutschen Civilprocessordnung in Vergleichung mit der
Sächsischen. Leipzig, Fues, 1864. 8.

Beitrr. zu Bekker u. Pözl's „kritischer Vierteljahrsschrift f. Gesetzgeb. u. Rechtswissensch." Bd. 8, H. 1 (Kritische Bemerkungen zu dem Entwurf einer Process-
Ordnung in bürgerlichen Rechtsstreitigkeiten f. den Preussischen Staat.)

1491) **Nissen,** Asmuss Hinrich, geb. den 11. Januar
1802 in Saustrup (Saxdrup) im Amte Gottorf, Sohn des Landmanns
Marquard Nicolai N. u. der Margaretha Catharina geb. Thiessen;
besuchte die Schule in Schleswig unter Subrector Boysen, Conr.
Olshausen, Prof. Esmarch u. Prof. Schumacher, studirte Theol. in Kiel
seit Michaelis 1822, examinirt 1828 auf Gottorf mit dem 3. Char.
m. r. A.; wurde den 4. März 1832 Diakonus in Hennstedt u. den
29. April 1863 Hauptpastor daselbst, antretend den 16. Mai 1864.

1) Gedenk-Tafel für das Kirchspiel Hennstedt. 1847. 8.
2) Rede, gehalten am Sarge des Hofbesitzers C. H. v. der Heide in Hennstedt. ..... 8.
War Mitarbeiter am „Ditmarscher Volksfreunde gegen die gebrannten Wasser". — Revidirt.

1492) **Nissen,** Casper, geb. in Hadersleben, studirte Medicin in Kiel, wo er 1859 promovirte u. war bis Ende April 1867
Arzt in Schönberg im Preetzer Districte.

De resectionibus diss. inaugur. medica. Kiliae 1859. 4. SS. 11.

1493) **Nissen,** Detlev Andreas Friedrich, geboren den
26. Juli 1811 in Süsel im Amte Ahrensboek, Sohn des nachfolgenden Hans Friedrich Nissen, Predigers daselbst, seit 1820 in Segeberg († 4. Juli 1848); theils von seinem Vater, theils auf der Gelehrten-Schule in Plön (?) vorgebildet, widmete er sich in Kiel
der Philologie u. wurde 1833 dr. philos. daselbst, war dann eine
Zeit lang Privatdocent daselbst; seit 1835 interimistisch Rector in
Schleswig; den 24. Februar 1837 Subrector in Rendsburg, 1840
Conrector daselbst; starb den 1. Juni 1844 zu Pronsdorf in Holstein bei seinem Bruder, dem Pastoren daselbst. Verheirathet
mit Betty geb. Lüderitz. — Vergl. den N. Nekrol. d. D. XXII,
S. 917 — 918, XXVI, S. 877 — 878, Todes-Anz. im Alt. Merk.
1844 No. 133.

1) De Lycurgi oratoris vita et rebus gestis dissert. inaugur. Kiliae 1833. 8.
XII u. 104 SS.
2) De vitis quae vulgo Cornelii Nepotis nomine feruntur contra Lieberkuehnium,
Pohlmannium aliosque disputationis particula prior. Rendsburgi 1839. 4.
S. 3—12 des Oster-Programms. Rec. in Jahns Jahrbb. f. Philol. u. Pädag.
IX, Bd. 26, H. 3, S. 333 sqq.

3) Des C. Cornelii Taciti Agricola. Einleitung, Uebersetzung u. Commentar. Nach seinem Tode herausgegeben von Fr. Lübker. Hamburg 1847. 8. S. Alt. Merk. 1847 No. 202.

In Zuschr. f. d. Alterth.-Wissensch. 1857 II. 11 No. 141 ff. S. 1148—1156 (Bemerkungen zu einigen Stellen aus Sallust's Jugurtha gegen Kritz). — Ein Beitrag zum Itzch. Wochenbl. 1841 No. 28; No. 33. —

1494) **Nissen,** Friedrich, geboren in Friedrichstadt, besuchte das Seminar in Tondern u. wurde 1842 mit dem 2. Char. m. r. A. examinirt, war später Elementarlehrer in Bredstedt u. d. 5. Januar 1853 Lehrer der St. Marien-Freischule in Flensburg.

Gab heraus mit H. J. Glüsing: Erstes Lesebuch. Zunächst für die Elementarklassen der vaterländischen Schulen. Flensburg, Selbstverlag, 1857. 8. 8S. 105. Rec.: Schulbl. f. d. Herzogthh. Schlesw. u. Holst. XIX, S. 305—307, Schulzeitung 1856/57 No. 15.

1495) **Nissen,** Friedrich, geb. 5. Febr. 1815 in Leck, studirte Theologie in Kiel seit Ostern 1838, wurde 1843 examinirt (2. Char. m. s. r. A.), den 17. November 1854 Diakonus in Schwabstedt.

In P. Caspers Pastoralstudien 1862 Jahrg. 3 S. 442—449 (Passionspredigt).

1496) **Nissen,** Georg Nicolai (L. & S. No. 820); starb in Salzburg den 24. März 1826. Vergl. über ihn Erslew II, S. 452 u. Suppl. II S. 556. Verh. war er mit Maria Constanza Cäcilia Josepha Johanna Aloisia geb. Weber.

Eine 2. wohlf. Ausgabe seiner Biogr. W. A. Mozart's. Leipzig 1848. XLIV u. 922 SS. gr. 8 mit Stf. u. 18 Notenbeill. in q. 4.

Von ihm führt Erslew noch an: Fremtidens Skaal, Digtet ved Slutningen af 1797.

1497) **Nissen,** Hans Friedrich (L. & S. No. 821). Als Hauptpred. in Segeberg u. Probst der Probstei Segeberg d. 9. März 1846 emeritirt. Starb den 4. Juli 1848 im 81. Lebensjahre.

1498) **Nissen,** Hans Jacob, geb. 1775 im Schleswigschen, widmete sich der militärischen Laufbahn u. brachte es zum Capitän; wurde 1820 zweiter Beamter am Christians-Pflegehäuse in Eckernförde; starb unverheirathet den 17. Januar 1844. — Vergl. über ihn Neuen Nekrolog d. Deutschen XXII, S. 867; Alton. Merk. 1844 No. 23.

In den Neuen Provinzialberr. 1833, S. 422—458 (Geschichte u. Beschreibung des Christians-Pflegehauses in Eckernförde).

1499) **Nissen,** Heinrich, geboren den 3. April 1839 in Hadersleben, besuchte die Schule in Meldorf, studirte Philologie u. Geschichte in Kiel 1856, war nachher längere Zeit Hauslehrer in

Heiligenstadt, kam 1860 zurück, wurde 1862 in Kiel mit einer
(ungedruckten) Abhandlung (Belli quod Romani contra Antiochum
M. gesserunt historia critica) dr. philos., war 1865 auf einer
Reise in Italien, in Rom etc., kehrte Ende 1866 zurück u. habilitirte sich in Bonn als Privatdocent.

' Kritische Untersuchung über die Quellen der 4. & 5. Decade des Livius.
Berlin, Weidmannsche Buchh., 1863. 8. Rec. Gött. Gel. Anz. 1864. S. 1801
bis 1810. —
Im Rhein. Museum v. Welcker u. Ritschl N. F. Jahrg. 20, 1865, II. 2, S.
218—231 (Drei unbekannte Seen in Umbrien). — In den Neuen Jahrbb. f. Philol.
u. Pädagogik No. 91/92 H. 5 & 6 S. 375 ff. (Zur Kritik der Aeneas-Sage mit
Bezug auf eine Präcestinische Cista). In Hübner's: Hermes B. 1, 1866, S. 147
bis 149 (Metrische Inschriften von Campanien). —

1499a) **Nissen,** Heinrich, geboren in Lunden in Norder-
Ditmarschen, studirte Medicin u. wurde 1864 in Kiel zum dr. med.
& chir. promovirt, ist seitdem Arzt in Lunden.

De casu quodam ancurysmatis arteriae carotidis sinistrae. Kilino 1864. 4.

1500) **Nissen,** Johann, geb. 31. Dec. 1803 zu Kellinghusen; sein Vater gl. Namens, seine Mutter Anna Dorothea geb.
Warnholtz; besuchte die Schule in Kellinghusen (Lehrer Lohse u.
Organist Fock) u. lernte auch Französisch; besuchte seit Mich.
1821 das Seminar in Tondern u. ward nach einer Unterbrechung
von anderthalb Jahren, in denen er Hauslehrer war, Mich. 1825
mit dem 2. m. s. r. A. entlassen, dann Hauslehrer in Kiekbusch,
bei Sarau, 1827 Schullehrer in Barkau, Gemeinde Gleschendorf,
13. Dec. 1830 Lehrer an der Obervorbereitungsschule in Neumünster, October 1846 Ober-Mädchenlehrer in Glückstadt. Starb 10.
October 1857. Verh. seit 30. März 1834 mit Margarethe Soltau,
Tochter des Schullehrers J. Soltau in Klostersande bei Elmshorn
(† 4. Sept. 1854). S. den Nekrolog in der Schulzeitung f. die
Herzogthh. 1857—58 No. 6, 7. u. daraus im Schulblatt f. d. Herzogth. XIX S. 696—712 (v. J. N. Nielsen); auch im Oldenburgischen Schulbl. 1858 No. 5.

1) Unterredungen über die biblischen Geschichten. Ein praktisches Handbuch
für Schullehrer. Mit einem Vorwort v. dr. Harms. Bd. 1, Altes Testament, Kiel
1840. 8. SS. 279. 2 Aufl 1844. 8. SS. 351. 3. Aufl. 1847. 8, Bd. 2
Neues Testament. Mit einem Anhang Festunterredungen. Kiel 1843. 8. 2. Aufl.
1845. 3. Aufl. 1847. Bd. 1 & 2. 4. Aufl. 1849. 6. Aufl. 1855. 7. Aufl. 1856.
8. 9. Aufl. 1861. 8. Rec. d. 2. Aufl. Schl. Holst. Schulbl. VII, 1845, H. 1,
S. 121—128 (v. Wiese in Laboe); der 4. Aufl. das. XII S. 494—497.
2) Unterredungen über den kleinen Katechismus Luthers. Ein praktisches Handbuch für Schullehrer. Kiel, Schwers'sche Bchh., 1852. 8. XVI u. 660 SS.
— 4. Aufl. das. 1858. 8. Angek. im Schlesw. Holst. Schulbl. 1851.

In Kählers und Tadeys Schlesw. Holst. Schulbl. II, 1840, H. 2, S. 104—110 (Entwurf zur Unterredung über das 1. Gebot); H. 4 S. 69—78 (Ueber die Geschichte Cains), III, H. 2, S. 24—30 (Das Geld. Denkübung); H. 3, S. 64—68 (Jacobs Flucht); II. 4, S. 42—48 (Abrahams Fürbitte für Sodom, 1. Mos. 18); IV, II. 1, S. 40—42 (Das Licht); II. 2, S. 43—47 (Ueber 1. Mos. 1 v. 1); II. 3, S. 108—113 (Moses der Knecht Gottes); II. 4, S. 219—223 (Schullehrerbibliothek, Literatur); V, H. 1. S. 87—91 (Unterredung über das Gleichniss v. Senfkorn); II. 3, S. 92—103 (Ueber die Parabeln des Herrn); VI, II. 2, S. 29—35 (Ueber die Geschichte der Schöpfung); H. 3, S. 78—97 (Catechisation über das 2. Stück im Gnomon: das Wort; über den Adventgesang „Mit Ernst, o Menschenkinder" u. Nachtrag zu der Unterredung über die Schöpfung); VII, II. 1, S. 97—106 (Unterredung in einer Mittelclasse über die heiligen Engel. Nach dem Bilde aus Schuberts Volks-Bibel: Zacharias im Heiligthum des Tempels); II. 2, S. 55—59 (Der Regenbogen); H. 3, S. 15—21 (Ueber das 4. Gebot); S. 84—91 (Soll der Schullehrer Commünemitglied sein?) H. 4, S. 64—73 (Unterredungen über die 6. Bitte u. über das Brod); VIII, II. 1, S. 128—138 (Ueber das 3. Gebot); H. 3, S. 115—118 (Die köstl. Perle, Matth. 13 v. 44 u. 45); IX, II. 1, S. 1—7 (Anrede an die Kinder bei seiner Einführung als Lehrer der Mädchenschule in Glückstadt 15. Oct. 1846); H. 3, S. 79—87 (Ueber die göttl. Eingebung der II. Schr.); II. 4, S. 8—16 (Das Geheimniss des Lehrers in der Religion); X, S. 313—315 (Eine Confirmandenentlassung); XI, S. 21—35 (Unterredung über: Ich glaube an eine h. christl. Kirche); S. 151—166 (Der Unterricht in der bibl. Geschichte des A. T. in der Oberclasse der Volksschule); S. 650—654 (Erinnerung an G. M. G. Bauer); XII, S. 38—59 (Unterredungen über das Gebet); S. 183—201 (Gebetserhörung); S. 410—440 u. 507—539 (Unterredungen über das Vater-Unser); XIII, S. 35—47 (Ueber die Herz u. Gemüth bildende Seite des naturgeschichtl. Unterrichts); S. 168—173 (Die menschl. Hand. Unterredung); S. 266—272 (Zwei Unterredungen); S. 302—314 (Ueber das 1. Gebot); S. 507—530 (Ueber das 6. Gebot); XIV, S. 48—51 (Ueber die Confirmation); S. 545—551 (Ueber die Geschichte der Geburt Jesu, über Joh. 8, 1—11); XV, S. 41—46 (Ueber: ich glaube, dass Jesus Christus ist mein Herr); S. 152—157 (Ueber: in ewiger Gerechtigkeit, Unschuld und Seligkeit); S. 603—633 (Ueber Josephs Geschichte); XVI, S. 173—180 (Das Gewitter); XVIII, S. 109—120 (Symbolik der Natur im naturhistorischen Unterricht); XIX, S 8—14 (Einiges zur innern Geschichte des kl. Katechismus Luthers); S. 65—71 (Von der Erlösung); S. 278—285 („Komm, heil'ger Geist, Herre Gott" für die Schule ausgelegt). — Beitrr. zu A. P. Sönksens Schulzeitung 1852/53 No. 15 S. 62. — In den Darstellungen aus dem Christenleben, herausgegeben vom Elb-Pinnauer Lehrerverein (1857) No. 5, S. 39—45 (Durst nach Gerechtigkeit). —

Im Mspt. hinterliess er noch ein Andachtsbuch nach Scrivers Predigten.

1501) **Nissen,** Johannes Friedrich, geb. 3. Januar 1826 in Bredstedt, Sohn des 1854 gestorbenen Predigers Godber Nissen in Bredstedt u. der Wilhelmine geb. Leisner († 1864); studirte Theologie seit Ostern 1845 in Kiel, in Halle von Ostern 1847 bis 1848, er nahm an dem ersten Schleswig-Holsteinischen Kriege als Freiwilliger sowohl, wie auch als Soldat bis 1850 Theil, be-

gründete in Schönberg in der Probstei ein Institut, dem er bis
1855 vorstand; examinirt 1853 in Flensburg (2. Char. m. r. A.),
28. August 1855 Rector in Friedrichstadt, den 4. April 1863 Rector
u. 1. Lehrer der neuen Rectorschule in Heide.

1) Formenlehre der Dänischen Sprache. Friedrichstadt, Bade, 1858. 8.
2) Leitfaden für den Unterricht in der Englischen Sprache. 1. Cursus: die Formen
   der Englischen Sprache. 2. Cursus: die Eigenthümlichkeiten des Englischen
   Sprachgebrauchs. Hamb., Herold, 1860. 8. SS. 66 u. 64. 2. Aufl. des
   1. Curs. 1863. 3. Aufl. (unter der Presse). 2. Aufl. des 2. Cursus 1864.
3) Die Weltgeschichte in gedrängter Uebersicht, in Verbindung mit Mythologie,
   alter Geographie u. Kirchengeschichte. Zur Wiederholung des Vortrags. Für
   Schüler der Realschulen u. unteren Gymnasialclassen. Hamb., Herold, 1866.
   8. VII u. 246 SS. (Revidirt.)

1502) **Nissen,** Johann Friedrich Ludwig, geb. 31. Jan.
1793 in Skjerbeck im Törning-Lehn, Sohn des Caplans das. Nis
Bagger Nissen u. der Mariane Joh. Margarethe Murarius; wurde
19. Juli 1808 Secondelieutenant, den 27. December 1809 Premier-
lieutenant, den 19. Aug. 1814 Capitän, den 27. Januar 1833 characterisirter Major, den 1. Juli 1841 Major im Ingenieurcorps; den
28. Juni 1840 R. v. D.; 1. December 1846 Oberstlieutenant; den
5. Febr. 1849 Oberst; den 9. September s. Jahrs D. M., den 15. März
1850 C. v. D., 1852 dirigirender Ingenieur-Officier in Rendsburg;
entlassen mit Pension den 4. October 1853; lebte dann in Kopenhagen. Erslew II, S. 454; Suppl. II, S. 557—558.

1) Vorschlag um Wassergräben bei Festungen gehörig vom Eise frei zu halten
   und Bericht über den deshalb angestellten Versuch bei Kopenhagen im Winter
   1828 u. 1829. Mit 1 lithogr. Tafel. Kopenh. 1833. 8.
2) Vorschlag zu einem veränderten Infanterie-Gewehr, insonderheit mit Hinsicht
   auf die Vertheidigung in geschlossener Stellung gegen Cavallerie. Mit 1 lithogr.
   Tafel. Kopenhagen 1834. 8.
3) Til Vælgerne i Kjœbenhavns 5. District. Kbh. 1848. 4. 2 SS.
4) Om Jernbancanlæg i Jylland. Med 2 Kort. Kopenh. 1855. 50 SS. 8.
5) Om Næringslovgivningen i Almindelighed og Laugsvæsenet samt Haandværks-
   driften i Særdeleshed. Kbh. 1856. 8. 40 SS.
   Beitrr. zu „Flyve-Posten" 1854, No. 132; 1855, No. 32—35 (Om Jernbaner
   og Forsvarsvæsen); No. 295—298, 1856, No. 11 u. 15, No. 132 u. 139 (Om
   Havneanlæg paa Halvøens Vestkyst og om Jernbaneanlæg i Jylland og Nord-
   slesvig. Theilweise polemisch gegen Chr. F. Hansen jun. Artikel im „Dagbladet" 1856, No. 44, deren unter diesem Schriftsteller nicht erwähnt ist).

1503) **Nissen,** Iwar (L. & S., No. 823, S. 402 u. bes.
S. 838 u. 839); später Schullehrer in Hjerndrup, D. M., 1846
Küster u. Schullehrer in Hammelef, starb 29. Mai 1850. Todes-
datum mitgetheilt.

Von ihm noch:

Regne-Bog for Begyndere. Haderslev 1832. 8. 6. Oplag. Das. 1850. 7. Opl.
Das. 1852. 8. SS. 96.

Sædelære fremstillet i efterligelsesværdige Exempler af Fædrenelands-, Verdens-
og Mencskehistorien. Haderslev 1832. 8.

Regne-Bog for den tilvoxende Ungdom i Almuekskolerne paa Landet. Haderslev
1833. 3. Opl. 1847. 5. Opl. 1858. 8. SS. 112.

Vorbilder der Tugend in 120 Beispielen aus der Welt- u. Menschengeschichte.
Aus dem Dänischen mit illuminirten Bildern. Kiel, Universitäts-Bchh., 1837. 8.
VII u. 231 SS.

Danmarks Historie i Udtog. Med en Fortale af E. C. Werlauff. Anden
Udgave med Porträter. Kjøbenh., Gyldendal, 1842. 8. SS. 136. 3. Udgave gjennemseet og fortsat af Fr. Barfod. Med mange Porträter i Træsnitt. Kjøbenh. 1853. 8.

Hertugdommets Slesvig Historie. Haderslev 1842. 8.

Haderslev Amt. En statistik-topographisk Fremstilling. Haderslev 1840. 8.
SS. 164.

Den lille Regnekonstner. Haderslev 1845. (Subscriptions-Einladung 1845, No. 78.)
In mehreren Jahrgängen der „Danevirke" theilte er die Berichte der Generalversammlungen des sog. Schleswigschen Vereins mit; Jahrg. VII, No. 79, 2. April
1845 (Protest des Vereins gegen die sog. Verwahrungs-Acte der Itzehoer Stände-
versamml. v. 20. Dec. 1844); No. 84, 19. April 1845 (Ansœgning til Kongen
angaaende Jernbanesagen i Hertugdœmmet Slesvig).

1504) **Nissen,** Lorenz (L. & S., No. 824.) Starb Ende
Februar 1842, 88 Jahr alt. Sein Porträt, lithographirt v. L. An-
dersen, erschien 1843 in Hadersleben. Vergl. N. Nekrol. d. D. 20,
S. 985—986. Prov.-Berr. 1832, S. 205.

Von ihm noch:

(Fragment einer Epistel über die Fehde des Tags) in den N. Schlesw.-Holst.-
Prov.-Berr. 1832, II. 2 (Zusatz dazu) H 3; 1834, S. 165—167 (Spätling. Zur Jubelfeier des General-Superintendenten J. Adler, 15. Januar 1833).

1505) **Nissen,** Lorenz Andreas (L. & S. No. 826); geb. den
18. October 1767 zu Oesterby im Amte Tondern, Bruder des vorhergenannten L. N., von dem er unterrichtet wurde; seit Ostern 1788
studirte er in Kiel Theologie, wurde auf Gottorf 1793 mit dem
2. Char. m. völl. Zufriedenh. examinirt; den 13. November 1794
Diaconus an St. Johannis auf Föhr; den 11. Juni 1797 Diaconus,
im Januar 1798 Pastor in Apenrade; den 28. Febr. 1810 Past. in
Handewitt im Amte Flensburg, antretend den 6. Mai dess. Jahrs;
den 3. August 1823 Pastor in Oesbye; 18. November 1844 Jubilar
u. schon den 13. dess. Monats R. v. D.; starb den 27. November
1847. Verh. mit Margaretha Wilhelmine Johanne geb. Butenschön.
Vergl. über ihn Neuen Nekrol. d. D. XXV, S. 723—724; Prov.-
Berr. 1832, S. 206. Preetzer Wochenbl. 1840, No. 11, S. 139

(ein Urtheil des Amtmanns Leop. S. v. Schmettau in Apenrade über ihn).

Von ihm noch: *

Festrede bei der 50j. Jubelfeier des Consist.-R. Probsten A. H. Strodtmann am 29. Juli 1835. Hadersl., Senneberg, 1835. 14 SS. N.

Ob auch die von ihm am 15. Oct. 1839 gehaltene Trauerpredigt über den verstorbenen Strodtmann über 1. Cor. 3, v. 9 gedruckt wurde, ist nicht anzugeben. (Vergl. „der Consistorialr. A. H. Strodtmann" v. dessen Sohn S. 147 ff.)

1506) **Nissen,** Moritz, geb. zu Stedesand, im Sommer 1849 Lehrer in Gammendorf auf Fehmarn, im Herbst 1858 Küster zu St. Clemens auf Amrum und Lehrer an der Schule zn Nebel das.; zur Zeit Küster u. Schullehrer in Stedesand. Vergl. über ihn Itzehoer Nachrichten 1867, No. 36, vom 23. May (Corresp. aus Tondern).

Sein „De freske Sjemstin me en hugtiûsk Auersetning", angez. v. dem Pastor C. Feddersen in A. P. Sönksens Schulzeit 1857/58, No. 32, war bisher noch nicht gedruckt; ihm ward indess durch Vermittlung des Hrn Probst Carstens in Tondern von der königlichen Regierung aus dem Fond für Wissenschaft u. Kunst 1867 eine Unterstützung zum Druck bewilligt. Vergl. Itz. Nachr. 1867, No. 68.

Er hat ausserdem eine Sammlung friesischer Sprüchwörter u. Redensarten in 6 friesischen Dialecten in Arbeit, sowie ebenfalls ein friesisches Wörterbuch nebst Grammatik. Mitgetheilt.

1507) **Nissen,** Nis Hansen, geb. den 1. März 1781 in Hostrup, Sohn des Küsters Christian Nissen daselbst u. der Charlotte Amalie geb. Overbeck, und selbst seit 1801 Organist u. Küster in Hostrup bei Tondern, ohne den sonst damit verbundenen Schuldienst zu verwalten, indem er nur zeitweise u. privatim Kinder unterrichtete; ging 1856 wegen Alterschwäche von seinen Aemtern ab u. lebte emeritirt in Hostrup, wo er den 10. Februar 1867 starb. Verheirathet 1) seit 11. Juni 1810 mit Heilwig geb. Friederichsen in Jeising († 23. Mai 1828), 2) seit 18. März 1829 mit Anna geb. Kramer aus Christiansfeld, einer Schwester von No. 1111 († 1. Sept. 1849). Mitgetheilt.

Uebersetzte Past. Böttchers „Hauskreuz" s. t. „Huuskroset" ins Dänische. Tondern, Forchhammers Wittwe, 1843. 8. (In der Dannev. VI, No. 13, 12. Aug. 1843, beklagt sich der Uebers. über einen Nachdruck, der bei Schönfeld in Itzehoe erschienen)

1508) **Nissen,** Nicolai, geboren etwa 1785 in Apenrade, wo sein Vater Nicolay Nissen († 4 Juli 1823 zu Petersdorf auf Fehmarn) Dep. Bürger- u. Kaufmann war. Seine Mutter Anna Maria Nissen geb. Bertelsen († 1. Mai 1824 gleichfalls zu Petersdorf, wo der älteste Sohn, u. Bruder des Unsrigen, von 1819 bis 21. Oct. 1847 als Hauptpastor stand). Unser N. N. widmete sich dem Kaufmannstand u. übernahm die Handlung seines Vaters in Apenrade. Als Dilettant arbeitete er in der Geschichte. Im ersten Schlesw.-Holst. Kriege zog er, nachdem er seine Handlung schon früher aufgegeben, von Apenrade nach Kopenhagen zu seinem Sohn, dem Mechanicus Julius Nissen, wo er 1864, nahezu 80 Jahre alt, gestorben ist. Mitgetheilt.

Gab heraus: Synchronistische Tabellen der Universalgeschichte. Eine bildliche Darstellung der Geschichte aller Länder, Völker u. Städte, die während 4 Jahrtausenden historisch merkwürdig geworden sind. Nebst einem Schema in vergleichendem Maasstabe u. Erläuterungen. Gött., Vandenhoek u. Ruprecht, 1830. XXI Tff. (schwarz u. illuminirt) u. 2 Bgg. Text. (Diese Tafeln wurden von Heeren empfohlen).

1509) **Nissen,** Niss, geb. 1798; Schullehrer in Deichkamp im Gute Water-Neverstorff; 5. April 1853 entlassen u. mit seiner Familie nach Davenport in Nordamerika ziehend, wo er, etwas über 63 Jahr alt, den 6. September 1861 starb. (Ueber sein Schicksal u. Ende in Amerika s. Schulzeitung 1861/62, No. 39, v. Th. Jensen in einem Schreiben aus Bluegrass in Amerika).

1) Gab heraus mit Chr. Fr. Tadey, H. F. Langfeldt u. mehreren Anderen: Schleswig-Holsteinisches Schulblatt. Eine Quartalschrift für Stadt- und Landschulen Jahrg. 3. Oldenb. 1841. Ferner unter Mitwirkung von mehreren anderen Schulmännern mit H. F. Langfeldt Jahrg. 4. Das. 1842, mit Asmussen u. Langfeldt Jahrg. 5—10. Das. 1843—1848. 8.

2) Der unterhaltende Rechenkünstler in geselligen Kreisen. Eine Sammlung sinnreicher u. sogenannter Reck-Aufgaben aus dem Gebiete der Zahlen-Rechenkunst. H. 1. Lütjenburg 1847. 8.

Von ihm ist Manches im Schl.-H. Schulbl. mit Langfeldt (welchen vergl.); ferner Jahrg. 7, H. 2, S. 140—145 Recensionen, 9, H. 3, S. 115—119 die vierteljährlichen Schul- u. Versäumnisslisten, sowie die Durchschnittsberechnungen, H. 4, S. 16—21 Wie hat der Lehrer es überhaupt anzufangen, um die Kinder beten zu lehren; 10, H. 1, S. 3—24 Ueber das Turnen; 13, S. 47—64 die Pflanzenkunde als Unterrichtsgegenstand in der Volksschule, 17, S. 119—123 Einiges über das Schulwesen in den Unionsstaaten (cfr. S. 139—140, aus Amerika eingesandt); 21, S. 332—342 Leben des Cai Asmus Kröger († 14. Octob. 1858) in Jowa in Amerika. (Steht auch im Preetzer Wochenbl. 1858.) In Biernatzkis „Landesberichten" Bd. 1, S. 202—204 Notizen über die Fata Morgana u. über ein neu entdecktes Austernlager im östlichen Holstein (cfr. auch Langfeldt). Ausserdem noch in Kählers u. Tadeys „Schlesw.-Holst. Schulblatt" II, 1840, H. 3. S. 29—66 (Ueber den Unterricht im Rechnen mit allgemeinen Zahlzeichen (cfr. H. F. Langfeldt). Hatte 1851 eine „Schleswig-Holsteinische Flora" zum Druck bereit, worüber cfr. Schleswig-Holst. Schulblatt 13 am Schlusse des 1. Hefts.

1510) **Nissen,** Wilhelm Woldemar (L. & S. No. 827), er war gebildet auf dem Altonaer Gymnasium von 1816 bis 1819; studirte Medicin in Göttingen von Michaelis 1819 bis 1821, in

Kiel bis Mich. 1822, in Berlin bis Michaelis 1823 u. dann in Kiel bis Johannis 1824; in demselben Jahre promovirte er in Kiel mit der schon im L. & S. angeführten Inaugural-Dissertation, war dann ausübender Arzt in Nienstädten von 1824 bis 1846, dann in Othmarschen bis 1857 u. seit diesem Jahre in Ottensen.

Von ihm noch:
Ueber die Ursache der Cholera, nebst Vorschlägen zur Behandlung derselben. Altona, Aue, 1831. 8. VII u. 39 SS.
In Oppenheims Zeitschrift für die gesammte Medicin 1842 (Zwei Fälle von Dickdarmeinschiebungen bei Kindern). Revidirt.

1511) **Nissen,** Woldemar Andreas (L. & S. No. 828); starb zu Altona den 5. (12.?) Febr. 1832 im 68. Lebensjahre. Er war auch Adjunct des Schleswig-Holsteinischen Sanitätscollegiums u. auswärtiges Mitglied des ärztlichen Vereins in Hamburg. Vergl. Alt. M. 1832, No. 23, Sp. 485. N. Nekrol. d. D. Jahrg. X, S. 891—892.

1512) **Nitzsch.** Ernst August Traugott, geb. den 1. Mai 1823 in Wittenberg, Sohn des nachfolgenden Gr. W. Nitzsch; besuchte die Kieler Gelehrtenschule bis 1843, studirte darauf die Rechte in Kiel u. Bonn, nahm 1848 am Kriege der Herzogthümer gegen Dänemark Theil, zuerst im Ranzau'schen Frei-, später im 2. Jäger-Corps; avancirte zum Officier und war Mitglied der Landesversammlung im Jahre 1850; war nach dem Kriege, nachdem er das juristische Examen bestanden hatte, zuerst U.-G.-A., später O.-G.-A. in Kiel, 1864 Polizeimeister in Schleswig, 1865 in gleicher Eigenschaft in Flensburg, wo er zugleich Rathsverwandter war, gegenwärtig Senator in Kiel.

Redigirte das landwirthschaftliche Wochenblatt für Schleswig, Holstein u. Lauenburg Jahrg. 5, 1855 bis Jahrg. 14, 1864. No. 20, vom 14. Mai. Kiel. 4. (Nach ihm setzte der Advocat Henr. Meier in Kiel die Redaction fort.)

1513) **Nitzsch,** Gregor Wilhelm (L. & S. No. 829), geboren den 22. November 1790 zu Wittenberg, Sohn des Generalsuperintendenten u. ersten Directors des Predigerseminars daselbst Karl Ludwig Nitzsch († 1831, Sohnes von Ludw. Wilh. Nitzsch); gebildet bis zu seinem 15. Jahre im elterlichen Hause von dem Vater u. Hauslehrern, dann in der Schulpforta unter dem wesentlichsten Einflusse des Professors Lange bis 1812; studirte dann an der Universität in Wittenberg, namentlich unter Lobecks Leitung, bis 1813, in welchem Jahre ihn im November der Aufruf der Verbündeten an die Sachsen in die Reihen der Deutschen Kämpfer in dem neuorganisirten Wittenberger Landwehrbataillon führte; er

9

avancirte am 25. Febr. 1814 zum Unter-Lieutenant; nach beendetem
Feldzuge 1814 trat er in eine ihm offen gehaltene Stelle an der
vaterstädtischen Gelehrtenschule ein, ging einige Zeit nachher als
Conrector an das Gymnasium nach Zerbst, aber 1819 im December
(1820?) in gleicher Eigenschaft an das Wittenberger Gymnasium
zurück; wurde am 6. März 1827 als ord. Prof. der Philologie und
Beredtsamkeit und Director des philolog. Seminars nach Kiel berufen, wo er am 2. Mai eintraf, am 4. Mai zum dr. phil. h. c.
creirt, u. am 8. Mai in sein Amt eingeführt wurde; seit 1. October 1834 ausserordentliches Mitglied der Schleswig-Holsteinischen
Regierung zum Behuf der Aufsicht über die Gelehrtenschulen der
Herzogthümer; den 28. October 1836 bis September 1848 R. v. D.,
seit September 1837 correspondirendes Mitglied der k. Gesellschaft
der Wissenschaften in Göttingen; er war auch Mitglied der k.
Dänischen Akademie der Wissenschaften; feierte am 15. April 1842
seine silberne Hochseit; litt in den Jahren 1843 bis 1845 an wiederholten Krankheitszufällen; wurde am 4. Juni 1852 seiner Aemter mit mehreren seiner Collegen entsetzt; wurde zum 18. October
1852 als Professor der Philologie nach Leipzig berufen, wo er bis
an seinen Tod wirkte; er starb den 22. Juli 1861. — Verh. mit
Auguste, der ältesten Tochter des Prosectors an der Wittenberger
Universität, Vogt. — Vergl. über ihn noch N. St. M. X, S. 474;
Fr. Lübker: Greg. Wilhelm Nitzsch in seinem Leben u. Wirken
(Jena 1864.); Alt. Merk. 1864 Beil. zu No. 275; Bezug auf ihn
nimmt: Fr. Rieck: Pädagogische Briefe. Aus der Erinnerung an
Gr. W. Nitzsch. (Bielefeld u. Leipzig 1866. 8.)

Von ihm noch ausser den 6 im L. & S. angeführten Schriften *):
I) Selbstständige Schriften:
7) Erklärende Anmerkungen zu Homers Odyssee. Bd. 2 Erklärung des 5.—8.
Gesanges. Hannover, Hahn, 1831. 8. LXIV u. 231 SS. Bd. 3 Erklärung
des 9—12. Gesanges. Das. 1840. 8. XXXV u. 409 SS. Besprechungen
über dieses Werkes 1. Bd. vergl. Becks Repertorium 1827, II, S. 90 ff.
Schulzeitung 1826, II, Liter. Bl. 27; Heidelberger Jahrbb. 1826 H. 12, S.
1233—1240. Gött. Gel. Anzz. 1827, St. 28, S. 265—280 (v. Dissen), Seebodes Krit. Bibl. 1826, H. 7 S. 679 ff. (v. Gräfenhan) u. H. 11 S. 1085 bis
1131 (v. E. R. Lange), Jahns Jahrbb. IV, 2, S. 117—130 (von Baumgarten-
Crusius).
8) De historia Homeri maximeque de scriptorum carminum aetate meletemata.
Fasc. I, Hannoverae, Hahn, 1830. 4. VI u. 170 SS. Fasc. II, 1837. 4.
XX u. 144 SS.

---

*) Vergl. das Schriftenverzeichniss von mir in dr. Lübkers oben citirter Schrift
S. 188—193.

9) Die Heldensage der Griechen nach ihrer nationalen Geltung. Kiel, Schwers-sche B., 1841. 8. 93 SS. Besonders abgedruckt aus den Kieler philologi-schen Studien. S. Zeitschrift f. die Alterthums-Wissenschaft 1844 No. 46. Gött. Gel. Anz. 1843, S. 436 ff.

10) Ueber Reform der Gymnasien als allgemeiner Bildungsanstalten. Ein päda-gogisches Gutachten mit Bezug auf die Gymnasialanstalten Schleswig-Holsteins und die Projecte der Rendsburger Lehrerversammlung. Kiel, K. Schröder & Co., 1849. 8. SS. 50. Vergl. Mützell's Zeitschr. f. Gymnasialwesen 1849 S. 846 ff.

11) Die Sagenpoesie der Griechen. Kritisch dargestellt. Drei Bücher. Braun-schweig, Schwetschke u. Sohn, 1852. 8. XIV u. 662 S. Rec. v. Schömann in Neuen Jahrbb. f. Philol. u. Pädagogik 69, S. 3, 129 ff.

12) Beiträge zur Geschichte der epischen Poesie der Griechen. Leipzig, B. G. Teubner, 1862. 8. VIII u. 422 SS. Rec. v. W. Ribbeck in Zeitschr. f. Gymnasialwesen 1863 S. 427 ff., Neigebaner in Heidelb. Jahrbb. 1863 No. 20 S. 305 sqq. u. Liter. Centralbl. 1863 No. 4, S. 89 ff.

II) Kieler Universitätsprogramme zur Feier des landesherrlichen Geburtstages: Ueber die schon im L. & S. angeführte: Jndagandae per Homeri Odysseam interpolationis praeparatio P. 1 vergl. Chronik der Universität Kiel, Sommer 1828, S. 13. Jahns Jahrbb. Jahrg. IV, 1829, Bd. IX, H. 1 S. 84 ff.

13) Historiae criticae Homeri initia quaedam. Kiliae 1829. 4. SS. 32.

14) Historiae criticae Homeri initia continuata. Kiliae 1830. 4. SS. 33—69.

15) De Aristotele contra Wolfianos sive de carminibus cycli Trojani recte inter se comparandis disputatio. Kiliae 1831. 4. S. 72.

16) De Platonis Phaedro commentatio varia, cap. I—III. Kiliae 1833. 4. SS. 46.

17) Meletematum de historia Homeri fascic. II p. II: Sententiae veterum de Ho-meri patria et aetate accuratius digeruntur. Kiliae 1834. 4. SS. 51.

18) Eorundem meletematum fasc. II p. III: De rhapsodis aetatis atticae dissertatio. Kiliae 1835. 4. SS. 39.

19) Eorundem meletematum fasc. II p. IV: De memoria Homeri antiquissima commentatio. Cap. I et II. Kiliae 1837. 4. 40 SS.

20) Eorundem meletematum de historia Homeri fasc. II, comm. IV particula, in qua disputatur de Pisistrato Homericorum carminum instauratore ad scholion Plautinum nuper repertum. Kiliae 1839. 4.

21) De apotheosi apud Graecos vulgatae caussis dissertatio. Kiliae 1840. 4. 15 SS.

22) De Eleusiniorum ratione publica commentatio. Kiliae 1842. 4. 29 SS.

23) De Eleusiniorum actione et argumento commentatio. Kiliae 1846. 4. 34 SS.

III) Lateinische Proömien zu den halbjährlichen Lectionsverzeichnissen der Kieler Universität:

24) Quantum possit humana natura quantumque divino auxilio debeat. Sep-tembr. 1827. 4.

25) Recte discendum esse, tum quid communis natura requirat, tum quo sua quemque ducat. Mart. 1828. 4.

26) De literatura Graecorum non tam magistra quam studiorum adjutrice. Sep-tembr. 1828. 4.

27) De re libraria veterum. Mart. 1829. 4.

28) Aliud esse alere, aliud nutrire, aliud percellere, aliud percutere. August. 1829. 4.

29) De collocatione verborum. Mart. 1830. 4.

30) De judiciis divinis. Septembr. 1830. 4.

31) Horatii epistolarum libri I carmen III cum versione germanica proposuit. Febr. 1831. 4.

32) Libros multiplices faciendi nullus finis. Septembr. 1831. 4.

33) De loco in Taciti annalium libr. I c. 32. April. 1832. 4.

34) De vocabulis neque — neque, ne — quidem, οὔτε — οὐδέ, aliquis, quispiam, quisquam, ullus. Septembr. 1832. 4.

35) De Platonis Phaedri loco 260. Mart. 1833. 4.

36) De historiae et fabularis memoriae discrimine. Octobr. 1833. 4.

37) Graecos de artium primordiis mirificâ sollertiâ fabulas plurimas confinxisse. Mart. 1834. 4.

38) De heroibus eorumque imaginibus ad opinionum popularium speciem conformatis. August. 1834. 4.

39) De verborum in carminibus Homericis οἷοι νῦν βροτοί εἰσι sensu. Febr. 1835. 4.

40) Contra Odofr. Muelleri in explicationibus Eumenidum Aeschyli locum p. 129—137 disputatur. Septembr. 1835. 4.

41) De Sophoclis Antigonae argumento pauca. Febr. 1836. 4.

42) Antigonae Sophocleae sententiam in contentione divinae et humanae legis versari Sept. 1836. 4.

43) De ὑποβολῆς vocabuli sensu. Febr. 1837. 4.

44) Commentatio de quibusdam Sophoclis, Taciti et Euripidis locis ad instituendum interpretem insignibus. Mart. 1838. 4.

45) Narratio brevis de Lobeckii Aglaophamo. Sept. 1838. 4.

46) Ad Lobeckii Aglaophamum corollarium I de sacerdotibus Graecorum. Mart. 1839. 4.

47) Ad Lobeckii Aglaophamum corollarium II. Septembr. 1839. 4.

48) Disputatio de hermeneutice ad loc. ex Aeschyli Eumenidibus. Mart. 1840. 4.

49) De dissidio quod menti est cum materia. Septembr. 1841. 4. Steht auch vor dem Sommer-Index 1845.

50) De fide Platonicorum operum. Mart. 1842. 4.

51) De lege aeterna in Graecorum fabulis. Septembr. 1842. 4.

52) De tragoedia Graecorum quaedam. Mart. 1843. 4.

53) De lege mundana in Graecorum tragoedia. Mart. 1844. 4.

54) De Aristotele tragoediae suae potissimum aetatis existimatore. Mart. 1846. 4.

55) Praefatio brevis de Platone suae aetatis doctore et castigatore. Febr. 1847. 4.

56) Admonitio de antiquitatis religionibus christianismo recte comparandis. Mart. 1849. 4.

57) Praefatio de Plutarcho theologo et philosopho populari. April 1849. 4.

58) Disputatio de Demosthene tali, qualem Plato requisivit oratorem. Mart. 1850. 4. S. Jahns Jahrbb. 70, S. 501. Mehrere dieser Proömien sind in Seebode's Archiv für Philol. u. Pädagogik 1828 No. 71, S. 566—568 und 4, nemlich die vor dem Index des Wintersemesters 1833—1834, des Sommersemesters 1834, des Wintersemesters 1834—35 u. des Sommersemesters 1835 in Neue Jahrbb. für Philol. u. Pädagogik v. Seebode, Jahn u. Klotz, Supplement Bd. IV, H. 1, S. 41—49 s. t. „Greg. Guil. Nitzschii disputationes quatuor, in indicibus scholarum academiae Kiliensis primum editae nunc typis repetitae" wieder abgedruckt.

IV. Im akademischen Auftrage verfasste Memorien auf:

59) B. G. Niebuhr 1830. 4. Wieder abgedruckt in der Kieler Univers.-Chronik 1830 S. 38—41.

60) A. F. Lüders 1831. 4. Wieder abgedruckt in der Kieler Universitäts-Chronik 1831 S. 20—33 u. übersetzt v. J. Matth. Redling in den Schlesw.-Holst.-Lauenb. Prov.-Berr. 1832, S. 407—415.

61) N. Th. Reimer 1832. 4.

62) A. W. Cramer 1833. 4. SS. 27. Steht auch in A. W. Cramers Leben u. Schriften herausgegeben von H. Ratjen. Leipzig 1837. 8. S. 1—22.

63) C. G. Deckmann. 1837. 4. SS. 8.

64) G. S. Francke. 1840. 4.

65) C. R. W. Wiedemann. 1841. 4. SS. 15.

66) C. H. Pfaff. 1852. 4. Steht auch in Lebenserinnerungen v. Christoph H. Pfaff, herausgeg. von H. Ratjen. Kiel, Schwers, 1854. 8. S. XI—XXXI.

V) Akademische Reden:

67) De historiae studio quodam ad omnis vitae, quam eruditi agunt, constantiam utilissimo. Kiliae 1831. 8.

68) Oratio natalitiis regis augustissimi ac sercuissimi Friderici VI celebrandis auctoritate academiae Kiliensis die XXVIII. m. Januar. 1831 recitata. Kiliae 1831. 8.

69) Oratio natalitiis regis augustissimi ac serenissimi Friderici VI celebrandis auctoritate academiae Kiliensis die XXVIII. m. Januar. 1836 recitata. Kiliae 1836. 8.

70) De universitatum literarum munere ac dignitate. Kiliae 1841. 4.

71) Gedächtnissrede bei der Todtenfeier Sr. Maj. K. Christian VIII. am 26. Febr. 1848 im gr. akadem. Hörsaale zu Kiel gehalten u. gemäss dem Wunsche des Consistorii in Druck gegeben. Kiel 1848. 8. SS. 18.

Das schon im L. & S. angeführte lateinische carmen nebst Deutscher Uebersetzung zur Vermählung Sr. Königl. Hoh. des Prinzen Friedrich Carl Christian (nachmaligen Königs Friedrich VII.) den 1. November 1828 steht auch in der Chronik der Universität Kiel 1828—1829. S. 14.

72) Ode auf die Vermählung S. K. Hoheit des Prinzen Friedrich Ferdinand von Dänemark u. Ihrer K. Hoheit der Kronprinzessin Karoline am 1. Aug. 1829. Steht auch in Chronik der Universität Kiel 1829. S. 31—34.

73) Von ihm ist der Artikel „Odyssee" in Ersch u. Grubers Encylopädie, Sect. 3, Th. 1, Leipzig 1830, S. 384—409.

Recensionen in der Halle'schen allgem. Liter.-Zeitung z. B. über Günther de usu praepositionum apud Homerum. — In Neue Jahrbb. f. Philologie u. Pädagogik von Seebode u. Jahn Jahrg. 1, Bd. 2, 1831, p. 3—13 (Rec. über K. Lehrs: Quaestionum epicarum specimen I. (Regiomonti 1825) u. über Moritz Moser: De Iliade Homerica quaestiones (Halae 1830. 4.). — Im Rheinischen Museum v. Welcker u. Ritschl N. F. XI, 1856, S. 466—470 (Zur Kritik des Sophokl. Oedipus Colon. v. 367, v. 525 u. v. 1534), S. 471—473 (Zur Kritik von Platons Staat II); Jahrg. XII, 1857, 134—36 (Zur Kritik des Plautin. Trinummus II, 2, 68, 87, 367, 675); S. 136—138 (Ueber den Anfang von Cicero's de legibus); S. 399—418 (Scholae in Platonis Phaedrum). — Im Philologus Jahrg. XII, 1857, S. 1—11 (Anfänge einer Hermeneutik der Griechischen u. Römischen Schriftsteller in Beispielen); Jahrg. XVI, 1860, S. 151—154 (Die Apostrophe in Ilias u. Odysseo); XVII, 1861, S. 1—28 (Die Angriffe auf die belobte Einheitlichkeit der Odyssee I, II). — In Fleckeisens Jahrbb. für class. Philol. VI, p. 365 ff. (Der Apolog in der Odyssee ι—μ als Selbsterzählung). — In der allgemeinen Monatsschrift für Literatur v. Ross u. G. Schwetschko Bd. 1, Halle 1850, S. 297—306 (Die Sagenpoesie der Griechen in ihren Hauptarten Epopoe u. Tragödie); 1852, Januar-H., S. 11—48 (Die Sagenpoesie der Griechen mit besonderem Bezug auf die trilogische Tragödie.) — In Zeitschr. f. die Alterthumswissenschaft 1856 No. 44 (Zwei Interpolationen der Antigone des Sophocles); 1857, No. 47 (Zusätze zu dem vorstehenden Aufsatze). — In den Kieler philol. Studien S. 371 ff. (Die Heldensage der Griechen nach ihrer nationalen Geltung). — Ein Beitrag von ihm steht auch im Alton. Merkur v. 1850 (?). — Ansichten v. ihm über das classische Alterthum, über Gymnasialbildung u. Unterricht sowie verschiedene Briefe stehen in dr. Lübkers Schrift über ihn. S. 117 ff. —

1514) **Nitzsch,** Karl Wilhelm, geb. den 22. December 1818 in Zerbst, ältester Sohn des vorhergenannten Gregor Wilhelm Nitzsch, kam in seinem achten Jahre, im Jahre 1827, mit seinen Eltern nach Kiel, wo er die Gelehrtenschule besuchte bis 1837; nachdem er darauf bis Ostern 1839 noch das Gymnasium in Wittenberg frequentirt hatte, studirte er Geschichte u. Philosophie in Kiel und Berlin, wo vorwiegend Rancke sein Lehrer war; wurde im April 1842 in Kiel dr. philos., machte vom Herbst 1842 bis dahin 1843 eine wissenschaftliche Reise nach Italien u. Sicilien, wurde nach seiner Rückkehr Privatdocent der Geschichte in Kiel, im Herbst 1848 zum ausserordentlichen Professor u. im Jahre 1858 zum ordentlichen Professor daselbst ernannt, erhielt im Jahre 1862 einen Ruf als Prof. der Geschichte nach Königsberg, den er annahm.

1) Polybius. Zur Geschichte antiker Politik u. Historiographie. Kiel 1842. 8. IV. u. 141 SS. S. Gött. Gel. Anzz. 1844, S. 1788.

2) Die Gracchen u. ihre nächsten Vorgänger. Berlin 1847. 8. Rec. in Jahn's Jahrbücher f. Philol. 1848, Bd. 53, S. 243—272 (v. Gerlach).

3) Das Taufbecken der Kieler Nikolaikirche. Programm zur Generalversammlung der Schleswig-Holstein-Lauenburgischen Gesellschaft für vaterländische Geschichte, den 3. Juli 1856. Kiel 1856. 8. Rec. Gött. Gel. Anzz. 1856, p. 1243.

4) Vorarbeiten zur Geschichte der Staufischen Periode. Erster Band. A. u. d. T.: Ministerialität u. Bürgerthum im 11. u. 12. Jahrhundert. Ein Beitrag zur Deutschen Städtegeschichte. Leipzig, B. G. Teubner, 1859. gr. 8. Rec. Gött. Gel. Anz. 1859, S. 1721—1742, Sybels histor. Zeitschr. II, p. 443 ff.

5) Das alte Ditmarschen, ein Vortrag. Kiel 1862. 8.

6) De chronicis Lubecensibus antiquissimis. Regiomonti 1863. 4.

Im „Ausland" 1844, No. 178 ff. (Bemerkungen auf einer Reise durch Sicilien im Sommer 1843); 1845, No. 7 ff. (Das Tavoliere di Puglia). In der „allgemeinen Monatsschrift für Wissenschaft u. Literatur (Halle, Braunschweig) 1854, S. 67—84 (Quintus Fabius Pictor); S. 350 ff. (Der Holsteinische Adel im XII. Jahrh.). — In den „nordalbingischen Studien" Bd. VI, 1851, S. 1—21 (Neuere Beiträge zur Geschichte Christian IV. u. Friedrich III.); S. 238—239 (Die

Hufen des Amtes Bordesholm, die im 30jährigen Kriege contributionsunfähig geworden). — In den Jahrbb. f. die Landeskunde Bd. 1, 1858, S. VII—XXIV (Jahresbericht der Schleswig-Holstein-Lauenb. Gesellschaft für vaterländische Geschichte am 9. Juli 1858); das. S. 103—115 (Nachwort zu „Karl Ross. Ein Nekrolog von Ludw. Ross"); S. 128—132 (Nachträge zu: „Das Taufbecken der Kieler Nicolai-Kirche"); S. 335—355 (Das sächsische Heergewäte u. die Holsteinisch-Ditmarsische Bauernrüstung); Bd. III, 1860, S. 83—150 (Die Geschichte der Ditmarsischen Geschlechterverfassung); V, 1862, S. 97—118 (Zur Geschichte der gutsherrlich bäuerlichen Verhältnisse); S. 289—328 (Schleswig, Soest, Lübeck). — In Pauly's Real-Encyclopädie lieferte er die Artikel aus der Königszeit der Römischen Geschichte mit Ausnahme des Ancus Marcius. — In Fleckeisens Jahrbb. f. Philol. Bd. 73, H. 11 u. 79 H. 6 u. 9 (Recension von Mommsens Römischer Geschichte). — In Schmidts Zeitschr. für Geschichtswissenschaft Bd. IV (über den neuesten Stand der Geschichtsschreibung der Römischen Republik). — In Sybels historischer Zeitschrift Bd. 3 (Staufische Studien), Bd. 7 (Das Verhältniss von Heer u. Staat in der Römischen Republik), Bd. 11 (Römische u. Deutsche Annalistik u. Geschichtsschreibung. Eine kritische Parallele). Ebendaselbst einige kleinere Anzeigen in verschiedenen Bänden. — In den neuen Kieler Blättern von K. Lorentzen 1849, S. 219—228 (Asmus Jacob Carstens). — Revidirt.

1515) **Nöldeke,** Theodor, geb. den 2. März 1836 in Harburg, studirte die orientalischen Sprachen in Göttingen, dr. philos. habilitirte sich in Göttingen als Privatdocent, certirte 1856 glücklich um einen von der Göttinger Akademie ausgesetzten Preis mit der ersten der untenverzeichneten Schriften, später mit der 3. untenverz. Schrift um einen von der Akademie „des inscriptions" gestellten Preis, wurde 1864 ausserord. Prof. der orientalischen Sprachen in Kiel.

1) De origine et compositione surarum Qoranicarum ipsiusque Qorani. Göttingne 1856. 4.

2) Ueber das Kitâb Jamînî des Abû Nasr Muhammad Ibn Abd al Gabbâr al Ulbi. Wien 1857. 8. Aus dem Januar-H. 1857 der Sitzungsber. der philos.-hist. Classe der Akad. der Wissensch. zu Wien.

3) Geschichte des Qorans. Eine von der Academie des inscriptions gekrönte Preisschrift. Göttingen 1860. 8. Rec. Gött. Gel. Anz. 1860, S. 1441—1457.

4) Das Leben Muhammeds nach den Quellen populair dargestellt. Hannover 1863. 8.

5) Beiträge zur Kenntniss der Poesie der Araber. Hannover 1864. 8. S. Gött. Gel. Anzz. 1863, S. 1917—1920.

6) Ueber die Amalekiter und einige Nachbarvölker der Israeliten. Göttingen 1864. 8. Rec. Gött. Gel. Anzz. 1864, S. 281—285.

Beiträge zu Zeitschriften:

a) In Zeitschrift der Deutschen morgenländischen Gesellschaft u. A. Bd. XII, 1858, p. 220 ff. (Volksthümliche Geschichte Sûleimâns des Ersten); p. 699 ff. (Hatte Muhamad christliche Lehrer?); XIII, 1859, p. 333 ff. (Auszüge aus Nesri's Geschichte des osmanischen Hauses); XVIII, 1864, p. 176 ff. (Ueber den Diwân des Abû Tâlib und den des Abû Jaswad Adduali). b) In „Orient und Occident" herausgeg. v. Benfey Bd. 1, 1862, 689 ff. (Beiträge zur altarabischen Literatur und Geschichte I: Laqît b. Yamar); p. 567 (Das Zahlwort für Zehn im Arabischen u. Hebräischen); p. 755 (Rec. über Lehrbuch der hebr. Sprache v. J. Olshausen). — c) In Ersch u. Grubers Encyclopädie Sect. 1, Th. 66, p. 238

(Ghaznaviden). — d) In Abhandll. der Gesellsch. der Ww. zu Göttingen X, 1862
(Ueber die Mundart der Maudäer); Bd. XI, 1864, phil.-hist. Classe, p. 231 (Die Gedichte des Urwa ibn Alward). — c) Recc. in den Gött. Gel. Anz. 1860, S. 691—701
(über W. Wright: opuscula Arabica); 1861, S. 1077—80 (über Fr. Dieterici Mutanabbii
carmina); S. 1241—46 (über Juynbole: Specimen literis orientalibus); 1862, S. 541
bis 547 (über Fürst: hebräisches n. chaldäisches Handwörterb.); S. 750—755 u. 1865,
S. 721—731 (über A. Sprengers: das Leben n. die Lehre des Muhammed); 1862,
S. 808—814 (über de Meynard et de Courteille: Collection d'ouvrages orientaux);
S. 924—929 (über de Goeje: Memoire sur les Carneathes du Bahrain); S. 1031
bis 1036 (über Krehl: Recueil des traditions Mahométans); S. 1047—1048 (über
Rodwell: The Koran translated); S. 1108—1120 (über Volkmar: Eine neutesta-
mentliche Entdeckung); 1863, S. 264—269 (über wissenschaftliche Blätter aus der
Heine-Ephraimschen Lehranstalt); S. 714—720 u. 1234—1238 (Ueber Ibn-el-Athiri
chronicum perfectissimum); S. 812—821 (über Brockhaus: die Transscription des
arabischen Alphabets); S. 873—890 (über H. Krüger: der Feldzug des Aulius
Gallus nach dem glücklichen Arabien); 1864, S. 851—864 (über Wetzsteins ausgewählte Griech. u. Lat. Inschrr.); S. 1144—1150 (über Wright: The Kâmil of el-
Mubarrad); 1865, S. 68—73 u. S. 2012—2017 (über Ibn-el-Athiri chronicon perfectissimum); S. 575—582 (über Bickell: de indole ac ratione versionis Alexan-
drinae in interpretando libro Job); S. 1047—1054 (Ueber Recueil des traditions
Mahomet.); S. 1304—1314 (über Kohn: de Pentateucho Samaritano); S. 1658 bis
1663 (über al Makdisi: homonyma); S. 1747—1753 (über de Goeje: Historia
chalifatus Omari IL). — f) In den den Gött. Gel. Anzz. verbundenen „Nachrichten
v. der Georg-August-Universität" 1862, No. 20 (Ueber einige Samaritanisch-Ara-
bische Schriften, die hebräische Sprache betreffend).

1516) **Nötel,** Christian, geb. den 10. Juni 1825 zu Klein-
Collmar, Sohn des Müllers Johann Peter Nötel daselbst u. der
Catharine geb. Freese; besuchte v. Mich. 1841 bis dahin 1845 die
Gelehrten-Schule in Glückstadt, von Michaelis 1846 an 3 Jahre das
Seminar in Segeberg unter Prof. Asmussen u. den Lehrern Martens
und Kardel, wurde 1849 mit dem 2. Char. m. A. examinirt u. ist
seit November desselben Jahrs Lehrer am Neuendeich bei Glückstadt.

Bausteine zum Gebrauch beim Leseunterricht. Erster Theil: die Fibel. Glück-
stadt 1859. 8. Schulzeitung 1859'60, No. 7, 11, Selbstanzeige, dann Roc. No. 13.
Veröffentlichte in der Glückstädter „Fortuna" 1861 im October u. 1862 im
Juli u. August einige Artikel die Stenographie betreffend. Revidirt.

1517) **Nolte,** Ernst Ferdinand (L. & S. No. 830), dr. med.
et chir. war er den 16. Sept. 1817 zu Göttingen geworden; seit
25. Juli 1826 ausserord. Prof. der Botanik in Kiel, bereiste im Sommer
1831 die Herzogthümer Schlesw.-Holst. u. Lauenb. zum Behuf einer
von ihm herauszugebenden Landesflora, wurde im November 1864
Mitglied der Leopoldinischen Naturforscher-Societät. Verg. Callisens
med. Schriftst.-Lexic. Bd. XIV, S. 42.

Von ihm noch: Unter seiner Mitwirkung gab Lars Hansen (vgl. den Artikel
No. 715) heraus: Pan der Herzogthümer Schleswig u. Holstein mit einer kurzen
gedruckten Beschreibung 1. u. 2. Centurie 1847.

(Hans Detlev Prien) in der Chronik der Universität Kiel 1831, S. 39 –41. ÷

1518) **Nolte,** Johann Heinrich, geb. den 15. August
1829 in Kiel, Sohn des vorhergenannten Ernst Friedr. Nolte u. der
Julie geb. Pfaff († um Neujahr 1861); studirte, nachdem er die
Kieler Schule besucht hatte, die Rechte bis 1855, in welchem Jahre
er um Michaelis mit dem 2. Char. m. A. das juristische Amtsexamen
machte; promovirte als dr. jur. im Febr. 1856 in Kiel; widmete
sich seit Ostern 1859 dem Studium der Theologie u. wurde 1863
im October in Glückstadt mit dem 2. Char. m. A. examinirt.

De bona fide praescribentis ex jure canonico ad interpretationem c. ultima X
de praescriptione 2, 26 diss. innugur. Kiliae 1856. 4. SS. 18.

1519) **Nommensen,** Ipke, geb. auf der Hallig Oland,
Tondernscher Seminarist, examinirt 1843 mit dem 2. Char. m. s. r.
A., zuerst Schullehrer u. Küster zu Riesum, dann zu Nieblum auf
Föhr, wo er (wohl 1863) gestorben ist. — Mitgetheilt.

In (Asmussens) Schl.-Holst. Schulbl. XII, 1850, S. 361—362 (Ansprache an
die theuern Collegen in Schleswig-Holstein); XXI, 1859, S. 149—151 (Feier des
25. Amtsjubiläums des Schullehrers Volk Arfsten in Alkersum auf Föhr).

1520) **Noodt,** Christian August (L. & S. No. 831). Starb
21. October 1802 zu Oldesloe. Sein Sohn J. Noodt war Advocat.

1521) **Nootbaar,** Johannes, geb. 1835 in Friedrichstadt,
Sohn eines Glasermeisters N. daselbst, besuchte zuerst die Schule
der Remonstranten-Gemeinde, dann die allgemeine Stadtschule unter
dem Rector Biernatzki das., erlernte später bis 1855 den Buchdruck
in Eckernförde, hielt sich darauf einige Jahre als Correspondent
für verschiedene Blätter in Hamburg u. Deutschland in Kopenhagen
auf u. ging in den 60ger Jahren nach Hamburg, wo er in gleicher
Weise thätig war.

Wie steht es jetzt um Stavenow? Hamb. 1862. 8.

In der Redaction des „Hamb. Correspondenten" stand er 1863 u. 1864 dem
Hauptredacteur M. Runkel zur Seite, namentlich für alle die nordischen Länder
betreffenden Artikel. Correspondent war u. ist er für eine Reihe Deutscher Tagesblätter, wie namentlich die Kölnische Zeitung u. verschiedene Berliner Blätter.
Schon von Eckernförde aus war er stehender Correspondent für den Alton. Merk.

1522) **Nopitsch,** Wilhelm Hermann, geb. den 28. Oct.
1818 in Altona, Sohn des Kaufmanns August Karl Nopitsch daselbst u. der Elisabeth geb. v. Schott; gebildet in der Lehranstalt
des verstorbenen Michael Andresen in Altona; widmete sich dem
Kaufmannsstande, zunächst seit 1834 auf dem Comtoir der Altonaer

Firma M. Matthiessen & Co. (deren jetziger Chef Theod. Reincke); wurde 1845 auf Vorschlag des Kopenhagener Commerzcollegiums v. König Christian VIII. zum commerciellen Mitgliede der Erd-umsegelungs - Expedition mit der Corvette „Galathea" ernannt; kehrte von dieser Reise Ende 1848 über die Verein. Staaten zurück u. arbeitete das unten verzeichnete Werk „Kaufmännische Berichte" aus; stellte sich 1848 dem Deutschen Reichsministerium für Handel etc. zur Disposition, ging aber, da es an Gelegenheit zur passenden Ver-wendung fehlte, in die practische kaufmännische Carriere zurück. Er trat 1850 wieder in die Firma M. Matthiessen & Co. als Theil-haber ein; ist seit 1864 const. Dispacheur (bei Aufmachung von Seeschäden etc.) für die Herzogthümer; auch ist er Mitdirector des Feuer-Assecuranz-Vereins in Altona, sowie im Unterstützungs-Institut u. der Direction der Sparcasse, Mitdirector der Sonntags-schule u. Mitvorstand des Altonaer Museums, speciell für die ethno-graphische, antiquarische u. numismatische Section; früher war er auch Director des Bürgervereins; 1839 Präses der Altonaer Lieder-tafel u. v. 1852 Präses der Singacademie. In den letzten Jahren war er auch Präses des Altonaer Schleswig-Holsteinischen Vereins und Mitglied des Verwaltungsraths der Schleswig-Holst. Zeitung.

1) Kaufmännische Berichte, gesammelt auf einer Reise um die Welt mit der Kriegscorvette Galathea in den Jahren 1845, 1846 u. 1847. Ein Handbuch für Handels- u. Gewerbs-Statistik u. für den practischen Deutschen Kaufmann, Fabrikanten u. Schiffsreeder. Hamburg, in Commission bei Perthes, Besser u. Mauke, 1849 8. XX u. 585 SS. Rec. Beil. zum Preuss. Staats-Anzeiger 1850, No. 10, vom 10. Januar, S. 57 u. 58.

2) * Jahrbücher der Altonaer Sing-Akademie. Erstes Heft. 1860. Herausgegeben v. einem Mitglied des Vereins. Altona, Lehmkuhl & Co. (1860). 8. SS. 80. Rec. Jahrbb. f. d. Landeskunde III, 1860, S. 457—459.

Er hielt 1850/51 über seine Reise um die Welt einige nicht kaufmännische Vorträge im Altonaer Bürgerverein u. daselbst 1866 auch desgleichen über anti-quarische Gegenstände, Alter des Menschengeschlechts, über Pfahlbauten, Stein-u. Broncealterthümer; ausserdem 1864/66 vielfach über politische Gegenstände. — Er lieferte in Zeitschriften u. Tagesblättern diverse Artikel, Kritiken über Musik u. musikalische Gegenstände. Gleichfalls hat er in den letzten Jahren diverse politische Artikel in Zeitschriften geliefert. — Revidirt.

1523) **Nordheim,** Julie (L. & S. No. 832). Ist nach Erslew II, S. 458 u. 459 eine pseudonyme „vornehme Dame" in Kopen-hagen. Ob demnach aus Schleswig-Holstein, wie im L. & S. steht, ist die Frage.

Im Erslew wird von ihr noch angeführt: Romantische Erzählungen. Heraus-gegeben v. dr. Barries. Hamburg 1823.

O.

1524) **Oehlers,** Johann Christian (L. & S. No. 833), seit 1819 ausübender Arzt in Crempe, wo er noch lebt.

Im Itzeh. Wochenbl. 1831, Sp. 386—387 (Ueber Asiatische Cholera. Antwort darauf v. dr. F. A. Dührssen in Meldorf in No. 32, Sp. 403—404); andere kleinere Beiträge in den Jahren 1830—1833. — In Pfaffs Mittheill. I, 1832, H. 3 u. 4, S. 239—242 (Die Choleraepidemie in Crempe); S. 243—265 (Bruchstücke aus seinen über die Cholera gesammelten Bemerkungen). — Kleine Aufsätze im Kieler Corresp.-Bl. 1831.

1525) **Oertling,** Friedrich Ernst Christian (L. & S. No. 834); er starb zn Bornhöved den 2. Febr. 1637. Verh. mit Kunigunde Sophie geb. Buhr († 12. März 1831). Vergl. über ihn Neuen Nekrol. d. D. XV, S. 1120. Itzeh. Wochenblatt 1832, No. 19, Sp. 369 u. 370, N. St. M. 8, S. 139, X, S. 474. Hofr. dr. Meyers Reiseskizzen (Frankf. a. M. 1831) S. 75—77.

Von ihm noch:

Maneologisches (nicht etwa auf Scheintod zu beziehendes) Bedenken über das Beerdigen wirklich verstorbener Personen in dicht verschlossenen Särgen. Lübeck, Commission der v. Rhodenschen Buchh., 1830. 8. SS. 22. Rec. N. Prov.-Berr. 1831, S. 148—151. Vergl. unter H. L. Schröder.

Nachdenken über alle ihm zu Gesicht gekommenen gedruckten u. schriftlichen Beurtheilungen seines im Jahre 1830 im Druck erschienenen manoologischen Bedenkens über das Beerdigen (nicht etwa nur scheintodter, sondern) wirklich verstorbener Personen in dicht verschlossenen Särgen. Hamburg, Hoffmann & Campe, 1833. 8. SS. 29. Rec. Prov.-Berr. 1833, S. 497—98.

In den „Prov.-Berr." 1829, H. 4, S. 595—603 (Was ist Wahrheit?). Im „Hamb. Corresp." 1832, No. 160 (Vertheidigung gegen Hofrath dr. Meyer in seinen Reiseskizzen, S. 75—77; vergl. Itzehoer Wochenbl. 1832, No. 19, Sp. 369—370). Lieferte kleine versificirte Beitrr. zum „Itzehoer Wochenbl." 1833 u. diverse Gedichte u. Aufsätze im „Plöner u. Segeberger Wochenblatt".

1526) **Oesau,** Claus, geb. am 13. Mai 1804 im Dorfe Kathen in der Wilstermarsch, Sohn des Hofbesitzers gleichen Namens das. u. der Margaretha geb. Thode; unterrichtet in den Districtsschulen zu Kathen u. Damfleth von dem späteren Rechenmeister Jacob Brodersen in Lütjenburg; war dann zuerst Landmann bis 1827, bis September 1829 Soldat; dann Privatlehrer im Rechnen u. den Elementen der Mathematik in Hamburg-Altona bis 1834, dann 2 Jahre Gehülfe bei der Gradmessung unter Conferenzrath Schumacher, darauf bis August 1842 im Herzogthum Lauenburg Aufseher beim Bau der

Berlin-Hamburger Chaussee und später Chausseegeld-Einnehmer; kam dann in den Dienst der Altona-Kieler Eisenbahn-Gesellschaft beim Bau als Sections-Ingenieur u. darauf als Bahn-Ingenieur bis 31. Januar 1854; privatisirte dann bis März 1856; projectirte 1856 u. 1857 mit dem k. dänischen Ingenieur-Corps die Bahnlinie in Jütland, die 1858 in Kopenhagen ausgearbeitet wurde; war v. 1859 bis zum 1. Februar 1864 Bahningenieur der Rendsburg-Neumünster-Eisenbahngesellschaft; seitdem privatisirt er wieder als Landmesser u. Civilingenieur.

1) * Ueber den Bau u. die Verwaltung der Altona-Kieler Eisenbahn genannt König Christian VIII. Ostseebahn. Kiel, Næck, 1855. 8. SS. 67.

2) Bemerkungen über das Unglück auf der Eisenbahn am 29. Aug. 1855. Kiel, Næck, 1855. 8. 9 SS.

3) * Beleuchtung der gedruckten Zuschrift: An die Herren Actionaire der Altona-Kieler Eisenbahngesellschaft. Mit diversen Anlagen zur Beweisführung durch die Acten. Kiel 1855. 8. SS. 58.

Verschiedene Artikel über Eisenbahn-Anlagen, namentlich im Westen Holsteins u. einige über politische Tagesfragen, sämmtlich anonym, sowie einige andere — polemische — Artikel in Bezug auf eine von ihm gemachte Erfindung eines Apparats zum Imprägniron von Eisenbahnschwellen u. anderer Bauhölzer im „Alt. Merkur", den „Hamburger Nachrichten", dem „Itzehoer Wochenblatt" den „Itzeh. Nachrichten" (u. A. 1867, No. 22 u. No. 46: Ueber Bildungen von Genossenschaften für Culturswecke), dem „Kieler Corresp.-Bl." u. der (Hamburger) „Reform". Revidirt.

1527) **Oest,** Johann Friedrich (L. & S. No. 835). Vergl. über ihn noch N. St. M. X, S. 474, Witt's Jugendleben S. 13. Ersl. II, S. 483.

Von ihm noch: In C. J. R. Christianis Beiträgen zur Veredelung der Menschheit (Kopenh. 1795—1798.) Bd. 1, II. 1, 2 (Ueber Eintheilung der Schulen in Classen, vorzüglich in Beziehung auf Landschulen).

Von der Schrift: Höchstnöthige Belehrung etc. (vergl. Kordes Lexicon) erschien die 6. Aufl. Braunschweig, Schulbuchh, 1830. 12. SS. 80. Die Schrift „Villaumes Grundsætninger etc." steht auch in der Egeria II, S. 236—62.

In Œst's „Bidrag til Kundskab om Mennesker og Bøger" 1802, No. 35—36 (Sang til Fredsfesten d. 1. Jan. 1802).

1528) **Oest,** Nicolaus (L. & S. No. 836). Vergl. noch N. St. M. X, 475.

Von ihm noch: in Christiani's Beiträgen u. s. w. Bd. 2, St. 2 (Ueber die Veredlung der Dienstboten, besonders auf dem Lande).

1529) **Oesterley,** Heinrich, aus Göttingen, dr. phil., war v. Mich. 1858 bis dahin 1861, Privatdocent für theor. Musik in Kiel.

1) Akademische Vorlesungen über Theorie der Musik. Leipzig, Breitkopf, 1861. 8. X u. 165 SS.

2) Handbuch der musikalischen Liturgik in der Deutschen evangelischen Kirche. Göttingen 1863. 8.

1530) **Ohl,** J. P.; geboren den 14. Juli 1821 in Ulsnis, Amts Gottorf, Sohn eines Hufners, erhielt in der Küsterschule daselbst den ersten Unterricht, widmete sich nach der Confirmation dem Schulfach, war 2½ Jahr Gehülfslehrer beim Schullehrer Höck in Mohrkirchholz, darauf ein halbes Jahr Hauslehrer auf Lindau an der Schlei, besuchte seit 1842 das Seminar in Tondern, fungirte nach seinem Abgang vom Seminar bis 1849 als Hauslehrer in Sörup, u. wurde von da aus Lehrer in Scholderup im Kirchspiel Tolk, Amts Gottorf, welches Amt er nach der Schlacht bei Idstedt quittiren musste; ging nach Holstein, verwaltete einige Zeit eine Schulklasse in Altona, nahm darauf eine Hauslehrerstelle auf der Perdöhler Mühle an u. wurde 1852 zum Schullehrer in Stein in der Probstei ernannt.

Veröffentlichte einige im Verlage von Lehmann in Hamburg erschienene Musicalien (Ball-Capricen) u. einige Beiträge zu den Tanzalbums, die ebendas. (u. Jowien) erschienen.

In (Asmussens) „Schlesw.-Holst. Schulbl." XII, 1850, S. 133—136 (Ist Landbesitz für den Landschullehrer ein nothwendiges Emolument?). — War seit 1857 bis zum Eingehen des Blatts Mitarbeiter an dem „Altonaer Wochenblatt" u. lieferte einige Dutzend Correspondenzartikel für die „Itzehoer Nachrichten". — Revidirt.

1531) **Ohlfsén-Bagge,** Georg Christlieb Friedrich, geb. im August 1787 in Neukirchen im Gute Löhrstorf im Lande Oldenburg, Sohn des dortigen Predigers Friedr. Ohlfsen-Bagge u. der Sophie Ulrike Catharine geb. Martini; studirte die Rechte u. war zuerst Unter-Gerichts-Advocat, darauf Ober- u. Landgerichts-Advocat in Plön, wo er den 29. April 1843 starb. — Mitgetheilt nach dem Plöner Todtenregister.

Actenmässige Darstellung der Resultate der Criminaluntersuchung zu Rixdorf betr. die Ermordung des Schreibers Kerll am 5. Juni 1821. Plön u. Lübeck 1833. 8. SS. 183. Rec. Kiel. Corresp.-Bl. 1833, No. 25.

1532) **Ohlhues,** Johann Matthias Peter, geb. den 15. Februar 1815 in Haltstedt, studirte Theologie seit Ostern 1832 in Kiel, wurde Michaelis 1841 mit dem 2. Character auf Gottorf examinirt; war 1847 Lehrer in Dockenhuden, den 23. März 1849 Prediger in Olderup in der Probstei Husum, wurde den 12. December 1850 entlassen, im Juni (den 4. September) 1851 Hulfsprediger, 1852 3. Prediger in Duisburg in der Preussischen Rheinprovinz.

1) Acht Betrachtungen über das 15. Kap. des Evangeliums Lucas. Duisburg, Ewich, 1853. 8. SS. 68.

2) Predigt am Buss- u. Bettage. Duisburg, Ewich, 1856. gr. 8. 12 SS.

Im Kirchen- u. Schulbl. IV, 1847, Sp. 197—199 (Ueber den Unterricht in der alttestamentlichen Geschichte); VIII, 1851, Sp. 541—544 (Correspondenz aus

Duisburg) n. desgl. auch in der „kirchlichen Monatsschrift", Itzehoe 1852, I,
S. 55—56.

1533) **Ohrt,** Georg Christian Friedrich (L. & S. No.
837), geb. den 18. April 1793 zu Petersdorf auf Fehmarn, Sohn
des Diaconus Joh. Fr. Ohrt daselbst († 22. Febr. 1821 als Pastor
in Sörup), u. der Dorothea Sophie Amalie geb. Rieck, studirte
Theologie seit Michaelis 1814 in Kiel u. Berlin, wurde 1820 auf
Gottorf m. d. 1. Char. examinirt, d. 13. März 1821 Subrector in
Glückstadt, d. 15. April 1828 4. Lehrer am Gymnasium in Altona,
d. 23. Februar 1830 (Titular-) Professor, den 19. September 1838
dr. philos. h. c. in Kiel, den 31. Juli 1843 Pastor in Esgrus, wo
er den 12. Mai 1851 starb. — Verh. mit Agnes geb. Rambach. —
Vergl. über ihn die Candid.-Verzz. u. Kirchen- u. Schulbl. 1851
Sp. 328.

Von ihm noch:

1) Die Wohlfahrt des Staats nicht ohne Gedeihn der Kirche in ihm. Rede am
König-Geburtstage. Altona, Aue, 1835. gr. 8. Rec. Theol. Liter.-Bl. 1837
No. 59, S. 470—472.

2) Die Einführung ins Christenthum auf den Gelehrten-Schulen muss mehr be-
herzigt werden, als es in der Regel geschieht: Altonaer Gymnasial-Programm
1837 S. 1—33.

1534) **Ohrt,** Heinrich Friedrich (L. & S. No. 838); er
ging 1841 als Arzt nach Altona, wo er zuletzt auch Armen-Arzt
wurde; war auch auswärtiges Mitglied des ärztlichen Vereins in
Hamburg; starb den 27. Juli 1847. — Vergl. über ihn Neuen
NekroL d. D. 25, S. 516—517.

1535) **Olde,** Gustav geb. in Altona, studirte Medicin, in
der er in Kiel 1841 promovirt wurde.

De tussi convulsiva diss. inaugur. Kiliae 1841. 8.

1536) **Oldenburg,** Ferdinand August (L. &. S. No.
839). Ist wohl kein Rendsburger, sondern ein Braunschweiger u.
war, mit einer Schauspielerin verheirathet, als deren Begleiter u.
a. bei der Huberschen Gesellschaft in Kiel, Rendsburg u. Schleswig, dann bei der damals sehr ausgezeichneten Lübecker Truppe,
die während des Sommers in Altona spielte, u. am Hamb. Stadt-
Theater. Er selbst scheint als Schauspieler nicht aufgetreten zu
sein. Mitgetheilt.

Mit E. Wehrmann: Nützliches Theater-Requisit bes. für mittlere u. reisende
Bühnen. Rathenow 1826.

Das im L. & Schr. angeführte Schauspiel „Unterthanentreue" erschien Rendsburg, F. M. Wendell, 1827.

Er redigirte 1829 mit G. Herrmann in Hamburg den Deutschen Figaro.

Verf. die Oper: Zampa˜ od. die Braut von Marmor. Musik v. K. Herold. 1831.
Erinnerungen aus dem Leben. Th. 1. 2. Braunschweig, G. C. F. Meyer sen.,
1835. 8.
Der letzte Cäsar. Novelle in 2 Theilen. Mainz 1837. 8.
Das Glas Wasser od. die Thaten u. ihre Ursachen. Schauspiel in 5 Acten
nach Scribe. Lemgo 1841. 8. SS. 128.
Des Kaisers Pathe. Novelle aus dem fränkischen Revolutionskriege. Th. 1,
2. Lemgo, Meyersche Hofbuchh., 1842. 8. 31¹/₂ Bgg.
Augusta. Lyraklänge aus der Geschichte (Augsburgs). Mit 1 Illustr. von
Geyer. Augsburg, Kollmannsche Buchh., 1846. 12.
Die Wege zum Verbrechen. Eine Erzählung für die reifere Jugend. Augs-
burg 1848. 8. 200 SS. u. 1 Stahlst.
Zwei Sendboten des Evangeliums. Ihre Reisen in Europa, Africa u. Asien.
Erzählung zur Unterhaltung u. Belehrung. Mit einem Vorworte v. P. Wittmann.
Th. 1, 2. Augsburg, Kollmannsche Buchh., 1849. 300 SS. u. 2 Stahlst.
Ob von ihm auch? Die Fabriken v. Augsburg u. Blicke auf die Europäischen
Industrie- u. Gewerbeausstellungen. Augsburg 1850. 8. 96 SS.

1537) **Olfsen,** Peter Christian (L. & S. No. 840), wurde
den 23. Mai 1845 Consistorialrath; den 3. Juli 1845 Jubilar, den
7. Mai 1848 Senior der Schlesw. Holst. Geistlichkeit, den 3. Juni 1850
(u. 9. Februar 1853) emeritirt; starb den 28. August 1854. Verh.
mit Margaretha Christine geb. Scholz aus Bovenau († 26. Aug.
1844). — Vergl. Alt. Merk. 1854 No. 205.

Von ihm noch in den Mittheilungen zur Vaterlandskunde II, S.˜46 (Beschreibung von Neustadt im Jahre 1820).

1537a) **Olfsen,** Peter Eduard, geb. den 3. Mai 1803 in
Neustadt, studirte seit Ostern 1823 Theologie in Kiel, wurde 1830
in Glückstadt mit dem 2. Char. examinirt, 1834 ordinirter Prädicant
in Seelent, im Octob. 1838 in Flemhude, 1839 in Delve, 1845 November bis Juli 1846 in Kotzenbüll, 1847—1849 in Zarpen, Amtsgehülfe in Nortorf, den 21. November 1864 Past., Küster u. Schullehrer auf Oland; lebt zur Zeit als past. emerit. in Bustorf bei
Schleswig.

1) Festgabe, den denkenden u. thätigen Verehrern des biblischen Christenthums
dargebracht. Gedruckt bei C. Fränckel in Oldenburg 1835. 8.
2) Predigt, gehalten am Sonntage Cantate in der Kirche zu Nortorf von E. O.,
Amtsgehülfen das. Rendsburg 1850. 8.
3) Predigt, gehalten am 22. Sonnt. n. Trinit. in der Kirche zu Nortorf. Gedruckt
bei F. M. Wendell. Rendsburg 1850. 8.
4) Gedichte. Gedruckt bei S. W. Hirt in Plön 1864. 8. Revidirt.

1538) **Olivarius,** Holger de Fine (L. & S. No. 841);
starb zu Altona den 23. October 1838 im 81. (nicht im 84.) Lebensjahre. — S. Neuen Nekrol. der D. XVI, S. 885—886. Ersl. II,
S. 487—489, Suppl. II. S. 578.

Die 4 Hefte der Schrift: Eltern gewidmete Aufsätze nennt schon S. im Nach-
trage S. 839 u. 840.

Im Erslew werden noch folgende Beiträge genannt in Œst's „Bidrag til Kundskab om Mennesker og Bøger No. 15—16 (Forslag til en ny Indskrift paa Skue-
pladsen) u. in Kbhvns. Skilderi 1804, No. 59 (Forsvar mod adskillige Ankeposter
i den Svenske Ministers Noto til Statsministeren v. Bornstorff).

1539) **Olshausen,** Detlef Johann Wilhelm (L. & S.
No 842). Vergl. über ihn noch N. St. M. X, S. 475. Verh.
mit .... geb. Hoier.

Von ihm noch: in Christiani's „Beiträgen zur Veredlung der Menschheit"
Bd. 2, 1798, St. 2, No. 4 (Ueber die Aufklärung. Ein Sendschreiben.); in v.
Eggers „Deutschem Magazin" 1796, April, S. 347—362 (Einige Bemerkk., die
2 Fragen betreffend: Hat das menschliche Geschlecht bisher an Moralität gewonnen?
und: Muss man glauben, dass es auch immerfort an moralischer Vollkommenheit zunehmen werde?); das. 1797, August, S. 134—149 (Vertraute Briefe. Als
Beitrag zur Menschenkenntniss. Fortsetzung. Vergl. in Kordes Lexikon); S. 176
bis 186 (Ueber die Ursachen der jetzt so häufigen Klagen über Schwäche des
Gedächtnisses); October, S. 399 u. 400 (Sollen wir wieder von vorn anfangen?);
1798, Febr., S. 168—199 (Auch in dem Unglück unserer besten Freunde finden
wir immer Etwas, was uns nicht missfällt); August, S. 240—255 (Zwei Worte
über die Frage: Ist es rathsam, den Predigern die Aufsicht über die niederen
Schulen zu lassen?). —

1540) **Olshausen,** Hermann (L. & S. No. 843). Sein
Geburtstag war d. 21. August 1796. — Im September 1834 o.
Prof. der Dogmatik u. der neutestamentlichen Exegese in Erlangen. Schlug den, 1838 an ihn ergangenen Ruf zur ersten Professur der Theologie nach Kiel, an Eckermanns Stelle, aus u. ward
vom König v. Baiern zum Geh. Kirchenrath ernannt. Starb in Erlangen den 4. September 1839. — Verheirathet seit dem 4. October 1827 mit Agnes v. Prittwitz-Gaffron. Vergl. über ihn Hallesche
Liter.-Ztg. 1839, Intelligenzbl. No 63, Sp. 507 und 508, Neuen
Nekrol. d. D. 17, S. 772—774.

Von ihm noch:

De naturae humanae trichotomia novi testamenti scriptoribus recepta. Regiomonti 1825. (Univers.-Progr.)

Antiquissimorum ecclesiae Graecae patrum de immortalitate animae sententiae
recensentur. Regiomonti 1827. (Univers.-Progr.)

Biblischer Commentar über sämmtliche Schriften des neuen Testaments zunächst für Prediger u. Studirende. Bd. 1 die 3 ersten Evangelien bis zur Leidensgeschichte enthaltend. Bd. 2 das Evangelium Johannis, die Leidensgeschichte
u. die Apostelgeschichte. 3. Bandes erste Abth. erste Lieferung, auch mit dem T.
der Brief des Apostels Paulus an die Römer. Königsberg, A. W. Unger, 1831.
1832. 1835. 8. Bd. 1, 2. 2. Aufl. das. 1833, 1834. 8. 3. Aufl. Bd. 1—3 daselbst 1837. 8. (Fortgesetzt v. Prof. dr. J. H. A. Ebrard, u. Licent. Aug. Wiesinger, Olshausens Schülern.)

Clementis Alexandrini libellum: qui dives salvetur, in usum scholarum recudi curavit. Regiom. 1831. 8.

Nachweiss der Echtheit sämmtlicher Schriften des neuen Testaments. Für gebildete Leser aller Stände bearbeitet. Hamburg, Fr. Perthes, 1832. gr. 8.

Opuscula theologica ad crisin et interpretationem novi testamenti pertinentia. Berolini 1833. 8. IV u. 200 SS. (Enthalten eine Sammlung seiner akademischen Gelegenheitsschriften, nämlich 1 u. 2 de integritate et authentia posteriori̱s Petri epistolae, 3 u. 4 de auctore epistolae ad Hebraeos, 5 de notione τοῦ λόγου, 6 de naturae humanae trichotomia novi testamenti scriptoribus recepta, 7 antiquissimorum ecclesiae graecae patrum de immortalitate animae sententiae recensentur, 8 de notione vocis ζωή in libris novi testamenti).

Ein Wort der Verständigung an alle Wohlmeinenden über die Stellung des Evangeliums zu unserer Zeit. Königsberg 1833. 8. (Dagegen erschien ein Sendschreiben v. H. W. Schaur. Mohrungen 1834. 8. SS. 52.)

Die zwei neuesten Schriften des Herrn Predigers Diestel beurtheilt. Königsberg 1834. 8.

Lehre u. Leben des Königsberger Theosophen J. H. Schönherr. Königsberg 1834. 8.

Was ist von den neuesten kirchlichen Ereignissen in Schlesien u. von der Anwendung militärischer Gewalt wider die strengen Lutheraner daselbst zu halten? Leipzig 1835. 8.

Apostolica evangelii Matthaei origo defenditur. P. 1, 2. Erlangae 1835. 8.

Erwiderung auf die Schriften v. D. Scheubel, Kellner u. Wehrhan gegen meine Abhandlung über die kirchlichen Ereignisse in Schlesien. Leipzig 1836. 8.

Uebersetzte den Brief Pauli an die Römer. Leipzig 1836. 8.

Aufsätze in den Preussischen Ostseeblättern 1832 (den Teufel betreffend). In den theol. Studien u. Kritiken 1838, IV, S. 916—96 (Ueber die frühesten Verhältnisse der Römischen Gemeinde u. die Anwesenheit des Apostels Petrus in Rom.)

1541) **Olshausen,** Justus (L. & S. No. 844); geb. den 9. Mai 1800 zu Hohenfelde im Amte Steinburg, Sohn des vorhergen. Dell.͂ Joh. Wilh. O., gebildet auf den Schulen zu Glückstadt u. Eutin unter beständiger Mitwirkung seines Vaters, dann auf den Universitäten zu Kiel v. 1816 bis Mich. 1819, u. Berlin von Mich. 1819 bis Ostern 1820, schliesslich von 1820—1823 in Paris unter Silvestre de Sacy, den 18. Oct. 1823 in Kiel dr. philos., 4. Nov. 1823 a. Prof., 26. Januar 1830 ord. Prof. der morgenl. Sprr. das.; wurde den 28. Juni 1840 R. v. D. bis 1848; trat den 22. März 1841 eine Reise ins Ausland, nach Athen, Konstantinopel u. Kleinasien an; wurde durch ein Rescript vom 20. November 1841 nebst K. Fr. Rumohr u. Erik P. Werlauff zu einer Committee berufen, um eine historisch-kritische Revision der Handschriften der grossen k. Bibliothek zu Kopenhagen vorzunehmen, welche die Vervollständigung des Realkatalogs über dieselben, sowie die Herausgabe wichtiger u. interessanter Manuscripte bezweckte; wurde 4. Juni

10

1852 mit mehreren seiner Collegen in Kiel als Professor entlassen;
1853, 2. Juli, Professor u. Ober-Bibliothekar in Königsberg, 1858,
15. Dec., Geheimer Regierungs- u. vortragender Rath im Ministerium der geistlichen, Unterrichts- u. Medicinal-Angelegenheiten zu
Berlin.

Von ihm noch ausser den beiden im L. & S. angeführten Werken:

3) Gab mit Julius Mohl heraus: Fragmens relatifs à la religion de Zoroastre,
extraits des manuscripts Persans de la bibliotheque du roi. Paris 1829. 8.
4) Vendidad Zend-Avestae pars XX. adhuc superstes. E codicibus manuscriptis
Parisiensibus edidit, varietatem lectionis adjecit. Particul. I. Hamburgi, Perthes,
1829. 4.
5) Zur Topographie des alten Jerusalems. Kiel, Schwers' Wwe., 1833. 8. SS. 84.
6) Observationes criticae ad vetus testamentum. Kiliae 1836. 4.
7) Gab mit J. Nicolaus Gloyer heraus: C. Niebuhr's Reisebeschreibung nach
Arabien u. anderen umliegenden Ländern. Bd. 3. Gotha 1838. Mit Niebuhrs
Bildniss u. 13 Kupff. (Auch s. t. Reisen durch Syrien u. Palästina nach
Cypern u. durch Kleinasien in die Türkei. Mit Niebuhrs astronomischen
Beobachtungen).
8) Die Pehlewi-Legenden auf den Münzen der letzten Sasániden, den ältesten
Münzen arabischer Chalifen, den Münzen der Jspehbeds von Taberistan und
auf indopersischen Münzen des östlichen Irân. Zum ersten Mal gelesen u.
erklärt. Kopenhagen 1843. 8.
9) Die Psalmen erklärt. Leipzig 1853. (Bilden die 15. Lieferung des kurzgefassten
exegetischen Handbuchs zum alten Testament.) 8. VIII u. 565 SS.
10) Lehrbuch der hebräischen Sprache. Bch. 1 Laut- u. Schriftlehre. Bch. 2
Formenlehre. Braunschweig, Vieweg & Sohn, 1861. 8. VIII u. 676 SS.
Zu den „Kieler philol. Studien", 1841, S. 1 ff. (Ueber den Ursprung
des Alphabets und über die Vocalbezeichnung im alten Testament. Vergl. Gött.
Gel. Anz. 1843, S. 425 ff.) In dem „Rheinischen Museum für Philologie"
N. F, T. VIII, 1853, S. 321—340 (Ueber Phönicische Ortsnamen ausserhalb des
semitischen Sprachgebiets). In den „philol. u. histor. Abhandll. der k.
Akademie der Wissenschaften" (Berlin 1864) S. 475—496 (Prüfung des
Charakters der in der Assyrischen Keilinschrift enthaltenen semitischen Sprache).
In den „Monatsberr. der k. Akademie der Wissenschaften" (Berlin)
1865. (Ueber das Vocalsystem der hebräischen Sprache nach der sogenannten
Assyrischen Punctation). Revidirt.

1542) Olshausen, Robert Michael, geboren den 3.
Juli 1835 in Kiel, Sohn des vorhergenannten Just. Olshausen und
der . . . gebornen Michaelis; besuchte die Kieler Gelehrtenschule
unter dem Director Lucht bis Ostern 1853, studirte darauf zuerst
in Kiel bis Michaelis desselben Jahres, dann bis Michaelis 1857 in
Königsberg Medicin; hörte dort die Professoren Karsten, Himly
und Nolte und wurde hier unter der Leitung von Werther, Moser,
Taute, Meyer, Burdach, Wittich, Möller, Burow, Serrig und Hirsch
gebildet; wurde in Königsberg 1857 examinirt und promovirte

dort zum dr. med. & chir.; habilitirte sich im April 1862 in Halle als Privatdocent und wurde dort 1863 ausserord. Professor der theoretischen Geburtshülfe und geburtshülflichen Klinik. — S. die vita vor der Jnaugur.-Dissert.

1) De laryngitidis membranaceae epidemia Regiomonti annis 1856/57 observata. Diss. inangur. Regiomonti 1857. -8. Mit Tff.

2) Observationum de partubus, pelvi angusta impeditis, particula. Diss. ad facultatem docendi impetrandum. Halis 1862. 8. SS. 42.

1543) **Olshausen,** Theodor, geboren den 19. Juni 1802 in Glückstadt, wohin sein Vater, der vorhergenannte Detlev Joh. Wilhelm O. 1801 als Hauptprediger versetzt war, Bruder der beiden vorhergenannten Hermann und Justus und des nachfolgenden Wilh. Olshausen; besuchte die Glückstädter Gelehrtenschule bis 1815 u. darauf, seinem Vater nach Eutin folgend, die dortige Gelehrtenschule unter Rector König; studirte die Rechte in Kiel, inscribirt Michaelis 1820, bis Mich. 1821, in Jena bis Ostern 1823 und dann wieder in Kiel bis Ostern 1824. Während er im Sommer 1824 im Begriff war, in Eutin das Oldenburgische Staatsexamen zu machen, musste er wegen beschuldigter Theilnahme an sog. demagogischen Umtrieben mehrere Jahre lang Deutschland verlassen u. lebte theils in Paris, theils in Basel. Er kehrte im Sommer 1829 nach Kiel zurück und wurde Michaelis 1829 in Glückstadt im juristischen Amts-Examen geprüft (2. Char. m. A.) und darauf Unter-Gerichts-Advocat; redigirte seit Februar 1830 bis März 1848 das Kieler Correspondenz-Blatt; war auch Actuar in Kiel bis 1846 (?), von 1844—1848 Eisenbahndirector der Altona-Kieler Eisenbahn, trat im April 1848 in die provisorische Regierung bis September, nahm an den Landesversammlungen der Jahre 1848—1851 Theil, redigirte 1849—1851 neben Otto Fock die „Norddeutsche freie Presse", ging im Sommer 1851, aus der Heimath von der Dänischen Regierung ausgeschlossen, nach Amerika. Hier lebte er, mit literarischen Arbeiten beschäftigt, bis 1856 in St. Louis in Missouri; gab dann in Davenport, Jowa, den „Democraten", eine tägliche u. wöchentliche Zeitung heraus; kehrte aber 1860 nach St. Louis zurück, um dort das Eigenthum und die Redaction der „Westlichen Post" zu übernehmen, die sich unter seiner Leitung zu einer der verbreitetsten Deutsch-Amerikanischen zeitungen erhob; kam im Jahre 1865 wieder nach Europa, besuchte auch seine Heimath und verweilte ein Jahr in der Schweiz, wo er sich später in Zürich niederliess.

1) * Entwurf einer Bittschrift an Deutsche Fürsten. Kiel, in Commission der Univ.-B., 1830. 8. 25 SS.

2) Redigirte u. gab heraus: Kieler Corresp.-Blatt Jahrg. I—XVIII, XIX, vom
   1. Januar bis 15. März, No. 1—38. Kiel 1830—1848. gr. 4.
3) Uebersetzte: Das Dänische Königsgesetz d. i. das fortwährend geltende Grundgesetz für das Königreich Dänemark mit historischer Einleitung u. Schluss-
   bemerkung. Eutin u. Kiel 1838. 8.   .
4) Gab heraus neben Otto Fock (welchen vergl.) vom 1. April 1849 bis 1851
   die Norddeutsche Freie Presse. Altona. gr. f.
5) Die vereinigten Staaten von Nordamerika im Jahre 1852. Kiel. Univers.-B., 1853. 8.
6) Die vereinigten Staaten von Nordamerika geographisch u. statistisch beschrieben.
   Bd. 1: Das Missisippithal u. die Staaten des Missisippithals. Das Missisippithal
   im Allgemeinen. Mit 5 Karten. Kiel, Univers.-B., 1853. 8. XIV u. 427 SS. Bd. 2.
   H. 1: Missouri. Mit 1 color. Karte in fol. X u. 190 SS. H. 2: Jowa. Mit color.
   Karte (fol.). Kiel 1854. 8. X u. 201 SS. (Die Karten auch separat käuflich.)
7) Geschichte der Mormonen oder jüngsten Tages Heiligen in Nordamerika.
   Göttingen, Vandenhoeck u. Ruprecht, 1856. 8. IV u. 244 SS.
8) Gab in Davenport heraus den „Democraten" v. 1856—1860.
9) Gab in Missouri heraus die „westliche Post" v. 1860—1856.
10) Die deutsche Lebensfrage. Zürich 1866. 8. Revidirt.

1544) **Olshausen,** Wilhelm (L. & S. No. 845); er ward
auf der Glückstädter Schule bis 1814, dann in Altona in der Selecta
und von Gurlitt in Hamburg gebildet und war auf der Universität
Kiel Mitglied des philologischen Seminars unter Professor Heinrich
und zwei Mal glücklicher Concurrent um das sogenannte Schassianum, studirte später noch in Berlin, war dann Hauslehrer bei
dem Kammerherrn von Ahlefeldt auf Olpenitz; wurde 1821 Conrector und den 28. April 1835 Rector der Domschule in Schleswig;
starb den 5. (nach Anderen irrthümlich den 28.) November 1835 an
einem Nervenschlage im 37. Lebensjahre. — S. über ihn Neuen
Nekrol. d. D. XIII, S. 946—950, Flensb. Religionsbl. Jahrg. IV.
Beibl. No. 5. Alt. Merk. 1835 No. 184.
   Von ihm noch:
   Ex familiari interpretatione Antigones. Slesvici 1628. 4. Schul-Progr.
   Apophoreta Euripiden. Slesvici 1632. S. 3—12 des Schul-Programms.

1545) **Osenbrüggen,** Eduard, geboren den 24. December 1809 in Uetersen, Sohn des nachfolgenden Cantors und
Lehrers an der Fleckensschule daselbst Johann Osenbrüggen, be-
suchte das Altonaer Gymnasium, studirte Philologie und Jura in
Kiel von 1830 bis Ostern 1832, dann in Leipzig und wieder in
Kiel von Michaelis 1833 bis 1834; promovirt als dr. philos. 1835,
habilitirte er sich als Privatdocent in der philosophischen Facultät
Ostern 1836 in Kiel; nachdem er auch in Kiel 1841 als dr. juris
promovirt war, wurde er 1843 an Madais Stelle Professor der
Rechte in Dorpat bis 1851 und von da an Professor in Zürich.

1) Do jure belli et pacis Romanorum liber singularis. Lipsiae, Barth, 1836. 8. VI u. 98 SS. Rec. in Ztschr. f. Alterthumswissenschaft 1838, II. 2, No. 23 u. 24. (Diese Schrift ist dem Prof. G. W. Nitzsch gewidmet.)

2) Das altrömische Parricidium. Eine philologisch-juristische Abhandlung. Kiel 1841. 8. 64 SS. Steht auch in den Kieler philologischen Studien v. Jahre 1841. Rec. Gött. Gel. Anzz. 1843, S. 423 ff.

3) Zur Interpretation des corpus juris civilis. Ein kritischer Beitrag. Kiel 1842. 8. SS. 56.

4) Gab heraus mit Einleitung u. Commentar: Cicero's Rede für Sextus Roscius aus Ameria. Braunschweig, Fr. Vieweg & Sohn, 1844. 8. X u. 168 SS.

5) Der Rechtsunterricht auf Universitäten. Dorpat 1844. 8.

6) Theorie u. Praxis des Liv-, Esth- u. Curländischen Criminalrechts in einer Darstellung von Rechtsfällen u. Excursen. Lief. 1, 2. Dorpat, Kluge, 1846. 1847. 8. Rec. Gött. Gel. Anzz. 1847 S. 1229.

7) Bericht über ein practicum criminale. Dorpat 1848. 8.

8) Wahnsinn oder Verbrechen? Eine livländische Criminalgeschichte. Dorpat 1848. 8. SS. 24. Steht auch im „Inlande" 1849 No. 27—30.

9) Gab heraus: Dorpater juristische Studien. Dorpat 1849. 8. VII u. 183 SS. Rec. Gött. Gel. Anzz. 1850 S. 1253 ff.

10) Nordische Bilder. Leipzig, Hinrichsche Buchh., 1853. 8. VIII u. 293 SS.

11) Die Brandstiftung in den Strafgesetzbüchern Deutschlands u. der Deutschen Schweiz. Ein kritischer Commentar mit historischer Einleitung. Leipzig, Hinrichsche Buchhandlung, 1854. 8. VIII u. 199 SS.

12) Casuistik des Criminalrechts. Schaffhausen, Hurter, 1854. 8. XVI u. 347 SS. Rec. v. Marquardsen in „Krit. Zeitschr. f. d. ges. Rechtswissensch." Bd. 2, S. 580—83.

13) Das Criminalrecht u. der Zeitgeist. Braunschweig, Schwetschke & Sohn, 1855 8. SS. 12. Steht auch im Archiv des Criminalrechts von dems. Jahr.

14) Abhandlungen aus dem Deutschen Strafrecht. Bd. 1. Erlangen, Encke, 1856. 8. XVI u. 269 SS.

15) Der Hausfrieden. Ein Beitrag zur Deutschen Rechtsgeschichte. Erlangen, Encke, 1857. 8. VII u. 102 SS.

16) Deutsche Rechtsalterthümer aus der Schweiz. II. 1—3. Zürich, Meyer u. Zeller, 1858. 1859. 8. SS. 46, 47—112, u. SS. 53.

17) Das Allemannische Strafrecht im Deutschen Mittelalter. Schaffhausen 1860. 8. XVI u. 419 SS.

18) Die Raben des heiligen Meinrad. Vortrag, gehalten in der Züricher antiquarischen Gesellschaft. Schaffhausen 1861. 12. SS. 36. Steht auch in der Monatsschrift des wissenschaftlichen Vereins in Zürich.

19) Das Strafrecht der Longobarden. Schaffhausen 1863. 8.

20) Culturhistorische Bilder aus der Schweiz. Leipzig, Rossberg, 1863. 8. 2. verb. Aufl. das. 1867. 8. VIII u. 203 SS.

21) In den Sitzungsberichten der Akad. der Wissensch. in Wien 1863, Bd. 41, II. 2, S. 166—222 (Rechtsalterthümer aus Oesterreichischen Pantaidingen). —

22) Neue culturhistorische Bilder aus der Schweiz. Leipzig, Rossberg, 1864. 8. IV u. 210 SS.

23) In der Sammlung gemeinverständlicher Vorträge, herausgeg. v. R. Virchow u. Fr. v. Holtzendorff II. 6 (Berlin 1866): Land u. Leute der Urschweiz.

24) Wanderstudien aus der Schweiz. Schaffhausen, Hurter, 1867. 8.
Von seinen Beiträgen zu Zeitschriften vermögen wir anzuführen:
In der „Zeitschrift für Alterthumswissenschaft" 1838 No. 32—38 (Rec. über
W. Reins Römisches Privatrecht u. Civilprocess); II. 5 No. 61—62 (Kleinere Literatur
der Philologie in Dänemark. 1 Artikel). — Recensionen in der „Jenaer Liter.
Zeitung" in den ersten 40ger Jahren. — In Reyschers u. Wilda's „Zeitschr. f.
Deutsches Recht" Bd. 17, S. 466—474 (Der Nachtschach); Bd. 18, S. 82—100
(Die Theilnahme am Verbrechen nach Altdeutschem Recht); S. 173—199 (Die
Talion im Altrömischen Recht); Bd. 20, S. 88—96 (Der Urheb od. Anlass). —
In „allgem. Monatsschrift f. Wissenschaft u. Literatur" (Halle) 1852, S. 466 ff.
(Vergleichende Rechtswissenschaft). — In Bekker u. Pözl's „kritische Vierteljahrs-
schrift f. Ges.- u. Rechtswissenschaft" Bd. 8, H. 1 (Das Strafrecht in Kaiser Lud-
wigs Landrechtsbuch v. 1346). — In der „Baltischen Monatsschrift" Bd. 12, 1865
H. 1, Juli (Das Gemeindewesen der Schweiz). — Im „Deutschen Museum" v.
Prutz u. Frenzel 1866 No. 14 (Die Entwicklungsgeschichte des Schweizerisens). —
In „Zeitschrift für Civilrecht u. Process" u. A. XV, S. 172—191 (Ueber die Regel
quidquid non agnoscit glossa, nec agnoscit curia); XVII, S. 382 ff. (Ueber die practische Autorität des griechischen Textes u. der versio vulgata der Novellen Justinians).
— In Dernburg, Hillebrands u. A. „kritische Zeitschr. f. R. u. Gesetzg. u. Rechts-
wissensch." (Heidelberg) mehrere Recc. in Bd. II, 1855, Bd. IV, 1858, Bd. V, 1859.

1546) Osenbrüggen, Johann (L. & S. No. 846). Starb
als Cantor und Lehrer an der Fleckenschule in Uetersen Anfang
Mai 1841. — Vergl. d. N. Nekrol. d. D. 19, S. 550—551.

Die von L. & Schr. genannte Broschüre „Ueber den Hang zur Geistesträg-
heit etc. v. Seiten einzelner Glieder des Schulstandes" ist wieder abgedruckt in
der Literaturzeitung für Volksschullehrer. (Ilmenau 1833, 2. Quart., S. 104—124).

1547) v. Osten, Hans Hinrich, geboren den 5. Januar
1828 in Brockdorf, Amts Steinburg, Probstei Münsterdorf; Sohn
des weiland Landmanns Johann v. Osten daselbst und der Heimke
geborne Wilde; unterrichtet in der Elementar- und Oberclasse in
Brockdorf von dem weiland Organisten und Lehrer J. Matthiessen
daselbst, dann von dem Lehrer H. Schnede in Landrecht bei Wilster, wo er 2 Jahre Gehülfe war, besuchte das Seminar in Segeberg seit Michaelis 1846 und wurde den 14. Mai 1851 mit dem
2. Char. m. s. r. A. examinirt, nachdem er 2 Jahre Soldat gewesen war; den 7. August 1851 Lehrer der Mittelknabenclasse in
Uetersen; am 19. Juni 1861 Organist, Küster und Oberlehrer in
Seester, Probstei Pinneberg, wo er noch steht.

Das Gebet des Herrn, nach dem lutherischen Katechismus. Mit einem Vorwort von J. Bröker. Altona, Wendeborn, 1860. 8. SS. 133. Recc. Schulbl.
f. d. Herzogthh. XXII, 1860, S. 427—430; Sönksens Schulzeitung 1859/60, No. 27,
1860/61, No. 14, No. 34 u. 35.

In den „Darstellungen aus dem Christenleben", herausgeg. v. dem Elb-Pinnauer
Lehrerverein, 1857, No. 8, S. 64—76 (Unsere Kindschaft). Im „Schulbl. f. die
Herzogthh. Schlesw. u. Holst." XVIII, S. 256—268 (Den Unterricht in der Deut-

schen Sprache betr.), S. 617—635 (Erklärung biblischer Abschnitte); XX, 1858,
S. 129—146, 321—342, 689—713, XXI, 1859, S. 265—287 u. S. 377—404 (Das
dritte Hauptstück des lutherischen Katechismus. Das Vater unser). In A. P
Sönksens Schulzeitung einzelne Beitrr. in 1856/57, Beil. zu No. 27, 1857 58, Beil.
zu No. 4, No. 12. — Revidirt.

1548) **Ostwald,** Christian Friedrich Adolf, geboren
den 13. Juni 1809 in Norbye, worin das Riesebyer Pastorat belegen ist, Sohn des nachfolgenden Joh. August Ostwald, studirte die
Rechte in Bonn seit Michaelis 1827 und Kiel seit Michaelis 1829;
wurde in Kiel examinirt und promovirte daselbst als dr. jur. den
2. Mai 1843; ging in demselben Jahre nach Kopenhagen u. war
dort, königlichem Befehl zufolge, mit archivarischen Arbeiten, die
Erbfolge betreffend, beschäftigt; den 12. März 1852 wirklicher
Justizrath, Chef im Bureau für das Gesetz- und Ministerialblatt
unter dem Holstein-Lauenburgischen Ministerium, den 6. Februar
1854 committirt, auch andere Ministerial-Geschäfte zu besorgen.
S. Erslew Supplem. II, S. 599—601.

1) Materialien zu einer rechtlich politischen Beleuchtung der monopolistischen
Privilegien des Schiffamts zu Lauenburg im Conflicte mit der Gegenwart.
Zunächst in Beziehung auf die Handelsverhältnisse der Stadt Möllen. Altona
1842. 8.

2) Enthält der Mühlenzwang nach gemeinem Deutschen Rechte auch hinsichtlich
des Ankaufes von Mühlenproducten eine Beschränkung der Mühlenbann-
pflichtigen? Kiel 1844. 8. 70 SS.

3) Zur Würdigung der Schrift „Zweite polemische Erörterung über die Schleswig-Holsteinische Staatssuccession", von A. L. J. Michelsen. Ein publicistischer
Beitrag. 2. Bd. Urkundliche Beilagen. Kopenh. 1848. 248 SS. (Der 1. Bd.
ist noch nicht erschienen, obwohl zum Theil gedruckt. Vergl. jedoch darüber
H. Ratjen in der von ihm herausgegebenen Schrift v. Falck: Gutachten über
die Staatserbfolge etc. S. XXIV.)

4) Ein neuester Jenaer Beitrag „Zur Holsteinischen Erbfolge" aus der „Neuen
Preussischen Zeitung" mitgetheilt u. beleuchtet. Kph. 1851. 8. 24 SS. S. darüber
den Verfasser in der „Berling'schen Zeitung" 1851, No. 293, 1852, No. 85.

5) War Redacteur von a) Gesetz- u. Ministerialblatt für das Herzogthum Holstein
1.—13. Stück, September—December 1852 u. 1853, No. 1—44; b) Gesetz- u.
Ministerialblatt f. d. Herzogthh. Holstein u. Lauenburg J. 1854—63. Kopenh. 4.
War Mitarbeiter an dem Wochenbl. „Beobachter am Sunde" Kopenh. 1846
bis 48 u. lieferte u. A. 1846, No. 33 (Die regelmässige subsidiarische Thronfolge-
Berechtigung der Weiberstämme souveräner Deutscher Fürstenhäuser); No. 34 (Die
eventuelle Holsteinische Thronfolge-Berechtigung der fürstlichen Weiberstämme des
Dänischen Erbkönighauses; stehn auch in „Historische Uebersicht der Schlesw.-Holst.
Bewegungen," a. d. D. v. E. C. Kopenhagen 1847, S. 115—129. — In Falcks
„Archiv" II, 674—93 (Bemerkungen über die beiden Richterschen Sammlungen
Lauenburgischer Verordnungen, wie auch über die Nothwendigkeit anderweitiger
Sammlung der das Herzogth. Lauenburg betr. Gesetze u. Verfügungen). — Im Hamb.

Correspondenten" 1844, No. 272, v. 15. November (Anzeige von Sauwer: Staatserbfolge der Herzogthh. Schl. u. Holst.). — Im „Nordischen Telegraph" I, 305
bis 308 (Andeutung des Ungrundes der vermeintlichen Holsteinischen Thronfolge-
Ansprüche der heutigen Herzoge zu Schl.-H.-Sonderb.-Augnstenb. — Auch im
„Beobachter am Sunde" 1848, No. 9 u. in „Skandinavisches Portfolio" No. 4,
mit neuem Titel: Beiträge zur Schlesw.-Holst. Frage in 7 Abhh. Leipzig 1849)
das. I, S. 473—475 (Zur Berichtigung vorjähriger Dahlmannscher Aeusserungen
über die bundesseitige Verhandlung u. Bescheidung des 1822 v. Prälaten u. Ritterschaft des Herzogthums Holstein eingereichten Gesuches um Vermittlung wegen
Wiederherstellung ihrer landständischen Verfassung); II, S. 624—625 (Das Hin-
kende eines neuerlich mehrfach beliebten Vergleiches zwischen dem vormals Polnischen Lehnsherzogthum Preussen u. dem Dänischen Lehnsherzogthume Schleswig).
— In der „Berling'schen Zeitung" 1850, No. 166—67 (Nogle Bemærkninger om
den stats- og folkeretlige Grændse imellem Hertugdœmmerne Slesvig og Holsten).
— Im N. St.-M. X, S. 1—41 (Ueber die Concurrenz der Lauenburgischen Provinzialstände bei der Landesgesetzgebung, zunächst in Beziehung auf die Zollangelegen-
heiten. Steht auch in dem December-Heft v. 1839 u. im Januar-Heft v. 1840 des
„politischen Journals" u. erschien anch besonders abgedruckt Hamburg 1840. 8.
SS. 40. Rec. Alt. Merk. 1840, No. 34, S. 145).

1549) **Ostwald,** Johann August, geboren den 23 November 1778 zu Hohenfelde im Holsteinischen, studirte Theologie
in Kiel seit Ostern 1797, examinirt auf Gottorf Michaelis 1802
(2. m. r. A.); den 13. April 1806 Pastor in Riesebye, trat an
20. Juli, den 24. April 1827 Pastor in Eichede, trat an 14. October, emeritus 29. Januar 1850, resp. 25. October 1852; starb 29.
April 1856 zu Bullenkuhlen bei Barmstedt bei seiner Tochter Elise,
verheirathete Dose. Verheirathet mit Christine Friederike Armin-
gaard geborne v. Schleppegrell. — Vergl. d. bek. Candidatenver-
zeichnisse. Alt. Merk. 1856, No. 104.

Zwei Predigten am dritten Säcularfeste der Augsburgischen Confession, den
27. Juni, und am Erndtedanktage, den 3. Oct. 1830. Altona, J. F. Hammerich,
1830. 8.

1550) **Otte,** Christian Daniel, geboren 1757 in Eckern-
förde, Sohn des Bürgermeisters und Kaufmanns Canzleiraths Friedr.
Wilhelm Otte († 24. August 1766) und der Dorothea Charlotte ge-
borne v. Reventlou; widmete sich dem Kaufmannsstand und war
Grossirer in Kopenhagen, wo er den 14. October 1833 starb. —
Vergl. Ersl. II, S. 601 und Supplem. II, S. 509.

Beiträge zur Industrie- u. Handelskunde. Eine Monatsschrift. I—XII. Bd.
(Jeder Band in 6 Heften.) Kopenh. 1825—30. 8. (Begann von September 1824.)

1551) **Otte,** Friedrich Wilhelm (L. & S. No. 847);
1830 den 26. Februar Etatsrath; einige Jahre später erhielt er
auf sein Ansuchen seine Entlassung als Land-Inspector. Sein letz-
ter Wohnsitz war zu Collerup bei Flensburg. Dort starb er im

88. Lebensjahre, Anfangs Juli 1851, unverheirathet. — vergl. über ihn Neuen Nekrol. d. D. XXIX, S. 1094—1096 und einiges Wenige im Erslew, Supplem. II, S. 509.

Ausser dem im L. & S., S. 415 u. 416 u. S. 840 Angeführten noch von ihm: Gab seit dem 1. December 1830 eine Zeitung s. t „Der Wahrheitsfreund" heraus (welche dem damals v. Th. Olshausen gegründeten Kieler Correspondenz-Blatt entgegengestellt wurde). Sie hörte mit dem 2. Quartal auf.
Zur Jubelfeier des General-Superintendenten Adler. Schleswig 1833. 8.
Reise durch Norwegen im Sommer 1832. Berlin 1835. 8. Rec. Kieler Corresp.-Bl. 1835, No. 21. Erwiderung von Otte das. von dems. Jahr No. 25.
In Rahbecks „Tritogenia" IV, 1829, S. 1—18 (Om Grækerne og den nærværende Krig i Østen).

1551a) **Otto,** Hans, in Fleckebye.

Gab heraus: Des Hardesvogts Blaunfeldt letzte Gewaltthat. Kiel 1864. 8.

1552) **Otto,** Peter Friedrich Ludwig, Oberförster in Lensahn. † 23. Januar 1864 als Oberförster zu Damlos. (S. Itzch. Nachr. 1864 No. 12 Beil.)

In den landwirthsch. Heften für die Herzogth. Schleswig u. Holstein 1838, H. 2, S. 5—12 (Ansichten über Einführung u. Verbreitung der Flachsindustrie in den Güter-Districten Holsteins); 1840, II. 1, S. 41—54 (Ueber Gutsforsten).
In der landwirthsch. Zeitung f. die Herzogth. Schlesw.-Holst. u. Lauenb. 1842 No. 32 (Flachsbau betr.) 1843, No. 36 (Hufenwirthschaft).

1553) **Ottsen,** Peter Jürgen, geboren zu Arup, Amts Gottorf, studirte Philologie, promovirte als dr. philos. in Kiel 1840, wurde im April 1846 5. Lehrer an der Gelehrten-Schule in Flensburg, den 15. September 1848 Collaborator der Rendsburger Gelehrtenschule, im März 1865 Subrector in Glückstadt.

1) De rerum inventione et dispositione, quae est in Lysiae atque Antiphontis orationibus. Flensburg 1847. 4. Im Schulprogr. v. dem Jahr.
2) De Antiphontis verborum formarumque specie. Rendsburgi 1854. 4. Im Schulprogr. von dem Jahr.

1554) **Otzen,** Peter, geboren den 2. August 1810 in Flensburg, besuchte die dortige Gelehrtenschule von Ostern 1826 bis Michaelis 1830, studirte Theologie in Kiel seit Michaelis 1830, mit Unterbrechung von Michaelis 1831 bis Ostern 1832 und von Ostern 1834 bis dahin 1835, wo er in Flensburg war; examinirt 1837 (2. Char. mit A.), dann von Michaelis 1837 bis Ostern 1839 Hauslehrer bei Pastor Bruhn in Bornhöved, im Mai selbigen Jahres ord. Prädicant, 10. September 1846 Pastor in Olderup, trat an 11. October, 13. Mai 1848 entlassen, den 29. April 1850 constituirter Pastor, den 5. September 1850 Pastor in Queern, den 31. October 1851 Pastor in Burg und Probst für Fehmarn, eingeführt 23. Mai

1852, den 6. October 1853 R. v. D., den 19. Juni 1854 und 21. November 1860 geistliches Mitglied der Schleswigschen Ständeversammlung, Präsident derselben vom 15. November bis 5. December 1855, vom 15. December 1856 bis 21. Februar 1857 und vom 20 Januar bis zum 19. März 1860 und in der Diät von 1863; im September 1867 regierungsseitig als Vertrauensmann nach Berlin berufen.

* Wider die Schleswig-Holsteiner u. für Dänemark. Im April 1850. 8. Revidirt. —

1555) **Outzen**, Erasmus (L. & S. No. 848); starb als Pastor in Sieverstedt den 29. März 1826.

Von ihm noch: Carmen irenicum, comp. E. O. p. S. Slesvico-Cimbr. Flensb. 1815. 8.

1556) **Outzen**, Hans (L. & S. No. 849); starb als Pastor in Oeddis, wohin er 1806 unmittelbar war berufen worden, den 15. April 1809.

1557) **Outzen**, Nicolaus (L. & S. No. 850). Vergl. über ihn noch N. St. M. X, S. 477.

Eine Rec. seiner Untersuchungen über die merkwürdigsten Alterth. Schleswigs u. des Dannewerks (Altona 1826. 8.) steht in den Prov.-Berr. 1830, S. 354—372.

Nach seinem Tode erschien: Glossarium der Friesischen Sprache, besonders in Nordfriesischer Mundart, zur Vergleichung mit den verwandten Germanischen und nordischen, auch mit zweckmässigem Hinklick auf die Dänische Sprache. Herausgegeben von L. Engelstoft u. C. Molbech. Kopenhagen 1837. 4. S. Falcks Archiv 1, S. 1869 u. St. M. Bd. 8 S. 468.

1558) **Ovens**, Friedrich Karl (L. & S. No. 851); starb als Kammerrath und Amtsschreiber zu Neumünster 1812. — Vergl. Kieler Corresp.-Bl. 1832 No 50 S. 223.

P.

1559) **Paetz**, Karl Wilhelm (L. & S. No. 855). — Vergl. noch J. Gottwerth Müllers „Familie Benning" S. 533 und 534 Anmerk.

Briefe von ihm in v. Bergers: Georg Arnold Heise S. 90—92, S. 99. 100, 102 u. 103.

1560) **Pahl**, Jürgen, geboren 1789 in Luhnstedt, Kirchspiel Jevenstedt, besuchte das Kieler Schullehrer-Seminar, von dem er Ostern 1811 mit dem 2. Char. abging, später Rector an

der Bürgerschule in Rendsburg, wo er am 18. December 1845
starb. — Vergl. Baurmeisters „Chronik von Rendsburg." — Mitgetheilt.

Einzelne Beiträge von ihm stehn im Itzehoer Wochbl. z. B. 1843, No. 40 (Ueber
die höhere Volksschule in Rendsburg).

Begleitete mit einem empfehlenden Vorwort die von J. Sievers neu bearbeitete u. herausgegebene Ausgabe von Paul Halcke's Aufgaben für Freunde der
Mathematik. Th. 1: Die Aufgaben. Itzehoe, gedruckt bei P. S. Schönfeldt, 1836. 8.

1561) **Panitz,** Georg Hinrich (L. & S. No. 856); starb
zu Dänischenhagen, 82 Jahr alt, den 23. August 1831. (Sein Vater
hiess Brandanus Hinrich P. und war zugleich Tischler und Küster in
Hemme, sein Grossvater Valentin P. stammte aus Thüringen; seine
Mutter war eine geborne Reimers). — Vergl über ihn noch Neuen
Nekrol. d. D. IX, S. 744—745 und J. H. Fehse's Prediger Gesch.
Norderditmarschens S. 611. Provinz.-Berr. 1832 S. 36.

1562) **Pansch,** Adolf, geboren 2. März 1841 in Eutin,
Sohn des nachfolgenden Directors des Eutiner Gymnasiums dr.
philos. Chr. Pansch; besuchte die Schule unter dem Directorat
seines Vaters und studirte zuerst Medicin und Naturwissenschaften
seit 1860 in Berlin, 1861 in Heidelberg, dann Medicin 1862—64
wieder in Berlin und darauf in Halle, wo er 1864 im August promovirt wurde; bestand Ostern 1865 das Staatsexamen in Oldenburg;
wurde im Sommer 1865 Prosector am anatomischen Museum der
Kieler Universität und im Herbst 1866 habilitirt in der medicinischen
Facultät. — S. d. vita vor der Inaugural-Dissert.

1) De pyorrhoea alveolari seu gingivitide expulsiva. Halis Sax. 1864. 8.
2) De sulcis et gyris in cerebris simiarum et hominum comment. anatom. pro
ven. docendi. Utini, ex librario W. Struve, 1866. 4. XI u. 42 SS. cum
tabb. lithogr.
Im Archiv für Anthropologie (Bd. II, H. 3) erscheint demnächst (Ueber
die typische Anordnung der Furchen u. Windungen auf den Grosshirnhemisphären
der Affen u. der Menschen). — Revidirt.

1563) **Pansch,** Johann Heinrich Christian, geboren
den 27. October 1807 in Eutin, Sohn des Stadtschullehrers Christ.
Friedr Pansch in Eutin; gebildet an der damaligen Gelehrtenschule
in Eutin, vorwiegend von dem Collaborator Riemann und dem Director König bis 1828; war 2½ Jahr Lehrer im Hause des dr.
Becker in Offenbach; studirte Philologie und Philosophie in Bonn
unter Leitung der Professoren Heinrich, Näke und Brandis von Ostern
1831 bis Michaelis 1833, promovirte als dr. philos. in Tübingen
im November 1833, Ostern 1834 Lehrer am Gymnasium zu Olden-

burg, Ostern 1836 erster Lehrer und Mitdirector der neugegründe-
ten Cäcilienschule, einer höhern Töchterschule, Michaelis 1839 Conrector des Eutiner Gymnasiums, Rector desselben Ostern 1851,
Director um Neujahr 1861; seit 1859 auch Mitglied der Regierung
für die Gymnasialangelegenheiten.

1) De ethicis Nicomacheis, genuino Aristotelis libro dissertatio litteraria. Bonnae
   1833. 8. 44 SS.
2) De moralibus magnis subditicio Aristotelis libro dissert. literaria. Utini 1841.
   4. S 3—15. Osterprogramm der Eutiner Schule.
3) Epistola gratulatoria. Commentariolum de duobus locis Antigonae Sophocleae.
   Osterprogramm 1842 der Eutiner Gelehrten-Schule. Eutin 1842. 4.
4) Geschichte der Eutiner Schule bis zum Jahre 1804. Eutin 1848. 4. S. 3
   bis 32 des Osterprogramms 1848.
5) Einige Worte über christliche Gymnasialbildung. Eutin 1852. 8. S. 3—20
   des Osterprogramms 1852.
6) Das Leben des Agricola v. Tacitus. Aus dem Lateinischen. Eutin 1854. 8.
   SS. 3—38. Osterprogramm 1854.
7) Worte bei der Entlassung der Abiturienten Ostern 1854; stehen im Oster-
   programm 1857 S. 69—74.
8) De Aristotelis Ethicorum Nicomacheorum libri VII. c. 12—15 et libr. X.
   c. 1—5. Utini 1858. Osterprogr.
9) Melanchthon als Schulmann. Eutin 1860. 8. S. 3—44 des Osterprogr. 1860.
10) Zur Geschichte der Eutiner Schule v. 1804—1834. Eutin 1863. 4.
11) Im Osterprogr. 1864 theilte er mit: Briefe v. Charlotte v. Schiller, Fr.
   Passow, K. Reisig, G. Hermann, G. W. Nitzsch, Fr. Thiersch, Ph. Buttmann,
   J. H. Voss, Lobeck, Schleiermacher.
   In den Berliner Jahrbb. für wissenschaftliche Kritik Mai 1835, Sp. 700 (Rec.
über Starkii commentatio, qua exposita est Aristotelis de intelligentia sive mente
sententia). — In der Halleschen Liter. Ztg. 1839, Bd. 3, S. 367 sqq. (Rec. über
Politique d'Aristote traduite en Francais par Barthélemy-St. Hilaire, II voll. Paris
1837). — Revidirt.

1563a) **Pansch,** Karl, geboren in Eutin, Bruder von No.
1562, studirte Philologie, wurde 1859 in Greifswalde promovirt,
machte dort auch das Staats-Examen und war ebenfalls dort 1 Jahr
Gymnasiallehrer, dann ging er als 2. Lehrer der beiden grossherzoglichen Prinzen mit dem Titel eines Professors nach Oldenburg.

Diss. inaugur. de Aristotelis animae definitione. Gryphiae 1861. 8.
Einige Emendationen zum Aristoteles im „Philologus" 1865. Mitgetheilt.

1564) **Panum,** Jens Severin Nathanael, geboren den
26. Mai 1792 in Stege auf der Insel Möen, Sohn des dortigen
Capellans Peder Panum († 1838, den 23 Juli) und der Susanne
geborne Möller; studirte Medicin seit 1812 in Kopenhagen, examinirt im Herbst 1815 bei der chirurgischen Academie, den 3. September 1816 Regiments-Chirurg bei der Bornholmer Miliz, den

21. Mai 1828 bei der Holsteinischen Artilleriebrigade in Rendsburg, erhielt den 25. November desselben Jahrs den Capitänsrang; den 31. December desselben Jahrs Mitdirector des Christians-Pflegehauses in Eckernförde; † 20. Januar 1836. Verheirathet mit Johanna Carol. Louise Charlotte Lahde. — Vergl. Erslew II S. 535, Supplem. II S. 619—20. Poggendorffs biogr. und liter. Hdw. der exacten W. II, Sp. 352—53. Callisens medic. Schrifst.-Lex. XIV, S. 289—90, XXXI, S. 140.

1) Beskrivelse over Bornholm eller Bornholms Veiviser, med et Tillæg indeholdende Betragtninger over Landets Clima og Veirligt; Vandet, Fødemidler og Drikkevare; Folkets Charakteer; Sæder; Skikke og Forlystelser; Sproget; Bornholms Milice; en kort Oversigt over do almindeligst herskende Sygdomme og deres rimelige Aarsager; samt en Tabel over Byernes og Sognenes specielle Folkemængde og Hartkorn. Udgivet til Bedste for det k Christians-Pleiehuus i Eckernförde. Slesvig 1830.

2) Beschreibung des k. Christians-Pflegehauses bei Eckernförde, nebst einigen historischen Nachrichten über die erste Begründung desselben, mit Krankenu. Mortalitäts-Tabellen. Zum Besten der Anstalt herausgegeben. Schleswig 1833. 8.

Beitrr. zur „Bibliothek for Læger" VI, 1826, S. 209—43 (Tre Tilfælde af Hovedlæsioner, der gjorde Trepanation nødvendig); zu Bornholms AvertissementsTidende 1828 No. 4—8 (Beretning om Rønne Sygestue). —

1565) **Panum,** Peter Ludwig, geboren den 19. December 1820 in Rönne auf Bornholm, Sohn des Vorgenannten; unterrichtet in der höheren Bürgerschule in Eckernförde und der Gelehrten-Schule in Flensburg seit dem Herbst 1836 bis Ostern 1840; studirte Medicin in Kiel von Ostern 1840 bis dahin 1841, dann in Kopenhagen, wo er im November 1841 das Präliminar-Examen, im Herbst 1844 das medicinische Vorbereitungs-Examen in Botanik und Chemie und im Herbst 1845 das medicinisch-chirurgische Amts-Examen bestand; war von 1845 bis 1850 Candidat des allgemeinen Hospitals in Kopenhagen; war 1846 während einer Masern-Epidemie auf den Færöern, 1846 bis Herbst 1848 Schiffsarzt auf dem Kriegsdampfschiff „Geyser"; 24. November 1850 R. v. D.; darauf eine Zeitlang practisirender Arzt in Kopenhagen, 25. Februar 1851 dr. med. Havniens; machte darauf eine wissenschaftliche Reise; den 7. Februar 1853 ausserord. Professor der Physiologie in Kiel vom 1. April an, den 26. Juni 1857 ord. Professor daselbst; auch Vorsteher des physiologischen Instituts; 1852 Mitglied der physicalisch-medicinischen Gesellschaft in Würzburg und 1859 den 15. April der k. Dänischen Gesellschaft der Wissenschaften; 1864

Professor der Physiologie in Kopenhagen. — Vergl. Poggendorffs biogr-liter. Hdw. der exacten W. II Sp. 353. Erslew Suppl. II, S. 620—623.

1) Methodisk Ledetraad til Brug ved Underviisningen i Naturlærens Begyndelsesgrunde. Med Figurer i Texten. Kbh. 1845. 8. X u. 126 SS.

2) Kortfattet populær Fremstilling af den menneskelige Organisme. Med 30 Figurer i Texten. Kbh. 1847. XII u. 124 SS.

3) Om Fibrinen i Almindelighed og om dens Congulation i Særdeleshed. Inaugural-Dissertation (mit 24 lateinischen Thesen). Kbh. 1851. 8. IV u. 140 SS.

4) Physiologische Untersuchungen über das Sehen mit zwei Augen. Mit 57 Bildern. Kiel 1858. gr. 4. 12½ Bgg. Rec. Gött. Gel. Anzz. 1859, S 1055—63.

5) Untersuchungen über die Entstehung der Missbildungen zunächst in den Eiern der Vögel. Mit 12 lithogr. Tafeln in Farbendruck. Berlin, G. Reimer, 1860. gr. 8. XII u. 260 SS. Rec. Gött. Gel. Anz. 1861, S. 710—18.

6) Experimentale Untersuchungen zur Physiologie u. Pathologie der Embolie, Transfusion u. Blutmenge (Aus Virchows Archiv für pathologische Anatomie). Berlin, Reimer, 1864. gr. 8. 286 SS. mit 1 Tab. in quf.

7) Almindelig Indledning til Forelæsninger over Menneskets Physiologie ved Kjøbenhavns Universität. Kbh. 1865. 95 SS. S. Bibl. for Læger 5 R. 10, S. 442—443.

8) Bidrag til Bedömmelsen af Födemidlernes Næringsværdie. Kbh. 1866. SS. 104. S. Bibl. f. Læger 5. R. XII, S. 198 ff.

9) Erindringsord til Forelæsninger over Nervephysiologie. Kbh. 1867. 8. SS. 216.

Beitrr. zur „Bibliothek for Læger" 3. Reihe I, S. 270—344 (Jagttagelser, anstillede under Mæslinge-Epidemien paa Færöerne i Aaret 1846. Benutzt v. dr. Jul. Thomsen in seiner Schrift: „Ueber die Krankheiten u. Krankheits-Verhältnisse auf Island u. den Färöer-Inseln"); VII, S. 53—68 (Om en hidtil lidet paaagtet, i Blodserum konstant forekommende Proteinforbindelse); S. 310—323 (Mere om den hidtil lidet paaagtede Proteinforbindelse); VIII, S. 1—12 (Om kunstig Mælk og kunstige Celler); 4 Reihe, II, S. 269—302 (Claude Bernards Opdagelser over Sukkerets Oprindelse og Rolle i den dyriske Organisme); IV, S. 412—37 (Nyere Undersögelser i Nervephysiologien), V, S. 85—106 (Om Chyluskarrene og om Resorptionen of Chylus); S. 400—409 (Om en krystalliserende Proteinsubstants, som findes i Blodet); VI, S. 16—51 (Om Anlæggelsen af Marefistler; Om den Indflydelse som nervus vagus har paa Mavefordöielsen; Om den pludselige Död, som kan intræde ved Lamning af Stemmeridsens Bevægelsesnerver; Om den Lungeaffection som opstaaer efter Gjennemskjæring af nervus vagus); VII, S. 71—112 (Om forskjellige i nyere Tid obdagede physiologiske og pathologiske Producter og om deres pathologiske Rolle); S. 305—364 (Claude Bernards nyeste Opdagelser med Hensyn til Sukkerets Oprindelse og Rolle in den menneskelige og dyriske Organisme); VIII, S. 23—54 (Om Döden ved Embolie, vergl. Zeitschr. für rationelle Medicin VIII, 6 H.; Medic.-chirurg. Monatshefte 1857, 1, S. 297—300; Vierteljahrsschr. f. d. prakt. Heilk. in Prag 1857, III, S. 31—32); VIII, S. 253—285 (Bidrag til Læren om den snakaldte putride eller septiske Infection. — S. Schmidts Jahrbb. CI, S. 213—217; Medic.-chir. Monatsb. 1859, II, S. 26—27); S. 285—294

(Bidrag til Læren om den snakaldte Fedtmetamorphose); XI, 307—335 (Om kunstig Respiration i physiologisk Henseeude og som Redningsmiddel); X, S. 46—139 (Undersøgelser over nogle af de Momenter, som have Indflydelse paa Hjertebevægelserne); XI, S. 1—75 (Nye Bidrag til Kundskab om Sukkerdannelsen i Leveren; Nye Meddelelser om formeentlig Generatio aequivoca; De nyeste Undersøgelser og Opdagelser med Hensyn til Befrugtningsprocessen); XII, S. 223—252 (Nyere Bidrag til Kundskab om Urinstoffets Oprindelse og Rolle i. den sunde og syge Organisme); XIV, S. 337—372 (Om Gjenstandenes tilsyneladende Størrelse); XV, S. 53—90 (Nye Bidrag til Læren om Aandetrættets Kemisme); XVI, S. 307—339 (Nye Bidrag til Læren om Icterus). — 5. R. XII, S. 223—327 (Physiologiske Undersøgelser over den komprimerede Lufts Indvirkning paa Organismen). — In „Hospitals-Meddelelser" 1850, III, S. 548—628 (Om Cholera-Epidemien i Bandholm). — In Steenstrups „Dansk Maanedsskrift" 2. R. 1859, S. 433—462 (Hvad man kan see med to Øine); 1860, I, S. 373—402 (Aabent Brev til Forfatteren af „den danske Stat" (F. Erslev) til Oplysning om Færingernes Boliger, Klædning, Kost og Sundhedstilstand). — In „Ugeskrift for Læger" 2. R., VIII, S. 113—152 (Om Urinsedimenterne og deres Betydning). — In Virchows u. Reinhardts „Archiv für patholog. Anatomie u. Physiologie" 1, S. 492—512 (Beobachtungen über das Maserncontagium auf den Faeröern); III, S. 251—264, IV, 17—28 (Ueber einen constanten, mit dem Casein übereinstimmenden Bestandtheil des Blutes), IV, 155—165 (Ueber künstliche Milch u. künstliche Zellen); 419 bis 467 (Neue Beobachtungen über die eiweissartigen Körper. Angez. Journal f. prakt. Chemie LIX, 55—59, Schmidts Jahrbb. LXXV, 274—78. Annales de Chimie et de phys. 3 ser. XXXVII, 237—41); XVI, 39—50 (Duplicitas cordis bei einem übrigens einfachen Hühner-Embryo). — In Verhandl. der phys-medic. Gesellschaft zu Würzburg II, 285—298 (Die nosographischen Verhältnisse Dänemarks, Islands und der Färöer-Inseln). — In Archiv für Ophthalmologie von Gräfe, Arlt und Donders V, 1, S. 1—36 (Die scheinbare Grösse. S. Henle u. Pfeufers Zeitschr. f. rationelle Medicin 3 R IX, S. 597—99). — In Reichert u. du Bois-Reymonds „Archiv für Anatomie, Physiologie etc." 1861, S. 63—111, 178—227 (Ueber die einheitliche Verschmelzung verschiedenartiger Netzhauteindrücke beim Sehen mit 2 Augen). — In Frölunds „dansk Folkekalender for 1846, S. 7—20 (Om Nervesystemet og dets Forhold til Sjælen), S. 128—131 (Fnatmiden), S. 137—140 (Raad til at bevare og gjenvinde Sundheden). — In „Tidskrift for populære Fremstillinger af Naturvidenskaben V, 1858, S. 34—48 (Et Besög i Udrugningsanstalten paa Hjörnet af Graabrödretorv og Keisergade). — In „Fædrelandet" 1859, No. 69 (Bemærkninger i Anledning af et paa ham og Prof. C. K. F. Molbech gjort Angreb); 1860, No. 115 (angaaende adskillige Insinuationer imod det medicinske Facultet i Kiel: cfr. No. 121 u. Altonaer Merkur 1860, No. 120: für die Krankenhäuser in Kiel gegen ein Referat in Fædrelandet). — In den Mitthh. des Vereins nördlich der Elbe für Verbreit. naturwissensch. Kenntnisse 1861, 1 (Anhang zu den Jahrbb. f. die Landeskunde Bd. V), S. 19—37 (Ueber die Missbildungen der Vögeleier und über die Entstehung missgebildeter Individuen in abnormen u. innormalen Eiern).

1565a) **Pape,** geboren 1833 in Altona (?), war dr. philos. und Observator an der Altonaer Sternwarte; starb am 27. Mai 1862, 29 Jahr alt.

Bearbeitete den astronomischen Theil von einigen Jahrgängen des Altonaer Almanachs u. des neuen Hamburger Reform-Kalenders.

1566) **Pappenheimer,** Heimann Salomo, war einige Jahre Hauslehrer bei dem Kaufmann Julius in Altona, zog mit demselben später nach Hamburg, wo er 1802 privatisirte; er reiste häufig. — Vergl. N. St. M. X, S. 427.

1) Deduction seiner Apologie für das frühe Beerdigen der Juden. Breslau ...
2) Hebräische Wurzelwörter etymologisch u. kritisch erläutert. Breslau 18 .. gr. 4.

1567) **Pasche,** Georg Christian Wilhelm (L. &. S. No. 857), seit 1822 Lehrer zu Wankendorf, Kirchspiel · Bornhöved; — er starb Febr. 1862. Vergl. seine Chronik des Kirchspiels Bornhöved im N. St. M. VIII, S. 154.

Von ihm noch:
Chronik des Kirchspiels Bornhöved. Schleswig 1839. 8. Steht auch im N. St. M. VIII, 1, S. 87—155.
Erheiterungen für Schullehrer, enthaltend Erzählungen, Anecdoten, Satyren, Curiositäten u. Gedichte. 1. Bdch. Oldenburg 1840. 8. Angez. Itzeh. W. 1840, No. 11.
Im N. St.-M. VI, S. 555—564 (Beschreibung des adligen Guts Depenau in Holstein). — In Falcks Archiv II, Kiel 1843, S. 317—355 (Reisen durch die Herzogthh. Holstein u. Schleswig im Jahre 1702 Aus dem Französischen übersetzt). — In H. Biernatzki's „Schlesw.-Holst.-Lauenb. Landesberr." 1847, J. 2, S. 171—174 (Holsteinische Sprüchwörter. Erstes Hundert); S. 278—280 (Zweites Hundert). — Plattdeutsche Gedichte u. Aufsätze im Preetzer u. Itzehoer Wochenblatt (u. Kieler Corresp.-Blatt?).

1568) **Passig,** D. H., geboren 1825, Tondernscher Seminarist, früher in Nortorf, 1849 interimistischer Lehrer an der Freischule in Rendsburg, an der er 1850 fest ernannt wurde; starb schon in demselben Jahre.

Im „Schlesw.-Holst. Schulbl." X. S. 244—252 (Ueber das Beten in der Schule); XI, S. 360—364 (Dürfen künftighin in unseren Schulen noch körperliche Strafen vorkommen?).

1569) **Patzer,** Karl Felix (L. & S. No. 858), starb zu Süderstapel den 5. October 1838. Verheirathet mit Elise geborne Steinholz. — Vergl. N. Nekrol. d. D. 16, S. 894. Pfaffs Mitthh. VI, N. F. IV, H. 7 & 8, S. 119.

1570) **Paul,** Ludwig, geboren in Weimar, besuchte von 1840—1846 das Gymnasium seiner Vaterstadt, studirte bis 1850 in Jena und Berlin Theologie und Philosophie, leitete von 1851—1857 eine Vorschule für das Gymnasium in Weimar; dr. philos.;

1857 Pfarrer in Burgau und Weida bei Jena, 24. November 1866
11. Lehrer an der Gelehrtenschule in Kiel, wo er den 4. December
1866 antrat.

Kants Lehre vom radicalen Bösen. Ein Vergl. mit der Lehre der Kirche.
Halle 1865. 8.

In den Jahrbb. f. deutsche Theol. Bd. 11, H. 4, p. 624—639 (Kants Lehre
vom Sohne Gottes als vorgestelltem Menschheitsideal. Eine kritisch-dogmatische
Studie). — In Hilgenfelds Ztschr. f. wissenschaftliche Theologie J. 6, S. 182 ff. u.
S. 297 ff. (Ueber die geschichtliche Beglaubigung einer realen Auferstehung Christi
nach den neutestamentlichen Berichten); J. 7, S. 82 ff. (Eine Duplik gegen Straus);
S. 396 ff. (Erwiderung zu des Herrn Prof. Hilgenfelds Nachwort zu den neuesten
Verhandl. über die Auferstehung Christi).

1570a) **Paulsen,** Anker, aus Schleswig, studirte Medicin,
wurde 1850 in Kiel dr. med. & chir.

De acupunctura. Kiliae 1850. 8.

1571) **Paulsen,** Hans, geboren den 7. November 1804
in Satrup, Probstei Gottorf, studirte Theologie seit Michaelis
1824 in Kiel, wurde 1830 auf Gottorf mit dem 2. Char. m. r. A.
examinirt, den 24. Januar 1833 Pastor in Ockholm, den 16. Januar
1843 Pastor in Wewelsfleth.

Ein Prüfstein alles göttlichen u. christlichen Geistes: das christliche Bekenntniss. Eine Visitations- u. evangelische Bekenntniss-Predigt über 1. Joh. 4, v. 1—6.
Glückstadt, in Commission bei E. Fabricius, 1862. 8.

1572) **Paulsen,** Jacob, geboren den 30. December 1809
zu Winkelholm im Kirchspiel Süder-Brarup in Angeln, nach seiner
Confirmation Schulgehülfe in Brodersbye und dann in Tondern; verliess Ostern 1831 das Seminar in Tondern und wurde Gehülfe des
Stadtschullehrers Hansen in Flensburg; liess sich darauf in Tondern examiniren und erhielt den 2. Char. m. s. r. A.; war von
Johannis 1834 Küster und Schullehrer in Riesum; starb daselbst
den 3. Juli 1843. Verheirathet mit einer Tochter des Küsters
Henningsen in Tharstedt. — Vergl. Schlesw.-Holst. Schulbl. V,
1843, H. 4, S. 113—114.

Confirmandengabe od. zwei Schulreden bei Entlassung der Confirmanden ge-
halten u. zum Besten der Kirche in Riesum herausgegeben. Flensburg 1840. 8.
45 SS. Rec. Schleswig-Holsteinisches Schulbl. III, 1841, H 1,\S. 194—196.
Im Schlesw.-Holst. Schulbl. III, 1841, H. 1, S. 184—187 (Wünsche für das
Schleswig-Holsteinische Schulbl.); H. 2, S. 153—164 (Rec. des Burgwardtschen
Schul- und Bildungsbuches für Volksschulen); H. 4, S. 160—165 (Erklärung und
Berichtigung zu dieser Recension); H. 4, S. 50—59 (mit Kaper, Schullehrer in
Lindholm: Offenes Sendschreiben an die Herren Langfeldt u. Nissen); IV, 1842,
H. 2, S. 82—92 (Ein Wort an den Vertreter der Sache des weiland Schulmei-
sters Heinrich); S. 159—169 (Rec. über Burgwardts Lesetabellen); V, 1843, H. 1,
S. 151 (An Gudenrath); H. 2, S. 1—16 (Gedanken, Ansichten u. Thesen); S. 212

bis 214 (Rec. des 2. Thls. des Burgwardtschen Schul- und Bildungsbuches). —
Im Itzeh. Wochenbl. 1840 No. 35 (Aus der Bökingharde); No. 38 (mit dem oben
erwähnten Kaper: An die Schullehrer der Herzogthh.).

1573) **Paulsen,** Ingwer Carstens (L. & S. No 860);
starb als 2. Compastor in Meldorf den 1. Juli 1860. — Verheirathet mit Friederike Sophie geborne Lorenzen. — Vergl. Alt. Merk.
1860. No. 155.

1574) **Paulsen,** Johannes. Sohn des Lehrers J. N. Paulsen
in Gross-Hansdorf, Kirchsp. Sieck, zur Zeit Lehrer in Winderatt
in Angeln.

1) Gab seit Juli 1866 monatlich heraus: Schleswig-Holsteinischer Kindergarten.
Kiel, Druck v. Mohr. (Altona, Hestermann) 4. Wird fortgesetzt. Rec. im
Itzeh. Wochenbl. im October 1866, No. 120 Sp. 6 u. 7 (v. Meyn) u. dagegen
„Zur Kritik des Schl.-H. Kindergartens" in No. 125, Sp. 9 & 10 von der Re-
daction des letzteren.

2) Leitfaden der Geographie. Altona, Hestermann, 1867. 8.

1575) **Paulsen,** Johann, geboren den 26. September
1794 zu Wellenbüttel in Norderditmarschen, studirte seit Ostern
1816 Theologie in Kiel, wurde 1819 in Glückstadt mit dem 2.
Char. m. A. examinirt, den 15. October 1820 Diaconus in Heide,
den 24. April 1825 Diaconus, den 8. Januar 1827 Hauptpastor
in Albersdorf, starb 21. Januar 1867.

Wahre Christen sind mit Christo in das himmlische Wesen versetzt. Predigt
über Eph. 22, 6: in Brodersens 30 Predigten von 30 Predd. Schlesw.-Holsteins.
S. 437—453.

1576) **Paulsen,** Johann Heinrich Wilhelm (L. & S.
No. 861); starb als dr. medic. und practischer Arzt zu Lütjenburg
den 20. Juni 1859, 86 Jahr alt. S. Alt. Merk. 1859 No. 149.
(Nach L. & S. ist er aber den 26. Juli 1776 geboren, wäre also
nicht volle 83 Jahr alt geworden).

1576a) **Paulsen,** J. L., aus Blankenese, studirte Medicin,
wurde 1845 in Kiel dr. med. & chir., ob später, 1849, practisirender Arzt in Garding?

De diabete mellito. Kiel 1845. 8.

1577) **Paulsen,** Karl Friedrich Ferdinand (L. &. S.
No. 862). Er machte 1800 eine musicalische Reise in Schleswig
und Holstein von Flensburg aus, wo er Organist an der St. Marienkirche war. Er starb vor 1847, kommt wenigstens in dem
Flensb. Adressbuch von diesem Jahre nicht mehr vor.

1578) **Paulsen,** Lorenz (L. & S. No. 863); wurde den
25. Juli 1828 Pastor in Sommerstedt, Michaelis 1852 emeritirt und
starb in Hadersleben. — Vergl. die bekannten Candid.-Verzz.

1579) **Paulsen,** Lorenz, geboren den 7. Juni 1810 zu Weesby, studirte Theologie in Kiel seit Ostern 1830, wurde 1836 mit dem 2. Char. m. A. examinirt, den 14. Mai 1847 Pastor in Wallsbüll, den 17. December 1848 Pastor in Oster-Lygum, den 27. Juli 1850 entlassen, dann Institutsvorsteher in Wesselburen, den 15. October 1855 Pfarrverweser in Brunsbüttel, den 27. Januar 1856 Diaconus in Neuendorf, Mai 1864 constituirter Pastor für Nordhackstedt, Gross-Wiehe und Wallsbüll, 25. Juni 1864 Pastor in Nordhadstedt.

Von ihm steht Einzelnes im Itzeb. Wochenbl. z. B. 1841 No. 8.

1579a) **Paulsen,** P., lebte etwa v. 1821 an bis zum Jahre 1831 (wo er in den Altonaer Adressbüchern zum letzten Male vorkommt) als Kammerrath in Altona.

Sternuhr für die Polhöhe von Hamburg u. Altona eingerichtet von P., nebst Beschreibung als Hülfsmittel zum Selbstunterricht in der Sternkunde. Altona 1821. 8.

1580) **Paulsen,** Paul Detlef Christian (Kristian) (L. & S. No. 864), geboren in Flensburg den 10. Januar 1798, Sohn des Kaufmanns Christian Detlef Paulsen und der Jngeborg Sophie geborne Gadebusch; seit dem 12. Jahre in Salzmanns Institut in Schnepfenthal, seit dem 15. auf dem Gymnasium in Gotha und nach zweien Jahren auf dem Catharineum in Lübeck; studirte seit 1816 die Rechte in Göttingen bis Herbst 1818, wo er durch seine, im L. & S. angeführte Schrift über Rhodus in der macedonischen Zeit eine Preismedaille gewann, 1818/19 in Berlin, im Sommer 1819 in Heidelberg und darauf in Kiel, wo er für den Licentiaten-Grad am 23. Dec. 1822 disputirte; exam. im jurist. Examen auf Gottorf 1821 mit dem 2. Char. m., r. A.; unterwarf sich den 22. Nov. 1823 dem lateinischen juristischen Examen in Kopenhagen und erlangte dort den 9. Juli 1824 die juristische Doctorwürde; den 8. November 1825 ausserord. Professor des Dänischen Rechts an der Universität Kiel, machte 1828 eine Reise durch Deutschland und Jtalien, den 23. Mai 1842 ord. Professor der Rechte in Kiel, den 28. Juni 1847 R. v. D., ging 1848 nach Kopenhagen und wurde dort Mitarbeiter bei den unter der Schleswig. Holstein-Lauenburgischen Canzlei sortirenden Verrichtungen, den 8. Juli desselben Jahrs Etatsrath, hielt 1848/49 und 1849/50 Vorlesungen an der Kopenhagener Universität über Schleswigsches Recht, wurde den 18. September 1850 erstes Mitglied der Ober-Justizcommission oder seit dem 7. Mai 1852 des Appellations-Gerichts für das Herzogthum Schleswig, 22. October desselben Jahrs constituirter Administrator der Carstenschen Stiftung, 28. April 1851 Mitglied der Notabeln-Versammlung in Flensburg, den 27. Februar 1852 D. M.; starb in

11*

Flensburg den 28 (27?) December 1854. — Verheirathet: 1. seit
6. April 1826 mit Thora Alrilde geborne Bloch, († 14. März 1834
in Kiel) 2. seit 29. Mai 1835 mit Margaretha Christiane Marie geborne Bloch, verwittwete Thrige. Vergl. Erslew II, S. 339—440.
Supplem. II S. 629—631, wo verschiedene andre Quellen über ihn.

Von ihm noch:

Anmeldelse af Forelæsninger over Rets-Encyclopädien og Oversigt over samme
med særdeles Hensyn til den Danske Ret. Kjœbenhavn 1823. 8. 16 SS. (Fehlt
im L. & S.).

Ueber Volksthümlichkeit u. Staatsrecht des Herzogthums Schleswig, nebst
Blicken auf den ganzen Dänischen Staat. Kiel 1832. 8. Rec. Kieler Corresp.-
Bl. 1832 No. 2 der Liter.-Beil. v. 10. März.

Lehrbuch des Privatrechts der Herzogthümer Schleswig u. Holstein, wie auch
des Herzogthums Lauenburg. Altona 1834. 8. 2. verb. u. mit dem Lauenb.
Rechte vermehrte Aufl. Kiel 1842. 8.

Für Dänemark u. für Holstein. Altona, Karl Aue, 1836. gr. 8. Rec. zusammen mit der einer Gegenschrift: „Die Erbfolge in Schlesw.-Holst. Eine historische Beleuchtung der Behauptungen des Hrn. Prof. Paulsen in der Schrift desselben: F. Dänem. u. f. Holst." in Heibergs Schlesw.-Holst. Blättern V, 1838,
S. 283—341 u. das. II, S. 198—204, Alt. Merk. 1836 No. 256, Sp. 459—460.

Det danske Sprog i Hertugdœmmet Slesvig. Udgiven af Selskabet for Trykkefrihedens rette Brug. Kbh. 1837. Rec. Allgem. Hallesche L. Z. 1843, III, S. 542
bis 544. Kieler Corresp.-Blatt 1838, No. 5 u. 13 u. 14 (von dr. Volquardsen),
Paulsens Erwiderung das. No. 16—18.

Forsœg til en Rets-Formular-Bog, samt en tydsk-dansk Lovkyndigheds Ordbog.
Til Brug for Nord-Slesvig. Flensb. 1841. 8. Anden forbedrede og forœgede
Udgave s. t. Slesvigsk Rets-Formularbog samt tydsk-dansk Lovkyndigheds Ordbog.
Flensb. 1853. 8. S. Dannevirke 1853 No. 8.

Uebersetzte a. d. D.: Stimmen aus Dänemark über die Schleswigschen Verhältnisse. Eine Sammlung von Aufsätzen aus dem Dänischen Wochenblatte, herausgegeben v. J. F. Schouw. Kopenh. 1843. VI u. 142 SS. 8. (Vergl. Paulsens
Leben von H. N. Clausen [Kbh. 1857] S. 64.)

* Stände-Deputirte Schleswigs an den Dänischen Staatsrath. Uebersetzung aus
dem Dänischen. Kopenhagen 1848. 8. 46 SS.

Til den danske Rigsdag fra Slesvigeren C. Paulsen. Kbh. 1848. 8. 16 SS.

Om Slesvigs indre Forbindelse med Danmark (in den „antislesvigholsteensko
Fragmenter" udg. af A. F. Krieger, VI H.) Kbh. 1848. Auch deutsch in den
antischleswig-holsteinischen Fragmenten, IV. II., Koph. 1848 u. in „Skandinavisches
Portfolio" No. 4, Leipzig 1849 u. in „Beitrr. zur Schlesw.-Holsteinischen Frage
in 7 Abhh. Leipz. 1849. 8.)

Det danske Kongehusets Ret til Pinneberg, Ranzau og Altona (in den „anti-
slesvig-holsteensko Fragmenter" XIII. H.) Kbh. 1856.

Ueber die Aufhebung des Socialnexus der Holstein. u. Schlesw. Ritterschaft
(in den antischleswig-holsteinischen Fragmenten" VII. II.) Kopenh. 1851. 8.

Uebersetzt v. ihm: Von der Landeshoheit über das alte Rendsburg auf der
Eiderinsel. Mit einer früher ungedruckten Chronik der Anlegung des neuen Rendsburg. Von C. F. Wegener. Mit Charten. Kopenh. 1850. 8.

Nach seinem Tode:

Gesammelte kleine Schriften (Deutsche u. Dänische) Bd. 1—3. Mit biographischer Einleitung von H. N. Clausen, sowie des Verf.'s Porträt u. einem chronologischen Verzeichniss seiner Schriften n. Arbeiten. Mit Unterstützung des k. Ministeriums f. d. Herzogth. Schleswig. Kopenh. 1857—1859.

In Dansk-Literatur-Tidende 1825, 1826 (A. S. Œrstedt: Juridisk Tidskrift). — In Krit. Zeitschr. f. Rechtswissenschaft des Auslandes I, II. 3, S. 476—499 (J. E. Larsen: Beitrag zu der Geschichte der alten Dänischen Provinzialrechte). — In Tübinger krit. Zeitschrift 1829, Bd. 5 (Uebersicht der neueren nordischen rechtswissensch. Literatur). — In Allgem. jurist. Zeitung 1829 (P. G. Cederschjœld: Försök at bringa Sverriges Grundlagar i System). — In Nordisk Tidskrift for Oldkyndighed Bd. 1, 1832 (Bidrag til Sprogets Historie pna den jydske Halvœ, fornemmelig i dens sœndre Deel). — Im Kieler Corresp.-Bl. 1833, No. 48, 50 (Bemerkk. u. Wünsche in Betreff unserer Gerichtsverfassung); 1837, No. 1 (Die Abfassung einer Schrift über den Schlesw.-Holst. Process betr.) No. 32 (den Bau eines Museums für Thorwaldsens Meisterwerke betr.); 1838, No. 16—18 (Zur Vertheidigung gegen den Aufsatz in No. 5, 13 u. 14: Deutsch u. Dänisch im Herzogth. Schlesw. v. Conr. P. Volquardsen in Hadersleben); 1839, No. 81 (Entgegnung auf das Schreiben aus Apenrade in No. 79 u. No. 87: die Dannevirke betr.); 1840, No. 57 (Berichtigung von unwahr aufgestellten Thatsachen in Beziehung auf die Schlesw. Sprachsache); 1842, No. 62 (Berichtigung, die Dannevirke betr.); 1844, No. 15 (Successionsverhältnisse in den Herzogthh. betr.), No. 63 (Verwahrung); 1847, No. 109—110 (Der Artikel „Schulzwang" im Kieler Corr.-Bl. No. 99 v. 1847 kritisch beleuchtet). — Im N. Staatsb. Magaz. II, 1834, S. 869—871 (Bemerkk. auf einer Reise im nördlichen Schleswig im Sommer 1820), S. 871—73 (Etwas über die Dänische Sprache im Sundewitt); IV, 1836, S. 911—916 (Bemerkk. zu Herrn Prof. Burchardi: Rechtliche Erörterungen, das. S. 347 sqq.); IX, 1840, S. 1—27 (Ueber die bei dem Ausbleiben des Beklagten eintretende Rechtsvermuthung nach Schl.-Holst. Rechte). — In Maanedsskrift for Literatur XIV, 1835 (J. A. Stenfeldt: Om Muuicipalvœsenet i Almindelighed og det danske i Sœrdeleshed). — In Kinds Summarium jurid. Bd. III, 1835 u. in Heibergs Schl.-Holst. Blättern 1836, Bd. 3 (Ueber N. Falck: Die Gerichtsverfassung der Herzogthh. Schlesw. u. Holst). — In Felix: Revue de legislation et d'économie politique 1835 (Kurze Darstellung der Rechts- u. Gerichtsverfassung des Dänischen Staats u. des Königreichs Norwegen). — In den „Kritischen Jahrbb. f. deutsche Rechtsw." Bd. 1 (Ueber Falcks landr. Erörterungen), Bd. 2 (Ueber C. W. Pauli: Abhandll. aus dem lübischen Rechte, Th. 1), Bd. 4 (Ueber Francke; der gemeine Deutsche u. Schlesw.-Holst. Civilprocess, Th. 1); Bd. 5, H. 1, S. 103—162 (Uebersicht der neuen nordischen rechtsw. Literatur); Bd. 6, 1842 (Ueber U. Lornsen: Die Unionsverfassung Dänemarks u. Schl.-Holsteins); Bd. 7, 1843 (Ueber Francke: Der gemeine deutsche u. schlesw.-holst. Civilprocess, Th. 2); Bd. 8, 1844 (Ueber P. W. Cornils: Die Communalverfassung in der Landschaft Eiderstedt u. über C. W. Pauli Abhandll. aus dem lübschen Recht, Th. 2); Bd. 9, 1845 (Ueber desselben Pauli Abhh., Th. 3); Bd. 10 (Ueber Sarauw: Geschichtl. Forschungen über die Gültigkeit des Römisch-Justinianischen Rechts im H. Schleswig). — In der Lyna 1838, 42 (Om Sprogpetitionen). — In der Dannevirke vom Jahrg. 1, 1838 bis 6, 1844 u. 10, 1848, 12, 1849/50, 14,

1851/52 diverse Artikel u. A. Jahrg. II, No. 2 (Hilsen til Dannevirke); „Følgeblad" zu No. 7 (Brief als Beitrag zu den Zeugnissen für die Stimmung des nordschleswigschen Volkes über die Vernachlässigung der Dänischen Sprache etc.); No. 29, 30 (I Anledning af Hr. Geerz's Anmeldelse af hans Sprogkaart over Hertugdømmet Slesvig etc.); No. 24 (Niels Christ. Nissens Minde); No. 47 (Carl Wimpfen's Minde); Jahrg. 2, No. 28 (Bemærkninger, foranledigede ved Hr. Marquardsen's Beitrag zur Charakteristik der Dannevirke); Jahrg. 3, Tillæg zu No. 91 (Belysning af Stænder-Comitteens Betænkning for Gjenopbævelsen af Sprog-Rescriptet af 14. Mai) u. m. a. Art.; Jahrg. 4 (Hvorledes seer det ud med Udførelsen af Sprogreser. af 14. Mai 1840? Forligelsesvæsenet. Zugabe zu den historischen Landesrechten in Schlesw.-Holstein); Jahrg. 5, 1843 (Det danske Sprogs Ret til at lyde paa Folkethinget. Videre Efterretninger om Jkke-Udførelsen af Sproganordningen. Dannevirke og Lyna. En Kieler Oberappellationsretsrands Yttringer om Retstilstanden i Danmark og dansk Retssprog. Neue Kieler Blätter); Jahrg. 6, No. 68—70 (Mænd af Folket som Meddomsmænd eller som Eedsvorne?) Jahrg. 7. No. 43 (Staatseenheden); Jahrg. 8, No. 141 (Meddelelse fra Committeen til Understøttelse for betrængte Slesviger); No. 156 (Indlednings-Foredrag ved Aabningen af mine Forelæsninger over den Slesvigske privat Ret i Kjøbenh. d. 21. Nov. 1848); — Jahrg. 12 (Den schleswig-holst. Landesbank". Den preussiske Fortolkning af de foreløbige Fredsætninger); Jahrg. 14 (Friheden vil gjøre Forandringen). — Im Journal für rationelle Politik 1839 (Die Dänische Bevölkerung des Herzogthums Schleswig). — In „Brage og Idun" Bd. 3 (En Slesvigers Røst). — In „Aabenraner Ugeblad" 1840 (Er Navnet „Aabenraa" saa afskydeligt?). — In Ztschr. f. deutsches Recht 1840, Bd. IV (Beitrag zu der Lehre von der Bürgschaft aus dem nordischen Recht). — In Harms Gnomon (Die Sprachen in den Herzogthümern). — In Falcks Archiv III, S. 224—241 (Ueber das Römische Recht im Herzogth. Schleswig, an Hrn. Kammerrath Sarauw). — In der allgem. Halle'schen L. Z. 1844 (Antikritik gegen die Recension der Literatur des Kampfes der Deutschen Sprache u. Volksthümlichk. an der Nordgränze v. Schl.-Holst.). — Im 9. Jahresber. der Schl.-H.-L. Gesellsch. für Sammlung u. Erhalt. vaterl. Alterth. 1845 (Der Kronshagener Fund). — Im Beobachter am Sunde 1846 (Schleswig in seiner Verbindung mit Dänemark u. mit Holstein. — Gedanken über die Eröffnung eines Dänischen gelehrten Bildungswegrs für Nordschleswiger). — 1847 (Die Germanisten des Jahres 1846 für Schleswig-Holstein wider Dänemark). — In Ruvits Jahrbb. Bd. 2 (Bemerkk. zu der Verordnung vom 21. Mai 1815, enthaltend Veränderungen in der Gesetzgebung über die Erbfolge f. d. Kgr. Dänemark). — Im Archiv f. Geschichte u. s. w. Bd. 5 (Bemerkungen über das Flensb. u. Apenrader Stadtrecht). — In den Schlesw.-Holst. Anzeigen 1848 (Ueber die Art der Erbtheilung zwischen vollbürtigen Geschwisterkindern u. Halbgeschwistern nach Land- u. Marschrecht). — Einzelne Beitrr. zu „Fædrelandet" 1849 (Om Friserne i Slesvig), 1851 (Berigtigelser om Brugen af Dansk Sprog ved Oberjustitscommissionen). — In der Flensb. Zeit. 1854 (Der Dänische Text des in Schleswig als Landrecht geltenden Jütischen Low). — Vergl. „Tidstavle of Paulsens Skrifter og Arbeider" in den gesammelten kl. Schr. v. ihm Bd. 3, S. 817—824. —

1581) **Paulsen,** Peter (L. & S. No. 866), geboren den 20. December 1778 zu Drellsdorf im Amte Bredstedt, studirte seit

Michaelis 1797 in Kiel Theologie, wurde 1804 auf Gottorf mit
dem 1. Character examinirt; war schon seit dem 2. October 1801
Subrector in Hadersleben (antretend den 3. November); den 22.
April 1807 Pastor in Atzbüll und Gravenstein (antretend den 5.
Juli); den 14. Juni 1811 Pastor und Probst in Apenrade (antretend
den 22. September); vom 12. December 1817 bis 24. November 1835
Examinator im theologischen Collegium zu Gottorf; den 25. Mai
1826 R. v. D., den 23. September 1834 bis 24. November 1837
geistliches Mitglied der Schleswigschen Ständeversammlung; die im
November des ersteren Jahres ihm angetragene Schleswigsche General-Superintendentur lehnte er ab; den 28. October 1836 D. M.
in Folge seines am 22. September 1836 gefeierten 25jährigen
Dienstjubiläums; seit den 31. März 1837 Probst und Hauptprediger
in Altona, (antretend den 6. August); den 28. Juni 1840 Oberconsistorialrath; den 18. Februar 1846 von Kiel aus h. c. dr. theol.;
schied den 26. September 1848 aus seinem Amte und begab sich
nach Schleswig zu wohnen; starb daselbst den 29. Januar 1855.
Verheirathet mit Cäcilie Dorothea geborne Prehn. — Vergl. über
ihn N. St. M. X, S. 477, Prov.-Berr. 1832, S. 206, die bek. Candid.-Verzz., Alt. M. 1855 No. 27.

Von ihm noch:

Antrittspredigt über Römer 1 v. 16, gehalten in der evangel.-luther. Kirche
zu Altona am 11. S. n. Tr. 1837. Altona. 8.

Mit Eggers u. P. S. Frandsen: Die Säcularfeier des K. Christianeums in Altona. Altona 1839. 8.

Todtenfeier zum Gedächtniss Sr Maj. des Höchsts. Königs Frederik VI, in
der evangel.-luthor. Hauptkirche zu Altona am 16. Januar 1840. Altona, K. Aue,
1840. 8.

Introductionsrede: erschien mit G. W. C. E. Möllers Abschiedspredigt in Ottensen u. Antrittspredigt in Altona. Altona, K. Aue, 1840. 8.

Introductionsrede: erschien mit J. G. C. Schaar's, Adjuncten an der Dreifaltigkeitskirche zu Altona, Antritts-Predigt gehalten über 1. Kor. 4, v. 1, 2 den 28.
Nov. 1841. Altona, Karl Aue, 1841. 8.

Introductionsrede: erschien mit P. Nieverts Abschieds- u. Antrittspredigt.
Altona 1841. 8.

Rede bei der Feier des Gustav-Adolf-Vereins in der evang.-luther. Kirche zu
Altona. Altona 1845. 8. (Zusammen mit Pastor Möllers Altargebet bei ders.
Gelegenheit.)

Rede bei der kirchl. Feier der Jahresversammlung des Schlesw.-Holst.-Lauenb.
Landesvereins der Gustav-Adolf-Stiftung, gehalten in der H. Geist-Kirche in Altona den 18. Juni 1847. Altona, G. Blatt, 1847. 8.

Predigt am Neujahrstage 1847 gehalten über Epheser 4, 3. Altona, Hammerich 1847. 15 SS. 8.

Abschiedspredigt, gehalten in der Dreifaltigkeits-Kirche in Altona am 18.
Trinitatis-Sonnt. 1848. Altona, in Commiss. bei Schlüter, 1848. 8. 16 SS.
Im Kieler Corresp.-Bl. 1846 No. 154 (Berichtigung u. Erklärung, die Aus-
schliessung des dr. Rupp v. Altonaischen Zweigverein der G. A. Stiftung betr.). —
In der v. Past. Schaar herausgeg. Denkschrift an die 1. Säcularfeier der Dreifaltig-
keits-Kirche zu Altona (1843) S. 61—72 (Predigt über 1. Mos. 28, 17). —

1582) **Paulsen,** Peter, geboren den 5. August 1808 zu
Atzbüll, Sohn des vorhergenannten dr. th., Ober-Consistorialrath
und Probsten gleichen Namens, besuchte die Flensburger Gelehrten-Schule von Michaelis 1826—1828, studirte Theologie zu Kiel
von Michaelis 1828, zu Halle von Michaelis 1829 und von 1831
bis 1832 wieder in Kiel, wurde examinirt auf Gottorf 1832 mit
dem 2. Char. m. r. A., den 26. April 1833 2. Lehrer, den 8.
September 1835 adjungirter Vorsteher am Taubstummen-Institut
in Schleswig; den 21. Januar 1835 dr. philos. zu Rostock; den
13. April 1847 Vorsteher und erster Lehrer des genannten Instituts; den 10. Januar 1853 Ständeabgeordneter in Schleswig; den
19. April 1863 als Vorsteher und Lehrer des Taubstummen-Instituts mit Pension entlassen, den 30. März 1865 als Vorsteher und
Director desselben wieder angestellt.

1) Gab heraus den 20. bis 35. Jahresbericht über den Fortgang der Schlesw.-
Holsteinischen Landes-Bibel-Gesellschaft. Mit einem Anhange. Schleswig,
Tbst.-Inst., 1836 bis 1851. 8.

2) Leitfaden beim Unterricht in der Geographie. Schleswig 1840. 8.

3) Versuch einer Schulstatistik des Herzogthums Schleswig. Oldenburg, C.
Fränckel, 1845. 8. VIII u. 339 SS. Rec. Schlesw.-Holst. Schulbl. VII,
H. 1, S. 158—166 (v. H. Biernatzki).

4) Zur Feier des 50jährigen Bestehens des Taubstummen-Instituts. Schleswig
1860. 8. S. Alt. Merk. 1860 No. 285 (Steht auch im 4. Bande der Jahrbb.
f. d. Landeskunde).

5) Die Stipendien in den Herzogthümern Schleswig, Holstein u. Lauenburg; auch
Bausteine zur Landes-Universität Kiel. Schleswig, Heibergs Buchh., 1663.
8. X u. 248 SS. Nebst einer tabellarischen Uebersicht der Stipendien für
Studirende.

Im N. St. M. VIII, 1839, S. 349—393 (Die Taubstummen-Anstalt in Schles-
wig im Jahre 1838). — In Falcks Archiv II, S. 624—634 (Nachricht über das
Taubstummen-Institut in Schleswig von 1838-1842). — In Herm. Biernatzki's
Schlesw.-Holst.-Lauenb. Landesberr. Jahrg. 1, 1846, H. 2, S. 149—51 (Uebersicht
der Verwaltungs-Resultate der Irren-Anstalt in Schleswig seit ihrer Eröffnung).—
In den Jahrbb. f. d. Landeskunde u. s. w. Bd. IV, S. 41—60 (Das Taubstummen-
Institut zu Schleswig v. 1843—1860). — In K. L. Biernatzki's Volksbuch f. d.
Jahr 1845, S. 74—81 (Das Taubstummen-Institut in Schleswig); das. f. 1846 S.
159—162 (Der Mönch in Schleswig-Holstein); das. f. 1847, S. 33—37 (Eisern

Heinrich. Mit Abbild.). — Einige Aufsätze in der Deutschen Quartalsschrift u. anonyme Recc. in den „liter.-krit. Blättern" des Morgenblatts v. 1842—1846. — Revidirt. —

1583) Paulsen, Peter, geboren den 24. Juni 1807 zu Bönstrup im Kirchspiel Grundhof, Amts Flensburg, Sohn des Hauszimmermeisters Paul P. und der Maria Margaretha geborne Willer; genoss den ersten Unterricht beim Organisten, Küster und Schullehrer Andreas Petersen in Grundhof; nach der Confirmation Frühjahr 1823 Eleve beim Organisten und Schullehrer Hansen in Husbye und im November desselben Jahrs Unterlehrer beim Lehrer Chr. A. Bruhn in Bojum bei Rundhof und nach drittehalb Jahren wieder ein halbes Jahr zur Ausbildung im Orgelspiel, bei Hansen in Husbye, und dann Hauslehrer in Auenbüllgaarde im Sundewitt; Michaelis 1827 Tondernscher Seminarist bis dahin 1829; examinirt mit dem 2. Char. m. r. A.; darauf Hauslehrer auf Gammelgaard auf Alsen 1 Jahr und dann Michaelis 1830 Gehülfe und Stellvertreter beim Cantor, Organisten und Schullehrer Thomsen in Norderbrarup bis August 1832, wo er zum Elementarlehrer in Sonderburg für die eine Stadthälfte gewählt wurde; am 13. Juni 1841 als Organist, Küster und Schullehrer in Satrup, Probstei Sonderburg, introducirt, wo er noch steht. Verheirathet mit Anna geb. Matzen († 1840).

Die Branntweinspestilenz, eine Erzählung v. H. Zschokke. Uebersetzt in's Dänische unter dem Titel Fridolin Walter. Sonderb. 1844. 8.

In Zehlickes Schulbl. für Mecklenb. etc. II, 1839, S. 1 sqq. u. S. 250 sqq. (Freimüthige Gedanken u. Bemerkungen über die sog. wechselseitige Schuleinrichtung, veranlasst durch die Schrr. v. Diesterweg, Peters u. Rönnenkamp über diesen Gegenstand nebst kritischen Bemerkk. über dieselben). — Im Schlesw-Holst. Schulbl. 3, 1841, H. 2, S. 31—35 (Ueber die Untergehülfenwahl bei der wechselseitigen Schuleinrichtung); 5, 1843, H. 3, S. 44—51 (Ueber den kleinen Catechismus Lutheri in unsern Volks- u. insonderheit in den Elementarschulen); 6, 1844, H. 2, S. 11—22 (Zwei Sprachen in unsern Volks-Schulen); 7, 1845, H. 2, S. 133—135 (Kleine Bemerkungen). — Lieferte auch Zusätze zu dr. Paulsens Schulstatistik, in der Schulconferenz auf Sundewitt 1845. — Im Kieler Corresp.-Bl. 1847 No. 109 (Der Artikel „Schulzwang" kritisch beleuchtet). — Ausserdem hat er von c. 1836 bis 1840 mehrere Kleinigkeiten für das „Volksblatt" in Dänischer Spr. theils geschrieben, theils darin übersetzt, z. B. über „die Sonderburger Arbeitsanstalt", über „Was ist die Uhr?" u. s. w. — Revidirt.

1584) Pauly, Christian Friedrich Johann, geboren den 7. Februar 1806 in der Stadt Schleswig in der Friedrichsberger Gemeinde, Sohn des Taubstummenlehrers Karl Matthäus Stephanus Pauly und der Friederike Joachime Adamine geborne v. Crüs, erhielt den Jugend-Unterricht bei dem Cantor Nicolaus Thomsen in Schleswig; besuchte das Seminar in Tondern unter dem Professor Decker und dem Cantor Sörensen und wurde im Jahre 1827 examinirt; war nach dem Abgange vom Seminar Michaelis 1827 Hauslehrer bei dem Landmann Christ. Tamm in Kieckebusch bei Eutin, darauf am 1. April 1829 erwählt zum Cantor und ersten Knabenlehrer in Heide; 1854 25jähriger Jubilar; den 31. October 1865 emeritirt.

1) In den Darstellungen aus dem Christenleben, herausgegeben von dem Elb-Pinnauer Lehrer-Verein, 1857, No. 26, S. 212—218 (Der Christ unter leidenden Brüdern). — ʹ

2) Die wichtigsten biblischen Geschichten für die Elementarschule, katechetisch geordnet. Mit Vorwort vom Oberconsistorialrath dr. Claus Harms. Th. 1: Die biblischen Erzählungen alten Testaments. Heide 1852. Recc.: Schlesw.-Holst. Schulbl. 14, S. 373—376 u. Itzehoer Wochenbl. 1852 (v. M. Schlichting); allgem. Deutsche Lehrerzeitung 1852 No. 43 & 44; Sächsische Schulzeit. 1852 No. 45, Schlesische Schulz. 1852 No 15; Pädag. Monatsschr. 1852 S. 119—120, Hamb. Schulbl. 1853 No. 70. Th. 2: Die biblischen Erzählungen neuen Testaments. Heide 1858. 8. SS. 188. Rec.: im Schlesw.-Holst. Schulbl. 1859, S. 299—300.

3) Er war Mitarbeiter neben Tiessen in Eesch u. A. an: Lesebuch für Elementarschüler nach dem Grundsatze der Concentration des Anschauungs-, Lese- u. Sprachunterrichts, bearbeitet v. dem Heide-Meldorfer Lehrerverein. Heide, im Selbstverl. u. Altona in Commission v, Lehmkuhl & Co., 1867. 8.

Lieferte Beiträge a) für dr. Gräfe's „Archiv für das practische Volksschulwesen", das Volksschulwesen Schleswig-Holsteins betr. u. einige katechetische Unterredungen in den Jahren zwischen 1830 bis 1840; b) für Zehlicke's Schulblatt f. d. Grossherzogth. Mecklenb. u. die Herzogth. Schl. u. Holst" 1839 (Moses Geburt); c) für Körners „practischen Schulmann" 1851 (Tobias der Aeltere); d) f. das „Schlesw.-Holst. Schulbl." 13, S. 344—350 (Der biblische Geschichtsunterricht in der Elementar-, Mittel- u. Oberclasse der Volksschule); e) für Sönksens „Schulzeitung" I, 1852/53 No. 5 (Das Disponiren); No. 9 (Becker u. Wurst); No. 24 (Ueber Wurst's Sprechdenklehre. Brief an Christensen); No. 32 (Der Zusammenhang im biblischen Geschichtsunterricht); No. 46 u. 48 (Der Unterricht in der biblischen Geschichte I. u. II); II, 1853/54 No. 52; f) für die von dr. Berthelt in Dresden herausgegebene „allgemeine Deutsche Lehrerzeitung" u. zwar a) Berichte über die Versammlung des Ditmarscher Lehrervereins 1852 No. 41 u. 42, 1853 No. 37, 1854 No. 49, 1855 No. 34, 1857 No. 43 u. 44, 1858 No. 50, 1859 No. 43 u. 44 u. bis 1863; β) Leitartikel 1853 No. 39 (Der Zusammenhang im Unterrichte); 1854 No. 23 (Anwendung von dr. Beneckes Seelenlehre I. Schwache u. starke Reize, II. Stimmung, III. Besondere Reize u. ihr Einfluss auf die Stimmung); No. 28 (IV. Die Kenntniss der Schüler, V. Lehrerwechsel, VI. Ausarbeitungen für fremde Schüler, VII. Versetzung reifer und unreifer Schüler); No. 49 (VIII. Beharrlichkeit, IX. Vorstellung. Gefühl. Bestrebung. X. Anschaulichkeit); 1858 No. 1 (XI. Die Schüler im Spiegel des Lehrers); No. 4 (Rückblick); No. 12 (XII. Die Kinderfeinde und die Kinderfreunde); No. 16 (XIII Schätzungen, XIV. Die schwache u. die starke Seite der

Menschen); No. 17 (XV. Das Gemüth). — In derselben Lehrerzeitung in einem
spätern Jahrg. (Das Gewissen) — Im Schulfreund der Itzehoer Nachrichten
anonym 1861 No. 13 (Von den Zeugnissen u. der Prüfung anzustellender Lehrer);
No. 76 (Harmonische Erziehung); unter seinem Namen 1862 (Brief an den Schulfreund. — Die Zahl der Schüler). — Ausserdem für denselben einige andere Artikel unter der Bezeichnung „Schulfreund". — Revidirt. —

1585) **Pauly,** Friedrich (L. & S. No. 868), geboren den
12. Juli 1798 in Schleswig, älterer Bruder des vorhergenannten
Chr. Fr. Joh. P., besuchte die Schleswiger Bürger- und Domschule
und widmete sich später dem Buchhandel; seit December 1830
und noch Buchhändler in Heide.

Er redigirte v. 1832 bis 1848 die Ditmarsische Zeitung, u. von 1849 bis jetzt
redigirt er die Ditmarsischen Blätter. Beide Zeitschriften erschienen u. erscheinen
in seinem Verlage. Er lieferte u. A. zur Ditmarsischen Zeitung 1833 No. 9, 32,
1834 No. 4, 25, 39, 1835 No. 4, 6, 51, 1839 No. 36 (Armenwesen betr. Artikel);
1835 No. 5, 45 (Oeffentlichkeit der Verhandlungen); 1834 No. 51, 1836 No. 4,
1840 No. 33, 1844 No. 51, 1849 u. 1850 (Diverse Artikel, Wegeangelegenheiten
u. Strassenbau betr.); 1835 No. 33, 45, 1837 No. 18, 22, 1836 No. 29 (Lebens-
länglichkeit der Communalämter und Wahl); 1835 No. 48 (Gewerbefreiheit); 1836
No. 46 (Polizeikosten in Norder-Ditmarschen); 1832 No. 35, 1834 No. 43, 1836
No. 35, 1837 No. 3, 1842 No. 27, 1848 No. 21 (Brandwesensangelegenheiten);
1837 No. 36—38, 1840 No. 30—31 (Heider Bürgerbeliebung); 1839 No. 35, 36,
38, 1840 No. 21, 1841 No. 21, 1848 No. 27 (Steuerverhältnisse betr.); 1838 No,
25, 28, 31, 48, 1839 No. 1, 1841 No. 27 (Zollfreiheit u. Zollentschädigung betr.);
1837 No. 17, 1840 No. 22, 1848 No. 22 (Bankhaft betr.); 1841 No. 35 & 36
(Canalanlage auf Wöhrden); 1837 No. 22 (Concurrenz der Geest zu den Deichs-
lasten); 1842 No. 29 (Aufkäuferei); 1840 No. 51, 1843 No. 15 (Abschaffung des
Klingebeutels u. des Beichtgoldes); 1843 No. 39 (Anlagen um Heide); No. 41—43
u. Bl. 325 (Fideicommisse), 1844 No. 14—18 u. 1845 No. 24, 25, 42, 1847 No.
45 & 46 (Eisenbahnbauten in Ditmarschen); 1841 No. 49, 1843 No. 29 (Heider
Rectorschule); 1845 No. 21, 32 (Heider Diaconat); 1845 No. 23 (Landwege);
No. 46 (Ich protestire!); No. 31 (Quartiersgeld); 1841 No. 41—43, 49, 1845 No. 30
(Schuldverhältnisse der Landschaft); 1846 No. 20 & 21, 1847 No. 28 & 29 (Haus-
steuer); 1841 No. 40 (Verbesserte Verkehrsmittel). — Desgleichen diverse ge-
meinnützige Artikel in den Ditmarscher Blättern. — Revidirt. —

1586) **Paysen,** Andreas Peter Benedict (L. & S. No.
870). Wurde am 2. December 1834 auf Ansuchen als Justitiar des
adligen Guts Lammershagen entlassen; den 28. October 1836 wirklicher Justizrath. Starb den 29. Mai 1841 zu Plön. — Vergl. N.
Nekrol. d. D. 19, S. 546—547.

1587) **Paysen,** Matthias Friedrich (L. & S. No 871),
geboren in Tondern (nicht in Neukirchen) den 30. December 1756,
starb als Pastor an der St. Petrikirche in Kopenhagen den 11. April

1814 (nicht im Juli). Vergl. Erslew II, S. 541 und Supplem. II, S. 633.

Von ihm noch: Zwei Worte u. Wünsche, betr. ein sehr wirksames Hülfsmittel zur Veredlung unserer gemeinschaftlichen Gottesverehrungen. Kopenhagen 1803. 8. 18 SS.

1588) v. Pechlin, Friedrich Christian Ferdinand, Baron, geboren den 22. Januar 1789 in Norburg auf Alsen, ältester Sohn des Kammerherrn Nicolaus Otto Baron v. Pechlin, damaligen Amtmanns über Norburg und Sonderburg, später Administrators für die Grafschaft Ranzau; bestand das jur. Examen zu Schlesw. Mich. 1811 m. d. 2. Char. m. A.; wurde 1812 Kammerjunker, 1813 Auscultant in der Schleswig-Holsteinischen Canzlei, 1815 Legations-Secretair bei der Gesandtschaft in Frankfurt am Main, 28. August 1823 R. v. D., 12. December 1823 supernumerärer Deputirte in der Schleswig-Holstein-Lauenburgischen Canzlei, 1825 bis 1848 bevollmächtigter Minister am Deutschen Bundestag, den 1. December 1825 Kammerherr, den 25. Mai 1826 C .v. D., 1. November 1828 D. M., 9. August 1834 Grosskreuz v. Dannebrog, 10. Juni 1841 Geheimer Conferenzrath, 18. März 1852 Gouverneur und Landdrost im Herzogthum Lauenburg, den 14. October 1856 mit Pension entlassen; auch Grosskreuz des Badenschen Zähringer Löwen-Ordens und Ritter des Oesterreichischen Eisenkronen-Ordens, des Russischen St. Anna-Ordens und des Hessischen Löwen-Ordens.

1) Thomas Moore's Lalla Rookh. Eine orientalische Romanze. (Aus dem Englischen übersetzt.) Frankfurt a. M. 1830. 12. 15 Bgg.

2) Gedichte. Stuttgart u. Tübingen, Cotta, 1840. 12.

3) Gedichte, ältere u. neuere. Stuttgart u. Tübingen 1842. gr. 8. 11 Bgg.

4) Nachklänge der alten Geschichte verhallend bis in die Neuzeit (Gedichte). Frankf. a. M., Sauerländer, 1844. 16 Bgg. 2. erweiterte Ausgabe. Berlin, Hertz, 1856. III u. 365 SS.

5) Gedichte. Kopenhagen 1852. 8. VI u. 296 SS.

1589) Peine, Bermann, geboren in Kopenhagen, studirte Medicin, promovirte in ihr in Halle 1843 und ist Arzt in Altona.

De fractura colli femoris intra ligamentum capsulare. Halae 1843. 8.

1590) Peist, Hermann, geboren 17. Januar 1835 in Hamburg, besuchte seit seinem 20. Jahre das Braunschweiger Gymnasium und bestand auf dem Collegium Carolinum daselbst das Abiturientenexamen, studirte Geschichte und Literatur in Kiel, München und Berlin, und lebte seit 1862 als Lehrer und Schriftsteller in Hamburg. — Vergl. über ihn das unten genannte „poetische Album der Reform."

1) Löwen u. Nessel, Schleswig-Holsteinische Gedichte. Hamb. u. Leipzig, Falcke.
2) Die Ditmarschen, Schauspiel. Hamb., Richter, 1864. 8.
3) Gab heraus: Poetisches Album der Reform. Eine Auswahl der in der Reform enthaltenen Gedichte aus den Jahren 1848—1863. Hamb., J. P. Fr. E. Richter, 1864. 8. X u. 306 SS. Darin auch Gedichte von ihm.
4) Hamburgs Fall u. Wiedererstehen. Altona, A. Mentzel, 1867. 8. Ein einactiges Schauspiel „Eine Hand" von ihm wurde in Kiel im Jahre 1860 aufgeführt.

1591) **Pelt,** Anton August Friedrich Ludwig (L. & S. No. 1502), 1830 dr. theol. in Greifswalde; wurde Ostern (31. März) 1835 an Twestens Stelle ord. Professor der Theologie in Kiel, den 10. Juni 1841 bis August 1848 R. v. D., 1852 4. Juni entlassen und in demselben Jahre den 3. August Pastor in Kemnitz bei Greifswald, dazu Juni 1857 Superintendent der Landdiöcese Greifswald. Starb in Kemnitz den 22. Januar 1861.

Von ihm noch:

Das Horn des Heils. 15 Gastpredigten. Greifswald, Mauritius, 1834. 8. X u. 200 SS.

Der Kampf aus dem Glauben u. die religiösen Parteien unserer Zeit. Eine vermittelnde Betrachtung, veranlasst durch die 2. Ausgabe von Strauss Leben Jesu u. v. Ammons Fortbildung des Christenthums zur Weltreligion. Kiel, Univers.-Behh., 1837. gr. 8. VIII u. 100 SS. Rec. Theol. Lit. Bl. 1840, No. 105. Tholucks Liter. Anz. 1838, No. 12, S. 94 ff. Hallesche Literatur-Zeitung 1838, No. 97, S. 172 ff.

Gab in Verbindung mit mehreren Gelehrten heraus: Theologische Mitarbeiten. Eine Quartalschrift J. 1, 1838, 2, 1839; mit dr. H. A. Man u. dr. J. A. Dorner Jahrg. 3, 1840, 4, 1841. Kiel 1838—1841. 8.

Darin von ihm J. 1, H. 1, III—VIII (Vorwort); S. 11—93 (Von der Tradition als Princip der protestantischen Dogmatik); S 158—160 (Mysticismus der practischen Vernunft. Eine Vorfrage); II. 2, S. 163—169 (Einheit v. Staat u. Kirche); S. 170—174 (Eine Bemerkung über die wissenschaftliche Construction der Theologie); H. 3, S. 138—141 (Zur Frage: ob die h. Schrift nach denselben Grundsätzen zu erklären wie andere Bücher?); S. 142—146 (Ueber Principien in der Theologie); S. 146—152 (Ueber das Verhältniss des Festen u. Beweglichen im christlichen Cultus); S. 152—154 (Psychologische Entwickelung des religiösen Lebens. Ein Wunsch.); B. II, H. 1, S. 156—160 (Kirchliche Statistik), II. 2, S. 172—176 (Freier Wille u. Vorherbestimmung); II. 3, S. 158—160 (Ist Gott das Ur-Individuum der Menschheit od. vielmehr der Gottmensch? Kurze Beleuchtung einer Behauptung in J. Frauenstedt: Die Menschwerdung Gottes etc. Berlin 1839); J. III, H. 1, S. 1—32 (Die h. Schrift im Mittelpunkt der Ueberlieferung); S. 162 bis 168 (Verhältniss der Tradition zu den symbolischen Büchern); H. 2, S. 158 bis 160 (Nachricht über: Theses CL. zur Reformationsfeier in Norddeutschland. Basel 1840); J. IV, II. 2, S. 74—125 (Die Aechtheit des 2. Briefes an die Thessalonicher. Gegen Kerns neuesten Angriff in der Tübinger Zeitschr. f. Theol. 1839, II. 2, S. 144—218); S. 157—160 (Andeutungen über die Kindertaufe mit Rücksicht auf Corinther 7, 14 u. ein paar verwandte Paulinische Stellen nach Kirkegaard).

Erklärung im Itzehoer W. 1839, No. 4. (Auch in der Schrift v. Wolf gegen ihn u. in der Schrift: Dinter u. Harms (Altona 1839) S. 13—16).

Protestantismus, Supranaturalismus, Rationalismus u. speculative Theologie. Vier Vorlesungen. Nebst einem polemischen Anhange gegen Hrn. Archidiakonus Wolf. Kiel, Universitäts-Bchh., 1840. 8. SS. 160.

Theologische Encyclopädie im Zusammenhange mit der Geschichte der theologischen Wissenschaften u. ihrer einzelnen Zweige. Hamburg u. Gotha, Perthes, 1845. 8. XVI u. SS. 699.

Die Schleswigschen Prediger im Verhältniss zu der im Herzogthum Schleswig eingesetzten Verwaltungscommission. Ein theologisches Gutachten. Kiel, Ak.-Bchh., 1650. 8. IV u. 116 SS.

Beitrr. zu Reuters Repertorium Juli 1857 (Die Schleswigsche Kirche betr.); zu Ullmann und Umbreits „Studien und Kritiken" 1848, II, S. 271 ff. (Die christliche Ethik in der lutherischen Kirche vor Calixt und die Trennung der Moral von der Dogmatik); 1849, I, S. 27 ff. (Bemerkk. über die Eintheilung der prakt. Theol. Sendschreiben an O.-C.-R. E. C. J. Nitzsch). — Wohl zu anderen theol. u. sonstigen Zeitschrr. mehrere Beitrr.

1592) **Penlcke,** Johann Georg Heinrich, geboren in Heide, studirte Medicin in Kiel seit 1840, 1845 in Kiel dr. med. & chir., war später practischer Arzt auf Föhr und ist gestorben in Wilster.

1) De epistaxi. Kilino 1845. 8.
2) Notizen über die Insel Föhr u. ihr Seebad in topographischer u. medicinischer Hinsicht. Itzehoe 1848. 12. SS. 84.

1593) **Peters,** Christian August Friedrich, geboren den 7. September 1806 in Hamburg, Sohn des dortigen Kaufmanns Johann Friedrich Christoph Peters und der Margaretha Cäcilia geborne Robra, studirte Mathematik und Astronomie und wurde für diese Fächer namentlich auf den Sternwarten in Altona und Königsberg unter der Leitung von Schumacher und Bessel gebildet, promovirte als dr. philos. im Jahre 1833 in Königsberg, 1834 Assistent in der Direction der Sternwarte in Hamburg, 1839 Observator an der Pulkowaer Sternwarte, und 1842 Adjunct der Akademie der Wissenschaften in Petersburg, 1851 ordentl. Professor der Astronomie in Königsberg, den 17. September 1854 Director des Observatoriums in Altona, den 29. October 1858 R. v. D.; im October 1864 Inhaber des Russischen Stanislaus-Ordens 2. Classe, ausserdem decorirt mit der Mecklenburg. gold. Verdienstmedaille und Jnhaber der goldenen Medaille der Astron. Soc. in London und der Dänischen Cometere-Medaille, den 1. März 1866 correspondirendes Mitglied der physisch-mathematischen Classe der Akademie der Wissenschaften in Berlin; ausserdem ordentl. Mitglied der Akademie der Wissenschaften in München, der Societät der Wissenschaften

in Kopenhagen, der astronomischen Gesellschaft in London, Ehren-
mitglied der Akademie der Künste und Wissenschaften in Boston,
der Universitäten zu Petersburg und Kasan, Correspondent der
Akademie der Wissenschaften in Petersburg, Paris, Göttingen u. s. w.
Vergl. Poggendorffs biogr.-liter. Hdwb. f. d. exacten Wissenschaften II, Sp. 413.

1) Numerus constans mutationis ex ascensionibus rectis stellae polaris in speculo
Dorpatensi annis 1822 ad 1838 observatis deductus. Adjecta est disquisitio
theoretica de formula mutationis. Petersburg 1842. 4. Auch in: Memoires
de l'academie imperiale des sciences, 6 serie. Sciences mathem. et phys.
T. III, 1844, S. 125 ff.

2) Bestimmung der Bahn des Cometen von 1585. Altona 1848. Steht auch in
den astronomischen Nachrr. Bd. XXXI.

3) Ueber die eigene Bewegung des Sirius. Königsberg 1851. Steht auch in den
astronomischen Nachrr. Bd. XXXII.

4) Bestimmung der Abweichungen des Greenwicher Passagen-Instruments vom
Meridian f. den Zeitraum vom 2. September 1750 bis 16. Juli 1762. Eine
von der naturforschenden Gesellschaft zu Danzig am 2. Januar 1855 gekrönte
Preisschrift. (Auch s. t. Neueste Schriften der naturforschenden Gesellschaft
zu Danzig 5. Bandes 3. Heft.) Danzig 1855. 4. II u. SS. 89.

5) Gab heraus die von H. C. Schumacher begründeten astronomischen Nachrichten von Bd. 40 an. Altona 1855—1867. 4. (Wird fortgesetzt.)
Von ihm darin viele Beobachtungen u. Berechnungen, cfr. unten.

6) Ueber die Bestimmung des Längenunterschieds zwischen Altona u. Schwerin,
ausgeführt im Jahre 1858 durch galvanische Signale. Altona 1861. 4. 268
SS. mit 2 Stntff. in q. fol.

7) Gab heraus: C. F. Gaus u. H. C. Schumachers Briefwechsel. Bd. 1—5.
Altona 1860—63. 8.

8) Gab heraus: Zeitschrift für populäre Mittheilungen aus dem Gebiete der
Astronomie u. verwandter Wissenschaften. S. u.

In den astronomischen Nachrichten ausser verschiedenen astronomischen Observationen u. literarischen Anzeigen XII, 1835 (Disquisitio de motu
penduli in aere resistenti); XXII, 1845 (Von den kleinen Ablenkungen der Loth-
linie und der Niveaus, welche durch die Anziehungen der Sonne u. des Mondes
und einiger terrestrischer Gegenstände hervorgebracht werden. — Resultate aus
Beobachtungen des Polarsterns am Ertelschen Verticalkreise der Pulkowaer Sternwarte); XXVIII, 1849 (Ueber Mädlers Untersuchungen über die eigenen Bewegungen der Fixsterne); XXXI, 1851, (Ueber die Veränderlichkeit der eigenen Bewegung des Sterns a Virginis); XXXIII, 1852 (Physikalische Beobachtungen während
der totalen Sonnenfinsterniss 1851, Juli); XXXVII, 1854 (Ueber die Parallaxe
des Argelanderschen Sterns); XL (Ableitung der Länge des einfachen Secundenpendels aus den Beobachtungen auf Güldenstein); XLIV (Ueber die Bestimmung
des wahrscheinlichen Fehlers einer Beobachtung aus den Abweichungen vom arithmetischen Mittel); XLV (Ueber den Meridiankreis der Altonaer Sternwarte);
XLVIII (Beschreibung eines galvanischen Registrirapparats); LVIII (Nachrichten
über das auf der Altonaer Sternwarte aufgestellte Acquatoreal). — In den

memoires de l'academie imperiale des sciences, 6. serie. Sciences mathematiques et physiques T. III, 1844, S. 125 ff. (Die sub No. 1 angeführte Schrift). — Ibid. S. 327—378 (mit O. Struve: Bestimmung der Bahn des im December 1839 entdeckten Cometen nach den auf der Pulkowaer Sternwarte angestellten Beobachtungen. — Resultate aus den Beobachtungen des Polarsterns auf der Pulkowaer Sternwarte). — T. V, 1853, S. 1—180 (Recherches sur la parallaxe des étoiles fixes). Auch separat Petersburg 1848. 4. S. 181—201 (Untersuchung der Theilungsfehler des Ertelschen Verticalkreises der Pulkowaer Sternwarte). — Im Bulletin de la Classe physico-mathématique de l'Academie imperiale des sciences de St. Petersbourg, T. VII 1849 (Bestimmung der Fehler, welche bei der Auflösung der Pothenotschen Aufgabe mit dem Mosstische entstehen); T. VIII (Ueber die Parallaxe von 61 Cygne). — In der Zeitschrift für populäre Mittheilungen aus dem Gebiete der Astronomie u. verwandter Wissenschaften, herausgeg. v. C. A. F. Peters Bd. 1, II. 2 (Ueber die Eigenbewegung der Fixsterne); Bd. 3, II. 2 (Ueber die Entfernungen der Fixsterne). — In den Königsberger naturwissenschaftlichen Unterhalt. B. 2, S. 101 ff. (Uebersicht der Leistungen Bessels in der Stellar-Astronomie und in der Theorie der astronomischen Instrumente). — In den Jahresberichten der mathematischen Gesellschaft in Hamburg ausser verschiedenen kleineren Artikeln: Uebersicht der auf dem Hamburg. Gebiet angestellten geodätischen Messungen. — Revidirt.

1594) **Peters,** Christian Heinrich Friedrich, geboren 19. September 1813 in Coldenbüttel bei Friedrichstadt, Sohn des nachfolgenden Hartwig Peters († 19. September 1848), besuchte die Flensburger Schule bis Ostern 1832, wo er mit einer Rede über den Werth des mathematischen Studiums abging; studirte Mathematik und Astronomie und wurde dr. philos. zu Berlin 1836, war später Astronom beim topographischen Bureau in Neapel und bei dem im Palermo, dann beschäftigt bei der Küsten-Vermessung der Vereinigten-Staaten und ist Director der Sternwarte zu Clinton im Staate New-York, wo er den 20. Mai 1861 den Planeten „Feronia", den 22. September 1862 den Planeten „Eurydice" und den 19. September 1865 einen neuen Planeten entdeckte.

1) De principio minimae actionis. Berolini 1836. 4. SS. 20.

2) Memoria sopra la nuova cometa periodica di 13. anni. Napoli 1847. 4. (s. auch Astronomische Nachrichten v. Schumacher XXIV u. XXVIII).

(Entdeckung des Cometen IV, 1857, den er den Olcott-Comet genannt wissen wollte, am 25. Juli auf der Dudley-Sternwarte zu Albany) in Gould's Astron. Journal V; das. (on the proper motion of the star 3567 B. A. C). Jn diesem Journal wahrscheinlich noch mehr.

Viele astronomische Beobachtungen namentlich an Cometen in den Schumacherschen Astron. Nachrichten.

1595) **Peters,** H. Helm, geboren 1803, war Comtoirist auf dem Hardesvogteicomtoir in Munkbrarup; hielt sich später in

Kopenhagen auf, beschäftigt mit literarischen Arbeiten und starb daselbst im April 1852. — Vergl. Erslew Supplem. II, S. 639.

Der Kammerjunker Friedrich Erich Valentin v. Berger zu Glücksburg nebst u. von seinem vormaligen Privat-Comtoirgehülfen H. Helm Peters vor den Richterstuhl der öffentlichen Meinung gestellt. Kopenh. 1847.

War Redacteur u. Herausgeber des „Beobachters am Sunde" Jahrg. 1, 2 u. 3 No. 1—21. Kopenh. 1846—1848. Fol. u. 4. Vergl. Dannevirke VIII, No. 19, 3. Sept. 1845. Kieler Corresp.-Bl. 1845 No. 71. —

1596) **Peters,** Hartwig (L. &. S. No. 873), er war ein den 10. Februar 1784 geborner Sohn des Landmessers Peter Peters zu Eppenwörden in Süder-Ditmarschen und der Wiebke Christiane geborne Hanssen († 7. October 1842); besuchte die Meldorfer Gelehrtenschule, studirte Theologie in Kiel seit Michaelis 1803, bestand Michaelis 1808 das Examen in Glückstadt mit dem 2. Char. m. v. U.; den 9. September 1810 Diaconus in Coldenbüttel, wo er den 19. Mai 1811 antrat; den 7. September 1819 Pastor daselbst, den 28. September 1825 Diaconus zu St. Marien in Flensburg; starb daselbst den 19. September 1848. Verheirathet mit Pauline geborne Böckmann. — Vergl. N. Nekrol. d. D. 26, S. 904—905, Kirchen- und Schulbl. 1848. Sp. 664, Alt. Merk. 1848 No. 379.

Von ihm noch:

Gab heraus: Neue Schlesw.-Holst.-Lauenburgische Provinzial-Ber. Jahrg. 1, 1831. Altona, K. Aue. 8. (H. 1—4.) SS. 692. Darin von ihm: (Widmung an Jac. Chr. Rud. Eckermann); S. 9—40 (Die Herzogthümer Schleswig-Holstein im Jahre 1830); S. 319—345 (Kirchenbauten zu Coldenbüttel); S 345—349 (Nachschrift dazu). Vielleicht auch S. 585—605 (Im Herzogthum Schleswig haben wir Pressfreiheit). — Jahrg. II, 1832. Das. (H. 1—4) SS. 664. Von ihm S. 3—35 (Die Herzogthümer Schleswig-Holstein im Jahre 1831). Vielleicht S. 456—473 (Die Pressfreiheit im Herzogthum Schleswig); S. 570—572 (Flensburger Prediger-Verein). Jahrg. III, 1833. Das. (H. 1—4) SS. 667. Von ihm S. 12—21 (Die Herzogthümer Schleswig-Holstein im Jahre 1832); S. 250—255 (Sollen die Geistlichen Rang haben?); S. 324 (Berichtigung); S. 501—505 (Erwiderung an Claus Harms). — Jahrg. IV, 1834. Daselbst. (H. 1—4) SS. 672. Von ihm S. 81—92 (Die Herzogthümer Schleswig-Holstein im Jahre 1833); S. 668—669 (Schlusswort).

Die wechselseitige Schuleinrichtung, ein bedeutender Schritt zur Verbesserung der Volksschulen, gegen Einwürfe gerechtfertigt. Altona, K. Busch, 1829. 8. Rec. Prov.-Berr. 1830, S. 232—235.

*Sollen die Prediger in den Herzogthümern Schleswig u. Holstein auf die Zollfreiheit unbedingt verzichten? Eine Frage, mit Gründen verneint von einem Prediger in den Herzogthümern. Altona, K. Aue, 1832. 8. SS. 16. Selbstrec. N. Prov.-Berr. 1832. S. 642—645 (wo er sich als Verfasser zu erkennen giebt).

Dr. Diesterwegs Urtheil über die wechselseitige Schuleinrichtung in Erwägung gezogen. Altona, K. Aue, 1837. 8. SS. 75. Rec. Heibergs Schlesw.-Holst.-Bl. 4, 1837, S. 272. Angez. Kieler Corresp. Bl. 1837, No. 10.

12

Nicht unsere Werke bringen uns den Frieden des Herrn, sondern nur der Glaube an die Gnade Gottes: in der Samml. von Predd. u. Gelegenheitsreden zum Besten der Kinder des weil. Past. dr. Gerber in Collmar (1847) S. 199—211. In den Prov.-Berr. 1830, S. 284—285 (Vorläufige Ankündigung u. Bitte, die Fortsetzung der Prov.-Berr. betreffend). — Im Kieler Correspondenz-Bl. 1835, No. 101 u. 1836, No. 16 u. 17 (Die wechselseitige Schuleinrichtung betreffend); 1836, No. 71 u. 72 (Rec. v. K. Chr. Tadey's: Die höhere Bürgerschule); 1839, No. 68, vgl. Eckernförder Wochenbl. 1839, No. 69 (Berichtigung einer Nachricht über die Verhandlungen des Flensburger Predigervereins).

1597) **Peters,** Jacob, geboren den 28. Januar 1821 in Herzhorn in Holstein, Sohn des Arbeitsmanns gleichen Namens und der Anna Margaretha geborne Kruse, war einige Jahre bis 1848 im General-Zollkammer- und Commerz-Collegium als Schreiber, 1848 Expedient im Zoll-Bureau, 1853 Bevollmächtigter in dem Holstein-Lauenburgischen Zollexpeditionscomtoir, den 2. April 1855 Chef für das Holstein-Lauenburgische Zollrevisionscomtoir, 1856 wirklicher Kammerrath, 1865 Chef des zweiten Zollexpeditions-Bureaus unter der gemeinsamen Landesregierung.

Stellte zusammen u. gab heraus: Tarife für das Holsteinische Zollvereinsgebiet. Kopenh. 1853. 4. 92 SS.

Tarife für das Zollgebiet der Dänischen Monarchie. Itzehoe, Claussen, 1853. 92 SS. 4. 2. vervollständigte Ausgabe. Itzehoe, Claussen, 1858. 4. SS. 128.

1598) **Peters,** Johann Heinrich Christian, geboren den 5. Februar 1802 in Glückstadt, Sohn des dortigen Kaufmanns Joh. Peters und der Elisabeth geborne Bielenberg; studirte Theologie seit Michaelis 1820 in Kiel, examinirt 1826 (2. Char.), 30. December 1827 Diaconus in Gettorf, trat an 7. April 1828.

Von ihm ein kleinerer Beitrag zu Ullmann's u. Umbreit's „Studien u. Kritiken", der aber, wie andere kleinere Beiträge zu anderen Blättern dem Titel nach nicht angegeben werden kann. Revidirt.

1599) **Peters,** Nicolaus (L. & S. No. 874). Vergl. über ihn aus dem „Telegraphen für Deutschland" Eckernförder Wochenbl. 1842 No. 16—18. Ueber die Künstler-Familie Peters die (romanhaft gefärbte) Erzählung von Elise Polko im Ditmarscher und Eiderstedter Boten 1861 No. 39—42.

Von ihm u. A. noch im Ditm. u. Eiderst. Boten 1802, R. 37 u. 38 (Erläuterung der Gemälde einer Theemaschine); 1805, No. 1 (Der Eremit in Gallien u. der Genius des 19. Jahrhunderts am 1. Morgen des Jahres 1805); R. 4—6 (Gratulation); R. 2 u. 3 (Spadilla); R. 3, S. 22 (* Erdenglück u. das Reisen), R. 6 (Der Tod u. Harpag); R. 8 (Klage an einen Freund u.: An das Publicum).

1600) **Peters,** Peter Johannsen, geboren den 8. Januar 1816 in Hennstedt, Sohn des Landmanns Claus Peters und der Telsche geborne Rüter, einer Tochter des bekannten Landmessers

Hans Rüter († 1827); Tondernscher Seminarist unter Leitung des Professors Bahnsen und Lehrers Dickmann, examinirt Ostern 1840 mit dem 2. Char. m. s. r. Ausz.; 1841 substituirter Mädchenlehrer in Wöhrden, den 24. October 1841 Conrector an der Fleckensschul-Classe für obere Mädchen, in Weslingburen.

In Sönksens Schulzeitung J. 2, 1853/54, No. 7; 10; 11; 14; 21; 22 (Die Schule der Physik von Krüger); No. 25 (Deutsche Stenographie). — In den Darstellungen aus dem Christenleben, herausgeg. v. dem Elb-Pinnauer Lehrerverein (1857) No. 32, S. 267—274 (Der Versucher). — In den letzten Jahrgängen des Schlesw.-Holsteinischen Schulblatts v. 1850—55 mehrere Aufsätze pädagogischen u. didactischen Inhalts (pseudonym als Petershennstedt) u. A. XII, S. 151—158 (Reformprojecte auf dem Gebiete der Kalligraphie); XIII, S. 174—78 (Der Blick des Lehrers). — Seit 1857 ord. Correspond. für die Itzeh. Nachr. u. Einzelnes für den Alt. Merk. — Seit 1865 Mitarbeiter des Ditmarscher Boten mit humoristischen plattdeutschen, mit prosaischen u. poetischen Beitrr.

Kündete durch Einladung zur Subscription im Herbst 1866 an: Welt- u. Heimathskunde, Realbuch für Schule u. Haus, nach den besten Quellen unter Berücksichtigung der neuesten Ergebnisse wissenschaftlicher Forschung u. unter Beachtung der neuesten Zeitereignisse methodisch bearbeitet. — Revidirt.

1601) **Peters,** Peter Jung (L. & S. No. 876); seit dem 23. Februar 1839 D. M.; er starb im Jahre 1845. — Vergl. N. St. M. X, S. 477.

In den Schlesw.-Holst.-Lauenburgischen Provinzialberr. 1830, S. 272—277 u. S. 420—423, 585—587 (Beschaffenheit der Witterung, beobachtet auf Föhr). — Im N. St. M. V, 1837, S. 603—611 (Früherer Zustand der Landwirthschaft auf der Insel Föhr); VI, S 541—555 (Gleichfalls. Angehängt eine unterm 17. Juni 1772 aus der Schlesw.-Holst. Landcommission erlassene, die Landaufstellung auf Föhr betreffende Verfügung. — Steht auch in Falcks Beitrr. zur Geschichte der Schlesw.-Holsteinischen Landwirthschaft S. 57—85.)

1602) **Peters,** Wilhelm Karl Hartwig, geboren den 22. April 1815 in Coldenbüttel in der Landschaft Eiderstedt; Sohn des vorhergehenden Pastors Hartwig Peters und Bruder des ebenfalls vorhergenannten Christian Heinrich Friedrich Peters, besuchte die Gelehrtenschule in Flensburg, unter den Lehrern Wolff, Francke, Strodtmann, Bahnsen, Prahm, bis Michaelis 1834; studirte darauf vorwiegend Medicin und Naturwissenschaften in Kopenhagen unter Eschricht, Forchhammer, Reinhart, Svitzer bis Ostern 1835, von Mai 1835 bis Ende 1838 in Berlin, unter Leitung der Professoren Trendelenburg, Ritter, Mitscherlich, Kunth, Poggendorff, Magnus, Wiegmann, J. Müller, Osann, Horn, Ehrenberg, Romberg, Gräffe, Dieffenbach, Rust u. A., promovirte in Berlin im December 1838, machte 1842—1848 auf königlichen Befehl eine wissenschaftliche Reise nach Mosambique; wurde später Professor der Zoologie und

Director des zoologischen Museums in Berlin und 1850 ordentl. Mitglied der königlichen Akademie der Wissenschaften daselbst. Vergl. die vita nach seiner Inaugural-Dissertation.

1) Observationes ad anatomiam chelcniorum. P. I: descriptio osteologica hydromedusae Maximiliani. P. II: de significatione ossium thoracem chelonicorum formantium. Acced. tabula. Diss. inaugur. Berolini 1838. 4.

2) Ueber die an der Küste von Mosambique beobachteten Seeigel und insbesondere über die Gruppe der Diademen. Gelesen in der Akademie der Wissenschaften 11. Aug. 1852. Berlin, G. Reimer, 1855. gr. 4. 19 SS mit 1 Stntf. in fol. Auch in den physicalischen Abhandll. der k. Akad. der Wissenschaften 1854, S. 101—121.

3) Naturwissenschaftliche Reise nach Mosambique, auf Befehl Sr. Maj. des Königs Friedrich Wilhelm IV. in den Jahren 1842—1848 ausgeführt. Zoologie I. Säugethiere. Berlin, G. Reimer, 1853. 4. XVI u. 202 SS. V. Insecten u. Myriopoden, bearbeitet in Verbindung mit Klug, Löwe, Schaum, Hagen, Gerstäcker, Hopffer. Mit 35 Taff. Berlin, das. 1862. 4. VI Botanik. Abth. 1, 2. Mit 13 Tafeln. Berlin 1864. 4. XXII u. 584 SS.

4) Mit H. Lichtenstein: Ueber neue merkwürdige Säugethiere des k. zoologischen Museums. Gelesen in der Akademie der Wissensch. am 22. Juni 1854. Berlin, Hirschwald. 20 SS. 4. Mit 3 illum. Taff.

5) Ueber die Chiropterengattungen Mormops und Phyllostoma. Berlin, Dümmler. 4. 26 SS. mit 2 Steintff. Auch in den physik. Abhh. der Ak. der Ww. f. 1856. Berlin 1857, S. 287—311.

6) Ueber die Chiropterengattungen Nyctophilus. Berlin, Dümmler, 1861. 17 SS. mit 1 Stnt. Auch in den Abhandl. der Akademie der Wissenschaften 1860. S. 123—139.

7) Ueber einige merkwürdige Nagethiere. (Spalacomys indicus. Mus tumentosus u. Mus squamigus) des k. zoologischen Museums. Berlin 1861. 4. 26 SS. m. 2 Sttff. Auch in den Abhandl. der Akad. der Ww. 1860, S. 139—156.

8) De serpentum familia ceropeltoccorum comment. zoologica. Berlin, G. Reimer, 1861. 4. 22 SS.

9) Ueber Cervosaura und die mit dieser Gattung verwandten Eidechsen aus Südamerika: in den Abhandlll.-der k. Akad. der Wiss. 1862, S. 165—225.

10) Ueber die Säugethier-Gattung Solenodon. Berlin, Dümmler, 1863. 4. 22 SS. mit 3 lithogr. Tff.

11) Ueber die Säugethier-Gattung Chiromys (Aye-Aye). (Aus den Abhandll. der k. Akad. der Wiss. zu Berlin 1865.) Mit 4 (lith.) Taff. Berlin, Dümmler, 1866. 4. 22 SS.

12) Ueber Wohnen und Wandern der Thiere. Vortrag, gehalten im wissenschaftlichen Verein zu Berlin am 2. März 1867. Berlin, F. H. Schröder, 1867. 8. Viele Beitrr. in den Monatsberr. der k. Preussischen Akademie der Wissensch. 1850, S. 411 (Antrittsrede in der Akad.); S. 463 (Uebersicht der von ihm an der Küste von Mosambique gesammelten Ophiuren); S. 467 ff. (Ueber zwei neue Insectivoren von Mosambique); S. 756 (Diagnose der in der 1. Abth. der Säugethiere beschriebenen neuen Arten); 1852 S. 81 (Ueber die in Mosambiqno beobachteten Mangusten); S. 177 (Uebersicht der Seesterne in Mosambique); S. 273 u. S. 681 (Neue Säugethiere u. Flussfische aus Mosambique); S. 588 (Concho-

dyles, neue Gattung von Garneelen); S. 658 (Ueber die neuentdeckten Dipteren aus Mosambique). — 1853, S. 164 (Ueber eine neue Antilope aus Afrika); S. 484 (Auszug aus: Ueber die an der Küste v. Mosambique beobachteten Seeigel); S. 783 (Ueber die Süsswasservögel und neue Vögelarten aus Mosambique). — 1854, S. 135 (Ueber einen bisher nicht beobachteten Muskel des menschlichen Körpers); S. 187 (Ueber Limnocorax, eine unter den Wasserhühnern abzusondernde Gattung); S. 215 (Uebersicht der auf einer Reise nach Mosambique beobachteten Schildkröten); S. 284 (Ueber Moschusdrüsen der Flussschildkröte); S. 367 ff. (Ueber das Gehirn des Nilpferdes); S. 428 u. S. 614 (Uebersicht der von ihm in Mosambique gesammelten Schlangen u. Eidechsen); S. 498 ff. u. 614 (Diagnose der Saurier in Mosambique); S. 607 (Ueber die Gattung Bdella). — 1855, S. 75 (Ueber Myripoden, besonders die in Mosambique beobachteten); S. 83 ff., S. 205 ff. (Diagnosen der in Mosambique gesammelten Käfer); S. 290, S. 429 (Diagnosen der an der Südostküste Afrika's beobachteten Seefische); S. 636 ff. (der Coloopteren u. Lepidopteren). — 1856, S. 409 (Bericht über die Abhandl. über die systematische Stellung der Gattung Mormops-Leach. etc.); S. 469 (Ueber eine neue riesige Tänia); S. 592 (Ueber Amblyodipsas, eine neue Schlangengattung). — 1857, S. 402 (Diagnosen neuer Amerikanischer Schlangen); S. 403 (Neue Gattung von Chromiden); S. 508 (Ueber Typhlopinen). — 1859, S. 14 (Petaurus, ein Flugbeutelthier) u. m. a. — 1860, S. 77 (Ueber eine neue zu der Gattung Onychocephalus gehörige Wurmschlange); S. 182 ff. (Ueber einige interessante Amphibien); S. 200—202 (Neue Gattung v. Riesenschlangen); S. 297 ff. (Elapochrus aus Mexico); S. 517 (Drei neue Schlangen des k. Museums); S. 747 (Ueber Chiroderma villosum); S. 774 (Ueber Nectomys apicalis). — 1861, S. 149 (Uebersicht der von Gundlach auf Cuba beobachteten Flederthiere); S. 169 u. S. 551 (Ueber Solenodon cubanus); S. 358 (Zwei neue Schlangen aus der Gattung Mizodon u. Bothriopsis); S. 422 (Ueber Sepomorphus caffer); S. 423 (Pteropus straminens); S. 453 (Henosaurus fasciatus); S. 416, 617 (Schlangen aus Mexico); S. 507 (Neue Eintheilung der Scorpionen); S. 513 (Verzeichniss der von ihm auf Mosambique beobachteten Scorpione); S. 683 (Uebersicht der von Jagor auf den Indischen Inseln gesammelten Schlangen); S. 706 (Uebers. der Halbaffen, Pelzflatterer und Flederthiere); S. 712 (Zwei neue Fischgattungen aus dem Ganges); S. 922 (Neue Schlangen); S. 1103 (Neue Eidechsen); 1864, S. 44 ff. (Ueber die Eidechsenfamilie der Scincoiden); S. 121 ff. (Ueber eine neue Percoideugattung); S. 177 (Ueber Geomys, Haptodon und Dasypus); S. 243 (Ueber das Milchgebiss der Aye-Aye Chiromys madagascariensis); S. 271 (Ueber neue Amphibien); S. 303 (Eine junge Caecilia glutinosa); S. 381 (Ueber einige neue Säugethiere); S. 523 (Diagnosen neuer Heliceen); S. 529 (Uebersicht der im k. zool. Museum befindlichen Myriopoden); S. 642 (Ueber eine neue Art von Baumvipern); S. 678 (Ueber das normale Vorkommen von nur 6 Halswirbeln bei Coloepus Hoffmanis); S. 685 (Ueber das Gebiss des Wallrosses). — 1865, Juli (Ueber Flederthiere); Aug. (Ueber einen in fossilem Topalharz eingeschlossenen Gekko, Hemidaktylus aus Zanzibar); Septemb. Octob. (Ueber die zu den Vampyri gehörigen Flederthiere und über die natürliche Stellung der Gattung Antropous); Novemb. (Ueber die Brasilianischen Flederthiere); December (Einige weniger bekannte Flederthiere); 1866, Januar (Ueber die systematische Stellung der Lepidosirenes. Zusammenstellung der zu den Marini gehörigen Nagergattungen. Ueber einige neue od. weniger bekannte Flederthiere). —

1603) **Petersen,** Adolf Cornelius, geboren den 23. Juli 1804 zu Wester-Bau; wurde im Jahre 1827 als Gehülfe bei der Altonaer Sternwarte angestellt; war 1835 mathematischer Redacteur· des Schleswig-Holsteinischen Almanachs; 1850 interimistischer, den 27. Februar 1851 Director der Sternwarte in Altona; wurde den 7. Februar 1853 zum Professor ernannt; starb den 3. Februar 1854 in Altona im 50. Lebensjahre. — Vergl. N. St. M. X, S. 428. Altonaer Merk. 1854 No. 31. Mittheilungen des Vereins nördlich der Elbe zur Verbreitung naturwissenschaftlicher Kenntnisse II. 1, 1859, V. (Er entdeckte vier Cometen, am 7. August 1848, am 26. October 1849, am 1. Mai 1850 und am 17. Mai 1852. Auch fand er, dass der von Lalande am 10. Mai 1795 beobachtete Stern 7. bis 8. Grösse der Neptun gewesen sei).

Er arbeitete unter H. C. Schumacher mit an der trigonometrischen Vermessung von˰Dänemark.

Lieferte viele Beitrr. zu H. C. Schumachers „astronomischen Nachrichten", namentlich manche Cometen und kleine Planeten betreffende Berechnungen von 1827 bis 1850. ˏ

Gab nach H. C. Schumacher's Tode († 28. December 1850) heraus dessen „astronomische Nachrichten", zuerst Bd. 32, 1852 allein, dann Bd. 33—37 mit P. A. Hansen, Altona 1852—1854. 4.

Besorgte den literarischen Nachlass des den 17. März 1846 verstorbenen Astronomen Bessel in Königsberg: Populäre Vorlesungen über wissenschaftliche Gegenstände. Hamburg 1848. 8.

1604) **Petersen,** Adolf Hinrich Franz, geboren den 20. Februar 1806 zu Itzehoe, studirte Theologie in Kiel seit Michaelis 1824, examinirt in Glückstadt 1829 (2. m. A.), Hülfslehrer an der Gelehrtenschule in Rendsburg, 1834 Rector in Apenrade, 24. Februar 1837 Collaborator in Meldorf, ʹ7. Mai 1839 Subrector in Glückstadt, den 28. September 1853 Conrector daselbst; den 24. Februar 1862 dr. phil. in Kiel h. c. zu seinem 25jähr. Jubiläum.

1) War neben dr. Lübkert, Kanzelei-Rath Matthiesen u. Diakonus Bünz in Glückstadt bei der Herausgabe der Sammlung christlicher Predigten u. Gelegenheitsreden thätig, die zum Besten der Kinder des Pastors dr. Gerber in Collmar, Itzehoe 1847, erschien.

2) De forma et conditione orationis de corona a Demosthene apud judices recitatae. Glückstadt 1844. 4. S. 1—19 (Oster-Progr. der Schule).

3) De quarti libri Tibulliani elegidiis eorumque auctore pauca disputat. Glückst. 1849. 4. S. 1—24 (Oster-Progr. der Schule).

4) Die Französische Conjugation nach ihrer Entstehung aus dem Lateinischen. Glückstadt 1855. 4. SS. 39. (Oster-Progr. d. Sch.)

1605) **Petersen,** Alexander Christian, geboren den 14. April 1811 zu Norburg auf Alsen, Sohn des Gevollmächtigten auf der Amtstube daselbst Jeppe Petersen und der Anna geborne Zoffmann; besuchte die Cathedralschule in Odensee bis 1831 und darauf die Universität in Kopenhagen, um Theologie zú studiren bis 1837; examinirt in Kopenhagen am 9. Mai 1837 (laudab.); war von 1837 bis Herbst 1841 Hauslehrer bei Baron Stampe auf Nyœe und bestand inzwischen den 10. und 11. September 1839 die homiletische und katechetische Prüfung in Kopenhagen; war von 1842 bis 1844 Privat- und Instituts-Lehrer in Kopenhagen; 12. December 1844 Prediger in Jydstrup und Valsœlille auf Seeland; 10. Juni 1857 Rechnungsführer und Notarius beim Rothschilder Prediger-Convent. — Vergl. Erslew Supplem. II S. 640—641.

In „Ugeskrift for den evangeliske Kirke i Danmark" II, 342—354 (Et Foredrag, holdet i Roeskilde Prœsteconvent d. 7. Juli 1853). — In Bibel-Selskabets for Ringsted og Omegn Beretning 3. Aarg. S. 3—17 (Tale ved dets Aarsmœde 1857). — Ein Gedicht in Dansk Kirketid. VIII, 721.

1606) **Petersen,** Andreas (L. & S. No. 877); starb zu Norburg auf Alsen im Anfang des Jahres 1831.

1607) **Petersen,** Asmus, geboren in Wittkiel den 26. September 1819, Sohn des Hofbesitzers zu Wittkiel Peter Petersen und der Maria Catharina geborne Tramm; die Lebensstellung des Sohnes giebt die Betreibung des väterlichen Hofes zu Wittkiel, verbunden mit Ziegelei und Baumschule, ab. — Autogramm. — Berühmt ist Petersens vielfach anerkannte Methode des Wiesenbaus.

Beschreibung der neuen Methode des Wiesenbaus. Schleswig, Heiberg, 1863 8. 47 SS. Mit 1 Stntf. qfol.

Er lieferte ausserdem vielfache Artikel namentlich in landwirthschaftlichen Zeitschriften.

1608) **Petersen,** Christian, geboren 12. December 1797 in Soes im Amte Apenrade, studirte Theologie seit Mich. 1819 in Kiel, examinirt auf Gottorf 1823 (2. m. s. r. A.), den 29. November 1827 Rector in Oldenburg, eingeführt den 1. December, den 20. Mai 1828 Pastor in Hellewatt und Ekwatt, den 22. December 1848 in Fjelstrup, Novemb. 1849 entlassen, im Juni 1854 Pfarrer in Göllheim, in der Bayr. Pfalz; später Director des evang. Schullehrerseminars in Kaiserslautern.

In (Jess u. Versmanns) Kirchen- u. Schulblatt 1845, Sp. 419—422 (Ein Wort über die bei Copulationen erforderlichen Atteste); Sp. 494—496 (Soll die Eidespredigt abgeschafft od. soll sie verlegt werden?); Sp. 612—614 (Die rationale Auffassung des Christenthums ist in den Herzogthümern Schlesw. u. Holstein nicht gesetzlich untersagt). Ist Mitarbeiter an Ohly's „Mancherlei Gaben und Ein Geist."

1609) **Petersen,** Christian (L. & S. No. 879), geboren den 17. Januar 1802 in Kiel, Sohn des Joachim Heinrich (Friedrich) Petersen und der Anna Margaretha Elisabeth geborne Lütgens; besuchte seit 1810 Ostern die Bürgerschule, seit 1816 Ostern die Gelehrtenschule in Kiel, studirte daselbst von Ostern 1821 bis Michaelis 1823, von da bis Ostern 1825 in Berlin, von da bis Michaelis 1825 wieder in Kiel; disputirte nach bestandenem Examen den 10. September und hielt den 14. December e. a. eine Vorlesung pro facultate legendi und wurde promovirt, ging Neujahr 1826 nach Nienstädten an der Elbe bei Altona, um eine Stelle als Lehrer am Erziehungsinstitut des Herrn M. C. Köhnke zu übernehmen, in welcher er bis Ostern 1828 blieb; im Begriff als Privatdocent nach Kiel zu gehn, ward er durch den Syndicus Sieveking veranlasst, am akademischen Gymnasium in Hamburg Vorlesungen über classische Philologie zu halten, wozu er Michaelis desselben Jahrs vom Senat die Genehmigung erhielt; nach Neujahr 1831 trat er an die Stelle des als Pastor nach Wandsbeck berufenen C. P. Fr. Claudius als Registrator der Stadt-Bibliothek auf Antrag des damaligen Bibliothekars J. G. L. Lehmann, der ihn auch veranlasste, seinen Entschluss, Hamburg zu verlassen, aufzugeben, indem er den damaligen Protoscholarchen Senator Schlüter vermochte, ihm interimistisch die Stelle des zweiten Bibliothekars zu übertragen; zu Michaelis 1832 übernahm er auf Wunsch des in den Ruhestand tretenden Professor Joh. Chr. A. Grohmann auch die philosophischen Vorlesungen am Gymnasium, doch nur bis Michaelis 1833, da er am 5. September zum Professor der classischen Philologie erwählt wurde, zu welchem Amte er sich durch eine öffentliche Rede am 22. October einführte; mit der Professur übernahm er zugleich das Rectorat, das im Semester vorher Professor Hipp für den abgegangenen Professor Grohmann verwaltet hatte; zu dem bei der damals erfolgten Reorganisation des Gymnasiums von ihm herausgegebenen Programm schrieb Professor C. F. Hipp die Vorrede. Das Rectorat verwaltete er auch im folgenden Jahre im Tausch mit Professor Lehmann, dann regelmässig 1839/40, 1844/45, 1848/49, 1853/54, 1858/59, 1862/63 und 1867/68; am 25. Juli 1833 ward er ordentliches Mitglied der Schleswig-Holstein-Lauenburgischen Gesellschaft für vaterländische Geschichte und von derselben den 4. Juli 1861 zum correspondirenden Mitglied erwählt; am 21. April 1860 correspondirendes Mitglied des archäologischen Instituts in Rom; am 25. October 1866 correspondirendes Mitglied des histo-

rischen Vereins für Niedersachsen; am 10. December 1866 ordentliches Mitglied des Ausschusses des germanischen Museums in Nürnberg; am 6. Januar 1856 feierte er das 25jährige Jubiläum seiner
Anstellung an der Stadtbibliothek, wozu ihm die Beamten der Stadtbibliothek glückwünschten durch eine Schrift, welche enthielt:
1) Beschreibung der auf der Stadtbibliothek zu Hamburg befindlichen Bücher-Mess-Kataloge von dr. M. Jsler, 2) Einiges zur Text-
geschichte des Vellejus Paterculus von dr. Laurent, 3) den crypto-
calvinistischen Catechismus der Wittenberger in den Jahren 1571 und
1572 v. dr. C. R. W. Klose, 4) ein bibliothecarisches Gutachten,
abgegeben zu Padua im Jahre 1631 v. Joh. Rhodius aus einer
Handschrift der Hamburger Stadtbibliothek nebst einigen den Verfasser betreffenden und anderen Erläuterungen v. dr. Friedr. Ludw.
Hoffmann.

1) Cleanthis in Jovem hymnus, quem denuo recognitum typis repetendum curavit
Chr. P. In usum praelectionis pro facultate legendi' d. XIV. Dec. 1825 publice
habendae. Kiliae, typis C. F. Mohr. 4. SS. 8. (cfr. L. & S.)

2) Stolcorum, imprimis Chrysippi, de categoriis seu summis generibus doctrina. Dissertatio, quam pro summis in philosophia honoribus rite impe-
trandis scripsit. (Accedunt theses disputationi publicae die X. Sept. pro-
positae.) Kiliae 1825. 4. SS. 40.

3) Philosophiae Chrysippeae fundamenta, in notionum dispositione posita, o frag-
mentis restituit Chr. P. Hamb., ex officina Langhoffiana (venditur Altonae
apud Car. Busch) 1827, XXII u. 354 SS. 8. Recc. v. Wegscheider in der
Allgem. Liter. Zeit. 1827, II, S. 663) v. H. C. F. Prahm in den Jahrbb. f.
Philol. u. Pädag. 1830, Bd. 1, S. 314—331; v. A. Trendelenburg in den
Berll. Jahrbb. f. wissensch. Kritik 1828, S. 1733—65. Ein erster Theil dieser
Schrift unter vorgenanntem Titel ist nur in den Exemplaren, die der Facultät
einzuliefern waren, gedruckt und wird neben ihr schon im L. & S.
angeführt.

4) Cleanthis Stoici hymnus in Jovem auctori suo vindicatus ad ejusque
doctrinam ennarratus: vor dem index scholar. des Hamb. Gymnasiums
1829/30. 4. S. 1—38. Auch Hamb., Meissner. Rec. Hamb. Literar. Anzeiger
1829, No. 31.

5) Beiträge zu den Verhandlungen über das Hamburgische Gymnasium. Altona,
in der Hammerichschen u. Heinekingschen Buchdruckerei, 1829. 16 SS. 8.

6) In Ersch u. Grubers „allgem. Encyclopädie" 1. Sect. Bd. 21, Leipzig 1830,
S. 209—226: Chrysippus, dessen Leben, Schriften u. Philosophie.

7) Carolo Friderico Hippio etc. muneris in gymnasio docendi publici annum
25. celebranti fausta precatur. Hamb., typis Langhoffiani, 1830. 4. (Lat. Ode).

8) Gab heraus: Philologisch-historische Studien auf dem akademischen Gymnasium in Hamburg. II. 1. Hamburg, Perthes & Besser, 1832. 8.
Von ihm darin (Ueber die stufenweise Ausbildung der Griechischen Philosophie von Thales bis auf Socrates).

9) Phaedri Epicurei, vulgo anonymi Herculanensis, de natura deorum fragmentum restauratum et illustratum: vor dem index schol. des Hamb. Gymnasiums 1833. 4. Auch Hamb., Meissner. 52 SS. 4. Rec. v. A. Wendt in den Gött. Gel. Anz. 1834, No. 90, S. 902.

10) Hippocratis Coi de aëre, aquis et locis liber, denuo recensitus et varietate lectionis Poësianae et Coraianae instructus. Hamb., Perthes & Besser, 1833. 8. 56 SS. Rec. Hamb. Corresp. 1833, N. 33.

11) Rede über den doppelten Zweck des akademischen Gymnasiums für Gelehrten-u. allgemeine Bildung: in Reden bei der Einführung der drei neuerwählten Professoren des akademischen Gymnasiums den 22. October 1833. Hamb. 1834. 8. S. 7—38.

12) Memoria viri amplissimi Joannis Arnoldi Heise, jur. utriusque dr.s, consulis civitatis Hamb. Hamb. 1835. 42 SS. fol.

13) De originibus historiae Romanae seu de antiquissimis carminibus historicis, de legibus regiis atque de commentariis regum: vor dem index schol. des akademischen Gymnasiums Ostern 1835. Auch Hamb., Perthes, Besser, 1835. 48 SS. 4. Rec. von W. Rein in Zeitschr. f. d. Alterthumswissensch. 1836, No. 91 u. 92.

14) Memoria Henrici Jul. Willerding, theol. dr.'s, rever. ministerii senioris, scho-larchae. Hamb. 1836. 4. SS. 42.

15) Memoria J. Geo. Bauschii jur. utr. dr.'s, senatoris. Hamb. 1837. fol. 24 SS.

16) Geschichte der Hamburger Stadtbibliothek. Mit 4 Abbildungen u. 5 Tafeln Facsimiles. Hamb., Perthes, Besser, 1838. XVIII u. 254 SS. 8. Rec. v. H. Ratjen in' Kiel im Hamb. Corresp. 1838, No. 110, von Ersch in der Halleschen Allgem. Literaturzeitung" 1839, No. 171, S. 142.

17) Hippocratis nomine quae circumferuntur scripta ad temporum rationes disposita. Pars prior: vor dem index schol. des Hamb. Gymnasiums u. Hamb., Perthes, Besser & Manke, 1839. 51 SS. 4. Ausführlich bespr. in „Oeuvres compl. d'Hippocrate par Littré, vol. II, p. 1 ff. Rec. im Hamb. Corresp. 1839, No. 19, in Frickes u. Oppenheims Ztschr. f. d. gesammte Medicin Bd. 12, H. 1, S. 119, v. Rosenbaum in der Halleschen Liter. Ztg. 1840, No. 195, v. Link in den Berliner Jahrbb. f. wissensch. Kritik 1840, No. 34, S. 269 ff., Schmidts Jahrbb. der ges. Medic. 1841, Bd. 30, S. 333 ff., British and foreign med. Review 1841, p. 450.

18) Mit Joh. G. Chr. Lehmann: Ansichten u. Baurisse der neuen Gebäude für Hamburgs öffentliche Bildungsanstalten kurz beschrieben u. in Verbindung mit dem Plan für die künftige Aufstellung der Stadtbibliothek herausgegeben zur Feier der Einweihung am 5. Mai 1840. Hamb., Meissner, 1840. IV u. 17 SS. 4. Von Petersen ist der Plan der Aufstellung nebst Motiven. Der Plan ist wieder abgedruckt] in Naumanns „Serapeum, Intelligenzblatt 1847, No. 22, 1848, No. 10.

19) Erinnerung an J. C. Winkelmanns Einfluss auf Literatur, Wissenschaft u. Kunst. Eine Rede an dessen Geburtstag den 9. December 1842. Hamburg, Perthes, Besser & Mauke, 1842. 8. SS. 20.

20) Joannis Saresberiensis entheticus de dogmate philosophorum nunc primum editus et commentariis instructus. Hamburgi, apud J. A. Meissnerum, 1843. XXI u. 138 SS. Selbstanz. im Hamb.-Corresp. 1843, No. 277. Rec. v. J. M. L. in den Gött. Gel. Anz. 1849, No. 38, 39, S. 369—377.

21) Zur Geschichte der Religion u. Kunst bei den Griechen. Zwei öffentliche Vorträge: 1) in welchem Verhältniss zur Religion entwickelten sich die bildenden Künste, vorgetr. 9. December 1843, 2) welche Eigenthümlichkeit der Religion hat die bildenden Künste in Griechenland der Vollendung entgegengeführt, vorgetr. d. 9. December 1844. Gratulationsschr. zum 25jährigen Jubiläum des Hrn. Senators H. J. Merck. Hamburg, Meissner, 1845. (8. SS. 96).

22) Memoria Chr. Nic. Pehmüller, civitatis Hamburgensis senatoris. Hamb. 1847. fol. 42 SS.

23) Der geheime Gottesdienst bei den Griechen: vor dem Verzeichniss der Vorless. am akad. Gymnasium 1848/49. 4. SS. 40. Rec. N. Jahrbb. f. Philol. u. Pädag. Bd. 54, S. 274—282.

24) Johann Christian Edelmanns letzte Lebensjahre: in dessen Selbstbiographie herausgeg. v. dr. C. R. W. Klose (Berlin 1849) S. 439—459. Ergänzungen dazu giebt Pröble „Feldgarben", Leipzig 1859, S. 229—282.

25) Der Hausgottesdienst der alten Griechen. Mit 1 Grdr. des griechischen Hauses. Cassel, Fischer, 1851. 8. VI u. 83 SS. (Abgedruckt aus der Zeitschr. f. d. Alterthums-Wissenschaft, s. u.)

26) Geschäftsordnung für die Hamburger Stadtbibliothek, beliebt im Jahre 1853 s. l. & s. 8. S. 15. Wieder abgedruckt im „Serapeum" Intelligenzbl. 1854, No. 14, 15.

27) Ueber die Bedeutung mythologischer Darstellungen an Geschenken bei den Griechen. Eine Festgabe. (Vortrag zur Feier des Winkelmanns-Geburtstages, geb. am 9. Dec. 1853.) In dem Michaelis-Progr. des Gymnasiums 1854. 25 SS. 4. Auch Hamb. Perthes, Besser & Mauke, 1855. 40 SS. 8.

28) Das Zwölfgötter-System der Griechen u. Römer. Abth. 1: das Zwölfgöttersystem der Griechen: vor dem Verz. der Vorless. am akad. Gymnas. 1853/54. Hamb. 1853. 4. 48 SS. Mit 3 Tff.

29) Die Feste der Pallas Athene in Athen und der Fries des Parthenon. Vortrag am Geburtstage Winkelmanns, 9. December 1854. Der 15. Versamml. Deutscher Philologen, Schulmänner und Orientalisten überreicht. Hamb. 1855. 4. SS. 32.

30) Memoria Augusti Jacobi Rambach theol. dr.'s, rever. minist. senioris, scholarchae etc. Hamb. 1856. 4. 34 SS.

31) Ueber die Geburtstagsfeier bei den Griechen nach Alter, Art u. Ursprung. Leipzig, B. G. Teubner, 1857. 8. 68 SS. Auch in den Jahrbb. f. class. Philol. Supplementband 2, s. u.

32) Das Gymnasium der Griechen nach seiner baulichen Einrichtung beschrieben. Hamb. Perthes, Besser & Mauke, 1858. 4. 56 SS. Mit 1 Stf. Auch vor dem Verzeichniss der Vorless. des akad. Gymnasiums. 1858/59

33) Rede zu Schillers 100j. Geburtstage bei der gemeinsamen Feier des akad. u. Realgymnasiums u. des Johanneums am 11. Nov. 1859 in: B. Endrulat „Das Schillerfest in Hamburg am 11—13 Novemb. 1859". Hamb. 1860. Anhang S. 15—25.

34) Der Delphische Festcyclus des Apollon u. des Dionysos, oder wie sich aus der Vielheit Griechischer Götter die Vorstellung einer göttlichen Einheit entwickelt hat: vor dem Verzeichniss der Vorlesungen am Hamb. akad. u. Realgymnasium 1859. 4. 40 SS.

35) Der Niobideumythus und dessen Darstellungen im Gemälde des Hrn. Wanske Hamb., A. Kümpel, 1859. 41 SS. 8. Separat-Abdruck aus den Hamb. liter. u. kritischen Blättern 1859, No. 1—3.

36) Die Pferdeköpfe auf den Bauernhäusern, besonders in Norddeutschland. Kiel 1860. 8. SS. 69 mit 4 Stff. Als 19. Bericht der Schlesw.-Holst.-Lauenb. Gesellsch. f. Samml. u. Erhalt. vaterl. Alterth. gedruckt. Auch in den Jahrbb. f. d. Landeskunde der Herzogthh. Schlesw.-Holst. u. Lauenb. Bd. 3, S. 208 bis 244 u. Nachtr. dazu S. 454—455. Rec. v. A. Kuhn im liter. Centralbl. 1860, No. 52, S. 840.

37) Der Donnerbesen; als XXL Bericht der Schlesw.-Holst.-Lauenb. Gesellschaft für Samml. u. Erhalt. vaterl. Alterth. gedruckt. Kiel 1862. 8. SS. 40. Auch in den Jahrbb. f. d. Landeskunde Bd. 5, S. 225—264. Mit 7 Steindrucktff. Rec. v. A. Kuhn im literar. Centralbl. 1863, No. 41.

38) Ursprung u. Alter der Hesiodeischen Theogonie. 2 Inschriften aus Kallipolis: vor dem Verzeichniss der Vorlesungen am Hamb. akad. u. Realgymnasium. Hamburg 1862. 4. 46 SS. Rec. v. Fr. Susemihl in den N. Jahrbb. f. Phil. u. Pädag. Bd. 89/99, 1 Abthh. S. 742 ff. ˉ

39) Hans Schröder: in der Vorrede zu dem 3. Bande des Lexicons Hamb. Schriftsteller. Hamb. 1856. 8. S. I—XXXIII.

40) Griechische Mythologie u. Religion: in Ersch' u. Grubers Encyclopädie der Wissenschaften Bd. 82, Leipzig 1864. S. 1—380. 4.

41) Die Verbreitung des Christenthums unter den Sachsen mit besonderer Rücksicht auf die dieselbe hemmenden und fördernden Umstände. Vortrag, gehalten am 23. Januar 1865 im Auftrage des Vereins für Hamb. Geschichte. Hamb., Perthes, Besser & Mauke, 1865. 8. S. Hamb. Corr. 1865, No. 60.

42) Hufeisen u. Rosstrappen od. die Hufeisensteine in ihrer mythologischen Bedeutung: im 25. Berichte der Schlesw.-Holst.-Lauenb. Gesellschaft f. Samml. u. Erhalt. vaterl. Alterthh. Kiel 1865. 8. S. 1—100. Auch in den Jahrbb. f. d. Landeskunde Bd. VIII, H. 1 u. 2, 1865, S. 167—268.

43) Das Mausoleum od. das Grabmal des Königs Mausolus v. Karien. Ein Vortrag, gehalten zur Geburtstagsfeier J. J. Winkelmanns im Jahre 1865. Mit 2 lith. Täfn., die den Versuch einer neuen Restauration geben u. eine Motivirung desselben. Hamb., Nestler u. Melle, 1866. gr. 4. 16 SS. Rec. v. H. Schrader im Humb. Corresp. 1865, No. 246. Der Grdr. v. E. Hallier.

Beiträge zu Zeitschriften:

a) Im „Rhein. Museum" 1828, II, H. 4, S. 542—57 (Rec. über dr. Trendelenburg: de ideis et numeris Platonis etc.), VIII, 1853, S. 161—210, 377—403, IX, S. 65—106, 422—442 (Die Kosmographie des Kaisers Augustus u. die Commentarien des Agrippa).

b) In „Seebodes krit. Biblioth." 1828, Bd. 2, No. 75 (Rec. über dr. Prahms grammaticae universalis fundamentum), 1829, ˙Bd. 1, No. 25, S. 25 (Ueber Hübners Ausgabe des Diogenes Laertes); 1830, No. 116 (Ueber A. G. Beckers Uebers. v. Dionys. v. Halik.: von der Rednergewalt des Demosthenes); 1831, III, S. 251 (Ueber Zweck u. Zustand des academischen Gymnasiums in Hamburg).

c) In den „Neuen Jahrbb. f. Philol. u. Pädagogik" Jahrg. I, Bd. 3, 1831, S. 145—161 (Recens. über Karsten: Philosophorum graecorum veterum ante Platonom operum reliquiae vol. I, p. 1); Jahrg. III, 1833, S. 442—447 (über F. W. Th. Eggers: Ueber das Wesen u. die Eigenthümlichkeiten der

altrömischen Ehe mit manûs. Altona 1833); Jahrg. IV, Bd. X, 1834, S. 99
bis 109 (Ueber Ludw. Philippson: ὕλη ἀνϑρωπίνη); Bd. 27, H. 3, S. 279
bis 284 (Rec. über Trendelenburgs de Platonis Philebi consilio); Bd. 29, 1840.
S. 311—321 (über Preller: Historia philosophiae Graeco-Romanae); Bd. 57,
1849, S. 339 ff. (Rec. über Carl Bötticher: die Tektonik der Hellenen, Bd. 2,
Hälfte 1); Bd. 63, S. 151—163 (über Gerhard: Ueber Agathodämon u. bona
dea, Eros, Mykenische Alterthümer, über das Metroon zu Athen u. über die
Götter-Mutter der Griechischen Mythologie); Bd. 64, 1852, S. 383—391 (Ueber
Schwenks Sinnbilder der alten Völker); Bd. 65, S. 55—62 u. Bd. 66, S. 261
bis 266, Bd. 69, S. 141 ff. u. S. 385 ff. (Recens. über Overbecks Gallerie der
Bildwerke alter Kunst). Ausserdem im 2. Supplem.-Bd. dieser Jahrbb. Leipzig
1857 (Ueber die Geburtstagsfeier bei den Griechen nach Alter, Art u. Ursprung.
Ein Beitrag zum Hausgottesdienst der alten Griechen. S. oben No. 31).

d) In Zimmermanns „Allgem. Schulzeitung“ 1832, Abth. II, No. 59—60
(Rec. über Fr. Panzerbieters Diogenes Apolloniates etc. Lipsiae 1830); 1833,
Abth. II, No. 152—153 (Rec. über A. Lozynski: Hermippi Smyrnaei peri-
patetici fragmenta).

e) In der „Allgem. Lit. Zeitung“ folgende Recc. 1832, No. 210 (über J. C.
Ideler: Meteorologia vett. Graecorum et Romanorum); 1834, No. 67, 68 (über
Fickels bibliotheca graeca medica vol. I); 1835, No. 22—23 (über J. C. M.
Laurent: fasti consulares capitolini. Altonae 1833).

f) Im „archäologischen Anzeiger der archäol. Zeitung“ (v. E. Gerhard) 1850 No. 23—24, S. 220—224 (Auszug aus einem Vortrage an Winkelmanns Geburtstag 1850 über die Motive antiker Grabmäler). —

g) In „Zeitschrift f. die Alterth.-Wissensch.“ 1836 No. 75—77 (Bestimmung der Zeit, in der einige Plautinische Stücke zuerst aufgeführt sind), 1836,
No. 109, p. 873—893 (Rec. v. G. Hartenstein: de Archytae Tarentini fragmentis philos.); — 1840 No. 110 (Zur Geschichte des Griechischen Artikels);
1846 No. 73—75, S. 572—597 (Die Frühlingsfeste der Agraulos u. die Ar-
chairesien in Athen); — 1847, No. 11 & 12 (Rec. über Wimmer: Theophrasti
Eresii opera); 1851 No. 13—15, 25—27 (Der Hausgottesdienst der Griechen, s.
oben No. 25); 1851 No. 58 u. 59, S. 457 ff. u. 1853, No. 6 u. 7, S. 45 (Rec. über
K. Fr. Hermanns Lehrb. d. griech. Antiquitäten Th. 3); 1856 No. 30 (Das Erechtheion); 1857 No. 25—29, 39—43, 49, 50 (Der Fries des Parthenon, mit
Rücksicht auf die Entgegnung des Hrn. Prof. Overbeck u. die abweichende
Ansicht des Hrn. Prof. Bötticher). In ders. Zeitschr. 1855, No. 10—12, S. 73
bis 90, No. 17—19, S. 129—147, No. 29—30, S. 153—165, 1856, No. 55—58
S. 436—460 (Die neueste Literatur der Mythologie u. Religion bei den Grie-
chen. Recensionen). —

h) In „allgem. Monatsschrift für Literatur“ 1852, Dec., S. 1107—1118
(Aristophanes und die Philosophen seiner Zeit). —

i) Im „Philologus“ IV, 1849, S. 209 ff. (Zeit u. Lebensverhältnisse des Hippo-
krates), XV, 1860, S. 77—91 (Das Grab u. die Todtenfeier des Dionysos),
Supplem. I, 1860, S. 153—212 (Ursprung u. Auslegung des heiligen Rechts
bei den Griechen oder die Exegeten, ihre geschriebenen Satzungen u. münd-
lichen Ueberlieferungen. In einigen Exempl. bes. gedruckt.)

k) In den „Verhandlungen der 6. Versamml. der Deutschen Philologen u. Schulmänner“ (Cassel, 1843) S. 100 ff. (Welche Beiträge u. Auf-

gaben f. die Kenntniss des classischen Alterthums giebt Johannis Sarisber. entheticus de dogmate philos.); der 14. Versammlung (Altenb. 1855) S. 87—95 (Ueber das Verhältniss der ältern Vasenbilder Attischen Ursprungs zum Troischen Sagenkreis); der 19. Versamml. (Ueber die älteste Poesie der Griechen als gemeinsame Quelle des Homer u. Hesiod; ist weiter ausgeführt in No. 38); der 23. Versamml. (Hannover 1854) S. 124—127 (Ueber den Ursprung der orphischen Hymnen).

l) — In E. Gerhards „Denkmäler u. Forschungen," archäol. Zeitung, 1852 No. 37, S. 410—414 (Zur Topographie Athens. Nordöstliche Heiligthb. der Akropolis); 1855 No. 74 S. 14—31 (Skulpturen des Parthenon, Erklärung des innern Frieses); 1855 No. 76, S. 65—70 (Zur Kenntniss des Erechtheion, an Hrn. Prof. Böttcher); 1856 No. 91, S. 193—202 (Das Erechtheion u. die Quellen der Akropolis).

m) In den „Blättern`für literarische Unterhaltung" 1836 No. 275 (Autographa von J. M. Moscherosch).

n) Im Feuilleton der „Allgem. Preussischen Zeitung" 1861 Novemb. No. 48 u. ff. (Der Apollon von Belvedere u. der Apollon Stroganoff).

o) In den „Mitheill. zur Alterthumskunde der Herzogthh. Schlesw.-Holstein u. Lauenburg" (Kiel 1863) od. 23. Bericht der Gesellsch. f. d. Samml. u. Erhalt. vaterl. Alterthh. S. 1—7 (Drei räthselhafte Denkmäler der heidnischen Zeit bei Heide in Norderditmarschen); S. 9—11 (Heidnischer Begräbnissplatz in Dockenhuden); S. 11—14 (Grabhügel bei Boberg).

p) Im „Hamb. Litt. Anz." 1829 No. 24 (Rec. über C. Fr. Hipp: de vita J. M. H. Gerike philos. dr.'s prof. in Gymnas. Hamb.)

q) In den „Hamb. literar. u. krit. Blättern" 1849 No. 50, S. 389—392 (Wie ist der Einfluss der bildenden Künste auf allgemeine Bildung zu fördern?).

r) In der „Zeitschrift für Hamb. Geschichte" Bd. 2, 1847, S. 533 ff. (Die teutschübende Gesellschaft in Hamburg).

s) In den „Forschungen zur Deutschen Geschichte" Bd. 6, H. 2, S. 223—343 (Zioter [Zeter] u. Tiodute [Jodute], der Gott des Kriegs u. des Rechts bei den Deutschen. — Rec. v. dr. Harder im „Hamb. Corresp." 1866 No. 23 Beil., v. Quitzmann in den „Heidelberger Jahrbb." 1866 No. 57 S. 907—912). —

t) In den „Göttinger Gel. Anzz. 1865, S. 961—984 (Rec über Nilson: Die Ureinwohner des Skandinavischen Nordens. Aus dem Schwedischen); 1866 St. 38 S. 1492—1514 (Rec. über John Lubbock: Pre-historic times. London 1865 u. über F. Wiebel: Die Cultur der Bronze-Zeit. Kiel 1865). —

u) Jahresberichte über die Hamburgische Stadtbibliothek: in den Vorreden des Programms des akademischen Gymnasiums seit 1845, grossen Theils abgedruckt in den entsprechenden Jahrgängen des „Serapeums".

v) Zahlreiche Anzeigen u. Recensionen im „Hamb. Correspondenten", die jedoch einzeln nicht aufzuführen sind; Darunter 1836 No. 259 (über P. S. Frandsens M. Vipsanius Agrippa).

w) Berichte über die Feier von Winkelmanns Geburtstage durch kunsthistorische Vorträge am Hamb. akad. Gymnasium in der „archäologischen Zeitung", später „Denkmäler u. Forschungen" (v. E. Gerhard) von 1842 an, bald im December, bald im Januar-Heft des folgenden Jahres, sind nicht besonders aufzuführen. — Revidirt. —

1610) **Petersen,** Christoph Wilhelm August, geboren den 16. Februar 1826 in Schleswig, gebildet auf dem Tondernschen Seminar (Lehrer: Bahnsen und Diekmann) examinirt wegen der Kriegsunruhe erst 14. August 1848 mit dem 2. Char. m. r. A., gründete 1848 Ostern eine Deutsche Privatschule in Hockerup im Sundewitt, 1849—1851 Gehülfe des Flensburger Schreibmeisters Jensen, seit 3. Februar 1852 bis 1. April 1858 Elementarlehrer in der Altstadt in Schleswig, dann Hauptlehrer an der Waisenschule in Schleswig und seit 21. Februar desselben Jahres mit der Rechnungsführung und dem Vertrieb der Verlagsartikel der milden Stiftungen des Herzogthums Schleswig betraut.

1) Lesestoffe in 4 Tabellen. Schleswig, Serringhausensche Buchdruckerei, 1857.

2) Tabellen-Fibel. Schleswig, Serringhausen, 1857. kl. 8. SS. 48. Rec. Schulblatt f. die Herzogth. Schlesw. u. Holst. XIX, S. 725—726. 4. Auflage das. 1864. 8. SS. 52.

3) Kleines Rechenbuch. Eine Vorschule für mündliches und schriftliches Rechnen in den vorbereitenden u. untern Schulclassen. Schleswig 1857. 8. SS. 36. Rec. Schulblatt f. d. Herzogth. Sch. u. H. XIX, S. 724. 2. Aufl. das. 1859. 8. No. 2 u. 3 erschienen vereint unter dem Titel: Elementarbuch für Lesen, Rechnen u. Schreiben in den vorbereitenden u. untern Schulclassen. Schleswig. 8.

4) Vorlagen für Schönschreiben mit besonderer Berücksichtigung des Inhalts, sowie der Formen des Tact- u. Schnellschreibens 1. u. 2. Liefer. Schleswig, Selbstverl., 1858. 8. Rec. Schulbl. f. die Herzogth. Schl. u. H. XX, S. 683—684.

5) Hefte aus der Volksschule. H. 1 Sprachlehre, H. 2 Geographie. Schleswig, 1862. 8. Rec. in .A. P. Sönksens Schulzeit. 1861/62 No. 30 (v. Chr. Johannsen) in „Pädag. Jahresbericht" 1864, in dem Ev. Schulblatt u. den „kritisch-pädagogischen Blättern".

6) Gab mit J. Hinrichsen heraus: Schreibhefte für den Schul- u. Privatgebrauch. H. 1. 2. Schleswig, Siemsen, 1854.

7) Allgemeine Schulgeographie für die Jugend Schleswig-Holsteins. Schleswig, Schulbuchh., 1867. 8. 8 Bogen. — Beiträge zur Leipziger Abendzeitung 1852; zur Schulzeitung u. anderen Blättern. — Revidirt.

1611) **Petersen,** Daniel (L. & S. No. 882); er starb als Prediger in Horst den 12. December 1823. — Verheirathet mit Botilla Helene geborne Posselt († 29. Januar 1800).

Von ihm ist noch: Glückwunschgedicht zur 60jährigen Amtsjubelfeier des Pastors Jak. Wildor in Collmar: in der Beschreibung dieser Feier S. 33—37.

1612) **Petersen,** Eugen Adolf Hermann, geboren den 16. August 1836 in Heiligenhafen, Sohn des Gerichtshalters dr. jur. Hermann Friedrich Anton Petersen in Oldenburg († am Strande zu Putlos beim Baden an einem Schlagfluss den 6. August 1864); be-

suchte das Gymnasium in Glückstadt, studirte in Kiel Philologie unter
Leitung der Professoren Curtius und Forchhammer, und in Bonn
unter Jahn und Ritschl; promovirte 1859 in Kiel; machte behufs
archäologischer Studien 1859—1861 eine wissenschaftliche Reise
nach Rom, Neapel, Florenz und ist seit 1861 Mitglied des Instituts
für archäologische Correspondenz in Rom; war 1861/62 in Hamburg und London, 1862—1864 Privatdocent in Erlangen; wurde
im October 1864 5., Lehrer an der Gelehrtenschule in Husum.

1) Theophrasti characteres edidit Eug. Petersen. Lipsae 1859. 8.

2) De Philocteta Euripideo. Erlangae 1862. 8. Habilitationsschrift.

Beiträge zu den Annali dell' instituto di corr. archeologica 1859 p. 293—306
(Ercole riportante i pomi delle Esperidi); 1860, p. 121—128 (Paride ed Helena);
p. 348—415 (Sepolcro scoperto sulla via latina); 1861 p. 190—242 (Secondo sepolcro scoperto sulla via latina); 1862 p. 161—176 (Sarcofagho di via latina); 1863
p. 372—396 (Due sarcofaghi con rarresentanze bacchiche). — Beitrr. zu Nuove
Memorie dell' inst. di corr. archeol. 1865. — Zu den Jahrbb. für classische Philologie 1862 H. 10. — Zu den von Gerhard herausgegebenen Denkmälern,
Forschungen u. Berichten 1861 No. 154, 1863, No. 172 u. 179, 1864 No. 181,
183, 188, 1865 No. 199 bis 201. — Revidirt. —

1613) **Petersen,** Friedrich, geboren den 18. August 1807
zu Hoier im Amte Tondern, Sohn des Predigers Christian Petersen
daselbst († 1818) und der Lucie geborne Brolund; studirte Theologie in Kiel seit Ostern 1826, wurde 1830 auf Gottorf mit dem 3.
Charakter m. A. und 1837 mit dem 2. Char. m. A. examinirt; den
6. Mai 1838 Pastor in Uk; 27. März 1846 Pastor in Nottmark
auf Alsen, wo er den 7. April 1848 suspendirt wurde; den 3. Januar
1849 Pastor in Ulderup in der Probstei Sonderburg; den 7. Januar
1850 entlassen; in demselben Jahre Feldprediger der Schleswig-
Holsteinischen Armee und als solcher den 27. Februar 1851 entlassen, im November 1851 (antretend 11. Februar 1852) erster
Stadtpfarrer in Johann-Saarbrücken, wo er den 14. Mai 1859 starb.
Die Leichenrede hielt der Superintendent Schirmer. — Verheirathet
mit Amalie geborne Postel aus Heide. — Vergl. über ihn E. Zimmermanns allgemeine Kirchenzeitung 1859 No. 44, Sp. 1431—1441.
Alt. Merk. 1859 No. 117.

1) Für Harms gegen Wolf oder gemeinverständliche Würdigung des entstandenen
Streits. Kiel 1839. 8. S. Falcks Archiv II, S. 422.

2) Bibelske Tankesprog paa enhver Dag af Aaret, samlede ved dr. C. F. Callisen, Generalsuperintendent, og udgivne paa Dansk. 3. Oplag Apenrade 1847.
8. SS. 59.

3) Zur Rechtfertigung Nordschleswigs. Votum eines nordschleswigschen Predigers. Kiel, Schwers'sche B, 1850. 8. Angez. Kieler Corresp.-Bl. 1850
No. 105 S. 419.

4) Die Schleswigsche Geistlichkeit unter den wechselnden Staatsgewalten. Zu-
gleich ein Beitrag zur Würdigung des Kampfes der evangelischen Kirchen-
Zeitung wider die vertriebenen Geistlichen. Kiel 1851. 8. VI u. SS. 60.
Rec. Itzeh. W. 1851 No. 102.

5) Gab heraus mit einem Vorwort u. Zeugniss wider Prof. Hengstenberg: Leonhard Friedrich Christian Callisen's: des Königl. Synodi zu Rendsburg wohlgemeinte u. herzliche Ansprache an sämmtliche Lehrer der beiden Herzogthümer Schleswig u. Holstein, 1737 in Druck gegeben u. zum hundertjährigen
Gedächtniss mit einem Vorwort neu herausgegeben (Schleswig 1837). Set. Johann, Ad. Bruch, 1855. 8. LXXXIV u. SS. 83.

6) Erlebnisse eines Schleswiger Predigers in den Friedens- u. Kriegsjahren 1839
bis 1850. Ein Beitrag zur Beurtheilung der Dänischen kirchlichen u. nationalen Zustände. Frankf. a. M., Brönner, 1856. 8. XVI u. SS. 374. Darnach bearbeitet v. W. B. in Gelzers protestantischen Monatsblättern IX, S.
151 bis 177: Erlebnisse eines Schleswiger Predigers. — Rec. in den liter. u.
kritisch. Blättern 1857, No. 15, S. 119.

7) Der gegenwärtige Zustand der Kirche u. Schule des Herzogthums Schleswig.
Nach neuester eigener Anschauung. Frankf. a. M., Brönner, 1857. 8. SS. 63

8) Sind Aufruhr und Meineid im Dänischen oder im Schleswig-Holsteinischen
Lager zu suchen? Sendschreiben an den Bischof Thomander in Lund in
Schweden. Frankfurt a. M. 1858. 8.

Im Kirchen- u. Schulbl. f. d. Herzogthh. II, 1845, Sp. 308—311 (Das
Regierungsschreiben vom 9. Mai 1845 betr. die kirchlichen Catechisationen); Sp.
62—63 (Rec von dr. II. Martensen: die christl. Taufe und die baptistische Frage
[Hamb. u. Gotha 1843]); III, 1846, S. 123—126 (Zur Geschichte der Agende);
IV, 1847, Sp. 165—167 (Collats; vgl. Sp. 177—179: Falcks Erklärung dazu);
Sp. 517—519 (Notizen aus der Dänischen Kirche); V, 1848, Sp. 44—47 (Notizen
aus der Dänischen Staatskirche); VII, 1850, Sp. 221—223 u. Sp. 225—229 (An
Past. Dickmann in Borsfleth). — In der kirchl. Monatsschrift (Itzehoe);
1852, H. 4, S. 189—192 (Nekrolog des in Ittersbach verstorbenen Pastors Axel-
sen, früher in Düppel). — In Gelzers protestantischen Monatsblättern, VI, S.
192—210 (Die Leiden der Schleswigschen Landeskirche u. die politische Doctrin
der evangel. Kirchenzeitung. Ein Zeugniss wider Prof. Hengstenberg). —

1614) **Petersen,** Georg Peter (L. & S. No. 883), er
wurde den 26. April 1844 als Pastor in Lensahn emeritirt; beabsichtigte kurz vor seinem Tode eine neue Fortsetzung der 1830
von ihm niedergelegten Provinzialberichte; starb den 31. October
1846, 76 Jahr alt, in Neustadt. Er war 2 Mal verheirathet, seine
2. Frau war A. G. A. geborne Meyer († Januar 1866). — Vergl. über
ihn N. Nekrol. d. D. 24, S. 736—737. Alt. Merk. 1846 No. 459.

Er gab noch heraus: Schleswig-Holstein-Lauenburgische Provinzialberichte,
eine Zeitschrift für Kirche u. Staat 1829, der Provinzialberichte Jahrg. 18, der
Zeitschrift für Kirche u. Staat Jahrg. 4. Lübeck, Borchers, 1829. SS. 660.

Darin von ihm: H. 1, S. 86—118 (* Denkstein der Vermählungsfeier I. K. H.
der Prinzessin Wilhelmine u. des Prinzen Friedrich Carl Christian); H. 2 u. 3,
S. 321—331 (Der 1. August 1829 ein Tag der Freude u. der Hoffnung des
treuen Volkes); H. 4, S. 448—454 (Eine Weihnachtsgabe den Dürftigen u. Armen).
Dieselben Provinzialberichte 1830, Jahrg. 19 (5). Das. SS. 591 (nebst einem
Verzeichniss der Dänischen Bücher bei Korte-Jessen in Flensburg).
Darin von ihm S. 424—432 (Der Städtebauer Schultz an der Savannah ein
Holsteiner); S. 452—483 (herausgegeben von ihm: Vermächtniss des verstorbenen
Professors u. Universitäts-Bibliothekars Berend Kordes in Kiel an das Publicum);
S. 588—591 (Schlusswort)

Im Schlesw.-Holst. Schulblatt III, 1841, H. 2, S. 111—114 (Industrieschulen
in den herzogl. Schleswig-Holsteinischen Fideicommissgütern der Oldenburgischen
Gemeinden).

Zeigte im Altonaer Merk. 1843, No. 22, die Herausgabe einer Geschichte der
von ihm begründeten Arbeitsschulen für die weibliche Jugend an.

1615) **Petersen,** Hans Christian, geboren den 1. October 1789 zu Tombüll im Kirchspiel Feldstedt im Amte Apenrade;
studirte Theologie in Kiel seit Michaelis 1809, wurde 1815 auf
Gottorf mit dem 1. Character examinirt; den 17. September 1816
Pastor in Enstedt, den 5. August 1823 Pastor in Klipplev, wo er den
21. September 1833 starb.

Er soll nach dem Wulffischen Candidatenverzeichniss Schriftsteller gewesen
sein. Doch war es uns nicht möglich, Näheres in Erfahrung zu bringen.

1616) **Petersen,** H. H., Landmann zu Kius, Kirchspiels
Ulsnis im Amte Gottorf.

In der landwirthsch. Zeitung J. II, 1843, No. 24 (Ueber Zweckmässigkeit der
Stallfütterung für kleinere Landbesitzer); J. IV, 1845, No. 35: (Ueber die Behandlung des Düngers); J. VI, 1847 No. 50 (Wann soll der Dünger auf das Land
gefahren werden?) —

1617) **Petersen,** Hans Thomas (L. & S. No. 884, durch
Druckfehler 885); geboren zu Norstedt, Kirchspiels Viöl, den 20.
August 1794, Sohn des Schmiedemeisters Thomas Petersen und
der Dorothea Petersen; Tondernscher Seminarist und von dort mit
dem 2. Char. m. r. A. entlassen; seit dem Herbst 1818 Schullehrer in Flehde, seit dem Herbst 1825 Cantor und Mädchenlehrer in
Lunden, seit Ostern 1833 Cantor und erster Elementarlehrer auf
der Neustadt in Husum und Cantor an der Stadtkirche, suspendirt
den 12. October 1852, entlassen am 8. März 1853, den 6. December 1857 Schullehrer in Groven, Kirchspiel Lunden, wo er 1867
emeritirt wurde; lebt jetzt in Lunden und feierte am 2. Mai 1867
daselbst seine goldene Hochzeit.

1) Von der im L. & S. angeführten Schrift erschien eine Dänische Uebersetzung
   v. C. P. Hansen zu Christiansværk auf Alsen. Schleswig, Tbst.-Inst., 1830.
   8. 12 Bgg.

2) Kleine Schulgeographie. Hamburg 1840. 8. 3. Aufl. s. t. Kleine Schulgeographie nach den neuesten Staatsveränderungen mit besonderer Rücksicht
des Dänischen Staats. Hamb. u. Itzehoe, Schuberth & Co , 1841. 8. SS. 96.
Rec. im Schlesw.-Holst. Schulbl. III, 1841, H. 1, S. 196 ff. 4. Aufl. s. t.
Kleines Lehrbuch der Geographie nach den neuesten Staatsveränderungen.
Mit besonderer Berücksichtigung des Vaterlandes u. einem Abrisse der biblischen Geographie, für Schulen u. zum Selbstunterricht. Hamburg u. Leipzig
1843. 8. S. 116. Rec. im Schlesw.-Holst. Schulblatt VI, 1844, II. 4 S. 133
bis 134 (Es erschien eine Schul- u. eine Familien-Ausgabe mit Karten).
5. Aufl. das. 1846. 8. Rec. im Schlesw.-Holst. Schulbl. 1847 H. 3 S. 190
bis 191, Itzeh. Wochenbl. 1847 No. 39. 7. Aufl. das. 1855. 8. Aufl., verbessert u. vermehrt v. Friedr. Wilh. Klatt. Leipzig, Hamb. u. New-York,
bei dens., 1860. 8. X u. SS. 251 (Bildet den 6. Band v. Julius Schuberths
Handbibliothek). — Einen Anhang zu der 4. Aufl. dieses Buchs bildete die
auch separat erschienene:

3) Kurze Beschreibung des Dänischen Staats mit besonderer Rücksicht der Deut-
schen Herzogthümer, Hamb. u. Itzehoe 1840. 8. Rec. Falcks Archiv I,
S. 187, Heibergs Schlesw.-Holst. Bll. VIII, H. 5. 5. Aufl. das. 1845. Rec.
Schlesw.-Holst. Schulbl. IX, H. 4, S. 190— 191.

4) Wandschulkarte v. Dänemark, u. den Herzogthümern. 4. Bll. Hamb. 1841.

5) Wandtafeln für den ersten Schreibunterricht. 2. Bll. das.

6) Kleines Lehrbuch der Naturgeschichte in Verbindung mit Technologie, für
Schulen u. zum Selbstunterricht. Hamb. u. Leipzig, Schuberth & Co., 1844.
8. SS. 149. Rec. Schlesw.-Holst. Schulbl. 1844 H. 4, S. 134. 4. Aufl, umgearbeitet v. Klatt. Das. 1856. 8. IV u. 380 SS.

7) Kleine Weltgeschichte für Schulen mit besonderer Berücksichtigung der vaterländischen Geschichte. Hamb., Schuberth & Co., 1841. 8. SS. 168. 2. Aufl.
das. 1843. 8. Rec. Schlesw.-Holst. Schulbl. VI, 1844, II. 4, S. 133—135
(v. M. Schlichting), 6. Aufl. 1852. 7. Aufl., fortgeführt v. Hennig, das. 1856.
IV u. 187 SS. (Eine 6. Aufl. erschien, Petersens Erklärung in der Flensb.
Zeitung v. 1852 zufolge, ohne sein Wissen im Jahre 1852).

8) Der Jugendfreund. Lehren der Tugend u. Weisheit, eine Auswahl v. Fabeln,
Erzählungen, Parabeln, Gesprächen u. Liedern zu Gedächtnissübungen u. zur
Veredlung des Lese- u. Rede-Tons, nebst einem Anhang v. Gebeten. Hamburg, Schuberth, 1843. gr. 12. VIII u. 88 SS. Rec. Schlesw.-Holst. Schulbl.
1845 H. 1, S. 136.

9) Methodisch geordnete Vorlegeblätter zur Uebung im Schön- u. Schnellschrei-
ben mit biblischem Text. II. 1: 91 deutsche, H. 2: 74 lateinische Vorlegeblätter. Hamb., Schuberth & Co., 1843.

10) Erstes Lesebuch für Kinder, eine Handfibel zum Lesenlernen. Hamb., bei
dens., 1844. 8. SS. 48. Rec. im Schl.-Holst. Schulbl. 1845, H. 2, S. 166.

11) Karte der biblischen Geographie für Volksschulen. 1844.

12) Biblische Geographie. Ein Seitenstück zu den biblischen Historien v. Hübner u. Kohlrausch zum besondern Verständniss ders. Hamb., Schuberth &
Co., 1844. 8.

13) Beschreibung des Dänischen Gesammtstaats für Stadt- u. Landbewohner, sowie
für Stadt-, Land- u. Privatschulen. Oldenb., Fränckel, 1857. 8. SS. 91. Rec.
im Schulbl. f. d. Herzogthh. XIX, S. 624 u. 625.

Er kündete 1832 auf Subscription an: Declamir-Schule. Auswahl prosaischer u. poetischer Stücke. — Einzelne Beiträge für das Husumer Wochenblatt u. den Ditmarscher u. Eiderstedter Boten. — Revidirt, jedoch äusserst mangelhaft wegen Altersschwäche des Verfs.

1618) **Petersen,** Heinrich, geboren in Eckernförde, Sohn des nachfolgenden Buchdruckers J. A. Petersen, und selber Buchdrucker und zwar längere Zeit in Gemeinschaft mit seinem Vater, zuletzt und bis an seinen, den 25. December 1865 erfolgten Tod in der Buchdruckerei von Pfingsten in Itzehoe. — Mitgetheilt.

1) Gab in Gemeinschaft mit seinem Vater heraus den Ostsee-Telegraphen. Flensburger Correspondenz-, Gewerbe- u. Anzeigeblatt in den Jahren 1849 u. 1850. — Ist nach dem Titel allein von ihm herausgegeben.

2) Ein Wort an meine Landsleute. Geschrieben Ende November 1863. Rendsburg, Druck u. Verlag v. Petersen & Sohn, 1864. 8.

Politische Gelegenheitsgedichte (hoch- u. plattdeutsch) in verschiedenen Zeitschriften.

1619) **Petersen,** Heinrich Christian Clairaut (L. & S. No. 885); er war seit 1825 Physikus zu Eckernförde und über das Amt Hütten; wurde als solcher den 10. December 1852 mit Pension entlassen (nachdem ihm 1851 Curatoren hatten beigeordnet werden müssen); er starb den 5. April 1854. — Vergl. Alt. Merk. 1854 No. 85.

Denkschrift betreffend die Aëronautik. Als Manuscript gedruckt. Kiel 1845. 4. SS. 17. Vergl. Itzeh. Wochenbl. 1846, No. 13, Sp. 445—446.

Ueber den Einfluss der Waldungen auf die Witterungsverhältnisse u. das Klima. Altona, C. Th. Schlüter, 1846. 8. SS. 24. Angez. Itzeh. W. 1846, No. 42, Sp. 1540.

In Pfaffs „Mittbh." etc. II, S. 532—562 (Gutachten über einen Brandstiftungsfall). — Im Kieler Corresp.-Bl. 1845, No. 77 (Entwurf zu einer Medicinalverfassung für die Herzogthümer). — Einzelne Beiträge zu dem Itzehoer Wochenblatt z. B. 1842, No. 27.

1620) **Petersen,** Heinrich Conrad, geboren den 18. September 1822 in Tondern, studirte Theologie in Kiel seit Michaelis 1841, examinirt 1847 (2 m. s. r. A.), den 17. März 1850 (6. December 1853) Rector und Diakonus in Heiligenhafen, den 2. October 1859 Pastor in Nordhastedt; 22. December 1866 Pastor in Norderbrarup.

In den Jahrbb. f. die Landeskunde 5, 1862, S. 37—40 (Die Kirche zu Heiligenhafen).

1621) **Petersen,** Heinrich Jacob Reinhold, geboren 21. December 1815 in Heide, Sohn des Kaufmanns Heinrich Petersen und der Margaretha geborne Hinrichs, besuchte das Gymnasium zu Meldorf und die Universitäten in Kiel und in Berlin, besonders mathematische u. Natur-Wissenschaften, in Berlin namentlich unter Prof. A. Erman studirend, wurde sowohl in Berlin im Jahre 1846, als in Kiel 1849 examinirt, war von 1840—1848 Privatlehrer in Berlin, nahm 1848 und 1849 an dem ersten Schleswig-Holsteinischen Kriege im Kroghschen Corps Theil, 1849—50 5. Lehrer an der Haderslebener Gelehrtenschule, 1850—57 Lehrer an verschiedenen Stellen, in Dresden an der Blochmannschen Anstalt, an der Coburger Realschule, an der Dresdener Handelsschule, im Septemtember 1857 6., seit April 1865 5. Lehrer am Gymnasium in Kiel.

Ueber den Unterricht in der Mathematik u. Naturkunde auf Gymnasien: im Progr. der Kieler Gelehrtenschule 1865. 4. S. 1—18.

In Schumachers astronomischen Nachrichten Bd. 17, S. 5 ff u. 317 u Bd. 19, S. 35 (Berechnungen über die Bahnen periodischer Sternschnuppen); daselbst Bd. 19, S. 311, 341, 369 (über die Theorie des Erdmagnetismus). Auch in den reports of the british association for the advancement of science 1846, 1847, 1848. — Im Literaturblatt der „allgemeinen deutschen naturhistorischen Zeitung. Neue Folge. Bd. II u. III, 1856 u. 1857, Recensionen u. zwar Bd. II, H. 1, S. 6, H. 3, S. 34, H. 4, S. 42, H. 5, S. 51, H. 9, S. 37, H. 10, S. 102, H. 12, S. 109; Bd. III, H. I, S. 1, H. 2, S. 10, H. 3, S. 17, H. 9, S. 67 (Im Auftrage der Gesellschaft „Isis" in Dresden von dr. A. Drechsler). — Revidirt.

1622) **Petersen,** Hermann, geboren im Mai 1793 in Ditmarschen; widmete sich erst dem Militärfache, erwarb sich eine gelehrte Bildung und besuchte 1823 Collegien in Kiel, ward später Packhausverwalter in Holtenau und als Capitän charakterisirt; nach einigen Jahren ward er als Deichcommissär im Herzogthum Schleswig angestellt. Im Sommer 1841 machte er, theilweise im Auftrage und auf Kosten des Staats, eine hydrotechnische Reise durch Holland und Belgien. Zurückgekehrt wurde er als Landschreiber auf Pellworm angestellt; R. v. D.; sowie 27. October 1843 Deich-Inspector für das Herzogthum Schleswig. Er starb zu Husum den 3. Mai 1849. Seine Frau geborne Heineberg aus Glückstadt war schon vor ihm gestorben; sein Sohn Ernst Friedrich, Advocat in Segeberg († im Herbst 1861.) — Vergl. N. Nekrol. d. D. XXVII, S. 1093—1094. Alt. Merk. 1849 No. 212.

Plan zur Anlage eines projectirten u. bereits in Angriff genommenen Dockhafens bei Husum. Flensb. 1845. Lithographirt von D. Winter.

Im Staatsb. Mag. VII, 1827, S. 499—517 (Antwort eines Ditmarschers auf die im 4. Quartalheft der Schlesw.-Holst.-Lauenb. Prov.-Berr. 1826 enthaltenen Aufsätze über die Marsch in Ditmarschen (unterz. H. P.). — Im Husumer Wochenbl. 1840, No. 49 u. 51, Beiblatt, u. 1841, No. 2 u. 6, Beiblatt (Ueber die königlichen Deichinspectorate in Schleswig-Holstein. Dagegen Past. Hans Hansen in Simonsberg, Petersen vertheidigte sich in No. 8 u. No. 14 des Husumer W.). Noch andere Beiträge zu demselben Blatte.

1623) **Petersen,** Jacob (L. & S. No 886) in Flensburg. Ist schon in den 30ger Jahren gestorben.

1624) **Petersen,** J. A., geboren in den 90ger Jahren des vorigen Jahrhunderts im Schleswigschen, Sohn des Schullehrers und Küsters Petersen zu Kosel bei Eckernförde, war eine Zeit lang Kaufmann in Eckernförde und Rendsburg, später aber Buchdruckereibesitzer in Flensburg, von wo er 1850 ausgewiesen wurde, und dann in Rendsburg, wo er im August 1865 starb. — Mitgetheilt.

1) Statistik des Handels, der Schifffahrt u. der Industrie der Herzogthh. Schlesw. u. Holstein. Rendsb. 1835. 8.

2) Wanderungen durch die Herzogthümer Schleswig, Holstein u. Lauenburg. Erste Section: Rendsburg mit der Umgegend. Zweite Section: Amt Hütten, Stapelholm u. Friedrichstadt u. die Treene. Dritte Section: Nordfriesland. Kiel 1839. 8. SS. 64, 52 u. 567. Mit Kupfern. 2. Auflage der 3. Section Kiel 1844. 8. S. Falcks Archiv 1, S. 187, Alt. Merk. 1839, No. 147.

3) Mercantilisches Adressbuch der Herzogthümer Schleswig, Holstein u. Lauenburg. 1838. Rendsburg. 8. SS. 207 (Laut Mittheilung erschien ein ähnliches Buch von ihm jedes 2. oder 3. Jahr bis in die 50ger Jahre).

4) Gab theilweise in Gemeinschaft mit seinem Sohne Heinrich Petersen (vgl. auch diesen) heraus: Ostseetelegraph, eine politische Zeitschrift. Flensburg 1849 u. 1850. gr. 4.

5) Gab in Rendsburg 1850 u. 1851 heraus: Schleswig-Holsteinische Wehrzeitung (erschien mehrere Male wöchentlich).

6) Gab daselbst v. 1852 bis an seinen Tod heraus: den „Dampfer" (im Anfang täglich, später unregelmässig mehrere Male wöchentlich).

7) Gab (laut Mittheilung) 1864 oder 1865 periodisch heraus: Post- (oder Verkehrs-) Tabellen.

1625) **Petersen,** Joachim Jacob Adam, geboren den 19. Juni 1782 zu Schestedt, studirte Theologie in Kiel seit Ostern 1800, wurde 1801 mit dem 2. Char m. r. A. examinirt; war erst Prädicant am Zuchthause in Altona, den 9. Dec. 1817 adjunct. minist. in Altona und Nachmittagsprediger in Ottensen, den 19. December 1820 Pastor zu St. Michaelis in Schleswig; starb den 24. April 1845.

Von ihm steht Einzelnes in Vent's Religionsblatt u. A. 1830, Jahrg. 2, No. 79 (Aus dem Leben des Controlleurs Hansen in Schleswig). —

1626) **Petersen,** Johann, (oder nach dem Staatskalender: Hans) geboren in Fahrenstedt bei Schleswig, studirte Medicin und promovirte in ihr 1840 in Kiel; ist zur Zeit Arzt in Böcklund im Kirchspiel Fahrenstedt.

De phlegmatia alba dolente puerperarum. Kiliae 1840. 8.

1627) **Petersen,** Johann, geboren in Dagebüll, besuchte das Seminar in Tondern, war später Lehrer an der 2. Mädchenclasse in Sonderburg.

Gab mit Marcus Grimm heraus: Geschichte Dänemarks mit steter Berücksichtigung der Herzogthümer. Nach Allens Handbuch. Schleswig 1843. 8. SS. 320.

1628) **Petersen,** Johann, geboren zu Geil im Schleswigschen (nach Erslew, wo nicht angegeben, welcher Ort gemeint ist, ob Geil im Amte Flensburg oder im Amte Hadersleben), besuchte von 1792—1794 das Blaagard'sche Seminar und war später Schullehrer und Organist in Hirschholm; 28. Januar 1810 D. M.; starb 5. Mai 1829, in seinem 67. Jahre. — S. Erslew II S. 553.

Om Kokopperne, Melkekopperne eller de nye Kopper, deres Indpodning og deres Evne til at afvende Smitten af de almindelige Børnekopper. Uddraget af fremmede Skrifter derom og udgivet med Efterretninger om deres Indpodning og .Antagelse i de danske Stater. Kbh. 1801. 2. Oplag 1802. 3. forbedrede Opl. gjennemseet af Prof. Winslow. Das. 1806. 8.

1629) **Petersen,** Johann Christoph (L. & S. No. 887); starb als Knabenlehrer am Hamburger Waisenhause den 15. Mai 1818. — Verheirathet mit Doris geborne Bendixen aus Wedel. — Vergl. N. St. M. X, S. 478.

Von ihm vielleicht: * Ein Wort über Kirchen-Agende u das Recht des Landesherrn dabei. Glückstadt, Augustini, 1797, im August. 8. (Der Verfasser nennt sich unter der Vorrede Petersen in Hamburg.)

1630) **Petersen,** Johann Friedrich, geboren den 6. Februar 1810 zu Eichkoppel im Amte Cronshagen; war nach seiner Confirmation Gehülfe des Lehrers zu Riesebye, dann 2 Jahre Schüler des Catecheten Carstensen in Kiel, darnach 2 Jahre Hauslehrer bei der Wittwe Schlüter bei Hohenwestedt, die er 1831 heirathete, worauf er bis 1840 Landmann bei Hohenwestedt war; ging 1840 auf das Seminar nach Segeberg; wurde 1843 mit dem 1. Char. examinirt und 1844 Lehrer zu Moldenit; Neujahr 1857 Lehrer und Cantor in Bergenhusen.

1) Schleswig-Holsteinisches Lesebuch für Schule u. Haus. Th. 1, 2. Schleswig, Heiberg, 1866. 8. XVI u. 307 u. XII u. 595 SS.
2) Vorschule zu sämmtlichen Ausgaben von seinen Lesebüchern. Schleswig, Heiberg, 1867. 8. 7½ Bgg. (Daraus einzeln: Fibel u. erstes Lesebuch.) Lieferte kleine Beiträge für die Schulzeitung.

1631) **Petersen,** Johann Hieronymus, geboren den 20. März 1816 zu Eckernförde, Sohn des Bäckers und deputirten Bürgers Detlef Petersen daselbst und der Dorothea geborne Behrends, unterrichtet in der Eckernförder Stadtschule von den Lehrern Tie-

demann, Karstens, Lund und Hansen; von 1832—35 Präparand beim
Organisten Gidionsen in Kirchwaabs; von 1835—38 auf dem Seminar in Tondern unter Bahnsen und Diekmann; examinirt 1838 in
Tondern mit dem 2. Char m. s. r. A.; von da an bis Michaelis 1840
Hauslehrer in Pahlen an der Eider, dann bis November 1843 Districtsschullehrer in Schafstedt, Kirchspiels Albersdorf, darauf bis
Juli 1864 Organist, Küster und Elementarlehrer in Tellingstedt;
von da an und noch Organist, Küster und Lehrer in Norderfahren-
stedt, Probstei Gottorf.

In den Darstellungen ans dem Christenleben herausgegeben von dem Elb-
Pinnauer Lehrerverein 1857, No. 7, S. 54—64 (Gerechtigkeit, die vor Gott gilt).
— Einige anonyme Aufsätze über Armenwesen, speciell über Unterbringung armer
Kinder u. deren Versorgung in guten ländlichen Haushaltungen im Itzehoer
Wochenblatt. In dems. Blatte u. in der Eckernförder Zeitung auch einzelne Ge-
dichte, ebenf anonym. — Aufsätze über versch. pädagog. u. didaktische Fragen im
Schleswig-Holsteinischen Schulblatt, u. A. über Lehrer-Bibliotheken, Singunterricht..
— Als mehrmaliger Vorsitzender des Ditmarscher Lehrervereins verschiedens An-
sprachen, Aufrufe u. Referate in der Schulzeitung. — Revidirt.

1632) **Petersen,** Jürgen, geboren den 25. Mai 1801 in
Steinfeld in Angeln, Sohn des Landmanns C. Fr. Petersen und der
M. A. geborne Carstens; besuchte das Kieler Seminar und wurde
in der Musik von den Organisten Apel in Kiel und Clasing in
Hamburg unterrichtet; ist seit 1829 Cantor an der lutherischen
Hauptkirche und Gesanglehrer am Gymnasium in Altona.

1) Zweistimmige Lieder für höhere Bürger- u. Realschulen, sowie für mittlere
u. untere Classen der Gymnasien. Altona 1860.
2) Dreistimmige Lieder für höhere Bürger- u. Realschulen, sowie für mittlere u.
untere Classen der Gymnasien. Hamburg, Jowin, 1866.
Verschiedene Sachen für Clavier u. Lieder mit Clavierbegleitung. Autogra-
phirt erschienen auch von ihm Motetten u. vierstimmige Lieder für gemischten
Chor u. Männerquartette. Revidirt.

1633) **Petersen,** Karl, geboren den 4. Mai 1815 zu Al-
tona, studirte Theologie seit Ostern 1837 in Kiel, wurde 1839 mit
dem 2. Char. m. s. r. A. examinirt; den 26. März 1843 Pastor in
Herzhorn, den 16. Mai 1854, 15. März 1859 u. 1864 Mitglied des
Examinations-Collegiums, den 29. October 1855 Pastor zu Kirch-
Steinbeck; Mitglied der Gesangbuchs-Comm. f. Holstein.

In den Jahrbüchern für die Landeskunde 5, 1862, S. 48—53 (Die Kirche zu
Steinbeck).

1634) **Petersen,** Klaus (L. & S. No. 889). Er war ge-
geboren am 2. Juli 1771 und war Schullehrer zu Glasholz im
adligen Gut Ascheberg, Probstei Plön, wurde später emeritirt u.

starb am 5. December 1853 zu Glasholz, 82 Jahre 5 Monate alt.
— Mitgetheilt nach dem Kirchenbuch.

1635) **Petersen,** Nicolaus Matthias, geb. 1799 zu
Arnis, studirte Philologie in Kiel, in Leipzig seit 1822, promovirte als dr. philos. in Leipzig, wurde 1831 Adjunct an der Landesschule u. Cantor an der St. Augustus-Kirche in Grimma; rückte
in der Stellung an der Landesschule zum 4. Professor auf u. feierte
am 14. September 1856 sein 25jähriges Amts-Jubiläum. Zu demselben schrieb im Namen des Lehrer-Collegiums Pr. dr. R. Dietsch
eine Gratulationsschrift. Den 26. Juni 1860 wurde er auf sein
Ansuchen seiner Aemter mit Pension enthoben u. auf feierliche
Weise den 6. October 1860 aus dem Kreise seiner Amtsgenossen
entlassen. Er zog sich darauf nach Dresden zurück, wo er noch
lebt. Verh. mit Meta geb. Buscher seit 30. Sept. 1834. Vergl.
über ihn Jahresber. der Landesschule in Grimma v. September 1861
S. II. Programm ders. Schule v. 1849, S. 36.

1) Cosmogoniarum quarundam antiquissimarum comparatio. Grimma, Gebhardt,
1842. 4. SS. 36. In der jährlichen Memoria der Landesschule von 1842.

2) Specimen commentarii novi in C. Caesaris de bello Gallico et de bello civili
libros. Grimma 1852. 4. SS. 28. In der jährlichen Memoria der Landesschule v. 1852.

3) Verzeichniss der in der Bibl. der hiesigen (Grimmaer) Landesschule vorhandenen Musicalien aus dem 16 u. 17. Jahrhundert: im Jahresbericht der Landesschule zu Grimma 1861, S. 41—62.

4) Plattdütsche Fabeln, Vertellungen u. Märken in Angelner Mundart. Dresden
1865. 8. VIII u. 176 SS.

1636) **Petersen,** Peter, um 1848 Lehrer in Epenwöhrden,
noch 1864 und wohl auch zur Zeit noch.

Im Schlesw.-Holst. Schulbl. 9. H. 1, S. 115—120 (Erwiderung auf das offene
Sendschreiben an den Herrn Langfeldt).

1637) **Petersen,** Peter, geb. zu Apenrade, erlernte den
Buchdruck, reiste seit 1831 u. kam 1837 nach Algier, wo er unter
wechselnden Verhältnissen bis Anfang 1848 blieb. Die Erlebnisse
dieses Aufenthalts bilden den Gegenstand der unten verzeichneten
u. während seines Aufenthalts in Kiel im Jahre 1850 verfassten
Selbstbiographie.

Erlebnisse des Buchdruckers P. Petersen während seines 10jährigen Aufenthalts in Afrika, bearbeitet von Eduard Henning, Schriftsetzer. Kiel, Schulbuchdruckerei, 1851. 8. SS. 168.

1638) **Petersen,** Peter, s. Valentiner, Christian
August.

13 **

1639) **Petersen**, Peter, (L. & S. No. 890); er war geboren zu Oster-Ohrstedt bei Husum; 1820 Lehrer zu Kreuznach, u. zwar Ordinarius in Secunda des dortigen Gymnasiums; 1821 dr. philos.; erhielt 1830 den Titel Professor; war Mitdirector der Bibelgesellschaft; er starb zu Kreuznach den 28. April 1838 nach mehrjähriger Krankheit in frühem Mannesalter. Vergl. über ihn N. Nekrol. d. D. XVI, 1838, Th. 2, S. 546.

Von ihm noch:
Disputatio critica de quibusdam tragicorum locis (Eurip. Heracl. v. 170, Hippol. v. 542, Sophocl. Philoct. v. 127 sqq., 1128 sqq., 1364 sqq., Eurip. Hel. v. 973 ff., 510, 845, 481 sqq., 652 sqq., Sophocl. Trach. v. 1005.) Crucenaci 1823. 8. SS. 42. Gymnasial-Progr. — Vergl. Seebodes neues Archiv 1828, II, p. 102.- Annotationum in Cornelium Tacitum specimen primum. Crucenaci 1829. 4. SS. 23. Rec. v. Trendelenburg in den Berl. Jahrbb. 1831 No. 55. Angeführt Chronik der Univers. Kiel 1830 S. 36. Specimen alterum, cum appendicula de codice Neapolitano, quo dialogus de oratoribus continetur. Francof. 1835. 4. 4½ Bgg. Rec. Leipziger Jahrbb. 1836 II. 10, S. 238.
J. H. Vossii commentarius in Virgilii eclogam IX. in linguam latinam conversus. a P. Petersen et Joh. Freudenberg. Crucenaci 1831. 4. S. 3—18 des Gymnasial-Programms.

1640) **Petersen**, Peter Jürgen, war Landmesser u. Kammerassessor in Hadersleben (u. Vater des 1850 entlassenen Pastors Petersen in Hoptrup), steht im Staatskalender von 1831 noch als Mitglied in einer Choleracommission angegeben, von da an aber nicht mehr u. ist nach einer Mittheilung in dem genannten Jahre wahrscheinlich gestorben.

In der Lyna 1831 durch mehrere No. (Ein Wort über Ableitung des Rauchs in Oefen u. Heerden), ausserdem das. u. im Kieler Corresp.-Bl. 1831 No. 45 (Warum gewinnt die Landcultur, als die Hauptquelle zur Beförderung des Wohlstandes Aller, nicht den gehörigen Aufschwung?).

1641) **Petersen**, Peter Nahmsen, auf der Insel Amrum.
Soll „Seemannslieder" haben drucken lassen.

1642) **Petersen**, Theodor Franciscus (L. & S. No. 891) er starb den 10. September 1838 zu Tating in Eiderstedt.

1643) **Peterson**, Matthias Conrad, geb. 1761 im Schleswigschen, kam früh nach Trontheim in Norwegen, war dort zuerst Buchhalter auf einem Handlungs-Comtoir u. 1801 Bürgercapitain, wurde 1814 Grosshändler daselbst in Comp. mit Hans Geelmuyden u. war von 1816 an bis an seinen Tod Mitglied der Direction der Norwegischen Bank. Er starb den 14. Februar 1833. Verh. mit Sara Johanna Dons. Vergl. N. St. M. II, 1834, S. 685, Nyerup S. 459, Kraft's u. Lange's „Norsk Forfatter-Lexicon" s. n.

1) * Bemærkninger over adskillige, paa det ordentlige Storthing i Aaret 1821 fremsætte Constitutionsforslag. Drammen 1823. 48 SS. 8.

2) Justitsaction mod M. C. Petersen i Trondhjem. Med alt hvad i Sagen er passeret for Retterne. Drammen 1823. 8. 186 SS.

3) Nogle Ord i Anledning af det absolute Veto. Trondhjem 1826. 8. 40 SS.

Er war 1795 Herausgeber der „Trondhjemske Tidender", wozu er in den Jahren 1798 u. ff. wöchentlich ein Quartalblatt fügte u. swar 1798 45 Noo., 1799 No. 1—21. Davon ist No. 1. 2. 1798 abgedruckt in den Kjœbenh. l. Efterr. 1798 No. 9. Vergl. Oest's Literaturblade for 1798 No. 46 u. desselben Archiv 1799 No. 3, 4. —

Eine Elegie in Engl. Spr. auf L. Evensen in Trondhjems Aviser 1790 No. 16. — Im „Nationalbladet" XXII, 193—224, 230—32 (Om Indskrænkninger i Trykkefriheden). — Beitrr. zum „lille Trondhjemske Tilskuer" (seit Febr. 1815). — In „Thrœnderen" 1833, II, 29—35 (Endnu nogle Ord om 17. Mais Festligeholdelse). —

1644) **Petzel,** Heinrich Georg (L. & S. No. 892); wurde als Rector u. Diaconus zu Tönning den 12. August 1834 emeritirt u. starb zu Rendsburg am 24. October 1846, 75 Juhr alt. Vergl. N. St. M. X, S. 478. N. Nekrol. d. D. 1846, S. 702.

1645) **Petzel,** Wilhelm Theodor, geb. den 23. Juli 1818 in Tönning, Sohn des vorhergenannten H. G. Petzel; widmete sich dem Kaufmannsstande u. ist seit März 1848 Bürger u. Kaufmann in Rendsburg.

Er hat einzelne Gedichte für den Ditmarscher u. Eiderstedter Boten u. das Rendsburger Wochenblatt geliefert.

1646) **Pfaff,** Christoph Heinrich (L. & S. No. 893), geboren zu Stuttgart den 2. März 1773, 6. Sohn von Friedrich Burkhard Pfaff, Oberfinanzrath u. Chef der Section des Landbauwesens in Stuttgart (Sohn von Justus Ulrich Pfaff, Amtmann in Usingen *) u. der . . . . . geborene Brand, Tochter des Kirchenraths Brand; besuchte schon seit seinem 5. Jahre die Gelehrtenschule, wurde im November 1782 in die Karls-Akademie aufgenommen und blieb dort bis Ostern 1793, in welchem Jahre er am 5. October promovirt wurde; besuchte nach derselben die Universität Göttingen vom Herbst 1793 bis dahin 1794, reiste darauf über Kiel nach Kopenhagen, wo er bis zum Spätsommer 1795 war, weilte bis 1797 in Italien, war nach seiner Rückkehr bis Ende 1797 practischer Arzt

---

*) Pfaff vermochte seine Ahnen durch volle drittehalb Juhrhunderte u. sieben Generationen zu verfolgen. Der Erste derselben war ein von Aarau nach Würtemberg übersiedelnder Schmied im Anf des 16. Jahrh.

in dem Würtembergischen Städtchen Heidenheim; erhielt noch
vor Ablauf des Jahres einen Ruf als ausserordentlicher Professor
der Medicin nach Kiel, wo er im Frühjahr 1798, über Weimar
reisend, eintraf; dort blieb er trotz eines Rufes, den er aus seiner Heimath zu dem Posten eines Bergraths erhielt. Im Jahre
1801 machte er eine Reise nach Paris, wo er ausser seinem
Freunde Cuvier dem Physiker Alexander Volta nahe kam. In demselben Jahre wurde Pfaff ordentlicher Professor der Medicin, wie
er es schon in der Philosophie war. Mitglied der Münchener Gesellschaft der Wissenschaften seit 1808, der akademischen Gesellschaft zu Erlangen seit 1809, des Sanitäts-Collegiums zu Kiel
seit 1810. Pfaff war auch Mitglied der Gesellschaften der Wissenschaften zu Kopenhagen und Berlin, der mineralogischen Gesellschaft zu Jena, der naturforschenden Gesellschaft zu Altenburg,
zu Halle, Göttingen, Marburg, Frankfurt a. M., Bonn, Heidelberg,
Mainz, der pharmaceutischen Gesellschaft zu Petersburg, Ehrenmitglied der Pesther medicinischen Facultät, der medicinischen Akademie zu Paris, der medicinischen Gesellschaft zu Kopenhagen, der
zu Leipzig, der Hufelandschen medicinisch-chirurgischen Gesellschaft, der naturforschenden Gesellschaft in Mecklenburg und
Hamburg, der pharmaceutischen Gesellschaft zu Paris und in
Westphalen, und Ehrenmitglied der Parisischen galvanischen und
chemischen Gesellschaft, wie auch der Gesellschaft der Vete-
rinäre in Kopenhagen. In den Jahren 1809, 1814, 1824 machte
Pfaff verschiedene Reisen nach Würtemberg, nach München, am
Rhein und der Schweiz, 1829 nach Paris und London. 1815
R. v. D., 28. October 1836 D. M., 1840 Commandeur v. D. Im
Jahre 1830 nahm er an der Versammlung der Aerzte und
Naturforscher in Hamburg Theil. Im Sommer 1841 reiste Pfaff
nach Wien und wurde dort den 26. Juli von dem berühmten
Augenarzt Jäger wegen Augenleidens operirt. 1843 fand die
Feier seines 50jährigen Doctorjubiläums Statt, zu deren Ge-
dächtniss von befreundeten Schülern und Aerzten eine goldene
Medaille geschlagen und ein, seinem Sohne zu Gute kommender
Fond gegründet wurde; die medicinische Facultät in Tübingen
sandte an Stelle der aufgehobenen Stuttgarter Facultät das erneuerte
Doctor-Diplom; auch erfolgte bei dieser Gelegenheit die Ernennung
Pfaffs zum Conferenzrath; der Kieler akademische Senat über-
reichte ein von Prof. Forchhammer abgefasstes Gratulationsschrei-
ben und die Kieler medicinische Facultät ebenfalls ein erneuertes

Doctor-Diplom; die Stadt Kiel erhob ihn zum Ehrenbürger, und eine Gesellschaft junger Pharmaceuten überreichte sein Porträt in Steindruck. Auch war zu der Feier eine Denkschrift gedruckt (vergleiche unter Fr. Wilhelm Hermann Delffs). Dedicationsschriften gingen ein von Professor Meyn und dr. Oppenheim. Im Jahr 1844 reiste Pfaff, um seinem abnehmenden Sehvermögen zu Hülfe zu kommen, nach Marienbad und Töplitz, zu gleichem Zwecke und um noch einmal seine Heimath zu begrüssen, 1847 nach Kissingen, bei welcher Gelegenheit er auch nach der Schweiz kam. Pfaff starb den 23/24 April 1852 in Kiel. — Vergl. über ihn die von Professor dr. H. Ratjen herausgegebenen Lebenserinnerungen von Christoph Heinrich Pfaff (Kiel 1854) und Nitzsch' memoria Pfaffii. (die dort ebenfalls abgedruckt ist), N. Nekrol. d. D. 1829, S. 27 & 28, 30, 1830, S. 23. Nekrol. in der Weser-Zeitung April 1852 und daraus im Alt. Merk. 1852 No. 104. Poggendorffs biogr.-liter. Hdwb. II, Sp. 418—428. Göthes Werke Bd. 32 S. 112.

Von ihm noch:

Die zur 3. Aufl. (Kopenh. 1805) seiner Uebersetzung des Brown'schen Systems der Heilkunde gelieferte Umarbeitung einer, der zweiten Aufl. vorangeschickten Kritik der Brown'schen Grundsätze erschien auch separat s. t. Revision der Grundsätze des Brown'schen Systems mit besonderer Hinsicht auf die Erregungs-Theorie. 1805.

Vorwort zu dr. G A. Michaelis Schrift über das Leuchten der Ostsee. (Hamb. 1830. 8.)

Beschreibung der Leichenfeier des Professors A. F. Lüders nebst der dabei gehaltenen Rede. Kiel 1831. 8. (Nur für Freunde gedruckt.)

Pharmacopoea Slesvico-Holsatica, regia auctoritate et sub auspiciis collegii regii Slesvico-Holsatici edita. Kiliae, librariâ Universitatis, 1831. 4. 68⅛ Bgg. s. Alt. Merk. 1832, No. 54, Sp. 1178.

In Okens Isis 1831, S. 858—878: Ueber das Verhältniss der neueren Fortschritte in der Analyse der vegetabilischen Körper zur Theorie mit besonderer Aufmerksamkeit auf die Zerlegung des Kaffees u. die isolirte Darstellung seiner wirksamen Bestandtheile.

Gab in Verbindung mit einem Verein von Aerzten u Pharmaceuten heraus: Mittheilungen aus dem Gebiete der Medicin, Chirurgie u. Pharmacie Bd. 1, 2. Kiel 1832—1833. Bd. 3—5. Auch m. d. T.: Practische u. kritische Mittheilungen aus dem Gebiete der Medicin, Chirurgie u. Pharmacie. N. F. 1—3. Altona 1835 bis 1837. 8. (Wurde fortgesetzt von den Professoren dr. W. F. G. Behn, G. B. Günther, A. L. A. Meyn u. G. A. Michaelis, redigirt von dr. J. Samson. Jahrg. 6—9. N. F. 4—7. Altona 1837—1841. 8.)

Darin von Pfaff Bd. 1, S. III—VI (Vorwort); VII—XVI (Die schon im Januar 1832 erlassene wieder abgedruckte Ankündigung); S. 1—24 u. Fortsetzung Bd. 2, S. 170—188, Bd. 4, N. F. 2, H. 5 u. 6, S. 62—80 (Verschiedene Berichte über die Verbreitung der Menschenblattern in einigen südlichen Districten von Holstein u. über epidemische Varioliden); S. 60—87 (Einige Bemerkungen über die Art der Verbreitung der Asiatischen Cholera, insbesondere über ihre Aehnlichkeit

In dieser Hinsicht mit den ausgemacht contagiösen Krankheiten); S. 206—216
(Ueber Spiessglanz u. einige Spiessglanz-Präparate); II. 3 u. 4, S. 188—212 u.
Bd. 3, N. F. 1, H. 3 u. 4, S. 81—109 (Fortgesetzte Geschichte der Cholera in
den Herzogthümern Schleswig, Holstein u. Lauenburg); S. 269—272 (Warnung
vor einem unächten Muskatnuss-Balsam); Bd. 2 II. 2 S. 204—234 (Ueber Blattern
in verschiedenen Gegenden der Herzogthümer Ende 1832 u. Anfang 1833); S.
233—255 (Darstellung der 1832 in den Herzogthümern herrschend gewesenen
Krankheitsconstitution u. der am meisten verbreiteten Krankheiten); Bd. 3, N. F. 1,
II. 1 S. 22—35 (Die ähnliche Darstellung f. 1833) u. II. 7 u. 8 S. 1—57 (für
1834); H. 1 u. 2 S. 35—53 (Ueber das in verschiedenen Gegenden der Herzogthümer im Jahre 1833 herrschend gewesene Scharlachfieber mit besonderer
Rücksicht auf einen im 3. u. 4. Heft des 2. Jahrg. der Mittheilungen S. 361 enthaltenen Aufsatz des Herrn Justizrath Hegewisch); H. 3 u. 4 S. 110—120 (Ueber
einige Irrthümer in Betreff der Natur des Gerbestoffs); S. 120—123 (Warnung
vor dem sog. Königsgelb, Kings Yellow); Bd. 4, N. F. 2, H. 1 u. 2 S. 76—99
(Ueber die therapeutische Anwendung des mineralischen Magnetismus); S. 100—104
(Homöopathischer Unfug in Hadersleben); H. 9 u. 10 S. 53—69 (Ueber Resultate der Forschungen über Wärme, Licht u. Galvanismus); Bd. 5, N. F. 3, II. 1
u. 2 S. 89 sqq. (Vorläufige Nachricht über Influenzepidemie im Januar 1837 in den
Herzogthümern Schleswig u. Holstein); H. 7 u. 8 S. 65—76 (Ueber Antimon-
Wasserstoff). Er hat auch in der Fortsetzung dieser Zeitschr. noch einzelne Beiträge, u. A. Bd. 8, N. F. 6, H. 1 u. 2 (Rec. der Pharmacopoea Danica, Hafniae
1840); H. 7 u. 8 S. 25—71 (Zur Metamorphose der thierischen Materie). —

Revision der Lehre vom Galvano-Voltaismus mit besonderer Rücksicht auf
Faraday's, de la Rives, Becquerels, Karstens u. A. neueste Arbeiten über diesen
Gegenstand. Mit 1 Steindrucktafel. Altona, J. F. Hammerich, 1837. 8. XXI
u. 227 SS.

Parallele der chemischen Theorie u. der Volta'schen Contacttheorie der galvanischen Kette, mit besonderer Rücksicht auf die neuesten Einwürfe Faradays,
L. Gmelins u. Schönbeins gegen letztere, nebst allgemeinen Betrachtungen über das
Wesen einer physischen Kraft u. ihrer Thätigkeit, nebst einem Anhange: Beschreibung und Abbildung eines sehr compendiösen u. zu theoretischen Versuchen
sowohl, als heilkundiger Anwendung zweckmässig eingerichteten electro-magne-
tischen Inductions-Apparates v. dem Mechanicus Cramer. Mit einer Nachschrift.
Kiel 1845. 8.

Von dem mit Brandis, Gmelin, Horner u. Muncke von ihm mitherausgegebenen Gehlerschen physicalischen Wörterbuch erschien Bd. 4 1829, Bd. 5 1830,
Bd. 6 1832, Bd. 7, 1. Abth. 1833, 2. Abth. 1834, Bd. 8 1836.

Die Asiatische Cholera-Epidemie im Herzogthum Holstein in dem Jahre 1850,
nebst einem Rückblick auf ihr früheres Auftreten daselbst in den Jahren 1831,
1832 u. 1848. Nach den bei dem Schlesw.-Holst. Sanitäts-Collegium eingegangenen ärztlichen Berichten. Kiel 1851. 8. Rec. Gött. Gel. Anzz. 1853 No. 331 ff.

Lieferte ferner Beitrr. zu Schweigers Jahrbb. der Physik von 1829 an bis 1832,
welche, sowie die früheren Beiträge v. 1811 an, in Poggendorffs biogr.-liter. Hdw.
einzeln aufgeführt sind, zu Poggendorffs Annalen etc. Bd. XL, 1837 bis LIII,
1841; zu den Annales de chemie et de physique v. 1829 an. — Im Lübker
& Schröder fehlen noch folgende 4 zu den Kieler Beiträgen 1820 gelieferte
Artikel: Einige Worte zur Rechtfertigung der Deutschen Universitäten gegen die

neucsten Anschuldigungen derselben. — Lord Erskines Redo bei einem festlichen
Mahle in Edinburg. — Was hält ein englischer Postmeister für niederträchtig? —
Erinnerungen an die Frau Stutterheim. — Einzelnes im Kieler Corresp.-Bl. 1831.
Nach seinem Tode:
Lebenserinnerungen von Christoph Heinrich Pfaff, weiland Conferenzrath u.
Prof. der Chemie u. Medicin an der Kieler Universität. Mit Gr. Guil. Nitzschii
memoria Christ. Pfaffii und mit Auszügen aus Briefen v. F. Kielmeyer, Friederike
Bruun, geb. Münter, dem Grafen F. Reventlow auf Emkendorf u. Chr. H. Pfaff.
Herausgeg. v. H. Ratjen. Kiel, Schwerssche Bchh., 1854. 8. 23 Bgg.

1647) **Pfeiffer,** Johann Gustav (L. & S. No. 896), seit
1816 Hauptpastor zu Eutin, starb den 14. Mai 1831. Mitgetheilt
nach der Inschrift seines Grabsteines.

1648) **Pfeiffer,** Wilhelm Valentin Christian (nennt
sich als Schriftsteller Freimund Pfeiffer), geb. den 5. Mai 1810
in Eutin, Sohn des vorgenannten Johann Gust. Pfeiffer, studirte
Philologie u. wurde 1834 in Göttingen als dr. philos. promovirt;
war nachher im Grossherzogthum Oldenburg in Oldenburg; starb
das. den 28. December 1841.

1) Symbolae Catullinnac. Dissert. inaug. Göttingae 1834. 8. SS. 53.
2) Jugendklänge. Göttingen, Kübler, 1835. 8. SS. 208.
3) Göthes Friederike. Ein Anhang: Sesenheimer Liederbuch. Leipzig, Engelmann, 1841. SS. 160. 8.
4) Göthe u. Klopstock. Mit Beilagen. Leipzig, Karl Engelmann, 1842. 12. 11½ Bgg.
5) Göttinger Burschenlieder. Bremen, Geisler, 1842. 16. 3 Bgg.
6) Sie sollen ihn nicht haben oder des Dichters Vergangenheit, Gegenwart, Zukunft. Eine Farce. Bremen, Geisler, 1841. gr. 12. 1½ Bgg.
Gedichte in Wagners Jahrb. Schlesw.-Holst. Dichter, 1848, S. 125—136.

1648a) **Pfingsten,** G. J., geb. 1808 zu Münster in Westfalen, seit 1848 Factor in der Schönfeldtschen Buchdruckerei in
Itzehoe u. seit 1851 Inhaber dieser Buchdruckerei u. zugleich Herausgeber des „Itzehoer Wochenblatts", dem er im August 1857 den
Titel „Itzehoer Nachrichten" gab. — Vergl. über ihn die „Itzehoer
Nachrr." No. 76 von 1867 zum 5. Juli, dem 50jährigen Jubelfeste
des Blattes.

1649) **Philippsen,** Johann, geb. den 26. Januar 1805
in Cappeln, studirte seit Ostern 1824 Theologie in Kiel, wurde
1829 auf Gottorf mit dem 2. Char. m. r. A. examinirt, den 27. Nov.
1831 Diaconus in Marne, den 24. Februar 1839 Pastor daselbst,
den 11. Mai 1855 Probst über Süder-Ditmarschen, den 17. April
1857 R. v. D.; starb den 13. März 1867.

In der Sammlung christl. Predd. u. Gelegenheitsreden zum Besten der Kinder
des weiland Pastors dr. Gerber, Itzehoe 1847, S. 211—224 (Das Christo entfrem-
dete Herz, ein Gegenstand seines Mitleids im Bilde des von ihm beweinten Jerusalems).

1650) **Philippsen**, Johannes Constantin, geboren in Cuppeln, studirte Medicin u. wurde in ihr den 15. Mai 1856 in Kiel promovirt, ist zur Zeit practisirender Arzt in Quern.

De frigore pro remedio chirurgico adhibendo. Dissert. inaug. Kiliae 1856. 4. SS. 13..

1651) **Philipson**, Moses Alexander (L. & S. No. 898).

Im Kordes fehlt folgende Schrift: * Prüfung der vom Wandsbecker Dichter Claudius recensirten zwei Recensionen in Sachen Mendelsohns u. Jacobi von einem dem Pfade Mendelsohns nachwandelnden jüdischen Gelehrten, nebst einer von demselben zum Andenken des verstorbenen Weisen entworfenen Ode, mit einer Vorrede herausgegeben von dem Verfasser der Lieblingsstunden (Cranz). Hamburg, J. Jk. Knuuf, 1786. 8. SS. 24. (S. 20 steht Philipsons Name).

1652) **Piening**, Peter Karl Theodor, geboren um 1830 in Meldorf, Sohn des Gesanglehrers Piening daselbst; besuchte die Meldorfer Gelehrtenschule bis Sommer 1850, studirte Philologie in Kiel, wo er am philologischen Seminar des Professors Nitzsch Theil nahm, wurde aber promovirt als dr. philos. an einer anderen Univers. (Jena); war u. ist theils als Instituts-Lehrer, theils als Mitarbeiter, namentlich an der Hamb. Reform, in Hamburg beschäftigt.

1) Snack u. Snurren ut de Spinnstuv. Plattdeutsche Dorfgeschichten in Ditmarscher Mundart. Hamburg, Hoffmann u. Campe, 1858. 8. 328 SS.

2) De Reis na'n Hamborger Dom. Mit 4 lithogr. Biller v. Willem Heuer. 2. Uplag. Hamburg, Meyer, 1860. 8. 5. Upl. III u. 116 SS.

3) Dat Hamborger Dööntjenbook. Hamburg, Hoffmann & Campe, 1866. 8. XII u. 132 SS.

4) Luurfritz. En spassi Vertelln. Hamburg, Hoffmann & Campe, 1866. 8. Beiträge zu mehreren Hamburger Localblättern.

1653) **Piepgras**, C., Civil-Ingenieur, lebt in Schleswig.

Bemerkungen über einige neue Verkehrswege. Schleswig, Heiberg, 1865. 8. Von ihm die Bearbeitung einer Schulwandkarte der Herzogthümer Schleswig-Holstein. Schlesw. 1866. ÷

1654) **Piepgras**, J. R., war 1852 Chausseegeldeinnehmer bei Neustadt.

Anschauungen u. Empfindungen eines Laien über die Stürme der Menschheit in den Jahren 1848 etc. in 2 Gedichten. Gedruckt bei H. Ehlers in Neustadt u. a. (1852 od. 1851) 8. 16 SS.

1655) **Pipgras**, Lehrer in Wackendorf.

Im Schlesw.-Holst. Schulbl. 5, 1843, H. 3, S. 62—68 (Erbauungsstunden in der Schule).

1656) **Pinckvoss**, Christian Gottlieb (L. & S. No. 900) Buchdrucker und Buchhändler in Altona. Starb in Altona den 2. December 1850. (Mitgetheilt.)

1657) **Piraly,** Friedrich Karl Georg Theodor, geboren zu Plau in Mecklenburg-Schwerin, besuchte das Gymnasium in Parchim und genoss Privatunterricht bei den Pastoren Passow und Reinecke; studirte Medicin in Kopenhagen, Kiel und Berlin, wurde 1843 in Kiel zum dr. med. & chir. promovirt; ist seit 1843 practisirender Arzt in Altona.

De morbo granuloso Brightii. Kiliae 1843. 8. Revidirt.

1658) **Planck,** Johann Julius Wilhelm, geboren 22. April 1817 in Göttingen, Sohn des Prof. dr. theol. Heinrich Planck und der Johanne geb. Wagemann; studirte in Göttingen und Jena; wurde am 19. August 1837 in Göttingen zum dr. jur. promovirt; habilitirte sich daselbst als Privatdocent Mich. 1839; ord. Professor der Rechte in Basel von Ostern 1842 bis 1845; ordentlicher Professor der Rechte in Greifswald von Ostern 1845 und seit März 1848 zugleich auch Oberappellationsgerichtsrath; von Michaelis 1850 an ordentlicher Professor der Rechte und Ordinarius im Spruchcollegium in Kiel, seit October 1853 ausserordentlicher Beisitzer des Oberappellationsgerichts daselbst; 6. October 1854 R. v. D.; von Januar 1864 bis Juni 1866 verwaltete er interimistisch das Curatorium der Universität; verliess zu Ostern 1867 Kiel, um einem Rufe nach München zu folgen.. — Vergl. über ihn Kieler Ztg. 1867, No. 770.

1) De legitimatione ad caussam. Commentatio praemio regio ornata. Göttingae, libr. Dieterich, 1837. 4. 42 SS Seinem Onkel Chr. Reinb. Dietr. Martin gewidmet.

2) Die Mehrheit der Rechtsstreitigkeiten im Processrecht. Entwicklung der processualischen Erscheinungen, die durch den Einfluss mehrerer Rechtsstreitigkeiten auf einander hervorgerufen werden. Göttingen, Dieterichsche Buchh., 1844. -8. VIII u. 561 SS.

3) Die Lehre von dem Beweisurtheil. Mit Vorschlägen für die Gesetzgebung. Göttingen, Dieterichsche Buchh., 1848. 8. IV u. 436 SS.,

4) Systematische Darstellung des Deutschen Strafverfahrens auf Grundlage der neueren Strafprocessordnungen seit 1848. Göttingen, Dieter. Buchh., 1857. 8. XXVIII u. 656 SS.

5) Gutachten der Juristen-Facultät zu Kiel, betr. die von Zerssensclien in Schaumburg belegenen Lehngüter Lauenau, Echtringhausen und Krückeburg. Hamb. 1853. 4.

6) Zur Würdigung der Oldenburger Denkschrift. Kiel, Schwerssche Buchh., 1865. 8. SS. 27. Mit Tabelle. S. Pözl's krit. Vierteljahrsschr. für Gesetzg. u. Rechtswissensch. Bd. 6, S. 600.

Recensionen in den Göttinger Gelehrten Anzeigen 1840—1842; in der „Neuen Jenaischen Literaturzeitung" 1842 u. ff.; in dem Richterschen kritischen Jahrb. von 1845 u. 1848. In Reyscher u. Wilda's Zeitschr. f.

14

Deutsches Recht Bd. 10, 1846, S. 205—324 (Das Recht der Beweisführung nach dem älteren Deutschen, besonders Sächsischen Verfahren). — In den Verhandlungen des zweiten Deutschen Juristentags 1861, Bd. 1, S. 66—92 (Gutachten über die Anträge des G. O. T. R. dr. Waldeck in Betreff einer einheitlichen Deutschen Civilprocessgesetzgebung). — In Pözl's kritische Vierteljahrsschr. f. Gesetzg. u. Rechtswissensch. Bd. 4, 1862, S. 232—291 (Bemerkungen über den Entwurf einer Processordnung in bürgerlichen Rechtsstreitigkeiten f. das Kgr. Baiern). — Revidirt. —

1659) **v. Platen,** George, Graf, auf Schlendorf. In der landwirthsch. Zeitung f. d. Herzogth. Schleswig, Holstein u. Lauenb. J. 2, 1843, No. 40 (Schilfroggen). —

1660) **Plett,** Claus, geboren den 24. Mai 1822 im Kleinseer Kooge, Kirchspiel Bergenhusen in der Landschaft Stapelholm, Sohn des Koogseingesessenen und Schmiedemeisters Jürgen Heinrich Plett und der Catharine geborne v. Essen; bereitete sich während 4 Jahren an verschiedenen Stellen als Präparand auf das Seminar vor und frequentirte reichlich 1 Jahr vor seiner Seminar-Zeit die Normalschule für wechselseitigen Schulunterricht in Eckernförde; 1842—1845 Tondernscher Seminarist und mit einem guten Zeugniss entlassen; dann ein halbes Jahr Hauslehrer, darauf Districtsschullehrer in Reecke, Kirchspiel Klein Wesenberg bei Lübeck; nach 4 Jahren Lehrer an der zweiclassigen Schule in Seth, Kirchspiel Sülfeld bei Oldesloe, im December 1864 von der Commüne zu Lütjensee in Stormarn zum Oberlehrer an der dortigen 2classigen Schule erwählt.

In dem Schulbl. f. d. Herzogth. XIII, S. 112--118 (Der Unterricht in der biblischen Geschichte in den Oberclassen unserer Volksschulen). XIV, S. 668 bis 670 (Der Gesang, Volksgesang); XV, S. 362—373 (Gedanken über Dispositionen zu katechetischen Unterredungen nebst Mittheilung einer Disposition über ein Bibelwort, 1. Cor. 3, v. 16); XVI, S. 367—370 (Von ihm mitgetheilte Reflexionen). Ausserdem noch laut Mittheilung: Ein vermittelndes Wort über den Leseunterricht, hervorgerufen durch einen Streit über Lautir- u. Buchstabir-Methode. — In der Schleswig-Holst. Schulzeitung eine Abhandlung über Katechismus-Unterricht. — Ausserdem sind von ihm gedruckt kleine amtsgeschäftliche Mittheilungen u. kleine Referate in öffentlichen Blättern. — Revidirt.

1661) **Poel,** Ernst (L. & S. No. 1505), ein Sohn des nachfolgenden Peter (Pieter) Poel; geboren war er 1796 in Neumühlen bei Altona, wo er auch seit 1837 langjähriger Chef-Redacteur des „Altonaer Mercurs" war, er starb daselbst 1867, den 5. Juli, Morgens 3 Uhr, im 71. Lebensjahre. Vergl. über ihn: Ein Gedenkblatt; Alt. Merc. 1867, No. 167.

1662) **Poel,** Peter (Pieter) (L. & S. No. 901). Geboren 17. Juni 1760 von Eltern Holländischer Abkunft in Archangel; brachte

seine Jugendzeit bis zum 16. Juhre in Hamburg zu, dann zwei
Jahre in Bordeaux, um die Handlung zu erlernen, darauf in Genf
und Göttingen sich vorzugsweise dem Studium der Geschichte und
Staatswissenschaften widmend, bekleidete eine kurze Zeit in Petersburg eine Secretärstelle im Departement der auswärtigen Angelegenheiten unter der Regierung Katharina II. und kehrte, nach noch
einjährigem Aufenthalte in Schweden, nach Hamburg zurück, liess
sich 1789 bleibend in Altona nieder; nachdem er das Miteigenthum
der Privilegien des Altonaer Mercurs und des Landeskalenders erworben; starb zu Altona den 5. October 1837 im 78. Lebensjahre.
Verheirathet mit Friederike, einer Tochter von J. G. Büsch. Mitgetheilt von dem Sohn nach eigenen Aufzeichnungen des Vaters.
Vergl. über ihn N. Nekrol. d. D. XV, 1837, S. 878—879.

Das von ihm mit J. F. Reinhardt herausgegebene Journal: „Frankreich" (vgl.
L. & S.), dessen Redaction ihm bald fast allein zufiel, hörte mit dem 10. Hefte
des 11. Jahrganges auf. Der Herausgeber schloss mit einem Aufsatz in Form
eines Briefes aus Paris, den Archenholz mit seiner Einwilligung in die „Minerva"
aufnahm.

Der v. L. & S. angeführte Aufsatz „Hamburgs Bürger im Frühjahr 1813"
wurde aus dem S. H. Almanach v. 1815 später von Luden in seinem Journal
mitgetheilt u. noch später ist der ganze Aufsatz, von dem das bisher Veröffentlichte nur die Hälfte bildete, in der Zeitschrift des Vereins f. Hamb. Geschichte
N. F. Bd. 1, 1858, H. 1, S. 1 sqq. s. t. „Hamburgs Untergang" u. daraus zusammen
mit einer historischen Denkschrift über das Verhältniss Dänemarks zu Hamburg
im Frühjahr 1813 v. J. G. Rist in besonderem Abdruck erschienen.

Er legte im Auftrage der am 29. Sept. 1812 gestifteten patriotischen Gesellschaft,
in deren Schriften Bd. 1, H. 2 u. 3 der v. L. & S. angeführte Bericht über
den Zustand des Armenwesens beider Herzogthümer von ihm steht, auch öffentlich
Rechenschaft ab von dem, was sie für das Beste Altonas gethan hatte, als die
Stadt, zwischen zwei feindlichen Heeren eingeschlossen, für die Bedürfnisse zahl-
reicher Flüchtlinge zu sorgen hatte.

Manche Aufsätze über politische u. literarische Gegenstände in dem von ihm
herausgegebenen, aber nicht eigentlich selbst redigirten, Altonaer Mercur. In
demselben 1835, 1836 u. 1837 sind namentlich noch von ihm die „Erinnerungen
eines Greises", welche einen des Persönlichen möglichst entkleideten Auszug aus
den für seine Kinder geschriebenen und ungedruckten „Erinnerungen aus seinem
Leben" bildeten. Seine sämmtlichen Arbeiten, mit Ausnahme des erwähnten Armen-
berichts, erschienen ohne seinen Namen.

1663) **Poetzold,** Friedrich (L. & S. No. 902). Starb, 53
Jahr alt, den 6. April 1853 zu Kellinghusen.

1664) **Polchow,** Johann David (L. & S. No. 903), er
starb den 5/6. September 1801 zu Genin bei Lübeck.

14* ·

Von ihm noch: Leseübungen für Landschulen, in welchen solche Sachkennt-
nisse willkommen sind u. sich Lehrer finden, die sie der Jugend fasslich beibringen
können. 1797. 8.

Beiträge von ihm zu Zerrenners Deutschem Schulfreund Bd. 11. Auch zu
Henke's Archiv für die neueste Kirchengeschichte (welches übrigens Kordes bereits
anführt), u. zu Lübecker Zeitungen.

1665) **Pollitz,** Johann Friedrich (L. & S. No. 904); er
war ein Sohn des Kaufmanns und Senators Phil. O. Pollitz in Crempe
(† 25. Januar 1839); wurde den 22. December 1848 als Archidiakonus in Oldenburg emeritirt und starb den 1. Juli 1850 zu
Itzehoe. — Verheirathet mit .... geborne Dannemann. — Vergl.
über ihn N. Nekrol. d. D. 28, S. 451—452. N. St. M. X, S. 428.

Von ihm noch: Trauerpredigt am Begräbnisstage Königs Friedrich VI. Oldenburg 1840. 8.

Leichenpredigt über den Cons.-R. Fr. A. Schrödter, gehalten den 7. Mai
1846 über Ev. Joh. 11, 40: in der Trauerfeier zum Gedächtniss Schrödters
Oldenb 1846. S. 16—30. Dus. S. 31—36 Personalien; S. 37 u. 38 Gebet am
Grabe u. S. 39 Danksagung nach der Predigt dom. Jubil. 3. Mai.

1666) **Popert,** Jacob Joseph (L. & S. No. 905). Im N.
Staatsb. Mag. X S. 478 heisst es: „Ist wohl der Agent Popert, der
in J. G. Klinckers Schrift: „Der Hofrath von Justrik oder: Was ist
Recht? (Hamburg? Altona 1808) nicht zu seinem Vortheil vorkommt.
Dann wird er erst nach 1808 gestorben sein."

1667) **Poppleton,** Georg (L. & S. No. 907); er war nur
einige Jahre Lehrer der Englischen Sprache in Hamburg und Altona
und begab sich um 1806 als solcher nach Paris, wo er 1836 noch
lebte, aber bald nachher gestorben ist. — Vergl. Ersch: Gelehrtes
Frankr. 2. Nachtr. S. 426. Quérard: La France littéraire t. 7 p.
279, Fel. Bourquelot: La littérature française contemporaine (1827
bis 1849) t. 6, S. 60.

Von der Guido pratique pour rendre du français en bon anglais erschien
3. ed. Paris 1816. 6. ed. augmentée d'un precis de syntaxe anglaise raisonnée
par P. O. Mariaval. Le tout revu et corrigé par l'auteur du guide. Paris 1835.
8. 7. edit. par P. O. Mariaval. Paris 1843.

Von der mit J. Bettac herausgeg. Englischen Sprachlehre erschien 6. Aufl.
Braunschweig 1830. 7. verbesserte u. vermehrte Aufl. das. 1833. 8. Aufl. das.
1839. 8.

Grammaire anglaise simplifiée. Paris 1805. 8.

Eléments de la conversation en anglais et en français en 2 parties. Paris
1812. 3. ed. ib. 1826.

Mit M. A. Boniface: Cours analytique et pratique de la langue anglaise.
Paris, Briand, 1811. 8. Supplément au t. 1er du cours elementaire de la langue anglaise. Paris 1813.

Synonymie anglaise à l'usage des Français. Paris 1808. 8.

Phraseologie française et anglaise ou dictionnaire de locutions françaises et anglaises. Paris 1810. 8.

Heraus gab er vermehrte Ausgaben v. P. L. Siret: Eléments de la grammaire anglaise; ferner: Select fables divided into three books. Paris 1816.

Begleitete mit Anmerkk.: le maitre d'anglais de W. Cobbett. — Zwei poetische Piècen von ihm in Nachahmung des Englischen in den „roses provençales".

1668) **Posselt,** Andreas August (L. & S. No. 909); er starb zu Schönberg in der Probstei den 27. Juli 1853. — Verheirathet mit Marie geborne Ravit.

Von ihm noch: In Falcks Archiv I, 1842, S. 51—78 (Ueber die rechtlichen u. communalen Verhältnisse der klösterlich Preetzer Probstei).

1669) **Posselt,** Christian Heinrich, geboren den 17. März 1796 in Alkersum im Kirchspiel St. Johannis auf Föhr, Bruder des nachfolgenden Moritz Conrad Friedrich Ferdinand Posselt; studirte Jura und wurde 1820 im juristischen Candidaten-Examen auf Gottorf mit dem 2. Char. m. A. examinirt, Hardesvogt in Fleckebye, den 25. Mai 1832 Adjunct in der Gerichts-Halterschaft für die adligen Güter Carlsburg, Buckhagen und Röst, den 15. Januar 1839 Justitiar für dieselben Güter, den 21. Januar 1840 auch für die Güter Rögen, Hemmelmarck und Dörphoff, den 27. Januar desselben Jahrs auch für Borghorst und den 11. Februar desselben Jahrs für Ornum, den 28. Juni 1840 Justizrath mit Wohnsitz in Schleswig. Ist gestorben.

Im N. St. M. III, 1835, S. 541—550 (Geschichte u. jetzige Einrichtung des Schuld- u. Pfandprotocolls für die Grafschaft Ranzau).

1670) **Posselt,** Moritz Conrad Friedrich Ferdinand, geboren den 14. April 1805 auf Föhr, Sohn des Hauptpastoren zu St. Johannis daselbst Christian Friedrich Posselt († als Probst und Hauptpastor zu Oldenburg 9. November 1819), studirte Theologie und Philosophie in Kiel noch im Jahre 1826, wandte sich später nach Dorpat, wo er seit dem 7. Februar 1834 als Privatdocent der Philosophie zugelassen wurde, hielt sich 1842 eine Zeitlang archivalischer Studien halber behufs seiner unten angeführten Schrift „Peter der Grosse und Leibnitz" in Moskau auf.

Handbuch der Geschichte der Philosophie. 1. Abth. Dorpat, Severin, 1839. 8.

Peter der Grosse u. Leibnitz. Dorpat u. Moscau, Severin, 1843. 8. VI u. 284 SS. (Ist dem Unterrichts-Minister Uwaroff gewidmet).

1671) **Postel,** Heinrich, geboren zu Heide, studirte Medicin in Kiel, wo er 1824 zum dr. med. & chir. promovirt wurde,

später und noch ausübender Arzt in Heide. — S. N. Staatsb. M.
X, S. 428.

Diss. inaugur. de febri hydrocephalica. Kiliae 1824. 8.

1672) **Praetorius,** Johannes Jacob, geboren den 20.
December 1787 in Heils im Amte Hadersleben, Sohn des Pastors
Steph. Hinr. Praetorius und der Margaretha Hedwig Holst; ging im
Herbst 1808 von der Haderslebener Gelehrten-Schule ab und im
April 1809 nach Kopenhagen, wo er bis 1818 Theologie studirte;
war darauf Hauslehrer und wurde den 22. August 1821 Prediger
der lutherischen Gemeinde auf den westindischen Inseln St. Thomas
und St. Jean; den 10. October desselben Jahrs auch Missionär daselbst; den 4. Juni 1831 Prediger zu Tœdse auf Mors im Stifte
Aalborg; starb den 26. Januar 1833. — Vergl. Erslew II S. 592
und Supplement II, S. 713 und 714. Fehlt im L. & S.

1) Evangelisk-christelig Lœrebog, paa Creolisk. Kbh. 1827.
2) Besorgte eine verbesserte Ausgabe des lutherischen Catechismus in Creolischer
Sprache u. ebenfalls eine solche von einem Creolischen Gesangbuch.
Auszug eines Briefes von ihm in „Maanedl. Efterretn." fra Bibelselskabet for
Danmark 1825, No. 1.

1673) **Prätzel,** Karl Gottlieb (L. & S. No. 912), er war
seit 1847 vom September an beständig Mitarbeiter am „Hamburger
Correspondenten" mit Artikeln über Theater, Concerte u. dergleichen;
er starb in Hamburg am 13. Januar 1861. — Ein reiches Material
über ihn enthält, wie uns mitgetheilt wird, die Hamburger Stadt-
Bibliothek.

Wir können von ihm noch anführen:

Gab 1815 u. 1816 heraus: Monatsschrift für die Jugend 1.—12. Stück.
Hamburg. 8.
Zu den in L. & S. angeführten Erzählungen kommen noch: 35) Der goldene
Zahn. Ein Märchen: in der Orphea f 1829; 36) Junker Udo. Poetische Erzählung:
im Taschenb. Liebe u. Freundsch. f. 1829; 37) Die Wahl des Herzens: in dems.
f. 1830; 38) Serina: in der Minerva f. 1824.
Gesammelte kleine Romane u Erzählungen. Wohlf. Ausgabe. Bdch. 1—8.
Mit 3 Kpff. Leipzig, Hinrichs, 1833. 8. 114 Bgg. In denselben v. Bd. 3—8
sind die auch anderweitig in Taschenbüchern veröffentlichten Erzählungen ent-
halten: Schwert u. Elle, das Häuschen im Walde, Philippinchen, die Pudelmütze,
der Müller von Eschbach, die Walpurgisnacht, der Ehezwist, Gott Kutka u. die
Mäuse, der Freund in der Noth, der Blondkopf von Lübeck, der Ostermorgen,
der schwarze Hahn, die Neujahrsnacht, Vetter Paul, der Falschmünzer, der Herr
Gevatter, die Johannisnächte, der Mohr, das Waldschloss, Wanderung u. Heimkehr.
Novellen u. Erzählungen. Bd. 1, 2. Berlin, Schüppel, 1829. 8.
Maurer-Gedichte. Hamb., Nestler, 1829. 8. 2. Aufl. Das., Campe, 1832. 8.

Frühlingsgaben. Novellen u. Gedichte. Hamb., A. Campe, 1828. 8. 14 Bgg.

Festrosen. Taschenbuch auf das Jahr 1831. Mit 6 Lithographien. Hamburg, Nestler. 8. 7½ Bgg. Mit Titelkpf.

. Hildrian, ein Sommermärchen in 6 Gesängen u. die Bittschrift. Zwei poetische Erzählungen mit 6 Bildern. Hamb., Nestler u. Melle, 1831. 7½ Bgg.

Das Doppelfest. Metrisches Drama. Im Taschenb. für Hamburgs Jugend auf 1831. In demselben auch Fabeln.

Erzählungen Bd. 1, 2. Leipzig, Kollmann, 1832. IV u. SS. 687.

Beiträge zum Taschenbuch auf 1832: Feierabende an der Elbe und auf der Robinsons-Insel in Campes Garten. Herausgegeben v. K. Straus u. K. Hold. Mit 6 Kupf. (Hamb.)

Gedichte in der Abendzeitung 1832.

Neuere Gedichte. Hamb., A. Campe, 1836. 8. S. Hamb. Corresp. 1836, No. 89.

Frauenmilde. Poetische Erzählung im „Nordalbingischen Album" (Hamb. 1840) S. 127—135.

Neue Maurergedichte. Hamb. 1842. gr. 12.

Flammenbilder aus Hamburg. Hamburg 1842. 8.

In W. G. Beckers Taschenbuch f. 1813, S. 73 (Lobgesang), S. 135 (Die Schänder des Mais); S. 195 (Die Gespenster-Scene aus Tiefenbach); S. 281 (Am Grabe eines Wüstlings); S. 311 (Die Schneemänner).

1674) Prahl, C. Friedrich W., geboren 1798 in Kiel, war lange Jahre Posthalter daselbst und starb daselbst, nachdem er schon mehrere Jahre die Posthalterei abgegeben hatte, den 14. April 1861. Verheirathet mit Auguste geborne Delfs.

1) Gemeinnütziger Wegweiser im Postwesen für die Herzogthümer Schleswig, Holstein u. Lauenburg, enthaltend eine kurze Darstellung der bestehenden Postgesetze u. Posteinrichtungen mit Hinweisung auf die desfälligen Veränderungen. Kiel 1831. 8. Mit 1 Charte.

2) Der Schnell-Reisende auf Dampfschiffen, Diligencen u. Extraposten durch Holstein, Schleswig u. Dänemark über Hamburg, Kiel u. Kopenhagen a. über Hamburg, Aerroesund u. Kopenhagen. Ein unfehlbarer Rathgeber u. Wegweiser für Reisende. Kiel (Hamburg, Schubert & Co.), 1840. 16. 4 Bll.

3) Chronica der Städte u. Flecken in den Herzogthümern Schleswig u. Holstein nach den besten Quellen bearbeitet, nebst einem historisch-humoristischen Volkskalender. Monatsschrift für Jedermann. 1. Jahrg. Juli—December 1855. 6 Lieferr. Mit Lithogrr. Preetz. (Altona, Lehmkuhl u. Comp.) 8.

4) Chronica der Stadt Kiel nach den besten Quellen bearbeitet. Kiel, Akad. B., 1856. 4. 116 SS. mit 1 Sttf. in gr. 4.

5) Fanny Campbell, der weibliche Pirat. Erzählung aus der Amerikanischen Revolution. Nach dem Englischen des Muray frei bearbeitet. Kiel, Ak. B., 1856 (57) 12. 312 SS.

6) Kiel und nächste Umgegend. Preetz 1858. 8.

1675) Prahl, Hans Peter, geboren den 3. Mai 1808 zu Wittstedt, Sohn des nachfolgenden Consistorialraths Probsten und Pastoren zu Tondern Peter Prahl und der Theodora Prahl geborne Holm, Tochter des Gutsbesitzers Jacob Holm auf Refsoe († 28. Sep-

tember 1834); wurde von dem Pastor Moritzen in Lindholm, später
in Ulsnis, zur Universität vorbereitet, studirte Theologie zu Kiel, wo
er das Convict bestand, seit Ostern 1830, wurde Ostern 1835 examinirt mit dem 2. Char. mit r. A.; den 17. Mai 1840 Pastor in
Oster-Lygum, den 30. Juli 1848 Pastor in Oesby und interimistischer Probst für die Probstei Hadersleben; den 10. Januar 1850
entlassen; den 23. September 1851, antretend den 6. Januar 1852,
2. evangelischer Stadtpfarrer zu Wetzlar, den 2. Juli 1864 Pastor
in Althadersleben und Probst für die Probstei Hadersleben.

Udtog af Bibelhistorien. Efter de Calwer bibelske Historier, bearbeidet paa
dansk til Brug i Skolerne paa Landet. Med Afbildninger. Apenrade, Soerensens
Forlag, 1846, 8. 2. Oplag. Das. bei dems. 1847. VIII u. 282 (dem Probsten
Rehhoff gewidmet). Die 3. Aufl. (gjennemseet af Andreas Leth, dansk Præst i
Apenrado, Med Afbildninger). Das. 1853. 8., sowie die 4. das. 1859. 8. II u.
270 SS. u. 5. Aufl. sind nicht allein ohne Genehmigung, sondern geradezu wider
Wissen u. Willen des Verfassers herausgegeben.

Während seines Aufenthalts in Wetzlar gab er einige nicht näher anzugebende
Casualreden heraus, sowie er auch verschiedene Artikel für Zeitschriften schrieb,
in Hadersleben 1849 u. 50 im Kampfe der Kirche gegen die Landesverwaltung,
u. in Wetzlar im Kampfe der evangel. Kirche gegen Römische An- u. Uebergriffe,
die jedoch ebenfalls nicht näher bezeichnet werden können. — Revidirt.

1676) **Prahl,** Johann Friedrich (L. & S. No. 913), seit
1828 Collaborator an der Domschule in Güstrow in Mecklenburg,
rückte später zum Sextus an derselben Schule auf; ging Ende
Januar 1830 als Diaconus und Garnisonsprediger nach Ratzeburg;
wurde einige Zeit später Pastor in Hohenhorn im Amte Schwarzenbeck; wurde einige Jahre später Pastor zu Sandesneben im Amte
Steinhorst, wo er noch 1862 stand. Vergl. über ihn Zehlickes Schulbl.
für das Grossherzogthum Mecklenburg Bd. 1, H. 4 S. 84.

Von ihm noch: Index plantarum quae circa Gustroviam sponte nascuntur
phanerogamarum. Gustroviae, Opitz & Co., 1837. 4¹/₂ Bgg.

Das Konventikelwesen im Verhältniss zur Religion u. Sittlichkeit, zu Kirche
und zum Staat geprüft. Güstrow, Opitz & Co., 1837. 8. 6³/₄ Bgg.

1676a) **Prahl,** Peter (L. & S. No. 914). In den letzten
Jahren gelähmt, musste er einen Adjuncten halten; 12. Januar 1830
mit Pension entlassen; er starb den 29. April 1831, nach der Angabe des Sohnes, wie nach Jensen K. St. S. 372 und Carstens, nicht
den 29. Mai 1831, wie nach dem N. Nekrol. d. D. IX, S. 485 und
L. & S. S. 843. Vergl. Carstens: die Stadt Tondern S. 132.

Verfasste noch:

Forsœg til en Bœnnebog for Bœrn udgivet isœr til Brug i Skolerne paa
Landet. Haderslev 1788. 8.

Udtog af den kristelige Religions-Historie. Hadersl. 1800. 2. Opl. 1811. 8. Forsœg til en biblisk Haandbog, som et lidet Hjelpemiddel til af lette Arbeidet for Lærere ved Ungdommens Underviisning i Religionen i Skolerne paa Landet. Haderslev 1803. XVI u. 116 SS. (dem Conferenzrath Schütz gewidmet). Forsœg til en tydsk Læsebog for Ungdommen paa Landet ved deres fœrste Veiledning til Kundskab i det tydske Sprog. 5. Oplng. Hadersl. 1823. 8. VIII u. 448 SS. Plan zur Errichtung einer Spar- u. Leihkasse für die Tondernsche Gemeinde, nebst einem Vor- u. Schlusswort u. einem Anhange. Tondern 1820. 8. SS. 8. S. N. St. M. IX, S. 607, Carstens „Die Stadt Tondern" S. 194.

Seine Schrift über die Agende hat folgenden Titel: Et Ord til Lægfolk i de danske Menigheder paa Landet i Hertugdœmmet Slesvig, angaaende den ny Kirke-Agende eller den ny Forskrift for Kirkeskikken ved den offentlige Gudsdyrkelse til bedre Underrettning og Beroligelse. Haderslev 1797. 8. SS. 27. Rec. Boysens Beitrr. II, H. 3, S 456. — Theilweise revidirt von dem Sohn.

1677) **Prahm,** Heinrich Christian Friedrich (L. &. S. No. 916); starb, wie schon in den Nachträgen zu L. & S. bemerkt ist, als Collaborator der Flensburger Gelehrtenschule den 29. September 1830. — Vergl. über ihn N. Schlesw.-Holst. Prov.-Berr. 1831 No. 2, S. 211—234, H. Dohrns Progr. der Meldorfer Gelehrten-Schule 1831 S. 17, N. Nekrol. d. D. 8, S. 707—709.

Die schon im L. & S. genannte Schrift de grammaticae universalis fundamento ac ratione. Kiliae 1826. 14 SS. ist rec. Halle'sche Liter.-Ztg. 1827, Ergänzungbl. No. 108, Seebode's kritische Biblioth. f. 1828 (4) S. 595 u. Allgem. Schul-Ztg. 1827, No. 53.

Recc. von ihm stehn Jahns Jahrbb. f. Philol. XII, 1830, H. 3, S. 314—332 (über Chr. Petersens philosophiae Chrysippeae fundamenta). — In den Neuen Jahrbb. f. Philol. u. Pädag. I, Bd. 2, 1831, S. 275—281 (über Werners Fragen über die Griechische Formenlehre). — In den Prov.-Berr. 1831, S. 54—79 steht von ihm ein nicht vollendeter Aufsatz, höhere Schulanstalten betreffend.

1678) **Prahm,** Karl August Johann Leopold, geboren 1808 in Colmar, Bruder des vorhergenannten Heinrich Christian Friedrich Prahm und ein Sohn des im L. & S. No. 915 genannten Hans Prahm; besuchte die Plöner Gelehrten-Schule, studirte Philologie und Theologie und widmete sich dem Schulstande; promovirte im Sommer 1830 als dr. philos. und war nach dem Tode seines Bruders zuerst interimistischer Nachfolger desselben in der Collaboratur an der Flensburger Gelehrtenschule, für die er den 12. Juli 1831 definitiv ernannt wurde; er starb früh an der Schwindsucht den 11. October 1834. — Vergl. über ihn N. Nekrol. d. D. XII, S. 919—920.

Seiner Inaugural-Dissertation de Homericarum enunciationum 'tam syntaxi quam parataxi, die aber wohl nicht gedruckt ist, wird in der Chronik der Universität Kiel 1830, S. 11 u. 12 erwähnt.

Eine anonyme Recens. v. Tadey's Uebungen der lateinischen Declinationen steht in den Prov.-Berr. 1832, H. 2, S. 240—245.

1679) **Prehn,** Jeppe, geboren 29. August 1803 in Kopenhagen, Jurist, von 1830 bis 1834 Comtoirchef in der Rentekammer zu Kopenhagen, dann Amtmann erst zu Steinhorst in Lauenburg, darauf zu Ratzeburg. Starb auf einer Reise nach Italien den 28. November 1850 zu Reichenbach. — Vergl. über ihn Poggendorffs biogr. und literar. Handwörterbuch der exacten Wissensch. II, Sp. 520—521. Steht nicht im Erslew.

(Remarques sur le calcul dont a fait usage Mr. Crelle dans son memoire: sur les différentes manières de se servir de l'élasticité de l'air atmospherique comme force motrice sur les chemins de fer): in Crelles Journal XL, 1850; (Ueber die Aufhebung der Ungleichmässigkeit der durch die Kurbel vermittelten Bewegung): ibid. — (Ueber die Bedeutung der divergenten unendlichen Reihen, die Bestimmung ihrer Werthe, u. über die Zulässigkeit ihrer Anwendung bei analytischen Rechnungen): ibid. 1851. Letztere Abhandlung wurde auch besonders abgedruckt SS. 47. 4.

1680) **Prehn,** Ludwig G. Wilhelm (L. & S. No. 918), 1832 Arzt in Apenrade, 1833 constituirter Physikus in Pinneberg; starb im 29. Jahre in Pinneberg am 14. Mai 1836.

Von ihm noch in Pfaffs „Mitthh." etc. II, 1833, II. 3 u. 4, S. 471—486 (Merkwürdige Verbreitung der Syphilis durch ungewöhnliche Ansteckung).

1681) **Prehn,** Thomas, geboren den 2. September 1801 auf Hogelund; Sohn des Gutsbesitzers Georg Heinrich Prehn daselbst und der Catharina Dorothea geborne Petersen; unterrichtet bis zu seiner Confirmation in einer Erziehungsanstalt des Pastors Matthiessen in Loit, Amts Apenrade, demnächst auf der Flensburger Gelehrtenschule und darauf auf den Universitäten Kiel, Berlin, und Göttingen; examinirt zu Schleswig 1826 mit dem 2. Char. m. r. A., 1827 Volontär in der Rentekammer, 1829 Gevollmächtigter und 1831 Comtoirchef in der Rentekammer, 1834 Landcommissar für das östliche Holstein, und Verkoppelungscommissar für das Herzogthum Lauenburg, 1835 Mitglied der Landmesser-Examinations-Commission in Kiel, 1837 Kammerrath, 1840 Justizrath, 1841 Etatsrath, 1843 Landcommissär für das westliche Holstein, 1843 Comthur des Oldenburgischen Haus- und Verdienst-Ordens, 1847 R. v. D., 1854 D. M., 1860 Conferenzrath.

In der landwirthsch. Zeitung 1846, No. 4 u. 5 (Bericht über die in den Herzogthümern Schleswig, Holstein u. Lauenburg verbreitete Kartoffelkrankheit). Derselbe ward aber ohne sein Zuthun abgedruckt. — Revidirt.

1682) **Preller,** Ludwig, geboren den 15. September 1809 in Hamburg, Sohn eines Kaufmanns, gebildet bis zum 16. Jahre

auf dem Johanneum daselbst, dann auf dem Lübecker Catharineum,
besuchte 1828 die Universität Leipzig (unter Herrmann), 1829 Berlin und zuletzt Göttingen, wo er sich, nachdem er bisher Philologie und Theologie mit einander verbunden studirt hatte, schliesslich
für erstere allein entschied; 1832 dr. philos. in Göttingen; nach
einer Reise nach England 1833 Privatdocent der Philologie in Kiel,
im October 1838 ordentlicher Professor der Beredsamkeit, altclas-
sischen Philologie, Aesthetik und Kunstgeschichte in Dorpat bis
Herbst 1843; reiste darauf ein Jahr in Italien; wandte sich im
Herbste 1844 nach Jena, wo er Vorlesungen hielt, und den Titel,
aber nicht das Gehalt eines ordentlichen Professors hatte; 1847
Oberbibliothekar an der grossherzoglichen Bibliothek in Weimar,
Mitglied der Akademien und gelehrten Gesellschaften zu Berlin,
München, Leipzig, Göttingen und Erfurt, zu Petersburg und Rom.
Unter verschiedenen Reisen, die Preller von Weimar aus machte,
ist die 1852 nach Griechenland hervorzuheben. Er starb daselbst
am 2. Juli 1861. Verheirathet mit Julie geborne Dallmer aus Hamburg seit dem Jahre 1833. — Vergl. über ihn G. Th. Stichling:
Ludwig Preller. Eine Gedächtnissrede in der Freimaurerloge Amalie zu Weimar gehalten. Weimar 1863. — Ein Schriftenverz. s. S.
543 — 550 der von R. Köhler herausgegebenen ausgewählten Aufsätze von Ludwig Preller, Berlin 1864. 8.

1) De Aeschyli Persis dissertatio inauguralis. Göttingae 1832. 8. 49 SS.
2) Demeter u. Persephone, ein Cyclus mythologischer Untersuchungen. Hamb.,
Perthes, Besser & Mauke, 1837. 8. XXVI u. 406 SS. Recc. Gött. Gel.
Anzz. 1840 S. 506—522, Extrabl. z H. L. Z. 1838 No. 37—39 (v. Chr.
Petersen), in Ztschr. f. Alterth. Ww. 1838 H. 6 No. 70—71 (v. Heffter).
3) Polemonis Periegetao fragmenta collegit, digessit, notis nuxit. Accedunt de
Polemonis vita et scriptis et de historia atque arte periegetarum commentationes. Lipsiae, Engelmann, 1838. gr. 8. XIII u. 19 SS.
4) Historia philosophiae Graeco-Romanae ex fontium locis contexta. Locos
collegerunt, disposuerunt, notis auxerunt H. Ritter et L. Preller. Edidit L.
Preller. Hamburgi 1838. 8. X u. 610 SS. Editio secunda, recognovit et
auxit L. Preller. Gothae 1857. 8. XII u. 656 SS.
5) Notatio de codice ms. Hamburgensi, qui Odysseam cum scholiis continet et
scholiorum inde nunc primum editorum particula I. (vor dem Index lectionum
der Dorpater Univers. 1839 1. Semester), II. (vor dem Index lectionum des
zweiten Semesters 1839) 40. u. 42 SS. 4.
6) Quaestiones de historia grammaticae Byzantinae, adjectis ineditis Hamburgen-
sibus (vor dem Index lectionum des 1. Semesters 1840 der Dorpater Univers.)
30 SS. 4. Auch in den „ausgewählten Aufsätzen".
7) De Hellenico Lesbio historico. Zur Jubilarfeier der Universität in Helsingfors (Abo)
im Juni 1840. Dorpat. 1840. IV u. 55 SS. 4. Auch in den ausgew. Aufss.

8) De locis aliquot Pausaniae disputatio brevis. Accedit additamentum Polemonis (vor dem Index lectionum des 2. Semesters 1840 der Dorpater Univ.) 8 SS. 4. Auch in den ausgewählten Aufss.

9) De via sacra Eleusinia disp. I, II (vor dem Ind. lectt. des 1. u. 2. Semesters 1841 der Dorpater Univ.) jede 15 SS. 4. Auch in den ausgew. Aufss.

10) Ueber die Bedeutung des schwarzen Meeres für den Handel u. Verkehr der alten Welt. Rede, gehalten am Krönungs-Feste S. K. M. des Selbstherrschers aller Reussen, Nicolai Pawlowitsch am 22. Aug. 1842. Dorpat 1842. 8. 46 SS. Auch in den ausgew. Aufss.

11) De Praxiphone Peripatetico, inter antiquissimos grammaticos nobili, disputatio (vor dem Index. lectt. des 1. Sem. der Dorp. Univ.). 26 SS. 4. Auch in den ausgew. Aufss.

12) Nummorum Graecorum, qui in museo academico (Dorpatensi) asservantur recensus. Spec I & II (vor dem Ind. lectt. des 2. Sem. 1842 u. des 1. Sem. 1843). 27 SS. u. 25 SS. 4.

13) Die Regionen der Stadt Rom. Nach den besten Handschrr. berichtigt u. mit einleitenden Abhh. u. einem Commentar begleitet. Jena 1846. 8. VIII u. 256 SS.

14) Festrede am Säcularfeste Göthe's den 28. Aug. 1849. Bei der Einweihung des neuen Anbaues der Grossherz. Bibliothek zu Weimar gehalten. Jena 1849. 8. 17 SS.

15) Karl Otto v. Mudai. Zur Erinnerung an ihn für seine Freunde. Leipzig 1850. 8. 77 SS.

16) Georg Spalatin's historischer Nachlass u. Briefe. Aus den Originalhandschrr. herausgegeben v. Chr. Gotth. Neudecker u. L. Preller. Bd. 1: Das Leben u. die Zeitgeschichte Friedrich des Weisen. Jena 1851. 8. 236 SS.

17) Griechische Mythologie. Bd. 1: Theogonie u. Götter. Bd. 2: Die Heroen. Leipzig 1854. 8. VIII u. 528 SS. u. VI u. 366 SS. 2. Aufl. Berlin 1860 u. 1861. 8. XII u. 673 u. X u. 546 SS.

18) Briefe der Frau Rath an ihre lieben Enkeleins. Gedruckt zum 13. Febr. 1855. L.(udw.) P.(reller) O.(tto) J.(ahn) H.(ermann H.(ärtel) s' l. 8. 19 SS. (Kamen nicht in den Buchhandel und waren Salomon Hirzel zum Geburtstag gewidmet).

19) Römische Mythologie. Berlin 1858. 8. VIII u. 822 SS.

20) Ein fürstliches Leben. Zur Erinnerung an die verewigte Grossherzogin zu Sachsen-Weimar-Eisenach, Maria Paulowna, Grossfürstin v. Russland. Weimar 1859. 8. VIII u. 148 SS.

21) Ausgewählte Aufsätze aus dem Gebiete der classischen Alterthumswissenschaft. Herausgegeben von Reinhold Köhler. Berlin, Weidmannsche Buchh., 1864. 8. VI u. 550 SS. mit dem Schriftenverzeichniss.

In Paulys (nachher Wal'z u. Teuffel's) Real-Encyclopädie der class. Alterthumsw. Bd. II, 1842 S. 900—919 (Delphi), S. 1056—1071 (Dionysia), S. 1190—1195 (Dodona); III, 1844, S. 89—109 (Eleusinia), S. 430—436 (Fatum), S. 1257—1265 (Heros), IV, 1846, S. 216—221 (Jo), S. 587—629 (Jupiter), S. 706—707 (Labyrinthus), S. 757—760 (Laocoon), S. 772—776 (Lares), S. 792 (Larvae), S. 912 (Lemures), S. 1014—1024 (Liber Pater), S. 1038—1043 (Libri), S. 1098—1100 (Linus), S. 1120—1128 (T. Livius), S. 1165—1181 (Lucianus), S. 1777—1786 (Menander), S. 1842—1865 (Mercurius), V, 1848, S. 311—336

(Mystoria), S. 336—371 (Mythologie), S. 548—568 (Neptunus), S. 787—791 (Nymphae), S. 992—1004 (Orpheus), S. 1790—1795 (Polemon), V, 1852, S 36 (Praxiphanes), S. 106—123 (Proserpina), S. 493—544 (Roma), S. 2167—2170 (Trophonius). — In Ersch u. Grubers allgem. Encyclopädie 3. Sect. Th. 21, S. 353—356 (Phlax), S. 356—357 (Phaedimos), S. 357—360 (Phädon), S. 361—363 (Phädon), S. 363—375 (Phädrus), S. 375 (Phämon, Phaennus), S. 390 (Phaetus), S. 393—394 (Phaläkos), S. 431—435 (Phalaris), S. 437 (Phaleas), S. 453—457 (Phanias), S. 457—459 (Phanodemos), S. 459—460 (Phanodikos), S. 460—462 (Phanokles), S. 462 (Phanokritos). Th. 22, S. 11 (Pharnuchos), S. 157—162 (Phavorinus), S. 165—203 (Pheidias), S. 238—240 (Pherekrates), S. 240—248 (Pherekydes), S. 248 (Pherenikos), S. 266 (Philaenis), S. 268 (Philager), S. 283—288 (Philemon), S. 292 (Philetäros), S. 292—298 (Philetas), S. 298 (Philiadas), S. 315 (Philipos); Th. 23 S. 245—246 (Philippides), S. 288—289 (Philippos), S. 318—320 (Philiskos), S. 329 (Philistides), S. 329—330 (Philistion), S. 330—335 (Philistos), S. 338 (Phillis), S. 339—345 (Philochoros), S. 345—351 (Philodemos), S. 351 (Philogenes), S. 351—352 (Philokles), S. 356 (Philokrates), S. 370—374 (Philolaos), S. 426 (Philomnestos), S. 457 (Philonides); Th. 24, S. 231—282 (Philostephanos), S. 232 (Philostorgios), S. 232—239 (Philostratos), S. 241—247 (Philoxenos), S. 248 (Philteas), S. 250 (Philyllios), S. 267—268 (Phlegon). — In den Berichten über die Verhandll. der sächs. Gesellschaft der Ww. zu Leipzig II, 1848, S. 131—159 philol. histor. Classe I, 1849, S. 5—38 u. 134—151 (Rom und der Tiber. Mit 3 Tff.), II, 1850, S. 143—165 (Ueber den Monte Nuovo bei Pozzuoli), S. 239—262 (Ueber die Iphigenienreliefs in Weimar. Mit 2 Tff.), IV, 1852, S. 89—99 (Ueber eine Terracotta aus Athen. Mit 2 Tff.), S. 140—188 u. VI, S. 203—208 (Ueber Oropos und das Amphiareion), VI, 1854, S. 119—152 (Delphica), S. 195—205 (Ueber Inschrr. ᵥ aus Chæronea. Mit 2 Tff.), VII, 1855, S. 23—28 (Ueber zwei Vasenbilder aus Athen. Mit 2 Tff.), S. 191—215 (Studien zur Römischen Mythologie). — In Verhandlungen der 9. Vers. Deutscher Philologen zu Jena 1846, S. 48 bis 53 (Ueber das Zwölfgöttersystem der Griechen); der 13. Vers. zu Göttingen 1852, S. 82—84 (Mitthh. über seine Reise in Griechenland). — In Zeitschr. für Alterthumsww. 1835, No. 98 (Zeit der Attischen Thesmophorien und über die Mysterien zu Halimus); No. 125, 126 (Zeit der Attischen Eleusinien), 1836, No. 77—78 (Ueber die Lage der Attischen Berge Aegaleus, Korydallus, Pökilus u. Ikarius), 1837, No. 16 u. 17 (Rec. v. Karsten: Parmenides), No. 18 (Zur Kritik der Fragmente des Empedocles), 1838, No. 133—136 (Rhadamanthys, vergl. 1839 No.105, Sp. 840); 1839 No. 8, 9 (Rec. v. Panzerbieter: Scriptio de fragmentorum Anaxagorae ordine); No. 15—17 (Rec. v. Henrichsen: Om den Nygraeske eller saakaldte Reuchlinske Udtale), No. 29, 30 (Rec. v. Marquardt: Cyzikus), 1842, Sept., Sp. 901—913 (Rec. von Krische: Forschungen), 1845, No. 28, 29 (Rec. v. Abeken Mittelitalien), 1 & 2, Supplementheft No. 1, 2, 13—15 (Ueber die wissenschaftliche Behandlung der Archäologie. Steht auch in den ausgewählten Aufss.), 1846, No. 6 (Vermischte Bemerkk.), No. 85, 86 (Munseas v. Patara. Steht auch in den ausgew. Aufss.), 1847, No. 26, 27 (Philologischer Bestand der bibliotheca Sessoriana in Rom), No. 69—71 (Rec. v. Bötticher Tektonik der Hellenen), 1848, No. 41 (Römische Handschrr. der Commentare des Servius zum Virgil). — Im Rheinischen Museum f. Philol. N. F. IV, 1845, S. 377—405, 480 (Studien zur Griechischen Literatur), S. 465—468 (Zur Römischen Topographie), VI, 1848, S. 352—368

(Beitrr. zur Eiklärung des Thucydides von F. W. Ullrich). — Im Philologus I, 1846, S. 68 - 107 (Zur Geschichte u. Topographie des Römischen Capitols), S. 349—351 (Beiträge zur Religionsgeschichte des Alterthums), S. 512—522 (Der Hermesstab. Letztere drei Abhh. auch in den ausgew. Aufss.), II, 1847, S. 189 bis 192, 491—496 (Topographie Roms), S. 483—489 (Horaz ars. poet. v. 63—69), III, 1848, S. 138—140 (Zu Aristotelis Politie der Thessaler), S. 520—522 (Zu den Griechischen Komikern), VII, 1852, S. 1—60 (Die Vorstellungen der Alten, besonders der Griechen, von dem Ursprunge u. den ältesten Schiksalen des menschlichen Geschlechts), XIV, 1859, S. 69—90 (Epikur u. seine Philosophie), S. 225—226 (Zu Paulus). — In „archäologische Zeitung" 1845, No. 31 (Zeus Philios. — Alterstufen des Zeus. — Jakchos als Jüngling), 1846, No. 40 (Minerva Aidnchus. — Athene Lemnia. — Sosandra des Kalamis. — Hercules tuncratus), 1850, No. 19, 20 (Ciceros Tullia), No. 21 (Thronende Kora. — Stadtansichten), 1854, No. 71 (Zeus Geleon), No. 72 (Ueber den Kasten des Kypselos), 1855, No. 73 (Der Kretische Dionysos. — Die Minotaurosfeier auf Kreta. — Triptolemos aus Aegypten nach Italien. — Sethlaus), 1856, No. 88—90 (Der Negerkopf auf delphischen Münzen. — Scopas, copas), 1858, No. 115 (Zur Topographie des Aventin. — Römischer Aberglaube. — Orbona. — Der Stein des Aesculapius), 1861, No. 148—150 (Epimachus. — Bona Dea Oculata. — Devotion auf einer Neujahrslampe). — In Annali dell' Instituto archeologico XV, 1843, S. 396—406 (de causa nominis Caryatidum. Mit 1 Tf.). — In Monumenti ed annali nel 1856 pg. 40—44 (Apolline e Tizio. Mit 2 Tff.). — Im „Serapeum" 1849, No. 23 u. 24 (Beiläufige Gedanken eines Bibliothekars). — In „allgem. Monatsschrift für Literatur v. Ross u. Schwetschke 1850, S. 271—276 (Anz. v. B. v. Köhne: Beitrr. zur Geschichte u. Archäologie von Chersonesos in Taurien u. A. Aschik: das Bosporanische Reich); 1852, S. 222—246 (Anz. v. G. Spalatins historischem Nachlass u. Briefen). — In Zeitschrift f. histor. Theologie 1852, S. 325 bis 379 (Nicolaus Hausmann). — In Zeitschr. des Vereins für Thüringische Geschichte u. Alterthumskunde 1857, S. 1—40 (Weimar u. Jena vor 200 Jahren), S. 251—304 (Ernst August Constantin u. Anna Amalia 1756—1758). — In N. Jahrbb. für Philologie u. Pädagogik XVII, 1836, S. 159—184 (Rec. über Lozynski Hermippi Smyrnaei fragmenta); LXVIII, 1853, S. 71—76 (über Schneidewin: die Sage vom Oedipos; S. 377—398 (über Stoll: Handbuch der Religion u. Mythologie der Griechen u. Römer u. mythol. Schrr. v. Minkwitz, Rinck, Lauer, Osterwald u. Forchhammer); LXXI, 1855, S. 1—34, LXXIII, 1856, S. 73—82, LXXIX, 1859, S. 32—44 (über verschiedene andere mythol. Schrr.). — In „Allgem. Liter. Zeit. 1837, No. 14—17 (Rec. über Welcker: der epische Cyclus), 1838, No. 87—88 (Ueber Forchhammer: die Athener u. Socrates; cfr. Verhandll. der Darmstädter Philologenvers. S. 107 ff.), 1845, No. 143 u. 144 (Rec. über C. Fr. Hermann: Lectiones Persianae etc.), 1846, No. 102—108 (über Schrr. zur Römischen Topographie). — Im „Intelligenzbl. zur Allgem. Liter. Z. 1845, No. 5 (Ueber den Holländischen Philologen Cobet). — In der Neuen Jenaischen allgem. Liter. Z. Rec. 1844, No. 121—123 u. No. 125—127 (über Beckers de Romae veteris muris atque portis. Dagegen schrieb Becker eine eigene Schrift „die römische Topographie in Rom", wogegen Preller im Extrabl. zur Jenaer Liter.-Zeit. vom 23. Aug. 1844); 1845, No. 54—56 (Rec. über Schriften zum Sophocles), No. 222—224 (über Lasaulx: das Orakel zu Dodona etc.), 1846,

No. 116—118 (über Kaysers Ausgabe der Philostrate etc.); No. 223—226 (über mytholog. Schrr.); 1847, No. 128 (über Schneiders Ausgabe v. Proclis comm. in Platonis Timäum); No. 130 (über Wagner: de Moschionis vita); No. 156 u. 157 (über Oehlers Varronis saturarum. Menippearum reliquiae); No. 304 (über Schneidewin: Heraclidis Politiarum quae exstant), 1848, No. 33 u. 34 (über Dionysen: Geschichte des Hellenismus). — Diverse Recc. im Literarischen Centralbl. 1852, Sp. 146, 217, 649; 1853, Sp. 36; 1854, Sp. 172, 235, 245, 272, 742—744; 1856, Sp. 133—135. — In Hallische Jahrbb. f. deutsche Wissensch. u. Kunst. 1838, No. 105—106 (Friedr. Creuzer charakterisirt nach seinen Werken); No. 142 bis 143 (Rec. v. Partheys Alexandrin. Museum) — Viele von diesen Aufss. stehen auch wieder abgedruckt in den v. Reinh. Köhler herausgeg. ausgewählten Aufsätzen.

1683) **Preußen**, J. A., Pächter auf Steinrade bei Lübeck.

In der landwirthsch. Zeitung f. die Herzogthh. Schlesw.-Holst. u. Lauenburg (Kiel 1842. 4), No. 1 (Die Verbind. v. Theorie u. Praxis in der Landwirthsch.); No. 5 (Ueber die Brachbestellung); No. 19 u. 25 (Zwei Schreiben); No. 31 (Ueber unsere Dienstleute, deren Bildung u. Erziehung); No. 44 (Schädlichkeit der schäckigen Felle unserer Hausthiere; Feldmäusefang); 1843, No. 10 (Ueber zweckmässige Einrichtung der Dungstätte).

1684) **Preus**, Dietrich Wilhelm (L. & S. No. 919).

Von ihm finden sich noch: Erbauliche Fragen des Christenthums für Junge u. Alte. Den 30. Juny 1830. Rendsburg. 8. 16 SS.

1685) **Preusser**, Alexander Friedrich Wilhelm, geboren den 19. November 1799 in Garding, Sohn des dr. med. & chir. und practischen Arztes Georg Wilhelm Friedrich Preusser und der Anna Catharina geborne Christians; besuchte die Domschule in Schleswig und die Univers. Kiel und Bonn; examinirt auf Gottorf 1824 (1. Char.); 1825 U.-G.-A.; 24. Dec. 1833 O.-G.-A.; 1837 Mitglied des Generalzollkammer- und Commerzcollegiums in Kopenhagen; 1843 Rath im Ober-Appellationsgericht in Kiel; als solcher mit dem Präsidenten des Ober-Appellations-Gerichts Schmidt und dem 1. Rath Heinr. R. Brinkmann unterm 28. April 1855 in Gnaden und mit Pension auf Antrag des Ministers v. Scheele entlassen, eine Entlassung, die eine Beschwerde der Holsteinischen Stände an den König zur Folge hatte; den 31. December 1855 von Giessen aus h. c. dr. jur.; war inzwischen von October 1848 bis März 1849 Mitglied der gemeinsamen Regierung der Herzogthümer Schleswig-Holstein; war seit März 1864 Präsident des Appellationsgerichts in Flensburg bis zu dessen Aufhebung September 1867.

Giebt heraus: J. A. Seufferts Archiv für Entscheidungen der obersten Gerichte in den deutschen Staaten von Bd. 16, München 1863, an.

Im Archiv für praktische Rechtswissenschaft Bd. 10 (Zur Lehre von der Gewissensvertretung nach gemeinem deutschen Processrecht). — Revidirt.

1686) **Prien,** Karl Friedrich Ulrich, geboren den 15. April 1818 zu Sophienhof in Schwansen; erhielt die erste Schulbildung in einer Dorfschule, später in einer Privatschule in Angeln, besuchte nach der Confirmation die Domschule in Schleswig, studirte Philologie von Ostern 1839 bis 1841 in Kiel, dann 3 Jahre in Bonn und Berlin und dann wieder in Kiel, wo er 1845 zum dr. philos. promovirt wurde; blieb noch ein Jahr in Kiel; machte vermöge eines ihm zu Theil gewordenen Reisestipendiums vom Sommer 1846 bis Mai 1848 eine wissenschaftliche Reise nach Italien; wurde den 18. Septemb. 1848 Lehrer der Geographie, Geschichte und Deutschen Sprache an der Seecadettenschule in Kiel und war gleichzeitig Privatdocent; auch 1849 u. 1850 Mitglied der Schl.-Holst. Landesversammlung für den 24. Schlesw. Wahldistrict; den 18. Juni 1851 wurde er Conrector in Meldorf, und um Mich. 1853 zweit. Prof. am Catharineum in Lübeck. Vergl. über ihn das Meldorfer Schul-Prgr. 1852, S. 30 und das Lübecker Schul-Prgr. von 1854 S. 49.

1) Beiträge zur Kritik von Aeschylos Sieben vor Theben v. 350—663: im Oster-Progr. des Catharineums in Lübeck 1856, S. 3—41 u. 2. Theil v. 78—162, 270—349: im Oster-Progr. ders. Anstalt 1858, S. 8—59. Beide Theile auch im Buchhandel. Lübeck, v. Rhodenscho B., 1856, 1858. 4.

2) Ueber die Laokoon-Gruppe, ein Werk der Rhodischen Schule. Lübeck, Gebr. Borchers, 1856. 4. SS. 12.

3) Die Symmetrie u. Responsion der Sapphischen u. Horazischen Oden. Lübeck 1865. 4. SS 20. Eine Beglückwünschungsschrift für den Senator Georg Friedrich Harms.

4) Die Symmetrie u. Responsion der Römischen Elegie: im Oster-Progr. des Lübecker Catharineums 1867. Lübeck 4.

Im Rheinischen Museum v. Welcker u. Ritschl Neue Folge Bd. VI, 1848 S. 161—193 (Rec. v. C. F. Schömanns Aeschylus Eumeniden [Greifswald 1848. 8.]); S. 561—578 u. Jahrg. VII, S. 370—390 (Des Aeschylus Oresteia v. Joh. Franz [Leipzig 1846. 8]): VII, 1849, S. 208—245 (Ueber die Perser des Aeschylus); IX, 1854, S. 217—240 u. 390—421 (Rec. über Gottfr. Hermanns Ausgabe der Tragödien des Aeschylus [Leipzig 1852]); XIII, 1858, S. 321—376 (Der symmetrische Bau der Oden des Horaz). — In den Jahrbb. f. classische Philologie v Alf. Fleckeisen 1861, S. 149—157 (Die symmetrische Anlage der Sulpicia-Elegie des Tibullus).

1687) **Prigge,** Friedrich (L. & S. No. 920); seit 1812 Licentiat der Medicin und Chirurgie und ausübender Arzt zu Altona, wo er am 27. October 1837 starb. (Mitgetheilt).

1688) **Prigge,** Karl Friedrich, geboren den 28. Februar 1804 in Hamburg, Sohn des vorhergenannten Friedrich Prigge, besuchte das Altonaer Gymnasium von 1818 bis 1824, studirte dann Medicin in Kiel, Göttingen und Halle und promovirte 1829 in Kiel zum dr. med. & chir., nachdem er im Amts-Examen den 2. Charakter erhalten hatte; lebte seitdem als practisirender Arzt in Altona.

De gastritide chronica diss. inaugur. Kiliae 1829. 8. (Mitgetheilt.)

1688a) **Prömmel,** Daniel Gottlieb (L. & S. No. 922), starb in Hamburg den 27. Mai 1834.

Spätere, über die im L. & S. angeführten hinausliegende Arbeiten sind in dem auf der Hamburger Stadtbibliothek vorhandenen Material über ihn nicht gefunden.

Q.

1689) **Quenzel,** Christian Peter Friedrich Daniel (L. & S. No. 923). Den 5. August 1834 Examinator im theologischen Examinationscollegium zu Gottorf; 13. Januar 1835 1. geistliches Mitglied des Holsteinischen Oberconsistoriums nach dem General-Superintendenten. Starb den 12. November 1843. Verheirathet mit. Christiane geborne Schröder († 1839).

1690) **Quist,** Peter Diedrich Wilhelm, geboren den 1. October 1804 in Altona, Sohn des Buchhalters an der Schleswig-Holsteinischen Speciesbank in Altona Peter Friedrich Quist; gebildet auf dem Altonar Gymnasium unter Director Struve, Professor Claussen, Feldmann etc., besuchte von Michaelis 1824 bis 1826 die Kieler, dann die Berliner und von Michaelis 1828 bis Ostern 1829 wieder die Kieler Universität, um Medicin zu studiren, promovirte in Kiel als dr. med. & chir. 10. April 1829, war von 1829 bis 1849 Arzt in Lütjenburg, von 1849 — 52 Militärarzt in der Schleswig-Holsteinischen Armee nud von 1852 bis jetzt Privatarzt in Rendsburg.

De cancro mammarum diss. inaugur. Kiliae 1824. 4.
* Das Recht Dänemarks an den Herzogthümern Schleswig u. Holstein. Oldenburg, Fränckel, 1848. 8.

R.

1690a) **Raabe,** Christian Theodor, s. Rave, Christian Theodor.

1691) **Raaslœff,** Waldemar Rudolf, geboren in Altona den 6. November 1815, Sohn des Commandeurs und Enrollirungschefs für das Herzogthum Holstein Andreas Raaslœff und der Johanne Katharine geborne Hansen aus Tönning; jüngerer Bruder des am 4. October 1810 in Kopenhagen gebornen Harald Iver Andreas

Raaslœff (Ministers für Holstein vom Februar 1860 bis März 1861); wurde 1. November 1832 Artillerie-Secondelicutenant; 1840 und 1841 Volontair bei der Französischen Armee in Algier; 13. September 1841 R. v. D. und den 7. December desselben Jahrs der Ehrenlegion; nach seiner Rückkehr 13. September 1841 Premierlieutenant und Adjutant beim Zeug-Etat der Artillerie; 20. März 1848 characterisirter Capitain und am 13. Juni desselben Jahrs Capitain 2. Classe; 10. Juli 1851 in Gnaden entlassen; reiste im Sommer desselben Jahrs nach Nord-Amerika, wo er als Civil-Ingenieur lebte; 1. Januar 1856 D. M.; erhielt den 23. October 1856 von der Dänischen Regierung die Bewilligung, in Verbindung mit dem Grossirer Suhr auf St. Thomas eine Central-Telegraphenstation zu errichten; 19. August 1857 königlich Dänischer Chargé d'affaires und General-Consul bei den Vereinigten-Staaten von Nordamerika; erhielt den 13. November selbigen Jahres ein Adschieds-Patent als Oberst-Lieutenant; wurde 1862 von der Dänischen Regierung nach China gesandt, um einen Handelstractat abzuschliessen; wurde später Generalmajor und im September 1866 zum Kriegsminister ernannt. Vergl. Ersl. Suppl. II, S. 720—721.

1) Rückblick auf die militärischen u. politischen Verhältnisse der Algérie in den Jahren 1840 u. 1841 nebst einer geschichtlichen Einleitung. Mit 7 Kupfern. Altona 1845. 8. Wurde von dem Verfasser auch Dänisch bearbeitet s. t. Skildring af de politiske og militäre Forhold i Algérie i Aarene 1840 og 1841, tillige med en historisk Jndledning. Med 3 Staalstik og 4 illum. Lithographier. Kbh. 1846. XVI u. 404 SS. 8. ,

2) Letters on the Sound-Dues-Question, I—VII, by Pax. New-York 1856. (Standen vorher in der New-York daily Times v. 1. Juni bis 6. Nov. 1855 u. in verschiedenen Auszügen im „Dagbladet" für 1855).

In „Militairt Repertorium" 2. Reihe, III, 1845, S. 288—321 (Kort Fremstilling af de riflede Haandvaabens nyeste Historie i Frankrig). — In „Berlingske Tid. 1863 No. 139 (Uddrag af en Beretning til Udenrigsministeriet, d. d. Peking d. 10. April 1863). —

1692) **Raben,** Erich Peter Friedrich, geboren den 5. April 1805 auf Bygholms-Mühle in Jütland, Sohn des Kaufmanns Friedrich Raben und der Ingeborg Catharine geborne Guldager; besuchte die Schule in Hadersleben; studirte Theologie in Kiel seit Ostern 1829, wurde 1833 auf Gottorf mit dem 2. Char. m. A. examinirt; um Neujahr 1837 ordinirter Prädicant in Kellinghusen, den 2. Mai 1839 Diaconus in Apenrade, wo er den 7. Juli antrat, den 10. April 1849 zum Prediger in Stenderup bestellt, aber noch vor der Introduction den 13. Februar 1850 entlassen, den 20. September 1850 Amtsgehülfe in Schenefeld, den 9. September 1854 Deutscher und Dänischer Prediger in Hull, den 19. August 1858 Vicar in den Gemeinden Roxheim, Gutenberg und Harges in der Synode Kreuznach, den 14. October 1859 constituirter Pfarrer in Dill in der Synode Simmern, den 4. März 1860 constituirter Pastor in Schenefeld, den 14. December 1863 Diaconus in Hohenwestedt, den 16. Juli 1864 constituirter Pastor in Warnitz, den 12. October desselben Jahres Pastor in Halk im Amte Hadersleben.

Uebersetzte ins Dänische Past. dr. J. Andr. Rehhoffs: Betrachtung u. Ermahnung für Seeleute, die es sind u. werden wollen. Apenrade 1845. 8.

1693) **Raben,** Johann Friedrich, geboren 30. Januar 1833 in Hadersleben, besuchte die Meldorfer Schule, studirte Medicin und wurde in Kiel 1857 zum dr. med. & chir. promovirt, und ist zur Zeit practischer Arzt in Hadersleben.

De osteoide diss. inaugur. Kiliae 1857. 4. SS. 9.

1694) **Raben,** Niels Friedrich, geboren den 23. Juni 1804 in Hadersleben, studirte Theologie seit Ostern 1825 in Kiel, wurde 1829 mit dem 2. Char. auf Gottorf examinirt; den 2. November 1846 Diaconus in Beidenfleth.

Im Kieler Corresp.-Bl. 1848 No. 105 (Einige Bemerkk. zu dem Artikel „Neu- u. Alt-Katholiken" in dem Schlesw.-Holst. Almanach f. 1848). — In den Jahrbb. f. die Landeskunde 4, 1861, S. 233—235 (Die Kirche des St. Nicolaus zu Beidenfleth). —

1695) **Raben,** Niss Christian, geboren den 13. März 1788 in Stenderup, Kirchspiel Toftlund im Amte Hadersleben, Sohn des Schullehrers Chr. Pedersen und der Karen Raben (nach deren Familiennamen der Sohn sich nannte); zuerst Lehrer an einer Nebenschule seines Geburtsorts, nach 5 Jahren auf dem Skaaruper Seminar bis Juni 1812, dann Lehrer der Bürgerschule in Odensee; 28. Juni 1845 D. M.; 23. Juli 1862 50jähriger Jubilar als Lehrer. — Vergl. Ersl. II S. 596—597, Suppl. II S. 722—723.

1) Practisk Regnebog til Brug i Almueskoler. Udarbeidet tildeels efter Kroymanns gemeinnützliches Rechenbuch. Odensee 1824. 2. Aufl. 1826. 3. Aufl. 185L. 4. Aufl. 1853.

2) Oplæsning af nogle af de vanskeligste Opgaver i den efter Kroymann omarbeidede praktiske Regnebog. Odensee 1824. 2. Aufl. 1854.

3) Praktisk Regnebog for Begyndere, indeholdende de 4 Species i ubenævnte og benævnte Tal, samt Reguladetri i hele Tal. Odensee 1826. 2. Aufl. 1831. 3. Aufl. 1834. 4. Aufl. s. t. Praktiske Regnebog 1. Afdeling das. 1839. 5. Aufl. 1842 und 20. Aufl. 1862. 2. Afdeling das. 1842. 14. Aufl. 1861.

15*

4) Faciterne til de i praktisk Regnebog for Begyndere værende Opgaver. Odensee 1826. 7. Aufl. 1857.

5) Apparat til Skriftlæsning, især til Brug i Almueskoler. Samlet. Odensee 1840.
4. 2. Aufl. das. 1858. 82 SS. 4.

6) Apparat til Hovedregning i Almueskoler, indeholdende 2136 Opgaver paa 21
Tabb. med tilhærende Facittabeller, samt en Anviisning til Apparatets Brug.
Odensee 1840.

7) Praktisk Geometrie, nærmest bestemt for Handværksstande. Med Figurer
i Texten. Odensee 1853. 84 SS. 8.

8) Tabeller til Brug ved Tavle- og Hovedregning. Odensee 1859. 12 SS. 8.
Beitrr. zu „Kbhvs. Skilderie" 1826 No. 24 (Om Skolervæsenet i Odensee).
— In „Tidsskrift for Almueskolevæsenet" Jahrg. V, S. 123—187 (Om Hoved-
regning). —

1696) **Rahlff,** Georg, geboren den 7. März 1762 (nicht
1765) zu Gammendorf auf Fehmarn. Sein Vater gleiches Namens war
Hofbesitzer und Mitglied des Kirchspielsgerichts, seine Mutter Margaretha, geborne Mackeprang. Er studirte nach vorhergegangener
Privat-Schule, 1779 auf dem Johanneum und 1782 auf dem Lyceum
in Hamburg und ging von da 1783 nach Berlin, um Medicin zu
studiren, und 1785 nach Kopenhagen, um seine Studien fortzufüh-
ren. Hier war er 1787—1791 medicinischer Candidat beim Frederiks-Hospital unter Fr. L. Bang, nahm im Juni 1791 das medicinische Amts-Examen (Laudabilis unan. consensu), wurde 1790 nach
der Insel Samsœ geschickt, um eine Typhus-Epidemie zu behan-
deln, wo er sich 2 Monate aufhielt; practisirte darnach in Kopenhagen; fungirte 1801 als Ober-Arzt beim Studenten-Corps und
nach der Schlacht am 2. April selbigen Jahrs als Arzt im Lazareth,
war 1806 und 1807 Arzt im 12. District des Kopenhagener Armenwesens. Nahm 1807 den medicinischen Doctor-Grad. Wurde in
demselben Jahre Arzt bei der Zucht- und Besserungs-Anstalt auf
Christianshavn (bis 1818), im August 1807 auch Regiments-Chirurg
beim königlichen Leibcorps (bis 18. März 1833); 1809 Arzt beim
königlichen Theater; 1824 den 7. October Ehren-Mitglied der medicinischen Gesellschaft; den 17. Mai 1826 Mitglied des königlichen
Gesundheits-Collegiums, 17. November 1828 R. v. D., bekam den
20. März 1833 den Titel eines Professors mit Rang in der 4. Classe No. 3.
Starb den 11. October 1833 unverheirathet in Kopenhagen u. ist begraben in Landkirchen auf Fehmarn. S. Nyerup II, S. 478. Daraus im St. M.
II, 1834, S. 685 bis 686. Erslew II, S. 620—621. Supplem. II, S. 737.

1) Annotata quaedam circa febrim puerperalem, quae def. d. 18. m. Sept. pracs.
J. C. Tode in soc. philiatr. Havn. 1787. 8. pp. 8. u. in Coll. p. 97—104.

2) Commentatio medico-practica continens electricitatis tamquam medicaminis
dijudicationem, praestantiam hujus medii et usum tempestivum certisque legibus

adstrictum neque minus nocivum contra leges. Specimen inaugur. pro gradu doct. in med. Havniae 1807. 8. S. L. Effterr. 1809, No. 20 u. 22 von Frankenau.
3) Laudatio memoriam beati Fr. Ludov. Bangii commendans; in societate regia med. Havniensi habita ipsis Calendis Novembribus a. 1821. Havniae 1822. 8 maj. pp. 43. S. Bibl. f. Læg. 2, 1822, S. 132, 133 von H. M. W. Klingberg; Gerson u. Julius: Magaz. der ausl. Heilk. 4, 1822, Nov. u. Dec. S. 573 bis 574; Medic.-chir. Zeit. 1824, 1, St. 1, S. 9—12. Pierer Allgem. medic. Annal. 1824. Mai, S. 649.
4) Laudatio in memoriam Henrici Callisenii; habita in societ. reg. medic. Havniensi die 17. M. Febr. a. 1825. Havn. 1825. 8. maj. pp. 66. S. Œst's Archiv 5. S. 343—346 v. T. Baden; Hecker: Litt. Annal. der Heilk. 10, 1826, Apr, S. 496—499. Auszug v. Just. Hecker.
5) Memoria H. T. Gartneri, med. dr.'s & c. in sollenni regine societatis medicae Havniensis concessu die 8. m. Nov. 1827 récitata. Havniae 1828. 4. pp. 20. S. Prœvestenen 3, S. 90—93 von T. Baden; Hufeland's Biblioth. d. Heilk. Bd. 67 (47) 1832, Januar, S. 40—41 von A. v. Schönberg.
In den nova acta societ. medic. ist von ihm: vol. I (5) 94—118 (De cataplasmatum emollientium virtutibus resolvento et resorptionem juvante et de hujus medii qua talis in inflammationibus topicis efficacia et praestantia. S. Med.-chir. Zeit. 1820, Januar, 1, S. 71. Biblioth. f. Læg. 1822, 2, S. 121); ibid. p. 230—249 (De sphacelo spontaneo lethali. S. Medic.-chir. Zeit. S. 77, Bibl. f. Læg. a. a. O. S. 123); vol. II (VI) p. 35—58 (De phtisi tuberculosa ut sequela phlogoseos chronicae in suppurationem transeuntis ac desinentis. — S. Bibl. f. Læg a. a. O. S. 127, Lit. Tid. 1825, S. 152—153 von C. Otto; Medic -chir. Zeit. 1824, Bd. 4, S. 278).
Nyerup nennt noch: De polypis uteri et praecipuis horum incommodis, quin vitae discrimine, quae mala tam rationis momentis quam factorum et casuum memorabilium fide confirmantur; De placentae partibus ac munere commodis et incommodis, tam sub graviditate, quam sub partu; Primae lineae de aeris nostri vi in genus humanum, in mores et artes bonas et litteras. Sie sind aber nicht unter diesen Titeln zu finden.
vol. III (VII) p. 20—44 (De melaena, calculorum biliosorum ac emeticorum effectu hujusque mali memorabili exemplo; S. Bibl. f. Læg. 12, S. 146—147. Lit. Tid. 1830, S. 469. Caspers Prct. Repert. Bd. 27, H. 1, 1830, angezeigt von Neumann). — In Hufeland's „Journ. der Heilk." 31, 1810, Augnst S. 125—137: (Drei Krankengeschichten ans einer (ungedruckten) Abhandlung über die Mutter-Polypen; aus dem Lateinischen v. J. J. A. Schönberg; im Auszug in Nyt Bibl. f. Læg. 2, 1815, S. 80—85). In Gräfe's u. Walther's „Journal der Chirurgie" 10, 1827, H. 4, S. 521—549: (Ueber Gebärmutter-Polypen, ihre besonderen Nachtheile u. gefährlichen Folgen. In einer Uebersetzung mitgetheilt v. J. J. Albrecht von Schönberg).

1697) **Rahtlef,** so ist der Name im Titel der unten verzeichneten Abh. gedruckt; richtiger wohl Rathlef) Wulf Heinrich Christian, geboren in Kiel, studirte Jura in Kiel seit Ostern 1823, Unter-Gerichts-Advocat und später Ober- und Landgerichts-Advocat in Kiel, wo er 1860 starb.

In der juristischen Zeitschrift des Schlesw.-Holst-Lauenb. Advocatenvereins 1845, H. 2, S. 221—240 (Inwieweit ist der Contradictor berechtigt, wider das von seinem Antrage abweichende Prioritätsurtheil selbstständig zu supplicircn?).

1698) **Ralfs**, Christian Andreas geboren am 30. Januar 1832 zu Heidberge bei Nortorf, besuchte das Gymnasium in Altona, studirte seit 1851 Philologie, namentlich auch Orientalia, in Kiel, wo er am philologischen Seminar Theil nahm, dann in Leipzig bis 1857, wo er Mitglied der Deutschen morgenländischen Gesellschaft wurde, und darauf wieder in Kiel, wo er noch jung u. vor dem Examen am 6. Januar des Jahres 1859 an Kehlkopfsentzündung starb. S. Nekrolog in den Itzeh. Nachrr. 1859, No. 13.

Nach seinem Tode: Die Burda. Lobgedicht auf Mohammed. Neu herausgegeben im arabischen Text mit metrischer Persischer u. Türkischer Uebersetzung. Ins Deutsche übertragen und mit Anmerkungen verschen v. C. A. Ralfs. Bevorwortet von W. Behrnauer. Wien, Hof- u. Staatsdruckerei, 1860. 66 SS. 8. In der „Zeitschrift der Deutschen morgenländischen Gesellschaft" Bd. 9, Leipzig 1855, S. 518—594 (Beiträge zur Geschichte u. Geographie des Sudan. Eingesandt von dr. Barth. Nach dem Arabischen bearbeitet von C. Ralfs).

1699) **Ralfs**, J. D., Autodidact im Schulfach, Gehülfslehrer in Kiel, um 1859 eine Zeit lang in Dresden; seit 1863 Lehrer zu Klein-Rolübbe im Kirchsp. Hansühn.

In A. P. Sönksens Schulzeitung mehrere meistens die Stenographie betreffende Artikel, u. A. 1857/58, No. 41, 1858 59, No. 8 u. 9, No. 29, 42, 1859/60, No. 9, 1860/61, No. 21.

1700) zu **Rantzau**, Andreas Conrad Peter, Reichsgraf (L. & S. No. 926), geboren den 2. September 1773 auf Breitenburg, Sohn des Reichsgrafen Friedrich zu Rantzau († 24. Juli 1806) und der Louise Amöne Gräfin von Castell-Remlingen; wurde, obwohl der jüngste von 5 Brüdern, 1806 Besitzer auf Breitenburg; seit 19. Mai 1804 Kammerherr; begleitete 1826 den damaligen Kronprinzen von Dänemark auf Reisen und liess sich, 1828 bei der Vermählung desselben zum Oberschenk — bis 12 December 1840 — ernannt, von da an in Kopenhagen nieder; den 4. März 1831 geheimer Staatsminister und Mitglied des Staatsraths; nachdem er schon den 31. Juli 1815 Grosskreuz v. D. und D. M. geworden war, wurde er den 28. October 1836 R. v. Elephanten-Orden, Reichsgraf und seit Juni 1839 Grosskreuz des Kurhessischen Hausordens vom goldenen Löwen und in demselben Jahre auch R. des Sächsisch-Ernestinischen Hausordens. In den letzten Jahren seines Lebens lebte er auf Breitenburg. Im Sommer 1845 begab er sich zur Kräftigung seiner Gesundheit nach Wiesbaden, wo er den 3. August 1845 starb. Seine Leiche ruht auf Breitenburg. — Vergl.

über ihn den N. Nekrol. der D. XXII, S. 676—685 und in K. L. Biernatzki's Volksbuch für 1848 S. 153—166 seine von H. Biernatzki verfasste Biographie, wovon der Artikel im N. Nekrol. ein Abdruck ist.

1701) zu **Rantzau,** Heinrich, Graf (L. & S. No. 928),
Erbherr auf Dänisch-Nienhof bei Eckernförde, und zu Hohenhain,
welche Güter er bis (an seinen Tod?) 1840 besass.

1702) zu **Rantzau**-Breitenburg, Kuno, Graf, geboren
1805, Sohn des grossherzoglich Oldenburgischen Kammerherrn August
Wilhelm Franz Grafen zu Rantzau-Breitenburg und der Sophie, Gräfin
von Bothmer; bestand 1832 das jur. Examen in Glückstadt mit dem
2. Char. m. r. A.; lebte 1840 zu Neuenheim bei Heidelberg; jetzt auf Rohls-
dorf bei Segeberg. Vermählt mit Amalasuntha Erbgräfin von Bothmer.

1) Armin-Sage. Heidelberg (Mannheim), Schwan u. Götze, 1839. 8. 15 Bgg.
Rec. Blätter für literar. Unterhaltung 1840 No. 185.

2) Vorläufige Berichtigung u. Widerlegung einiger früher u. kürzlich erneut verbreiteten falschen Nachrichten, die Grafschaft Rantzau, deren Besitz u. Rechts-
zustand betreffend. Heidelberg, C. F. Winter, 1841. 8. VI u. 69 nebst
Beill. SS. 34. S. Gött. Gel. Anz. 1841 S. 1009—1019.

3) Des Deutschen Reiches Einheit an Haupt u. Gliedern. Hamb., Hoffmann &
Campe., 1848. 12. SS. 45.

Er gab wohl heraus: Briefe über die Geschichten Besessener neuerer Zeit von
Justinus Kerner. Nebst einem Anhang über die neuesten Schriften desselben,
betit. „Einige Erscheinungen aus dem Nachtgebiete der Natur und Nachricht von
dem Vorkommen des Besessenseins". Heidelberg, Groos, 1836. 6 Bgg.

1703) **v. Rantzau,** Otto, Graf, geb. zu Sonderburg, besuchte die Plöner Schule; studirte Jura, exam. zu Kiel 1854 (2. Char.);
Jan. 1863 const. Bürgermeister in Plön; Jan. 1864 Amtsverwalter
in Neumünster.

Von ihm im „Neumünst. Wochenbl." Auf. Dec. 1864 (Das Staatsgrundgesetz).

1704) **Rathgen,** Johann Bernhard Hederich, geboren
am 11. März 1802 zu Schleswig, bestand das juristische Examen
auf Gottorf 1823 mit dem 1. Charakter, 18. Februar 1824 als Unter-
Gerichts-Advocat in den Herzogthümern bestallt, später Deputirter
der Schleswig-Holstein-Lauenburgischen Kanzlei, auch Etatsrath,
während der Zeit des ersten Schleswig-Holsteinischen Krieges in
diesseitigen Regierungs-Diensten, 1849 Mitglied der Schlesw.-Holst.
Landesversammlung; darnach Landdrost v. Pinneberg bis 1852 und
jetzt Regierungspräsident in Weimar.

Ihm werden verschiedene Gesetzentwürfe zugeschrieben:

Entwurf eines Gesetzes betr. das Verfahren in bürgerlichen Rechtsstreitigkeiten. Mit Bemerkungen. Kiel 1849. 4.

Entwurf eines Gesetzes betr. die Gerichtsverfassung der Herzogthümer Schlesw.-
Holstein. Mit Motiven. Kiel 1849. 4.

Entwurf einer Strafprocessordnung für Schleswig-Holstein. Mit Bemerkungen.
Kiel 1849. 4.

Entwurf eines Strafgesetzbuchs für die Herzogth. Schlesw.-Holstein. Mit Motiven. Altona 1849.

Militär-Gesetz-Codex für die Schlesw.-Holst. Armee. Kiel 1849.

Militär-Strafgesetzbuch. Altona 1850. 8.

1705) **Rathjen,** Joachim, geboren 17. November 1833 zu Nindorf im Kirchspiel Hohenwestedt, Sohn des Rademachers Rathjen daselbst, besuchte die dortige Dorfschule und seit dem 15. Lebensjahre zwei Jahre die Oberknabenclasse in Hohenwestedt, Lehrer Homfeldt; darauf selbstständiger Unterlehrer an der Elementarclasse der Districtsschule in Gettorf und von Michaelis 1852 an 3 Jahre lang auf dem Seminar in Segeberg, dann 2½ Jahre Lehrer an der Mädchen-Elementarschule in Glückstadt und darauf 7 Jahre Knabenelementarlehrer daselbst; fand Juni 1865 Gelegenheit, aus dem Schulfache ins Zollfach überzutreten und ist von da an Zoll-Assistent in Hoheluft bei Altona.

In Sönksens Schulzeitung 1862/63, No. 4 (Das Turnen gehört mit zur Aufgabe der Erziehung durch die Schule); 1863/64, No. 37 ((Was soll das Haus thun, um die religiöse Erziehung der Kinder einzuleiten u. zu fördern?). — Während seiner Anstellung in Glückstadt schrieb er für die Schulzeitung Correspondenzartikel unter der Ueberschrift „Aus der Probstei Münsterdorf", „Von der Elbe", „Aus Glückstadt", imgleichen die Rec. der Fibel von Nötel, wie auch die der „Bilder für den ersten Sprach- u. Anschauungsunterricht" von Lindemann u. die Nekrologe über den Organisten Nielsen u. den Freischullehrer Ebsen in Glückstadt. Ausserdem hat er mehrere Aufsätze in der Glückstädter „Fortuna" im Interesse des Turnwesens u. der Erziehung geliefert. In den Itzehoer Nachrichten 1861 (Der Volksschullehrer) u. 1865 Ende April u. Anf. Mai (Aus der Schule an das Elternhaus). — Revidirt.

1706) **Ratjen,** Christoph Karl Andreas, geboren den 31. Januar 1839 in Kiel, Sohn des nachfolgenden Professors dr. jur. und philos. Henning Ratjen; besuchte die Kieler Gelehrten-Schule, studirte seit Ostern 1857 die Rechte in Kiel, Leipzig und Cöttingen, bestand Michaelis 1861 das juristische Examen in Kiel, starb den 17. November 1864 in Flensburg.

Uebersetzte mit Zustimmung der, in ihren Schriften nicht genannten, Verfasserin aus deren „Sunbeam stories": Tho cloud with the silver lining unter dem Titel: Die Wolke mit dem silbernen Hintergrunde, aus dem Englischen. Kiel 1865 (richtiger 1864). 12. Revidirt v. dem Vater.

1707) **Ratjen,** Hans Georg Friedrich Ernst, geb. den 5. Oct. 1840 in Kiel, Bruder des vorhergenannten Christoph Karl Andreas Ratjen; besuchte die Kieler Gelehrten-Schule, studirte seit Ostern 1859 erst ein halbes Jahr in Göttingen die Rechte, dann Medicin in

Kiel, Tübingen u. Würzburg, bestand im Aug. 1864 das Doctor- u. Staats-Examen (Diplom vom 18. Mai 1865), war längere Zeit Assistenzarzt in Kiel und Hamburg, jetzt praktischer Arzt in Uhlenhorst bei Hamburg.

1) Diss. inaugur. de hydrotherapia typhi abdominalis. Kilino 1864. 4. Mit Tabellen. Vergl. darüber Th. Jürgensen: Klinische Studien. S. 33. In Virchow's Archiv f. pathologische Anatomie Bd. 38, II. 2, S. 172—176 (Mittheilung eines angeborenen Lungenfehlers. Mit Tfl.) Revidirt von dem Vater.

1708) **Ratjen,** Henning (L. & S. No. 929), geboren den 10. October 1793 im Amte Rendsburg zu Homfeld, welches in weltlicher Beziehung zu Kellinghusen, kirchlich zu Nortorf gehörte, besuchte die Schule seines Heimathdorfes und nach erhaltener Vorbildung von dem Prediger Meyer in Nortorf 1810 die Gelehrten-Schule in Kiel, an der Stubbe Rector war, studirte seit 1814 die Rechte in Kiel, seit Ostern 1817 ein Jahr in Berlin, (Lehrer u. A. Savigny), war ein Jahr Hauslehrer auf Ascheberg bei dem Gutsbesitzer Schleiden, studirte wieder in Kiel, bestand 1820 Michaelis das juristische Amtsexamen, ward 1821 Advocat, erhielt nach bestandenem Doctor-Examen die Erlaubniss, Vorlesungen zu halten, ward 11. Januar 1823 Doctor der Rechte und las darnach, wie schon seit dem Winter 1821/22 Institutionen u. Pandecten, 1826 den 14. Januar Unterbibliothekar, erhielt den 5. Januar 1630 den Titel als ausserord. Professor, machte mit Unterstützung der Regierung eine wissenschaftliche Reise bis zum Frühjahr 1831; 1833 d. 3. September Bibliothekar u. ordentlicher Professor in der philosophischen Facultät, den 17. December 1833 Doctor der Philosophie h. c., seit 1834 Mitglied des Vorstandes der Alterthumsgesellschaft, den 6. September 1835 Secretär der fortwährenden Deputation von Prälaten u. Ritterschaft der Herzogthümer Schleswig u. Holstein, den 28. Juni 1840 Ritter v. Danebrog, 1844 gewählt zum Syndicus für Prälaten u. Ritterschaft u. der nicht zur Ritterschaft gehörenden Besitzer adeliger Güter, 1844 bis 1850 Mitadministrator der Kieler Schulbuchdruckerei u. Schulbuchhandlung, 1838 bis 1864 Mitglied des Vorstandes der Schleswig-Holstein-Lauenburgischen Gesellschaft für Geschichte, den 28. Juni 1847 zum Etatsrath ernannt, 1848 zum Mitglied der Landesversammlung erwählt, 1850 Mitrevisor der Quästurrechnung der Universität bis zum Januar 1866, 1853 den 25. Mai correspondirendes Mitglied des Vereins für Hamburgische Geschichte, den 18. August 1853 zum Mitglied der Holsteinischen Ständeversammlung ernannt, den 27. September 1854 zum Mitglied

dieser Versammlung vom academischen Consistorium gewählt; den
6. October 1854 Danebrogsmann; 1856 Mitglied der k. k. geologi-
schen Reichsanstalt (im 7. Bd. des Jahrbuchs, laut Schreibens v. 31.
Jan. 1857 als solcher angeführt); 1858 gewählt zum Mitglied des
Reichsraths, lehnte er die Wahl ab, den 3. November 1862 zum
Conferenzrath ernannt. War mehrfach Rector der Universität.

I. Selbstständig erschienene Schriften:

1) De mora secundum juris Romani principia disseruit. Commentatio prior.
Kiliae, typis Mohr, 1824. 4. SS. 39.

2) * Zusammenstellung der für Preussen u. Schleswig-Holstein erlassenen allgemeinen Gesetze wegen Anordnung von Provinzialständen, mit Bemerkungen.
Leipzig, Sühring'sche Buchh., 1831. 8. SS 46.

3) Uebersetzte nach der 2. Aufl. des Dänischen Originals: Ueber Bibliotheks-
Wissenschaft oder Einrichtung u. Verwaltung öffentlicher Bibliotheken von
J. R. Chr. Molbech. Von dem Verfasser mit Zusätzen, mit einem Verzeichniss der Pergamentdrucke der grossen Kopenh. Bibliothek u. einem Beitrage
zur Geschichte dieser Bibliothek vermehrt, von dem Uebersetzer mit Anmerkungen versehen. Leipzig, Hinrichs, 1833. 8. VIII u. 303 SS. Mit 1 Stntf.

4) Johann Erich von Bergers Leben. Mit Andeutungen u. Erinnerungen zu
J. E. v. Bergers Leben v. J. R(ist). Altona, Joh. Fr. Hammerich, 1835. 8.
SS. 82. Eine „Berichtigung" dazu im Itzeh. W. 1835, No. 33, Sp. 779.

5) Gab heraus: Andreas Wilhelm Cramers kleine Schriften nebst G. W. Nitzsch:
memoria Crameri. Mit Einleitung, Mittheilungen aus Cramer's literarischem
Nachlass u. Register. Leipzig, Hinrichs, 1837. 8. LXVIII u. 224 SS.

6) Hat die stoische Philosophie bedeutenden Einfluss namentlich auf die in
Justinians Pandecten excerpirten juristischen Schriften gehabt? Kiel 1839. 8.
Steht unter gleichem Titel verbessert in Karl u. Wilhelm Sells „Jahrbb. für
historische u. dogmatische Bearbeitung des Römischen Rechts" Bd. III, Braunschweig 1844, S. 66—85.

7) Johann Friederich Kleuker u. Briefe seiner Freunde. Im Anhang zwei Briefe
Immanuel Kants an Hamann. Göttingen, Dieterichsche Buchh., 1842. 8. IV
u. SS. 212. Rec. Gött. Gel. Anzz. 1843, S. 1789—1796.

8) Redigirte neben Falck Bd. V des Archivs für Staats- u. Kirchengeschichte
der Herzogthümer Schleswig, Holstein u. Lauenburg u. der angrenzenden
Länder u. Städte. Altona, Hammerich, 1843. 8. (cfr. Asmussen, Jac. u.
Michelsen, A. L. Jac.).

9) Gab heraus: Lebenserinnerungen von Christoph Heinrich Pfaff. Mit G. G.
Nitzschii memoria Pfaffii und mit Auszügen aus Briefen v. C. Fr. Kielmeyer,
Friederike Bruun, dem Grafen v. Reventlow u. Pfaff. Kiel 1854. 8. XXXI
u. 329 SS. Unter der Vorrede nennt er sich als Herausgeber.

10) Verzeichniss der Handschriften der Kiel. Univers.-Bibl., welche die Herzogth.
Schleswig und Holstein betreffen. Bd. 1: Handschriften zur allgemeinen Geschichte. Bd. 2: Die Handschriften zur speciellen Geschichte u. zum Recht
der Herzogth. Mit Register zu Bd. 1. 2. Bd. 3 (Nachtrag zu dem 1847 bis
1854 mit den Nordalbing. Studien u. 1858 separat erschienenen Verzeichn.)
Abth. 1; 2: Mit Vorwort, Inhaltsangaben u. Register zu Bd. 3. Kiel 1858 bis

1866. 8. SS. 296, XLI u. 441, 412, XXI u. S. 413—597. (Bd. 1, 2 erschienen:
auch successive als Beilage zu den Nordalbingischen Studien v. 1847—1851.
Die 1. Abth. des 3. Bd. ist der Kieler Universität zum 200jähr. Jubiläum ge-
widmet.). Recc. von Bd. 3, Abth. 1 im „Serapeum" v. Robert Naumann 1866,
No. 15, 15. Aug. S. 237 (v. F. L. Hoffmann); Bd. 3, Abth. 2 in Zarncke's
Centralbl. 1866, No. 26, Sp. 591.

11) Gab heraus Bd. V der Nordalbingischen Studien. Kiel 1848—1850. 8.

12) Beitrag zur Geschichte der Kieler Universität. Rede zur Feier des Geburtstages Sr. Maj. des Königs am 6. October 1858. Mit Anmerkungen. Kiel,
Akadem. B., 1859. 8. SS. 76.

13) Johann Carl Heinrich Dreyer, Prof. des Deutsch. Rechts u. der Praxis in Kiel,
Syndicus u. Domprobst in Lübeck, u. Ernst Joachim v. Westphalen, Rechtsleh-
rer in Rostock, Geh. Rath des grossfürstlichen Holsteins u. Curator der Kieler
Universität. Beitrag zur Geschichte der Kieler Universität u. der juristischen
Literatur. Kiel, Ak. B., 1861. 8. II u. 189 SS. Rec. im Hamb. Corresp.
1861, No. 252 vom 23. Oct., Lübeckische Bll. Jahrg. 3, 1861, No. 49, S. 397.

14) Johann Rantzau u. Heinrich Rantzau. Ein Vortrag, gehalten am 8. März
1862. Mit nachträglichen Bemerkungen. Kiel 1862. 8. SS. 59.

15) Gab heraus: N. Falck's Gutachten über die Staatserbfolge in Holstein u.
Schleswig. Mit Einleitung, Uebersicht der Schriften über die Erbfolgefrage,
mit Anmerkungen u. Urkunden. Kiel 1864. 8.

II. Universitätsschriften:

16) In der Chronik der Universität Kiel u. der Gelehrten-Schulen 1831, S. 41—50:
Fragmente zur Geschichte der Universitäts-Bibliothek in Kiel.

17) In der Chronik der Universität 1854, S. 6—17: Zur Geschichte der Universität,
S. 41—44: Zur Geschichte des Convicts; 1855, S. 46—57 Stipendien, 1856,
S. 7—28, 1857, S. 5—23, 1858, S. 4—85, 1859, S. 4—72, 1860, S. 7—68:
Zur Geschichte d. Univers., besond. d. jurist. Facultät u. Uebersicht d. Proff.
u. Docenten in Kiel. In der Chronik der Univers. Berichte über d. Univers.-
Bibliothek, bis zum Jahre 1862 Berichte über die Gelehrtenschulen.

18) Im Einladungs-Progr. zur k. Geburtstagsfeier der Universität am 6. Oct. 1855:
Vom Einfluss der Philosophie auf die Jurisprudenz, besonders von der Be-
- nutzung der 4. Arten des Grundes od. der Ursächlichkeit. Kiel 1855. 4. SS. 11.

19) Programm zum Geburtstage Sr. Maj. des Königs am 6. October 1862 u.
6. October 1863: Geschichte der Kieler Universitäts-Bibliothek. SS. 136.

Beiträge in a) Falcks „N. St. M." III, S. 1—27 (August Christ. Heinr. Niemann,
geb. den 30. Jan. 1761 zu Altona, gest. den 21. Mai 1832 in Kiel). S. 353—362 (Nicol.
Theod. Reimer). — b) Falcks „Archiv" Bd. II, S. 719—724 (Der Mann in der Grube.
Eine Erläuterung zum Schlesw.-Holstein. Gnomon); IV, S. 523—533 (mitgetheilt
von ihm: Herzog Joachim Ernst von Holstein-Plöthwiesch († 1700), sein Stiefsohn
Gr. von Merode u. sein Sohn Johann Adolf Ernst Ferdinand († 1729). Aus den
Memoiren des Feldmarschalls von Merode-Westerlov). — c) Michelsens u. Asmussens „Archiv" Bd. I, 1833, S. 335—382, III, S. 99—166 (mitgetheilt von ihm:
Samuel Rachel, Prof. in Kiel, Autobiographie desselben); — V, (welchen Band
er neben Falck herausgab) S. 557—602 Miscellaneen). — d) den „Blättern für
literarische Unterhaltung" 1843, No. 13 (Ueber Er u. Es). — e) den „Nordalbingischen Studien" II, 1845, S. 7—118 (Der fürstlich Holstein-Gottorpische Hof u.
seine Verhandlungen im Jahre 1713. Mittheilungen aus einer Handschrift der

Kieler Universitäts-Bibliothek); IV, 1847, S. 139—200 (Verhandlungen zwischen
dem Könige zu Dänemark u. dem herzoglich Gottorpischen Hause von 1658 bis
1684); S. 219—228 (Ueber die Belehnung des Herzogthums Schleswig. Mit Urkunden); V, 1848, (welchen Bund er herausgab) III—VI (Aus dem Jahresbericht);
S. 286—303 (Verhandlungen über Johann des Aelteren Nachlass); S. 304—316
(Einigkeit u. Uneinigkeit der regierenden Höfe); VI, 1851, S 96—110 (Instruction
nebst Anhang u. Vollmacht für die herzoglichen Gesandten zur Odenseer Lehns-
verhandlung 1579); S. 277—329 (Nachrichten zur Geschichte der Herzogthümer:
1. Nachricht zur Geschichte des Herzogs Friedrich, Sohns von König Friedrich I.
u. Bruders Christian III; 2. Differenz zwischen Christian IV. u. seinen jüngeren
Brüdern; 3. Die Lehnsverhältnisse Schleswigs betr.; 4. Differenz der Landstände u.
der regierenden Landesherrn mit Johann dem Jüngern u. Joachim Ernst). —
f) den „Jahrbüchern für die Landeskunde" I, 1858, S. 19—32 (Daniel Georg
Morhof); IV, 1861, S. 348—373 (Einige Bemerkungen über G. Hanssen: Die
Aufhebung der Leibeigenschaft u. die Umgestaltung der gutsherrlich-bäuerlichen
Verhältnisse überhaupt in den Herzogthümern Schleswig u Holstein [Petersburg
1861]); V, S. 119—127 (Von der Kieler Universität in den Jahren 1796—98.
Nach H. Steffens; mit Berichtigungen u. Zusätzen). — VIII, 1865, S. 271—291
(Zum Andenken an Fr. H. Hegewisch. Berichtigter u. vermehrter Abdruck aus
der Beilage der „Kieler Zeitung" vom 4. Juni 1865. — Wurde auch in einzelnen
Abdrücken mit eignen Columnen-Ziffern gefertigt). — g) der „akademischen Monatsschrift" von Lang u. Schletter (Leipzig 1850) Aug.-Sept.-Heft S. 371 bis
386 (Nicolaus Falck in Kiel. Nekrolog. Wurde s. t. Erinnerung an Nicolaus Falck,
Prof. des Rechts in Kiel, auch separat abgedruckt. Kiel, akad. Buchh., 1851.
8. SS. 31). — h) K. L. Biernatzki's „Volksbuch" f. d. Jahr 1845, S. 101—116
(Siegfried u. Sigurd); f. d. J. 1846, S. 70—81 (Johann Mayer u. Caspar Danck-
werth); f. das Jahr 1847, S. 167—175 (Die Stiftung der Universität Kiel u. An-
deutungen zur Geschichte derselben); f. d. Jahr 1848, S. 59—75 (Practische
Politik u. Kieler Professoren). — i) Einzelne Recc. in dem „Hamb. Correspon-
denten" z. B. 1838 No. 10 über Prof. Petersen's: „Geschichte der Hamb. Stadt-
Bibliothek". — k) In der „Kieler Zeitung" vom 4. Juni 1865 (Franz Hermann
Hegewisch. — Steht berichtigt u. vermehrt in den Jahrbb. f. d. Landeskunde
VIII, S. 271—291 s. o.). — l) In Harms „Gnomon" S. 5—8 (der 3. Aufl.) (Die
Buchdruckerkunst u. ihre Erfindung). — m) In Savigny's Geschichte des Römi-
schen Rechts im Mittelalter Bd. 6 (Heidelberg 1831) S. 424 (Nachricht über
Raymundus summa de matrimonio). — n) In der v. Aegidi herausgegebenen
„Zeitschr. für Deutsches Staatsrecht u. Deutsche Verfassungsgeschichte" H. 4, Ber-
lin 1867, S. 485—516 (Zur Kenntniss der politischen Literatur in Beziehung auf
die Herzogthümer Schleswig-Holstein in ihrem Verhältniss zu einander u. zu Dänemark). — Schrieb ein Vorwort zu seines Sohnes Chrst. Karl Andreas Ratjen's
Uebersetzung: Die Wolke mit dem silbernen Hintergrunde. Kiel 1865. 12.

Mehrere Aufsätze in Falcks „Schleswig-Holsteinischem Wochenblatt" (Kiel
1848 u. 1849), dem „Kieler Corresp.-Blatt", u. diverse literarische Artikel im
„Altonaer Merkur", unter m. A. 1862 No. 223, vom 21. Sept. (Christian Friedrich Asmus Blohm). — Revidirt. —

1709) **Rauch,** Christian, geboren um 1810 in Schleswig,
Sohn eines Schlachters, studirte besonders Mathematik in Kiel, wurde

dr. philos. daselbst, errichtete 1841 in Kiel eine Gewerbeschule für
Bauprofessionisten, war 1850 und 51 Mitglied der Landesversammlung der Herzogthümer, wurde in einem gegen ihn angestrengten
Pressprocess von dem Ober-Gerichts-Advocaten Claussen vertheidigt;
später Lehrer an der Bergschule in Essen.

1) Elementare Arithmetik für Knaben-, Handwerker- u. Unterofficier-Schulen.
Altona, Lehmkuhl, 1847. 8. 17¹/₈ Bgg.

2) Normativ für das Tischler-Meisterstück in Schleswig-Holstein, mit Anmerkungen. Kiel, Bünsow, 1847. 8.

3) Elementare Arithmetik für Real-, Berg-, Gewerbe- u. Fortbildungsschulen.
3. Aufl. Hannover, Rümpler, 18.... 608 SS.

4) Planimetrie u. Constructionslehre für Real-, Berg-, Gewerbe- u. Fortbildungsschulen. Mit 834 Holzschn. Hannover, Rümpler, 186... gr. 8.

Im Schleswig-Holsteinischen Schulbl. III, II. 4, S. 138—140 (Ueber seine
Kieler Gewerbeschule). — Im Kieler Corresp.-Bl. 1841, No. 84 (Was versteht
man unter höherer Bauernschule?), No. 96 (Die höhere Bauernschule als Districtsschule). Andere Aufsätze das. 1843, No. 7, 9, 12, 40, 44; 1844, No. 35, 36,
39, 42, 44, 48, 52, 60, 62, 68, 101. — Im Itzehoer Wochenblatt 1842, No. 23,
29 (Welche Schwierigkeiten stellen sich der Anlegung von Gewerbeschulen entgegen und wie lassen sie sich heben?); 1844, No. 29, Sp. 906—908 (Wozu dienen
Meisterstücke in den Aemtern?). —

1710) **Rauert,** Matthias Heinrich Theodor, geb. auf
Jasen bei Cismar, Sohn des dortigen Branddirectors Jacob Rauert
(† 27. Nov. 1843); studirte die Rechte in Kiel 1831 bis Michaelis
1833, (2. Char. m. A.), war später Regierungs-Canzelist in Schleswig; den 25 Mai 1843 Amtsverwalter u. Hausvogt in der Grafschaft
Rantzau; sowie Kirchspielsvogt in den Kirchspielen Barmstedt u.
Hörnerkirchen; starb am 6. September 1859 zu Schleswig in der
Privat-Heilanstalt des Justizraths Klinck für Gemüthskranke und
wurde in Barmstedt beerdigt.

1) Die Grafschaft Rantzau. Ein Beitrag zur genaueren Landeskunde. Altona,
Hammerich, 1840. 8. XII u. 275 SS. Rec. im Alt. M. 1840 No. 59 & 61.

2) Specialkarte der Grafschaft Rantzau. Altona, A. Lehmkuhl & Co., 1853.
Rec. Itzeh. Wochenbl. 1852 No. 96.

Im N. St. M. VIII, 1839, S. 651—663 (Ueber die rechtliche Natur des Mühlen-
zwanges in den Herzogthümern Schleswig u. Holstein). — In Falcks Archiv I,
1842, S. 78—93 (Ueber Gesellen-Brüderschaften u. die Verpflichtung zur Verpflegung erkrankter Handwerks-Gesellen); S. 322—337 (Die gezwungene Anleihe vom
Jahre 1813); S. 379—384 (Nachricht über den Zustand des Fabrik- u. Manufactur-
wesens in den Herzogthümern Schleswig u. Holstein, mit Ausnahme der Stadt
Altona); S. 656—660 (Ueber die Gültigkeit des Jütischen Lovs in Criminal-
sachen); II, 1843, S. 132—136 (Nachricht über die Fabriken u. Industrie-
anlagen in den Herzogthümern Schleswig u. Holstein für 1841); S. 136—137
(Vermögensstatus der Kommünen in den Landdistricten der Herzogthümer
Schleswig und Holstein); S. 137 (Nachricht über den Schleswig-Holstei-

nischen Schulfond für 1841); S. 137—138 (Nachricht über das Carstensche Vermächtniss); S. 497—512 (Geschichte des Guts Wellingsbüttel); III, 1844, S. 53
bis 70 (Ein Bergungsfall im Eismeere, wobei hauptsächlich die Anwendung der
Strandverordnung vom 30. December 1843 zur Frage kommt). — In Michelsens
u. Asmussens Archiv für die Staats- u. Kirchen-Geschichte Bd. 4, Altona 1840,
S. 585—591 (Streitigkeiten über das Patronat der Elmshorner Kirche). — In K.
L. Biernatzki's Volksbuch f. d. J. 1844, S. 211—215 (Stadt u. Land); f. d. J.
1845, S. 38—43 (Gemeinsinn). —

1711) **Rave,** (der Vater schrieb sich Raabe) Christian
Theodor, geboren um 1820 in Kiel; besuchte die Gelehrtenschule
in Kiel bis Neujahr 1842, studirte die Rechte von Ostern 1842 bis
Michaelis 1844 in Kiel, dann auch auf andern Universitäten, wurde
Michaelis 1846 mit dem 2. Char. m. r. A. examinirt, dann Advocat in
Itzehoe, seit 1865 Justitiar und Oberinspect. der Herrschaft Breiten-
burg; im August 1867 zum Kreisgerichtsrath in Itzehoe ernannt.

Von ihm in den Jahrb. f. d. Landesk. II, 1859, S. 182—199 (Georg Löck).

1712) **Ravit,** Johann Christian, geboren 16. August
1806 in Schleswig, Sohn des Kammerraths und Klosterschreibers
Johann Anton Ravit in Preetz und der Dorothea, Tochter des Stadt-
secretärs Flor in Kiel; unterrichtet Anfangs durch Hauslehrer, dann
auf den Gelehrten-Schulen zu Plön und Lübeck, studirte die Rechte
und Staatswissenschaften in Kiel seit Michaelis 1826, Heidelberg
seit Michaelis 1827, Jena seit Michaelis 1828, und wieder Kiel seit
Ostern 1829, bestand um Mich. 1831 das jur. Examen in Schleswig
(2. m. r. A.); ging im Anfang des Jahres 1832 nach Kopenhagen u.
trat als Volontär in die Rentekammer; wurde am 24. September
1834 zum Gevollmächtigten ernannt und wurde noch in dieser Stellung Secretär der statistischen Commission, sowie Secretär der für
Errichtung einer Lebensversicherungs- und Leibrenten-Anstalt aller-
höchst niedergesetzten Commission; am 26. October 1839 Rente-
schreiber des ersten Schleswigschen Comtoirs; am 28. Juni 1840
wirklicher Kammerrath, am 2. März 1841 Chef des Expeditions-
Comtoirs für die Schleswigschen Sachen; am 27. Juni 1842 ordentlicher Professor der Nationalökonomie und Statistik in Kiel, am 4.
Mai 1843 in honorem zum dr. philos. creirt, am 2. Mai 1845
Administrator der königlichen Schulbuchdruckerei und Buchhandlung;
im Anfang des Jahres 1848 von der Universität Kiel zu ihrem Vertreter in Gemässheit des Patents vom 28. Januar 1848 erwählt und
trat dann in die vereinigte Ständeversammlung der Herzogthümer,
sowie später in die Landesversammlung; in demselben Jahre wurde
er zum Director der Altona-Kieler Eisenbahn-Gesellschaft erwählt,

nachdem er mehrere Jahre Mitglied des Ausschusses dieser Gesellschaft gewesen war; am 25. Februar 1850 Director des derzeit neu
errichteten statistischen Bureaus, im Jahre 1851 trat er in die in
Gemässheit des Berliner Friedens angeordnete Commission zur Regulirung der Grenze zwischen Holstein und Schleswig; nach Wiederherstellung der Dänischen Herrschaft wurde ihm die Bestätigung
seiner Bestallung verweigert und die Auszahlung seiner Gage sistirt;
er ging darauf nach Hamburg und gründete dort 1854 die Ham-
burg-Bremer-Feuer-Versicherungs-Gesellschaft, deren Director er
wurde; im Herbst des Jahres 1856 wurde er erster Director der
mitteldeutschen Creditbank in Meiningen, legte diese Stelle aber
schon im folgenden Jahre nieder und zog nach Oldenburg, wo ihm
die Concession zur Errichtung einer Bank ertheilt war, später aber,
nach dem Tode seiner Frau Rasmine Catharine geborne Antoni aus
Kopenhagen, nach Lübeck; 1861 correspondirendes Mitglied der
Schleswig-Holstein-Lauenburgischen Gesellschaft für vaterländische
Geschichte; ging 1865 nach Kopenhagen, um bei den Verhandlungen
über die finanzielle Auseinandersetzung Dänemarks und der Herzogthümer mitzuwirken, trat aber bei dem Gang, den diese Verhandlungen nahmen, vor deren Beendigung zurück und ging nach Kiel,
seit Mai 1867 in Hamburg.

1) Bearbeitete im Auftrage der Rentekammer den 9. Band der von der Schlesw.-
Holstein.-Lauenb. Kanzlei herausgeg. systematischen Samml. der Verordnungen.

2) Bearbeitet als Secretär der statistischen Commission in Kopenhagen die Volks-
zählungslisten pro 1840.

3) Gab mit M. Tönsen, E. Herrmann, J. Christiansen, K. O. Madai, G. Droysen,
G. Waitz u. L. Stein heraus: Staats- u. Erbrecht des Herzogthums Schleswig.
Hamb. 1846. 8. SS. 115.

4) Gab in Verbindung mit N. N. Falck heraus: Sammlung der wichtigsten Urkunden, welche auf das Staatsrecht der Herzogthümer Schleswig u. Holstein
Bezug haben. Kiel, K. Schröder, 1847. 8. (cfr. Einleit. S. IV.)

5) Gab heraus: Jahrbuch der Gesetzgebung u. Verwaltung der Herzogthümer
Schleswig, Holstein u. Lauenburg Jahrg. I, 1845 bis IV, 1848 (von 1845 bis
1847 jeder Jahrg. 10 Hefte, 1848 6 Hefte). Kiel 1845—1848. 8.

6) Ueber unsere Münzzustände Kiel, K. Schröder & Co., 1848. 8. SS. 47.

7) Gab heraus: Staatshandbuch für Schleswig-Holstein auf 1849. Altona. 8.

8) Der Civilstaatsdienst in den Herzogthümern Schleswig u. Holstein. Kiel,
K. Schröder & Co., 1852. 8. VIII u. SS. 192.

9) Gab heraus: Archiv staatswissenschaftlicher Abhandlungen Bd. 1, H. 1, 2.
Lübeck 1862. 1863. 8. II. 1 enthält von ihm: Beiträge zur Lehre vom
Gelde, u. erschien auch separat, Lübeck 1862. 8. SS. 65.

10) Ueber progressive Einkommensteuer. Lübeck, Aschenfeldt, 1862. 8.

11) Untersuchungen über die Staatssuccession im Herzogthum Lauenburg mit dem
von der Schleswig-Holstein-Lauenburgischen Canzlei über diese Frage erstat-

teten Gutachten. Kiel 1864. 8. SS. 115. S. die „Grenzboten" 1864, Bd. 4. S 160'

12) * Die Steuern in Schleswig-Holstein u. das Preussische Steuersystem. Hamb., Gust. Ed. Nolte, 1867. 8. (Ist eine mit „Resultaten" bereicherte Broschüre aus Aufsätzen, die in der „Kieler Zeitung" v. Mai 1867 standen).

In den Jahrbüchern f. d. Landeskunde II, 1859, S. 247—256 (Ueber das Alter der Stadt Kiel); III, 1860, S. 16—36 (Die Auslegung des Amts Segeberg); IX, II. 2 (Actenstücke zur Geschichte der Pflugzahl); II. 3 (Die Insel Fehmarn eine Holst. Landschaft). — Beiträge zu (Biernatzki's) Schlesw.-Holst. Volksbuch; zu den Neuen Kieler Blättern (über die Nationalbank); zu der Oldenb. landwirthsch. Zeitschrift; zum Bremer Handelsblatt; zu den Lübecker landwirthschaftlichen Mittheilungen; zu den „Neuen Lübecker Blättern"; zu der Erlanger „Zeitschrift für Protestantismus u. Kirche" (über die Schleswig-Holsteinische Landeskirche); zu den „Itzehoer Nachrichten"; zu der „Kieler Zeitung" u. dem „Kieler Wochenblatt", in letzterem noch 1867 No. 64 u. 65 ein Vortrag über die Errichtung von Eigenthumswohnungen für Arbeiter. — Revidirt.

1712a) **Raydt,** Theodor, geborner Hannoveraner; reformirt; Institutsvorsteher in Segeberg.

Vom Kindessinn. Predigt über Matthäus 18, 3, gehalten in der evangelischreformirten Kirche zu Hamburg. gr. 8. 15 SS. 1866. Hamburg, Mauke u. Söhne.

1713) **Reck,** Jacob Ludwig, geboren den 5. Februar 1784 in Bramstedt, Grafschaft Rantzau, Sohn des Hegereiters und Holzvogts David Heinrich Reck in der Grafschaft Rantzau und der Marie Christine geborne Lange; wurde 1810 Forstreiter im ersten Kronburg'schen Forstdistrict auf Seeland; 1829 Forstrath; den 9. Nov. 1833 Mitglied der Forst-Examinations-Commission in Kopenhagen; 28. Juni 1840 R. v. D.; 28. Juni 1847 ord. Justizrath; als Forstreiter auf Ansuchen den 8. März 1851 entlassen, und zugleich als Mitglied der Forst-Examinations-Commission austretend; † den 22. März 1856 in Hillerod. Vergl. Ersl. II S. 652 und Suppl. II S. 767—768.

Von ihm die Anzeige v. H. Cotta's „Anweisung zum Holz-Anbau" in dem Dänischen Magaz. f. L. Bd. XII, 1834, S. 87—108.

1714) **Redling,** Jacob Matthias, geboren den 18. (nicht 17.) Juni 1802 zu Wilster; Sohn des Sattlers Joachim Ch. Redling; besuchte die Meldorfer Gelehrtenschule v. Ostern 1818, nachdem er vorher besonders von dem Rector Petersen in Wilster angeleitet worden war; studirte Theologie von Ostern 1821 bis Michaelis 1822 zu Kiel, von Michaelis 1822 bis dahin 1823 in Jena und wieder in Kiel von Ostern 1824 bis 1825, examinirt auf Gottorf 1826 mit dem 2. Char. m. A., von Ostern 1825 bis dahin 1827 Hauslehrer in Flensburg und zugleich Prädicant in Adelbye, im Sommer

1827 Hauslehrer in Kiel, den 18. September 1827 Rector in Eckernförde, antretend den 10. Januar 1828, den 5. Juni 1828 Mitglied
der Commission zur Förderung des wechselseitigen Schulunterrichts,
den 5. Juni 1835 erster Compastor in Barmstedt, antretend den
10. Januar 1836.

1) Glaube, Liebe, Hoffnung. Umrisse in gebundener Rede, zunächst als Con-
firmationsgabe für Töchter. Schleswig, Koch, 1833. 8. SS. 32. Rec. Prov.-
Berr. 1833, S. 621—623, 1834, H. 4.
2) Beleuchtung der in Anrege gebrachten Altona-Kieler Eisenbahn-Route. Itzehoe
1843. 8.
3) Zweite Beleuchtung der in Anrege gebrachten Abänderung der Altona-Kieler
Eisenbahn-Route mit einem Vorwort v. J. M. Redling. Itzehoe 1843. 8.
4) Die zeitgemässe u. nothwendige Schul-Emancipation, nebst Berücksichtigung
der verschiedenen Bedeutungen, in welchen dieses Wort gebraucht wird.
Altona, C. Th. Schlüter, 1848. 8 SS. 36. (Jetzt bei Ad. Lehmkuhl). Rec.
Pädag. Jahresberr. v. Nacko 1849.
5) Das Bild Johannes des Täufers im Gefängniss, ein Bild für unser Volk in
diesen Tagen der Bedrängniss. Predigt am 3. Advents-Sonntage 1850. Altona,
C. Th. Schlüter, 1851. 8. (Jetzt bei A. Lehmkuhl.)
6) Vier Amtsjubiläums-Blicke. Predigt mit Beziehung auf sein 25jähriges Amtsjubiläum am 2. Epiphanias-Sonntage 1861. Altona, A. Lehmkuhl (Oscar Sorge) 1861. 8.
7) Mehrere Gelegenheitsgedichte, als Manuscript gedruckt, darunter eins zum
300jährigen Jubelfeste der Universität Jena 1858.
In den „Neuen Schlesw.-Holstein.-Lauenb. Prov.-Berr." 1831, H. 2, S. 177
bis 211 (Bemerkungen über die im St. M. 10, H. 1 gegebene Beantwortung der
Frage: Was ist von der wechselseitigen Schuleinrichtung zu halten?); 1832, S. 407
bis 415 (Uebersetzung der dem sel. Prof. A. F. Lüders († 14. Dec. 1831) v. dem
Herrn Prof. Nitzsch im Auftrag des akademischen Senats gewidmeten Denkschrift)
— Im Kieler Corresp.-Blatt 1832, Literar.-Beil. No. 7, vom 8. Sept. (Die wechselseitige Schuleinrichtung betr.). — Im Schlesw.-Holst. Schulbl. VIII, 1846, H. 3,
S. 93—107 (Votum über die beiden im Schulblatt besprochenen Fristbestimmungen
f. den Dienstantritt der Schullehrer); XIII, S. 470—477 (Wünsche durch die in
7. Aufl. erschienenen Eckernförder Schreibtabellen theils hervorgerufen, theils zum
Aussprechen gebracht). — In den Itzehoer Nachrr. 1859 (Rec. über die Schrift
von Peter Petersen (Chr. A. Valentiner): Zufallende Gedanken auf dem Wege
zur Jenaer Jubelfcier). Revidirt.

1715 Reeder, Eduard Louis, geboren den 26. Juni 1824
in Stedesand, ging Michaelis 1845 ab von der Schule in Flensburg,
um Jura zu studiren, gab aber nach einiger Zeit wegen Kränklichkeit das Studiren auf und wurde Landmann; zur Zeit ist er Landwirth in Büllsbüll bei Leck u. 1867 Abgeordneter für den Deutschen
Reichstag.

1) Der bevorstehende Friede für Schleswig-Holstein mit Dänemark. Eine Stimme
aus dem Schleswig-Holsteinischen Volk. Neumünster 1864. 8.
2) Fort die Dänenfurcht! An die Vorsichtigen, noch Bedenklichen unter meinen
Landsleuten. Neumünster 1864 im April. 8. ÷

1716) **Reepen,** Diedrich Johann Heinrich, geboren den 24. Februar 1814 in Kiel, studirte Theologie seit Ostern 1834 in Kiel, examinirt 1839 (2. m. s. r. A.), den 2. August 1843 Diaconus in Neustadt (antretend 12. November), den 24. August 1843 Feldprediger beim Holstein - Lauenburgischen Contingent für die Concentrirung des 10. Armeecorps bei Lüneburg vom 24. September bis 8. October 1843, 1849 während des Schleswig-Holsteinischen Krieges Feldprediger vom 27. März bis 2. Juni, den 31. October (antretend 2. December) 1849 Pastor in Flemhude, den 10. October 1854 Mitglied der Holsteinischen Ständeversammlung, den 26. Aug. 1863 (antretend Febr. 1864) Pastor in Bornhöved.

In den Jahrbb. f. d. Landeskunde 4, 1861, S 220—222 (Die Kirche der Märtyrer St. Georg u. St. Mauritius zu Flemhude).

1717) **Refslund,** Hans Clemensen, geb. den 20. März 1820 zu Gastrup, Kirchsp. Agerskov im Amte Hadersleben, Sohn des Hufners Matthias R. in Brolund in dems. Kirchspiel; studirte in Kopenhagen; 28. April 1853 Thingschreiber der Tonder- und Hoyer-Harden bis 1864. Vergl. Ersl. Supplem. II, S. 780.

Von ihm in der Dannevirke X, 1848, No. 106 (Til den saakaldte provisoriske Regjering); XIII, No. 21, 1850, 18. Febr. (Brief die Frage betr., ob der Schlesw.-Holst. Kanal zu Schleswig gehört). Mehrere andere Beiträge, so z. B. mit H. A. Krüger einen Bericht über eine den 18. Januar 1850 gehaltene Versammlung zu Lygumkloster. — In „Fædrelandet" 1847, No. 86, 88 u. 89 (Do tydske Præster og det danske Sprog i Nordslesvig).

1718) **Rehder,** Peter Hinrich, geboren 1791 in Husum, war seit 1833 Senator in Husum, wohnte später in Kiel, wo er seit dem 15. Juli 1852 Secretair des landwirthschaftlichen Vereins war; starb den 1. September 1854, im 63. Lebensjahre. Vergl. Alt. M. 1854, No. 209, Landw. Wochenbl. 1854, No. 37.

Redigirte vom 28. Aug. 1852 bis an seinen Tod, 1854. 1. Sept. das „landwirthschaftliche Wochenblatt f. die Herzogthh." Kiel 1852—1854. 4.

1719) **Rehhoff,** Johann Andreas, geb. den 28. August 1800 in Tondern, Sohn des Archidiakonus Philipp Andreas R. das. († als Past. zu Broacker 21. März 1833) u. der Marie Christine geb. Klinck; besuchte die Gelehrtenschule in Husum, studirte darauf Theologie in Kiel seit Michaelis 1819, wurde 1824 mit dem 2. Char. m. A. auf Gottorf examinirt, den 12. November 1826 Diaconus in Tellingstedt, antretend am 6. Januar 1827, den 12. Mai 1830 Archidiaconus in Tondern, antretend am 25. Juli, den 25. Juli 1837 Pastor u. Probst in Apenrade, antretend am 22. October, den 10. Juni

1841 R. v. D., den 3. Juli 1848 interim. Superintendent f. d. dänisch-
redenden Theil v. Schleswig, den 21. Januar 1850 entlassen; den
29. Mai 1850 bis 1. Febr. 1851 interim. Chef des Departements
der geistlichen Angelegenheiten in Kiel; im September 1850 h. c.
dr. theol. in Kiel, den 25. Mai 1851 Pastor an der St. Michaelis-
kirche in Hamburg, wo er den 7. October antrat, erhielt den 21. April
1864 ein Commissorium zur Reorganisation des Kirchen- u. Schulwesens im Herzogthum Schleswig bis 1. Aug. dess. Jahrs. — Nach
der Autobiogr. auf der Hamb. Stadt-Biblioth. Vergl. Carstens „die
Stadt Tondern" S. 135.

1) Gab heraus: Homiletisches Magazin über die epistolischen Texte des
ganzen Jahrs. Th. 1, 2. Hamburg, Perthes & Besser, 1833, 1834. 8. Rec.
des 2. Bandes im Repert. der ges. deutschen Liter. 1834, Bd. 2, H. 7, S. 601
u. daraus in den Prov. Berr. 1834, S. 477—479.

2) Bin ich weiter gekommen? Predigt am 24. Sonnt. n. Trinit. über Colosser
1, 9—14 in: K. W. Brodersens 30 Predigten von 30 Predigern Schlesw.-
Holst., 1842, S. 323—337.

3) Betrachtung und Ermahnung für Seelente, die es sind u. werden wollen.
Schleswig, Tbst.-Inst., 1843. 8. Deutsch ohne Namen des Verf's, ins Dänische
übers. unter seinem Namen v. Past. Raben in Apenrade. 1843. 8.

4) Hatte neben Hertzbruch u. Nielsen Theil an dem unterm 30. April 1849
publicirten Hirtenbriefe, der in der „Nordsl. Tidende" v. 27. Mai des Jahrs
u. wieder abgedruckt in der „Dannevirke", XI, 1. Juni 1849, in Dänischer Sprache
erschien s. t. „Til den evangelisk-lutheriske Kirke for Hertugdæmmene Slesvig-
Holsteen i alle dens Lemmer, Förstandere, Lærere og Tjenere sige deres
Hilsen i Herrens Navn de geistlige Opsyndsmænd for somme Kirke."

5) Achtzehn Predigten. Zehn über das Vater-Unser u. acht über das Gleichniss
vom verlorenen Sohn. Kiel 1850. 8. VI u. 214.

6) Antrittspredigt in Hamburg, am 7. October 1851. Hamb. 8.

7) Predigten am Charfreitage u. ersten Ostertage 1852 gehalten u. auf Verlangen
zum Druck überlassen. Hamb., A. d. R. H., 1852. SS. 31. 8.

8) Predigt am 18. Sonntage n. Trinit., den 19. October 1862, am Tage der ersten
Säcularfeier der St. Michaelis-Kirche. Hamb., Herold, 1862. 8.

9) Seemannsbüchlein. Eine Mitgabe für's Leben. Hamb., A. d. R. H., s. a. 8.
Beiträge zum (Flensburger) Religionsblatt; zum Kirchen- u. Schulblatt u. A.
1850, 7, Sp. 153—160 (Bemerkungen über die nochmalige Erklärung des Past.
Hansen, betr. das Verhalten der Schlesw. Geistlichkeit); Sp. 172—174 (Vaterländi-
sches). — Zum Alt. Merk. 1850, No. 28 (Seine Entlassung in Apenrade betr.);
No. 92 (Abschiedswort an seine Gemeinde; erschien auch Apenrade 1850); zum
Itzeh. Wochenbl. 1844, No. 38.

1720) **Rejahl,** Christian Matthias, geboren den 17. December 1809 zu Neuendorf, Probstei Münsterdorf, studirte Theologie in Kiel seit Ostern 1832 und wurde 1839 mit dem 2. Char.
m. A. examinirt, war viele Jahre Hauslehrer in verschiedenen ade-

ligen Familien, 1847—1849 bei der Gräfin Luckner in Plön, später
bei Herrn von Buchwald auf Panker, darauf bei dem Administrator
von Rantzau Graf v., Moltke; lebt jetzt in Rellingen.

Von ihm ist der mit C. M. R. bezeichnete Artikel im Kirchen- u. Schulbl.
1851, Sp. 193—200, 201—208 u. 209—215 (Aphoristisches über die Idee einer
Bibelspruchchronik in Vorschlägen u. Beiträgen zu einer solchen). —

1721) **Reiche,** Friedrich Heinrich Jens, geboren den
2. Juni 1789 auf dem adligen Gute Knoop; sein Vater, Kammerrath Friedrich Johann Karl Reiche, war Inspector des Guts, später
Pächter zu Grundhoff und dann Besitzer des adligen Guts Rögen
(cfr. L. & S. No. 933). Der Sohn besuchte das Institut Bernstorffs-
minde auf Brahetrolleburg. Sich der Landwirthschaft zu widmen
begab er 'sich darauf auf das Carolineum zu Braunschweig. Die
Verhältnisse aber bewogen ihn später, zu studiren. Er kehrte zurück und liess sich von dem gelehrten Pastoren Sievers zu Havetoft
auf die Universität vorbereiten. Er studirte Jura in Kiel, Göttingen,
Rostock und dann wieder in Kiel, worauf er zu Gottorf Mich. 1811 das
Amts-Examen bestand (2. Char. m. s. r. A.). Dann liess er sich zwar
als Advocat in Flensburg nieder, ging aber schon nach 4 Wochen
als Secretär auf das Amthaus nach Plön. Nach 2 Jahren, 1815, liess
er sich als Advocat in Schleswig nieder. Hier hatte er grosse Praxis.
Er gründete den ersten Lesecirkel in der Stadt. 1842 war er Präsident
des Schleswig-Holstein-Lauenburgischen Advocaten-Vereins; 1848
vertrat er in der Landesversammlung die Stadt Apenrade. Seit 1853
lebte er wieder in Schleswig, ohne jedoch als Advocat beschäftigt
zu sein, da seine Bestallung unterm 15. Mai desselben Jahrs nicht
bestätigt wurde. 1860 siedelte er nach Itzehoe über und starb dort
1861, nachdem er von einem Aufenthalte in Schleswig im Juni
desselben Jahrs erkrankt zurückkehrte, 72 Jahr alt. — Verheirathet
mit Louise Jacobine Josephine geborne Eckstein aus Altona.

1) Holsteins Rechte an Schleswig. Mit einem Vorwort v. E. M. Arndt. Frankfurt 1858. 8.
2) Gemeinsame Rechte Holsteins u. Schleswigs. Nach den königl. Erlassen vom
6. Nov. 1858. Hamburg 1858. 8.
3) Nachtrag zu der Flugschrift: Gemeinsame Rechte. Das. 1859. 8.
4) * A. Hansen zu Grumbye in Angeln im Reichsrathe zu Kopenhagen im October 1859, Itzehoe, Nissen, 1860. gr. 8. SS. 22.
5) Beleuchtung der Dänischen Concessionen zum angeblichen Schutz der Deutschen Nationalität in dem Herzogthum Schleswig. Braunschweig 1861. 8.
Zwei Briefe aus dem Herzogthum Schleswig von 1858 u. 1859 in dem „Volksblatt". Daraus auch separat. —

9) Conrad v. Marburg. Der erste Deutsche Ketzerrichter. Histor.-romantisches Gemälde aus dem 13. Jahrh. Th. 1, 2. Leipzig, Kollmann, 1841. 30½ Bgg.

10) Wehmutter u. Todtengräber. Ernste u. humoristische Bilder in Novellenform. Bd. 1, 2. Das. 1843. 8.

11) Hamburgs verhängnissvolle Maitage od. ausführliche Beschreibung der Feuersbrunst v. 5. bis z. 9. Mai 1842 u. ihre Folgen. Hamburg, J. F. Richter, 1842. 8.

12) Julitage en miniature. Humoristisch-satyrische Bilder in Novellenform. Bd. 1, 2. Leipzig, Kollmann, 1848. 8.

13) Erzählungen u. Novellen. Bd. 1 Das Crocodil; Bd. 2 Ehefesseln; Bd. 3 Herzensläuterung durch Flammen; Bd. 4 Die Erscheinung am Grabe nebst 2 andern Novellen. Das. 1845 u. 1846. 8.

14) Aus dem Orient. Bd. 1, 2. Leipzig, Berger, 1846. 8.

15) Die Mazzinisten. Romant.-politisches Gemälde aus der Gegenwart od.: Romantische Volksbibliothek Bd. 10. Hamb., Richter, 1860. 8.

16) Garibaldi, der Italienische Freiheitsheld. Abth. 1, 2. od.: Romantische Volksbibliothek Bd. 11, 12. Das. 1861.

17) Ein Roman aus den Zeiten des Schleswig-Holsteinischen Krieges. 1. Abth. Th. 1, 2. Hamb., Richter, 1864. 8.

Gedichte von ihm in dem von H. Poist herausgegebenen „Album der Reform" 1864.

1726) **Reichenbach,** Hans Peter Detlef, geboren den 6. März 1795 zu Rendsburg, Sohn des Kaufmanns Christian Heinrich Reichenbach und der Elsabe Margarethe Rodewolt. Er kam im Knabenalter mit seinen Eltern nach Altona, wo er das Gymnasium besuchte. Im Jahre 1819 wurde er als stud. medic. unter dem Rectorat des Professors Christoph Schreiter in Kiel immatriculirt und hörte bis 1823 die Vorlesungen von Reinhold, Berger, Reimer, Nasser, Schultz, den beiden Weber, Wiedemann, Pfaff, Fischer und Hegewisch und stand fast über ein Jahr unter Etatsrath Fischer's Leitung dem Prosectordienst vor. 1823 ging er nach Kopenhagen und studirte dort bis 1826, in welchem Jahr er das medicinisch-chirurgische Examen daselbst bestand. Er machte dann von Kopenhagen eine Reise nach Schweden und liess sich noch in demselben Jahre in Altona als practischer Arzt nieder; nachdem er als solcher schon 18 Jahre thätig gewesen, promovirte er 1845 in Kiel zum dr. med. & chir. Am 28. November 1847 erhielt er, neben dem verstorbenen Advocaten Witt von seinen Mitbürgern einen sauber gearbeiteten Ehrenbecher als Zeichen der Anerkennung mit der Inschrift: „dem Streiter für Recht und Wahrheit." Er war und ist Mitglied mehrerer wissenschaftlichen Gesellschaften, so der Schleswig-Holstein-Lauenburgischen naturwissenschaftlichen und medicinischen Gesellschaft und seit dem 1. Mai 1857 der kaiserlich Leopoldinisch-Carolinischen Akademie der Naturforscher.

Selbstständig erschienene Schriften:

1) Beweis aus der jüdischen Religion, dass die Juden in den christlichen Staaten nicht emancipirt werden können, wenn nicht die Christen sich dadurch ihnen zinsbar u. unterthan machen wollen. Hervorgerufen durch die Meditationen des Hrn. dr. Steinheim. Altona, G. Blatt, 1841. 8.

2) Erste Hauptgrundsätze einer zukünftigen allgemeinen Philosophie des Wahrnehmbaren oder philosophische Betrachtungen über Gott, die Natur u. den Menschen. Für Philosophen, Theologen, Juristen u. Aerzte. Altona, Hammerich u. Lesser, 1842. 8.

3) De consecandis membrorum sive artuum nervis supplementum parvum ad' hanc operationem tractandam, diss. inaugur. Altona, ap. G. Blatt, 1845. 8. SS. 45.

4) Ueber die Entstehung des Menschen. Ein kleiner Beitrag zur Anthropologie u. Philosophie. Vorgetragen in einer allgemeinen Versammlung der 28. Versammlung der Deutschen Naturforscher u. Aerzte zu Gotha. Altona, Wendebornsche Buchh., 1854. 8. Die Veröffentlichung erfolgte gegenüber manchen Angriffen wider den Vortrag in öffentlichen Blättern, dem illustrirten Volkskalender, im Sachs'schen Almanach u. s. w.

Beiträge zu Zeitschriften:

a) Zu Pfaffs „Mitthh. etc." N. F. J. VI, 1840, H. 11 u. 12, S. 97 ff. (Einige kritische Bemerkk. über das encyclopädische Wörterbuch der medicinischen Wissenschaften, herausgeg. v. den Proff. der medicinischen Facultät zu Berlin); J. VII, 1841, H. 5 u. 6, S. 88 ff. (Noch ein paar Worte über den Vorschlag des Hrn - dr. u. Prof. Nagel etc., bei schweren Geburten von zu engem Becken das Bitterwasser nach dem Rathe der Engländer in der Schwangerschaft anzuwenden. — b) Zu den Alton. Adress-Comtoir Nachrr. 1843, No. 13 (Pares cum paribus facillime congregantur); No. 15 (Salus rei publicae summa lex est); No. 31 (Eingesandt); No. 42 (Prüfet Alles, behaltet das Beste). Unterzeichnet sind diese Aufsätze mit b. u. die 3 ersten gegen die Emancipation der Juden, die 4 gegen den Bahnhof in Ottensen gerichtet. Das. 1847 No. 58 (Audiatur et tertia pars); No. 62 (Antwort auf die Ankündigung der Judengemeinde, ihn gerichtlich vorladen zu lassen); No. 67 (Entgegnung); No. 74, 75, 77 (Widerlegung gegen dr. Enoch u. Herrn Zadig); No. 82 u. 83 (dr. Reichenbach u. dr. Magnussen); No. 95 (Oeffentliche Anzeige gegen Hrn. Clemens Gercke). — c) Zu dem „Hamb. Beobachter" J. 27, 1843, No. 47, S. 372 u. 373 u. No. 48, S. 380 u. 381 (Literarisches, b. unterz., Kritik über „Bruno Bauer u. seine gehaltlose Kritik über die Judenfrage v. dr. Gotth. Salomon"); J. 28, 1844, No. 8, 9, 11, 12 u. 13 od. S. 60, 61, 68, 84, 85, 92, 93 u. 100 (Ueber die Reformsucht unserer Zeit, Cand. R. unterz, u. das Project der Verlegung des Alt. Gymnasiums u. die Bahnhofsfrage betr.); No. 22, S. 172 u. No. 24, S. 188, No. 27, S. 212, No. 31, S. 244 (Beleuchtung der Kieler Erwiderung, cfr. das. No. 15, 17 u. 18); S. 29, 1845 Gedicht „an die nordische Nachtigall", Jenny Lind); J. 31, 1847, No. 1, S. 6 u. (No. 2, S. 14 (Aus Altona, Judenemancipation betr.); No. 29, S. 228 u. No. 30, S. 237 (Die Unmöglichkeit der Judenbeförderung, — b. — unterz.). — d) Zu den vaterstädtischen Blättern der „Hamb. Nachrichten" 1843, No. 228, 241 u. 246 (Die Unmöglichkeit der Gleichstellung der Juden, unterz. — b. —). — e) Zum „Itzehoer Wochenbl." 1845, No. 16 (Eingesandt); No. 24 (An den dr. Cohen in Elmshorn, gegen die Judenemancipation). — f) Zu den „Alton. Nachrr."

1845 (* Nachruf an den verstorbenen Justizrath Olde). — g) Zum „Tagewächter"
1847 N. 1, S. 4, No. 30, S. 238, 239 u. 240 (Eingesandt, u. die Unmöglichkeit der
Judenbeförderung, unterz. — b. —). — h) Zu „Aus der Heimath" v. E. A. Ross-
mässler 1863, No. 43 (Ueber die Metamorphose der Natur. Ist ein im Humboldts-
vereine zu Reichenbach im Voigtlande gehaltener Vortrag). — Diverse andere
Artikel können nicht bezeichnet werden. — Revidirt. —

1727) **Reimer,** Nicolaus Theodor (L. & S. No. 935).
Seit 1817 hatte er die Mitadministration des akademischen Krankenhauses und des botanischen Gartens in Kiel. Er starb den 23. Februar 1832. Verheirathet mit L. C. geborne Lorentzen. — Vergl.
die Biographie im N. Staatsb. Mag. 3, 1835, S. 353—362 von H.
Ratjen u. Nitzsch's Memoria auf ihn. Ferner N. Staats. Mag. 10 S.
479 und Neuen Nekrol. d. D. 10 S. 61. Poggendorffs biogr. und
liter. Handwörterb. II Sp. 596.

In Mitscherlichs Ausgabe des Horaz 2, p. 696 sqq. steht von Reimer eine
Erklärung des Astrologischen in Horaz carm. II, 17 v. 17.
Von ihm sind mehrere Compositionen in der von L. W. Werner herausgege-
benen Euphrosyne. Auch ist ein Gedicht, in der Verbesserung mit Composition von
Werner, in Aschenbergs Taschenbuch für die Gegend am Niederrhein od. Bergisches
Taschenbuch 1801 p. 51 u. p. 295 gedruckt. Ob in diesem Taschenbuch noch
andere Erzählungen u. Gedichte von Reimer, die er an Aschenberg sandte, ge-
druckt sind, ist nicht anzugeben.
Er ordnete den Catalog der Bücher des Göttinger Professors Kästner im J.
1800 f. den Druck.

1728) **Reimers,** August Heinrich Ludwig, geboren
in Kiel, studirte Medicin, promovirte in ihr in Kiel 1841, practischer
Arzt in Norderwörden.

De haemophysi. Kil. 1841. 8.

1729) **Reimers,** Emil Friedrich Heinrich, wurde 1830
in Kiel dr. med. & chir.; ist seitdem practischer Arzt in Reinfeld.
De magno calomelitis usu. Kiliae 1830. 8.

1730) **Reimers,** Franz Christoph, geboren in Flensburg, studirte Jura, um 1841 Secretär in Preetz, später (1846)
Unter-Gerichts-Advocat in Plön, im März 1848 constituirt als
Bürgermeister daselbst und April 1850 von der Bürgerschaft zu
diesem Amte erwählt, um 1853 ernannt zum Obergerichts- und
Canzleisecretär in Glückstadt; war auch in der Direction der Glück-
stadt-Elmshorner Eisenbahn; wurde 1858 Gerichtshalter der Güter
Marienthal und Wandsbeck, sowie für das Canzleigut Wellingsbüttel, 1865 constituirter Bürgermeister in der Stadt Flensburg,
später in Schleswig, 1866 vortragender Rath bei der k. k. Oesterreichischen Statthalterschaft in Holstein, in Kiel, Regierungsrath für

die 2. Section in der Holsteinischen Landesregierung bis zu deren
Auflösung; darauf wieder in der früheren Function in Wandsbeck,
1867 im August Mitglied des Kreisgerichts in Altona. — Mitgetheilt.

In der Juristischen Zeitschr. des Schlesw.-Holst.-Lauenb. Advocaten-Vereins 1841
H. 2, S. 86—126 (Andeutungen über die Stellung u. den Wirkungskreis des
Contradictors). ÷

1731) **Reimers,** Joachim Andreas, geboren den 15.
Mai 1808 zu Oldenburg, studirte Theologie in Kiel seit Michaelis
1831, examinirt 1835 Ostern (2. Char.), den 22. Januar 1843 Rector,
dazu den 24. März Diaconus in Heiligenhafen, den 22. December
1849 Pastor in Hohenstein, 16. Mai 1867 Past. in Wedel.

In den Jahrbb. f. die Landeskunde 1859 S. 40—43 (Die Kirche zu Hohenstein).

1732) **Reimers,** Johann Christian, geboren den 12.
Juli 1799 in Linden, Kirchspiels Hennstedt, Norder-Ditmarschen,
1821—1823 Tondernscher Seminarist, 1824 examinirt (2. m. r. A.),
Gehülfe beim Schullehrer Jürgensen in Flensburg, 1827 den 10.
Januar Elementarlehrer, 1832 Mädchenlehrer in Meldorf. Starb da-
selbst den 17. Juli 1861, 62 Jahr alt, Verheirathet 1. mit Dorothea
Catharina geborne Peters aus Meldorf († 1845), 2. mit Anna Cäcilie
Christiane geborne Gloye. — Vergl. den Nekrol. in Sönksens Schul-
zeitung 1861/62 No. 23.

1) Gab mit Gudenrath heraus: Realbuch für Volksschulen. Meldorf 1834. 8.
2. Aufl. 1839. 3. Aufl. 1841.

2) Völkerkunde oder Lebensweise, Sitten u. Gebräuche der verschiedenen Völker
der Erde. Lief. 1 Asien. Lief. 2 Afrika 1842, 1843. 8.

3) Bibelkunde für Schule u. Haus. Itzehoe 1844. 8. Rec. Schlesw.-Holst.
Schulblatt, H. 2, S. 154—155.

1733) **Reimers,** Johann Jacob, geboren den 18. Juni
1819 zu Poppenhusen, Kirchsp. Wörden in Süder-Ditmarschen,
studirte seit Ostern 1839 Theologie in Kiel und Jena, wurde Michaelis
1846 mit dem 2. Charakter examinirt, den 30. November 1849 Rector
in Itzehoe, im Mai 1866 Diaconus in Brunsbüttel.

Von ihm in Greves u. Schwartz's „norddeutscher Monatsschrift zur Förderung
des freien Protestantismus" 1847, S. 449—463 (Das Christenthum die Religion der
Humanität).

In den Itzeh. Nachrr. 1859, Sp. 295, 1858, Sp. 438—439 (Georg Löck,
unterz. J. J. R.).

Ein Beitrag in Sönksens Schulzeitung Jahrg. 3, No. 2 u. 3.

1734) **Reimers,** Martin, geb. in Wiemersdorf im Amte
Segeberg, Kirchsp. Bramstedt, 1839 dr. med. & chir. in Kiel, practi-

scher Arzt in Gramm, Physicus f. d. 2. Schleswiger Physicat-District.

Respirationis plantarum explicatio. Kiliae 1839. 4.

1735) **Reimers,** Peter Hinrich, geboren den 31. October 1812 zu Strübbe im Kirchspiel Wesselburen, Sohn des Johann Reimers und der Catharina geborne Hansen; war von 1832 bis 1835 Gehülfslehrer in Carbye in Schwansen, besuchte von 1835 bis 1838 das Seminar in Tondern, wo er Ostern 1838 den 2. Char. m. r. A. erhielt, war von 1838 bis 1840 Lehrer einer Privatschule in Glückstadt, 1840 Lehrer an der Elementar- und Probeschule in Segeberg; den 20. November 1846 Oberelementarlehrer an der 2. Freischule in Altona, wo er am 28. October 1866 an einem Lungenschlage starb.

1) Lehrbuch der Deutschen Sprache, enthaltend 7 Stufen. Zunächst für Volks-Schullehrer, auch für Lehrer in den unteren Classen der Real- u. Gelehrtenschulen. Th. 1 Die Satzlehre mit besonderer Berücksichtigung der Wortlehre, der Rechtschreibung, Wort- u. Aufsatz-Bildung auf den 4 ersten Stufen. Mit 260 stufenmässig geordneten Uebungsaufgaben. Leipzig, Weidmannsche Bchh., 1842. 8. XII u. 164. Rec. Schlesw.-Holst. Schulbl. 4, II. 3, S. 161—163 (v. Gudenrath). Th. 2 Die Satzlehre, Wortlehre, Rechtschreibung, Wort- u. Aufsatz-Bildung auf der 5. u. 6. Stufe. Mit 582 stufenmässig geordneten Uebungsaufgaben. Leipzig, das., 1844. 8. SS. 576. Rec. Schlesw.-Holst. Schulbl. 7, 1845, H. 4, S. 121—123 (von Gudenrath).

2) Uebungsbuch der Deutschen Sprache. Für Schüler der Volksschule. Th. 1 Die 4 ersten Stufen. Leipzig, Weidmann, 1845. 8. VIII u. 187 SS. Selbstanzeige im Schlesw.-Holstein. Schulbl. 9, H. 1, S. 190—191.

3) Gedächtnissübungen für Schüler u. Volksschulen. Buch 1, 2. Segeberg 1846. 8. 2. Aufl. Altona 1847. 8. Rec. Schlesw.-Holst. Schulbl. 8, H. 4, S. 141—142.

4) Heimathskunde als vorbereitender geographischer Unterricht. Zum Gebrauch für Lehrer. Altona 1848. 8.

5) Die wechselseitige Schuleinrichtung. Dargestellt nach ihrer 6jährigen Anwendung 1840—1846 in der Elementar- u. Probe-Schule zur Vorbereitung der wechselseitigen Schuleinrichtung für die Probstei Segeberg, zugleich Uebungsschule des Holsteinischen Schullehrer-Seminars in Segeberg. Ein Beitrag zur genauen Kenntniss u. zweckmässigen Vereinfachung dieser in den Herzogthümern Schleswig-Holstein schon 25 Jahre sich bewährenden Schuleinrichtung. Auch Geschichtliches über dr. Bells Schuleinrichtung in Ostindien, Lancasters Schuleinrichtung in London, den gegenseitigen Unterricht in Kopenhagen u. die wechselseitige Schuleinrichtung in Schleswig-Holstein. Mit Vorwort von Diesterweg u. mit Bemerkungen v. C. H. Eggers. Altona 1849. 8. SS. 115. Rec. Schlesw.-Holst. Schulbl. 11, S. 455—456.

6) Lesebuch, Th. 1, 2. Altona, Aue, 1852. 12. VII u. 122 SS. u. 216 SS. Selbst.-Rec. Schlesw.-Holst. Schulbl. 14, S. 604—607.

Im „Schlesw.-Holst." Schulbl. 7, H. 2, S. 62—71 (Plan zu dem von uns beabsichtigten Schleswig-Holsteinischen Schullehrer-Waisenverein); H. 3, S. 1—15

(Lebensgefahren der Schullehrervereine); S. 50—54 (Wünsche, betr. die Gründung
der von einem Schullehrer aus dem östl. Schleswig u. mir beabsichtigten Schleswig-
Holsteinischen Schullehrerwaisenvereine); 8, II. 1, S. 138—142 (Pestalozzifeier in
Segeberg); 15 (50jähriges Amtsjubiläum des Küsters, Organisten u. Schullehrers
Th. Andresen in Carbye). — Lieferte Beiträge zu der allgemeinen Schulzeitung v.
dr. Zimmermann in Darmstadt. — Mehrere Artikel im Itzehoer Wochenblatte 1844
No. 13, 1848 No. 51, 72, 1849 No. 11, 42, 1850 No. 3, 12, 47, 1851 No. 4 und
manche spätere. Ebenfalls einige Artikel im Alt. Merk. u. A. 1849, No. 242, 294,
1851, No. 4, 1853, No. 140, 256, 281, 1856 No. 97, sowie auch zu andern Blättern.
— Revidirt von dem Sohne.

1736) **Reincke,** Johann Julius, geboren in Altona,
studirte Medicin, promovirte in ihr zu Kiel am 6. Juni 1866.

Nonnulla quaedam de psorospermiis cnniculi. Kiliae 1866. 4. 13 SS. mit
1 Lithogr.

1737) **Reinecke,** Johann Peter Rudolf, geboren den
22. November 1795 in Hamburg, Sohn des Schuhmachers Johann
Heinrich Reinecke und der Margarethe geborne Lange, besuchte
bis zur Confirmation ein Jahr eine gewöhnliche Freischule Hamburgs und trieb einige Musik; Michaelis 1811 Schulgehülfe bei
dem damaligen Stadtschullehrer und Unterküster Breckling in Altona; Johannis 1816 Hauslehrer beim Kaufmann J. F. Rowohl in
Altona; hier erhielt seine bis dahin auf Selbstausbildung beschränkte
musikalische Bildung Anregung und Richtung auf das Höhere, namentlich auch durch den Cantor Jungclaussen und den Postmeister
dr. Mutzenbecher; 1819—1844 Musiklehrer in Altona, von 1819—21
auch als Organist an der Zuchthauscapelle daselbst fungirend, von 1823
bis 1829 die Kirchenmusiken leitend; den 10. Juni 1844 zum Musiklehrer am Segeberger Seminar ernannt, wo er noch fungirt.

1) Vorbereitender Unterricht in der Musik überhaupt und im Fortepiano-Spiel
insbesondere. Altona, Karl Aue, 1834. 8. SS. 39. Rec. (v. Fink) in der
allgem. musik. Zeit. 1834, No. 49, Allgem. Liter.-Zeitung, Juli 1835, No. 422.

2) Gab heraus: Für Schule u. Haus. Sammlung ein-, zwei- u. mehrstimmiger
Lieder aus neuerer u. neuester Zeit. Leipzig, Breitkopf u. Härtel, 1864. Recc.
Mecklenburg. Zeit. 1864, No. 217, Schweizerisches Sängerbl. 1864 v. 15. Aug.
Schlesw.-Holst. Zeit. u. Schulbl., Signale f. d. musik. Welt 1866, No. 31.

3) Harmonielehre oder Generalbass für Seminaristen, Cantoren u. Organisten,
insbesondere für diejenigen, die in irgend einem Zweige der Musik sich zu
bethätigen haben, ohne selbige als Hauptaufgabe ihres Berufs auffassen zu
dürfen. Segeberg, Schulbuchhandl., 1865.

In dem Schleswig-Holsteinischen Schulbl. 1843, H. 3, S. 154—158, 1844, J. VI,
H. 1, S. 154—159, H. 2, S. 146—150, H. 4, S. 146—154, VII, H. 2, S. 145—150, H. 3,
S. 189—198, IX, H. 2, S. 154—156, XI, S. 232—234, XII, S. 240—242, XIII,
S. 761—762 (Recensionen über musikalische Schriften); IX, H. 3, S. 1—36, X, S. 197
bis 232 (Gemeindegesang u. Orgelspiel); X, S. 261—265 (Erwiderung auf die an

mich gerichteten Fragen unter der Ueberschrift: Neue Musiktheorie u. rhythmischer Choralgesang); S. 377—398 (Der Schulgesangunterricht); XIV, S. 3—11 (dr. J. Asmussen, weil. Prof. u. Director am Segeberger Schullehrer-Seminar); XIX, S. 224—238, S. 257—277, S. 437—474, S. 629—668 (Betrachtungen über den Choral); S. 669—680 (Antwort auf Past. Kulff's zu Schönberg Sendschreiben). — In A. P. Sönkson Schulzeitung 1859/60, No. 7 (Gesang in der Volksschule), No. 20 (Desgl. mit Notentafel). 1863/64, No. 29. — Revidirt.

1738) **Reinecke,** Karl, geboren 23. Juni 1824 in Altona, Sohn des vorhergenannten Johann Peter Rudolf Reinecke, von welchem, als bedeutendem Sänger und Gesanglehrer, der Sohn den ersten Musikunterricht erhielt, wie denn der Vater auch der einzige Lehrer des Sohnes im Klavier- und Violinspiel, sowie in der Theorie der Tonsetzkunst blieb; mit 7 Jahren machte der Unsre bereits Compositions-Versuche und mit 11 Jahren trat er öffentlich als Klavierspieler auf; bis 1843 blieb er in Altona, im März desselben Jahres jedoch entliess ihn der Vater, damit er sich kräftigere Anregungen, wirksamere Vorbilder verschaffe und den musikalischen Horizont sich erweitere. Um sich die Mittel für einen Aufenthalt in dem als erste Deutsche „Musikstadt" damals angesehenen Leipzig, wohin sein Sinn stand, zu verschaffen, unternahm er eine Kunstreise über Eutin, Lübeck nach Kopenhagen, wo er vom König Christian VIII ein Stipendium erhielt. Nachdem er seine Reise nach Stockholm ausgedehnt hatte, ging er im October 1843 nach Leipzig. Hier verbrachte er 3 Jahre in fleissigen Studien, ohne jedoch bei irgend Jemand Unterricht zu nehmen, obwohl er sich des Antheils und des Rathes Mendelssohns und Robert Schumanns zu erfreuen hatte. Im Februar 1846 unternahm er eine Kunstreise nach Bremen und Hannover und dann im Verein mit dem Violinspieler Wasilewski nach Danzig, Königsberg u. s. w. bis Riga. Im Winter 1846 ging er, zum Hofpianisten des Königs von Dänemark ernannt, wieder nach Kopenhagen und blieb daselbst bis März 1848; im Winter 1848/49 wieder in Leipzig; von April 1849 bis 1851 in Bremen; reiste Anfangs des Jahres 1851 nach Paris, wo er mit ungewöhnlichem Beifall in einigen Concerten auftrat; erhielt dort den Ruf als Lehrer des Klavierspiels an die Rheinische Musikschule in Köln, in welcher Stellung er bis 1854 verblieb, worauf er dann als Musikdirector nach Barmen ging; bis ins Jahr 1859 wirkte er daselbst; dann erhielt er den Ruf als Universitäts-Musikdirector und Dirigent der Sing-Akademie nach Breslau; nachdem er dort reichlich ein Jahr gewirkt hatte, nahm er den Ruf als Lehrer der Composition am Conservatorium in Leipzig und Capellmeister der dortigen Gewandhaus-Concerte an, welche Aemter er Michaelis 1860 antrat und noch jetzt verwaltet. — Nach den Mittheilungen im Universallexicon der Tonkunst von Ed. Bernstorff von 1860, ergänzt von dem Vater.

Von seinen im Druck erschienenen Compositionen vermögen wir nach dem Universallexikon der Tonkunst v. Ed. Bernstorff v. 1860 anzuführen die Operette „der vierjährige Posten", Text v. Körner; Schlachtlied v. Klopstock f. 2 Männerchöre u. Orchester; geistliches Abendlied für Tenor-Solo, Chor u. Orchester; Ouvertüre zu Calderon's „Dame Kobold"; 2 Streichquartette; ein Concertstück ·für Pianoforte mit kleinem Orchester; ein Klavierquartett (Op. 34); ein Klaviertrio (Op. 38); eine vierhändige Sonate (Op. 35); 2 Sonaten für Fortepiano u. Violoncell; ungefähr 20 Hefte zwei- u. vierhändiger Klavierstücke kleinerer Form, darunter als besonders bemerkenswerth: vierhändige Variationen über eine Sarabande v. Bach (Op. 24) u. zweihändige über ein Passepied v. Bach; an 20 Hefte Lieder u. Gesänge für eine u. mehrere Singstimmen; instructive Klavierstücke, z. B. eine Ouvertüre zu Hoffmanns Märchen: „Nussknacker u. Mäusekönig"; vierhändige Stücke im Umfange von 5 Tönen.

Ueber seine letzten Werke verdanken wir der Mittheil. seines Vaters folgendes Nähere: Oratorium „Belsazar" für Chor, Soli u. Orchester; Ouvertüre „Aladin" für Orchester; grosse Symphonie für Orchester; Klavierconcert in fis moll mit. Orchester; Bilder aus Süden, 4 Fantasiestücke für das Pianoforte (Op. 86); Mädchenlieder, 11 Tonbilder für Pforte (Op. 88); Hausmusik für das Pianoforte, 3 Hefte (Op. 77) u. s. w.

Das letzte Werk des Künstlers „König Manfred" v. Roeber, Oper in 5 Akten, wurde zum ersten u. zweiten Male am 26. u. 28. Juli 1867 in Wiesbaden aufgeführt, über welches sich u. A. der „Rheinische Courier" vom Ende Juli 1867 ausserordentlich günstig ausspricht. Der Erfolg war für den Künstler so ehrenvoll, als durchschlagend.

1739) Reinhard, Karl (L. & S. No. 937). Starb zu Zossen in Preussen, wo er seit geraumer Zeit in stiller Zurückgezogenheit gelebt hatte, den 24. Mai 1840. — Vergl. Alt. Merk. 1840 No. 128 Sp. 573. Neuen Nekrol. d. D. 18 S. 612—616.

Von ihm noch:

Besorgte J. G. Richters literarischen Nachlass. Flensb. 1795.

Ueber die Wichtigkeit des Englischen Handels im gegenwärtigen Kriege. Hamb. 1804. 8.

Rundgesang zum Geburtsfeste des hochwürdigen Bruders F. L. Gr. v. Moltke am 27. März 1815 (Altona).

Romantische Erzählungen u. Novellen. Bd. 1, 2. Berlin, Schüppel, 1829. 8.

Handbuch der allgemeinen Weltgeschichte bis auf die neueste Zeit. Ein Leitfaden für Gymnasien u. Schulen u. zum Selbstunterricht für studirende u. gebildete Leser. Bd. 1—4. Berlin, Schüppel, 1829. 8. 92 Bgg. Mit synchronistischen Tabellen, Registern u. 1 Charte der alten Welt.)

Gab heraus: Aesthetische Schriften von Gottfried August Bürger. Ein Supplement zu allen Ausgaben von Bürgers Werken. Berlin, Bechtold u. Hartje, 1832. 8. SS. 192.

1740) **Reinhold,** Christian Ernst Gottlieb Jens (L.
& S. No. 939). Seit 1835 Geheimer Hofrath zu Jena, zum letzten
Male kommt er als Professor der Philosophie im Index der Univer-
sität Jena vom Sommer 1855 vor; er starb im September 1855.

Von ihm noch:

Von dem Handbuch der allgemeinen Geschichte der Philosophie erschien
2. Theils 1. Hälfte Jena 1829, 2 Hälfte 1830.

Theorie des menschlichen Erkenntnissvermögens u. Metaphysik. Bd. 1 Theorie
des menschlichen Erkenntnissvermögens, Bd. 2 Metaphysik. Gotha, Hennings,
1832—1835. 8.

Lehrbuch der philosophisch-propädeutischen Psychologie u. der formalen
Logik. Jena 1835. 8. 2. Aufl. das. 1839.

Lehrbuch der Geschichte der Philosophie. Jena, F. Maucke, 1836. 8. 43¹/₄
Bgg. 2. vermehrte u. verbesserte Aufl. 1839. 8.

Geschichte der Philosophie nach den Hauptmomenten ihrer Entwicklung. 3.
Aufl. Bd. 1, 2. Jena 1845. 8. 96 Bgg. 4. Aufl. Bd. 1 Geschichte der alten
od. Griechischen Philos. (VIII u. 408 SS.), Bd. 2 der neuern Philos. bis auf Kant
(VIII u. 408); Bd. 3 von Kant bis auf unsere Zeit (VIII u. 644 SS.). Jena
1854. 8.

Die Wissenschaften der praktischen Philosophie im Grundrisse. 1. Abth.
Philosophische Rechtslehre, 2. u. 3. Abth. Philosophische Sitten- u. Religionslehre.
Jena, F. Maucke, 1837. 8. XXXII u. 412 SS. Rec. Theol. Literaturblatt
1839 No. 77.

System der Metaphysik. 2. Bearbeitung. Jena, F. Maucke, 1842. gr. 8.
Rec. N. Jenaische Litteratur-Zeit. 1844 No. 73—75. 3. Aufl. 1854. 8. XXXVI
u 415 SS.

Das Wesen der Religion u. sein Ausdruck in dem evangel. Christenthum.
Eine religiös-philos. Abhandl. Jena 1846. 8. 24⁸/₄ Bgg.

Recensionen in der Neuen Jenaer Literatur-Zeitung 1843 S. 64, 1844 S. 41,
417, 965 u. s. w.

1741) **Reinhold,** Friedrich, geboren 1795 in Kiel, jüngster Sohn des Etatsraths Karl Leonhard Reinhold († 10. April 1823,
L. & S. No. 941) und der Sophie Katharina Susanna geborne Wie-
land (geboren in Biberich in Schwaben den 19. November 1768,
gestorben in Kiel den 1. September 1837); wurde den 1. Februar
1815 Secondelieutenant im königlichen Artilleriecorps; den 23. December 1826 Premierlieutenant; erhielt den 27. September 1837
Ancienneität als Capitän; war eine Reihe von Jahren bei der Handbibliothek des Königs von Dänemark angestellt; erhielt den 24. Juni
1838 in Gnaden seinen Abschied mit dem Charakter eines Capitäns;
den 1. Juli desselben Jahrs Postmeister in Segeberg; starb den 12.
April 1847. — Vergl. Erslew II S. 660 und Supplem. II S. 790.

1) Allgemeines Wörterbuch der Deutschen und Französischen Kriegs-Kunst-
Sprache. Ein Handbuch f. den praktischen Officier. Deutscher Theil, Kopenh.

1847. Französischer Theil, Leipzig u. Darmstadt 1830. S. Jen. Liter.-Zeit, 1830, III, No. 162. Allgem. Hallesche Zeit. 1830, III, No. 195, S. 272 bis 280. Revue encyclop. t. 50 p. 546.

2) Dansk, svensk, tydsk, fransk militär.-technisk Ordbog, med Forklaringer i det danske Sprog. (Den danske og svenske Afdeling.) Kbh. 1838. Kam 1837—1838 in 4 Heften heraus. S. Mil. Repert. IV, 111, V, 444—445 v. Aug. Baggesen. —

3) Praktisches Handbuch für den Mineur. Aus Franz. u. Deutschen Schriften zusammengetragen. Kopenh. 1829. Mit Tafeln.

Beitrr. zum „Magazin for militär Videnskabelighed" VII, 575—633 (Om Feld-artilleriet. — Ist eine Preisschrift, gekrönt v. der k. Schwedischen Kriegswissen-schafts-Akademie u. in deren Schriften f. 1823 abgedruckt u. danach im ob. Mag. ins Dänische übersetzt); X, 341—357 (Udsigt over den tydske og franske Militär-Literatur for 1826). — Zum „Nyt Magazin for militär Videnskabelighed" II, 157—167 (Udsigt over den tydske, franske, hollandske og engelske Militär-Literatur for 1827) u. III, 265—85 (for 1828). — Zum „Militärt Repertorium" II. 113—68, III, 78—114, 406—420 (Udsigt over den tydske, franske, og engelske Militär-Literatur for Aarene 1829—1835) IV, 83—115 (Constantine's Beleiring og Bestormelse i October 1837. — Ist ein von Reinhold gemachter u. von einem Augenzeugen (A. W. Dinesen) mit Berichtigungen versehener Auszug aus dem Archiv f. d. Officiere des k. Preussischen Artillerie- u. Ingenieur-Corps). IV, S. 433—50 (Beretning om Overgangen over Beresinafloden i November 1812. Ist Auszug aus: Essai d'une instruction sur le passage des rivières etc. par C. A. Haillot. 1 livr.). —

1742) **Reinhold,** Karl Leonhard (L. & S. No. 941). S. über ihn noch N. St. M. II, 1834, S. 725 und 726, X, S. 479. Reinholds Todtenfeier den 15. April 1823. Ein maurerisches Denkmal 1824. Fernow's Urtheil über ihn im Morgenblatt für gebildete Leser 1820 No. 258 S. 1031. „Unser Planet" 1832, September.

Von ihm noch:

* Reden über den Endzweck der Freimaurerei am Johannisfeste 1809 zu H** v. Br. R...d aus K...

Viele Briefe von ihm stehn in Jens Baggesens Briefwechsel mit ihm und Jacobi. Leipzig 1831. 8.

(Grundsätze der philosophischen Rechtslehre) in den neuen Prov.-Berr. H. 2 S. 260—296.

1743) **Reitemeier,** Johann Friedrich (L. & S. No. 943). Auf den im Nachtrag zum L. & S. erwähnten Zurückruf des Holstein-Lauenburgischen Obergerichts an ihn, stellte Reitemeier sich nicht und wurde 8. August 1831 bei erhöhter Brüche von 160 Rbth. abermals von demselben Gericht aufgefordert, sich innerhalb 12 Wochen beim Magistrat in Kiel einzufinden, um den 3jährigen Festungs-Arrest abzuhalten. Widrigenfalls würde der Administrator seines in hiesigen Landen befindlichen Vermögens zur Berichtigung einer angemessenen Vermögensstrafe angehalten werden. Er starb zu Hamburg im Anfang September 1839, 84 Jahre alt. Vergl. den N. Nekrol. d. Deutschen 17, S. 841—842. Poggendorffs biogr.-liter. Handwörterb. der exacten Ww. II, Sp. 601 (wo sein Todesjahr fehlt).

Von ihm noch:

Geschichte u. Zustand der Sklaverei u. Leibeigenschaft in Griechenland. Berlin 1789. 8.

Ueber das Studium der Staatswissenschaft. 1791.

Die Endurtheilsschau. Ein neues Justizschutzsystem wider rechtswidrige Erkenntnisse. Bd. 1—3. Kiel 1826. 8.

Das Willkürsystem der Dänisch-Holsteinischen Canzleien u. Gerichte durch einen Rechtsfall aufgeklärt. Schneeberg 1827.

1744) **Renard,** Louis, geb. 1774. Pächter von Mettenhof, Kirchsp. Flemhude, Guts Quarnbeck, 1843 in Holtenau, war eine Zeit lang Redacteur der landw. Zeitung; starb 7. Juli 1859 in Kiel. Vgl. über ihn Alt. Wochenbl. 1859, No. 67, die Corresp. aus dem östl. Holstein.

Der Holsteinische Landbau. Ein Handbuch für angehende Oekonomen, sowohl belehrend für das Oertliche u. Herkömmliche des Landes, als in Bezug auf die Fortschritte der Kunst und deren Anwendung in der Zukunft. Nebst einer Anleitung zur landwirthschaftlichen Buchführung. Mit 12 Steindrucktafeln. Hamb., Perthes, Besser & Mauke, 1838. 8 XXX u. 492 SS.

In den landwirthschaftlichen Heften f. d. Herzogthümer Schleswig u. Holstein 1830 (Jahrg. 1), H. 1, S. 55—87 (Beantwortung der von dem landwirthschaftlichen Verein am Schlesw.-Holsteinischen Kanal aufgeworfenen Frage, welche Fütterung der Kühe die beste u. zweckmässigste sei?); S. 87—99 (Beantwortung der von dem Grafen v. Baudissin auf Projensdorf gemachten Widerlegung meiner Behauptungen); S. 133—141 (Beitrag zur Erörterung der Frage über den Productionswerth des Düngers); H. 2, S. 84—117 (Mittheilung ökonomischer Erfahrungen); 1831 (Jahrg. 2), II. 1, S. 7—21 (Beitrag zur Beantwortung der vom landwirthsch. Vereine am Schl.-H. Kanal über die Abhandlungen 4, 5, 6 u. 7 des 1. landwirthsch. Heftes aufgeworfenen Fragen); S. 22—63 (Die in Holstein stattfindenden Hindernisse zur höheren Ackerkultur u. deren mögliche Beseitigung); 1832 (Jahrg. 3) H. 1, S. 3—40 (Beleuchtung der Berechnung, welche Hr. Hilmers über zwei abweichende Wirthschaftsbetriebe im 1. Hefte des 2. Bandes der landwirthsch. Hefte mittheilt); 1833 (2. Quart.) S. 3—36 (Theorie u. Praxis od. über die dem landwirthsch. Gewerbe so nachtheilige Meinung, dass die Theorie in obiger Wissenschaft nicht sonderlich zu achten sei); 1835, H. 3, S. 34—55 (Bemerkungen zu der im 3. u. 4. Heft pro 1834 ausgesprochenen Nothwendigkeit, den Kühen Körnerfütterung zu geben). — In der landwirthsch. Zeitung f. d. Herzogthb. Schl.-Holst. u. Lauenb. 1842 (4) No. 30 (Die Brache); No. 37 (Die Brache als Befruchtungsmittel betr.); 1843, No. 12, 13 (Die reine Brache); No. 22 u. 23 (Für die Theilnehmer der Brachangelegenheiten); No. 25 (Die Brache betr.); No. 28 u. 29 (An die Freunde der Industrie zu Warmack pr. Kolding); No. 30 (Beleuchtung des Zurufs, in der Brachangelegenheit nicht voreilig einen Beschluss zu fassen); No. 34 u. 35 (Ehrenrettung der Deutschen Landwirthschaft); 1844 (3. Jahrg.) No. 7 (Bemerkungen zu dem in No. 2 dess. Blattes enthaltenen Aufsatz des Hrn. Rethwisch zu Fiefbergen über Saatfolge); No. 28 (Zur Widerlegung einer irrigen Behauptung); 1846, No. 42 (Mergel u. Kartoffelbau betr.); No. 43 (Die Behandlung der Brache in gegenwärtiger Zeit); 1847, No. 20 (Bedenken über mehrseitige Vorschläge zur Minderung menschlicher Noth).

1745) **Renck,** Detlef Anton, Fabrikant in Neumünster; Agent; seit dem 15. September 1845 R. v. D.; 1854 vom König erwähltes Mitglied für das Herzogthum Holstein zu dem laut Verordnung vom 26. Juli 1854 angeordneten Reichsrath für die Dän. Monarchie; er war auch Abgeordneter zur Holsteinischen Ständeversammlung für den 10. städtischen District; hat seit 1863 auch den Titel u. Rang eines k. Dänischen Etatsraths.

Zur Verfassungsfrage der Dänischen Monarchie. Altona, Lehmkuhl u. Co., 1860. 8. SS. 123.

Von ihm stehen kleinere Beiträge volkswirthschaftlichen u. politischen Inhalts im Kieler Correspondenz-Blatt 1842 u. 1843, im Altonaer Merkur u. wahrscheinlich auch in anderen Blättern. ÷

1746) **Rendtorff,** Heinrich, geboren den 14. April 1814 zu Ludwigsburg, Kirchspiels Waabs in Schwansen, studirte Theologie in Kiel seit Ostern 1833, wurde 1838 Ostern mit dem 2. Charakter mit Auszeichnung examinirt, den 25. Juli 1849 Pastor auf Arnis, den 8. September 1850 entlassen, im Juni 1851 zum 1. Juli Schlosskaplan auf Rheineck und Agent des Rheinischen Provinzialausschusses für innere Mission; den 15. September 1852 Secretär des Centralausschusses für die innere Mission in Berlin; den 19. August 1855 Pastor in Gütergolz, Zehlendorf und Drewitz bei Potsdam; den 3. December 1860, antretend den 27. Januar 1861, Klosterprediger in Preetz, den 13. August 1864 Examinator in Kiel.

1) Die Trübsal unserer Zeit im Lichte des Friedens. Sieben Predigten aus dem Herzogthum Schleswig. Kiel, Schwers'sche Buchh., 1851. 8. VII u. SS. 92.

2) Gab heraus: Verhandlungen des 6. Deutschen evangelischen Kirchentages zu Berlin im September 1853. Berlin 1853. 8.

3) Die Kreuzzeitung u. die Holsteinische Geistlichkeit. Kiel, Ernst Homann, 1864. 8. SS. 60.

4) Festbericht: in Festreden zur Jahresfeier des Schleswig-Holsteinischen Gustav-Adolf-Vereins am 12. Juli 1815 in der St. Nicolaikirche in Flensburg gehalten. 1865 (gedruckt in Preetz). 8. S. 12—24.

5) Gab heraus Bericht des Schleswig-Holsteinischen Hauptvereins der evangelischen Gustav-Adolf-Stiftung über die Generalversammlungen 1864—65. Kiel 1865. 8.

6) Giebt seit 1866 heraus: Schleswig-Holsteinisches Kirchen- u. Schulblatt. Preetz. 4.

In Jess u. Versmanns Kirchen- u. Schulblatt 1846, III, Sp. 359—363 (Ist die abrenuntiatio diaboli bei der Taufe wieder einzuführen?); Sp. 646—648 (Entgegnung); Sp. 521—526 (Ueber den Gnadenstand der ungetauften Kinder); 1847, IV, Sp. 65—68 (Dem Armen wird das Evangelium gepredigt); 1848, V, Sp. 451 bis 456 (Die Erhörlichkeit, ein nothwendiges Erforderniss des Kirchengebets); 1851,

VIII, Sp. 798–800 (Schleswigsche Geistliche im unirten Rheinland). — In der „kirchlichen Monatsschrift, 1852, I, H. 1, S. 46–50 (Mittheilungen aus dem evangelischen Leben des Preussischen Rheinlandes.

1747) **Resen-Smith**, C., stammt aus Nordschleswig, ist dr. phil. u. Privatlehrer der nordischen Sprachen in Hamburg.

Berichte über Chinesische Handelsverhältnisse, herausgegeben vom k. Dänischen Ministerium. Ins Deutsche übertragen v. C. Resen-Smith. Hamb. 1865. 8. Richtete im Nov. 1866 ein Sendschreiben an das Preussische Abgeordnetenhaus in Betreff der Abtretungsfrage Nordschleswigs.

1747a) **Rethwisch**, Ernst, geb. in Rendsburg, älterer Bruder des nachfolgenden Karl Anton Theod. R.; als Schauspieler nicht unbekannt. (Vergl. den Artikel über seinen Bruder.)

1) Die Löwe ihm ist dœd. Couplet aus „den tappere Sören Sörensen"· Hamb. 1864. 8 SS.

2) ¡Plattdeutsche Redensarten. Couplet aus der Posse „den tappere Sören Sörensen". Das. 1864. 8 SS.

Veröffentlichte noch diverse humoristische Artikel, zum Theil in Tagesblättern.

1748) **Rethwisch**, H. P. E., erlernte im botanischen Garten in Kiel die Gärtnerei, war später Kunstgärtner im Gute Schönberg u. nachher Schullehrer im Gute.

Versuch in Ernst u. Laune. Bd. 1, H. 1, 2, Bd. 2, H. 1. Plön 1838. 8. resp SS. 96, 104 u 96.

1749) **Rethwisch**, Karl Anton Theodor, geboren den 30. Januar 1824 in Rendsburg, Sohn des derzeitigen Musikdirectors Peter Rethwisch im Holsteinischen Infanterie-Regimente; besuchte vom 4. bis zum 13. Jahre Privatschulen, darauf bis zur Confirmation im 16. Jahre die Garnisonsschule in Rendsburg; war dann bis zum Jahre 1848 Schreiber auf Zollcomptoiren u. zwar von 1843 bis 1848 in Flensburg; im März 1848 trat er als Officiersaspirant in das Jägercorps unter Major Michelsen u. wurde im Gefechte bei Bau kriegsgefangen bis September 1848; im October dess. Jahrs Grenzzollwächter im Glückstädter Zolldistrict; im Jahre 1852 von den Dänen entlassen; darauf bis Ende 1859 Landmann; im Anfang des Jahres 1860 vom Magistrat der Stadt Altona als Registerschreiber an der dortigen Stadtcasse angestellt; im Jahre 1863 von der Direction der Hamburg-Amerikanischen Packetfahrt-Action-Gesellschaft auf dem Dampfschiff „Teutonia" angestellt, machte er mit diesem Schiffe als Proviantmeister 7 Reisen nach New-York u. eine Reise nach Grimsby in England; wurde im Juli 1864 von der Schleswigschen obersten Civilbehörde als Zollhebungscontroleur auf Sylt constituirt und wurde 1866 zum Zollverwalter auf Sylt ernannt und Vorsteher der Telegraphenstation und Verwalter der Postexpedition in Keitum.

Gammel· Sören Sörensen. Gedichte. Allen Schleswig-Holsteinischen Patrioten gewidmet. Hamburg, im Selbstverlage, 1865. 8. SS. 40. (Diese Gedichtsammlung gab aus Beiträgen zu den Hamburger „Wespen" etc. des Verfassers älterer Bruder Ernst Rethwisch, als Schauspieler nicht unbekannt, heraus u. Julius Stet_ tenheim, der Redacteur der „Wespen", bevorwortete sie. Mehrere später noch in den Wespen erschienenen Piecen fehlen in der Sammlung). Besprochen in den „Hamburger Nachrichten", im „Freischütz", in der Hamburger „Reform", in der Berliner „Post" (früher Kossaks „Montagspost").
Lieferte plattdeutsche prosaische Sachen u. Gedichte in Dörrs plattdeutschem Volkskalender, für zwei Jahrgänge des Reformkalenders. — Mit den Erstlings-Gedichten seiner in dem eigenthümlichen, zwischen Deutsch u. Dänisch schwebenden Jargon geschriebenen satyrischen Gedichte trat er in den Münchener „fliegenden Blättern" auf, für welche er dann noch einzelne prosaische Beiträge in derselben eigenthümlichen Sprachmischung lieferte. Die meisten derselben stehn in den Hamburger „Wespen" der letzten 50ger u. der 60ger Jahre s. n. Gammel Sören Sörensen, u. bilden, wie gesagt, den Inhalt der oben angeführten Sammlung. — Seit Mitte Juli 1864 war er Correspondent des „Altonaer Merkurs". — Nach dem Selbstbericht. —

1750) **Reuscher,** François Louis (L. & S. No. 946), 1816 Prediger an der französisch-reformirten Gemeinde zu Altona, feierte am 9. und 10. März 1850 sein 50jähriges Amtsjubiläum; starb in Altona am 16. October 1862 im beinahe vollendeten 85. Lebensjahre.

Von ihm noch:

Eine Predigt in: Predigten u. Reden bei der Wiedervereinigung der beiden reformirten Gemeinden in Altona. Altona. 1831. 8.

1751) **Reuss,** Jeremias David (L. & S. No. 948). Er starb als Geheimer Justizrath, Oberbibliothekar und ordentlicher Professor der Philologie im 88. Lebensjahre zu Göttingen den 15. December 1837. — Seine Bibliothek war der Tübinger Bibliothek vermacht. — Vergl. Wendeborns Leben II, S. 717. Poggendorffs biogr. und liter. Handwörterb. der exacten Wissenschaften II, Sp. 603. N. St. M. X, S. 479—480.

1752) **Reuter,** Rudolph Jens Christian, geboren den 8. Juni 1801 zu Horsbüll in Nordfriesland, wurde von seinem Vater, der dort und später in Havetoft in Angeln Prediger war, zur Universität vorbereitet, studirte seit Ostern 1821 Jura in Kiel, examinirt mit dem 2. Char. m. A. Michaelis 1824 in Schleswig; Anfang 1825 Advocat in Apenrade, 1830 Ober- und Land-Gerichts-Advocat für die Herzogthümer und einige Jahre später auch Notar; practisirte von Frühjahr 1849 bis Mitte Juli 1850 als Advocat in Flensburg; ging nach der Idstedter Schlacht nach Holstein; advocirte

17*

von Michaelis 1851 in Neumünster, bis ihm im Sommer 1853 seine Advocaten-Bestallung genommen wurde; Michaelis desselben Jahres in Kiel, im November in Duisburg, wo er 5 Monate die „Rhein- und Ruhr-Zeitung" redigirte; im Frühjahr 1854 wieder in Kiel, wo ihm vom K. Preuss. Justizministerium die ihm von Sr. Maj. dem Könige ertheilte Genehmigung zur Anstellung im Justizfache mitgetheilt wurde und wurde in Folge dessen Rechtsanwalt und Notar in Barth in Neuvorpommern, war aber vorher ¼ Jahr bei dem Kreisgericht zu Greifswald beschäftigt; im Juli 1864 als Actuar für die Ries- und Süderrangstrup-Harden in Apenrade constituirt, unter'm 23. Juni, 16. Juli und 1. August 1866 des Constitutoriums entledigt und pensionirt; lebte seitdem in Ladelund bei seinem Sohn, zog aber im Februar 1867 nach Schleswig. —

(Ueber das beneficum competentine des socius unius rec. od.: Ist in der That eine Controverse vorhanden zwischen fr. 16 D. de re judicata 42, 1 u. fr. 63 D. pro socio 17, 2) in J. C. B. v. Linde u. Fr. Schulte's: „Zeitschr. f. Civilrecht u. Process" Bd. 21 (Giessen 1864) S. 1—16. Diese Abhandlung steht, nach des Verf. Angabe, ohne dass sie von uns dort hat gefunden werden können, mit einer kleinen Veränderung auch in den Schleswig-Holsteinischen Anzeigen von 1851 od. 1850 (?). — In der von Marezoll mitherausgegebenen obengenannten „Ztschr. f. Civilrecht u. Process" soll auch noch eine Abhandlung stehn über die Frage in Betreff der Beweislast, wenn die actio negatoria von dem in Besitz sich befindenden Servituten-Inhaber gegen den Eigenthümer des dienenden Grundstücks angestellt wird. Es war uns aber, trotz vielen Suchens, nicht mög- lich, den Jahrgang anzugeben; der von 1854, wie der Verf. meint, ist es jedenfalls nicht. — Revidirt. —

1753) **v. Reventlow,** Arthur Christian Detlev Eugen, geboren 1816 (?) auf Reventlow-Sandberg im Sundewitt, besuchte die Gelehrten-Schule in Flensburg bis 1834, studirte die Rechte in Kiel, Auscultant der Gottorper Regierung, Kammerherr, 1848—1850 Premier-Lieutenant à la suite in der Dänischen Armee, R. v. D. und D. M., 1850 Amtmann für die Aemter Tondern und Lügumkloster, Oberbeamter der Stadt Tondern, Commissar für ver- schiedene adelige Güter und octroirte Köge in diesen Aemtern, Oberdeichgraf, 1860, 1. Juni Amtmann über die Aemter Kiel, Crons- hagen und Bordesholm und den 11. April 1860 zugleich Curator der Universität Kiel bis December 1863, 1865 mit der obrigkeit- lichen und polizeilichen Autorität in den Gütern Ballegaard, Beuschau und der Grafschaft Reventlow-Sandberg betraut, den 5. November 1866 zum Vorsitzenden einer Commission für Schleswig-Holsteinische Wasserbau-Angelegenheiten ernannt.

Die Bildung der Marschen der Westküste von Schleswig. Mit 9 Karten
Kiel, Akad. Buchh., 1863. 4. S. 89. Dänisch s. t. Om Marskdannelsen paa
Vestkysten af Hertugdœmmet Slesvig og Midlerne til dens Fremme. Med 9 Kort.
Kbh., Gyldendal, 1863. 4. 64 SS.

1754) **v. Reventlow,** Christian Ditlef, Graf, geboren den 28. April 1775 in Kopenhagen, ältester Sohn des Ge-
heimen Staatsministers Christian Ditlef Friedrich Graf v. Reventlow
(L. & S. No. 950, † 11. October 1827) und der Sophie Frederike
Louise Charlotte v. Bculowitz († den 26. Juli 1822); studirte 1796
in Kopenhagen, wo er den 2. Juli das juristische Examen nahm;
studirte dann auch einige Jahre in Kiel, war Auscultant in der
Rentekammer bis 1805, den 22. Januar 1811 Kammerherr, den 11.
October 1827 Besitzer der Lehns-Grafschaften Christiansfelde und
Reventlow-Sandberg im Herzogthum Schleswig; nahm in Folge königlichen Befehls vom 23. März 1832 Theil an der Versammlung
aufgeklärter Männer behufs der Dänischen Provinzialstände; war
1835—36, 1838 und 1840 Mitglied der Stände für die Dänischen
Inseln und 1836 und 1838 ebenfalls der Schleswigschen Stände,
den 22. Mai 1840 Commandeur und den 27. Juli 1843 Grosskreuz
v. D.; starb den 30 Januar 1851 auf Pederstrup. — Verheirathet
seit 1800 mit Margarethe Benedicte v. Qualen. S. N. Nekrol. d. D.
XXIX, S. 1003—1004, Ersl. II S. 667 und Suppl. II S. 794—95.

1) Benedicte - Blicke und Bilder. (Abgedruckt zur eigenen Vertheilung des
Verf's) Kopenh. 1831. 8.

2) Til Medchristen. Mariboe 1840. 8. 22 SS.

3) Forsœg til Besvarelse af den Opgave: Hvorledes kann Huusmandsstanden, der for
Tiden paa ikke faa Steder befinder sig i en maadelig Forfatning, ja endog lever
under yderst trange Kaar; hvorledes kan denne talrige og nyttige Classe af Med-
borgere paa den hensigtsmæssigste Maade forhjælpes til bedre, for den, saavelsom
med Hensyn til Samfundet, ænskeligere Kaar? Kbh. 1844. 8. 59 SS.

4) Betragtninger, foranledigede ved nogle af de sidste politiske Tidsbegiven-
heder. Begyndte 1848 efter den franske Februar-Revolution og udgivne efter
hans Dœd. Kbh. 1852. IV u. 171 SS.

In „Lollandsposten" 1844, No 39 (Albert Thorwaldsen). — Erslew führt auch
einen Vorschlag zu einer Petition u. einen Antrag zu Abfassung eines neuen allgemeinen Gesetzbuchs in der „Tidende for Forhandlingerne ved Provindsialstænderno
for Sjællands Stift etc." an.

1755) **v. Reventlow**-(Farve), Ernst Christian, Graf,
geboren den 26. Juli 1799; war mehrere Jahre auf dem Gymnasium zu
Gotha unter dem Director Döring; studirte Jura und war nach bestandenem Examen 3 Jahre bei der Gesandtschaft in Berlin, dann Gutsbesitzer
auf Farve, Deputirter des Oldenburgischen Güterdistricts, den 28. Juli
1835 Kammerherr, von den Prälaten und der Ritterschaft erwähltes

Mitglied der Ständeversammlung, 1863 Verbitter des Klosters in Itzehoe.

1) **Dänemark u. seine Könige bis zum Antritt des Oldenburger Hauses.** Bd. 1, 2 (mit einer Ansicht der Rothschilder Domkirche). Kiel 1842. 8.

2) Mit H. A. v. Warnstedt: Festgabe für die Mitglieder der 11. Versammlung Deutscher Land- u. Forstwirthe. Beiträge zur land- u. forstwirthschaftlichen Statistik der Herzogthümer Schleswig u. Holstein. Mit Titelvignette, 27 Tafeln u. Karte. Altona 1847. 4. SS. 418.

3) Der Arbeiter u. der Arbeitgebende. Oldenburg, Fränckel, 1848. 8.

4) Wie gross ist der nachhaltige Productionswerth eines gegebenen Ackers? oder: Wie viel kann ein Pächter für die in Pacht erhaltene Tonne Land jährlich zahlen, ohne sich u. den Acker, d. h. den Besitzer desselben, zu ruiniren? Kiel, gedruckt bei Mohrs Wittwe, 1866. 8. Rec. in den Itzehoer Nachr. 1866 N. 149 v. 29. December (v. L. Meyn). — In den landwirthsch. Heften f. die Herzogthümer Schleswig u. Holstein 1834, H. 1, S. 109—118 (Bemerkungen zu einem vorhergehenden Aufsatz des Oberinspectors Meier, betr. die Organisirung eines Prüfungs-Collegiums für angehende Landleute); S. 122—126 (Ueber den Rübenbau); 1845, H. 2, S. 78—85 (Die Benutzung der Brache mit Vorfrüchten betr.); S. 97—118 u. 124—126 (Wo weiset der Holsteinische Güterlandwirth den Wurzelgewächsen und namentlich den Rüben am vortheilhaftesten ihren Platz an?); 1836, H. 3, S. 58—84 (Bemerkungen zu den Betrachtungen des Hrn. v. Neergaard auf Œvelgönne über Fruchtfolgen im Allgemeinen); 1837, H. 1, S. 49—73 (Ueber die Saatenfolge). II. 2, S. 17—23 (Ueber anonyme Aufsätze in den landwirthschaftlichen Heften); 1839, H. 1, S. 30—34 (Protocoll des Wagrischen landwirthschaftl. Vereins); 1841, H. 3, S. 44—53. — In der landwirthsch. Zeitung v. Neergaard u. Wilda 1842, No. 8; No. 14 u. No. 15 (Ueber das Wünschenswerthe der häufigeron Anwendung v. Ochsen u. Kühen als Zugvieh); No. 24 (Betr. die eigene Aufzucht v. Milchvieh, das Düngen mit Knochenmehl, die Rethwände als Befriedigung der Gärten); No. 29 (Das Verhältniss der grösseren Hofwirthschaften zu den kleinen Bauernwirthschaften); No. 31 (In Veranlassung des in No. 28 ders. Zeitung eingerückten Aufsatzes über Gypsen); 1843, No. 3 (Ueber Rethstände); No. 8 u. No. 10 (Ueber das Jahr 1842 u. seine wahrscheinl. Folgen f. 1843); No. 11 (Plöner Thierschau); No. 18 (Ist der vermehrte Anbau der Erbsen zu empfehlen?); No. 19 (Auszug aus d. Protocollen des wagrisch-landwirthsch. Vereins v. 17. März 1843); No. 33 (Ueber Hufenwirthschaft); No. 34 (Ueber das Stucken der Erbsen); No. 35 (Anfrage an das lanwirthschaftliche Publicum): No. 36 (Ueber Lungenseuche des Rindviehs); No 37 (Ueber den Rost); No. 43 (Meine Altenburger Reise); 1844, 3. Jahrg., No. 14 u. No. 23 (Plöner Thierschau am 22. Mai 1844); 1845, No. 13 u. No. 22 (Plöner Thierschau); 1846, No. 12 (Plöner Thierschau); 1847, No. 42 (Rede bei Eröffnung der XI. Vers. Deutscher Land- u. Forstwirthe). — Revidirt.

1756) **v. Reventlow,** Heinrich, Graf (L. & S. No. 952), geboren 1796 in Schleswig; sein Vater war der Generalmajor Graf Heinrich v. Reventlow († zu Düsternbrook Anfang Februar 1848), früher Besitzer der Güter Kaltenhof und Wittenberg; studirte die Rechte zu Göttingen und Kiel, ward 1820 auf Gottorf examinirt, seit 1829 Dänischer Gesandtschafts-Secretär in Berlin, 1830 in Frankfurt a. M., 1831 Amtmann des Amts Flensborg, 1832 ordentl. Mitglied der Nordischen Alterthums-Gesellsch. in Kopenhagen, Kammerherr, 26. August 1834 G. Rath in der Schleswig-Holsteinischen Regierung, 1839 den 13. April Amtmann von Kiel, Cronshagen und Bordesholm, resignirte im Mai 1842, starb den 2. Juli 1842 zu Hildesheim auf der Reise ins Bad, 45 Jahr alt; hinterliess Wittwe Julia, geb. Gräfin Rantzau, u. 4 Kinder. — S. N. Nekrolog d. Deutschen XIX, S. 1551.

1757) **Rewald,** Georg Kaspar Ludwig (nicht Kaspar Levinus) (L. & S. No. 953). Starb im 63. Lebensjahre den 12. März 1838 zu Flensburg. Vergl. N. St. M. X, S. 480. N. Nekrol. d. D. XVI, S. 312. Todes-Anz. Alt. Merk. 1838 No. 45. Itzch. Wochenbl. 1838 No. 12, Sp. 331.

1757a) **Rheblov.** So pseudonym für Fr. Volbehr, welchen vergl.

1758) **Rheder,** Bernhard, geboren in Preetz, Sohn des Klostersyndicus u. Klosterschreibers Christian Dietrich Rheder das.; studirte Medicin, wurde 1863 in Kiel promovirt u. liess sich in Kiel als practischer Arzt nieder.

Nonnulla de tracheotomia in angina membranacea instituenda; diss. inaugur. Kiliae 1863. 4. SS. 16.

1759) **Rhein,** H., Organist, Lehrer in Eddelack, ward am 23. April 1862 gewählt zum Rector u. Knabenlehrer in Marne, wo er noch steht.

Beitrr. z. Itzeh Wchbl. u. A. 1857, No. 18, zu Sönksens Schulzeit. 1857/58, No. 16.

1760) **van Rhyn,** Leendert Johannes, geboren in Holland, wo er seine Studien machte, war von Juni 1838 bis 1845 Pastor an der remonstrantischen Gemeinde in Friedrichstadt, machte später als Inspector der Missionen in Ostindien eine zweijährige Reise dahin, worüber er bei seiner Rückkehr 1851 einen ausführlichen Bericht in 2. Bänden mit Karten u. Abbildungen zu Amsterdam veröffentlichte, war dann Prediger in Chaam, 4 Stunden nördlich von Antwerpen, dann in Loosdrecht zwischen Utrecht u. Amsterdam u. dann in Wassenaar vor Leiden. (Nach Mitthh. des Pastoren Mensinga).

Wir führen von ihm an:
Beitrag zu dem Schleswig-Holsteinischen Vereine für bedrängte evangelische Gemeinden. Schleswig 1843. 8. Rec. Kirchen- u. Schulbl. I, 1844, Sp. 94—95. Alt. Merk. 1843, No. 20.

Im Kirchen- u. Schulbl. 1844, Jahrg. I, No. 43—44 (Stimme für die Enthaltsamkeitsvereine aus einem nicht unevangelischen Munde); 1845, II, No. 10 (Frage,

den Busstag betr.); No. 26 (Abschiedswort an Freunde u. Brüder in Schleswig-
Holstein). — In Biernatzki's Volksbuch f. 1849, S. 42—49 (Meine Ausflucht auf
Pasaroan u. das Tengersche Gebirge auf Jawa). — In Niedners Zeitschr. f. hist.
Theol. 6, 1842, H. 1, S. 63—174 (Das am 28. October 1834 gefeierte Jubelfest
des Seminars der Remonstranten zu Amsterdam von dr. Abraham des Amorio van
der Höven, Prof.'s der Theol. am genannten Seminar. Nach dem Holländischen).

1761) **Ribbeck**, Johannes Karl Otto (bedient sich als
Schriftsteller des letzteren Vornamens,) geboren den 23. Juli 1827
in Erfurt, Sohn des Generalsuperintendenten von Schlesien, späteren
wirkl. Ober-Consistorialraths Friedrich Ribbeck u. der Julie geb.
Natan; gebildet in Breslau, zuerst privatim, dann im Friedrichs-
Gymnasium unter dem Rector Ludw. Kannegiesser, seit Anfang 1843
im Gymnasium zum grauen Kloster in Berlin bis Ostern 1845 unter
der Direction des dr. August Ferdinand Ribbeck, studirte darauf in
Berlin unter Böckh, Lachmann, Trendelenburg, Bopp, Zumpt, in Bonn
unter Welcker, Ritschl, Dahlmann, Löbell, Nitzsch, Urlichs u. seit
Herbst 1847 wieder in Berlin, wo er 1849 promovirte; machte das
Probejahr durch am Gymnasium in Bonn von Ostern bis Michaelis
1850 und am Joachimthalschen Gymnasium in Berlin bis Ostern
1851, war dann Hülfslehrer das. bis Michaelis 1852, darauf bis
Michaelis 1853 in Italien; Mitglied des k. Seminars für Gelehrten-
schulen (unter Böckh), Hülfslehrer am Joachimthalschen und am
Friedrich-Wilhelmstädtischen Gymnasium in Berlin bis Michaelis 1854,
seit 27. Juli dess. Jahrs schon 2. ord. Lehrer am Gymnasium in Elberfeld, seit Ostern 1856 Lehrer der classischen Sprachen am Obergymna-
sium u. a. Prof. an der Hochschule in Bern, seit Ostern 1859 prof. ord.,
seit Ostern 1861 Prof. am Pädagogium u. an der Hochschule in Basel,
seit 20. Oct. 1862 ord. Prof. der klassischen Literatur und Beredsamkeit u. Seminar-Director in Kiel, auch Mitglied der Bibliotheks-Commission, der Commission f. das Stipend. Schassianum u. philol., Dirigent
der Examinations-Commission für Candidaten des höheren Schulamts.

1) In tragicos Romanorum poetas conjectanea. Spec. I. Diss. inaug. Berolini
   1849. 8. SS. 54.
2) Scenicae Romanorum poeseos fragmenta. Vol. I: Tragicorum latinorum reliquiae.
   Vol. II: Comicorum praeter Plautum et Terentium reliquiuo. Lipsiae 1852
   bis 55. 8. Rec. v. vol. II Gött. Gel. Anz. 1855, S. 1633 ff.
3) Lectiones Vergilianae: vor dem Jahresbericht des Elberfeld. Gymnasiums
   1854/55. Elberf. 1855. SS. 8.
4) Die mittlere u. neuere Attische Komödie. Vortrag. Leipzig 1857. 12. SS. 56.
5) Vergilii eclogae I. et X. apparatu critico instructae et recognitae: vor dem
   Ind. lectt. univ. litt. Bernensis 1857. 4. S. 3—22.
6) Emendationes Vergilianae: in der Gratulationsschrift der Univ. in Bern zu
   der Jubelfeier der Jenaer Univ. Bern 1858. 4.

7) P. Vergilii Maronis opera rec. O. R. Vol. 1—3. Lipsiae, B. G. Teubner, 1859—1860. 1862. 8. cfr. No. 18.

8) Juvenalis satirae. Rec. O. R. Lipsiae, Tauchnitz, 1859. 3.

9) Euripides und seine Zeit. Vortrag. Programm der Berner Kantonschule. 1860.

10) Qua Aeschylus arte diverbia in Prometheo fabula composueri:. Gratulations-Progr. der Berner Universität zu Welckers Jubiläum 1859.

11) Gab mit Köchly, Vischer heraus: Neues Schweizer Museum für die humanistischen Studien u. das Gymnasialwesen der Schweiz. J. 1. Bern 1861. 8. Von ihm darin: S. 7 ff. (M. Porcius Cato Censorius als Schriftsteller); S. 213 ff. (Die symmetrische Composition in der antiken Poesie); S. 171 ff. (Zu Horaz carm. III, 3).

12) Lessings Verhältniss zur Wissenschaft. Rede zur Feier des k. Geburtstages am 6. October 1863. Kiel 4. SS. 12.

13) C. Valerius Catullus, eine liter.-hist. Skizze. Vort. Kiel, Schwers'sche B., 1863. 8.

14) De Horatii satira I, 6, v. 7—44 commentatio: vor dem Winter-Index 1863/64 der Kieler Universität. 4.

15) Uebermuth (Hybris). Rede am 6. Juli 1864. Kiel. 4.

16) De Juvenalis satira sexta: in symbol philologorum Bonnensium fasc. I, S. 1 bis 30. (Lipsiae 1864).

17) Der echte u. der unechte Juvenal. Eine krit. Untersuchung. Berlin 1865. 8.

18) Prolegomena critica in P. Vergilii Maronis opera majora. Lipsiae, B. G. Teubner, 1866. 8.

19) Griechenland u. Deutschland. Rede zur Feier des Geburtstages S. Maj. des Königs Wilhelm I. gehalten an der Christian-Albrechts-Universität den 22. März 1867. Kiel, Sehwers'sche B., 1867. 8.

20) Recognovit: P. Vergilii opera in usum scholarum. Praemisit de vita et scriptis poetae narrationem. Lipsiae 1867. 8.

21) De Tibulli elegia I. et Propertii III (II.): im Sommer-Ind. 1867.

22) Dirarum carmen enarratum et recognitum: im Winter-Ind. 1867/68.

Im Rhein. Museum v. Welcker u. Ritschl, N. F., Bd. X (Bemerkungen zu Ennius); Bd. XII, S. 419—425 (Mezentius); S. 456 (Zu Plautus), S. 694—611 u. XIII S. 320 (Bemerkungen zu Plautus miles gloriosus); XIII, S. 129—132 (Ueber Sophocles O. R. v. 216 ff.), S. 150—152 (Zu Juvenal); XIV (Ueber Varronische Satiren); XVI, S. 501—510 (An Herrn Dir. Classen über die Rede des K. Oedip. im Soph. O. R. v. 216—275); XVII, S. 543—577, XVIII, S. 316—318 (Theokriteische Studien); XVIII, S. 100—122 (Vermuthungen zur Culex u. zur Ciris), S. 476—477 (Noch einmal das Epigramm des Domitius Marsus); XX, S. 74—89 (Der Frauenspiegel des Simonides von Amorgus). — In den Jahrbb. f. Philol. Bd. 69, S. 31 ff. (Ueber Grautoff: Torpilii comoed. reliquiae); Bd. 75 (Ueber die Composition von Vergils Eclogen), das. u. Bd. 77 (Ueber Ritschl's Forschungen zur lateinischen Sprachgeschichte); Bd. 85 (Ueber Ritschl's proemiorum Bonnensium decas); B. 87, S. 351 bis 355 (Anzeige v. A. Rieses de commentario Vergiliano). — Bericht über die wissenschaftlichen Ergebnisse der Italienischen Reise im Monatsber. der Berliner Akademie 1854, Januarheft). — Revidirt.

1762) **Richter,** Gottlob Heinrich August (L. & S. No. 957); er starb in Flensburg den 2. Febr. 1842. Verh. mit Marie, Tochter des Bürgermeister Josias thor Straten. — Seine Bücher-Sammlung wurde im Febr. 1843 verkauft.

1763) **Rickers,** Friedrich Wilhelm Ludwig, geboren den 8. August 1815 zu Frauenholz, Kirchspiel Oldesloe, Sohn des dortigen Pächters Fr. Rickers u. der Margaretha geb. Evers; gebildet auf der Forstlehranstalt zu Clausthal und der Universität in Kopenhagen, 1838—1842 Forstaufseher zu Plön, 1842—1849 zu Pinneberg, 1849—1859 Assistent beim Forst- und Jagdamte in Plön, 1859 Hegereiter in Barlohe im Amte Rendsburg, Kirchspiel Hohenwestedt.

Von ihm in Verbindung mit H. Biernatzki: Bericht über die Verhandlungen der Section für Forstwirthschaft auf der Versammlung der Land- u. Forstwirthe 1847, S. 321—457 des officiellen Berichts. — Revidirt.

1764) **Rickmers,** Olde Hinrich, geboren den 17. Dec. 1819 in Süderende auf Föhr, Sohn des Schiffscapitains Volkert Rickmers und der Mattje geb. Hinrichsen; für das Seminar vorbereitet von dem Lehrer Marquardsen zu Boldixum auf Föhr und dem jetzigen Lehrer Jochimsen an der Realschule zu Friedrichsberg in Kopenhagen; besuchte das Seminar in Tondern, examinirt Ostern 1843 mit dem 2. m. s. r. A., von Ostern 1843 bis dahin 1844 Hauslehrer auf Loitmark, den 14. April 1844 Gehülfe an der Mädchenschule in Neumünster, den 1. Mai 1845 Lehrer und Organist in Medelbye, den 28. August 1862 Lehrer und Organist zu Brecklum, den 21. Mai 1864 2. Lehrer an der Dänischen Abtheilung des Schullehrer-Seminars in Tondern.

Erstes Deutsches Lesebuch. Zunächst für die Schulen des Herzogthums Schleswig. Schleswig u. Flensburg, 1852. 8. Rec. Schlesw.-Holst. Schulbl. 1852, S. 378—379, Flensb. Zeitung 1852, No. 145 u. 152. 2. Aufl. das. 1854. 8. SS. 110. Rec. in dems. Schulbl. XVI, S. 466—67. Alt. Merk. 1855, No. 28. 3. Aufl. das. 1857. 8. SS. 110. 4. Aufl. 1862. 8. SS. 216. 5. Aufl. 8. 1865. SS. 218. — In K. L. Biernatzkis „Volksbuch" f. 1848, S. 7—15 (Franz Böckmann, eine Skizze aus dem Schwedenkriege im J. 1713. Mit Abbildung). — In den „Darstellungen aus dem Christenleben", herausgeg. v. Elb-Pinnauer Lehrerverein, 1857, S. 293—298 (Der Herr ist in den Schwachen mächtig). — Im „Schlesw.-Holst. Jugendalmanach" v. J. W. Carstenn f. 1852 (Die Eskimos). — Im „Schleswig-Holsteinischen Schulblatt" Jahrg. 8, 1846, II. 3, S. 19—28 (Unterredung über Joh. 6, 35. Offener Brief an Hrn. Schullehrer Nissen in Neumünster); H. 4, S. 20—31 (Wie unterscheidet sich evangelische Katechetik von der blossen formalistischen Unterrichtslehre?); 1847, H. 2, S. 143—150 (Rec. über Rodemanns vergleichende Darstellung der 4 christlichen Hauptconfessionen etc. u. über dr. Alt: der christliche Cultus); II. 3, S. 186—189 (Rec. über Wille's biblische Geschichte, über Kalchers Behandlung der biblischen Geschichte u. über Julius Kells „Lehrerleben"); H. 4, S. 129—136 (Rec. über Bernhardis „Leitfaden beim Unterricht in der biblischen Geschichte" u. über Kurz „biblische Geschichte"); 1848, S. 374 bis 376 (Rec. über Wachlers „Katechetik für Volksschullehrer); 1849, S. 113—120, S. 254—265 u. S. 492—501 (Die Schule im Verhältniss zu Staat u. Kirche);

S. 229—232 (Rec. über Jul. Kells „die Geschichten der Bibel", Kündigs „Biblische
Geschichte", über Rauschenbusch' „auserlesene biblische Historien"); S. 635 bis
646 (Journalistisches); 1850, S. 310—316 (Dein Reich komme! Eine Unterredung
über die 2. Bitte); S. 347—350 (Lorenz Marquardsen, Lehrer in Leck. Ein Wort
zum Andenken); S. 375—388 (Nationalität u. Christenthum); S. 498—502 (Rec.
über J. Nissen's „Unterredungen über die biblischen Geschichten"; über Bauers
„biblischen Lehrgang im Christenthum"; S. 621—643 (Ueber den geographischen
Unterricht in der Volksschule); 1851, S. 65—70 (Eine Wahlunterredung über
1. Timoth. 1, 15); S 213—218 (Die Literatur im Schlesw.-Holst. Volksblatt);
S. 253—258 (Anz. von 9 Jugendschrr.); S. 573—590 (Zur Charakteristik des
„pädagogischen Jahresberichts"); S. 630—632 u. 1852, S. 113—115 (Rec. von
Fr. Ottos „über die Behandlung des öffentlichen Unterrichts"; Flashars „das
Princip der Schule"); S. 719—728 (Das Einheitliche im Unterricht); 1852, S. 77 ff.
(Journalistisches); S 336—339 (Unterredung über Galater 2 v. 16); S. 625 bis
644 (Raumers Geschichte der Pädagogik); S. 241—244 (Anz. v. Jugendschriften);
S. 510—512 (Rec. über Goltzsch's „Einrichtung u. Lehrplan für Dorfschulen; über
Schuberts kleine Erzählungen f. d. Jugend; über Gude u. Grubes „Unterhaltungen
u. Studien aus dem Natur- u. Menschenleben"; über Fleischhauers „die Naturkräfte
im Dienste des Menschen"); 1853, S. 90—95 (Das Kirchspiel Medelbye. Ein
Beitrag zur Schulstatistik); S. 319—322 (Recensionen); S. 374—385 (Das Gesang-
buch in der Volksschule); 1854, S. 19—36 (Charakteristik der evangelischen
Pädagogik v. Prof. Palmer); S. 168—172 (dr. Friedrich Eduard Benecke); S 545
bis 346 (Johann Nissen. Nekrolog.); 1856, S. 276—277 (J. R. Jürgensen. Nekrolog.);
S. 562—576 (Das neue Schulgesetz für Dänemark); 1857, S. 42—48, S. 239 bis
244, S. 354—363 (Das Schulwesen betreffende Verhandlungen in der Schleswigschen
Ständeversammlung). — Im „Kirchen- u. Schulblatt" IV, 1847, Sp. 258—261
(Ueber den Unterricht in der alttestamentlichen Geschichte); V, 1848, Sp. 396 bis
398 (An Hrn. Nissen in Glückstadt); Sp. 516—518 (Zur Verständigung zwischen
Kirche u. Schule); Sp. 771—775 (Darf die Holländische Schulorganisation ein
Muster sein bei der neu zu gestaltenden Schleswig-Holsteinischen?); VI, 1849,
Sp. 79—80 (Die Zukunft der Schule). — Im „Altonaer Merkur" 1857, No. 299 (Anz.
von C. F. Claussens Versuch eines Lehrgangs im elementaren Rechnen). — Im „Itzeh.
Wochenbl." 1849 (Anzeige v. Burgwardts Bildungsfreund 2. Aufl.). — Revidirt.

1765) **Rieck,** Fried., geb. 23. Dec. 1809 zu Vitzdorf auf Fehmarn, besuchte die Glückstädter Schule bis Mich. 1828, die Altonaer
Selecta bis Ostern 1829, studirte darauf Philologie in Kiel und auf
anderen Universitäten, wurde dr. phil., Collaborator an der Gelehrten-
Schule zu Flensburg den 9. October 1838, introducirt 21. Dec.
1838, Rector in Ratzeburg 1845, 1851 im Mai Director des Gymnasiums zu Zwickau in Sachsen, später an verschiedenen Stellen
in Mecklenburg, gegenwärtig in Grevesmühlen als Pädagog thätig.

1) Der Schleswig-Holsteinische Gnomon u. die Volksschule. Flensb. 1843. 8.
Rec. Schlesw.-Holst. Schulbl. Jahrg. V, 1843, II. 3, S. 142—143.

2) Andeutungen über den Zusammenhang des Gymnasiums mit der Kirche:
Ratzeburger Oster-Progr. 1847. 4. SS. 28. Kam auch in den Buchhandel
(Leipzig, Naumann).

3) Ueber falsche Richtungen der modernen Pädagogik. Rede zum Antritte des Directorats des Gymnasiums zu Zwickau am 30. Juni 1851. Zwickau 1851. 8.

4) Pädagogische Briefe. Aus der Erinnerung an Greg. W. Nitzsch. Bielefeld, Velhagen u. Klasing, 1866. 8. S. Alt. Merk. 1866, v. 11. Nov.

1766) **Riedell.** Johannes Friedrich Christian Enggelbert, geboren in Toftlund (oder Bröns), wo sein Vater Reitvogt war, studirte Medicin in Kiel, wurde daselbst 1856 zum dr. med. & chir. promovirt, war eine Zeit lang practischer Arzt in Schönberg, jetzt in Tondern.

De pedis amputatione ex Pirogoffii methodo instituta. Kiliae 1856. 4. SS. 12.

1767) **Rieffel,** Wilhelm Heinrich (L. & S. No. 959), seit Weihnachten 1824 Organist an der St. Nicolaikirche in Flensburg; feierte Ende December 1849 sein 25jähriges Dienstjubiläum zu Flensburg.

Von ihm noch:

Religiöse Gesänge für den vierstimmigen Männerchor Partitur. Hamburg, Schuberth & Co, 1841.

Meeresstille u. glückliche Fahrt. Für den vierstimmigen Männerchor. Hamb. 1845

1768) **Riegels,** Hans Christian (L. & S. No. 961), geboren den 7. Februar 1793 in Norburg auf Alsen, Sohn des Justizraths Hans Riegels († auf Fechtenburg bei Norburg den 19. Mai 1828) und der Henriette Auguste geborne Drescher († 21. Juli 1851); wurde 1808 Secondelieutenant in dem Fühnen'schen Infanterie-Regiment, 1810 Premierlieutenant, 1822 Stabscapitän, 1. November 1828 R. v. D., 1829 den 8. December Compagnie-Chef; den 9. August 1835 Land- und Seekriegscommissär im Districte Fühnen und Langeland; hatte schon den 26. Juli desselben Jahrs Majorsrang; erhielt 25. Juli 1838 Generalkriegscommissärs-Character; als Land- und Seekriegscommissär den 14. December 1844 mit Wartegeld entlassen; schon 1839 Postmeister und Transportverwalter auf Snoghoj; gründete in demselben Jahre den sogenannten Schleswigschen Verein für Volksschriften, errichtete 1843 eine Gartengesellschaft für Jütland, Fühnen und Schleswig; machte 1845 eine Reise, namentlich nach Magdeburg, um sich mit Gartenanlagen bekannt zu machen; 15. März 1848 Kammerherr; im März desselben Jahrs Commandant auf Alsen; den 24. Mai desselben Jahrs charakt. Oberst und D. M.; bis 3. October 1850 Civil-Gouverneur auf Alsen und Chef für die Landbewaffnung; 1851 R. des St. Anna-Ordens mit der k. Krone; 4. August 1852 zum Folkethingsmann erwählt für den 4. Wahlkreis im Amte Ripen; 6. October

1856 Comm. v. D., 1858 Inhaber der St. Helena-Medaille;
† 9. Januar 1861 auf Snoghœj. — Vergl. Erslew II S. 673 und
Suppl. II, S. 799—801.

Von ihm noch ausser der v. L. & S. angeführten Schrift:
Til Træplantningens Fremme i Almindelighed, dog fornemmelig pna Hede-
og andre slette Jorder. (Ein theilweiser Abdruck nach der Tidskrift for Land-
oeconomi). Kbh 1848. 8. 52 SS.
Til mine Vælgere i Ribe Amts 4. Valgkreds. d. d. 7. Febr. 1853. 4. (2 SS.)
Hvad og hvorledes bœr man plante, for hurtigst muligt at hœste Fordelen
deraf? En Opmuntring og Veiledning ved Træplantningen for Hvermand. Kbh
1856. 8. 76 SS.
Beitrr. zu „Nyeste Skilderie af Kjœbenh." 1829, No. 29 (Om en foreslnoct
Priisopgave til at fremkalde det bedste Forslag til at vække og vedligeholde National-
fœlelsen bos den danske Ungdom); No. 38 (Til den geistlige Mand, som i mere end 30
Aar har havt Opsyn med Almueskolevæsen); No. 47 (Retfærdigjœrelse). — In „Maa-
nedsskrift for Hesteavl og Hestehold II, 1832, S. 58—73, 97—124, 153—176 (En Par
Ord om Danmarks Hesteavl). — In Aarhuus Stiftstidende mehrere Beitrr. u. A. 1838,
No. 9, 26, 48. — Ebenfalls in „Fœdrelandet", herausgeg. v. David, 5, No. 38, Beibl.
No. 39, 52 u. in der Berlingske Tidende 1843, No. 117 (auch besonders abgedruckt);
No. 176, 260 u. 261. 1844, & No. 258 (Die Gartengesellsch. betr.); 1844, No. 40 (Hvor
bœr den hœiere Folkeskole anlægges: Nord-Slesvig?); 1847, No. 173, 175 u. 275
(Die Gartengesellsch. betr.); 1850, No. 169, No. 261 (Om de jydske Heders
Opdyrkning, Anvendelse og Omdannelse); 1852, No. 87, 1858, No. 61 (Om Klitternes
Beplantning); No. 143 (Om Anvendeligheden af Pinus maritima til Klittebeplant-
ning); No. 263 (Om Skov paa Jyllands dæmpede Sandflugtsstrækninger etc.);
1858, No. 276, 277, 280 (Oplysninger til Andresens „Afhandling om Klitterne").
In „Tidskrift for Landoekonomie" N. R. Bd. VIII, 1846, S. 76 —128 (Brudstykker
fra en Udflugt over Hannover, Brunsvig og Magdeburg, iser med Hensyn til
Træplantning og Havecultur. — Auch besonders gedruckt); X, 121—54 (Til
Træplantningens Fremme i Almindelighed, — dog fornemmelig paa Hede — og
andere slette Jorder; s. die oben angef. darnach bes. gedruckte Schrift); 3. R. III,
217—230 (Spessarten og dens Skove, 1853, med nogle Hentydninger til vore
Heder). — Beitr. zu „Kjœbenhavnsposten" 1844, No. 224. — Diverse Artikel, die
Gartengesellschaft u. Heidecultur betr. in der „Dannevirke" VII, No. 72, VIII,
No. 14, 85, 15. Apr. 1846, IX, No. 1, 1. Juli 1846, 5, 96, X, No. 68. — In
Linde's Beretning om den 4. danske Landmands-Forsamling 1852 (Kbh. 1854)
No. 148—151 (Foredrag om Skovcultur paa Heden og Jyllands dæmpede Sand-
flugtsstrækninger); das. Beil. VIII, S. 192—193 (Foredrag om Hedebeplantningen).

1769) **Rleloff,** Karl Bernhard, geboren den 13. December 1785 in Stralsund, Sohn eines Schuhmachers und selber Schuh-
macher, nachdem er in der Bürgerschule in Stralsund bis zum 12.
Jahre den nothwendigen Unterricht erhalten hatte; kam auf seinen
Reisen als Schuhmachergeselle seit 1803, nachdem er den Vorsatz,
Schauspieler zu werden, aufgegeben hatte, 1811 nach Plön. Er
bildete sich als Autodidact zum Dichter aus. In Plön lebte er 31

Jahre lang als Schuhmachergeselle und starb daselbst, nachdem er in der letzten Zeit in einer Privatfamilie versorgt worden war, den 21. December 1842. — Vergl. über ihn N. Nekrol. d. D. XX, S. 920—921 und Plöner Donnerstagsbl. 1843 No. 1.

Gedichte. Plön 1841. 12. (Zum Besten eines erblindeten Mädchens von dem edlen Verfasser herausgegeben).

Viele Gedichte im Plöner Donnerstagsblatte bis in die letzten Jahre seines Plöner Aufenthaltes.

1770) **Riemann,** Heinrich Arminius (L. & S. No. 962). War 1840 ältester Pastor an der Marienkirche zu Friedland, wo er Ostern desselben Jahrs ein Seminar für Volksschullehrer in ritterschaftlichen und städtischen Dörfern errichtete; er stand noch 1863 daselbst. Vergl. Eutiner Schulprogr. 1863.

Von ihm noch:

Die Völkerschlacht bei Leipzig 1813 nebst Plan des Schlachtfeldes. Lüneburg, Herold u. Wahlstab, 1829. 8. S. Hamb. Corresp. 1830, No. 247.

Vollständige Anleitung zum Stossfechten nach Kreuselers Grundsätzen. Leipzig, Engelmann, 1834. 8. XII u. 106 SS.

Predigt, gehalten am 18. October 1863 in der, Marienkirche zu Friedland. Friedland, Richter, 1863. 8. 16 SS.

Von ihm sind einzelne Recc. in der „Jenaischen allgem. Literaturzeitung".

1771) **Riepen,** Claus, geboren den 9. April 1803 in Taastorff bei Neumünster, Sohn des Landmanns Jasper Riepen und der Anna Catharine Magdalene Riepen; wurde bis zur Confirmation in den Winterhalbjahren in der Dorfschule zu Taastorff unterrichtet, in den Sommerhalbjahren war er Hirtenknabe und Gehülfe bei den ländlichen Arbeiten; nach der Confirmation kam er in die Zimmerlehre, war dann 4 Jahre lang in der Fremde, d. h. in Deutschland, Ungarn, Polen, der Schweiz und in Kopenhagen; nebenbei bildete er sich aus Büchern, die er aufzutreiben suchte, so viel als möglich fort, seit 1830 Zimmermeister in Neumünster, wohnte seit 1854 in Gaarden bei Kiel und seit 1865 wieder in Neumünster; er war seit 1848 bis zu Ende Mitglied der damaligen Schleswig-Holsteinischen Landesversammlung, machte seit 1864 bis 1866 in Gemeinschaft seines verstorbenen Freundes Neergaard mehrere politische Reisen nach Hannover, Cöln, Düsseldorf, Aachen, Mainz und Frankfurt, ferner nach Eisenach, dann nach Bremen, Frankfurt und Darmstadt und endlich zu Pfingsten 1866 wieder nach Frankfurt, Stuttgart, München und Nürnberg; im April 1867 verlautete von seiner Absicht nach der Schweiz überzusiedeln.

1) In Biernatzki's Volksbuch 1847 (Ueber Iudustrio); 1851, S. 34—51 (Die Gesetzgebung u. die Arbeiterfrage).
2) Der Mühlenzwang, seine Entstehung u. Fortbildung, seine Wirkaug auf die Staatsbürger u. seine endliche Beseitigung. Kiel 1850. SS. 29.
3) * Woher stammen die Mutterrechte der Kirche über die Schule? u. ist die letztere wirklich eine Tochter der ersteren? Oldenburg, Fränckel, 1851. 8.
4) Eine Altersversorgungs-Casse für Jedermann. Kiel, C. Schröder & Co., 1858. 8. SS. 49.
5) * Der endliche Friede mit Dänemark, Hamburg, Richter, 18 . . 8.
Von ihm sind im Itzeh. Wochenbl. von 1848 mehrere Artikel über Arbeiterverhältnisse; desgleichen von 1848—51 in der „Norddeutschen freien Presse"; in den „Itzehoer Nachrichten" diverse Artikel über Vereinswesen u. politische Beiträge; desgleichen in früheren Jahren „der Hamburger Reform" u. einzelne Beiträge zum „Freischützen", sowie nuch in der Hannöverschen „Zeitung für Norddeutschland", in den 60ger Jahren im Kieler Wochenblatt Artikel in communalen, Arbeiter- u. Schulfragen u. 1864 u. 1865 Artikel in den Deutschen u. in den Landesangelegenheiten, wie über Vereinswesen in der „Schleswig-Holsteinischen Zeitung", desgleichen endlich auch in der „neuen Frankfurter Zeitung", dem „Mannheimer Wochenblatt" u. dem „Beobachter aus Stuttgart". — Revidirt.

1772) **v. Ries,** Georg Wilhelm Otto (L. & S. No. 963). Nachdem er nach Christian VII. Tode als Oberst 1809 seinen Abschied genommen hatte, hielt er sich theils auf der Insel Fehmarn, theils in Reinbeck, in Altona, Plön, Ratzeburg und abwechselnd in Kopenhagen auf. Als Greis verlegte er im Jahr 1841 seine Wohnung wieder nach Kopenhagen, nachdem er von Christian VIII. bei dessen Krönung zum R. v. D., und im Jahr 1842 zum C. v. D. ernannt worden war. Er starb in Kopenhagen den 25. September 1846. S. Neuen Nekrol. d. D. 24 S. 633—637. Erslew II, S. 674 und Suppl. II, S. 801.

In der „Sackbibliothek der Nicht-Classiker", Altona 1833 (Mommos, des Räubers, Tod). In der v. K. L. Rahbeck herausgeg. „Metis, Nytaarsgave for Murere 5823" S. 57—61 (Murervisdom).
Eine Abzeichnung u. Beschreibung des von ihm erfundenen u. an die Dänische Wissensch.-Gesellsch. im J. 1803 eingesaudten Instruments „Topognom", welches umit der Medaille der Gesellsch. belohnt warde, s. Ursins N. Magaz. 1842, No. 57 nd 58.

1773) **Riesler,** Wilhelm Gotthard Sophus (L. & S. No. 964), seit 8. April 1828 Physicus in Plön und in den Aemtern Plön und Ahrensböck; lebt noch.

1774) **Riis,** Andreas, geboren den 12. Januar 1804 in Lygumkloster, Sohn des Glasermeisters Andreas Riis und der Anna Maria geborne Philips; reiste im September 1831 als Missionär für die Baseler Gesellschaft nach der Küste von Guinea, und war 1832 in dem Dänischen Acra auf der Goldküste, 1835 in Akrazong, der Hauptstadt in Aquazim; kehrte 1845 zurück und starb 1854 in Norwegen. — Vergl. Erslew II, S. 675 und Supplem. II, S. 802. K. L. Biernatzki's Volksb. 1845 S. 56—63.

Lesebuch in der Ashantisprache. Basel 1840.

Briefe von ihm in „Dansk Religionsblad" IV, 1828, No. 33, VI, 1830, No. 82; VII, 1831, No. 21; im „Nyt dansk Religionsbl." I, 1832, No. 2, II, 1833, No. 33, 34, 38; im „Dansk Missionsblad" I, No. 4, 6, 8, II, No. 1, 8, 9, III, No. 3, 9, 12, IV, No. 7, 11, VI, No. 4, VII, No. 8; das. IV, No. 1, 12 (Udtog af en Dagbog). — Schreiben von ihm auch im Flensb. Religionsbl. N. F. J. V, 1837, No. 47, VII, No. 7, XII, No. 6, 7, 8, 19, XIII, No. 23, 25.

1775) **Rist,** Johann Georg (L. & S. No. 956). Am 26. August 1834 zum ersten Rath und Sections-Dirigenten bei der neu errichteten Schleswig-Holsteinischen Regierung auf Gottorf, vom 1. October desselben Jahrs angerechnet, ernannt; 28. October 1836 Commandeur vom Danebrog; 1846 den 7. September nebst fünf Collegen als Mitglied der Schleswig-Holsteinischen Regierung verabschiedet; behielt seine Wohnung in Schleswig und starb den 5. Februar 1847 im 72 Lebensjahre am Schlagflusse. S. N. Nekrol. d. D. XXV, S. 784—785. Steffens: Was ich erlebte 3 S. 329.

Schrieb noch: * Ein Wort zu den Landsleuten in Schleswig u. Holstein v. J. R. Schleswig Tbst.-Inst. 1831. 8 Rec Kieler Corresp.-Blatt 1831, No. 43.

* Schönborn u. seine Zeitgenossen. Drei Briefe von ihm nebst einigen Zugaben aus seinem Nachlasse u. einer biographischen Skizze als Einleitung, herausgegeben v. J. R. Hamburg, Fr. Perthes, 1836. 8. Rec. Kiel. Corresp.-Bl. 1836, No. 60. Alt. Merk. 1836, Beiblätter No. 126. Hamb. Corresp. 1836, No. 272.

* Andeutungen u. Erinnerungen zu J. E. v. Bergers Leben v. J. R.: in Henning Ratjens Leben Bergers (Altona 1835) S. 53 – 82.

Die Geschichte von dem blinden Spielmann in der Zeitschr. „Mnemosyne" schrieb Rist, als er 22 Jahr alt war (1797?). — Von ihm in der Zeitschr. f. Hamb. Gesch. Bd. IV, N. F. Bd. 1, 1858, S. 67—135 (Historische Denkschrift über das Verhältniss Dänemarks zu Hamburg im Frühjahr 1813. Diese Denkschrift erschien zusammen mit P. Poel's ebend. S. 1 sqq. abgedrucktem Aufsatz: „Hamburgs Untergang" auch separat.

1776) **Ritter,** Adolf, geboren in Kiel, ein Sohn des nachfolgenden Professors Georg Heinrich Ritter und Bruder von Nicolaus Heinrich Valentin Ritter, besuchte die Gelehrtenschule in Kiel, studirte in den ersten 50ger Jahren Medicin und promovirte in ihr 1855 in Kiel, wo er practisirender Arzt und zugleich Privatdocent an der Universität ist.

Nonnulla de vaccinis. Diss. inaugur. Kiliae 1855. 4. SS. 16.

1777) **Ritter,** August Heinrich, geboren den 21. November 1791 in Zerbst, Sohn des Hof- und Amtsraths Johann Friedrich Wilhelm Ritter zu Zerbst und der Sophie Dorothea geborne Oelschläger, besuchte das Gymnasium in Zerbst, die Universitäten zu Halle, Göttingen und Berlin; Schleiermacher und Neander wirkten fördernd auf ihn ein; promovirte als dr. philos. den 9. Juli 1817 in Halle, habilitirte sich in demselben Jahre als Privatdocent der Philosophie in Berlin und wurde 1824 Professor der Philosophie daselbst; den 8. October 1833 ordentlicher Professor der Philosophie in Kiel; erhielt im März 1837 einen Ruf nach Göttingen, wohin er Michaelis 1837 von Kiel abging, und wo er bis jetzt gelehrt hat.

1) Welchen Einfluss hat die Philosophie des Cartesius auf die Ausbildung des Spinoza gehabt? u. welche Berührungspuncte haben beide mit einander gemein? Nebst einer Zugabe über die Bildung des Philosophen durch die Geschichte der Philosophie. Leipzig u. Altenburg 1817. 8.

2) Geschichte der Ionischen Philosophie. Berlin 1821. 8. Recc. in den Heidelberger Jahrbb. der Liter. 1824, No. 12 u. 13 (von Brandis), Gött. Gel. Anzz. 1822, No. 122 (v. Bouterweck).

3) Vorlesungen zur Einleitung in die Logik. Berlin 1823. 8.

4) Abriss der philosophischen Logik Berlin 1824. 2. umgearbeitete Aufl. Das. 1829. 8.

5) Geschichte der Pythagoräischen Philosophie. Hamburg 1826. 8. Recc. Gött· Gel. Anzz. 1827, No. 83, 84 (v. Dissen), Allgem. Liter. Zeit. 1828, No. 9 u. 10 (v. Brandis), kritische Bibliothek f. das Schul- u. Unterrichtswesen 1828, No. 51 (v. Fr. Hoffmeister).

6) Geschichte der Philosophie. Th 1—4, auch unter dem Titel: Geschichte der Philosophie alter Zeit. Hamburg, Perthes, 1829—1834. 8. XXIV u. 614, XII u. 494, XVI u. 719 u. XIV u. 710 SS. 2. Aufl. das. 1836—1839. 8. Th. 5—10, auch unter dem Titel: Geschichte der christlichen Philosophie Th. 1—6. Das. 1841—1853. 8. XIV u. 564, XI u. 635, XXIII u. 760, XVI u. 732, XVI u. 748, XV u. 571 SS., Th. 11—12 od. Geschichte der christlichen Philosophie Th. 7, 8, auch unter dem Titel: Geschichte der neueren Philosophie Th. 3, 4. Das. 1855. 8. XV u. 588 u. XIX u. 652 SS. Recc. v. 1 Th. Heidelberger Jahrb. 1829, No. 62, S. 979—1004 (v. Karl Fr. Hermann); v. 2. u. 3. Th. das. 1832, S. 1077—1093 (von dems.) vom 1.—3. Th. Allg. Lit. Zeit. 1832, No. 218—220. Selbstanzz. in den Gött. Gel. Anzz. s. u.

7) Ueber das Verhältniss der Philosophie zum wissenschaftlichen Leben überhaupt. Vorgelesen in der Akademie der Wissenschaften den 2. Mai 1833. Berlin 1835. 4. Auch in den Abhh. der Akad. der Ww. zu Berlin 1833.

8) Ueber die Erkenntniss Gottes in der Welt. Hamb., Perthes, 1836. 8.

9) Zusätze u. Verbesserungen zu den 4 ersten Theilen der Geschichte der Philosophie, erste Ausgabe, Hamb. 1838. 8. SS. 148.

10) Mit L. Preller: Historia philosophiae Graeco-Romanae ex fontium locis contexta. Locos collegerunt, disposuerunt, notis auxerunt. Edidit L. Preller. Hamb. 1838. 8. Editio II. Gothae 1856 (1857). 8. XII u. 656 SS.

11) Kleine philosophische Schriften. Bd 1: Ueber die Principien der Rechtsphilosophie od. der Politik. Bd. 2: Ueber die Principien der Aesthetik. Bd. 3: Psychologische Abhandlungen. Kiel, Univers.-B., 1839—1840. 8. Rec. d. 1. Theils in der „Allgem. Liter. Zeitung" 1844, No. 67 u. 68, Sp. 509—535 u. Sp. 541—544 (v. Sengler); d. 2. Theils Göttinger Gel. Anzz. 1840, Bd. 1, S. 609 ff.; des 3. Th. Gött. Gel. Anz. 1840, Bd. 2, S. 1209—1212 (Selbstanz.)

12) Ueber das Böse. In Beziehung auf Jul. Müllers Schrift: Vom Wesen u. Grund der Sünde. Kiel, Univers. Buchh., 1839. 8. Auch in Pelts theol. Mitarbeiten 1839, p. 41—116.

13) Ueber unsere Kenntniss der Arabischen Philosophie u. besonders über die Philosophie der orthodoxen Arabischen Dogmatiker. Gelesen in der k. Societät der Wissenschaften zu Göttingen. Göttingen, Dieterichsche Buchh., 1844. 4. 5¹/₄ Bgg. Auch in den Abhandl. der k. Gesellsch. der Wissensch. zu Göttingen Bd. 2. Rec. in den Jahrbb. der wissensch. Kritik 1844, No. 91—94 (v. Schmölders), Auszug: Gött. Gel. Anz. 1843, S. 1929—1948.

14) Ueber die Emanationslehre im Uebergange aus der alterthümlichen in die christliche Denkweise. Göttingen, Dieterichsche Buchh., 1847. 4. 41 SS. Auch in den Abhandl. der k. Gesellsch. der Wissensch. zu Göttingen Bd. 3. Rec. in der Allgem. Liter. Zeit. 1848, No. 30, 31. Vergl. Nachrr. v. der Georg-Augusts-Universität 1846, S. 250—269.

15) Ueber Lessings philosophische u. religiöse Grundsätze. Göttingen, Vandenhoeck u. Ruprecht, 1848. 8. 73 SS. Aus den Göttinger Studien 1847.

16) Unsterblichkeit: im 1. Bdchen. der unterhaltenden Belehrungen zur allgemeinen Bildung. Leipzig, Brockhaus, 1851. 8. SS. 70. 2. umgearbeitete u. vermehrte Aufl. Leipzig 1866. 8.

17) Versuch zur Verständigung über die neueste Deutsche Philosophie seit Kant. 1. u. 2. unveränderter Abdruck. Braunschweig, Schwetschke & Sohn, 1852. 8. SS. 136. Aus der allgem. Monatsschrift für Wissensch. u. Literatur 1852.

18) System der Logik u. der Metaphysik Bd. 1, 2. Göttingen, Dieterichsche Buchh., 1856. 8. XVI u. 335 u. 591 SS. Recc. in Fichte's Zeitschr. f. Philos. Bd. 38, S. 102—123 (v. Sengler), Theol. Lit. Bl. 1861, No. 70, 71, Kath. Lit. Zeit. 1857, No. 3, Allg. Zeit. 1857, No. 10, Beil., Grenzbote IV, 1856.

19) Die christliche Philosophie nach ihrem Begriff, ihren äusseren Verhältnissen u. in ihrer Geschichte bis auf die neuesten Zeiten Bd. 1, 2. Göttingen, Dieterichsche Buchh., 1858, 1859. 8. XVI u. 767, XII u. 879 SS. Recc. Theol. Liter. Bl. 1861, No. 1, 2, Liter. Centralbl. 1860, No. 30.

20) Encyclopädie der philosophischen Wissenschaften Bd. 1—3, Göttingen 1862 bis 1864. 8. VII u. 430, XVI u. 572, XVI u. 676 SS. Rec. in E. Zimmermanns theol. Liter.-Bl. 1865, S. 517—522 u. S. 525—528 (v. B. Bähring), Fichtes Zeitschr. f. Philos. Bd. 48, H. 1 u. 2.

21) Ernst Renan über die Naturwissenschaften u. die Geschichte mit den Randbemerkungen eines Deutschen Philosophen. Gotha 1865. 8. Rec. Prot. Kirchenz. 1865, No. 31 (v. Christ. Weisse).

22) Ueber Geschichtsschreibung. An Fr. K. v. Raumer. Gotha 1867. 8.

Recc. in den „Göttinger Gelehrten Anzeigen" 1840, S. 171—188 (Ueber Zellers Platonische Studien); S. 769—779 (über v. Gagerns Kritik des Völkerrechts), S. 1249—1278 (über Schleiermachers Dialektik); S. 1561—1573 (über Leibnitz' Deutsche Schriften, herausgeg. v. Guhrauer); 1841, S. 1042—1047 (Selbstanz. des

6. Thl.'s seiner Gesch. der Philos.), S. 1594—1599 (über van Heusde diatribe in
locum philosophiae moralis, qui est de consolatione apud Graecos), S. 1681—85
(über Breiers: die Philosophie des Anaxagoras), S. 1864—1883 (über Siegwarts:
Das Problem des Bösen od. die Theodicee), S. 2025—2046 (über Glasers: Die
Metaphysik des Aristoteles); 1842, S. 46—52 (über Röses: Die Erkenntnisweise
des Absoluten), S. 111—120 (Selbstanz. des 6. Theils seiner Gesch. der Philos.),
S. 465—472 (über Schleiermachers Grundriss der philos. Ethik, herausgeg. v.
Twesten), S. 1817—1844 (über Trendelenburgs logische Untersuchungen Bd. 1, 2);
1843, S. 357—360 (über Kunstmanns Hrabanus Maurus), S. 585—595 (über
G. F. Franckes Anselm v. Canterbury), S. 1098—1102 (über Bilhardt's: ist Platons
Speculation Theismus?), S. 1241—1254 (über Herm. Lotzes Metaphysik); 1844,
S. 1761—1768 (Selbstanz. des 7. Theils seiner Gesch. d. Ph.); 1845, S. 761 bis
767 (Selbstanz. des 8. Thls. seiner Gesch. der Ph.), S. 1561—1571 (über Freys
quaestiones Protagoreae); 1846, S. 1740—1756 (über H. Steffens nachgelassene
Schriften), S. 2078—2079 (über Matzke: Die natürliche Theologie des Raymundus
v. Sabundo); 1847, S. 764—771 (über Novalis Schriften); 1848, S. 281—295
(über F. J. Clemens Giordano Bruno u. Nicolaus v. Cusa); S. 709—714 (über
Tafels Fundamentalphilosophie); S. 977—992 (über Apelt, Schleiden, Schlömilch,
Schmidt: Abhandlungen der Fries'schen Schule), S. 1070—1092 (über Chr. J.
Braniss: die wissenschaftliche Aufgabe der Gegenwart); 1849, S. 1—22 (über
C. v. Kaltenborns: Die Vorläufer von Hugo Grotius auf dem Gebiet des jus
naturae et gentium sowie der Politik im Reformationszeitalter), S. 841—858 (über
Nauwerks u. Noacks: Jahrbb. der freien deutschen Akademie 1849, No. 1, II. 1),
S. 881—901 (über Joh. Mart. Düx: Der Deutsche Cardinal Nicolaus v. Cusa u.
die Kirche seiner Zeit), S. 1001—1018 (über Robert Blackey: History of the
philosophy of mind), S. 1268—1271 (über Waddington-Kastus: de Petri Rami vita,
scriptis, philosophia), S. 1315—1320 (über Ernst Renan: de l'origine du langage);
1850, S. 465—470 (über Strümpells: Die Universität u. das Universitätsstudium),
S. 508—511 (über A. L. Kyms: Hegels Dialektik in ihrer Anwendung auf die
Geschichte der Philosophie), S. 633—643 (Selbstanzeige vom 9. Theil seiner Geschichte der Philosophie); 1851, S. 313—322 (über Gumpesch: Geschichte der
Philos.), S. 401—413 (über Schaarschmidts: Des Cartes u. Spinoza), S. 681—708
(über Guhrauers: Joachim Jungius und sein Zeitalter), S. 1673—1680 (Selbstanz. des 10. Th.'s seiner Gesch. der Phil.), S. 1913—1927 (über Hauréau: de la
philosophie scolastique), S. 2057—2060 (über J. E. Horns: Spinoza's Staatslehre);
1852, S. 208—215 (über R. Zimmermanns: Das Rechtsprincip bei Leibnitz),
S. 1014—1020 (über oeuvres de Fr. Hemsterhuis), S. 1633—1647 (Selbstanz. des
11. Th.'s seiner Gesch. der Phil.); 1853, S. 1—16 (über Fortlages genetische
Geschichte der Philos. seit Kant), S. 977—993 (über Renans: de philosophia peri-
patetica apud Syros u. dessen: Averroès et l'Averroisme), S. 1017—1030 (über
Fr. Harms: Prolegomena zur Philosophie); S. 1617—1644 (Selbstanz. des 12.
Th.'s der Gesch. der Phil., sowie seines Versuchs zur Verständigung über die neueste
Deutsche Phil.); 1856, S. 922—956 (über Schellings sämmtliche Werke Abth. 2,
Bd. 1), S. 1713—1736 (über Schliephakes Einleit. in das System der Philosophie),
S. 1753—1772 (Selbstanz. seines Systems der Logik u. Metaphysik), S. 1833 bis
1849 (über „Kritik des Gottesbegriff s in den gegenwärtigen Weltansichten"), S. 2033
bis 2062 (über Germars: die alte Streitfrage Glauben od. Wissen); 1857, S. 1
bis 15 (über Fr. Jac. Clemens de scholasticorum sententia philosophiam esse theolo-

giae ancillam), S. 1073—1095 (über Schaarschmidts: Entwicklungsgang der neueren Speculation); 1858, S. 118—120 (über „Gott u. seine Schöpfung"), S. 521 bis 528 (über Harless: Das Buch von den ägyptischen Mysterien), S. 641—674 (über Haym: Hegel u. seine Zeit u. Rosenkranz: Apologie Hegels), S. 1841 bis 1855 u. 1859, S. 1841—1860 (Selbstanz. von: die christliche Phil. nach ihrem Begriff); 1860, S. 241—260 (über Karl H. Kirchner: Die speculativen Systeme seit Kant u. die philos. Aufgabe der Gegenwart), S. 1041—1043 (über R. Reicke: Kantiana); 1861, S. 913—920 (über Friedr. Dittes: über die sittl. Freibeit mit Rücksicht der Systeme v. Spinoza, Leibnitz, Kant); 1862, S. 291—306 (über C. Hebler: Lessing-Studien), S. 641—660 (über Joh. H. Löwe: Die Philosophie Fichtes), S. 681—693 (über: Ein Ergebniss aus der Kritik der Kantschen Freiheitslehre), S. 1657—1672 (über Schaarschmidt: Johannes Saresberiensis), S. 1841 bis 1851 (über supplementum ad Benedicti de Spinoza opera), S. 1961—1967 u. 1863, S. 1841—1852 (Selbstanz. der Encyclopädie der philos. Wissensch.); 1864, S. 1001—1012 (über Alberti: Die Frage über Geist und Ordnung der Platon. Schriften), S. 1201—1221 (über Joseph Bach: Meister Eckardt), S. 2001—2013 (Selbstanz. des 3. Bandes der Encyclopädie der philos. Ww.); 1865, S. 292 bis 312 (über Opel: Valentin Weigel).

In Fr. A. Wolfs „Literarischen Analecten" Bd. 4, 1820 (Ueber die philosophische Lehre des Empedocles). — Im „Rh. Museum" J. 2, II. 3 (Bemerkungen über die Philosophie der Megarischen Schule). — In Ullmann u. Umbreits „theologischen Studien u. Kritiken" Jahrg. 1833, II, S. 251 ff. (Ueber den Begriff u. Verlauf der christlichen Philosophie), 1836, II, S. 486 (Rec. über Ackermann: „Das Christliche im Platon"), Jahrg. 1847 (Zusatz zu seinen allgemeinen Betrachtungen über den Begriff u. den Verlauf der christlichen Philosophie). Daselbst auch einzelne Recensionen. — In Nasse's „Jahrbüchern f. Anthropologie" Bd. 1, 1830 (Ueber den Begriff des Charakters in seiner allgemeinsten anthropologischen Bedeutung). — In der allgem. Monatsschrift f. Wissenschaft u. Literatur ausser der in No. 17 erwähnten Abhandlung, 1851, October (Neueste Bestrebungen in der Aesthetik). — In Fr. v. Raumers „historischem Taschenbuch" 3. Folge, 7. Jahrg. (Kurze Uebersicht über die Geschichte der scholastischen Philosophie). — In der „allgemeinen Literatur-Zeitung" 1830, No. 11—13 (Rec. über Tennemanns Geschichte der Philosophie 1. Bd, 2. Aufl. v. Am. Wendt). — In der Zeitschr. für Alterthums-Wissensch." Juli 1842, No. 64, 65 (2 Anzeigen von Proclus exposition de sa doctrine par A. Berger u. Aenésidéme par Emile Saisset). — In (Schneidewin's) „Philologos" J. 1, H. 1 (Plato u. Aristoteles im Mittelalter). — In der „Jen. Lit.-Zeitung" (über Fischers Psychologie). — In der allgemeinen Encyclopädie der Wissenschaften u. Künste einige Artikel über Anaximander, Anaximenes, die Cartesianische Philosophie, über Wilhelm v. Occam). — In Schleiermachers Werken III, 4, a gab er 1839 dessen Geschichte der Philosophie heraus. — Revidirt.

1778) **Ritter,** Christian Wilhelm Jonathan (L. & S. No. 967), ist, nach Poggendorffs biographischem und literarischem Handwb. f. d. exacten Wissensch. II, Sp. 652, nach 1819 gestorben.

Von ihm sind noch einige Aufsätze in Journal „Hamburg u. Altona" 1803, Bd. 2, S. 173—178 (Ueber die Schädlichkeit der Luft in neuaufgebauten Häusern); Bd. 3, S. 271—273 (An den Herausgeber des Journals); 1804, Bd. 1, S. 281 bis 83 u. Bd. 2, S. 126 (Eine Anecdote aus der Vorzeit); Bd. 2, S. 63—65 (Die

natürliche Tochter Peter des Grossen lebt als Frau eines Schullehrers in Altona);
S. 364—370 (Fragment aus dem Leben Johann Karl Mays); 1805, Bd. 4, S. 189
bis 191 (Klopstock, der Dichter.' Eine Skizze.). — Im Ditmarscher u. Eiderstedter
Boten sind ebenfalls mehrere Beiträge von ihm u. A. 1802, R. 30, S. 295—300
(Merkwürdige Anecdoten von einem Hunde. Aus dem Englischen.); 1806, R. 19
(Das goldene Zeitalter); R. 24 u. 26 (Merkwürdige Scenen aus dem Leben der
Thiere).

1779) **Ritter,** Georg Heinrich (L. & S. No. 968), geb.
den 13. März 1786 (1756 in der unten verzeichneten Chronik d.
U. ist Druckfehler), zu Flensburg. In den Herrnhutischen Unter-
richtsanstalten zu Christiansfeld, Borby und Niesky erzogen, studirte
er zu Niesky und Kiel zuerst Theologie, ging dann aber zur Medicin über und setzte dieses Studium in Kopenhagen und Berlin
fort. Nach seinem Examen vicarirte er ein halbes Jahr für den
erkrankten Physicus in Segeberg, war ein Jahr in Flensburg,
unterstützte dann in der Praxis seinen Schwager, den nachherigen
Professor dr. Lüders in Eckernförde, während er inzwischen noch
eine Reise in das mittlere Deutschland machte. Im Jahre 1819
promovirte er als dr. medic. in Kiel und wirkte seit demselben
Jahre als Privatdocent und practischer Arzt daselbst; im Mai 1823
wurde er interimistischer und am 27. August 1825 definitiv Vorsteher des Vaccinationsinstituts in Kiel, den 1. April 1826 ausserordentlicher, den 6. Januar 1829 ordentlicher Professor der Medicin
daselbst und am 9. Februar 1830 Secretär des Sanitätscollegiums.
Nach Professor Lüders Tode, 14. December 1831, übernahm er die
interimistische Direction und Rechnungsführung des akademischen
Krankenhauses, erstere bis 1833, letztere bis 1848; den 28. Juni
1840 R. v. D. und den 28. Juni 1845 Etatsrath. Den 4. December
1854 ward er von der Professur entbunden. Er starb den 19. August
1855 in Kiel. S. Chronik der Universität Kiel 1855, wo das Geburtsjahr irrig.

De naturali organismi humani decremento diss. inaugur. Kiliae 1819. 4.
Fehlt im L. & S.

In Pfaffs „Mittheil." etc. III, N. F. 1, H. 5 u. 6, S. 1—14 (Einige Bemerkungen, die Ausartung der Vaccine betreffend).

1780) **Ritter,** Jonathan (Johann?) Friedrich Wilhelm
(L. & S. No. 969). Vergl. N. St. M. X S. 481.

Die Schrift, von der bei L. & Schr. nur die Anfangsworte angeführt stehen,
heisst vollständig: Leben des Freiherrn von Wattevillo, Bischofs der evangelischen
Brüderkirche u. dessen Gemahlin, geb. Gräfin von Zinsendorf. Altona 1800. 8.

Im Ditmarscher u. Eiderst. Boten 1803, R. 50, S. 152—154: (Merkwürdige
Beispiele von wechselseitiger Zuneigung u. von der Verstandesfähigkeit der Hunde.
Steht auch im Museum des Wundervollen 1803, St. 1, S. 44.)

1781) **Ritter,** Nicolaus Heinrich Valentin, geboren
in Kiel, Sohn des vorhergenannten Professors Georg Heinrich Ritter,
studirte Medicin, in der er im Jahre 1856 in Kiel promovirte; er
starb auf der Insel Madeira um 1862.

De venarum pulsu ejusque causa valvula mitrali insufficiente cum foramine
ovali aperto conjuncta. Kiliae 1856. 4. SS 19.

1782) **Rittershauss,** Johann Georg Wilhelm (L. &
S. No. 970). Starb zu Hamberge den 17. Mai 1848.

1783) **Rivesell,** Peter (L. & S. No. 971). Ist gestorben.

1784) **Rixen,** Claus (L. & S. No. 973); schon im Jahr 1799
war er Mitglied der Braunschweig-Lüneburgischen Landwirthschafts-
Gesellschaft zu Celle; er feierte den 22. October 1829 sein 50jäh-
riges, den 22. October 1839 sein 60jähriges Amts-Jubiläum; er starb
den 23. (20?) November 1843. Vergl. Schlesw.-Holst. Schulbl. 1843,
J. V, H. 2, S. 96—98. Kieler Corresp. Bl. 1837, S. 396; Neuen
Nekrol. d. D. XXI, S. 995—997. Prov.-Berr. 1829 S. 127. Itzeh.
Wochenbl. 1839, Sp. 1287.

Von ihm noch im Schlesw.-Holst. Almanach 1809, S. 63—68 (Auszug aus
seinen Bemerkungen auf einer Reise durch Holstein). — Im Alt. Merk. 1803, S. 1456
u. S. 3076 (Ueber die Sachen für Kinder, die unter seiner Leitung verfertigt
werden). — In den landwirthsch. Heften 1837, H. 2, S. 43—47 (Ueber die Wirkungen u. den Einfluss des Mondes auf Menschen, Thiere u. Pflanzen); 1838, H. 3,
S. 33—38 (Was ist Mergel?); S. 39—45 (Die ersten Versuche mit dem Mergel u.
den kalkigen Erden im Dänischwohlder District). — In der landwirthschaftlichen
Zeitung f. d. Herzogthümer Schlesw.-Holst u. Lauenb. 1842, No. 29 (Melilotenklee)
No. 33 (Timotheegras); No. 35 (Der Runkelrübenbau u. eine Prämie); No. 36
(Auch etwas von Gyps u. v. Mergel); No. 38 (Vom Tüdern der Milchkühe); No. 46
(Der Riesenklee); 1843, No. 4 (Der Hopfen.)

1785) **Rixner,** Heinrich Christoph Andreas (L. & S.
No. 1508). War 1826 Oberinspector auf Rixdorf und ihm ward am
27. August 1826 vom Holsteinischen Obercriminal-Gericht die Polizeiverwaltung des Guts abgenommen und später nahm er seinen Wohnort
zu Trestorf. Er starb (vor?) 1831. Vergl. über ihn G. O. F. Ohlfsens
actenmässige Darstellung der Criminaluntersuchung zu Rixdorf
wegen Kerls Ermordung (Plön 1832.)

In den landwirthsch. Heften f. d H. Schl. u. Holst. 1831, H. 2, S. 145—171
stehen aus seinen hinterlassenen Papieren noch Ertragsberechnungen auf Rixdorf.

1786) **Röhe,** Thomas, geboren den 19. September 1786
in Westerohrstedt, studirte Theologie in Kiel seit Ostern 1810,

wurde 1814 mit dem 2. Charakter examinirt; den 24. September 1815 Diaconus in Schwabstedt, den 16. April 1820 Pastor in Tetenbüll, in Eiderstedt; er starb den 22. December 1838.

Von ihm im Kieler Corresp.-Bl. 1831, No. 104 u. 105 (Das Armenwesen in Tetenbüll).

1787) **Röhrs,** Joseph Christian Theodor, geboren 16. Januar 1822 zu Woldenhorn im Gute Ahrensburg, Sohn des Tischlers Ludwig Röhrs und der Josephine geborne Eckard; Segeberger Seminarist; Michaelis 1844 examinirt; von da an bis 1847 Hauslehrer, 1847—1848 Gehülfslehrer, dann ³/₄ Jahr Hauslehrer; 1850 Militär, Januar 1851 Elementarlehrer in Schönberg, 1853 Districts-Lehrer in Bentfeld, Kirchspiel Giekau.

Einzelne Beiträge zu Sönksens Schulzeitung 1859/60, No. 19 u. 1863 64, No. 48. — Revidirt.

1788) **Roeloffs,** Johannes, (ein Schleswig-Holsteiner?) besass bis zum Jahre 1858 eine höhere Bürgerschule in St. Pauli, bei Hamburg und wurde darauf Director der Handelsschule in Celle.

Gab, laut Mittheilung, einen „Braga-Tempel" heraus, dessen Titel wir in den bekannten Leipziger Bücherkatalogen von Kayser u. Heinsius vergeblich suchten.

Gedichte von ihm in der Hamburger Reform u. daraus im „poetischen Album der Reform" (Hamb., Richter, 1864).

1788a) **Römer,** August Peter Christian, geboren um 1820 in Schleswig; studirte die Rechte in Kiel von Michaelis 1839 bis 1844; bestand das juristische Amtsexamen 1845; war nach dem ersten Schleswig-Holsteinischen Kriege, während dessen er einige Zeit, April 1848, in Rendsburg als Redacteur des „Tageblattes" wohnte, Unter-Gerichts-Advocat in Elmshorn; 1864 redigirte er in Kiel die „Schleswig-Holsteinischen Blätter"; war darauf als Unter-Gerichts-Advocat und Redacteur der „norddeutschen Zeitung" in Flensburg; 1865 Hardesvogt der Husbye-Harde; im August 1867 zum Amtsrichter in Flensburg für die Kirchspiele Glücksburg, Munkbrarup, Neukirchen, Quern, Sörup, Steinberg und Grundhof ernannt.

1) Redigirte neben Claus Kühl (welchen vergl.) im April 1848 das „Rendsburger Tagesblatt".

Als von ihm herrührend werden die 3 folgenden Flugschriften genannt:

2) *Fliegende Blätter, ausgegeben am 2. Juni. Hamb. 1863. 8.

3) *Aphorismen u. Betrachtungen, am 13. Juni. Das. 1863. 8.

4) *Aphorismen, am 24. Juni. Das. 1863 8.

5) Redigirte 1864 vom Januar an No. 1—23 der „Schleswig-Holsteinischen Blätter, Organ der liberalen Parthei". Kiel. fol.

6) Redigirte 1864 vom 24 März die „norddeutsche Zeitung" (Flensburg) bis Juni 1865. ÷ .

1789) v. Rönne, Friedrich Ludwig, geboren am 27.
November 1798 auf dem Gute Seestermühe bei Glückstadt; sein
Vater, Johann Georg v. Rönne, einer altadligen Familie im Herzogthum Bremen und Verden entstammend, war damals Hannoverscher
Hofgerichts-Assessor in Stade, später königlich Dänischer Confe-
renz- und Obergerichts-Rath in Glückstadt. (+ 1838 in Altona);
seine Mutter Caroline Christine geborne Cordemann. Der Sohn besuchte das Gymnasium in Glückstadt, verdankte aber sein frühzeitig
gewecktes Interesse für die Wissenschaft dem Privatunterricht seines Lehrers, jetzigen Professors Twesten in Berlin; mit dem
16. Jahre trat er in die Englisch-Deutsche Legion (King's german
Legion), und erwarb die Waterloo-Medaille schon als Officier.
Nach dem siegreichen Feldzuge bezog er die Universitäten
Kiel und Berlin, und studirte Jura (in Berlin auch unter Leitung Savigny's). Er trat dann 1820 in den Preussischen Staatsdienst, in der kurzen Zeit von 2½ Jahren die vorgeschriebenen
drei juristischen Prüfungen bestehend. Zunächst 1823 arbeitete
er einige Jahre als Assessor beim Kammergericht in Berlin und bei
der General-Commission zur Regulirung der gutsherrlich-bäuerlichen
Verhältnisse zu Magdeburg. Von hier wurde er 1825 zum Rath
an das Ober-Landesgericht in Hamm in Westfalen befördert. Um
das Jahr 1828 wurde er als Rath an das Kammergericht nach Berlin und drei Jahre später, 1831, zur Regierung nach Potsdam versetzt und zwar zur Abtheilung für Staatssachen, welche zugleich
für den Regierungsbezirk die Provinzial-Steuer-Direction bildet.
Der Staatsminister Ancillon hatte den vielseitigen und doch überall
gründlichen Arbeiter längst für den auswärtigen Dienst ins Auge
gefasst; er wurde Veranlassung, dass v. Rönne 1834 im Frühling
als Minister-Resident nach den Vereinigten Staaten von Nordamerika ging. Als König Friedrich Wilhelm IV. durch Verordnung vom
7. Juni 1844 das Handelsamt errichtete, wurde v. Rönne zum Präsidenten desselben und zum Mitglied des Staatsraths ernannt und
1846 Mitglied des Bank-Curatoriums, beides bis zum 17. April
1847. Im Jahr 1848 nahm v. Rönne ein Mandat als Abgeordneter für
das Deutsche Parlament in Frankfurt für einen Thüringer Wahlkreis
an. Schon im October 1848 begab er sich über England nach Nord-
amerika, um den Preussischen Gesandtschaftsposten in Washington
anzutreten, für den ihn König Friedrich Wilhelm IV. ernannt hatte.
Auf der Hinüberreise in England erhielt er von Frankfurt aus die
amtliche Mittheilung seiner Ernennung zum Deutschen Reichsge-

sandten daselbst und wurde in Folge dessen von der Preussischen Regierung aufgefordert, sein Preussisches Beglaubigungsschreiben zurückzusenden. So war er genöthigt, als Deutscher Reichsgesandter nach Washington zu gehn bis 1850. Bis 1859 lebte er darauf als Privatmann. Im Jahre 1859 wurde er als Abgeordneter in die 2. Kammer gewählt für Lennep-Solingen und das Mandat dreimal von demselben Kreise wiederholt. Ueber seine Thätigkeit in der Kammer vergleiche u. A. auch die unten verzeichnete Schrift seines Sohnes Julius v. Rönne S. 45—81. Er starb während der Sitzungen der 2. Kammer am 7. April 1865 zu Berlin. Die Abgeordneten der Kammer bezeigten auf den Antrag ihres Präsidenten Grabow dem verstorbenen Mitglied ihre ehrende Erinnerung durch allgemeine Erhebung von ihren Sitzen. — Verheirathet mit der ältesten Tochter des Medicinalraths Augustin zu Potsdam. — Vergl. über ihn Kölner Zeitung 1865 vom 9. April und vom 13. April 1865 im ersten Blatt, ferner die Schrift von Julius v. Rönne: Friedrich v. Rönne, Hauptzüge aus seinem Leben und dessen Abhandlung über die Verfassung der Vereinigten Staaten. Berlin 1867, IV und 233 SS.

1) Die allgemeine eheliche Gütergemeinschaft im Herzogthum Cleve und in der Grafschaft Mark. Halle 1832. 8. (Diese Schrift verfasste v. Rönne während seiner Anstellung als Ober-Landesgerichts-Rath in Hamm).

2) Er bearbeitete neu: System des Preussischen Civilrechts v. Ernst Ferdinand Klein. Halle 1834. 8. Eine 2. Aufl., die nach einem Jahre nöthig wurde, besorgte unser v. R. nur im 1. Theil. Sein Bruder Ludwig v. Rönne, damals Ober-Landesgerichts-Rath (später Kammergerichtsrath u. jetziger Appellationsgerichts-Vice-Präsident in Glogau) vollendete die Herausgabe derselben, die unter dem gemeinschaftlichen Namen beider Brüder erschien. Halle 1835 u. 1836. 8. IX u. SS. 609 u. 470 SS.

3) Von ihm ist die neue Bearbeitung von Wiese's Repertorium des Preussischen Civilrechts. Leipzig 1834.

4) Rede in der vorberathenden Versammlung der Urwähler des 48. Wahlbezirks v. Berlin am 28. April 1848. (Aus der Nationalzeitung). Berlin, Besser, 1848. SS. 16. (Steht auch S. 129—149 in der oben citirten Schrift seines Sohnes Julius v. Rönne: „Friedrich von Rönne" (Berlin 1867).

5) Denkschrift die volkswirthschaftlichen Bestimmungen der Nordamerikanischen Bundesconstitution betreffend. Berlin 1848. 8. (Steht auch S. 149—169 der eben genannten Schrift seines Sohnes).

6) Ueber die Natur der Constitution der Vereinigten Staaten von Nordamerika steht S. 83—128 der eben genannten Schrift seines Sohnes.

7) Rede zur Begründung seines Antrags (in d. 2. Kammer) betreffend die Aufhebung des Passzwangs: steht S. 169—178 der eben genannten Schrift. (Eine Kritik der Rede findet sich Neue Frankf. Zeitung, No. 282, v. 12. Oct. 1861.)

8) Rede über die Polenfrage, gehalten im Abgeordnetenhause am 26. Febr. 1863: steht S. 195—209 der eben citirten Schrift.

9) Entwürfe zu zwei nieht gehaltenen Reden, vorbereitet für die Debatten im
Abgeordnetenhause am 1. u. 2. December 1863 u. am 24. Januar 1865 über
die Schlesw.-Holsteinische Frage: steht S. 210—223 der oben citirten Schrift.
Handschriftliches Material seiner Aufzeichnungen über die Vereinigten Staaten
v. Nordamerika ist benutzt von Prof. K. Fr. Neumann in seiner „Geschichte der
Vereinigten Staaten".

1790) **v. Rönne**, Ludwig Moritz Peter, geboren am
18. October 1804 in Glückstadt, Bruder des vorhergenannten Fried-
drich Ludwig v. Rönne; besuchte die Gelehrtenschule in Glückstadt
und seit Ostern 1822 die Universitäten Bonn und Berlin; legte um
Ostern 1825 sein Examen als Auscultator ab (vereidigt als solcher
am 15. April) und bestand im Februar 1827 das Examen als Re-
ferendarius beim Kammergericht in Berlin und am 5. Februar 1828 die
grosse juristische Staatsprüfung ·in Berlin; nachdem er 1827 eine
Zeitlang beim Oberlandesgericht in Breslau angestellt gewesen,
wurde er den 21. Mai 1828 Kammergerichts-Assessor in Berlin
und zugleich mit der Stellvertretung des Criminalraths dr. Hitzig
als Director des Kammergerichtsinquisitoriats beauftragt, den 1. Juli
1828 Land- und Stadtrichter in Münsterberg; den 1. April 1832
Land- und Stadt-Gerichts-Director in Hirschberg und Kreisjustizrath
des Hirschberger Kreises, zugleich Kreisjustizcommissarius; den
1. April 1836 Oberlandesgerichtsrath in Breslau; 1841 als Hülfsarbei-
ter an das Kammergericht in Berlin berufen, wurde er den 1. April
1843 Kammergerichtsrath daselbst und einige Zeit nachher Rath
bei dem Kurmärkischen Pupillencollegium; wurde in den Jahren
1849—1853 zwei Male zum Mitgliede in der (damaligen) ersten
Kammer (Wahl-Kammer) im Wahlkreis Hirschberg-Schönau erwählt,
1858 wurde er zum Mitgliede des Abgeordneten-Hauses für den
West-Havelländischen Kreis in Brandenburg und 1861 für die
Kreise Glogau und Lüben gewählt und in denselben Kreisen nach
Auflösung des Abgeordnetenhauses, in dem er zu der Parthei der
Altliberalen gehörte, wiedergewählt; den 1. Juli 1859 Appellations-
Gerichts-Vicepräsident in Gross-Glogau; 1856 bei Gelegenheit der
400jährigen Jubelfeier von der Universität Greifswald zum dr. h. c.
in der philosophischen Facultät creirt; 1861 auch Ritter des rothen
Adler-Ordens 3. Klasse mit der Schleife. — Vergl. über ihn „Un-
sere Zeit", Jahrb. zum Conversationslexicon (Leipzig, H. 8, 1857,
S. 524—530) und Wagner's Staats-Wörterbuch, Artik.: von Rönne.
(Ein dritter Bruder der beiden genannten, Wilhelm Albrecht v. R.,
erst in Dänischen, seit 1813 in Russischen Militärdiensten, seit 1857
quiescirend, † im August 1863).

1) Mit seinem Bruder Friedrich Ludwig v. Rönne besorgte er die 2. Auflage
des neu bearbeiteten Systems des Preussischen Civilrechts von Ernst Ferdinand
Klein. Halle 1835 u. 1836. 8. Bd. 1. IX u. SS. 609. Bd. 2. SS. 470.

2) In erster Ausgabe ist das Werk „Ergänzungen u. Erläuterungen der Preussischen Rechtsbücher" von ihm mit H. Gräff, H. Simon u. A. Wentzel (die
gestorben sind) u. C. F. Koch (der später ausgeschieden ist), Breslau, G. Ph.
Adlerholz, 1837—1840, bearbeitet. Auf seinen Antheil fielen damals: Allgemeines Landrecht Th. I, Tit. 1—11; Th. II, Tit. 1—7; Allgemeine Gerichts-
Ordnung Th. 1, Tit. 1—24; Criminal-Recht u. Criminal-Ordnung. Dagegen
hat er die Ausg. 3 (15 Bände), 1847—54 u. 4, 1858—62 allein bearbeitet. Das
Werk erscheint augenblicklich in 5. Ausgabe, welche er ebenfalls allein bearbeitet hat. Von dieser Ausgabe (im Erscheinen begriffen) sind bis jetzt
erschienen: Bd. 1: Allgemeines Landrecht Th. 1; Bd. 2 (H. 1, 2): Allgemeines Landrecht Th. 2, Tit. 1—8; Bd. 3: Allgemeine Gerichts- u. Hypotheken-
Deposital-Ordnung. (Der Rest wird noch im Jahre 1867 erscheinen).

3) Die Preussischen Städte-Ordnungen vom 19. November 1808 u. vom 17. März
1831 mit ihren Ergänzungen u. Erläuterungen durch Gesetzgebung u. Wissenschaft. Breslau, Adlerholz, 1840. 8. 30 Bgg. Neue Auflage das. 1843. 8.
Die neue Aufl. ist ein Theil des unter No. 4 aufgeführten grösseren Werkes.

4) Mit H. Simon: Die Verfassung u. Verwaltung des Preussischen Staats, eine
systematisch geordnete Sammlung aller auf dieselben Bezug habenden gesetzlichen Bestimmungen u. s. w. Breslau, G. Ph. Adlerholz, u. Berlin, Veit u.
Comp. 8. (Es sind davon bis jetzt folgende Theile vollendet: Th. IV, Bd. 1: Die
Gemeindeverfassung, 1. Abth. (s. No. 3); Th. VI: Das Polizeiwesen: a) Die
eigentliche Sicherheits- u. Ordnungspolizei (2 Bde. Breslau 1840—41; Suppl.
1, 2, 1844 u. 1852); b) Das Medicinalwesen (als Bd. 3 des Polizeiwesens;
2 Bde. Breslau 1844—1846; Suppl. 1, 2, 1852 u. 1857); c) Das Bau- u.
Wegewesen (als Bd. 4 des Polizeiwesens; Th. 1, 2; auch unter bes. Titeln.
Breslau 1846; Suppl. 1852; 2. Aufl. 1854 u. Breslau 1852); Th. VII: Die
Gewerbepolizei, a) Die (eigentliche) Gewerbepolizei Bd. 1, 2. Breslau 1852;
b) Die Landesculturgesetzgebung (v. A. Lette u. L. v. Rönne) Bd. 1—3.
Berlin 1853—1854; Th. VIII: Die kirchlichen u. Unterrichtsverhältnisse;
a) Das Unterrichtswesen des Pr. St. Bd. 1, 2. Berlin 1855; b) Die früheren
u. gegenwärtigen Verhältnisse der Juden (Breslau 1843); Th. IX, Abth. I:
Das Domänen-, Forst-, u. Jagdwesen. Berlin 1854. 8.

5) Die Verfassungsurkunde f. den Preussischen Staat vom 31. Januar 1850 unter
Vergleichung mit dem Entwurf vom 20. Mai 1848, dem Entwurf der Nationalversammlung, den Beschlüssen derselben, der Verfassung vom 5. December 1848,
den Revisions-Arbeiten beider Kammern, der K. Botschaft vom 7. Januar 1850.
Berlin 1850. 2. Aufl. vermehrt, mit Nachtrag der 1851 u. 1852 bewirkten
Revision. Berlin 1852. 3. Aufl. das. 1859. 4. Vergl. R. Mohl: Gesch.
u. Liter. der Staatswissensch. II, S. 349.

6) Die Gemeindeordnung u. die Kreis-, Bezirks- u. Provinzialordnung f. d. Pr.
Staat nebst dem Gesetze über die Polizeiverwaltung vom 11. März 1850 mit
den betreffenden Regierungsentwürfen nebst Motiven u. den Commissions-
arbeiten der Kammern zusammengestellt etc. Mit Commentar. Brandenburg
a. H. 1851. 8.

7) Das Gesetz über die Presse vom 12. Mai 1851. Breslau 1851. 323 SS. 8.

8) Kritische Bemerkungen über den Entwurf des Verfassungsgesetzes für den Preussischen Staat. Den Abgeordneten der Nationalversammlung gewidmet. Berlin 1848. 28 SS. 8.

9) Das Gesetz vom 11. März 1850 betr. die auf Mühlen-Grundstücken haftenden Reallasten; nebst einem praktischen Commentar zu demselben u. einer kritischen Beurtheilung des Gesetzes. Brandenburg 1850. 8. VIII u. 119 SS.

10) Mit v. Brünneck u. Camphausen: Reden gegen die Reactivirung der Provinzial- u. Kreisstände gehalten in den Sitzungen der 1. Kammer vom 17. u. 18. Febr. 1852. Berlin 1852. 8.
(Es sind zahlreiche frühere u. spätere Reden in beiden Kammern von ihm gedruckt).

11) Die in der Kammer-Sitzungs-Periode von 1851 u. 1852 bewirkte Revision der Verfassungs-Urkunde vom 31. Januar 1850. Ein Nachtrag zu der Schrift: Die Verfassungs-Urkunde etc. Berlin 1852. IV u. 56 SS. 8.

12) Das Staatsrecht der Preussischen Monarchie. Leipzig, Brockhaus, 1856—1864. 8. 2. vermehrte u. verbesserte Aufl. Bd. 1, 2. das. 1864—1865. 8. (Die 3. Aufl. ist in der Vorbereitung). Vergl. darüber R. Mohl. in der „Allgem. Zeit." 1856, No. 177; dr. Jasmund im „Pr. Wochenbl." 1857, No. 1. Andere Recc. in den „Grenzboten", in der „Germania" u. vielen anderen Journalen u. Ztschrr. Beitr. zu Zeitschriften: a) In Hinschius' juristische Wochenschrift f. d. Preussischen Staaten Jahrg. 1837, No. 27 u. 28 (Findet das in der allgem. Gerichts-Ordnung Th. 1, Tit. 38 vorgeschriebene Verfahren auch gegen unter väterlicher oder maritalischer Gewalt stehende Geisteskranke zum Zweck der Aufnahme in eine Irrenanstalt statt?); Jahrg. 1838, No. 49—52 (Ist die im § 1, Tit. 2, Th. II, des allgemeinen Landrechts aufgestellte Vermuthung eine prae-sumtio juris et de jure, wogegen ausnahmsweise nur der Ehemann od. dessen Erben u. die Lehns- u. Fideicommissanwärter gehört werden dürfen, oder nur eine gewöhnliche praesumtio juris, welche auch von dem Kinde selbst bei Anstellung der negativen Filiationsklage widerlegt werden darf?); Jahrg. 1839, No. 77—78 (Sind unentgeltliche Entsagungen den Schenkungen nur in Betreff der Wirkungen oder auch in Bezug auf die Form gleich zu achten? und liegt in der blossen unentgeltlichen Entsagung auf ein Forderungsrecht schon eine Uebergabe, welche den Mangel der gerichtlichen Form der Schenkung ersetzt?). — b) In Hinschius Zeitschr. f. Gesetzgebung u. Rechtspflege in Preussen Bd. 1, H. 4, S. 401 ff. (Ueber den Homagialeid des Erwerbers eines Ritterguts in der Lausitz u. Schlesien); c) in Sommer u. Böle's neuem Archiv f. Preuss. Recht u. Verfahren, sowie f. deutsches Privatrecht Bd. 15, S. 62 ff. (Ist der Ein-wand der Beneficial-Erbenseigenschaft in der Executions-Instanz noch zulässig und welchen von beiden Theilen liegt in dieser Beziehung die Beweislast ob?). d) In Koch's Schlesischem Archiv für praktische Rechtswissenschaft Bd. 1, S. 489 ff. (Ueber die Natur der Schweidnitz-Jauerschen Lehne und über das bei den zum Ressort der General-Commissionen gehörigen Regulirungen u. Auseinandersetzungen in Beziehung auf solche Lehne zu beobachtende Ver-fahren). — e) In Aegidi's Zeitschrift für Deutsches Staatsrecht und Deutsche Verfassungsgeschichte Bd. 1, H. 3, S. 384 ff. (Ueber das richterliche Prüfungsrecht bezüglich der Rechtsgültigkeit von Gesetzen u. Ver-ordnungen nach Preussischem Staatsrechte). — Revidirt.

1790a) **Rönnenkamp,** Christian, geboren auf dem Hofe Clues bei Flensburg, Kirchsp. Bau am 7. August 1801; (sein Vater H. C. M. Rönnenkamp auf Clues, Abgeordneter des 9. ländl. Wahldistricts im Herzogthum Schleswig, † 1. April 1837;) studirte Jura seit Ostern 1821 in Kiel; ward examinirt im juristischen Examen auf Gottorf 1825 (2. Char. mit Ausz.), und ward unterm 7. März 1826 zum Untergerichtsadvocat, 12. Juli 1828 zum Notar ernannt u. practisirte in Flensburg. Er war vor 1848 Abgeordneter zur Schleswigschen Ständeversammlung, 1848—1851 zur Schlesw.-Holst. Landesversammlung für den 16. Schleswigschen Wahldistrict. 1851 ward er von der Amnestie ausgeschlossen, indess später amnestirt, doch 1852 seine Bestallung als Advocat u. Notar nicht bestätigt. Er war (um 1849) Testamentarius der Gotthard und Anna Hansenschen milden Stiftungen in Flensburg. Von der obersten Civilbehörde erhielt er unterm 27. Mai 1864 wieder eine Bestallung als Untergerichtsadvocat im Herzogth. Schleswig und eine Concession zur Betreibung von Notariatsgeschäften im gedachten Herzogthum; er starb in Flensburg am 22. Febr. 1867. — Verheirathet mit Brigitta, geb. Friederici († 1. Decb. 1848). Ein Nachruf auf ihn in der Flensburg. „Nordd. Zeitg." 1867 Febr.

Das Wechselrecht für Flensburg allein und die Filialbank. Flensburg 1843. 8. ¼ Bg. (S. Lyna 1843, No. 34.)

Beitrr. im Itzeh. Wochenbl. 1841, No. 8, No. 10. ÷

1791) **Rönnenkamp,** Peter Johann (L. & S. No. 975); er trat das Pastorat in Cosel am 5. April 1829 an; wurde den 1. Oct. 1836 Mitglied der Commission für Förderung der wechselseitigen Schuleinrichtung bis 14. Juni 1849, den 12. December 1852 emeritirt; lebte darauf in Eckernförde, seit 1854 in Plön, wo er den 16. Juni 1859 im 70. Lebensjahre starb. Verheirathet mit Charlotte Elisabeth Wilhelmine geb. Wittrock († den 11. Mai 1849). — Vergl. N. St. M. X, S. 481, die unten verzeichneten Erinnerungen aus seinem Leben, wo seine literarischen Arbeiten pag. 60—62 u. 83 bis 86 aufgeführt sind.

Von ihm noch:

Rede, gehalten im November 1828 bei der Weihe der Lundener Elementarschule und zur Einführung des gegenseitigen Unterrichts in dieser Schule, nebst den drei bei dieser Feier gebrauchten Gesängen. Altona 1829.

Gesänge zur Confirmationsfeier. Altona, Busch, 1830. 8. Eine 3. Aufl. Schleswig, Tbst.-Inst. 8.

Unsere Wünsche für die neue Orgel. Predigt, gehalten zur Orgelweihe in Cosel am 20. Sonntage nach dem Feste der Dreieinigkeit, den 18. November 1832. Schleswig, Tbst.-Inst., 1832. 8. SS. 14. Rec. Neue Prov.-Berr. 1833, S. 152—153.

Beleuchtung des Diesterwegschen Urtheils über die wechselseitige Schuleinrichtung. Altona, K. Aue, 1837. 8. SS. 61. Rec. Corresp.-Bl. 1837, No. 15, S. 57—58.

Reflexionen u. Aphorismen über das Wesen, die Vorzüge, die Vervollkommnung u. den Fortgang der wechselseitigen Schuleinrichtung in den Herzogthümern Schleswig u. Holstein wider die Gegner dieser Schuleinrichtung. Altona, Aue, 1840. 8. VIII u. 144 SS. Mit 6 Tabellen. Rec. Schlesw.-Holst. Schulbl. 1840, H. 1, S. 164. Kieler Corresp.-Bl. 1840, No. 15.

Einige Blätter für die wechselseitige Schuleinrichtung. Fortsetzung der Reflexionen u. Aphorismen über das Wesen, die Vorzüge, die Vervollkommnung u. den Fortgang der wechselseitigen Schuleinrichtung. Oldenburg, Fränckel, 1841. 8. Steht auch im Schl.-Holsteinischen Schulblatt f. 1840, H. 4, S. 1—44.

Aeolstöne aus dem Lazareth. Ein Dankopfer von R. Kiel, gedruckt bei C. F. Mohr, 1841.

Die zehn Gebote u. das apostolische Glaubensbekenntniss mit Bibelsprüchen, Gesangversen u. einigen Schulgebeten in 30 Lectionen. Zum Lesen u. Besprechen mit Kindern, welche die Eckernförder Lese-Tabellen durchgemacht haben. Oldenburg, C. Fränckel, 1843. 12. IV u. 47. Rec. im Schlesw.-Holst. Schulblatt V, 1843, H. 2, S. 10—212.

Altargebete in gebundener Rede für den sonntäglichen Gottesdienst. Oldenburg, Fränckel, 1844.

Schreiben an die Kirchengemeinde des Kirchspiels Cosel zum Sonntage Judica 1849. Oldenburg 1849. Gedruckt bei C. Fränckel.

Altargebete in gebundener Rede für die christlichen Feste. Plön, gedruckt bei S. W. Hirt, 1854.

Nach seinem Tode herausgegeben von J(ohanna) K(untze): Reminiscenzen aus meinem Leben. Plön, gedruckt bei S. W. Hirt. 8. 120 SS. (Kam nicht in den Buchhandel.)

Die beabsichtigte Herausgabe einer Sammlung geistl. Gedichte „die Blume von Saron d. i. die Kirche" wurde laut Anzeige im Alt. Merk. 1853, No. 286 auf unbestimmte Zeit verschoben.

In den N. Prov.-Berr. 1834, S. 162—165 (Ode zur Jubelfeier des General-Superintendenten Adler, den 15. Januar 1833). — Ein Beitrag im Schulbl. f. d. Grossherzogtbh. Mecklenb. und f. die Herzogthh. Schl.-Holst. und Lauenb. I, II. 5. — Im Kieler Corresp.-Bl. 1840, No. 38 (Erwiderung auf einen Aufsatz v. Past. Bolten in Bünstorff über wechsels. Schuleinrichtung). — Im Schlesw.-Holst. Schulbl. III, 1841, S. 69—77 (Fünfzigjährige Amtsjubelfeier des Organisten u. Schullehrers Nissen in Cosel); V, 1843, H. 1, S. 25—35 (Rede, gehalten bei der Einweihung der Schule in Bohnert); H. 3, S. 68—78 (Gedanken über den Religionsunterricht in Elementarclassen in Beziehung auf seine Schrift „Die zehn Gebote" etc.); IX, 1847, II. 1, S. 94—101 (Nachrichten über den Stand u. Fortgang der wechselseitigen Schuleinrichtung in den Herzogthh. v. 1839—1845). — Im Kirchen- u. Schulblatt 1845, Sp. 500—505 (Wie äussern sich evangelische Kirchenagenden der neueren Zeit über das Verhältniss der Confirmation zur Taufe?); 1849, VI, Sp. 533—534 (Ein Wort zur Verständigung); 1850, VII, Sp. 433—436 (Zur Baptistensache). — Diverse Beiträge zum Itzehoer Wochenbl. u. A. 1840, No. 3 (Den Manen Frederik VI. Sonnett). Gedichte im Husumer, Eckernförder und Itzehoer Wochenblatt.

Die von ihm gesammelten Beiträge zur Fortsetzung der Norderditmarsischen Predigergeschichte von Fehse (vgl. Reminiscenzen pag. 62) sind jetzt in Händen des Hauptpastors J. M. Michler in Petersdorf auf Fehmarn, der sie für seine „Schlesw.-Holst. Predigergeschichte" zu verwerthen sucht.

1792) **Rötger,** Andreas Nicolaus (L. & S. No. 978). Starb als Criminaldirector zu Bützow 9. October 1832. — Verh. mit Helene geb. Ackermann. (Er war nicht zu Eutin, wie im L. u. S. steht, sondern 1769 zu Glückstadt geboren u. Bruder des nachfolgenden Detlev Heinr. Rötger). — Vergl. d. Neuen Nekrol. d. D. 10, S. 700.

Von ihm noch Beiträge zum Schwerinschen freimüthigen Abendbl. v. 1831.

1793) **Rötger,** Detlev Heinrich (L. & S. No. 976). Wurde den 6. März 1832 mit zum 27. April nach Kopenh. berufen zur Berathung über Provinzialstände; war vom September 1834 bis dahin 1838 Wahldirector des 5. städtischen Wahldistricts für Holstein; den 28. October 1836 R. v. D.; den 31. Januar 1837 auf Ansuchen als Bürgermeister in Itzehoe entlassen. Den 15. December 1837 ward von den Kämmereibürgern u. Achtmännern zu Itzehoe sein Bildniss, gemalt von Schneider aus Dresden, im Sessionszimmer des Rathhauses aufgestellt. Aus Dankbarkeit dafür setzte er eine Summe von 500 ₰ aus, deren Zinsen jährlich am 15. December an zwei arme Familien Lübscher Jurisdiction vertheilt werden. Er war auch seit dem 22. Mai 1826 wirklicher Etatsrath, u. starb in Itzehoe den 21. Januar 1863. Verh. seit 1802 22. Mai mit Magdalena Sophie geb. Münnich († 17. Juli 1851).

Kleine Beitrr. zum Kieler Corresp.-Bl. 1832. — Bemerkungen über die Schrift des Grafen v. Holstein, betitelt: „Einige Worte über das Verarmen der arbeitenden Classen" im Itzeh. W. 1835, No. 17 Sp. 410—414 (unterz. R.).

1793a) **Rötger,** Friedrich Johann Heinrich, geboren in Itzehoe, Sohn des vorhergenannten Detl. H. R., studirte Jura u. ward Bürgermeister in Itzehoe, nach 1851 aus politischen Gründen entlassen, später Justizrath u. Gerichtshalter in Itzehoe, seit dem 27. Septb. 1854 bis 1866 Ständeabgeordneter für den Itzehoer Wahldistrict zur Holsteinischen Ständeversammlung; im September 1867 regierungsseitig als Vertrauensmann nach Berlin berufen.

Nachträgliches Votum über die Katholikenfrage in Holstein. Hamburg, Perthes, Besser & Mauke, 1863. 8.

1794) **Rohde,** Hans Julius, geboren den 27. Februar 1818 in Apenrade, Sohn des Kunstdrechslers Chr. Heinrich Rohde das.

u. der Catharina geb. Wollesen; besuchte die Bürger- u. Rectorschule in Apenrade, später 2 Jahre das Seminar in Skaarup auf
Fühnen, examinirt daselbst d. 20. Juli 1839; darauf bis zum Herbst
1846 Gehülfslehrer an der Haupt-Knabenschule der Vorstadt in
Kiel, verwaltete dann bis zum Herbst 1847 die Günderothsche
Armenschule in Apenrade; vom 8. October 1848 bis 30. September
1850 Küster u. Schullehrer in Jels im Amte Hadersleben; von der
Dänischen Regierung entlassen, errichtete er das. ein Institut u.
trat 1853 seine frühere Stellung an der Hauptknabenschule wieder
an; am 23. August 1861 Lehrer an der Hauptknabenschule in Kiel.

Die regierenden Zeitwörter, Eigenschaftswörter u. Verhältnisswörter zusammen-
gestellt. Kiel 1843. 8. 4 SS. 2. Aufl. Das. 1851. 8.
Im Schlesw.-Holst. Schulbl. 8, H. 3, S. 10—14 (Das Missverhältniss unseres
Schulwesens zur häuslichen Erziehung). — In der „Schlesw.-Holst. Schul-
zeitung" (Pflichten u. Rechte der Lehrer). — Im Kieler „Correspondenz-
Blatt" (Das Internat der Waisenknaben muss in ein Externat verwandelt werden).
— In der „Kieler Zeitung" (Keine Abendschule, sondern Halbtagsschule). —
Ausserdem sind von ihm gedruckt diverse nicht näher anzugebende andere Artikel
auch Uebersetzungen ins Dänische, z. B. der Proclamation mit, welcher General
v. Wrangel in Jütland einzog. — Revidirt.

1795) **Rohlfs,** Johann Nicolaus, geb. den 15. März
1804 in Segeberg, Sohn des Schneiders Daniel Detlef R., besuchte
die Stadtschule seiner Vaterstadt und bildete sich bei Pastor
Oertling in Bornhöved weiter aus, ging Michaelis 1824 auf das
Tondernsche Seminar, von dem er mit dem 1. Char. entlassen
wurde, war dann Hauslehrer bei Preetz, 1829 im Herbst Lehrer in
Garstedt im Kirchspiel Quickborn, 1835 den 9. Juli Organist und
Lehrer in Wedel; erhielt den 16. Mai 1843 eine Belobung von der
Schleswig-Holsteinischen Regierung; er starb den 20. Juli 1854.

Von ihm im Schlesw.-Holsteinischen Schulbl. 1839, H. 3, S. 114—132 (Kleine
Schulreden).

1796) **Rohwer,** Jürgen, Hufner in Holtorf im Amte
Rendsburg, nahm 1846 Theil an der Gründung einer Landesbaum-
schule an der Gränze des Amtes Rendsburg u. des Gutes Hanerau;
war 1836 u. folgende Jahre Abgeordneter und Stellvertreter in der
Holsteinischen Ständeversammlung und 1848—1850 Adgeordneter der
Schleswig-Holsteinischen Landesversammlung, Director des landwirthschaftlichen Vereins im Amte Rendsburg.

Das Schroten überhaupt ist dem Mühlenzwange nicht unterworfen. Oldenburg, Fränckel, 1844. 8.
Er war an dem Bericht der an S. M. den König wegen Förderung der allgemeinen

Wehrpflicht entwendeten Deputation des Bauernstandes in Schleswig-Holstein im Altonaer Merc. 1845, No. 306 betheiligt. — Im „Kieler Corresp.-Bl." 1841, No. 90 (Seit dem 28. Mai 1831, also seit 10 Jahren, sind höhere Bauernschulen nothwendig); 1845, No. 7 (Ueber die Mittel des Mysticismus, um auch im Volke seine Zwecke zu erreichen). — Im „Itzehoer Wochenbl." 1841, No. 9 (Der Zustand unserer kopfsteuerpflichtigen Tagelöhner); 1842, No. 30 (Erörterung der Frage: was hat die ständische Verfassung bisher dem Schlesw.-Holsteinischen Bauernstande genützt u. welchen Nutzen kann man von ihr noch ferner für denselben erwarten?); 1843, No. 39 (Ueber die höhere Volksschule in Rendsburg). ÷

1797) **Roll,** Cornelius Gottlieb (L. & S. No. 980); er starb den 27. Februar 1834 zu Hadersleben. — Verh. mit Andrea Hermandine Katharine geb. Lange (+ 27. Febr. 1833). — Vergl. N. Nekrol. d. D. XII, S. 119.

1798) **Roll,** Cornelius Karl Emil, geboren in Sonderburg, studirte Medicin und wurde in ihr 1838 in Kiel promovirt; ist practisirender Arzt in Lügumkloster. (Sohn des vorhergenannten.)

De sectione caesarea felicissimo exitu instituta. Diss. inaugur. Kiliae 1838. 8.

1799) **Roll.** Lorenz Christian August, geboren zu Hoyer, studirte Medicin, wurde 1856 in Kiel als dr. med. & chir. promovirt und practisirt zur Zeit als Arzt in Schleswig.

Nonnulla de descensu testiculi imperfecto. Kiliae 1856. 4. SS. 11.

1800) **Roloffs,** Friedrich (L. & S. No. 981).

Seine medicinische Inaugural-Dissertation ist auch uns unbekannt.

1800a) **Rommel,** Karl Eberhard Eugen, geb. zu Boll bei Göppingen im Königreich Württemberg, studirte Jura, wurde 1862 zu Tübingen zum dr. jur. promovirt; redigirte seit December 1863 bis 1865 die Itzehoer Nachrichten, war dann bis Herbst 1866 Redacteur der Flensb. Nordd. Zeitung; im Mai 1867 im juristischen Examen zu Kiel mit dem 2. Char. m. r. A. examinirt; am 16. Juli 1867 U.-G.-A. in Flensburg; 24. September 1867 ernannt zum Notar im Departement des Appellationsgerichts in Kiel.

Seine juristische Inaugural-Dissertation führt den Titel: Quaestiones de consummatione homicidii, imprimis quod attinet ad interpretationem legum II, 15, 51, D. ad legem Aquiliam 9, 2. August-Vind. 1862. 8. SS. 82.

1801) **Romundt,** Peter Christian Hartwig (L. & S. No. 982); am 1. November 1828 Etatsrath; am 1. August 1829 R. v. D.; 6. März 1832 mit nach Kopenhagen berufen, um über Anordnung von Provinzialständen in den Herzogthümern zu berathen; am 4. November 1834 Justitiar des Guts Testorf und am 23. December 1834 des Guts Petersdorf; 1849 als Bürgermeister

und Stadtsecretär in Neustadt auf Ansuchen entlassen; er starb am
31. October 1849 in Neustadt. Verheirathet seit 1807 mit Johanna
geb. Siemen († 23. Mai 1840).

1802) **Roos,** Bernhard Ludwig Friedrich, geboren
1759 in Schleswig, Sohn des Schneidermeisters Caspar Erich
Roos; besuchte 1770 die Schleswiger Domschule; war seit 1776
beim Amtschirurgen Knoll und seit 1779 beim Amtschirurgen Hil-
brecht das., studirte von 1781 in Kopenhagen Arzneiwissenschaft
und war zugleich Compagniechirurg bei der Artillerie; nahm im
Herbst 1782 das chirurgische Tentamen, wurde 1783 Compagnie-
chirurg beim Nordenfjeld'schen Regiment in Christiania; machte
im Sommer 1784 das anatomisch-chirurgische Examen in Kopenhagen und später 1786 im Frühjahr das Examen bei der chirurgischen Akademie, wurde im August selbigen Jahrs Chirurg beim
adligen Fräulein-Kloster in Vemmetoft; den 7. Januar 1829 Canzleirath und im selben Jahre seines Amts entledigt; starb den 26. Jan.
1839 in Lidemark auf Seeland. Vergl. Callisens medic. Schriftst.-
Lexik. XVI, 294—295, XXXI, S. 521. Ersl. II, S. 685 u. Supplem.
II, S. 820.

Nye Aftenandagter paa enhver Dag i Aaret af J. C. Seyffert. Efter 4. O.-Udgave
oversat. 1., 2. Deel. Kbh. 1802. 8. N. Ausg. das. 1824.

Beitrag in: Phys., oekon. og medic.-chir. Bibliothek IV, 1795, S. 309—320
(Om Quaksalveren paa Landet). In Herholdts Archiv for Lægevidensk. Historie
i Danmark Bd. 1, H. 1, 1820, S. 179—180 (Chirurgie ved Vemmetofte Kloster).

1803) **v. Rosen,** Gottlieb, geboren in Plön, ein Bruder
des nachfolgenden Wilh. S. Andr. v. R., studirte die Rechte in
Kiel, war in der Fremdenlegion in Algier, in den 40ger Jahren
eine Zeit lang Redacteur der Flensburger Zeitung, befand sich
1843 auf der Festung Nyborg in Strafarrest und soll, laut einer
Mittheilung, einige Jahre nachher gestorben sein.

1) Bilder aus Algier u. der Fremdenlegion. Kiel, Bünsow, 1842. 8. S. Kieler
Corresp.-Bl. 1842, No. 11.

2) Bilder aus Spanien u. der Fremdenlegion Bd. 1, Bd. 2, nebst einem Anhang,
enthaltend die Unternehmung Munagaris. Kiel, Chr. Bünsow, 1843 u. 1844.
VI u. 295 u. V u. 330 SS.

Im Kieler Corresp.-Bl. 1842, No. 75 steht ein Gedicht von ihm.

1804) **v. Rosen,** Wilhelm Sophus Andreas, geboren
den 15. Mai 1820 in Plön, Sohn des Kammer-, Forst- und Jagdjunkers Conrad Adam Johann v. Rosen, Oberförsters in Holstein
(† in Rendsburg den 27. April 1826) und der Brigitta Catharina
geb. de Fischer († in Plön 7. März 1831); 1831 Schüler der

Akademie in Sorœ bis 1836, machte in dems. Jahre in Kopenhagen
das examen artium und im Frühling 1836 das philos.-philol. Examen
(laudab.), studirte das. dann ein Jahr Naturwissenschaften, dann
Medicin; im September 1842 Candidat am allgemeinen Hospital bis
Juni 1845; machte im Mai 1844 das medic.-chirurgische Examen;
den 3. Juni 1842 erster Unterarzt auf der Corvette Galathea, von
deren Reise um die Erde er im Herbst 1847 zurückkehrte; im
Winter 1847/48 Candidat an der Gebäranstalt; 1848—1850 Oberarzt auf der „Geflon", dem „Skirner" und „Havfruen"; 22. December
1850 R. v. D.; 1851 Arzt auf Klampenborg bis 31. October 1859,
dr. med. 5. November 1859, Privatarzt in Kopenhagen, im Mai 1860
in Taarbæk bei Kopenhagen; 1. Januar 1861 Districtsarzt im
1. Kopenhagener Armendistrict; 14. Juni 1861 Folkethings-Mitglied
für den 2. Kopenhagener Wahlkreis; er starb auf St. Croix im
August 1866. Verh. mit Maria Kathinka Emma geb. Fabricius.
Vergl. Erslew Supplem. II, S. 821—824.

Gab heraus als kürzere Auszüge aus dem von ihm mitausgearbeiteten Werk
des Capit. St. Bille „Beretning om Corvetten Galatheas Reise omkring Jorden"
1845—1846. 1.—3. Th. Kopenh. 1849—51:

1) Steen Bille's Bericht über die Reise der Corvette Galathea um die Welt in
den Jahren 1845—1847. Aus dem Dänischen übersetzt u. theilweise bearbeitet
v. W. v. Rosen, Mitarbeiter am Original. 1.—2. Bd. mit 14 Lithogr. und
2 Karten. Kopenh. 1852. 8. SS. 480 u. 528. S. Flyve-Post 1851, No. 310.
Literary-Gazette 1852. Fædrel. 1852, No. 154.

2) Steen Bille's Beretning om Corvetten Galatheas Reise omkring Jorden i
1845—1847. Anden, forkortede Udgave, 1., 2. Bd. Med 12 Lithographier og
2 Kort. Kbh. 1853. 8. 568 u. 458 SS. Ausserdem von ihm:

3) Bør Klampenborg-Vandcuur-, Brænd- og Søebade-Anstalt vedblive at bestaae?
Kbh. 1858. 31 SS. 8. (Nicht im Buchhandel.)

4) Om Afkommet af Syphilitiske og om Genesen af den medfödte Syphilis.
Med en Indledning: Om Begrebet Syphilis. Afhandling for Doctorgraden
i Medicinen. Kbh. 1859. 8. 260 SS. Recc. Biblioth. for Læger. 4. R.
XVI. S. 177—183. Hospitals-Tidn. 1859, S. 187—188, Ugeskr. for Læger
2. R. XXXI, S. 367—369, vgl. S. 382—383 u. 397—411, Schmidts Jahrbb.
CXII, S. 352—336. Ins Deutsche übers. v. dr. Horning in Fr. Behrends „Syphi-
lidologie" N. R. Bd. 2, S. 449—538, Bd. 3, S. 1—87, 165—272.

5) Grækenland siden dets Befrielse og Prinds Vilhelm af Danmark som Grækernes
Konge. Af W. v. R. (25. April 1863.) Kbh. SS. 54. 8.

Verschiedene Artikel in Blättern u. Zeitschriften: Fædrelandet 1842, No. 769
u. 771 (Sorœ-Academie), No. 1044 (Anz. v. C. Hauchs lyrischen Gedichten); 1850,
No. 113 (dr. Carl Otto's Mnemotechnik). — Ugeskrift for Læger 2. R. I, 27—29
(Syge-Beretning fra Almind. Hospitals chirurgiske Afdeling); II, S. 389—97 (Anzeige von M. Hassing's diss. de syphilide etc.). Theilte I, 40—48, 73—80, 104
bis 109, 163—168, 216—219, 401—405, II, 30—48, 366—71 mehrere vom Oberarzt

S. E. Larsen an der chir. Abth. des allgem. Hospitals gehaltene Vorlesungen mit.
— In Flyve-Posten 1853, No. 3—5 (Grœnland); in Berl. Tidende 1854,
No. 231, No. 241; in Dagbladet 1855, No. 67 u. 68, 1857, No. 31, 1860, No. 33.
— In Hospitals-Tidende 1858, S. 51—52 (Den udvendige Anvendelse af Vandet
mod Skarlagensfeber).

1805) **Rosendahl,** Thomas Friedrich, dr. med., im
Auslande (Kopenhagen?) promovirt, practischer Arzt in Nortorf,
zog vor 5—6 Jahren nach Kopenhagen, wo er um 1863 gestorben
ist. Seine Wittwe E. Rosendahl starb im 79. Lebensjahre zu Nortorf am 18 Juli 1864.

In Pfaffs Mittheill. 3 (N. F. 1) H. 11 u. 12, S. 42—44 (Einige Beobachtungen über die Uebertragung der Pferdemaucke auf Menschen).

1806) **Rosendahl,** Thomas Peter (L. & S. No. 983);
ist vor 1847 in Flensburg gestorben, kommt wenigstens im Flensburger Adressbuch von dem Jahr nicht mehr vor.

1807) **Rosenhagen,** Christian Wilhelm Gustav,
geboren den 17. März 1817 zu Ahrensburg, studirte Theologie in
Kiel seit Michaelis 1836, wurde 1843 mit dem 2. Char. m. r. A.
examinirt, war 1848 bis 1851 Mitglied der Schlesw.-Holsteinischen
Landesversammlung, seit 1852 Hülfsprediger der reformirten Kirche
in Dresden und ist seit Herbst 1863 Vorstandsmitglied des Deutschen Protestanten-Vereins.

Predigt zur Gedächtnissfeier Philipp Melanchthons in der ev.-reform. Kirche
zu Dresden am 22. April 1860. Dresden, Kuntze, 1860. 8. 16 SS.

Lieferte nach einer Mittheilung einzelne Beiträge zu Zeitschriften, ohne dass
dieselben können angegeben werden.

1808) **Rosenhain,** August v. Wobeser-, 1821
Tanzmeister in Schleswig, den 21. December 1830 supernumerärer
und den 30. August 1836 wirklicher Universitäts-Tanzmeister in
Kiel; er starb am 31. October 1857.

Bemerkungen über das Tanzen. Schleswig 1821. 12.

1809) **Ross,** Gustav, geboren am 29. September 1818
auf Altekoppel bei Bornhöved, Bruder des nachfolgenden Ludwig
Ross; besuchte seit dem 16. Jahre das Plöner, später das Lübecker
Gymnasium u. seit Herbst 1838 die Universität, anfänglich Philologie
studirend, seit 1840 aber Medicin. Von Kiel ging er bis 1841 nach
München, bis 1842 nach Würzburg, worauf er 1843 in Kiel mit der rühm-
lichsten Auszeichnung sein medic. Examen machte und zum dr. med. et
chir. promovirt wurde. Er war dann Assistenzarzt am Hamb. Krankenhause, nahm 1845—1846 wissenschaftlicher Studien halber in Paris
und Berlin längeren Aufenthalt; war dann in Kiel eine Zeit lang
Privatdocent, nahm, trotzdem er sich 1847 verheirathet hatte, 1848

am Kriege Theil, wurde gefangen und nach der Auswechslung
Oberarzt, 1849 Bataillonsarzt und Ende des Krieges Oberarzt der
Altonaer Spitäler. Inzwischen lehnte er an ihn ergangene Rufe
zu medicinischen Professuren nach Halle und Greifswalde ab und
legte eine orthopädische Anstalt in Altona an, mit der er eine
Privatheilanstalt für chirurgische und Augen-Kranke verband. Leider
kränkelte er bald und musste 1859 auf Madeira Heilung suchen;
verweilte dann einige Zeit am Genfer See und kehrte im Herbst
1860 nach Altona zurück, wo er am 8. Mai 1861 starb. Vergl.
über ihn die Jahrbb. f. die Landeskunde Bd. 4, S. 344—347.

1) De morbi Brightianis adnumerandi specimine memorabili. Kiliae 1843. 8.
2) Handbuch der chirurgischen Anatomie. Abth. 1 Chirurgische Anatomie der
Extremitäten. VIII u. 367 SS. Abth. 2 Chirurgische Anatomie der Brust
und des Unterleibes. Leipzig, Brockhaus, 1848. 8. VIII u. 367 SS.
3) Militärärztliches aus dem ersten Schleswigschen Feldzuge im Sommer 1848.
Altona, Schlüter, 1850. 8. 64 SS.
4) Beiträge zur Orthopädie. I. Zur Behandlung des Klumpfusses. Beschreibung
einer neuen Klumpfussmaschine. II Zur Behandlung der sogenannten spon-
tanen Luxation in der Hüfte. Beschreibung einer neuen Maschine zur Bewegung des Beins in der Hüfte Altona, Lehmkuhl u. Co., 1852. SS. 26.
Mit 2 Sttff.
5) Zur Pathologie und Therapie der Paralysen. Mit 6 Abbildd. Braunschweig,
Schwetschke & Sohn, 1855. 31 SS. gr. 8.
6) Beiträge zur plastischen und orthopädischen Chirurgie nebst Prospectus des
orthopädischen und chirurgisch-augenärztlichen Instituts in Altona. Hamb.
Nestler & Melle, 1858. 31 SS. Mit Abb. auf 3 Steintff. in gr. 8. u. q. 4.
7) Das Nordseebad Westerland. Eine vorläufige Ankündigung. Hamb., Nestler
u. Melle, 1858. 8. Vergl. Itzeh. Nachrr. 1858, No. 39.
Viele Aufsätze in medicinischen u. einzelnen anderen Journalen, von denen
wir anführen: in „Allgem. Monatsschr. f. Wissensch. u. Liter." (Halle)
1850, S. 126—131 (Anzeige der Transactions of the American medical sociation);
in Oppenheims Zeitschr. f. die ges. Medicin Bd. 28, H. 3 u. 4 (Die chirurgische
Anatomie der Schulter, des Oberarms u. Ellenbogengelenks; cfr. Gött. Gel. Anz.
1845, S. 1505); Bd. 31, S. 1—30 (Die Extremitäten des menschlichen Körpers.
Vorderarm. Handgelenk; cfr. Gött. Gel. Anz. 1846, S. 1281); Bd. 35, S. 1 ff.
(Mittel und Wege des Abflusses der Thränen).

1810) **Ross,** Ludwig, geboren den 22. Juli 1806 zu Horst,
einem Meierhof des Gutes Depenau im Kirchspiel Bornhöved, wo
sein Vater, der nachherige Besitzer von Altekoppel bei Bornhöved,
damals Pächter war; seine Mutter Juliane Auguste geb. Remien.
Er verlebte seine ersten Jugendjahre auf Altekoppel; dem mangel-
haften Unterricht in der Dorfschule des nahen Wankendorfs folgte
der bessere einer Gouvernante, eines Fräulein Johannsen aus Eutin;
1818 kam er auf die Kieler, und später auf die Plöner Gelehrten-

Schule, wo u. A. Ol. Kellermann und Rochus von Liliencron zu
seinen Jugendfreunden zählten. Er verbrachte von 1825—1829
seine akademische Studienzeit in Kiel, kurze Zeit mit Medicin und
Ornithologie, dann aber mit Philologie beschäftigt; seine Lehrer
waren vorwiegend Nitzsch, Twesten, Dahlmann, Berger, Falck,
Pfaff, Reinhold und Kleucker. Im Mai 1829 promovirte er mit
einer Abhandlung de Aristophanis Vespis zum dr. philos. und ging
dann als Hauslehrer in das Haus des Kaufmanns Gottschalk nach
Kopenhagen. Von König Friedrich VI. erhielt er ein Reisestipendium, vermöge dessen er nach einigem Aufenthalt in Kiel und
Leipzig, wo er noch G. Hermann's Vorlesungen hörte, am 23. Mai
1832 nach Griechenland reiste, wo er am 26. Juli in Nauplia an-
langte. Schon im folgenden Jahre begab er sich, von den Um-
ständen begünstigt, in den Dienst des neuen Königreichs, indem
ihm das Amt eines Conservators der Antiquitäten im Peloponnes
übertragen wurde. Im August 1834 nach Athen versetzt, blieb
Ross, nachdem er den König Otto auf einer Reise durch Nord-
griechenland begleitet hatte, zunächst als Oberconservator der
Alterthümer in der Hauptstadt. Wiederholt aber besuchte er seit
1835 die Inseln des Aegaeischen Meeres. Differenzen mit dem
Ministerium des Cultus über das Recht der freien Benutzung von
Alterthümern, welche Private auf eigenem Grund und Boden aus-
gruben, bestimmten ihn im Herbst 1836 seine Entlassung einzu-
reichen. Allein schon im Juni 1837 wurde er zur Professur der
Archäologie an die eben gegründete Otto-Universität in Athen
berufen; die September-Revolution des Jahres 1843 beraubte, wie
die übrigen Ausländer, so auch ihn seiner Stelle. Er erhielt bald
darauf einen Ruf zur Professur nach Halle und zugleich vom König
in Preussen auf 2 Jahre eine freie Stellung zur Weiterführung
seiner begonnenen Reiseunternehmen. Im Spätherbst 1845 traf er
in Halle ein und übernahm das akademische Lehramt. Während
seiner letzten Lebensjahre stellte sich die steigende Schmerzhaftig-
keit eines unheilbaren körperlichen Uebels ein, dessen Keim seit
1842 in ihm schlummerte und im Winter 1847 deutlich als ein
Leiden des Rückenmarks heraustrat. Endlich erlag die physische
Kraft des Widerstandes. Er löste mit eigener Hand die Fessel
und starb am 6. August 1859. Beerdigt ruht er auf dem Friedhof
zu Bornhöved. Verh. seit Frühjahr 1847 mit Emma geb. Schwetschke.
Vergl. über ihn den Nekrolog in den von K. Keil herausgegebenen
„archäol. Aufss." 2. Samml. Leipz. 1861, S. IX—XXI. „Männer der

Zeit" 1860, Sp. 828—830. Kiel U. Chr. 1831, S. 30. Pasche in: Chronik des Kirchspiels Bornh. im N. St. M. VIII, S. 154—155. Funkhänel im Vorwort zu dem Aufsatze im Archiv für Philol. II, 3, S. 432.

1) Geschichte der Herzogthümer Schleswig u. Holstein bis auf den Regierungs-Antritt des Oldenburgischen Hauses. Kiel, Univers.-Buchh., 1831. 8.

2) Inscriptiones graecae ineditae. Fasc. I. Naupliae 1834. Rec. (v. K. O. Müller) in Gött. Gel. Anz. 1836, No. 116. Fasc. II (Lapides insularum Andri, Ji, Teni, Syri, Amorgi, Myconi, Pari, Astypalaeae, Nisyri, Lesbi, Therae Anaphine et Peparethi. Athenis 1842. SS. 93 mit 2 Tff. Fasc. III (Lapides insularum Meli, Therae, Coi, Cerpothi, Rhodi, Symes, Chalcis, Calymnae, Coi, Astypalaene, Amorgi, Ji. Berolini 1845. SS. 64. 4. Rec. des 2. Fasc. Rhein. Mus. f. Phil. N. F., J. 3, S. 84—94 (v. J. Franz).

3) Hercule et Nessus, peinture d'un vase de Teéne, Programm publié à l'occasion de l'heureuse arrivée de S. Majesté le roi de Bavière à Athènes. Athènes 1835. 4.

4) Ἀρχαιολογία τῆς νήσου Σαίνου. Ἀθήνῃσι 1837. 4. Vor dem ind. lectt. SS. 15. 4. u. 1 Kpf. S. Ztschr. f. Alterth.-Wissensch. 1838, S. 317 ff. Berl. Jahrbb. f. wissenschaftl. Kritik 1838, No. 68, S. 542 ff.

5) Le monument d'Eubulides etc. Lettre à Mons. le colonel Leake. Athènes 1837. 8. Uebersetzt im Tüb. Kunstbl. 1837, No. 93—96 u. darnach in den archäol. Aufss. 1.-Samml. S. 143—157.

6) Τὸ Θησεῖον καὶ ὁ ναός τοῦ Ἄρεως. Ἀθήνῃσι 1838. Eine Deutsche Bearbeitung dieser Schrift gab Ross s. t. Das Theseion u. der Tempel des Ares in Athen. Eine archäol.-topogr. Abhandl. Mit einem Plane des Marktes. Halle 1852, heraus.

7) Neben Eduard Schaubert u. Christ. Hansen: Die Akropolis von Athen nach den neuesten Ausgrabungen. 1. Abth.: Der Tempel der Nike Apteros. Berlin 1839. fol.

8) Lettre à Mr. Thiersch. Athènes 1839. 8. Darnach im Tübinger Kunstblatt 1840, No. 11 u. 12 u. in den archäol. Aufss. 1 Samml. p. 161—175.

9) Nach den von ihm gefertigten Copien der Inschriften sind die 18 Tafeln zu Boeckhs Urkunden über das Seewesen des Attischen Staats. Berlin, Reimer, 1840, welche als Beilage zu dessen Staatshaushaltung der Athener herauskamen.

10) Reisen u. Reiserouten durch Griechenland. Th. I: Reisen im Peloponnes. Mit 4 lithogr. Holzschnitten u. Inschriften. Berlin, G. Reimer, 1841. 8.

11) Ἐγχειρίδιον τῆς ἀρχαιολογίας τῶν τεχνῶν; Διανομὴ πρώτη. Ἱστορία τῆς τέχνης μέχρις ἁλώσεως Κορίνθου. Ἀθήνῃσι 1841. 8. (Ein 2. Bändchen, welches die Etruskische, die Römische und die vereinte Griechisch-Römische Kunst umfassen sollte, ist im Druck nicht erschienen.)

12) Lieferte wiederholte Sendungen unedirter Inschriften des Griechischen Festlandes für das Corpus inscrr. graecarum in Berlin in den letzten 30ger und 40ger Jahren. (Vergl. Böckhs Staatsh. d. Ath. II, 373.)

13) Reisen auf den Griech. Inseln des Aegeischen Meeres. Erst. Band, enthält. Syros, Tenos, Delos, Rhennea, Naxos, Paros, Ios, Thera, Therasia, Anaphe, Kythnos, Keos,Sirephos, Siphnos, Pholegandros, Sikinos u. Amorgos. Mit 2 Kpf. Stuttgart

u. Tübingen, 1840. 8. Beilagen I—IV dazu. Zweiter Band: Andros, Syros, Mykonos, Amorgos, Astypalaea. Nisyros, Knidos, Kos, Kalymnos, Telendos, Leros, Patmos, Samos, Ikaros, Delos, Rhenaea, Gyaros, Belbina. Mit 1 Kpf., 1 Karte u. mehreren Holzschnitten. Das. 1843. Bd. 3: Melos, Kimoolos, Thera, Kasos, Karpathos, Rhodos, Chalke, Syme, Kos, Kalymnos, Ios. Mit Lithographien, 2 Karten u. mehreren Holzschnitten. Das. 1845. (Alle 3 Bände auch in Hauffs u. Wiedemanns Samml. v. Reisebeschreibungen). Bd. 4: Auch u. d. T.: Reisen nach Kos, Halikarnassos, Rhodos u. der Insel Cypern. Mit Lithographien u. Holzschnitten. Halle 1852. 8. Vergl. über diese Schrift Keil in dem oben erwähnten Nekrol. vor den archäol. Aufss. Samml. 2, p. XIV u. XV.

14) Die Demen von Attika und ihre Vertheilung unter die Phylen. Nach Inschriften. Mit erläuternden u. ergänzenden Anmerkungen herausgegeben von M. H. E. Meier. Halle 1846. 8.

15) Gab heraus: Hellenika. Archiv archäologischer, philologischer, historischer und epigraphischer Abhandlungen u. Aufsätze Bd. 1, H. 1, 2. Mit 1 lithogr. Tafel. Halle, C. A. Schwetschke & Sohn, 1846. 4. SS. 121. Darin von ihm H. 1, Vorw. I—XXV, S. 1—39 Keine Hypaethraltempel mehr. Ausserdem mehrere Inschrr. von den Griech. Inseln u. eine Stele mit Basrelief u. Keilinschrr. in Kition; H. 2, No. 1 Zur Topographie v. Athen; No. II Griechische Titel von Kos u. Rhodos.

16) Reisen des Königs Otto und der Königin Amalia in Griechenland; auch m. d. T.: Wanderungen im Gefolge des Königs Otto und der Königin Amalia. Mit besonderer Rücksicht auf Topographie u. Geschichte. Bd. 1, 2. Halle 1848. Andere (billigere) Ausgabe. Das. 1851. 8.

17) Kleinasien u. Deutschland. Reisebriefe u Aufsätze mit Bezugnahme auf die Möglichkeit Deutscher Niederlassungen in Kleinasien. Mit Abbildungen u. Inschriften. Halle, Pfeffer, 1850. 8.

18) Ad virum illust. Aug. Boeckhium, profess. Berolinensem, epistola epigraphica. Insunt lapis Fourmonti Atticus restitutus titulusque Thespiensis ineditus, adjecta est tabula lithographica. Halle, Schwetsche, 1850. 8. 16 SS.

19) Gründete mit dr. G. Schwetschke: Allgemeine Monatsschrift für Literatur. Jahrg. 1850. Halle, Schwetschke, 1850. gr. 8. Darin von ihm ausser kleineren Bücheranzeigen; I, S. 32—33 (Die Zukunft. Ein ungedrucktes Gedicht von Fr. L. Gr. zu Stolberg) S. 85—96 (Recc. zur alten Geschichte), S. 185—196 (Die Phönicier u. die neueste Forschung über sie); S. 385—389 (Nachtrag zu Neigebauers Aufs. „Die Fragmente v. Arborea"); II, S. 82—92 (Recension der mémoires d'archéologie comparée asiatique, grecque et étrusque par M. Raoul-Rochette). — In der v. Droysen und Anderen herausgegebenen Fortsetzung dieser Monatsschrift s. t. Allgemeine Monatsschrift für Wissenschaft u. Literatur lieferte Ross ebenfalls manche Beiträge 1851, S. 397 ff. u. 1853, S. 274 bis 282 (Der Peloponnes v. E. Curtius); 1852, S. 348—365 (Ueber die Zeit der Griech. Vasenmalerei); 1853, S. 274 (Chirographia in Hellas); S. 594—601 (War Athen jemals 4 Jahrhunderte lang verödet?); 1854, S. 548 (Ueber die Albanesen).

20) Die Pnyx und das Pelasgikon in Athen. Zur Wahrung gegen einige neuere Zweifel. Mit 3 Abbildungen. Braunschweig 1853. Diese Schrift rief einige erhebliche Gegenschrr., namentlich v. Welcker u. Göttling, hervor. Rec. Gött. Gel. Anzz. 1855, S. 1807 ff.

21) Archäologische Aufsätze. Erste Sammlung. Griechische Graeber. Ausgrabungsberichte aus Athen. Zur Kunstgeschichte u. Topographie v. Athen u. Attika. Mit acht farbigen u. sechs schwarzen Tafeln u. einigen Holzschnitten. Leipzig, B. G. Teubner, 1855. 8. XXIV u. 286. Rec. Gött. Gel. Anz. 1855, S. 1807—1830. Zweite Sammlung. Zur alten Geschichte. Zur Geschichte der alten Cultur, Religion u. Kunst. Griechische Baudenkmäler. Zur Chorographie u. Topographie v. Griechenland. Zur Griechischen Epigraphik. Mit 20 Tafeln. Das. 1861. 8. XXIV u. 690. Nach des Verfassers Tode v. K. Keil herausgegeben.

22) Alte Lokrische Inschrift von Chaleion oder Oeanthein. Mit den Bemerkungen von J. N. Oekonomides u. einer lithographirten Tafel. Leipzig. B. G. Teubner, 1854. 8. Rec. Gött. Gel. Anzz. 1855, S. 1807 ff.

23) Italiker u. Graeken. Sprachen die Römer Sanskrit od. Griechisch? In Briefen an einen Freund. Halle 1858. 8.

24) Italiker u. Graeken. Lateinisch ist Griechisch. Halle 1859. Ist eine nahezu um das Dreifache erweiterte 2. Bearbeit. v. No. 23, welche eine starke Polemik hervorrief.

Beiträge zu Zeitschriften:
a) In Jahns Archiv f. Philol. (od. Supplem. zu den Jahrbb.) u. A. Bd. 1, 1831 S. 196—218 (Inscriptiones tres in Syro insula repertae. Post Andream Mustoxydem iterum edidit, Mustoxydis commentarium suasque annott. adjecit); S. 350—357 (Ueber die Art der Abstimmung in den Athenischen Gerichten); Bd. 2, 1833, S. 432—438 (Inschriften). — b) In (Jahns) Neuen Jahrbb. f. Philol. u. Pädagog. u. A. Bd. 69, 1854, S. 511—549 (Griechische Palaeographie u. Epigraphik 1—4); S. 647—648 (Nachtrag dazu) Bd. 73, 1856, S. 265—268 (Inschriften der dreiköpfigen ehernen Schlange aus Delphi in Konstantinopel). — c) In Zeitschrift f. d. Alterthumswissenschaft: 1850, No. 1—3, 25—27; vergl. 1849, No. 18—20; (Morgenland u. Griechenland. Vermehrt auch in den archäolog. Aufss. 2. Samml. S. 1—52); 1851. No. 49—50 (Zur Vergleichung der Nominativformen im Griech. u. L.); 1852, No. 15 (Die Höhe der Mauern des Peiräus. Auch in den archäol. Aufss. 1 Samml. p. 230—240); 1853, No. 32 u. 33 (Inschriften v. der Insel Keos). — d) In Allgem. Hallesche Liter.-Zeit. u. A. 1838, Nov, No. 196, Sp 357 ff. (Brief an Prof. Meier mit Inschrift, gefunden am Erechtheion); 1847, No. 108 u. 109 (Rec. über H. de Luynes: Essay sur la numismatique etc. Paris 1846); No. 246—247 (Anz. v. Sychiors dissert. de Diana Brauronia. Daraus in den archäol. Aufss. I. Samml., p. 222—229 Brauron u. seine Umgegend); 1848, Jan., No. 6—10 (Rec. über 3. Abhandl. v. Th. Bergk). Im Intelligenz-Bl. der allgem. Halleschen L. Z. 1836. Aug. No. 43, S. 354 bis 59 (Attische Inschrr.); 1838, No. 13, 35 u. No. 40 u. 41 (Epigraphische Beitrr.; Inschrr. v. Kythnos, Keos u. andern Inseln); 1844, No. 60 u. 80 (Inschriften); 1845, No. 35—40 (In Bezug auf Lycische Inschrr. Schreiben an Prof. Meier). Aus d. archäol. Intelligenzbl. der allgem. L. Z. 1837, No. 13—15 wieder abgedruckt in den archäolog. Aufss. I, S. 11—33 (Ueber Attische Gräber). — e) In actis societatis graecae (Lipsiae) vol. II, fasc. I, 1839, p. 67—82 (Inscriptionum Amorginorum pars prior). — f) In Abhandll. der k. Akademie in München, phil-hist. Classe, 1837, Bd. II, S. 153 ff. (Mit dr. Schmeller: Urkunden zur Geschichte Griechenlands im Mittelalter); Bd. II, Abth. II, 1838, S. 401 ff. (Ueber Anaphe und Anaphäische Inschriften, nebst Inschriften von Pholegandros. Auch

19**

in den archäol Aufsätzen 1. Samml. p. 48 ff.). — g) Viele Beitrr. archäologischen
Inhalts zum Tübinger Kunstblatt; u. A. 1835, No. 20, 27, 31, 45, 76, 77, 78
(letzterer auch in archäol. Aufss. 1. Samml., p. 82—100); Jahrg. 1836, No. 12. 20,
22 (Sarkophage u. andere Gräber bei Athen. Abgekürzt auch in den archäol.
Aufss. I, S. 35—37); 24 (auch in dens. Aufss. 1, S. 103 ff.); No. 39, 40, 42, 56
(Grab eines Lisdieners. Auch in den archäol. Aufss. I, S. 37—39); 60, 76 (auch
in den archäol. Aufss. I, S. 39—40, s. t. Gräber am Peiräus); No. 78, 84; 1837,
No. 15. 54, 78, 79, 94, 103; Jahrg. 1838, No. 46 (auch in dens. Aufss. s. t. Ueber
den Erzbildner Antignotos); No. 49, 59 (Zus. mit 1837, No. 15, auch in den
archäol. Aufs. I. S. 40—45, s. t. Farbige Grabstelen aus dem Peiräus); Jahrg.
1840, No. 11, 12. 16—18 (aus No. 17: auch in den archäol. Aufss. I, S. 176 ff
s. t Neue Künstler. Heiligthum des Asklepios. Erechthcion.); No. 32 (auch in
dens. Aufss. I. S. 180 ff. s. t. Sthennis u. Leochares); No. 37, 38 (auch in dens
Aufss. S. 185 ff. s. t. Athene Hygeia u. ihre Statue von Pyrrhos); 1841, No. 1
u. Journal des Savans 1841, Avril, p. 244 u. in den archäol. Aufss. I, S. 194
(s. t. Strongylion). — h) Im Rheinischen Museum für Philologie N. F
u. a. Jahrg. 4, 1846, S. 161—199 (Inschriften von Lindos auf Rhodos); Jahrg. 7,
1850, S. 512—526 (Inschriften von Cypern); Jahrg. 8, 1853, S. 122—129 (Epigraphische Nachlese); S. 292 ff. (Zur Etymologie). — i) Viele Mittheill. über
Monumente, Inschriften etc. in Gerhards Denkmäler und Forschungen,
archäologische Zeitung, von Jahrg. I, 1843 bis Jahrg. XVI, 1858. Dieselben sind
sehr häufig mit Tafeln begleitet u. stehen zum Theil wieder abgedruckt in den
archäologischen Aufsätzen, namentlich in der von Keil herausgegebenen 2. Sammlung von S. 378 an. — k) Mehrere Beitrr. zu Prutz' Deutschem Museum
1853, No. 14, 17, 23, 26, 28, 1854, No. 36, 38, 42, 49 (Erinnerungen aus Griechenland); 1854, No. 10, 11 (Griechenland u. seine Widersacher in Gegenwart, Vergangenheit u. Zukunft. (Dagegen Fallmerayer in dems. Mus. 1854, No. 18 u. 19)
u. wiederum Ross No. 23 (die Mönchschronik von Athen. Auch in den archäol.
Aufss. II. S. 123 ff.); 1858, No. 7—9 (Ueber E. Curtius Griechische Geschichte.
Auch in dens. Aufss. II, S. 74 ff.); No. 17 (Die Regierungsdauer der Römischen
Könige (auch in dens. Aufss. II, S. 191—197). — l) Diverse Artikel in den Bei-
lagen zur (Augsburger) Allgemeinen Zeitung 1852, Beil. No. 221 u. 222
(Etrurier u. die Etruskische Kunst); 1854, Beilage zu No. 14 (Julius Brauns'
Studien u. Skizzen aus den Ländern der alten Kultur), Beil. zu No. 300 (Kortüm
über die Pelasger. Auch in den archäol. Aufss. II); 1855, Beilage zu No. 211
(Athènes au 15, 16. et 17. siécles par le comte de Laborde); 1858, No. 64—66
(Die Entstehung der älteren Römischen Geschichte). — m) Einige Artikel in den
Blättern für literärische Unterhaltung 1832, (Reiseberichte aus Griechen-
land u. archäologische Aufsätze, 1833, No. 27, S. 109, ein Artikel, der s. t.
„Christliche Gräber bei Athen" auch in den archäologischen Aufsätzen I, S. 33—35
wieder abgedruckt ist. — n) In den Wiener Jahrbb. der Liter. 1840, Bd. 90
(Anonymi Viennensis descriptio Athenarum nebst den Briefen des Zygomalas und
Kabasilas. Auch in den archäologischen Aufss. I, S. 245—281). — o) In den
Jahrbb. für die Landeskunde der Herzogth. Schlesw.-Holst. I, S. 97
bis 103 (Karl Ross. Ein Nekrolog). — p) Manche Beitrr. zu dem Bulletino
dell' instit. archeol., u. A. 1833, p. 153—158 (Iscrizione [onoraria di Aude-
leonte] dell' Acropoli di Atene); 1836, p. 132—137 (e Giov. Franz: Frammento
di decreto attico per la fondazione d'una colonia ateniense in Adria); 1840, p. 21

bis 28 (Les forteresses de la Sicyonie et le temple d'Esculape à Titané); p. 28—30
(Inscription grecque de l'Acarnanie); p. 104—107 (Inscriptions grecques inédites);
1842, p. 173—174 (Iscrizione antichissima scoperta sull' isola di Terra). — q) In
Annali dell' instit. arch. unter Anderem vol. IX, 1837, p. 5—11 (Sur le démos
de Péanie dans l'Attique. Auch in den archäologischen Aufsätzen I, p. 209 ff.);
XII, p. 83 ff. u. darnach in den archäologischen Aufsätzen I, p. 199, s. t. Polym-
nestus et Cenchramis; XIII, S. 13—24 (Tombeaux et autres monuments archi-
tectoniques de l'île de Théra; s. Gött. Gel. Anz. 1843, S. 483); S. 25 (Colonnes
votives surmontées d'animaux votives u. darnach in dens. Aufsätzen I, S. 201, s. t.
Votivsäulen mit heiligen Thieren); XV, p. 327—332 (Tablettes votives (εὐχαριστή-
ρια) d'Athènes et de Melos) — r) Auch einzelne Artikel in der Revue archeo-
logique u. A. 2 année 1845·46, p. 434—436 (Lettre sur plusieurs inscriptions).
— s) Die Berichte der k. Preuss. Akademie enthalten Einsendungen von
ihm z. B. 1844, S. 155—162 (Inschriften aus Megara und Aegosthena); S. 277
bis 278 (Inschriften aus Melos nebst einigen Nachrichtenüber diese Insel). —
t) In der griechischen Zeitschrift „Ἀσκληπώς", Juni 1837, steht u. A. von ihm
ein Aufsatz, der wieder abgedruckt ist in den archäologischen Aufsätzen I,
S. 220—222 s. t.: Die Phyle Pera am Hymettos.

Von den angeführten Aufsätzen der Zeitschriften sind noch mehrere als oben
namentlich angeführt sind, in den archäologischen Aufsätzen wieder abgedruckt.
Ein Mscrpt. de Vespis Aristophanis von Ross kam aus dem Nachlasse des verstorbenen Professors Keil an das Antiquariat v. J. A. Stargardt in Berlin.

1810a) **Ross,** Marx Christoph, geboren am 7. April 1775
in Heide, studirte Theologie, seit Michaelis 1795 in Kiel, wurde
1799 mit dem 2. Char. m. A. examinirt, 1800 Rector in Heiligenhafen, am 19. April 1801 Pastor in Neukirchen ·in der Propstei
Oldenburg, starb am 27. August 1839. Vergl. über ihn N. Nekrol.
d. D. XVII, 1839, S. 758—759.

Lieferte einzelne kleine Beiträge zu den „Schl.-Holst.-Lauenb. Provinzialberr."

1811) **Rost,** Johann Heinrich Nicolaus (L. & S. No. 984).
Michaelis 1827 Privatlehrer der alten und neueren Sprachen in
Kiel, ging um 1848 nach Hamburg, wo er als Privatgelehrter und
Inhaber einer Gutta-Percha-Fabrik am 23. Juli 1855 im 61. Lebens-
jahre starb.

1812)·**Roth,** Henrik. Wir verweisen hinsichtlich dieses
in Aerrœskjœbing geborenen Schriftstellers auf Erslew's Supplem.
II, S. 809—811.

1813) **Roth,** Paul R., geboren den 11. Juli 1820 in Nürnberg, studirte die Rechte, wurde zum dr. juris 1848 in München
promovirt; ausscrord. Professor des Rechts in Marburg; 1853, Mich.,
ord. Professor der Rechte in Rostock; mittelst Resolution vom
19. August 1857 ord. Professor für Deutsches Privatrecht, Deutsche

Staats- und Rechtsgeschichte und Holsteinisches Particularrecht in Kiel, von Ostern 1858 an gerechnet; folgte Ostern 1863 einem Rufe als Professor der Rechte nach München.

1) Ueber Entstehung der lex Bojuvariorum. Eine Iuaugural-Abhandlung. München 1848. 8. Rec. Gött. Gel. Anzz. 1850. S. 320—345.

2) Gab neben Heinrich Merck heraus: Quellensammlung zum Deutschen öffentlichen Recht seit 1848. Bd. 1, 2. Erlangen 1851. 8.

3) Geschichte des Beneficialwesens bis ins 10. Jahrhundert. Erlangen, Palm u. Encke, 1850. 8. XX u. 484 SS.

4) Mit Victor v. Meibom: Kurhessisches Privatrecht. Bd. 1. Marburg, Elwertsche Bnchh., 1856. 8. XVIII u. 627 SS.

5) Mecklenburgisches Lehenrecht. Rostock. Stillersche B., 1858., 8. VIII u. 296 SS.

6) Gab heraus mit Rudorf, Bruns, Merkel u. Böhlau: Zeitschrift für Rechtsgeschichte. Weimar, Böhlau, 1862. 8. Rec. u. a. d. 1. H. Gött. Gel. Anzz. 1862, S. 671—680.

7) Feudalität und Unterthaneuverband. Weimar 1863. 8.

1814) **Rottgard**, Claus Hinrich, geb. den 24. Sept. 1827 in Klein-Rönnau, Kirchspiel Segeberg, Sohn des Eigenkäthners Hinrich R. u. der Anna, geb. Lüthje; für das Schulfach vorgebildet von dem weiland Pastor C. P. F. Claudius in Segeberg und Lehrer M. H. Wulff in Klein-Rönnau; dann Gehülfslehrer an verschiedenen Schulen; während des 1. Schleswig-Holsteinischen Krieges Oberjäger in der Schleswig-Holsteinischen Armee 1849 und 1850; nach Beendigung des Krieges den 18. November 1850 Lehrer in Böhnhusen, Kirchspiel Gross-Flintbeck; um Weihnacht 1859 den examinirten Seminaristen gleichgestellt, 1866 kurze Zeit Lehrer an der Knaben-Frei- u. Halbtagsschule in Kiel und Juni 1866 Lehrer in Brande-Bockelsess im Kirchspiel Hörnerkirchen, eingeführt am 26. Juli.

Mit H. Stolley: Lesebuch für die oberen Klassen der deutschen Volksschulen. Kiel, K. Schröder, 1861. 2. Aufl. Das. 1863. 8. XII u. 443 SS.

Lieferte einige naturgeschichtliche Aufsätze für den von Körner-Lüben herausgegebenen „praktischen Schulmann" Bd. 5; volkswirthschaftliche Aufsätze in den Itzehoer Nachrichten seit 1851 u. im „Wochenblatt für Stadt u. Land". Einzelne Nekrologe, Personalien aus der Lehrerwelt, Beurtheilungen literarischer Erscheinungen für Volks- u. Jugendbibliotheken und pädagogischer Werke in den ersten Jahrgängen v. Sönksens Schulzeitung. — Revidirt.

1815) **Rottok**, Heinrich Ludwig, geboren den 6. Januar 1824 zu Walldorf bei Meiningen, Sohn des Kaufmanns Maximilian R. in Meiningen und der Pauline, geb. Eckhardt, besuchte von Michaelis 1838 bis 1844 das Gymnasium Bernhardinum in Meiningen, studirte von Michaelis 1844 bis Michaelis 1846 in Leipzig Mathematik und Philosophie, bezog darauf die Universität Berlin, wo er im März 1848 das

Examen pro facultate docendi bestand. Im Juni desselben Jahrs Lehrer der Mathematik an dem Gymnasium zu Eutin, 1858 im October Rector am Realgymnasium zu Rendsburg, nachdem er in demselben Jahre in Kiel zum dr. philos. promovirt war (dissert. de segmentis conicis).

Die Bedeutung der Mathematik als Unterrichtsgegenstand. Eutin 1853. 8. S. 3 — 26. (Oster-Progr)

Die Kegelschnitte, eine analytische Abhandlung. Mit Tafel. Eutin 1856. 8. S. 3—41 (Oster-Progr.).

Ueber die Kettenbrüche u. ihre Anwendung auf die Auflösung der unbestimmten Gleichungen. Rendsburg 1860. 4. (Oster-Progr.)

Lehrbuch der Stereometrie. Zum Gebrauch an höheren Lehranstalten u. zum Selbstunterricht. Rendsburg, Verl. v. Emil Ehlers, 1865. 48 SS. 8.

Lehrbuch der Planimetrie. Rendsburg, E. Ehlers, 1865. 8. Revidirt.

1816) **Rudolphi** (nicht Rudolph) Theodor Wilhelm Benjamin (L. & S. No. 985). Starb zu Möllen im August 1835. Vergl. Burmesters Beitrr. S. 110 u. 193 u. den N. Nekrol. d. D. 13, S. 734.

1817) **Rüder**, Friedrich August (L. & S. No. 986). Seit März 1830 Redacteur der Leipziger Zeitung; † 1846 (?). ' — Verh. mit Johanne Friederike, geb. Freije († 24. October 1835).

Von ihm noch:

Das Türkische Reich in Beziehung auf seine fernere Existenz u. die Sache der Griechen. 2. Ausg. Leipzig 1828.

Uebers. aus dem Französischen: Schicksale der Madame de Campestre in der grossen Welt u. vor Gericht. Ein französisches Sittengemälde. Th. 1, 2. Leipzig. Kollmann, 1828. 8. Rec. Jenaer Liter.-Zeit. 1829, No. 119. (Vergl. Lauf. Kruse.)

Die Geschichte der Verfassung von England von Heinrich VII. bis Georg II. von Henry Hallam, übertragen u. fortgesetzt seit dem Anfang der Regierung Georgs III. bis 1829. Th. 1, Th. 2, Abth. 1, 2. Leipzig, A. Lehnhold, 1829. 8.

Geschichte des Nationalkrieges auf der pyrenäischen Halbinsel unter Napoleon 1807—1814. Mit 1 gr. ill. Karte. Leipzig 1829. 8. 10½ Bgg.

Genealogisch-geschichtlich-statistisches Jahrbuch f. d. J. 1831—1836. Enthaltend eine vollständige Genealogie der Dynastien u. Standesherren (vormaligen Souveräne) der civilisirten Staaten in u. ausser Europa mit vielen statistischen Bemerkungen, die Religion, den jetzigen Handel etc. betreffend, mit Blicken in die nahe Zukunft der erschütterten Staaten. Leipzig, Köhler, 1830. 8.

Algier. Zusammengedrängte Nachrichten u. Bemerkungen über diesen Staat u. dessen Hauptstadt. Mit Karten u. Kupfern. Altona, Hammerich, 1830. gr. 8.

Clemens XIV. u. Carlo Berbinazzi's bis jetzt unterdrückter Briefwechsel. Aus dem Französischen übersetzt. Leipzig, Kummer, 1830. 8.

Ist die jetzige Französische Revolution dem Hort gerechter Monarchien gefährlich? Leipzig, Köhler, 1830. 8. SS. 72.

Der Drang nach einer bessern Verfassung in Sachsen mit Bemerkungen über Badens' Verfassung u. manchen Andeutungen für andere werdende Verfassungen. Leipzig, Glück, 1831. 8.

Einige Worte über den Entwurf der am 1. März 1831 den Landständen über-
gebenen Sächsischen Verfassungsurkunde. Leipzig 1831. 8. 3¹/₂ Bgg.

Setzte bis zum Jahre 1832 fort: Geschichte des Deutschen Reichs von dessen
Ursprung bis zu dessen Untergange v. A. v. Kotzebue. Bd. 3. 4. Leipzig, Kummer, 1832. gr. 8.

Die Domainen des Hauses Hannover u. was jetzt der Regierung u. dem Land-
tage am wichtigsten sein dürfte. Leipz. 1832. 8. 1¹/₂ Bgg.

Gab heraus: Allgemeine landwirthschaftliche Zeitung auf das Jahr 1833, Jahrg.
31—'38, 1840. Ein Repertorium alles Neuen u. Wissenswürdigen aus der Land-
u. Hauswirthschaft für praktische Landwirthe, Knufleute u. Fabrikanten. Halle
Schwetschke u. Sohn, 1833—1840. 4.

Bescheidene Bemerkungen über die Bundestagsbeschlüsse vom 28. Juni, 5. u.
9. Juli 1832 u. deren mögliche Folgen. Altenburg. Pierer. 8. u. 12. 3¹/₂ Bgg.

Ueber die Ansprüche des Brittischen Garde-Obersten A. v. Este, Sohns des
Herzogs von Sussex, auf Titel u. Familien-Recht eines Prinzen in Grossbritanien
u. besonders in Hannover wider die beifällige Deduction des Staatsraths Klüber.
Hannover, 1835. gr. 8.

Ueber die Demokratie in Nordamerika v. A. v. Tocqueville. Aus dem Fran-
zösichen übersetzt. Th. 1. 2. Leipzig, Kummer, 1836. gr. 8.

Uebersetzte Coopers Geschichte Englands von der frühesten Zeit bis zum
Jahre 1835. Nach der 22. Londoner Original-Ausgabe. Zerbst, G. A. Kummer,
1837. 8.

Gab heraus: Geneal.-statist. Handbuch für Zeitungsleser u. zum Hausgebrauch.
Mit der Genealogie der regierenden Häuser u. Standesherrn u. der kurzen Statistik
der Monarchien u. Republiken. Jahrg. 1838, 1841, 1842—46. Leipzig, Nauck. 12.

Ueber die Ernährung der Pflanzen u. die Statik des Landbaues in Bezug auf
die gekrönte Preisschrift v. Hlubeck. Leipzig, Kösslingsche Buchh. 1843. 3¹/₂ Bgg.

Beiträge zu Alex. Müllers „Archiv für die neueste Gesetzgebung aller Deutschen Staaten." (Mainz, 1832, — Nahrungsdodation für die aus der Leibeigenschaft entlassenen Mecklenburger) in: N. Staatsb. Mag. 4 S. 806—831.

1818) **Rühlemann**, Heinrich Detlef Erich, geboren
1796 in Preetz, studirte Theologie seit Ostern 1821 in Kiel, wurde
1827 in Glückstadt examinirt mit dem 3. Chur. m. s. r. A.; Privatlehrer in Bredstedt, den 31. Mai 1831 zum Pastor in Welt in Eiderstedt erwählt, wo er den 31. October dess. Jahrs eingeführt wurde,
war 1848 bis 1850 Leiter eines Bürgervereins in Garding, befand
sich 1850 wegen eines Falsums in Criminaluntersuchung und in
Haft, wurde 1852 entlassen, privatisirte und schriftstellerte in
Tönning, ging 1855 nach England, um dort eine Schule anzulegen.
— Vergl. über ihn Alt. M. 1850, No. 279, 1855, No. 277, die
bek. Candid.-Verz., M. D. Voss v. Feddersen herausgeg. Pröbste
und Predd. in Eiderstedt S. 103 u. 104.

Den Titel des nach dem Alt. Merc. 1855, No. 277 von ihm verfassten u. in
Braunschweig bei Vieweg u. Sohn erschienenen Romans bin ich ausser Stande
anzuführen.

1819) **Rüppell,** Julius Johann August, geboren den
14. Juni 1808 in Schleswig, Sohn des Schlossverwalters auf Gottorf
J. Conrad Rüppell, besuchte die Domschule in Schleswig, studirte
Medicin und wurde 1832 zum dr. med. & chir. in Kiel promovirt;
wurde in demselben Jahre Assistenz-Arzt an der Irren-Anstalt in
Schleswig; 1837 den 25. Juli Chirurg und Gehülfe an derselben
Anstalt, 1845 den 15. October provisorischer Irrenarzt, den 15. März
1849 von der gemeinsamen Regierung (u. resp. den 29. December
1853) zum 1. Arzt und Vorsteher an derselben Anstalt ernannt;
er ist Ritter des Sachsen-Ernestinischen Hausordens seit 1859 und
auswärtiges Mitglied der societas medica Norvegica seit 1861.

Aerztlicher Beitrag zu dem Criminalprocess des Mörders J. H. Ramcke aus
Halstenbeck. Schleswig 1845. 8. SS. 308. Rec. Allgem. Ztschr. f. Psychiatrie
Bd. 2, S. 323—331. S. Alt. Merk. 1845, No. 65. Rec. Kieler Corresp.-Bl. 1845,
No. 26. Itzeh. Wochenbl. 1845, No. 13 (v. C. F. Jasper). — In der „Allgem. Zeitschr. f. Psychiatrie" (v. Damerow etc.) Bd. 7,
S. 72—96 (Aerztliches Gutachten über den Gemüthszustand des Inculpaten Jess
Jessen). — Im „Archiv der Deutschen Gesellschaft für Psychiatrie"
v. Erlenmeyer Bd. 5, S. 257—266, Bd. 7, S. 81—95 (Berichte über die Irren-anstalt bei Schleswig von 1859—1862). — Beiträge zur „Bibliothek for Læger"
Bd. 3, 4 u. 6. — Revidirt.

1820) **Ruge,** Karl Friedrich Wilhelm, geboren in
Heide, studirte Medicin, promovirte als dr. in ihr 1854 in Kiel und
ist zur Zeit Arzt in Tellingstedt.

De hepatis abscessibus. Kiliae 1854. 4. SS. 15.

1821) **Ruge,** Karl Johann Friedrich (L. & S. No. 1509),
geboren 1800 in Heide, Sohn des Apothekers Johann Ludolph Ruge
das., studirte Medicin in Göttingen, Berlin und Kiel, wo er 1825
promovirt wurde; practisirte eine Zeit lang in Heide, liess sich
darnach als Arzt in Odensee, dann in Thorseng auf Fühnen nieder,
ging 1839 nach Washington im Staate Missouri in Nord-Amerika
und errichtete dort 1844 ein wissenschaftlich-medicinisches Institut.
Vergl. über ihn Ersl. II, S. 721 u. Supplem. II, S. 878.

Von ihm noch: Hvorledes sœrger jeg bedst for mine Efterladte? En Par Ord
om Livs-Forsikkrings-Anstalter. Odensee 1837. 8.

1822) **Rulffs,** Julius Wilhelm Gustav, geboren den
10. December 1821 in Rendsburg, studirte seit Ostern 1841 Theo-logie in Kiel, wurde Michaelis 1846 examinirt mit dem 2. Char. m.
s. r. A., den 5. Mai 1850 ordinirter Prädicant in Bargteheide,
Ostern 1856 in Schönberg, den 10. Mai 1857, antretend den 2. August,
Diaconus in Lunden, den 12. October 1863, antretend den 13. De-cember, Pastor in Todtenbüttel.

In den „Jahrbb. f. d. Landeskunde" V, 1862, S. 58—60 (Die Kirche in Lunden). — Im „Schulblatt f. d. Herzogth h. Schlesw. u. Holst." XIX, S. 475—484 (Sendschreiben an Herrn Reinecke in Segeberg, betr. dessen Betrachtungen über den Choral im Aprilheft dess. Blattes; cfr. dns. S. 669—681). — Anonyme Mittheilungen in Rendtorff's Kirchen- u. Schulblatt 1867 (No. 20 Anfrage; No. 24 Warum? weil lutherisch einerseits, reformirt andrerseits, oder weil deutsch einerseits, englisch andererseits? No. 35 Zu dem Aufsatze über Johannes Bugenhagen; Unsere Landsleute in Nord-Amerika). — In Versmanns Sonntags-boten 1860, Nachricht von dem Amtsjubiläum des Consistorialraths Groth in St. Annen, 18. Febr. 1860.

1823) **v. Rumohr,** Friedrich Henning Adolf (L. & S. No.' 990). Er starb den 3. Februar 1833 zu Schleswig, als Amt-mann v. Hütten, noch nicht 43 Jahr alt, nicht lange nach seiner vorher dahingeschiedenen Gemahlin. Seine Bibliothek ward am 11. November 1833 und folgende Tage verkauft. Vergl. N. St. M. S. 483, N. Nekr. d. D. XI, S. 84—85.

Von ihm noch: Noch einige Worte, veranlasst durch die Schrift des Cuuzlei-raths Lornsen: Ueber das Verfassungswerk in Schleswig-Holstein. Schleswig, Tbst.-Inst., 1830. SS. 16.

1824) **v. Rumohr,** Karl Friedrich Ludwig Felix (L. & S. No. 991), geboren den 6. Januar 1785 auf dem Gute Reinhardsgrimma bei Dresden, das sein Vater Henning Rumohr auf Trenthorst später verkaufte, um auf seinen Holsteinischen Gütern zu leben († 1804); seine Mutter Wilhelmine Caroline Freiin v. Fersen, Tochter des im 7jähr. Kriege gefallenen Hannoverschen Freiherrn v. Fersen; besuchte nach einigem damals zeitgemässen, aber mangel-haftem Unterricht durch Hauslehrer eine Zeit lang das Gymnasium zu Holzminden im Braunschweigschen (Abt Wehland); später die Universität Göttingen, war in Kassel, Dresden, wo er zur katholi-schen Religion übertrat; vollendete seine akademischen Studien in Heidelberg; machte 1804 von München aus eine erste Reise nach Italien, von der er 1805 zurückkehrte und theils in Baiern, theils auf seinen Holsteinischen Gütern lebte bis er 1815 zum zweiten Male nach Italien ging und längere Zeit, namentlich in Florenz sich auf-hielt; kehrte dann in den 20ger Jahren nach Deutschland zurück und kam auch nach Kopenhagen; den 1. September 1827 auswärtiges ordentliches Mitglied der Akademie der Künste in Berlin; reiste 1828 zum dritten Male nach Italien, 1829 eine Zeit lang zurück nach Berlin u. Holstein; 1831 war er in Dresden, 1833 eine Zeit lang in Sanssouci; den 24. Mai 1834 k. Dänischer Kammerherr, ordnete 1835 bis 1836 die Kupferstich-Sammlung der k. Bibliothek in Kopenhagen; darauf auf seinen Gütern; 6. April 1836 R. v. D.; 1837 zum vierten Male nach Italien, wo er jedoch nur bis in die Lombardei kam, um bald zurückzukehren und auf seinen Gütern zu leben; 1840 reiste er noch einmal nach Venedig; am 28. Juni desselben Jahrs dr. philos. h. c. in Kiel; 1841 zurück nach Berlin und Kopenhagen, von wo er 1842 nach Lübeck reiste und sich dort eine Wohnung einrichten liess; er starb auf einer Gesundheitsreise den 25. Juli 1843 in Dresden; begraben ist er auf dem Kirchhofe der Neustadt bei Dresden. — Vergl. über ihn noch N. N. d. D. XXI, S. 680—689; Itzch. Wochenbl. 1842 No. 50 Sp. 1436, Nekrol. im Alt. Merk. 1843 No. 196 S. 871, Allgem. Zeit. 1843 No. 308—310, Brockhaus' Convers.-Lexik., 10. Aufl., XIII S. 189—190, Ersl. Dän. Schriftst.- Lexik. II, S. 722 u. Suppl. II, S. 878—879, H. W. Schulz: K. Fr. v. Rumohr, sein Leben und seine Schriften. Nebst einer Nachricht über die physische Constitution und Schädelbildung, sowie über die letzte Krankheit Rumohrs v. C. G. Carus (Leipzig, 1844). — Auch enthalten Rumohrs eigene Schriften manches Biographische. — S. auch Callisens medic. Schriftst.-Lexik. XVI, S. 421, XXXII, S. 46.

Von ihm noch:

Italienische Forschungen Th. 3. Berlin, Nikolai, 1831. 8. (Th. 1 u. 2 sind schon im L. & S.; eine Rec. des 1. Theils Halle'sche Allg. L.-Z. 1827, No. 167, gegen welche Rec. Rumohr eine eigene „Beigabe zum 1. Theil der Italienischen Forschungen, Berlin 1827", herausgab.) Aus dem 3. Theil bes. gedruckt: Ueber Raphael u. sein Verhältniss zu den Zeitgenossen. Berlin, Nikolai, 1831. 8.

Ursprung der Besitzlosigkeit der Kolonen im neueren Tuskana. Aus den Urkunden. Hamburg, Perthes, Besser & Mauke, 1830. 8.

Ueber den gemeinschaftlichen Ursprung der Bauschulen des Mittelalters. Berlin, Nicolai, 1831. 8. SS. 68.

Eine 2. Aufl. seines „Geistes der Kochkunst" Stuttgart u. Tübingen, 1832. 8. Die Dänische Uebersetzung erschien in demselben Jahre.

Deutsche Denkwürdigkeiten. Aus alten Papieren. Bd. 1—4. Berlin, Duncker u. Humblot, 1832. 8. Zusammen 52 Bgg.

Drei Reisen nach Italien. Erinnerungen. Leipzig, F. A. Brockhaus, 1833. 8. SS. 336.

Novellen. Bd. 1, 2. München, Franz, 1833 u. 1835. 8. 19 u. 16 Bgg.

Schule der Höflichkeit für Jung u. Alt. Th. 1, 2. Stuttgart u. Tübingen, Cotta, 1834 u. 1835. 8. IV u. 172 SS. u. 100 SS.

Kynalopekomachia, der Hunde-Füchsestreit. Episches Gedicht in 6 Gesängen. Mit (6) Bildern von Otto Speckter. Leipzig 1835. 8. SS. 168.

In Gemeinschaft mit Prof. Thiele: Geschichte der königlichen Kupferstichsammlung zu Kopenhagen. Beitrag zur Geschichte der Kunst u. Ergänzung der Werke von Bartsch u. Brulliot. Leipzig, Weigel, 1835. gr. 8. 100 SS. Rec. Kunstblatt 1836, No. 40—41.

20

Hans Holbein der Jüngere in seinem Verhältnisse zum Deutschen Formschnitt-
wesen. Leipzig, Weigel, 1836. 8. 8¼ Bgg. u Titelvignette. Rec. Kunstblatt
1836, No. 30—32 (v. Solzmann). Dagegen von dem Verf.:
Auf Veranlassung u. Erwiderung von Einwürfen eines Sachkundigen gegen
die Schrift „Hans Holbein der Jüngere etc." Leipzig, Weigel, 1836. 8. SS. 37.
Rec. Kunstblatt 1836, No. 83 (von Solzmann).

Zur Geschichte u. Theorie der Formschneidekunst. Leipzig, Weigel, 1837.
8. 8¾ Bgg. u. 7 Holzschnitte.

Reise durch die östlichen Bundesstaaten in die Lombardei u. zurück über die
Schweiz u. den oberen Rhein in besonderer Beziehung auf Völkerkunde, Landbau
u. Staatswirthschaft. Lübeck, v. Rhodensche Buchh., 1838. 8. 18¼ Bgg.

Historische Belege (zur Ergänzung der Reise durch die östlichen Bundesstaaten).
Lübeck, v. Rhoden'sche B, 1838. 8. 4½ Bgg.

Untersuchung der Gründe für die Annahme, dass Maso di Finiguerra Erfinder
des Handgriffs sei, gestochene Metallplatten auf genetztes Papier abzudrucken.
Leipzig 1841. 8.

Versah mit Vorwort die Schrift des Professors Altmeier zu Brüssel: Kampf
demokratischer u. aristokratischer Principien zu Anfang des 16. Jahrhunderts.
Lübeck 1843. 8.

Im „Kunstblatt" (v. Menzel) sind ausser den im L. & S. angeführten Auf-
sätzen noch viele andere von ihm, u. A. J. 1820, No. 39 (über Brüggemanns
Altarschrein u. andere Kunstbemerkk.), 1825, No. 47, 1826, No. 6 (Auszüge aus
Joachim von Sandrarts „Deutscher Akademie der edlen Bau-, Bild- u. Malerkunst"),
No. 75 (über Kunststil), 1828, No. 38 (Ueber Wiederherstellungsversuche alter
Meisterwerke), 1831, No. 79 (Schreiben an Thiersch). — In Alfred v. Reumont's
„Italia" 1838 (Schönheit ein Traum. Eine Novelle), 1840 (Raphaels Lehr- und
Wanderjahre. Novelle). — In der „Urania" (Leipzig 1834) (Der letzte Savello.
Eine Novelle). — In Michelsens u. Asmussens „Archiv für Geschichte der Herzogthh.
Schlesw. u. Holst." II. S. 1—23 (Ueberblick der Kunsthistorie des transalbingischen
Sachsens). — Im „Dansk Kunstblad" I, No. 3, 5 (Kunstnerdannelse).

1825) **Runge,** J., zur Zeit, 1867, Lehrer in Neuenbrook.

Gab mit einigen Freunden, nach seiner Mittheilung aber nur zum Gebrauche
zunächst für seine Schule, heraus: Fünfzig Gebete. Zunächst für die reifero
Jugend ausgewählt u. gesammelt. 2. Aufl. s. t. Fünfzig Gebete für Schule u.
Leben. Itzehoe, Nasser, 1863. 8. ÷

1826) **Runge,** Karsten, geboren den 29. März 1830 in
Warder bei Rendsburg; von seinem Vater, dem Distriots-Schul-
lehrer Hans Runge, für den Lehrer-Stand bestimmt, ward er 1849
zum Kriegsdienst ausgehoben und machte als Gefreiter im 12. Schl.-
Holst. Linien-Infanterie-Bataillon den Feldzug von 1850 mit; ging
nach Beendigung des Kriegs nach Hamburg und erwarb sich durch
Beschäftigung im Kaufmännischen seinen Unterhalt, war zugleich für
seine Ausbildung und literarisch thätig und 1858 und 1859 Mitredacteur des in Hamburg erscheinenden „Teut". Er starb in Hamburg 1865. — Vergl. H. Peists Album der Reform S. 302—303.

1) Sänger-Wallfahrt. Altona, A. Mentzel, 1861. 8.

2) Nordische Dramen. (Griffenfeld, Ottomar, Knud Danaast.) Hamburg, A. Isermann, 1863.

Schrieb schon während des Jahrs 1850 viele Gedichte für verschiedene Zeitschriften; lieferte später namentlich Beiträge zu dem oben erwähnten „Teut" und zur Hamburger „Reform", theils unter seinem wahren' Namen, theils pseudonym als Philostrat, ausserdem Novellen u. Gedichte in verschiedenen Anthologien u. Zeitschriften.·— Das Drama „Griffenfeld" wurde im Hamb. Stadt-Theater u. im St. Georgs-Theater aufgeführt. —

1826a) Ruser, Lehrer in Probsteierhagen.

Von ihm steht seiner Mittheilung nach, wider seinen Willen im S-H. Schulbl. II, H. 1, S. 41—52 (Wie hat der Lehrer seine Katechisation einzurichten, dass sie nicht nur belehrend, sondern auch erbaulich werde?) ÷

1827) Ryge, Johann Christian (L. & S. No. 992), er wurde 14. März 1818 Oeconomie-Inspector; 24. October 1829 Mitinstructeur und 30. Juni 1836 Instructeur en scéne beim k. Theater in Kopenhagen; er machte verschiedene Kunstreisen 1814 u. 1815, 1824, 1831 u. 1835 u. 1839 eine Badereise. Er starb plötzlich, im 63. Lebensjahre, den 29. Juni 1842. Verh. seit Aug. 1807 1) in Svendborg mit Christiane Friederike geborene Becher († 1819 den 31. December), 2) mit Charlotte Betzy geborene Anthon † 11. Mai 1860 in Kopenhagen). — Vergl. Erslew II S. 728—729. Supplem. II S. 886.

Von ihm noch:

Laurbærkrandsen, eller Lovenes Magt. Skuespil i fem Optoge af E. W. Zieger. Oversat. Kbh. 1825. (Steht auch in: Nyeste Samling af Skuespil til Brug for den k. Danske Skueplads og for Privattheatre. 2 Deel. Kbh. 1825.)

Critisk Sammenligning imellem nogle af det k. Theaters Skuespillere og Skuespillerinder. Et Forsøg. No. 1. Udgivet af et Selskab. Kbh. 1832. 43 SS. 8.

Beitr. zu „Kjøbenhavns Skilderi" 1806, No. 75 (En Erklæring mod Prof. Guldberg); zu „Tilskueren" 1819 No. 5, S. 39—40 (Epilog); zu T. P. Thortsens „Thalia" H. 3, S. 375—77 (Prolog); zu „Kjøbenhavns Morgenblad" 1825 S. 148, 1826, S. 527'(To Erklæringer); zu „Kjøbenhavnsposten" 1831, S. 148 u. 167 (Svar og Gjensvar); zu „Søendagen", einem Beiblatt zu „Dagen" 1837 No. 43 (Til Prof. Sibbern). Einige polemische Artikel gegen den Schauspieler W. C. Holst in „Kjøbenhavnsposten" u. „den Frisindende" 1838.

Uebersetzt u. aufgeführt, aber nicht gedruckt von ihm sind das Schauspiel „Postmesteren eller den ædle Hævn" v. Hagemann u. das Trauerspiel „Rœverno" v. Schiller.

S.

1828) Sabelon, Andreas Peter Michael (L. & S. No. 993). Ward 16. October 1832 auf Ansuchen seines Amtes als Organist an der lutherischen Hauptkirche in Altona entlassen, starb den 30. Juli 1838 zu Detmold, 66 Jahr alt.

1829) **Sach,** Hans Christian August, geboren den 29. Januar 1837 zu Kesdorf im Kirchspiel Gleschendorf, besuchte die Gelehrtenschule in Eutin, studirte Philologie in Kiel und Bonn, und wurde 1862 am 20. März dr. phil. in Kiel mit der ungedruckten Inaugural-Dissertation „Quaestiones Ovidianae", nahm Ostern 1862 eine Hauslehrerstelle an bei dem k. Russischen Generalconsul Baron von Freitag-Loringhofen in Kopenhagen bis Weihnacht 1863, war darauf seit Februar 1864 erst const., dann definitiv ernannter 7. Lehrer an der Domschule in Schleswig.

1) Aeltere Geschichte des Schlosses Gottorp. Beitrag zur speciellen Geschichte Schleswigs: im Oster-Progr. 1865 der Schlesw. Domschule. 4. Erschien auch separat. Schleswig, Heiberg. 1865.

2) Hans Brüggemann. Ein Beitrag zur Kunstgeschichte der Herzogthümer. Mit 1 Photographie des Schleswiger Altarblatts v. Brüggemann vom Hofphotographen Fr. Brandt in Flensburg. Schleswig, Schulbuchh, 1865. gr. 8. Den Mitgliedern der Deutschen Kunstgenossenschaft gewidmet. —

1830) **Sachau,** Karl Lorenz Theodor Johannes, geboren den 12. December 1823 in Glückstadt, Sohn des Oberst Hans Joachim v. Sachau und der Hedwig Charlotte Christine geborene v. Wasmer; besuchte die Gelehrten-Schule in Glückstadt und die Universitäten Kiel, Heidelberg und Berlin; Auditeur; von 1848 bis 1863 Gerichtshalter der Allodialgüter Bliesdorf mit Grienau, Castorf, Niendorf am Schallsee, Tüschenbeck, Rondeshagen, der Lehngüter Culpin u. Niendorf an der Stecknitz, Zecher, Seedorf u. Thurow; const. Landkriegscommissär in Ratzeburg von 1863—1866 und dann Stadthauptmann der Stadt Ratzeburg, Amtsadvocat u. Lehns-Fiscal für das Herzogthum Lauenburg, sowie Gerichtshalter obgedachter Güter.

Gab heraus: Vaterländisches Archiv des Herzogthums Lauenburg Bd. 1—3. Ratzeburg 1857—1864. 8.

Lieferte Beiträge für v. Jagemanns „Gerichtssaal", für Friedreichs „Blätter für gerichtliche Anthropologie", für Schletters „Jahrbücher für Deutsche Rechtskunde" u. einzelne Mittheilungen für die „Schleswig-Holsteinischen Anzeigen." — Revidirt.

1831) **Sager,** Franz Karl Friedrich, geboren in Schleswig, studirte Medicin und wurde in ihr 1855 im September in Kiel promovirt; zur Zeit Arzt in Schleswig; erhielt 1864 das Oestreichische goldene Verdienstkreuz mit der Krone.

De insania ex menstruis suppressis orta. Kiliae, 1855. 4. S. 11.

1832) **Sager,** Georg Heinrich Nicolaus, geboren in Schleswig, ein Bruder des vorhergenannten, studirte seit Mich. 1854 ebenfalls Medicin und wurde in ihr zum dr. 1859 in Kiel promovirt, und ist ebenfalls Arzt in Schleswig; erhielt 1864 das Oestreichische goldene Verdienstkreuz mit der Krone.

De tracheotomia in laryngitide membranacea. Kiliae, 1859. 4. SS. 14.

1833) **Saggau,** Johann Christian, geboren den 19. Juli 1828 in Ruhwinkel, im Kirchspiel Bornhöved, Sohn des Erbpächters in Ruhwinkel Matthias Saggau und der Anna Magdalena, geb. Witt (beide †); von 1842 bis 1845 Zögling des Lehrers B. D. Wilms, damals zu Dersau bei Ascheberg, jetzt Seminarlehrer in Tondern, 1845 bis Michaelis 1846, zu Wabs in Schwansen, von Michaelis 1846 bis Ostern 1851 auf dem Seminar in Segeberg, 1848 im Rantzau'schen Freicorps, 1849 bis 1851 im 5. Infanterie-Bataillon, 1851 Ostern in Segeberg mit dem 2. Char. m. s. r. A. examinirt, 1851 bis 1853 Lehrer an einer Privatschule in Flensburg, von Ostern 1853 bis Michaelis desselben Jahres in Wilster, 1853 Michaelis Lehrer an der Halbtagsschule in Altona, den 5. März 1858 Stadtschullehrer in Altona und jetzt Vorsteher einer Stadtschule von ca. 500 Schülern in 8 Classen.

1) Gab mit H. F. Langfeldt, Friedr. Harder unter Mitwirkung von Past. C. N. Kähler heraus: Schulblatt f. die Herzogthümer Schleswig und Holstein Jahrg. XVIII—XXI. Oldenburg 1856—1859. 8. Von ihm darin XVIII, S. 57—67 (Blicke auf das Schulleben der Gegenwart); S. 121—134 (Die Gedächtnissnoth unserer Zeit); S. 143—146 (Offene Antwort auf das offene Schreiben des Hrn. Kirchmann in Eutin); S. 702—726 (Ueber den Einfluss der Naturkunde auf Intelligenz und Sittlichkeit); XIX, S. 146—162 (Wenn der Werth der Naturkunde nach dem Einfluss derselben auf Intelligenz und Sittlichkeit geschätzt wird, so ist sie allerdings nothwendig für unsere Volksschulen); XX S. 31—41 (Auslegung eines Neujahrsliedes); S. 290—301 (Ueber den Confirmandenunterricht); XXI, S. 82—88, XXII, S. 321—326 (Bericht über den Bestand und die Thätigkeit des pädagogischen Vereins f. Altona und Umgegend im Jahr 1858 u. 1859).

2) Zu unserer Schulfrage. Altona, A. Mentzel, 1864. 8. S. 24.

3) Die hohle Eiche. Erzählung f. die Jugend und deren Freunde. Altona, A. Mentzel, 1860. 8. S. Sönksens Schulzeitung 1860/61 Nr. 16 v. E. Kramer in Glückstadt. 3. Aufl. mit neuen Illustrationen... Berlin, A. Vogel u. Co., 1865. 8.

4) Lorenz de Hahn. Eine Erzählung aus der Geschichte der Nordfriesen. Leipzig, Voigt u. Günther, 1862. (Bildet ein Bändchen der von Gustav Nieritz redigirten Jugendbibliothek u. ist später auch als besonderer Abdruck aus ders. erschienen).

5) Elementarisches Rechenbuch. Zugleich ein Uebungsbuch für Abend- und Halbtagsschulen. Altona, A. Mentzel, 1862. 8. 2. Aufl. 1866. 8.

In den Darstellungen aus dem Christenleben, herausgeg. v. Elb-Pinnauer Lehrerverein (1857) No. 33, S. 274—283 (Hochmuth). — Im Schulbl. f. die Herzogth. Schlesw. u. Holst. XV, 1853, S. 634—649 (die katechetische Lehrform in ihrer Anwendung auf den Religionsunterricht); XVI, S. 3—19 (Wiedergeburt des Lehrers); S. 302—319 (Das erste Capitel der Genesis im Lichte der Offen-

barung und der Naturforschung). — In Sönksens Schulzeitung diverse, mehrfach
anonyme Beitr., u. A. 1854/55 No. 11 u. 12. — Ebenfalls anonym ausser etlichen
Leitartikeln u. Correspondenzen, auch Zeitgedichte f. die eingegangene „Schleswig-
Holsteinische Zeitung" der letzten Jahre, u. A. 1864 (Sagen vom frommen und
tapfern Grafen Adolf. Kein Friedenslied); 1865 (Auch ein Preisgedicht); Beil.
1864 No. 258 (Der Wiener Friede vom 30. Octbr. 1864. Vortrag.). — Wiederholt Aufsätze über das „Altonaer Schulwesen" und über die kirchlichen Verhältnisse in den Altonaer Nachrichten. Gelegentliche Correspondenzen in den
„Itzehoer Nachrichten" und ebenfalls Gedichte 1862 No. 101, No. 104, 1863
No. 11. Daselbst wurde im Febr. 1864 eine von ihm verfasste, von über 1000
Holst. Schullehrern unterschriebene Petition an den damaligen „Deutschen Bund"
mitgetheilt. — In Clausens Kirchen- und Schulzeitung 1863 No. 16 (Die Preetzer
Lehrerversamml. betr.) — Ein Band Gedichte soll demnächst erscheinen. — Revidirt.

1834) **Sahling,** J. T., geboren im Holsteinischen, besuchte
das Segeberger Seminar, kam jedoch nicht zum Examen, war 1845
bis 1847 Privatlehrer in Lütjenburg; Buchhändler und Kaufmann;
dann Privatlehrer in Segeberg, später in Bornhöved, wo er im August 1864 starb. — Mitgetheilt.

Geometrische Constructionsaufgaben. Gesammelt und bearbeitet als Handbuch
f. Lehrer, zugl. als Hülfsb. zur eigenen Ausbildg. im Construiren. Segeberg 1860. 8.
In A. P. Sönksens Schulzeitung, Beil. zu No. 49 1856/57, No. 1 1857/58
(Geometrische Constructionsaufgaben und sonstige Beiträge). —

1835) **Salchow,** Christoph Friedrich Georg Joachim.
(L. & S. Nr. 994) starb den 8. Juni 1843 in Husum. — S. Neuen
Nekrol. d. Deutschen XXI. S. 1137—1139.

1836) **Salchow,** Johann Adam Ulrich, geboren den
19. Juni 1774 in Meldorf, Sohn des Physikus dr. Ulrich Christoph
S. (cfr. Kordes' Schriftst.-L. S. 492); Cornet und Lieutenant im
Feldjäger-Corps, später Rittmeister, 1808 Divisionsquartiermeister
im General-Quartiermeister-Stab, 1812 Ober-Adjutant im General-
Adjutanten-Stab und Cavalleriemajor, 1817 Oberstlieutenant, 16.
Mai 1824 R. v. D., 1826 Generalkriegscommissär in den Herzogthümern und Oberst, den 1. November 1828 D. M., 28. Juni 1840
C. v. D., 1840 u. 1841 Mitglied der Militär-Commission in Odensee;
starb in Altona den 11. Mai 1859. Als Cornet unterrichtete er
1798 und 99 in der Königlichen Forstlehranstalt zu Kiel im Karten-
zeichnen und Feldmessen. Ersl. III. S. 3 u. 4. u. Suppl. III. S. 3.

Von ihm:

(Ludvig Jacob v. Binzer, en biographisk Skizze) im Mag. f. milit. Viden-
skabelighed J. IV, S. 172—191. Ins Deutsche übersetzt v. Lorenzen in den
Provinz.-Berr. 1822, III, S. 58—68. Auch separat gedruckt. Kopenh. 1821. 8.
Von ihm in Niemanns „Schlesw.-Holst. Chronik" 1799, No. 5, S. 41—47
(Auszug des Berichts an die K. Rentekammer von dem Zustande des königlichen
Feldjägerkorps mit dem verbundenen Forstinstitut im Jahre 1798).

1837) **Salling,** Severin (Sören) Christian. (L. & S. Nr. 997). Am 1. November 1828. D. M.; starb 18. März 1833 als Prediger zu Wonsyld und Dalbye im Amte Hadersleben. — Vergl. Erslew. III. S. 5—6; N. Nekrol. d. D. 11. S. 221. Poggendorffs biogr. liter. Hdwb. d. exacten Ww. II. Sp. 741.

Von ihm noch: Den Augsborgske Confession, oversat (auf Kosten einer Gesellschaft). Hadersl. 1818. 4. 2 Bgg.

Christelig Bœrneven. (Uebersetzung). Hadersl 1819.

In Rafn's „Nyt Bibliotb. for Physik" VIII, 370—395 (Opdagelser i Læren om Lysets Bœining). — In Trommsdorffs „Journal der Pharmacie" XIII, 1805 St. 2 S. 433—56 (Nic. Tychsens Biographie, nach der Autobiographie u. d. Dän. übers.). — In Mœllers „Nyt theologisk Bibliothek" X, 326—56 (Om en ny evangelisk-christelig Psalmebogs Nødvendighed i Danmark. Tilligemed Prœver af nyo og omarbeidede Psalmer). —

Von ihm sind auch Uebersetzungen einiger Tractätlein, deren Erslew folgende anführt: „Banderens Bœn", „Underviisning om Herrens Dags Helligholdelse", gedruckt in Hadersleben anonym und ohne Jahreszahl. — Er war Mitarbeiter am „Evangelisk Magasin" und mehrerer vom Christiansfelder Prediger-Convent herausgegebenen kleinen Schriften. —

Ueber die Probe einer neuen Bearbeitung alter Kirchengesänge vergl. die Prov. Berr. 1832 S. 207.

1838) **Salomon,** Max, geboren in Schleswig, Sohn des nachfolgenden Salomon Jacob S. und der Karoline geb. Mansfeld, studirte Medicin und ward in ihr 1861 in Kiel promovirt und practisirte als Arzt in Altona, seit Juni 1867 in Schleswig. Erhielt 1864 das Oestreichische goldene Verdienstkreuz mit der Krone.

De exanthematibus artificialibus diss. inaugur. Kiliae 1861. 4. SS. 11.

1839) **Salomon,** Salomon Jacob (L. & S. No. 998), seit 1823 langjähriger Arzt in der Stadt Schleswig, wo er den 21. April 1862 starb.

1840) **Samson,** Julius (L. & S. No. 1000), seit 1828 praktischer Arzt in Altona, wo er noch 1849. — Verh. mit Galathea geb. v. Halle aus Kopenhagen. — Vgl. auch Callisens medic. Schriftst.-Lex. s. v.

Von ihm noch:

Redigirte die von den Profess. W. F. G. Behn, G. B. Günther, A. L. J. Meyn u. O. A. Michaelis fortgesetzten Pfaffschen praktischen und kritischen Mittheilungen aus dem Gebiete der Medicin, Chirurgie und Pharmacie. Jahrg. 7—9, N. F. 5—7. Altona 1838—1841. 8.

1841) **Samwer,** Karl Friedrich Lucian, geboren 1820 in Eckernförde; sein Vater Karl August S. (geb. zu Stift im Kirchspiel Dänischenhagen 7. Juni 1790) Ober- und Landgerichts-Advocat daselbst († 10. Februar 1828), seine Mutter Dorothea Marie,

Tochter des am 16. April 1789 verstorbenen Diaconus Conrad Friedrich Wiegmann in Kellinghusen, († 2. Juni 1860); der Sohn besuchte die Domschule in Schleswig bis Ostern 1839, ging dann auf
die Universität und wurde im juristischen Amts-Examen mit dem
2. Char. m. r. A. Ostern 1843 in Kiel examinirt, war alsdann Advocat in Neumünster, 1848 Büreauchef in dem Ministerium der auswärtigen Angelegenheiten zu Kiel, dazu 1848 und 1849 Abgeordneter zur Schleswig-Holsteinischen Landesversammlung für den 28.
Holsteinischen District, den 3. November 1850 ausserordentlicher
Professor der Rechte in Kiel, zugleich staatsrechtlicher Consulent
der Landes-Regierung, im Anfang August desselben Jahres h. c. dr.
jur. in Kiel, 1852 im April entlassen, wurde bald darauf Geheimer Regierungsrath in Gotha, war 1864 bis 1866 zeitweilig in Kiel, darauf wieder in Coburg-Gotha, wo er an der Spitze der Verwaltung
des gesammten Coburg-Gothaischen Hausguts steht.

1) Die Staatserbfolge der Herzogthümer Schleswig-Holstein und zugehöriger
Lande. Ein staatsrechtlicher Versuch. Hamburg, Perthes, Besser & Mauke,
1844. 8. XX u. mit Beilagen 319 SS. Mit Karte. Angez. v. dr. Heiberg
im Itzeh. W. 1844, No. 46. Darnach in der „Deutschen Vierteljahrsschrift"
1846, II. 4, S. 63 u. f. s. t.: Uebersicht der Erbfolgefrage.

2) Vorgänge von 1721 im Herzogthum Schleswig mit Rücksicht auf den veröffentlichten Auszug des Commissionsbedenkens. Eine staatsrechtliche Untersuchung. Hamburg, Perthes, Besser & Mauke, 1846. 8. VIII u. 87 SS.

3) Das Commissionsbedenken über die Erbfolge des Herzogthums Schleswig im
officiellen Auszuge. Mit Anmerkungen u. einem Nachwort begleitet. Hamburg, Perthes, Besser & Maucke, 1847. 8. VI u. 180 SS.

4) Mit Droysen: Die Herzogthümer Schleswig-Holstein u. das Königreich Dänemark. Aktenmässige Geschichte der Dänischen Politik seit dem Jahre 1806.
Hamburg, Perthes, Besser & Mauke, 1850. 8. X u. 426. 2. Aufl. das. in
dems. Jahre. 8. XVI u. 350 SS. Erschien in demselben Jahre auch in Dänischer
Uebersetzung das. bei dens. 8.

5) Setzte fort: Martens u. Mushards: Nouveau recueil général des traités, con-
ventions et autres transactions remarquables servant à la connaissance des
relations internationales des puissances et états dans leurs rapports mutuels
t. 14—17 oder recueil général t. 1—4. Göttingue 1856. ff. 8. Réc. über t. 14 (1)
in: Kritische Zeitschrift für die gesammte Rechtswissenschaft (Heidelberg 1859)
Bd. 5, S. 88 u. flgde.

In den „Nordalbingischen Studien" Bd. 2, 1845, S. 257—265 (Ueber eine
diplomatische Correspondenz zwischen dem Staatssecretär von Hagen u. dem Ge-
heimrath v. Bassewitz in Betreff der Restitution des Herzogthums Schleswig); Bd. 6,
S. 128—237 (Urkundliche Beiträge zur Geschichte der Reunion der Herzogthümer).
— In den „Neuen Kieler Blättern" (h. v. H. Carstens) 1843, S. 28—37
(Rec. über Klenze's: „Die letzten Gründe zwischen den Dänen u. Schleswig-
Holsteinern"; vgl. Dannevirke 7, No. 35 v. 28. Oct. 1843); S. 135—157 (Die An-
sicht Friedrich IV. bei den Vorgängen von 1721); S. 157—158 (Das Staatsrecht

Schleswig-Holsteins u. seine Gegner); 1844 (h. v. K. Lorentzen) S. 192—202 (Prolegomena zu jeder Behandlung der Schlesw.-Holst. Geschichte). — Im Alt. Merk. 1844, No. 68 (Die Reduction des Itzehoer Wochenblatts u. die Erbfolge); 1845, No. 80 (Erbfolge betr.); 1846, No. 45 (Gegen eine in No 37 dess. Bl.s aus dem „Beobachter am Sunde" genommene Bemerkung); No. 194 (Vorläufige Erklärung gegen das Commissionsbedenken). — Im „Itzehoer Wochenbl." der 40ger Jahre diverse Beitrr., u. A. 1846, No. 39. — Beiträge zum „Grenzboten" u. A. 1863, No. 13, S. 500—519 (Ueber Aechtheit u. Ursprung der matinées royales). — Angebl. Briefe von ihm in Wegeners Schrift: Ueber das wahre Verhältniss des Herzogs v. Augustenb. zum Holst. Aufruhr (Kopenh. 1849). ÷

1842) **Sander,** Christian Levin. (L. & S. Nr. 1001). Vergl. über ihn Erslew III. S. 9—14, und Suppl. III. S. 9, wornach er den 29., nicht den 31. Juli 1819, gestorben ist. Erslew nennt ihn Levin Christian. —

Unter den im Erslew angef. Schriften fehlen im Kordes u. im L. & S : Erbauliche Gedanken bei den Ruinen des stolzen Thurms u. der uralten gothischen Kirche Sancti Nicolai zu Kopenhagen, in Reimen von Magister Rosengluth. Kopenh. 1795. 8.

Helligtrekongersfest. Kbh. 1804. (Kam nicht in den Buchhandel.)

Sanders Piketspil med Baggesen. Kbh. 1807. 8. 16 SS.

Gab heraus: Rahbeks Bedömmelse af Sander's Odeum med den Sidstes Svar. En polemisk Afhandling, som et Tillæg til hans (Sander's) Odeum og en Anmeldelse af hans dramatiske Deklamatorik. Kbh. 1809. 8. 124 SS.

Vom Trauerspiel „Knud, Danmarks Hertug" stehen drei v. Verf. ins Deutsche übersetzte Acte in Beckers „Erholungen" X, 1810. — Eine ins Deutsche übersetzte Scene aus seinem „Niels Ebbesen v. Nœrreriis" steht im „Deutschen Magazin" v. Eggers 1797, Febr. Ueber andere Bruchstücke daraus vergl. Erslew. Eine neue Ausgabe Kbh. 1848.

Stormen, Syngespil af Shakespeare, omarbeidet til Kunzens Musik. Kjæbenhavn 1818. 8.

Tre hundrede af Peder Syvs Ordsprog. Til Brug ved humoristiske Forelæsninger samlede. Første Udvalg. Kbh. 1819. 8.

Strena for 1819 og 1820, eller store og smaa Fortællinger. Kbh.

Seine Beiträge zur Dänischen „Egeria" s. im Erslew.

Seine v. der churf. Deutschen Gesellsch. in Mannheim gekrönte Preisschrift „Kritik verwandter Begriffe od. Erklärung einiger ähnlich bedeutender Wörter" (vgl. Kordes Lexik. S. 288) ist in dieser Gesellsch. Schriften Bd. 10 (Frankf. u. Leipz. 1794) abgedruckt u. erschien auch s. t. Deutsche Synonyme od. sinnverwandte Wörter (vergl. schon Kordes Lexik. S. 558).

Seine Beiträge zu gelehrten u. ästhetischen Zeitschriften, die im Kordes u. im L. & S. angeführt stehn, lassen sich durch Erslew noch ergänzen, doch findet sich auch bei diesem nicht: „Als Peter Andreas Bernstorff starb. Ode. Nach M. C. Bruun": in Eggers Deutschem Museum, Januar 1798, S. 18—23.

Er beendete die von C. R. Boie (vergl. diesen Artikel) begonnene Deutsche Uebersetzung v. C. Hornemanns nachgelassenen philosophischen Schriften.

Die „Papiere des Kleeblatts", welche schon Kordes anführt, erschienen nach Ersl. in Schleswig, nicht in Meldorf.

1842a) **Sarauw,** Christian Friedrich Conrad, geboren den 2. Juli 1824 in Schleswig, Sohn des Kammerraths Friedrich Heinrich Wilh. Sarauw (Nr. 1843) und der Sophie Hedwig geb. Claussen; besuchte die Schleswiger Domschule bis 1843, studirte Philologie und später Jurisprudenz in Kiel 1843 bis 1845 und wieder 1846 bis 1848, sowie in Heidelberg 1845 bis 1846, machte im Sommer 1857 ein staatswissenschaftliches Examen in Kopenhagen, war inzwischen 1848 erst Volontär beim 5. Jägercorps, dann Schleswig-Holsteinischer Lieutenant, 1849 Premierlieutenant und 1851 in gleicher Eigenschaft im Schleswig-Holstein-Lauenburgischen Contingent; wurde 1852 nach Kopenhagen versetzt; 1864 Capitain und 1865 Compagniechef im 4. Dänischen Infanterie-Bataillon.

1) Uebersetzte aus dem Dänischen: P. J. Trap's statistisch-topographische Beschreibung des Königreichs Dänemark. H. 1—5. Kiel, C. Schröder & Co., 1857—1860. 8.

2) Führte für die Session des Jahres 1860 die Redaction des Dänischen Theils der Schleswigschen Ständezeitung.

Beiträge u. A. zur „Tidskrift for Krigsväsen" 1866. — Revidirt. — (Steht nicht im Erslew.)

1843) **Sarauw,** Friedrich Heinrich Wilhelm, geboren um 1775 in Kiel; sein Grossvater wahrscheinlich der 1772 in hohen Aemtern in Kiel lebende Friedrich Barthold Sarauw; der Unsere studirte Jura, war längere Zeit Bürgermeister in Burg auf Fehmarn, Kammerrath, 1819 Hardesvogt in der Struxdorfharde des Amts Gottorf, den 14. December 1825 Amtsverwalter und Actuar des Amts Hütten in der Stadt Schleswig, wurde am 2. November 1833 seines Amtes entsetzt und am 18. Februar 1834 auf die Festung Friedrichsort geführt. Er starb in Rendsburg den 15. April 1845. — Vergl. über ihn N. Nekrol. d. D. XXIII, S. 1038 bis 1040. —

Staatsrecht des Königreichs Dänemark u. der Herzogthümer Schleswig, Holstein u. Lauenburg. Aus dem Dänischen des Conferenzraths Prof. Schlegel ins Deutsche übersetzt. Schleswig 1829. 8. XVI u. 672 SS.

Im N. St. M. II, 1834, S. 29—61 (Versuch einer geschichtlichen Darstellung des politischen Verhältnisses der Insel Femarn bis zum Jahre 1829); IV, 1836, S. 442—522 (Nachtrag dazu); VI, 1837, S. 122—199 (Prüfung der bisherigen Ansichten von ehelicher Gütergemeinschaft in den Herzogthümern Schleswig u. Holstein); VII, 1838, S. 28—80 (Fortsetzung dazu, vgl. Falcks Archiv III, S. 412—437); S. 549—568 (Entwicklung der Rechts-Grundsätze, nach welchen die von Männern geleisteten Bürgschaften im Herzogthum Schleswig zu beurtheilen sind); VIII, 1839, S. 394—457 u. IX, 1840, S. 404—524, X, 1841, S. 93—187 u. 639—742 (Geschichtliche Forschung über die Gültigkeit des Römisch-Justinianischen Rechts im Herzogthum Schleswig. Erschien auch besonders gedruckt. Kiel, 1842. 8.). — In Falcks Archiv I, S. 272—321 (Ueber die Gültigkeit des Römischen

Rechts im Herzogthum Schleswig, besonders seit dem Anfang des 18. Jahrhunderts).
Uebersetzte aus dem Dänischen für dasselbe Archiv I, S. 12—51 (Blicke auf die
Staatsverfassungen des Alterthums, mit Rücksicht auf die Entwicklung der Monarchie
u. eines umfassenden Staats-Organismus. Einladungsschrift zum Universitätsfeste in
Kopenhagen am 6. Juli 1840 v. Prof. dr. J. N. Madvig); S. 201—272 (Ueber die
Bewegung in der Dänischen Bevölkerung. Schreiben an den Hrn. Conferenzrath
Collin in Kopenhagen. Eine Skizze von dr. J. R. Hübertz. Kopenh. 1840);
II, 1843, S. 1—94 (Ueber Reichstage u. Provinzial-Versammlungen, sowie über
den Reichsrath von Dänemark, vom 13. Jahrhundert bis zur Staatsveränderung
1660. Grundzüge zu einer historisch-staatsrechtlichen Darstellung v. Prof. J. E.
Larsen); S. 95—116 (Ueber die persönliche Theilnahme der Dänischen Könige
an der Rechtspflege von der ältesten Zeit bis zur Gegenwart v. J. E. Larsen);
S. 463—484 (Ueber die Ermordung des Grafen (Herzogs) Gerhard des Grossen);
S. 562—568 (von ihm mitgetheilt: Auszug aus dem mit kais. Russischer Concession
vom Hofbuchdrucker Bäuerlein in Kiel verlegten grossfürstl. Schleswig-Holstein-
schen Staatskalender f. d. Jahr 1772); S. 703—707 (Den Gebrauch des Römischen
Rechts im Herzogthum Schleswig betr.); III, S. 266—330 (Historische Nachweisung
dass die Stadt Rendsburg ganz zu Holstein gehört); S. 412—437 (Bemerkungen
über die neueren Ansichten von ehelicher Gütergemeinschaft in den Herzogthümern
Schleswig u. Holstein); S. 546—596 (Erwiderung auf die Aeusserungen des Herrn
Professors Paulsen in Kiel, die Gültigkeit des Römischen Rechts im Herzogthum
Schleswig betreffend); IV, 1845, S. 643—671 (Einige Bemerkungen über die
„Kurzgefasste Beschreibung u. Geschichte v. Schleswig-Holstein", gekrönte Preis-
schrift des Herrn O. u. L.-G.-A. Bremer).

1844) **Sarauw,** Georg Ernst Friedrich (L. & S. No.
1002, wo nur der Vorname Georg); geboren 1779 im damaligen
Churfürstenthum Hannover; kam im 9. Jahre zu einem Verwandten
nach Holstein und widmete sich dem Forstfach; besuchte 1796 die
Universität Kiel; reiste 1797 nach Hannover und besuchte 1800 die
Forstacademie des Oberforstraths Cotta in Zilbach in Sachsen-
Weimar; kam 1801 nach Holstein zurück, zog im Mai 1802 nach
Kopenhagen und wurde im Juni selbigen Jahres const. Gehegereiter
in dem k. Gute Petersgaard; den 1. October 1801 Gehegereiter im
Frederiksborg'schen District; 1812 Mitglied einer Commission zur
Untersuchung der Forstverhältnisse beim Kupferwerk Rœraas in
Norwegen, wo er bis 1813 blieb; 1829 Landwesens-Commissar für
Frederiksborgs-Amt; wirklicher Forstrath; 1832 Mitglied der Com-
mission zur Untersuchung der Frederiksborgschen Stuterei; den 8.
Juni s. Jahrs Forstinspector beim Forstwesen der Akademie Sorœ; 26.
September s. Jahrs w. Justizrath; 9. November 1833 Mitglied der
Forst-Examinations-Commission in Kopenhagen; 28. Juni 1846 R.
v. D.; von 1834 bis 1846 Vorsteher der 2. Ackerbau-Commission
in der k. landwirthschaftlichen Gesellschaft; er starb den 16. Juli

1846 in Soroc. — Verh. mit Julie geb. Randahl. — Vergl. Ersl.
III, S. 16 & 17.

Ein Nachtrag zu der im L. & S. angeführten Schrift „Beitrag zur Bewirthschaftung Buchener Hochwaldungen" erschien Kopenh. 1845. 8.
Frederiksborg Amt, beskrevet efter Opfordring fra det k. Landhuusholdnings-
Selskab. Kbh. 1831. A. m. d. T.: Bidrag til Kundskab om de danske Provindsers
nærværende Tilstand i oekonomisk Henseende. (Es erschienen 6 Stücke).
Svar paa Stykket: Kamp mod Kamp II. Slagelse 1836.
In den „Nye landoecon. Tidende" VII, 53—96 (unterz. mit S.: Anviisning
for Bonden i den skovløse Egn, til vilde Træers Opelskning; samt nogle Bemærkninger om Plantningen paa Grævtevolde, især deloshed om levende Hegn af
Eeg). — In „Blandinger fra Soroe" 8. Heft 1836, S. 56—144 (Om Skovvegetation
og Vextforhold under de nordlige Bredegrader, i Summenligning med Tydskland).
— In Halds „Tidskrift f. Landoekon." VII, 1839, S. 294—399 (Forstlige Vink;
med særligt Hensyn til private Skovejere).

1845) **Sass.** Johann Barthold, geboren den 25. October
1811 im adeligen Gute Neuendorf bei Elmshorn, Sohn des Tagelöh-
ners Barthold Sass aus Hainholt bei Elmshorn und der Gesche geb.
Stahl aus Neuendorf; er wurde von seinen Eltern von seinem 7.
Jahre bis zu seiner Confirmation sehr regelmässig, selbst im Sommer, zur Schule geschickt, und ihm schenkte der im September
1867 verstorbene Lehrer M. C. Petersen ein treues Interesse, namentlich auch in Ausbildung seines früh hervortretenden Rechnen-
talents; nachdem er einige Wochen nach seiner Confirmation um
St. Petri 1827 als Gehülfe seines Lehrers in der Elementarklasse
gearbeitet hatte, kam er Ostern selbigen Jahres als Gehülfe zu dem
1865 verstorbenen damaligen Organisten N. M. Nielsen in Herzhorn
bei Glückstadt, unter dessen Leitung er sich für das Seminar vor-
bereitete. Nachdem er bereits Ostern 1830 bei der Aufnahmeprüfung für das neu organisirte Tondernsche Seminar aufnahmefähig
befunden worden war, aber gegen ältere Aspiranten hatte zurück-
stehn müssen, bezog er selbiges 1831 und wurde nach 3jährigem
Cursus Ostern 1834 mit dem 2. Char. m. s. r. A. entlassen; er
trat sofort als Substitut in die Schule des kränklichen Lehrers Carstensen zu Brunsbüttelerhafen, von woher er im Anfang Juli 1834
als Lehr- und Erziehungsgehülfe zum Katecheten Eggers am Waisenhause in Altona kam; im September desselben Jahres wurde er
4. Lehrer an der dortigen Waisen- und Freischule, antretend am
1. October, Ostern 1836 dritter und Michaelis 1839 zweiter Lehrer
an derselben Schule. Nach Errichtung der 2. Freischule 1842 wurde
er am 27. September dess. Jahrs zum Oberknabenlehrer an der-

selben erwählt und am 10. November mit seinen Collegen, dem verstorbenen Obermädchenlehrer Thau und dem Oberelementarlehrer, jetzigen Rector Burgwardt in Wismar vom Probsten Paulsen eingeführt. Nach 23jähriger Amtsverwaltung kam er, um sich mit mehr Musse seiner schriftstellerischen Thätigkeit hingeben zu können, um seine Entlassung zum 1. April 1866 ein, die ihm in ehrender Anerkennung seines bisherigen Wirkens auch zu Theil wurde.

1) Nahm Theil an der Bearbeitung eines vom Katecheten Eggers u. Lehrer Hansen herausgegebenen Rechenbuchs zu den Eckernförder Tabellen. Altona, Hammerich, 1838. 8,

A. Uebungsbücher im Rechnen. (Wie für sämmtliche f. die Volksschule berechneten Uebungsbücher, so erschien auch für diese Uebungsbücher ein besonderes „Antwortenheft".)

2) Rechenbuch für Volksschulen. Altona 1840. 8. VII u. 456 SS. Rec. im Schlesw.-Holst. Schulbl. 3, II. 2, S. 140 u. fgde. Von 1842 an in Folge des im Jahre 1841 herausgegebenen ersten Uebungsbuches unter dem Titel: Zweites Uebungsbuch im schriftlichen Rechnen. 1. bis 7. Aufl. Altona 1840 bis 1853, in Schleswig-Holsteinischem Courant 8. bis 16. Aufl. Das. 1854—1864, in Dän. R. M. 17. Aufl. 1864. Neue, 26. Ausgabe in Schlesw.Holst. Cour. od. 9. Aufl. der neuen Ausgabe in dems. Cour. Das. 1867.

3) Erstes Uebungsbuch fürs schriftliche Rechnen in Volksschulen. Eine Vorschule zu dem Rechenbuch für Volksschulen. Altona 1841. SS. 163. Rec. im Schleswig-Holsteinischen Schulblatt 3, 1841, H. 2, S. 140 flg. 2. Aufl. das. 1842. Rec. in dems. Schulbl. 4, H. 4, S. 196—197. 3. Aufl. 1844. 4. Aufl. 1845. 5. Aufl. 1847. 12. Aufl 1853. Bis dahin in Schlesw.-Holst. Cour., 13—28. Aufl., 1854—1863, in Dänischer Reichsmünze; 29. Ausg. 1864, neue Ausg. in Schlesw.-Holst. Cour.; 42. Aufl. oder 14. Aufl. der neuen Ausgabe in Schlesw.-Holst. Cour. 1867. 8. (Die Einführung des Dänischen Reichsbankgeldes in Schleswig veranlasste 1853 eine Ausgabe des „ersten" u. eines Theils des „zweiten Uebungsbuchs" in Rbkgeld, eine Ausgabe, die indess nicht zur Einführung gelangen konnte. Die bald darauf im Jahre 1854, auch für Holstein befohlene Dänische Reichsmünzrechnung gab Veranlassung zu einer neuen Bearbeitung des „ersten" u. „zweiten Uebungsbuchs", wobei die schwierigeren, der eigentlichen Volksschule mehr fern liegenden Abtheilungen ausgeschieden u. erweitert als das, unten s. No. 7 verzeichnete 3. Uebungsbuch erschienen).

4) Rechenbuch für Mädchen. Altona 1848. 2. Aufl. 1852. 8. Diese in Schleswig-Holst. Courant, 3.—6. Aufl. das. 1854—1863 in Dänischer R.-M.; 7. Aufl das. 1864: Neue Ausgabe in Schleswig-Holst. Cour.; 9. Aufl. 1866 od. 3. Aufl. der neuen Ausgabe in Schleswig-Holst. Courant.

5) Hamburger Rechenbuch. Neue auf Grundlage der jetzigen Münz-, Maass-u. Gewichtsverhältnisse Hamburgs bearbeitete Auflage des früheren zweiten Uebungsbuchs. Altona 1858. Angez. Schulbl. f. d. Herzogth. 21, S. 529. 2. Aufl. 1863.

6) Erstes Uebungsbuch für's schriftliche Rechnen in Hamburger u. Lübecker Cour. u. Lauenburger Landesmünze. Altona 1860. 6. Aufl. 1866. 8. (No

5 u. 6 wurden durch den Umstand veranlasst, dass nach Einführung der Dänischen Reichsmünze keine Exemplare mehr in Cour. vorräthig waren). ·

7) Drittes Uebungsbuch fürs schriftliche Rechnen. 1. u. 2. Aufl. in Dänischer
Reichsmünze. Altona 1853. 1854. S. Schulbl. f. d. Herzogthh. 18, S. 659
bis 664. 3. Aufl. dns. 1864 in Schlesw.-Holst. Cour.

8) Buchstabenrechnung u. Algebra. Altona 1842. Von der dritten im Jahre
1860 erschienenen Aufl. an auch unter dem Titel „Uebungsbuch im Rechnen
mit allgemeinen Zahlzeichen, nebst einem Anhang, enthaltend die Briggischen
Logarithmen der Zahlen 1—10,000 u. die Briggischen trigonometrischen Logarithmen. Mit besonderer Berücksichtigung einer Anwendung auf Geometrie,
Physik u. Trigonometrie bearbeitet. 4. Aufl. 1867. (In der 3. Aufl. wurden
die Aufgaben über Reihen, Combinationen, Wahrscheinlichkeiten, Kettenbrüche
u. höhere Gleichungen ausgeschieden u. sind einem demnächst erscheinenden
besondern Theil vorbehalten).

9) Proportionen u. kaufmännisches Rechnen. Altona 1843. Von der 2. Aufl.
an, in der die Abtheilung „Proportionen" ausgeschieden wurde, unter dem
Titel: Uebungsbuch im kaufmännischen Rechnen. 1. Theil: Gold- u. Silber-,
Geld-, Münz-, Wechsel-, Staatspapiere- u. Actien-Rechnungen. Altona 1853.
8. Es sind in dieser 2. Aufl. auch die Waarenrechnungen ausgeschieden, die
jedoch als besonderer Theil bisher noch nicht erschienen sind.

10) Proportionen u. Kettenbrüche. Altona 1851. 8.

11—13) Ausgabe des „ersten" u. „zweiten Rechenbuchs" wie des „Rechenbuchs für
Mädchen" in Mecklenb. Cour. Altona (in Commission der Hinstorff'schen
Buchh., Wismar) 1853 u. ff. 8. Zu dieser Ausgabe gab die Anstellung
mehrerer Holsteinischer Lehrer in Mecklenburg, namentlich in Wismar den
Anlass.

B) Besonders die Methodik des Rechnens berücksichtigende Schriften:

14) Beitrag zu einem zweckmässigen Rechenunterricht, zugleich ein Wegweiser
durch das erste u. zweite Uebungsbuch. Altona 1841. 8. (Seit Jahren ver-
griffen und noch nicht wieder aufgelegt.)

15) Winke für einen zweckmässigen Elementarunterricht im Rechnen, zunächst
für angehende Lehrer und Lehrerinnen, zugleich ein erläuternder Begleiter
durch die Ausgabe des ersten Uebungsbuches in Dänischer Reichs-Münze.
Altona 1855.

16) Wegweiser durch das dritte Uebungsbuch. Alt. 1855. Anhang dazu 1862. 8.

17) Elementarische Einleitung in die allgemeine Arithmetik. 1. Theil, zugleich
ein Wegweiser durch die zweite Auflage der Algebra. Altona 1852. 8.

(Sämmtliche vorstehend genannte Schriften sind, wie die zu den Uebungs-
büchern gehörenden Resultate im Selbstverlag erschienen u., mit Ausnahme von
No. 11—13, der Buchhandl. v. E. Th. Schlüter in Commission gegeben.)

In dem „Schlesw.-Holst. Schulblatt" ausser einigen, mit der Chiffre — a —
unterzeichneten Referaten über Verhandlungen der Holsteinischen u. Schleswigschen Stände, Schulangelegenheiten betr., 8, H. 2, S. 157—162; 9, H. 1, S. 175
bis 179 (Rec. über dr. Th. Wittsteins Lehrbuch der Arithmetik. Hannover 1846.);
9, H. 1, S. 179—182 (Rec. über Hugo v. Boses: die zeichnende Geometrie. Dresden 1846.) — In Sönksens „Schulzeitung" 1856/57 No. 4—6 (Selbstanzeige seines
3. Uebungsbuchs; 1857/58 No. 48; 1859/60 No. 8; 1861/62 No. 11—13 (Eine

Wanderung im Gebiete der Trigonometrie); 1862/63 No. 39. — Nach dem Autogramm*).

1846) **Sass,** Johann, aus Stormarn, studirte Medicin, wurde 1838 dr. med. & chir. in Kiel, practisirte sodann als Arzt in Neustadt und ward 1854 ernannt zum Physicus für den 7. Holsteinisch. Physicatsdistrict, 1857 aber zum Physikus für den 15. Physicatsdistrict und zum Arzt an den Strafanstalten in Glückstadt.

De staphylomatis indole atque natura. Kiliae 1838. 8.

1847) **Sattler,** Broder Diedrich, geboren in Bredstedt, studirte Medicin, wurde dr. med. & chir. 1847 in Kiel und practisirte sodann als Arzt in Husum, später, und noch jetzt, in Bramstedt.

De lupo exedente ejusque ·perfecta sanatione rhinoplastice assecuta. Kiliae 1847. 8.

1848) **Schaar,** Johann Georg Christoph, geboren 3. Februar 1802 in Altona, besuchte das· Altonaer Gymnasium, studirte Theologie seit Ostern 1825 in Kiel und Halle, examinirt 1830 in Glückstadt mit dem 2. Char. m. A., unterrichtete von da an als Privatlehrer in verschiedenen Erziehungsanstalten der Stadt Altona, wurde den 13. Sept. 1841 adjunct. min. und Oberküster an der evangel.-lutherischen Hauptkirche daselbst, trat an den 28. November. — Er ist Mitglied des Vereins für Hamburgische Geschichte.

1) Gedicht im Sapphischen Versmaas. Dem dr. P. S. Frandsen am Tage seiner Einführung als Lehrer am akademischen· Christianeum zu Altona den 7. Jan. 1825 im Namen der das. Studirenden.

2) Antrittspredigt, gehalten am 1. Advent, den 28. November 1841. ·Altona, Aue, 1841. 8.

*) Als die „Uebungsbücher" zu einer allgemeineren Einführung in Schleswig-Holsteins Volksschulen gelangten, fing der Verf. an, sich mit dem Gedanken zu beschäftigen, selbige dereinst fruchtbringend für die so dürftig abgefundenen Lehrerwittwen des Landes zu machen u. behielt eben desshalb den Selbstverlag bei. Obgleich von 1853 an der Absatz nach dem Herzogthum Schleswig in Folge der politischen Verhältnisse nur ein äusserst geringer war, so war doch die Verbreitung der neuen Ausgabe im Herzogthum Holstein der Art, dass er im Jahre 1857 seinen lange gehegten Plan für dieses durch Errichtung einer Stiftung für hülfsbedürftige Lehrerwittwen ins Leben treten lassen konnte. Diese Stiftung wurde von ihm mit ℳ 11.250 fundirt u. trat bereits im folgenden Jahre 1858 in Wirksamkeit. Bei der im Jahre 1864 veränderten politischen Sachlage fanden auch seine Bücher wiederum Eingang u. Verbreitung im Herzogthum Schleswig u. ist er in Folge dessen bemüht, seine Stiftung auch dorthin auszudehnen, wodurch dann sein ursprünglicher Plan in seinem ganzen Umfange verwirklicht werden würde. —

3) Denkschrift zur Erinnerung an die erste Säcularfeier der Dreifaltigkeitskirche in Altona um 8. September 1843. Altona, Schlüter, 1843. 8. 82 SS. Genannt hat er sich als Verf. p. 56 dieser Schrift.

4) Rede bei der 50. Jahresfeier der Altonaer Sonntagsschule den 2. März 1851. Nebst einem Anhange. Altona, Hammerich & Lesser, 1851. 8.

5) Die Altonaer Sonntagsschule nach ihrer Entstehung u. Entwicklung: steht in den Jahrbb. für die Landeskunde I, 1858, S. 33—72. Auch separat erschienen. Kiel 1858. 8.

6) Skizze der Geschichte Altona's von 1777 an, als Denkschrift am 6. September 1855 in den neu aufgebrachten Knopf des gr. Thurms der Altonaer Hauptkirche gelegt. Auch abgedruckt in den Beilagen zu No. 212 u. 218 des Altonaer Merkurs vom 9. u. 16. September 1855.

7) Regulativ für die Altonaer Sonntagsschule. Mit einem Grundriss des Schulgebäudes. Altona 1862.

8) War theilweise Mitarbeiter an Wichmann's Geschichte Altonas. Altona 1865.

Ausserdem Aufsätze u. Mittheilungen von ihm ohne Namensunterschrift in Lotz's Originalien, in den Jahrbüchern für die Landeskunde V, S. 74—76 u. in den Altonaer Nachrichten. — Revidirt.

1849) Schäffer, Johann Christian Heinrich (L. & S. No. 1005). Er war geboren 1753 zu Kehl bei Strassburg; er starb in Altona am 2. Februar 1833, 80 Jahr alt. Vergl. N. St. M. 2, S. 728. (Das Todesdatum mitgetheilt.)

Von ihm noch:

Leben, Schicksale u. Meinungen meines Grossvaters Johann Berthold Schäffers. Jena 1791. 8.

Siegmund Backtrog oder das Kind ohne Vater. Ein rührendes Lustspiel in 3 Aufzügen. Nach einer wahren Geschichte frei bearbeitet. Weimar 1792. 8. VI u. 106 SS.

Cypressen um den Grabeshügel der in dem Herrn entschlafenen hochgeb. Frau Caroline Tugendreich, verw. Gräfinn v. Schimmelmann. Eine Trauer-Ode. Altona 1795.

Ein kleiner Accord in das Jubelconcert der Einwohner Altonas bei der Ankunft S. K. H. des Kronprinzen v. Dänemark. Altona 1796.

Jubelgesang zur Einweihung der neuen Börsenhalle in Hamburg 1804.

Das Pip-Vögelchen pflücken u. die Federn verkaufen. Ein Gesellschaftsspiel. Altona o. J. Mit 16 Kärtchen. 16 SS.

Hauswirths- u. Miethsleute. Ein Gesellschaftsspiel. Altona o. J. 8 SS.

1850) Schamvogel, Gottlieb Christian, geboren in Grömitz, studirte Medicin und wurde zum dr. in ihr promovirt 1835 in Kiel, ist zur Zeit Arzt in Bramstedt.

De catalepsia. Kiliae 1835. 4.

1851) Scharenberg, Johann Heinrich, geboren den 12. Januar 1821 in Potsdam, Sohn von Christoph Scharenberg, Vorsteher einer königl. Leinen-Fabrik in Potsdam, (später in Glatz), besuchte das evangelische Gymnasium zu Gross-Glogau, die Uni-

versität Berlin unter den Proff. Ohm und Jakoby; promovirte 1857
in Leipzig; 1849 constituirt, 28. September 1853 definitiv ernannt zum
6. Lehrer an der Gelehrten-Schule in Kiel, 15. Mai 1856 4. Lehrer
am Gymnasium in Altona; introducirt als solcher den 4. Juli 1856.

1) Ueber den Unterschied zwischen Thieren u. Pflanzen u. die sogen. Mittel-
formen zwischen den beiden organischen Reichen: im Michaelis-Progr. der
Kieler Gelehrten-Schule 1850. 4. S. 3—19.

2) Die Anwendung beliebig vieler Coordinaten in der analytischen Geometrie:
im Oster-Progr. des Alt. Gymnasiums, 1859. 4. SS. 29 mit Fig. — Revidirt.

1852) **Scharf,** Christian, gebürtig aus Friedrichsau bei
Schleswig, widmete sich dem Schulfach und ward gebildet auf dem
Seminar in Tondern, von wo er Michaelis 1816 mit dem I. Character entlassen ward. Er stand als Küster und Schullehrer auf Arnis,
wo er am 31. Mai 1857 starb.

Beschreibung u. Geschichte der Insel u. des Fleckens Arnis. Schleswig 1828. 8.
Im Schlesw.-Holst.-Schulbl. 1842, J. 4, H. 1, S. 149—151 (Noch ein Beleg,
dass Schullehrervereine od. Conferenzen nicht ausschliesslich der Gegenwart an-
gehören, zugleich aber auch zur dankbaren Erinnerung an einen verdienstvollen
Lehrer, Past. Nicol. Börm an der St. Michaeliskirche zu Schleswig, † 3. Mai 1820).

1853) **Scharffenberg,** Adolf, geboren in Reinfeld, be-
suchte die Gelehrtenschule in Eutin, studirte Medicin und wurde im
Januar 1867 in ihr in Kiel zum dr. promovirt. War schon 1865
Assistenzarzt am Krankenhause in Altona.

Gastrotomiae propter oesophagi stenosin institutae historia brevis et specimen
novum. Kiliae 1867. 4.

1854) **Schaumann,** Andreas (L. & S. No. 1006). Küster
an der Domkirche, auch seit 1817 Schreib- und Rechenmeister an
der Domschule in Schleswig, starb Anfang December 1845, 63 Jahr
alt, am Schlagfluss. Vergl. Osterprogramm der Schleswig. Domschule 1846. pag. 14.

1855) **Schaumann,** J. C., geboren 1808 in Adelbye, wo
sein Vater Lehrer war († 1822); von seinem Vater unterrichtet,
fungirte er nach seiner Confirmation einige Jahre als Hauslehrer
und es wurde ihm ermöglicht, in den letzten 20er Jahren das Tondernsche Seminar während zwei Jahre zu besuchen; bei seinem
Abgange examinirt mit dem 2. Char. m. r. A.; bald darauf fasste
er den Plan, sich der Astronomie zu widmen und hielt sich zu diesem Zweck einige Zeit in Kopenhagen auf und machte den, wie-
wohl vergeblichen Versuch, auf der Sternwarte in Altona Beschäftigung zu finden; er wandte sich wieder dem Schulfach zu und
wurde 1831 Lehrer an der Mädchenschule in Apenrade; nach 2
Jahren kam er dann als Lehrer nacheinander nach Wedel, Wessel-

buren und 1840 nach Strohdeich bei Glückstadt; den Dienst in letzterem Orte quittirte er 1860 und zog nach Uetersen, wo er sich ankaufte; dort starb er den 17. August 1866. —

Beitrr. zum Schlesw.-Holst. Schulbl. 10, S. 409—422 (Methode der Neueren in der Geometrie durch die Ableitung einiger Formeln u. Lehrsätze erläutert. Nebst Tafel); S. 568—577 (Gegenwärtige Methode der Mathematik in Beziehung auf die Elemente); 13, 1851, S. 179—201 (Betrachtungen aus der Geometrie); 14, S. 30—43 (Ueber den Unterricht in der Geometrie); 15, S. 235—241 (Drehung der Ebene, in der das frei sich bewegende Pendel sich schwingt); 16, S. 211—219 (Betrachtungen aus der Physik). — Beitrr. zu Sönksens Schulzeitung 1854/55, No. 16, 23, 24, 25, 32; 1856/57, No. 2; 1862/63, No. 35. — Beitrr. zu Jessens Holsteinischer Lehrerzeitung 1863, No. 15, S. 118—119 u. No. 16, S. 125—127.

Er bearbeitete längere Zeit ein die niedere u. höhere Mathematik, sowie Mechanik zu umfassen bestimmtes Werk, dessen Vollendung sein früher Tod verhinderte. — Vergl. den Nekrolog in Sönksens Schulzeitung 1867, No. 11.

1856) **Scheel,** Hans Christian Hinrich, geb. 14. Jan. 1835 in Preetz, brachte seine Kindheit theils bei seinem Bruder, Lehrer in Niendorf bei Lübeck, theils im elterlichen Hause zu, aus dem er in Preetz Privatschulen u. die Rectorclasse besuchte; seit 1849 im Postdienst, 1851 Postgevollmächtigter in Preetz, 1854—1855 in Plön, darauf wieder bis Anf. 1864 in Preetz; 1864 eine Zeit lang commiss. Postmeister, Aug. 1865 Revisor in Kiel, vom April bis Aug. 1866 Buchhalter der Ober-Post-Kasse, dann bis ult. Sept. mit der Leitung des Revisions- u. Rechnungs-Bureaus der Ober-Post-Direction betraut; seit 1. Oct. 1867 Postsecretair in Itzehoe.

Gab als Postgevollmächtigter in Preetz heraus:

Briefpost-Taxe f. die Dänische Gesammt-Monarchie, sowie für Holstein nach allen Theilen der Erde. Kiel, Schwerssche B., 1856. 4. Revidirt.

1857) **v. Scheele,** Ludwig Nicolaus, geboren den 14. October 1796 in Itzehoe, Sohn des Kammerherrn Oberstlieutenants Ritter Bendix (Benedict) Ferdinand v. Scheel, Zoll- und Stempel-Papier-Verwalter in Itzehoe († daselbst den 14. Januar 1827) und der Martha Charlotte Elisabeth geb. Wiebel († in Itzehoe den 17. September 1837); Bruder von Heinrich Otto v. Scheel im L. & S. No. 1011; studirte seit Frühjahr 1816 Jura in Kiel, examinirt 1821 in Glückstadt mit dem 2. Character; den 11. Mai 1822 Kammerjunker, 1822 Volontär in der Rentekammer, den 6. Januar 1824 Auscultant in derselben, den 14. April 1827 Amtmann über das Amt Hütten und die Landschaft Stapelholm, den 1. August 1829 Kammerherr, den 14. April 1831 Amtmann im Amte Gottorf und Oberdirector für Kappeln (zugleich Amtmann über Hütten und Stapelholm, den 9. Juli 1841), den 5. November 1831 R. v. D., den

28. Juni 1840 D. M., den 28. Juni 1845 C. v. D., den 7. September 1846 Präsident in der Schleswig-Holsteinischen Regierung bis 31. März 1848; ihm wurden bis weiter den 14. September 1846 die Verrichtungen bei der Statthalterschaft für Schleswig und Holstein und das Gouvernement f. Ditmarschen übertragen; den 12. October 1846 k. Commissär in der Schleswigschen Ständeversammlung; den 28. Juli 1848 Grosskr. v. D., den 10. Juni 1852 Landdrost in der Herrschaft Pinneberg; den 5. Januar 1853 Ständedeputirter für den 9. städtischen District in Schleswig, als welcher er sein Mandat sogleich niederlegte; den 14. August 1856 k. Commissar in der Holsteinischen Ständeversammlung, inzwischen Minister für Holstein u. Lauenburg und Mitglied des Geheimen Staatsraths, sowie den 12. December 1854 prov. Minister des Auswärtigen; den 19. December 1854 R. des Elephanten-Ords.; den 15. Januar 1855 Minister des Auswärtigen und in Folge Rescripts vom 13. Juni 1855 als Premier-Minister vom 24. Juni bis 4. August fungirend; wurde den 1. Februar 1856 von der Holsteinischen Ständeversammlung in Anklagestand versetzt, in welcher Sache das Ober-Appellationsgericht sich incompetent erklärte; *) den 11. Februar 1856 Reichsrath für den 9. Reichsrathskreis (Holstein), nahm 1856 und 1857 an der Reichsrathsversammlung Theil, und legte den 18. April 1857 sein Mandat nieder; den 20. September 1856 R. des Seraphinen-Ordens; den 30. März 1857 Vice-Kanzler der k. Orden; den 17. April 1857 in Gnaden als prov. Minister für Holstein u. Lauenburg und prov. Minister des Auswärtigen entlassen; **) trat 1857 wieder sein Amt in Pinneberg an und erhielt den 4. August selbigen Jahrs ein k. Handschreiben als Beweis der unveränderten k. Gnade; den 9. Januar 1858 aufs Neue Reichsrath f. d. 9. Reichsrathskreis und 1858 theilnehmend an der Reichsrathsversammlung; 24. De-

---

*) Vergl. hierüber: „Die mündliche Verhandlung vor dem k. Oberappellationsgericht in Sachen des Präsidenten der Holst. Provinzialständevers., C. v. Scheel-Plessen, Citaten, wider d. Minister ad interim f. d. Herzogth. Holst. u. Lauenb., L. N. v. Scheele, Citaten, am 25. Aug. 1856"; „Zur Widerlegung der Bargumschen Vertheidigungsschrift für den Minister v. Scheele" 1856; und „die Holst. Prov.-Ständevers. gegen den Minister! Der Minister aber f. das Volk! Eine Stimme aus dem Volke zum Volke." Preetz 1856; „Erkenntniss nebst Motiven des k. O.-A.-G. in Sachen des Frhrn. Bar. v. Scheel-Plessen wider den Minister Geh. Conferenzr. v. Scheele" 1856; „Ein Wort über die Entscheidung des O.-A.-G. in Sachen des Präsidenten der Holst. Ständevers. wider den Minister ad interim f. d. Herzogth. Holst. u. Lauenb." 1856.

**) Vergl. darüber C. Dirckinck-Holmfeld „Hr. v. Scheeles Fald. Fremstilling af Ministerkrisen. April 1857" u. „Scheeles Fall, Betrachtung der Ursachen und Folgen der Dänischen Ministerkrise im April 1857." Kopenh. 8, Beil. z. No. 126 der „Allgem. Zeitung" 1857, 30. April und mehrere Dänische Blätter.

cember 1861 const. Ober-Präsident für Altona; von allen seinen
Aemtern den 24. December 1864 von der Bundescommission entlassen, begab er sich nach Dänemark. — Vergl. Ersl. Suppl. III, S.
36—37. Ein Portrait von ihm im „Volkskalender für Dänemark" 1856.

1) * Noten zur Beleuchtung der angeblichen „Thatsachen" in dem „Memoir on
the constitutionel rights of the duchies of Schleswic and Holstein, by Bunsen".
Kopenh. 1848. 52 SS. S. Berl. Tidende 1848. No. 221.

2) Zeugniss abgefordert von dem Kirchenprobsten Nielsen in Schleswig in dessen
„Materialien zu einer Appellation für Schleswig-Holstein und dessen Geistlichkeit". Kopenh. 1850. 8. 55 SS. Dänisch von Theodor Schorn. Daselbst
1850. 8. 52 SS. S. Berl. Tidende 1850 No. 24.

3) Fragmente in zwanglosen Heften. 1. u. 2. Heft. Kopenh. Dec. 1850 und
Aug. 1851. 8. 238 SS. Auch Dänisch v. Theod. Schorn das. 1850. 1851.
S. „Dannevirke" XIV, No. 8—10, 208—212, 10, 12, 25, XV, No. 32;
„Kbhpst." 1850 No. 300; 1851 No. 256—258, 260, 1852 No. 34; „Fædrel."
1851 No. 40, 47, 1852 No. 16, 17; „Flyv.-Post" 1851 No. 55, 56, „Berl.
Tidende" 1851 No. 300, 301, 1852 No. 15; Schouws „dansk Tidsskr." IV,
483—524 (v. C. F. Allen). Kieler Corr. Bl. 1851 No. 134.
Im Kieler Corr. Bl. 1845 No. 15 (Erklärung) u. No. 17 (Fernere Erklärung,
die Vorwürfe wegen Retinirung eines Officialberichts betr.); No. 27 (in Folge
einiger Aufsätze v. Jasper und Beseler im Kieler Corr.-Bl.); 1846 No. 43 (Relation,
einen Streitfall der Arnisser Fischer betr.). —

1858) **Scheer,** Eduard Andreas Emil, geboren in Rendsburg, besuchte das Real-Gymnasium in Rendsburg und das Christianeum in Altona, ging darauf nach Kiel um Philologie zu studiren und bestand das Schulamtsexamen daselbst im März 1865, ward
6. Mai 1865 constituirt, am 26. October 1865 definitiv ernannt als
zweiter Adjunct am Real-Gymnasium in Rendsburg; ist seit Ostern
1867 beurlaubt zu einer Reise nach Italien, für welche ihm ein
Reisestipendium bewilligt ward.

Callimachus Homericus: im Oster - Progr. des Rendsb. Real - Gymnasiums.
Rendsburg. Druck von H. Gütlein. 1866.- 4. 24 SS.

1858a) **Scheffer,** Friedrich Wilhelm Ernst Gotthold,
geboren 1814 in Colberg, gebildet auf dem Gymnasium in Cöslin,
absolvirte in Cöslin 1835 das Landmesser-Examen, besuchte von
1837 bis 1840 die Bau-Academie in Berlin, absolvirte 1844 das
letzte Staatsexamen im Land- und Wasserbau in Berlin, war unter
Oberleitung mit dem Bau grösserer Strecken der Berlin - Stettiner
und der Berlin-Hamburger Eisenbahn, sowie selbstständig mit dem
Bau der Lübeck-Büchener Bahn betraut, trat 1849 in den Lübeck-
schen Staatsdienst als Stadtbaudirector und 1854 in den Schleswig-
Holsteinischen Staatsdienst als Deich- und Wasserbau-Director in
Altona, führte 1854 bis 1856 die Controlle über den Bau der See-

ländischen Eisenbahn von Korsör nach Rothschild, erhielt den Titel eines Justizraths.

Verzeichniss sicherer Höhenpunkte an den Holstein. Deichen längs dem Elbufer, der Meeresküste u. der Eider, zwischen Hamburg u. Tielenhemme, sowie an der Pinnaue, der Krückaue u. der Stör. Altona, Druck v. Köbner & Co., 1866. fol. Beschreibung der Lübeck-Büchener Bahn: steht in der von G. Erbkam redigirten Zeitschrift für Bauwesen Jahrg. III, 1852.

1859) **Scherk,** Heinrich Ferdinand, geboren 27. October 1798 zu Posen, Sohn eines Kaufmannes, besuchte die Schulen zu Posen und Breslau, studirte die mathematischen Wissenschaften zu Breslau, Königsberg und Göttingen, wurde 1823 dr. philos. zu Berlin, dann Privatdocent in Königsberg bis 1826, in diesem Jahre ausserordentlicher und 1831 bis 1834 ordentlicher Professor der Mathematik zu Halle; von 1833 bis 1852, wo er mit 7 seiner Collegen entlassen wurde, Professor der Mathematik in Kiel; war auch R. v. D. bis 1848 und lange Jahre Quästor der Universität; privatisirte darauf in Dresden und fungirte als Lehrer am Blochmannschen Institut daselbst, und wurde Mai 1854 Vorsteher der höheren Gewerbeschule in Bremen; 1863 ordentlicher Lehrer der Hauptschule in Bremen. — Vergl. über ihn auch Poggendorffs biogr. liter. Hdwb. d. exacten Ww. II. Sp. 791—792. —

1) De evolvenda functione $\dfrac{y\,d\,y\,.\,d\,y\,d\,.\,.\,y\,d\,x}{d\,x^n}$ disquisitiones nonnullae analyticae. Regiomonti, apud fratres Bornträger, 1823. 4.

2) Vier mathematische Abhandlungen 1) von dem numerischen Coefficienten der Secantreihe, 2) Auflösung der Gleichungen des 1. Gr., 3) Combinationen mit eingeschränkter Wiederholung, 4) Neuer Beweis des Taylorschen Satzes. Berlin, 1825. 4.

3) De proprietatibus superficiei quae hac continetur aequatione
$$(1 + q^2)\, r - 2\,p\,q\,s + (1 + p^2)\,t = 0$$
Lipsiae 1831. 4. (Ist Preisschrift in den Actis societatis Jablon.)

4) Unter seiner Aufsicht wurden berechnet: Zins- v. Zins-Tabellen a 3 prC. u. 4 prC. für 11 Capitalien von 3 ⅌ 2 β bis 100 ⅌ für 1 bis 50 Jahre. Kiel 1838. 8. (Für die Kieler Spar- u. Leihkasse.)

5) Mit Prof. Michaelis Amtlicher Bericht über die 24. Versammlung Deutscher Naturforscher u. Aerzte in Kiel. Kiel, Akad. Buchh., 1847. 4. SS. 292.

6) Ueber die Theilbarkeit der Combinationssummen aus den natürlichen Zahlen, durch Primzahlen: als Progr. der Hauptschule zu Bremen 1864.

a) In Bodes Astronomischem Jahrbuch 1824: Parabolische Elemente des Cometen von 1818. — b) In Crelle's Journal f. Math. III, 1828 (Lehrsätze über den Zusammenhang der Combinationen mit Variationen u. s. w.); IV, 1829, (Ueber einen allgemeinen, die Bernoulli'schen Zahlen u. die Coefficienten der Secantreihe zugleich darstellenden Ausdruck); X, 1833 (Integration der Gleichung
$$\frac{d^x\,y}{d\,x^n} = (a + \beta x)\,y);$$
ibid: (Bemerkungen über die Bildung der Prim-

zahlen aus einander); XI. 1834 (Ueber die allgemeine Entwicklung der ganzen Potenzen des Bogens in Reihen u. s. w.); Ibid: (Analytisch-combinatorische Sätze); XIII, 1835 (Bemerkungen über die kleinste Fläche innerhalb gegebener Grämen). — c) In den Schriften des naturwissenschaftlichen Vereins zu Bremen I, 1867, H. 2 (Der Begleiter des Sirius); H. 3 (Geom Darstellung der Glieder recurrirender Reihen mit 2- und 3gliedriger Relationsscala). — d) In der Weser-Zeitung v. 8. Oct. 1859 (Ueber die Existenz einer neuen Planetengruppe zwischen der Sonne u. Mercur); 29. Januar 1860 (Ueber die Entdeckung eines neuen Planeten zwischen Sonne u. Mercur); Juli 1860 (Die totale Sonnenfinsterniss vom 18. Juli 1860); 1862 u. daraus im Kieler Wochenbl. 1862 No. 141 (Eine Erinnerung an Uhland); 8. März 1863 (Zu Keplers Ehrengedächtnisse); Decemb. 1865 (Ueber die neuere Bestimmung der Entfernung der Erde von der Sonne); 12. April 1866 (Die Photographie und ihre Anwendung auf die Astronomie); 25. Aug. 1866 (Ein entschwundener Komet); 20. u. 21. Nov. 1866 (Der Begleiter des Sirius). Mehrere dieser Aufsätze gingen in sehr viele Zeitungen über. — Revidirt.

1860) **Schetelig,** August Friedrich, geboren den 27. Mai 1806 in Tondern, studirte Theologie in Kiel seit Ostern 1828, wurde 1830 auf Gottorf mit dem 2. Char. m. r. A. examinirt, den 3. März 1834 Rector in Burg auf der Insel Fehmarn, den 20. Mai 1842 Pastor in Friedrichstadt, wo er den 4. November antrat, den 16. October 1849 Zuchthausprediger in Glückstadt; er starb den 12. Januar 1857. — Verh. mit Lucie geb. Decker. —

Im Schlesw.-Holst. Schulbl. 1839, H. 2, S. 1—32 (Einige Gedanken über eine zeitgemässe Erziehung der Seminaristen zu ev.-lutherischen Volksschullehrern); H. 4, S. 44—58 (Ein Beitrag zur Besprechung der Katechismus-Angelegenheit in den Herzogthümern); 1841, H. 2, S. 83—87 (Soll die Weltgeschichte in Volksschulen gelehrt werden?). — Mitgetheilt von ihm in Biernatzki's Volksbuch 1846, S. 33—35 (Fehmarnscher Heldenmuth).

1861) **Schetelig,** Georg Conrad Wilhelm, geboren den 10. November 1799 zu Husum, Sohn des Johann Friedrich Schetelig (geb. den 11. November 1761 zu Schönberg, gestorben als 2. Compastor in Altona, den 31. Januar 1817, vgl. L. & S. No. 1015); studirte Theologie in Kiel seit Michaelis 1821, wurde 1823 auf Gottorf mit dem 2. Char. m. r. A. examinirt; den 11. September 1825 Diakonus in Heide, antretend den 25. Oktober, den 28. Januar 1827 Pastor daselbst, antretend den 28. Februar, den 8. Januar 1838 const. Probst, den 17. September 1839 Probst für Norder-Ditmarschen, den 1. Januar 1859 R. v. D., den 30. September 1860 Pastor in Borsfleth.

Nachricht über das dem Andenken Heinrich's von Zütphen am 25. Juni 1830 auf dem Heider Begräbnissplatze errichtete Denkmal. Altona 1830. 8.

1862) **Schetelig,** Jacob August (L. & S. No. 1014.) Er starb den 10. August 1833 in Lübeck. — Vergl. d. N. Nekrol. d. D. 1833. S. 544. —

1863) **Schetelig.** Jacob Conrad, geboren den 1. Juli 1838 zu Burg auf Fehmarn; Sohn des vorhergen. Aug. Friedr. Sch.; besuchte die Glückstädter Schule bis Ostern 1856, studirte Theologie in Berlin, Kiel und Erlangen, seit Michaelis 1856, examinirt Herbst 1861 in Glückstadt (I. Char.); den 18. September 1861 bis Ostern 1863 Hülfslehrer am Real-Gymnasium zu Rendsburg; starb den 26. Mai 1863 in Klein-Wesenberg. — Vgl. Progr. des Real-Gymnas. zu Rendsburg., 1863 pag. 22 und 1864 pag. 4.

Predigt über 1. Korinth. 13, v. 13, gehalten am Sonntage Invocavit 1861. Kiel, Acad. Bchh., 1861. 8.

1864) **Schetelig.** Karl Friedrich Arnold, geboren in Heide, Sohn des vorhergenannten G. C. W. Sch., besuchte das Christianeum in Altona, studirte Medicin seit Ostern 1855 und wurde promovirt in ihr 1859 in Kiel. Er ging darauf als Arzt nach China.

De quatuor sarcomatibus recidentibus in instituto chirurgico Kiliensi servatis diss. inaug. Kiliae 1859. 4. SS. 8.

1864a) **Schiff,** Hermann, geboren den 1. Mai 1801, Vetter von Heinrich Heine, (hiess eigentlich David Bär Schiff), von jüdischen Eltern unter ärmlichen Verhältnissen geboren, kam er in der Jugend zu einer Madame Aaron in Kiel, wobei wir es dahingestellt sein lassen müssen, ob er im Hause der Eltern, oder in Kiel erzogen ward. Er hielt sich, um Philosophie zu studiren, in Göttingen auf, und machte dort auch sein Doctorexamen, 1824; er beschäftigte sich bald mit Musik, bald mit Literatur; er siedelte alsdann wieder nach Hamburg über und war Schauspieler, Musiker, Fechtmeister, Ballettänzer, Dichter und Notenschreiber; dabei, obgleich er sowohl von der Schillerstiftung als auch von den Erben Salomon Heine's in Hamburg Unterstützung erhielt, gewöhnlich in sehr derangirten pecuniären Verhältnissen, so dass die Behörde sich sogar gezwungen sah, ihn einige Zeit in das Werk- und Armen-Haus aufzunehmen. Er starb in Hamburg den 2. April 1867. Sein Portrait erschien in Payne's Allg. illust. Ztg. 1867, No. 18 (vom 26. April) und in der Illustr. Ztg. (Leipzig, Weber) 1867. 11. Mai (No. 1245), wo auch ein Mehreres über sein Leben und seine literarische Carrière. Nach Mittheilung angeblich authentisch.

Von seinen Schriften sind wir im Stande folgende speciell aufzuführen:
Marienkind. (Erschien in den 20er Jahren.)
Agnes Bernauer. Tragödie. (Kam 1831 auf der königl. Bühne zu Berlin zur Aufführung.)

Grundlingen. Johann Faust in Paris. Alban u. Alba. Der Crystall. Zwei Fliegen mit einer Klappe. Novellen u. Nicht-Novellen. Berlin, Vereins-Buchh., 1835. 12. 8 Bgg.

Glück u. Geld. Novelle. Hamb., Hoffmann & Campe, 1836. 13¼ Bgg.

Die Ohrfeige. Novelle. Hamb. 1836. 8. 15¼ Bgg.

Gevatter Tod. Eine Mährchen-Novelle. Bd. 1, 2. Hamb., Hoffmann & Co., 1838. 8. 34¾ Bgg.

Mit H. Paulmann (Pfau) u. M. Bernhardi: Das Gespensterbuch. Th. 1, 2. Zerbst (Berlin) 1838. 1839. 8. 2. Aufl.

Linchen oder Erziehungs-Resultate. Novelle. Hamb., Behrendsohn, 1841. 8.

Hundert u. ein Sabbat oder Geschichten u. Sagen des israelitischen Volks. Leipzig 1842. 8.

Geschichte Napoleons. Leipzig 1846. 1847. 8.

Das Margarethenfest u. des Teufels Schwabenstreich. Katholische Novellen. Leipzig 1846.

Schief-Levincho. Novelle. Hamburg, Richter, 1848. 8.

Die Ehrenthaten der Bluse oder die Revolution des Jahres 1848, H. 1: Die Französische Revolution. Hamb. 1848. 8.

Gab heraus: Almanach für Frauen auf das Jahr 1851. Hannover 1851. 8. 212 SS.

Das verkaufte Skelet (erschien zuerst in Ad. Strodtmann's Orion).

Zwei Novellen. (Bull u. Demantschmuck. Redlichkeit u. Schwindel.) Hamb. 1856. 353 SS. 8.

Gab heraus: Norddeutsche Volksbibliothek. Altona 1858—1860 (Darin von ihm Bd. 1 Regina oder das Haus Todtenstein. B. 2 Die Englische Revolution v. 1687.)

Die Aristokraten. Novellen. Hamb, Richter, 1860. VII u. 560 SS.

Heinrich Heine u. der Neulsraelitismus. Briefe an Adolf Strodtmann. Hamburg 1866.

Die wilde Rabbizin. Novelle. Nebst Anhang: Schabbesschmuh der Familie Absatz. Humoristisch-politische Gespräche aus den Jahren 1850—51. Hamb. 1866. Der Anhang wurde auch separat gedruckt.

Selbstbekenntnisse eines Gesinnungsflohs. Novelle. Das. 1866. 80 SS.

Das koschere Haus. Novelle. Das. 1866. 8. 117 SS.

Mondstück. Eine Caprice.

Er lieferte wohl diverse Beiträge namentlich für Hamburger Tagesblätter u. Zeitschriften. Seine sämmtlichen Werke (ihr grösster Theil ist in Zeitschriften, in längst eingegangenen, zerstreut) umfassen einige 30 Bände. Er schrieb eine grosse Anzahl Novellen, von denen die meisten in J. P. F. Richter's Verlag in Hamburg erschienen sind.

1865) **Schiff,** Isaac Bendix (L. & S. No. 1017), starb in Altona 1829.

1866) **Schiff,** Meyer Isaac (L. & S. No. 1018), geboren 1783 in Altona, Sohn des Vorhergenannten, Aeltesten der hochdeutschen Juden daselbst; nachdem er Jura studirt und das Examen rühmlich bestanden hatte, wurde er zuerst Secretär bei dem Oberpräsidium in Kiel und blieb auch später dort, als er eine Bestal-

lung als UGA. erhalten hatte; während der Occupation 1813· und
1814 war er Secretär der provisorischen Regierung; durch seine
ausgedehnte und gewichtige Praxis erwarb er sich ein nicht unbe-
deutendes Vermögen; um die Mitte der 20er Jahre verfiel er in
Schwermuth und Geistesverwirrung; seit 1840 war ihm an dem
OGA. H. R. Claussen ein Curator beigegeben; er starb den 9. Juli
1847. — Verh. mit der Tochter des Kanzleiassessors Schwers. —
Vergl. über ihn N. Nekrol. d. D. XXV, S. 839—840.

Noch von ihm: Schreiben an den Verfasser der Rügen über das Post- und
Poststrassenwesen in Holstein. Kiel 1830. 8.

Versuch eines Verzeichnisses der verschiedenen Gerichtsbarkeiten des Herzogthums Holstein in einer durch die topographische Lage bestimmten Reihenfolge.
Mit einem Vorworte u. einigen ins Einzelne gehenden Bemerkungen. Kiel 1831.
8. SS. 52.

Thesen eines Unpartheiischen betr. die zwischen den Finanzen u. der National-
bank streitige Zwölf-Millionen-Frage. Kopenh. 1838. 8.

(Was wohl in dem Formular des Schleswigschen Huldigungseides von 1721
unter lex regia zu verstehen sein möge) im N. St.-M. IX, 1840, S. 257—260 (Ist
von uns wohl irrthümlich auch Falck beigelegt). Diverse Beiträge zum „Kieler
Corresp.-Bl." u. A. 1831, No. 77 (Vaterländische Materialien).

1867) v. Schilden, Hermann, Besitzer des adl. Meier-
hofs Horst (bei Depenau).

Von ihm stehen einige Beiträge in den landwirthsch. Heften f. die Herzogthh.
1833, H. 1, S. 3 ff. (Ueber das Einsalzen des Grünfutters), S. 73—82 (Ueber das
Gypsen oder Duxsen des Klees).

1868) Schildmeyer, Hinrich Theodor (L. & S. No.
1510), er war Schiffs-Taxator u. Segelmacher in Altona und starb
dort wahrscheinlich 1812 (er kommt noch in dem Adressbuch Altonas für 1812 vor, in dem von 1813 aber schon seine Wittwe). —

Von ihm noch: Pantheon der alten u. neuen Dänischen Helden zum Andenken des 2. April 1801. Altona 1802. 8. Vergl. N. St. M. X, S. 507.

1869) Schiller, Georg Julius, geboren zu Ahrensböck,
studirte Medicin und wurde 1846 zum dr. in ihr in Kiel promovirt,
ist zur Zeit Arzt in Oldenburg:

De tumoribus introthoraciis. Kiliae 1846. 8. SS. 15.

1870) Schink, Johann Friedrich (L. & S. No. 1019).
Starb zu Sagan in Schlesien, den 10. Februar 1835. — Vgl. Neuen
Nekrol. d. D. 13, S. 61—65. N. Staatsb. Mag. 2, S. 728 und 10,
S. 483.

Von ihm noch:
Die fröhlichen Sommer-Abende auf dem Lande, oder Schwänke, Launen u.
Schnurren. Hamburg 1797. 8.

Proben seiner Schrift: „F. C. G. v. Göckingh, dargestellt als Mensch u. Dich-
ter in Briefen an meine Freunde" stehn im Wegweiser zur Abendzeitung 1830
No. 8 figde. No. 35.
Gedichte in der Abendzeitung 1832 und daselbst auch Bemerkungen und
Einfälle.
(„Das Philisterthum der Zeit") im literarischen Notizenblatt zur Abendzeitung
1834 No. 3 u. 4.

1871) **Schinkel,** G., geboren 1801 in Rabenkirchen, besuchte das Kieler Seminar von 1819—1822, war Privatlehrer auf
Schmoel, hielt sich von 1830—1832 auf dem Taubstummen-Institut
in Schleswig auf, 1832—1834 Lehrer am Taubstummen-Institut in
Bremen, seit 1834 Lehrer am Taubstummen-Institut in Schleswig;
lebt noch. — Mitgetheilt. —
Kleine Geographie, in Verbindung mit Naturgeschichte u. Technologie. Schleswig, Tbst. Inst., 1840. 8. 2. Aufl. das. 1854. 8. Rec. Schlesw.-Holst. SchulbL
1855. S. 317.

1872) **Schinkel,** Peter Nicolaus Erich Theodor, geboren den 6. September 1799 zu Rabenkirchen, studirte Theologie
in Kiel seit Michaelis 1818, wurde 1825 auf Gottorf mit dem 3.
Char. m. r. A. examinirt und ist seit dem 4. Juni 1843 Pastor und
Lehrer auf der Hallig Gröde.

1) Beitrag, das Wort Gottes der Jugend verständlich u. lieb zu machen nach
den Sonn- u. Festtags-Evangelien. Husum 1838. 8.
2) Sechs Predigten. Allen, die mit ihm nach demselben himmlischen Kleinod
ringen, seinen lieben Miterlöseten in Christo gewidmet. Cappeln, Michaelis
1841 (1843?). 8. II u. SS. 73.
3) Geistlicher Liederkranz. Eine kleine Sammlung v. Festgesängen u. einigen
andern christl. Gedichten. 2. Aufl. Flensb. 1842. 8. VIII u. 94 SS.
Diverse Gedichte u. Beiträge in dem Flensb. Religionsbl. N. F. J. II, 1834,
No. 9; J. III, No. 34 (Der freie Wille. Eine Catechisation); No. 52; J. IV,
No. 9, 29, 38, 43, 44; J. V, No. 17, 43; J. VI, No. 27, 30, 31, 46; J. VII, No.
5, 17; J. VIII, No. 8, 17, 29, 31, 33, 45, 47; J. IX, No. 2, 18, 29, 32, 36, 46;
J. X, No. 1, 17, 31, 43, 52; J. XI, No. 21, 34, 47; J. XII, No. 17, 31; J. XIII,
No. 42, 47 u. s. w.

1873) **v. Schirach,** Karl Benedict (L. & S. No. 1021).
Seit 2. September 1834 3. Rath im Holstein-Lauenburgischen Obergericht zu Glückstadt, den 28. Juni 1840 Etatsrath, den 2. Juni
1841 8. Rath im Schleswig-Holstein-Lauenburgischen Oberappellationsgericht zu Kiel, war 1849 dritter Rath, nahm Anfang 1854
seine Entlassung und beabsichtigte, 1855 nach Davenport auszu-
wandern.

Die Redaction des politischen Journals ging 1829 auf F. Koopmann,
später, 1833, auf dr. C. W. Asher über.

Geschichte unserer Zeit. In jährlichen Uebersichten der wichtigsten Ereignisse.
1. Jahrg. 1829. Hamb., A. Campe, 1831. 8. IV u. u. 501 SS. 2. Jahrg. 1830.
das. 1831. 8.
*Mittheilungen aus dem Leben eines Richters. Bd. 1. Hamb., Hoffmann u.
Campe, 1840. Rec. Alt. Merk. 1840, No. 76.
Ueber die von den Holsteinischen Ständen beantragte Reform des Straf-
verfahrens. Kiel 1843. 8. SS. 68.
Ueber den Entwurf einer Strafprocess-Ordnung für die Herzogthümer Schleswig
u. Holstein u. den Entwurf eines Gesetzes, die Einrichtung des Schwurgerichtshofes
im Herzogthum Lauenburg betreffend. Kiel 1850. 8. SS. 90.
Im Staatsb. Mag. 7, S. 54—74 (Einige Worte über repräsentative Communal-
verfassung mit besonderer Rücksicht auf die Landsch. Norderditmarschen). — In
Mittermaiers u. Zacharias kritischer Zeitschrift f. Rechtswissenschaft u.
Gesetzgebung des Auslandes 1831, Bd. 3, S. 444—466 (Ueber das Nord-
amerikanische common law od. ungeschriebene Rechts-Codification. Nach einem
Aufsatze im Northamerican-review No. 60, 1828).

1874) **v. Schirach,** Wilhelm Benedict (L. & S. Nr. 1022).
Im Jahre 1830 Mitglied der zur Ausarbeitung einer neuen Zollver-
ordnung ernannten Commission; seit 7. Juli 1831 Conferenzrath,
1834 den 26. August erster Rath bei dem neuerrichteten Schleswig-Holstein-Lauenburgischen Oberappellationsgericht, den 28. October 1836 D. M., 28. Mai (2. Juni?) 1841 Director der Holsteinischen Oberdicasterien, im Februar 1846 C. v. D., seit 28. Januar
1847 Grosskr. v. D., Geh. Conf.-R, feierte 1857 sein 50jähriges
Amtsjubiläum, wobei ihm h. c. von der Kieler juristischen Facultät die
Doctor-Würde, von der Stadt Glückstadt das Ehrenbürgerrecht ertheilt wurde, wurde den 3. Februar 1865 auf Ansuchen seines
Amtes mit Pension entlassen; starb im 87. Lebensjahre den 15.
April 1866 in Glückstadt.

Von ihm noch, dass er sich als Redacteur der Schlesw.-Holst. Anzeigen
v. 1837—1840 od. der N. F. 1—4, (Glückstadt 1837—1840. 4.) dann neben v.
Moltke v. 1841—1844 od. der N. F. 5—8 u. wieder allein von 1845—1854 nennt.

1875) **Schlaikier,** Christian Heinrich, geboren den
11. März 1824 in Eckensund, studirte Medicin, promovirte im Jahre
1851 den 24. Mai in Kiel und ist zur Zeit Physikus in Tondern. —
Vergl. Carstens „die Stadt Tondern" S. 256.

De dyspnoea in pneumonia ejusque caussis diss. inaugur. Kiliae 1851. 8.

1876) **Schlaikier,** Friedrich Wilhelm, geboren in
Eckensund, ein Bruder des vorhergenannten, studirte Medicin und
wurde in Kiel 1854 promovirt, war practisirender Arzt in Lügumkloster und ist im März 1867 zum Physikus in Apenrade ernannt.

De pathologia ulceris chronici ventriculi diss. inaugur. Kiliae 1854. 4. SS. 10.

1876a) **Schlee**, Georg Philipp Ernst, geboren am 27. März 1834 in dem Kurhessischen Ort Ginnheim bei Frankfurt a. M., Sohn des Pfarrers Ludwig Schlee daselbst und der Elisabeth geb. Reuling; besuchte das Gymnasium in Frankfurt vom Herbst 1847 bis Ostern 1853, studirte Theologie in Marburg Ostern 1853 bis Ostern 1857, wurde 1862 in Marburg zum dr. philos. promovirt, war schon 1857—1862 Erzieher des Prinzen Philipp v. Hanau, dann Lehrer bei dem Kadettencorps in Kassel, und ist seit Ostern 1867 6. Lehrer am Gymnasium in Altona.

1) Der Streit des Daniel Hofmann über das Verhältniss der Philosophie zur Theologie. Marburg 1862. 8.

2) Luther in Haus u. Familie, ein Vortrag. Kassel 1867. 8.

In der Zeitschrift des Vereins für Hessische Geschichte u. Landeskunde 1867 (Zur Geschichte des Hessischen Kriegswesens). — Revidirt. —

1877) **Schleep** (nicht Schleey, wie im L. & S. S. 508. vgl. jedoch S. 850). Bernhard Christian (L. & S. No. 1023); er starb den 27. Mai 1838 in Schleswig, 70 Jahre alt, unverheirathet. — Sein Naturalien-Cabinet, besonders 600 Vögel enthaltend, war schon 1833 an den Landgrafen Carl zu Hessen verkauft worden. Nach des Landgrafen Tode wurde es vom König von Dänemark der Universität zu Kiel geschenkt. — Vergl. über ihn N. Nekrol. d. D. .XVI, S. 541 (wo er Schlepp' heisst), N. St. M. X, S. 483.

Von ihm noch in den „Schlesw.-Holst. Blättern" 1839, II. 2, S. 50 bis 58 (Der Möwenberg bei Schleswig.)

1878) **Schleiden**, Christian, geboren den 27. Juni 1777 auf dem seinem Vater gehörigen Gute Lütjenhorn in Schleswig; ergriff, durch Privatlehrer im elterlichen Hause in umfassender Weise gebildet, die kaufmännische Carriére, etablirte sich nach vielen Reisen in Malaga, zog sich 1807 von den Geschäften zurück, war seit 1811 Besitzer des adligen Guts Ascheberg bei Plön, ging 1825 als Bevollmächtigter des Deutsch-Amerikanischen Bergwerksvereins nach Mexico, übernahm 1828 die Direction dieses Vereins in Elberfeld, kehrte 1831 abermals nach Mexico zurück und starb dort am 8. November 1833 in Anganguco im Staate Michoacan.

* Das wahro Verhältniss des Herzogthums Schleswig zum Königreich Dänemark. s. l. 1815. 8.

Wohl noch anderweitige publicistische Aufsätze in Zeitschriften. — Nach Mittheil. seines Sohnes. (Er hätte im L. & S. seinen Platz haben sollen.)

1879) **Schleiden**, Rudolf, geboren den 22. Juli 1815 auf Ascheberg bei Plön, Sohn des vorhergenannten Christian Schlei-

den und der Elise geb. Nuys (geb. den 9. Juli 1785 zu Julianen-
burg bei Aurich in Ostfriesland); besuchte die Schulen zu Bremen
und Elberfeld; studirte Jura und Nationalökonomie auf den Universitäten zu Kiel, Berlin, Jena und Göttingen, wurde 1840 mit dem
2. Char. m. s. r. A. in Kiel examinirt, in demselben Jahre Amts-
Secretär in Reinbeck, 1843 Auscultant in der Generalzollkammer,
in deren Auftrag er 1845 eine grössere Reise durch Deutschland,
Holland, Belgien und Frankreich machte, um sich mit Zoll-, Han-
dels- und Eisenbahn-Angelegenheiten näher bekannt zu machen; im
Herbste 1845 zum Committirten in der Generalzollkammer und bald
darauf zum wirklichen Justizrath ernannt; nahm am 24. März 1848
seine Entlassung, stellte sich der provisorischen Regierung zur Disposition und wurde von dieser sofort nach Hannover und an den
Bundestag gesandt; in Frankfurt nahm er am Vorparlament Theil,
stellte dort den Antrag auf Vertretung Schleswigs im Deutschen
Parlament und wurde in den 50ger Ausschuss erwählt, in welchem
er den Bundesbeschluss vom 12. April veranlasste; im Mai 1848
Bevollmächtigter der provisorischen Regierung in Berlin; zwischen-
durch hatte er im Juni die Herzogthümer auf dem Marine-Congress
in Hamburg vertreten; im December 1848 in die Herzogthümer zurückgekehrt, nahm er an der Leitung der auswärtigen Angelegenheiten Theil, stand interimistisch den Departements des Innern und
des Cultus vor und wohnte den Sitzungen des Staatsraths bei; in
dieser Thätigkeit blieb er bis 1851 mit Unterbrechungen durch
ausserordentliche Missionen nach Ratzeburg und Lübeck zum Abschluss von Post- und Handelsverträgen, nach Hannover, Braunschweig, den Thüringischen Staaten, München, Stuttgart, Carlsruhe,
Paris und Brüssel; mit dem Rücktritt der Statthalterschaft nahm er
seine Entlassung, verliess die Herzogthümer, da er von der Amnestie
ausgeschlossen war, beschäftigte sich literarisch, reiste auch in
Holland und Italien, bis er 1853 für Bremen, wo ihm das Gross-
bürgerrecht ertheilt wurde, als Ministerresident nach den Vereinigten Staaten Nordamerikas ging bis 1864, seit 1862 als hanseatischer
Ministerresident, in welchem Berufe er u. A. den Postvertrag wegen Ermässigung des Deutschen Portos abschloss und die Agitation
wegen Aufhebung des Sundzolls hervorrief; die Universität Jena
verlieh ihm 1856 das Ehrendiplom als Doctor der Rechte; im Jahre
1864 hielt er sich in London auf und im Januar 1865 ward er
Ministerresident der Hansestädte in London bis Sommer 1866; 1867
im Februar zum Abgeordneten für den Norddeutschen Reichstag im

8. Schleswig-Holsteinischen Wahldistricte erwählt, nahm er an den Verhandlungen des Reichstages Theil und zog sich dann ins Privatleben zurück nach Freiburg in Breisgau. Am 31. August 1867 von demselben District wieder zum Reichstagsabgeordneten gewählt.

1) * Ueber das Verhalten der Preussischen Regierung in der Schleswig-Holsteinischen Angelegenheit. Frankf. a. M., Krebs-Schmitt, 1849.

2) * Das staatsrechtliche Verhältniss der Herzogthümer Schleswig-Holstein. Ein Beitrag zur Beurtheilung der künftigen Friedensbasis. Hamburg, Perthes, Besser & Mauke, 1849. 2 Aufl.

3) * L'intérêt de la France dans la question du Schleswig-Holstein suivi d'un aperçu historique sur cette question jusqu'à l'époque du soulévement des duchés en Mars 1848. Paris, Firmin Didot frères, 1850.

4) * La révolution danoise de 1848 traduit de l'Allemand d'après l'histoire diplomatique de la politique danoise de Mm. Droysen & Samwer. Paris, Firmin Didot frères, 1850.

5) * Denkschrift, betreffend die Schleswig-Holsteinische Angelegenheit. Als Manuscript gedruckt. Freiburg im Breisgau 1851. 4. (Druck v. R. M. Toppau.)

6) * Actenstücke zur neuesten Schleswig-Holsteinischen Geschichte. Erstes Heft: Die Verhandlungen zwischen der Statthalterschaft von Schleswig-Holstein u. den von Oesterreich u. Preussen, Namens des Deutschen Bundes ernannten Commissären im Januar 1851. Leipzig, Wilhelm Engelmann, 1851. Zweites u. drittes Heft: Die Zeit der provisorischen Regierung von Schleswig-Holstein 1848. Das. 1852.

7) Schleswig-Holstein Succession. Official documents. New-York 1864. Als Mspt. gedruckt.

Zahlreiche Zeitungsartikel, die jedoch nicht namentlich aufzuführen sind. — Nach dem Autogramm u. der authentischen Ansprache „an die Wähler des 8. Wahlkreises". —

1880) **Schlemm,** Anton Leonhard Ernst, geboren in Altona, besuchte das Gymnasium daselbst, studirte Medicin seit Ostern 1857, wurde 1862 in Kiel promovirt und ist zur Zeit practisirender Arzt in Altona.

Nonnulla de musculorum cucullaris et serveti antici majoris paralysi. Accedunt tabulae lithographicae quatuor. Diss. inaugur. Kiliae 1862. 4. SS. 12.

1881) **Schlichting,** Marcus, geboren den 7. November 1804 zu Stiesholz im Kirchspiel Satrup in Angeln, Sohn des Rechensmanns der Satrup-Harde Hans Friedrich Schl. und der Anna Elisabeth geb. Henningsen; Tondernscher Seminarist; 1824 in Tondern examinirt; 1824 —1827 Substitut an der Kirchpielsschule in Grundhof; 1827—1829 Stellvertreter des Organisten, Küsters und Schullehrers in Munkbrarup, 1829—1832 Schullehrer in Ausackerholz, Kirchspiel Husbye, seit 1832 1. Lehrer der Hauptknabenschule

in der Vorstadt in Kiel, seit 23. August 1861 2. Lehrer an der
höhern Knabenschule daselbst, 1848—1851 Mitglied der Schleswig-
Holsteinischen Landesversammlung, Secretär des Vereins nördlich
der Elbe für Verbreitung naturwissenschaftlicher Kenntnisse von
dessen Beginn im Jahre 1858 an.

1) Wörterbuch für Schüler, enthaltend die Deutschen Stammwörter mit vielen
abgeleiteten u. zusammengesetzten Wörtern nebst den unentbehrlichsten Fremd-
wörtern. Ein Hülfsmittel bei den schriftlichen Arbeiten. 2. Aufl. Kiel, Bünsow, 1844. 8. Die 1. Auflage kam nicht in den Buchhandel.

2) War eine Zeitlang Mit-Redacteur der v. 1848—1852 von Prof. Thaulow begründeten u. herausgegebenen Universitäts- u. Schulzeitung.

3) Ist Chemie in der Volksschule zu lehren? Ein Wort an die Deutschen Lehrer. Altona, L. Hestermann, 1861. 8. SS. 17.

4) Chemische Versuche einfachster Art. Ein erster Cursus in der Chemie. Kiel,
Homann, 1861. 8. 2. Aufl. 1862. 8. XXIV u. 208 SS.

5) Kritik des Regulativs für die Stadtschulen in Kiel. Kiel, Schröder & Co. 8.

6) Ueber die Anschaffung naturwissenschaftlicher Apparate u. Sammlungen für
die Volksschulen, besonders den Schulcommünen empfohlen. Altona, L. Hestermann, 1863. 8. S. Kieler Wochenbl. 1863 No. 124 u. Schulzeitung
1862—1863 No. 46.

7) Los von Dänemark! Warum? Kiel, Akad. Buchh., 1864. 8. SS. 35. Erschien auch in Dänischer Uebersetzung.

8) Hülfsbuch zum Gebrauch bei Anfertigung schriftlicher Arbeiten. Kiel, G. v.
Maack, 1867. 8. S. Kieler Zeit. 1867 No. 873.

In Harms''Gnomon No. 28 (Die Sterne); No. 33 (Die Luft); No. 59 (Der
Kreislauf des Bluts). — In den „Darstellungen aus dem Christenleben", herausg.
v. d. Elb-Pinnauer Lehrer-Verein No. 16, S. 145—153 (Kraft des Geistes). —
Diverse Beitrr. zu dem Schlesw.-Holst. Schulblatt von 1841, Jahrg. 3, an.
— Ebenso zu Sönksens Schulzeitung von Jahrg. 1, 1852—53 an. Darin
namentlich auch mit den Proff. Behn u. Karsten Bericht über die 2—6. Versammlung des Vereins nördl. der Elbe zur Verbr. naturwissensch. Kenntnisse. Desgleichen Bericht über die 4—11. Versammlung in den „Mittheilungen des Vereins"
v. 1857—1861. In denselben Mittheilungen H. 1, No. VII, S. 37—44 (Aufforderung zur gemeinsamen Abgränzung der verschiedenen Hauptboden-Bildungen
unseres Landes), No. X, S. 47—51 (Das Farbenmoor bei Niendorf verräth ältere
geognostische Formationen in nicht bedeutender Tiefe); 1858, H. 2, S. 35—49
(Verzeichniss der in Schleswig-Holstein u. Lauenb. bis jetzt aufgefundenen sog.
einfachen Mineralien); 1859, H. 3, S. 115—124 (Geognostische Reise-Notizen). —
In Biernatzkis Schlesw.-Holst. Landesberichten 1847, H. 3, S. 133—136
(Kurze Beschreibung der Schleswig-Holsteinischen Reptilien). — Einzelne Beitrr.
zum Kirchen- u. Schulblatt 1848, Sp. 895—96; Kieler Corresp.-Blatt
1839 No. 44 u. 45, 1841, 1849 No. 99, zum Itzeh. Wochenbl. 1843, No. 17,
No. 22, 1845 No. 19 u. s. w. Beiträge zum Wirthschafts-Freund der Itzeh.
Nachrichten, u. zu vielen anderen einheimischen u. auswärtigen Zeitschriften u.
Tageblättern, zum Theil anonym. — (Revidirt.)

1882) **Schlömer,** Johann Friedrich Wilhelm, geboren in Wesselburen, studirte Medicin, wurde 1846 dr. med. & chir. in Kiel und ist zur Zeit practisirender Arzt in Wesselburen.

Nonnulla de prosopalgia. Kiliae 1846. 8. SS. 16.

1883) **Schlotterbeck,** Bernhard Christian Marius, geboren den 15. December 1825 zu Schleswig, Sohn des Hans Friedr. Schl. und der Margaretha geb. Heidtmann; besuchte von 1844 bis 1847 das Seminar in Tondern, von Ostern 1847 bis Michaelis 1848 Gehülfslehrer in Flensburg, darauf bis August 1850 Lehrer an der Mittelclasse in Bramstedt und dann Lehrer an der mittleren Bürgerschule in Wismar, wo er noch fungirt. —

1) Aufsatzübungen f. die Mittelclassen der Bürger- u. die Oberclassen der Volksschulen. Wismar, Hinstorff'sche Hofbuchh., 1857.

2) Das Stäbchenlegen. Eine Spielgabe für Kinder v. 4—8 Jahren. Altona, Hestermann, 1859.

3) Sinnenbildung. Versuch einer histor.-kritischen Darstellung des Anschauungsunterrichts nebst Aufstellung eines Lehrgangs für denselben auf Grundlage der Sinnenbildung. Glogau, Carl Flemming, 1860. 8.

4) Vorlagen zur Bildung des Auges u. der Hand. H. 1—3. Glogau, C. Flemming, 1860.

5) Das Netzzeichnen: No. 243—246 der „allgemeinen Berliner Zeichenschule" von Wilhelm Hermes.

6) Neues Mecklenburgisches Rechenbuch. H. 1 Zahlraum v. 1—10, H. 2 Zahlraum v. 1—100, H. 3 Zahlraum v. 1—1000 u. darüber, H. 4 Rechnen mit gem. Brüchen, H. 5 Erweiterungen (Regeldetri, Decimalbrüche), H. 6 Das Geldwesen, soweit es f. das bürgerliche Leben in Betracht kommt, H. 7 Geometrisches Rechnen, H. 8a Kaufmännisches Rechnen, H. 8b Gewerbliches Rechnen, H. 8c Landwirthschaftliche Aufgaben, H. 8d Hauswirthschaftliches Rechnen (für grössere Mädchen). H. 9 Geographische u. physikalische Aufgaben, H. 10 Algebraische Aufgaben. Schwerin, Hildebrand, 1865—1866. 8.

In Pädagogische Monatsschr. v. Fr. Löw Bd. X (Die äussere Seite der Erziehung zur Aesthetik od. die „feine äusserliche Zucht" in der Volksschule). — Im „Practischen Schulmann" von Körner, fortges. v. A. Lüben Bd. V (Aufsatzübungen); Bd. VIII (Rechenaufgaben aus dem Gebiet der Geographie u. Statistik; — Materialien f. den Anschauungsunterricht auf Grundlage der Sinnenbildung); Bd. IX (Desgl.); Bd. X u. XI (Heimathskunde u. Einführung des 4—7-jährigen Kindes in das Natur- u. Menschenleben). — Im „Landwirthschaftl. Kalender f. die Grossherz. Mecklenburg 1863 fl. (Cubik-Tabellen, Reductionstabellen, Maass, Münz- u. Gewichtstabellen, Practisches aus der Mathematik für die Landwirthschaft etc.). — Revidirt. —

1884) **Schlüter,** Adolph Karl, geboren in Pinneberg, Sohn des Districtschirurgen lic. med. & chir. Aug. Marc. Diedr. Schlüter daselbst, besuchte das Christianeum in Altona; studirte

Medicin seit Michaelis 1853 und wurde 1857 in Kiel promovirt; ist jetzt Arzt in Altona.

De stroma cystica accessoria diss. inaugur. Kilino 1857. 4. SS. 12.

1885) Schlüter, Hinrich (L. & S. No. 1024), er war auch D. M.; im October 1851 erhielt er wegen „der gegen König und Vaterland bewiesenen Treue" eine Gehaltszulage; er starb als Schullehrer in Wohlde im Anfang Juni 1857.

Von ihm noch:

Auflösungen zu den schwierigsten Aufgaben der (von ihm u. Jacob v. Essen herausgegebenen) praktischen Rechenschule. Th. 2, 3. Aufl. Schleswig, Koch, 1828. 8.

Der Rechenmeister unter seinen Schülern. Ein Handbuch für Lehrer, sowie für Eltern, die ihre Kinder selbst in diesem Zweige des Unterrichts anleiten wollen. 1. Theil, auch s. t.: Vorschule des Rechnens in Unterredungen m. besonderer Rücksicht auf die wechselseitige Schuleinrichtung. Th. 2, Bd. 1, 2. Altona, Aue,1829. 1830. 8.

Versuch einer ins Einzelne gehenden Darstellung der wechselseitigen Schuleinrichtung in einer gemischten Volksschule von reichlich hundert schulpflichtigen Kindern, mit einiger Abänderung geformt nach dem gegebenen Vorbilde der Normalschulen zu Eckernförde. Schleswig, Tbst.-Inst., 1829. 8. SS. 86 mit Tabellen. 2. Aufl. 1830.

Mit Hans Joachim Jacobsen u. H. Petersen: Geschichte des Königreichs Dänemark u. der Herzogthümer Schleswig, Holstein u. Lauenburg zum Gebrauch in Volksschulen u. für den Bürger u. Landmann. Schleswig. (Hamburg, Schaberth u. Niemeyer). 1832. 8.

Denzels Lehrgang des Zahlenunterrichts in seinen ersten Elementen praktisch ausgeführt, mit Hinzufügung einer Anweisung für's Zifferrechnen oder Darstellung eines bildenden u. gründlichen Rechenunterrichts. 1. Cursus. Altona, Aue, 1839. 8. Von der „praktischen Rechenschule" erschien der 2. Theil in 5. verbesserter Aufl. v. ihm u. J. v. Essen in Reborst. Schleswig, Commiss. bei Bruhn, 1840. 8. Der 1. Th. in 5. Aufl. Das. (Lübeck, bei v. Rohden.) 1843. 8.

Im „Schlesw.-Holst. Schulbl." Jahrg. II, 1840, H. 2, S. 43—68 (Ueber den Einfluss der Volksschulen auf die Erziehung der Jugend).

1886) Schmahl, Heinrich Christoph Ehrenfried, geboren 20. October 1827 in Wandsbeck, Sohn des Gewürz-Händlers und Reismüllers Paul Hinrich Schm. und der Johanna Marg. Dor. geb. Lützow; unterrichtet durch den Küster Lorenzen und den Sprachlehrer Charpentier, in Musik durch den weil. Organisten Demuth zu St. Catharinen in Hamburg; sein Hauptwirkungskreis als Lehrer der Musik in Hamburg und Altona; verwaltete interimistisch die Organistenstellen an St. Catharina und St. Petri und auch die Organisten-Stelle in Wandsbeck; jetzt seit 2. Juni 1864 Organist an der Hauptkirche St. Jacobi in Hamburg.

1) 45 Lieder für Volksschullehrer gesammelt u. methodisch geordnet. Altona, Hestermann, 1859. Rec. in der Schulzeit. 1858/59, No. 45.

2) 118 Canons, die Ton- u. Tact-Uebungen beim Gesang-Unterricht enthaltend.
Componirt u. mit gereimten Texten, welche das Wichtigste aus der Gesanglehre enthalten, versehen. Altona, Hestermann, 1859. Rec. Schulbl. f. d. Herzogthh.
XXI, S. 701—702 u. Entgegnung darauf vom Verf. das. XXII, S. 98—104·

3) Theoretisch-praktische Anleitung zum Unterricht im selbstbewussten Singen
in den Volksschulen. Altona, Hestermann, 1859. 8. SS. 53. Anhang dazu.
Altona 1860. 8. SS. 16.

4) Die gebräuchlichsten Chorále zum allgemeinen Gesangbuch der Gemeinen in
den Herzogthümern Schleswig u. Holstein. Für Volksschulen 2stimmig bearbeitet. Altona 1860. 8. SS. 23. S. Schulzeit. 1859/60, No. 47, No. 49.

5) 40 Lieder u Canons f. die Schule u. das Haus. Hamb., Heroldsche Buchh.

6) 45 Lieder u. Canons f. die Schule u. das Haus. 2. Liederheft. Das.

7) Chorgesänge zu den gewöhnlichen Collecten der Kirchen Hamburgs f. 2. Knaben-
u. 1. Männerstimme. Hamb., A. C. Lehmann.

8) 20 Chorále f. Orgel u. Pianoforte, auch f. 4 Singstimmen gesetzt. Hamb., Lehmann.

9) Die Orgel der Hauptkirche zu Altona und ihre Renovation in den Jahren
1866 und 1867 nebst einigen Erfahrungen bei einigen anderen Orgelbauten.
Angefügt einige Orgeldispositionen. gr. 8. 32 SS. Hamb., Herm. Grüning.

Ausserdem von ihm: Psalm 84 für gemischten Chor, diverse ein- u. mehrstimmige Lieder, Orgelvorspiele, Gedichte, als Mscpt. gedruckt, auch Beschreibung
der St. Nicolai- u. St. Jacobi-Orgel in Hamburg, Aufsätze in musikalischen u.
politischen Zeitschriften. — Revidirt.

1887) **Schmarje,** Claudius, Lehrer in Hohenrade bei
Pinneberg, dann Lehrer in Moorrege, Kirchspiel Uetersen, 1856
Lehrer an der Districtsschule in Frederik VII. Koog.

1) Kleines Spruchbuch für Elementarschüler ... 8.

2) Schleswig-Holsteinische Lyra, enthaltend: Pestalozzi-Album, Lieder u. Gedichte
von Schleswig-Holsteinischen Dichtern u. Dichterinnen. H. 1. Itzehoe 1846.
8. 4¹/₂ Bgg.

3) Gebetbuch für Schule u. Haus. Uetersen, Selbstverlag, 1853. 8. S. Sönksens
Schulzeit. J. II, No. 23.

4) In den „Darstellungen aus dem Christenleben, herausgeg. v. Elb-Pinnauer
Lehrerverein" (1857) No. 13, S. 116—131 (Das Brod des Lebens).

Im „Schlesw.-Holst. Schulbl. III, 1841, H. 3, S. 28—39 (Beten und
Schulbeten); IV, 1842, H. 1, S. 154—158 (Wünsche f. d. Schulblatt); H. 2,
S. 30—34 (Bemerkungen über einige Aeusserungen in Gudenraths Aufsatz: Ueber
Stylübung); S. 34—36 (Das Bleibende im Unterricht); H. 4, S. 64—68 (Ueber
die Behandlung der biblischen Geographie in der Volksschule); V, 1843, H. 2,
S. 97—103 (Ueber das Auswendiglernen in Volksschulen); XVIII, 1856, S. 75
bis 80 (Die tartarische Volksschule in der Krim). — „Im Itzehoer Wochenbl."
u. A. 1841 (Ueber höhere Bildungsanstalten). — Er kündete in Hohenrade Gedichte auf Subscription an. Ob dieselben erschienen sind?

1888) **Schmedes,** Verwalter auf Neverstorf (Mönch-Neverstorff).

In den landwirthschaftlichen Heften f. d. Herzogthh. Schleswig u. Holstein
1833, H. 2, S. 61—90 (Schreiben an den Kammerrath Hofmeister in Eutin), 1836,

H. 3, S. 26—31 (Wie muss eine Füllenstute beschaffen sein u. welche Eigenschaften muss sie besitzen, wenn sie mit Erfolg als solche genutzt werden soll?)

1889) **Schmeisser,** Adolf (L. & S. No. 1512), Sohn des Nachfolgenden, nach L. & S. 1829 als Stabsarzt in der Russischen Armee in der Türkei; Weiteres unbekannt.

1890) **Schmeisser,** Johann Gottfried (L. & S. No. 1026); er starb in Hamburg, wo er seit 1823 lebte, den 5. Febr. 1837. — Verh. mit Louise geb. Texter. — S. N. St. M. X, S. 484.

1891) **v. Schmettau,** Leopold Samuel, geb. ... zu . . . . . ., kam 1754 nach Kopenhagen, ward 1763 Kammerpage. bei dem damaligen Kronprinzen Christian (VII.); den 14. Februar 1774 Amtmann v. Hütten und der Domcapitels-Districte, auch Kammerherr; noch in demselben Jahre Amtmann v. Apenrade, wo er den 6. März 1775 antrat; 1776 in den Dänischen Adelsstand erhoben; 13. März 1783 R. v. D., 1802 als Amtmann entlassen, worauf er in Kiel lebte und dort um 1840 starb. Vergl. über ihn N. Staatsb. Mag. X, S. 433.

Im Preetzer Wochenblatt v. 1838 u. 1839 (Erinnerungen eines Greises).

1892) **Schmid,** Andreas Christian Johannes, geboren den 4. Januar 1815 in Tondern, Sohn des Diaconus und Dänischen Predigers gl. Namens das. (geb. den 12. December 1770, gestorben den 21. Juni 1835 als Pastor zu Husbye) und dessen 2. Frau Laurette geb. Müller; studirte Jura in Kiel seit April 1834, wurde den 9. Mai 1838 auf Gottorf examinirt, den 20. Juni 1838 dr. jur. in Kiel, von 1839—1848 Privatdocent daselbst, den 28. November 1849 Hardesvogt der Uggel-Harde im Amte Flensburg bis 14. Mai 1850, darauf ausserord. Docent des Schleswigschen Rechts an der Kopenhagener Universität den 21. Juli 1850, fest angestellt den 2. October 1851, Titular-Professor den 15. October 1850, zugleich Mitglied der Examinations-Commission für das rechtswissenschaftl. Examen für das Herzogthum Schleswig am 22. November 1851, ordentl. Professor des Rechts an der Universität Kiel den 25. Febr. 1853, zugleich Mitglied des Spruchcollegiums am 13. Mai dess. Jrs., k. erwähltes Mitglied der Provinzialstände für das Herzogthum Schleswig am 14. August 1853, an deren Sitzung in Flensburg er im Jahre 1853 Theil nahm und Präsident derselben war; den 24. November 1855 7. Rath im Oberappellationsgericht in Kiel; trat

22*

bei Auflösung dieses Gerichtshofes, 1. Septbr. 1867 in den Ruhestand. Vergl. über ihn Ersl. Supplem. III, S, 71—72.

1) Handbuch des gemeinen Deutschen Civilprocesses. Th. 1—3. Kiel 1843 bis 1845. 8.

2) Handbuch des gegenwärtig geltenden gemeinen Deutschen bürgerlichen Rechts. Besonderer Theil. Bd. 1. 2. Leipzig, Brockhaus, 1847. 1848. 8.

3) Den i Hertugdœmmet Slesvig gjeldende Criminalret. Til Brug ved Forelæsninger fremstillet. Kjœbenh. 1853. 8. II u. 213 SS.

4) Den i Hertugdœmmet Slesvig gjeldende Civilproces. Til Brug ved Forelæsninger fremstillet. Kjœbenhavn 1853. 8. X u. 234 SS.

Im Kieler Corresp.-Bl. 1845 No. 15 (mit dr. jur. L. Stein: Erklärung gegen eine in der Weser-Zeitung v. 8. Febr. gemachte falsche Angabe, vergl. No. 21 des Corrosp.-Bl. s v. dems. J.).

1892a) **v. Schmid**, W., war im ersten Schleswig-Holsteinischen Kriege Major und Commandeur des 4. Schlesw.-Holst. Jägercorps, dann Preuss. Brigade-Commandeur, zur Zeit Generalmajor a. D.

Geschichte des 4. Schl.-H. Jägercorps seit seiner Formation im August 1848 bis April 1850. Zusammengestellt aus dem Tagebuch. Eckernförde, C. Heldt, 1867. 8. Darüber Besprechungen in der „Kieler Zeitung" u. den „Itzeh. Nachrr." 1867, No. 57 u. andern Blättern.

1893) **Schmidt**, Asmus Friedrich, geboren den 14. October 1794 auf Oberkoppel, adl. Guts Geltingen in Angeln; Eltern: Tobias Schmidt und Sophie Christine, geb. Hübner, Arbeitsleute; im letzten Schuljahre und nach der Confirmation unterrichtet vom Lehrer Martens in Stutebüll bei Cappeln, bei dem er auch Gehülfe; 1813 Michaelis Tondernscher Seminarist bis Mich. 1814 und wieder 1816, examinirt 1817 (2. Char. m. s. r. A.), Hauslehrer auf Friedensthal bei Eckernförde, 30. September 1820 Districtslehrer zu Gosefeld, 1831, 10 Mai Elementarlehrer in Wedel. Starb 10. Juli 1861. Verh. mit Nicolina Marie Martini aus Kopenhagen († 17. März 1856). — Vergl. den Nekrolog in Sönksens Schulzeitung 1862—63, No. 12.

Reim-Verse, als Stoff zu Denk- u. Gedächtnissübungen für die Kleinen. Itzeh. 1846. 8. 2. Aufl. das. 1847. 8.

1894) **Schmidt**, Benjamin, ist zur Zeit Turnlehrer in Kiel.

Turntafeln für Turnvereine u. Schulen. Kiel, Commissionsverl. v. J. G. L. Castagne, s. a. 12. SS. 46.

1895) **Schmidt**, Christian Franz (L. & S. No. 1031), geboren in Helvith im Amte Norburg auf Alsen 1734, Schlossverwalter auf Frederikburg um 1770, legte 1775 eine Baumschule daselbst an, 19. September 1782 General-Inspector über die königl. Gartenplantagen; als Schlossverwalter den 19. Juli 1786 auf Ansuchen entlassen, legte 1787 eine Baumpflanzschule auf Nyegaard bei Hadersleben an, die er 1802 verkaufte; er starb den 25. Juni 1828. Vergl. Kordes Lexik. S. 296—297. Erslew. Supplem. III, S. 73.

1896) **Schmidt,** David Peter Hermann (L. & S. No. 1032); er wurde 1836 in Erlangen dr. philos.; war auch R. v. D.; seine Apotheke in Sonderburg wurde 1837 verkauft; er war auch Mitglied der k. Gesellschaft für die nordischen Alterthümer in Kopenhagen u. der Schl.-Holst. Gesellsch. f. vaterländische Geschichte; er starb am 15. April 1856 im 86. Lebensjahre. — Verh. mit Georgine geb. Lassen († 2. Juni 1836). — Vgl. Poggendorffs biogr. liter. Hdwb. B. II, Sp. 817—818, Alt. Merk. 1856, No. 93.

Von ihm noch:

Kritik der Pharmacopoea Slesvico-Holsatica, regia auctoritate edita, nebst Vergleichung derselben mit den ältern Vorschriften und sonst nützlichen Bemerkungen für Aerzte u. Apotheker. Altona, Hammerich, 1833. 8. IV u. 121 SS. Rec. in Pfaffs Mitthh. III, H. 1. 2. S. 114—117.

Historisches Taschenbuch über Entstehung der Apotheken, sowohl im Allgemeinen, als insonderheit der in dem Königreich Dänemark u. in den Herzogthh. Schleswig-Holstein u. Lauenburg. 2. veränderte u. sehr vermehrte Ausgabe. Altona 1835. 8. Die 1. Aufl. schon im L. & S.

Etymologischer chemischer Nomenclator der neuesten einfachen u. daraus zusammengesetzten Stoffe nebst Erklärung einiger andern chemisch-physicalischen Benennungen. H. 1—6. Lemgo, Meyersche Buchh., 1837—1847. 8. Rec. des 1. H. in Pfaffs Mitth. VII, N. F. V, H. 9 & 10, S. 96—98.

Im N. Staatsb Mag. I, 1833, S. 689—693 (Herzog Ernst Günthers Palais in Sonderburg); II, 1834, S. 650—652 (Lösung des Zweifels, ob die, den König Christian I. nach Rom begleitenden Gelehrten Mediciner oder Rechtsgelehrte gewesen sind); III, 1835, S. 561—563 (Beschreibung der Grabkammer bei Blansgaard); VII, S. 156—169 (Ueber das Verhältniss der Apotheken in den Herzogthümern Schleswig, Holstein u. Lauenburg gegen die Einwohnerzahl mit beigefügten Tabellen); VIII, 1839, S. 275—278 (Die Spar- u. Leihkasse in Sonderburg). — In den Schleswig-Holstein-Lauenburgischen Provinzialberr. 1830, S. 255—259 (Der grosse Stein auf Düppelberg); 1831, S. 306—315 (Nachrichten von der Halbinsel Kekenis, der Räuberburg Kayburg u. dem fürstlichen Gute Kekenisgaard). In den neuen Prov.-Berr. 1832, S. 200—211 (Nachträge zu den v. Schröder herausgegebenen Nachträgen des Lexikons der Schlesw.-Holst.-, Lauenb. u. Eutinischen Schriftsteller); S. 646 (Berichtigung dazu); S. 548—553 (Sonderburger Spar- u. Leihcasse vom 14. März 1829 bis 14. April 1832); 1834, II. 1, S. 44—55 (Nicolay Vothmann). — In H. Biernatzki's Landesberr. Jahrg. II, 1847, H. 1, S. 64, 131 (Meteorologische Tabelle für Januar-April). — In Pfaffs „Mitthh." etc. I, S. 207—210 (Ueber Caffec-Räucherung).

1897) **Schmidt,** Friedrich Christian, geboren 1776 am 12. Juli zu Steinberg in Angeln, Sohn des dortigen Predigers Johann August Schm. (geboren in Friedrichstadt am 2. Januar 1734, gestorben in Steinberg am 16. December 1778), besuchte die Schulanstalten zu Schleswig u. Altona, studirte Jura in Kiel und erhielt im juristischen Amts-Examen den 1. Charakter; war später O. und L.-G.-A. in Tönning und Schleswig; den 10. October 1820 zum 8. Rath im Holstein-Lauenb. Obergericht ernannt; 1834 2. Rath im O.-A.-G. in Kiel; 1840, 28. Juni h. c. dr. philos. v. der Kieler Universität aus; 1846 Präsident des O.-A.-G. f. Holstein u. Lauenburg, als Nachfolger des Geh. R. Höpp; Conferenzrath; Gr. v. D. und D. M.; als Präsident des O.-A.-G. in Kiel in Gnaden und mit Pension entlassen; die juristische Facultät der Universität Giessen ernannte ihn h. c. zum dr. jur.; er starb in Kiel am 10. December 1862 in seinem 87. Lebensjahre. — Vgl. über ihn Kieler Wochenbl. 1863, No. 6.

Methode zur Auslegung der Justinianischen Rechtsbücher u. Prüfung der bisher befolgten Methoden. Kiel, Schwers'sche Buchh., 1855. 8. SS. 185. Rec. Gött. Gel. Anzz. 1857, S. 698—712. — Revidírt von dem Sohn.

1897a) **Schmidt,** Georg Karl Paul, geboren zu Neuendorf den 19. December 1832, Sohn des Pastors L. C. F. Schmidt daselbst († als Pastor in Nienbroock, den 31. Jan. 1862), besuchte das Gymnasium in Altona und studirte seit Ostern 1851 Theologie in Kiel, Erlangen und Berlin; examinirt in Glückstadt Michaelis 1857 (II. Char. mit Ausz.); ward am 12. April 1863 zum Diaconus in Tellingstedt, am 27. Juli 1864 zum Pastor in Coldenbüttel erwählt. Starb schon, von Vielen betrauert, im academ. Krankenhause zu Kiel am 26. August 1865. Die Grabrede hielt ihm in Kiel sein Freund Pastor H. Dohrn, damals in St. Annen, jetzt in Altona. — Verheir. seit Juni 1863 mit Johanna Emilie Helena, geb. Rapp, aus St. Pauli.

Lieferte im Herbst 1858 anonym für die „Hamb. Nachrr." sehr detaillirte Tagesberichte über die Verhandlungen des Deutschen Kirchentages in Hamb. 1858.

1898) **Schmidt,** Georg Karl Wilhelm, geboren den 17. März 1794 zu Probsteierhagen; studirte Theologie in Kiel seit Ostern 1812, wurde 1817 in Glückstadt mit dem 2. Char. m. s. r. A. examinirt, den 2. November 1817 Lector in Preetz, den 5. März 1820 Pastor in Krummendiek, antretend den 28. Mai, den 24. Juni 1821 Pastor in Probsteihagen, antretend den 7. October, den 13. April 1843 Pastor in Grundhof, antretend den 19. November, 1850 als solcher entlassen; er starb den 11. Mai 1850 in Kiel. — Verh. in 2ter Ehe mit Emma, geb. Salomon aus Kiel. — Vergl. ausser den bek. Candidd.-Verz. Alt. Merk. 1850, No. 111, die „Kirche u. Schule Schleswigs" pag. 59—65.

1) Anrede eines Holsteinischen Predigers an die Mitglieder seiner Gemeinde bei Publication der Cholera-Verordnung. Kiel 1831. 8.

2) Rückblicke auf unser bisheriges, kirchliches Leben. Predigt am 24. Trinit. bei Gelegenheit der General-Kirchen-Visitation über Colosser 1, 9—14: In Brodersens Sammlung von 30 Tredigten von 30 Predd. Schlesw.-Holsteins (Itzehoe 1842) S. 337—356.

3) „Bericht über die Deputation aus Angeln" (die im Herbst 1849 nach Berlin ging, wegen der Demarcationslinie in Angeln). Flensburg 1849.

1899) **Schmidt** (v. Lübeck), Georg Philipp (L. & S. No. 1033); er starb zu Altona den 28. October 1849 im 84. Lebensjahre an Altersschwäche und ist auf dem Kirchhofe zu Ottensen dicht neben Klopstocks Grab bestattet. Vgl. Alt. Merc. 1849, No. 488. Itzehoer Wochenbl. 1849, No. 87, Sp. 1923. Hambg. Beob. 1849, No. 91, S. 363 (von —y—, d. i. der Lehrer am Gymnasium Feldmann). Neue Lübeckische Blätter, October 1850 (welcher Artikel v. J. F. Hach).

Von ihm noch:

Ueber Kaspar Hauser. Altona, Aue, 1831. gr. 8. 20 SS. 2. Heft. Das. 1832. gr. 8. SS. 40.

Der neu entdeckte Sanchuniathon. Ein Briefwechsel. Altona, Aue, 1838. gr. 8.

In den Altonaer Adress-Comtoir-Nachrichten 1835, No. 55 ff. (Heinrich van der Smissen der Erste. Dafür wurde dem Verf. v. Gilbert van der Smissen Namens der Familie im Altonaer Mercur 1835, No. 117, Sp. 2299 öffentlich gedankt. Mit einem andern Aufsatze aus den Adress-Comtoir-Nachrichten wieder abgedruckt im N. Staatsb. Magaz. 5, 1837, S. 377—455 s. t. Beiträge zur Geschichte der Stadt Altona). — Im Neuen Staatsb.-Magazin 6, H. 2, S. 339—350 (Die erste Kirche in Lübeck); das. S. 351—377 (Fernere Beiträge zur Geschichte Altonas. Der 1. dieser beiden Beiträge „Das Gymnasium in Altona" steht auch in den Adress-Comtoir-Nachrr. 1836, No. 31); S. 702—706 (Helmolds pagus Dargun); 7, S. 1—27 (Der Geheimrath Casper v. Saldern); 8, S. 299—316 (Kämmereirechnung der Stadt Altona bis zum Jahre 1690, vgl. 9, S. 572—576). — Lieder in W. G. Beckers Taschenbuch f. 1813, S. 63, S 78, S. 116, S. 140, S. 206, S. 221, S. 267, S. 283, S. 329, S. 333; in Lotz „Originalien" 1832, No. 22, 24, 26, 30 u. anderen Blättern. — Nach seinem Tode in K. L. Biernatzkis Volkskal. 1851, S. 1—3 (Vertrau!)

1900) **Schmidt,** Gerhard Heinrich, geboren in Husum, studirte Medicin und wurde dr. med. & chir. 1837 in Kiel und ist zur Zeit practisirender Arzt in Hadersleben (?).

Nonnulla de sphondylarthocace. Diss. inaugur. Kiliae 1837. 4. Rec. in Pfaffs „Mittb." etc. Bd. 5, N. F. Bd. 3, H. 7 u. 8. S. 89—90. Der Verf. heisst auf dem Titel Guil. Const. Schmidt.)

1901) **Schmidt,** Heinrich Friedr. Ludwig, geboren in Harburg den 10. April 1793, diente während des Freiheitskrieges

2½ Jahre als Soldat, namentlich im Kielmannseggischen Jägercorps, widmete sich darauf dem Kaufmannsfach in Hannover und Rendsburg, etablirte sich 1827 als Kaufmann in Rendsburg, diente bei dem bürgerlichen Artilleriecorps das., zuletzt als Major und starb am 27. April 1862 in Rendsburg. Verh. s. 30. Mai 1827 mit Marianc Wendt, einer Tochter erster Ehe des T. C. Wendt (L. & S. No. 1307).

Exercierreglement für das Rendsburger bürgerliche Artilleriecorps. Entlehnt aus dem Schleswig-Holsteinischen Artillerie- u. Infanterie-Exercierreglement von 1849. Mit einem Anhange über Verhör, Kriegs- u. Standgericht u. Gewehrexercice. Rendsburg, Druck der F. M. Wendell'schen Buchdruckerei, 1849. 8. 108 SS.

1902) **Schmidt,** Hinrich (L. & S. No. 1034); feierte am 17. April 1831 sein 50jähriges Amts-Jubiläum; den 2. Aug. 1831 Probst in Süderditmarschen; Ostern 1843 von diesem Amte auf sein Ansuchen Altersschwäche halber wieder entlassen; den 4. November 1835 feierte er das 50jährige Jubiläum seiner Amtsführung in Eddelack; den 25. October desselben Jahres Consistorialrath; 1839 feierte er das 50jährige Jubiläum seiner Amtsverwaltung als Hauptpastor; den 2. November 1843 feierte er das Fest einer 60jährigen amtlichen Wirksamkeit, zu dem Past. H. N. A. Jensen eine eigene — unter diesem Autor von uns übersehene — kleine Gratulationsschrift drucken liess; seit 13. Januar 1845 Senior der gesammten Schleswig-Holsteinischen Geistlichkeit; er starb, 90 Jahre alt, den 6. December 1846. — Verh. in 2ter Ehe mit Dorothea Margaretha geb. Mau aus Alten-Crempe († 7. November 1835). — Vgl. N. Nekrol. d. D. 24, S. 805—807.

In den Prov.-Berr. 1831, S. 174—176 (Nachricht über sein 50jähriges Amts-Jubiläum).

Eine am 3. Adventssonntage 1840 in Eddelack beim 100jährigen Jubiläum der Kirche gehaltene Predigt.

Eine von ihm 1826 verfasste „Chronik der Eddelackischen Pastoren seit der Reformation" ist bis jetzt ungedruckt geblieben, und steht deren demnächstige Veröffentlichung durch den Hauptpastor J. M. Michler in Petersdorf auf Fehmarn zu erwarten. Dieselbe füllt circa 3 Druckbogen.

1903) **Schmidt,** J. (L. & S. No. 1035), er war Schullehrer und Küster zu Grossen-Wiehe; er starb, 63 Jahre alt, 1854.

Von ihm noch: im Schlesw.-Holst. Schulbl. 1839, H. 4, S. 84—108 Erwiderung auf die von dem Hrn. Past. Kähler im 2. Heft des Schulblatts aufgestellten 20 Thesen angeblich wider die After-Katechetik unserer Tage); 1841, S. 11—17 (Die Krone aller Erziehung).

1904) **Schmidt,** Jes Nielsen, geboren 1827 in Kliplef,
besuchte das Seminar und war Schullehrer in Todsbüll und Goos-
kjær im Kirchspiel Biolderup bei Apenrade; hielt sich 1849 und 50
in Kopenhagen auf, wurde 1. September 1851 8. Lehrer an der
Domschule in Schleswig, bis 1. März 1852, war Mitglied der K.
Gesellschaft Nordischer Alterthumsschriften in Kopenhagen; starb
in Tinglef den 1. September 1852. — Vergl. das Schlesw. Schulprogr. von 1852. Ersl. Supplem. 3, S. 77.

1) Slesvig i Valdemarernes Tid. Efter Jordebogen 1231, J. Meyers Kort 1240
og andere samtidige Documenter. Lithogr. bei Barentzen & Co. (in Kopenh.)
1850. 4. S. darüber „Berl. Tidende" 1850, No. 133 u. „Nord. Telegr." II,
S. 1111.

2) Slesvigs Land og Folk, physisk, topographisk og local-historisk fremstillet,
en Topographie for Dannede af alle Samfundsklasser. Aabenraa 1852. XII
und 390 SS. 8. Erschien 1851—1852 in 5 Heften. Wurde in „Dannevirke"
J. 14, No. 124, 1. Aug. 1851, mit einer Probe „Vaderne" angekündigt; s.
noch „Flyve-Post" 1851 No. 270; „Tho Morning Chronicle" 1851, Dec. 26.
v. G. Stephens. — Mit neuem Titelblatt. Kbh. 1861.
In „Antiquarisk Tidsskrift" 1846—1848, S. 274—279 (Olgerdige og
Frisergrændsen); 1849—51, S. 47—57. (Urnehoved Egnen. Mit Karte über die
Kirchspiele Tinglef, Uk, Biolderup und einem Theil Jordkjer). — In „Maaned-
skrift og Repertorium for Almue-Skolelærere" IX, 1848, S 347—51
(Anzeigen von P. C. Friedenreichs „Grundrids af den topiske Jord-Beskrivelse til
Skolebrug"); S. 403—406 u. 420—423 (Anz. v. J. C. L. Plenge's Geografi for
Borger- og Almue-Skoler). — In der „Berlinske Tidend." 1850 No. 133
(Bemærkninger til et Kort over Slesvig i Valdemarernes Tid.). — In Annaler
for nordisk Oldkyndighed og Historie" 1851, S. 161—214 (Undersøegelser
angaaende Troværdigheden af Joh. Meyers Kort over Nordfrisland 1240 hos
Danckwerth og Landets Tilstand i ældre Tid met et Kort). — Gedichte in der
„Dannevirke" J. VI, No. 26, XI, No. 112, XII, No. 10. —

1905) **Schmidt,** Johann Friedrich Julius (bedient sich
als Schriftsteller des letzten Vornamens), geboren den 26. October
1825 in Eutin. Nachdem er sich von 1842 an unter Rümker in
Hamburg zum Astronomen ausgebildet hatte, war er 1845 Observator der Sternwarte zu Bilk bei Düsseldorf und 1846 Gehülfe an
der Sternwarte zu Bonn, dann Observator der Sternwarte des Dom-
capitulars und Probsten E. v. Unkrechtsberg in Olmütz von 1853
bis 1858 und seitdem Director der Sternwarte in Athen. — Vergl.
Poggendorffs liter. Hdwb. der exacten Ww. s. n.; Itzeh. Nachr.
1858. Sp. 2366.

1) Resultate aus zehnjährigen Beobachtungen über Sternschnuppen. Berlin
1852. 8.

2) Beobachtung der totalen Sonnenfinsterniss vom 28. Juli 1851 zu Rastenburg
in Ostpreussen. Bonn 1852. 4.

3) Das Zodiacallicht; Uebersicht der seitherigen Forschungen nebst neuen Beobachtungen über diese Erscheinung in den J. 1843—1855. Braunschweig 1856. 8.

4) Der Mond. Ein Ueberblick. Leipzig 1856. 8.

5) Neue Höhenbestimmungen am Vesuv, nebst Untersuchungen über die Eigenschaften und Leistungen des Aneroïd-Barometers. Olmütz, 1856. 4.

6) Die Eruption des Vesuvs im Mai 1655 nebst Beiträgen zur Topographie desselben u. s. w. Wien und Olmütz 1856. 8. Abbildungen dazu in Fol. dass. 1856.

7) Untersuchungen über das Erdbeben vom 15. Januar 1858. Wien 1858. 8. Steht auch in den Mittheilungen der Wiener geogr. Gesellsch. —

8) Beiträge zur physischen Geographie von Griechenland. Athen 1864. 4.

(Ueber Sternschnuppen-Beobachtungen) in Poggendorffs Annalen 80, 1850; (Ueber ein Feuermeteor in der Rheinprovinz 1850) dass. 83, 1851; (Berechnung des Durchmessers von Mondhöfen) das. 92, 1854. — (Ueber Geschwindigkeit der Oscillationen des Erdbebens am 29. Juli 1846): in Nöggerraths: das rheinische Erdbeben u. s. w. 1857. — Viele astron. Beobb., betr. Ortsbestimmungen, teleskop. Planeten, Cometen u. s. w., in den (Schumacherschen) „astron Nachrr." seit 1843.

1906) **Schmidt,** Karl Wilhelm Johannes, geboren den 1. Juni 1831 in Bramfeld, Amts Trittau, Sohn des Schullehrers daselbst; ist gegenwärtig Districtsschullehrer in Sprenge, einem Dorfe des genannten Amtes bei Ahrensburg.

1) Fibel, bearbeitet nach der Lautirmethode. 1863. 2. Aufl. 1864. SS. 96.

2) Wandlesetabellen in Uebereinstimmung mit der Fibel. 28 Nummern in Bogenformat.

3) *Der moderne Tantalus oder die Holsteinische Hungerschulstelle, gewidmet der Ständeversammlung von 1863. Hamb. 1863. 8. 2. Aufl.

In Sönksens Schulzeitung 1862/63, No. 29 (Ein Wort über seine Fibel); 1863/64, No. 24, No. 42. Diverse Aufsätze in Tagesblättern. Demnächst soll ein Band Gedichte von ihm erscheinen, unter denen einzelne bereits veröffentlicht worden. — Nach dem Autogramm.

1907) **Schmidt,** Lorenz Lorenzen (L. & S. No. 1041), war bis 1836 Schullehrer zu Mohrkirchholz in Angeln.

Von ihm noch:

Ueber das Wesen u. den Werth der wechselseitigen Schuleinrichtung. Ein Beitrag zur Verständigung. Schleswig, Tbst.-Inst., 1831. VI u. 66. gr. 8. Rec. N. Prov.-Berr. 1832, S. 271—273, in H. Bielkes Archiv f. die Volksschullehrer, 1831, II. 3 des ersten Quartals, S. 106—111.

Stand u. Stellung des Volksschullehrers im bürgerlichen Leben. Schleswig, Tbst.-Inst., 1832. 8. SS. 120.

1908) **Schmidt,** Nicolaus Christian, geboren den 16. December 1804 in Bovenau, Sohn des Organisten H. F. Schmidt daselbst, studirte Theologie in Kiel seit Ostern 1827, wurde 1831 in Glückstadt mit dem 3. Char. m. A. examinirt, den 2. Juli 1837

Diaconus in Landkirchen auf Fehmarn; Januar 1866 ernannt zum Pastor an St. Laurentii auf Föhr, antretend 21. April. Verheirathet seit dem 22. September 1837 mit Dorothea Maria, geb. Niehuus, aus Kiel.

1) Das Heimweh. Eine Predigt über Ps. 42, 2, 3. Gehalten in Wabs am 4. Sonnt. n. Trinit. 1836. Kiel 1836. 8. 16 SS.

2) Der Gedanke an den Tod. Eine Predigt über Matthäi 9, 18—26. Gehalten in Eckernförde am 24. S. Trinit. 1836. Kiel 1837. 8.

3) Die Königskrone. Eine Predigt am Krönungstage Sr. Majest. Christian VIII. Oldenburg, Fränckel, 1840. 8.

4) Lebens- u. Bekehrungsgeschichte des Mörders C. H. F. Bohnensack nebst einer zeitgemässen Predigt. Schleswig, v. d. Smissen, 1854. 8. 56 SS.

5) Das Paradies auf Erden od. der Weg zum ewigen Heile. Eine Sammlung von 20 Predigten zur häuslichen Erbauung. 1862. In Commission bei C. Th. Schlüter in Altona. 8. II u. 227 SS. Angezeigt in Clausens Kirchen- u. Schulzeitung 1863, No. 23, pag. 95.

Im Schlesw.-Holst. Schulbl. II, 1840, H. 1, S. 117—121 (Schullehrer-Conferenzen im mittelsten Kirchspiel auf Fehmarn).

1909) **Schmidt,** Ole Jürgen, geboren 1793, wahrscheinlich zu Altona, widmete sich den architektonischen Künsten und lebte in der Folge als Architect in Altona. Am 22. Decbr. 1834 erhielt er in Kopenhagen von der königl. Akademie der schönen Künste die grosse Goldmedaille mit der Inschrift merenti. Später zog er nach Hamburg, wo er im Juni 1847 fallirte und 27. Febr. 1848 starb. — N. Nekrol. d. D. XXVI, S. 822—823.

1) Konturen der antiken Frescomalereien, welche von den im Jahre 79 n. Chr. durch Asche und Lava verschütteten Städten Pompeji, Herkulanum u. Stabiä ausgegraben sind. 2 Hft. fol. mit 72 Platten. 1 Heft, 1829, mit 36 Platten.

2) Skizzen von Ornamenten u. Arabesken nach antiken Frescomaloreien, nebst Abbildungen von Gegenständen aus Marmor, gebranntem Thon u. Bronze von den genannten Städten, wie auch von Griechischen, Römischen u. Hetrurischen. 2 Hefte in fol. mit 72 Platten 1829 u. 1830. (Die Platten sind lithographirt v. Lilienberg.)

1910) **Schmidt,** P. H., geboren 1799, Organist u. Schullehrer in Leezen. Starb, 48 Jahre alt, 1847.

Beitrr. zum Schlesw.-Holst. Schulbl. 8, 1846, II. 1 S. 69—81 (Wie ist in den Landschulen ein regelmässiger Schulbesuch herstellig zu machen?) S. 108 bis 116 u. 9 II. 1 S. 31—41 (Ob Tabellen, ob Bücher bei der Elementarklasse im Lesen, Schreiben u. Rechnen?) H. 3 S. 119—123 (Bemerkungen zu der Lectionstabelle für die Schule in Leezen). —

1911) **Schmidt,** Peter Hansen, geb. den 2. Juni 1814 zu Stenderup, studirte Theologie zu Kiel seit Ostern 1835, wurde Michaelis 1839 mit dem 2. Char. m. A. examinirt, den 1. April 1844 ausserord. Gehülfe der Kieler Universitäts-Bibliothek, den 2.

Februar 1845 ord. Prädicant in Nübel, Januar bis September 1847
in Emmelsbüll, 1847 und 1848 in Brockdorf, 1849 in Hohn, den
10. April 1849 Pastor in Heils und Weistrup, den 18. Juli 1850
entlassen, im Februar 1852 Pastor im Lahnthal, Nassau, starb den
15. Januar 1853 in Münster, Amts Runkel, im Nassauischen. —
Verh. mit Bertha, geb. Römer. — Siehe die bek. Cand.-Verzz. und
Alt. Merk. 1853, No. 19.

1) Kritik des Selbstbewusstseins. Kiel 1842. 8. VIII u. 160 SS.
2) Das Reich Gottes im Kampfe mit der Welt. Kiel 1844. 8. SS. 28. Rec.
   Kirchen- u. Schulbl. 1845, Sp. 209—211. Itzeh. Wochenbl. 1844 No. 48.
3) Gedanken über Staat, Kirche, Schule. Kiel, Schwers'sche Buchh., 1848. 8.
   SS. 42. S. Alt. Merc. 1849 No. 2.
   Im Kirchen- u. Schulbl. 1848, Sp. 125—128 (An Past. Koopmann in Lauenburg). — In den „neuen Kieler Blättern" 1843, S. 69—75 (Einige Bemerkungen
   hinsichtlich der Sprachverhältnisse im Herzogthum Schleswig).

1912) **Schmidt,** Siegfried August Georg (L. & S. No.
1043). Starb den 28. April 1829. — Verh. mit Sophie Hedwig, geb.
Langheim († 26. November 1807).

Er schrieb noch:
Die stille Woche od. kurzgefasste Leidensgeschichte Jesu. Frommen Eltern
für ihre Kinder besonders zur Fastenzeit dargeboten. Schleswig, Tbst.-Instit.,
1829. 8.

1913) **Schmieder,** Heinrich Gottlob (Gottlieb) (L. & S.
No. 1044.)

Von ihm noch:
Kronhelm od.: Gleich ist der Werther fertig. Schausp. 1783. 8.

1914) **Schmitto,** Friedrich Karl, geboren den 26. September 1757 in Broacker, wo sein Vater Friedr. Schmitto Organist
war, besuchte die Schulen in Glücksburg und Eckernförde, später
in Kiel, wo er im April 1775 Student der Theol. wurde, 1777 in
Jena bis 1778, beschäftigte sich dann mit Unterrichten, ging 1783
nach Kopenhagen, wo er 2½ Jahre lang Privatlehrer war, den 31.
März 1786 Deutscher Compastor und 23. April 1802 Pastor zu
Store-Magleby auf Amager; er starb den 30. August 1830. S.
Erslew. III, S. 81—82 u. Supplem. 3, S. 87. (Fehlt im Kordes und
im L. & S.)

Ordnung des Heils, dörch den Catechismum Lutheri, in eren Tosammenhang
geföhret, darin de ersten un nöthigsten Lehren unserer ev. Religion entholden
sind. To Erkenntniss un Befestigung des Glovens vor Junge un Olde ingerichtet
un utbgefertigt, tom Gebruck der dütschen Gemeno to Holländerdorp op Amack.
Kopenh. 1789. 12.

1915) **Schneckloth,** Hans, geboren den 19. Juni 1812 in Mühbrook im Amte Bordesholm, Sohn des Insten Claus Schaaltböll (sic.) u. der Margaretha, geb. Ruser; wurde 1825—1829 vom Lehrer u. Organisten Berendsen in Schönberg zum Lehrerfach vorbereitet; war darauf 1 Jahr lang Substitut in Dannau im Gute Ranzau, und bis 1832 Hauslehrer auf Hohensasel in demselb. Gut; Tondernscher Seminarist während eines 3jährigen Cursus, Ostern 1835 examinirt; dann ein halbes Jahr Lehrer beim Rector Rode in Oldesloe; wurde im October 1835 Lehrer bei der Petri-Knaben-Schule in Kopenhagen, 1842 Lehrer in Friis' und 1843 in Mariboes Realschule daselbst; eröffnete im Beginn des Jahres 1854 eine Realschule für Friedrichsburg u. Vesterbro bei Kopenhagen, welche 1857 zu einer lateinischen Schule erweitert wurde. — Vgl. Erslew. III, S. 82—83. Supplem. III. S. 87—88.

1) Praktisk Regnebog til Huus- og Skolebrug. 1—2. Deel. Kbh. 1838. 2. vermehrte u. ganz veränderte Ausgabe. 1—2. Afdel. das. 1844. 2. Deel for de øverste Klasser i Borgerskoler samt for Realskoler og andre høejere Dannelses-Anstalter. 1—2. Afdel. das. 1842. 1. Deel. 1—2. Afd. 3. Udgave. Kbb. 1854—1857. 1. Deel 1. Afd. 4. Udg. 1861.

2) Svar og Oplaasninger til 1. Deel. Kbh. 1839. til 2. Udg. Kbh. 1845.

3) Svar og Oplæsninger til 2. Deels 1. og 2. Afd. Das. 1842.

4) Christian Cramers Regnebog, forandret og forøget. Kbh. 1841.

5) Opgaver til Hovedregning, samlede og ordnede. Kbh. 1841.

6) Tydsk Sprog- og Læsebog. 1. Deel for de færste Begyndere. Kbh. 1843. 2. Udg. das. 1864. 2. Deel das. 1844.

7) Meddelelser om og fra Realskolen for Frederiksborg og Vesterbro. Indbydelsesskrifter til Examen 1854, 1855, 1856, 1857. Kbh. 8.

8) Meddelelser fra Latin- og Realskolen paa Værnedamsveien 79 B til Elevernes Forældre. No. 5. Indbydelsesskrift til Examen i April 1858. Kopenh. 8. for 1859 u. 1860.

9) Hjemmet og Skolen. Gammelt og Nyt for Forældre og Lærere. 1—3 Hefte (1—2 Aarg.) Kbb. 1859—1860. 8. Wurde mit den Mittheilungen von der Latein- und Realschule als „Indbydelsesskrift" ausgegeben für die Jahre 1861—1864. —

10) Redigirte: a) „Tidende for almindelig dansk Skolelærer-Forening, 1. Aarg. 1842 No. 12—13; 6. Aarg. Kbh. 1847. 4. b) Nyt Blad for Arbeidsklassen udg. af Arbeiderforenigen i Kjøbenh. 2. Aarg. 1853 No. 35—48, 1. Octbr. bis 31. December, sowie „Blad for Arbeidsklassen 1854, No. 1—17; 7. Jan. bis 29. April, das. 4.

11) War Mitherausgeber des 1. 2. 4. 5. und 7. Jahrgangs von „Skolens-Reform." Et Tidsskrift. Kbh. 1850—56, u. alleiniger Herausgeber des 3. u. 6. Jahrgangs. Darin u. A. v. ihm: Jahrg. II, S. 171—176 (Om Skolelærernes Kaar); III, S. 2—14 (Det Offentlige og de Private) S. 411—414 (Foredrag ved det 3. offentlige Lærermøede i Odense).

In „Tidende for almindelig dansk Skolelærer Forening" 1843, No. 26 (Om
Regneunderviisningen i vore Folkeskoler); No. 28 (Noget om den indb. Under-
viisning og dens Methodelære); 1846, No. 5 (Mødet i Randers); No. 9 (Noget
Mere om Isolering). — In Frølunds „Maanedsskrift og Repertorium for Almue-
Skolelærere" Jahrg. 2, S. 381—87 u. Jahrg. 3, S. 477—489 (Om Methoden for
Regneunderviisningen i Folkeskoler); Jahrg. 2, S. 437—443 u. 3, S. 241—252
(Folkeskolens Emancipation); J. 3, S. 89—90 (Bemærkning og Opfordring),
S. 166—171 (Forslag om almindelig dansk Skolelærerforenings Virksomhed i det
første Aar, 1. Jun.—31. Dec. 1842); Jahrg. 4, S. 97—102 (Et Par Meddelelser
om fortsatte Prøver for Skolelærere, og om Valget af Skolelærere). — In Jensens
„Tidskrift for Almueskole- og Seminariivæsenet II, S. 39—47 (Skolelærer-Enke-
kasserne); S. 216—229 (Rec. über J. N. Meiers „Praktisk Regnebog"), S. 376 bis
388 (Yderligere Oplysninger i Anledning af Hr. Seminarielærer Meiers „Bemærkninger"). — In „den Nordiske Folkeskole" 1849, No. 3 (Opfordring til Skole-
lærerne); No. 33 (Bemærkninger foranledigede ved de almindelige Lærermøder,
der hidtil ere afholdte i Roeskildo), No. 33 u. 35 (Forhandlings-Gjenstande til
næste almindelige Lærermøde i Roeskilde). — Ausserdem unter verschiedenen
Zeichen Beiträge zum Tondernschen Wochenblatt, Folkeblad, Fædrelandet, Kjøbenhavnsposten, dem „Constitutionellen in Norwegen."

1916) **Schnell,** Carsten Emil Andreas Adolf, geboren
1818 in Itzehoe, Sohn des Ober- und Landgerichts-Advocaten Johann Andreas Schnell daselbst, studirte Jura, wurde 1844 dr. jur.
in Kiel, im October 1846 Auscultant bei der Schleswigschen Ober-
dicasterien; er starb den 21. April 1850 in Schleswig. — Vergl.
N. Nekrol. d. D. XXVIII, S. 995.

Diss. inaugur. de culpa, quae dicitur legis Aquiliae, in obligationibus prae-
standa. Kiliae 1844. 4.

1917) **Schnitker,** Wilhelm Heinrich, geboren den 27.
Juli 1810 zu Hanerau, studirte seit Ostern 1831 Theologie in Kiel,
wurde 1836 examinirt (2. Char. m. r. A.); den 2. September 1838
Diaconus, den 17. März 1841 Pastor in Eckernförde; den 21. September 1856 Pastor in Kirchnüchel, wo er den 16. November antrat. /

Reformations- u. Abschiedspredigt, gehalten den 2. November 1856 in Eckernförde. Rendsburg, Matthiessen, 1856. 8.

1918) **Schöler,** Nicolai Peter, geboren den 9. März
1772 in Flauth, Kirchspiel Oesbye, war einige Jahre auf dem Comptoir
des Confer.-R. Hoc, Seminarist auf Blaagaard bis 1797, in dems.
Jahre Küster und Schullehrer in Hammel in der Grafsch. Frysen-
borg, erhielt 1807 eine Goldmedaille von der Dänischen „Landhuus-
holdnings-Selskab", 5. September 1847 50jähr. Amts-Jubilar, gest.
in Hammel 30. April 1851. S. Erslew. III, S. 133, Supplem. III,
S. 129—130.

1) Om Misvaxt paa Rugen. 1805. (Auch in „Handels-Tid." 1805, No. 1—3.)
2) Berberisnernes skadelige Indflydelse især paa Rugen. Aarhuus 1813. 8. 15 SS.
3) Samtale i en jydsk Bondestue paa Kongens Fødselsdag. 1814.
4) Veierpropheten. Af X, en Danmarks Søen. Aarhuus 1839. 8. 60 SS.
Beitrr. zu Olufsens „oecon. Annaler" X, 316—362 (Om at opdage Brand i
Hvede), in „Landoec. Tidende" IV, 24—36, VIII, 137—153; in „Nye landoec.
Tid." VI, 342—355 (Landwirthsch. Gegenst. betr.); desgl. in Holds „Tidskr. for
Landoec." II., 345—368, in „Nyeste Skilderi" af Kjøbenh. 1825. No. 60, 64, 68, 69;
in Elmquists Læsefrugter XXVIII, S. 279—286; XXXIV, S. 437—445; in Aar-
huus Stifts-Tidende.

1919) **Schölermann,** Christian, geboren in Meldorf,
studirte Medicin seit Ostern 1855, wurde dr. med. & chir. in Kiel
1861 und ist zur Zeit practischer Arzt in Meldorf.

De ulcere linguae tuberculoso diss. inaugur. Kiliae 1861. 4. SS. 12.

1920) **v. Schönborn,** Friedrich Ernst Gottlieb (L.
& S. No. 1047). Vergl. über ihn noch (Joh. G. Rist) „Schönborn
und seine Zeitgenossen etc." Hamb. 1836. 8. N. St. M. X, S, 484.

Drei Briefe von ihm noch in der oben gedachten Schrift v. Rist.
(An Claudius): Gedicht im Deutschen Museum 1777, Beil. S. 193—195.

1920a) **Schönfeldt,** Peter Samuel, geboren 1795 in
Hamburg, erlernte dort den Buchdruck, war in Husum in der Meyler'schen Druckerei als Gehülfe thätig und gründete 1817 eine
Druckerei in Itzehoe und gab dort vom 5. Juli desselben Jahres an
das „Itzehoer Wochenblatt" heraus, von dem er mit Aufgabe seines
Geschäfts im Anfange des Jahres 1851 zurücktrat und nach Hamburg übersiedelte, wo er am 15. Februar 1865 starb. — Verh. 1.
seit 1817 mit Elise geb. Delff; 2. seit 1856, 3. October, mit Sophie
geb. Windt aus Husum. — Vergl. über ihn die „Itzehoer Nachr."
1867. No. 76. —

1921) **Scholtz,** Johann Friedrich (L. & S. No. 1049);
den 28. Juli 1818 Pastor in Kappeln, antretend den 18. October;
er starb den 9. Januar 1848. — Vgl. N. Nekrol. d. D. 26, S. 811
bis 813. Kirchen- und Schulblatt 1848, Sp. 48. M. D. Voss's v.
Feddersen herausgeg. Pröbste und Predd. in Eiderstedt. S. 45.

Von ihm noch: in den „Prov.-Berr." 1824 H. 4, S. 62—70 (Ueber die Leib-
eigenschaft, wie sie auf den adeligen Gütern Osterade, Cluvensiek, Grossnordsee
und Kronsburg bestanden). — In N. St. M. II, 1834, S. 142—168 (Ueber die
Schulverbesserungen im Kirchspiel Haddebye in den Jahren 1806 bis 1818
nebst historischen Notizen über die frühere Verfassung der Schulen daselbst.
Ein Bruchstück zur Geschichte der Schulverbesserung im Herzogthum Schleswig);
III, S. 723—786 (Ueber die Ansiedelung auf Arnis); IV, 1836, S. 545—580
(Die nächsten Folgen des Kriegszugs Heinrich I. od. des Vogelstellers gegen

Gorm. Eine historische Untersuchung als Beitrag zur Geschichte des Ländchens Schwansen und der ersten Ursachen zur Leibeigenschaft im Herzogthum Schleswig); S. 849—854 (Beschreibung des Altarblatts aus der im Jahre 1790 abgebrochenen Kappeler Kirche). — Im „Itzehoer Wochenbl." 1836 No. 4 Beil. (Ueber eine alte Ruine an der Mündung der Schlei); No. 36 (Das Reformations-Jubiläum in Dänemark). Ausserdem kleinere Aufsätze in dems. Blatt z. B. 1845 No. 20, 26. — Im „Kieler Correspondenz-Blatt" u A. 1834 No. 78 (Ein Wort über gezwungene Armenversorgung). — Auch in diesem Blatte kleinere Aufsätze z. B 1837, No. 97, 99, 102 (Ueber Arbeitshäuser). —

1922) **Scholtz,** Ludwig Heinrich (L. & S. No. 1050), seit dem 24. April 1830 Amtmann von Reinbeck, Trittau u. Tremsbüttel und Intendant der Güter Wandsbeck und Wellingsbüttel; am 1. März 1832 mit zum 27. April nach Kopenhagen wegen Errichtung der Provinzialstände berufen; den 13. Februar 1836 auch mit den Functionen eines Spruchmanns zur Entscheidung von Irrungen zwischen den Regierungen und Ständen der Deutschen Bundesstaaten beauftragt; den 27. Juni 1840 C. v. D.; feierte am 6. Februar 1849 auf Schloss Reinbeck das Jubiläum seiner 50jährigen Amtswirksamkeit und wurde in der juristischen Facultät zu Kiel Ehren-Doctor; am 5. December 1852 auf Ansuchen seiner Aemter in Gnaden vom 1. Januar 1853 entlassen; er starb im 81. Lebensjahre zu Wandsbeck den 5. August 1854. Verh. 1. mit Lucie geb. Hoë († 3. Juli 1840 zu Eckernförde, nachdem sie sich von ihrem Manne hatte scheiden lassen; vergl. Am. Schoppe's Erinnerungen. Th. 1, 1838, S. 91—148), 2. mit . . . . geb. Hancke.

Von ihm noch:

Uebersicht der das Vormünderwesen und einige mit demselben verwandte Institute betreffenden, in den Herzogthümern Schleswig u. Holstein geltenden Vorschriften mit angehängtem Entwurf zu einer Instruction für Vormünder. Schleswig 1835. 8.

Auszug aus den in Beziehung auf das Vormünderwesen in den Herzogthümern Schleswig u. Holstein geltenden gesetzlichen Vorschriften zur Instruction für Vormünder. Schleswig 1835. 8. 16 SS.

In den Prov.-Berr. 1829 II. 1, S. 30—43 (Nachricht von der Stiftung zum Gedächtniss des weil. Geh. Conferenzraths Fr. K. Krück mit einer kurzen Lebensbeschreibung des Verstorbenen). —

1923) **Schonning,** Anders Larsen (L. & S. No. 1052), er war 31. Juli 1752 in Nyborg (nicht in Tondern) geboren und ältester Sohn des im L. & S. vorkommenden Peter Schonning († 8. November 1800 als Pastor in Nyborg) und der Anna Elisabeth Christine, geb. Larsen; — wurde als Pastor zu Skamstrup und Frydendal auf Seeland, als welcher er seit dem 20. Februar 1801 fungirt hatte, den 6. Juli 1831 auf Ansuchen entlassen, starb den

30. October 1831. Vergl. Ersl. III, S. 85—86 u. Suppl. III, S. 90.
(Er gehörte nicht in das Lübcker-Schrödersche Werk).

1924) **Schoppe,** Amalie Emma Sophie Katharine (L.
& S. No. 1054); siedelte 1842 nach Jena über; starb Ausgangs
1858 oder Anfangs 1859 in Schwecktadcy im Staate New-York bei
ihrem Sohne. (Ihr ältester Sohn Karl Adalbert † 19 Jahr alt in der
Neujahrsnacht 1833).

Von ihr noch:

Astraa oder heilige Lehren im Gewande der Dichtung. Eine Sammlung
moralischer Erzählungen zur Belebung religiöser Gefühle u. Gesinnungen im
jugendlichen Herzen. Für die reifere Jugend beiderlei Geschlechts zunächst bestimmt. Berlin, Amelang, 1830. 8. Mit 2 Vignetten.

Leben Elisabeths der Heiligen, Landgräfin v. Thüringen. Ein historisches
Gemälde aus dem 13. Jahrhundert, der edlen u. gebildeten Jugend Deutschlands
zur Belebung religiösen Sinnes geweiht. Gera u. Leipzig, Heinsius, 1830.
SS. 288. Neue Ausgabe. Mit dem Bilde der Verfasserin, 1834. 8.

König Erich u. die Seinen. Historischer Roman, Th. 1, 2. Gera u. Leipzig,
bei dems., 1830. 8. 266 u. 327 SS.

Mathilde od. Liebe über Alles. Leipzig, Taubert, 1830. 8.

Der kleine Lustgarten oder belehrende u. erheiternde Erzählungen für die
liebe Jugend, mit schönen illuminirten Kupfern. Berlin, Amelang, 1830. 8.

Festgaben in moralischen Erzählungen u. Mährchen für Deutschlands gebildete
Jugend v. 8—12 Jahren, mit 6 colorirten Kupf. Dresden, Arnold, 1830. 8.

Neue bunte Bilder. Ein unterhaltendes u. belehrendes Lesebuch für Kinder
von 10—15 Jahren. Dresden, bei dems., 1830. 8. Mit 5 color. Kupff.

Neue Schul- u. Haus-Fibel. Nach einer verbesserten Lehr- u. Lese-Methode.
Mit 5 Tff. Dresden, bei dems., 1830. 8.

Die Pflegemutter u. ihre Pflegetöchter. Ein unterhaltendes u. belehrendes
Lesebuch für Deutschlands gebildete Jugend. Dresden, bei dems., 1830. 8. Mit
5 Kupfern.

Heinrich u. Marie od. die verwaisten Kinder. Eine rührende u. belehrende
Geschichte für gute Kinder v. 8—12 Jahren. Mit schwarzen Kupfern. Leipzig,
Michelsen, 1830. 8. 2. Aufl. Das. 1840. 8.

Ihre seit 1827 herausgegebenen Pariser Modeblätter erschienen auch 1831 bis
1833 u. viele Beitrr. darin sind von ihr, z. B.: Der Unbeständige, 1831, No. 1—7;
Allzu scharf macht schartig, 1832, No. 1 u. s. w.

Gab von Neujahr 1831 an heraus: Iduna. Eine Zeitschrift für die Jugend
beiderlei Geschlechts, belehrenden, erheiternden u. geistbelebenden Inhalts. Jahrg. 1,
1831, 6, — 1836. Hamburg, J. H. Meldau, 5. u. 6. Altona, Aue. 8.

Der Bürgerfreund. Hamburg 1831. 8.

Wandfibel zum Schulgebrauch, von einem kleinen Lehr- u. Lesebuche der
Französischen Sprache für den ersten Anfang begleitet. 1832.

Sagenbibliothek II. 1—12. (Hamburg) Garm's Erben, 1832 u. Neue Sagenbibliothek od. Volkssagen, Legenden u. Mährchen der 3 freien Reichsstädte
Hamburg, Lübeck u. Bremen u. deren Umgebung, H. 1—16, Tramburgs Erben,
1833. 512 SS.

Volksaagen, Mährchen u. Legenden aus Norddeutschland. Eine Christ- und Festgabe für die vaterländische Jugend beiderlei Geschlechts. Mit 7 Kpff. Leipzig, N. Fricke, 1833. 8. 3. Aufl. Das., C. F. Schmidt, 1866. 8.

Licht u. Schatten od. Bilder u. Begebenheiten aus dem Jugendleben. In belebrenden u. unterhaltenden moralischen Erzählungen für die Jugend beiderlei Geschlechts v. 10—14 Jahren. Mit 8 illum. Kupfern. Berlin, Amelang, 1834. 8. Ins Französische übersetzt s. t. le miroir ou contes moraux à l'usage de la jeunesse de dix à quatorze ans. Traduit de l'allemand par Henri Dabin. Ibid. 8.

Bunte Reihe oder belohrende u. unterhaltende Erzählungen aus der Jugendwelt für Knaben u. Mädchen v. 8—12 Jahren. Mit 8 Kpff. Berlin, Amelang, 1834. 8. Ins Französische übers. s. t. Mélanges ou recueil d'historiettes amusantes et instructives trad. par H. Dabin. Ibid. 8.

Briefsteller für Damen od. fassliche Anweisung, alle Arten von Briefen zu schreiben, nebst einer kurzen Deutschen Sprach- u. Schreiblehre mit 320 Musterbriefen über alle Verhältnisse des Lebens, Denksprüchen zu Stammbüchern, der Blumensprache u. s. w. Ein Fest- u. Toilettengeschenk für Deutsche Frauen. Berlin 1834. 8. 2. verb. Aufl. Das. 1839. 8. 34½ Bgg. 5. sehr verb. Aufl. v. Caroline S. J. Milde. 1865. 8.

Für müssige Stunden. Neue gesammelte Erzählungen u. Novellen. Bd. 1—3. Leipzig, Fricke, 1836. 8.

Briefsteller für die Jugend gebildeter Stände oder fassliche Anweisung, alle Arten Briefe zu schreiben, welche im jugendlichen Alter vorkommen können, nebst einer kurzen Deutschen Sprachlehre, den üblichen Titulaturen u. kurzen Deutschen u. Französischen Denksprüchen zu Stammbüchern u. s. w. Eine freundliche Gabe bei festlichen Gelegenheiten. Mit Titelvignette. Berlin, Amelang 1837. 8.

Die beiden kleinen Seiltänzer od. wunderbare Schicksale zweier Kinder. Ein belohrendes u. unterhaltendes Lesebuch mit illum. Abbild. Neuhaldensleben 1837. 8.

Erinnerungen aus meinem Leben in kleinen Bildern. Th. 1, 2. Altona, Hammerich, 1838. 8. SS. 250 u. SS. 280. Rec. (v. K. Jacobsen) im Itzeh. Wochenbl. 1838, No. 36, Sp. 949—953.

Hundert kleine Geschichten. Das allerliebste Buch für gute kleine Kinder zur Erweckung des Gemüths u. Bildung des Verstandes für Schule u. Haus. Berlin, Amelang, 1839. 12. Mit 50 color. Abbildd.

Die Schlacht bei Hemmingstedt, historischer Roman. Bd. 1. 2. Leipzig, Taubert, 1839. 8.

Die Rache oder der Leinweber von Segovia. Bd. 1. 2. Leipzig 1839. 8.

Christliche Erzählungen für die Jugend beiderlei Geschlechts. Heidelberg, Engelmann, 1840. 8.

Der bürgerliche Haushalt in seinem ganzen Umfange. Ein Hand- und Hülfsbuch für gute Hausfrauen oder solche, die es werden wollen. Th. 1. 2. Jena, Frommann, 1845. 8.

Beitrr. zur „Christgabe" Hamb., Behrendson, 1840. — Zur „Aurora" das.; — zu G. Lotz' Originalien I, 1817, Hft. 4, Sept., No. 42; II, Hft. 9, Sept., No. 106; III, H. 1, Januar, No. 12, 13 (Gedichte); ferner I, 1817, H. 7, December, No. 86—89 (die Polonäse des Grafen Osinsky); II, H. 10, October, No. 130 (Selbstbeherrschung), H. 2, Febr., No. 24, 25, H. 3, März, No. 26—31 (Der Sang-König Hiarne. Eine altnordische Sage); — zur „Cornelia" 1826 (Frauenchwäche und Frauenunglück. Eine wahre Begebenheit); 1830 (Nina); 1831, (Marie, Erzählung); 1832 (Aus den Zeiten der Fronde); 1834 (Liebe um Liebe); — zu den in Wien erschienenen „Erzählungen für die Jugend" 1831 und „Geschichten für die Jugend" 1831 und wohl noch anderen belletristischen Zeitschriften. —

1925) **Schottmann,** Eduard Heinrich, geboren in Altona, studirte Medicin und wurde dr. med. & chir. 1845 in Kiel, ist zur Zeit practisirender Arzt in Süderstapel.

De gastromalacia infantium. Kiliae 1845. 8.

1926) **Schow,** Georg Heinrich Leonhard, geboren in Apenrade, Sohn des dort. Bürgermeisters Bendix Schow; studirte Jura in Kiel und auf anderen Universitäten bis Ostern 1832, wurde Michaelis 1832 auf Gottorf examinirt, 2. Char. m. sehr rühml. Ausz., schlug die Beamten-Laufbahn ein und wurde Canzelist bei der Schleswig-Holst. Reg., im März 1840 Bürgermeister, Polizeimeister und Stadtvogt in Apenrade; später nach dem ersten Schlesw.-Holsteinischen Kriege entlassen, fand er in Hannover eine Anstellung, war namentlich einige Jahre Bürgermeister in Leer, später Regierungsrath und Referent im Departement des Innern in Hannover.

1) Grundsätze des nach dem allgemeinen Landrecht geltenden Seerechts in Anwendung auf Ostfriesland. Leer 1857. 8.

2) Das allgemeine Deutsche Handelsgesetzbuch und das Gesetz vom 5. October 1864 betreffend dessen Einführung im Königreich Hannover nebst den Nebengesetzen. Mit Genehmigung der K. Regierung unter Benutzung der Conferenz-Protocolle für den practischen Gebrauch zusammengestellt. Mit einem ausführlichen Sachregister. Hannover, C. Mayer, 1865. 8. SS. 362.

1927) **Schow,** Wilhelm Karl Emil, geboren in Apenrade, Bruder des Vorhergenannten, studirte Medicin und wurde 1843 dr. med. & chir. in Kiel, war im ersten Schleswig-Holstein. Kriege Oberarzt, und sodann practisirender Arzt in Apenrade, Schwartau und seit 1856 in Neustadt, auch als Physikus für den 9. Holstein. Physicatsdistrict erst constituirt, 1860 definitiv ernannt.

De apparatu inamovibili diss. inaugur. Kil. 1843. 8. SS. 16.

1928) **Schrader,** August Ferdinand (L. & S. No. 1056); wurde den 4. November 1834 Dingschreiber in der Karrharde des Amtes Tondern und starb als solcher den 13. November 1857 im 64. Lebensjahre. — Verh. mit Sophie Auguste geb. Krüger seit 1824. — Vergl. noch N. St. M. X, 485 und Alt. Merk. 1857, No. 273.

1929) **Schrader,** C. U. D., geboren in Hadersleben, studirte Medicin und wurde dr. med. & chir. in Kiel 1844.

Do trismi et tetani causais quaedam cum annexa historia tetani traumatici chronici. Kiliae 1844. 8

1929a) **Schrader,** Ferdinand, geboren zu Leck um 1830, (Sohn von No. 1928), studirte die Rechte, und war nach bestandenem juristischen Amtsexamen seit 1855 Amthaussecretär in Burg auf Fehmarn. Im Juli 1860 ging er davon, und begab sich nach Amerika, wo er mit dem Grafen Adalbert v. Baudissin (No. 90) journalistisch thätig gewesen sein soll, und nach einigen Jahren gestorben ist.

Christian Kortholten Dr. Femaria desolata oder Historische Beschreibung, wasgestalt für drittehalb hundert Jahren die Insel Femern vom König Erichen jämmerlich zerstöhret worden. Zum andern Mal aufgelegt. Hamburg, bei Gottfried Liebernikel. 1695. Neuer Abdruck, Burg 1858, bei L. Rathje. kl. 8, 36 SS. vrgl. Itz. Nachr. 1858. No. 69. Sp. 1780.

Ueber seine journalistische und literarische Thätigkeit in Amerika sind wir ausser Stande, nähere Angaben zu machen.

1930) **Schrader,** F. (ob vielleicht richtiger Johann?) (L. & S. No. 1058). Weiteres uns unbekannt. —

1931) **Schrader,** Johann Gottlieb Friedrich (L. & S.) No. 1059), v. 1798 bis 1802 Opticus, nach L. & S. Professor und Aufseher des physikalischen Apparats der Akademie der Wissenschaften in St. Petersb.; darauf 1806—17 Gehülfe des Prof. der Physik am pädagogischen Institut daselbst und zuletzt Privatmann; ist gestorben, ohne dass angegeben werden kann, wann? — Vergl. über ihn Poggendorffs biogr. liter. Hdwb. der exacten Wissensch. II, Sp. 840. (Nach Scherer's nordischen Annalen wäre er am 11. Septbr. 1762 geboren; jedoch hat Kordes das Richtige.) —

Von ihm noch in Scherers nord. Annalen II, 1819 (Die Italienische Weinpresse). —

1932) **Schrader,** Ludwig Albrecht Gottfried (L. & S. No. 1062). — Seine Wittwe Justine Magdalena Johanna, geborne Schrader, starb zu Poppenbüttel bei ihrem Enkel Karl den 31. Dec. 1841.

Von ihm noch:

* Versuch einer pragmatischen Darstellung der Prälaten und Ritterschaft und adeligen Güter in den Herzogthümern Schleswig-Holstein. 1802. 8.

1933) **Schrader,** Ludwig Christian, geboren den 28. November 1815 zu Hadersleben, Sohn des Conferenzraths, weil. Polizeimeisters Ludw. Gabr. Schrader in Altona und der Louise geb.

Jessen; besuchte die Gelehrtenschule in Hadersleben, studirte Theologie, in Kiel seit Ostern 1836, in Jena Mich. 1837 bis Ostern 1839, und wieder in Kiel bis Mich. 1840, wurde Michaelis 1840 mit dem 2. Char. m. A. examinirt; 1844 den 29. September zum Pastor in Bedstedt im Amte Apenrade erwählt und Neujahr 1845 eingeführt; den 17. September 1849 zum Archi-Diaconus an St. Nicolai in Kiel erwählt; 1860 Mitglied der Holsteinischen Ständeversammlung; von seinem Amte als Archi-Diaconus von der Dänischen Regierung am 28. November 1863 suspendirt und von der Bundescommission Ende December dess. Jahres wieder eingesetzt; den 28. Juni 1866 von demselben Amt durch das K. Preussische Oberpräsidium der Herzogthümer entlassen; 1867 den 12. Februar zum Reichsraths-Mitglied des norddeutschen Bundes für den 7. Schlesw.-Holsteinischen Wahldistrict erwählt.

1) Der freie Protestantismus und die evangelisch-protestantische Kirche. Apenrade, N. Sörensen, 1846. 8. SS. 46.

2) Antrittspredigt (in Kiel), erschien mit Kl. Harms: Einführungsrede. Kiel 1849. 8.

3) Die Kirchenverfassungsfrage mit Rücksicht auf die nothwendig gewordene Verfassungsreform der evangelisch-lutherischen Kirche Schleswig-Holsteins. Altona 1849. SS. 245. Rec. (v. Baumgarten) im Kirchen- und Schulbl. 1849 Sp. 297—304; Norddeutsche Monatsschr. v. Greve u. Schwartz 1849 S. 217—232; von Rudelbach in „Zeitschrift für lutherische Theologie" 1850, III, S. 533 ff.

4) Professor Hengstenberg und die Schleswig-Holsteinische Sache. Ein Beitrag zur Würdigung Hengstenbergischer Ethik. Kiel, K. Schröder & Co., 1851. 8. SS. 31. Angez. im Kieler Corresp.-Bl. 1851 No. 46.

5) Der Verkehr des Auferstandenen mit den Seinen. Fünf Betrachtungen. Kiel, K. Schröder, 1857. 8. SS. 106.

6) Zeugniss für und wider. Ein Sendschreiben, die Schleswigsche Kirchenfrage betr., an dr. Pastor Hammerich in Kopenhagen. Kiel, Schwers'sche Buchh., 1857. 8. SS. 16. S. Itzeb. Nachrr. 1857. Sp. 1030.

7) Wir können nichts wider die Wahrheit, sondern für die Wahrheit. Zweites Sendschreiben, die Schleswigsche Kirchenfrage betr., an dr. Pastor Hammerich in Kopenhagen. Kiel, Schwers'sche Buchh., 1857. 8. SS. 43.

8) Neue Lieder des Leids. Kiel, K. Schröder, 1857. 8. SS. 140. S. Itzch. Nachrr. 1858. Sp. 34.

9) Worte am Sarge des Professors Ferdinand Weber in der akademischen Aula. Kiel 1861. 8. SS. 8.

10) Kirchengebet und Huldigungseid. Eine Bitte um Belehrung. Kiel, 1863. 8. SS. 8.

11) Kirchengebet und Huldigungseid. Vormals Bitte, nunmehr Replik. Kiel 1864. 8.

12) Begrüssungsworte an die Schleswig'sche Huldigungs - Deputation. Kiel, Schwers'sche Buchh., 1864. 8. Steht auch in den mit K. Hasselmann herausgegebenen 2 Predigten. Kiel 1864. 8. S. 1—6.

13) Kurze Bemerkungen zu Heinrich v. Treitschke's „Die Lösung der Schleswig-Holsteinischen Frage." Kiel, K. Schröder, 1865. 8. SS. 32.

14) Meine Mission nach Mecklenburg in Sachen des Herrn Prof. Dr. Baumgarten. Kiel, K. Schröder & Co., 1865. 8. SS. 40.

15) Schleswig-Holsteins Situation und Aufgabe in der Gegenwart Ein Wort zur Orientirung. Kiel 1865. 8.

16) Die Annexion Schleswig-Holsteins ist Sünde. Kiel, K. Schröder, 1865. 8.

17) Worte zur Weihe der unseren Gefallenen errichteten Gedenktafel, gesprochen am 24. März 1866. Kiel, K. Schröder, 1866. 8.

Im Kirchen- und Schulbl. 1846, III, Sp. 169—174 (Noch ein Wort über die Behauptung des Dr. Lübkert, dass die rationale Auffassung des Christenthums in den Herzogthümern Schleswig-Holstein gesetzlich anerkannt sei); 1848, V, Sp. 113—118 (Das neue Regulativ f. d. Gelehrtenschulen in den Herzogthümern Schlesw.-Holst.); 1849, VI, Sp. 521—527 (Revolution und Reform); Sp. 825—832 (Justus dolor); 1850, VII, Sp. 263—264 (An die gesammte, nicht abgesetzte Geistlichkeit Schleswig-Holsteins). — In der kirchl. Monatsschrift (Itzehoe) 1853, S. 41—61 (Die Specialaufgabe der evangelischen Kirche und Gegenwart). — Im Itzehoer Wochenblatt u. A. 1846, No. 52, Sp. 1930 (Motivirter Protest). — Diverse, nicht näher anzugebende Artikel für verschiedene kirchliche sowohl, als politische Zeitschriften. — (Revidirt).

1934) **Schrader.** Ludwig Friedrich Gabriel, geboren 1786 zu Pinneberg, Sohn von No. 1932; war schon vor 1825 Stadtsecretär in Hadersleben, 1825 Justizrath, 1837 Bürgermeister, Polizeimeister und Stadtvogt in Hadersleben, 1844 Polizeimeister, Stadtvogt, erster gelehrter Rathsherr und Wechselrichter in Altona, den 1. April 1840 Etatsrath, im September 1843 ernannt zum Polizeimeister in Altona, 1850 in gleicher Eigenschaft in Flensburg, im April 1860 mit Pension und mit Beilegung des Titels eines Conferenzraths entlassen; er starb in Ottensen den 22. Januar 1866.

Von ihm soll sein: *Ganz Schleswig oder Krieg, kein neuer Waffenstillstand. 1849. Ins Dänische übers. v. P. Chr. Koch.

1935) **Schramm.** Rudolf, hielt sich während des ersten Schleswig-Holsteinischen Krieges eine Zeit lang auch in Kiel auf und gab dort ein Kieler demokratisches Wochenblatt No. 1, 12. November 1848 — Februar 1849. 4. heraus.

1936) **Schreiter.** Theodor Hilmar, geboren den 24. October 1807 zu Schleusingen, Sohn des Professors Johann Christoph Schr. (L. & S. No. 1063); besuchte die Gelehrtenschule in Kiel, studirte Philosophie und Theologie daselbst seit Michaelis 1824, wurde 1830 mit dem 2. Char. m. r. A. in Glückstadt examinirt; Ostern 1834 dr. philos. und Privatdocent in Kiel; den 24. Febr. 1837 Collaborator, den 12. September 1840 Subrector an der Gelehrtenschule in Rendsburg, den 4. October 1844 Conrector an der Gelehrten-Schule in Husum, den 24. März 1851 Pastor im Friedrichsberg in Schleswig.

1) Doctrina Plutarchi et theologica et moralis: aus Illgen's Zeitschrift f. histor. Theologie Bd. VI, Leipz. 1836, S. 1—144 in einigen Exemplaren separat gedruckt.

2) Ueber den tragischen Chor bei Sophocles: im Osterprogr. der Rendsburger Gelehrtenschule 1840. S. 3—34.

3) Die Hoffnungen u. Hindernisse des Gustav - Adolf - Vereins. Freunden der protestantischen Kirche dargelegt. Kiel, Univ.-B., 1844. SS. 62. 8.

4) Einige Bedenken über Maturitätsprüfungen: im Osterprogr. der Husumer Gelehrtenschule. 1846. 4.

5) Uebersicht der Reformationsgeschichte der Herzogthümer: im Osterprogr. der Husumer Gelehrtenschule 1850. 4. SS. 44.

6) Seit 1852 veröffentlichte er Jahresberichte des Friedrichsberger Bibelvereins von denen im Januar 1866 der 48. erschien.

In Falcks Archiv V, S. 112—128 u. S. 185—199 (Ueber Leben und Wirken des Professors Dr. Kramer, vormaligen Rectors der Gelehrtenschule in Rendsburg). (Revidirt.) —

1937) **Schröder,** auf Grabau, einem Meierhof des Guts Borstel im Kirchspiel Sülfeld.

In den landwirthsch. H. f. d. H. Schl. u. Holst. 1831 (2. Jahrg.) H. 1, S. 78 bis 101 (Ist es vortheilhaft, behufs Verbesserung der Weiden, den Abtrageschlag auf Kosten der Braache zu düngen?)

1938) **Schröder,** Christian Heinrich August, geboren in Kiel, studirte Medicin, wurde dr. med. & chir. 1836 in Kiel, Physikus in Süderstapel bis 28. Mai 1859, und darauf Arzt in Hennstedt in Norderditmarschen, wo er am 2. März 1865 gestorben ist.

De seminum colchici auctumnalis virtute et chemica et dynamica. Kil. 1836. 8. SS. 18. Rec. Pfaffs Mitthh. V, N. F. III, H. 7 u. 8. S. 81—82.

1939) **Schröder,** D. C. L., nennt sich Mühlenschreiber bei der Kornmühle in Plön.

Gab heraus: Bemerkungen über das maneologische Bedenken des Predigers Hrn. Oertling in Bornhöved betr. das Beerdigen wirklich verstorbener Personen in dicht verschlossenen Särgen, nebst Ansichten des Glaubensbekenntnisses der Philalethen. Plön 1831. 8. SS. 36.

Schutzschrift über das maneologische Bedenken des Predigers Oertling betr. das Beerdigen wirklich verstorbener Personen in dicht verschlossenen Särgen. Plön 1834. 8.

1940) **Schröder,** Franz Hartwig Matthias, geboren 8. Mai 1823 zu Wandsbeck, wo sein Vater Prediger war, von müt-

terlicher Seite ein Enkel des „Wandsbecker Boten"; genoss in Lübeck seine Gymnasialbildung, studirte Theologie in Kiel seit Ostern
1842, examinirt 1847 Michaelis (2. m. r. A.), ward am 20.
Juli 1848 unter die Lübeckischen Candidaten ¯reverendi ministerii aufgenommen; 25. Octbr. 1853 ward er durch die Vorsteherschaft von
St. Marien, zu welcher Kirche damals noch die St. Lorenzkirche in
Travemünde im Filialverhältniss stand, zum Diaconus in Travemünde
erwählt und 13. März 1854 eingeführt. Er starb den 21. August
1859 bei seinem Schwager in Gräfenthal, Thüringen, wohin er zur
Wiederherstellung seiner geschwächten Gesundheit gereist war.

Die Idee der Entwicklung u. deren Bedeutung für die protestantische Kirche.
Hamburg u. Gotha, Fr. u. Andr. Perthes, 1848. 8. (Verfasst in Gemeinbeit der
Statuten des stipendium Schabbelianum in Lübeck).

1941) **Schröder,** Friedrich August (L. & S. No. 1066),
er wurde 1829 von seinen Aemtern als Hauptpastor am Dom in
Schleswig und Probst für Gottorf suspendirt und im Decbr. 1830
abgesetzt; er lebte seit 1831 in Itzehoe, wo er Stunden gab und
in der Redaction des Itzehoer Wochenblatts behülflich war bis Michaelis 1840 und begab sich dann zu seinem jüngsten Sohn, der
Schullehrer zu Sibbersdorf bei Eutin war, wo er auch im November 1846 starb. Verh. mit Christiane Hedwig Margaretha, geb. v.
Gude, († 22. August 1840). — Vgl. über ihn noch N. Nekrol. d. D.
1846, S. 784—785.

Von ihm noch:

Neue praktische Anleitung zur Erlernung der Dänischen Sprache oder Parallele
über die Uebereinstimmung u. Verschiedenheit der Dänischen u. Deutschen Sprache.
Schleswig (Altona, bei Aue in Commiss.) 1830. 8.

Biblischer Tugendspiegel oder Moral in biblischen Beispielen nach systemati-
scher Anordnung. Ein Exempelbuch zum Schleswig-Holsteinischen Landes-
Katechismus, zugleich ein nützliches Lesebuch mit 16 Nummern. Itzehoe 1831.
2. Aufl. 1832. 8, IV u. 82 SS. Rec. Prov.-Berr. 1832, S. 629—630.

* Dinter u. Harms. Eine Sammlung von Schriften u. Gegenschriften, zum
Druck befördert durch die Redaction des Itzehoer Wochenblatts. Altona 1839. 8.
(Der letzte Aufsatz darin S. 44—46 „Dinter u. die Vernunft" ist von ihm.)

* Philosopheme über Gott, Welt u. Mensch. Als Hülfsbüchlein für fleissige
Forscher nach Wahrheit. Altona 1841. 8.

1942) **Schröder,** Friedrich Ludwig (L. & S. No. 1067).
— Vergl. über ihn noch N. St. M. X, S. 485. Ludw. Brunier: Fr.
L. Schröder. Ein Künstler- und Lebensbild. Leipzig 1864. 8. Sein
Bildniss steht auch vor dem Wiener Theaterkalender auf 1787.

Von ihm noch: * Materialien zur Geschichte der Freimaurerei seit ihrer Entstehung bis 1723. Jena 1815. 4.

Dramatische Werke. Herausgegeben von C. v. Bülow. Mit Einleitung von
L. Tieck. Bd. 1—4. Berlin, Reimer, 1831. 8.

1943) **Schröder,** Hans (L. & S. No. 1068); er wohnte
seit 1837 wieder in Crempdorf; wurde 1837 h. c. dr. phil. v. Kiel
aus; wohnte seit October 1843 in Altona, wo er den 19. August
1855 starb. — Verh. mit Henriette Lucie Bargum seit 13. Octbr.
1837. Vergl. noch N. St. M. X, S. 485 und besonders seine Biographie mit Schriftenverzeichniss von Prof. Chr. Petersen vor dem 3.
Bande des Lexikons Hamb. Schriftsteller.

Von ihm noch:

Sammelte u. gab mit Past. Detlev Lorenz Lübker heraus: Lexikon der Schleswig-
Holstein-Lauenburgischen u. Eutinischen Schriftsteller von 1796 bis 1828. Abth. 1
(A-M). Abth. 2 (N-Z). Altona, K. Aue, 1829. XVI u. 382 SS. u. VIII u. SS. 383
bis 718. Die zweite Abtheilung ward speciell von Schröder bearbeitet u. herausgegeben. Recc. sind von uns unter Detl. Lor. Lübker bereits angeführt.

Sammelte, bearbeitete u. ordnete: Nachträge u. Register zu dem Lexikon der
Schleswig-Holstein-Lauenburgischen u. Eutinischen Schriftsteller von 1796 bis 1828.
Schleswig, gedruckt im Tbst.-Inst. 1831. 8. VIII u. SS. 719—866, die Register 1—40.

Verzeichniss der von dem dr. philos. Joh. Gottw. Müller hinterlassenen Bibliothek. Itzehoe 1829. IV u. 594 SS.

Versuch einer Geschichte des Münsterdorfischen Consistoriums im Herzogthum
Holstein, sowie der 22 unter dasselbe gehörigen Kirchen u. deren Prediger seit
Einführung der lutherischen Lehrverbesserung. Altona, Hammerich & Lesser,
1834—43. VI u. 620 SS. Erschien in 4 Lieferungen, die zuerst in Michelsens u.
Asmussens Archiv gedruckt sind.

Johann Gottwerth Müller, Verf. des Siegfried v. Lindenberg, nach seinem
Leben u. Wirken dargestellt. Nebst zwei Zugaben: 1) Auswahl aus Briefen be-
rühmter od. merkwürdiger Männer an Müller. 2) Johann Gottwerth Müller als
Knittelversdichter. Itzehoe 1843. 8. Rec. Itzehoer Wochenbl. 1843, No. 30,
Gersdorf Leipz. Rep. 1843, Nov., Bll. f. liter. Unterh. 1844, October.

Geschichte der Familie v. Qualen. Aus Bd. 3, St. 1, der Nordalb. Studien
S. 103—145 bes. gedruckt. Kiel, Akad. Buchh., 1846. 8.

Lexikon der Hamburgischen Schriftsteller bis zur Gegenwart. Im Auftrage
des Vereins für Hamb. Geschichte ausgearbeitet. Auf Kosten des Vereins Bd. 1—3.
Hamb., in Comm. bei Perthes, Besser u. Mauke, 1851—1857. 8. resp. VIII u.
640, VI u. 640 u. XXXIV u. 624 SS.

Lieferte noch für Falcks Staatsb. M. 10, H. 2, S. 673—677 (Kleine vaterländische Nachrr. Fortsetzung); S. 676—677 (Andr. L. v. Böhme, geb. 17. Nov.
1776, gest. 2. April 1828). Lieferte für Falcks N. Staatsb. Magazin Bd. 1
(1832) H. 1, S. 284—290 (Kurzer Beitr. zur Geschichte der ehemaligen Landstände
in Schleswig-Holstein); S. 290—303 (Kleine vaterländische Nachrichten. Fortsetz.
vom Staatsb. Mag. Bd. X, S. 673—76); S. 303—313 (Beitrag zur Wevelsflether
Predigergeschichte. Aus Peter Hobes Handschr.); S. 313—320 (Beitrag zur Geschichte des Schleswig-Holsteinischen Almanachs); S. 389—392 (Verz. der Schriften
über das Verfassungswerk); S. 394—396 (Cholera-Literatur); S. 410—412 (An-
kündig. seines Lexikons); S. 872—897 (Was in den Jahren 1643—1645 zur Ab-

wehr der Schweden von der Festung Glückstadt aus in den benachbarten Gegenden
u. Orten, besonders auch durch die freien Holsteinischen Knechte geschehen ist. Nach
dem zwar schon 1646 gedruckten aber äusserst selten gewordenen Diarium Tycho-
politanum); S. 946—953 (Rechtfertigung gegen die Anschuldigungen des Hrn.
K. Aue, Buchhändlers in Altona, das v. Schröder mit Lübker herausgegebene
Schriftsteller-Lexicon betr.); Bd. II, 1834, S. 652—654 (Verzeichniss der 1832
verstorbenen Schleswig-Holstein-Lauenburgischen Schriftsteller); S. 654—655 (Fortsetzung der Verfassungs-Literatur v. Schleswig-Holstein, cfr. N. St. M. 1, S. 389 bis
393, wo Schröder als Verfasser nicht genannt ist); S. 655—656 (Zusatz zu der Schl.-
Holst.-Cholera-Literatur, cfr. N. St. M. 1, S. 394—396, wo Schröder ebenfalls
nicht als Verf. genannt ist); S. 659—663 u. Bd. 3, S. 346 flgde. (Kleine vaterländische Nachrichten); S. 670—671 (Notizen zur Geschichte der kirchlichen
Confirmation in der Probstei Münsterdorf); S. 675—736 (Zusätze u. Berichtigungen
zu dem Lexicon der Schl.-H.-L. u. Eutinischen Schriftsteller v. 1796—1828);
Sp. 927—929 (Noch einige, hoffentlich letzte, Worte in Betreff des Hrn. Aue u.
des S.-H.-L. u. E. Schriftsteller-Lexicons); Bd. 3, 1835, S. 281—293 (theilte mit:
Die Ermordung des Reichsgrafen Christian Detlev zu Rantzau u. deren nächste
Folgen. Dargestellt v. einem Zeitgenossen); S. 615—629 (theilte er mit: Lampertus
Alardus des Jüngeren Nachrichten v. der Entstehung der Süderauer Kirche u.
deren Zustand im Jahre 1724); S. 630—635 (Einige Privilegien, Bestätigungen
Königs Friedr. IV); Bd. 4, 1836, S. 303—307 (Vermischte Nachrichten von
Glückstadt u. den Stadtkirchen); S. 307—315 u. Bd. 6, S. 773 (Verzeichniss der er-
gangenen Kirchen-Collecten in den Herzogthümern Schleswig u. Holstein in den
Jahren 1729—1784); S. 315—320 (Chronologisches Verzeichniss der Schriften u.
grösseren Aufsätze, welche seit 1793 über das Schl.-H. Armenwesen erschienen
sind); S. 320—322 u. IV, S. 927—929 u. VIII, S. 530—533, X, 556—558 (Zweite
u. dritte u. vierte u. fünfte Fortsetzung der Verfassungs-Literatur); Bd. 4, S. 322
bis 326 (Uebersicht der 1833 u. 1834, verstorbenen Schl.-Holst.-L. Schriftsteller);
S. 854—874 (Des weil. Pastors Nk. Fr. Gens Nachrichten u. Muthmassungen
über die Kirche, das Gut u. die Familie Krummendiek, sowie über die Besitzer
des Guts aus andern adeligen Familien); S. 875 (Nachricht v. dem Armenwesen
und den Kirchen zu Krummendiek); S. 875—876 (Epitaphium der Pastoren Schröder
in der Kirche zu Segeberg); S. 935—953 (Notizen zur Chronik v. März 1832 bis
dahin 1836); Bd. 5 (1837) S. 320—325 (Dass in der Borsflether Kirche eine Vicarie
des H. Kreuzes gewesen, bewiesen gegen den Hrn. dr. Kuss); S. 325 (mitgetheilt:
Historische Notizen eines Ungelehrten. Aus einer alten Aufzeichnung); S. 625 bis
635 (Joh. Philipp Prätorius u. Nachtrag Bd. 6, S. 773—774); Bd. 6, S. 458—490
(theilte er aus C. Grassaus Hdschr. nebst einem Vorwort mit: Nachrichten und
Urkunden betr. die Haseldorfer Marsch im weitern Sinne, besonders über die Güter
Collmar u. Neuendorf); S. 525—528 (Duplik in Sachen der Borsflether Vicarie);
S. 528 (Ueber das angebl. Kirchspiel Immissen); Bd. 8, S. 208—249 (Actenmässige
Geschichte des Versuchs, die Kirchen zu Haselau, Haseldorf u. Seester unter das
Münsterdorfische Consistorium zu ziehen nebst verschiedenen anderen Nachträgen
zur ersten Lieferung der Geschichte des Münsterdorfischen Consistoriums im 2. Bande
des Archivs für Staats- u. Kirchengeschichte); S. 317—347 (Begränzung u. Ein-
theilung des adeligen Kirchspiels Neuendorf in der Holsteinischen Probstei Münsterdorf nebst Chronik v. 1532 bis 1753. Mit einer genealogischen Tabelle. Aus
C. Grassau's Neuendorfischem Kirchen-Protocoll); S. 480—529 (Notizen zur Chronik

v. Ausgang März 1836 bis Ende 1838); Bd. 9, S. 58—60 (Schleswig-Holsteinische
Post- u. Wege-Literatur); S. 260—277 (theilte er mit: Des weiland Pastors Niko-
laus Friedr. Geus zu Krummendiek gesammelte Nachrichten von den Amtmännern
des Amts Steinburg); S. 277—292 (Mittheilungen aus den jährlichen Aufzeichnungen des Past. N. Fr. Geus);. S. 535—553 (Kleine vaterländische Nachrichten);
S. 554—572 (Zur Geschichte des ehemaligen adeligen Guts „die Herfart" in Holstein); S. 759—768 (Systematisches Verzeichniss der Schriften u. Aufsätze, welche
die ehemalige Leibeigenschaft in den Herzogthümern Schleswig u. Holstein betr.);
Bd. 10, H. 2, S. 327—415 (Wie Joh. Gottwerth Müller auf seine Zeitgenossen
gewirkt hat. Durch Briefe berühmter od. doch merkwürdiger Männer an ihn dargestellt); S. 416—508 (Zusätze und Berichtigungen zu dem Lexicon der Schles-
wig-Holstein-Lauenburg. und Eutinischen Schriftsteller v. 1796—1828); S. 559/60
(Verzeichniss der Schriften, welche durch den Tod Königs Friedrich VI. v.
Dänemark in Schleswig-Holstein veranlasst worden sind). — In den Prov.-Berr.
1830, H. 4, S. 526—67 (Johann Gottwerth Müller, Verfasser des Siegfried v.
Lindenberg. Eine biographisch-literarische Darstellung); das. 1832, S. 646—648
(Einige Worte in Beziehung auf die Nachträge zu den Nachträgen des Herrn
Schmidt in Sonderburg); S. 648—650, (Kleine Berichtigungen zu dem Aufsatz 2
in H. 2 der Prov.-Berr. 1332); 1834 H. 1, S. 168—173 (Versuch eines Beweises,
dass Joh. Lassenius doch Schauspieler gewesen, nebst einigen anderen ihn betr.
Bemerkk.); das. H. 2, S. 202—207 (Noch Etwas über den Criminalrechtsfall auf dem
Gute Bürau im Jahre 1722). — Eine Predigt von dem Holstein. Jobst Sackmann:
Heinr. Gottfried Yelin im Freischütz 1832, No. 13, Sp. 97—100 (Nachgedruckt
im Plöner Wochenbl. 1832, No. 14, S. 107—109). — In Falcks Archiv II, 1843,
H. 3, S. 417—463 (Zur Chronik unserer Herzogthümer in den Jahren 1839
bis 1841); V. 1847, S. 445—459 (von ihm mitgetheilt: Glückstadt im Jahre 1785);
S. 462—466 (Antiquarische Nachrichten und historische Bemerkungen); S. 486—488
(Einige Notizen zur Geschichte der Herrnhuter im Herzogthum Schleswig). —
In Michelsens und Asmussens Archiv II, S. 24—186, III, S. 195—312. IV,
S. 61—266, V, S. 279—416: (Versuch einer Geschichte des Münsterdorfischen
Consistoriums im Herzogthum Holstein. — S. oben). In Nordalbingischen Studien
Bd. 3 (1846) S. 103—145 (Genealogische und biographische Nachrichten von der
Familie v. Qualen. S. oben). — In H. Biernatzkis Schl.-H.-L. Landesberichten
Jahrg. 1., 1846, S. 96—107 (Johann Michael Eckardt und der Kieler Magistrat
in den Jahren 1721 u. 1722); S. 282—284 (Schilderung des Holsteinischen Adels
zu Anfang des 18. Jahrh.) S. 334—342 (Hieronymus Dürer, ein nicht unwichtiger,
aber vergessener Deutscher Romandichter des 17. Jahrh., der Holstein angehört.
Entdeckt und ein Bruchstück von ihm mitgetheilt); Jahrg. 2, 1847, S. 147—157
(mitgetheilt: Schleswig Holsteins Lob im Jahre 1640 v. Joh. Rist). — Im N.
Nekrolog der Deutschen 1827, 1831—1835, 1837—1852 zahlreiche, im Schriften-
verzeichnisse des Nekrologs über Schröder vor dem 3. Bande des Hamburger
Schriftsteller-Lexicons namhaft gemachte Nekrologe verstorbener Schleswig-Holsteiner. — Beitrr. zu Müllenhoffs Sagen, Mährchen und Liedern der Herzogthümer
Schleswig, Holstein und Lauenburg. —

An handschriftlichem Nachlass sind im Besitz des Vereins für Hamb. Geschichte Vorarbeiten zu einem Schlesw.-Holst. Schriftsteller-Lexicon für die Zeit
von Moller bis Kordes in Verbindung mit den Vorarbeiten für das Lexicon
Hamburger Schriftsteller. — Im Besitz der Hamburger Stadt-Bibliothek:. Ver-

zeichniss aller die Cremper Marsch betreffenden Dokumente und Urkunden von 1470—1788, eine Textesrecension v. Reineke Voss mit Varianten, Bibliographie über Reineke Voss mit kritischen Bemerkk., eine Textesrec. des maccaronischen Gedichts Folia, ausserdem Zusätze zu Fr. Rassmanns Lexica. —

1944) **Schröder**, Johannes (L. & S. No. 1069), geboren zu Präsloe auf Seeland den 13. Mai 1793; Sohn des Peter Schröder, welcher später Oekonom am Wachthause in Kiel war, und der Else Carithe Friederike geb. Tanderup († 3. Dec. 1841); den 9. December 1809 (nach Ersl. den 8. Januar 1810) und nach dem Autogr. bei L. & S. den 10. Januar 1810 Secondelieutenant im Schleswig'schen Infanterieregiment, das zu der Zeit auf der Insel Falster lag. Als das Regiment 1813 zu dem Hülfscorps beordert wurde, welches Dänemark zur Verfügung Napoleons stellte, fungirte er als Adjutant beim Generalcommando der 4. Armee-Division unter dem General v. Kardorf; den 15. Januar 1814 Premierlieutenant. Seit 1815 lag sein Regiment in der Stadt Schleswig. Den 24. Februar 1827 Capitän, auch Chef der Jäger-Compagnie. Im Anfang der 30er Jahre, als die Anstalten gegen das Eindringen der Cholera gemacht wurden, erhielt er das Commando über den Cordon nördlich von Flensburg. 1840 den 28. Juni R. v. D.; 1842 den 1. Juli, nach Auflösung des Schleswigschen Regiments, Major des 15. Bataillons in Rendsburg. 1843 erhielt er die Sächsisch.-Weimarsche Verdienst-Medaille. Den 24. März 1848 trat er zur prov. Regierung über und fungirte während des Kriegs eine kurze Zeit als Commandant in Flensburg und darauf in Altona und wurde Oberst-Lieutenant und Oberst. 1852, den 29. März von der Amnestie ausgeschlossen und den 28. Juli desselb. Jahres des Danebrog-Ordens entledigt, verbrachte er die letzten Lebensjahre als Buchhalter bei der Gas-Compagnie in Hamburg, auch nachdem ihm den 29. November (24. October) 1856 die Rückkehr in die Herzogthümer gestattet war. Er starb in Hamburg den 8. Januar 1862. — Verh. mit Amalie, Tochter des Domänenraths Pauly in Mecklenburg. — Vergl. über ihn Jahrbb. f. d. Landesk. V, S. 358—360, Erslw. III, S. 109—110 u. Suppl. III, S. 108, Kieler Wochenbl. 1862, No. 17.

Von ihm noch:

Gemeinnütziges Schleswiger Taschenbuch. Schleswig 1832. 8.

Register der ersten zehn Bände des Staatsbürgerlichen Magazins über darin vorkommende Sachen, Namen, Urkunden nach chronologischer Ordnung, literarische Recensionen und Anzeigen. Schleswig, Tbst.-Inst. 1834. 8. SS. 72.

Topographie des Herzogthums Schleswig. Schleswig 1837. 8. VIII u. 506 SS. 2. Aufl. Oldenburg 1854. 8. Rec. der 1. Aufl. Kieler Corresp.-Bl. 1857,

No. 69, 71, 77 u. 1838 No. 29, 30, 32, 34. Ins Dänische übersetzt aus der 2.
Aufl. von Chr. Wollesen. Oldenburg 1854. 8.

Topographie des Herzogthums Holstein, des Fürstenthums Lübeck und der
freien Städte Hamburg und Lübeck. Oldenburg — C. Fränkel — 1841. 8. 2.
durch die Topographie von Lauenburg vermehrte Auflage von ihm und H. Biernatzki. Bd. I (XII u. 548). Bd. 2 (XVIII u. 696). Oldenburg. 1855. 1856.
8. Recc. der 1. Aufl. von F. Geerz im Kiel. Corresp.-Bl. 1842 No. 7, 9, von Cl.
Duus im Itzeh. W. 1841 No. 62, von Heiberg im Alt. Merk. 1841 No. 297, 298.
Einige Bemerkk. dazu von dr. Kuss in Falcks Archiv IV. 1845, S. 100—128. Rec.
der 2. Aufl. v. F. Geerz im Alt. M. 1856 No. 287, in Ztschr. f. allgem. Erdk. Bd.
3, S. 77 ff.

Der Brüggemannsche Altar in der Domkirche zu Schleswig. Nach der Erklärung des Professors Hœyen. Schleswig 1855. 8. 16 S.

Darstellungen von Schlössern u. Herrenhäusern der Herzogthümer Schleswig,
Holstein u. Lauenburg, vorzugsweise aus dem 15. u. 16. Jahrh. Hamb., Perthes
& Besser, 1862. 4. VI u. 162 SS. Mit 46 Steintff. u. lithogr. Tff. Rec. Jahrbb.
f. die Landesk. V, S. 336—358.

Im Staatsb. M. IX, S. 446—78, S. 761—75, X, S. 222—248, S. 598—627
(Beiträge zur vaterländischen Geschichte); X, S. 629—639 (Nebst Nachrr. über
Ulrich Petersens Leben mitgetheilt dessen Beschreibung von Schleswig, Kapitel 73:
Warum vormals zu Kiel u. nicht zu Schleswig eine Universität angelegt worden?).
Im N. St. M. I, S. 269—283 (Fragmente aus einer ausführlichen Beschreibung der
Stadt Schleswig. Der Altar der Domkirche) u. S. 646—656 (Verschiedene Mitthei-
lungen), III, S. 351 ff. (mitgetheilt von ihm: Ein Landesgerichtsurtheil v. 1604),
S. 575—577 (Bemerkk. zu den von den Proff. Thorlacius u. Kruse angestellten
Untersuchungen über einige alte Taufbecken); IV, S. 838—840 (Die Kirche zum
„Heil. Geist" oder zur „Heil. Dreifaltigkeit" in Schleswig); S. 840—848 (Kleine
geschichtliche u. biographische Notizen aus Broder Boysen's Verzeichniss der Ein-
künfte der Kirchen u. Besoldung der Kirchendiener in den Fürstenthümern
Schleswig u. Holstein um das Jahr 1609); IX, S. 240—254 (Alte Verzeichnisse
von Urkunden zur Geschichte des Klosters Uetersen). — In Falcks „Archiv" IV,
S. 433—442 (theilte er mit: Berichte mehrerer Holst. Gutsbesitzer über die im Jahre
1751 auf den Gütern befindlichen Armen n. deren Unterhaltung). — In Michelsens
u. Asmussens Archiv I, 1833, S. 407—409 theilte er mit: (Bericht, woher das
Land Eiderstedt in so grosse Schuldenlast u. Schaden gerathen?); S. 410—413
(Bericht über dasjenige, was bei Ankündigung Königl. Befehle an die Prediger
der Aemter Tondern, Apenrade und Lügumkloster vorgefallen ist). — In den
Neuen Prov.-Berr. 1833, S. 261—269 (theilte er mit: Nachrichten über eine
Wittwenkasse u. über eine Spar-. u. Leihcasse beim Schleswigschen Infanterie-
Regiment). — In „Heibergs Schlesw.-Holst. Blättern" III, 1836, S. 353—377 (Ge-
schichte des Schleswigschen Infanterie-Regiments seit dessen Entstehung). — Er-
schien auch besonders gedruckt Schleswig 1837. 8. — In II. Biernatzkis Schlesw.-
Holst.-Lauenb. Landesberr. 1846, Januar u. Febr., S. 52—62 (Beiträge zur Ge-
schichte u. Topographie der Stadt Schleswig). — In den Nordalbingischen Studien
V, S. 131—138 (Zur Geschichte der Stadt Altona); S. 139—162 (Beiträge zur
Geschichte der Herzogin Christine). — In den Jahrbb. f. die Landeskunde I, H. 1,
S. 116 (Kleine Mitthh. 1—4); S. 278—280 (Kleine Mitth. 7); II, H. 1, S. 114 bis
115 (Kleine Mitthh. 1); H. 2, S. 260—266 u. 275—276, S. 384—387 (Kleine

Mitthh. 2, 5, 2); III, S. 288—310 (Kleine Mitthh. 5, 6) u. S. 315—319 (Kleine Mitthh. 9); IV, S. 119—120 (Kl. Mitth. 4); V, 1862, S. 71—74, 78—79, 84—85 (Kl. Mitth. 1, 2, 6, 9), S. 128—141, S. 193—220 (Aus Broder Boysens Kirchenregister vom Jahre 1609); S. 177—185 (Kl. Mitthh. 13); S. 288 (Kl. Mitthh. 20); S. 361—62 (Kl. Mitthh. 21, 25).

1945) Schröder. Martin, geboren 6. August 1811 zu Moordorf, Herrschaft Breitenburg, studirte Theologie in Kiel seit Ostern 1832, examinirt 1838 (2. m. s. r. A.), den 11. Oct. 1840 P. in Münsterdorf, 1854 u. 1860 Stellvertreter zur Holst. Ständeversammlung, den 24. Sept. 1862 Pastor in Nienbrook, antretend den 1. Februar.

1) Die zunehmende Armuth in unserm Lande und die wahre Hülfe dagegen. Itzehoe 1853. 8. SS. 54. Steht ursprünglich in der kirchlichen Monatsschrift. (Itzche 1853. 8).

2) Geschichte des Münsterdorfischen Kalands. Itzehoe 1858. 8.

3) Protocoll über die in der Synodalversammlung des Münsterdorfer Consistoriums am 24. u. 25. Sept. 1860 u. 22. u. 23. Sept. 1862 gepflogenen Verhandlungen. 4. Beitr. zum Itsch. Kirchen- und Schulbl. 1850 p. 526—534.

1946) Schroedter, Franz Adolf (L. & S. No. 1071), geboren den 17. August 1767 zu Ratekau im Amte Ahrensbök, Sohn des dortigen Pastoren Adolf Heinrich Schroedter († 13. Sept. 1817 in Lübeck) und der Anna Maria geb. Steetz aus Hamburg († 25. November 1801); studirte Theologie seit Ostern 1787 in Jena, 1789 Catechet am Seminar in Kiel, 16. Juni 1793 Diaconus in Oldenburg, antretend den 29. September, 1811 Archidiaconus, den 8. August 1820 Pastor u. Probst daselbst, den 1. October 1839 Consistorialrath; den 25. April 1843 emeritirt, feierte er am 29. Sept. dess. Jahrs sein 50jähriges Amtsjubiläum, wobei er R. v. D. wurde; hielt am 29. October dess. Jahrs seine Abschiedspredigt als Hauptpastor, fungirte aber als Probst über Oldenburg bis zum Sonntag nach Neujahr 1844; er starb den 30. April 1846. — Verheir. mit Maria Dorothea Caroline, Tochter des Hauptpastors Lange in Oldenburg († den 1. Febr. 1829). — Vergl. d. N. Nekrol. d. D. 24, S. 256—259. In der Rückerinnerung steht das Verzeichniss seiner Schriften. Zu seinem Gedächtniss erschien auch „Trauerfeier". Oldenbg. 1846. SS. 39.

Von ihm noch:

Deutsche Sprachlehre für das schöne Geschlecht, in Briefen, Erfurt 1789. 8. (Fehlt im Kordes).

Von der „christlichen Vollkommenheit" etc. (1. Aufl. Lübeck 1820) erschien 4. Aufl. Oldenb. 1838. 8.

Erntepredigt am 14. September 1831 über Lucas 21, V. 9—11 u. 14. Wozu soll uns der Zuruf Jesu „Entsetzet Euch nicht, nehmet zu Herzen, dass Ihr nicht sorget", in dieser unsere Gesundheit und unser Leben bedrohenden Zeit (der Cholera) ermuntern. Schleswig, Taubst.-Inst., 1831. 8.

Sechs Bibelansprachen an meine Gemeinde, zu Beiträgen zum Ankauf von Bibeln für arme Kinder. Oldenburg, Fränckel, 1832—1844. SS. 100. (Nicht im Buchhandel).

Für Confirmationshandlungen ausgewählte Gesangverse zu verschiedenen Zeiten in 21 halben Bogen gedruckt. (Nicht im Buchhandel).

Mehrere Bogen Circuläre an die Herren Schullehrer und ihre Herren Schulinspectoren. (Nicht im Buchhandel).

Rückerinnerungen an die Feier des 50jährigen Amtsjubiläums und der Dienstentlassung des vormaligen Hauptpastoren und Kirchenprobsten Fr. A. Schr., Consistorialraths u. R. v. D. in Oldenburg d. 29. September 1843. Mit 17 bezüglichen Anlagen und der Abschiedspredigt. Oldenburg 1844. 8. 2. Aufl. das. 1845. 8. SS. 106 (Nicht im Buchhandel).

Zugaben zu den Rückerinnerungen an mein Jubiläum. Oldenburg, 1845. 8.

Mehrere kleine Aufsätze im „Allgemeinen Anzeiger der Deutschen" (Gotha) u. A. Dec. 1815 (Ueber den Kirchenbesuch in der Stadt Kiel). — Im Schlesw.-Holst. Schulbl. 1, 1839, H. 4, S. 3—17 (Guter Rath an diejenigen, welche durch öffentlichen Tadel unseren Landeskatechismus aussetzen wollen, auch zugleich an diejenigen, die bisher nach demselben unterrichtet sind und ihn noch fernerhin gebrauchen). — In Stendro's Schlesw.-Holst. Zeitschr. 1804, Bd. 5, H. 2, S. 245 bis 257 (Nachrichten über das Oldenburger Lehrinstitut) und andere Aufsätze. — In Dr. Henkes Religions-Annalen Bd. 1, S. 612—637 (Bemerkk. über die neue Schlesw.-Holst. Kirchenagende), Bd. 2 (Bemerkk. über das Oberconsistorial-Examen der Kandidaten der Theologie in den Herzogthümern Schleswig u. Holstein). — In (Vents) Religionsbl. 1830 (Gedunken am wiederkehrenden Todestage seiner Gattin am 1. Febr. 1830).

1947) Schroedter, Karl Friedrich Christian, geboren am 27. April 1811 zu Plön, Sohn des Stadtverordneten Franz August Schrödter daselbst und der Anna Elisabeth Johannette geb. Axt; studirte seit Mich. 1831 Theologie in Kiel, wurde 1835 mit dem 2. Char. examinirt, war 6 Jahre lang Hauslehrer in Wilster, den 7. September 1842 Rector in Burg auf Fehmarn, den 5. März 1854 Pastor zu St. Marien in Rendsburg, wo er den 18. Juni antrat.

Rede zur Geburtstagsfeier des Herzogs Friedrich VIII, gehalten auf dem Rothenhof bei Rendsburg am 6. Juli 1864. Rendsburg, F. M. Wendell, 1864. 8. Aufsätze in verschiedenen Blättern. — Revidirt.

1948) Schroedter, Simon Adolph, geboren den 13. Januar 1804 zu Ernsthausen im Kirchspiel Oldenburg in Holstein, Sohn des Christ. Wilhelm Schrœdter († 15. April 1845 in Wattenbeck, Amtes Bordesholm), studirte Theologie in Kiel seit Ostern 1832, examinirt Ostern 1837 mit dem 2. Char. m. r. A., 1841 bis

1842 interimistischer Rector in Wilster, 1843 in Tönning, den 1!.
November 1844 Rector in Eckernförde, den 17. August 1854 Pastor
zu St. Johannis auf Föhr; er starb 1862 den 22. September. —
Verh. seit 26. Dec. 1844 mit Maria Leopoldine geb. Spethmann.

Worte, gesprochen am Sarge des C.-R. Fr. A. Schroedter in Oldenburg, 7.
Mai 1846: in der Trauerfeier zum Gedächtniss des C.-R. Fr. A. Schroedter,
p. 12—15.
Beitrr. zum Itzeh. Wochenbl. u. A. 1843, No. 8 (Die Pensionskasse der
Schullehrer betr.). — Ein selbstberichtetes curriculum vitae in Barlods und
Rœrdams Kirke-Kalender 1864, p. 25—29.

1949) **Schröter,** L.

Die Zinsfrage im Allgemeinen und die Zinsreduction insbesondere, staats-
wirthschaftlich und rechtsgeschichtlich dargestellt. Altona 1840. 8.

1950) **Schüder,** Heinrich, geboren am 30. Juni 1829 in
Horst, Sohn des Tischlermeisters M. Schüder das.; gebildet auf dem
Segeberger Seminar; Michaelis 1852 Lehrer an der Mädchenschule
in Glückstadt; im Octbr. 1854 Substitut an der Ober-Knabenschule
daselbst; am 1. Octbr. 1855 Lehrer an der dritten Altonaer Freischule, 16. Octbr. 1856 const., den 22. Decbr. 1856 definitiv ernannt zum 9. Lehrer, den 23. April 1860 desgl. zum 8. Lehrer am
Gymnasium in Altona; introducirt als solcher den 14. Juli 1860.

Beitrag zur methodischen Behandlung des Deutschen Sprachunterrichts, besonders in den unteren Gymnasialclassen: im Progr. des Altonaer Gymnasiums
1865. 4. S. 3—17. Revidirt.

1951) **Schütt,** Johann Christian (L. & S. No. 1072), seit
Ostern 1820 Organist u. Lehrer in Satrup in Angeln, D. M, 1854
mit Pension seines Amtes entlassen; er starb in Preetz den 6. März
1855 im beinahe vollendeten 66. Lebensjahre. Verh. mit Louise
Mariane geb. Bruhn. — Vergl. Alt. Merk. 1855 No. 59.

Von ihm noch: im Schlesw.-H. Schulbl. 1, 1839, H. 3, S. 81—91 (Ueber die
Sprache des religiösen Gefühls beim christl. Religionsunterricht in Volksschulen);
II, 1840, H. 3, S. 96—103 (An die Herren Schullehrer Langfeldt u. Nissen);
IX, 1847, H. 4, S. 1—7 (Tod u. Leben in der Schule oder: der Buchstabe
tödtet, aber der Geist macht lebendig).

1952) **Schütt,** Johann Karl Gottfried, geboren 1802 in
Kiel, gebildet auf der Kieler Gelehrtenschule; Lehrer: Conr. Wittrock; studirte erst Jura seit 1819, dann seit 1821 Philologie in
Kiel; und darauf in Bonn; Dr. phil.; den 7. Januar 1834 Collaborator und erster Lehrer an der Vorbereitungsschule des Altonaer
Gymnasiums, eingeführt, den 7. Februar; den 29. Januar 1839 Conrector in Husum, den 10. Juni 1844 Rector daselbst; wurde 1850

entlassen, war dann in provisorischer Stellung bis Juni 1851 als
Rector in Meldorf, darauf in Plön bis Michaelis 1853; wurde im
Februar 1854 zum Rector des Gymnasiums in Görlitz ernannt, wo
er den 16. Juni desselben Jahres antrat.

1) Soll der „Ungenannte" sein, der zu Hans Jürgen Henningsens Gedichten den
Anhang fügte (Altona 1831. 8.)
2) De Promethei Aeschylei natura im: Programm der Husumer Gelehrten-Schule.
1841. 4. SS. 12.
3) Die nordische Sage von den Völsungen u. Giukungen im: Programm ders.
Schule 1845. 4. SS. 3—31.
4) Versuch einer Darstellung der altdeutschen Literatur-Geschichte für Schulen:
im Progr. ders. Schule. 1849. 4.
5) Schrieb in seiner amtlichen Stellung in Görlitz jährlich die Einladungs-
schriften, deren eine vom Sommer 1854 ein ausführliches curriculum vitae
von ihm enthält. (Ein ziemlich ausführlicher Auszug aus diesem curric. vitae
findet sich im Plöner Donnerstagsbl. 1854, No. 50.) Von denselben nennen
wir: Ueber den Polyneikes des Oedipus auf Kolonos im: Johannis-Progr.
des Gymnasiums zu Görlitz. 1855. S. 3—31.
6) Beiträge zur Geschichte des Gymnasiums zu Görlitz: im Einladungsprogramm
zu der Festlichkeit des 200jähr. Jubiläums der Anstalt, 26. u. 27. Juni 1865.
Görlitz 1865. -

1953) **v. Schütz,** Friedrich Wilhelm (L. & S. No. 1074).
— Vergl. noch über ihn Journal: „Hamburg und Altona" 1802 Bd. 2
(H. 8.) S. 249, „Zeitgenossen" N. Reihe 20. (1826) S. 84 u. 87.

Von ihm noch:
* Lebensgeschichte A. P. Grafen v Bernstorff. Mit dessen Bildniss. Altona
u. Leipzig 1798.
Herausgegeben von ihm: Der Kriegsbote, historisch-politischen Inhalts.
Jahrg. 1—5. Altona 1805—1809.
Die neueste Stafette. Hamb. 1815—18.

1954) **Schütze,** Johann Friedrich (L. & S. No. 1076).
Von ihm ist noch:
(Satyrisch-moralische Debatten über ein Gespräch, die neueste Damenmode
betr. 1802—1804): im Journal „Hamb. u Altona" 1804, Bd. 1, (H. 1) S. 79—84.
(Probe v. d. 4. Th. des Idiotikons) das. Bd. 4, (H. 2), S. 132. 133. (Betlied:
Nach einem plattdeutschen Volksliede), das. 1805. Bd. 2, (H. 6), S. 345—347.
(Vom Lande Gedicht) in v. Eggers Deutschem Magazin 1797 Febr. S.
157—160; (Grabschrift über die 6jährige Sophie Kiss) das. Mai S. 508; (Psyche.
Pantomimisches Ballet vom Bürger Gardel, auf dem Theater der Künste zum 1.
Mai vorgestellt den 14. Dec. 1796, übers.) das. Juli S. 67—86, (Die Pilgerin auf
der Altonaer Maskerade), das. Aug. S. 187; (Ueber den Waffenschwur der Alten.
Ein antiquarischer Versuch) das. S. 202—228); (Publikum) das. 1798 März S.
332—336; (Frühlingsphantasie im Mai 1797) das. Mai S. 497—99; (Dramatur-
gische Winke, Berichtigungen und Vorschläge) das. Nov. S. 522—532.

24

1955) **Schütze,** Karl Heinrich Gottlieb (L. & S. No. 1077); er starb im December 1845 als Stadtphysikus in Lauenburg.

1956) **Schütze,** Theodor Reinhold, geboren 12. Januar 1827 in Uetersen, Sohn des Pastors Karl Johann Friedrich Schütze (geb. 3. April 1787 zu Kirch-Barkau, gest. als Diaconus in Uetersen 1849 den 7. April) und der Ida geb. Hargens aus Kiel (gest. 1859); besuchte die Gelehrtenschule in Hadersleben, die Universitäten Kiel u. München, Jura studirend unter den Professoren Falck, Madai, v. Bayer, Ihering, Planck u. A., erhielt im juristischen Amts-Examen für Holstein und Schleswig den 1. Char., wurde um Mich. 1853 dr. jur. in Kiel, war Privatdocent der Rechte in Kiel von Michaelis 1853 bis Februar 1855, wurde unter dem 14. Januar 1855 zum Professor des Schleswig'schen und Dänischen Rechts an der Universität in Kopenhagen ernannt, von diesem Amte in Folge der Einziehung des genannten Lehrstuhls am 1. April 1866 mit Wartegeld entlassen und ist seitdem in Kiel domicilirt, wo er seit Januar 1867 juristische Vorlesungen an der Universität hält.

1) De legis beneficio quale exstat in fr. 50 D. 19, 1, diss. inaugur. Kiliae 1853. 8.

2) Sammlung der Schleswigschen Strafgesetze mit ausführlichem Commentar, Uebersetzung der P. G. O. Carl V. ins Altdänische, Registern u. s. w. (auch mit Dänischem Titel) Kopenhagen 1856. gr. 8 VI. u. 398 SS. In Zeitschr. für Civilrecht und Process v. Linde etc. Bd. 19, 1862, S. 319—346. (Die Wahl des Güterpflegers durch die Concursgläubiger); Bd. 22, 1865, S. 13—72. (Der Tod des Schwurpflichtigen, namentlich bei dem Schiedseide und den Notheiden. Ein Beitrag zur Lehre vom Beweismittelverlust). — In Bekker's u. Muthers Jahrbuch des Gem. Rechts Bd. III, 1859 (Exegetische Studien aus dem Römischen Rechte. [3]); Bd. V, 1862, S. 33—72 (Die Auslobung); S. 235—260 (Das Stillschweigen des Richters über Parteianträge); Bd. VI, 1863, S. 61—115 (Vom Eigenthumserwerbe am Wildergut). — Im Archiv für praktische Rechtswissenschaft. N. F. Bd. II, 1865, S. 155 ff., S. 293 ff., S. 345 ff. (Zur Lehre von dem sog. Funddiebstahl und der Unterschlagung. 3 Abhandl.). — In den Schlesw.-Holst. Anzeigen. Jahrg. 1862. (Der Perceptionseid und der Sächsiche Bestärkungseid); Jahrg. 1863. (Die Reservation des Schiedseides). — In der Juristischen Wochenschrift für das Herzogthum Schleswig, 1854—1859, eine Reihe von Abhandlungen, darunter: Ueber Contumacialurtheile und Endurtheile gegen einen Abwesenden im Criminalprocesse; — Die Natur der Spolienklage, an Rechtsfällen erörtert; — Process-Abhandl. unter dem Gesammttitel: Germanische Elemente im Schleswigschen Civilprocesse; Ueber den sog. Rückfall nach Schlesw. Criminalrechte; — Die Geschlechtsbeistandschaft (cura sexus) im Schlesw. Privatrecht; — Glossen zur Lehre von Funddiebstahl und Unterschlagung u. A. m. — In Schletters Jahrbuch der Rechtswissenschaft Jahrg. 1862 u. 1867: Recensionen über

Dänisches und Holländisches Recht. — Die Vollendung grösserer Arbeiten, welche den Verf. seit geraumer Zeit beschäftigen, ist durch die schwankenden Zeitverhältnisse bisher behindert. — Revidirt.

1957) **Schulthes,** Johann Karl, geboren den 28. Decb. 1835 auf Pelworm, Bruder des nachfolgenden Swen Waldemar Sch., besuchte bis zu seiner Confirmation die Gelehrtenschule in Rendsburg, und ging dann zur See; widmete sich aber später wieder den Wissenschaften und studirte, nach voraufgegangenem Besuch der Flensburger Schule, in Kopenhagen einige Jahre Jurisprudenz, ging darauf nach Amerika und nach seiner Rückkehr wieder auf das Real-Gymnasium in Rendsburg, von wo er 1860 auf die Universität Kiel ging, Philologie zu studiren. Im April 1864 Dr. phil. von Jena aus; seit April 1864 constituirt als Hülfslehrer am Real-Gymnasium in Rendsburg, am 6. Mai 1865 definitiv ernannt zum 1. Adjuncten daselbst. — Verheirathet mit . . . geb. Hellborn aus Rendsburg. — Mitgetheilt.

Soll, nach Mittheilungen, während seines Aufenthalts in Amerika: Beiträge über das Leben des Schwedischen Generals Torstensohn zu irgend einem, jedoch nicht näher angegebenen Blatte, auch Beiträge zum Kieler Correspondenz-Blatt geliefert haben. ÷

1958) **Schulthes,** Swen Waldemar, geboren den 5. Januar 1835 auf Pelworm, Sohn des derzeitigen Zollhebungscontrolleurs, späteren Zollinspectors Kammerrath Schulthes, besuchte nach dem 8. Jahre das Gymnasium in Rendsburg u. später in Flensburg, von wo er 1850 nach Hamburg ging, um sich der Seefahrt zu widmen; machte weite Reisen nach China, Ostindien, Californien und den Sandwich-Inseln; bestand 1853 in Flensburg das Steueramts-Examen und 1856 im Hamburg das nautische Examen; inzwischen und nachher war er als 2. und 1. Officier kleinerer und grösserer Schiffe 10 Jahre lang auf Seereisen; beschloss im Frühjahr 1864 die practische Seefahrt aufzugeben u. trat als Lehrer der nautischen Geographie und Geschichte, Hydrographie u. Oceanographie in die Deutsche Seemannsschule auf Steinwerder bei Hamburg, in der er den 1. Januar 1866 die erste Lehrerstelle in den rein nautischen und mathematischen Fächern übernahm.

1) Bearbeitete: Robert Kipping, the art of sailmaking, den Deutschen Verhältnissen angepasst mit einem Anhange über die selbstreefenden Marssegel. Hamburg, P. Salomo & Co., 1858.

2) Die Ankerwacht. Die Kunst, ein Schiff in Wechselströmungen zu swaien (umzudrehen). Nach dem Englischen. Hamburg, bei dems., 1860.

3) Anweisung, bei nebeligem Wetter die Hoofden (südlichsten Theil der Nordsee zwischen England und Holland) zu finden. Nach Dänischen und Holländischen Quellen. Hamburg, bei dems., 1864.

4) Uebersetzte: Eisen-Schiffbau v. John Groutham. Bd. 2. Hamburg 1864.

5) Hülfsbuch für Navigationsschüler. Th. 1, 2. Hamburg, bei dems., 1865. 1866. Diverse Artikel für die Zeitschrift „Hansa" und für die „Hamburger Nachrichten". Eine Bearbeitung des Englischen Law of storms v. H. Piddington, 1858 vollendet, fand der grossen Kosten halber keinen Verleger. — Nach dem Autogramm.

1959) **Schultz**, Hinrich Nicolaus, geboren den 8. August 1810 in Flensburg, wurde Mich. 1828 stud. theol. in Kiel und 1835 mit dem 2. Char. m. r. A. examinirt; als Candidat Hauslehrer in Flensburg, im August 1843 Rector und Lector in Preetz, den 1. Juni 1857 Pastor in Grossenflintbeck, antretend den 20. September. —

Gab mit Wald den Flensburger „Jugendfreund" Flensburg, Korte Jessen, 1838 heraus, in dessen 36 Nummern von ihm viele Artikel, auch Gedichte, aber meist anonym gedruckt stehen.

1959a) **v. Schultz**, Johann Hartwig Ernst, ein Rittmeister auf Wartegeld, der wie es scheint 1833 in Rendsburg gelebt hat.

Sehr heilige Merkwürdigkeiten! Schleswig, Taubst.-Inst. s. a. 4. 11 SS S N. Prov.-Berr. 1834. S. 345—347.

1960) **Schultz**, Johann Matthias (L. & S. No. 1078), er wurde 1836 von der Kopenhagener Universität zum dr. philos. ernannt; feierte den 18. December 1843 sein 50jähriges Amts-Jubiläum; wurde 1846 den 30. März emeritirt und wohnte seitdem im Dorfe Quickborn bei Altona. Er starb den 10. December 1849. — Verh. 1. mit . . . geb. Daue, 2. mit Antonie geb. Albers seit Febr. 1837. — Vergl. über ihn N. Nekrol. d. D. 27, S. 995—997.

Von ihm noch:
Beitrag zur genaueren Zeitbestimmung der Hellenischen Geschichten von der 63. bis 72. Olympiade. Kiel 1841. 8. Steht auch in den Kieler philol. Studien 1841.

1961) **Schultz**, J. Th. Segeberger Seminarist (mit dem 1. Char.), Institutsvorsteher in Uetersen, zog 1863 nach Dresden. Er begann daselbst in kunstgerechter Weise seine Studien in der Malerkunst und ist vor Kurzem mit seiner ersten grösseren Arbeit, dem Gemälde „Hermann und Dorothea," hervorgetreten, das in Dresden beifällig aufgenommen wurde und in der Kunsthalle zu Kiel 20. October 1867 und folgende Tage, und darauf in Uetersen, ausgestellt war.

Gab heraus:

Darstellungen aus dem Christenleben (auf dem Titel: herausgeg. v. dem Elb-Pinnebauer Lehrerverein) 1857. Von ihm: No. 44, S. 367—376 (Seid fröhlich in Hoffnung). S. Itzeh. Nachrr. 1857, Sp. 525. — Einzelne Beitrr. in Sönksens Schulzeitung, z. B. 1855/56, No. 47. Correspondenzen u. einzelne Gedichte in den „Itzeh. Nachrr." von Dresden aus.

1962) **Schultz,** Peter Heinrich (L. & S. No. 1079). — Vergl. über ihn noch Ersl. III, S. 113—114 u. Suppl. III, S. 112.

Dort werden noch angeführt: Farve- og Blegebog eller Veiledning i den Kunst selv at farve Uldent, Silke, Bomuld og Linned ægte og varigt. Til Huusholdningsbrug af S F. Hermbstädt. Overs. at det Tydske. Kbh. 1820.

Diverse Beiträge zu Dänischen Zeitschriften, als „Iris og Hebe" 1803, II, 273 274, „Nyeste Skilderie af Kjœbenhavn," welche Erslew namentlich aufführt.

1963) **Schultz,** Philipp Wilhelm, geboren in Sonderburg; ward vom Seecadet zum Kapitain befördert, aber 1801 abgesetzt und nach Munkholm verurtheilt; er lebte 1819 in New-York als Schiffsbaumeister in Nordamerikanischen Diensten. — Vgl. N. St. M. II, S. 692 nach Nyerup.

Den unge Styrmands Haandbog. Kjœbenh. 1795. 8.

1964) **Schultze,** Johann Andreas, früher Apotheker u. Senator in Oldenburg, sowie bis gegen 1846 Besitzer des Gehöftes „Feldhof" bei Oldenburg; starb in Oldenburg den 23./24. Februar 1865.

1) Der Stallmist u. dessen neue Stellvertreter. Zur Beantwortung der Frage: was kostet ein Fuder Mist? Als Manuscript gedruckt. Oldenburg 1846. 8. S. Landwirthsch. Zeit. 1846, No. 8.

2) Beschreibung einer sehr vervollkommneten Säemaschine u. deren richtiger Gebrauch. Oldenburg 1862. 8. SS. 16 (vergl. Altonaer Wochenbl. 1857, No. 14. Volkswirthschaftliches.).

In den landwirthsch. Heften f. d. Herzogthh. Schlesw. u. Holst' 1830 (1. Jahrg.), H. 1, S. 111—116 (Einige Bemerkk. betr. den Schmalschen Pflug); S. 130—132 (Ueber den Brand im Weizen); 1837, H. 3, S. 35—40 (Bemerkk. zur Beantwortung der Frage: Die Verbesserung der Fruchtfolge auf einem Areal von 800 Tonnen Landes); 1838, H. 2, S. 20—29 (Bemerkk. zu dem von Schwerdtfeger auf Wahrendorf angestellten Versuche zur Beantwortung der Frage, ob die mit Heu oder mit Korn gefütterten Kühe den Vorzug verdienen?). — In der landwirthsch. Zeitung f. d. Herzogthh. Schleswig u. Holstein u. Lauenb. 1842, No. 6 (Das Tüdern der Kühe).

1965) **Schultze,** Johann Heinrich (L. & S. No. 1080), er hielt sich seit 1830 einen Amtsgehülfen, starb zu Jevenstedt den 13. Februar 1837, fast 81 Jahr alt. — Verheir. mit Dorothea geb. Busch. — Vergl. über ihn N. Nekrol. d. D. 15, S. 1121—23 und die Schrift „der Bauer ist ein Ehrenmann." Anh. S. 45—47.

Von ihm noch: in Hennings „Genius der Zeit" 1795, Bd. 1, S. 180—187
(Auszüge aus einigen Predigten in politischer Hinsicht).

1966) **Schultze,** Theodor, geboren den 22. Juni 1824 zu
Oldenburg, Sohn des vorhergenannten Senators u. Apothekers Joh.
Andr. Schultze das.; gebildet auf dem Lübecker Catharineum und
den Universitäten Kiel und Berlin; Michaelis 1847 im juristischen
Examen bei dem Schleswig-Holstein-Lauenburgischen Oberappella-
tionsgericht in Kiel mit dem 1. Char. examinirt; 1848 Auscultant
beim Holsteinischen Obergericht, 1849—1853 Amtssecretär auf dem
Neumünsterschen Amtshause, 1853—1863 Kanzlist, Bureauchef und
Departementschef im Holstein-Lauenburgischen Ministerium, Rath
der Holsteinischen Regierung; 1859 bis 1860 Actuar der Aemter
Plön und Ahrensböck; 1864 bis 1866 in Grossherzoglich Olden-
burgischen Diensten; 1866 Regierungsrath bei der Holsteinischen
Verwaltung.

1) Bemerkungen zu dem Dänischen Memorandum in Betreff der finanziellen Be-
schwerden Holsteins. Hamburg 1858. 8.

2) *Ein Beitrag zur Beantwortung der Prägravationsfrage zwischen Dänemark
u. Holstein. Kiel 1857. 4.

3) *Der Homagialeid für König Christian IX. Ein Wort zur Abwehr von Ver-
dächtigungen. Leipzig 1864. 8.

4) Die Wahrheit in der Holsteinischen Erbfolgefrage wider die Augustenburgische
Doctrin. Lübeck 1864. 8.

5) Mitarbeiter an dr. H. Pernice's kritischen Erörterungen zur Schleswig-Holsteinischen Successionsfrage. Cassel 1866 (vgl. Vorwort p. II). Im Wesentlichen
Verf. der §§ 13—37, 49—52 u. 59—62 dieser Schrift. — Revidirt.

1967) **Schulze,** C. F. Lehrer in Seestermühe.

Im Schl.-Holst. Schulbl. XIII, 1851, S. 435—469 (Ueber die Form des
Katechismus-Unterrichts, namentlich in den Oberclassen der Volksschule).
Iu den Darstellungen aus dem Christenleben, h. v. Elb-Pinnauer Lehrerverein
(1857), No. 20, S. 177—185 (Die Sabbathsglocke).

1968) **Schulze,** Oberpolizeidiener in Kiel, starb 1859 und
findet sich Näheres über ihn in der folgenden von ihm herausgegebenen Biographie:

Denkwürdigkeiten aus meinem Leben. Kiel 1858. 8.

1969) **Schumacher.** August Joh. Friedrich, geboren
21. August 1816 in Hadersleben, studirte Theologie in Kiel seit
Ostern 1837, examinirt 1841 (2. Chr. m. r. A.); im September 1848
const. Pastor in Jordkirch, 22. December 1848 Pastor in Oxenwadt
und Jels, 21. März 1850 entlassen, Juli 1851 antretend, Septbr.

ausserord. Lehrer am Seminar in Mörs, im Mai 1852 Pfarrer in Cleve. Starb 1862.

Letzte Predigten seit Anfang des Kirchenjahrs mit einem biographischen Vorworte. Barmen, Langewiesche's Verlag, 1862. 8. XX u. 169 SS.

1970) **Schumacher,** Christian Friedrich (L. & S. No. 1084), geboren den 15. November (nicht October) 1757 in Glückstadt (nicht Glücksburg), wo sein Vater Joachim Christian Schumacher Unterofficier (nicht Major) im Schleswigschen Infanterie-Regiment war; seine Mutter Caroline Magdalene geb. Loften; befliss sich unter Leitung des Regimentschirurgen Mohl seit April 1770 der Medicin und Chirurgie; wurde 1773 Compagnie-Chirurg beim dam. Mön'schen, späteren Oldenb. Regiment; wurde den 14. September 1778 Prosector an der Kopenhagener Universität, 1779 im Herbst examinirt beim anatomisch-chirurgischen Amphitheater; hielt seit 1781 Privatvorlesungen; von April bis September 1784 Oberschiffsarzt auf dem Linienschiff Oldenburg; in dems. Jahre im Herbst Reserve-Chirurg beim Amphitheater; Juli 1785 Unterchirurg beim Frederiks-Hospital, im August Adjunct bei der neuerrichteten chirurgischen Akademie und an derselben den 1. September 1786 mit dem 1.Char. examinirt; machte in dems. Jahre eine wissensch. Reise nach London und Paris bis Juli 1789, wurde darauf Lector der Chemie bei der chir. Akademie und 1790 Lehrer der Mineralogie bei der naturhist. Gesellschaft; 20. April 1792 Regiments-Chirurg beim Artillerie-Corps; im April 1794 Mit-Examinator und 1. October 1795 o. Prof. bei der chir. Akademie, sowie Oberchir. beim Friederichs-Hospital; 1803 Mitglied des Gesundheits-Collegiums und der Vaccinations-Commission, sowie 1808 im April der Medicinal-Commission u. der Oberdirection für das Feld-Medicinalwesen; 28. Januar 1811 R. v. D., 6. Juni s. J. Hofchirurg; ging im s. Jahre als Oberchirurg ab und legte 1813 seine Aemter nieder und zog nach Frydenlund; kam 1816 nach Kopenhagen zurück und practisirte wieder; 1. November 1817 Ehrendoctor der Kopenhagener Universität, und 9. October 1819 ord. Prof. der Anatomie; 14. September 1828 50jähr. Amts-Jubilar und wirkl. Etatsrath; war Mitglied der Direction des Frederiks-Hospitals, Ehrenmitglied der medicinischen Gesellschaften in Kopenhagen und Philadelphia, der naturforschenden Gesellschaft in Moskau, Mitglied der k. Dänischen Gesellschaft der Wissensch., der Linnäischen Ges. in London, der phytographischen Ges. in Göttingen, auswärtiger Assessor in der mineral. Gesellsch. in Jena, corresp. Mitglied der Ak. der Wissen-

schaften in München und der medic. Gesellsch. in London, sowie
Mitglied noch mehrerer ausländischen wissenschaftl. Vereine. Er
starb den 9. September 1830 in Kopenhagen. — Vgl. Ersl. III, S.
118—121.

Von ihm führt Ersl. noch an:

Bemerk. einer Schusswunde (praeside H. Callisen) 1778, 15. April. — Einige
myologische Bemerkk. bei Zerlegung verschiedener Leichname unter dems. Präsidium d. 15. Dec. 1779. — Von dem Nutzen der Cotunnischen Wassergänge,
unter Todes Präsidium, 21. März 1781.

Die „enumeratio plantarum", Havniae 1801, erschien auch dänisch s. t.: Den
Kjøbenhavnske Flora, eller Fortegnelse over Planterne med tydelige Befrogtnings-
Deele, som voxe vild omkring Kjøbenh.; overs. af det Latinske og forøget med
de danske Trivielnavne, samt et Register, af F. C. Nielsen. Kbh. 1804.

Zu dem v. ihm u. Herholdt herausgeg. „Officinelle Lægemidler" af Planteriget
erschien v. St. Heger: Herbarium pharmaceuticum, eller Afbildninger til Prof.
Schumachers og Herboldt's Fortegnelse paa officinelle Lægemidler. Kbh. 1825. 4.
Medicinsk Plantelære for studerende Læger og Pharmaceutiker. 1—2. Bd.
Kbh. 1825—1826.

Descriptio musei anthropologici Universitatis Havniensis. Havniae 1828. 4.
(Nicht im Buchhandel.)

Noch von ihm in „det k. danske Vidensk.-Selsk. naturvidenskabelige og mathematiske Afhandlinger" 2. Th., S. 61—104 (Om Abens Hjerne og deus Forretninger
sammenlignet med Menneskets og andre Dyrs Hjerne. Mit 2 Kpff.) Auch besonders gedruckt. Kph. 1824. 4. Th. 3, S. 21—248 (Beskrivelse af Guinciske Planter,
som ere funden af danske Botanikere, især af Etatsraad Thonning. 1 Stykke).
Auch bes. Kopenh. 1827. 4. Th. 4, S. 1—236 (2. Stykke); Th. 5, S. 19—25
(Jagttagelse om et Misfoster); S. 59—106 (Om Nyrernes Abnormiteter, tilligemed
Beskrivelse af nogle abnorme Nyrepræparater. Mit Kpff.)

Er hatte Antheil an der Pharmacopoea Danica, Hafniae 1805, 4, u. an
Pharmacopoea militaris od. ausgewählte Sammlung der Arzneimittel f. den Militär-
stand. Kopenh. 1813. 12. ´

1971) **Schumacher,** Doris, Vorsteherin einer Lehranstalt
für Mädchen im Friedrichsberg in Schleswig.

1) Die Pflegetochter. Eine Erzählung für Mädchen von 10—15 Jahren. Hamburg 1838. 8.

2) Pauline u. der Shawl. Zwei Erzählungen zur Unterhaltung für die weibliche
Jugend. Hamb., Nestler & Melle, 1839. 12. Mit 6 Abb. ⚌

1972) **Schumacher,** Friedrich, geboren in Flensburg
(Sohn von No. 1976), studirte Medicin und wurde 1857 dr. med.
& chir. in Kiel, ist zur Zeit practisirender Arzt in Mölln.

De lemberti enterorophia. Kiliae 1857. 4. SS. 7.

1973) **Schumacher,** Georg Friedrich (L. & S. No.
1085); geboren den 19. December 1771 zu Altona, studirte Theo-

logie in Kiel seit Ostern 1791, wurde 1796 in Glückstadt mit dem
1. Char. examinirt, war zuerst Hauslehrer, dann noch in dems.
Jahre Rector in Wilster, 1798 Conrector in Husum, 1802 Conrector
und 1820 Rector der Domschule in Schleswig, den 10. Mai 1824
Tit. Prof., den 1. November 1828 R. v. D., den 30. December 1834
in Gnaden entlassen; er starb den 2. April 1852. — Sein Portrait,
gez. v. Maler Salomon in Schleswig, erschien 1844.

Von ihm noch:

Eine in Flensburg 1798 gehaltene Gastpredigt (Auf Kosten einiger Kaufleute
gedruckt). Flensb. 1798. 8.

Einige Worte über die Bell-Lancastersche Methode: im Schulprogramm der
Domschule in Schleswig 1825. 4.

Versuch zur Beantwortung der Frage: Was ist echter Protestantismus? Schleswig
1831. 4. SS. 15.

Genrebilder aus dem Leben eines siebzigjährigen Schulmanns, ernsten u. humoristischen Inhalts od. Beiträge zur Geschichte der Sitten u. des Geistes seiner Zeit.
Schleswig 1841. 9. SS. 656. Rec. Itzeh. Wochenbl. 1841, No. 51, 1842, No. 13.

1974) **Schumacher,** Gustav Heinrich Ludwig (L. &
S. No. 1086), den 28. August 1838 Pastor in Tönning, im August
(den 14. Nov.) 1850 entlassen; eine Zeitlang in Odensee; den 14.
September 1851 Hülfsprediger in Wichlingshausen im Wupperthale
bei Barmen, im November 1854 Pfarrer in Geisweiler bei Saar-
brück; wurde im Februar 1860 zum 1. Mai emeritirt und starb
1863 im Januar in Barmen bei seinem Schwiegersohne. — Vergl.
noch ausser den bek. Candd.-Verzz. M. D. Voss', v. Feddersen
herausgegebene „Pröbste und Predd. in Eiderstedt." S. 38.

Von ihm noch:

1) Gorm der Grausame, ein historischer Roman aus der Zeit des 10. Jahrh.
Th. 1. 2. Hamb., Nestler & Melle, 1836. 8.

2) Das Leben, das Verbrechen und die Bekehrung des Mördors Carsten Hinz,
von ihm selber erzählt und mit einigen Zusätzen herausgegeben. Itzehoe
1844. 8. S. Kirchen- und Schulbl. 1845, Sp. 154. Alt. Merk. 1844, No. 99.

3) Leiden und Erquickungen eines von den Dänen in Gefangenschaft gehaltenen
und aus der Heimath vertriebenen Schleswigschen Geistlichen. Erzählt von
ihm selbst. Barmen 1861. 8. 2. Aufl. in dems. Jahr. 8. (Eine Beleuchtung
dieser Schrift (v. Ripperda) erschien s. t. Neue actenmässige Beiträge zur
Geschichte der Leiden des seines Amtes entsetzten Schleswigschen Geistlichen
Gustav Schumacher. Berlin 1861 und auch in 2. Aufl. s. t. Anti-Schuma-
cher. Neue actenmässige Beiträge etc. das. 1862. 8. Diese 2. Aufl. ist
vermehrt mit Schumachers Erwiderung und weiterer Widerlegung derselben).
Dagegen von Schumacher:

4) Der gerechtfertigte Schleswig-Holsteinismus. Letztes Wort des past. emérit.
G. Schumacher über und gegen die verläumderischen „Actenmässigen Beiträge" und „Neuen actenmässigen Beiträge" etc. Barmen 1862. 8.

Im Kieler Corresp.-Bl. 1833, No. 30 u. 32 (Ueber den Verfall und die Wiederherstellung der geistlichen Würde in unserem Lande). — Im Itzehoer Wochenbl. 1844 No. 49 (Die Schlesw.-Holst. Anzeigen und das Glückstädter Zuchthaus). — In der Flensb. Zeitg. März 1851 (Ein „Eingesandt" aus Odensee). — Im Norddeutschen Gränzboten 1861 No. 30 v. 15. Decbr. (Briefe aus Barmen). —

1975) **Schumacher,** Heinrich Christian (L. & S. No. 1087). Sein Vater, der Conferenzrath und Amtmann in Segeberg, war 1726 in Kopenhagen geboren und starb den 2. Januar 1790 in Segeberg und dessen Urgrossvater war ein Vetter des bekannten Griffenfeld; seine Mutter war Sophie Hedwig Rebekka geb. Weddi (geb. den 30. Juni 1752 in Werdenburg im Herzogthum Oldenburg, gest. den 30. October 1822.) — Unser Schumacher besuchte das Altonaer Gymnasium; hielt sich von 1804 bis 1807 in Dorpat auf, studirte darauf Astronomie in Göttingen unter Gauss' Leitung und war darauf eine Zeitlang bis zu seiner Anstellung als Professor in Kopenhagen im Jahre 1810 in Hamburg. — Den 21. Januar 1820 Mitglied der Landvermessungs-Commission der k. Dänischen Gesellschaft der Wissenschaften; übernahm in demselben Jahre auch bis weiter die Leitung des Altonaer Observatoriums; dr. juris und am 1. November 1828 wirklicher Etatsrath, 1829 Mitglied der k. Akademie in Brüssel. Dem Dänischen Maasssystem zur Grundlage dienten die Beobachtungen, welche Sch. mit dem Bessel'schen Apparat auf Schloss Güldenstein über die Länge des einfachen Secundenpendels machte. Seit dem 28. November 1831 corresp. Mitglied der Akademie der Wissenschaften, des Institut de France an Bohnenbergers Stelle; 1834 R. des Schwedischen Nordstern-Ordens; im Jan. 1835 Ritter des Russischen St. Annen- und Stanislaus-Ordens 3. Classe und des Preussischen rothen Adler-Ordens 3. Classe; den 28. October 1836 Comm. v. D. und 1837 R. der Ehrenlegion. Nach Christian's VIII. Regierungs-Antritt in Kopenhagen ward Sch. Conferenzrath; 1840 reiste er nach Petersburg, um die Centralsternwarte in Pulkowa kennen zu lernen, 1842 nach Wien, um die Sonnenfinsterniss des 8. Juli zu beobachten; 1846 Grosskr. v. D. Nach dem Tode Christian's VIII. entzog das Dänische Casino-Ministerium Schumacher das Jahresgehalt als Director der Altonaer Sternwarte und auch die provisorische Regierung der Herzogthümer sah sich ausser Stande, ihm jenes Gehalt zu gewähren; auf Herschels Anregung verwandte sich der Director der Sternwarte zu Pulkowa, W. v. Struve, für die Sache beim Russischen Kaiser und dieser gewährte das Gehalt. Schumacher starb den 28. December 1850. —

Verh. mit Christine Magdalene geb. v. Schoon (+ 2. Mai 1856 in Altona). — Seine Bibliothek kaufte 1854 der Antiquar Asher in Berlin. — Vergl. über Schumacher Ersl. III, S. 121—124 u. Suppl. III, S. 115—117, wo viele Quellen; ausserdem N. Nekrol. d. D. 28, S. 838—46, Poggendorffs biogr. litter. Hdwb. II, Sp. 866—67, astronomische Nachrichten 1850, Bd. 36, No. 864 Beilage.

De latitudine speculae Manhemiensis. Prolusio (zu dem jährl. Reformationsfest der Kopenhagener Universität) erschien Hafn. 1816 (nicht 1817). 4. S. Gött. Gel. Anz. 1817, St. 76, S. 753.

Von ihm noch:

Gab in Kopenhagen heraus Almanakkerne for Aarene 1317—1822.

Ebenso: Skriv-Calender eller daglig Lommebog for Aarene 1819—1822. Kbh.

Von den astronomischen Hülfstafeln von 1820—1829 erschienen die f. 1827 u. 1829 auch französisch u. die von 1820 englisch. (Vergl. über dieselben Jen. L. Z. 1821, III, No. 129, S. 65—70. Allg. H. L. Z. 1821, III, S. 97—101; 1824, Ergzbl. Aug. No. 85, S. 673—77. Berliner Jahrbb. f. w. Kritik 1828, II, 686 bis 694 v. F. W. Bessel).

Die Sammlung von Hülfstafeln wurde neu herausgeg. u. vermehrt v. G. H. L. Warnstorff. Altona 1845.

Journal of observations at Helgoland. 1825. 4.

Tabeller over Distancerne mellem Maanen og de fire Planeter Venus, Mars, Jupiter og Saturn for Aaret 1822, tilligemed Tabeller til at beregne den paaværende Brede ved Observationer af Polar-Stiernen for 1821 og 1822. Kbh. 4.

Die „Ephemeries of the distances of Venus, Mars, Jupiter and Saturn from the Moons centre" erschienen noch für die Jahre v. 1832—1838. Kopenh. 1832 bis 1839 4. f. 1834 u. 1838 auch dänisch.

Astronomische Nachrichten Bd. 9, 1830—31, No. 742, 19. Dec. 1850. Altona 1830 bis 1850. 4. (S. Gel. Anz. der Bayerischen Akademie der Wiss. II, S. 782—84.)

Lettre á Mr. Louis Breguet sur une pendule astronomique de Mrss. Breguet père et fils avec le tableau de la marche de cette pendule pendant 5 années consecutives. Altona 1829. 4.

Auxiliary tables for Mr. Bessels methode of clearing the distances for 1835 and 1836. Copenh. 1834—35.

Beobachtete Variationen der Magnetnadel in Kopenhagen u. Mailand 1835, 5. u. 6. November. Stuttgart 1836.

Gab heraus: Jahrb f. 1836. Mit Beitrr. v. Berzelius, Bessel, Gauss, Moser u. Pauder. Mit 1 Kupfert. u. 1 lithogr. T. Stuttgart, Cotta, 1836; f. 1837. Mit Beiträgen von Bessel, Hansen, A. v. Humboldt, Moser, Albers u. Pauder. Das. 1837; für 1838. Mit Beitrr. v. Bessel, Leopold v. Buch, Kunitz, Moser, Oerstedt, Albers u. Schouw. Das. 1838; f. 1839. Mit Beitrr. v. Bessel, Mädler, Steinheil u. Quetelet. Das. 1839; f. 1840. Mit Beitrr. v. Bessel, Erman, Mädler u. Albers. Das. 1840; für 1841. Mit Beitrr. v. Dove, Kunitz, Lehmann, Mädler, Albers u. Quetelet. Das. 1841; f. 1843 u. 1844. Das. 12.

Ueber die Berechnung der bei Wägungen vorkommenden Reductionen. Hamburg 1838. gr. 4.

Observationes cometae anni 1585 Uraniburgi habitae a Tychone Brahe. Altonae 1845. 4.

Gab heraus: Populäre Vorlesungen über wissenschaftliche Gegenstände von
F. W. Bessel. Hamburg, Perthes, Besser u. Mauke, 1848. 8. VI, SS. 636. Rec.
Gött. Gel. Anz. 1849, Juli, S. 1057—1060.

Briefwechsel zwischen C. F. Gauss u. H. Schumacher. Bd. 1—5. Herausgegeben von C. A. F. Peters, Altona 1860—63. 8.

In den „Philosophical transactions of the royal society of London"
1836, p. II p. 457—495 (A comparison of the late imperial Standard Troy Pound
weight with a Platina copy of the same and with other standards of authority.
Communicated in a letter to F. Bailly, Esq., V. P. and Treas, R. S.) Wurde
auch separat gedruckt London 1836. — In Molbechs „Det Kgl. Danske Vidensk.
Selsk. Historie" S. 444 (Erklärung die geogr. Landvermessung betr.). — In den
„Dorpater astronomischen Beitrr." No. 2 u. 3, sowie im Jahresbericht f.
1837—1839 und f. 1849—1850 der Hamburgischen Gesellschaft zur Verbreitung
mathematischer Kenntnisse einzelne Beitrr. — Schrieb Vorwort zu H. B. Lübsens
„Ausführl. Lehrb. der Arithmetik und Algebra". (Oldenb. 1835).

Nach seinem Tode erschien, herausgeg. v. J. Schumacher in Hamburg: Geschichte der Thronentsetzung und des Todes Peter des Dritten. Hamburg, Salomon & Co., 1859. 8. XIX u. 73 (wie es hiess, von ihm).

1976) **Schumacher,** Karl Theodor, geboren den 11.
November 1799 in Husum, Sohn des vorhergenannten G. Fr. Sch.,
studirte Theologie zu Kiel seit Ostern 1819 und zu Berlin, wurde
1823 Michaelis auf Gottorf mit dem 1. Char. examinirt, war schon
vorher und noch einige Jahre nachher Lehrer der älteren Kinder
des Herzogs von Holstein-Glücksburg auf Gottorf und Louisenlund;
den 12. Mai 1828 Subrector in Glückstadt, den 11. Januar 1831
Subrector an der Domschule in Schleswig, den 15. September 1848
(resp. den 25. November 1854) Conrector an der Gelehrten-Schule
in Flensburg, im October 1861 Ritter des Hausordens 2. Classe
Albrecht des Bären, wurde gegen Ende des Jahres 1865 mit Pension entlassen; zog Ostern 1866 nach Berlin.

1) Ueber das Bücherlesen: im Progr. der Schlesw. Domschule 1831. 4.

2) Von ihm die Jahresberichte der Schleswig-Holsteinischen Landesbibelgesell-
schaft f. 1834 u. 1835.

3) Die Bibel in der Gelehrtenschule, oder welche Stellung soll die Lesung des
Wortes Gottes, zunächst des neuen Testaments, in der Gelehrten-Schule ein-
nehmen? Im Oster-Progr. der Schlesw. Domschule 1843. 4. SS. 18.
S. Kirchen- u. Schulbl. 1844, No. 18.

4) Der Lehrberuf in seinen Antinomien: im Progr. der Flensb. Gelehrten-
Schule. 1856. 4.

5) Das Reich des Herrn oder wie führt Gott die Menschen zur Seligkeit,
Hamb., Nolte, 1862. 8. Angez. im Alt. Merk. v. 26. Juli 1863.

Im Flensburger Religionsbl. N. F. 1 No. 6 (Bibelsegen). — In
Vietheers Monatsschrift für Bibelverbrauch und Missionen 1828,
H. 1, S. 49—62. — In Biernatzki's Volksbuch f. 1845, S. 7—16 (zwei

Bilder aus dem christlichen Gemeindeleben). — Im Kirchen- und Schulbl.
1846, III, Sp. 161—169 (Betrachtungen über die religiösen Bewegungen in der
gegenwärtigen Zeit). — In Caspers Pastoral-Studien 2, 1861, S 289—306
(Andeutungen über Wesen und Werth des kleinen lutherischen Catechismus). —

1976a) **Schumacher,** Richard, Sohn von Heinrich Christian Schumacher, (No. 1975), studirte Mathematik und wurde den
30. December 1854 Observator an der Altonaer Sternwarte, ging
im Mai 1859 nach Chili, wo er an der Sternwarte zu St. Jago eine
Anstellung als Assistent gefunden hatte.

Von ihm viele Beobachtungen in den von seinem Vater begründeten astronomischen Nachrichten der 50ger Jahre, die in dem allgemeinen Register derselben
aufgeführt stehen, und einige Jahrgänge des Alton. Almanachs, nach ihrem astronomischen Theile, bearbeitet.

1976b) **Schwarck,** J. C., seit Mitte der 40er Jahre Prediger zu Malente im Fürstenthum Lübeck.

Zwei Predigten, Weihnachten 1848 und Neujahr 1849 mit Rücksichtnahme
auf die Zeitbewegungen gehalten. Eutin 1849. 8. SS. 19.

1977) **Schwartz.** Ernst Ferdinand (L. & S. No. 1089)
Starb als Arzt in Kellinghusen den 22. Februar 1832. — Vgl. Itzeh.
Wochenbl. 1832 No. 9, Sp. 177 und 178. Kieler Corr. Bl. 1832,
No. 25, S. 112. Neuen Nekrol. d. Deutschen 10. S. 111 u. 112.

1978) **Schwartz,** Georg Heinrich Wilhelm, geboren
den 17. November 1819 zu Neuenkirchen in der Probstei Münsterdorf, Sohn des Pastors Jacob Hermann Schwartz (in Giekau gest.
3. Febr. 1867) und der Justine Henriette, geb. Jess; besuchte das
Lübecker Catharineum von October 1837 bis Mich. 1839, studirte
Theologie seit Michaelis 1839 in Kiel, seit Ostern 1841 in Berlin,
seit Ostern 1842 in Halle und seit Mich. 1844 wieder in Kiel, wurde
Ostern 1845 mit dem 2. Char. m. s. r. A. examinirt, von 1845 bis
1849 Privatlehrer in Kiel, im August 1847 Licentiat der Theologie
in Jena, den 25. November 1849 Diaconus in Wilster, den 1. November 1857 zweiter Compastor in Plön, den 10. Juli 1864 Pastor
in Garding und 26. October 1866 const. Probst für Eiderstedt;
1867 Mitglied des theol. Examinationscollegiums in Kiel.

1) Gab zuerst mit Dav. Fr. L. Greve heraus: Norddeutsche Monatsschrift zur Förderung des freien Protestantismus 1845, October bis 1847, Juli; von da an allein
bis 1849. Schleswig, M. Bruhn, 1845—1847, dann Kiel, K. Schröder & Co.,
1848—1849. 8. Von ihm darin: 1845, Oct. bis Dec., S. 15—48 (Vom Ansehen
der H. Schrift); S. 126—143 (Das Recht der Reform); 1846, S. 145—164 (Die
kirchenrechtliche Frage); S. 195—206 (Rec. über Gustav Ebert's Schutzschrift
f. G. A. Wislicenus); S. 260—280 (Die Orthodoxie u. der freie Protestan-

tismus); 1847, S. 1—8 (Vorwort); S. 31—93 (Ueber die Bedeutung Lessings
für die Entwicklung des Protestantismus); 1848 S. 1—8 (Vorwort); S. 74—92
(Die Position des freien Protestantismus); S. 233—247 (Die neue Zeit); S. 254
bis 272 (Reform der Schule), S. 273—286 (Nekrolog Dav. Friedr. L. Greve's);
1849, S 1—6 (Vorrede); S. 22—36 (Das Staatsgrundgesetz der Herzogthh.
Schlesw.-Holst. u. die freie Kirche); S. 87—115 (Die Wittenberger Versammlung im September 1848); S. 383—400 (Die Verhandlungen der 2. Wittenberger
Versammlung im September 1849); S. 467—468 (Schlusswort).

2) Gab heraus: D. Fr. L. Greve's Grundriss der Ethik, mit einem Nekrolog des
Verfassers. Kiel 1848. 8. (In der Nordd. Monatsschrift 1848, pag. 273 bis
381 u. daraus auch separat abgedruckt).

3) Der wahre Jünger Christi. Wahlpredigt, gehalten zu Quakenbrück. Kiel
1848. 8.

4) Die Reformation, ein Uebergang von der Finsterniss zum Licht. Eine Predigt
am Reformationsfeste. Glückstadt 1851. 8.

5) Die Freude an Christo. Wahlpredigt, gehalten zu Kopenhagen. Itzeh. 1855. 8.

6) Abschiedspredigt, gehalten am 13. Trin. 1864. Plön 1864. 8.

7) Reden zur Weihe des Denkmals, errichtet auf dem Kirchhofe zu Coldenbüttel,
Garding 1865. 8.

In der „Protest. Kirchenzeitung" 1855 (Rec. der Predigten v. Nagel in Bremen:
Das Christenthum in seiner Wahrheit). — Revidirt.

1979) **Schwartz,** Jacob Heinrich Hermann (bedient
sich als Schriftsteller nur des letzteren Vornamens), geboren am 3.
November 1821 zu Neuenkirchen in Holstein, Sohn des Pastors und
Consistorialraths J. H. H. Schwartz, (damaligen Diakonus daselbst,
seit 9. December 1821 Pastor in Giekau, † 3. Februar 1867) und
der Henriette Justine Pauline geb. Jess; Bruder des vorherg. G. H.
W. Schw.; besuchte das Lübecker Catharineum 1839—1842, studirte
Medicin seit 1842 in Kiel, 1844 bis 1846 in Halle und wurde
dr. med. & chir. 1847 in Kiel, trat nach einjähriger wissenschaftlicher
Reise 1848 als Militärarzt in die Schleswig-Holsteinische Armee,
nahm 1851 seinen Abschied, habilitirte sich 1852 als Privatdocent
in Kiel, wurde 1856 Physikus für den 4. Holsteinischen Physikats-
District, ging Ostern 1859 als ord. Prof. der Geburtshülfe und Di-
rector der geburtshülflichen Klinik nach Marburg, 1862 in gleicher
Eigenschaft nach Göttingen.

1) De neonatorum pemphigo, Diss. inaugur. Kiliae 1847. 8.

2) Die vorzeitigen Athembewegungen. Ein Beitrag zu der Lehre von den Ein-
wirkungen auf die Frucht. Leipzig 1858. 8. SS. 308. (Ist dem Professor
Karl Conr. Theod. Litzmann gewidmet). Recc. Monatsschr. f. Geburtskunde
XIII, 304, Canstatt's Jahresberr. 1858. IV, 465, Liter. Centralbl. 1859.

3) Beitrag zur Geschichte des Foetus in foetu. Marburger, Prorectoratsprogr.
1859. 4. V u. 37 SS.

In der „deutschen Klinik" 1859 (Die vorzeitigen Athembewegungen); in
der Monatsschrift für Geburtskunde XXVI, S. 137 ff. (Ueber die Häufigkeit des

engen Beckens); in Schuchardt's Zeitschr. für praktische Heilkunde u. Medicinalwesen 1867, IV, S. 97 ff. (Complicationen der Blasenscheidenfistel). — Revidirt.

1980) **Schwartz,** Johann Heinrich (L. & S. No. 1092), er feierte in Süderau 1836 sein 50jähriges Jubiläum; starb am Himmelfahrtstage, den 9. Mai 1839, beinahe 89 Jahr alt. — Vergl. über ihn ausser den bek. Candidd.-Verzz. N. Nekrol. d. D. 17, S. 452—453, Flensb. Religionsbl. J. 8. Beil. No. 1. —

1981) **Schwartz,** Johann Heinrich Harald, geb. in Giekau, Bruder von No. 1978 u. 1979; studirte Medicin u. wurde dr. med. & chir. in Kiel im Jahre 1847, ist zur Zeit Arzt in Wandsbeck.

De anatomia pathologica processus vermiformis diss. inaugur. Kiliae 1842. 8.

1982) **Schwartz,** Nicolaus Dietrich (L.&S. No.1093); er starb den 21. Januar 1835 im 74. Lebensjahre, im 47. Amtsjahre, zu Wörden. — Vergl. über ihn N. Nekrol. d. D. 13, S. 117.

Von ihm noch: Zwei Predigten. Schleswig 1794. 8. (die im Kordes fehlen).

1983) **Schwensen,** Christian (L. & S. No. 1094); er feierte den 11. November 1841 sein 50jähriges Amts-Jubiläum, bei welcher Gelegenheit er Consistorialrath wurde, seit 1838 war sein Sohn Christian Karl Aug. Schwensen ihm als pers. Capellan beigegeben; er starb den 26. November 1845. — Vergl. Ersl. Suppl. III, S. 123.

1984) **Schwensen,** Christian Karl August, geboren in Hœrup den 23. März 1811, Sohn des vorhergenannten Christian Schw. und der Sophie Friederike Louise geb. Jessen († 9. Decbr. 1847), studirte Theologie in Kopenhagen seit 1830; bestand die verschiedenen Examina resp. 1830, 1831 und 16. November 1836 und 12. Juli 1837; war Hauslehrer auf Sehestedt bei Eckernförde, wurde pers. Capellan seines Vaters den 21. Juli 1838 und den 11. März 1846 Pastor zu Hœrup. — Vergl. Ersl. Suppl. III, S. 123 bis 124.

Gab mit heraus: Betænkning i Ritualsagen af Præster i Sœnderherred paa Als. Kbh. 1842. 8. 68 SS.

In „Dansk Kirketidende" 1860, Sp. 644—45 (Gamle Bœrner og Sauge).

1985) **Schwob-Dollé,** Joseph Antoine, aus dem Elsass gebürtig, war Ende der 40er Jahre Privatlehrer der Französ. Sprache in Kiel, von 1848—1851 Lehrer der Französischen Sprache an der Marineschule daselbst und seit 1848 Lector der Französisch.

Sprache an der Kieler Universität, ward am 28. September 1856
dieses Amtes auf Ansuchen in Gnaden entlassen, und ist 31. Januar
1866 als Professor der Französischen Sprache in St. Gallen,
Schweiz, gestorben.

Gab in Kiel heraus: Chrestomathie française en prose et en vers avec des
notes grammaticales, biographiques aux écoles allemandes en vue d'un enseigne-
ment méthodique et raisonné de la langue française. P. 1. 2. Deuxiéme edit.
Kiel, librairie de Charles Schröder & Co., 1860. 8. (Die erste Ausgabe war um
1850 ebendaselbst erschienen),

1986) **Schytz,** Karl Christian. — Vergl. über diesen in
Kopenhagen geborenen, und eine Zeit lang in Rendsburg als Ar-
tillerie-Officier domicilirten Schriftsteller Ersl. III, S. 131 u. Suppl.
III, S. 126—127.

1987) **Seeger,** Julius Karl Marius, geb. in Schleswig,
besuchte die Schule daselbst und studirte Medicin und Chirurgie in
Kiel, wurde 1856 in Kiel promovirt, und hat seit circa 5 Jahren
seinen Wohnsitz in Bremen. — Mitgetheilt. —

De hydrope saccato ovarii et tumore hujus generis Kiliae observato. Kiel
1856. 4.

1988) **Seeger,** Karl Heinrich, geboren am 11. Januar
1833 in Schleswig, Bruder des Vorhergenannten, besuchte die Schulen in Schleswig und Kiel bis Ostern 1853, studirte Medicin, wurde
1858 dr. med & chir. in Kiel und ist daselbst zur Zeit Arzt und
seit 1859 Privatdocent in der medicinischen Facultät.

De usu opii in diabete mellito. Kiliae 1858. 4. SS. 12. Revidirt.

1989) **Seelig,** Wilhelm, geboren den 2. Juni 1821 in
Cassel, Sohn des Fabrikanten gleichen Namens, besuchte das Lyceum und Gymnasium in Cassel, studirte in Marburg, Heidelberg
und Berlin, wurde 1844 dr. philos. in Göttingen, Privatdocent der
Nationalökonomie daselbst seit Herbst 1845, 1849 Assessor der philosophischen Facultät daselbst, 1852 ausserord. Prof. in Göttingen,
Mich. 1853 ausserord. Prof. in dems. Fach in Freiburg, Michaelis
1854 ordentlicher Professor der Nationalökonomie, Finanzwissen-
schaften und Statistik an der Universität in Kiel, am 27. März 1866
Vorstand des statistischen Bureaus für das Herzogthum Holstein in
Kiel. —

1) De Colberti administratione aerarii. Göttingen 1844. 8.
2) Die Partheien. Ein Wort zur Verständigung und Ermahnung. Cassel
1848. 8. SS. 13.

3) Bericht über die in Göttingen vom 5. bis 26. December 1849 abgehaltene Gewerbe-Ausstellung, erstattet im Auftrage des Gewerbe-Vereins zu Göttingen. Göttingen, Dieterichsche Buchh., 1850. 8. SS. 24.

4) Die Ablösung der Weideberechtigungen auf fremden Grundstücken mit besonderer Rücksicht auf das Königreich Hannover. Göttingen, Dieterich, 1851, 8. IV u. 163 SS.

5) Der Preussisch-Hannoversche Vertrag vom 7. September 1851 in seiner Bedeutung für Hannover beleuchtet. Göttingen, Dieterich, 1852. 8. IV und 68 SS.

6) Die Zusammenlegung der Grundstücke mit besonderer Beziehung auf die Gesetzgebung und das Verfahren im Königreich Hannover. Mit 1 Karte der zusammengelegten Feldmark Echte. Göttingen 1853. 8. V und 18 SS. Die Karte in Fol.

7) Das Verhältniss zwischen Gutsherrschaft u. Pächter bei der Drainirung von Pachtgrundstücken. Vom Wagrischen landwirthschaftlichen Vereine gekrönte Preisschrift. 2. Aufl. Kiel 1858. 8. SS. 44. Besprochen in den Itzch. Nachrr. 1858, Sp. 55.

8) Schleswig-Holstein u. der Zollverein. Kiel, Homann, 1865. 8. Rec. von Helferich in Gött. Gel. Auzz. 1866, No. 6. Zarncke» liter. Centr.-Bl, 1866, No. 12.

Rec. in den Gött. Gel. Anzz. 1854, S. 961—982 (über C. E v. Malortie: die Verwaltung herrschaftl. Bauten u. Gärten). — Einzelnes, staatswifthschaftlichen Inhalts, in der Kieler Zeitung, z. B. im März 1867. — Revidirt.

* 1989a) **Seeling,** Heinrich, geboren in Rendsburg; besuchte die Gelehrtenschule daselbst und ging von derselben Michael. 1854 zur Universität Kiel, wo er Mathematik und Philologie studirte; dr. philos.; in Altona als Lehrer an Privatinstituten thätig und mehrfach bereits mit Arbeiten für die Sternwarte betraut, 1861 Observator der Sternwarte in Glasgow, 1862 der Altonaer Sternwarte, an Stelle des verstorbenen dr. Pape; ging 1863 nach Paris. Verheir. am 5. Octbr. 1867 mit Jeanne, geb. Arcencam, aus Pau.

In den „Astronomischen Nachrr." v. Peters, Bd. 52, S. 286 (Berechnung der Tafelfehler des Mondes aus der Plejadenbedeckung; über die Formeln von Klinkerfues zur Berechnung derselben; Ableitung der Fehler der Hansenschen Mondtafeln); Bd. 54 !(Untersuchungen über Cometenbahnen); Bd. 56 (Elemente des Cometen II, 1861 u. A.); Bd. 57 (Neue Elemente dess. Cometen); Bd. 58 (Elemente u. Ephemeriden des Cometen I, 1862) u. verschiedene andere Berechnungen.

1990) **Seestern-Pauly,** Friedrich (L. & S. No. 1098), den 27. Juni 1840 R. v. D., Kammerherr; Amtmann und erster Beamter im Amte Schwarzenbeck in Lauenburg (noch 1865).

Von ihm noch: Actenmässiger Bericht über die in dem Herzogthum Holstein vorhandenen milden Stiftungen Th. 1, 2. Schleswig, Tbst.-Inst., 1831. 8. SS. 393. Rec. N. Prov. Ber. 1831, S, 654—656.

* Beitrag zur Kenntniss der Justizverfassung des Herzogthums Lauenburg; in den Prov.-Berr. 1832, H. 1, S. 84—98.

1991) **Seestern-Pauly,** Hans Hermann Walter, geboren in Schwarzenbeck, Sohn des vorhergenannten Friedr. Seestern-Pauly, studirte Jura in Kiel, examinirt beim O.-A.-G. in Kiel mit dem 2. Char. mit r. A. Ostern 1857, wurde 1859 den 8. Juli dr. jur. daselbst, habilitirte sich daselbst als Privatdocent und ward dazu am 16. Juni 1860 zum Untergerichtsadvokaten für das Herzogthum Holstein und zum Advocaten für das Herzogthum Lauenburg ernannt, später auch zum Notar.

De quæstione, quanto modo heres, qui heriditatem inventario neglecto adiit, legata debeat, diss. inaugur. Kiliae 1859. 4. SS. 46. ÷

1992) **Seestern-Pauly,** Ludwig August, geboren auf dem Gute Bossee in Holstein, studirte Medicin und wurde 1832 dr. med. & chir. in Kiel, wo er seither practischer Arzt ist.

De partu nimis accelerato et retardato. Kiliae 1832. 4.

1993) **Seidel,** Johann Friedrich (L. & S. No. 1099); er starb als Arzt in Schleswig, wohin er sich im Mai 1832 begeben hatte, den 20. Juli 1857 im 67. Lebensjahre. — Verh. mit Friederike geb. Volquarts.

Von ihm noch im Schlesw.-Holst. Schulblatt 1842, H. 1, S. 50—55 (Einige Bemerkungen über unsere Schulhäuser in ärztlicher Hinsicht); H. 4, S. 68—75 (Etwas über ärztliche Schulinspection); 1845, H. 4, S. 54—63 (Fürsorge für den Gesundheitszustand der Schulen). — Im N. St. M. I, S. 342—350 (Die Etatsräthin Dose in Wilster und ihr Testament). —

1994) **Seidel,** Karl Friedrich, geboren in Wilster, studirte Jura, war später Kanzelei-Secretär und Secretär beim OAG. in Kiel, war 1864 einige Zeit Bürgermeister in der Stadt Schleswig, trat 1865 in seine frühere Function als Secretär beim OAG. wieder ein; im August 1867 zum Amtsrichter in Schenefeld ernannt. (Laut Mittheilung ein Sohn von Nr. 1993).

Von ihm mitgetheilt in den Jahrbüchern für die Landeskunde 5, 1862, S. 174—176 (Freikaufs- und Ueberlassungsbrief vom Jahre 1746).

1995) **Selle,** Gustav Adolf, geboren den 23. März 1808 in Wesselburen, wo sein Vater, Jasper Ludwig S. († 13. August 1854), 1810 nach Gelting in Angeln versetzt, damals Organist war; er wurde im letzten Jahre vor der Confirmation vom Probsten Dierksen in Tating unterrichtet, war nach der Confirmation Hauslehrer, dann Seminarist in Westerborg auf Laaland, im April 1830 Organist und erster Mädchenlehrer in Heide, im Mai 1853 Organist an der Marienkirche und Obermädchenlehrer an der Altstädter Bürgerschule in Rendsburg, auch Zeichenlehrer an der Realschule an

Stelle des Lehrers Mertens; er starb im 57. Lebensjahre den 19. Juni 1864. Nekrol., in der Schulzeitung 1864 No. 43, Rendsburg. Schulprogr. 1865 S. 26 & 27.

1) Gab eine Schulkarte von Palästina im Selbstverlage heraus, von der 1848 eine 2. Auflage erschien.
2) Gab einen Planigloben, eine Karte von Europa u. von Dänemark heraus.
3) Sechs physicalische Tabellen nebst Begleitblättern dazu: Abriss der Physik. Heide, Selbstverlag, 1851. 8. Angez. Itzeh. W. 1851, No. 63, Schlesw.-Holst. Schulbl. 13, S. 610 ff.

1996) **Selle,** Johann Leonhard, geboren in Gelting, jüngerer Bruder des vorhergenannten Gust. Ad. S., besuchte bis Mich. 1837 die Prima der Flensburger Gelehrtenschule, wurde den 15. Februar 1843 Organist, Lehrer und Kirchspielschreiber in Landkirchen auf Fehmarn, introducirt 19. März 1843, gab im Januar 1855 diese Stelle auf, um sich ganz der Musik zu widmen (s. Schulz. 1854/55, No. 17), wurde Musiklehrer in Rendsburg, darauf Elementarlehrer an der Armen- und Freischule daselbst, 1864 zum Nachfolger seines Bruders als Organist an der Marienkirche und Obermädchenlehrer in der Altstadt Rendsburg gewählt.

Componirte einige Gedichte aus Kl. Groths Quickborn.
Im Schlesw.-Holst. Schulbl. 10, 1848, S. 87—94 (Die kirchlichen Zwischenspiele); in den Jahrbb. f. d. Landeskunde 4, S. 1—17 (Die Hausmarken auf der Insel Fehmarn. Steht auch im 20. Ber. der Gesellsch. f. d. Samml. u. Erhalt. vaterl. Alterthümer S. 31—47).

1997) **Semler,** C. H. A., geboren d. 29. April 1767 in Plön, besuchte von 1789—1791 das Kieler Seminar, wurde 1791 im October Gehülfe und im Juli 1794 Adjunct bei seinem Vater, Organisten in Grube, folgte demselben 1795 im Amte, feierte 29. Octbr. 1841 sein 50jähriges Jubiläum und ward D. M., erhielt 1843 einen Substituten; starb 1846. Vergl. die Selbstbiographie Schulbl. III, H. 4, S. 84 u. folgde. u. das. VIII, 1846, H. 3, S. 129—133.

Von ihm Beiträge zum Schlesw.-Holst. Schulblatt u. A. III, 1841, H. 4, S. 80—102 (Reden, mitgeth. v. H. J. Jöns in Cismar); IV, 1842, H. 4, S. 159—161 (Auf des Herrn Pastors Burchardi Sendschreiben an die gesammten Schullehrer der Probstei Oldenburg v. 28. Januar 1842). —

1998) **Semper,** Gottfried, geboren 29. November 1803 in Hamburg, Bruder des Kaufmanns und Fabrikanten J. C. Semper in Altona; nachdem er bei dem Pastor Mielck in Barmstedt für die Universität vorbereitet worden, besuchte er das Hamburger Gymnasium 1 Jahr lang und studirte darauf Mathematik in Göttingen. Er ging, um sich in der Architectur auszubilden, nach Paris und arbeitete als Schüler des Architecten Gau daselbst; nachdem er sich als Architect weiter ausgebildet hatte, besuchte er längere Zeit Italien und Griechenland und bekam, nachdem er 1830 zurückgekehrt war, bald darauf einen Ruf nach Dresden als Professor und Director der Bauschule daselbst, woselbst er das Schauspielhaus erbaute, mehrere grössere Privatbauten ausführte und den Plan zu dem neuen Galleriegebäude entwarf, auch den Bau leitete, bis er in Folge der Ereignisse von 1849 Dresden verlassen musste. Er fand ein Asyl in London und erhielt dort einen Ruf als Professor der Architectur an der eidgenössisch-polytechnischen Schule in Zürich, dem er folgte; hält sich bis jetzt in Zürich auf. — Er ist dort Erbauer des Polytechnicum und mehrerer anderer Gebäude und von ihm rührt auch der Plan zu dem neuen Münchener Schauspielhause her. — Mittheilung des Bruders.

1) Vorläufige Bemerkungen über bemalte Architectur und Plastik bei den Alten. Altona 1834. 8.

2) Von dem Bau evangelischer Kirchen. Mit besonderer Beziehung auf die gegenwärtige Frage über die Art des Neubaus der Nicolaikirche in Hamburg und auf ein dafür entworfenes Project. Leipzig, B. G. Teubner, 1845. 8.

3) Das königliche Hoftheater in Dresden. Braunschweig, Vieweg & Sohn, 1849. 20 SS. und 12 Kpfr. in Fol.

4) Die vier Elemente der Baukunst. Ein Beitrag zur vergleichenden Baukunst. Braunschweig, Vieweg & Sohn, 1851. 8. VII. u. 104 SS.

5) Wissenschaft, Industrie und Kunst. Vorschläge zur Anregung nationalen Kunstgefühls. Bei dem Schlusse der Londoner Industrie-Ausstellung. Braunschweig, Vieweg & Sohn, 1852. 8. 76 SS.

6) Ueber die formelle Gesetzmässigkeit des Schmuckes und dessen Bedeutung als Kunstsymbol: im 1. Heft der academischen Vorträge. Zürich, Meyer & Zeller, 1856. SS. 30.

7) Ueber die bleiernen Schleudergeschosse der Alten und über zweckmässige Gestaltung der Wurfkörper im Allgemeinen. Ein Versuch, die dynamische Entstehung gewisser Formen in der Natur und in der Kunst nachzuweisen. Mit einem Anhang über Bewegung im widerstrebenden Mittel. Frankf. a/M., (München, Bruckmann), 1859. 107 SS. mit Holzschnitten und 7 Stff. in 4 u. fol.

8) Der Stil in den technischen u. tektonischen Künsten oder praktische Aesthetik. Ein Handbuch für Techniker, Künstler und Kunstfreunde. Bd. 1: Die textile Kunst für sich betrachtet und in Beziehung zur Baukunst. Bd. 2: Keramik. — Tektonik. — Stereotomie — Metallotechnik. Frankf. a/M., Stuttgart (München, Bruckmann), 1860—1863 resp. XLIV und 527 SS. mit 125 in den Text gedruckten Holzschn. und VI und 591 SS. mit eingedr. Holzschn. und 7 farb. Steindrucktff.

Seine mehreren Arbeiten für Journale, Kunstgeschichtl. Inhalts sind von uns im Näheren nicht anzugeben.

1999) **Semper,** Johann Otto, geboren in Altona, Sohn des Kaufmannes und Fabrikanten J. C. Semper in Altona, ist Associé seines Vaters.

In den Mittheilungen des Vereins jenseits der Elbe für Verbreitung naturwissenschaftlicher Kenntnisse oder Sönksens Schulzeitung 1856—1857 No. 3: (Ueber die miocenncn Conchylien v. Lieth); Beil. zu No. 10 der Schulzeitung 1856—1857 (Zur Kenntniss der bei Teufelsbrücke u. am Elbstrande sich findenden Miocen-Conchylien und: Paläontologische Notizen über den Silter Limonitbsandstein); 1857 (Kiel 4) S. 6—16 (Zur Kenntniss der Gasteropoden des nordalbingischen Glimmerthons. Auch als Beilage zu No. 13, 1856—1857 der Schulzeitung); 1858 (8) S. 55—56 (Aufforderung wegen Austausches von Süsswassermollusken). —

2000) **Semper,** Karl Gottfried, geboren 6. Juni 1832 in Altona, Bruder des vorhergenannten Johann Otto Semper und Sohn des dortigen Fabrikanten und Kaufmanns Joh. C. Semper; besuchte das Gymnasium in Altona, war von 1848 bis 1850 Cadet in der Schleswig-Holsteinischen Cadettenschule in Kiel, studirte darauf in Würzburg, woselbst er im Jahre 1852 als dr. phil. und 1856 als dr. med. (?) promovirt wurde; im Jahre 1857 bereiste er fast alle Länder Europas und bereitete sich namentlich auch in Madrid auf eine Reise nach den Philippinen vor, die er, sowie die Palars- oder Pelewi-Inseln zum Zweck naturhistorischer Forschungen von 1858 bis 1865 besuchte und sich während dieser Zeit immer auf verschiedenen Inseln dieser Gruppen aufhielt; liess sich im März 1866 nach seiner Rückkehr als Privatdocent der Naturwissenschaften an der Universität Würzburg nieder.

1) Beiträge zur Anatomie und Physiologie der Pulmonaten. Mit 2 Kpfrtff. Leipzig, 1856. 8.

2) Entwicklungsgeschichte der Ampullaria polita Deshayes nebst Mitth. über die Entwicklungsgeschichte einiger anderen Gastropoden aus den Tropen. Gekrönte Preisschrift. Mit 4 lith. Tff. Utrecht, van der Post jun., 1862 20 SS. 8.

3) Reisen im Archipel der Philippinen. Th. 2. H. 1. Wissenschaftliche Resultate. Bd. 1, Holothurien II. 1. 2. Leipzig, Engelmann, 1867. Ein Prospect sagt über dieses Reisewerk, das im Erscheinen begriffen, das Nähere.

In „Zeitschrift für wissenschaftliche Zoologie" v. Siebold und Kölliker ausser verschiedenen kleineren Aufsätzen, 8, 1856, H. 3. (Ueber die Bildung der Flügel, Schuppen und Haare bei den Lepidopteren. Mit Kupfern), 17, 1867, H. 3, S. 437 ff. (Ueber einige tropische Larvenformen.) — In Kohners „Zeitschrift für allgemeine Erdkunde" N. F. Bd. 10, S. 249—265 (Reise durch die nordöstlichen Provinzen der Insel Luzon) und mehrere andere Reiseberichte.

2001) **Setzkorn,** Heinrich Gustav, geboren 3. Decbr. 1784 in Nentershausen in Westfalen, zuerst Secondelieutenant, dann Premierlieutenant beim Holsteinischen Scharfschützencorps bis 28. April 1820, wo er mit dem Charakter eines Capitains entlassen u. bald darauf 1821 Zollcontrolleur in Katingsiel und 1824 in Friedrichstadt wurde. Er starb 1857 den 3. Mai. Vergl. Ersl. III, S. 160, Suppl. III, S. 161.

Im „Magazin for militair Videnskabelighed" J. 1, S. 425—65 (Overgang og Tilbagegang over Floder. [Auszug aus v. Schels „Leichte Truppen; kleiner Krieg"); J. 2, S. 272—303, 329—80 u. J. 3, S. 213—42 (Over den tyrkiske Militærforfatning).

2002) **Seydewitz,** Karl Christian, geboren den 3. November 1777 in Nortorf, Sohn des Johann Christoph Heinrich v. S. und der Magdalene geb. Ralfs; trat in Militärdienst, aus dem er den 21. September 1836 als Infanterie-Major mit Pension abging; starb den 10. October 1857 in Kopenhagen. — Vgl. Erslw. Supplem. III. S. 161.

Von ihm in „Berlingske Tidende" 1848, No. 311, 12 (Beil.) 316 u. 317 (Grundtræk til almindelig Værnepligt og Folkevabning for Kongeriget Danmark).

2003) **Sidon,** Karl Ludwig Christian (L.&S. No. 1102). Er starb als Arzt u. Physikus in Plön schon den 20. Februar 1807. — Verh. mit Marie Sophie, geb. Eckhardt.

2004) **Siefert,** Otto Albrecht Bernhard, geboren den 21. Juli 1820 zu Neustrelitz, Sohn d. Mecklenburgisch-Strelitzschen Schulraths und Gymnasialdirectors Georg Gottfried Philipp Siefert; studirte nach dem Besuch des Gymnasiums zu Stralsund unter Dir. Nizze seit 1839 in Leipzig unter G. Hermann, Becker, Wachsmuth u. Haupt und in Berlin 1842—1843, wurde den 7. December 1843 Hülfslehrer an der Domschule zu Ratzeburg, Michaelis 1845 erster Collaborator an der Lauenburgischen Gelehrtenschule zu Ratzeburg, Michaelis 1848 Subrector in Schleswig, wurde 1850 entlassen, Ostern 1851 interimistischer, 1853 den 28. September 3. Lehrer am Altonaer Gymnasium, wurde in demselben Jahre in Jena zum dr. philos. promovirt.

1) Observationes in Sophoclis Electram. Brandenburgi Novi 1842. 8. 16 SS. Gratulationsschrift zum 50jähr. Jubiläum des Vaters.

2) Akragas u. sein Gebiet. Ein Beitrag zur Geschichte Siciliens. Hamb., Nestler u. Melle, 1845. 4. 104 SS. Der Anfang auch als Programm der Ratzeburger Schule, 1845.

3) Zankle Messana. Ein Beitrag zur Geschichte Siciliens. Altonaer Oster-Programm. Altona 1854. 4. S. 1—46.

4) Ueber Schillers Leben u. geistige Entwicklung in: die Säcularfeier der Geburt Friedrichs v. Schiller am 10. November 1859 in dem königl. Christianeum. Altona 1859. 8. S. 5—20.

5) Die Sklavenkriege. Ein Beitrag zur Geschichte Siciliens unter der Römerherrschaft. Oster-Programm 1859 zu Altona. 4. SS. 40.

6) Die Staatserbfolge im Herzogthum Lauenburg. Hamb. 1864. 8. SS. 33.

7) Ausgewählte Biographien des Plutarch. Für den Schulgebrauch erklärt. 1. Bdch. Philopömen u. T. Quintus Flamininus. Leipz., Teubner, 1859. 8. VI u. 89. 2. Bdch. Timoleon u. Pyrrhos. Das. 1861. 8. VI u. 140 SS.

8) In dem Reallexikon des classischen Alterthums v. Lübker sind von ihm die geographischen Artikel fast ohne Ausnahme u. ein Theil der historischen.

9) Ueber Gelon, Tyrann v. Gela u. Syrakus: im Oster-Progr. des Gymnasiums zu Altona 1867. 4.

10) Eine griechische Ode zum 25jährigen Jubiläum des Professors Zander in Ratzeburg 1844, Schwerin, ist ohne Anführung seines Namens gedruckt.

In Mützels Zeitschr. f. das Gymnasialwesen 1851, S. 77 (Die Gelehrtenschule zu Ratzeburg), S. 228 (Bemerkk. über einzelne Punkte des Entwurfs einer Gymnasial-Ordnung); 1852, H. 9, S. 712—14 (Zur Erklärung des Horaz); 1854, H. 9, S. 732—734 (Die Gelehrtenschule Holsteins u. Lauenburgs, Ostern 1854); 1858, S. 516—519 (Anz. von Lübkers: Excerpta ex ant. script. Lat. in Graecum sermonem convertenda). — Ein Beitrag über Zweck u. Einrichtung der Gymnasien in der Schlesw.-Holsteinischen Schulzeitung v. Thaulow. — Revidirt.

2004a) Siemens-Andressen, Jacob, ein Friese von Geburt, soll 1844 in Altona gelebt haben, wo er eine Broschüre herausgeben wollte, in Betreff eines an der Unterelbe anzulegenden Hafens. (Näheres über sein Altonaer Domicil war uns von competenter Seite jedoch nicht möglich mitzutheilen.)

Er gab mehrere Schriften heraus:

1) Die Insel Helgoland vor ihrem bevorstehenden Untergang. Eine Nationalschrift zum Nutzen ihrer Bewohner u. der Nordsee-Schifffahrt. Helgoland (Hamb., Hoffmann & Co.) 1835. 8.

2) Fragmente über den Eid, auf Thatsachen im Seewesen begründet. Erstes Heft. Hamburg u. Altona, 1839. 8. Angez. im Alt. Merk. 1839, No. 204.

3) Der Nordsee-Besen. Das Helgolander Lootsenwesen unterdrückt, die Nordseeschifffahrt gefährdet! Die Reform. Hamb., Kittler, 1843. 8.

4) Andeutungen, betr. Deutschlands Handelsschifffahrt in besonderer Beziehung auf die Elbe. Hamb., Kittler, 1844. 12.

5) Das Reich des Herrn od. des Gesetzes, wie es entsteht. Fragmente über den Eid, verschiedentlich begründet. Hamb., Kittler, 1844. 12.

6) Deutschlands See-Geltung. In der Handelsmarine eine Kriegsmarine zu erziehen. Norddeutsch-baltisch-nordische Kriegsmarine. Hamburg, 1843. 2. (Titel-) Ausgabe, Hamb. 1848. VIII, 63 SS.

7) Helgolander Mysterien. Bremen 1848. 8. 14 SS.

8) Vorschläge zur Begründung einer Deutschen Kriegsmarine. Frankf. a. M. 1848. 8.

9) Mit C. A. Jansen, L. Starklof: die Deutsche Kriegsmarine. Eine Ansprache an die Deutschen Volksvertreter in Frankf. a. M. Oldenburg 1848. 28 SS. 8.

2005) **Siemensen,** (Siemsen, nach Jensens K.St. S. 911)
Jens, geboren den 28. Februar 1773 zu Faurlück im Kirchspiel
Rabenkirchen, Probstei Gottorf, studirte Theologie in Kiel seit
Ostern 1795, wurde 1801 mit dem 3. Char. m. A. auf Gottorf exa-
minirt, war dann Nachmittagsprediger am St. Johanniskloster bei
Schleswig, 1802 Pastor auf Nordmarsch, 1807 Pastor in Rüllschau,
den 28. October 1823 Pastor in Handewith, den 29. Juli 1854 eme-
ritirt; starb am 30. März 1859.

<blockquote>Von ihm in den N. Prov.-Berr. 1832, S. 132—138 (Baubereitung u. Be-
nutzung der Kartoffeln zur bedeutenden Verbesserung der Landwirthschaft in
Haidegegenden).</blockquote>

2006) **Siemonsen,** Lorenz, geboren den 20. August
1800 in Flensburg, Sohn des Müllers Marcus Detlef Siemonsen u.
der Ingeborg Christine, geb. Jensen; besuchte die Flensburger Gelehrtenschule, studirte Theologie seit Michaelis 1818 in Kiel und
Berlin, wurde 1823 auf Gottorf mit dem 2. Char. m. s. r. A. examinirt, wurde den 21. Februar 1827 Catechet und Capellan pro
persona an der Deutschen Friedrichskirche auf Christianshafen, trat
an den 6. Mai, war 1829 bis August 1831 zugleich const. Pastor
an derselben Kirche; wurde den 13. Juni 1836 Pastor in Husbye,
wo er den 14. August antrat, entlassen als solcher den 10. Septb.
1850, privatisirte alsdann in Altona, den 17. März 1864 const. als
und den 28. Mai 1864 wieder ernannt zum Pastor in Husbye, 1866
emeritirt. — Vergl. ausser den bek. Candidaten-Verzz. Erslw. III,
S. 169 u. Suppl. S. 170.

<blockquote>1) Geistliche Gesänge und Lieder, zunächst zum Auswendiglernen. Für die
Jugend gesammelt. Kopenh. 1832.
2) Ueber die Clausensche Injuriensache v. N. F. S. Grundtvig. Uebersetzt. Das.
1832. 8.
3) Prædiken holden i Frederiks tydske Kirke paa Christianshavn, 4. Søndag
i Advent 1833, oversat og udgivet af P. C. Petersen. Kbh. 1834. Ist wohl
ursprünglich in Deutscher Sprache gedruckt.
4) In „Begräbnissfeier des theuren Gottesmannes Dr. Claus Harms" (1855) S.
41—42 (Nachruf).
Reden von ihm im 10., 12. u. 13. Jahresbericht der Dänischen
Missionsgesellschaft 1831, 1833 u. 1834. — Beitrr. zu „Nordisk Kirke-
Tidende." 1834, Sp. 292—300, Sp. 849—859, 1835, No. 46, 1836, Sp. 525—527.
— Zum (Flensb.) Religionsbl. N. F. J. 3, 1835, No. 24; J. 6, 1838, No. 9,
S. 35—37, No 19, S. 79—82, No. 27, S. 116—118, No. 37, S. 167—170; J. 7,
No. 13; J. 8, No. 12, No. 46; J. 9, No. 26, No. 34, No. 38; J. 10, No. 20, 25,
28, 36; J. 13, No. 45, (theils Gedichte, theils prosaische Artikel religiösen
Inhalts). —</blockquote>

2007) **Siemonsen,** Ludwig, geboren den 16. Juli 1840 in Husbye, Sohn des Vorhergenannten, besuchte das Gymnasium in Altona bis Michaelis 1859, studirte Philologie in Kiel, Bonn und Berlin und wurde 1861 dr. philos. in Kiel; seit 1864 7. Lehrer und seit 1867 5. Lehrer an der Gelehrtenschule in Hadersleben.

Quaestiones Lucianeae: im Oster-Programm 1866 der Haderslebener Gelehrten-Schule.

2008) **Siemsen,** Hermann, Apotheker in Altona, wo er noch lebt, nachdem er seine Apotheke vor Jahren verkauft hat, u. sich, einer Mittheilung zufolge, mit grossem Interesse an vielen Wohlthätigkeitsanstalten der Stadt betheiligt.

In Pfaffs Mittheilungen 1, Kiel 1832, Heft 3 u. 4, S. 179—187 (Winke bei Einführung der neuen Pharmacopoe). —

2008a) **Siemsen,** Jens, s. Siemensen, J. No. 2005.

2009) **Sierck,** Johann Heinrich, geboren 27. November 1817 in Preetz, Sohn des nachfolgenden Marc. Alex. S., besuchte die Lübecker Schule bis Ostern 1838, (Lehrer: Classen und Jacob), studirte Theologie, Ostern 1838 bis Michaelis 1839 in Kiel (Lehrer die Proff. Thomsen, Pelt, Chalybäus, Dorner); v. Michaelis 1839 bis Michaelis 1840 in Jena (Lehrer die Proff. Hase, Baumgarten-Crusius); von Michaelis 1840 bis dahin 1841 in Tübingen (Lehrer: Baur, Zeller), dann wieder in Kiel (Lehrer Prof. Lüdemann); examinirt Ostern 1844 (2. m. A.); den 6. Mai 1849 Diaconus in Wesselburen, 1850 und 1851 Mitglied der Schleswig-Holsteinischen Landesversammlung, 2. September 1866 zum Pastor in Waabs erwählt.

In Greve's u. Schwartz's Norddeutscher Monatsschr. 1846, Febr., S. 85 bis 96 (Rec. über W. Hanne: idealer Protestantismus etc.); Mai, S. 226—240 u. S. 280—288 (Recc.); 1847, Januar, S. 9—30 (Ueber zeitgemässe Auswahl aus Huldr. Zwinglis praktischen Schrr.); März, S 124—137 (Anzz. u. Recc.); Juni S. 233—280 (Die Ausschliessung des dr. Rupp); 1848, S. 24—48 (Der Gegensatz der Orthodoxie u. des freien Protestantismus); S. 526—54 (Ueber Michel Lepelletiers Plan einer Nationalerziehung); 1849, S. 145—176 (Die Principienfrage der protestantischen Kirche. Erster Artikel). — In der „Predigt der Gegenwart" herausgeg. v. einem Verein Weimarscher Predd. Jahrg. 3, 1866, H. 1, S. 57—63 (Correspondenz aus Schlesw.-Holst.); H. 7, S. 413—420 (Predigt: der Weg zum ewigen Leben; steht auch in den „Predigten u. Amtsreden namhafter Kanzelredner", Bd. 3, S. 166—173). — Revidirt.

2010) **Sierck,** Marcus Alexander (L. & S. No. 1104), geboren den 22. Februar 1787 zu Alten-Benebek im Amte Gottorf, Sohn eines Rademachers, 1805 Unterlehrer in Erfde, 1806 u. 1807

auf dem Kieler Seminar, 1807 Lehrer an einer der sog. Quartiers-
schulen in Preetz, erhielt 1820 die gesammte Mädchenschule, 1826
die höhere Knabenclasse, feierte am 1. October 1857 sein 50jähri-
ges Dienstjubiläum und wurde D. M., trat zugleich von seinem
Amte ab. — Vergl. Schulbl. f. d. Herzogthh. Schlesw. u. Holst. 19,
S. 609—610.

Von dem Lehr- u. Erbauungsbuch f. die grössere Jugend erschien 2. Aufl.
Schlesw., Tbst.-Inst., 1827. 3. Aufl. Kiel, Schwers'sche Buchh., 1842. 8. VLII
u. 352 SS. Rec. der 3. Aufl. Itzeh. W. 1842, No. 5.

Von dem Lesebuch f. die mittlere Schuljugend erschien 3. Aufl. 1838. 8.

Von der Fibel erschien die 3. Aufl. Kiel, Schwers'sche Buchh., 1845. 8.

Die Jahreszeiten od. die Natur u. das Menschenleben. Ein Leitfaden für
Stadt- u. Landschulen zur Erkenntniss Gottes aus seinen Werken. In prosaischen
u. poetischen Schilderungen nach den Dichtern des Deutschen Volkes. Kiel, Universitäts-Buchh., s. a. (1841). 8. XIV u. 389 SS. Rec. Schlesw.-Holst. Schulbl.
1841, J. 3, H. 2, S. 150—151.

Im Schlesw.-Holst. Schulbl. 2, 1840, H. 3, S. 86—95 (Ueber den Unter-
richt im Schönschreiben); 4, 1842, H. 2, S. 47—54 (Ueber die Beschaffenheit u.
Einrichtung eines Lesebuchs f. Volksschulen); 8, 1848, H. 1, S. 59—68 (Ueber
den Elementar-Leseunterricht); 18, 1856, S. 362—365 (Ueber den Schulzwang);
S. 306—369 (Wie hat der Lehrer es zu machen, dass der Schulzwang so wenig als
möglich in Anwendung gebracht werde). — In Sönksens Schulzeitung 1860,61
No. 37 (Ueber den Unterricht in der Weltgeschichte in der Volksschule). —
Beitr. zum Itzeh. W. u. A. 1835, No. 8, Sp. 173—176 (Ueber Wittwenkassen).

2011) **Sievers,** August Heinrich Theodor, geboren
den 31. December 1824 in Heiligenhafen, Sohn des Predigers Joh.
Hinrich Sievers daselbst († 12. November 1829) u. der Anna Dorothea Henriette geb. Henningsen († 1836); kam in seinem 5. Jahre
zu seinem Grossvater, dem Organisten Chr. H. Henningsen in
Eckernförde; Einfluss auf seine Bildung hatten sein Onkel der Literat und Buchhändler Joh. Jürgen Heinrich Hansen und der Rector
Nissen das.; studirte eine Zeit lang in Kiel, ohne jedoch zum Examen zu kommen; kam nach Hamburg als Literat und wurde Mitarbeiter an der Hamburger Reform, musste aber Hamburg verlassen
und kam nach Magdeburg, einige Monate als Schauspieler, später
als Mitarbeiter der dortigen Elbzeitung thätig; kehrte nach Hamburg zurück und arbeitete wieder fleissig für die genannte Reform,
sowie auch für den „Freischütz" u. a. Blätter; nach einiger Zeit
gründete er in Altona eine kleine Buchhandlung mit Leihbibliothek,
wobei er gleichzeitig ein sog. Correspondenz-Bureau hatte, und
verschaffte sich eine eigene Buchdruckerei; nach einiger Blüthezeit
ging es mit dem Geschäfte zurück; Kränklichkeit nöthigte ihn zur

Ruhe und Zurückgezogenheit; er zog darauf bei verkleinertem Geschäft einige Zeit nach Hamburg, kehrte aber wieder nach Altona zurück, wo er am 19. October 1860 starb. — Verheirathet mit Rosalie Joachime geb. Kietz seit dem 8. Novbr. 1849. — Mitgetheilt. — Vgl. auch Album der Reform (Hamb. 1864) S. 304.

1) Humoristisch-poetische Wanderbilder in und um Magdeburg. Magdeb. 1847. 8.
2) Die Deutsche Flotte. Magdeburg 1848. 8.
3) Kein Diebstahl mehr! Sicherheit des Eigenthums durch ein gesetzliches Vorbeugungs-Verfahren. Darstellung, wie ohne Strafen u. Vereine der Verarmung zu steuern u. die Sicherheit des Besitzes zu erzielen sei. Magdeburg 1847. X u. 67 SS.
4) Ernst u. Laune. Scherze u. Gedichte zum Vortragen am Polterabend. Altona 1852. 8. 64 SS.
5) Der poetische Hausfreund. Spenden der Muse für die Stunden der Freude u. des Leides im Kreise der Familie. Altona, Selbstverlag, 1852. 8. IV 272 SS. Davon erschien eine 2. Aufl.
6) Gab heraus: den fliegenden Holländer. Neuestes Liederbuch für Seeleute. Altona 1852. 8. 62 SS.
7) Neuester Declamations-Salon. Original u. gesammelte Gedichte zu declamatorischen Vorträgen in Schule u. Haus, in Concerten u. auf der Bühne. Altona, Selbstverlag, 1853. 8.
8) Gab heraus „Den Postillon". Ein Volks- u. Localblatt, das anfänglich in kleinerem Format, später in gr. fol. erschien u. einige Jahre v. 1854 an bestand.
9) Gedichte. Altona, Selbstverl., 1857. 2. Aufl.
10) Gab heraus eine belletristische Zeitschrift: „Das Füllhorn".
11) Humoristische Vorlesungen. Altona, Verlag v. seiner Wittwe, 1860. 8.
Ausserdem sind von ihm viele Artikel in den schon oben genannten Blättern. Auch verfasste er während seines Aufenthalts in Magdeburg einige Couplets für das Theater. In seinem Geschäft wurde auch die Fritzsche Theater-Zeitung verlegt. Von ihm werden auch noch angeführt „Gedichte in Krieg u. Frieden." — Im Eckernförder Wochenblatt 1846 stehen einzelne Gedichte von ihm.

2012) **Sievers,** J., geboren zu Stafstedt im Kirchspiel Jevenstedt; soll, laut einer Mittheilung, Autodidact, laut einer anderen, Tondernscher Seminarist und zwar vermuthlich um 1824 oder 1825 gewesen sein; später Lehrer in Sude bei Itzehoe; legte sich mit Vorliebe auf Mathematik, wurde, laut Mittheilung, von dem verstorbenen Professor Schumacher bei der Altonaer Sternwarte beschäftigt, war einige Zeit, um das Jahr 1851 Observator an der Sternwarte in Kopenhagen, von wo einige Mittheilungen von ihm in den „astron. Nachrr." datiren; soll, laut Mittheilung, später an einer astronomischen Expedition in Russland Theil genommen, dann in Altona privatisirt haben und darauf wieder 1859 als Astronom in Königsberg angestellt sein. — Vergl. über ihn Itzeh. Nachrr. 1859 No. 42, v. 25. Mai in dem Corresp.-Artikel aus Altona.

Gab heraus des Arithmetikers Paul Halcke in Buxtehude: Deliciae mathematicae oder mathematisches Sinnenconfect s. t. Paul Halckes Aufgaben, neubearbeitet und herausgegeben für Freunde der Mathematik. Th. 1. Die Aufgaben. Itzehoe 1836. 8. Vergl. Itzeh. Nachrichten 1867 No. 65 (vom 8. Juni) in der Rubrik „Literarisches". Zahlreiche Beobachtungen in Schumachers astronomischen Nachrichten v. 1844, Bd. 21 bis 1851, Bd. 31. — Ein Beitrag von ihm steht auch in G. H. L. Warnstorffs neu herausgegebener Sammlung von Hülfstafeln v. H. C. Schumacher, Altona 1845.

2012a) **Sieverts,** Detlev Heinrich Christian, geboren zu Lütjenburg am 25. Mai 1833; widmete sich nach der Confirmation der Handlung, ging aber von derselben aus Liebhaberei zum Buchdruck über, den er bei A. Beig in Pinneberg erlernte, und kaufte 1860 die Officin von L. Rathje in Burg a. F., wo er seit Neujahr 1861 das Fehmarnsche Wochenblatt herausgiebt und redigirt.

Veröffentlichte, z. Th. anonym, seit 1850 eine grössere Anzahl Gedichte in verschiedenen Tagesblättern der Herzogthümer, z. B. dem Postillon, Preetz-Lütjenb., Pinneberg., Neumünstersch. und Fehmarnschen Wochenblatt.

2013) **Sieverts,** Gustav Adolph Johann, geboren den 23. September 1810 zu Giekau, Sohn des nachfolgenden Joh. Joa. S., studirte Theologie zu Kiel seit Michaelis 1831, examinirt 1837 mit dem 2. Char. m. A., 1849 den 16. October Hospitalsprediger und Katechet in Elmshorn, 22. Juni 1858 Comp. daselbst, welche Stelle er den 1. August antrat.

Wer Christum lieb hat, dem ist die Mission eine heilige Herzenssache. Predigt über Joh. 21, v. 17 an dem Elmshorner Missionsfest am 23. November 1851 gehalten. Elmshorn 1851. 8. 15 SS.
In den Jahrbüchern für die Landeskunde V, 1862, S. 57 (Die Hospitalskapelle zu Elmshorn).

2014) **Sieverts,** Johann Joachim (L. & S. No. 1107). — Verheir. war er mit Antoinette geb. Jancke (gest. 20. October 1815).

Von ihm noch: Rede, gehalten bei der feierlichen Beerdigung der am 13. Juni 1810 zu Panker gestorbenen Demoiselle Marie Sophie Stolbom im Pastorathause zu Giekau den 17. Juni. Auf Verlangen dem Druck übergeben. Kiel 8. SS. 16.

2015) **Siewerssen,** Friedrich Leopold, geboren zu Eutin, Sohn des Diaconus Franz Matthias Siewerssen das. (s. Kordes p. 314), seit 7. März 1819 adjungirter Pastor, seit 1821 Pastor in Bosau im Fürstenthum Lübeck. Er starb 1861.

1) Mit Pastor Karl Fr. Chr. Hasselmann: der Augsburgischen Confession 21 Artikel christlicher Lehre nebst den wichtigsten Beweisstellen der hl. Schr. Eutin 1830. 8.

2) Die Pflanzung des Christenthums unter den Slaven. bes., in Wagrien, und die Stiftung des Bisthums Oldenburg oder Lübeck mit näherer Beziehung auf die Kirche zu Bosau. Zur Jubelfeier des 700jährigen Bestehens dieser Kirche. Eutin 1852. 8. SS. 66.

In „die Jubelfeier des 700jährigen Bestehens der Kirche zu Bosau" (1852) S. 7—16 (Predigt über 1. Petri 2, 5—10). —

2016) **Sikora,** Ch.,. Suppleant-Organist an der Schlosskirche in Kopenhagen den 6. Juni 1854, dann Dom-Organist in Schleswig bis gegen 1860.

Gab 1856 eine Sammlung leichter und gefälliger Choralvorspiele heraus.

2017) **Simesen.** Rasmus Johannes. Hinsichtlich dieses in Friedericia den 20. Juni 1810 geborenen Dänischen Schriftstellers ist auf Ersl. III, S. 173—174 und Supplem. III, S. 178—180 zu verweisen. Er hielt sich von 1839 bis 1843 'Juli in Altona auf und gab dort 1841 heraus „die Geometrie, genetisch dargestellt" u. „Grundriss der elementaren Algebra," s. Schlesw.-Holst. Schulbl. 5. 1843, H. 3, S. 149. — Später vom 2. Juni 1851 bis 29. Februar 1864 war er Rector der Flensburger Gelehrten- u. Realschule.

2018) **Simonsen,** Simon Gerstenkorn, geboren den 3. Mai 1811 zu Hadersleben, studirte seit Michaelis 1830 Theologie in Kiel, wurde Michaelis 1835 mit dem 2. Char. m. s. r. A. examinirt; den 16. November 1837 Pastor in Joldelund, den 12. November 1851 pensionirt, den 2. September 1855 Pastor in Lunden, den 1. November 1860—1864 geistliches Mitglied der Holsteinisch. Ständeversammlung, den 4. Mai 1861 Probst für Norderditmarschen, den 23. Juni 1864 Pastor in Handewith.

Seine im September 1855 zu Lunden gehaltene Wahlpredigt über Matth. 16 v. 24 wurde gedruckt.

Friedenspredigt, am 4. Decbr. 1864 gehalten. gr. 8. 14 SS. Flensburg 1864. In Commission von Th. Herzbruch.

2019) **Singhofen,** Johannes Clemens Christian, geboren in Husum, besuchte das Realgymnasium in Rendsburg, studirte Medicin, wurde 1867 im Februar dr. med. & chir. in Kiel, ist jetzt practisirender Arzt in Grossen-Wiche.

Nonnulla ad scrofolosin spectantia. Diss. inaugur. Kiliae 1867. 4.

2020) **Sinjen,** Klaus (L. & S. No. 1109), geboren den 12. April 1787 im Dorfe Krokau in der Probstei, studirte die Rechte in

Kiel, wurde Michaelis 1814 examinirt (3. Char.), ging 1815 als Advocat nach Husum, 1817 nach Flensburg, wo er den 25. Februar 1838 auch Notar war, in demselben Jahre Advocat und Notar in Kiel; wohnte seit 1842 in Düsternbrook bei Kiel; starb daselbst den 8. December 1865. Er ward beerdigt in Propsteier-Hagen, wo seine Landsleute ihm aus Dankbarkeit und Erkenntlichkeit einige Jahre vor seinem Tode eine Grabstätte geschenkt hatten. — Theilweise nach einem Mscpt. v. dr. Blohm.

Von ihm noch:

Einige Worte a) zur Abwehr fernerer Belastung der bäuerlichen Hufenländereien 1) durch den Staat, 2) durch die Arbeiter, b) zur Herausstellung des Einkommens eines Hufners behufs der Einkommensteuer, c) zur Beherzigung 1) für die Hufenbesitzer, 2) für die ländlichen Arbeiter in den Aemtern und Landschaften der Herzogthümer Schleswig-Holstein. Kiel, Schröder & Co., 1849. 8. In den „N. Prov.-Berr." 1831, S. 449—472 (Ueber die Trennung der Justiz von der Administration und die Collegial-Besorgung beider Zweige der Verwaltung überhaupt, nebst Vorschlägen, wie diese Reform im Amte und in der Stadt Flensburg zu bewerkstelligen sei); das. 1833, S. 158—173 (Die Kupfer- und Messing-Fabrik zu Crusau bei Flensburg). —

2020a) **Sivers,** Peter Hinrich, geboren zu Rendsburg den 2. Mai 1780, studirte Theologie in Kiel seit Michaelis 1798 und bestand das theol. Amtsexamen in Glückstadt 1803 (2. Char.), und ward am 25. November 1805 zum Diac., am 23. Juli 1815 zum Hauptpastor an St. Marien in Rendsburg gewählt. Am 28. Septbr. 1848 mit Pension von seinem Amte entlassen, lebte er darauf bis zu seinem am 10. November 1857 erfolgten Tode in Rendsburg.

(Reden des Hauptpastors Sivers) in der „Nachricht von der Stiftung der Rendsburger Bibelgesellschaft." Rendsb. 1816. Vgl. Prov.-Ber. 1817, S. 578 u. 579. (Steht nicht im L. & S.).

2021) **Sivertsen** (Sievertsen) Johannes Volkert, geboren 1766 auf der Hallig Hooge, vieljähriger Seemann, gestorben in Wyck auf Föhr den 16. September 1840.

Der Schüler Jesu. Eines Ungelehrten, vieljährigen Seemanns, Uebungen in gottseligen Gedanken für die Kinder Gottes. 1831. 8.

2022) **Skau,** Lauritz Peter (Pedersen), geboren den 22. Mai 1817 in Sommersted, Amt Hadersleben, Sohn eines Hofbesitzers daselbst; besuchte die Dorfschule (Lehrer Kloster); war 1844 Secretär des Schleswigschen Vereins; später war er Mitglied der Schleswigschen Ständeversammlung, sowie des Reichsraths in Kopenhagen; Hofbesitzer in Houdst; 13. August 1852 Amtsverwalter im Wester-Amt Hadersleben; den 11. April 1848 D. M., den

28. Juli 1856 R. v. D.; starb im Mai 1864. — Vergl. über ihn
Laurids Skau og hans Taler (Kbh. 1844. 8.) Kofoed-Hansen: L. Sk.s
Jordefærd den 18. Mai 1864 (Kbh. Eibe. 8.)

1) Gab heraus C. Hinrichsens (Cl. Manicus): Kort Udsigt over de separatistiske,
saakaldte slesvig-holstenske Partibevægelser i den danske Stat. Kbh. 1847.
2. Aufl. Deutsch s. t. Historische Uebersicht der Schlesw.-Holsteinischen
Bewegungen v. E. C. (Christiani?) Mit literarischen Beill. Das. in dems. J.
S. Falcks Archiv V, S. 377—380. Dannev. IX, No. 86.

2) Hvorvidt ere vi kommen? Kbh. 1848. 16.

3) Hans Nissen i Hammelef. (Bes. Abdr. aus der Dannevirke) Hadersleben
1857. 8. SS. 121.

4) Nach seinem Tode: Peter Hjort Lorenzen. Et Bidrag til den dansk-
slesvigske Sags Historie. Udgivet af den danske Folkeforening. Kbh. 1865.
8. VIII u. 302 SS. S. Jahrb. f. d. Landesk. IX, H. 1, S. 142—150.

Diverse Beitrr. zur „Dannevirke" u. A. VI, 1843—1844, No. 47 (Gjenmæle);
No. 76; VIII. 1845, No. 43, No. 50, IX, 1846, No. 11, No. 41, No. 50; XII,
1849, No. 110; XIII 1850, No. 150, 153, 155, 156 (Communalvæsenet i Slesvig);
No. 158; XIV, No. 14, 148, XV, 1852. No. 10. — In den Slesvigske
Provindsialefterretninger" Bd. 1, 1860, No. 5. S. 97—121 (Das Brand-
versicherungswesen). — Wohl noch anderweitige Artikel in Dänischen Tagesblättern.

2023) **Skjoldager,** Niels Hansen, geboren den 19. November 1803 in Gram im Amte Hadersleben; Schullehrer in Taarbæk; examinirt 1830 auf dem Jonstruper Seminar, 28. Januar 1832
erster Lehrer, Kirchensänger und Organist in Kongens Lyngbye,
6. October 1852 D. M. — Vergl. Ersl. Suppl. III, 191 und 192.

1) Practisk Regnebog for Almueskolernes yngste Classe (Med Facitliste)
Kbh. 1850. 2. Aufl. 1850. 3. Aufl. 1862.

2) Practisk Regnebog for Almueskolernes ældste Classe. (Med Facitliste.)
Kbh. 1851. 2. Aufl. 1856.

3) Den christelige Religions Hovedlærdomme. En Lærebog til Brug ved Religionsunderviisningen. Kbh. 1852.

4) Bibelsprog og Psalmer til Brug ved Religionsunderviisningen med yngste
Classe i Skolerne. Kbh. 1853.

2024) **Smidt,** Andreas Sœrensen, geboren den 10. März
1808 in Oster-Gasse im Kirchspiel Skjerbeck und den 3. Juli 1849
in Ulderup gestorben. — Vergl. Ersl. Suppl. III, S. 195.

1) Opfordring til en indenlansk Mission, hvis Bestræbelse skal være at virke for
Brændevinens Afskaffelse. Ribe 1848. 8. SS. 8.

2) En Halv-Snees Sange, de förste ni med en Fortale af A. S. Smidt, men den
tiende forfattet af N. Thornum. Udg. af N. Thornum. Odense 1849. 8.
16 SS.

2025) **Smidt,** Heinrich (L. & S. No. 1111.) Er war 1798
in Altona geboren und lebte seit 1825 bleibend in Berlin; war dort
in den letzten circa 10—12 Jahren in der Stellung eines Bibliothekars und Archivars im Kriegsministerium; er starb in Berlin am 3.
September 1867. — Seine Frau, eine Altonaerin, war 2 Jahre vor
ihm gestorben. — Vergl. über ihn u. A. die Alton. Nachrr. 1867,
No. 210 v. 6. September. —   -

Ausser den 5 im L. & S. angeführten Schriften, worunter die drei Bände der
Erzählungen auch separate Titel (Bd. 2: Meine Reise in die neue Welt, der
Todtenkranz;[1] Bd. 3: Die Rache des beleidigten Stolzes nebst anderen Erzählungen)
führten, von ihm noch:

6) Die Bewohner des Rammelbergs. Eine Erzählung in 15 Kapiteln, benannt
nach den 15 Queerstrassen der Friedrichstrasse zu Berlin. Berlin u. Hamburg 1826. 8.

7) Das Schlachtengemälde v. Fehrbellin: in der Bibliothek historischer Romane
(Leipzig, Frike, 1829) Bd. 8. Hamburgs Catonen: Das. Bd. 7.

8) In den „Original-Romanen". Leipzig, Frike, 1829. Th. 4: Mutter Cary's
Küchlein u. Geheim u. öffentlich. Th. 5: Hr. August Grund, ein Bild aus
der wirklichen Welt. Th. 7: Glück aus Unglück. Die Verlobung.

9) Der Kirschkern. Novelle. Berlin 1829. 8. 11¼ Bgg.

10) Mittheilungen aus dem Tagebuche eines nordischen Seemannes. Berlin,
Bechthold u. Hartje, 1830. Bd. 1. SS. 212.

11) Burggraf Friedrich von Hohenzollern zu Kostnitz. Historische Novelle. Berlin
1831. 8.

12) Der Dominikaner. Historisch-romantische Erzählung aus dem 17. Jahrhundert.
Berlin, Wageneeil, 1831. 8. 17 Bgg.

13) Novellen: 1, Der Siegelring. 2, Verbrechen aus Eifersucht. 3, Untergang aus
Stolz. 4, Nummer 13. Berlin, Bechthold u. Hartje, 1832. 8.

14) Ludwig Devrient. Eine Denkschrift. Mit D.'s Bildniss. Berlin, Bechthold
u. Hartje, 1833.

15) Flieder-Blüthen. Eine Samml. v. Erzählungen. Bdch. 1—3. Glogau (Berlin),
Heymann, 1835. 8.

16) Seemanns-Sagen u. Schiffermärchen. 1. u. 2. Bdchen. Berlin 1835. 8. 2. Ausg.
Berlin 1849. 8. VI u. 222 SS.

17) Hamburger Bilder. Wirklichkeit im romantischen Gewande dargestellt. Bd. 1,
2, 3. Hamb., Hoffmann & Campe, 1836, 1837. 8. 257, 210 u. 238 SS.
Rec. Hamb. Corresp. 1836, No. 24 u. No. 305.   ·

18) Mein Seeleben. Wahrheit u. keine Dichtung. Berlin 1837. 8. Rec. Hamb.
Corr. 1837, No. 201.

18a) Berliner u. Spanier. Novelle. Berlin 1837. 8. 13½ Bgg.

19) See-Novellen. Erzählungen Burkhardts des Steuermanns. Bd. 1, 2. Frankf.
a. M. 1838. 8.

20) Eine Fahrt nach Helgoland u. die Sagen der Niederelbe. Berlin, Voss'sche
Buchh., 1839. 2. Aufl. auch u. d. T.: Taschenbuch f. Reisende nach Helgoland. Das. 1840.

21) Muscheln am Strande. Eine Sammlung von Erzählungen. Bd. 1—4. Leipzig, Kollmann, 1840. 8.

22) Steuermann Johannes Smidt. Memoiren eines Seemanns. Bd. 1—3. Frankf. a. M. 1840.

23) Rebenblüthen. Erzählungen, Reiseblätter u. Genrebilder. Th. 1—3. Leipzig, Kollmann, 1841. 8.

24) Der Zaubergarten. Märchen f. grosse u. kleine Kinder. Berlin, Winckelmann u. Söhne, 1841. 8.

25) Die weisse Dame auf Schloss Avenel, Schauspiel in 3 Aufz. Zur Aufführung v. Kindern u. auf Puppen-Theatern, Ferdinand Cortez u. Oberon, Schauspiel in 3 Aufzügen: in dem „Kinder-Theater", Berlin, Winckelmann u. Söhne, 1849, No. 1, 2 u. 4. In dems. Kinder-Theater No. 5. (Berlin 1843): Czaar u. Zimmermann, Lustspiel in 3 Aufzügen.

26) Heinrich Flaggentrost. Eine Seenovelle. Frankf. a M. 1842. 8.

27) Neptunus Grotte. Erzählungen und Märchen für grosse u. kleine Kinder. Berlin, Winckelmann u. Söhne, 1842. 8.

28) Altonaer Bilder. Genre-Bilder u. Skizzen. Berlin, Vereins-B., 1843. 8.

29) Das Loggbuch. Scherz u. Ernst zur See. Th. 1—3. Frankf. a. M. 1844. 12.

30) Michael de Ruiter. Bilder aus Hollands Marine. Bd. 1—4. Berlin, Simion, 1846. 8. Taschen-Ausgabe. Berlin 1848. 8. (Dieser Roman trug dem Verf. v. Seiten des Königs v. Holland einen Orden ein.)

31) Berlin u. West-Afrika. Ein Brandenburgischer See-Roman. Bd. 1—6. Berlin, Simion, 1846 (1847). 8.

32) Schleswig-Holstein. Romant. Skizzen u. Sagen. Bd. 1—3. Frankf. a. M. 1847. 8.

33) Der Glücksschiffer. Eine Seemanns-Erzählung. Berlin 1848. (Leipzig, Voigt u. Günther.) 8. SS. 126. Auch in G. Nieritz's Jugend-Biblioth. Bd. 47.

34) Die Anker-Schenke. Eine Seemanns-Erzählung f. d. Jugend. Berlin 1849. 8. 94 SS. Auch in ders. Jugend-Bibliothek. Bd. 51.

35) Der Korn-Zehnten. Erzählung aus der Ditmarsischen Geschichte. Th. 1—3. Berlin 1849. SS. 482. Auch in der allgem. Deutschen Volksbibliothek v. J. 1849 u. im Haus- u. Familienschatz Bd. 4—6.

36) Die Ditmarscher u. ihr Vogt. Eine Jugend-Erzählung. Berlin 1849. 8. 120 SS. Auch in Nieritz Jugend-Biblioth. Bd. 50.

37) Der Bergenfahrer. Romantische Erzählung aus den Zeiten der Hansa. Bd. 1 bis 3. Berlin (Leipzig, Voigt u. Günther,) 1850. 8.

38) Schleswig-Holsteins Freiheitskampf im 13. Jahrh. oder: Der Tag von Bornhöved. Historischer Roman. Bd. 1—3 Berlin, (Leipzig, Voigt u. Günther,) 1851. 8.

39) Der Fünfnummern-Teufel. Eine Erzählung aus dem Leben. Berlin 1850. 8. SS. 162. Auch im Haus- u. Familienschatz. Bd. 9.

40) Im Jahrbuch deutscher Bühnenspiele 1848: Wo ist mein Lustspiel? Posse in 4 Aufzügen.

41) In dems. Jarb. 1850: Die Frau Schwiegermutter. Schauspiel; 1851, Der Verstossene. Schauspiel: 1852, Bruder Kain. Schauspiel u. im Jahrg. 43, Alles Maske.

42) Im Deutschen Volksbuch. Halle 1852. Bdch. 1: Berlin u. Potsdam. Eine Brandenburg. Seenovelle. 92 SS. Bd. 3: Die innere Stimme. Ein Bauerngut auf See. Der Schiffsbauherr u. sein Geselle. Drei Erzählungen. 104 SS.

43) Devrient-Novellen. Berlin, A. Duncker. 8. IX u. 322 SS. 2. Aufl. 1851. III u. 336 SS.

44) Grünes Land u. blaue Wellen. Novellen. Bd. 1, 2. Berlin 1853. V u. 565.

45) Skandinavische Kreuz- u. Querzüge. Berlin, Bergemann, 1853. 8. 210 SS.

46) Liederbuch für Preussens Marine zu Orlog u. Kauffahrtei. Berlin 1853. 103 SS.

47) Historisch-romantische Erzählungen aus Schwedens Vorzeit. I. Der Untergang des Folkunger Königsgeschlechts. II. Deutsche Herren in Schwedischen Landen. Berlin 1855 u. 56, resp. III u. 187 u III, 186 SS.

48) Seegeschichten u. Marinebilder. Th. 1, 2. Berlin 1855. 8. VII u. 364 SS.

49) Zu Wasser u. zu Land. Geschichten aus See u. von der fasten Wall. Th. 1, Der Krämer v. Glatz. Die Schiffsgrethe; 2, Pflanzer u. Freineger. Aus dem Waisenhause; 3, Capitän u. Matrose. Altonas 8. Januar. Berlin 1856.

50) Seeschlachten u. Abenteuer berühmter Sechelden. Ein Buch der Admirale. Der Deutschen Jugend erzählt. Berlin 1857. 8. II u. 360 SS. mit Stahlst.

51) Nordsee u. Ocean. Neue Seegeschichten. Der Deutschen Jugend erzählt. Berlin, Janke, 1857. SS. 358. Mit Abb. 8

52) Skandinaviens Fürsten u. Völker. Historischer Roman aus dem 14. Jahrh. Bd. 1—3. Berlin 1858. 557 SS.

53) Zu Land u. zu Wasser. Erzählungen aus dem Seemannsleben f die reifere Jugend. Bd. 1, 2. Glogau, Flemming, 1858 u. 1860. Mit Abb. III u. 378 SS. u. II u. 358 SS.

54) Marinebilder. Neue Seegeschichten. Berlin, Janke, 1859. 8. III u. 330 SS.

55) Herr Rentier Rosentipfel u. seine beiden Neffen. Komischer Roman aus den goldenen Tagen des harmlosen Berlin. Berlin 1859. 8. IV u. 332 SS.

56) Fee Morgana od. die Neptunsgruppe im Zaubergarten. Märchen u. Erzählung für grosse u. kleine Kinder. Berlin, Winkelmann u. Sohn, 1863. 8. VII u. 317 SS.

57) In der „Novellen-Sammlung" (Berlin) Bd. 545—556: Hamburg u. die Antillen. See-Roman. Bd. 603—622: Falke u. Taube od. Schweden in Süd-Amerika. Romantische Erzählung. Ferner darin: Diesseits u. Jenseits. Der Bergenfahrer. (s. o.) Dänemark u. Michael de Ruyter. Ein Seelenverkauf. Bd. 905: Bacchus od. Schwiegervater?

58) Meeresstille u. hohe See. Neue Seegeschichten. Berlin, Förster, 1861. III 319 SS.

59) Onkel Heinrich. Auf dem Leuchtthurm. Zwei Erzählungen aus dem Seemannsleben. Glogau, Flemmings Verl., 1861. 163 SS. mit 4 lith. Illust. .

60) Der Page des Prinzen. Wie gesäet, so geerndtet. Zwei Erzählungen f. die reifere Jugend. Glogau, Flemming, 1861. 16. 163 SS. mit 4 Illust.

61) In der „Unterhaltungs-Bibliothek" (Berlin, Janke). Serie 1, Bd. 2, Glöckchen u. Schellen. Heitere Erzählungen.

62) In Eduard Bloehs „Dilettanten-Bühne" (Berlin 1857—61) No. 23 (Unterm Regenbogen od. Einer überrascht den Andern. Lustspiel in 1 Act).

63) Saat u. Frucht oder Bauersleute u. Schiffersleute. Eine Erzähl. v. der Niederelbe. Wien 1862. 8.

64) Jan Blaufink oder See und Theater. Eine Hamburger Erzählung. Mit einer Vorgeschichte: Die Comödie des Pfarrers. Bd. 1. 2. Berlin, Janke, 1864. 8. 523 SS.

65) Deutsche Schiffe und Dänische Kaper. Eine Erzählung aus dem 16. Jahrh. Leipzig 1864. 8. 2. Aufl. 1866.

66) Kipper und Wipper. Erzählung aus Hamburg-Altona. Wien 1865. 8. 191 SS.

67) Heinrich v. Zütphen, der Huss des Nordens. Erzählung für die Jugend. Neu-Ruppin 1866. 8. SS. 146.

68) Theod. Körner. Ein Dichter- und Heldenleben. Der Deutschen Jugend erzählt. Neu-Ruppin 1866. SS. 135. 8.

69) Ein Berliner Matrose. Seeroman. Bd. 1. 2. Berlin 1866. 522 SS.

In der „Biene" 1825, Bd. 4, No. 23 (Der Weihnachtsabend. Erzählung);. — Viele Beitrr. zu Spindlers Damenzeitung 1829 ff. und mehreren anderen belletristischen Blättern und Sammlungen ausser den oben angeführten. In „Unterwegs und Daheim" 1. Serie. Bd. 3. 1865. (Windstille und Sturmböen); — 1866 (Des Seemanns Landgang. — Aus früheren Tagen). —

2026) **Smidt,** Jesper Christensen, ein geborner Schleswiger, Lyngbyer Seminarist, 1820 examinirt, und seit dem 17. Nov. 1825 Schullehrer, zuletzt in Vithen bei Frysenburg, wo er den 14. August 1858 starb. Vergl. über ihn und seine Beiträge zu verschiedenen Dänischen Zeitschriften. Erslew III, S. 183 u. Suppl. III, S. 196.

2027) **van der Smissen,** Jacob Gysbert (L. & S. No. 1113), starb als Kaufmann in Altona im Jahre 1832.

2028) **Smith,** Theodor, früher Lehrer der Dänischen und Deutschen Sprache an der Forstlehranstalt, dann Privatlehrer der Englischen, Französischen und Schwedischen Sprache in Kiel.

Das Fundament der Englischen Grammatik, ihr Ursprung aus der Skandinavischen Sprache und nicht aus dem Anglo-Sächsischen, sowie Einiges über Sprach-Reinheit im Allgemeinen, philologisch-kritisch und historisch beleuchtet und entwickelt. Kiel 1815. 8. SS. 30.

2029) **Sönksen.** Andreas Peter, geboren den 6. Januar 1819 in Joldelund, besuchte das Segeberger Seminar von 1840 bis 1843, wurde 1849 Waisenhauslehrer in der Muhlius'schen Stiftung in Kiel, 1852 zweiter Lehrer an der Hauptknabenschule und ist seit 1861 zweiter Lehrer an der höheren Mädchenbürgerschule in Kiel.

1) Redigirte seit Michaelis 1852 die Schleswig-Holsteinische Schulzeitung, welche noch erscheint. 4.

2) Gab in Verbindung mit den Lehrern Fick und Hass in Kiel heraus: Schulstatistik für das Herzogthum Holstein. Th. 1: Das specificirte Einkommen sämmtlicher Schulstellen. Kiel, Carl Schröder & Co., 1854. 8. SS. 216.

3) Kleine Geographie von Schleswig-Holstein. Kiel 1865. 8. S. Kieler Zeitung 1865 vom 18. Januar, No. 177.

4) Geographie der Herzogthümer Schleswig-Holstein mit besonderer Berücksichtigung der innern Verhältnisse. Schleswig, Heiberg, 1865. 8. Erschien auch in einer Dänischen Ausgabe.

Ist Verfasser von vielen Artikeln in der genannten Schulzeitung und in anderen Blättern. — Revidirt. —

2030) **Sönnichsen,** Simon Adrian, geboren 1822 den 15. April zu Wrixum auf Föhr, Sohn des Landmanns Anders Bendix Sönnichsen, von 1840—1843 Tondernscher Seminarist, examinirt mit dem 2. Char. m. s. r. A., 1844 Schullehrer in Bargen in der Landschaft Stapelholm, 1854 Küster und Knabenlehrer in Meldorf.

Im Schleswig-Holsteinischen Schulblatt 11, 1849, S. 395—400
(Land bei Landschulen); S. 424—431 (Das allgemeine Unterrichtsgesetz und die
Kirche); 12, 1850, S. 68—73 (Reaction und Reform); S. 353—355 (Nekrolog des
Cantors M. H. Junge in Erfde); S. 696—97 (Ein kurzes Wort an Freund Ohl);
13, 1851 S. 28—34 (Die häusliche Erziehung); S. 206—212 (Ueber den Unter-
richt in der Geographie); 14, 1852, S. 18—25 (Noch ein Wort über den Unter-
richt in der Physik); S. 151—158 (Das Zeichnen in der Volksschule); S. 438—449
(Physicalische Apparate oder Abbildungen?) S. 373—377 (Recensionen); 15,
1853, S. 495—500 und 572—586 (Concentration des Unterrichts); 20 S. 262—270
(Sprachunterricht und Grammatik). — In A. P. Sönksens Schulzeitung
1853—1854 No. 13 (Ueber Schüler-Bibliotheken); 1857—1858 No. 35 (Der
Schreibunterricht in der Volksschule); 1859—1860 No. 37 (Zur Hauptsache);
No. 44—47 (Die Frühreife in der Erziehung); 1862—1863 No. 15 mit Beil.
S. 69—71 (Ueber unseren Sprachunterricht). — Revidirt. —

2031) **Sörensen,** Christian (L. & S. No. 1114), er wurde
den 11. Mai 1830 Pastor in Quickborn, wo er den 19. December
1853 starb. — Verh. mit Wilhelmine Johanna geb. Bolten († den
2. April 1846). — Vergl. über ihn „die Deutsche Kirchen- u. Schul-
sprache. Ein Kleinod der Nordfriesen" (Weimar 1862) S. 22—23;
Alt. Merc. 1854 No. 14; Carstens „die Stadt Tondern." S. 143.

Vollständig lautet der Titel der zuletzt in L. & S. angeführten Schrift: Einige
Bemerkungen über Seminare und Seminaristenbildung; besonders auch über das
Tondernsche Seminar, veranlasst durch die in dem Quartalheft der Schleswig-
Holstein.-Lauenb. Provinzialberichte 1827 befindlichen Aufsätze über diese wichtige
Angelegenheit. Schlesw., Tbst.-Inst., 1828. 8.

Noch von ihm: Worte der Ermahnung an die abgehenden Seminaristen von
ihrem Lehrer. Tondern 1829. 8.

2032) **Sörensen,** Ernst Henning Christian, geboren
den 10. December 1810 in Marne, Sohn des vorhergenannten Christian S., besuchte das Altonaer Gymnasium bis 1834, studirte von
Michaelis 1834 bis dahin 1835 in Berlin, dann in Kiel und Bonn
Philologie und hörte nebenbei theologische Collegia, wurde den
15. April 1843 in Kiel zum dr. philos. promovirt und 1849 im
theologischen Amts-Examen in Kiel mit dem 2. Char. m. A. examinirt; den 7. April 1853 const. 6., den 28. September 1853 6. Lehrer am Altonaer Gymnasium; im Decbr. 1866 ernannt zum Pastor
in Quickborn.

Versuch einer kritischen Beleuchtung des von Schleiermacher gelegten
Fundaments der philos. Ethik: im Alt. Oster.-Progr. 1855. 4. SS. 24. —
Revidirt. —

2033) **Sörensen,** Georg August Theodor, geboren den
14. Mai 1814 zu Marne; Bruder von No. 2032; erhielt den ersten
Unterricht von dem Vater und als dieser von Marne nach Tondern

versetzt wurde, von Privatlehrern; besuchte darauf mit seinem
Bruder die Gelehrtenschule in Flensburg und seit Ostern 1831 das
Gymnasium in Altona und zwar in Prima u. Selecta; ging Ostern
1835 mit dem ersten Zeugniss der Reife, des Gähler'schen Stipendiums theilhaft, auf die Universität zu Berlin, wo er ins philologische
Seminar eintrat und hauptsächlich philologische, philosophische und
historische Vorlesungen, hörte; nach einem halben Jahre ging er
nach Kiel, wo er ebenfalls an dem philologischen Seminar Theil
nahm und drei Mal die sogen. Schass'sche Prämie erhielt; bestand
das philologische (Schulamts-) Examen und widmete sich darauf
namentlich unter Olshausens Leitung dem Studium der orientalischen
Sprachen; erhielt ein Reisestipendium von der Dänischen Regierung,
das ihn befähigte, Berlin u. Leipzig zu besuchen und seine Studien
im Verkehr dort mit Rückert, hier mit Fleischer fortzusetzen; habilitirte sich um Michaelis 1847 als Privatdocent in Kiel bis Ostern
1853; die in dieser Stellung herausgegebene unten verzeichnete
Schrift über die Genesis wurde für sein Geschick verderblich; er
erkrankte und blieb kränklich bis an seinen im August 1857 erfol-
genden Tod. —

1) Gab heraus: Statio quinta et sexta et appendix libri Mevakif auctore Adbad-
Ed-Dòn-El-Igi cum comment. Gorgânii ex cod. msc. bibl. reg. Dresdensis.
Lipsiae 1846.

2) Untersuchungen über Inhalt u. Alter des alttestamentlichen Pentateuch. Th. 1:
Commentar zur Genesis. Kiel 1851. 8. XX u. 343 SS.

Einzelne Recensionen, die er für Zeitschriften verfasste, können nicht näher
bezeichnet werden. — Nach Mittheill. des Bruders.

2034) **Sörensen**, Heinrich Johann Friedrich, geb.
zu Rendsburg den 21. September 1823, Sohn des nachfolgenden
Peter S., besuchte die Gelehrtenschule in Plön, und ging Michaelis
1842 auf die Universität Kiel, um Theologie zu studiren, bestand
das Convictexamen in Kiel Michaelis 1842 mit dem 1. Char., und
das theol. Amtsexamen Michaelis 1848 mit dem 2. Char. mit sehr
rühml. Ausn., war alsdann 8 Jahre lang Hauslehrer in Berlin, und
kurze Zeit im elterlichen Hause zu Plön, ward am 19. Juli 1857
ordinirt zum Adjuncten des Hauptpastors Dr. theol. Mau in Schönberg, am 23. November 1858 gewählt zum Diaconus daselbst (trat
an den 12. December), am 30. September 1863 gewählt zum Pastor
in Klein-Wesenberg. Verh. seit 1859 mit Emilie, Tochter des weil.
Hauptpastors Dr. theol. Mau in Schönberg.

2035) **Sörensen,** Peter, geboren den 20. Juni 1788 zu Schinkel, besuchte die Schleswiger Domschule, (Lehrer: Rector Esmarch), studirte Theologie in Kiel seit Michaelis 1812, examinirt auf Gottorf 1819 mit dem 2. Char. m. r. A., 1820 den 24. October Collaborator in Rendsburg, den 17. April 1827 Subrector in Plön, den 26. December 1858 emeritirt, von Ostern 1859 an; privatisirt in Plön. — Vergl. Rendsb. Schulprogramm 1857. S. 25; Plöner Schulprogr. 1852. S. 16 u. 61.

Ueber die Ungewissheit der Geschichte des heidnischen Dänemarks. Plöner Oster-Programm 1846. 4.

2036) **Sothmann,** Matthias Nicolaus (L. & S. No. 1118), den 24. Februar 1829 Pastor zu Mildstedt im Amte Husum; den 20. September 1851 emeritirt; lebte dann, Unterricht ertheilend, in Leck; starb in Bredstedt den 4. October 1864. — Verh. mit Christiane Dorothea geb. Thiesen (+ den 14. April 1850).

2037) **Spalkhaver,** Julius, geboren 1799 zu Itzehoe, Sohn des im L. & S. No. 1119 genannten Joh. Heinr. Spalkhaver (gest. 1819); übernahm im 20. Jahre die väterliche Apotheke und wurde später Mitglied der Commission für das Medicinalwesen in Schleswig-Holstein; er starb den 7. April 1845. — Verh. 1. mit einer Tochter des Senators Westphal in Itzehoe; 2. mit Auguste geb. Mohrhagen. — Vergl. über ihn N. Nekrol. d. D. 23, S. 1034 bis 1035.

Er lieferte Beiträge zu Trommsdorffs Journal der Chemie.

2037a) **Speck,** Johann Heinrich August, Sohn des nachfolgenden M. D. J. Sp., hat Bestallung als Landmesser seit dem Jahre 1849, hatte in den 50er Jahren in Dorfgarten eine Lehranstalt für angehende Landmesser, ist zur Zeit Gasinspector und zugleich seit Michaelis 1865 Stadt-Civilingenieur der Stadt Kiel.

Verschiedene Beiträge zum Kieler Wochenbl. der 60ger Jahre, Leuchtgas u. A. betreffend.

Nach seinen Vermessungen gab W. H. Meyer einen Plan der Stadt Kiel u. Umgegend heraus.

2037b) **Speck,** Marx Detlef Jens, geboren 8. April 1796 im Amte Bordesholm, studirte 1813—1816 auf der Forstlehranstalt in Kiel die Forstwissenschaft, 1820 Holzvogt in Stenderup, Amts

Flensburg, 1829 in Poppenbrügge bis 1848; war inzwischen Jahrelang in der Commission für Regulirung der Holsteinischen Forsten thätig; ward 1848 Forstrevisor für das Schleswigsche Forstwesen; 1850 von den Dänen entlassen; starb 27. März 1867 auf einer Besuchsreise in Berlin. Seit den 50er Jahren war er 3. Mitglied der Commission zur Prüfung angehender Landmesser in den Herzogthümern Holstein und Lauenburg (in Kiel).

Forstplan für das Fürstenthum Lübeck. Im Auftrage der Grossherz. Regierung entworfen. (Ob gedruckt?). — Beschäftigte sich mit Arbeiten über Entschädigungen bei Eisenbahn- u. Chaussee-Bauten.

2038) **Spetzler,** J. Anton, geboren den 9. October 1799 in Kiel, studirte in Kiel die zum Baufach erforderlichen Wissenschaften, ward Stadt-Baumeister in Lüneburg, 1833 in Lübeck, legte 1849 sein Amt nieder, wohnte seitdem in Wandsbeck und starb daselbst am 7. Januar 1852.

Ueber Artesische Brunnen. Hamburg 1830. 4.
Anleitung zur Anlage Artesischer Brunnen. Mit Vorwort v. H. N. Börm. Lübeck 1832. 8. 6¹/₂ Bgg. mit 6 Steintafeln.

2039) **Spiering,** Hinrich Gottlieb (L. & S. No. 1120). Er starb zu Horst den 15. Decbr. 1833 im 71. Lebensjahre. Verh. mit Sophie Christiane geb. Valentiner. — Vergl. den neuen Nekrol. d. D. 11, S. 802 und 803.

Nach der Anzeige in No. 265 des „Hamburger Correspondenten" von 1831 erwartete sein neu umgearbeitetes „Handbuch der inneren u. äusseren Heilkunde" (s. L. & Schr.) in 14 Theilen, einen Verleger.

2040) **Spies,** Hermann Christian Wilhelm, geboren in Ahrensböck, Sohn des nachfolgenden Theodor Spies, studirte Medicin und wurde 1864 in Kiel dr. med. & chir., ist zur Zeit Arzt in Pronstorf.

De cephalaematomate diss. inaug. Kiliae 1864. 4.

2041) **Spies,** Johann Christian (L. & S. No. 1121); 1845 Jubilar und den 7. Juli dess. Jahrs Consistorialrath; er starb zu Curau den 21. Februar 1848. — Verh. mit Wilhelmine, geb. v. der Wickede (✝ 6. April 1831.) — Vergleiche über ihn noch N. Nekr. d. D. XXVI, S. 823—824.

Von ihm noch: Einweihungsfeierlichkeit in Curau. Plön, gedr. bei A. Müller, 1829. 8.

2042) **Spies,** Theodor (L. & S. No. 1122), ist zur Zeit noch in Ahrensboeck alz Arzt und Amts-Chirurg. —

2043) **Spliedt,** Adolf Franz Friedrich, gebor. in Sieverstedt in der Probstei Flensburg, studirte Medicin, wurde 1858 dr. med. & chir. in Kiel und ist zur Zeit Arzt in Mölln.

De sclerosi cerebri et medullae spinalis diss. inaugur. Kiliae 1858. 4.

2044) **Spliedt,** Otto Johann Friedrich, geb. in Sieverstedt, ein Bruder des Vorhergenannten, studirte ebenfalls Medicin und wurde 1859 dr. med. & chir. in Kiel und practisirt zur Zeit als Arzt in Cappeln.

Monstri acardiaci descriptio anatomica. Diss. inaug. Kiliae 1859. 4. SS. 20 mit 2 Tafeln.

2045) **Sponagel,** Georg Christian (L. & S. No. 1123). — Vergl. über ihn noch N. Nekrol. d. D. 8, S. 188—191.

2046) **v. Sprewitz,** Johann Walter Ernst (L. & S. No. 1124); starb zu Mölln den 29. Sept. 1833. — Verh. mit Johanne geb. Babst († 29. Sept. 1834).

2047) **Springborn,** C. A. M. geb. in Rendsburg, studirte die Rechte in den 40ger Jahren (1841) in Kiel, lebte später als Schriftsteller in Altona u. gerieth als solcher wegen verschiedener Artikel in Untersuchung, siedelte später nach St. Thomas über, wo er gestorben ist.

Gedichte von ihm in der „Hamburger Reform" u. daraus in dem von Peist herausgegebenen „Album der Reform". (Hamb., Richter, 1864). — Schrieb wohl politische Artikel für mehrere andere Tagesblätter der letzten 40ger u. ersten 50ger Jahre.

2048) **Springer,** Johann, geboren den 24. April 1799 in Kaltenkirchen; studirte Theologie seit Ostern 1818 in Kiel, examinirt zu Glückstadt 1821 mit dem 2. Char. m. s. r. A.; den 3. Sept. 1826 Pastor in Koldenbüttel, introducirt den 7. Januar 1827, den 10. September 1846 Pastor u. Probst in Segeberg, trat an den 8. November; Mitglied des Examinations-Collegiums für das Segeberger Seminar 30. Aug. 1854 und 11. Sept. 1859; 6. Octbr. 1860 R. v. D. — Vergl. ausser den bekannten Candidaten-Verzz. M. D. Voss' Pröbste und Predd. in Eiderstedt, herausgeg. von Feddersen, S. 54.

In (Jess u. Versmanns) Kirchen- u. Schulbl. I, 1844, No. 12 (Die Armenordnung, insbesondere §§ 30—34); III. 1846, Sp. 97—105 (Ist es in den Herzogthümern Schleswig u. Holstein gesetzlich erlaubt, den Eid anders als buchstäblich zu verstehen u. zu halten?). — Im Itzehoer Wochenbl. 1846, No. 27 (Der Entwurf der Verordnung betreffend die rechtlichen Wirkungen der Eheverlöbnisse).

2049) Staack, Johann, geboren 17. Juni 1789 in Sarz-
büttel in der Landschaft Süderditmarschen, besuchte die Meldorfer
Bürger-Schule, dann auch die dortige Gelehrtenschule, 1808 das
Kieler Schullehrerseminar, 1810 Hauslehrer beim Apotheker Ruge
in Heide, dann Schullehrer in Westerbüttel im Kirchspiel Edellack
in Süderditmarschen und 1820 den 13. November in Hohenwestedt.
Starb das. 17. Juli 1838. — Vergl. über ihn N. Nekrol. d. D. XVI.
S. 679—680.

1) Fürchte Gott u. ehre den König! Ein wohlgemeintes Wort zur Förderung
der Vaterlandsliebe durch die Volksschulen, an meine Kollegen im Vaterlande
u. die es sonst lesen mögen. Itzehoe 1830. 8. SS. 13.
2) Mit dem Schullehrer Hans Kühl: (unter dem wir diese Schrift übersehen haben):
Versuch einer Volksbel. über den Nutzen der wechsels. Schuleinr. Altona 1831. 8.
3) Briefe über den segensreichen Einfluss der Schullehrerkonferenzen auf das
Schul- u. kirchliche Leben u. auf das staatsbürgerl. Wohl. Allen Schul- u.
Schullehrerfreunden u. d. Schulbibliotheken des Vaterlandes zugeeignet. Altona
1832. 8. SS. 82.
4) Der Bauer ist ein Ehrenmann! Den Schlesw.-Holst.-Lauenburgischen Land-
leuten zugeeignet von einem geborenen Ditmarscher. Itzehoe u. Hamburg
1834. 8. Ein Anhang dazu: Kurzgefasste Geschichte der Hohenwestedter
Kirche u. Schule von den ersten Nachrichten darüber an bis 1833. Von
einem Hohenwestedter.
(Kündigte 1836 auf Subscription an: „Erfahrungen aus meinem 28jährigen
Schulmeister-Leben." Jedes Quartal sollte ein Heft von 12 Bogen erscheinen u. das
Ganze aus 4—5 Heften bestehen. Das Unternehmen ist aber nicht zu Stande gekommen).

2050) Staacke, Christian Nicolaus Hugo, geboren zu
Neustadt, Sohn des nachfolgenden Nicolaus Friedrich St., war, bevor er Medicin studirte, Pharmaceut, studirte dann Medicin in Kiel
und erlangte den 29. November 1857 die Rechte des Licentiaten in
derselben, liess sich zuerst als Arzt in Neustadt nieder und ist zur
Zeit practisirender Arzt in Blankenese.

Gab mit Ernst Göders (dessen wir im 1. Bande hätten erwähnen sollen) heraus:
Schleswig-Holsteinischer Musen-Almanach f. 1851. Mit Beiträgen von H. Zeise,
Theod. Storm, Karl Heinrich u. A. Kiel, Karl Schröder & Co., 1851. IV u. SS. 100.
Für 1852, herausgegeben v. Ernst Göders. Das. bei dens. 1852. 8. SS. 172.
Gedichte von ihm in den „literarischen u. kritischen Blättern der
Börsenhalle" der 40ger u. 50ger Jahre; in der Hamburger „Reform" u.
daraus in dem von H. Peist herausgegebenen Album der Reform (Hamb.
1864), sowie in verschiedenen anderen Tages- u. Wochenblättern der 50ger Jahre.

2050a) Staacke, Ida, geboren in Neustadt, Schwester des
Vorhergenannten; für's Lehrfach bei Frau Renail in Hamburg ausgebildet; Erzieherin und Lehrerin in Newyork, St. Louis u. Loui-

siana in den Jahren 1854 bis 1858, darauf 3 Jahre Lehrerin in Neustadt, 1 ¼ Jahr bei dem Grafen Bernstorf zu Kattrup auf Seeland, von 1863 bis 1866 in Buenos-Ayres und gegenwärtig an der Adolphsen'schen höheren Töchterschule in Rendsburg.

Uebersetzungen aus dem Englischen von ihr in einer in Minnesota erscheinenden Deutschen belletristischen Zeitung.
Für den Druck bestimmt u. vollendet: „Bilder aus meiner Reisemappe," von Antonia Vondel. — Nach dem Autogramm.

2051) **Staacke,** Nicolaus Friedrich (L. & S. No. 1125); er starb zu Neustadt den 24. März 1840. — Vergl. N. N. d. D. 18, S. 339.

2052) **v. Staffeldt,** Adolf Wilhelm Schack (L. & S. No. 1126). Vergl. über ihn, sowie über seinen Vetter Otto Diederich v. Staffeldt (L. & S. No. 1127) noch Erst. III, S. 211—214 u. Suppl. III, S. 229—230.

2053) **Stamp,** Dorothea, geboren den 1. Januar 1798 in Friedrichstadt; seit mehreren Jahren u. noch gegenwärtig Inhaberin einer Leihbibliothek in Rendsburg.

Von ihr diverse Gelegenheitsgedichte im Ditmarscher u. Eiderstedter Boten, im Itzehoer u. Flensburger Wochenblatt; einzelne Beiträge — unterz. D. St. — in Biernatzkis Volksbüchern v. 1844—1851 u. zu Müllenhoffs Märchen u. Sagen der Herzogthümer.

2054) **Stamp,** Peter, geboren in Eiderstedt, studirte Jura, und ist seit dem 28. April 1835 (resp. dem 17. Juli 1853) Advocat in der Stadt Friedrichstadt.

Diverse Beiträge zu dem Ditmarscher u. Eiderstedter Boten seit den 30ger Jahren; im Kieler Corresp.-Bl. 1837, No. 12 (Ein Artikel, die Provinzialstände betr.). — Als Mspt. liess er drucken: Margaretha Christine Stamp, geb. Nissen. Eine biographische Skizze. Friedrichstadt. 8. SS. 16.

2054a) **Stange,** Christian Friedrich August Peter, geboren den 30. Januar 1823, studirte Jura und erhielt nach bestandenem juristischen Amtsexamen eine Bestallung als Untergerichtsadvocat und practisirte als Advocat in Meldorf. Nach Beendigung des Schleswig-Holstein. Krieges 1851 ward seine Bestallung nicht erneuert; er zog darauf nach Altona, wo er am 20. Decbr. 1864 am Typhus starb.

Während seines Aufenthalts in Altona war er bis an sein Ende als Journalist thätig, ohne dass die bezüglichen Arbeiten u. Aufsätze speciell aufgeführt werden können.

· 2055) **Staudinger,** Lucas Andreas (L. & S. No. 1129).
Er starb als Pächter in Gross-Flottbeck 30. November 1842, beinahe 73 Jahr alt. Sein lithographirtes Bildniss erschien 1842. —
Vergl. Itzeh. Wochenbl. 1842 No. 49, Sp. 1406, No. 51, Sp. 1456,
1457. N. Nekrol. d. D. 20, S. 427—431.

Von ihm noch: Gesammelte praktische Erfahrungen und Beobachtungen in
dem Gebiete der Landwirthschaft. Erstes Heft: der Duvock (Equisetum palustre).
Hamburg 1840. 8.

Anti-Lehmann oder Commentar zu des Herrn Prof. Lehmanns Erklärung in
No. 6 des Hamburger unpartheiischen Correspondenten die Preisaufgabe über den
Duvock (Equisetum) betreffend. Hamb. 1840. 8.

Der Herr Prof. Lehmann und der Duvock (Equisetum palustre) oder 2. Thl.
des Commentars. In Folge des Lehmannschen Sendschreibens an die Hamburg
Gesellschaft zur Beförderung der Künste und nützlichen Gewerbe. Hamb. 1841.

Ueber die Verlegung des Waisenhauses. Hamb. 1842. 8.

In Okens „Isis" 1830 (Vortrag über die Entstehung des Mutterkorns
[secale corsentum, von den Botanikern clava Herculis getauft] in der Versammlung
der Naturforscher im J. 1830 in Hamburg gehalten). — In den „Hamburger
Miscellen" 1831 No. 42 (Das Mutterkorn), No. 59, 61 (Trauriges Schicksal
eines früher sehr berühmten Wetterpropheten). In der landwirthschaftlichen
Zeitung für die Herzogthümer Schleswig-Holstein und Lauenburg (Kiel, 1842)
No. 2 (Notizen über die Anwendung des Gypses nebst Erklärung scheinbarer
Widersprüche hinsichtlich dessen Nichtwirkung); No. 4—7 (Mittheilungen über
die Erndte des Jahres 1841); No. 9 (Anzeige an das landwirthschaftliche Publicum);
No. 11 (Ueber Anwendung des Guano); No. 28 u. 34 (Ueber Gyps); No. 46
(Nachtheile der Brache und gänzliche Abschaffung derselben betr.) — Im
Alt. Merc. 1839 No. 183 S. 797—798 (Bemerkk. über des Herrn W. Beckers
in Oldenburg Ankündigung eines Universalmittels gegen den Duvock, Haarmoos,
equisetum palustre). —

2056) **Steen,** Hans, geboren den 10. October 1760 in
Flensburg, studirte Theologie in Kiel seit Michaelis 1781, wurde
1787 auf Gottorf examinirt mit dem 3. Char.; den 23. Mai 1788
Diaconus, den 17. Februar 1802 Archidiakonus an St. Marien in
Rendsburg. Starb den 12. Mai 1818. (Fehlt im L. & S.)

Ehrendenkmal der Frau Klara Katharine Horst geb. Wolbat. s. l. 1817. 8.
SS. 14.

2057) **Steffen,** J., geboren in Fassensdorf, Kirchspiel Süsel,
Segeberger Seminarist, examinirt 1844 mit dem 2. Char. m. r. A.,
1845 Lehrer zu Kückels, 1847 in Havekost.

Im „Schulbl. f. d. Herzogthh." 12, 1850, S. 535—547 (Was ist von dem
Grundsatz: So viel der Lehrer werth ist, so viel auch die Schule", zu halten, u.
zwar in Beziehung auf den Schulbesuch, die Schulzucht u. die Leistungen der
Schule).

2058) **Steffens,** Arzt in Reinfeld in den 30 u. 40ger Jahren. (Ein lic. med. & chir. Conrad Steffens practisirt z. Z. in Trittau, um 1849 in Eichede. Ob derselbe?)

In Pfaffs „Mitthh." V, N. F. III, H. 11 u. 12, S. 91—97 (Heilung eines 10 Monate bestandenen Bruches des Schenkelhalses), S 98—101 (Einige Fälle, in denen das secale cornutum gegen Leucorrhoe mit Nutzen angewendet wurde).

2059) **Steffens,** Henrik (L. & S. No. 1131). Sein Vater gl. Ns. (geb. den 11. Februar 1744 zu Berbice in Surinam, gest. als Regimentschirurg beim 2. Jütschen Infanterie-Regiment in Rendsburg 27. März 1798); sein Grossvater ebenfalls gl. Ns. besass eine Plantage „Steffenslust" auf Berbice; seine Mutter Susanne Christine geb. Bang (geb. 24. Januar 1751, gestorben den 10. Mai 1788 in Kopenhagen). — Unser Steffens studirte während des mit k. Dänischer Unterstützung im Frühjahr 1798 ermöglichten wissenschaftlichen Aufenthalts in Deutschland vom Herbst 1798 bis Frühjahr 1799 in Jena (Schelling), und ging dann über Berlin nach Freiberg, wo er bis zum Frühjahr 1801 Mineralogie studirte (Werner). — Als er Halle, wo er 1804 ausserordentl. Professor geworden war, 1806 verliess, hielt er sich bis zum Frühjahr 1809 theils in Kopenhagen, theils in Holstein, Hamburg und Lübeck auf, kehrte dann nach Halle zurück, von wo er 1811 als ord. Professor der Physik nach Breslau kam. — dr. med. war er h. c. 1815 von Kiel aus. — Im Frühjahr 1832 wurde er Prof. der Naturwissenschaft in Berlin, wo er 1834/35 Rector der Universität war; 1837 Geh.-Reg.-R. In demselben Jahre machte er eine Reise nach Tyrol und Wien, 1840 nach Kopenhagen zur Theilnahme an der Naturforscher-Versammlung und nach Norwegen; den 22. Mai dess. Jrs. R. v. D.; 1843 Ritter des rothen Adler-Ordens 3. Classe; war auch Ritter des eisernen Kreuzes; Director der Schlesischen Gesellschaft für vaterländische Cultur und Mitglied noch mehrerer gelehrten Gesellschaften ausser den im L. & S. genannten. Er starb den 13. Februar 1845 in Berlin. — Verheir. mit Hanna, einer Tochter des Capellmeisters Reichardt seit dem 4. September 1803 († 23. Decbr. 1855). Abbildungen von ihm giebt es mehrere, von Ersl. angeführte. — Vergl. Steffens eigene unten angef. autobiographische Schriften „Was ich erlebte," und die Autobiographie in dem Novellen-Cyclus „Die vier Norweger" Breslau 1828, sowie seine Schrift „Wie ich wieder Lutheraner wurde" (1831). Ferner Ersl. III, S. 228—233, wo S. 229 und Suppl. III, S. 257—259, wo S. 258 zahlreiche Quellen angeführt sind. Ausser diesen noch: „Zeitung der Reisen," Beil. zum „Kometen" 1831 No. 49, Sp. 392, „Freihafen" 1838, H. 1, No. 7. —

Zur Vervollständigung des im L. & S. bereits angeführten Schriftenverzeichnisses, was Recension und Auszüge daraus betrifft, ist auf Ersl. a. oben u. O. zu verweisen.

Ausserdem noch:

Eine 2. Aufl. der „Familien Welseth und Leith" erschien in 5 Bänden, Breslau 1830. (S. Revue encyclop. 52, S. 199—200). 3. Aufl. 1837. (S. Berl. Jahrbb. f. wissensch. Critik 1827, S. 1139—42 von Immermann, Dresdener Morgenz. 1827 v. L. Tieck, Leipz. Lit. Z. 1828, II, No. 258, Allg. H. L. Z. 1830, 1, No. 77). — Noch eine 2. Dänische Uebers. davon v. J. R. Reiersen, herausgeg. v. C. F. Güntelberg Th. 1—3. Kopenh. 1834. Uebers. Bruchstücke daraus in „Kbhvns. Morgenbl. 1826, S. 500 ff. 508 ff. u. in Liunges „Hertha". J. 2, I, S. 296—231, II, S. 356—80. —

Eine 2. Aufl. der „Vier Norweger" Breslau 1837. Ins Dänische übersetzt von J. R. Reiersen, herausgeg. v. C. F. Güntelberg Th. 1—3. Kopenh. 1835; ins Schwedische Stockholm 1836 (Nach Erslews Bemerkung im „Pot-Pouri").

Monita quaedam de speciebus nigris Jchneumonum. Progr. Vratisl. 1829. 4.

Malkolm. Eine Norwegische Novelle. Bd. 1. 2. Breslau 1831. 2. verb. Aufl. 4. Bdchn. Das. 1838. S. Foreign quaterl. Review 22, S. 33—44. Ins Dänische übersetzt von J. Jacobsen (L. J. Flamand) Th. 1. 2. Kopenh. 1832—1833. (od. Bd. 4 u. 5 der „Biblioth. for udvalgte Fortællinger"); von J. R. Reiersen, herausgeg. von C. F. Güntelberg Th. 1. 2. Das. 1835—36.

Polemische Blätter zur Beförderung der speculativen Physik. H. 1. Zur Geschichte der heutigen Physik (SS. 166), H. 2. Zur Geologie. Breslau 1829. 1835. H. 1. N. Ausg. 1835. S. H. C. Oersteds Mag. f. Lit. III, 1—42, Leipz. L. Z. 1830, II, No. 203, Berl. Jahrbb. f. w. Crit. 1831, 1, 772—783.

Von der falschen Theologie und dem wahren Glauben erschien 2. Aufl. Breslau 1831. 8.

Wie ich wieder Lutheraner wurde und was mir das Lutherthum ist. Eine Confession. Breslau 1831. 8. 11½ Bgg. S. Berl. Jahrbb. f. w. Crit. 1831, II, 249—61 (von Marheineke), Allg. H. L. Z. 1834, Ergzbl., Apr. No. 40, S. 313—319. — Eine Abth. daraus „Fragment aus meinen Knabenjahren" ins Dänische übers. in O. Thomsens „Valkyrien" 1831, III, S. 193—247. —

Rede bei Schleiermachers Beerdigung. Berlin 1834. 8. Auch in 3 Reden am Tage der Bestattung Schleiermachers. 15. Febr. 1834. Das. in dems. J. 8.

Ueber geheime Verbindungen auf Universitäten. Ein Fragment aus den Vorträgen über die Hodegetik. Berlin 1835. 8.

Die Revolution. Eine Novelle. Bd. 1—3. Breslau 1837. 8. Erschien auch in Dänischer Uebersetzung von J. R. Reiersen, herausgegeben v. C. F. Güntelberg. Th. 1. 2. Kopenh. 1838.

Gebirgssagen. Als Anhang: Die Trauung, eine Sage des Nordens. Breslau 1837. Auch Dänisch v. C. F. Güntelberg. Kopenh. 1839 u. auch m. d. T. H. Steffens samlede Fortællinger 11. Bd.

Novellen. Gesammt-Ausgabe. 1—16 Bdchn. Breslau 1837—1838. 8.

Christliche Religionsphilosophie. Th. 1, Theologie, Th. 2, Ethik. Breslau 1839. S. Berl. Jahrbb. f. w. Crit. 1840, II, No. 81—84, S. 685—95 (v. Karl Rosenkranz). Ein Abschnitt daraus in Dänischer Uebers. in Clausens und Hohlenbergs „Tidsskrift for udenlausk theologisk Literatur" J. 8, 1844, S. 307—360.

Was ich erlebte. Aus der Erinnerung niedergeschrieben. Bd. 1—10. Breslau 1840—1844. 8. Bd. 1, 2. 2. Aufl. Das. 1844. 8. Dänisch v. F. Schaldemose. Kbh. 1840—1845. Auch m. d. T. H. Steffens Samlede Fortællinger 12—21 Bd. Bruchstücke daraus auch Englisch in Murrays Home and Colonial library No. 59 n. Dänisch in Berl. Tid. 1845, No. 5, 6, 8—11.

In „Bericht über die Verhh. der k. Pr. Akad. der Wissensch. zu Berlin" 1836, S. 39—41 (Ueber die Darstellung der Geschichte geistiger Entwicklung bestimmter Epochen mit besonderer Beziehung auf die Epoche des 17. Jahrh.), 1837, S. 63—67 (Ueber Blaise Pascal), 1839,'S. 243—44 (Ueber des Pomponatius Schrift de immortalitate animae). — In Büschings „Wöchentl. Nachrr." Bd. 4, 1819, S. 183 ff. (Ueber Sagen u. Märchen aus Dänemark, s. Rahbeks „Hesperus" I, 507). — Beitrag zu K. Schalls u. K. v. Holtei's „Deutschen Blättern" 1823. — In den „Forhandll. ved de skandinaviske Naturforskeres andet Mœde 1840 (Kbh. 1841) S. 25—42 (Over Naturphilosophiens Forhold til den empiriske Naturvidenskab). — Kritische Anzz. in den „Berliner Blätt. für wissensch. Kritik." 1832, II, S. 84—91 1834, 1, S. 147—51, 53—60. — Schrieb Vorredo zu M. E. v. Bulmerincq: „Beiträge zur ärztlichen Behandlung mittelst des mineral. Magnetismus" (Berlin 1835). — In Schweiggers „Neuem Journal der Chemie u. Physik" Bd. 11, 1814, H. 2, S. 129—136 (Notizen über das Jod).

Nach seinem Tode:

Nachgelassene Schriften. Mit einem Vorwort v. Schelling. Berlin 1846. S. Allgem. Hall. Lit. Z. 1846, II, No. 228, 229, S. 665—71, 678—80 v. R. Hagen; Gel. Anzz. der Bayer. Ak. der Wissensch. 25, 1847, No. 162—63.

Briefe in „Brevo til Biskop J. P. Mynster." Kbh. 1862.

2060) **Steffens,** Momme Heseler (L. & S. No. 1132), Privatdocent der Rechte in Kiel war er von 1819—1829, in dem letzteren Jahre kam er als Hardesvogt der Norder- u. Ecker-Harden nach Alsen, 1840—1846 Abgeordneter für die Schleswigsche Ständeversammlung, 1848 gefangen auf Fühnen bis Juni dess. Jrs., lebte darauf in Hamburg, im Januar 1849 seines Amtes entledigt, er starb den 14. März 1849. — Verh. mit D. H. geb. Petersen. — Vergl. über ihn N. Nekrol. d. D. 27, S. 1071—72. Alt. Merk. 1849, No. 133.

Von ihm noch: Offene Erwiderung zur Vertheidigung gegen die Ausfälle der anti-deutschen Parthei auf die Deutsche Gerichts- u. Protocoll-Sprache u. die auf Deutschen Universitäten gebildeten Beamten im nördl. Schleswig. Geschrieben Norburg, den 26. December 1839. — Ne sutor ultra crepidam. Sonderb. (1839) 8. SS. 48. Stand zuvor schon im Sonderb. Wochenbl. 1840, No. 2—4. S. N. St. M. 10, S. 558.

2061) **Steffensen,** Asmus, (L. & S. No. 1133), 1834 Oberlehrer an der neueingerichteten Hauptschule für Mädchen in St. Marien in Flensburg; nahm im Decbr. 1849 seine Entlassung vom 1. Januar 1850 an; zog nach Sarau zu seinem Sohne; starb daselbst den 26. Juli 1850. — Verheir. mit Katharine Margarethe Dorothea geb. Harder († 25. Januar 1845). — Vergl. über ihn N. N. d. D. 28, S. 447—448. Alt. Merk. 1850, No. 178, Schl.-Holst. Schulbl. 13, 1851, S. 542—555.

Von ihm noch:

Pädagogische Lehrerzählungen od. moralisch-religiöse Charakterschilderungen zur Belebrung der Jugend. Für Schule u. Haus. Abth. 2. Hamb. 1831. 8. Von dem in Verbindung mit L. Nissen, N. Hermannsen u. J. Bendixen herausgegebenen Lesebuch für Elementarschulen erschien 3. Aufl. 1829. 5. Aufl. 1843. Im „Schlesw.-Holst. Schulbl." 1846, H. 2, S. 91 (Pestalozzis Buch der Mutter. Gedicht); 1851, S 353—355 (Einige seinem Nekrolog angehängte Gedichte). — Er hinterliess mehrere druckfertige Manuscripte.

2062) **Steffensen,** Jürgen Heinrich, geboren 16. Juli 1814 in Flensburg, ein Sohn des vorhergenannten Asmus St.; besuchte die Flensb. Schule, in Kiel inscribirt als Theologe Michaelis 1832, examinirt Ostern 1838 (1. Char.), 19. Novbr. 1840 Pastor in Sarau, starb den 22. Decbr. 1854.

Das erste Missionsfest in der Kirche zu Sarau, den 14. Juli 1851. Vorträge bei dessen Feier gehalten von ihm u. Nielsen u. Hasselmann. Eutin, Völckers, 8. In den „Theol. Mitarbeiten" v. Pelt, Jahrg. I, 1838, H. 4, S. 64—144 (Versuch einer Würdigung der vornehmsten gegen die Christologie Schleiermachers vorgebrachten Einwürfe), II, 1839, H. 1, S. 138—146 (Ueber den tiefen Sinn des Wortes ἐκεῖνον δεῖ αὐξάνειν ἐμὲ δὲ ἐλαττοῦσϑαι nebst einigen allgemeinen Bemerkungen über Schrifterklärung); H. 3, S. 104—148 (Beiträge zum Verständniss der Schleiermacherschen Glaubenslehre I, II); IV, 1841, H. 1, S. 8—32 (Ueber die wissenschaftl. Construction der Polemik mit Rücksicht auf Sacks Polemik); IV, H. 2, S. 3—28 (Die Lehre von den göttlichen Eigenschaften, nach ihrem Zusammenhange mit der Lehre v. Wesen Gottes beleuchtet u. in ihren Grundzügen entwickelt. Nebst kritischer Würdigung der neuesten Leistungen auf diesem Gebiete. — In (Jess u. Versmanns) Kirchen- u. Schulbl. I, 1844, No. 20, Sp. 157, bis 159 (Ueber den Gustav-Adolfs-Verein); No. 28, Sp. 220—222 (Erwiderung). III, 1846 Sp. 643—646. (Das Majoritätsvotum d. Berl. Hauptvers. in der Rupp'schen Sache); Sp. 49—63 (Bericht über die vierte Hauptversammlung des evangelischen Vereins der Gustav-Adolfs-Stiftung in Stuttgart); 1847, IV, Sp. 136—139 (Rec, über (J. Bendixens) das Votum des Altonaer Zweigvereins über die Ausweisung des dr. Jul. Rupp. Altona 1847. 8.); Sp. 246—247 (Rec. der Schrift: „Der Deutsche Protestantismus. Frankf. a. M. 1847. 8.); 1848, V, Sp. 767—768 (Ueber die Competenz der Landesversammlung in kirchlichen Fragen). — In Ullmann's u. Umbreit's „Studien u. Kritiken" 1847; III, S. 718 (Ueber Matth. XIII, 45 u. 46), 1848, III, S. 686 ff. (Die Parabel von den Arbeitern im Weinberg. Bemerkk. eranlasst durch den betr. Aufsatz des Pfarrers Rupprecht).

2063) **Steffensen,** Karl, geboren den 25. April 1816 in Flensburg, ein Bruder des vorhergenannten J. H. St., besuchte bis Mich. 1834 die Flensburger Gelehrtenschule, studirte dann Jura und Philosophie, nachher letztere vorwiegend in Kiel, erkrankte 1837 und ging im September 1838 nach Pau in Frankreich, um Genesung zu suchen; wurde 1841 in Kiel dr. philos., war dann mehrere Jahre Hauslehrer, habilitirte sich 1852 in Kiel als Privatdocent, wurde Mich. 1854 ausserordentlicher Professor der Philosophie in Basel und später ordentlicher Professor daselbst.

In Oelzers „protestantischen Monatsblättern" I, (Dec. 1852 bis Juni 1853) S. 103—123 (Religion, Philosophie u. Politik in nächster Zukunft); IV, S. 285—311 (Das menschliche Herz u. die Philosophie. Antrittsrede bei Uebernahme der Prof. der Philos. an der Universität zu Basel); V, S. 80—81 (Franz v. Baader. Ein Vermächtniss an beide Confessionen); VII, S. 1—12 (der providentielle Ernst der Reformation u. ihrer Folgen. Betrachtungen zu einer Stelle in Bossuet's Histoire des variations); XI, S. 179—188 (Prof. Baumgartens Absetzung von seinem theologischen Lehramt), S. 267—290 u. S. 359—386 (Meister Ekkhart u. die Mystik); XVII, S. 75—100 (Ueber Sokrates. Mit Beziehung auf einige Zeitfragen).

2064) **Steffensen,** Peter, besuchte das Tondernsche Schullehrerseminar, von dem er Anfang der 30er Jahre mit dem 2. Char. mit sehr rühml. Ausz. abging, ward dann Lehrer in Preetz, entfernte sich 1859 im Nov. heimlicher Weise unter Mitnahme d. Casse, die er als Agent verschiedener Gesellschaften führte, über Liverpool nach Amerika; kürzere Zeit unterrichtete er an dem von F. Gudenrath (No. 642) dort errichteten Erziehungsinstitut,, und zog dann zu seinem Schwiegersohne, einem in Amerika domicilirten Kaufmann. —

Anwendung der Algebra auf die Geometrie. Eine Sammlung v. Formeln u. analytischen Gleichungen aus der Planimetrie mit Andeutungen über die Art u. Weise der Entwicklung u. Benutzung derselben. Schleswig, v. d. Smissen, 1856 8. Anges. als erscheinend in P. Sönksens Schulzeit 1855/56, No. 8. Vergl. das. 1861, No. 22, p. 87.

2065) **Stegelmann,** H., im Postfach u. zwar in Eckernförde angestellt.

Uebers. aus dem Dänischen: W. A. Wexels Bekehrungsgeschichte des Posträubers u. Mörders M. Petersen. Kiel, Bünsow, 1840. 8.

2066) **Steger,** Karl Nicolaus, geboren den 4. October 1812 in Hadersleben, Sohn von Georg Th. St. (L. & S. No. 1134), studirte Theologie in Kiel seit Mich. 1833, examinirt 1839 mit dem 2. Char. m. r. A., den 30. December 1852 (antretend 24. April 1853) Pastor in Sehestedt.

Nekrolog über Georg Heinrich Oswald Greif, weil. Past. in St. Peter: im Kirke-Kalender for Slesvig Stift, udgiven af Imm. Barfod og Holger Rœrdam, anden Aarg. (1864) p. 22—25.

2067) **Stein,** Friedrich Th. L., wurde 1846 dr. med. & chir. in Kiel, war dann practischer Arzt in Lehsen im Grossherzgth. Mecklenburg-Schwerin. Unterm 6. Decbr. 1860 ward er von den Bestimmungen der Resolution vom 27. August 1839, betr. die Zulassung von Ausländern zur medicinischen Praxis, dispensirt und ihm die Erlaubniss zur Ausübung der medicinischen Praxis im Herzogthum Holstein ertheilt. Ist jetzt practischer Arzt in Altona.

De febre intermittente larvata. Kiliae 1846. 8.

2068) **Stein,** J. G. (L. & S. No. 1135), war auf Bossee, einem adeligen Gute im Kieler District. —

Von ihm noch in den „landwirthschaftlichen Heften" 1829, H. 3, S. 165—201 (Ueber Holsteinische Kuhwirthschaft); 1831, H. 2, S. 71—90 (Statuten für den Verein zur Versicherung gegen Viehseuche); S. 91—96 (Vorschläge zu Grundsätzen für Taxatoren eines Viehinventars bei Ablieferungen und Annahmen von Pachtungen); S. 121—131 (Erndtebericht für 1831).

2069) **Stein,** Lorenz Jacob, geboren in Eckernförde, Sohn des Gustav Daniel St. († 28. Jan. 1848), besuchte die Flensburger Gelehrtenschule bis Ostern 1835, studirte Jura und Staatswissenschaften, ward im juristischen Amtsexamen zu Kiel Ostern 1839 mit dem 1. Char. examinirt, dr. juris, 1843 Privat-Docent in der juristischen Facultät in Kiel, den 20. April 1846 ausserordentl. Professor der Staatswissenschaften in der philosophischen Facultät das., 1848 bis 1850 Mitglied der Landesversammlung, nach seiner 1852 erfolgten Entlassung als Prof. in Kiel Prof. der Staatswissenschaften in Wien.

1) Die Geschichte des Dänischen Civil-Processes und das heutige Verfahren, als Beitrag zu einer vergleichenden Rechtswissenschaft. Kiel 1841. 8. S. Gött. Gel. Anzg. 1841, S. 1921—1927.

2) Der Socialismus und Communismus des heutigen Frankreichs. Ein Beitrag zur Zeitgeschichte. Leipzig, Otto Wigand, 1842. 8. 2. Aufl. Das. 1847. 8. XII u. 592 SS.

3) Die Municipalverfassung Frankreichs. Leipzig 1843. 8. SS. 86.

4) Hatte neben M. Tönsen, E. Herrmann, J. Christiansen, C. O. Madai, G. Droysen, G. Waitz, J. C. Ravit Theil an: Staats- und Erbrecht des Herzogthums Schleswig. Hamburg, 1846. 8. SS. 115.

5) Gab mit L. A. Warnkönig heraus: Französische Staats- und Rechtsgeschichte. Von ihm Bd. 3.: Strafrecht und Process. Basel 1846. 8. XII und 695 nebst Register. Rec. Gött. Gel. Anz. 1846, S. 1361 ff.

6) Einleitung in das ständische Recht der Herzogthümer Schleswig und Holstein. Kiel, K. Schröder, 1847. 8.

7) Gab heraus das „Kieler Correspondenz-Blatt" vom 12. April bis 17. Juni 1848. Kiel 1848. 4.

8) *La question du Sleswig-Holstein. Paris, Fr. Klincksieck, 1848. 8. VI u. 46 SS.

9) Denkschrift über die Zollverhältnisse der Herzogthümer Schleswig und Holstein mit besonderer Berücksichtigung eines Anschlusses derselben an den Zollverein. Kiel, K. Schröder, 1848. 4. SS. 49. Steht auch in der Zeitschrift des Vereins für Deutsche Statistik 1848, II. 2—4 (Berlin).

10) Geschichte der socialen Bewegung in Frankreich von 1789 bis auf unsere Zeit. Bd. 1. Der Begriff der Gesellschaft und die sociale Geschichte der Französischen Revolution bis zum Jahre 1830. Leipzig 1850. 8. CXLIX u. 144 SS. 2. Aufl. 1855. 8. Bd. 2. Die industrielle Gesellschaft. Der Socialismus und Communismus in Frankreich von 1830—1848. Leipzig 1850. 8. SS. 550. 2. (Titel-) Aufl. 1855. 8. Bd. 3. Das Königthum, die Republik und die Souveränität der Französischen Gesellschaft seit der Februar-Revolution v. 1848. Leipzig 1850. SS. 428. 2. Aufl. 1855. SS. 428.

11) System der Staatswissenschaft. Bd. 1: System der Statistik, der Populationistik und der Volkswirthschaftslehre. Stuttgart und Tübingen, Cotta, 1852. XX und 564 SS. Bd. 2: Gesellschaftslehre. Abth. 1: Der Begriff der Gesellschaft und die Lehre „der Gesellschaftsklassen". Das. 1856. X und 431. Die Verwaltungslehre. Th. 1. u. d. T.: Die Lehre von der vollziehenden Gewalt, ihr Recht und ihr Organismus. Mit Vergleichung der Rechtszustände von England, Frankreich und Deutschland. Th. 2: Die Lehre von der innern Verwaltung. Th. 3: Das öffentliche Gesundheitswesen in Deutschland, Frankreich, England u. anderen Ländern. Das. 1865—1867. 8.

12) Rechtliches Gutachten über die fortdauernde Gültigkeit der Schleswig-Holsteinischen Staatspapiere und das Patent vom 7. Juni, die Aufhebung dieser Gültigkeit betreffend, nebst Einleitung und species facti v. L. H. Simon. Grimma 1852. 8. SS. 50.

13) Die Grundlagen und Aufgaben des künftigen Friedens. Mit 4 officiellen Beilagen. Wien 1856. 8. SS. 67.

14) Oesterreich und der Friede. Wien 1856. 8. SS. 132 mit 2 Tabellen in 4 u. fol.

15) Lehrbuch der Volkswirthschaft. Zum Gebrauch für Vorlesungen u. zum Selbststudium. Wien, Braumüller, 1858. XVI u. 358 SS.

16) Lehrbuch der Finanzwissenschaft. Als Grundlage für Vorlesungen und zum Selbststudium. Leipzig, F. A. Brockhaus, 1860. 8. XVII u. 565 SS.

17) Volkswirthschaftliche Studien über stehende Heere. Wien, Gerold. 1861. 8. 16 SS. Auch in der „Oesterr. militär. Ztschr."

Von seinen Beiträgen zu Zeitschriften können wir folgende angeben: In den „Neuen Kieler Blättern" 1844, S. 291—311 (Die Nothwendigkeit einer staatswissenschaftlichen Vorbildung auf der Landeshochschule). — In Ravits „Jahrbüchern" 1845, H. 9, S. 507—513 (Einleitende Kritik über die wissenschaftliche Bedeutung und den rechtlichen Begriff des geistigen Eigenthums. Zu dem Beschluss der Bundesversammlung über den Nachdruck). — In „Zeitschrift f. d. gesammte Staatswissenschaft von Volz u. A." Bd. III,

1846, S. 233—290 (Der Begriff der Arbeit und die Principien des Arbeitslohns in ihrem Verhältniss zum Socialismus und Communismus); V, 1848, S. 275—360 (Der Begriff des Freihandels und die practische Bedeutung desselben); IX, 1853, S. 115—182 (Die staatswissenschaftliche Theorie der Griechen vor Aristoteles u. Platon und ihr Verhältniss zu dem Leben der Gesellschaft). — Beitrr. zur „Allgemeinen Literatur-Zeitung" 1844 (angef. in Falcks Archiv III, 1844, S 493—495).

2070) **Steindorff,** Ernst Ludwig Hans, geboren den 15. Juni 1839 in Flensburg, Sohn des dr. med. Magnus Friedrich Steindorff und der Christiane geb. Jensen, besuchte die Schleswiger Domschule, darauf nach der Uebersiedelung seines Vaters nach Kiel die Kieler Gelehrtenschule (Lehrer vorwiegend Jansen) bis 1858, studirte dann Philosophie und Geschichte in Kiel, Göttingen, Berlin, und wiederum in Kiel und seit Juli 1862 wieder in Berlin, wo er im Januar 1863 zum dr. philos. promovirt wurde, lebte darauf in Kiel.

De ducatus, qui Billingorum dicitur, in Saxonia origine et progressu diss. inaugur. Berolini 1863. 8. SS. 100.

In den „Jahrbb. f. d. Landeskunde" II, S. 276—291 (Aus dem Kieler Stadt-Archiv mitgetheilt: Briefe des Lübecker Raths an die Kieler aus den Jahren 1469 bis 1472); VIII. H. 1, S. 24—34 (Eine Eidesverweigerung in den Gottorpischen Districten des Herzogthums Schleswig 1721 u. 1722).

2071) **Steinheim,** Salomon Levi (L. & S. No. 1136), war seit 1837 zeitweilig von Altona entfernt, 1839 correspondirendes Mitglied der k. k. Societät der Aerzte in Wien, hielt sich längere Zeit in Italien, 1862 in Sorrent, auf, von woher er 1864 zum Besuche nach Altona zurückkehrte; er starb in Zürich den 18. Mai 1866. — Sein Bildniss mit Facsimile erschien, gezeichnet v. Kroymann, gedruckt v. Speckter, im Jahre 1837.

Von ihm noch:

Bau- u. Bruchstücke einer künftigen Lehre von den Epidemien u. ihrer Verbreitung. Mit besonderer Rücksicht auf die Asiatische Brechruhr. H. 1. Erstes Fragment. Noten zum Texte der Schrift: „Geschichtliche Darstellung des Ausbruchs der Asiatischen Cholera von J. C. G. Fricke." Zweites Fragment: Betrachtungen über eine amtliche Bekanntmachung, emanirt aus der Hamburger Rathsversammlung d. 14. October 1831. Altona, Hammerich, 1831. 8. H. 2. Erstes Baustück. Präliminarien zu den Begriffen Miasma u. Contagium. Zweites Baustück. Beitrag zur Erörterung der Streitfrage „ob u. wie die Indische Cholera aus Asien zu uns gekommen." Das. 1831. H. 3. 1) Geschichte der Fehde zwischen den Contagionisten u. Miasmatikern. 2) Gift — Miasma — Contagium, eine Parallele. Das. 1832. 8.

Die Humoralpathologie aus praktischem Interesse u. auf zoochemischer Basis Nach des dr. Stevens Schrift: „observations on the healthy and diseased state of the blood." Hamburg, Perthes & Besser, 1833. 8. Steht auch im „Magazin der ausländischen Literatur der Heilkunde."

Erläuterungen zum näheren Verständniss der Humoralpathologie. Mit Bezugnahme auf des Hrn. dr. Stieglitz's pathologische Untersuchungen. Altona, in Comm. bei Aue, 1833. 8. SS. 38.

Doctrina veterum de liene ex locis medicorum principum digesta. Hamburgi, apud Perthes & Besser, 1833. 4.

Die Offenbarung nach dem 'Lehrbegriff der Synagoge. Ein Schiboleth. Th. 1. Frankf. a. M. 1835. 8. XXIV u. 364 SS. S. Hamb. Corresp. 1835, No. 201, Theol. Lit. Bl. 1837, No. 107 ff. Th. 2. A. unter dem Titel: Die Glaubenslehre der Synagoge als exacte Wissenschaft. In 25 Vorträgen vor einem gebildeten Publicum: Ueber das Wesen u. die Charaktermerkmale der Offenbarung. Leipzig, Gerhard, 1856. 8. XVI u. 468 SS. Th. 3. A. u. d. T.: Die Glaubenslehre der Synagoge als exacte Wissenschaft. Die Polemik. Der Kampf der Offenbarung mit dem Heidenthum, ihre Synthese u. Analyse. Leipzig 1863. XVI u. 420 SS.

Gesänge aus der Verbannung, welche sang Obadiah ben Amos im Lande Ham. Aufs Neue herausgegeben. Frankf. a. M. 1837. 8. XV u. 92 SS. S. Allg. Repert. f. L. 1838, No. 24.

Meditationen über die Verhandlungen in der Holsteinischen Ständekammer in Betreff der Petition mosaischer Glaubensgenossen wegen Ertheilung des Bürgerrechts in der 41. Sitzung am 22. November 1838. Altona 1839. 8. Neue Folge. Altona 1841. 8. 4¹/₂ Bgg.

Offenes Sendschreiben an den Obergerichtsadvocaten Löck, betreffend die Emancipation der Mosaiten in den Herzogthümern. Altona, Aue, 1840. 8. SS. 16.

Moses Mendelssohn u. seine Schule in ihrer Beziehung zur Aufgabe des neuen Jahrhunderts der alten Zeitrechnung. Hamburg 1840. 8. SS. 144.

Moses Mardochai Budinger, dr. phil., Lebensbeschreibung eines israelitischen Schulmannes, aus dessen hinterlassenem Tagebuche u. nach ergänzenden Mittheilungen seiner Gattin abgefasst. Altona (Leipzig) 1844. 12 Bgg.

Die Politik nach dem Begriffe der Offenbarung als Theokratie. Mit Bezugnahme auf die Republik Platons u. die Politik des Aristoteles. Leipzig, Teubner, 1845. 8. 8¹/₂ Bgg.

Aristoteles über die Sklavenfrage. Antagonismen gegen alte u. neue Ausleger. Hamb., Perthes, Besser & Mauke, 1853. 8. XI u. 108 SS.

Apologie oder Schutzschrift für die vernünftigen Verehrer der Offenbarung. Festprogramm zur Säcularfeier der Vollendung der Schrift des Ungenannten: Apologie oder Schutzschrift für die vernünftigen Verehrer Gottes (Hamb. 1763). Altona 1863. 8. SS. 29.

Beiträge zum „Telegraphen für Deutschland" (Humb.) 1839, No. 151 bis 154 (Vom Werth der Musik); No. 1901 1840, No. 128 (Weiterer Nachweis über die Judenverfolgung in Damaskus, ihren Ursprung u. Endzweck). — Zu Pelts „theologischen Mitarbeiten" Bd. 3, H. 1, S. 33—114 u. II. 2, S. 3 bis 101 (Die Offenbarung vom Standpunkte der höheren Kritik. Eine Beleuchtung der Schrift des Herrn Licent. W. Vatke: „Die Religion des alten Testaments nach den kanonischen Büchern entworfen." Berlin 1835. Erschien auch separat. Kiel, Univ.-Buchh., 1835. 8.) — Beiträge zu verschiedenen medicinischen Zeitschriften, dem „medicinischen Conversationsblatt" 1830 (Auch eine Methode gegen die häutige Bräune); — Pfaffs „Mittheilungen" 4, 1836, N. F. 2, H. 1 u. 2,

S. 1—16 (Von der Raumveränderung des Bluts u. von der Structur des Herzens, dieser entsprechend u. sie beweisend, gegen Hrn. Prof. J. Müller); 6, N. F. 4, H. 1 u. 2, S. 102—107 (Rec. über dr. C. Rösch: Untersuchungen aus dem Gebiete der Heilwissenschaft).

2072) **Steinmetz,** Johann Daniel, geboren den 4. Juni 1812 in der Hamb. Vorstadt St. Pauli, besuchte das Johanneum, musste aber vom Universitäts-Studium absehn und ward Lehrer. Uebernahm in den 30ger Jahren die Mennoniten-Schule in Altona, mit der er eine Privat-Erziehungsanstalt verband, der er seit 1843, nachdem er die Mennoniten-Schule aufgegeben hatte, allein vorstand. Er starb schon 27. August 1850. — Verh. seit 1845 mit Johanna geb. Köhler.

Practischer Unterricht in der Französischen Sprache nach Raimund Jacob Wursts Ideen u. mit beständiger Rücksicht auf dessen praktische Sprachdenklehre. Erstes Bändchen: Der reine einfache Satz. Reutlingen 1842. 8.

Hatte Theil an mehreren pädagogischen Zeitschriften, z. B. Schlesw.-Holst. Schulbl. X, 1848, S. 721—739 (Bericht über die erste Deutsche Lehrerversammlung in Eisenach 28.—30. Sept. 1848).

2073) **v. Stemann,** Christian, geboren den 15. Novbr. 1816 in Schleswig, Sohn des Kammerherrn und Landkriegscommissars Leopold v. Stemann und der Louise geb. v. Hedemann; besuchte die Schulen zu Schleswig und Lüneburg, die Universitäten Berlin, Heidelberg und Kiel; studirte die Rechte, wurde um Mich. 1840 in Kiel mit dem 2. Char. m. s. r. A. examinirt, von 1840 bis 1843 Auscultant bei den Holsteinischen Ober-Dicasterien, dann Legations-Secretär bei der Holsteinischen Bundestagsgesandtschaft in Frankfurt und zur Zeit der Interimsregierungen dort bis 1851 in diplomatischen Geschäften verwendet, trat 1852 in den Preussischen Staatsdienst und zwar in die Staatsanwaltschaft, war Staats-Anwalt in verschiedenen Orten, Stargard, Perleberg, Stettin; nach Errichtung der Schlesw.-Holsteinischen Regierung im Januar 1865 Chef der 3. Section vom Februar bis September 1865, dann nach Errichtung der Holsteinischen Regierung im September 1865 Chef der 2. Section bis zum Juni 1866, wohnt zur Zeit in Kiel.

1) Die Jury in Strafsachen. Hamb., Nestler & Melle, 1847. 8.
2) Darstellung des Preussischen Strafverfahrens. Berlin, Georg Reimer, 1858. 8. VIII u. 289 SS.
3) Ueber die Einreibung der Schleswig-Holsteinischen Rechtsordnung in die Preussische. Kiel, Schwerssche Bchh., 1866. 8.

In Falcks Archiv II. (Kiel 1843) H. 2, S. 161—256 (Ueber das Audienzverfahren im Herzogthum Holstein). — In der allgem. Monatsschrift f. Ww. u. Liter. (Braunschw.) 1852, S. 49—60 (Ueber das Princip des internationalen

Privatrechts). — In juristische Zeitschr. des Schl.-Holst.-Lauenb.
Advocatenvereins Jahrg. 1, 1843, H. 1, S. 93 ff. (Die Lehre von der Hülfs-
vollstreckung richterlicher Erkenntnisse in bürgerlichen Rechtssachen); Jahrg.
1845, H. 1, S. 1—130 (Ueber die Reform der Gerichtsverfassung in Schleswig-
Holstein). — Im „Gerichtssaal" v. Jagemann Jahrg. 1852, S. 70—89 (Zur
Lehre vom Zeugenbeweise in Strafsachen). — Im „Archiv für Preussisches
Strafrecht" v. Goldammer Bd. II, S. 167 (Die Fragestellung im schwurgericht-
lichen Verfahren); III, S. 335 (Ueber die Fortbild. des Schwurgerichts); V, S. 48
(Giebt es eine Theilnahme an Vergehen aus Fahrlässigkeit?); VIII, S. 41
(Ueber die Fortbildung der Staatsanwaltschaft); IX, S. 533 (Die ausschliess-
liche Anklagebefugniss der Staatsanwaltschaft). — Revidirt.

2074) **v. Stemann,** Christian Ludwig (L. & S. No.
1138), als Oberpräsident von Altona 1808 entlassen; starb in Sorōe
den 11. November 1813. — Vgl. N. St. M. X, 467, 488.

2075).**v. Stemann,** Christian Ludwig Ernst (L. & S.
No. 1139). Sein Vater der Justizrath u. Branddirector in Husum
Christian Karl v. St. († 18. Januar 1818), seine Mutter Elisabeth Maria
geb. Koch († den 7. October 1851). Er wurde den 2. Mai 1837
Hardesvogt der Hvidding- und Norder-Rangstrupharde u. Kirchen-
schreiber daselbst, sowie bei einigen Kirchen der Gramharde im
Amte Hadersleben; 1844 Landvogt auf der Insel Aerröe u. Präses
im Aerröeschen Stadt- und Landgericht; wurde den 22. Februar
1848 in den Dänischen Adelsstand aufgenommen; Departementschef
im Ministerium für Schleswig; 1852 den 6. Febr. Director der Schlesw.
Oberjustiz-Commission oder den 7. Mai dess. Jahres Präsident des
Schleswigschen Appellationsgerichts bis 1864; auch Kammerherr,
und den 29. October 1854 Grosskr. v. D.; lebt zur Zeit in Kopenhagen. — Vergl. über ihn N. St. M. X, S. 488.

Von ihm noch:

Schleswigs Recht und Gerichtsverfassung im 17. Jahrh. Nach den Gerichts-
protocollen. Schleswig und Flensb. 1855. 8. Rec. (v. Dr. E. Friedlieb) in den
Jahrbb. für die Landeskunde I, H. 2, S. 227—237.

Das Güterrecht der Ehegatten im Gebiete des Jüt'schen Lovs. Kopenhagen,
Gyldendal, 1857. 8. IX u. 212 SS. Rec. (v. Dr. E. Friedlieb) in den Jahrbb.
für die Landeskunde II, H. 2, S. 311—313.

Geschichte des öffentlichen und Privatrechts des Herzogthums Schleswig.
Th. 1. 2. Kopenh. 1866. 8. VI. 246 u. 395 SS.

In (Elvers') „Themis" Bd. 1 (Göttingen 1838) S. 278—308 (Ueber die
Leistung der bei einem Universalfideicommiss angeordneten Singular-Vermächnisse
und den Abzug der Falcidischen Quart in solchen Fällen). — In Falcks Archiv
II, 1843, S. 512—529 (Ueber die Grenzen der geistlichen u. weltlichen Gesetz-
gebung und Administration im Törninglehn), S. 529—545 (Bemerkungen zu
Esmarchs Handbuch des Erbrechts im Herzogthum Schleswig). — In den
„Slesvigske Provindsial-Efterretninger". Bd. 3, S. 145—166 (Zur

Geschichte von Rudekloster); S. 249—326 u. 345—379 (Die Familie Andersen in der Karrharde. Nach Urkunden); Bd. IV, 1863, S. 505—624 (Zur Geschichte der geistlichen Gerichtsbarkeit und der Consistorien im Herzogthum Schleswig). — In den Jahrbüchern für die Landeskunde der Herzogthümer Schleswig, Holstein und Lauenburg IX, H. 2, S. 226—261 (Beiträge zur Adelsgeschichte. I. Die Familie Lembek).

2076) **Stemann,** Hinrich Hirnklow (L. & S. No. 1140). Er starb den 14. Januar 1800 in Husum.

2077) **Stender,** Organist in Giekau; gestorben nach 1848. Vergl. N. St. Mag. II, 1834, S. 693, S. 433.

Von ihm in den „Schleswig-Holstein-Lauenburg. Provinzial-Berichten" 1822, H.3, S. 95—103 (*Johann Joachim Sieverts, Pastor zu Giekau. Eine biographische Skizze); 1830. H. 2, S. 197—208 (Johann Philipp Voigt, weiland Gutsinspector zu Neuhaus. Ein Beitrag zur Geschichte der Schulverbesserungen in den adeligen Gütern in Wagrien).

2078) **Stender,** Doris. Ist eine Holsteinerin.

Schleswig-Holsteinisches Kochbuch oder Anweisung, wie die in den Herzogthümern Schleswig und Holstein gebräuchlichen Suppen, Fische, Gemüse, Mehl- und Fleischspeisen etc. schmackhaft, mindest kostspielig und einfach zubereitet, Salate, Saucen, Farcen, Gelées, Puddings etc. zusammengesetzt werden, nebst gründlicher Anweisung im Brod- und Kuchenbacken, Einschlachten, Einsalzen, Bereitung feiner Getränke, sowie noch vielen andern den angehenden Hausfrauen und Wirthschafterinnen zu wissen nöthigen Gegenständen. 2. Aufl. Oldenb., Fränckel, 1847. 8.

2079) **Stender,** Wilhelm, geboren in Schönberg, Sohn des dr. med. Dan. Stender daselbst, studirte Medicin, wurde 1855 in Kiel zum dr. med. & chir. promovirt.

De cordis morborum vi ad animum diss. inaug. Kiliae 1855. 4. SS. 11.

2080) **Sternhagen,** Johann Peter (L. & S. No. 1142). Er hatte nach 1830 eine Pensionsanstalt in Altona, 1833 in Ottensen, wurde im Januar dess. Jahres dr. philos. von Leipzig aus; er starb Mitte November 1839 in Ottensen. — Verh. mit Bothilde Louise Charlotte geb. Meisterlin. — Vergl. N. Nekrol. d. D. 17, S. 930—931. Ersl. III, S. 246 u. Suppl. III, S. 281.

Von ihm noch: Morgen-, Mittags- u. Abendopfer. Hamb., Herdd, 1833. 8.
Praktische Anweisung zur Deutschen Sprache, ein Leitfaden für Lehrer u. Lernende. Hamb., Leipzig u. Itzehoe, Schuberth u. Niemeyer, 1805. 8. V u. 192 SS. Rec. in Heibergs Schlesw.-Holst. Blättern 2, S. 246—247.
Der kleine Däne. Ein Lehr- u. Lesebuch f. d. Elementar-Unterricht in der Dänischen Sprache. Das. bei dens. 1835. 8. SS. 30. Rec. in Heibergs Schlesw.-Holst. Blättern VI, S. 129—134.
In den Hamb. Lesefrüchten 1827, Bd. 3, St. 14 ff. (Die Kunstreiter-Familie. Eine Novelle); 1828, St. 1 (Der alte Israelit. Eine Novelle v. B. S. Ingemann).

2081) **Stilcke,** Julius Alexander, geboren den 2. Mai 1807 in Sülfeld, studirte Theologie in Kiel seit Ostern 1832, wurde 1841 mit dem 2. Char. m. r. A. examinirt, 19. Novbr. 1852 zum 1. Januar 1853 interimistisch const. 7. Lehrer, 26. September 1854 zum 1. October 4. Collaborator am Real-Gymnasium in Rendsburg, den 22. Juli 1859 zum Diaconus in Borsfleth ernannt, trat an den 16. October.

In Clausens Kirchen- u. Schulzeit. 1864, No. 2 („Nehmet hin den heiligen Geist" darf als Confirmationsformel nicht gebraucht werden).

2082) **Stille,** Karoline (L. & S. No. 1144), s. Charlotte Thiesen.

2083) **Stiller,** Friedrich Gottlieb Ferdinand (L. & S. No. 1145). Er starb den 1. Juni 1834 zu Altona. — Verheir. mit Karoline Margaretha geb. Michelmann. — S. über ihn N. St. M. IV, S. 325. N. N. d. D. 12, S. 491—492.

Von ihm noch:

Neuer merkantilischer Briefsteller oder praktische Anweisung für junge Kaufleute, sich zu geschickten u. vollkommenen Correspondenten auszubilden. Nebst Bemerkungen über die geographische u historische Bildung junger Kaufleute. Meissen, F. W. Gödsche, 1830. 8. VI u. 378 SS.

Neues Wunderbuch od. Auswahl des Ausserordentlichen u. Merkwürdigen aus Natur-, Welt- u. Menschenleben, zur Belehrung u. Unterhaltung für Gebildete. Th. 1, 2. Meissen, F. W. Gödsche, 1830. 8. 480 SS.

2084) **Stintzing,** Johannes Aug. Roderich, geboren den 8. Februar 1825 in Altona, Sohn des nachfolgenden Joh. W. Stintzing, besuchte das Gymnasium in Altona, studirte die Rechte, examinirt im juristischen Amtsexamen zu Kiel Mich. 1848 (2. Char. m. r. Ausz.), war eine Zeitlang bis 1850 Advocat in Plön, wurde zum dr. jur. promovirt und habilitirte sich 1852 als Privatdocent in Heidelberg, im Sommer 1854 ordentl. Professor in Basel, seit dem Winter 1857/1858 ordentl. Professor des Römischen Civil-Rechts in Erlangen. —

1) Das Wesen von bona fides und titulus in der Römischen Usucapionslehre. Historisch-dogmatischer Versuch. Heidelberg 1852. 8. VIII u. 125 SS. Rec. Gött. Gel. Anzz. 1852, S. 1460—1472 (v. Esmarch).

2) Ueber das Verhältniss der legis actio sacramento zur sponsio praejudicialis. Rechtsgeschichtliche Abhandlung. Heidelberg 1853. 8. X, 74 SS. Rec. Kritische Ueberschau der Deutschen Gesetzg. u. Rechtswissensch. Bd. 2, S. 352 ff.

3) Ulrich Zasius. Ein Beitrag zur Geschichte der Rechtswissenschaft im Zeitalter der Reformation. Mit urkundlichen Beill. Basel 1857. 8. XX. 387 SS. Recc. Liter. Centralbl. 1857, 27, Petzholdts Anzeiger 1857, 8, Anz. f. die Kunde Deutscher Vorzeit 1857, 7, S. 236—237, Gött. Gel. Anzz. 1857, S. 2055 ff.

4) Friedrich Carl von Savigny. Ein Beitrag zu seiner Würdigung. Berlin, G. Reimer, 1862. II u. 59 SS. Auch in den Preussischen Jahrbb.

5) Die Deutsche Hochschule in ihrem Verhältnisse zu der allgemeinen Bildung unserer Zeit. Rede am 4. Nov. 1864 gehalten. Erlangen, Deiche. 8. 32 SS·

6) Schrieb ein Vorwort zu J. de Wal: Beiträge zur Literaturgeschichte des Civil-Processes. (Erlangen 1866. 8.)

In Pözl's kritischer Vierteljahrsschrift f. Gesetzg. u. Rechtswissensch. 1, 1859, S. 509 ff. (Rec. über Fitting „Die Natur der Correalobligationen"), V, 1863, S. 127 ff. (Recc. über Ruttimann's, Steller's etc. Rechtsgutachten), S. 135 ff. (über A. Schmidts „Das formelle Recht des Notherben"), S. 441 (über Böckings „Römisches Privatr." 2. Aufl.). VI, 1864, S 557 ff. (über Stobhe's Geschichte der Deutschen Rechtsquellen). — In Bekker u. Muthers Jahrb. des gemeinen Rechts Bd. 1, 1857, S. 41—47 (Ueber die erste Auffindung u. Benutzung des Cajus epit. u. des Paulus sent. Rec. in Deutschland).

2085) Stintzing, Johannes Wilhelm, geboren in Rendsburg, studirte Medicin, promovirte im April 1812 in Tübingen (Präses J. H. F. Autenrieth); ausübender Arzt in Altona, wo er in den 50ger Jahren starb. — Vergl.: Worte der Erinnerung an J. W. Stintzing, Dr. med. in Altona. 8. Erlangen. s. a.

1) Dissertatio inauguralis medica continens partem anatomes feminae, pede manus instar utentis. Tubingae. 8. SS. 34.

2) Beiträge zur Nosologie, Pathologie u. Physiologie an Asiatischer Cholera Leidender. Altona 1833. 8. VI u. 150. Rec. (v. Samson) in Pfaffs Mitthh. III, N. F. 1, H. 2, S. 95—97.

In Pfaffs Mitthh. III, N. F. 1, H. 7 u. 8, S. 58—63 (Behandlung des delirium tremens); IV, N. F. II, H. 9 u. 10, S. 70—83 (Ueber die Ansicht, dass Krankheiten Parasiten seien u. Gründe für das Gegentheil); IX, N. F. VII, H. 5 u. 6, S. 42—49 (Anwendung der China bei Bronchitis durch Maserngift).

2086) Stockfleth, Theodor Georg Detlev (L. & S. No. 1146). In der Folgezeit erhielt er die Befugniss als Sachwalter in Hamburg. Starb, 49 Jahr alt, zu Hamburg den 23. August 1848. —

2087) Stöhr, Johann Sebastian (L. & S. No. 1147). Er feierte d. 17. Juli 1832 sein 50jähriges Amtsjubiläum als Prediger in Preetz und wurde R. v. D., den 10. October 1839 Senior der gesammten Schleswig-Holsteinischen Geistlichkeit; beging den 1. April 1842 die Jubelfeier seiner 60jährigen Amtsführung u. wurde Consistorialrath; über 90 Jahre alt, den 13. Januar 1845 auf Ansuchen entlassen; starb den 15. August 1847 in Preetz. — Verh. mit Sophie Ernestine Christiane Henriette, Tochter des Oberst-Lieutenants A. F. v. Herbst († 28. Juni 1833). — S. über ihn N. Nekrol. d. D. 25, S. 569—570. Pastor G. W. C. E. Möllers „Predigten über die Bestimmung des Menschen." S. V—IX.

Von ihm noch: „An meine guten Mitbürger in Preetz u. die zur Preetzer
Gemeinde gehören. Eine Ansprache." 1816. ¹/₄ Bg.

2088) **Stöven.** Lehrer in Kuden, später in Borsfleth.

Einzelne Beitrr. zu Sönksens Schulzeitung 1852/53, No. 13, 1857.58,
No. 19, 34, 41.

2089) zu **Stolberg,** Graf, Christian (L. & S. No.1148).
Vermählt mit Louise Gräfin v. Reventlow. S. über sie Perthes'
Leben I, 84. —

In der Miniatur-Bibliothek der Deutschen Classiker füllt er das 82. Bdchen,
welches auch sein Bild enthält.

2090) zu **Stolberg,** Graf, Friedrich Leopold (L. &
S. No. 1149). Starb den 5. Decbr. 1819. Vergl. Bippen, Eutiner
Skizzen pag. 310.

Von ihm noch: Gedichte. Cöln 1814. 12.

Nach seinem Tode: Der Geist Friedrich 'Leopolds Grafen zu Stolberg od. die
gediegensten religiösen Stellen aus seinen sämmtlichen Schriften. Mit einer Vorrede von Pfarrer Greg. Kloth. Aachen, Cremer, 1833. 12 Bgg.

Mitgetheilt v. Prof. L. Ross in der „allgem. Monatsschr. f. Literatur"
1850, Januar, S. 37—45 (3. Gesang des ungedruckten Gedichts „die Zukunft").

In der Miniaturbibliothek der Deutschen Classiker ist das 81. Bdchen ihm
gewidmet u. mit seinem Bildniss versehen.

2091) zu **Stolberg,** Gräfin, Henriette Katharina
(L. & S. No. 1150.) Sie starb den 22. Februar 1832 in Kiel. —
Vergl. J. Rist „Schönborn und seine Zeitgenossen." S. 32—33. —

2092) **Stolbom,** Friedrich Wilhelm, geboren 1806 auf
Panker im Holsteinischen, wo sein Vater Verwalter war; studirte
seit 1826 Medicin, ward in Kiel 1831 dr. und liess sich 1832 als
ausübender Arzt in Tönning nieder, u. verheirathete sich mit Marie
E. geb. Hauck; 1836 constituirter Physicus in Pinneberg; erkrankte
und machte 1842 ohne Nutzen eine Gesundheitsreise nach Bad Ems;
starb 9. Juli 1842.

Nonnulla de methodo derivante. Kiliae 1833. 4.

In Pfaffs „Mittbh." V, N. F. 3, H. 1 u. 2, S. 97—103 (Bericht über die
Influenzepidemie in der Herrsch. Pinneberg).

2092a) **Stolbom,** Karl, studirte Medicin und wurde 1839
dr. med. & chir. in Kiel, ist zur Zeit Arzt in Wedel.

De ischiado nervosa Columni. Diss. inaugur. Kil. 1839. 4. SS. 17.

2093) **Stolle,** Ernst Friedrich Heinrich, aus Lübeck,
studirte Medicin und wurde dr. med. & chir. 1846 in Kiel, ist zur
Zeit practisirender Arzt in Segeberg.

De catherismi usu et vi tam mechanica quum dynamica. Kiliae 1846. 4.

2094) **Stolley,** August, geboren den 4. September 1833 in Warder, Sohn des Organisten und Lehrers in Warder Friedrich Stolley und der Abel geb. Stuhr; Segeberger Seminarist unter Prof. Jensen und den Lehrern Martens und Kardel von 1853 bis 1856; examinirt Michaelis 1856; von da an bis Ostern 1860 Hauslehrer auf Kl. Nordsee (bis Michael. 1858) und auf Carlshof; von Ostern 1860 bis October 1861 const. Knabenlehrer, seitdem 2. Lehrer an der Mädchen-Bürgerschule in Kiel.

Der Gesangfreund. Eine Sammlung der schönsten ein-, zwei- u. dreistimmigen Lieder für Schule u. Haus. H. 1, Methodischer Führer für den Gesangunterricht in der Volksschule. H. 2, 20 einstimmige u. 6 zweistimmige Lieder nebst vorbereitender Tonübung u. 1 Canon. H. 3, 34 zweistimmige u. 21 dreist. Lieder. Kiel, Schwers'sche Bchh., 1865. 8. SS. 80, 64 u. 64. Liedertexte zum 1. Heft separat gedruckt.

Einzelne Beiträge in Sönksens Schulzeitung 1856/57, No. 26 Beil. (Der rhythmische Choral); 1859/60, No. 32 (Vorbericht etc.); 1862/63, No. 1 (Rede bei Enthüllung des Grabdenkmals für Prof. Jensen); das. No. 14—15 (Der Gesangunterricht in der Volksschule); 1863/64, No. 21 u. 25 (Offener Brief, Entgegnung); 1864/65, No. 46 (Die Gesundheitslehre in der Volksschule); 1865/66, No. 136 (Die Jubiläumsfeier des Hrn. Seminarlehrers Kardel). — Revidirt.

2095) **Stolley,** Hans, geboren den 14. März 1813 zu Christiansholm im Amte Gottorf; sein Vater starb 1847 als Lehrer in Homfeld; gebildet in seines Vaters Schule, dann in der des Organisten Staack zu Hohenwestedt und darauf von Pastor Witt das.; nach der Confirmation Lehrer an der Nebenschule am Eiderdeich in Thielenhemme, dann in Kleinbarkau, wo er 1838 Gleichberechtigung mit Seminaristen erhielt; darauf Lehrer in Barmissen und 1847 in Rönne; starb das. Ende November 1866.

Mit C. H. Rottgard: Lesebuch f. die oberen Klassen Deutscher Volksschulen. Kiel, K. Schröder, 1861. 8. 2. Aufl. Das. 1863. 8. XII u. 493 SS. Einige Beitrr. zu Sönksens Schulzeitung u. A. 1856/57, Beil. zu No. 29; 1858/59, No. 49; 1859/60, No. 7, No. 32; 1861/62, No. 51; 1862/63, No. 6, 1863/64, No. 2. Ebenfalls einzelne Beiträge im Schlesw.-Holst. Schulblatt. — Revidirt.

2095a) **Stoltenberg,** Detlef, geboren in Schönkirchen 1823, gebildet auf dem Segeberger Seminar, von welchem er Mich. 1846 mit dem 2. Char. mit Ausz. abging; war dann Hauslehrer auf Schönhorst, Schullehrer in Wentorf, Kirchspiel Probsteierhagen, in Meimersdorf, Kirchspiel Kiel, am 30. August 1860 gewählt zum Organisten und Lehrer in Schönkirchen.

Fibel. Selbstverlag des Vf.'s 1867. 8. S. Sönksens Schulzeitung 1867, No. 11.

2096) **Stoppel,** J. P., aus Altona, war 1815—1836 Besitzer des adl. Gutes Perdoel, Districts Preetz, Kirchspiels Bornhöved, in welchem Jahre er es an den Dän. Consul J. W. Rücker in Hamburg verkaufte.

In den landwirthsch. Heften f. die Herzogth. Schleswig u. Holstein 1833, H. 2, S. 37—60 (Noch ein Wort über Einführung v. Schäfereien).

2097) **Storjohann,** Rudolf Heinrich, geboren in Segeberg, studirte Medicin und wurde 1838 dr. med. & chir., ist zur Zeit practisirender Arzt in Bordesholm.

Erysipelas neonatorum. Kiliae 1838. 4.

2098) **Storm,** Emil Ernst Wilhelm, geboren in Husum, jüngerer Bruder des nachfolgenden Hans Theodor Woldsen Storm, besuchte die Gymnasien in Husum und Gotha, studirte Medicin u. wurde 1857 im Juni in Kiel dr. med. & chir., wurde practisirender Arzt in Husum, wo er im Jahre 1864 eine Zeit lang die Physicats-Geschäfte besorgte.

De febri sic dicta Marchica diss. inaug. Kil. 1857. 4. SS. 20.

2099) **Storm,** Hans Theodor Woldsen, (bedient sich als Schriftsteller des Vornamens Theodor), geboren den 14. September 1817 in Husum, Sohn des Advocaten Joh. Casimir Storm, R. v. D. daselbst, und der Lucie geb. Woldsen, gebildet auf den Gelehrten-Schulen zu Husum u. Lübeck (unter Jacob u. Classen), und auf den Universitäten in Kiel und Berlin; wurde Mich. 1842 im juristischen Amtsexamen in Kiel mit dem 2. Char. examinirt, war alsdann bis 1853 UGA. in Husum, seit 1853 Assessor in Potsdam, seit 1856 Kreisrichter in Heiligenstadt, 1865 const., September 1866 Landvogt und September 1867 Amtsrichter in Husum. — Vgl. über ihn einen Aufsatz „Theodor Storm" von Paul Heyse in dem Eggersschen Literaturblatt zum Kunstblatt 1854 (?) und einen anderen „Neue Menschen" in Prutz-Museum 1855 (?), auch Tempeltey's „Theod. Storms Dichtungen." Ein Vortrag (Kiel 1867).

1) Liederbuch dreier Freunde, Th. Mommsen, Th. Storm u. Tycho Mommsen. Kiel 1843. 8. Rec. Lit. u. Krit. Bll. der Börsenhalle 1843, No. 148, S. 1164—1167.

2) Liess mit Th. Mommsen u. K. Müllenhoff im November 1844 einen Aufruf für eine Sagen- u. Märchensammlung der Herzogthh. Schl.-H. u. L. vertheilen, welcher auch in vielen öffentl. Bll. der Herzogthh. sich fand.

3) Sommergeschichten u. Lieder. Berlin, A. Duncker, 1851. 12. VIII u. 180 SS. Rec. Lit. u. Krit. Bll. der Börsenh. 1851, No. 5, S. 37—40.

4) Immensee. Berlin, Duncker, 1852. 8. 61 SS. 2. Aufl. 1854. 3. Ausg. 1855. 16. 5., v. Pietsch illustrirte, Ausgabe. Berlin 1857. 4. 9. Aufl.

1864. 11. Aufl. 1867. Auch ins Englische übersetzt s. t. Immensee or the old mans reverie. Translated with the permission of the author from the 8. edit. of the German by H. Clark. Münster 1963. 8. 68 SS.

5) Gedichte. Kiel, Schwers'sche Buchh., 1852. 12. SS. 164. 2. Aufl. Berlin, Schindler, 1856. 12. VII u. 190 SS. 3. Aufl. Das. 1858. 12. SS. 190. 4. Aufl. Berlin 1864. 8. 224 SS. Rec. d. 1. Aufl. Lit. u. krit. Bll. der Börsenh. 1853, No. 5, S. 37.

6) Im Sonnenschein. Drei Sommergeschichten. Berlin, Duncker, 1854. 8. III u. 61 SS. 4. Aufl. 1867.

7) Hinzelmeier. Eine nachdenkl. Gesch. 2. Aufl. Berlin, Duncker, 1857. 16. SS. 62.

8) Ein grünes Blatt. Zwei Novellen. Berlin 1855. 12. 2. Aufl. Das. 1857. 12 SS. 12. 3. Aufl. 1861. Zuerst in der „Argo" 1854.

9) Deutsche Liebeslieder seit J. Chr. Günther. Eine Codification. Berlin, Schindler, 1859. 12. XXIV u. 212 SS.

10) In der Sommer-Mondnacht. Berlin, Schindler, 1860. 12. SS. 95. Rec. Prutz' D. Mus. 1860, Bd. 2, S 106—108.

11) Drei Novellen. Berlin, Schindler, 1861. 8. VII u. 99 SS.

12) Auf der Universität. Münster, E. A. Brunn, 1863. 8. SS. 128. Rec. Illustr. Zeit. 1863 v. 7. März. Später unter dem Titel Leonore. Das. 1865. 8.

13) Im Schloss. Münster. E. A. Brunn, 1863. 8. 97 SS.

14) Zwei Weihnachts-Idyllen. Illustrirt v. Otto Speckter u. Ludw. Pietsch. Berlin, Schindler, 1865. 16. 99 SS. mit Holzschn.

15) Drei Märchen. Hamburg, W. Mauke Söhne, 1866.

16) Von Jenseits des Meeres. Schleswig, Heiberg, 1867. 8. SS. 72.

Gedichte in Lewalds „Europa" 1840—1842. — In K. L. Biernatzkis Volksbuch f. d. Herzogthh. Schl.-Holst. u. Lauenb. f. 1844, S. 57, 80, 97, 120, 210, 236 (von ihm u. J. Th. Mommsen mitgetheilt: „Sprüchwörter in plattdeutscher Sprache", „Schleswig-Holsteinische Sagen" u. plattdeutsche Reime); f. 1846, S. 35 (En Döntje); S. 65—70 (Schneewittchen. Märchen-Scene); S. 81—89 (Geschichten aus der Tonne. Mit Abb.); S. 111—113 (Der Bau der Marienkirche in Lübeck); S. 156 (Im Frühling); S. 178 (Aus Grosskrähwinkel); f. 1848, S. 35 (Abseits); S. 120 (Gesegnete Mahlzeit); f. 1849, S. 1—3 (An der Westküste); S. 79 (Von Katzen); S. 128 (Die alten Möbeln); f. 1850, X (Morgengruss); S. 1 (Nach Reisegesprächen); S. 25 (Der kleine Häwelmann. Ein Kindermärchen); S. 52 (Einer Todten); S. 125 (Octoberlied); S. 56—86 (Immensee); f. 1851, S. 102 bis 103 (Waldweg); S. 113—138 (Stein u. Rose, ein Märchen. Später u. d. Namen Hinzelmeier umgearbeitet in der bei Kern erschienenen, jetzt eingegangenen Breslauer Zeitung. Vergl. ob. s. No. 7). — In Fontane's u. Franz Kugler's „Argo" 1854 und der später als „Album für Kunst u. Dichtung" erschienenen „Argo" f. 1857, 1859 u. 1860, theils prosaische, theils poetische Beiträge. Einzelne Kritiken in dem Literaturblatt zu dem von Fr. Eggers redigirten Kunstblatt der Jahre 1853—1856. — In der (Leipziger) Illustrirten Zeitung 1862 (Unterm Tannenbaum); 1863 (Abseits); 1864 (Bulemanns Haus); das. (Die Regentrude). — In Hackländers „Ueber Land u. Meer" (Drüben am Markt). — In der „Gartenlaube" (Im Schloss. Ohne Vorwissen des Verfassers verstümmelt abgedruckt). — Im „Bazar" 1865 (Spiegel des Cyprianus. Ohne Vorwissen des Verfassers ebenfalls verstümmelt abgedruckt). — In Westermanns Monatsheften

(Von Jenseits des Meeres) u. das. 1867, Nov. (Eines Malers Arbeit). — „Immen-see", „Stein u. Rose", später *Hinzelmeier* u. „Im Schloss" haben nach dem ersten Abdruck zum Theil wesentliche Umarbeitungen erfahren. — Revidirt.

2100) thor **Straten,** Josias (L. & S. No. 1155), gab 4. April 1832 seine Kupfer- und Messing-Fabrik, sowie seine Landstellen Crusau und Kittschelund in Administration, verkaufte sie im Juni 1839 an den Advocaten Blaunfeld in Flensburg u. den Actuariatsgevollmächtigten Iversen in Apenrade, unterm 24. Aug. 1840 ward über seine Habe Concurs der Gläubiger erkannt; er starb 1842 oder 1843.

Von ihm noch: An meine Mitbürger. Ein paar Worte. 1814. 8.

Das k. Dänische Admiralitäts- u. Commissariat-Collegium u. der Justizrath thor Straten. Eine Processgeschichte. 1815. S. Alt. Merk. 1832, No. 62, Sp. 1360.

Vorstellung des Justizraths thor Straten gegen den Baron von Adeler. 1827.

2101) thor **Straten,** Wilhelm, geboren den 11. April 1825 zu Tolk-Schubye; Sohn des Hofbesitzers Nicolaus thor Stra-ten und der Anna Catharine Elisabeth geb. Thomsen; besuchte die Gelehrten-Schulen zu Flensburg und Husum, studirte Philologie in Kiel und Göttingen, wurde den 3. Februar 1858 in Kiel zum dr. philos. promovirt, den 1. Juni 1859 achter Lehrer in Glückstadt, 1861 fünfter Lehrer daselbst, den 1. Juni 1865 Subrector in Meldorf.

Ad Horatii odarum chronologiam capitis primi pars prior. Glückstadii 1859. 4. Im Osterprogramm der Glückstädter Gelehrtenschule S. 1—20. — Revidirt.

2101a) **Strodtmann,** Adolf Heinrich, geboren am 24. März 1829 in Flensburg, Sohn des nachfolgenden Joh. Sigismund Str. und der Louise Amalie geb. Wolff; besuchte die Flensburger, Hadersleboner, Plöner und Eutiner Schule bis 1848, nahm in dem-selben Jahre am ersten Schlesw.-Holst. Kriege Theil, besuchte von Michaelis 1848 bis November 1849 die Universität Bonn, um Phi-lologie zu studiren, wo er mit Gottfried Kinkel befreundet wurde und von wo er wegen seines Gedichts „Lied vom Spulen," das er auf seinen Freund verfasste, religirt wurde; verlebte darnach einen Winter in Paris, ein halbes Jahr in London u. wanderte im Herbst 1852 nach Philadelphia aus, wo er eine Deutsche Buchhandlung er-richtete, nach deren mit Verlusten verbundenem Aufgeben er noch eine Zeit lang als Journalist in Amerika verblieb, aber im Herbst 1856 nach Hamburg zurückkehrte, wo er Bürger wurde und sich erst als Lehrer, später als Literat seine Existenz gründete.

1) Lieder eines Kriegsgefangenen auf der Dronning Marie. Hamb., Hoffmann & Campe., 1848. 8. VII u. 64 SS. Rec. Hamb. Jahreszeiten, Septbr. 1848.

2) Gottfried Kinkel. Wahrheit ohne Dichtung. Biographisches Skizzenbuch. Bd. 1. 2. Hamburg, Hoffmann & Campe., 1850. 1851. 8. XII u. 318 u. III und 350 SS. Rec. (Hamburg.) Freischütz 1850 v. 16. Novbr., Nationalzeitung 1850, 21. u. 22. Juni, Bonner Zeitung Mai 1850, Westdeutsche Zeitung 21. April 1850, Bll. für liter. Unterh. 8. Mai 1850, Hagener Kreisblatt 8. Mai 1850, Norddeutsche Fr. Presse 25. April 1850, Elberfelder Kreisblatt Mai 1850.

3) Lieder der Nacht. Bonn, Habicht, 1850. 8. XII u. 186 SS. Rec. Norddeutsche Fr. Presse vom 13. März 1850.

4) Lothar. Zeitarabesken. Philadelphia u. Hamb., W. Niemeyer, 1853. 12. SS. 108. Rec. „Europa" 1853 No. 75, S. 599.

5) Gab heraus: „Die Locomotive, neue fliegende Blätter aus Amerika". Mit Originalzeichnungen Deutscher Künstler. Philadelphia, A. Strodtmann & Co., 1853. 1854. (Es erschienen 3 Bände).

6) Gedichte. Leipzig (Magazin f. Literatur) 1857. 8. SS. 274. Rec. Alt. Merk. 1857, No. 255, Hamb. Corresp. 1857, No. 23, Deutsches Museum 1858, No. 1, S. 32—34, Hamburger Jahreszeiten 1857, No. 49, Itzehoer Nachrr. 1858 v. 26. Juni, Hamburger Nachrr. 1857 v. 4. November.

7) Heinrich Heines Wirken und Streben, dargestellt an seinen Werken. Hamb., G. C. Würger, 1857. 8. VII u. SS. 143. Rec. (Hamb.) Freischütz 1857 November, Deutsche Reichszeitung 1857 v. 26. October, Wiener Modespiegel 12. Novbr. 1857, Düsseldorfer Journal 1857 vom 26. Novbr., Blätter f. liter. Unterh. 1857, No. 46, SS 846—849, (Prager) Bohemia v. 27. Novbr. 1857, Hamb. Nachrr. 1857 v. 28. Novbr., (Hamb.) Reform 1857 v. 9. December, Berliner Sonntagsblatt 1858 v. 21. Febr., Novellenzeitung 1858 vom 21. April, (Bergedorfer) Eisenbahnzeitung 1857, 20., 21., 25. u. 28. November.

8) Uebersetzte: G. Lizzard's ausgewählte Werke. 14 Bände: in der „transatlantischen Bibliothek". Hamburg, Verlags-Comtoir, 1858 u. 1859.

9) Rohana. Ein Liebesleben in der Wildniss. Hamburg, H. C. Würger, 1857, 8. SS. 120. Angez. Alt. Merk. 1857. No. 119, Liter. u. krit. Blätter 1857, No. 41. S. 322—324, Itzehoer Nachrr. 1857, Sp. 902—903, Schles. Zeitung 1858 v. 27. März, Alton. Nachrr. 1857 v. 9. Mai, (Hamb.) Reform v. 15. Mai 1857, (Hamb.) „Amicitia & Fidelitas" 1857 v. 24 Mai, Hamb. Allgem. Theaterzeitung 1857 v. 27. Mai, (Hamb.) „Ernst Heiter" 1857 v. 24. Mai, (Hamb.) „Kompass" 1857 v. 17. Mai, Hamb. Nachrr. 1857 v. 29. Mai, Hamb. Corresp. v. 5. Juni 1857, Mecklenb. Zeitung 1857 v. 18. Juni, Rendsb. W. 1857 v. 27. Mai, Novellenzeitung v. 5. Aug. 1857, Bohemia 16. Aug. 1857, Deutsche Reichszeitung 1857 v. 17. August, Berlinische Nachrr. v. 20. August 1857, Unterhaltungen am häuslichen Heerd 1858 N. F. III No. 13, Deutsches Museum 1858, No. 1, S. 32—34, Bll. f. liter. Unterh. 1858, S. 291—293 und in anderen Blättern mehr.

10) Besorgte die Ausgabe der Werke Heinrich Heines in 21 Bänden. Hamburg, Hoffmann & Campe., 1861—1866. 8.

11) Ein Hoheslied der Liebe. Hamburg, Verlags-Comtoir, 1858. 12. SS. 126. Rec. Liter. u. krit. Blätt. 1857, No. 99, Bll. f. liter. Unterh. 1858, S. 293—294, Alt. Merk. 1857, No. 285, Zeitung für Norddeutschland 1858 v. 7. Decbr., Grenzboten 1858, No. 52, Münchener neueste Nachrr. 1858 v. 7. März, Hamb. Nachrr. 1857 v. 2. December, Leipz. Illustr. Zeitung 1858, No. 772,

Unterhaltungen am häuslichen Heerd 1858, N. F. III No. 30, Deutsches Museum 1859, No. 1, S. 32—34 und in mehreren anderen Blättern.

12) Lieder- und Balladenbuch Amerikanischer und Englischer Dichter der Gegenwart, im Versmaass der Originale übersetzt und von Lebensskizzen der Verfasser begleitet, mit einem Zueignungsschreiben an Ferd. Freiligrath. Hamburg, Hoffmann & Campe, 1862. 8. XV u. 266 SS., Angez. Hamburger Nachrr. 1862, 3. Juni, Deutsches Museum 1862, 12, S. 39, Grenzboten 1863, No. 13, S. 526, Augsb. Allgem. Zeitung 1862, 1. Juni, Nationalzeitung 1862, 2. Juli, Hamb. Presse 1862 v. 5. Juni, Bremer Sonntagsbl. 1862, 7. Septbr., Dresdner Constit.-Zeitung 1863, vom 4. Januar, Bl. für liter. Unterh. 1863, No. 9, New-Yorker Staats-Zeitung 1862 vom 21. September, (Philadelphier) Neue Welt 1862 v. 9. u. 16. November.

13) Die Arbeiter-Dichtung in Frankreich. Ausgewählte Lieder Französischer Proletarier. In den Versmaassen der Originale übersetzt und mit biographisch-historischen Einleitungen versehen, nebst einem Anhang Victor Hugo'scher Zeitgedichte. Hamburg, Richter, 1863. 8. Rec. Augsb. Allgem. Zeitung 1864, 26. u. 27. April, Liter. Mitthh. der St. Gallener Blätter 1864, No. 3, (Leipz.) Illustrirte Zeitung 1864 No. 1112, Magazin f. d. Literatur des Auslandes 1864 No. 14, Altonaer Merk. 1864, 4. Septbr., Blätter f. liter. Unterh. 1864 No. 34, S. 629—630.

14) Wunderbuch für Knaben und Mädchen. Heroensagen des Griechischen Alterthums in modernem Gewande. Nach dem Englischen des Nathanael Hawthorne für die Deutsche Jugend bearbeitet. Mit colorirten Bildern von Hosemann. Berlin, Winkelmann & Söhne, 1862. 8. 2 Bll. u. 344 SS. Rec. Hamb. Nachrr. 1862 No. 295, Deutsches Museum 1862, Bd. 2, S. 920, (Hamb.) Freischütz 1862 vom October.

15) Gab heraus: „Orion", Monatsschrift für Literatur und Kunst. Jahrg. 1863 bis 1864. Hamb., Hoffmann & Campe, 1863—1864. gr. 8.

16) Brutus! schläfst du? Zeitgedichte. Mit 14 Illustrationen. Hamb., Richter, 1863. 8. VIII u. 331 SS. Besprechungen im (Hamb.) Freischütz 1863, 23. Septbr., Reform 1863 v. 19. Septbr. u. 26. Octbr., Stuttgarter Erheitt. 1863 H. 22, Allgem. Liter. Zeitung 1864, No. 36, Bll f liter. Unterh. 1864, No. 45, Köln. Zeitnug 1863 v. 6. Novbr., Stuttgarter liter. Wochenbl. 1863, 7. Novbr., (Grüneberger) Kritische Blätter 1864, No. 6.

17) Uebersetzte in freien Versmaassen A. Rogeards „Armes Frankreich!" Zeitgedichte. Hamb. 1865. XVI u. 32 SS. Rec. Dresdener const. Zeitung 1865 vom 22. Decbr., Hamb. Corresp. 1865 v. 15. Decbr., Stuttgarter „Freya" Januar 1866.

18) Uebersetzte für die „Bibliothek ausländischer Classiker" Bd. 29 u. 30 (Hildburghausen 1866): Shelleys ausgewählte Dichtungen und für dieselbe Bibliothek: Tennyson's ausgewählte Dichtungen (letztere waren October 1867 noch unter der Presse).

19) Uebersetzte: Montesquieu's Persische Briefe. Berlin, A. Eichhoff, 1866. 8.

20) (Im October 1867 noch unter der Presse:) H. Heinrichs Leben u. Werke. Bd. 1, 2: Berlin, Franz Duncker.

Er lieferte Gedichte, Novellen, Recensionen u. Theaterberichte in der Haderslebener „Lyna" 1845 u. 1846, für die „Europa" 1846, das Plöner Donnerstagsblatt 1847, die Jahreszeiten 1850, die Bonner Zeitung 1849—1850,

die Westdeutsche Zeitung u. Rheinisches Echo 1850 u. 1851, die Norddeutsche freie Presse 1850, die Philadelphier freie Presse 1852 bis
1856, für Milwaukie Atlas 1855, f den New-Yorker Pionier 1855, das
Deutsche Museum 1856, Karl Weller's Jahrbuch Deutscher Dichtung
1858, den (Hamburger) Freischütz 1858—1862, die Hamburger Börsenhalle
1864—1867, für Schads Musenalmanach 1858, für das Düsseldorfer
Künstleralbum 1858, für das Freiligrath-Album 1867. — Revidirt.

2102) **Strodtmann**, Adolf Hinrich (L.&S. No. 1156).
Er wurde den 3. Juni 1835 zum Consistorialrath ernannt; feierte im
August desselb. Jahrs sein 50jähriges Amts-Jubiläum als Prediger.
Er starb den 10. October 1839 zu Hadersleben. — Verh. 1. mit
Elisabeth Magdalene, der Tochter seines Vorgängers zu Hadersleben
Cretschmer (geb. 2. Sept. 1766 zu Maugstrup, † 17. Januar 1803),
2. mit Sophie Amalie geb. Mygind, Tochter des Pastors J. Mygind
zu Flamlöse bei Assens. — Vergl. über ihn Flensb. Religionsblatt
8. Beil. No. 2. Neuen Nekrol. der D. 17, S. 843—845, u. seines
Sohnes Joh. Sigesmund Schrift: der Consistorialrath A. H. Strodtmann etc. Hamb. Hoffmann & C. 1851.

Von ihm noch:

Studia liberalia animum quidem ad virtutem recipiendam posse praeparare
nec tamen eam dare demonstrat et ad actum sollemnem oratorium die II. Sept.
hora X. instituendam, quo quatuor classis primae alumnis discessum parantibus
oratione germanice scripta faustum praecatur iter ea, qua erga quemvis par est,
submissione et observatione invitat A. H. Strodtmann. Hadersl. 1783. 4. 16 SS.
(Fehlt im Kordes).

Wie können und sollen Aeltern dem Schullehrer zur Bildung ihrer Kinder
behülflich sein? Hadersl. 1783. (Ist der im Kordes angeführten Uebersetzung
v. Bauers: „Die wahre Natur und Beschaffenheit der Ernestinischen Lehrart"
beigefügt.)

In dem Einladungsprogr. der Hadersl Schule v. Mich 1785 findet sich von
ihm u. A. eine Abschiedsrede: Hat denn doch der Schulmann gerechte Ursachen,
gerade in den jetzigen Zeiten die Welt mit seinen ewigen Klagen über die Lasten
seines Amtes zu beschweren?

Hochzeitscarmen für zwei seiner Schwägerinnen am 28. Sept. 1787.

Eine am 16. Sonnt. n. Trin. 1798 in Veranlassung einer Feuersbrunst, von
der Hadersleben betroffen war, gehaltene Predigt.

Mehrere Gelegenheitsgedichte, zum Theil wieder abgedruckt in der oben angef.
Biographie von seinem Sohne S. 111 ff.

Dankbar frohe Aeusserungen für das öffentliche Einweihungsfest der beiden
neuerbauten Bürger-Schulen in der Stadt Hadersleben, Frederiks-Schule u. Wil-
helminen-Schule genannt, ausgesprochen am 27. September 1831. Hadersleben,
gedruckt bei Senneberg, 1832. 8 Rec. N. Provinzialberr. 1833. S. 147—150.

In d. „Lyna" noch Jahrg. 1827, St. 11 u. 20 (Zwei Aufsätze zur besseren Würdigung
der Volksschr. v. Schlez: der Rheinische Bote); 1828, St. 8 (Ein Gleichniss. denn
auch Er predigte häufig in Gleichnissen); 1829, St. 4 (Rede am Grabe Fr. Palzo's;

23

Dank im Namen des Bibelvereins); u. 1831, St. 6 (Ehre, Lob, Lieb u. Folgsam-
keit jeder gewissenhaften Obrigkeit), St. 8 (Aufforderung an die Armencollegien),
St. 26 (Anrede an den König d. 9. Juli 1831), 1832, St. 39 (Aufforderung zur
Abhülfe der Noth in Fackenburg), St. 44 (Denkmal für Stiftungen). — In D. u.
J. Boysens Beitrr. zur Verbesserung des Kirchen- u. Schulwesens II,
H. 4, S. 612—625 (Auszug aus einigen Briefen von ihm, die Schicksale der neuen
Kirchen-Agende in der Stadt u. dem Amte Hadersleben betr.). — In den Prov.-
Berr. 1829, II. 4, S. 583—594 (Vorlesung im Haderslebener Predigerconvent am
19. Juni 1829).

2103) **Strodtmann.** Johann Sigismund (auch Siegmund) (L. & S. No. 1157), geboren den 20. Juli 1797 in Hadersleben, Sohn des vorhergenannten Adolf Hinrich Strodtmann u. der
Elisabeth Magdalene geb. Cretschmer; gebildet auf der Gelehrten-
Schule in Hadersleben v. den Lehrern Paulsen, Sternhagen, Brauneiser, auf der Universität in Kiel von Mich. 1815 bis Ostern 1817,
in Halle bis Ostern 1820 und wieder in Kiel bis Michaelis 1820,
examinirt mit dem 2. Char. mit r. A., Ostern 1821 Lehrer an der
Petrischule in Kopenhagen, Ostern 1823 Collaborator an der Gel.-
Schule in Husum, den 10. Decbr. 1825 Subrector in Flensburg, an-
tretend d. 5. April; seit 1832 Mitglied der nordischen Alterthums-
Gesellschaft in Kopenhagen; den 20. Mai 1840, antretend den 11.
October, Hauptpastor in Hadersleben, seinem Vater folgend, den 21.
Mai 1850 seines Amtes von der Dänischen Civilverwaltung entsetzt,
privatisirte darauf in der Umgegend von Hadersleben und Hamburg
und ist seit April 1851 wohnhaft in Wandsbeck; wurde den 17.
Juni 1857 dr. philos. hon. c. in Jena. — Verh. mit Luise Amalie
geb. Wolff, Tochter des Rectors Wolff in Flensburg. — Vgl. Ersl.
III, S. 257—58 und Supplem. III, S. 297.

1) Schilleri carminis renunciatio inscripti versio latina, quam profectionis tesseram
offert patronis atque amicis. Havniae 1823. 8 SS. (Wider Wissen u. Willen
des Verf.'s wieder abgedruckt in Seebodes Archiv für Philol. und Pädag.
1825, H. 4, S. 750—52).

2) Grammatik der Dänischen Sprache für Deutsche, zunächst für den Gebrauch
in den Schleswig-Holsteinischen Gelehrtenschulen. Altona 1830. 8. SS. 238.
Rec. Prov.-Berr. 1831, S. 630—636.

3) Probe einer etymologisch-historisch. Untersuchung über die Bedeutung der
Ortsnamen im Herzogthum Schleswig: im Progr. der Flensb. Gelehrtenschule.
Flensb. 1833, S. 3—32. 4. Rec. N. Prov.-Berr. 1833, S. 580—584 u. Dansk
Literat. Tidende 1833, No. 22 u. 23.

4) Anatomische Vorhalle zur Stimm- und Laut-Lehre: im Progr. der Flensb.
Gelehrtenschule 1837. Flensb. 1837. S. 3—48. 4. Mit 2 Tff. Rec.
Heibergs Schlesw.-Holst. Blätter 1837, S. 275. Hamburger Corresp. 1837
v. 20. Juli; Behrend Repertorium der medic.-chir. Liter. nebst medic. Bibliogr.
1837, Bd. 3, p. 417—420, Gersdorfs Repert. 1837, XIII 2, p. 153, 154.

Rep. der med.-chir. Journalistik 1837, Septbr. p. 172, Gött. Gel. Anzg. 1837 Octbr. No. 170—171.

5) Probe einer Uebersetzung des Horaz nebst einer biographischen Skizze des Dichters: im Oster-Programm der Flensburger Gelehrten-Schule 1839. Flensburg 1839. XXX u. SS. 22. 4. Rec. in Jahns N. Jahrbb. f. Philol. u. Pädag. Jahrg. IX, Bd. 26, H. 3, S. 324—327.

6) Der Consistorialrath Adolph Hinrich Strodtmann, Kirchenprobst und Hauptprediger in Hadersleben nach seinem Leben und Wirken und genealogischverwandtschaftlichen Verhältnissen dargestellt. Hamburg, Hoffmann & Campe. 1851. 8. VIII u. SS. 175. Angez. Alt. Merk. 1851, No. 114.

7) Q. Horatius Flaccus Werke. Lateinisch mit metrischer Uebersetzung. Th. 1: Lyrische Gedichte. Lateinisch mit metrischer Uebersetzung, mit berichtigtem Grundtext nebst den wichtigsten Varianten, einer Biographie des Dichters, sowie Einleitungen, Inhaltsangaben und Anmerkungen zu den einzelnen Gedichten. Th. 2: Satiren und Episteln. A. m. d. T.: Sermonendichtungen. Leipzig, W. Engelmann, 1852—1855. 8. XXXII u. 454 u. VIII u. 370 SS. Rec. d. 1. Th.'s: Jahns Jahrbb. Bd. 66, S. 247—257 (v. Obbarius), in Mützells Ztschr. f. die Gymnasialw. VII, 11, 1853, p. 854—57, in Gersdorfs Repert. 1853, I, p. 36—38, Hamb. Corr. 1852, No. 219 v. 14. Sept. — Des 2. Theils Mützells Ztschr. f. d. Gymnasialw. X, 1, 1855, p. 62—64. Hamb. Nachrr. 1855 v. 9. Aug., Hamb. Corresp. 1855 v. 20. Sept., Alt. Merc. 1855 v. 12. Oct., Itzeh. Wochenbl. 1855 v. 27. Oct

8) Q. Horatius Flaccus Gedichte in versgetreuer Uebersetzung nebst einem Excurs über das Versmaass der Ode III, 12. 2. verbesserte Ausgabe ohne lateinischen Text u. Anmerkungen. Leipzig, W. Engelmann, 1860. 8. Rec. „Hamb. Nachrr." 1861, No. 85, vom 10. April, „Hamb. Corresp." 1860, No. 240 vom 9. Oct., Itzeh. Nachrr. 1861, No. 17 v. 27. Febr., Alt. Merc. 1861, No. 113 v. 15. Mai.

9) Satura. Erstes Heft: 1) Actenmässige Darstellung meiner Amtsentsetzung als Hauptpastor in Hadersleben; 2) Geistliche Etymologien; 3) Probe einer etymologisch-geschichtlichen Untersuchung über die Ortsnamen im Herzogthum Schleswig. Hamb., Hoffmann & Campe, 1864. 8. IV u. 240 SS. Rec. im Hamb. Corresp. 1864, No. 107, Blätter f. liter. Unterh. 1865, No. 46 (v. Sandvoss), Beil. zum Alt. Merc. 1864, No. 131, v. 5. Juni, Theol. Liter.-Bl. 1864, No. 75, v. 19. Sept.

10) Lieferte anonym für die Bibliothek der besten Romane des In- u. Auslandes (Berlin, Sacco Nachfolger) Bdchen. 897—901 eine Uebersetzung v. A. Munch's „Die Jungfrau v. Norwegen", historisch-romantische Erzählung.

Einige Beiträge zu „Kjøbenhavns Skilderie" 1821, No. 85 (Ueber Teutschheit u. Dänenthum); No. 90 (Arzenei f. den Studenten C. H. Visby); No. 93 (Schuldige Erklärung hinsichtlich der Visby'schen Person); No. 102 (Unkunde u. Missverstand). — In den „Neuen Prov.-Berr." 1832, S. 98—131 (Noch ein Wort über das Sanskrit): S. 434—450 (Zur Beantwortung der Vorfrage in den Prov.-Berr. 1832, H. 2, S. 323: (A. Beitrag zur Entscheidung des Streites über mehrere u. mehr). — In der „Lyna" 1820, No. 50 (Gedicht „Magen u. Hand"); 1844, No. 16 u. 17 (Ueber den evangelischen Verein der Gustav-Adolf-Stiftung; Deutsch u. Dänisch); No. 65 (Der Gustav-Adolf-Verein); 1845, No. 28 (An die Mitglieder u. Freunde des Haderslebener Gustav-Adolf-Vereins); No. 42—44 (Ueber den Gustav-Adolf-Verein). — Im Alt. Merc. 1850,

No. 128 (Zwei Schreiben an die Verwaltungs-Commission f. Schleswig u. an das Konservatorium der Frauenkirche zu Hadersleben; vgl. Dannevirke XIII, No. 65, v. 5. Juni 1850 u. „Nordsl. Tid." 1850 v. 8. Juni). — Im Flensb. Wochenbl. 1840, No. 41 (Abschiedsgedicht). — In der „Halle'schen Allgem. L. Z." 1847, No. 114—116, p. 905--928 (Rec. v. Deckers Kirchenagende; unters. S. M.). — Excerpirte für Grimms „Deutsches Wörterbuch" Stolbergs Gedichte u. ist von J. Grimm Bd. 1, p. LXVI unter den Mitarbeitern aufgezählt. — Revidirt.

2104) **Stromeyer,** August Adolf Ludwig, geboren in Lauenstein im Hannöverschen; studirte Medicin, wurde 1829 in Göttingen promovirt, später Professor in Freiburg, von 1849 bis Ostern 1854 ord. Prof. der Chirurgie u. Director des Friedrichs-hospitals in Kiel, dann Generalstabsarzt in Hannover, im Juni 1867 Prof. in Heidelberg, nachdem er die ihm in Preussischen Diensten angebotene Stellung als Generalstabsarzt quittirt hatte.

1) De radice columbo diss. inaugur. Gottingae 1829. 4.

2) Skizzen und Bemerkungen von einer Reise nach Danzig und dessen Umgegend im Aug. u. Septbr. 1831 im Auftrage der Königlich Hannoverschen Immediat-Commission gegen die Cholera. Hannover, Hase, 1832. 8. 7 Bgg.

3) Ueber Paralyse der Inspirations-Muskeln. Hannover, Helwingsche Hofbuchh. 1836. 10 Bgg.

4) Beiträge zur operativen Orthopaedik oder Erfahrungen über die subcutane Durchschneidung verkürzter Muskeln und deren Sehnen. Hannover, Helwingsche Buchh., 1838. 8. SS. 160 u. 8 Stntff.

5) De combinatione actionis nervorum et motorior. et sensorior. sive de sensuum impressionibus musculorum actione effectis commeut. Erlangen 1839. SS. 18.

6) Mit J. M. Leupoldt: Bericht über die 18. Versammlung der Gesellschaft Deutscher Naturforscher zu Erlangen im Septbr. 1840. Erlangen 1841. gr. 4.

7) Das Korektom, ein neues Instrument für die künstliche Pupillenbildung und für die Extraction des angewachsenen Staares. Augsburg, v. Jenisch und Stagesche Buchh., 1842. 8. SS. 16 u. 3 Stntff.

8) Handbuch der Chirurgie. Bd. 1. Freiburg 1844—1850. SS. 832. Bd. 2, H. 1 (A. u. d. T : Verletzungen und chirurgische Krankheiten des Kopfes) Das. 1864, VII u. 307 SS. H. 2, (A. u. d. T.: Verletzungen und chirurgische Krankheiten der Halsgegend und Verkrümmungen des Rumpfes). Das. 1865. 8. S. 308—476.

9) Ueber die bei Schusswunden vorkommenden Knochenverletzungen.. Freiburg 1850. 8. 50 SS. Ist auch 5. Lief. des 1. Bandes des Handbuchs der Chirurgie.

10) Maximen der Kriegsheilkunst. Abth. 1. 2. Hannover, Hahnsche Hofbuchh., 1855. XI u. 773 SS. 2. vermehrte und illustrirte Aufl. Das. 1861. gr. 8. VIII u. 594 SS. mit Holzschnitten. Rec. Gött. Gel. Anzg. 1861, S. 730—50. Die grösseren Zusätze und Illustrationen dieser 2. Aufl. wurden für die Besitzer der 1. Aufl. bes. gedruckt. Das. 1860, III u. 150 SS.

11) Ueber den Verlauf des Typhus unter dem Einfluss einer methodischen Ventilation. Hannover, Hahnsche Buchh., 1855. 48 SS. 8.

12) Erfahrungen über Schusswunden im Jahre 1866 als Nachtrag zu den Maximen der Kriegsheilkunst. Hannover, Hahnsche Hofbuchh., 1867. 8.

2105) **Strube,** Johann Wilhelm Nicolaus, geboren in Altona, studirte Medicin, wurde 1832 in Kiel zum dr. med. & chir. promovirt, ist zur Zeit noch practisirender Arzt in Altona.

De lotio tam sano quam morboso. Kiliae 1832. 4.

2106) **Struck,** Nicolaus (L. & S. No. 1158), war seit 16. September 1787 Pastor in Westensee, wo er den 16. December antrat, den 5. April 1831 R. v. D., den 4. Mai 1831 Jubilar, den 12. December 1837 Consistorialrath, Johannis 1839 Senior der Schleswig-Holsteinischen Geistlichkeit; er starb den 10. Oct. 1839, 84 Jahr und 7 Monate alt.

2107) **Struve,** Ernst August, geboren den 11. August 1817 in Flensburg, Sohn des Physikus Ernst Heinrich Struve das., (s. L. & S. No. 1160, † 25. Jan. 1822) u. der Dorothea Friederike Franziska geb. Sturm († in Kiel den 22. April 1844); besuchte die Flensburger Schule bis Mich. 1836, studirte Philologie in Kiel Mich. 1836 bis Ostern 1838 und Michaelis 1839 bis Ostern 1841, von Ostern 1838 bis Michaelis 1839 in Königsberg, wurde 1841 in Kiel zum dr. philos. promovirt, 1846 const., 1848 5. Lehrer, den 28. September 1853 Collaborator an der Gelehrten-Schule in Kiel.

1) De Eupolidis Maricante sive de Aristophane accusatore et Eupolide plagii reo diss. inaugur. Kiliae 1841. 8. SS. 75.

2) Studien zu Shakespeares Heinrich IV: im Oster.-Progr. der Kieler Gelehrten-Schule 1851, S. 3—29. 4.

3) Bemerkungen zu Byrons Childe Harold, canto I. Erste Hälfte: im Oster-Progr. der Kieler Gelehrtenschule 1859, S. 3—31. Zweite Hälfte: im Oster-Progr. ders. Schule 1860, S. 3—29. 4.

Im Kieler Wochenbl. 1863, No. 67 (Literatur-Anzeige von „Schutzlos, aber nicht hülflos," Novelle v. A. Brook. Dresd. 1863. 8.) — Revidirt.

2108) **v. Struve,** Friedrich Georg Wilhelm (L. & S. No. 1161). Seit 1829 Collegienrath, 1831 k. Russ. Staatsrath; richtete 1834 die neue Sternwarte in Petersburg ein; seit Decbr. 1834 wirkl. k. Russ. Staatsrath; im October 1839 mit dem Stanislaus-Orden 1. Classe decorirt; übernahm in demselben Jahre die Direction des astronomischen Instituts zu Pulkowa, das von 1834 an unter seiner Leitung erbaut worden war, und leitete in dieser Stellung die von A. Sawitsch, Sadler, Federoff u. Anderen ausgeführten Messungen, sowie die astronomischen Untersuchungen von

Peters und die Arbeiten seines Sohnes Otto Struve; er erkrankte im Jahre 1858 und trat von der Direction der Pulkowaer Sternwarte zurück; starb zu St. Petersburg den 23. November 1864. — Vergl. über ihn N. St. M. II, S. 731, X, S. 489—490, Poggendorffs biogr.-liter. Hdwb. II, S. 1036—1037; v. Recke u. Napiersky „Allgem. Schriftst. - Lexik. der Provv. Liv-, Esth- und Curland" Bd. II (1861) S. 216—225. Ueber seine Thätigkeit als Gelehrter gab der Sohn Otto 1865 einen guten Ueberblick. —

Von den von ihm herausgegebenen: observationes astronomicae institutae in specula Dorpatensi erschienen vol. III—V der neuen Serie od. der ganzen vol. VI—VIII Dorpat bis 1839. 4. (Vol. IX wurde von J. H. Mädler herausgegeben).

Beschreibung der 1821 bis 1831 ausgeführten Breitengradmessung in den Ostseeprovinzen Russlands. Bd. 1, 2. Dorpat 1831. 4.

Anwendung des Durchgangs-Instruments für die geographische Ortsbestimmung. Petersburg 1833. 8. Ins Französische übersetzt s. t. Sur l'emploi de l'instrument des passages pour la determination des positions geographiques à l'usago des officiers de l'état major-général en Russie. Traduit de l'allemand par A. Schyunoff. Avec 3 planches. Petersburg 1838. 4.

Stellarum duplicium et multiplicium mensurae micrometricae. Petropoli 1837. fol.

Gab mit heraus: Dorpater Jahrbücher für Literatur, Statistik und Kunst besonders Russlands Bd. 1—5. Riga u. Dorpat 1833—1836.

Beobachtungen des Halley'schen Cometen bei seinem Erscheinen im Jahre 1835. Petersb. 1839. fol.

Sur le coefficient constant dans l'aberration des étoiles fixes etc. Petersb. 1843. 8.

Catalogue de 514 étoiles doubles et multiples découvertes à Pulkowa etc. Petersbourg 1843. fol.

Expedition chronométrique entre Pulkowa et Altona. Petersburg 1844. fol.

Description de l'observatoire centrale de Pulkowa. (Mit Atlas.) Petersbourg 1845. 4.

Librorum in bibliotheca speculae Pulcovensis contentorum catalogus. Petersburg 1845. 8.

Mit seinem Sohn O. Struve: Expedition chronométrique entre Altona et Greenwich. Petersb. .1846. fol.

Etudes d'astronomie stellaire. Petorb. 1847. 8.

Beschreibung der zur Ermittlung des Höhenunterschiedes zwischen dem schwarzen u. Caspischen Meere 1836 u. 1837 v. G. Fuss, A. Sawitsch u. G. Sadler ausgeführten Messungen. Petersburg 1849. 4.

Stellarum fixarum imprimis compositarum positiones mediae deductae ex observationibus meridianis ab ann. 1822 ad 1843 in specula Dorpatensi institutis. Petropoli 1852. fol.

Exposé historique des travaux exécutés jusqu'à la fin de l'année 1851 pour la mesure de l'arc du méridian entre Fuglenaes 70° 40' et Ismael 40° 20' etc. Petersbourg 1852. 4.

Recueil de mémoire des astronomes de l'observatoire central. Petersbourg 1853. 8.

In den Memoires de l'academie imperiale de St. Petersbourg. Sixième serie. Sciences mathematiques, physiques et naturelles II, 1833, S. 401—425 (Vereinigung der beiden in den Ostsee-Provinzen und in Litthauen bearbeiteten Bogen der Russischen Breitengradmessung). Das. Sciences mathematiques et physiques II, 1841, S. 337—358 (Additamentum in mensuras micrometricas stellarum duplicium 1837 et 1838 in specula Dorpat. institutas); IV, 1845, S. 129—205 (Astronomische Ortsbestimmungen in der Europäischen Türkei, in Kaukasien und Klein-Asien nach den von den Officieren des Kais. Generalstabs in den Jahren 1828 bis 1832 angestellten astronomischen Beobachtungen); VI, 1850 (Resultate der in den Jahren 1816—1819 ausgeführten astron.-trigonometrischen Vermessungen Livlands); VII, 1853 (Positions du soleil, de la lune et des planétes observées à Dorpat depuis 1822 jusqu'en 1838 calculées par Str. et Liapounow). — Viele Aufsätze und Berichte in Bodes Jahrbuch, in Lindenau und Bohnenbergers Zeitschrift für Astronomie, in v. Zachs Corr. astron, in Schumachers astronomischen Nachrichten, die zum Theil nach dem Autogramm schon im L. & S. erwähnt sind.

Struves Hauptarbeit ist die grosse Gradmessung vom Eismeer bis zur Donaumündung, welche 25° 21¹ umfassend nach 37jähr. Anstrengung unter Mitwirkung des Generals Tenner und der Astronomen Selander und Hansteen im Jahre 1853 zum Abschluss kam.

2109) **Struve,** Jacob (L. & S. No. 1163). Er feierte den 10. Januar 1833 seine goldene Hochzeit; starb zu Altona den 2. April 1841 im 86. Lebensjahre. S. über ihn noch Journal Hamb. und Altona 1804, Bd. 2, S. 22. Itzeh. Wochenbl. 1833, No. 3, Sp. 66. N. St. Mag. 2, S. 731. N. Nekr. d. D. 19, S. 374—376. Poggendorffs biogr.-liter. Handwörterbuch der exacten Ww. II, Sp. 1034—1035.

2110) **Struve,** Jacob Theodor (bedient sich als Schriftsteller des letzteren Vornamens), geboren 24. Mai 1816 in Flensburg, Bruder des vorhergenannten Ernst August Struve, ging bald nach seines Vaters Tode im Jahre 1822 mit seinem Onkel Ludwig Aug. Struve (s. L. & S. No. 1165), der ihn adoptirt hatte, nach Dorpat, wohin dieser als Professor berufen wurde; dort wurde er u. zwar von 1824—1827 in der Privatschule des Lehrers Hachfeldt erzogen, nach seines Onkel Tode im Jahre 1828 sorgte der Astronom Frdr. Georg Wilhelm Struve für ihn; diesem verdankte er vorwiegend seine Erziehung, Bildung und späteres Fortkommen; von 1827 bis Ende 1832 besuchte er das Dorpater Gymnasium und studirte dann bis 1837 Philologie in Dorpat unter Neue und Morgenstern, wurde 1837 Candidat der Philologie, ging dann vom Herbst 1837—1839, Frühjahr, nach Königsberg zu seinem Vaterbruder, dem nachfolgenden Karl Ludwig Struve und hörte die Vorlesungen bei Lobeck, Lehrs und Drumann. Im Jahre 1839 war er, wie auch schon 1830 und 1837 zum Besuch im Vaterlande; das zweite Mal hielt er sich in Kiel bei den Seinigen auf und lernte die Professoren Nitzsch

und Forchhammer kennen. Nachdem er 1839 noch eine Reise durch
Deutschland gemacht, kehrte er im Sommer jenes Jahres über
Lübeck und St. Petersburg nach Dorpat zurück; Juli 1840—1841
begann er seine Amtsthätigkeit als wissenschaftlicher Lehrer in den
unteren Classen des Dorpater Gymnasiums, privatisirte dann 2 Jahre
in St. Petersburg, wo er 1843 zum Magister der Philosophie promovirt wurde; ward März 1844 Oberlehrer der lateinischen Sprache
am 1. Gymnasium in Kasan und im Herbst desselb. Jahres Docent
an der dortigen Universität; wurde 1846 in St. Petersburg zum dr.
philos. promovirt; ging 1851 als Adjunct ganz an die Universität
in Kasan über; wurde 1852 ausserordentl. Professor der Römischen
Literatur daselbst und 1857 Ordinarius, bekleidete 1857 und 1858
dabei das Dekanat der historisch-philol. Facultät; trat 1858 für sich
und seine Kinder in den Russischen Unterthanenverband; 1861 verliess er Kasan, war im Herbst 1862 in Aufträgen in St. Petersburg,
begab sich dann, Krankheitshalber mit ganzer Pension pensionirt,
nach Dorpat, wo seit 1861 seine Familie lebte; im Herbst 1864
kam er wieder nach St. Petersburg, verbrachte den Winter daselbst,
ward März 1865 zum ordentl. Professor der Griechischen Literatur
an die neuzueröffnende Neurussische Universität in Odessa ernannt
und befindet sich als solcher seitdem in Odessa; er ist seit 1856
Staatsrath und Inhaber des St. Stanislaus-Ordens 2. Classe seit
1860, sowie er ein Jahr früher das Zeichen für 15jährigen untadel-
haften Dienst erhielt; seit 1854 Correspondent der Gelehrten Esth-
nischen Gesellschaft in Dorpat, seit 1865 Correspondent des archäologischen Instituts in Rom und seit demselben Jahr Mitglied der
Odessaer Gesellschaft für Geschichte und Alterthumskunde. —
Verheir. seit dem 9./21. März 1846 mit Viktoria Hedwig, Tochter
des Professors der Chemie in Casan, hernach in Dorpat, Carl
Claus. —

1) Emendationes et observationes in Quinti Smyrnaei Posthomerica scripsit et in
literarum universitate Petropolitana gradus magistri philosophiae obtinendi
causa defendet. Petropoli 1843. 8. X u. 42 SS.

2) u. 3) De argumento carminum epicorum, quae res ab Homero in Iliade nar-
ratas longius prosecuta sunt. Particula I. (in literarum universitate Petropolitana gradus doctoris philosophiae obtinendi causa defensa). Petropoli 1846.
8. SS. 56. Particula II. Casani 1850. 8. SS. 91 (Letztere particula auch
in den act. Erudit. Univ. Casan. 1850, II).

4) Memoria Nicolai Mohri. Casani 1854. 8. SS. 31 (Gratulationsschrift zum
50jährigen Jubiläum des Dorpater Gymnasiums den 15. Septbr. 1854. Auch
in den actt. Erudit. Univ. Casan. 1854. III).

5) Edidit: Car. Ludov. Struvii opuscula selecta. T. I. II. Lipsiae, B. G. Teubner, 1854. 8. LI, 260 u. 462 SS.

6) Clcotildi Tschorzewskii, Professoris quondam adjuncti Casanensis, opuscula postuma. Casani 1856. 8. 200 SS. (Auch in den actt. Eruditt. Univ. Casan. 1855, III).

7) Novae curae in Quinti Smyrnaei Posthomerica: in VII Serie Tom. VII, 3 der Mémoires de l'academie impérialo des sciences de St. Petersbourg 1864. Praemissa est epistola ad A. Nauckium. VIII u. 52 SS. 4. Diese Arbeit ist eine Erweiterung von der

8) unter demselben Titel erschienenen Schrift. Casan 1860. 47 SS. 8. (welche auch steht in den Actt. eruditt. Univ. Casan. 1860, III).

9) Neue Olbiusche Inschriften. Odessa 1866. 29 SS. 4. Mit 1 Tafel. (Sonderabdruck aus der Denkschrift der Odess. Gesellsch. für Geschichte und Alterthümer. T. VI). In Russischer Sprache verfasst.

10) Archäologische Nachforschungen in Südrussland, nach den Comptes-rendus der kais. archäologischen Commission. Odessa 1867. 4. 39 SS. (Sonderabdruck aus demselben Werke. T. VI).

11) Archäologische Bemerkk. bei Gelegenheit eines Besuches in Akkesman u. Umgegend im Sommer 1866. Odessa 1867. 9 SS. 4. (Sonderabdruck ebendaher).

Beiträge für folgende Zeitschriften: a) „Zeitschrift für die Alterthumswissenschaft" 1847, No. 136 u. 137 (Emendationes in scholia Euripidis Troadum Vaticana); 1857 (Zur Critik und Erklärung des Properz). — b) „Philologus" XIII, 1858, (Varianten der Helmstädter Handschrift des Properz); XIV, 1859 (Zu Hesychius); XVII, 1861 (Bemerkungen zu den späteren Epikern — Apoll. Rhodius, Quintus). — c) „Journal des Ministeriums der Volksaufklärung 1862 (Bemerkungen über einen Bericht des H. Nowoselow. Russisch.). — d) „Inland" 1855 (Nekrolog des Casan'schen Medicinal-Inspectors Dr. Basil. Thiele); 1857 (Ueber Palimpseste alter Classiker in Helsingfors); 1862 (Das 100jährige Jubiläum der Deutschen Hauptschule St Petri in St. Petersburg); 1863 (Der Orgelbauer Ernst Karl Kessler). Ausserdem mehrere kleinere Beiträge und Uebersetzungen aus dem Russischen seit 1853). — e) „Dorpater Tagesblatt" 1863 (Ludwig Mercklin). Davon ein Auszug im „Deutschen St. Petersburger Kalender" 1865. — f) „Rigaische Zeitung" 1859 (Eine vereitelte Bärenjagd im Casan'schen). — Revidirt. —

2111) **Struve**, Johann Reimer, geboren den 28. Mai 1832 in Schenefeld, Amts Rendsburg, von 1848—1856 Kirchspielvogteischreiber in Kellinghusen und von 1856 an Kirchspielvogtei-Gevollmächtigter in Kaltenkirchen, Amts Segeberg.

Veröffentlichte durch die Itzehoer Nachrichten, durch das Altonaer Wochenblatt u. durch einige auswärtige Blätter in den Jahren 1858—1861 diverse Gedichte. — Mitgetheilt.

2112) **Struve**, Karl Ludwig (L. & S. No. 1164); er starb als General-Director und Professor zu Königsberg am 2. Juni 1838. Vergl. über ihn die vita von Jac. Th. Struve, S. XIII—XLIX im 1. Bande der opuscula selecta (wo auch das Schriftenverzeichniss), N. Nekrol. d. D. 16, S. 577—579.

Von ihm noch:

Worte gesprochen am 7. Mai 1824 im Namen u. für den Zweck des Königsberger Vereins f. das Ordenshaus Marienburg. Königsberg 1824.

Von den grammatischen u. kritischen Bemerkungen über einige Stellen Griechischer Schriftsteller erschienen noch die Programme 23—28, fragmenta graeca apud Lactantium examinantia, p. 1—6. Königsberg 1825—1829. 4.

Von der Geschichte des Stadtgymnasiums zu Königsberg erschien St. 3, 1827 bis St. 8, 1830; St. 9, Mich. 1832 bis 33 (enthaltend Rede am Jubelfeste, 26. Juli 1630) Königsb. 1833. gr. 4.

Gymnasii Dorpatensis instaurationem solemnium, quibus ante hace quinque lustra sub auspiciis Alexandri primi inauguratum est, gratulatur C. L. Struve. Adjectum est quaestionum de dialecto Herodoti specimen secundum. Regiomonti 1829. XII u. 16 SS. 4. Specimen tertium. Regiomonti 1830. 4. SS. 13. (Specimen primum cfr. im L. & S.)

Der Blick auf die Begebenheiten des vergangenen Jahres muss unser Vertrauen auf den höchsten Baumeister der Welt nicht nur nicht wankend machen, sondern noch bekräftigen. Rede in der Loge gehalten. Königsberg 1831. 8. 16 SS.

Diana u. Endymion. Ein Festspiel zur Feier der goldenen Hochzeit des Hrn. Justizraths dr. Struve in Altona u. der Frau M. C. Struve am 10. Januar 1833 geweiht. Königsberg 1833. 8. 47 SS.

De exitu versuum in Nonni Panopolitani carminibus. Königsb. 1834. 4. 11 SS.

Glückwunschschreiben zur 50jährigen Amtsjubelfeier des Prof. Gottlieb Ernst Klausen in Altona (enthaltend Bemerkungen über einige untergeschobene Strophen des Horaz). Königsberg 1836. 8. SS. 15.

In den Abhandlungen der Deutschen Gesellschaft zu Königsberg Samml. 1 (1830) No. 6 (Ueber Veranlassung u. Absicht von Horaz' Ode III, 3); in den histor. u. liter. Abhh. derselben Ges. 3. Samml., Königsberg 1834 (Ueber die Romanen- u. Novellen-Literatur der Mittelgriechen. 2 Vorlesungen). — In Zimmermanns Zeitschr. f. Alterthumswissenschaft 1834, Juni No. 68—72 (Rec. über Couriers Ausgabe des Longus). — In den Jahrbb. f. Philol. u. Pädag. 1828, Bd. 7, H. 4, S. 303—362 (Ueber die zweite v. Angelo Majus besorgte Ausgabe der Fragmente des Dionysios v. Halikarnass). — In dem Ostpreussischen Provinzialbl. (Königsb. 1832) Bd. 7, Januar, S. 127—151 (Ueber eine lateinische Comödie aus der Mitte des 16. Jahrhunderts, Charakterzüge des damaligen Studentenlebens schildernd); Bd. 9, 1833, Juni, S. 730—736 (Worte, gesprochen am Sarge Neumanns, des Directors des Taubstummen-Instituts); Bd. 14, 1835, Juli, S. 56 ff. (Zeugniss über Selbstentzündung bei den Alten); das., Aug. S. 191 ff. (Ueber den einheimischen Namen des Bernsteins [gautarum-jentarem]); Bd. 15, 1836, Mai, S. 518—525 (Rec. der Schrift: der Preuss. Staat in all seinen Beziehungen).

Nach seinem Tode:

Opuscula selecta edidit Jacob Theod. Struve T. 1, 2. Lipsiae, B. G. Teubner, 1854. 8. LI u. 26r u. 462 SS.

2113) **Struve,** Ludwig August (L. & S. No. 1165). Vgl. N. St. M. X, S. 490.

Von ihm erschien noch:

Synopsis morborum cutaneorum. Uebersicht der Hautkrankheiten. Berlin 1829. Mit 4 illuminirten Kupfern. fol. (Lateinisch u. deutsch.)

2114) **Stubbe,** Hans Jürgen (Johann Georg) (L. & S.
No. 1166). Er wurde als Pastor zu Brügge den 26. Mai 1841 mit
Pension emeritirt, wohnte seitdem in Kiel und starb daselbst am 1.
Juni 1844.

Von ihm noch: Kleine Beiträge zum Kieler Corresp.-Bl. z. B. v. Jahre 1833,
No. 68.

Sein Programm v. 1816: Einige Worte über die Schule u. aus der Schule,
von der Königin v. Dänemark mit Anerkennung gelesen u. belohnt, wollte Rahbek
für seine Dänische Minerva ins Dänische übersetzen.

2115) **Studt,** Hans Hinrich, geboren den 5. Mai 1824 zu
Mielsdorf, Sohn des Vollhufners Jochim Hinrich Studt und der Anna
Catharine geb. Doose, widmete sich zuerst dem Beruf des Volksschullehrers und besuchte das Segeberger Seminar von 1842 bis
1845, in welchem Jahre er mit dem 2. Char. mit A. examinirt
wurde, von Michaelis 1845—1846 Lehrer am Privat-Knaben-Insti-
tut in Segeberg; an seiner Ausbildung hatte der verstorbene Pastor
F. Claudius in Segeberg in den Jahren von 1839—1846 wesentlichen Antheil; von Mich. 1846—1847 Hauslehrer auf Hagen; 1847
bis März 1848 Gehülfe beim Rector Decker in Rendsburg, der ebenfalls zu seiner Bildung beitrug; von 1848—1850 Substitut des
Lehrers und Organisten in Seester und von 1850—1853 Lehrer in
Bargfeldt; er entschloss sich dann Theologie zu studiren und war
zur Vorbereitung dafür 1853 beim Pastor Decker in Klein-Wesenberg; von Michaelis 1853 bis dahin 1854 auf der Universität Kiel;
wurde im October 1854 im theolog. Amts-Examen in Glückstadt
mit dem 2. Char. examinirt; 1855 Prädicant in Reinfeld, den 6.
April 1856 ordinirt, 1858 ungefähr ¼ Jahr const. Pastor daselbst,
im December 1858, antretend den 1. Februar 1859, ordinirter Prädicant für den Frederik VII. Koog, den 18. Septbr. 1859, antretend
den 25. März 1860, Pastor in Haseldorf.

1) Predigten (28) gehalten in der festlichen Hälfte des Kirchenjahrs. Elmshorn,
gedruckt bei C. H. Dieck (Selbstverlag des Verf.'s) 1859. 8. (Nicht im
Buchhandel).

2) Offenes Zeugniss, dass Bekenntniss Gottes des Sohnes nicht sei Verläugnung
Gottes des Vaters gegen Lüdemann. Altona 1862. 8.

3) Der treue evangelische Zeuge Prof. Dr. Baumgarten. Vorträge, gehalten vor
der christlichen Gemeinde seiner Heimath. Altona, A. Mentzel, 1866. 8.
Wurde im Octbr. 1865 auf Subscription angezeigt.

Im Schleswig-Holsteinischen Schulbl. 11, 1849, S. 209—216 (Beitrag
zur Verständigung über das Beten in der Schule); 14, 1852, S. 513—521 (Behandlung des 6. Gebotes); 21, 1859, S. 441—446 (Thesen über Katechismus-
Unterricht und Landeskatechismen; vgl. das. S. 690—696); 22, 1860, S. 145—150

(Neue Thesen und Begegnung der Kritik des Herrn Wulf über die alten). — In den Itzehoer Nachrichten 1857, No. 27, 30, 32, 35 u. 39, 1858 No. 7, 13, 14 (Die Volksschule 1) Ihre Aufgabe; 2) Ihre Stellung; 3) Ihr Amt; 4) Ihre Verwaltung); 1866, Februar (Aufforderung zur Berufung einer Schleswig-Holsteinischen Kirchenconferenz); November (Was haben wir angesichts dessen, das unserer Landeskirche bevorsteht, für dieselbe zu hoffen, zu fürchten und zu thun?); 1867 Januar (Noch ein Wort darüber). — Schleswig-Holsteinische Zeitung 1866, Januar (Ein Wort zur Steuer der Wahrheit über den Protestantenverein). — In Clausens Kirchen- und Schulzeitung 1863 No. 20 u. 21 (Warum die Inspection der Geistlichen im Interesse der Volksschule zu wünschen ist?) 1864 No. 2 (Bemerkk. zu den 12 Thesen über K. V.). — In Versmanns Kirchen- und Schulblatt 1849 (Der nicht confessionelle Religionsunterricht in der Volksschule. Auch ein Zeugniss gegen das Zeugniss des Herrn Probsten Nievert in Altona). — Revidirt.

2116) **Studts,** Hinrich Christian, geboren den 28. Jan. 1812 in Schaafstedt, Sohn des dortigen Privatforstaufsehers Johann Christian Studts, besuchte die Schule daselbst unter Lehrer Bünz bis 1827; war dann auf dem Comtoir der Albersdorfer Kirchspielvogtei, im Verlaufe der Zeit als Gevollmächtigter, über 20 Jahre unter verschiedenen Beamten thätig; später einige Jahre in Eddelack und darauf über fünf Jahre Gevollmächtigter in Meldorf auf dem Comtoir der Südervogtei; am 16. März 1867 zum Flekkensschreiber und Cassirer von dem Meldorfer Fleckenscollegium erwählt; 1867 im August als Amtssecretair bei dem Amtsgericht in Eddelack constituirt. — Vergl. über ihn Ditmarsische Zeitg. 1842, No. 24.

Beiträge zur Ditmarsischen Landeskunde, Geschichte und Verfassung. 1 Heft Die Hölzungen. Heide 1860. 8. SS. 106. Es sollten diesem Hefte andere verschiedenen Inhalts folgen, welche indess theils wegen anderweitiger Geschäfte, theils wegen der Ereignisse der letzten Jahre bis jetzt zurückgehalten sind.

Lieferte zur Ditmarsischen Geschichte, sowie den Steuer- und Communalverhältnissen des Landes schon seit 1833 und später zu verschiedenen anderen Zeiten diverse Artikel für die „Ditmarsische Zeitung", namentlich 1833, No. 52 (Geschichtliche Darstellung der Steuerverfassung der Süderditmarsischen Geest; cfr. darüber Otto Kier in den Jahrbb. f. d. Landeskunde IX, 1861, p. 336). — Revidirt. —

2117) **Stuhlmann,** Johann Hinrich (L. & S. No. 1167). Nach dem von L. & S. angeführten Journal „Hamburg - Altona" 1802, 4, S. 227 lebte er noch zu Anfang dieses Jahrh. in Altona; nach dem Staatskalender scheint er dort Advocat und Notar nicht gewesen zu sein. — Als solcher kommt nach 1810 Christian Aug. Stuhlmann vor.

2118) **Stuhr,** Peter Feddersen (L. & S. No. 1169), 1825
ausserordentlicher Professor der Geschichte zu Berlin und später
ordentlicher Professor daselbst; er starb den 12. März 1851. —
Die Gedächtnissrede auf ihn hielt Professor K. J. Nitzsch. — Vergl.
über ihn N. Nekrol. d. D. 29, S. 224, 225, Alt. Merc. 1850, No.
70; eine vom Ministerpräsidenten v. Manteuffel in der Preussischen
Staats-Zeitung vom 13. März 1851 veröffentlichte Todes-Anzeige.

Von ihm noch:

Untersuchungen über die Ursprünglichkeit u. Alterthümlichkeit der Sternkunde
unter den Chinesen und Indiern u. über den Einfluss der Griechen auf den Gang
ihrer Ausbildung. Berlin 1831. 8. VIII u. 181 SS. Rec. Gött. Gel. Anzz.
1832, St. 28, S. 265 ff.

Die drei letzten Feldzüge gegen Napoleou kritisch-historisch dargestellt. Bd. 1, 2.
Lemgo 1833 u. 1834. 8.

Der siebenjährige Krieg in seinen geschichtlichen, politischen u. allgemeinen
militärischen Beziehungen dargestellt. Lemgo 1834. 8.

Die Chinesische Reichs-Religion u. die Systeme der Indischen Philosophie in
ihrem Verhältniss zu Offenbarungs-Lehren mit Rücksicht auf die Ansichten von
Windischmann, Schmidt und Richter betrachtet. Berlin, Veit & Comp., 1835. 8.
VI u. 109 SS. Rec. Halle'sche L. Z. 1836, 191, November.

Die Geschichte der See- u. Kolonialmacht des grossen Kurfürsten Friedrich
Wilhelm von Brandenburg in der Ostsee, auf der Küste von Guinea u. auf den
Inseln Arguin u. St. Thomas, aus archivalischen Quellen dargestellt. Berlin,
1836. 8. VI u. SS. 174.

Allgemeine Geschichte der Religionsformen der heidnischen Völker. Th. 1:
Die Religions-Systeme der heidnischen Völker des Orients (XII, LXIII u. SS. 478).
Th. 2: Die Religions-Systeme der Hellenen in ihrer geschichtlichen Entwicklung
bis auf die Macedonische Zeit (XXX u. SS. 498). Berlin, Veit u. Comp., 1836
u. 1838. 8.

Ueber Urgeschichte u. Mythologie: Zusammen mit Schellings religions-
geschichtlicher Ansicht nach Briefen aus München, als vergleichende Zugabe.
Berlin 1841. 8. S. 47—62.

Forschungen u. Erläuterungen über Hauptpunkte der Geschichte des sieben-
jährigen Kriegs. Nach archivalischen Quellen. Th. 1 (SS. 392), Th. 2 (SS. 404).
Hamburg, Perthes, 1842. 8.

Die Phantasien des Herrn Gervinus u. seiner Freunde über die Geschichte u.
Verfassung Preussens beleuchtet. Berlin 1847. 8.

Vom Staatsleben nach Platonischen, Aristotelischen u. christlichen Grundsätzen. Eine staatswissenschaftliche Abhandlung. Th. 1. Berlin, Dümmler, 1850.
8. XII u. 327 SS.

In Bruno Bauers Zeitschr. f. speculative Theologie Bd. 1, 1836, No. 1
(Allgemeiner Ueberblick über die Geschichte, die Behandlung u. Deutung der
Mythen im Alterthum); Bd. 3, 1838, H. 1, S. 88—124, H. 2, S. 404—434 (ebenso
im Mittelalter).

2118a) **Suadicani.** Emil, geboren in Schleswig, studirte Medicin, wurde 1865 in Kiel zum dr. med. & chir. promovirt.

Peripleuritidis specimen. Kiliae 1865. 4.

2119) **Suadicani,** Johannes Karl Theodor Moritz, geboren in Schleswig, studirte Medicin, wurde 1843 dr. med. & chir. in Kiel, ist zur Zeit Arzt in Ahrensburg.

De ligaturae in chirurgia usu. Kiliae 1843. 8.

2120) **Suadicani,** Karl Ferdinand, geboren in Schleswig, ein Sohn des im L. & S. genannten Leibarztes des Landgrafen Karl zu Hessen gl. N.s, studirte Medicin, wurde 1830 in Kiel dr. med. & chir., ist z. Zeit Physicus in Schleswig; Inhaber des Oesterreichischen goldenen Verdienstkreuzes mit der Krone.

De chirurgia anaplastica. Kiliae 1830. 4.

2121) **Suckow,** Karl Friedrich, geboren in Meldorf, studirte Medicin, wurde 1837 in ihr in Kiel promovirt; ist zur Zeit practisirender Arzt in Elmshorn.

Nonnulla de fistula vesico-vaginali et de fistula vesico-uterina, rarissimo morbi casu. Kiliae 1837. 8. SS. 30.

2122) **Süersen,** Johann Friedrich Hermann (L. & S. No. 1171). Verkaufte 1832 seine Apotheke, wurde am 28. Juni 1840 zu Kopenhagen dr. philos.; starb als Privatdocent in Kiel Ende Juni 1845. im 74. Lebensjahre. — Nach Schröders Mspt.; vergl. Poggendorffs biogr.-liter. Hdwb. der exacten Wissensch. II, Sp. 1048; Callisens medicin. Schriftst.-Lexik. s. v. —

Nicht von ihm ist die im L. & S. angef. Abh. im St. M. 7, H. 3 u. 4, S. 776 bis 783 über die Pflicht der Apotheker zum Creditiren.

2123) **v. Suhr,** geb. Nielsen, Agathe (L. & S. No. 1172). Tochter des weil. O.-G.-R. Justizr. Nielsen. Sie starb als Wittwe des Capitains Johannes Nicolaus v. Suhr, der in Rendsburg stand, am 10. Mai 1850. (Sie bediente sich des Namens Agathe nur in ihren Schriften und hiess Lucie Henriette). — Vergl. Rönnenkamps Reminiscenzen S. 22; N. St. M. X, S. 490. — Ihre längst gestorbene Schwester verb. Jaspersen (vgl No. 1455) hiess nich Helene, sondern Sophie.

Von ihr noch: Die Nebenbuhlerinnen. Ein Roman. Lüneburg 1823. 8.

* Ulla, die Shetländerin u. andere Erzählungen v. Agathe S**. Quedlinburg u. Leipzig, Basse, 1832. 8. 182 SS.

* König Christian II. Bd. 1—3. Leipzig 1834. 8.

(* Judith v. Frankreich. Historische Erzählung aus dem 9. Jahrh. v. Agathe S**) in der Zeitung f. die elegante Welt 1832, No. 153—166. In Th. Hells

Penelope 1831, S. 198—300 (Elisabeth, Gräfin zu Holstein-Schaumburg). — In Fouqué's „Blätter, dem Genius der Weiblichkeit gewidmet" (Die Königin Margaretha). — Wahrscheinlich von ihr in der Hamb. Biene 1825, Bd. 4, No. 12—13 (Alexander v. Soltwedel. Historische Erzählung).

2124) **v. Suhr**, Johannes Nicolaus, Gatte der vorhergenannten Agathe von Suhr, Hauptmann in Schleswig und später Capitain in Rendsburg. — S. N. St. M. X, S. 530.

Lieferte in Dav. Heinr. Hoppe's u. A. Eman. Fernrohrs „Flora od. Allgem. botanische Zeitung", Regenburg 1831—1840, Abhandlungen zur Algenkunde.

2125) **Sundt**, Christian Ulrich. — Wir verweisen hinsichtlich dieses in Rendsburg zwar geborenen, aber wesentlich Dänischen Schriftstellers auf Ersl. III, S. 268—269 und Suppl. III, S. 311.

2125a) **Susemihl**, J. (L. & S. No. 1174). Weiteres uns unbekannt. —

2126) **Susemihl**, Joachim Bernhard (L. & S. No. 1175). War Amtmann des Amtes Ratzeburg bis 1860.

2127) **Svensen** (im Erslw. III, S. 264, heisst der Sohn Suenssen) Peter Nicolai, (L. & S. No. 1176), starb als Inspector u. Revisionschef bei der Zahlenlotterie in Kopenhagen im Jahre 1804.

2128) **Svensen**, Sueni Laurentio (L. & S. No. 1177). Er starb als Pastor zu Nottmark auf Alsen im Januar 1830.

T.

2129) **Tadey**, Karl Christian (L. & S. No. 1178). Geboren den 4. October 1802 in Schleswig, sein Vater, von Geburt ein Italiener, lebte dort als Stuckatur-Arbeiter; er besuchte die Schleswiger Domschule, studirte Theologie in Kiel seit Ostern 1821, in Jena 1822 bis 1823 und Michaelis 1823—1824 wieder in Kiel; wurde Michaelis 1824 auf Gottorf examinirt mit dem 2. Char. mit A., war dann seit Neujahr 1825 Lehrer am Köhnkeschen Erziehungs-Institut in Nienstädten, im October 1826 Prädicant in Horst, den 26. Juni 1827 Rector in Friedrichstadt, wo er den 3. October antrat, den 4. Januar 1838 dr. philos. in Kiel, den 18. März 1841 Pastor der lutherischen Gemeine in Friedrichstadt, antretend den 18. Mai; er starb den 7. (nicht, wie nach dem N. d. D. den 9.)

December 1841. — Verheir. mit Louise geb. Wildhagen. — Vergl. über ihn den Ditmarscher u. Eiderstedter Boten 1841, December, Schleswig-Holst. Schulbl. IV, 1842, H. 1, S. 70—84, Allg. Schulzeit. 1842, No. 39, N. Nekrol. d. D. XIX, S. 1184—1189, und die bek. Candid.-Verzz.

Von ihm noch:

* Uebungen der lateinischen Declinationen in deutschen Beispielen, als Vorschule zu Bröders Uebungen der lateinischen Conjugationen. Ein Hülfsbuch für den ersten Unterricht im Lateinischen. Schleswig, Koch, 1831. VI u. 148. Rec. N. Prov.-Berr. 1832, S. 240—45.

Epigrammatum latinorum centuria e recentioris aevi poetarum scriptis selectorum. Slesvici 1830. IV u. 40 SS. 4. Rec. (zusammen mit der von L. & S. angeführten Schrift de recentioris aevi nonnullis epigrammatum latinorum auctoribus) in den N. Prov.-Berr. 1832, S. 263—265.

Ueber die Anlegung höherer Bürgerschulen in Schleswig-Holstein. Schleswig, R. Koch, 1832. 8. IV u. 36 SS. Rec. N. Prov.-Berr. 1833, S. 143—146, Kieler Corresp.-Bl. 1833, No. 78—79.

Ueber die allgemeine Stadtschule in Friedrichstadt. Eine ausseramtliche Darstellung. Friedrichstadt 1834. 8.

Die höhere Bürgerschule, mit besonderer Berücksichtigung der Herzogthümer Schleswig u. Holstein. Schleswig, Koch, 1836. XII u. 216 SS. gr. 8. Recc. Schulbl. f. d. Grossh. Mecklenb.-Schwerin u. Strelitz v. Zeblicke I, H. 3, Kieler Corresp.-Bl. 1836, No. 71 u. 72, Itzeh. Wochenbl. 1836, 'No. 28, Sp. 665—667, Hamb. Corresp. 1836, No. 164.

Redigirte als Provinzial-Redacteur 1836 das Schulblatt f. die Grossherzogthh. Mecklenburg-Schwerin u. Strelitz u. f. die Herzogthh. Schleswig u. Holstein, herausgegeben von Director Zeblicke in Parchim.

Verhandlungen der Provinzialstände - Versammlungen zu Roeskilde, Viborg, Schleswig, die Errichtung höherer Bürgerschulen betreffend, dargestellt und mit einigen Anmerkk. begleitet. Schleswig 1837. 8. SS. 64. Rec. Kieler Corresp.-Blatt 1837, No. 61.

Auferstehung Christi, der Grund unseres Wandels in einem neuen Leben. Predigt über Römer 6, v. 3—6, am 1. Ostertage 1838 gehalten. Friedrichstadt 1838. 8.

Gab neben C. N. Kähler heraus: Schleswig-Holsteinisches Schulblatt Jahrg. II, 1840. Oldenburg, Fränckel, 1840. 8.

Gab neben H. F. Langfeldt u. N. Nissen u. A. heraus u. redigirte dasselbe Schleswig-Holsteinische Schulblatt Jahrg. 3, 1841. Oldenb. 8. Angez. Alt. M. 1841, S. 405.

Von ihm sind in diesem Schulbl. Jahrg. I, 1839 H. 2, S. 33—50 u. J II, 1840, H. 4, S. 101—131 (Mittheilungen aus dem Notizblatt eines Schulmanns); 1839, H. 2, S. 170—182 (Beitrr. zu einer Statistik der Schlesw.-Holst. Bürgersch.), H. 3, S. 56—61 (Ueber die Behandlung der biblischen Geographie in der Volksschule); das. S. 149—150 u. 1840, H. 1, S. 3—21 (Ueber die Fortbildung des Volksschullehrers); 1839, H. 4, S 141—159 (Recensionen); 1840 (Vorwort): H. 3, S. 3—28 (Die Volksschule u. die materiellen Interessen) u ausserdem Recensionen u. Schul-Chronik; 1841, H. 1, S. 3—9 (Vorwort des Herausgebers), S. 104—109

(Fehler u Mängel des Schlesw.-Holsteinischen Schulwesens), S. 159—162 u. H. 2,
S. 88—98, H. 4, S. 109—117 (Uebersichtliche Zusammenstellung der Schleswig-
Holsteinischen Schulen); H. 3, S. 22—27 (Abschiedsbrief eines abgehenden Lehrers
an seine Schüler).

In den Schleswig-Holsteinischen Provinzialberichten 1831, H. 3,
S. 85—94 (Von der Nothwendigkeit höherer Bürgerschulen). — Im Kieler
Corresp.-Bl. 1835, No. 15, 24 (Höhere Bürgerschulen); 1837, No. 95 u. 96
(Ueber das Verhältniss zwischen dem Gymnasium u. der höheren Bürgerschule);
1839, No. 2 (Höhere Bürgerschulen? Daraus ein Auszug in Kählers Schlesw.-
Holst. Schulbl. 1839, H 2, S. 155—157); No. 44 u. 45 (Kieler Schulorganisation
betr.). — Im Alt. Merk. 1839, No. 78 (Rec. über A. Deckers Schrift: die Frage
über den Ort des Seminars). — In dem v. H. L. A. Vent herausgegebenen
„Religionsblatt" 1829, Sp. 14 u. 15 (Des Christen Zuversicht. Gedicht.). —
Diverse Beitrr. zum Ditmarscher u. Eiderstedter Boten, Lottospiel der
Armen, Landeskunde, Geschichte Friedrichstadts betreffend. Auch ein Aufsatz,
wegen dessen er sich eine Rüge der Schlesw.-Holst. Regierung zuzog, über die
von Lornsen angeregte Landesfrage.

2130) **Tagg.** Heinrich Ludwig, geboren in Plön, studirte
Medicin, wurde 1829 dr. med. & chir. in Kiel u. ist z. Zeit Physicus in Wilster.

Disquisitio medico-historica pestis, quae initio saeculi decimi octavi in maris
bultici accolas saeviebat. Kiliae 1829. 4. SS. 20.

In Pfaffs Mittheilungen I, H. 1 u. 2, S. 239—249 (Die Cholera-
epidemie in Wilster). —

2131) **Tagg.** Johann Heinrich Ludwig, geboren in
Wilster, Sohn des Vorhergenannten, studirte Medicin, wurde 1859
in Kiel promovirt und ist zur Zeit Arzt in Kellinghusen.

Brevis enarratio quo modo auscultatio et percussio inde ab initio cultae sint.
Diss. inaugur. Kiliae 1859. 4. SS. 9.

2132) **Tamm,** Heinrich Christoph, geb. den 8. October
1819 in Glückstadt, studirte Theologie seit Ostern 1840 in Kiel,
examinirt 1845 mit dem 2. Char. m. r. A., den 22. August 1852,
antretend den 9. Januar 1853, Diaconus in Eddelack, den 12. Juni
1864, antretend den 24. Juli, Pastor in Gross- und Klein-Solt. —

In „Predigten und Amtsreden namhafter Kanzelredner der Gegenwart" Bd. 2.
Leipzig 1866, S. 96—106: (Was will der Gustav-Adolf-Verein? Predigt über
2. Cor. 8, 8—14 bei der Jahresfeier des G.-A.-Vereins zu Marne in Ditmarschen
gehalten).

2133) **Tams.** Georg, geboren in Eckernförde, studirte
Medicin, wurde 1839 in Kiel dr. med. & chir. und starb in Altona
am 3. Juni 1863. Er hatte sich längere Zeit in Africa u. Südamerika
aufgehalten.

29

Conspectus luxationum et fracturarum quae a mense Octobr. a. 1837. ad eundem usque ann. 1838. in nosocomio Frodericiano Kiliensi tractatae sunt. Diss. inaug. Kiliae 1839. 4. SS. 20.

2134) **Tanck**, Christian Heinrich Nicolaus, geboren den 17. September 1812 in Rendsburg, studirte Medicin, 1839 in Kiel dr. med. & chir., praktischer Arzt in Tondern seit 1840. — Vergl. Carstens „die Stadt Tondern" S. 216.

De felicitate medici diss. inaug. Kiliae 1849. 8.
Beiträge zum Itzehoer Wochenblatt u. A. 1842 No. 24.

2135) **Tanck**, Lars Wilhelm Friedrich, geboren den 26. April 1831, Sohn des Gefangenwärters auf Cismar Jacob Friedrich August Tanck und der Catharina Friederike geb. Buck; vorbereitet zum Lehrer in Heiligenhafen u. Altona; besuchte das Segeberger Seminar von Michaelis 1849—1852, wurde mit dem 2. Char. m. s. r. A. 1852 examinirt, von 1852—1857 Districtsschullehrer in Bentfeld, Kirchspiel Altenkrempe, 1857 Lehrer zu Cronshörn im adligen Gute Bothkamp.

1) Fibel oder der erste Lehrstoff in methodischer Ordnung. Kiel, Ak. B., 1863. 8. S. Kieler Wochenblatt 1863 No. 42. Holst. Lehrerzeitung 1863 No. 15, S. 119. 2. Aufl. 1864. 8. 3. Aufl. 1866.
2) 17 Lesetabellen. Kiel, Ak. B., 1864.
Einzelnes in Sönksens Schulzeitung 1862—1863 No. 27 (Seine Fibel betr.), 1863—1864 No. 38. — Revidirt. —'

2136) **Telemann**, Georg Michael (L. & S. No. 1179, wo er ohne Datum des Todesjahrs als gestorben angeführt steht). Er starb nach Poggendorffs biogr.-liter. Handwörterb. f. d. exacten Wissenschaften, als Musikdirector und Organist der Domkirche zu Riga den 4. März 1831; Organist der Domkirche war er 1812 geworden.

2137) **Tetens**, Stephan (L. & S. No. 1181); wurde den 28. October 1836 Comm. v. D., feierte 1844 den 3. Septbr. sein 25jähriges Jubiläum als Bischof des Amtes Norburg und des früh. Augustenburgischen Districts auf Alsen und Aerroe und den 10. November 1847 sein 50jähriges Amts-Jubiläum, bei welcher Gelegenheit er Conferenzraths-Rang erhielt, war schon den 8. Octbr. 1847 zum 1. December dess. Jahrs als Bischof über Alsen und Aerroe auf Ansuchen entlassen; ging nach seiner Entlassung nach Kopenhagen, wo er den 5. Januar 1855 starb. Seine Leiche ist den 5. Juni dess. Jahres auf dem Kettinger Kirchhof beigesetzt. — Vergl. über ihn Erslew III, S. 307—309, Suppl. III, S. 362.

Von ihm noch:

De kirkelige Epistler tilligemed en forklarende Omskrivning af samme. Odensee, S. Hempel, 1831. 8. 7¼ Bgg. Rec. N. Prov.-Berr. 1832, S. 483—487. Allgem. L.-Z. 1834, Ergbl. S. 492. Theol. Studien und Kritik. 1834, IV, S. 999.

Demosthenes mod Leptines. En Tale, oversat fra det Græske med Indledning og Anmærkninger oplyst. Kbh. 1837. 8.

Udvalgte Vers af vor evangelisk-christlige Psalmebog til Brug ved Religionsunderviisningen, især i Skoler, hvor den indbyrdes Underviisning øves. Samlede og ordnede ved en Skoleven. Odensee 1838. 15 SS.

Ordinationstaler. Odensee 1839.

Nogle Ord talte 3. Sept. 1844 i Kettinge Bispegaard. Odensee s. a. 8 SS. 8.

Tale bestemt til at skulle have været holdt d. 10. Nov. 1847 i Kettinge Kirke i Anledninig af det 50aarigt Embeds-Jubiläum. Odensee. 47 SS. (Vgl. Danske Kirketid. III, S. 341—344). —

In „Maanedlige Efterrettninger for Bibelselskabet for Danmark." 1822 No. 6 (Bibelforeningen paa Œen Als.) —

2138) **Teuffer,** Ferdinand (L. & S. No. 1182), lebte nach seiner Entlassung aus der Haft in Friedrichsort im Mai 1830, zu Arnis und Cappeln; bestand Mich. 1831 das juristische Amts-Examen auf Gottorf, (2. Char. mit r. Ausz.), den 2. April 1833 als Untergerichts-Advocat bestallt u. wohnte nun in Glückstadt, dann, als es dort nicht fortging, in Pinneberg. Er führte fortwährend einen unordentlichen Lebenswandel, auch nachdem er sich an dem zuletzt genannten Ort den 30. Juni 1838 verlobt hatte mit Margaretha Hass. Starb im Gefängniss zu Pinneberg Ende Febr. 1840. Nänie auf seinen Tod von G. Gardthausen im Corresp.-Blatt 1840, S. 102—104. Vergl. über ihn den neuen Nekrol. d. Deutsch. 18, S. 267—268.

Von ihm noch:

Hear him! oder Mülleriana d. h. juristische Kaiserschnitte aus Haarbeuteln und Correspondenz-Blättern. Eine Vorrede zum Kieler Corresp.-Blatte ad vocem No. 97 u. 98, Decbr. 1832. Schleswig 1833. 8.

Von ihm mehrere Beiträge zu den „Hamburger literar. u. kritischen Blättern des Jahres 1839.

2139) **v. Thaden,** Adolf Georg Jacob aus Stormarn, Bruder des Nachfolgenden, No. 2140, studirte Medicin und wurde 1853 in Kiel dr. med. & chir., auch Privatdocent daselbst, seit Ostern 1860 Oberarzt in Altona für die chirurgische Station des Stadtkrankenhauses; erhielt im October 1867 den Preuss. Kronenorden 4. Classe.

De genu luxationibus spontaneis. Kiliae 1853. 8.

2140) **v. Thaden,** Friedrich Gottlieb Eduard, geb. auf Sünderuphof bei Flensburg, Sohn des Hausvogts im Amte Flensburg; studirte Jura und wurde Mich. 1832 examinirt (2. Char. m. Ausz.), war später Amtssecretair in Flensburg, 1849 Obergerichtsrath in Glückstadt, sodann Departementschef in Kopenhagen, und darauf gelehrter u. dirigirender Bürgermeister in Altona; seit 1864 constituirter Oberpräsident daselbst, R. v. D. u. D. M., Commandeur des H. Guelphen-Ordens 2. Classe.

Allgemeine Untersuchungen über den Begriff des Römisch. Interdictenbesitzes und dessen Klassification im Rechtssystem. Hamburg, Parthes & Besser, 1833. 8. SS. 108. ÷

2141) **v. Thaden,** Nicolaus (L. & S. No. 1183). Den 1. August 1829 R. v. D., später in den 30ger Jahren Justizrath; er starb, fast 78 Jahr alt, den 4. Januar 1848. Verh. 1. mit einer Tochter d. Gutsbesitzers Hagemann auf Osterade; 2. mit der verw. Feddersen geb. Nickels in Rödemis bei Husum. — S. über ihn N. Nekrol. d. D. Bd. 26, S. 813—814.

2142) **Thaden,** Ude, geboren den 20. März 1812 im Kronprinzenkoog im Süderditmarschen, studirte Theologie in Kiel seit Ostern 1833, examinirt Ostern 1839 mit dem 2. Char. m. A., den 4. Februar 1844 ordinirter Prädicant in Zarpen, den 4. August 1847 Pastor in Uelvesbüll in Eiderstedt, 5. Juli 1854 u. 18. Decbr. 1860 Stellvertreter zur Schleswigschen Ständeversammlung, den 28. October 1863 Pastor in Tönning bis 26. Februar 1864, den 1. September 1864 const. Pastor, den 17. November 1864 Pastor auf Arnis.

Der Bau der Friedrichskirche zu Uelvesbüll, ein·Denkstein am Wege einer kleinen Gemeinde im Herzogthum Schleswig. Tönning 1855. 8.

Einzelnes in Caspers Pastoralstudien Jahrg. I, 1860. SS. 287 u. 288. —

2143) **Thaulow,** Georg Philipp, geboren den 4. Nvbr. 1821 in Apenrade, Sohn des Amtsverwalters Johann Friedrich Th. († in Apenrade den 30. Januar 1833) und der Caroline Henriette Tugendreich Loofft († 11. November 1852 in Norwegen), Bruder der nachfolgend Genannten, bestand im Jahre 1839 in Tönning das Obersteuermanns-Examen mit dem 1. Char.; nachdem er von 1837 bis 1848 die verschiedenen Grade in der Handels-Marine durchgemacht hatte, 1848 Officier in der Deutschen Kriegs-Marine, 1851 und 1852 erster Officier der damaligen Fregatte „Eckernförde" (Gefion), 1854 Capitain der Fregatte „Deutschland" in China, 1855 bis 1857 Capitain der „Greta", zur Zeit Director der Deutschen

Seemannsschule in Hamburg. Erhielt im Sommer 1866 das Diplom
als Meister des „freien Deutschen Hochstifts" für Wissenschaften,
Künste u. allgemeine Bildung in Göthes Vaterhause in Frankfurt
a. M. —

1) Mit G. Schuirmann: Ueber die Errichtung eines Instituts zur Vor- u. Heran-
bildung junger Leute für das Seefach. Stuttgart, Cotta, 1862. 8. 45 SS.

2) Ein Rest der Deutschen Flotte auf einer Reise um die Erde. Hamburg, Perthes, Besser & Mauke, 1862. 8. VI u. 114 SS.

3) Mit Schuirmann: Hansa, Zeitschrift f. Deutsches Seewesen, Organ der Deutschen Gesellschaft zur Rettung Schiffbrüchiger. 1—3. Jabrg. 1864—1866.
Hamb. (wird fortgesetzt und erscheint in 14tägigen Nummern). — Revidirt.

2144) **Thaulow.** Gustav Ferdinand, geb. in Schleswig
den 6. Juli 1817, Bruder von No. 2143 u. No. 2145, 2146, 2147
und 2148; studirte Theologie und Philosophie in Kiel und Berlin;
wurde dr. philos. und Privatdocent; den 30. März 1846 ausserord.
Professor der Philosophie und der philosophischen Nebenwissen-
schaften in Kiel, u. seit dem 30. December 1854 ordentlicher Prof.
der Philosophie und Pädagogik daselbst, sowie Director des pädagogischen Seminars.

1) Erhebung der Pädagogik zur philosophischen Wissenschaft oder Einleitung in
die Philosophie der Pädagogik zum Behuf seiner Vorlesungen. Berlin, 1845.
8. XIV u. 21 SS.

2) Nothwendigkeit u. Bedeutung eines pädagogischen Seminars auf Universitäten
und Geschichte meines Seminars. Berlin, 1845. 8. IX u. 181 SS.

3) Rede bei der Säculargeburtstagsfeier Pestalozzi's am 12. Januar 1846, gehalten
in der Aula zu Kiel, zur Rechtfertigung u. Versöhnung. Kiel, Schwers'sche
B. 1846. 8. S. Schlesw.-Holst. Schulbl. VIII, H. 1, S. 186—189.

4) Die Schule der Zukunft mit besonderer Rücksicht auf die Herzogthümer
Schleswig und Holstein. Kiel, Schwers'sche B., 1846. 8.

5) Aufruf an den gesammten Lehrerstand in Schleswig-Holstein. Kiel, Schröder,
1848. 8.

6) Mich. Lepelletiers Plan einer National-Erziehung, vorgelesen und berathen im
Convent den 13. Juli 1793. Ins Deutsche übersetzt, mit einem Vorwort und
mit Anmerkungen. Kiel, Schröder, 1848. 8.

7) Plan einer National-Erziehung, entworfen u. zur Begutachtung allen Lehrern
Deutschlands, besonders aber dem Lehrerstande in Schleswig-Holstein vorgelegt. Kiel, Schröder & Co., 1848. 8.

8) Verhandlungen der ersten allgemeinen Schlesw.-Holsteinischen Lehrerversammlung in Kiel am 2. u. 3. October 1848. Kiel, Schröder, 1848. 8.

9) Gab unter Mitwirkung von Freunden der Schule heraus: Schleswig-Holstein.
Schulzeitung, Centralblatt für die Gesammt-Interessen aller Schulen der Herzogthümer 1849. Kiel, Schröder, 4. 52 Nrr. u. darauf Universitäts- u. Schulzeitung 1850, 1851 bis März das. 4. (wöchentl. ¹/₂ Bg.).

10) Hatte Theil an: Entwurf eines allgemeinen Unterrichts-Gesetzes für die Herzogthümer Schleswig-Holstein, vorgelegt der am 2. October 1848 in Kiel zu

der Entwerfung desselben gewählten Commission. Oldenburg, Fränckel, 1848. 8. SS. 34. Auch in der Schlesw.-Holst. Schulzeitung 1849.

11) Wie man in Frankreich mit der Deutschen Philosophie umgeht. Ein Sendschreiben an J. Barthelemy Saint-Hilaire. Kiel, Ak.-Bchh. 1852. 8. 71 SS.

12) Hegels Ansichten über Erziehung und Unterricht. In 3 Theilen. Als Fermente für wissenschaftliche Pädagogik, sowie zur Belehrung und Anregung für gebildete Eltern und Lehrer aller Art, aus Hegels sämmtlichen Schriften gesammelt und systematisch geordnet. Th. 1: Zum Begriff der Erziehung, zur anthropologisch-psychologischen und ethisch-politischen Basis, sowie zur Methodik der Erziehungslehre Gehöriges. Th. 2 Abth. 1: Zur Geschichte der Erziehung in der orientalischen und griechischen Welt. Abth. 2: Zur Geschichte der Erziehung in der römischen und christlich-germanischen Welt. Th. 3. Zur Gymnasialpädagogik und zur Universität Gehöriges. Kiel, Ak.-B., 1853, 1854. 8 resp. LII u. 120, LII u. 319 und XVI u. 415, XXXVI und 321 SS. Rec.: Sönksens Schulzeitung 1854—1855 No. 27 (Dagegen der Verf. No. 29 u. wiederum der Rec. No. 32).

13) Das Kieler Kunstmuseum. Ein Wegweiser durch dasselbe, zugleich eine kurze Einleitung in das Studium der Kunst. Kiel 1857. 8. 2. verb. Aufl. Kiel 1860. 8. 36 SS. Rec. Jahrbb. f. d. L. III, 1860, S. 283—286.

14) Die Gymnasial-Pädagogik im Grundriss. Kiel, Ak. B., 1857. 8. XXII u. 245 SS. Rec. Gött. Gel. Anzg. 1860, S. 41—79.

15) *Fünfundfünfzig Themata aus der Rechtsphilosophie. Zum Behuf von Vorlesungen und Repetitorien. Kiel, Ak. B., 1858. 8. 4 SS. 8.

16) *Das bevorstehende zweihundertjährige Jubiläum der Kieler Universität. Eine Ansprache an die Bewohner der Herzogthümer. Kiel, Ak. B., 1861. 8. SS. 16.

17) Die Feierlichkeiten bei der Einweihung der Kieler Universität in den Octobertagen des Jahres 1665. Nach Alex. Jul. Torquatus v. Frangipani hrsg. Kiel 1862. 8. (Stand ursprünglich im Kieler Wochenblatt 1862).

18) Einleitung in die Philosophie und Encyclopädie der Philosophie im Grundriss oder Methode des philosophischen Studiums. Kiel 1862. 8. LX u. 44 SS.

19) Die Stellung der Deutschen Nation zum Freiherrn v. Stein. Oder jetzt ist es wohl doch an der Zeit, auch dem Freiherrn von Stein ein Monument zu errichten. Ein Aufruf an die Deutsche Nation. Kiel. 28 SS.

20) Dante Alighieri. Rede zur Feier des 600. Geburtstages desselben, gehalten den 27. Mai 1865. Kiel 1865. 8. Auch in den Universitätsschriften von dem Jahr.

21) An die Zweigvereine des Schleswig-Holsteinischen Hauptvereins der Gustav-Adolf Stiftung am Schluss des Jahres 1865. Kiel 1865. 4.

22) Die Neugestaltung Deutschlands mit dem Prager Frieden vom 23. August 1866. Versuch einer Beurtheilung derselben. Kiel, Ernst Homann, 1867. 8. SS. 40. Rec. Rendsb. W. 1867 No. 19 (v. 6. März). 2. Aufl.

23) Das Europäische Gleichgewicht durch den Prager Frieden vom 23. August 1866. Kiel, Homann, 1866. 8. SS. 43.

Im Kieler-Correspondenz-Blatt 1846 No. 10, 1848 No. 150 (Die Lebensfrage für die Kieler Universität); No. 188 (Lorinser in Schlesw.-Holstein); No. 205 (Ueber die Herausgabe einer Zeitung für das ges. Unterrichtswesen in den Herzogthh.); 1852 No. 115 (Das am 5. Septbr. auf dem Kieler Schlosse eröffnete Museum). — Im Schlesw.-Holsteinschen Schulblatto X, 1848, S. 674—677 (Schreiben an die Lehrer Altona's und Ottensens; vgl. S. 754—761). — In den Schleswig-Holsteinischen Blättern 1864 No. 60—64 (Zum neuen Universitätsbau). — ÷

2145) **Thaulow,** Harald Conrad, geboren den 30. Juni 1815 in Schleswig, Bruder der Vorhergenannten, studirte in Kiel 1836, ging in demselben Jahre nach Norwegen als Amanuensis beim chemischen Laboratorium an der Universität in Christiania, nahm 1841 das pharmaceutische Examen und legte 1843 die Löwen-Apotheke in Christiania an, erhielt 1853 die sog. „Kronprinzen-Goldmedaille" für eine academ. Abh. über den Einfluss, den die Kenntniss von der Isomerie und Isomorphie auf die Entwicklung der Naturwiss. ausübe, 1854 Mitglied der Commission für die Apotheker-Taxe, gründete 1858 den Apotheker-Verein in Christiania, ist Ehrenmitglied des Apotheker-Vereins in Hamburg und dr. phil. von Kiel aus. — Vergl. über ihn Kraft (u. Lange) Norsk Forfatter-Lexik. 1814—1856, S. 626—628.

1) Veiledning ved qualitativ-chemiske Analyser. For Læger og Pharmaceuter. Christ. 1840. 8. SS. 116.

2) Om Naturvidenskabernes Studium af J. Liebig. Oversat. Christian. 1841. VIII u. 45 SS. 8.

3) Donna Clara. Eine Nachtscene. V. A. Munch. Uebers. Christ. 1841. 31 SS. 8. Abgedruckt im Telegraphen f. Deutschl. 1842.

4) Jolanthe, die Königstochter. Ein lyrisches Drama v. Henr. Hertz. Aus dem Dänischen. Altona 1847. 103 SS. 8.

5) Ninon de Lenclos. Schauspiel in fünf Acten v. H. Hertz. Als Mspt. gedruckt. Christian. 1850. 8. SS. 158. N. Aufl. Leipz. 1852.

6) Udkast til en Pharmakopœ for Norge. Prøvehefte. Christ. 1855. 46 SS. 8. Angez. im Arch. f. Pharm. VIII, 284—288, 410—425, in der „Christiania Post" 1855, No. 2431; vgl. die Antw. Thaulows in No. 2436 u. Gegenantw. No. 2440.

7) Actstykker og Bemærkninger angaaende Pharmacopœa Norvegica. Christ. 1855. VIII u. 119 SS. 8. Vergl. u. A., was Kraft anführt, Forh. ved Skand. Naturf. Møde i Christ. 1856, S. 513—530.

8) De sidste 20 Aar af Pharmaciens Historie i Norge I. Christ. 1856. 115 SS. 8.

9) Om Rabat paa Medikamenter til offentlige Pleiestiftelser. En Forestilling til Indre-Departementet. Christ. 1858. 23 SS. 8.

10) Sendebrev til Budgetcommitteen ang. kgl. Proposition til Lov om Examina for Pharmaceuter (Trykt som Mspt.) Christ. 1859. 30 SS. 8.

11) Storthingets Forhandlinger og Beslutninger betræffende Apothekervæsenet. 1 Lov om Examina for Pharmaceuter. Christian. 1860. 48 SS. 8.

12) Om en ny Plan for en Lærebog i Pharmacien. Med en Anb. Christ. 1860. 16 SS. 8.

Im „Mag. for Lægevidenskaben" 2. Række, I, 93, 94, 145, II, 141 bis 150, 281—295; 307 ff. 436 ff. VIII, 843, IX, 751 ff (chemische u. pharmaceutische Gegenst. betr.). — In Forhandl. v. Skandinav. Naturforskeres tredie Møde (Stockholm 1841) S. 357—372 (Om Cyansœlvets Decompositionerne), S. 449 bis 450 (Kviksœlv-Oxychloeyr), S. 451—475 (Om Svovlsyrens Indvirkning paa Ferrocyankalium etc.). — In Wulfbergs Beretning om Landbrugsmœder (Christ. 1853) S. 26 ff. (Om Drainingens chemiske og physiske Virkning). — In „Ugeskrift for Medicin og Pharmacie" I, 1842, S. 6 ff., S. 81—84, 93, II, 224, 105—108, 125—127, 129—131, 145—149, 153—156, 161—165, 169—174, 261—267, 271 ff, 287—292, 301—307, 385—388, 413—420; II, 1843, S. 131 bis 136, 326—328, 338—344, 368, 377—383, 385—90, 340 ff., III, 1844, S. 52—53 (chemische u. pharmaceutische Gegenstände betr.). — Desgl. im „Morgenbladet" 1844, 1845, 1846, 1854, 1855, 1856, 1858, 1860 u. in „Christiania Intelligents-Sedler" 1845, in „Aftonbladet" 1852, in „Polyteknisk Tidskrift" I, 1854, No. 1 u. 2, in „Christiania Posten" 1857, 1859, in „Fædrelandet" 1859.

2146) **Thaulow,** Heinrich Arnold., geboren den 10. Juni 1808 in Schleswig, Bruder der Vorigen, studirte 1829 in Kiel, kam im October 1830 nach Christiania als Amanuensis in Chemie und Physik bei der Universität, nahm 1832 Examen, war 1832 Arzt in Sandefjord, wo er ein Schwefelbad anlegte, 1839 Arzt beim Blaufarbenwerk zu Modum und 10. März 1849 zugleich Districtsarzt in Ringerige und Modum, wo er 1859 ein Stahlbad anlegte.

Die eisenhaltig-salinischen Schwefelquellen und die Seebäder bei Sandefjord im südlichen Norwegen in ihren Heilkräften u. eigenthümlichen Bade-Methoden. Mit 12 Prospecten, naturhist. Zeichn. u. Karten. Hamb. 1855. XII u. 156 SS. Angez. v. H. Zeise in den Hamb. liter. u. kr. Bll. 1855, No. 43, Magaz. f. Læger X, 268—275, Allg. med. Central-Zeit. 1855, No. 101, Medic. Jahrbb. 1856, No. 7.

Beiträge medicinischen Inhalts in „Ugeskrift for Medecin og Pharmacie" 1842, No. 26 u. 27, „Magaz. for Lægevidenskab" 2 R. X, XIII, „Morgenbladet" 1839, 1855, 1860.

2147) **Thaulow,** Johann Friedrich Andreas, geboren den 19. December 1804 in Schleswig, Bruder der Vorhergenannten, studirte Jura in Kiel 1824 und 1831 in Christiania; wurde 1833 in Norwegen naturalisirt, 1837 Candidat des Rechts, Copiist und 1843 Gevollmächtigter im Finanz-Department, 18. October 1849 Zollkassirer in Sandefjord.

1) Vorschlag zu einem Strafgesetzbuch für das Königreich Norwegen. Auf Veranstaltung der Gesetzgebungs-Commission aus dem Norwegischen übersetzt. Christiana 1834. 160 SS. 8. Revidirte Ausgabe 1835. 168 SS. 8.

2) Motive zu dem im Jahro 1832 herausgegebenen Vorschlage zu einem Strafgesetzbuche für das Königreich Norwegen. Auf Veranstaltung u. s. w. übersetzt. Christiana 1835. 439 LXXIX SS. 4.

3) Das Strafgesetzbuch für das Königreich Norwegen. Uebersetzt. Christiana 1843. 110 SS. 8.

2148) **Thaulow,** Moritz Christian Julius, geboren den 19. November 1812 in Schleswig, Bruder der Vorhergenannten, besuchte die Gelehrtenschule in Flensburg bis 1829, dann 2 Jahre Apotheker in Oldenburg, studirte 1831 eine kurze Zeit in Kiel, kam 1832 nach Christiania als Amanuensis beim chemischen Laboratorium und physischen Cabinet an der Universität, nahm 1833 das 2. Examen, erhielt 1837 ein Stipendium aus der Norwegischen Staatskasse, um Chemie und Physik im Auslande zu studiren, war in Berlin, Giessen und Paris und nahm in Paris 1838 ein Examen bei der k. Münze als Essayeur. Nach der Rückkehr nach Christiania 1839 Lector der Chemie bei der Universität, 10. Juli 1844 Professor, zugleich Mitglied der pharmaceutischen Examinations-Commission u. Lehrer der Physik u. Chemie bei der Militär-Hochschule; nahm 1839 an der Skandin. Naturforscher-Vers. in Göteborg Theil und machte in dems. Jahre und 1846 wissensch. Reisen nach Schweden, Frankreich, England und Holland; Ehrenmitglied des Apotheker-Vereins im nördlichen Deutschland und Mitglied der wissenschaftlich. Gesellschaft in Trontheim. Er starb in Christiania 20. Juli 1850. — Verheir. seit 1839 mit Elisabeth geb. Juell († 21. October 1850 in Christiania). —

1) Chemiens Anvendelse i Agerdyrkningen. Christiania 1841. 8. 88 SS.
2) Den qualitative chemiske Analyse. Et Compendium til et practisk Cursus i Univers. Laboratorium. Christiauia 1847. 36 SS. 4.
Beitrr. chemischen Inhalts in Nyt Mag. for Naturv. IV, 11—48; in Univers. og Skole-Annaler 2 R. IV, S. 500—516, in Ugeskrift for Medicin og Pharmacie IV, No. 20; in Poggendorffs Annalen d. Physik u. Chemie Bd. 41, 1837, 216 ff., 635 ff., Bd. 42. S. 571 ff.; in den Annalen d. Chemie u. Pharmacie XXVII, 1 ff; 113 ff (Ueber die Zuckersäure; auch franz.: Sur l'acide saccharique Paris 1838: 8) S. 197 ff.; im „Morgenblad" 1842, 1843, 1844 u. 1849; in „den Constitutionelle" 1841 u. 1842. —

2149) **Thede,** Lehrer in Krumstedt, Kirchspiels Meldorf.

Von ihm sind mehrere der Originalaufsätze in dem von dem Heide-Meldorfer Lehrerverein herausgegebenen Lesebuch für Elementarschulen (Heide 1867. 8).

2149a) **Thede,** Hans, geboren den 25. September 1836 in Lütjenwestedt im Amt Rendsburg, Sohn des Schlachtermeisters gl. Namens und der Katharina geb. Sievers; nach der Confirmation 1 Jahr bis Mich. 1854 Schulgehülfe in Langwedel, Kirchspiel Nortorf, von 1854 bis Mich. 1856 in gleicher Eigenschaft in Kuden, Kirchspiel Burg in S.-Ditm., von Mich. 1856 bis Ostern 1857 desgl. in Schülp bei Wesselburen in Norder-Ditmarschen, von da bis Mich. 1858 Lehrer an der Nebenschule im jetzigen Friedrich VII. Koog; dann bis Mich. 1861 Segeberger Seminarist (exam. mit dem 2.

Char. mit r. A.), von Michaelis 1861 bis dahin 1862 Hauslehrer
bei Herrn Hofjägermeister von Ahlefeldt auf Hammer bei Kiel, von
da an bis Ostern 1866 Gehülfslehrer an der Mädchen-Freischule in
Kiel, u. von Ostern 1866 fest angestellt als 2. Lehrer an derselben
Schule.

Lieferte einzelne Beiträge zu Sönksens Schulzeitung 1863—1864, No. 44 u. 45
(Der erste Leseunterricht und die Fibel als Uebungsbuch für denselben); zum
Kieler Wochenblatt 1865 No. 32, 34, 35, 37 u. 38 (Ein Wort in Betreff der
Mädchenfreischule), in dems. Bl. (Worte zur Begrüssung der am 24. April 1864
v. Düppel zurückkehrenden Truppen des k. Preuss. Leib-Grenadier-Regiments
No. 8) u. im Juli dess. Jahres (Zur Geburtstagsfeier am 6. Juli 1864), im Octbr.
1866 (Lied gesungen bei der Einweihung des neuen Schulgebäudes für die Mäd-
chenfreischule). Ausserdem in den Itzehoer Nachrr. 1864 No. 10 (Kleine
Gedichte: An die Schleswig-Holsteiner, unterz. H. Th.) — Eine Fibel, die 1864
erscheinen sollte, ist bis dato noch nicht erschienen. — Revidirt. —

2150) **Thibaut,** Anton Friedrich Justus (L. & S. No.
1184), 1830 Commandeur des Zähringer Löwen-Ordens, 1834 Mitglied des Bundesschiedsgerichts; er starb zu Heidelberg den 28.
März 1840, 68 Jahre alt. — Vergl. über ihn: A. F. J. Thibaut.
Blätter der Erinnerung für seine Verehrer von Baumstark (1841);
A. F. J. Thibaut und sein Verhältniss zur Musik von J. G. Frei-
eisen im „Freihafen" J. 3, 1840, H. 4, S. 2—71; Biographie in
dem „juristischen Nachlass" Bd. 1, S. XVI u. XXVIII und daraus
im N. Nekrol. d. D. 1840, S. 356—363. Eine bei seiner Beerdigung von Roth gehaltene Rede s. im Anhang zu Bd. 23 des Archivs
f. civilistische Praxis, sowie das. auch Worte am Grabe.

Von ihm noch in dem von ihm bis an seinen Tod mitherausgegebenen Archiv für
civilistische Praxis: Bd. 7, S. 224 ff. (Ueber das Verhältniss des Beklagten bei
der Erbschaftsklage), S. 383 (Ueber auflösende Bedingungen bei Erbeinsetzungen),
S. 406 (Ueber die bei dem Anwachsungsrechte der Miterben Statt findenden
Vorzugsrechte); Bd. 8, S. 75 (Ueber die senectus); S. 139 (Ueber die Selbst-
vertheidigung gegen fremde Sachen); S. 301 (Ueber Vergleiche gegen rechtskräftige
Urtheile); Bd. 9, S. 88 ff. (Ueber die Verzinsung illiquider Schulden bes. mit
Rücksicht auf die quarta Falcidia); S. 404 (Ueber Unverjährbarkeit der Pupillen-
gelder); Bd. 10, S. 217 ff. (Ueber die Quasipupillar-Substitutio), S. 456 ff. (Ueber
das interdictum quorum bonorum); Bd. 11, S. 123 (Ueber das Salvianische
Interdict); S. 174 ff. (Ueber die actio quod jussu); Bd. 13, S. 193—205, S. 452
(Ueber Dominici Albanensis promtuarium universorum operum Jacobi Cujacii);
Bd. 14, S. 235 (Ueber Pfand-Separatisten); Bd. 16, S. 182 (Ueber die Rechts-
regel: dies interpellat pro homine), S. 383 (Ueber die Wirkungen auflösender Be-
dingungen); Bd. 17, S. 1 ff. (Ueber die unbestimmte Verbindung eines General-
Pfands mit einem Special-Pfande u. umgekehrt); Bd. 18, S. 317 ff. u. 23, S. 167
(Ueber possessio civilis); Bd. 20, S. 1 ff. (Ueber den Eigenthumserwerb der Kirchen,

milden Stiftungen u. Städte); Bd. 21, H. 3 (Ueber die sogenannte historische u. nicht historische Rechtsschule. Erschien auch separat. Heidelberg, J. C. B. Mohr, 1838. 8.)

Von dem System des Pandecten-Rechts erschien 8. Ausgabe. Jena, Mauke, 1834. 8. XVI u. 360 SS. u. XVI u. 558 SS.

Ueber die Nothwendigkeit eines allgemeinen bürgerlichen Rechts für Deutschland. Neue Ausgabe. Abgedruckt nach der in den civilistischen Abhh. als XLIX. Abh. viel vermehrten 2. Bearbeitung dieser Schrift. Nebst Zugabe der darauf Bezug habenden Recensionen des Verfassers aus den Heidelberger Jahrbb. der Literatur der Jahre 1814—1816. Heidelberg, J. C. B. Mohr, 1840. 8. 8 Bgg.

Juristischer Nachlass, herausgegeben von Karl Jul. Guyet. Bd. 1: Code Napoleon oder Lehrbuch des Französischen Civilrechts in Vergleichung mit dem Römischen. Bd. 2: Römisches Civilrecht oder Lehrbuch der Geschichte und Institutionen, Hermeneutik u. Kritik des Römischen Rechts. Berlin 1841, 1842. 8. XXXVI u. 350 SS. u. XVI u. 504 SS.

2151) **Thiedemann,** Johann Jacob, geboren 1794, wahrscheinlich auf dem Tondernschen Seminar gebildet, 1819 Elementar-Lehrer in Eckernförde, D. M.; starb den 24. September 1844. — S. über ihn N. N. d. D. XXII, S. 951, Eckernf. Wochenbl. 1844, No. 78.

Mittheilungen aus dem praktischen Schulleben, betreffend einige der wichtigsten Gegenstände der wechselseitigen Schuleinrichtung. Flensburg, Hansen und Kastrup, 1839. 8. Mit Tabellen. X und 118 SS. Angez. Alt. Merc. 1839 No. 62, Schlesw.-Holst. Schulbl. 1839, H. 4, S. 133—140.

2152) **Thiele,** Johann Ernst Friedrich (L. & S. No. 1185). Er wurde im Januar 1834 Geh. Hofrath, 1837 Staatsrath; er starb den 19. April 1839 im 66. Lebensjahre. — Verh. 1. mit M. F. geb. Volkmar, 2. mit A. D. geb. Eschen († 16. Febr. 1845). — S. N. Nekrol. d. D. 17, S. 395—397 u. S. 1065.

2153) **Thiesen,** Anna Charlotte (L. & S. No. 1187). Sie starb zu Eutin den 30. Mai (nach Andern 30. Juni) 1834. (Pseudonym Karoline Stille).

Von ihr noch:

Geschichte der Expedition des Generals Xaver Mina nach Mexico 1816. Nach dem Engl. des Robinson 1824. 8.

Erzählungen für die weibliche Jugend. Mit einem Vorwort v. Th. Huber. Bd. 1. 2. Mit 2 Kpff. Leipzig 1825.

Moralische Erzählungen für die gebildete Jugend. Nach Miss Edgeworth. Heidelberg 1828. 8. SS. 296. Rec. Jen. L. Z. 1830 No. 45.

John Wesleys Leben. Nach dem Engl. des Robert Southey. Herausgeg. v. Dr. Fr. A. Krummacher. Th. 1. 2. 1828.

Maria Lescinska, Gemahlin Ludwig XV und ihre Umgebung. Nebst einigen Erzählungen aus früherer Zeit. Hamburg, Herold, 1829. 8.

Neue Erzählungen für die weibliche Jugend. Leipzig, Rein, 1830. 8.

Alfred Camphells Reisen. Frei nach dem Engl. 1830. 8

Johanna die Erste, Königin v. Neapel, Gräfin v. Provence, ihre Schicksale und ihre Umgebungen. Nebst einem Blick auf Italische und Provencalische Literatur und Sitten im 13. u. 14. Jahrh. Nach dem Englischen im Auszuge frei bearbeitet. Th 1. 2. Berlin, Schönemann, 1830. 8. SS 285 u. 214.

Kränze des Auslands. V. Engl. Dichtern. Ein Hülfsbuch zur Bildung des Geschmacks herausgegeben mit Noten v. C. St. Bremen 1832. 8.

Tagebuch einer jungen Brasilianerin oder Bertha's Besuch in England. Für die Jugend. Hamburg 1832. 8.

Abendunterhaltungen v. C. Stille. 1832. 8.

Tagebuch einer jungen Brasilianerin oder Bertha's Besuch bei ihrem Oheim in England. Für die Jugend. Hamburg, Nestler & Melle, 1835. 8. 25 Bgg. Mit 7 illuminirten Bildern.

Weihnachtskränze. Erzählungen für die Jugend. Leipzig 1838 8.

In Pappes „Lesefrüchten" 1819, Bd. 3 (Stiefmütterchen). — In A. Schreibers Damenbibliothek (Heidelberg 1827) (Glanz ohne Frieden. Nach dem Englischen umgearbeitet). — In der „Cornelia" 1827, S. 223—256 (Kraft durch Liebe).

2154) **Thiesen,** Eduard Peter Wolfhagen, geboren den 23. März 1797 zu Lunden, Sohn des nachfolgenden Joh. Peter Th.; studirte Theologie seit Ostern 1817 in Kiel, examinirt in Glückstadt 1822 (2. Char. m. A.) den 15. October 1826 Pastor an der neuen Kirche auf Pellworm, den 23. August 1842 in Boel, 1850 entlassen, 1853 Pastor in Neuhofen in der Pfalz.

Im Flensburger Religionsbl. Jahrg. 8 (1839) No. 9 (Auch eine Stimme für unser Gesangbuch). — Im Kirchen- und SchulbL (v. Jess u. Versmann) J. 4, 1847, Sp. 417—420 (Ueber Mission); J. 8, 1851, Sp. 238—240 (Rec. über Wangenmüllers „Meine Erlebnisse bei den Deutschkatholiken und Eintritt in die evangelische Kirche"). —

2155) **Thiesen,** (nicht Thiessen), Johann Peter (L. & S. No. 1190), starb als Hauptprediger zu Lunden den 14. September 1834. — Vergl. N. Nekrol. d. D. XII, S. 683. N. St. Mag. IV, S. 325.

2156) **Thiesen,** Ludwig Benedictus, geboren den 29. September 1779 in Kiel, erlernte in Leipzig den Buchhandel und kam von dort nach Breslau und Hannover und 1803 nach Kopenhagen zu dem Universitäts-Buchhändler C. G. Proft, nach dessen Tod im April 1809 er daselbst die Buchhandlung übernahm. Er starb den 20. Febr. 1830. Seine Frau Dorothea Margar. Köhlert, welche den von Thiesen herausgegebenen „Veiviser" von 1837 bis 1864 fortführte, † den 11. Mai 1864. S. Erslew III, S. 331 und Suppl. III, S. 373.

Redigirte und verlegte: Veiviser eller Anviisning til Kjøbenhavns, Christianshavns, Forstædernes og Frederiksbergs Beboere for 1815—1836. Kbh. 8. Med

Tillæg 1833—1835. Wurde von seiner Wittwe fortgeführt. — Er besorgte auch die Ausgabe dieses „Veiviser" für 1810—1815 unter dem Namen der Madame Proft. —

2157) **Thiess,** Hermann Wilhelm Marcus (L. & S. No. 1188). Den 20. Mai 1821 Pastor in Arnis, wo er am 20. Septbr. desselben Jahres antrat; den 9. April 1844, antretend den 16. Juni, Pastor in Tolk und Nübel, den 13. Mai 1848 entlassen, den 16. März 1849 Pastor in Hamberge, den 10. December 1850 entlassen, den 2. December 1850 wieder Pastor in Tolk und Nübel, den 19. Juni 1854 Stellvertreter zur Schleswigschen Ständeversammlung, den 11. Octbr. 1856 Probst für die Deutschen Gemeinden in der Probstei Gottorf bis 15. November 1860, den 25. März 1858, antretend den 6. Juni, Pastor in Kappeln; starb 7. Mai 1867.

Von ihm noch:

Christus oder der Stab Sanft. Eine Sammlung christlicher Predigten. Altona, in Comm. bei K. Aue, 1829. 8. 2. Aufl. 1834. 8. 3. Aufl. Schlesw. 1855.

Rede, gesprochen am Sarge Tilemann Müller's: steht hinter Tilemann Müller's „poetischen Blumen u. Blüthen" (Schleswig 1829) S. 164—169. (Ueber diese Blumen u. Blüthen vgl. schon S. in den Nachtr. S. 836).

Arznei wider das Revolutionsfieber. Oder: das Elend des Landes, das in Empörung steht gegen seinen König. Der gesegnete Zustand unseres Vaterlandes. Die Pflicht, die uns obliegt gegen unsern König. Eine Predigt. Schleswig, Tbst.-Inst., 1830. SS. 16. gr. 8. Rec. N. Prov. Berr. 1831, S. 156—158.

Die Cholera. Wie kommt sie? Woher kommt sie? Wozu kommt sie? Predigt, gehalten am 18. September 1831 über 2. Moses 12, v. 19 u. 30. Schlesw., Tbst.-Inst., 1831. SS. 16. gr. 8.

Die Sonne. Ein Leitfaden zur christlichen Unterweisung im Christenthum, insonderheit zur Einweihung der Confirmanden. Altona. in Comm. bei Aue, 1832. 8. IV u. 56 SS. Rec. N. Prov. Berr. 1833, S. 623—629 (aus der Leipz. Lit. Ztg. 1833, No. 232).

Das Fusswaschen Jesu u. das heilige Osterfest. Fünf Fastenbetrachtungen u. zwei Ostergemälde. Altona, Aue, 1837. 8.

Der Dom zu Rothschild. Trauerpredigt über Spr. Salom. 20 v. 28. Am 16. Januar 1840, am Tage der Beisetzung der irdischen Ueberreste Frederik VI. Schleswig, Bruhn, 1840. 8.

Die Schlosskirche zu Friedrichsburg. Salbungspredigt über Timoth. 2, 1—13. Am 28. Juni 1840 am Tage der Krönung u. Salbung unseres Königs u. unserer Königin. Schlesw. 1840. 8. S. Falcks Archiv I, S. 185.

Die Reise von Jerusalem nach Damaskus. Gallerie Paulinischer Predigten. Schlesw, Bruhn, 1841. 8. 10¹/₂ Bgg.

Christus ist zum Himmel gefahren. Pred. am Himmelfahrtstage über Marcus 16, 14—20: in Brodersens Sammlung von 30 Predigten (Itzehoe 1842) S. 171—188.

Der heutige Tag im Lichte des Spruches 1. Timoth. 1, 15. Keine Zeitpredigt u. doch eine Zeitpredigt, geh. am 2. Adv. 1850 bei Wiederergreifung seiner Aemter in Tolk u. Nübel. Schleswig 1851. 8.

Von „Moses od. der Stab Wehe" erschien eine neue Aufl. Schleswig,
v. d. Smissen, 1850. Eine Rec. der 1. Aufl. in Vents Religionsbl. 1829, No. 27.
Von der „evangelischen Hauspostille" erschien eine 2. Aufl. Schleswig 1854
u. wiederum eine (Titel-) Ausgabe das. 1856. 8.

2158) **Thode,** P. E., Rechnungsführer der Haus- u. Land-
steuer in Flensburg.

1) Geschichtliche Beschreibung des Flensburger Stadtfeldes 1860. Flensburg.
8. SS. 34.
2), Verzeichniss der Ländereien und anderen Grundstücke auf dem Flensburger
Stadtfelde. Zur Karte v. Creutz herausgegeben 1860. Flensb. 8. SS. 32.

2159) **Thöming,** J. W., lebte in Eckernförde, wo er auch
gestorben sein soll. — S. N. St. M. X, S. 433.

.Gab 1814 ein Intelligenzblatt in Eckernförde heraus.

2160) **Thönssen,** Christoph Heinrich, Lehrer in Fed-
dringen, Kirchspiel Henstedt in Norderditmarschen.

Die Kirchenherrschaft auf Hammaburg in Ditmarschen vom 8.—16. Jahrhundert. 1861. 8.

2161) **Thomas,** Friedrich C., so nannte sich Thomsen,
Friedrich C., welchen vergl.

2162) **Thomsen,** Adolf Theodor, geboren den 14. März
1814 in Tönning, Sohn des Bürgermeisters Peter Thomsen daselbst,
(vorher Advocat in Schleswig, später Obergerichtsrath daselbst und
endlich Deputirter der Schlesw.-Holstein.-Lauenb.-Canzlei, und der
Christine S. geb. Benzon); er besuchte die Friedrichsberger Bürgerschule in Schleswig unter Cantor Thomsen u. Rector Müller, verdankt aber seine Bildung hauptsächlich Selbststudium; lernte bis
zum 18. Jahr die Landwirthschaft in Oldensworth, war 5 Jahre als
Schreiber u. Verwalter auf Windebye und besuchte inzwischen ein
halbes Jahr die Veterinärschule in Kopenhagen, 1837 Hofbesitzer
in Oldensworth, 1838 Vorsteher daselbst, 1841 Rathmann im Eiderstedter Landgericht, 1855 Lehnsmann in Oldensworth, 1854 u. 1860
erwähltes Mitglied der Schleswigschen Ständeversammlung, erwähltes Mitglied des 7. Wahlkreises zum Reichsrath den 11. Februar
1856, als welcher er 1858 abtrat, wurde den 6. April 1858 wieder
erwählt, den 10. Februar 1864 bis 1. November 1865 Amtmann in
Husum; zog nach seiner Entlassung nach Kiel; 1867 im November
Abgeordneter zum Preussischen Abgeordnetenhause f. d. Husumer
Wahlkreis.

1) Beitrag zur Lösung der Finanz- und Steuerfragen der Herzogthümer Schleswig und Holstein, sowohl der mit Dänemark gemeinsamen, als auch der besonderen. Itzehoe, Pfingsten, 1859. 8. S. Kieler Corresp.-Bl. 1859 No. 71
und No. 94 und Entgegnung von dem Verf. No. 99.

2) Sendschreiben an den Herrn Prof. Fenger in Kopenhagen, Mitglied des Reichsraths. Itzehoe, Pfingsten, 1858. 8.

3) Die Steuern der Herzogthümer Schleswig und Holstein und des Preussischen Staats. Wie können die Steuerverhältnisse der Herzogthümer Schleswig-Holstein geordnet werden? Und wie verhalten sich die Steuern derselben zu denen des bisherigen Königreichs Preussen? Ein Versuch die Schleswig-Holsteiner bezüglich dieser Fragen vorläufig zu orientiren und ihre Betheiligung an der Erledigung derselben herbeizuführen. Kiel, Schwers'sche Buchh. 1867. 8. Vergl. Kieler Zeitung 1867 No. 787 u. No. 788.

4) Ueber Schleswig-Holsteins und Preussens Steuersystem. Ein Wort zur Abwehr. Kiel, Schwers'sche Buchh., 1867. 8. Vergl. „Kieler Zeitung" No. 897, v. 8. Septbr. 1865 (Offenes Sendschreiben an Herrn Thomsen-Oldensworth v. Prof. Dr. Ravit. Eine Entgegnung in einer spätern No. der K. Z. vom Verf.). Im Alt. Merk. 1860 No. 86 (ein Brief von ihm). — Verschiedene ab u. an für Zeitschriften abgegebene Aufsätze, die nicht näher angegeben werden können. — Revidirt.

2163) **Thomsen,** Asmus Friedrich Hübner-, s. unter Hübner, obwohl er passender hierher gehört hätte; z. Zeit schreibt er sich nur Thomsen.

Von ihm ist noch ausser dem l. c. angeführten, eine Uebersetzung aus dem Dänischen von Balslev s. t. Bibl. Geschichte sammt kurzem Abriss der Kirchengeschichte der nachapostolischen Zeit. Flensb. 1854. (Laut Mittheilung soll er ausserdem noch einiges Andere haben drucken lassen.) —

2164) **Thomsen,** Asmus Julius Thomas, geboren den 19. Juni 1815 auf Brunsholm im Kirchspiel Esgrus in Angeln, Sohn des Besitzers dieses Gutes Jensenius Thomsen († 1818) und der Nicoline Friederike Henriette geb. von Barner, später verheirathete von John-Marteville; besuchte die Domschule in Schleswig unter Rector W. Olshausen, studirte Medicin in Kiel, wo er sich besonders an Prof. Meyn hielt, in Kopenhagen, wo er besonders Eschricht hörte, und in Berlin, vorwiegend unter Leitung v. Romberg, Ideler, Burmeister u. Johann Müller, wurde im Jahre 1839 in Kiel dr. med. & chir., war in demselben Jahre practischer Arzt in Gelting, 1840 in Sieseby und ist seit dem 29. Decbr. 1853 Physicus in Cappeln. —

1) Harfe der Skalden. Dichtungen von H. C. Andersen, Christian Winther u. Bjerregaard. Berlin, C. Heymann, 1838. 8.

2) De dipsomania dissert. inaugur. Kiliae 1839. 8. SS. 30.

3) Gab heraus: Dichtungen von H. C. Andersen. Auswahl in Deutscher Uebertragung. Altona, A. Lange, 1849. 8. Rec. Liter. u. krit. Bll. der Börsenhalle 1849, No. 28.

4) Lyraklänge nordischer Dichter. Auswahl des Schönsten und Gediegensten aus den Dichtungen v. Andersen, Winther, Bjerregaard. Berlin, C. Heymann, 1851. 8. VI u. 234 SS. (Ist wohl neue Ausgabe von No. 1.)

5) Ueber Krankheit u. Krankheitsverhältnisse auf Island u. den Färöer-Inseln.

Ein Beitrag zur medicinischen Geographie. Nach Dänischen Originalarbeiten v. Schleisner, Eschricht, Panum u. Manicus. Schleswig 1855. 8. SS 166. Rec. Gött. Gel. Anzz. 1855, S. 2049—2061. Grävels Notizen VII, p. 162 u. in verschiedenen anderen medicinischen Zeitschrr. des In- u. Auslandes. Gedichte in der „Abendzeitung" v. Theod. Hell 1837 und 1838, in E. Dullers Phönix 1840, in den Ostseeischen Blättern (Kiel) 1841, in den literarischen u. kritischen Blättern (der Börsenhalle) 1843, No. 155 u. 156, 1844, No. 1, 2, 112, 122, 153; 1845, No. 53, 54, 55, 133, 134, 135, 136; 1846, No. 121, 123; 1847, No. 35, 36, 87, 88; 1848, No. 95, 116; 1849, No. 133, 139; 1850, No. 116, 118; 1851, No. 80; 1852, No. 30. Ausserdem in denselben Blättern 1847, No. 39, 40 (Ueber Berauschungsmittel). Gedichte im Morgenblatt f. gebildete Leser 1847, Juli, No. 174, 176, 179; in dem von C. Wagner herausgegebenen Jahrbuch Schleswig-Holsteinischer Dichter Jahrg. 1 (Schleswig 1848) S. 146—185, in dem v. Ernst Göders damals allein, früher mit Hugo Staacke herausgegeb. Schleswig-Holsteinischen Musen-Almanach f. 1852 (Kiel) (Plattdeutsche Gedichte) u. S. 67 ff. (Sabinus, eine Geschichte in 19 Liedern). In der „Zeitschrift für die gesammte Medicin" v. Fricke, Oppenheim etc. Bd. 43, S. 135—173 (Einiges über Typhus) u. das. (Eine Vergiftung mit den Blumen der gemeinen Bauernrose, Päonia orientalis); Bd. 44, S. 145 bis 174 (Ueber die Berauschungsmittel der Menschen in culturhistorischer u. physiol. Beziehung). Ausserdem noch ein Aufsatz in Bd. 47 über Chinchoninum sulphuricum). — In „Ugeskrift for Læger" 1863 No. 30 (Om Chinchoninum sulphuricum). — In Caspers „Vierteljahrsschrift N. F. 1865, L S. 315—328 (Ein Fall von Abtreibung der Leibesfrucht nebst Bemerkungen über verschiedene volksthümliche Emmenagoga u. Abortivmittel) u. das. 1866 (Eine Vergiftung mit Camphin). — In der von Mörner herausgegebenen „Berliner Revue" v. 1865 eine Reihe publicistischer Aufsätze „von einem Schleswiger." — Revidirt. —

2165) **Thomsen,** C., Schullehrer in Appen, Kirchspiel Rellingen.

In den Darstellungen aus dem Christenleben h. v. Elb-Pinnauer Lehrerverein (1856) No. 3 S. 22—32. Die reiche Liebe.

2165a) **Thomsen,** C. A., cand. polyt., im Jahre 1860 zum Justirmeister für das Herzogthum Schleswig ernannt, als welcher er im Jahre 1864 seine Entlassung erhielt.

Anleitung für das Publicum in Betreff der Durchführung der Verordnung v. 13. Juni 1860 betr. die Einführung eines neuen Gewichts für das Herzogthum Schleswig. Flensburg, Druck v. N. P. Borregaard. 1860. kl. 8. 12 SS. Ob vielleicht er auch Verfasser der Schrift:
Beskrivelse over Sønderborg Slot og Augustenborg Slot samt Fortegnelse over de i Sønderborgs Slots Gravecapel bensadte Liig. Flensb. 1865. 8.

2166) **Thomsen,** Christian (L. & S. No. 1191), seit 1801 Privatlehrer in Lütjenburg, später öffentlich angestellter Lehrer in Satjewitz in der Landschaft Oldenburg, Kirchspiels Neukirchen, wo er gestorben ist. — Mitgetheilt. —

2167) **Thomsen,** Christian Nicolaus Theodor Heinrich, geboren den 21. December 1803 in Schleswig; Sohn des nachfolgenden Oberlehrers an der Knabenbürgerschule und Cantors an der Friedrichsberger Kirche zu Schleswig Nicolaus Thomsen u. der Hanna Margaretha geb. Petersen; besuchte das Gymnasium in Schleswig unter dem Rector Schumacher, dem Conrector W. Olshausen und anderen Lehrern, darauf die Universität Kiel v. Ostern 1822 bis Michaelis 1824, Berlin von Michael. 1824 bis dahin 1826, wieder Kiel von Michaelis 1826 bis dahin 1828 unter den Profess. v. Berger, Dahlmann, Eckermann, Francke, Köster, J. Olshausen, Twesten, Wachsmuth und anderen, in Berlin Bleek, Böckh, Hegel, Marheineccke, Neander, C. Ritter, Schleiermacher, G. F. A. Strauss und anderen, den 25. Juni 1832 dr. philos. in Kiel, wurde Ostern 1835 auf Gottorf mit dem 1. Charact. im theol. Examen examinirt, war schon seit Ostern 1833 Privatdocent in Kiel, den 28. Februar 1841 a. Professor der Theologie in Kiel, den 8. September 1841 dr. theol. h. c., den 13. Januar 1844 ord. Professor in Kiel, 1855 den 19. Mai Mitglied der Bibliotheks-Commission, den 3. Jan. 1860 Kirchenrath.

1) Systematis Leibnitiani in philosophia maximo expositio. Slesvici 1832. 4. SS. 189 (p. 156—189 Appendix theologica).

2) Die Schleiermachersche philosophische Grundansicht. Kiel, Ak. Buchh., 1840. 8. Steht auch in Pelts „theol. Mitarbeiten“ III, 1840, H. 3, S. 39—122.

3) Vorrede zu H. A. Man: die Schleswig-Holsteinische Sache. Nach dem Tode des Verf.'s besonders abgedruckt. Kiel, Ak. B., 1850. 8.

4) Imago Christiani III. restitutionis sacrorum nostrorum egregii tutoris et adjutoris. Oratio natalitia Friederici VII. celebrandis die VI. mens. Oct. 1854 habita. Kiliae 1854. 4. SS. 9.

In Pelts „theol. Mitarbeiten“ ausser der oben genannten Arbeit noch I, 1838, H. 4, S. 145—162 (Einige Bemerkk. über das Buch des Hrn. Prof.'s Rothe „Anfänge der christl. Kirche u. ihrer Verfassung“ in Anschaug des Begriffes der Kirche, des Entstehens dieser u. namentlich des Episcopats). — In dem „theol. Literaturblatt zur allgem. Kirchen-Zeitung“ 1851, No. 1 ff. (Nekrolog über Prof. Heinrich August Man († 21. Aug. 1850 in Kiel). — In Ullmanns u. Umbreits „theol. Studien u. Kritiken“ Jahrg. 1845, H. 3, p. 721—760 und H. 4, p. 895—933 (Beitrag zur Theorie u. Geschichte der Mystik). — In Pipers evangelischem Kalender oder Jahrbuch f. 1850 (2. Aufl. 1853) S. 92—104 (Das Lebensbild des Anschar). — Revidirt.

2168) **Thomsen,** Claus, geboren den 15. März 1830 zu Esgrus, studirte Theologie seit Ostern 1851 in Kiel, wurde 1855 in Flensburg examinirt (haud illaud. 2. gr.), den 21. Februar 1856, antretend 13. Mai 1857, Rector in Bredstedt, den 3. Februar 1860, antretend den 21. Mai, Diaconus in Langenhorn, den 15. Februar 1864 vocirter Pastor, den 21. März 1864 const. Pastor, den 28. Mai 1864 Pastor in Sterup.

1) Griechisches Elementarbuch für Anfänger. Flensb. 1857. 8. III u. 102 SS.

2) Luthers Catechismus im Zusammenhange erklärt. Ein Leitfaden für den Schul- u. Confirmanden-Unterricht. Altona, Schlüter, 1864. 8. SS. 60. In Caspers Pastoral-Studien: Beiträge homiletischen Inhalts 1860, S. 81—92, S. 356—361, S. 361—366, 1861, S. 470—475 (Mittheilung der bek. „Todtenkopfs-Predigt" des Pastors Ordroff in Grundhof vom J. 1744), 1862, S. 299—308, S 385—396, S. 564—568.

2169) **Thomsen,** Friedrich C., war in den 30 u. 40ger Jahren Kaufmann in Friedrichstadt, später nach Aufgabe des Geschäfts, Chausseewärter bei Hamburg, reiste 1857 mit seiner Familie nach Brasilien, wo er nicht lange nachher beim Baden ertrank.

1) Strand- u. Haidebilder in harmlosen Stunden. Mit einem Anhange u. einer Ansicht der Kirche zu Lügumkloster. (In Commission bei Ad. Lehmkuhl in Altona) 1846. (Gedruckt bei Bade u. Fischer in Friedrichstadt.) 8. XI u. 116 SS. (Unter der Vorrede nennt sich der Verfasser F. C. Thomas, weil er die Entdeckung gemacht hatte, dass dieser Name sein eigentlicher Familienname sei. Er ward aber nach, wie vor, immer Thomsen genannt.)

2) Gab nach dem Bombardement der Stadt Friedrichstadt einen Plan dieses Ortes heraus.

2170) **Thomsen,** Georg Johann (L. & S. No. 1193). Er war den 27. August 1753 zu Keitum auf der Insel Sylt geboren, studirte Theologie in Kiel seit Ostern 1775 und wurde 1780 auf Gottorf mit dem 3. Char. examinirt. Weiteres über ihn geben die bek. Candd.-Verzz. nicht an. —

2171) **Thomsen,** Gottlieb (Theophilus) Nicolaus Benhold, geboren in Glücksburg, studirte Medicin, wurde 1848 dr. med. & chir. in Kiel, und ist zur Zeit practisirender Arzt in Eddelack.

De caussis primae respirationis diss. inaugur. Kiliae 1848. 8.

2172) **Thomsen,** II., geboren im October 1804 zu Nordhusen im Kirchspiel Brunsbüttel, Sohn eines Arbeiters; unterrichtet in alten und neuen Sprachen, erwählte er, trotz grosser Neigung zur Theologie, den Lehrerberuf, ohne jedoch das Seminar zu besuchen; wurde im Jahre 1828 Schullehrer zu Wesseln in Ditmarschen; trieb aus Liebhaberei nebenbei die Gärtnerei u. starb 1845. — Mitgetheilt von dem Sohne in Schalkholz.

Küchengarten-Büchlein oder Rathschläge für Unkundige beim Gemüsebau. Itzehoe 1843. 8. SS. 49.

2173) **Thomsen,** Heinrich Christian, geboren in Tönning, studirte Medicin, wurde 1835 dr. med. & chir. und ist seit
6. Juni 1837 Physicus für die Landschaft Eiderstedt und in den
Städten Tönning und Garding.

De magna inter scirrhi et tuberculorum symtomata et indolem similitudine
nonnulla. Diss. inaugur. Kiliae 1835. 4. SS. 23.

2174) **Thomsen,** Heinrich Friedrich Julius (bedient
sich nur des Vornamens Julius), geboren den 30. Mai 1803 in
Grambow bei Schwerin, Sohn des Gutsbesitzers H. A. Thomsen u.
der . . . . geb. Callisen, studirte Medicin in Kiel, Kopenhagen und
Berlin, wurde in Kiel im Mai 1831 dr. med. & chir., 1831 Stabsarzt in der Polnischen Armee, Ritter des goldenen Kreuzes virtuti
militari, seit 1832 practischer Arzt in Oldesloe, 1834 const. Physicus, Badearzt, 1848 Ordonnanz-Officier bei dem Herzog Carl von
Glücksburg, 1853 abgesetzt als Physikus, 1860 zum Mitglied der
Holstein. Ständeversammlung für die Städte Oldesloe und Segeberg
erwählt.

1) Dissert. inaug. de frigoris vi et frigidis in febre scarlatina exhibendis super-
fusionibus. Kiliae 1831. 8.
2) Bemerkungen über die salz- u. schwefelhaltigen Salzbäder in Oldesloe. Segeberg 1833. 8. Rec. in Pfaffs Mittheilungen II, 1833, H. 2, S. 350—351.
3) Ueber den Gebrauch der Hepar des Störs. 1845. 8.
4) Bad Oldesloe. (Itzehoe?) 1855. 8. *)
Lieferte Beiträge für verschiedene medicinische Zeitschriften, namentlich zu
Pfaffs „Mittheilungen etc.", zu Schmidts „Jahrbüchern", zur „medic.
Centralzeitung", in den „wöchentlichen Nachrichten von u. für Hamburg 1833, No. 126 (Ueber die Heilwirksamkeit d. salz- u. schwefelhaltigen Bäder
in Oldesloe), sowie für politische nord- u. süddeutsche Zeitungen, deren Färbung
ihm zusagte, wie die Kieler Blätter u. die Schleswig-Holsteinische Zeitung. —
Revidirt. — Vergl. auch Callisens medic. Schriftst.-Lexik. 19, S. 199.

2175) **Thomsen,** Jacob (L. & S. No. 1195). Er wurde
den 31. Juli 1815 Kammerrath und den 10. Juni 1818 wirklicher
Justizrath, den 1. August 1829 wirklicher Etatsrath, ging 1836
von der Mit-Direction der National-Bank in Kopenhagen ab und
starb daselbst den 14. October 1836, 65 Jahr alt. Er war auch
Mitglied der Skandinavischen Literaturgesellschaft. — Vergl. über
ihn Ersl. III, S. 338—339 u. Suppl. III, S. 387—388.

Von ihm noch in „det Skandinaviske Literatur-Solskabs Skrifter" 1816 u.
1817, S. 130—207 (Hvad er det, som bestemmer Værdien af Penge-Repræsentativer
i Almindelighed og af de danske Rigsbanksedler i Særdeleshed?); 1823, S. 275

*) Den Verlagsort von No. 3 u. 4 vermochten wir nicht zu finden; in der
Revision ist er nicht genannt.

bis 302 (Om det deels Ugrundede, deels Overdrevne i de Klager, som overalt i Danmark føres over Pengemangel). — Recensionen in „Lærde Efterretninger" u. „Dansk Literatur-Tidende" z. B. 1806, No. 8, 1812, No. 7, 13 (über H. P. Bjœrns mathematiske Lærebœger), 1833, No. 3—7 (über M. L. Nathanson: „Danmarks Handel, Skibsfahrt etc.").

2175a) **Thomsen,** Johann Moritz, geboren in Lunden, Sohn von No. 2178, studirte Medicin, wurde 1864 dr. med. & chir. in Kiel und ist zur Zeit Arzt in Henstedt.

De necrotomia. Kiliae 1864. 4.

2176) **Thomsen,** Karl, geboren um die Mitte der 30ger Jahre, Sohn des vormaligen Hardesvogts in der Thyrstrupharde, musste wegen Kränklichkeit das Studium aufgeben u. lebte in den letzten Jahren als Literat, meistens in Flensburg.

Die Nationalität des nördlichen Schleswigs und die Idee seiner Abtrennung. Kiel, Schröder & Co., 1864. gr. 8.

Von ihm zahlreiche Aufsätze in der Flensburger Zeitung über nord-schleswigsche Verhältnisse. Auch wohl Einzelnes im „Alt. Merc." u. A. 1862, No. 189, Beil. (Ein Wort über Schulbildung), 1862 No. 219, Beil. (Eine Mahnung, das Luther-Denkmal betr.). —

2177) **Thomsen,** Karl August, geboren den 9. Septbr. 1824 zu Bergenhusen, studirte Theologie seit Michaelis 1845 in Kiel, wurde 1853 mit dem 2. Char. m. A. examinirt, den 22. April 1855 Pastor zu Neuenkirchen in Norderditmarschen, im Juli 1864 const. Probst für Norderditmarschen, u. im Mai 1865 definitiv er-nannt als solcher.

Von ihm in den Jahrbb. für die Landeskunde Jahrg. IV, 1861 S. 224—228 (Die Kirche St. Jacobi des Aelteren zu Neuenkirchen). —

2178) **Thomsen,** Moritz Heinrich, geboren um 1813 in Friedrichstadt, besuchte die Schleswiger Domschule, studirte Medicin und wurde 1838 in Kiel dr. med. & chir., seitdem Arzt in Lunden.

De fractura colli scapulae et processus coracoidei. Kiliae 1838. 4 SS. 23. Rec. in Pfaffs Mitth. VI, N. F. IV, H. 9 u 10, S. 107—114.

2179) **Thomsen,** Nicolaus (L. & S. No. 1197), seit 1801 Hauptlehrer an der ersten Knabenklasse, sowie Küster u. Can-tor an der Friedrichsberger Kirche in Schleswig; er starb den 28. November 1839. Verheir. mit Hanna Margaretha geb. Petersen. — Vergl. N. Nekrol. d. D. XVII, S. 925—926, Alt. Merc. 1839, No. 289. Ein Gedicht auf seinen Tod im Itzeh. Woch. 1839, No. 50, Sp. 1449—50.

Von ihm noch:

Vollständiges Melodienbuch zu den Gesängen des Schlesw.-Holsteinischen Gesangbuchs. Schleswig 1829. S. St. M. Bd. 10, H. 1, S. 698—690 u. H. 3 u. 4, S. 1013—1016.

2180) **Thomsen,** Peter (L. & S. No. 1198). Starb zu Raepstedt d. 4. December 1832. Verh. mit Gertrud geb. v. Hollen. — Vergl. Neuen Nekrol. d. Deutschen 10, S. 801.

2181) **Thomsen,** Thomas (L. & S. No. 1199). Er war auch Wahldirector für den 5. District, als welcher er den 7. Juli 1840 entlassen wurde; er starb in Gravenstein den 1. Juni 1842, 74 Jahr alt. — Vergl. über ihn N. Nekr. d. D. XX, S. 1024—1025. Alt. Merc. 1842 No. 130.

Von ihm noch:

Ueber den Ursprung und den bisherigen Fortgang des Fleckens Gravenstein. Flensburg, gedruckt bei G Chr. Jäger. 4. SS. 24.

Im St. M. IX, 1829, H. 3 u. 4, S. 724—760 (Erwiderung auf einige Bemerkungen über seine, schon im L. & S. angeführte Schrift, über die Schuld- und Pfand-Protocolle und über das Protocollationswesen des Herzogthums Schleswig). — Im Itzehoer Wochenblatt 1841 No. 42 (Ueber die Bestimmung der Heimathsrechte verarmter Personen in Hinsicht ihrer Unterstützung). —

2182) **Thomsen,** Thomas, geb. in Klein-Solt; Trolleborger Seminarist; angestellt als Lehrer im Schlossgange im St. Marien-Kirchspiel in Flensburg im Mai 1809, auch Privatlehrer der Mathematik daselbst; wurde vom 1. Januar 1859 an pensionirt; lebte als emeritus eine kurze Zeit bei seinem Sohne dr. Thomsen, der damals const. Rector in Heide war, kehrte von Heide, wo er sich der Verwaltung seines Vermögens begab, nach Glücksburg zurück und starb daselbst im Februar 1860. — Mitgetheilt. —

1) Lehrbuch der Planimetrie oder der ebenen Geometrie und der ebenen Trigonometrie mit erläuternden Anwendungen oder fassliche und vollständige Darstellung der planimetrischen und trigonometrischen Wahrheiten zum Selbstunterricht und für Lehrer an Bürgerschulen, welche ihren grösseren Schülern einen gründlichen Unterricht in der Geometrie zu geben wünschen. Mit 309 Steindruckabdrücken. Flensburg, A. S. Kastrup, 1839. 8. IV u. SS. 226. (Ist dem Bürgermeister Etatsr. Feddersen in Flensb. gewidmet).

2) Lehrbuch der Stereometrie und eine Sammlung von geometrischen Aufgaben nebst einem Anhange über die Kegelschnitte. Flensb. 1841. 8. SS. 172.

3) Lehrbuch der niederen Analysis oder der Buchstabenrechnung und Algebra. Flensburg, Selbstverlag, 1847. 8. Angez. Itzehoer Wochenblatt 1847, No. 23, Sp. 837—838

2182a) **Thomsen,** Thomas, geboren in Frörup, Kirchsp. Oeversee, den 27. Decbr. 1827, Sohn des Hufners Jürgen Thomsen, war Landmesser in den Herzogthümern Schleswig und Holstein, wurde später Assistent in der Nationalbank, zugleich 1837 Controlleur beim Actienwesen unter dem Secretariat für die Bankhaft in den Herzogthümern, dann 1840 Revisor, 1856 wirkl. Kammerrath; er starb auf Nœrrebro bei Kopenhagen 5. October 1862. — Vergl. Ersl. III, S. 343 u. Suppl. III, S. 391.

Tabellarisk Oversigt over Gevinsterne i Klasselotterierne 1825 med Udtog af Betingelserne, Forklaring og Beregning. Kbh. 1825.

2183) **Thomsen,** Thomas Jacob (L. & S. No. 1200). Er war im Jahre 1829 Besitzer des 2. halben Stammhofs Schwensby in Angeln; er starb den 25. März 1844. — Seine Bibliothek wurde den 9. Juni 1845 verkauft. — Vergl. N. Nekrol. d. D. XXII, S. 288.

Von ihm noch in der „landwirthsch. Zeitung für die Herzogthümer Schlesw., Holst. u. Lauenb." 1842 No. 28 (Landwirthsch. Mitthh. aus den J. v. 1811—1841 mit Beziehung auf eine 7schlägige Feldeintheilung); No. 43 (Unsere Dienstleute); 1843 No. 6 u. 7 (Ueber den Kümmel und dessen Anbau im Felde). —

2184) **v. Thomstorff,** August Ludwig (L. & S. No. 1201), er war 1835 zu Borbye bei Eckernförde.

Von ihm sind noch im Kieler Corresp.-Bl. 1835 Beil. zu No. 36 mehrere gerichtliche Actenstücke mitgetheilt, Calumnien betreffend, die er sich in einem Briefe an den O.-G.-R. Schmidt in Schleswig sollte haben zu Schulden kommen lassen. —

2185) **Thorbecke,** Dr., kein geborner Schleswig-Holst., war 1847 auf Johannisberg, scheint daselbst Hauslehrer gewesen zu sein. Im K. u. Sch.-Bl. 1847, Sp. 72 erwähnt er, dass er einige Jahre den Organistendienst bei einer Kirche seiner Vaterstadt versehen habe.

Von ihm im „Kirchen- und Schulblatt (v. Versmann) 1847, Sp. 68—72 (Gemeindegesang u. Orgelspiel); Sp. 243—246 (Ueber Methodik im Allgemeinen und in Beziehung auf den Gesangunterricht in unsern Volksschulen).

2185a) **Thormählen,** Peter, geboren am 8. März 1802 zu Elskop im Amte Steinburg, sein Vater gleichen Namens, seine Mutter Magdalena geb. Mohr, besuchte von Mai 1817 bis Michaelis 1822 die Glückstädter Gelehrten-Schule, 1822 bis Mich. 1823 die Universität Kiel, 1823 bis 1825 Halle, 1825 bis Mich. 1826 wieder Kiel und wurde 1826 in Glückstadt mit dem 3. Char. mit s. r. A. examinirt, von 1826—1827 Hauslehrer, von Mich. 1827 bis dahin 1830 Mitdirector einer Knaben-Lehranstalt in Wandsbeck, von Mich. 1830 bis Ostern 1831 Director einer Mädchen-Lehranstalt daselbst, 5. Februar 1831 dr. philos. in Jena, vom 28. April 1831 bis Mich. 1866 Vorsteher einer Lehr- und Erziehungsanstalt für Knaben in

Altona, vom 12. August 1847 bis 14. Juli 1850 auch Prädicant an der neuerrichteten Arbeitsanstalt in Altona, seit Mich. 1866 privatisirt er in Altona, gern und vielfach mit Communalsachen beschäftigt, gründete auch einen Verein zur Wahrung der Interessen des Grundbesitzes.

Er veröffentlichte in No. 279, 1866 der „Altonaer Nachrichten" einen Aufsatz „Zur Sielbau-Frage", welcher auch separat (4 SS. 8) gedruckt ist, und dem im Juni 1867 ein anderer „Nochmals Sielbau" (4 SS. 8), sowie im October 1867 ein dritter („Zum letzten Male die Sielbau-Frage mit neuen schlagenden Belegen" 4 SS. 8) folgten. — Auch sind von ihm wohl die „Statuten des Vereins zur Wahrung der Interessen des Grundbesitzes" (März 1867, 3 SS 8). — Ausserdem diverse Communalangelegenheiten der Stadt Altona betreffende Artikel in den „Altonaer Nachrichten" und anderen Tagesblättern. — Revidirt. —

2186) **Thurn,** Theodor, Institutsvorsteher in Altona.

Im Schleswig-Holsteinischen Schulblatt XVI, S. 93—118 (Das Turnen und sein Einfluss). — Ueber seine Lehr- und Erziehungsanstalt höherer Art für Knaben erschien 1865 ein mit Prospect begleiteter Bericht in 8.

2187) **Thygesen,** Jess, geboren 12. Februar 1813 zu Stenderup, Sohn des Besitzers von Stenderuphof J. Christopher Thygesen u. der Karen Thygesen geb. Petersen, Bruder des nachfolgenden Thyge Thygesen; besuchte die Gelehrten-Schule in Hadersleben 1830—1836, studirte Medicin, promovirte zu Kiel 1842, besuchte dann noch 3 Jahre fremde Universitäten, war 1846 bis 1849 Privatdocent der practischen Medicin in Kiel, 1848—1851 Oberarzt der Schlesw.-Holstein. Armee, 1851—1860 Privatarzt in Rendsburg, am 23. April 1860 zum Physikus daselbst ernannt. Verh. mit Frederike geb. Steenstrup seit 1849.

1) De cyanoseos specimine eximio diss. inaugur. Kiliae 1842. 8. (Kam auch in den Buchhandel).

2) Vortrag, gehalten in Kiel zur Zeit der Versammlung der Naturforscher u. Aerzte 1845: über die Nothwendigkeit einer frühzeitigen Aufnahme von Gemüthskranken in eine Heilanstalt. Steht abgedruckt in einem (nicht namhaft gemachten) Hamburger Journal.

3) Vortrag über diphteritis, gehalten in der Versammlung baltischer Aerzte zu Kiel im Sommer 1865, abgedruckt in dem Bericht über die Versammlung, herausgegeben von dem allgemeinen ärztlichen Verein zu Kiel 1866.
Kleinere Abhandlungen in verschiedenen Zeitschriften. — Revidirt.

2188) **Thygesen,** Thyge, geboren den 18. März 1810 im Dorfe Warmark auf dem seit Jahrhunderten im Besitze seiner Familie befindlichen Hofe Stenderuphof in dem, im Wiener Frieden an Dänemark abgetretenen Kirchspiel Stenderup im Amte Hadersleben; Bruder des vorhergenannten Jess Thygesen; unterrichtet v.

Hauslehrern, namentlich dem späteren Pastoren in Schottburg, Björnsen, später auf der Schule in Hadersleben von Rector Brauneiser, Conrector Petersen (später Prediger in Hoptrup, und seit 1852 in Amerika), Subrector Volquardsen und Collaborator Horn; studirte Theologie in Kopenhagen und wurde im Januar 1836 in Kopenhagen mit dem 2. Char. im höheren Grade (laudabilis) examinirt. In Kopenhagen war er Mitglied einer zu wissenschaftlichen Zwecken von Mitgliedern der verschiedenen Facultäten sich bildenden Gesellschaft „Lyceum." — Ostern 1836 wurde er auf Gottorf tentirt. Seinen Wunsch, einen Wirkungskreis als Geistlicher im nördlichen Schleswig zu finden, erreichte er nicht. Er nahm die kurz vor dem Ableben des Königs Christian VIII. durch den Grafen v. Reventlow an ihn gelangte Vocation zum Prediger an der Heiligen-Geist-Kirche in Altona am 2. Februar 1848 an, wurde von der provisorischen Regierung mit Bestallung versehn und am 5. Sonnt. Trinit. desselben Jahres introducirt; unter den Bundescommissären war er von Januar 1864 bis Februar 1865 constituirt als Probst der Probstei Altona. —

1) Verfasste in Dänischer Sprache: * Das Recht Schleswig-Holsteins dem Königreich Dänemark gegenüber. Altona, Hammerich, 1849. 8. (Kam nicht in den Buchhandel).

2) Das Sendschreiben des dr. H. Martensen in Kopenhagen an den O.-C.-R. Nielsen in Schleswig (Ein Wort über den Amts-Eid u. die Schleswig-Holsteinischen Geistlichen) widerlegt. Altona, A. Lehmkuhl, 1850. 8. SS. 16.

3) Predigt über Jer. 22, 29, am Jahresfest der Hamburg-Altonaischen Bibelgesellschaft. Hamburg 1859. 8.

4) Die Nothwendigkeit der Theilung zu grosser Parochialkreise mit besonderer Berücksichtigung der Stadt Altona. Altona, Schlüter, 1861. 8. 31 SS. Recc. im Hamb. Corresp., im Alt. Merc., in Sönkseus Schulzeitung 1861, No. 30, p. 119.

5) Predigt über Ps. 146 bei dem von den Bundescommissären am 2. März 1864 veranst. Gebet-Gottesdienst. Altona, Hammerich u. Lesser, 1864.

6) Ordnung des Gottesdienstes in der Heiligen-Geist-Kirche. Altona 1865.

7) Grabrede, geh. in Altona 1866. — Revidirt.

2189) **Tiedemann,** Heinrich, geboren am 23. October 1800 im Schleswigschen; machte seine Studien für den Beruf als Landmesser, den 7. Juni 1833 Landinspector für die Schleswigschen Landcommissariatsgeschäfte, den 16. August 1834 Mitglied des fortwährenden Examinations-Collegiums für Landmesser in d. Herzogthümern; Besitzer des Megger- (Johannis-) Kooges auf Johannisberg, welchen Koog er bedeutend verbesserte; gründete seit April 1844 ein Schleswig-Holsteinisches, später eingegangenes Banquier-Ge-

schäft und war bis an seinen Tod Vertreter der Interessenten desselben; bat 1845 um seine Entlassung aus dem Staatsdienst und
war Mitglied der Schleswiger Ständeversammlung; er starb in
Rendsburg den 4. Mai 1851. — Verh. mit Caroline geb. Jessen seit
1. October 1835. — Vergl. u. A. Die Wirksamk. des Koogs-
besitzers Tiedemann in der Schlesw. Ständevers. d. Jahrs 1844 etc.
(Hamb. 1846. 8. 27 SS.)

Gab heraus: Petition der Schleswigschen Ständeversammlung an Se. Königl.
Majestät betreffend die Trennung der Schleswig-Holsteinischen Finanzen von den
Dänischen, sowie Feststellung eines neuen Beitragsverhälrnisses beider Länder zu
den Staatslasten u. Vorlegung eines desfälligen Auseinandersetzungsplanes zur
Begutachtung der Stände. Mit einer Einleitung. Schleswig 1844. 8. Rec. Eckernf.
W. 1845, No. 14.

Von ihm sind viele staatswirthschaftliche u. politische Aufsätze in verschiedenen öffentlichen Blättern der Herzogthh. Wir können angeben: im Kieler Corresp.-
Bl. 1836, No. 51, 52, 54, 56, 62—64, 67, 71, 72, 75, 76, 86, 87 (Gedanken über
die gänzliche Abschaffung des Zolls. Aus dem Gesichtspunkte des Staatszwecks,
des Finanz- u. Steuerwesens u. der Nationalökonomie); No. 97, 117 u. 118 (Wie
eine als Ersatzsteuer anzuordnende Klassensteuer in Ausführung zu bringen sein
möchte?), 1837, No. 74 (Dampfkraft-Verpachtung); 1839, No. 95 (Das Studium
der Kameralwissenschaften u. der Mathematik). — In der Haderslebener „Lyna"
1841 u. 1842, No. 11, 14—16, 24—25, 28—29, 41—42, 45—46 (Der Deutsche
Zollverein u. das Herzogthum Schleswig). — Im „Itzehoer Wochenblatt" 1841,
No. 2 (Aufforderung zur Subscription auf Sievers, Schullehrers in Sude, neu-
bearbeitetes Halke'sches Rechenbuch); 1843, No. 23 (Beleuchtung der Gefahren
der Zettelbanken u. deren Beseitigung, vgl. No. 18 dess. Bl.'s); No. 30 (Schlesw.-
Holst. Landesbank); No. 34 (Das Steuerbewilligungsrecht des Amtes Husum);
No. 37, 41, 44, 47, 49, 50, 51, 1844, No. 1, 5, 8, 10, 12, 14, 18, 19, 22, 26, 47, 51,
1845, No. 5, 15, 17, 1846, No. 3 (Die Landesbank betr. Artikel), No. 19, Beil.
(Bericht über die (1842) errichtete höhere Volksschule in Rendsburg) u. s. w. —
Im Alt. Merk. 1843, Beil. zu No. 75 (Schl.-Holst. Landesbank). — In der „landw.
Zeit f. d. Herzogthh. Schlesw.-Holst. u. L." 1847, No. 49 u. 51 (Beschreibung des
octroirten Meggerkoogs).

2190) Tielle, Karl Heinrich, dr. phil. und Lic. med. &
chir., 1840 Privatdocent der Medicin in Kiel, darnach practisirender
Arzt, um 1849 in Neumünster, jetzt in Barmstedt.

In Pfaffs Mittheilungen 8, N. F. 6, H. 5 u. 6, S. 70—84 (Analyse zweier
Mineralquellen in der Nähe von Barmstedt). ÷

2191) Tiessen, Johann, geboren den 31. Mai 1822 in
Arkebeck, Kirchsp. Albersdorf, Süder-Ditmarschen, Sohn des Landmanns Hans Tiessen; besuchte bis zur Confirmation die Nebenschule in Arkebeck, darauf zur Vorbereitung auf das Seminar
den Unterricht des Lehrers Gudenrath in Schafstedt, empfing als
Unterlehrer in Brickel einige Unterrichtsstunden b. Lehrer Haden-

feldt in Buchholz, 1842—1845 Tondernscher Seminarist (Lehrer: Bahnsen, Dickmann und zwei Clausen), examinirt mit dem 2. Char. m. Ausz.; dann 1½ Jahr Hauslehrer, dann Gehülfslehrer in Holm, Kirchspiel Wedel bis Herbst 1846, bis 1847 Herbst Gehülfslehrer in Blankenese und zum Herbst 1848 wieder in Holm, darauf bis Januar 1850 Soldat, und dann Districtsschullehrer in Eesch, Kirchspiel Meldorf, den 24. April 1867 zum Mädchenlehrer der neu eingerichteten Mittelschulklasse in Meldorf erwählt.

In den Darstellungen aus dem Christenleben, herausgegeben von dem Elb-Pinnauer Lehrerverein 1859, No. 29, S. 236—248 (Kleinmuth in Anfechtung).

In dem von dem Heider-Meldorfer Lehrerverein herausgegebenen Lesebuch für Elementarschüler im Verein mit Cantor Pauly in Heide die Aufgaben zu schriftlichen Sprachübungen. Ausserdem darin mehrere Artikel z. B. S 6 (Das Wohnhaus), S. 7 (Die Wohnstube), S. 13 (Die Küche), S. 15 (Der Eimer), S. 23 (Der Hund), S. 28 (Die Henne), S. 31 (Die Taube), S. 34 (Das Pferd), S. 36 (Das Schwein), S. 38 (Die Fliege), S. 40 (Der Garten), S. 42 (Der Gärtner), S. 43 (Der Blumengarten), S 45 (Die Tulpe), S. 52 (Die Nachtigall), S. 166 (Das Schneeglöckchen), S. 167 (Das Veilchen), S. 191 (Der Landmann), S. 227 (Waldmeisterlein), S. 228 (Die Anemone), S. 232 (Der Specht), S. 243 (Der Hecht), S. 252 (Das Meer u. der Meeresstrand), S. 254 (Die Seemöve), S. 258 (Die Oberfläche unsres Landes), S. 260 (Die Heide), S. 263 (Die Alterthümer), S. 265 (Das Moor), S. 267 (Torf u. seine Bearbeitung).

In A. P. Sönksens Schulzeitung Jahrg. 1, 1852/53, No. 41 (Gemüthsbildung); J. 2, 1853/54, No. 38 (Harmonie u. Concentration im Unterricht); No. 52 (Anschauungsunterricht); J. 3, 1854/55, No. 37 (Die Richtung der Schule); J. 4, 1855/56, No. 22 (Sind Proletariat u. Unsittlichkeit im Zunehmen?), No. 37 (Ueber naturgemässe Fortentwicklung der Schule); No. 41 (Erziehung zur Humanität u. Bildung fürs Leben Zweck der Volksschule); J. 5, 1856—1857, No. 24 (Ueber Religion und Religionsunterricht); No. 38 (Antwort an Herrn v. Osten); No. 45—47 (mit Lehrer Schmidt: Protocoll der Ditmarsischen Lehrerversammlung in Heide 15. Juli 1857); J. 6, 1857—1858, No. 17 u. 18 (Beleuchtung der Conferenzarbeit des Herrn Lüsing); No. 31 (Ueberwundene Standpunkte; Preussische Regulative; Bildung für Realitäten); No. 45 (Die Stellung der Schule zur Wissenschaft); J. 7, 1858—1859, No. 19 u. 20 (Ueber Sprache u. Sprachunterricht); No. 33 (Ueber Charakterbilder im Unterricht); No. 46 u. 47 (Ueber Fibel und Fibelunterricht); J. 8, 1859—1860, No. 17 u. 18 (Ueber Abbildungen als Unterrichtsmitttel); No. 29 u. 30 (Ueber die Aufgabe der Schule in Betreff der Bildung fürs Leben); No. 41—43 (Beleuchtung der Jacototschen Methode); J. 9, 1860—61, No. 34 u. 35 (Ueber v. Ostens: Gebet des Herrn); No. 45 u. 46 (Ueber Dückers Aufgaben); J. 10, 1861—1862, No. 3 (Thätigkeit des Holsteinischen Lehrervereins im verfl. J.); No. 15—17 (Nekrolog über P. Hennings in Meldorf); No. 26 u. 27 (Die echte Kutechisirkunst); J. 11, 1862—1863, No. 9 (Der Unterricht in der Orthographie und die Wortbilder von Dücker); No. 32 u. 33 (Ueber Lesen und Leseunterricht); No. 43 (Die Aufnahmeprüfung in Segeberg); J. 12, 1863—64, No. 14 (Biblische Glaubens- und Sittenlehre von Dücker); No. 26

(Die neuen Fibeln und der erste Unterricht); Später noch: (Pestalozzi als Vorbild für Lehrer, der Unterricht in der Geschichte und Dückers Geschichtsbilder). — Mehrere Artikel für den „Schulfreund" der Itzehoer Nachrichten und für das von Jessen herausgegebene Schulblatt (Die Emancipation der Volksschule); für die Itzehoer Nachrichten: (Pestalozzi und sein Princip; im Verein mit dem Heider-Meldorfer Lehrern gegen Edert für die Emancipation der Volksschule u. gegen die Preussischen Regulative). — Anonym einige Artikel in der Universitäts- u. Schulzeitung v. Thaulow z. B. über das Auswendiglernen in der Volksschule. — Revidirt.

2192) **Tilemann,** Johann Nicolai, geboren im Februar oder März 1771 in Norburg auf Alsen, Sohn des Hardesvogts Joh. Georg Tilemann und der Regitze Sophie geb. Brandt, besuchte die Odenseer Gelehrtenschule bis 1791, die Universität Kopenhagen bis 1795, um Theologie zu studiren; war Lehrer der Deutschen Sprache an der Latein. Schule „Unserer Frau" zu Kopenhagen; den 18. November 1796 Katechet an der Holms-Kirche daselbst; den 3. October 1800 resid. Capellan bei der Dom-Kirche und Zuchthaus-Prediger in Viborg; 18. August 1809 Prediger zu Ringkjöbing u. Rindom, 1810 Mitglied der Zehnten-Commission im Amte Ringkjöbing bis 23. Nov. 1814, 11. März 1814 Prediger zu Lemvig u. Nœrre-Lem und zugleich Amtsprobst in der Norderprobstei Ringkjöbing; 4. Juli 1821 Prediger in Assens u. Kjærum auf Führen; er † den 8. September 1828. — Verh. seit 1801 mit Edle Margarethe geb. Höst († 8. Mai 1834 in Odensee). — S. Ersl. III, S. 386 bis 387 u. Suppl. III, S. 443.

1) Kortfattet tydsk Sproglære. Kbh. 1798. 2. Aufl. 1803. 6. verb. Aufl. 1816. 7. Aufl. 1819. 8.—11. Aufl. verb. v. J. C. Riise 1823. 1836. 1840.

2) Dänisches Lesebuch für Deutsche, nebst einer vorangeschickten kurzen Dänischen Sprachlehre. Kopenh. 8.

3) Th. Bugges Reise nach Paris. Aus dem Dänischen übers. Kopenh. 1801.

4) Talo ved Agent S. W. Bruuns Jordefærd. Odensee 1826.

In „Iris u. Hebe" 1800, II, S. 27—36 (Er Pigeskoler i deres nærværende Forfatning nyttige eller skadelige?). — Recc. in „Kjœbenh. Efterretninger om lærde Sager 1799 No. 52, 1800 No. 11. —

2193) **Timm,** August, geb. in Altona, studirte Medicin, wurde 1862 in Kiel dr. med. & chir.

De lienis avium structura. Kiliae 1862. 4. Mit Tafel. SS. 15.

2194) **v. Timm,** Peter Christian Jacob, Premier-Lieutenant a. D., stand als Controleur in Ploen bis Anfang der 50er Jahre, ward dann pensionirt u. ist in Eckernförde am 7. Mai 1863, 81 Jahr alt, gestorben. R. v. D. seit dem 31. Oct. 1859.

Von ihm aus dem Archiv der Gesellsch. f. Alterthh v. Jahre 1839, 2. Ausg., mitgetheilt in den „Mitthh. zur Alterthumskunde" 1863 oder Bericht der Gesellschaft für Alterthumskunde 23, S. 14—18 (Grabhügel bei Garbeck. Mit 1 Tafel). — Wohl auch kleinere Beiträge im Schleswig-Holsteinischen Schulblatt z. B. VIII, 1846, H. 3, S. 170 ff. —

2195) **Timmermann,** Konrad Hildemar (L. & S. No. 1205). Er starb als O. und L.-G.-A. zu Flensburg den 15. Juli 1806. — Ein Gedicht auf seinen Tod v. A. P. Andresen im Ditm. und Eiderst. Boten 1806, No. 31, S. 143—144. — S. N. St. M. II, 1834, S. 732, X, S. 492. —

2196) **Tischbein,** Johann Heinrich Wilhelm (L. & S. No. 1207). Geboren den 15. Februar 1751 zu Heina, Sohn des Johann Conrad Tischbein, welcher Schreiner war und Bruder des Johann Heinrich Tischbein; der bekannte Maler und Göthes Freund und Gefährte in Italien, in den Jahren 1787 und 1788; Director der Akademie der Künste zu Neapel u. seit 1799 wieder in Deutschland, starb den 26. Juni 1829 in Eutin. — Hinsichtl. seiner vergl. u. A. Göthes ital. Reise (Bd. 24 u. 25 der s. Ww. in 40 Bänden), Bd. 31, S. 152 ff., N. Teutschen Merk. 1800, Bd. 3, S. 61 ff., N. Nekrol. d. D. VII, S. 516—523, Convers.-Lexik. s. n.; Notizenbl. zur Abendzeitung 1829 No. 18 u. des Domherrn dr. Meyer's Darstellung aus Norddeutschland 1816, S. 352 u. 358, Bippen, Eutiner Skizzen pag. 206. Ueber die Künstlerfamilie Tischbein handelt ausser Strieder in „Grundlage zu einer Hessischen Gelehrten- und Schriftsteller-Geschichte," Bd. 16, S. 218—228, Engelschall: J. H. Tischbein als Mensch u. Künstler. Nürnberg 1797. Ueber Tischbeins Schüler ist eine Notiz Itzeh. Wochenbl. 1842 No. 6.

Briefe von ihm an Göthe in Göthes s. Ww. Bd. 24, S. 46—48. — Er selber schrieb auch noch Texte zu seinen Thierstücken. — Eine Autobiographie erschien 1863, welche K. Groth in der Weser-Zeitung recensirte.

2197) **Tischbein,** P. F. L., auf-Lensahn bei Eutin.

In Falcks Archiv II, H. 3, S. 399—452 (Einige Worte über das rechte Grössenverhältniss der Forst- u. Ackerfläche auf Privatgütern des östlichen Holsteins). —

2198) **Tobiesen,** Ludolf Hermann (L. & S. No. 1208). Seit 1831 kaiserl. Russischer Hofrath, 1839 Collegienrath; starb zu Kronstadt den 3. Mai 1839. — Verh. seit 7. December 1801 mit . . . . Kunke aus Kiel. — Vergl. N. Nekr. d. D. J. 17. S. 1147 bis 1148, Poggendorffs biogr.-liter. Handw. der exacten Wissensch. II., Sp. 1173—1174.

2199) **Todsen**, Johannnes Christian, geboren den 1. September 1797 in Tondern, Sohn eines Kaufmanns und selbst Kaufmann; erst Stellvertreter zur Schleswigschen Ständeversammlung, trat er nach Beselers Abgang in die Versammlung ein und ward 31. Juli 1848 als Abgeordneter zur Schlesw.-Holst. Landesversammlung erwählt; 1850 siedelte er nach Hamburg über, wo er Bürger ward und als Rentier noch lebt.

Beitrag zur Beurtheilung der jetzigen Zustände der Herzogthümer Schleswig und Holstein. Kiel, Bünsow, 1844. 8.

Lieferte diverse Artikel, meist anonym, in Tagesblättern und Journalen, die nicht näher angegeben werden können. (Mitgetheilt).

2200) **Tönsen**, August Konrad Ehlers (L. & S. No. 1209), Arzt in Kiel bis 1831, ging nach Batavia. †.

Von ihm noch: Russisches Dampfbad und allgemeine Vorschriften, sich desselben zweckmässig zu bedienen, verbunden mit einer kurzen Erwähnung der Uebel, gegen welche sich dasselbe heilend bewiesen hat, sowie der Beschreibung des vom Verfasser eingerichteten Russischen Dampfbades. Kiel 1829. 8. SS. 24.

2201) **Tönsen**, Marcus (L. & S. No. 1210). Er wurde 1841 Etatsrath, 10. Juli 1850 (resp. 14. Januar 1853) als ordentl. Professor der Rechte emeritirt, starb den 11. Juli 1861. Verh. 1. mit einer Tochter des Professors Ehlers; 2. mit . . . geb. Tillisch. S. Wulffs u. Michlers Candid.-Verzz. Kieler Wochenbl. 1861, No. 12, vom 27. Juli.

Von ihm noch: Beiträge zur Kritik und zur Basis eines allgemeinen positiven Privatrechts. Bd. 1, H. 1. Kiel 1842. 8.

Hatte mit sechs seiner Collegen Theil an: Das Staats- und Erbrecht des Herzogthums Schleswig; Kritik des Commissionsbedenkens über die Successions-Verhältnisse des Herzogthums Schleswig. Hamburg 1846. 8.

Eine Rec. der Grundzüge eines allgemeinen positiven Privatrechts (Kiel 1828. 8.) von Prof. Vollgraff steht in der Hallischen Literatur-Zeitung von 1830 Bd. 4. S. 35 figde.

2202) **Töxen**, Jörgen Karstens Block, geboren den 9. Februar 1776 in Rödding im Törninglehn, Sohn des Pastors Niels Töxen das. († 1. Juli 1803 als Pastor in Nustrup); diente anderthalb Jahr im Schleswigschen Jägercorps, besuchte im Herbst 1795 die Universität Kiel, seit Frühjahr 1798 Kopenhagen, war dann Hauslehrer in Jütland; trat 1801 als Alumne in die historische Classe des pädagogischen Seminars, ein halbes Jahr nachher Adjunct und Lehrer der Deutschen Sprache an der Kathedralschule in Kopenhagen; errichtete 1803 ein Unterrichts-Institut in Kopenhagen, wurde 1809 Landmann, 1811 wieder Oberlehrer an der Bürger- u.

Töchter-Schule zu Holmestrand in Norwegen, kam 1812 im Früh‐
jahr wieder nach Kopenhagen, wo er, seit 1820 durch eine k.
Pension unterstützt, der Wissenschaft lebte, wollte 1826 in Altona
eine politische Dänische Zeitung gründen, aber ging im folgenden
Jahre wieder nach Kopenhagen; starb daselbst den 4. Febr. 1848.
Vergl. Ersl. III, S. 426—429.

1) Praktisk-theoretisk Sproglære. Kbh. 1806. 8.
2) Indledningssang til Norges Universitetsfest. Das. 1812,
3) Tabel til Oversigt og Beskrivelse over Grundejendomme med Jorder. Das.
   1813 og uden Jorder. Das. in dems. J. 8.
4) Slutteriana og Frihediana. Das. 1816.
5) Den menneskelige Magnetisme. Efter det Tydske af Jos. Weber og A.
   Wienholdt. Das. 1817. 2. Oplag. das. in dems. J. 8.
6) Hovedsprog-Bog eller Dansk, Tydsk, Engelsk, Fransk Læsebog. 1. Hefte.
   Kbh. 1818. 8.
7) En paar Ord om Pengebegeistring og Folkesange. Kbh. 1819.
8) Mimer, eller kort Veiledning til udvalgt Læsning i 10 Sprog. Das. 1822.
9) Mimers Skiold (Svar paa Jasper Jespersens (i. e. Meislings) Piece: Saa lidet
   kan man stole paa Mimer). Das. 1822. (Hiervon wurden 2 Bogen gedruckt
   u. zum Verkauf geboten im „Politiven“ vom 4. Febr. 1826.
10) Dansk Folkesang med Tydsk Oversættelse. Das. 1823.
11) Udvalgte Pennestrøg. Das. 1824. Eine vermehrte zweite Aufl. s. t. Minde-
   blade das. 1840. Vergl. Erslew.
12) Fuldstændig Fremstilling af Napoleons Karakter. Das. 1824.
13) Recht u. Freiheit oder fünf Deutsche u. drei Dänische nach der Zeitfolge geordnete weltbürgerliche Gedichte. Das. 1826. Auch unter Dänischem Titel.
   2. Aufl. Das. 1827.
14) Formælingsdigt til Frederik Carl Christian, Prinds af Danmark, den 1. Nov.
   1828. Aus „Kbhs. Adresse-Compt. Efterretn. 1828, No. 256, mit Deutschen,
   Englischen u. Französischen Uebersetzungen abgedruckt das. 1829. 4. Vergl.
   Erslew.
15) Runer. Das. 1830. 4. Daraus wurde das Gedicht „Til Dankongen“ ins
   Deutsche übersetzt von Obergerichts-Advocat Jessen in Altona f. die Altonaer
   Adr.- Compt.-Nachrr. 1830.
16) Guldkorn. Fortællinger for Børn af Gustav Holting, fordanskede af Block
   Töxen og F. S. Kaarsberg. Das. 1838. Mit 18 illum. Bildern.
17) Grundkundskabs-Tavle: en Udsigt over Grundkundskabs-Lærens eller Elementar-
   Encyclopädiens Faglære; med ;Opgivelse af 10 fortrinlige, kun omtrent 40
   Rbdl. kostende Haandbøger. Das. 1839. 8 SS.
18) Erklæring imod „Corsaren.“ Das. 1844. 2. Opl. Das. in dems. J. Vergl. Erslew.
19) Menederen og Fanden. Das. 1845. Vergl. Erslew.
20) Block Töxens Stambog især fra Kiel og Kjøbenhavn. 2. Opl. das. 1845.
21) War Redacteur u. Herausgeber von „Hamborgerposten“ No. 1—26 (Januar
   1827 bis 31. März dess. Jahrs). Altona 1827. 4.
22) War Mitherausgeber der „Freia“ No. 1—7. Kbh. 1821. 4.
   Diverse Beiträge zu Dänischen Journalen u. Tagesblättern, welche Erslew
aufführt.

2203) **Töxen,** Manasse (nicht Martin), ein älterer Bruder des vorhergenannten, studirte in Kopenhagen seit Frühjahr 1781, nahm auch ein philol.-philos. Examen, war aber später Landmann und starb den 19. September 1830 in Kopenhagen. — Vgl. Nyerup S. 632 u. Ersl. III, S. 429.

1) Godmand eller den danske Børneven, en Læsebog af K. T. Thieme. 1. Deel. Oversat og tildeels localiseret. Kbh. 1798. 8.

2) Elisa eller Mønsteret for Koner. 1—2 Deel. Overs. das. 1799—1800.

3) Robert eller Mønsteret for Mænd. 1—3 Deel. Overs. das. 1800.

4) Anton eller Mønsteret for den tilvoxende mandlige Ungdom. Das. 1801.

5) Pigers og Koners Forhold. Das. in dems. Jahr.

6) Gustav Adolph, Sverrigs Konge som Ven og Elsker af F. G. Baumgärtner. Overs. das. 1803.

7) Victorie, eller Soldatersœnnen af Julius Pään. Overs. das. 1810.

8) Erik den Tiedie. Original-Sœrgespil. Das. 1811.

Er übersetzte auch die beiden ersten Bogen von Emma, eller Quinden, som hun er, af G. Schilling.

2204) **Tonner,** M., Schullehrer in Klostersande bei Elmshorn.

1) 96 Schulvorschriften (62 Deutsche u. 34 Lateinische) religiösen Inhalts für Oberclassen u. zum Selbstgebrauch. 1843. 32 Quartbll.

2) Schulgebetbüchlein oder 64 Gebetsformeln f. d. Jugend namentlich in den Ober- u. Mittelclassen. Elmshorn, im Selbstverlag, 1848. 8.

2205) **Torlitz,** Johann Heinrich Anton (L. & S. No. 1212); er besuchte das Seminar zu Blaagard auf Seeland; bei Pestalozzi blieb er bis 1805, den Titel als Professor erhielt er in Russland; er starb in Itzehoe den 29. November 1834. — Vergl. über ihn N. St. M. IV, S. 326, X, p. 492, N. Nekrol. d. D. XII, S. 1022. Im Itzeh. Wochenbl. 1834 No. 49, Sp. 1255—56 steht von Franz Bockel ein Gedicht auf seinen Tod. —

2206) **Trahn,** Jürgen Hinrich, geb. zu Kleinen- (Lütjen-) See in der Landschaft Stapelholm, besuchte das Skaaruper Seminar bis 1840, wurde Gehülfe an der Dorfschule in Skaarup, 27. Octbr. 1841 dritter Lehrer am Seminar in Jelling, 3. Octbr. 1850 in gleicher Eigenschaft am Skaaruper Seminar, u. zugleich Lehrer an der Seminarschule das. u. Organist an der Skaaruper Kirche.

In Jensens „Tidskrift for Almueskole- og Seminariivæsen" X, 1851, S. 367 bis 370 (Dimissions-Examen ved Skaarup-Seminarium).

2207) **Trapp,** Ernst Christian (L. & S. No. 1213).

Von ihm ist noch: La Fontaine v. Boilleau im Auszuge. Braunschweig 1792 (fehlt im Kordes). S. N. St. M. II, S. 732.

* Friederike Weiss u. ihre Töchter. Berlin 1805. 8. S. N. St. M. X, S. 492.

2208) **Treblen,** C. (Nach dem Baggeschen Staatskalender war 1865 in Bramstedt ein Postexpediteur Carl Trebien).

Gab heraus: Wegweiser in Postsachen für Dänemark u. die Herzogthümer. Eine Uebersicht der wichtigsten postalischen Bestimmungen u. Taxen. Kiel, Ak. B, 1860. SS. 33. Vgl. Kieler Corresp.-Bl. 1860, No. 22.

2209) **Trede,** Eler Johann Jürgen Heinrich, geboren den 7. Januar 1837 in Hohenwestedt, Sohn des Landmessers J. Trede in Meldorf, besuchte die Meldorfer Gelehrtenschule seit Michaelis 1846, die Kieler Universität seit Ostern 1856, studirte Philologie, wurde im Frühjahr 1861 Schulamts-Candidat und am 16. März 1861 dr. philos., war dann Lehrer an dem Blochmannschen Institut in Dresden, Ostern 1862 Hülfslehrer in Kiel; er starb das. den 22. Januar 1863.

Qua arte Hecuba Euripidea composita sit: im Oster-Schulprogramm der Kieler Gelehrtenschule 1863, S. 3—35. 4.

2210) **Trede,** Jürgen, geboren 1789 am 13. November in Breiholz, Kirchspiels Jevenstedt, Sohn des Zimmermanns Carsten Trede daselbst; besuchte die dortige Dorfschule und benutzte nach der Confirmation den Unterricht des Pastors Petersen in Nordhastedt; war darauf Gehülfslehrer in Friedrichstadt und wurde im Jahre 1817 als Lehrer an einer zahlreichen gemischten Schule nach Heide versetzt; nach Einführung des neuen Schulregulativs in Heide bekam er die Elementarschule in Kleinheide, wo er längere Jahre wirkte; Krankheitshalber pensionirt, starb er wenige Wochen nach seiner Pensionirung den 17. December 1852, 63 Jahr alt.

Topographie beider Ditmarschen. Heide 1838. 8. (Mitgetheilt.)

2211) **Trede,** Karl Christian Theodor, geboren den 24. October 1833 in Schmalstede bei Bordesholm, Sohn des nachfolgenden Organisten Peter K. Wilh. Trede; unterrichtet vom Vater in Kirch-Barkau bis zum 12. Jahre, dann auch vom Pastor Hansen daselbst und Pastor Groth in Brügge, vom 15. Jahre an im Kieler Gymnasium 3½ Jahre, besuchte dann die Universität Kiel seit Mich. 1852 (Prof. Fricke), Mich. 1853—1855 Erlangen (Proff. Hofmann, Delitzsch und Thomasius), inzwischen, ehe er seine akademischen Studien beendete, 1½ Jahr Lehrer in der Familie des Hofraths Stöckhardt in Tharand bei Dresden, und dann wieder 1½ Jahr auf der Universität Kiel; 1858 im Herbst examinirt in Glückstadt (2. Char. m. r. A.); mehre Jahre als Lehrer thätig; 7. Juli 1861 (29. Sept. antretend) Diaconus in Heide; (1. März 1864 vocirter) 27.

April 1864 const. P., 31. Mai 1864 (21. August antretend) Pastor in Brodersbye und Tharstedt.

1) Missionspredigt über Ezechiel 37, v. 1—10. Angehängt eine Uebersicht über die Bestrebungen u. Erfolge der Heiden-Mission. Hamburg (Nolte), Herold'sche Bchh., 1863. 8.

2) Unser Volk steht vor dem Herrn seinem Gott. Predigt am ausserordentl. Busstage f. Schleswig-Holstein am 2. März 1864. Heide 1864. 8.

3) Festpredigt gehalten am Friedensfest den 2. Advent 1864 in Brodersbye u. Tharstedt. Schleswig, Heiberg, 1865. 8.

Lieferte kleinere Beiträge zu den Itzehoer Nachrichten u. dem Sonntagsboten, einzelne Beitrr. für Ohly's „Mancherlei Gaben u. Ein Geist" u für das Pastoralblatt für die evangelische Kirche; in Past. Clausens Kirchen- u. Schulzeitung 1863, No. 19 (Wesen u. Bedeutung der Confirmation. Sechs Thesen u. deren kurze Begründung), 1864, No. 1 (Zur Verständigung u. Abwehr) u, in Past. Rendtorff's Kirchen- u. Schulblatt 1866 u. 1867. — Revidirt.

2212) **Trede,** Ludwig Bendix (L. & S. No. 1214). Das Geburtsjahr ergänzen schon L. & S. zum Kordes; sein Vater war Hufenbesitzer zu Dahme, Amts Cismar, Kirchspiel Grube. Nach der Mittheilung seines Neffen, des nachfolgenden Ludwig Johann Trede, war er, als er am 30. Decbr. 1819 zu Eutin als emeritirter Cabinetssecretär und Geh. Justizrath starb, zwischen 80 u. 85 Jahre alt. Er war Mitgenosse der vielgefeierten Eutiner Zeit, der Stolberg, Voss, Nicolovius, Boie, Gallizin, Schönborn, Tischbein, Hellwag, von Halem u. Anderer. — S. über ihn noch N. St. Mag. X, S. 492.

(Sein Briefwechsel mit dem Prinzen Peter Friedrich Georg zu Oldenburg) in den Prov.-Berr. 1830, H. 4, S 433—451.

Von ihm auch noch — ohne dass angegeben werden könnte, wo? — „Ueber das Zweckmässige der Leidenschaften".

Nach Mittbh. des oben genannten Neffen liess er, wohlhabend und unverheirathet, wie er war, seine mehreren Schriften auf eigene Kosten drucken, gewöhnlich ohne Druckort u. fast consequent anonym. Die (schon im Kordes angeführte) Schrift „Gespräch über Sittlichkeit u. Pflicht" wurde in 4 Sprachen, u. A. auch, dem Verf. nicht eben zu Dank, ins Holländische übersetzt. Ueber die von L. & S. angeführte Schrift *Vorschläge zu einer nothwendigen Sprachlehre s. l. 1811, X u. 177 S.; urtheilte Schleiermacher sehr günstig u. sie wurde 1863 von dem sprachvergleichenden Gelehrten Pott in dem Aufsatz „Zur Geschichte u. Kritik der sog. allgemeinen Grammatik" angezogen, ihrer auch in den Denkschriften der Berliner Akademie bei den Verhandlungen gelegentlich der Charakteristik Leibnitzens (v. Trendelenburg) in prägnanter Weise gedacht. — Nach derselben Quelle sind von ihm noch zwei kleinere mathematische Schriften gedruckt, deren Titel jedoch nicht anzugeben.

2213) **Trede,** Ludwig Johann (L. & S. No. 1215), geb. am 19. September 1791 in Neustadt an der Ostsee, Sohn des Kaufmanns Anton--Gottlob Trede und der Dorothea geb. Ranniger; gebildet in der Plöner Gelehrtenschule unter Bremer; auf der Universität Kiel besonders durch Reinhold, Heinrich, Eckermann, Twesten, in Berlin unter Fr. A. Wolf, Böckh, Buttmann, Schleiermacher u. Neander; in Kiel wie in Berlin nahm er, hier unter Böckh und Buttmann, dort unter Heinrich am philologischen Seminar Theil; kehrte Ostern 1819 von Berlin heim und ward Hauslehrer bei den ältesten Söhnen Sr. Excellenz des Grafen von Scheel-Plessen auf Sierhagen bis Michaelis 1820, promovirte dann und wurde Ostern 1821 Conrector an der Plöner Gelehrtenschule u. zugleich College seines früheren Lehrers, des mit Recht gefeierten Bremer; am 1. Mai 1832 Rector an derselben Gelehrtenschule; am 18. December 1838 R. v. D.; am 28. Juni 1840 Professor; als Rector auf Ansuchen emeritirt den 3. August 1848; 12. September 1852 als Oberschulinspector für Holstein committirt; Etatsrath am 28. Mai 1853, Danebrogsmann im October 1854, Commandeur vom Danebrog am 28. Februar 1861; quiescirt seit October 1863. —

Ausser der im L. & S. angeführten Schulschrift noch von ihm:

2) Kalanthepherusa aus den Plönischen Declamationskreisen in die grössere Welt eingeführt und mit einigen Worten zur Declamatorik begleitet. Plön 1829. 8. LXXVIII u. 462 SS. (Die 78 Seiten „Einleitung zur Declamatorik" sind in Zimmermanns Literaturzeitung günstig beurtheilt. Claus Harms empfiehlt sie in seiner „Pastoral-Theologie".)

3) Die Schule, wie sie strebt in der Welt, gegen die Welt, für die Welt. Rede zur Eröffnung des Michaelis-Examens 1830 in der Plöner Gel.-Schule gehalten. Hamburg, Herold, 1831. 8. 16 SS.

4) Worte der Schule an ihre Jünger. In 4 Reden. Kiel, Univers. Buchh., 1832. 8. XVI u. 92 SS.

5) Der Schule Mitgabe für das akademische Leben in einem Vorwort u. 6 Reden dargeboten. Altona, K. Aue, 1835. 8. LXXVIII u. SS. 192. (Fr. Lübker hat in seinen Mustern paränetischer Schul-Reden aus No. 3—5 mehrere Proben gegeben).

6) Mittheilungen aus der Geschichte der Plöner Gelehrtenschule. 1. Hälfte. Plön 1844. 4. Bildet das Oster-Programm der Plöner Gelehrten-Schule v. 1844. Die 2. Hälfte wurde von dem Verf., doch ohne seinen Namen, im Progr. der Plöner Gelehrten-Schule Ostern 1852 auf 61 Druckseiten gegeben. (Beide Hälften sind wiederum zusammen abgedruckt im Plöner Oster-Programm 1860). Mitgetheilt von ihm in den Prov.-Berr. 1830, H. 4, S. 433—451 (Briefwechsel v. L. B. Trede mit dem Prinzen Peter Friedrich Georg zu Oldenburg). Revidirt.

2214) **Trede,** Paul, geboren am 19. Aug. 1829 in Brockdorf in der Wilstermarsch, besuchte bis zum 16. Jahre die Districtsschule zu Arensee im Kirchspiel Brockdorf, erlernte darauf die

Buchdruckerkunst; seit November 1849 diente er bis zum Ausgang des ersten Schleswig-Holsteinischen Krieges 1851 im 10. Bataillon; reiste alsdann zur Ausbildung in seiner Kunst in Deutschland; war 1855 Corrector in der Pfingsten'schen Officin in Itzehoe und ist in derselben zur Zeit als Cassirer in Function. — Verh. seit 15. Mai 1858 mit Grace Morton aus Barnard-Castle, Grafschaft Durham in England.

Klaas van Brochdorp. Zwei plattdeutsche Gedichte in der Wilstermarsch-Mundart nebst einem Anhang hochdeutscher Gedichte. Hamburg, Schuberth, 1856. 8. Recc. Hamb. Corresp. 1855 No. 293, 1856 No. 86, Hamb. Nachrr. 1855 No. 299, 1856 No. 148, Itzehoer Wochenblatt 1855 No. 100, Freischütz 1855 No. 150, Braunschweiger Deutsche Reichszeitung 1855 No. 344, Eisenbahn-Zeitung 1855 No. 160, Hus. Wochenbl. 1855 No. 16, Reform 1855 No. 112. Ausserdem in der Hannov. Theater-Chronik und in den in Berlin erscheinenden „Mitthh. f. Buchdr. und Schriftgiesser".

Eine Original-Erzählung „der Weidenhof" steht im Straubinger Unterhaltungsblatt. — Gedichte im „Ditmarscher u. Eiderstedter Boten" 1848, in E. Güders Musenalmanach 1851 und in den „Braunschweiger Blättern"; Beiträge in Prosa und Poesie in den „Mitth. f. Buchdrucker u. Schriftgiesser" (Berlin); Gedichte in den „Itzehoer Nachrichten", in diesen 1867, Mai, auch ein Mährchen „die Entdeckung der Schatzinseln", in No. 76 das Gedicht „das Itzehoer Wochenblatt an seine Leser"; in der „Pommerschen Zeitung", der „Oder-Zeitung", in letzterer noch 1867 März, April, aus Kinglake „über den Krimkrieg" übersetzt: Louis Napoleon und sein Staatsstreich. Ausserdem Uebersetzungen aus dem Englischen in den „Itzehoer Nachrichten", der „Eisenbahnzeitung" der „Stettiner Oder-Zeitung" und dem Straubinger „Unterhaltungsblatt", der „Lübecker Zeitung" und dem „Wilster Wochenblatt". — Revidirt.

2215) **Trede,** Peter Karl Wilhelm, geboren am 31. Aug. 1812 in Ottensen, Sohn des langjährigen Lehrers in Blumenthal, Kirchspiel Nortorf, Claus Trede (zur Zeit der Geburt des Sohnes Husar in Dänischen Diensten), und der Eleonore Friederike geb. Fermor; ging von seinem 12. bis 16. Lebensjahre von Blumenthal wöchentlich einmal zum Lehrer Bahr in Wrohe und empfing Unterricht im Fortepianospiel, Generalbass und im Zeichnen, wohnte auch dem Schulunterricht desselben bei; im Uebrigen Autodidact; doch bestand er zu dreien Malen pröbstliche Prüfungen bei den Pröbsten Fock in Kiel, Callisen in Rendsburg und Nievert in Altona und erhielt in der Prüfung im wechselseitigen Schulunterricht in Eckernförde das Zeugniss 1; 1832 selbstständiger Lehrer in Booksee, Kirchsp. Barkau; 1833 Districtsschullehrer in Schmalstede, Kirchsp. Bordesholm; 1837 Organist und Lehrer in Kirchbarkau; 1845 zum Organisten und Oberlehrer in Schenefeld erwählt, trat er die Stelle wegen Krankheit in der Familie nicht an; 1854 Organist, Küster und Oberknabenlehrer in Ahrensböck, 1859 den 5. Mai Organist u. Lehrer der Obermädchenclasse in seinem Geburtsorte Ottensen.

1) Entwurf einer Schul-Ordnung für die Landschulen Schleswig-Holsteins. Kiel, Schwers'sche Buchh., 1849. 8. VIII u. 38 SS.

2) War Hauptredacteur der Schul- u. Hauszeitung von 1850 bis December 1852. Selbstverlag (Gedruckt bei Jensen in Kiel).

3) War Hauptredacteur der von A. C. Jessen 1862 begründeten Schleswig-Holsteinischen Lehrerzeitung von 1863—1865 (Altona, Händke u. Lehmkuhl). 4. Darin von ihm viele Beiträge, namentlich in 1863 in No. 20, 23, 24, 27—52, 1864 No. 1, 3—24, 25, 28, 29—35, 37, 40, 42, 43, 46—48.

4) Redigirt seit 1865 die „Norddeutsche Schülerzeitung". Altona, Commissionsverlag von Oscar Sorge in Altona. 4.

Im Schleswig-Holsteinischen Schulblatt 1845, II. 2, S. 73—76 (Nekrolog über den Lehrer J. Arp in Cronshörn), 1848, S. 648—651 (Die 1. allgem. Lehrervers. Schlesw.-Holsteins), S. 707—720 (Die Stellung der Volksschule und deren Lehrer). 1849, S. 607—619 (Bericht über die am 10. Octbr. 1849 zu Neumünster abgehaltene Schleswig-Holsteinische Lehrer-Versammlung), 1851, S. 11—28 (Ueber den zukünftigen Bildungsgang der Volksschullehrer). — In A. P. Sönksens Schulzeitung I, 1852—1853, No. 33, 48, II, 1853—1854, No. 2, No. 8. — Im Preetzer Wochenblatt ein Aufsatz: Schulreform, vielfältige Artikel, auch Gedichte im Itzehoer Wochenblatt und den Itzehoer Nachrichten (worunter namentlich ein Aufsatz: Sind Schulstuben auch Tanzböden?). — Beitrag zu A. C. Jessens in Wien herausgegebenen freien pädagogischen Blättern 1867 No. 6. — Revidirt.

2216) **v. Treitschke,** Heinrich, geboren in Dresden am 15. September 1834, Sohn des K. Sächsischen General-Lieutenants E. H. v. Treitschke († 1865), gebildet auf den höheren Lehranstalten in Dresden, studirte die staatswissenschaftlichen Fächer und Geschichte in Bonn, Leipzig, Tübingen und Heidelberg, wurde dr. philos. zu Leipzig im Jahre 1854, habilitirte sich im Decbr. 1859 als Privatdocent in Leipzig, im Herbst des Jahres 1863 ausserord. Professor in Freiburg, von wo er unter dem 4. October 1866 als ordentl. Prof. der Geschichte und Politik nach Kiel berufen wurde, welchen Ort er Michaelis 1867 verliess, um einem Ruf nach Heidelberg zu folgen.

1) Vaterländische Gedichte. Göttingen, G. H. Wiegand, 1856. 2. (Titel-) Aufl. Das. 1859. 8. IV u. 220 SS.

2) Studien. Leipzig, Hirzel, 1857. 8. IV u. 181 SS.

3) Die Gesellschaftswissenschaften. Ein kritischer Versuch. (Habilitationsschrift.) Leipzig, Hirzel, 1859. 8. SS. 107.

4) Rede zur Feier der Leipziger Schlacht. Leipzig, Keil, 1863. 8.

5) Historische u. politische Aufsätze, vornämlich zur neuesten Deutschen Geschichte. Leipzig, Hirzel. 2. Aufl. Das. bei dems. 1865. 8. VII u. 648 SS. 3. Aufl. Das. 1867.

6) Die Lösung der Schleswig-Holsteinischen Frage. Eine Erwiderung. (Aus den Preussischen Jahrbb.) Berlin, G. Reimer, 1865. 8. 21 SS.

7) Die Parteien u. die Herzogthümer. (Aus den Preuss. Jahrbb.). Berlin, bei dems. 1865. 8. Vergl. darüber Biedermann in der „Deutschen allgem. Zeit." 1865, No. 42 u. 43 u. dagegen den Verf. in den „Grenzboten" 1865, Bd. 1, S. 394—398.

8) Der Krieg u. die Bundesreform. (Aus den Preuss. Jahrbb.). Berlin, bei dems., 1866. 8. 22 SS.

9) Die Zukunft der norddeutschen Mittelstaaten. Berlin. 1. u. 2. Aufl. 1866. 8.

10) Redigirte die „Preussischen Jahrbb." v. 18. Bande an. Berlin, G. Reimer, 1866—1867. 8.

Beiträge: a) in Bluntschli's „Deutschem Staatswörterbuch" die Artikel: Civilliste, Domänen, Gemeinheitstheilung, Milton, Stein. — b) In den „Preussischen Jahrbb." 1858: Die Grundlagen der Englischen [Freiheit. Heinrich von Kleist; 1859: Zeitgenössische Dichter: 1, Otto Ludwig; 2, Ein Schweizer Poet u. 1860: 3, Friedrich Hebbel. Ausserdem 1861: Das Selfgovernment; 1862: Das Königreich Sachsen unter v. Beust; 1865: Der Bonapartismus I. Das erste Königreich. — Hr. v. Beust u. die Preussischen Jahrbb.; 1866: Aus der Blüthezeit mittelstaatlicher Politik. — Reinhold Pauli u. Minister Golther; 1867: Zum Jahresanfang. Die Verfassung des norddeutschen Bundes u. A. — c) In den „Grenzboten" 1863: Zur Erinnerung an Lessing u. A. — Revidirt.

2217) **Trendelenburg,** Friedrich Adolf (L. & S. No. 1217). Seit Anfang der 30ger Jahre ausserordentlicher Professor der Philosophie in Berlin, seit 1837 ordentlicher Professor daselbst in Folge eines nach Kiel erhaltenen Rufes; 1846 im März Mitglied und im folgenden Jahre Secretär der k. Akademie der Wissenschaften das.

Von ihm noch ausser der im L. & S. genannten Schrift:

2) De Aristotelis categoriis. Prolusio academica. Berolini, Logier, 1833. 8. SS. 28.

3) Aristotelis de anima libri. Ad fidem codicum edidit et adnotationem adjecit. Jenae 1834. 8. 41 Bgg.

4) Elementa logices Aristotelicae. In usum scholarum excerpsit, convertit, illustravit. Etiam s. t. Excerpta ex organo Aristotelis. Berolini, Gust. Bethge, 1836. Editio II. 1842. Ed. IV. retractatior 1852. 8. (XVI u. 159 SS.) Ed. V. 1862. XVI u. 167 SS. 8.

5) De Platonis Philebi consilio. Prolusio academica. Berolini, G. Bethge, 1837. 8. 32 SS.

6) Logische Untersuchungen. Bd. 1, 2. Berlin, Gust. Bethge, 1840. 8. 44 Bgg. 2. Aufl. Leipzig, Hirzel, 1862. 8. XIV u. 975 SS.

7) Erläuterungen zu den Elementen der Aristotelischen Logik. Zunächst für den Unterricht in Gymnasien. `Berlin, G. Bethge, 1842. 8. 9 Bgg. 2. vermehrte Aufl. 1861. XXI u. 128 SS.

8) Die logische Frage in Hegels System. Zwei Streitschriften. Leipzig, Brockhaus, 1843. 8. SS. 64.

9) Raphaels Schule von Athen. Ein Vortrag, gehalten im wissenschaftlichen Verein zu Berlin. Mit den Umrissen nach Giorgio Mantuano (1 lithogr. Bl. in fol.) Berlin, G. Bethge, 1843. 8. 2½ Bgg.

10) Niobe. Einige Betrachtungen über das Schöne u. Erhabene, vorgetragen im wissenschaftlichen Vereine zu Berlin. Berlin, G. Bethge, 1846. 8. 2 Bgg. mit Steinzz.

11) Historische Beiträge zur Philosophie. Bd. 1 auch mit d. T.: Geschichte der Kategorienlehre. Drei Abhandlungen. Berlin, Gust. Bethge, 1846. 8. 25 Bgg. Bd. 2 Vermischte Abhandlungen. Das. bei dems. 1855. 8. VIII u. 392 SS.

12) Eine Kammer od. zwei? und von welcher Art? Nachträgliches Wort eines Wahlmanns. Berlin 1848. 8. 29 SS.

13) Die sittliche Idee des Rechts. Ein Vortrag, gehalten in der Akad. der Wissenschaften zu Berlin zur Nachfeier des 15. Octobers 1849. Berlin, G. Bethge. 8. 24 SS. Auch in den Monatsberichten der Akad. der Wissenschaften 1849, S. 253 ff.

14) Ueber Spinoza's Grundgedanken und dessen Erfolg. Vorgetragen in der k. Akademie der Wissensch. zu Berlin. Berlin 1850. 4. 58 SS. Steht auch im 2. Bande der historischen Beiträge zur Philos. S. 31—111.

15) Ueber die Methode bei Abstimmungen. Ein Vortrag. Berlin 1850. 8. SS 40.

16) Ueber einige Stellen im 5. B. der Nicomachischen Ethik. Berlin 1850. 8. 12 SS. Auch in den Monatsberichten der k. Akad. d. Wissensch. 1850, S. 81 ff.

17) Zum Gedächtniss Friedrichs des Grossen. Ein Vortrag, gehalten am 10. Jan. 1851 in der k. Akademie der Wissenschaften zu Berlin. Berlin 1851. 8. 27 SS. Auch in den Monatsberr. der Akad. 1851, S. 59 ff.

18) Leibnitz und die philosophische Thätigkeit der Akademie im vorigen Jahrhundert. Ein Vortrag am Gedächtnisstage Leibnitzens, 1. Juli 1852, in der k. Akad. d. Wissensch. Berlin 1852. 8. 24 SS. Auch in den Monatsberr. 1852, S. 393 ff.

19) Der Kölner Dom. Eine Kunstbetrachtung. Vortrag, gehalten zur Feier des Geburtstages Sr. Majestät des Königs in der k. Akad. der Wissensch. Köln, F. C. Eisen, 1853. 8. 24 SS. Auch in den Monatsberr. 1853, S. 385 ff.

20) Ueber Herbarts Metaphysik und eine neue Auffassung derselben. Berlin 1854. 8. Auch in den Monatsberichten der k. Akad. der Wissensch. 1853, Nov. 2. Artikel. Das. 1856. 8. 30 SS. Ebenfalls in den Monatsberr. 1856, Feb., S. 367 ff.

21) Machiavell und Antimachiavell. Vortrag zum Gedächtniss Friedrichs des Grossen, 25. Januar 1855, in der k. Akad. der Wissensch. Berlin 1855. 8. 24 SS.

22) Ueber Leibnitzens Entwurf einer allgemeinen Charakteristik. Berlin, Dümmler, 1856. 4. 35 SS. Auch in den philos. Abhandlungen der Akad. der Wissensch. 1856, S. 37—69.

23) Herbarts praktische Philosophie und die Ethik der Alten. Berlin 1856. gr. 4. 36 SS. Auch in den philos. Abhandll. der k. Akad. der Wissensch. 1856, S. 1—36.

24) Die überkommene Aufgabe unserer Universität. Rede, gehalten am 3. August 1857. Berlin, Hertz, 1857. 4. 31 SS.

25) Friedrich der Grosse und sein Staatsminister Freiherr v. Zedlitz. Eine Skizze aus dem Preussischen Unterrichtswesen. Vortrag, gehalten am 27. Januar 1859 in der k. Akademie der Wissenschaften. Berlin 1859. 8. 32 SS.

26) Naturrecht auf dem Grunde der Ethik. Leipzig, Hirzel, 1860. 8. XII u. 546 SS.

27) Die kön. Preussische Akademie der Wissenschaften unter dem König Friedrich Wilhelm IV. Vortrag, gehalten zur Vorfeier des Geburtstages Sr. Maj. des König Wilhelm am 21. März 1861 in öffentlicher Sitzung der Akademie der Wissensch. Berlin 1861. 4. 34 SS.

28) Zur Erinnerung an Johann Gottlieb Fichte. Vortrag, gehalten in der k. Friedrich-Wilhelms-Universität zu Berlin am 19. Mai 1862. Berlin 1862. 4. 39 SS.

29) Friedrich der Grosse und sein Grosskanzler Samuel v. Cocceji. Beitrag zur Geschiche der ersten Justizreform und des Naturrechts. Berlin 1863. 4. SS. 74. Auch in den Abhandlungen der k. Akademie der Wissenschaften.

30) Preussens Wesen in seiner Entwicklung unter dem grossen Kurfürsten, Friedrich dem Grossen und König Friedrich Wilhelm III. Rede am 3. Aug. 1864. Berlin 1864. 4.

31) Das Ebenmaass ein Band der Verwandtschaft zwischen der Griechischen Archäologie und Griechischen Philosophie. Berlin 1865. 8. Zur 50jähr. Jubiläumsfeier des Professors F. Gerhard.

Von seinen Beiträgen zu wissenschaftlichen Sammelwerken vermögen wir anzuführen:

Ausser den oben angeführten Arbeiten mehrere andere in den Monatsberichten der k. Akademie der Wissenschaften zu Berlin z. B. 1847 S. 372 ff. (Ist Leibnitz in seiner Entwicklung einmal Spinozist oder Cartesianer gewesen? und was beweist dafür seine Schrift de vita beata?), 1848, S. 291 ff., (Einleitungsrede gehalten am Gedächtnisstage Leibnitzens, 6. Juli 1848), 1850 S. 311—315 (Begrüssungsworte bei Eintritt der neuen Mitglieder der Akademie Lepsius, Homeyer und Petermann); 1851 S. 425 ff. (Ansprache an die neuen Mitglieder der Akademie Pinder, Buschmann und Riedel); 1857 S. 431 ff. (Die königl. Betrachtung der Dinge und das Wesen der Wissenschaft. Vortrag am Geburtst. Sr. Maj. des Königs); 1858 S. 185 (Ueber die Darstellung der peripatetischen Ethik bei Stobäus); 1861 S. 170 ff. (Leibnitzens Tafel der Definitionen; ist ein Zusatz zu der in den Monatsberr. 1860, S. 374—416 stehenden Rede zur Leibnitzfeier); — 1864, S. 452—459 (Rede zur Leibnitzfeier), S. 469—474 (Erwiderungsrede bei derselben Gelegenheit). — In den Denkschriften der Akademie der Wissenschaften philos.-hist. Classe 1847 S. 249 ff. (Ueber den letzten Unterschied der philosophischen Systeme).

2218) **Trentepohl,** Johann Jacob (L. & S. No. 1218); Seine Reise nach China dauerte vom 20. April 1826 bis 20. Sept. 1827; den 7. October 1828 Arzt auf den Dänischen Etablissements auf den Guinea-Küsten; er starb den 15. Jan. 1830 zu Christiansburg in Guinea. — Vergl. Itzeh. Wochenbl. 1831 No. 17, Chronik der Univers. Kiel 1830, S. 38. Erslew, Suppl. III, S. 460—61,

Poggendorffs biogr.-literar. Hdwb. der exacten Wissensch. II, S. 1132. Dort steht von ihm noch angeführt:

(Barometer- und Thermometer-Beobachtungen in Christiansburg) in Poggendorffs Annalen XXVI, 1832, S. 403 u. 405.

Beiträge zu: Observationes meteorologicae per annos 1829—1834 u. 1838— 1842 in Guinea factae, a. mit d: T.: Collectanea meteorologica sub auspiciis societatis scientiarum Danicae edita fasc. III. Havniae 1845. 4.

2219) **Tresselt,** Georg Christian, aus Kiel, studirte Medicin, wurde 1842 dr. med. & chir. in Kiel, practisirte als Arzt in Lockstedt, † 19. Jan. 1867.

Catarrhus bronchiorum acutus sive broncho-pneumonia infantilis. Kiliae 1842. 8.

2220) **Tribaut.** Scheint im Anfang dieses Jahrhunderts ein Lehrer der Französ. Sprache in Schleswig gewesen zu sein. — Vergl. N. St. M. 10, S. 433 u. 434.

Aufgehobene Schwierigkeiten der Französischen Sprache. Schleswig 1803. 8.

2221) **Trier,** Adolf, geboren 1809 in Kopenhagen, Sohn des Kaufmannes Moses Seligmann Tr. (geb. den 11. October 1772, gest. auf Wilhelminenlust den 29. Februar 1860) und der Fromme Abrahamson (geb. 1783, gest. 2. Jan. 1850), besuchte die Kopenhagener „Borgerdyd-Schule" bis 1828, studirte Medicin in Kopenhagen bis Frühjahr 1835, wo er an der chirurgischen Akademie mit dem 2. Char. m. A. examinirt wurde; war zuerst practisirender Arzt auf Amager, wurde den 21. April 1841 dr. med. & chir. in Jena, und ist practisirender Arzt in Altona. S. Ersl. III, S. 398 bis 399 u. Suppl. III, S. 463.

1) Lærebog i Fødselsvidenskaben. En Ledetraad ved akademiske Forelæsninger og ved Selvstudium af D. W. H. Busch. Efter Originalens 3. Oplag oversat. Med en Fortale af J. J. Saxtorph. Kbh. 1838. 8.

2) Haandbog i Børnesygdomme af W. Rau. Oversat. Kbh. 1838.

3) Haandbog i den specielle Sygdoms- og Helbredelseslære. Af K. H. Baumgärtner. Oversat efter Originalens 2det Oplag. 1 — 2 Bd. Kjøbenhavn 1838—1839. 8.

4) Haandbog i den almindelige Sygdoms- og Helbredelseslære. Af K. H. Baumgärtner. Oversat. Kbh. 1839. 8.

5) De første Moderpligter og den første Barneglain. En Haandbog for unge Koner og Mødre af F. A. v. Ammon. Oversat efter 3die forbedrede Oplag. Kbh. 1840.

6) Haand-Ordbog over Fruentimmer-Sygdomme med Indbegreb af de sygelige Tilstand under Fødslen. Efter Tydsklands, Frankrigs og Englands berømteste Gynäkologer. Efter L. Fränkel. Paa Dansk ved A. Trier og L. Reumert. Med en Fortale af F. H. Mansa. Kbh. 1842. Auch mit dem Titel: Haandbibliothek for Læger 12 Bd. Kbh. 1840—42 (in 4 Heften).

7) De cura prophyl. et therap. febris puerperalis malignae diss. inaugur. ad d. 21. April. Jenae 1841. 8. 16 SS.

2222) **Trier,** Isaac, geboren den 1. November 1802 in Kopenhagen, Bruder des vorhergenannten Ad. Tr., kam, nachdem er theils in der „Borgerdyd"-Schule, theils privatim gebildet war, 1822 auf die Kopenhagener Universität und studirte Medicin, war 3 Jahre Volontär am allgem. Hospital und nahm im Frühjahr 1828 Examen bei der chirurg. Akademie mit dem 2. Char. m. A., wurde gleich nachher Assistent am allgem. Krankenhaus in Hamburg, den 25. November 1829 dr. med. & chir. in Berlin, 1832 Hospitalsarzt in Altona, wo er noch ist. — Vgl. Ersl. III, S. 399 u. Suppl. III, S. 463, Callisens medicinisch. Schriftst. - Lexicon XIX, 390 und XXXIII, 71.

De diagnosi et cura ulcerum, quae dicuntur, venereorum diss. inaugur. pathol.- therap. quam def. d. 25. Nov. Berolini 1829. 4.

(Bemærkninger om Arteriernes Dreining (torsio arteriarum) in Biblioth. for Læger XIV, S. 70—76 (Auszug in Lond. med. Gaz. vol. XIV, P. 6, Sept. 1834, No. 354, p. 864. Angez. Note, lue à l'Ac. R. de Méd. par Amussat le 19. Août 1834, u. auszugsweise in Arch. gén. de Med. T. 35, 1834, Août, p. 639). — Beiträge zu Oppenheimers Ztschr. f. d. ges. Medicin u. A. Bd. 24, S. 116 ff. — In Pfaffs „Mitthh." 1837, H. 9 u. 10, S. 107—109 (Einklemmung eines Theils des Dünndarms im Unterleibe. Uebersetzt in Biblioth. f. Læger XXVII, S. 551 — 56). — In Samlinger til Kundskab om Cholera, No. 14, S. 219—21 (Efterretning om Cholerams Optræden i Hamborg; nus einem Briefe aus dem „allgem. Krankenhaus" in Hamb. v. 10. Octbr. 1831). — In „Hospitals-Meddelelser" V, 615—617 (Mærkelig Blærestecnsdannelse; im Ausz. in Schmidts Jahrbüchern für M. LXXXIII, 342). —

2223) **Trier,** Napoleon, geboren in Altona, Sohn d. vorhergenannten Isaac Trier, studirte Medicin, wurde 1863 dr. med. & chir. in Kiel und war dann Assistenzarzt an der Gebäranstalt daselbst, practisirt zur Zeit als Arzt in Altona.

Specimen rupturae uteri ex infausto capitis situ ortae. Kiliae 1863. 4. SS. 12.

2224) **Trube,** J. J. Zeichnenlehrer am Gymnasium in Altona.

Gab heraus 24 landschaftliche Vorzeichnungen. Altona 1846.

2224a) **Truelsen,** Christian.

Anviisning for Landmanden til selv at kunne tilberede sig Beengjædning, samt at bruge Ammoniaken i Kreaturgjødning. Haderslev. 1859. 8.

2224b) **Truelsen,** Thede, geboren den 27. Juli 1812 in Osterhusum, studirte Theologie in Kiel seit Ostern 1835, wurde Ostern 1846 mit dem 2. Char. examinirt, den 26. October 1848 Diaconus in Schwabstedt, den 12. December 1850 entlassen, aber den 11. Januar 1851 wieder constituirt, den 7. Decbr. 1853 Pastor in Schwabstedt.

In Caspers Pastoralstudien J. 2, 1861, S. 66—69 (Grabrede). —

2225) **Trummer,** Ferdinand, Pächter des adligen Guts Schmool, Kirchspiels Gikau, und seit 1846 Besitzer des adlig. Guts Projensdorf bei Kiel, wie auch Besitzer des adl. Guts Schestedt.

Beiträge zur landwirthschaftlichen Zeitung für die Herzogthümer Schleswig-Holstein und Lauenburg 1842 No. 15 u. 16, 1843 No. 1, 2, 4, 5, 37; 1844 No. 17, 19, 20, 51. — Einzelnes, noch in den letzten Jahren, z. B. im Kieler Wochenblatt und in den Itzehoer Nachrichten. —

2226) **Tüllmann,** Joseph Johann, geboren den 26. Juli 1836 in Cleve, Sohn von Franc. Tüllmann und Louise geb. Kramb, besuchte von 1845—1854 das Gymnasium seiner Vaterstadt (Director Helmcke), studirte darauf 4 Jahre Philologie in Greifswald und wurde Ostern 1859 von der dortigen philos. Facultät auf Grund der unten angeführten Dissertation de Platonis etc. dr. philos.; nachdem er im August das examen pro facultate docendi bestanden, legte er von Michaelis 1859—1860 sein Probejahr am Friedrichsgymnasium in Berlin ab und erhielt dann an derselben Anstalt die 10. ordentl. Lehrerstelle, aus welcher er in den folgenden Jahren bis zur 4. Stelle aufgerückt war, als er Michaelis 1865 als Collaborator an die Plöner Gelehrtenschule berufen wurde. — S. Plöner Oster-Progr. 1866. Die vita hinter der Inaug.-Diss.

1) De Platonis qui vulgo fertur Menexeni consilio et origine diss. inaug. Gryphiae 1859. 8. SS. 84.

2) Beitrag zur Würdigung Kleons, des Atheniensers: im Oster-Programm der Plöner Gelehrtenschule 1867. S. 1—32.

2227) **Turretin.** J. C. W., (Sohn des am 6. April 1858 verstorbenen Lehrers J. Turretin am Taubstummen-Institut?), Landmesser in Schleswig.

Der Wiesenbau nach der neuen Methode des Hofbesitzers A. Peterson in Wittkiel in Angeln, theoretisch und practisch dargestellt. Mit 3 lithogr. Tafeln. 9 Bogen. 8. Schleswig 1863. Heiberg. Rec. Itzeh. Nachrichten 1863. No. 79 Sp. 2547. ÷

2228) **Twesten,** August Detlev Christian (L. & S. No. 1221). Den 22. Januar 1833 Aedil und Quästor der Kieler Universität, erhielt im März 1834 einen Ruf als ordentl. Professor der Theologie nach Berlin, an Schleiermachers Stelle, den er ausschlug. Einen erneuten Ruf gegen Ende des Jahres nahm er an u. ging Ostern 1835 nach Berlin; 1841 O.-C.-R.; 1843 im Januar

an Pischons Stelle Mitglied des Consistoriums der Provinz Brandenburg; Mitglied des evangel. Oberkirchenraths; die Kieler philos.
Facultät erneuerte ihm am 10. Juni 1863 das unter dem 10. März
1813 h. c. ertheilte Doctor - Diplom. Auch ist er Inhaber des
R.-A.-O. 2. Cl. mit dem Stern, sowie Mitglied der Prüfungs-Commission für die Candidaten-des evangel. Pfarramts.

Von seinen Vorlesungen über die Dogmatik der evangelisch-lutherischen
Kirche nach dem Compendium v. Dr. Wette erschien 1. Th. 3. verb. Aufl. Hamb.
1834. 4. Aufl. 1838. Th. 2, 1. Abth. 1837 (25¹/₄ Bgg).

Grundriss der analytischen Logik für seine Vorlesungen entworfen. Kiel,
Schwers'sche Buchh., 1834. VI u. 106 SS. 8.

Matth. Flacius Illyricus. Mit autobiographischen Beilagen und einer Abhandlung über Melanchthons Verhalten zum Interim v. Hermann Rossel. Berlin
1844. 8. 9¹/₄ Bgg.

Die symbolische Grundlage der evangelischen Kirchenlehre oder die 21
Lehrartikel der Augsburgischen Confession. Deutsch und Lateinisch. (1. Aufl.
s. im L. & S. Kiel 1819) 2. durch einen Anhang vermehrte Aufl. Berlin 1850.
gr. 8. 32 SS. Neue Aufl. 1860. 8. 38 SS.

Er gab 1841 Schleiermachers Grundriss der philosophischen Ethik mit Vorrede heraus.

2229) **Twesten,** Karl, geboren 22. April 1820 in Kiel,
Sohn des vorhergenannten Ober-Consistorial-Raths August Detlev
Christian Tw. und der Katharina geb. Behrens; besuchte, nachdem
er bis dahin in Kiel privatim unterrichtet worden, v. 1835—1838
das Werdersche Gymnasium in Berlin, studirte die Rechte in Berlin
und Heidelberg von Michaelis 1838—1841, wurde 1841 in Berlin
als Auscultator, 1843 als Referendar und 1845 als Assessor examinirt; war 1841 als Auscultator in Schwedt, 1843 als Referendar
in Naumburg, 1845 Assessor beim Kammergericht in Berlin; 1849
bis 1855 Kreisrichter in Wittstock, seitdem Stadtgerichtsrath in
Berlin; seit 1862 Mitglied des Preussischen Abgeordnetenhauses u.
1867 Mitglied des Norddeutschen Reichstags.

1) Ein Patricier. Trauerspiel. Leipzig 1848. 8.

2) *Woran uns gelegen ist. Ein Wort ohne Umschweif. Kiel 1859. 8.

3) *Was uns noch retten kann. Ein Wort ohne Umschweif. 7. Auflage.
Berlin 1861. 8.

4) Schiller in seinem Verhältniss zur Wissenschaft. Berlin 1863. 8.

Er war Mitarbeiter an den „Deutschen Jahrbüchern" unter der Redaction
des Dr. Oppenheim, an den „Preussischen Jahrbüchern" unter der Redaction des
Professors Haym und später v. Treitschkes. — Revidirt —

2230) **Tychsen,** Johann Stephan (L. & S. No. 1222).
Er wurde den 19. December 1837 als Pastor in Seelent emeritirt

und starb den 9. Februar 1838. — Verh. mit Katharina Margaretha geb. Posselt (starb 10. December 1800).

2231) **Tychsen,** Olaus Gerhard (L. & S. No. 1224). Vergl. über ihn noch: Lebensbeschreibungen berühmter und merkwürdiger Personen unserer Zeit. Herausgeg. v. K. Nicolai, C. Niemeyer, O. F. Krüger No. 36. —

2232) **Tychsen,** Peter Friedrich (L. & S. No. 1225). Den 21. Juli 1829 Pastor in Böhl, Probstei Gottorf, antretend den 14. Februar 1830; den 14. März 1842 emeritus; starb zu St. Laurentii auf Föhr bei seiner Tochter Charlotte, verh. Münster, im 90. Lebensjahre den 18. Febr. 1856. — Verh. mit Katharine Dorothea geb. Heise († 15. Juni 1815). — Vgl. über ihn Carstens „die Stadt Tondern" S. 134—135. Alt. Merc. 1856 No. 48. Die bek. Candidd.-Verzz.

Von ihm noch:

Rede am Grabe meiner Frau. Kiel 1815. 8.

Drei Predigten. Tondern 1824. 8.

Predigt am 2. Sonnt. Trinitatis 1824 vor Sr. Majest. dem Könige gehalten. Tondern 1824.

Rede bei der Einführung des Candidaten Sörensen als Cantor an dem Tonderrnschen Schullehrerseminar. Tondern 1824. 8.

Prolog am Geburtstage der Königin. Tondern 1825.

Predigt am Sonntag Mariä Verkündigung mit Beziehung auf das gefahrvolle Gewitter am Sonnabend vorher. Tondern 1827.

Predigt bei der goldenen Hochzeit des Hrn. Sönnich Detlefsen. Tondern 1829. (Bei derselben Gelegenheit erschien auch ein Lied von ihm im Druck).

Zum Abschiede von der Stadt Tondern und beim Eintritt in die Pfarre zu Böhl. Predigten. Tondern 1830. 8.

Diverse Gedichte noch im Tonderrnschen Intelligenzblatt, im Husumer Wochenblatt, und noch manche Beiträge zu v. Eggers Deutschem Magazin 1796, Octbr., S. 422—434, S. 435—437, Novbr., S. 532—535, Decbr., S. 698—699, 1797, Juli, S. 87—92. —

2233) **Tychsen,** Thomas Christian (L. & S. No. 1226). Er starb zu Göttingen den 23. October 1834. (Er war seit 1797 o. Mitglied der Wissensch. zu Göttingen, seit 1806 auswärt. Mitgl. der Ges. der Ww. zu Kopenhagen, seit 1803 der Kurfürstl. Ges. der Alterthümer zu Cassel). — Vergl. über ihn noch: Neuen Nekr. d. D. XII, S. 894—900, wornach sein Todestag der 24. October. Almanach der Univers. Göttingen 1823, S. 127. Neues St. M. IV, S. 326 u. S. 493. Herzogs Real-Encyclopädie s. v.

Von ihm noch:

De inscriptionibus in Hispania repertis. Göttingae 1831. 4.

Im Kordes fehlt: (Ueber die Religionsschrr. der Sabier od. Johannischristen) in Stäudlins Beitrr. zur Philosophie u. Geschichte der Religion Bd. 2—3 (1792); (Nachtrag u. Berichtigungen dazu) in Bd. 5, S. 203 sqq.

Im L. & S. hätte die in den commentt. societatis Göttingensis stehende Abhandl. de nummis Arabico-Hispanicis cum epimetro ad superiores commentationes angeführt werden müssen.

U.

2234) **Ukert,** Friedrich August (L. & S. No. 1228). Er war auch correspondirendes Mitglied der Gesellschaft für ältere Deutsche Geschichtskunde, des Berliner und Frankfurter Vereins für Deutsche Sprache, der Schleswig-Holsteinischen Gesellschaft für vaterländische Geschichte und mehrerer anderer gelehrten Gesellschaften. Er starb als Gymnasial-Professor und Bibliothekar an der Herzoglichen Bibliothek zu Gotha den 18. Mai 1851. — Vergl. über ihn u. A. noch N. St. M. X, S. 493. N. Nekrol. d. D. 29, S. 392—394.

Von ihm noch (vgl. L. & S.): Geographie der Griechen u. Römer von den frühesten Zeiten bis auf Ptolemäus Th. 2, 2. Abth. Ueber den Norden von Europa nach den Ansichten der Alten. Keltika od. Gallien. Weimar 1832. 41 Bgg. u. 3 Karten. Bd. 3, Abth. 1. Germania nach den Ansichten der Griechen und Römer dargestellt. Weimar 1843. 29⁵/₈ Bgg. u. 2 Karten. Abth. 2, Skythien u. das Land der Geten oder Daker nach den Ansichten der Griechen u. Römer. Weimar 1846. 8. 42 Bgg. u. 2 Karten.

Gab gemeinschaftlich mit Fr. Jacobs heraus: Beiträge zur älteren Literatur od. Merkwürdigkeiten der herzoglichen Bibliothek zu Gotha. H. 1—8. Leipzig, Dyksche Buchh., 1835—1840. 8. Aus dem 4. Heft besonders gedruckt: Beschreibung der Deutschen Gedichte des Mittelalters, welche handschriftlich in der herz. Bibliothek zu Gotha aufbewahrt werden. Leipzig 1837. 8.

Von der von ihm u. A. H. L. Heeren herausgegebenen Europäischen Staatengeschichte erschienen bis zu seinem Tode von 1829—50 noch 26 Lieferungen, jede Lieferung einen od. mehrere Bände enthaltend.

Gemälde v. Griechenland. Mit 6 Kupfern. Königsberg 1811. 8. (Fehlt im L. & S.) 2. Aufl. Darmstadt 1833. 12. 16½ Bgg.

Das vollständige Handbuch der neuesten Erdbeschreibung ward 1832 vollendet.

Ueber Dämonen, Heroen und Genien. Leipzig, Weidmannsche B., 1850. 4. 88 SS. Auch in den Abhandlungen der philol.-histor. Classe der k. sächsischen Gesellschaft der Wissenschaften Bd. 1.

2235) **Ulich,** Johann (L. & S. No. 1232). Er war 2 Jahre vor seinem Tode im Jahre 1802 als Compastor zu Grube emeritirt. —

2236) **Unzer,** Friedrich Heinrich Julius, geboren in Rendsburg, studirte Medicin, wurde 1842 dr. med. & chir. in Kiel.

1) De necessitate aegrotationis. Kiliae 1842. 8.
2) Jens Uwe Lornsens Grab. Gedicht. Kiel, Nåck, s. a. (1841.) 8.
3) Norddeutsche Klänge. Das., bei dems., 1841. 8.

2237) **Unzer,** Justus, geboren den 29. März 1788 in Ottensen, Sohn von Joh. Christ. Unzer (im L. & S. No. 1235) und der Caroline Dorothea Elisabeth geb. Ackermann; wurde den 22. December 1808 Seconde-Lieutenant beim Fühnenschen Dragoner-Regiment, den 30. Juni 1814 Premier-Lieutenant, 1821 in gleicher Eigenschaft bei dem Leibregim.-Cuirassire; erhielt den 26. October 1822 Rittmeister- und den 17. December 1837 Majors-Anciennität, den 1. Januar 1839 Commandeur der Gensd'armerie in Holstein; d. 25. Februar 1840 Major à la suite in d. Cavallerie, den 9. August 1841 pensionirt.

In „Maanedskrift for Hesteavl og Hestehold" Bd. 2, S. 138—149 (Bemærkninger om Cavalleriehesten).

V.

2238) **Valentiner,** Adolf, geboren den 4. Juli 1803 auf Futterkamp, Sohn des nachfolgenden Heinrich Christian Valentiner, besuchte das Lüb. Gymnasium bis 1822 und zog nach Seeland, wo er nach seines Vaters Tode 1831 Besitzer des Hofs Gjeddesdal wurde an dessen Bewirthschaftung er bereits vordem seit 1822 Theil genommen hatte. — Vgl. Ersl. III, S. 453—454.

In Halds „Tidsskrift for Landøkonomie" IV, S. 194—197 (Beretning om hans Agerbrug); VI, 288—294 (Om Studefedningen paa Gjeddesdal i Aarene 1822—1830). Das. „Ny Række" II, 156—58 (Varigt Staldgulv). VI, 193 (Middel til at udrydde Snegle), S. 198 (Om Rugens Meining), S. 199—206 (Om at udog indsætte Kœer; foredraget i Kjøbenhavns Amts Landboforenings Mœde d. 8. Sept. 1842), X, S. 531—36 (Om Runkelroens Dyrkning), XII, S. 76—78 (Om det skotske Vandafledrings- (Drain-) Systems Anvendelse i Danmark). — In „Berlingske Tidende" 1840, No. 231 (Nogle Bemærkninger til Huusmandssagen).

2239) **Valentiner,** Christian August (L. & S. No. 1239). Geboren den 26. Juni 1798 in Flensburg, Sohn des nachfolgenden Georg Wilhelm Valentiner und der Louise Friederike geb. Petermann; besuchte die Schule in Flensburg, studirte Theologie seit Michaelis 1817 in Kiel 2 Jahre und in Jena 2½ Jahr, wurde 1822 auf Gottorf mit dem 2. Char. m. r. A. examinirt, ging darauf nach Dresden als Hauslehrer beim Conrector Baumgarten-Crusius, 1824 Catechet an St. Petri in Kopenhagen, den 6. Mai 1828

Pastor in Heiligenhafen, antretend den 20. Juli, den 14. Juni 1837 zum Pastor an St. Marien in Flensburg erwählt und den 24. Juni bestätigt, im Septbr. 1850 entlassen, darauf Privatlehrer in Hambg., wo er auf Wunsch auch manche geistliche Amtshandlungen vollzog; er starb im 66. Jahre daselbst den 27. März 1864. — Verheir. mit Emmi geb. Kochen († 3. Mai 1845). — Vergl. auch noch Ersl. III, S. 454.

Ausser den beiden im L. & S. angeführten Schriften sind von ihm noch:

3) Von der Liebe guter Menschen zu den Bäumen. Predigt am 6. März 1829. Oldenb. 1829. 8.

4) Wahrheit u. Frömmigkeit am Sarge unseres Königs. Trauerpredigt über Friedrich VI. Flensburg 1840. 8. (Zum Besten der dortigen Kinder-Asyle.)

5) Nachahmungssucht u. Mode im Gebiete des religiösen Glaubens. Eine Rede gehalten im Flensburger Predigerverein den 7. Juli 1840. Flensb., Kastrup, 1840. 8. SS. 25.

6) Der Evangelist Johannis in der Auferstehung seines Herrn. Eine bildliche Rede. Schleswig, M. Bruhn, 1841. 8.

7) In der Sammlung der Predigten u. Gelegenheitsreden zum Besten der Kinder des weil. Pastors dr. Gerber, S. 243—250 (Gedächtnissrede auf den Bürgermeister Petersen in Heiligenhafen).

8) * Die freie Gemeinde u. ihre Predigt in Hamb. u. Altona. Dargestellt von einem abgesetzten Schlesw. Geistlichen. Altona, C. Th. Schlüter, 1851. 8. SS. 70. Rec. Schl.-Holst. Schulbl. XIII, 1851, S. 257—258.

9) * Erinnerungen aus Kriegs- u. Friedenszeiten, geschrieben auf einer Reise v. Hamburg nach Helgoland im Aug. 1851 von einem abges. Schlesw. Geistlichen. Altona, Schlüter, 1851. 12.

10) Letztes Wort an die Flensburger von ihrem früheren Prediger Valentiner, jetzt Privatlehrer. Hamb., Langhoff'sche Buchdr., 1852. 8. SS. 32.

11) Kleine Monologe über die Religion unserer Zeit. Aus der Mystik u. aus dem Leben nebst Beiträgen aus bekannten u. unbekannten Mystikern. Hamb., Nestler & Melle, 1854. 8. S. 208. (Dagegen v. D(oris) L(ütkens): Rechtgläubige, Mittelweg, Mystiker od. Wo ist Licht u. Wahrheit? Hamb. 1855).

12) Wahl und Führung auf dem Wege nach der Kirche der Zukunft. Ein Reisebild. Hamb. 1856. 8. SS. 76. Rec. Liter. u. krit. Bll. 1857 No. 24, S. 189—191.

13) * Thesen für den Hamburger Kirchentag im September 1858. Altona, Th. Schlüter. 8. SS. 12.

14) Uebersetzte: F. D. Guerrazzi: Beatrice Cenci. Eine Erzählung aus dem 16. Jahrh. Aus dem Italien. Th. 1. 2. Mit dem lithogr. Bildnisse der Beatrice. Hamburg, O. Meissner, 1858. Th. 1. XXIII u. 400 SS.

15) s. nom. Petersen: Zufallende Gedanken auf dem Wege zur Jenaer Jubelfeier und zum Hamburger Kirchentage. Altona 1859. 8. Rec. (v. Past. Redling) Itzeh. Nachrr. 1859. No. 98. Sp. 2712.

16) Tagebuch eines christlichen Platonikers. Mit dem Bildniss des Verfassers. Hamburg, Nestler & Melle, 1861. 8.

17) * An die Juden und für die Juden. Ein Wort aus der Sprache des Herzens. Hamburg, Nestler & Melle, 1862. 12. SS. 20.

Beitrr. zu Lotz „Originalien" 1830 No. 12 ff. (Vier Tage in Schweden), 1832 No. 29 (Frithjof u. Ingeborg nach Tegner's Schwedischer Frithjofs-Sage). — Zum Kieler-Corresp. Bl. 1840 No. 55 (Die Dänische Sprache in Flensburg); 1846 No. 10 (Tischreden beim Pestalozzi-Fest am 12. Jan. 1846 in Flensburg); No. 22 (An die Widersacher meiner Tischreden), 1847 No. 11 (Der Flensburger Standpunkt zum Gustav-Adolf-Verein), No. 87 (Die neuesten politischen Unruhen in Flensburg; cfr. No. 98 Entgegnung), No. 102 (Nachträgliches dazu); 1847 No. 144 (Zwei Tischreden). — Zu den „theol. Studien und Kritiken" 1864 H. 1 (Plotin und seine Enneaden). — Zum Flensb. Religionsbl. IX, N. F. No. 29, 30 (Der evangelische Prediger in Neapel), X No. 16 (Nachtrag dazu). — Zum Flensb. Wochenbl. u. A. 1848, Aug. (Politische Bekenntnisse eines Predigers in Flensburg). — Zum Alt. Merk. 1849 No. 445 (Anhang zu einem Aufsatze des Polizeimeister C. Krohn über die Ereignisse in Flensburg vom 27. August); 1850 No. 266 (Meine Absetzung vom Amte als Hauptpastor zu St. Marien in Flensburg). — Im „theol. Literaturbl." v. Zimmermann 1862 S. 1088—1099 (Rec. über Herm. Schultz „Die Voraussetzungen der christlichen Lehre von der Unsterblichkeit"). — Mehrere kleinere Aufsätze in Hamburger und Altonaer Zeitungen. — (Revidirt von Past. Redling). —

2240) **Valentiner,** Christian August, geboren den 28. Juli 1815 in Flensb., studirte Theol. seit Mich. 1835 in Kiel, wurde Ostern 1840 auf Gottorf mit dem 2. Char. m. s. r. A. examinirt; wurde den 14. Februar 1846 Pastor in Rinkenis, antretend den 17. Mai, den 7. April 1849 (eingeführt den 19. Juni) Pastor in Thyrstrup und Hjerndrup, den 30. April 1850 entlassen, den 25. Octbr. 1852 Seminar-Director in Bernburg und zugleich seit dem 12. Juni 1856 Pastor an der St. Nicolai-Kirche daselbst, den 5. April 1860 Pastor u. Probst in Coswig; im März 1864 nach Tondern gerufen, um das Seminarwesen zu reorganisiren und den 17. Nov. dess. Jrs. Seminar- und Schul-Revisor in Schleswig; den 1. Dec. dess. Jrs. Pastor in Thyrstrup und Hjerndrup, indess er interimistisch das Hauptpastorat an der St. Nikolaikirche in Flensburg verwaltete.

1) Evangelischer Katechismus auf Grund des kleinen Katechismus Lutheri. Kiel, C. Schröder, 1852. 8. SS. 168.

2) Der kleine Katechismus dr. M. Luthers mit Spruchbuch. Bernburg 1855.
   * Neue Ausgabe. Schlesw., Tbst.-Inst., 1864.

3) * Anhaltisches Gesangbuch. Elberfeld, W. Hassel, 1859. 8.

4) Das Bekenntniss der Anhaltischen Landeskirche. Repetitio Anhaltina oder kurze u. einfältige Wiederholung der rechtgläubigen Kirchenlehre u. Bekenntniss, zu dem sich die Kirchen im Fürstenthum Anhalt in etlichen Artikeln bekennen, welche von Anderen in Streit gezogen sind. Nach der Deutschen Ausg. vom Jahre 1852 auf's Neue herausgeg. u. mit einer Einleitung versehen. Bernburg 1859. 8. XVI u. 48 SS.

5) * Lehrplan nebst Verzeichniss von Lehrmitteln für die Volksschule. Schleswig 1866. 8. 47 SS.

Im Eckernf. W. 1846, No. 16 u. in Jess u. Versmanns Kirchen- und Schulbl. 1846, III, Sp. 92—95 (Offene Erwiderung an diejenigen Eckernförder, welche meinem Rücktritt von der in Eckernförde bevorstehenden Predigerwahl eine irrthümliche Deutung gegeben).

2241) **Valentiner,** Dorothea Sophie Friederike Georgine, geb. Volquardts, geboren 1826, Tochter des Bürgermeisters G.´C. J. Volquardts in Crempe und Wittwe des nachfolgenden, 1844 2. Nov., verstorbenen Karl Heinrich Christian Valentiner, mit dem sie am 19. Mai 1842 verheirathet ward, seit mehreren Jahren Inhaberin eines Instituts in Hamburg, vorher Vorsteherin eines solchen Instituts in Glückstadt.

1) Ueber Erziehung u. Unterricht des weiblichen Geschlechts. Mainz, Kunze, 1857. 8. VI u. 122 SS. S. Alt. Merk. 1857, No. 244.

2) Charakterbilder u. Gruppen aus der Cultur- u. Literaturgeschichte des 18. u. 19. Jahrhunderts. Mainz, Kunze, 1861. VIII u. 453 SS.

2242) **Valentiner,** Ernst Theodor, geboren den 21. Februar 1809 auf Futterkamp, studirte Theologie seit Michaelis 1829 in Kiel, wurde 1833 mit dem 2. Char. m. A. in Glückstadt examinirt, den 9. Juli 1838, antretend den 17. September, adjunct. minist. in Kiel, den 25. Novbr. 1854, antretend den 3. Mai 1855, Pastor in Brockdorf, wo er den 31. Mai 1867 starb.

1) Anmerkungen zur genealogischen Tabelle über die gesammte Valentinersche Familie nebst vollständiger Nachricht über das Peträische Legat für Studirende. Kiel 1847. 8.

2) Evangelisches Zeugniss aus Holstein in nicht politischen Predigten. Kiel, Ak. B., 1850. 8. VIII u. 76 SS. (Claus Harms gewidmet.)

2243) **Valentiner,** Friedrich Peter, geb. zu Pronstorff den 2. November 1817; sein Vater der nachfolg. Val. Adrian V.; studirte Theologie in Kiel seit Ostern 1838, examinirt Ostern 1843 (2. Char. mit s. r. Ausz.), 22. October 1848 Diaconus in Tönning, introducirt den 7. Januar 1849, 1850 den 8. November entlassen, worauf er sich in Holstein aufhielt, bis er 1851 in Jerusalem zum Missionär, von Berlin aus unterstützt, ernannt wurde, er reiste den 1. December dahin ab und kam 11. Januar 1852 in Jerusalem an; 1866 Juni, Pastor in Pronstorff. — S. Wulffs Verz. S. 63. M. D. Voss Pröbste u. Predd. in Eiderst., herausgegeben v. F. Feddersen. S. 48.

Introductionsrede, gehalten zu Pronstorff, VIII. p. trin. 1866 u. Einweihungsrede des Begräbnissplatzes am XVIII. p. trin. Kiel 1866. 8.

In (Versmanns) Kirchen- u. Schulbl. 1849, VI, Sp. 94—96 u. Sp. 324 bis 328 (Antwort der Kirche auf die an sie gerichtete Frage: Kirche Christi, wo ist dein Leben? Du gleichst ja einem Acker voll Todtengebeinen. Braut des

Heilandes, wo ist dein köstlichster Schmuck, die Liebestreue? Du bist deinem Bräutigam ja so fern getreten); Sp. 785—791, 793—799 (Mittheilungen aus Wilh. Löhe's: Aphorismen über die neutestamentlichen Aemter u. ihr Verhältniss zur Gemeinde); Sp. 222—224 (8 Thesen); 1850, VII, Sp. 257—263 (Ein Beitrag zur Beantwortung der Frage: Was sollen wir thun, dass unsere Gemeinden nicht die Beute einer Secte werden?); 1851, VIII, Sp 57—59 (Kritische Fragen in Bezug auf Pastor Kähler's geistreiche Schrift: „Die katechetische Baukunst od Beiträge zur Reform des Katechismus u. Katechumenen-Unterrichts); Sp. 169—174 (Himmelreich u. Kirche). — In der „kirchlichen Monatsschrift" (Itzehoe. 8.) Jahrg. 1852 (I) S. 51—55 (Correspondenz aus Jaffa u. Jerusalem), S. 137—144 (Aus Jerusalem). — In „Ztschr. der deutschen morgenländischen Gesellschaft" Bd. 12, Leipzig 1858, S. 161—170 (Beitrag zur Topographie des Stammes Benjamin).

2244) Valentiner, Friedrich Wilhelm. Geboren den 25. August 1807 in Kiel, studirte Theologie seit Ostern 1826 in Kiel, examinirt zu Glückstadt 1831 (2. Char.), den 11. Juli 1841 Diakonus in Eckernförde, trat an 24. October, 1845 den 15. Octbr. Pastor in Gelting, trat an 30. Novbr., dr. philos. in Leipzig, 1851 den 11. Octbr. entlassen, 1853 zum Mai des folgenden Jahrs Diaconus in Leipzig an der St. Thomas-Kirche.

1) Das Dänische Kirchenregiment im Herzogthum Schleswig. Erfahrungen der evangelisch-lutherischen Kirche gewidmet. Leipzig, Gustav Mayer, 1857. 8. SS. 239.

2) Predigten. Erster Theil: Gruss aus dem Gotteshause, den lieben Freunden in alter u. neuer Heimath. 17 Predigten. Kiel, C. Schröder & Comp., 1860. 8. VIII u. SS. 194.

3) Hr. Prof. Hjort in Kopenhagen (Herausgeber der Schrift: Wohlwollender Anstoss zur Beantwortung der dringlichen Frage: durch welches Mittel u. auf welchem Wege liesse sich eine hochverehrliche Deutsche Leserwelt dahin bewegen, ihre Dänischen, resp. Schleswigschen Studien von vorne wieder anzufangen) vor den Richterstuhl der Wahrheit u. Redlichkeit gestellt. Kiel, Schröder & Comp., 1859. 8. 71 SS.

Im Nordd. Grenzboten 1862, No. 80 od. 81 (zur Abwehr gegen Prof. Hjort in Kopenh. u. Etatsrath Hagemann). — Dagegen v. Hagemann das. No. 82.

2245) Valentiner, Georg Theodor, geboren den 31. Mai 1820 zu Pronstorff, Sohn von V. Adrian u. Bruder v. Friedr. Peter V., studirte Medicin, dr. med. & chir. 1843 zu Kiel, seit Frühjahr 1849 provis. u. 8. März 1850 defin. Oberarzt der Schlesw.-Holstein. Marine, eine Zeit lang Privatdocent in Kiel, später Arzt in Pyrmont, auch Hofrath.

1) Quaestiones duae de typho. Diss. inaugur. Kiliae 1843. 8. SS. 16.

2) Beiträge zur Lehre von der Chlorose. Kiel, C. Schröder, 1848 8. 51 SS.

3) Die Bleichsucht u. ihre Heilung. Kiel, C. Schröder, 1850. 8. SS. 126. Rec. Gött. Gel. Anzz. 1851, S. 1102 ff.

4) Die Lehre v. den sogen. galanten Krankheiten. Für jeden Gebildeten verständlich dargestellt. Kiel, C. Schröder, 1850. 8. SS. 39.
5) Die Hysterie u. ihre Heilung. Erlangen 1852. 8. SS. 134.
6) Ein Beitrag zur Lehre von der sog. Paralysis musculaire progressive. s. l. & a. 8.
7) Bad Pyrmont. Studien u. Betrachtungen über die Wirkung seiner Brunnen u. Bäder. Kiel, Schröder & Co., 1858. 8. 172 SS.
8) Pyrmont für Kurgäste u. Freunde geschildert. Kiel, Schröder & Co., 1859. 8. 189 SS. 2. vielf. veränderte Ausgabe. Das. 1866. 186 SS. gr. 8.
9) Apperçu médical et renseignements généraux sur les eaux de Pyrmont. Leipzig, Brockhaus, 1864. 8. VIII u. 192 SS.
10) Pyrmont, its chalybeate and saline springs and the complaints alleviated by their use. Leipzig, Brockhaus, 1864. 8. VI u. 88 SS.

2246) **Valentiner,** Georg Wilhelm (L. & S. No. 1241). Starb den 17. November 1836 zu Flensburg, nachdem er 48 Jahre im Amt und 39 Jahre in Flensburg gewesen war, beinahe 71 Jahre alt. Die Wittwe Louise Friederike geb. Petermann starb in Barmstedt den 6. August 1845. S. N. Nekrol. d. D. XIV. S. 780—781. Alt. Merc. Beibl. No. 148 vom Jahre 1836.

2247) **Valentiner,** Heinrich Christian (L. & S. No. 1244, wo die Vornamen fehlen, vergl. S. 859, wo jedoch irrig). Er war den 20. November 1767 auf Svensby in Angeln geboren, Sohn des Oberförsters gl. Ns. († 18. August 1782) und der Anna Katharina Henningsen († 18. Mai 1769), studirte 1786—1790 in Kiel, war 1791—1819 Pächter auf Futterkamp, brachte darauf 3 Jahre in Lübeck zu und starb auf der Insel Seeland den 19. Sept. 1831, wo er sich im Frühjahr 1822 den Hof Gjeddesdal gekauft hatte. — Verh. 1) mit Margar. Catharine Lafrenz († 1797) 2) mit Adelheid Margar. Ernestine Gähler († 2. Mai 1844 in Lübeck). — Vgl. Ersl. III, S. 454. Eine Notiz über ihn in einem Mspt. v. Dr. Bhom auf der K. U. B.

Von ihm noch in: „Nye landoeconomiske Tidender" VII, S. 175 –184 (Min Erfaring og Anskuelse angaaende Mergelen), das. 185—195 (Om Jyllands Studehundel). — In „Nyeste Skilderie af Kjøbenhavn" 1830, No. 9, S. 134—137 (Bemærkninger foranledigede ved Veirliget i Aurene 1828 og 1829, handlende om Vigtigheden af Vandafledninger).

2248) **Valentiner,** Johann Heinrich Friedrich (L. & S. No. 1242). Er trat im Januar 1832 auf Kosten der Regierung eine Reise an, um sich mit der Natur und den Heilarten der Cholera näher bekannt zu machen. Kurze Zeit, nachdem er von dieser Reise zurückgekehrt war, starb er zu Husum den 21. März 1834 am Nervenfieber. — Vgl. N. St. M. 10, S. 494. N. Nekrol. d. D. 12, S. 237.

2249) **Valentiner,** Karl Heinrich Christian, geboren den 23. Februar 1812 in Schleswig, Sohn des Advokaten Matthias Valentiner u. d. Dorothea geb. Wolf daselbst, besuchte die Domschule in Schleswig, 1831 Ost. die Universität Kiel, um Theologie zu studiren, dann Berlin und stellte sich 1835 dem theolog. Amts-Examen (2. Char. m. r. A.); war darauf einige Jahre als Lehrer und Prädicant an verschiedenen Orten thätig; wurde 19. Juli 1839 zum Diaconus in Crempe erwählt u. den 10. November eingeführt; reiste, um sich von der Schwindsucht heilen zu lassen, 1844 ins Bad Canstadt, starb in Stuttgart den 21. November 1844. Verheir. 1) mit Johanna, Tochter des Justizraths dr. J. S. Henning in Segeberg († 8. November 1839), 2) mit der (vorhergehend genannten) Tochter des Bürgermeisters Volquardts in Crempe, Dorothea S. F. G. Sein Schwiegervater liess nach einem Daguerrotypbilde von ihm einige Steindrücke v. O. Speckter in Hamburg anfertigen. — Vgl. N. Nekrol. d. Deutschen XXII, S. 753 — 755. S. Schröder Vers. einer Gesch. des Münsterdorf'schen Consistoriums in Michelsens Archiv IV, S. 97.

1) Das Leben Christi in unserm Gemüthe. Briefe. Kiel,' Universitäts-Buchh., 1838. 8. SS. 139. Rec Halle'sche Liter.-Zeit., Extrabl. 1838, No. 72.

2) Ueber die Aufnahme der Juden in den christlichen Staat. Itzehoe u. Altona 1840 8. (Dazu v. dem Rabbiner in Glückstadt A. Heilbut: Fragen und Bemerkk. [Altona 1841]).

3) Kritik der liturgischen Studien Schleswig-Holsteinischer Geistlichen. Schleswig 1843. 8. 2 Bgg. Rec. Eckernf. W. 1843 No. 23. Kirchen- u. Schulbl. I, 1844, Sp. 75—76 (v. Past. A. Decker).

Einige Gedichte in K. L. Biernatzki's Volksb. f. 1844. — In (Jess und Versmanns) Kirchen- u. Schulbl. f. d. H. Schl.-H. u. L. I, 1844, No. 4 (Rec. des „evangelisch-christl. Gemeinde-Gottesdienstes" v. J. P. C. Bröcker. Hamburg u. Gotha 1843). —

2250) **Valentiner,** Valentin Adrian (L. & S. S. 646 No. 1243). Er war ein Schwager des den 15. December 1833 zu Horst verstorbenen dr. med. H. Gottlieb Spiering und Oheim des vorhergenannten dr. med. J. H. Fr. V. zu Husum. 1831 feierte er sein 50jähriges Amts-Jubiläum und wurde Consistorialrath; starb den 27. September 1835. S. N. Nekrol. d. D. XIII, S. 802—803. N. St. M. X, S. 494.

2251) **Valentiner,** Wilhelm, geboren den 9. Februar 1830 in Neustadt, Enkel des vorhergenannten Valentin Adrian und Sohn des Adv. Wilhelm V. in Neustadt († 1867) u. der Charlotte geb.

Schütze; besuchte die Schulen in Neustadt u. war von 1846—1848 in Altona, nahm am ersten Schlesw.-Holstein. Kriege Theil, wurde 1850 den 8. August in einem Treffen verwundet, war bis 1851 im Lazareth in Rendsburg u. Kiel, studirte Medicin in Göttingen v. Herbst 1851 bis dahin 1853 und bis 1855 in Breslau, wurde 1855 in Breslau dr. med. & chir., habilitirte sich in der Folge als Privatdocent der Balneologie und Balneotherapie in Berlin um 1860, war Brunnenarzt zu Obersalzbrunn in Schlesien. — Vgl. die vita hinter seiner Inaugur.-Dissert.

1) De cholestearini organismi animalis praesentia atque dignitate. Vratislaviae 1855. 8.
2) Die chemische Diagnose in Krankheiten. Für Aerzte. Berlin 1860. 8. VIII u. 192 SS. 2. vielfach veränderte Aufl. Mit 33 eingedruckten Holzschnitten. Das. 1863. 8. X u. 241 SS.
3) Der Kurort Ober-Salzbrunn in Schlesien, geschildert für Kurgäste. Berlin, A. Hirschwald, 1865. 12.

2252) Valentiner, Wilhelm Heinr., geboren im Decbr. 1806 zu Kiel, studirte Medicin und promovirte 1831 in Kiel, habilitirte sich als Docent der Medicin daselbst, Prosector 1838, 1842 Physicus der Stadt und des Amts Kiel, zugleich seine akadem. Thätigk. fortsetzend, Besitzer des Düsternbrooker Seebades; starb den 22. December 1856. Vergl. über ihn die Chronik der Universität Kiel 1857.

Seine Inaugural-Dissertation: Nonnulla de exanthematibus scheint nicht gedruckt worden zu sein. Vergl. Chronik der Univers. Kiel 1831.

2253) Valett, Johann Jacob Meno (L. & S. No. 1245). Rector des Gymnasiums in Stade in Hannover blieb er bis 1840, wo er mit Pension Alterswegen entlassen wurde. Seitdem lebte er abwechselnd in Hamburg und Bergedorf, erblindete fast gänzlich, liess sich in einem Alter von fast 90 Jahren durch dr. Ruben mit Glück operiren und starb im 93. Lebensjahr den 6. Juni 1850 zu Bergedorf. — Vergl. N. Nekrol. d. D. 28, S. 941—943.

Noch steht von ihm eine Uebersetzung von Merciers Romanze Belisaire im Journal „Hamburg und Altona" 1805, H. 2, S. 224—226.

2254) Valett, Karl Julius Meno (L. & S. No. 1246). Er starb (in Göttingen?) den 31. Mai 1845.

Rec. seines im L. & S. angeführten Lehrbuchs des practischen Pandectenrechts (Th. 1 XIV u. 310 SS., Th. 2 VIII u. 296 SS., Th. 3 XIX u. 511 SS.) im Intelligenzbl. zur Halle'schen Literatur-Zeitung 1836 No. 71—73, S. 561—583 (v. A. v. B.).

2255) de **Valois,** Alfred, Französischer Consul in Kiel.
Papier perdu. Contes intertropicaux. Martha. Jeddah. Songeries. Exquisses
marines. Poesies diverses. Fables. Chansons. Scanderbeg. Paris, imprimerie
de J. Claye, 1863. 8. SS. 342.
Er schrieb und veröffentlichte wohl auch, laut Mittheilung, noch mehr.

2256) **Vargas**-Bedemar, Edvard Romeo, Graf von,
geboren von Spanischen Eltern am 15. Juni 1770 in Kiel; wurde
1795 Maltheser-Ritter, später Oberst bei der Neapolitanischen Ar-
tillerie und Lehrer bei der Artillerie-Schule; war gegen Ende Sep-
tember 1808 in Kopenhagen; wurde 2. März 1810 Mitglied der
Commission für Aufbewahrung der Alterthümer, machte 1810, 1811,
1812 und 1814 in Schweden, Norwegen und Lappland mineralog.
Reisen; den 26. Januar 1813 Kammerherr; wurde Inspector der
Mineralien - Sammlung des Prinzen Christian - Frederik, späteren
Königs Christian VIII.; machte 1819 — 1820 eine geognostische
Reise nach den Færœern; erhielt 1820 die Sachsen-Weimarsche
Ehren- u. Verdienst-Medaille in Gold; 1825 Comthur d. Sachsen-
Weimarschen weissen Falken-Ordens; 24. April 1829 Mitdirector
und 26. Februar 1842 Chef des königl. Museums für Naturwissenschaften in Kopenhagen; 1839 Ritter des Spanischen Carl III. Ordens und Commandeur des Portugiesischen Christus-Ordens; 22.
Mai 1840 Ritter und 10. Juni 1841 Commandeur des Danebrog;
1842 Commandeur des Niederländischen Eichenkronenordens; war
zugleich Präsident der Akademie in Pisa, Vicepräsident d. mineralogischen Gesellschaft in Jena (1820); Mitglied der k. Dänischen
Gesellschaft der Wissenschaften seit 21. Nov. 1806 und mehrerer
anderer wissenschaftlichen Gesellschaften; er machte auch verschiedene wissenschaftliche Reisen in Süd-Europa, u. 1835—1836 nach
Madeira, Porto Santo und den Azoren; er starb 15. März 1847 in
Kopenhagen. — Vgl. Ersl. III, S. 460—461.

1) Om vulkaniske Producter fra Island. Kbh. 1817. Vgl. Gött. Gel. Anz.
   1818 S. 1279, Allgem. Hall. L.-Z. 1818 No. 164.
2) Die Insel Bornholm in geognostischer Hinsicht. Frankf. a. M. 1819 (Bes.
   Abdruck aus Leonhard's „Mineralog. Taschenb." Jahrg. 11, 1820, S. 3—39) Rec.
   Gött. Gel. Anz. 1823, S. 1061—63.
3) Reise nach dem hohen Norden, durch Schweden, Norwegen und Lappland.
   In den Jahren 1810—1812 u. 1814. I. II. Band. Frankf. a. M. 1819.
   Wurde auch ins Englische übers. London 1820. Angez. Revue encyclopéd.
   VII, 1820, p. 330—331.
4) Resumo de observações geologicas feitas em uma viagem a's ilhas da Madeira,
   Porto Santo e Açores nos annos de 1835 e 1836. Lisbon 1837. 14 pp. 8.

Beiträge in „Antiqvariske Annaler" III, 93—104 (Bemærkninger over nogle Oldtids Monumenter i Norge); S. 306—311 (Oplysning om nogle færœeske Oldsager); in „Tidsskrift for Naturvidenskaberne" II, 134—135 (Analyser af færœeske Mineralier); in der k. Dänischen Wissensch.-Ges. naturw. und mathem. Abhandll. VI, S. CXXI—CXXII (Om Bjergformationerne paa Porto Santo og Madeira); — in Leonhards „Mineralogischem Taschenbuch" 1829. S. 40—64 (Ueber die Kalk- und Kreide-Formation von Faxöe, Stevens- und Möens-Klint); S. 601—604 (Ueber das Allgemeine der geognostischen Constitution der Færœer); 1822, 1. Abth. S. 11—30 (Der Opal auf den Færœern); 1825, I, S. 158 (Ueber den Apophyllit v. Hestöe); — in Leonhards und Bronns „Jahrb." 1830, S. 71 (Ueber Berzelit u. Prunnerit).

2257) Vechtmann, Gerhard Christoph Hermann, geboren zu Wittmund in Hannover, studirte in Göttingen, wo er 1843 promovirte, 1845 Lehrer an d. Eutiner Gelehrtenschule, 1848 Subrector an der Meldorfer Gelehrtenschule, Mich. 1854 Rector an dem Rendsburger Realgymnasium, erhielt im April 1856 das Indigenat, im Mai dess. Jahres definitiv Rector des Realgymnasiums; starb 2. August 1857.

1) De curvis Lemniscatis. Gottingae 1843. 4. SS. 37. Mit Tafel.
2) Der Unterricht in der Mathematik, Naturlehre u. Geographie in der Gelehrtenschule in Meldorf: im Meldorfer Oster-Programm 1850. 4. SS. 26.
3) Die Divisionsaufgabe m (a + b) in mathematischer Beziehung Oster-Programm des Rendsburger Realgymnasiums 1856. 4. (Nicht im Buchh.).

2258) Veltheim, Heinrich (L. & S. No. 1248). Bestand Ostern 1836 das juristische Amts-Examen (2. Char. m. rühml. A.) und war alsdann Kanzlist in der Schleswig - Holstein. - Lauenburg. Kanzlei; im Jahre 1847 wurde er zum Gerichts-Schreiber in der Schluxharde des Amtes Tondern ernannt, starb aber, bevor er antrat, in Kopenhagen im Januar 1847. — Vgl. N. St. M. X, S. 494. N. Nekrol. d. D. XXV, S. 780—781.

Seine poetischen Beiträge zum „Komus u. Merkur" sind enthalten in 1827, 3. Qu., 86, 87, 93, 94, 132, 133, 164, 165, 172, 173, 201, 205; 4. Qu. S. 4, 5, 11, 12, 30, 36, 37, 45, 140, 141, 148, 149, 154, 155, 173, 174, 182, 183, 206, 207.

2259) Veltheim, Karl Ferdinand (Friedrich? L. & S. No. 1247). Er wurde den 2. September wirklicher Etatsrath, den 10. Juni 1841 R. v. D., den 1. September 1842 auf Ansuchen als Obergerichtsrath entlassen; wohnte seitdem wieder in Kiel, wo er den 16. September 1853 starb. — Verh. mit ...... geb. Schweffel († 1852). —

2260) Vendt, Friedrich Wilhelm, geboren den 13. Dec. 1807 in Glückstadt; stud. jur. in Kiel Ostern 1826; erhielt im juristischen Amtsexamen zu Glückstadt Mich. 1830 den 2. Char. m. r. A.; seit 1831 U.-G.-A. und Notar in Rendsburg.

1) Die Untersuchungssache wider J. B. Carstens in Gribbohm wegen resp. versuchter, resp. vollführter Verleitung von Zeugen zum Meineid und falschem Zeugniss. Herausgegeben von dem Vertheidiger des Angeschuldigten. Rendsburg 1859. (Commission von K. Schröder & Co. in Kiel). gr. 8. 4 u. 489 SS. Angez. Itzeh. Nachrr. 1859, No. 82, Sp. 2282.

2) *Christian IX. Treueid für Schlesw.-Holstein ein Meineid. Studie ·für den Minister Hall v. F. W. V. Rendsburg 1864. 8. ÷

2261) **Vent,** Hans Lorenz Andreas (L. & S. No. 1250), Er wurde den 10. October 1854—1860 zum Stellvertreter für die Holstein. Ständeversammlung erwählt, am 4. September 1861 Consistorialrath, 8. September 1861 Jubilar, kam 1862 als Pastor in Hademarschen ein um Entlassung, 1863 den 27. Januar emeritirt; lebt in Itzehoe.

Von ihm noch:

* Rede am Feste des Gewissens in der Versammlung der Philalethen. Schlesw., Tbst.-Inst., 1830. 8.

* Dringender Aufruf zum allgemeinen Beitritt des Entwurfs einer Bittschrift an Deutsche Fürsten etc. Schlesw., Tbst.-Inst., 1830. 8. 15 SS.

Anleitung zum richtigen Urtheil über zwei Bücher, welche man von Dinter verlangt hat und wovon derselbe Proben verbreitet hat. Schleswig. Tbst.-Inst. 1830. 8.

Ein Wort an solche, die um verstorbene Lieben trauern. Das. 8 SS.

* Worte der Beruhigung und Ermunterung an das Volk. Veranlasst durch die gegenwärtigen Gerüchte und Umtriebe. Schleswig 1830. 8. SS. 28. Rec. Provinz.-Berr. 1831, S. 154.

Die Stimme der Religion an die Menschen bei der gegenwärtigen Besorgniss vor ansteckender Krankheit. Eine Predigt, geh. am 31. Juli 1831. Schleswig, Tbst.-Inst, 1831. 8. SS. 16.

Herzliche Ansprache an einen Christen, der in Begriff steht, einen Eid zu schwören. Das. 1832. 8 SS.

Christliche Besuche eines theilnehmenden Freundes am Krankenbette. Schleswig, Tbst.-Inst., 1833. 8. 24 SS.

Wohlgemeinte Warnung gegen das Lottospiel. Das 1833. 26 SS.

Denkverse u. Bibelsprüche; zum Unterricht in der Religion nach dem Landes-Catechismus. Itzehoe, Schönfeld, 1834. 8. 24 SS.

Christliches Taschenbuch für Dienende weiblichen Geschlechts. Schleswig, Tbst.-Inst., 1834. 8. 96 SS.

* Einweihung des neuen Theils des Hademarscher Kirchhofes am 23. Sonnt. Trin. 1838. Itzehoe 1839. 8.

Betrachtungen über das Gebet: „Gott sei mir Sünder gnädig!" Predigt am 11. Sonntage n. Trinitatis über Lucas 18, 9—14: in Brodersens Samml. v. 30 Predd. von 30 Predigern (Itzehoe 1842, 8.) S. 257—268.

Ansprache an evangelische Christen. In Veranlassung des Vereins zur Unterstützung kirchlich bedrängter Protestanten in nicht protestantischen Ländern. Zum Besten des für diesen Zweck auch in Schleswig-Holstein zu begründenden Vereins. 1843. SS. 35. 8. S. Itzeh. W. 1843, No. 36, Sp. 1142 u. 43.

Sechszehn Confirmationsreden. Schleswig. Tbst.-Inst, 1845. 8. XIX u.
SS. 194. Rec. Itzeh. Wochenbl. 1845, No. 12. Sp. 386.

Der kleine Katechismus Lutheri. Hamburg, Perthes, Besser & Maucke, 1857.
192 SS.

Einzelnes in den v. Nielsen herausgegebenen „liturgischen Studien" 1842
(Ueber die Agenden-Angelegenheit).

Von dem „homiletischen Magazin über die evangelischen Texte des ganzen
Jahrs" erschien der 2. Theil 1829. (Es ward v. J. A. Rehhoff fortgesetzt.
Vergl. den Artikel). Die 2. Aufl. des Ventschen „homiletischen Magazins"
erschien 1837.

Das Religionsblatt von 1826 an erschien in 3 Jahrgängen. Dann überliess der Herausgeber dasselbe den Flensburger Predigern.

Seine Ausgabe von Luthers Werken (10 Bände) erlebte 3 Aufl., die 2. u.
3. in 8.

Die übrigen schriftstellerischen Arbeiten sind in verschiedenen Zeitschriften
enthalten. Die Mässigkeits-Anstalten haben ihn oft literarisch beschäftigt. — Nach
dem Autogramm.

2262) **Venturini,** Karl Heinrich Georg (Kordes' Lexik.
S. 510. L. & S. No. 1252). Geboren war er den 30. Januar 1768
(nicht wie im L. & S. 1771) u. ältester Sohn des herzogl. Braunschweigischen Hoffouriers K. V.; Prediger in Hordorf bei Braunschweig v. 1807—1844, wo er emeritirt wurde u. nach Scheppen-
stedt zog; hier starb er am 25. Mai 1849 im 82. Lebensjahre. Er
war auch dr. theol. Vergl. N. St. M. II, S. 733 u. X, S. 495 und
besonders N. N. d. D. 27, 1849, S. 1108—1116. — Sein Portrait
vor dem 1. Bde. seiner neuen historischen Schriften. Braunschweig
1838.

Zu dem Schriftenverzeichniss im L. & S. können noch folgende Schriften hin-
zugefügt werden:

Dissertatio de veritatis propagandae natura. Helmst. 1794.

Ideen zur Philosophie über die Religion und den Geist des reinen Christenthums. Altona 1794. 8.

Das in den Schrift-Ideen ihrem Verfasser zustehende rechtmässige Gedanken-
Eigenthum auf Veranlassung eines ungerechten Angriffs entwickelt und dargestellt.
Altona 1795.

Frankreich vor der Revolution in Beziehung auf Regierung, Sitten und
Stände. Braunschweig 1796. 8.

Geist der kritischen Philosophie in Beziehung auf Moral und Religion.
Th. 1. 2. Altona 1796. 1797. 8.

Lehrbuch der Geschichtskunde älterer Zeiten bis auf die grosse Völkerwanderung. Kopenhagen und Leipzig 1799.

Dissertatio de mythis Hebraeorum in v. et n. T. occurrentibus. 1799.

Von der natürlichen Geschichte des grossen Propheten v. Nazareth, von der
Bd. 2—4 v. ihm. erschien 2. Ausgabe Jena 1805.

* Gespräche und Briefe über die Ehre und das Duell von Dr. V—i. 2. Ausg.
Berlin, Cosmar & Krause, 1829. 8.

Jean Cavalier oder Ludwig XIV im Kampfe mit seinen protestantischen Unterthanen in Languedoc. Eine Geschichte aus den ersten Jahren des 18. Jahrhunderts. Th. 1. 2. Leipzig, Lauffer, 1831. 8. 2. Ausgabe das. 1834. 8 IV. SS 263 u. SS. 269.

Von der von ihm herausgegebenen Chronik des 19. Jahrb. erschien Neue Folge 2. Bd. 1829, 3. Bd. 1830 a. u. d. T.: „Die neuen Weltbegebenheiten im pragmatischen Zusammenhange dargestellt 4. Bd. 1831, 5. Bd. 1832, 6. Bd. 1833 bis 10. Bd. 1837. Leipzig, Hinrichs, 8. Sodann erschien eine neue Fortsetzung s. t. Dr. C. Venturinis neue historische Schriften Bd. 1—4. Braunschw., Meier, 1838—1841. 8.

Von der Schrift: „Das Herzogthum Braunschweig in seiner gegenwärtigen Beschaffenheit", erschien 2. Aufl. Helmstadt 1829. 3. Aufl. 1847 VIII u. 344 SS.

Von „Erik Stoenbock. 2. Ausg. Leipzig 1834. 8. SS. 238 u. 190.

Gab heraus:

Umriss einer pragmatischen Geschichte des Kriegswesens im Herzogthum Braunschweig, von der Mitte des 16. Jahrhunderts bis zur gegenwärtigen Zeit ausgearbeitet von einem Braunschweigischen Officier (Herm. Köhler) Magdeburg 1837. 8.

Viele Beitrr. zu Hencke's Archiv der Kirchengeschichte, zum Braunschw. Magazin, zu den „Zeitgenossen", zum „Harzboten", zu den „amtsbrüderlichen Mittheilungen für die Geistlichen im Herzogthum Braunschweig", viele Recensionen in der Halle'schen Literatur-Zeitung u. diverse mit Z. Z. unterzeichnete Artikel in den ersten Anfängen des Brockhaus'schen Conversationslexicons.

2263) **Versmann,** Ernst Friedrich, geboren den 14. Juli 1814 in Tönning, studirte Theologie in Kiel seit Mich. 1833, wurde Mich. 1838 mit dem 2. Char. m. s. r. A. examinirt; den 2. August 1840 Diaconus in Itzehoe, antretend den 4. October, den 26. April 1848, antretend d. 25. Februar 1849, Archidiaconus das., von August bis December 1850 Feldprediger d. Schlesw.-Holstein. Armee, den 12. Juli 1850 u. 1851 Mitglied der Schlesw.-Holstein. Ständeversammlung, den 8. September 1854 und im Herbst 1860 Mitglied der Holstein. Ständeversammlung, den 13. Juni 1858, antretend den 3. October, Pastor in Itzehoe, im Sept. 1857 interimistischer Verweser der Probstei Münsterdorf, den 22. März 1864 Probst derselben Probstei, den 4. October 1865 25jähriger Jubilar. (Im Septbr. 1867 regierungsseitig als Vertrauensmann nach Berlin berufen.)

1) Wie kann Einer in das Reich Gottes kommen? In einer Auslegung von Evangelium Johannes III, 1—21 beantwortet. Hamburg 1839. 8.

2) Der Tag der Wiederkunft Christi wird Alles offenbar machen, was jetzt noch verborgen ist. Predigt am 2. Advent über Lucas 21, 25—36: in C. W. Brodersens Sammlung von 30 Predigten, S. 16—38.

3) Gab heraus zuerst im Verein mit Th. Jess: Kirchen- und Schulblatt für die Herzogthümer Schleswig-Holstein und Lauenburg, Jahrgang 1—4, 1844—47,

dann allein Jahrg. 5—8, 1848—1851. Itzehoe. 4. Genannt hat er sich darin bei folgenden Aufsätzen 1848, Sp. 1—8, 17—29, 33—44 (Vorwort); Sp. 161—164 (Schreiben an den Hrn. Rector Möller in Segeberg); Sp. 233 bis 240 (Predigt nach Eröffnung des ersten Deutschen Parlaments am Sonnt. Cantate); Sp. 485—488 (Kirche u. Schule); Sp. 717—727 (Das Staatsgrundgesetz der Herzogthh. Schl. u. H. u. die Kirche); Sp. 818 (An Pastor Valentiner in Kiel); 1849, Sp. 1—7, 9—16, 17—19, 25—32, 33—40, 41—47, 49—56 (Vorwort); 1850, Sp. 1—7, 9—16, 17—24, 25—32, 33—40, 41—48, 49—56, 57—64, 65—72, 73—80 (Vorwort); Sp. 248 (Der Stuttgarter Kirchentag).

4) Predigt bei Wiedereröffnung der St. Jürgenskirche in Itzehoe am 12. Aug. 1849. Beigegeben: Altargebete u. Rede bei Einweihung einer neuen Orgel. Itzehoe 1847. 8.

5) Schleswig-Holstein u. seine Verkläger. (Aus dem Kirchen- u. Schulblatt abgedruckt.) Kiel 1850. 8. 2. Aufl. Das. Schwers'sche B., 1850. 8. SS. 101. Ins Schwedische übers. Stockholm, Joh. Eckmann, 1851. 8. SS. 137. Angez. Kiel. Corresp.-Bl. 1850, No. 35

6) Zur Erinnerung an den Tag der Confirmation. Mitgabe an Confirmanden. Itzehoe s. a. (1852.) 8.

7) Gab mit heraus: Kirchliche Monatsschrift, herausgegeben von Predigern der Herzogthh. Schl. u. H. Jahrg. 1852, H. 1—6, v. H. 7 an u. Jahrg. 1853 von Predigern des Herzogth. Holstein. Itzehoe. 8.
Von ihm darin 1853, S. 1—20 (Die Nothwendigkeit agendarischer Arbeiten) S. 29—39 (Liturgische Gottesdienste).

8) Gab heraus: Sonntagsbote Jahrg. 1—15, 1852—1866. Itzehoe. 4. (Jahrg. 1 in einer Auswahl auf's Neue ausgesandt. Kiel, Schwers'sche B., 1853.) Wird fortgesetzt.

9) Was habt Ihr? Predigt über Psalm 84. Altona 1856. 8.

10) Der Gottestisch. Sieben Betrachtungen über die im Kirchenbuche f. Schl.-Holst. enthaltene Ansprache an Communicanten. Itzehoe, Nusser, 1857. 8. SS. 100. Aus dem Sonntagsboten bes. abgedruckt. 2. Aufl. Das. 1866.

11) Reden bei der Bestattung Ihrer Hoheit der Prinzessin Julie zu Hessen, Aebtissin des adligen Klosters in Itzehoe, am 20. März 1860 gehalten. Itzehoe, Nusser, 1860. gr. 8. SS. 20.

12) Rede am Sarge des Verbitters W. H. v. Rumohr, Erbherrn auf Rundhof, den 23. November 1862. Itzehoe 1862. 8. SS. 8.

13) Von ihm eine Predigt in: „Drei Predigten, gehalten bei der 19. Hauptversammlung des evangel. Vereins der Gustav.-Ad.-Stiftung in Nürnberg am 26.—28. Aug. 1862. Nürnberg, Sebold. 2. Aufl. 1862. 8.

14) Der Herr unser Helfer. Predigt über Psalm 146, im Gebetsgottesdienst d. 2. März 1864. Kiel, Schwers'sche B., 1864. 8.

15) Das Leben Jesu. Zwölf Vorträge. Itzehoe, A. Nusser, 1865. 8. Rec. Allg. kirchl. Zeitschr. 1865. H. 9.
Beitrr. zu Biernatzkis Volksbuch für 1844, S. 185—197 (Unsere Armenversorgung. — In Clausens Kirchen- u. Schulzeitung 1863, No. 12 (Auch ein Wort zur Würdigung kirchlicher Freiheit). — Zum Itzehoer Wochenbl. z. B. 1846, No. 8.

2264) Versmann, Georg Hermann, geboren in Tönning, Bruder des vorhergenannten Ernst Friedrich Versmann, studirte Medicin, wurde 30. Mai 1829 in Kiel zum dr. med. & chir. promovirt, practisirender Arzt in Friedrichstadt, 1838 von Mai bis October const. Physikus der Städte Husum und Friedrichstadt, zog später als Arzt nach Nienstedten bei Hamburg.

Seine Inauguraldissertation de origine cataractae ejusque medela scheint nicht gedruckt worden zu sein (s. Chronik der Univ. Kiel v. 1829, S. 13).

Im Alt. Merk. 1844, No. 104 (Offenes Schreiben an die Herren Doctoren Heiberg u. Gülich; vgl. Lyna 1844, No. 37, Itzeh. Wochenbl. 1844, No. 19).

2265) **Vest,** Joachim Heinrich, geboren den 25. October 1800 zu Ahrensboeck; studirte seit Ostern 1823 in Kiel Theologie und bestand Mich. 1827 das theologische Amts-Examen in Glückstadt mit dem 2. Char. m. A.; Pastor zu Bannesdorf auf Fehmarn den 7. August 1829; den 13. November 1842 zu Gleschendorf. Starb den 26. Juni 1849. Verh. mit Philippine geb. Börm. — Vgl. Wulffs Verz. S. 43 u. Michlers Verz. S. 12. N. Nekrol. d. D XXVII, S. 1127.

Christus das Haupt der Gemeinde. Predigt über Joh. 6, 68 u. 69: in der v. C. W. Brodersen 1842 herausgegebenen Predigten-Sammlung „Christus der Weg, die Wahrheit und das Leben." (Itzehoe 8). S. 489—508.

2266) **Vester,** Peter Johann Gustav, geb. in Wöhrden, studirte Medicin u. wurde 1863 in Kiel dr. med. & chir., ist z. Zeit Arzt in Heide.

De enterotomia diss. inaug. Kiliae 1863. 4. SS. 10.

2267) **Viborg,** Erik Nissen (L. & S. No. 1253). — Vgl. über ihn noch Ersl. III, S. 532—542. Daher entnehmen wir noch folgende im L. & S. fehlende Schriften:

Von der Unschädlichkeit der unreifen und der rothen Kartoffeln: erschien mit C. H. Pfaffs Abh. über unreife, frühreife und spätreife Kartoffeln. Kiel 1807.

Tredie Beretning om Veterinär-Selskabets Forhandlinger Kbh. 1818. 8. Französich 1820 und deutsch mit einer Uebersicht der Veterinär-Literatur. Kopenh. 1819. 8.

Om Hestekiæds Spiisning. Skrevet efter det K. Danske Cancellies Befaling især for Norge. Kbh. 1809. 22 SS. 8. Auch im Almanach für 1811, sowie in Veter. Selsk. Skrifter II, 153—172.

Om Miltebrand og Ouægsygen. Kbh. 1821.

Om Rotter og Muus med Anviisning til deres Fordrivning og Ødelæggelse. Kbh. 1821. Mit 1 Kb.

Om Pilevaands Afbarkning og Plantning, tilligemed en Fortegnelse over de hertil fortrinligste Pilearter. Med 6 Kobbere. Kbh. 1821. 4.

Hestens Ydrelære, en Lærebog til Forklaring af Hestens udvendige Form, Fuldkommenheder og Feil. Kbh. 1821. 2. forøgede Opl., udgivet af C. Viborg. Das. 1836 m. K.

Ausser den über viele der Schriften des Verfassers veröffentlichten Recensionen giebt Ersl. auch die vollständigere Angabe seiner Artikel in den „Veterinär-Selskabets Skrifter", in den „Videnskabernes Selskabs Skrifter", in der „physikalisk, œconomisk og medico-chirurgisk Bibliothek", sowie „Nyt Bibliothek for Physik, Medicin og Oeconomie", im „Skandinavisk Museum" und „Det Skandinaviske Literatur-Selskabs Skrifter", den „Landhuusholdnings-Selskabets Skrifter", dem „Nordischen Archiv für Natur- und Arzneiwissenschaft", in „Handelstidenden", in „Almanakker for Aarene 1806—1810", „Dagen", S. J. Teuffels „Magazin für Thierheilkunde und thierärztliche Polizei", in „Nyt Bibliothek for Læger", u. „Bibliothek for Læger" 1822, in den Schwedischen „Vetenskaps-Academiens Handlinger" for år 1817, in „den öconom. Correspondent" 1817 und in Olufsens „Nye œconomiske Annaler". Darnach finden sich auch einzelne Druckfehler in den im L. & S. angeführten Artikeln; so steht die Abhandlung „Om de almindeligste hidtil bekjendte Gifters Virkning hos adskillige Dyrarter" nicht in Bd. 5, sondern Bd. 4 S. 485—512 der Schriften der Dän. wissensch. Gesellschaft und die Abhandlung „Botanisk Bestemmelse af Sandvægter og Efterretning om Sandflugtens Dæmpning" nicht in Bd. 7, sondern Bd. 3 der physic.-öconom.-medic.-chir. Bibliothek, wie auch die zweite Abhandlung „Om Kronbenets Brud hos Hesten" in demselben Bd., nicht in Bd. 7, S. 319—326 steht.

Er schrieb ebenfalls noch eine Vorrede und Anmerkungen zu M. G. Schäffers Uebers. v. Burgsdorfs „Anviisning til at opelske indenlandske og udenlandske Træarter i det Frie" (Kbh. 1799); auch gab er mit Vorrede heraus P. C. Abildgaardts „Dansk Heste- og Ovæglæge til Bøudernes Brug" 4.—7. Oplag. Kbh. 1802, 1806, 1812 u. 18.. und nahm als Mitglied der Commission für das Wörterbuch der Dänischen Gesellschaft der Wissenschaften Theil an der Herausgabe des II u. III. Th. des „Dansk Ordbog" Kopenhagen 1802—1820. 4.

2268) **Vieth,** August. Bis Mich. 1845 Rector der Ratzeburger städtischen Schule, dann 2. Collaborator an dem Ratzeburg. Gymnasium, Juli 1853 Diaconus an der St. Peterskirche in Ratzebg., später Pastor in Cuddewörde, Amts Schwarzenbeck.

Ueber den Zusammenhang des Turnplatzes mit der Schule. Ratzeburg 1852. 4. Oster-Progr. S. 1—42.

2269) **Vietheer,** Heinrich (L. & S. No. 1256). War auch Schulinspector in Itzehoe; starb daselbst den 10. Juli 1839. Verh. seit 1801 mit C. geb. Töpfer, Tochter des Bürgermeisters Töpfer in Itzehoe. Von seinen Söhnen starb der ältere schon 1824, der jüngere, Heinrich, Licentiat der Medicin, starb 1840 in Itzehoe. — Vgl. N. Nekrol. d. D. 17, S. 626, Itzeh. W. 1839, No. 29, Sp. 818—819.

Von ihm noch im Itzeh. W. 1834, No. 37, Sp. 923—925 (Der Generalsuperintendent Adler).

2270) **Vöge,** Adam, geboren den 10. März 1828 in Lutterbeck, Probstei, studirte Jura seit 1850 in Kiel, wo er zu dreien Malen glücklich um das Schassianum concurrirte, u. Berlin, wurde

26. Juli 1855 dr. jur., habilitirte sich im Sommer 1856 als Privat-docent der Rechte in Kiel, erhielt im Herbst 1862 eine Bestallung als Advocat, arbeitet seit einigen Jahren als Gehülfe auf der Universitäts-Bibliothek.

De origine et natura eorum, quae apud veteres Romanos per aes et libram fiebant, diss. inaugur. juridic. Kiliae 1856. 4. SS. 56.

2271) **Völckers,** Friedrich Karl (L. & S. No. 1257), 1839 grossherz. Oldenburgischer Hofrath; starb am 22. Juli 1866 zu Eutin im Alter von 97 Jahren. — Mitgetheilt. —

2271a) **Völckers,** Friedrich Ludwig Philipp, Sohn des Vorhergenannten, studirte Medicin, wurde promovirt in Göttingen und ist practischer Arzt in Lensahn, auch seit 1860 grossh. Oldenb. Medicinalrath.

Seine wahrscheinlich gedruckte medicinische Inaugural-Dissertation ist uns unbekannt.

2272) **Völckers,** Karl, geboren den 28. März 1836 in Lensahn, Sohn des dr. med. & chir. und grossh. Oldenburgischen Medicinalraths Friedrich Ludwig Philipp V. daselbst, gebildet auf der Schule zu Eutin, studirte Medicin in Göttingen, Kiel, Berlin, wurde 1861 in Kiel zum dr. med. & chir. promovirt, Assistenzarzt der chirurgischen Klinik und Privatdocent, 3. September 1866 a. Professor in der medicinischen Facultät und Director der Klinik für Augen- und Ohrenkrankheiten.

Additamenta quaedam ad opera statistica de amputationibus, exarticulationi-bus et resectionibus. Diss. inaug. Kiliae 1861. 4. SS. 28.
Mit Vict. Hensen im medic. Centralbl. 1866 (Studien über die Accomodation). — In Langenbecks „Archiv" 1863 (Mittheilungen aus der chirurgischen Klinik zu Kiel.) — Revidirt.

2272a) **Völckers,** Karl Philipp Jodocus, Sohn von No. 2271, studirte Medicin, wurde dr. medic. & chir. und ist zur Zeit Arzt und Landphysicus in Ratzeburg.

Seine medicinische Inaugural-Dissertation können wir nicht angeben.

2273) **v. Voght,** Kaspar Heinrich (L. & S. No. 1259). Er wurde 1835 Ehrenmitglied der k. Russischen landwirthschaftlichen Gesellschaft in Moskau; starb zu Hamburg den 20. März 1839 im 87. Lebensjahre. — Vergl. Hamb. Corresp. 1839 No. 72 bis 74. Alt. Merc. 1839 No. 74 S. 317. N. Nekrol. d. D. 17 S. 308—310. Journal „Hamburg u. Altona" 1802 Bd. 2 (H. 5) S. 144, 230, 232, 33; Bd. 3 (H. 7) S. 64 u. 65; Bd. 4 (H. 12) S. 265; 1804, Bd. 3 (H. 9) S. 360. N. St. M. X, S. 495—96.

Von ihm noch:

Flottbecks hohe Cultur, den zahlreichen landwirthschaftlichen Besuchern im Jahre 1829 vor Augen gelegt, nebst der Darlegung der Grundsätze, durch deren Befolgung ein an sich schlechter Boden zur höchsten Ertragsfähigkeit gebracht worden ist. Hamburg, Nestler, 1829. 8.

Ueber die Vortheile des flaggen Eineggens der Saat. Aus einem Briefe an den verstorbenen Prof. Karsten in Rostock. Mit 3 Steintafeln auf 3 Med.-Folio-Bogen. Hamb. 1831. 8. (Steht auch in den Annalen der Mecklenb. landwirthschaftlichen Gesellsch. Jahrg. 1, H. 1).

Auszug aus dem der patriotischen Gesellschaft abgelegten u. dem Hamburger Armencollegium mitgetheilten Bericht über Flachsgarn, Spinnerei u. Weberei. Den Armenfreunden in Hamburg gewidmet. Zum Besten des weiblichen Vereins für Armen- u. Krankenpflege. Hamburg 1834. 8.

Ueber manche noch nicht genug gekannte Vortheile der grünen Bedüngung. Mit den Resultaten der letzten Jahre u. Zusätzen über die Dungwirkung der Rappsaat, des Roggens, des Klees, des grünen Kartoffelkrauts u. mancher Feldfrüchte u. Gewächse, sowie einer Darstellung der vorzüglichsten landwirthschaftlichen Verbesserungen des Verfassers. Hamb., Herold, 1834. gr. 8. Mit 1 Kupfert. XII u. 155 SS.

Gesammeltes aus der Geschichte der Hamburger Armen-Anstalt während ihrer 50jährigen Dauer. Hamburg, Meissner, 1838. 8. Rec. Alt. Merk. 1838, No. 224, Sp. 4010 bis 4012.

(Lettre à Mr. Pictet, avec observations des redacteurs du Bull. univers.) in diesem Bulletin v. 1823, Fevrier. — (Armenanstalt in Hamburg) im hanseatischen Magazin Bd. 2, H. 1 (v. 1799). — Bericht über einige comparative im Jahre 1830 angestellte Versuche, die Erfolge der verschiedenen Bedüngungs- u. Behandlungsarten mancher Feldfrüchte u. Gewächse betr.) in den neuen Annalen der Mecklenb. landwirthsch. Gesellsch. 1831, Hälfte 2. — (Vierzehnjährige agronomische Erfahrungen) das. Jahrg. XV, Hälfte 2.

2274) Vogler, Otto Friedrich (L. & S. No. 1260). Starb 10. April 1847. Verheirathet mit Louise, Tochter des Justizraths und Obersachwalters M. F. C. Heger in Glückstadt. — Vergl. N. Nekrol. d. D. XXV, S. 811—812.

2274a) Voigt, Joachim Otto, geboren den 22. März 1798 in Norburg auf Alsen, Sohn von Hans Henrik V., Districts-Chirurg das., und der Maren Hartmann; besuchte die Koldinger Gelehrtenschule bis 1816, studirte in Kopenhagen Chirurgie; nahm im Frühjahr 1822 Examen bei der chirurgischen Abtheilung mit dem 1. Char.; 1823 Candidat bei der chirurgischen Abtheilung des Frederik-Hospitals; 1826 Arzt in Frederiksnagor in Bengalen; 14. Juli selben Jahrs Regimentschirurg; im April 1834 Director des botanischen Gartens in Serampore; † 22. Juni 1843 in London auf der Heimreise. — Verh. mit Rachel Shephard Marshmann. — Vergleiche Ersl. III, S. 598, wo andere Quellen.

1) Hortus suburbanus Calcuttensis. A catalogue of the plants which have been cultivated in the East Indies Company's botanical garden, Calcutta, and in the Serampore botanical garden (1786 and 1800—1811). Printed under the superintendence of W. Griffith. Calcutta 1845. gr. 8.

In „Biblioth. for Læger" XVIII, 1—66, XIX, 1—39, XX, 281—359 (Mediciniek topographisk Beskrivelse af det danske Etablissement Frederiksnagor (Serampore) og Bemærkninger om de der herskende Sygdomme). — Auszug in Engl. Spr. in British and foreign medical review by Forbes and Conolly No. II, 1836). — In Kroeyer's „Naturhistorisk Tidsskrift" I, S. 233—243 (Levnetsbeskrivelse af dr. Carey). II. S. 269—73 (Botaniske Nyheder fra Ostindien).

2275) **Volbehr**, Friedrich Ludwig Christian, geb 3. Juli 1819 in Kiel, Sohn des Böttchermeisters Johann Detlev Volbehr; besuchte die Kieler Gelehrtenschule von 1832 bis 1839, studirte daselbst Theologie, war von 1845 bis 1853 Hauslehrer auf dem Gute Seedorf, ward als Doctor der Philosophie 1846 zu Jena promovirt, leitete von Johannis 1853 bis Weihnacht 1856 ein Privat-Institut nebst Pensionsanstalt in Elmshorn, siedelte dann als Privatlehrer nach Kiel über, redigirte von Ostern 1859 bis Ende Januar 1861 das Kieler Correspondenz- und Wochenblatt, redigirte seit 1. Juli 1861 das „Kieler Wochenblatt"; ist Mitbegründer und Vorstandsmitglied der Blindenanstalt in Kiel, sowie seit 1860 Schriftführer des Schlesw.-Holst. Kunstvereins.

1) Der theologische Verein zu Kiel. Geschichte des Vereins — Theses — Themata der Reden — Statuten-Verzeichniss der Mitglieder. Kiel 1845. 8.

2) Worte am Sarge Bernhard Vaters, gesprochen im Sterbehause, in: Bernhard Vater, Lieutenant im ersten Schlesw.-Holst. Jägercorps, gestorb. 1851. Segeberg 1851. 8.

3) *Zur Dürer-Feier. Maifest des Kieler Künstlervereins 1859. (Gedicht). Kiel 1859. 8.

4) Die Schillertage in Kiel. Kiel 1859. 8.

5) Festprolog zur hohen Geburtstagsfeier Ihrer Kgl. Hoheit der Frau Herzogin Wilhelmine Maie von Schleswig-Holstein-Glücksburg am 18. Januar 1860. (Dramatische Scene, dargestellt auf dem Stadttheater zu Kiel). Kiel 1860. 8.

6) Festprolog etc. am 18. Januar 1861 (Gedicht, gesprochen auf dem Stadttheater zu Kiel). Kiel 1861. 8.

7) Festprolog etc, am 18. Januar 1862 (Gedicht, gesprochen auf dem Stadttheater zu Kiel). Kiel 1862. 8.

8) *Gallerie der Kieler Kunsthalle. (Mit biographischen Notizen). Kiel 1860. 8. Der zweite vermehrte Abdruck: Gallerie der Kunsthalle zu Kiel. Kiel 1861. 8. Die dritte bis auf die Gegenwart fortgeführte Ausgabe war für den Sommer 1867 in Aussicht gestellt.

9) *Sängergruss des Kieler Cäcilienvereins dem Deutschen Sängerfeste in Nürnberg 1861. Kiel 1861. 8.

10) Wie Kiel vor 30 Jahren aussah. Kiel 1861. 8. (Auch im Kieler Wochenblatt Jahrg. 1861.)

11) Ein Holsteinisches Erntebier. Culturgeschichtliche Skizze v. F. V. Kiel 1860. 8. (Auch gedruckt in d. Altonaer „Hausblättern" 1857, den „Itzehoer Nachrichten," pseud. Friedrich Rheblov, 1857 und „Kieler Corresp.-Bl." 1860).

12) Die Prediger der Schleswig'schen General-Superintendentur von 1848—1865. Kiel 1866. 8. Angez. u. A. in der Flensb. „Nordd. Zeitung" 1866, und in dem Wiesbadener theol. Jahresbericht I, 1867. Diese Schrift steht auch im 8. Bande d. Jahrbb. f. d. Landeskunde.

13) *Erster Bericht des Holsteinischen Blinden-Vereins zu Kiel. Kiel 1863. 8.

14) *Zweiter Bericht des Holsteinischen Blinden-Vereins zu Kiel. Kiel 1865. 8. (Einzelne Theile dieser Berichte sind von Prof. dr. Fricke verfasst).

15) *Dritter Bericht etc. Kiel 1867. 8.

16) Berichte über die Wirksamkeit des Kunstvereins in den Jahren 1858—1863. Kiel, 1860—64. 4.

17) Redigirte „Kieler Correspondenzblatt" Jahrg. 1859, 2.—4. Quart., 1860, 1861 Monat Januar.

18) Redigirte „Kieler Wochenblatt" 1861, 3. und 4. Quartal, 1862 und folgende Jahrgänge.

Darin ausser den redactionellen Artikeln viele communale Aufsätze, Mittheilungen zur Geschichte Kiels (u. A. Wie Kiel vor 30 Jahren aussah, s. No. 10; *das Muhlius'sche Waisenhaus, im Jahrg. 1861; kleine Chronik Kiels aus dem Jahre 1862, Jahrg. 1863, No. 1—4 etc.); Festberichte (u. A. *Festzeitung über die neunte Versammlung Deutscher Kunstgenossen im Jahrg. 1865 No. 83—85); Nekrologe (*Prof Ferdinand Weber im Jahrg. 1860, Dec.; *Joh. Schweffel im Jahrg. 1865, Apr. etc.) *Nordelbische Literaturbilder: Gustav Gardthausen, Karl Heinrich, Sophie Dethleffs, Heinrich Zeise, im Jahrg. 1863.

Er arbeitete für 1) die Jahrbb.-der Landeskunde etc. I, 3 (Mittheilungen über die Frequenz der Universität Kiel von ihrer Stiftung im Jahre 1665 bis Ende 1858; III, 2: Fernere Mittheilungen etc. von 1665—1860); I, 2 (Erbtheilung über den Nachlass des Didrich Blome 1572); II, 1 (Amtsartikel d. Kieler Böttcher-Amts); VIII, 3 (Die Prediger etc. s. No. 12). — 2) Die „Itzehoer Nachrichten" seit 1857 Correspondenzartikel aus Kiel; ausserdem: *„Vaterländische Dichter" in den Jahrgängen 1857 und 1858: Theodor Storm, Sophie Dethleffs, Gustav Gardthausen, Friedrich Hebbel, Karl Heinrich, Heinrich Zeise, Adolf Strodtmann, Klaus Groth, Johann Meyer, Adolf Wilhelm Wolff; 1867 No. 84 Maria Juliana Francke, kaiserl. gekrönte Poetin; — 3. u. 4) für die „Hamburger Nachrichten" und den „Altonaer Mercur" seit 1857 Correspondenz-Artikel; 5) für die Leipziger illustrirte Zeitung 1864 (Biographie v. Prof. Friedrich Esmarch). — Selbstbericht. —

2276) **Volbehr,** Heinrich Marcus Friedrich, geboren den 8. September 1816 in Kiel, Sohn eines Schneidermeisters das., verliess die Kieler Gelehrtenschule 1835 und wurde Ostern desselben Jahres als stud. theol. an der Kieler Universität inscribirt, examinirt 1840 (2. Char. m. r. A.), im October 1846 Diaconus in Mölln. Er starb 19. November 1861. Seine Wittwe, geborne Matthiessen, starb zu Broacker den 14. October 1867.

33

1) Hatte neben anderen Predd. Theil an der Sammlung v. Epistelpredigten auf
alle Sonn-, Fest- u. Feiertage des Kirchenjahrs. Lüneburg 1853. Vergl.
unter Karl Ernst Bernhard Genzken. Ebenfalls an der Sammlung von
Evangelienpredigten. Lüneburg 1861. 8. Vergl. unter dems.
2) Nach seinem Tode: Evangelische Zeugnisse aus den nachgelassenen Predigten
von H. M. Fr. Volbehr; gesammelt u. zum Druck befördert von A. Moraht,
past. prim. in Mölln u. E. Genzken, Past. in Schwarzenbeck. Rendsburg,
Matthiessen, 1862. 8. SS. 380. Rec. Holst. Lehrerzeitung (v. A. C. Jessen)
1863, No. 20, S. 158 u. 159.
In den Jahrbüchern f. d. Landeskunde I, S 79—85 (Nachrichten über
Kunstwerke in Mölln). — Beiträge zum Kirchen- u. Schulblatt.

2277) **Volbehr.** Johann Christian Heinrich, geboren
25. December 1824 in Kiel, Sohn des Lederhändlers Claus H. Vol-
behr; gebildet auf der Kieler Gelehrtenschule, vorher in der Bürgerschule, und an den Universitäten in Kiel, Bonn; bestand 1849
Ostern das Schulamts-Examen, war bis Frühjahr 1851 Militär, von
da bis Ostern 1853 Hauslehrer in Reinhausen in Hannover, bis
Michaelis 1854 Hülfslehrer an der Privat-Realschule des Rectors
Petersen in Kiel, von da bis Ostern 1855 Hülfslehrer am Altonaer
Gymnasium, von da bis Michaelis 1864 zuerst 2. Adjunct, dann 4.
März 1860 3. Collaborator am Rendsburger Realgymnasium und
seit dem 18. October 1864 Collaborator an der Haderslebener Ge-
lehrtenschule.

De Trinummo fabula Plautina. Osterprogr. des Rendsb. Real-Gymnasiums
1861. 4. Revidirt.

2278) **Vollbehr.** Eduard Gottfried Christian, geb.
den 29. Mai 1817 in Kiel, besuchte die Kieler und Lübecker Gelehrten-Schule bis Mich. 1837, (Lehrer: Rector Lucht, Conr. Wittrock, Director Jacob, Prof. Classen), studirte Philologie in Kiel, wo
er den 6. März 1843 promovirte und von Ostern 1843 bis Johannis
1847 Privatdocent war, 1847, 29. Juni const. Lehrer an der Plöner
Gelehrtenschule, 1848, 1. September Collaborator das., 1853, 28.
September Subrector der Gelehrtenschule in Glückstadt, im Herbst
1864 Rector daselbst.

1) Hesiodi opera et dies. Recognovit, prolegomena scripsit, editionum principum
scripturae diversitatem enotavit, Procli et anonymorum scholia addidit. Kiliae,
sumptibus libr. academ., 1844. 8. SS. 237. Rec. Ztschr. f. d. Altberth.-Ww.
1845, Suppl. 17—21 (v. Schömann).
2) Terentii comoediae sex. Recensuit notasque suas et Gabr. Faerni addidit
Rich. Bentleius; editionem collatis prioribus omnibus repetendam curavit, Reizii
et Hermanni dissertationes praemisit, commentariorum indices addidit Ed. Vollbehr. Kiliae, sumt. libr. academ., 1846. 8. Rec. Berl. liter. Zeit., Juli
1846, No. 58, Leipz. Repert. der Lit. 1846, Juli, H. 31, 1846.

3) Uebersetzte frei nach dem Dänischen des Paul Hagerup Tregder: Handbuch der Griechischen u. Lateinischen Litteraturgeschichte. Für Deutsche Schulzwecke. Braunschweig, Fr. Vieweg & Sohn, 1847. 8. Wurde ins Neugriechische übersetzt von Nikolaos D. Trikkevs u. Basilios J. Schinas s. t. Ἱστορία συνοπτικὴ τῆς Ἑλληνικῆς φιλολογίας. Ἀθήνησι 1852. 8. Rec. Ztschr. f. Alterth.-Ww. X, 1852, No. 58 u. 59.

4) De Sophoclis Ajace: im Progr. der Plöner Gel.-Schule 1848.

5) Uebersetzung des Shakespear'schen Julius Cäsar: im Programm der Plöner Gelehrten-Schule 1853. 8. Erschien auch in Commission der Akad. Buchh. in Kiel.

6) De Oedipi regis Sophoclei oeconomia scenica: im Oster-Programm der Glückstädter Schule 1856. 4.

7) De Oedipi Euripidei fragmentis: im Oster-Progr. der Glückstädter Schule 1860. 4. SS. 20.

8) Ad. M. Tullii Ciceronis oratorem symbolae criticae: im Oster-Programm der Glückstädter Schule 1864. 4. SS. 18.

In Ztschr. f. d. Altberth.-Ww. 1847, No. 65—67 (Rec. v. Öhlers: M. Terentii Varronis Saturarum Menippearum reliquiae). — In Pädagog. Revue 1857, 1. Abth, Bd. 46 (Rec. v Kecks: Ovids Metamorphosen). — In Jahns Jahrbb. für class. Phil. 1861, S. 725—728 (Rec. v. Frölichs: Tibulls Elegien und Lieder etc.). — Revidirt.

2279) **van Vollenhoven**, Jan Jacob, war von September 1845—1849 Pastor an der remonstrantisch-reformirten Gemeinde in Friedrichstadt. Nach seiner Rückkehr nach Holland Pastor in Utrecht. Legte Krankheits halber sein Amt nieder u. wohnt jetzt abwechselnd bald in Mentone bei Nizza, bald in Montreux am Genfersee, bald auch in Holland. (Mitgetheilt von Past. Mensinga). Wir können anführen:

1) Specimen theologicum de Cyrilli Hierosolymitani catechesibus. Amsterd. 1837. 8. (Er ist aber nicht promovirt).

2) Beiträge zur Geschichte d. remonstrantisch-reformirten Gemeinde in Friedrichstadt. Friedrichstadt — F. W. L. Bado — 1849. 8. SS. 48. Angez. Kiel. Corresp. Bl. 1849 No. 128, S. 541.

Theilte mit in (Jess u. Versmanns) Kirchen- und Schulbl 1847, IV. Sp. 489—496. (Schreiben des Past. v. Rhyn's: Mein Besuch bei den Christen-Javanesen unweit Surabaya); 1848, V, Sp. 263—264 (Nachrichten von demselben v. Rhyn). —

2280) **Vollertsen**, Karl Friedrich (L. & S. No. 1263). Er fiel in dem Treffen vor Friedrichstadt den 29. September 1850. (Sein Vater war der 1841, 27. October verstorbene Pastor zu Hütten Christoph Ludw. Vollertsen).

Von ihm noch:

In den landwirthschaftlichen Heften 1840. H. 2. S. 6—9 (Landwirthschaftl. Bericht aus Nord-Angeln).

2281) **Volquardsen,** Carsten Redlef, geboren den 10. November 1824 zu Aventoft im Amte Tondern; sein Vater Landmann; besuchte 1840 die Flensburger Schule; studirte Philologie in Kiel, Göttingen seit 1846, war 1853 ein halbes Jahr Instituts–Lehrer in Doberan, dr. philos. zu Kiel 1855, darauf 2 Jahre Hauslehrer in Schönfeld, hielt sich darauf studirend in Berlin, Leipzig auf, und habilitirte sich 1861 Michaelis als Privat-Docent in Kiel, von wo er im Februar 1864 als Lehrer an die Schleswiger Domschule ging, an der er später als Collaborator blieb.

1) Platons Idee des persönlichen Geistes und seine Lehre über Erziehung, Schulunterricht u. wissenschaftliche Bildung. Berlin — Besser'sche Buchhandl. — 1860. VIII u. 192. 8. Rec. Jahns Jahrbb. 1861.

2) Das Dämonium des Sokrates und seine Interpreten. Kiel — Karl Schröder & Comp. — 1862. SS. 71. 8. Rec. in Jahns Jahrbb. 1863, S. 219 bis 223 (v. Ed. Alberti); Jahrbb. für Deutsche Theologie VIII, S. 372 (v. Fr. Läbker).

3) Platons Phädros. Erste Schrift Platons. Kiel — K. Schröder & Comp. — 1862. 8. S. 322.

4) Telemachs Process. Kiel — K. Schröder & Comp. — 1865. 8. SS. 64.
   Im Rhein. Mus f. Philol. XIX, S 505—520 (Die Genesis des Sokrates). Recension in den Jahrbb. f. classische Philologie v. Prof. Fleckeisen, 1861, H. 9. S. 653—656 (betreffend dr. Franz Hoffmann: Ueber die Gottesidee des Anaxagoras, des Sokrates und des Platon); 1862 H. 8, S 524—541; (betreffend: Untersuchungen über die Echtheit und Zeitfolge Platonischer Schriften etc. v. Friedrich Ueberweg (Wien 1861. 8., cfr. das. 1863 eine Antikritik von dr. Fr. Susemihl); das. 1863, H. 12, S. 886—888 (Ueber Platons Phädros 277 e sqq.). —

2282) **Volquardsen,** Peter, geb. den 27. April 1797 zu Hallstedt, besuchte die Gelehrten-Schule in Husum und studirte dann in Kiel Philologie; am 3. October 1821 Collaborator in Meldorf; den 12. October 1827 Subrector in Hadersleben, 27. December 1837 Conrector, 15 September 1848 Rector daselbst, im Jahre 1850 pensionirt; lebte nun mit Familie in Christiansfeld, wo er den 22. December 1852 starb. Verheir. mit Marie, Tochter des Rectors in Hadersleben Christian Aug. Brauneiser. S. N. Nekrol. der Deutschen XXX, S. 836—837.

1) Ehrenrettung des L. Annäus Seneca gegen die Angriffe Carl Hoffmeisters I. II. Hadersleben 1838. 1839. 4. Programme. Rec. in Jahns N. Jahrbb. f. Philol. u. Pädag. Jahrg. IX, Bd. 26, H. 3, S. 315.

2) Ueber den angeblichen Unterschied der Partikeln xέν u. ᾱν. Haderleben 1841. 4. Progr.
   („Deutsch u. Dänisch im Herzogthum Schleswig." Recension einer Schrift d. Prof. Chr. Paulsen) im Kieler Corresp. Bl. 1838, No. 5, 13, 14; (Noch ein Wort über Deutsch und Dänisch im H. Schlesw.) das. 1838 No. 34 u. 35. (Die Nordschleswigschen Petitionen die Dänische Sprache betreffend) das. 1838 No. 43, 44. —

In der „Lyna" 1842 No. 21. (Meine Ansicht über die Hafen-Committee-Sache). (Er redigirte einige Jahre hindurch bis zu Ende 1844 diese in Hadersleben erscheinende Zeitung, s. das. 1844 No. 53, 55, 59 u. 103, in welcher letzteren No. ein Abschied an die Leser von ihm ist). — Beitr. zum Itzeh. W. 1841 No. 22. —

2283) **Volquardsen,** R. (L. & S. No. 1516). Er war der Sohn eines Flensburger Kaufmanns, studirte Jura, ohne zum Examen zu gelangen; lebte später, ganz heruntergekommen, als Kostgänger in Klüs bei Flensburg. Er muss Ende des 3. Decenniums dieses Jahrhunderts gestorben sein. — Mitgetheilt.

Er gab in den 30ger Jahren noch ein erzählendes Gedicht „Hans Ohm" heraus.

2284) **Volqnardts,** Hans Andreas Friedrich Christian, (L. & S. No. 1265). Sein Vater, Zollcontrolleur J. Aug. V., † 8. April 1835 in Schleswig; seine Mutter Sophia Lucie geb. Hoffmeister † 24. Juni 1836. — Er selbst wurde den 25. Juli 1821 (nicht 1823) Pastor an St. Johannis in Flensburg, antretend den 2. December; den 21. April 1840 Probst über die Flensburger Probstei; den 29. Juni 1840 R. v. D.; feierte am 2. Ostertage 1845 sein 25jähriges Amts-Jubiläum; 24. März 1850 von der Dänischen Regierung entlassen, fungirte er als Probst noch bis 21. Juli 1850; 5. August 1850 Feldprobst der Schleswig-Holsteinischen Armee bis 25. Februar 1851; den 10. Mai 1851 von der Amnestie ausgeschlossen; den 9. November 1853, antretend den 26. März des folgenden Jahres, zweiter Pastor und den 8. December 1861 Pastor prim. an der lutherischen Gemeinde in Emden; den 26. April 1862 Oberkirchenrath; den 3. November 1864, antretend den 11. December, Pastor an St. Johannis in Flensburg; dazu am 20. Februar 1865 wieder ernannt zum Probsten der Probstei Flensburg; erhielt am 18. Januar 1866 den königl. Kronenorden 3ter Classe; starb in Flensburg den 23. November 1866.

1) Gab mit C. K. Jul. Asschenfeldt, L. F. C. Callisen und L. Lorenzen heraus: Religionsblatt. Neue Folge. Jahrg. I. Flensburg 1833. Jahrg. 2—4. Husum, bei Meyler, 1834—1836; dann mit C. K. J. Asschenfeldt und L. Lorenzen. Jahrg. 5—18 das. 1837—1849. 4.

2) Gab mit C. K. Jul. Asschenfeldt heraus: Lutherisches Kirchen-Büchlein. Mit steter Hinweisung auf das Wort Gottes ausgearbeitet. 2. Aufl. Schlesw., Tbst.-Inst., 1841. 3. Aufl. Das. Heiberg 1861. 12.

3) Mit demselben u. L. Lorenzen: Bibelsprüche nach der Ordnung des kleinen Catechismi Lutheri. 2. u. 3. Aufl. Flensb. 1845. 12. 4. Aufl. Itzehoe. 1847. 8. SS. 73.

4) Wahlsprüche für das Jahr 1845, herausgegeben von der Redaction des Flensburger Religionsblattes. Husum 1845. 8.

2285) **Volquarts,** Friedrich Wilhelm E. J.; geb. in Trittau, studirte Medicin, wurde 1839 dr. med. & chir. in Kiel und ist zur Zeit Arzt in Gettorf.

1) Membranae tympani explicatio anatomico-physiologica. Kil. 1839. 8.
2) Einige Worte über die ausschwitzende Bräune und meine Heilung derselben. Altona 1862. 8.

2286) **Volquarts,** Georg Friedrich Christian, geb. den 10. Februar 1804 zu Posthof, einer Landstelle im Kirchspiel Raumort im Amte Rendsburg; studirte Theologie seit Michaelis 1823 in Kiel, wurde 1828 in Glückstadt mit dem 3. Char. m. s. r. A. examinirt, den 10. Mai 1829 Diaconus in Lunden, den 6. August 1856 Pastor in Wedel, 1864 suspendirt und laut O.-A.-G.-Erkenntnisses v. 7. Juli 1866 entlassen.

1) Wie haben wir die Holsteinischen Stände zu betrachten? Eine Predigt gehalten am 16. Sonntage nach Trinitatis 1838 in der Kirche zu Lunden. (Friedrichstadt) 1839. 8.
2) Die gebrannten Wasser. Eine Predigt am Pfingst-Montage 1841 gehalten in der Kirche zu Lunden. Heide, F. Pauly, 1841. 2. Aufl.
3) Alcohol, der Landesfeind. 1843. 8.
4) Der zehnjährige Kampf in den Herzogthümern Schleswig u. Holstein gegen den Landesfeind, den Branntwein. Friedrichstadt 1847. 8. Rec. Kirchen- und Schulbl. 1847. Sp. 461—464.
5) Gab heraus: Ditmarsischer Volksfreund oder Zeugnisse gegen die gebrannten Wasser. Jahrg. 1—3. 1845—1847. (Monatlich 1 Bogen).
6) Der Bauern-Kampf in Wedel gegen das Pastorat das. von 1732—1864. Hamburg 1864. 8.
Beiträge in verschiedenen inländischen Blättern: Itzehoer Wochenblatt 1845, No. 14, 1846, No. 37 (vgl. Alt. Merc. 1846, No. 221). 1847, No. 1, 50 und später in den „Itzehoer Nachrichten". — In der Sönksen'schen Schulzeitung 1852—1853, No. 19, S. 83; No. 30. — Im Ditmarscher und Eiderstedter Boten der 30 u. 40ger Jahre.

2287) **Volquartz,** Matthäus (L. & S. No. 1266), lebt noch als Arzt in Garding.

2288) **Volquartz,** Wilhelm, geboren in Eutin, wurde 1858 dr. med. u. chir. in Kiel u. ist zur Zeit Arzt in der Stadt Schleswig.

De perichondritide laryngea. Kiliae 1855. 4.

2289) de **Voss,** Cornelius (L. & S. No. 1268.) Er starb im Anfang des April 1834 auf „de Bost" zu Dockenhuden. S. N. Nekrol. d. D. 12, S. 295.

2290) **Voss,** Detlef, geb. den 10. Mai 1805 zu Bischof in der Wilstermarsch, machte sein juristisches Examen zu Glückstadt 1831 mit dem 2. Char. m. A., erhielt am 5. Juni 1832 Bestallung

als Untergerichts-Advocat für die Herzogthümer Schlesw., Holstein
und Lauenburg, später als O.-G.-A. und Procurator bei den geistlichen und weltlichen Obergerichten in Altona; dazu auch Notar.
Ist hier nach 1849 gestorben.

1) Beitrag zur Kritik der für die Stadt Flensburg erlassenen Wechselordnung.
Kiel 1845. 8. Steht auch in der vom O. u. L.-G.-A. Claussen herausgegeb.
juristischen Zeitschrift (Kiel 1845.)
2) Uebersetzte aus dem Urtext und gab heraus: Die in der Stadt Altona geltende
Dänisch-Norwegische Wechselordnung v. Jahre 1681 nebst der später hinzu-
gekommenen Verfügung, mit Anmerkungen begleitet. Altona — Hammerich
— 1836. 8. X u SS. 187.

2291) **Voss,** Ernestine, geb. Boie (L. & S. No. 1270).
Sie war den 31. Januar 1756 in Flensburg geboren; starb den 10.
März 1834, 78 Jahr alt, in Heidelberg. — Vergl. N. St. M. X, S.
497, N. Nekrol, d. D. 12, S. 225—226.

Briefe von ihr sind auch unter den, von ihrem Sohn Abraham herausgegebenen Briefen ihres Gatten, namentlich im 2. Bande [(Halberstadt 1830) enthalten. Hierfür lieferte sie auch manchen interessanten Aufsatz zur Erläuterung
der Biographie v. Joh. Heinr. Voss.
Erinnerungen an Emilie Heins. Bonn 1831. 8
Nach ihrem Tode erschienen: Aufsätze, zur Silberhochzeit ihrer Kinder
Abraham und Marie, gesetzt von ihrem Enkel Hermann zum 15. Mai 1837. 8.
und zum Theil dieselben in der anderen Ausgabe. Düsseldorf 1847. 8.

2292) **Voss,** Heinrich (L. & S. No. 1271). Ist vielleicht
derselbe mit dem H. Voss, der auf Deutsch-Nienhof noch um 1805
lebte, als er das unten stehende Liederbuch in 2. Aufl. herausgab.

Sammelte: Schleswig-Holsteinisches Liederbuch. Ein Taschenbuch für Freunde
und Freundinnen in fröhlichen Gesellschaften, gesammelt v. H. Voss. 2. verb. u.
verm. Aufl. Schleswig und Kiel, Gebr. Schmidt, 1805. 8.

2293) **Voss,** Heinrich (L. & S. No. 1272).
Von ihm noch:
Briefe. Herausgegeben v. Abraham Voss. 1—3 Büchn. 1) Briefe v. Heinr.
Voss (erschienen ursprünglich s. t. Briefwechsel mit Jean Paul), 2) Mittheilungen
über Schiller u. Göthe, 3) Aus dem Leben von Heinrich Voss, Briefe an Verschiedene. Ernstes und Heiteres aus dem Nachlass. Heidelberg — C. F. Winther,
1833—1839. 8.

2294) **Voss,** Johann Heinrich (L. & S. No. 1273). —
Vergl. über ihn noch: Heinrich Döring: Joh. Heinr. Voss, nach
seinem Leben und Wirken dargestellt. Weimar, 1834, IV u. 285
SS, wo am Schlusse ein Schriftenverzeichniss und ein Verzeichniss
derjenigen Schriften, welche Nachrichten von Vossens Lebensum-
ständen enthalten; — Perthes' Leben Bd. 2, S. 135—136, 243, 248;

— Merkels Skizzen H. 2, S. 210—212; — die Lebensbeschreibung vor Voss' sämmtlichen poetischen Werken. Leipzig 1835. — J. N. Tetens Reise in die Marschländer (Leipzig, 1788) S. 397. N. St. M. II. S. 733.

Von ihm noch: Briefe v. J. H. Voss nebst erläuternden Beilagen. Bd. 1. 2. Halberstadt 1829. Bd. 3. Abth. 1. 2. Leipzig 1833. 2. Aufl. 1840. 8. (cf. L. & S. S. 861).

Von Virgils ländlichen Gedichten erschien die 2. vermehrte Aufl. Bd. 1. 1 mit Charte. Altona — Hammerich — 1830. 8.

Von der Zeitmessung der Deutschen Sprache gab Abrah. Voss die 2. vermehrte Ausgabe, Königsberg 1831, heraus.

Von den Uebersetzungen der Ilias u. Odyssee erschienen im Cottaischen Verlage fortlaufende Auflagen, zuletzt in der „Deutschen Volksbibliothek" 1859 und 1860.

Eine Uebersetzung seines Commentars zur 9. Ecloge d. Virgils ins Lateinische von P. Petersen (welchen vergl.) u. J. Freudenberg bildet ein Progr. des Gymnasiums in Kreuznach 1831. 4. 3 Bgg.

Sein Commentar zum Virgil lateinisch s. t. Commentarii Virgiliani. In latinum sermonem convertit Theod. Fr. Gdfr. Reinhard. P. I, II sive Eclogae 1—X cum commentt. Rudolphopoli et Lipsiae 1832—1837. 8. 32¹/₂ Bgg. u. 1 Sttfl.

Sein Idyll „Louise" erschien in späteren Ausgaben wiederholt, z. B. Leipzig — Müller — 1864. 8. u. Berlin 1867. 8. Mit Illustr.

Mythologische Forschungen aus dem Nachlasse des Joh. H. Voss, zusammengestellt und herausgegeben v. H. G. Brzoska. Th. 1. 2. Leipzig — Lehnhold — 1834. 8. XII und 192 und 234 SS. A. m. d. T.: Mytholog. Briefe v. J. H. Voss. Th. 4. 5.

Anmerkungen und Randglossen zu Griechen u. Römern. Herausgegeben von Abraham Voss. Leipzig — Müller — 1838. gr. 8.

Sämmtliche poetische Werke in 1 Bande, herausgegeben von A. Voss nebst Lebensbeschreibung von F. F. H. Schmid. Mit Voss' Portrait und Facsimile Leipzig, 1835. 4.

Dieselben in 5 Bänden. Leipzig — Müller — 1846, dann 1850 und wieder 1853.

Im „Genius der Zeit" stehen von ihm noch mehrere Beiträge, 1796, April, S. 409—19 (Erklärung einer Stelle Virgils Ecl. III, 84—91); 1797, April, S. 451 bis 461 (Midas. Nach Ovids Metamorphosen XI, 96); Juni, S. 145—156 (Acis und Galathen); Juli, S. 289—98 (Dafne); S. 298—303 (Ueber seine mythologischen Briefe); 1798, Februar, S. 234—47 (Orpheus und Eurydike); 1799, Febr., S. 196 bis 199 (An Mäcenas. Nach Horaz); Mai, S. 60 (An Bandusia); Juni, S. 145 bis 46 (An die Republik); S. 297—300 (An die Römer); August, S. 453 (Horaz Od. II, 17); October, S. 145—146 (An Delius); S. 147—149 (Auf einen Baum der den Dichter (Horaz) beinah erschlug); August, S. 456—58 (Ueber die Leinwand der Alten); S. 439—462 (Kleist's Gedicht „das Landleben" in der Urform); 1800, Januar, S. 73—77 (Nachricht von Hölty's Gedichten); März, S. 224—30 (Der Bund); S. 246—55 (An John Andre); September, S. 561 ff. (De Geldhagers. Ene Sassische Idylle). — Im Genius des 19. Jahrhdrts. 1801, Januar, S. 8—10 (An Klopstock); März, S. 233—238 (Lob des Gesangs); 1802, Mai, S. 486 (an Gleims

Leier). — Im „Deutschen Museum" 1789 No. 3 (Ueber Anonymität. Aus dem Vorhör über zwei Ausrufer in der allgem. Deutschen Bibliothek). — In J. Buggesens Briefwechsel mit K. L. Reinhold und F. H. Jacobi (Leipzig 1831) stehen 2 Briefe von ihm.

2295) **Voss**, Marcus Detlef (L. & S. No. 1274). Nach seinem Tode gab der Probst Friedrich Feddersen (welchen vergl.) überarbeitet und fortgesetzt heraus seine:

Nachrichten von den Pröbsten und Predigern in Eiderstedt seit der Reformation. 1853. Altona. 8. II u. 212 SS.

2296) **Voss**, Sophus Abraham (L. & S. No. 1267), 1819 Oberlehrer und Professor am Gymnasium in Creuznach; begab sich nach längerer Kränklichkeit im September 1847 zu seinem ältesten Sohn, Hermann, nach Düsseldorf. Dort starb er kurz nach Vollendung seines letzten Werks, Deutschlands Dichterinnen, am 13. November 1847 Abends 5 Uhr. — Vergl. Hannöversche Morgenzeitung 1847 No. 143.

Von ihm noch:

Gab heraus: Briefe v. J. H. Voss nebst erläuternden Beilagen. Bd. 1. 2. Halberstadt, Brüggemann, 1829. Bd. 3, Abth. 1, Abth. 2. Leipzig 1833. 8. 2. Aufl. das. 1840. 8.

Gab anonym auch seines Vaters Uebersetzung des Propers heraus.

Gab ferner heraus: Mittheilungen über Göthe und Schiller in Briefen von Heinrich Voss. Heidelberg, Winter, 1832.

Notae in Theocritum. Heidelberg 1833. 8.

Freie Nachbildung einiger Metamorphosen des Ovid. Mainz, Fabersche Buchh., 1844. 8. 4 Bgg.

Deutschlands Dichterinnen in chronologischer Folge. Düsseldorf 1847. gr. 8. XVI u. 522 SS. — Rec. Hannoversche Morgenzeitung 1848, No. 15.

2297) **Voss**, Wilhelm (L. & S. No. 1276). War der 3. Sohn von Johann Heinrich Voss und zu Otterndorf den 29. April 1781 geboren; seit Januar 1839 grossherzoglich Oldenburgischer Hofrath u. starb zu Eutin den 24. October 1840. Vergl. N. Nekrol. d. D. 18 S. 1027.

Diss. insugur. de prophylaxi. Gottingae 1805. 8.

2298) **Vothmann**, Nicolaus (L. & S. No. 1277) Er war geboren den 27. Juli 1758 u. ein Bruder (nicht Sohn) von Johann Georg V. im Kordes S. 511; starb den 21/22. März 1831, 73 Jahr alt. — S. N. Nekrol. d. D. 9, S. 289. Prov. Berr. 1834, H. 1, S. 45—55 (v. dr. Schmidt in Sonderburg); und H. 4, S. 661—63; N. St. M. 10, S. 497.

2299) **de Vries,** Johann Joachim, geb. 18. Juni 1810 in Flensburg; Sohn eines aus Holland dahin übergesiedelten Schiffs-capitäns († 1821); von 1823 im Mai bei dem Pastor J. Chr. Biernatzki zuerst auf Nordstrand, dann in Friedrichstadt, 1826 Lehrling in einem kaufmännischen Geschäft in Flensburg, später Commis in Kiel, Heide, Hamburg, gab 1834 den kaufmännischen Beruf auf und wurde im September 1834 Gevollmächtigter auf der Hardesvogtei in Hohn, 1838 im Januar Copiist auf dem Amthause in Flensburg, Juli s. J. Hebungsgevollmächtigter auf der Amtstube in Reinfeld, 1845 Juli Buchhalter u. Secretär bei der Direction der Glückstadt-Heider Eisenbahngesellschaft in Heide, März und April 1848 Freischärler, trat Juli s. J. als Revisor in die provisorische Regierung, war 1849 im März Kriegsfuhr-Commissär in Kiel, bald nachher in Apenrade und später wieder in Kiel, 1. Juni 1850 Unterbuchhalter der Schleswig-Holsteinischen Staats-Buchhalterei, 1852 im April Extra-Arbeiter im Dänischen Staatsschuldencomptoir in Kopenhagen; 1864 im Juni kehrte er von dort zurück und wurde im August dess. J. als Oberrevisor in der Schleswigschen Steuerrevision constituirt und 1865 den 25. Januar als solcher ernannt. Die ähnliche Stellung nimmt er seit October 1865 in der Schleswigschen Landes-Regierung ein. Verh. 1) mit Sophie Friederike Emilie Rickers aus Reinfeld († 8. Aug. 1853); 2) mit ihrer Schwester Catharina Dorothea Henriette. (Nach dem Autograph).

1) Das Zollwesen der Herzogthümer und Dänemarks. Schleswig, Tbst.-Inst., 1835. 8. SS. 83.

2) Die Verbindung der Glückstadt-Heider und der Flensburg-Tönninger Eisenbahn betrachtet in zweien aus d. Ditmarsischen Zeitg. besonders abgedruckten Artikeln. Heide, Pauly, 1846. 8. SS. 46 mit Tabelle.

3) Einige Bemerkungen über die Richtung einer Längeneisenbahn durch Schleswig und Jütland. Heide, Pauly, 1853. 8. SS. 31.

Beitrr. zum Itzehoer Wochenbl. 1833, No. 33 (Ueber Zollwesen); 1834, No. 8. (Octavian an Sebastian und Fabian); No. 51; 1835 No. 7, 11, 20, 25, 26, 29, 41 (Patriotische Phantasien); 1836, No. 38; 1837 No. 19, 20 (Bilderbogen mit Motto [anonym]); 1837, No. . . (über den Verein zur Hebung der inländischen Industrie in Rendsburg. Vgl. Kieler Corr.-Bl. 1837, No. 94 u. 95: Offenes Sendschreiben, den Verein zur Belebung der inländischen Industrie betreffend, unterz. J. d. V.), 1842, No. 15 u. 17 (Unsere Münzzustände und „ein Loch im Schilde"); 1846 No. 53 (Münzsache); 1847 Septbr. (Ueber die Glückstadt-Heider Eisenbahn). — Beitrr. zur Ditmarsischen Zeitung 1833 No. 41—43 (Skizzen. Ueber Möglichkeit und Unmöglichkeit in Ditmarschen 1—8); 1833 No. 48 (Die Armenpflege in Heide betr.); 1834 No. 22 (Ein paar Worte aus der Fremde hinüber, [unterz. „ein Fremdling"]; 27. Beilage (Hr. Redacteur); 1835 No 46. Beil. (An N. S. O. und seine Gegner); No. 49 (Fragen in Veranlassung eines Aufsatzes in No. 46

der Zeitung); 1836 No. 18—20 (Entgegnung betr. den vorhergeh. Aufsatz); 1837 No. 27, 29 u. 30 (Gemeinnütziges); 1845 No. 38—41 (Ein neuer Cataster); No. 40 (Wo soll in Heide der Bahnhof liegen?); 1846 No. 4—6, 10—12 (Glückstadt-Heider-Eisenbahn); No. 52 (Der Winter. Eine Suppenanstalt); 1847 No. 1 (Neujahrsgruss): No. 2 (Ständewahl); No. 10 (Der theoretische Adam), No. 19 (Arbeit für die Armen); No. 27 (Eisenbahn oder keine Eisenbahn); No. 34 (Bericht über die Wirksamkeit des Vereins zur Unterstützung freiwilliger Arme). — In dem Altonaer Witzblatt „Kanonier" 1834 No. 12 (Stockraketen). —
Im Kieler Corresp.-Bl. 1835 No. 62—63 u. 65 (Eine Zollangelegenheit). —
Im Eckernförder Wochenblatt 1836 No. 83 (Sonnenaufgang) No. 85 (Bild der Justitia), No. 89 (Die künstliche, die natürliche Blume. Parabel), No 91 (Brocken), 1837, No. 51 (Capitelvignetten zur Chronik der Zeit), 1837, No. 80 (Gut Ding will Weile haben). — Mehrere Beitrr. zum Oldesloer Wochenblatt 1839 bis Mitte 1845 und Einzelnes im Apenrader Wochenblatt.

W.

2300) v. Wachenhusen, Johann Georg (L. & S. No. 1517), geboren den 1. Juli 1781 zu Schwerin; sein Vater war es, der das Seebad zu Doberan einrichtete; der Sohn trat zuerst in Hannoversche, 1797 in Schwedische Dienste, nahm später als Major seinen Abschied u. bezog sein Gut Nienhagen, in der Folge wählte er Altona zu seinem Wohnort u. gab seit dem Herbst 1825 dort eine Zeitung für Pferdeliebhaber heraus. Als 1833 Graf Holmer in Kiel die „hippologischen Blätter" herauszugeben begann, fanden bald Reibungen zwischen beiden Blättern Statt. Im Altonaer Merc. 1833 No. 181 erschien ein mit 67 Unterschriften aus Mecklenburg versehener Aufsatz gegen Wachenhusen's Zeitschrift. Eine Entgegnung darauf folgte das. No. 184 Sp. 3608 u. in jener Zeitschrift Jahrg. 9 No. 5. Die Folge war ein Duell zwischen dem Baron Biel und v. Wachenhusen auf der Hannoverschen Küste beim Vorwerk Schluisgrove im Amte Wilhelmsburg, in dem v. W. am 21. December 1833 seinen Tod fand.

Die Zeitung für Pferdeliebhaber setzte nach dem Tode des Vaters der Sohn D. v. Wachenhusen fort. Sie hörte aber Ende September 1834 mit No. 52 des 9. Jahrganges auf. Vergl. N. St. M. 10, S. 507—508.

2301) Wachsmuth, Ernst Wilhelm Gottlieb (L. & S. No. 1279); war 1831 einige Zeit Redacteur der Zeitschrift „Vaterland"; 1844 auch dr. jur.; Correspondent der Akademie der Inschriften und schönen Literatur des Instituts von Frankreich; erhielt 1849, Ende April einen Ruf an die Universität nach Wien, den er nicht annahm, starb im Januar 1866 in Leipzig.

Von ihm noch:

Von der Hellenischen Alterthumskunde erschien Th. 2, Abth. 2: Oeffentliche Zucht. Götterdienst. Kunst. Wissenschaft. Nebst Zeittafel u. Register zum 2. Theil. 1830. 8. YIII u. 599 SS. Eine zweite Ausgabe des ganzen Werks Halle 1844 bis 1845.

Historische Darstellungen aus der Geschichte der neueren Zeit. Th. 1: Das Reformationszeitalter bis Ende des 16. Jahrhunderts; Th. 2: Meistens aus dem 17. Jahrh.; Th. 3: Aus dem 18. Jahrhundert. Leipzig, Kummer, 1831—1832. — Leitfaden zu Vorlesungen über die allgemeine Weltgeschichte. Leipzig, Hinrichs, 1833. 8. 20 Bgg.

Europäische Sittengeschichte vom Ursprunge volksthümlicher Gestaltungen bis auf unsere Zeit. Th. 1: bis zum Verfall des karolingischen Reichs; Th. 2: bis zum Auftreten Gregor VII; Th. 3, Abth. 1, 2: Kirchenschwärmerei u. Herrschaft des Papstthums; Th. 4: Verfall mittelaltriger Zustände; Th 5, Abth. 1: Zeitalter des Kirchenstreits, Abth. 2: der unumschränkten Fürstenmacht u. Revolution. Leipzig, W. Vogel, 1831—1839. 8.

Darstellungen aus der Geschichte des Reformations-Zeitalters mit Zugaben aus der Quellenforschung. Th. 1, B. 1, a. u. d. T.: Der Deutsche Bauernkrieg zur Zeit der Reformation. Mit Th. Münzers Bildniss. Leipzig, Brockhaus, 1834. 8. 10 Bgg.

In F. v. Raumers histor. Taschenbuch 1834: Aufstände u. Kriege der Bauern im Mittelalter.

De poénae capitis apud gentes Europaens adolescentes sancitae causis disput. histor. Lipsiae 1839. 3½ Bgg. 4. Programm der Universität.

Vom Grundriss der allgemeinen Geschichte der Völker u. Staaten erschien 2. Aufl. Leipzig, W. Engelmann, 1839. 8. 3. umgearbeitete u. bis auf die neueste Zeit fortgeführte Ausgabe. Leipzig, C. Engelmann jun., 1848. 8. XIV u. 310 SS.

Geschichte Frankreichs im Revolutionszeitalter. Th. 1—4. Hamburg 1840 bis 1848. 8. Bildet Lief. 16—18, 20 u. einen Theil v. 21 der Geschichte der Europäischen Staaten v. A. L. Heeren u. F. A. Ukert.

Weimars Musenhof in den Jahren von 1772—1807. Historische Skizze. Berlin, Dunker & Humblot, 1844. gr. 8. Recc. N. Jenaer Lit. Zeit. 1844, No. 292 bis 294. Jen. L. Z. 1845, No. 14—15 (v. E. Weber in Bremen).

Dissertationis de Luceria Apuliae urbe pars I et II. Lipsiae 1844—1845. 4. Universitätsschriften.

Das Zeitalter der Reformation. Geschichte der Fürsten u. Völker Europas seit dem Ausgange der Zeit Friedrichs des Grossen. Bd. 1: Die Aufklärung der Zeit Friedrichs d. Grossen, die Revolution u. ihre Widersacher bis zur Entthronung Ludwigs XVI. (33 Bgg.), Bd. 2: Die Zeit der ersten Coalition vom Feldzuge des Jahres 1792 bis zum Frieden von Campo-Formio (32¼ Bgg.), Bd. 3: vom Rastadter Friedenscongress bis zum Pressburger Frieden (34 Bgg.), Bd. 4: vom Frieden zu Pressburg bis zum 2. Pariser Frieden (39 Bgg.). Leipzig, Renger, 1846—1848. 8.

Gab heraus: Briefe von Leibnitz an Christian Philipp: in den Abhandlungen der Jabblonowskischen Gesellschaft. Leipzig, 1846. 8. 1—44.

Allgemeine Culturgeschichte. Th. 1: der heidnische Orient, das klassische Alterthum, das Christenthum u. das christliche Römerreich, der Islam (XXIV u. 598 SS.); Th. 2: das Mittelalter (VI u. 448 SS.), Th. 3: die neuere Zeit (X u. 558 SS.). Leipzig. Vogel, 1850—1952. 8.

Geschichte der politischen Parteiungen alter u. neuer Zeit. Bd. 1: im Alterthum, Bd. 2: im Mittelalter, Bd. 3: in der neueren Zeit, Abth. 1: bis zur Mitte des 17. Jahrhunderts, Abth. 2: bis auf unsere Zeit. Braunschweig 1853—1856, 8. XII u. 424, XII u. 522, VII u. 324 u. VIII u. 341 SS.

Geschichte von Hochstift u. Stadt Hildesheim. Hildesheim, Gerstenberg. 8. VII u. 266 SS.

Geschichte Deutscher Nationalität. Th. 1: die Gesammtheit d. Deutschen Nation (VIII u. 427 SS.). Th. 2: Geschichte der Deutschen Volksstämme aus dem Gesichtspunkte der Nationalität. H. 1: die Stämme niederdeutscher Zunge und die Hessen (VIII u. 384 SS.), H. 2: Mitteldeutsche Stämme. Alemannen u. Burgunder. Südostdeutsche Stämme u. Pflanzungen (VIII u. 420 SS.). Braunschweig, Schwetschke u. Sohn, 1860—1862. 8.

Niedersächsische Geschichten. Berlin 1863. 8. XXXII u. 254 SS. Nebst Porträt u. Stahletich. Steht auch in der Deutschen National-Bibliothek v. Ferdinand Schmidt. IIbd. 21—23.

Gab mit Karl v. Weber heraus: Archiv für Sächsische Geschichte. Bd. 1—2. Leipzig 1863—1864. 8.

2302) v. Wackerbarth, August Joseph Ludwig (L. & S. No. 1281). Er entdeckte im März 1836 in der Nähe von Dresden, kaum eine halbe Stunde vom Elbufer, eine starke Salzsohle und ein grosses Steinkohlenlager. Er starb zu Zittschwitz bei Dresden den 19. Mai 1850. (Ueber seine auf die 3 Lauenb. Güter Hollenbeck, Lehmrade u. Brunsmark erhobene Reclamation vergl. Alt. Merc. 1853 No. 219 Beil.)

Von ihm noch:

Bruchstück aus dem noch ungedruckten Werk „Leben d. berühmtesten Maler" in der Ztschr. „Unser Planet" 1831 No. 209 ff. auch 245.

Kaiser Karl's des Grossen Büchersammlung. H. 1. Dresden 1837. 4.

Der Britten erste Heerfahrt gegen China. H. 1. Leipzig 1840.

2303) Wagler, Inspector auf Sievershagen, Kirchsp. Lensahn, wo er um 1855 gestorben ist.

Von ihm in den „landwirthschaftlichen Heften für die Herzogthümer Schleswig und Holstein" 1837, H. 3, S. 3—24 (Beantwortungen der auf der Versammlung des Wagrischen landw. Vereins v. 9. Nov. 1837 aufgeworfenen Fragen).

2304) Wagner, geb. in Schleswig, Tondernscher Seminarist bis 1840, in welchem Jahre er mit dem 1. Charakter examinirt wurde, später Cantor und Lehrer in Schwabstedt.

In den „Darstellungen aus dem Christenleben," herausgegeben von dem Elb-Pinnauer Lehrerverein, 1856, No. 50, S. 415—423: Die ewige Ruhe der Heiligen.

2305) Wagner, Carsten, geb. 1815, laut Mittheilung, in Albersdorf unweit Meldorf, Tondernscher Seminarist (exam. 1838), Hauslehrer im Friedrichsgabekoog, später Lehrer zu Darenwurth, Kirchsp. Lunden in Norderditmarschen; starb 31. März 1866.

Gab heraus: Jahrbuch Schleswig-Holsteinischer Dichter. Schleswig 1848. 8
IV u. 252 SS.

Beiträge zu mehreren Blättern, u. A. der „norddeutschen Jugendzeitung," dem
„Eiderstedter und Stapelholmer Wochenblatt" u. A. 1861 No 42 (Rec. v. Zeise's
„Aus meiner Liedermappe").

Kündete als Hauslehrer „Knospen aus dem Garten" an, die nicht erschienen
sind.

2306) **Wagner,** Marcus David (L. & S. No. 1283). Er
war geboren 1754 in Wilster; den 3. Juni 1833 dritter u. später
zweiter Bürgermeister in Rendsburg, wo er den 9. April 1841
starb. — S. über ihn N. Nekrol. d. D. 18, S. 399.

2307) **Waitz,** Georg, geboren den 9. October 1813 in
Flensburg, Sohn von G. Christoph Waitz u. J. Maria geb. Hansen;
besuchte seit seinem 12. Lebensjahre die Flensburger Gelehrten-
schule 6 Jahre hindurch unter dem Rector F. C. Wolff, besonderer
Vorliebe für die Geschichte schon damals nachgehend u. namentlich
von seinem Lehrer G. Th. Francke in derselben bestärkt; ging 1832
auf die Universität Kiel, liess sich als Jurist einzeichnen u. erhielt
im sog. Convict-Examen den 1. Charakter. Historische Studien
blieben auch hier, besonders nach Lesung der Römischen Geschichte
v. Niebuhr, sein Hauptziel; er hörte darin Michelsens Vorlesung,
als Jurist aber Falck und Kierulff, Philologie bei Nitzsch, Sanskrit
bei Johannsen und Philosophie bei v. Berger. Nach einem Jahr
ging er nach Berlin, wo in der Geschichte Wilcken und Ranke
seine Lehrer waren, an deren historischen Uebungen er Theil
nahm. Im Jahre 1834 u. im Winter 1835 hielt er sich in Kopenhagen auf und arbeitete dort über das Leben u. die Thaten Heinrich I. in Deutschland eine von der Berliner philosophischen Facultät gekrönte Preisschrift aus. Im Sommer kehrte er nach Berlin
zurück, wurde 1836 dr. philos. daselbst u. war schon Mitarbeiter
bei der Herausgabe der monumenta Germaniae von Pertz, während
er sich gleichzeitig u. folgende Jahre in Hannover aufhielt; wurde
1842 ausserordentlicher und den 29. März 1848 ordentlicher Prof.
der Geschichte in Kiel, trat jedoch die ordentl. Prof. nicht an, da
er, am 15. December 1847 auf Ansuchen zu Ostern 1848 entlassen,
um diese Zeit als ord. Prof. nach Göttingen ging. Im Jahre 1848
war er Abgeordneter des 4. Holsteinischen Wahldistricts für die
Deutsche Reichsversammlung. Einen Ruf, den er nach Tübingen
erhielt, nahm er im März 1867 nicht an. — S. die vita hinter seiner Inaugural-Dissertation.

1) Commentationis de chronici Urspergensis prima parte, ejus auctore, fontibus et apud posteros auctoritate specimen. Diss. inaugur. Berolini, formis Nietackianis, 1836. 4. SS. 20.

2) Jahrbücher des Deutschen Reichs unter der Herrschaft König Heinrich I. Berlin, 1837. 8 (Vorrede von L. Ranke). SS. 202. Bildet die 1. Abth. des 1. Bandes der Rankeschen Jahrbb. des Deutschen Reichs und sind die aus dem Lateinischen ins Deutsche umgearbeitete Preisschrift v. 1835. — In anderer Auflage, Berlin 1863, in den Jahrbüchern der Deutschen Geschichte.

3) Waitz hatte einigen Theil an: den Jahrbüchern des Deutschen Reichs unter der Herrschaft König und Kaiser Otto I. von Wilhelm Dönniges, oder Jahrbücher des Deutschen Reichs unter dem Sächsischen Hause, herausgeg. v. L. Ranke, Bd. 1. Abth. 3. Berlin 1838. 8.

4) Mit S. Hirsch: Kritische Prüfung der Echtheit und des historischen Werthes des chronicon Corbejense. Eine von der historisch-philologischen Klasse der k. Societät der Wissenschaften zu Göttingen gekrönte Preisschrift. Berlin — Duncker und Humblot — 1839. 8. VIII und SS. 140. Bildet in Rankes Jahrbb. des Deutschen Reichs Bd. 3. Abth. 1.

5) Ueber das Leben und die Schriften des Ulfila. Bruchstücke eines ungedruckten Werks aus dem Ende des 4. Jahrhunderts. Hannover 1840. 4. Rec. Gött. Gelehrte Anzeigen 1841, Bd. 1, S. 77—80.

6) Ueber die Gründung des Deutschen Reichs durch den Vertrag zu Verdun. Zur 1000jährigen Gedächtnissfeier desselben, die auf der Christian-Albrechts-Universität den 10. August 1843 begangen werden soll, ladet ein etc. Kiel — Mohr — 1843. 4. SS. 23.

7) Redigirte: Nordalbingische Studien oder Neues Archiv der Schleswig-Holstein-Lauenburgischen Gesellschaft. Bd. 1—4. Kiel 1844—1847 (cfr. H. Ratjen). Darin von ihm Bd. 1, (Statt des Vorworts), S. XVII—XXXII (Aus dem Jahresbericht 1843/1844); S. 1—10 (Nordalbingia), S. 83—86 (Drei ältere Urkunden; mitgetheilt); S. 175—190 (Des Claudius Clavius Beschreibung des Skandinavischen Nordens); Bd. 3, 1846, S. III—XIX (Aus dem Jahresbericht von 1845/1846); S. 69—90 (Die Verträge der Oldenburger u. Schaumburger über die Succession in Schleswig u. Holstein 1460); Bd. 4, 1847, S. 336—337 (?Was heisst der Krone Dänemark incorporirt sein?) — Ausserdem im Bd. 5, 1850, S. 1—55 (Die Quelle der annales Esromenses od. annales Lundenses); Bd. 6, 1851, S. 88—96 (Fragment der Holsteinischen Reim-Chronik), S. 111—127 (Urkundliche Beiträge z. Geschichte Christian I.); S. 282—285 (Nachträge dazu); S. 286—296 (Urkundliche Beiträge zur Geschichte König Christian II. während seiner Landflüchtigkeit).

8) Deutsche Verfassungsgeschichte. Bd. 1—4. Kiel — Schwers'sche Buchh. — 1844, 1847, 1860, 1861. 8. XXVIII u. 296, XXII u. 668, X u. 564 u. VIII und 619 SS. 2. Aufl. Bd. 1. das. 1865. 8. XIV u. 496 SS. Rec. d. 1. Bandes Götting. Gel. Anzz. 1845. S. 851 ff, des 2. Bandes u. A. in den „liter. u. krit. Blättern" 1847, No. 144, des 3. Bandes Gött. Gel. Anzz. 1860, S. 1481—1487; der 2. Aufl. Zarnckes liter. Centralbl. 1866 No. 10; Götting. Gel. Anzz. 1865, S. 1707—1715.

9) Das alte Recht der Salischen Franken. Eine Beilage zur Deutschen Verfassungsgeschichte. Kiel — Schwers'sche Buchh. — 1846. 8. VIII u. 303 SS. Rec. Gött. Gel. Anzz. 1847, S. 1723 ff.

10) Hatte mit acht seiner Kieler Collegen Theil an: Staats- und Erbrecht des Herzogthums Schleswig. Kritik des Commissionsbedenkens über die Succes- sions-Verhältnisse des Herzogthums Schleswig Hamburg 1846. 8. SS. 115 (cfr. s. N. Falck).

11) Gab heraus: Urkunden-Sammlung der Schleswig-Holstein-Lauenburgischen Gesellschaft für vaterländische Geschichte. Bd. 2. Abth. 2. Kiel 1848. 4. S. 129—411 (Angef. Kieler Corresp.-Blatt 1850, No. 151). Abth. 3. Kiel, Ak. B., 1856. 4. XXIX u. 413—577 (Die 4. Abtheilung, das Register des 2. Bandes enthaltend, ist bevorwortet von Chr. Jessen u. Bd. 3 Abth. 1 ent- hält das Diplomatar des Klosters Ahrensboeck v. A. Jessin. Kiel 1852. 4. SS. 158). cfr. A. L. I. Michelsen. Ueber Bd. 2, Abth 2, s. Gött. Gel. Anzz. 1850, S. 1615—1630.

12) Ueber den Frieden mit Dänemark. Erster Beitrag. Göttingen, Dieterichsche Buchh., 1849. 8. SS. 32. Zweiter Beitrag. Das., in ders., 1849. 8. SS. 40.

13) Einige Worte über den Dänischen Geh. Archivar u. Historiographen C. F. Wegener. Göttingen 1850. 8. SS. 34. Steht auch in den Göttinger Gel. Anz. 1850, St. 128—130. Angez. Kiel. Corresp.-Bl. 1850, No. 179.

14) Schleswig-Holsteins Geschichte in drei Büchern. Buch 1, Göttingen 1851, XVI u. 414, Buch 2 (Hälfte 1 u. 2), das. 1854, XXI u. 674 SS. u. Tfl. in ql., Buch 3 das. 1862. 8. S. Gött. Gel. Anz. 1852, S. 1593—1622.

15) Der neueste Dänische Versuch in der Geschichte des Herzogthums Schleswig beleuchtet. Göttingen, Diederichsche B., 1852. 8.
In den Abhandlungen der k. Gesellschaft der Wissenschaften zu Göttingen:

16) Bd. 5 der histor.-philos. Klasse S. 69—112: Ueber Hermann Korner u. die Lübecker Chroniken. Auch separat ausgeg. Göttingen, Dieter. B., 1851. 4. SS. 46.

17) B. 6, S. 179—228: Ueber die altdeutsche Hufe. Ebenfalls separat. 1854. 4. SS. 52.

18) Bd. 7, S. 69—144: Ueber die Anfänge der Vassalität. Ebenfalls separat. Das. 1856. 4. SS. 78.

19) Bd. 8, S. 3--42: Eine ungedruckte Lebensbeschreibung des Herzogs Knud Laward v. Schleswig. Auch separat 1858. SS. 39. 4.

20) Bd. 9, S 221—259: Ueber die Münzverhältnisse in den älteren Rechtsbüchern des Fränkischen Reichs. Ebenfalls separat. 1860. SS. 38. 4.

21) Bd. 11 (Anhang) S. 1—32: Zum Gedächtnis von Jacob Grimm. Ebenfalls separat. Das.

22) Bd. 12, S. 3—63: Ueber d. Sächsische Kaiserchronik u. ihre Ableitungen. Eben- falls separat. Das. 1865. 4.

23) Lübeck unter Jürgen Wullenweber und die Europäische Politik. Bd. 1—3. Berlin, Weidmannsche Buchh.,' 1855. 1856. 8. XXVI u ,424, X u. 432 u. XII u. 585 SS. Mit 1 lithogr. Facsimile.

24) Redigirte: Forschungen zur Deutschen Geschichte von der historischen Com- mission der Bayerischen Akademie der Wissenschaften. Bd. 1, H. 1. Göt- tingen 1860. 8. Darin von ihm S. 1—10. (Der Kampf der Burgunder und Hunnen).

25) Grundzüge der Politik nebst einzelnen Ausführungen. Kiel — Schwers'sche Buchh. — 1862. 8. VII u. 247 SS.

26) In der von Ferd. Schmidt herausgeg. „Deutschen Nationalbibliothek" Bd. 8. Berlin 1863; Deutsche Kaiser von Karl dem Grossen bis Maximilian I.

27) Sammelte und gab heraus: Urkunden und andere Actenstücke zur Geschichte der Herzogthümer Schleswig und Holstein unter dem Oldenburgischen Hause. Auch unter dem Titel: Quellensammlung der Schleswig-Holstein-Lauenburg. Gesellschaft für vaterl. Geschichte. Bd. 2. Kiel — In Commiss. der akad. Buchh. — 1863. 8.

28) Das Recht des Herzogs Friedrich v. Schleswig-Holstein. Göttingen — Dieter. B. — 1863. 8. SS. 8.

29) Rede über die Schleswig-Holsteinische Angelegenheit, gehalten in einer Versammlung den 19. Dec. 1863. Göttingen — Dieterichsche B. — 8.

30) Kurze Schleswig-Holsteinische Landesgeschichte. Kiel — Homann — 1864. 8. VIII S. 196 u. 3 Stammtafeln. S. die Grenzboten 1864, B. 4, S. 158.

31) Die angeblichen Erbansprüche d. k. Preussischen Hauses an die Herzogthüm. Schleswig-Holstein. Göttingen — Dieterichsche B. — 1864. 8. War schon früher auch in den Berliner Jahrbb. f. wissensch. Kritik veröffentlicht.

32) In Aug. v. Haxthausen: das constitutionelle Princip, seine geschichtliche Entwicklung. Th. 2 (Leipzig 1864) steht von ihm eine Abhandlung.

33) Ist neben L. K. Aegidi, Albrecht, R. v. Mohl, G. A. Zachariä, Mitherausgeber der Zeitschrift für Deutsches Staatsrecht und Deutsche Verfassungsgeschichte. Bd. 1, 1865 Berlin 1865.

34) Die historischen Uebungen zu Göttingen. Glückwunschschreiben an Leopold Rancke zum Tage der Feier seines 50jähr. Doctorjubiläums, 20. Febr. 1867. s. l. 4. SS. 12.

Beiträge von ihm finden sich: In den neuen Kieler Blättern, herausgeg. von H. Carstens, 1843, S. 107—116 (Ueber unser historisches Recht); 1844, S. 56 bis 58 (Sendschreiben an die Redaction). — In K. L. Biernatzkis Volksbuch f. 1845, S. 84—101 (Wie der erste Oldenburger in Dänemark und wie in Schleswig-Holstein z. Herrschaft kam). — Im Kieler Corresp. Blatt 1848, No. 202 (Schreiben betr. seine Thätigkeit als Abgeordneter zur Deutschen Reichsversammlung). — In der allgemeinen Monatsschrift f. Wissenschaft u. Literatur herausgeg. v. Droysen, Frerichs u. A. 1852 S. 1019—1113 (Jürgen Wullenweber. 2 Artik. Die Beziehungen zu England), 1853, S. 494—530 (Das Wesen des Bundesstaates), 1854, S. 100—117 u. S. 255—275 (Z. Deutschen Verfassungsgeschichte). — In den Nachrichten von der Georg-Augusts-Universität 1852, S. 209 ff. (Ueber die Lebensbeschreibungen d. Königin Mathilde), 1853, S. 91 (Ueber Paulinis Arbeiten zur Geschichte des Klosters Corvei), 1855, S. 181 ff. (Ueber die angeblichen Reden der Churfürsten bei der Wahl Karl V), 1857, S. 13 ff. (Ueber das carmen de bello Saxonico Henrici IV.), S. 42 ff. (Kleine Bemerkungen zur Geschichte der Deutschen Historiographie im Mittelalter), 1859, S. 57—63 (Ueber eine bisher unbekannte Handschrift des Hermannus Korner), 1860, S. 521 ff. (Auszug aus einer Abhandl. über die Münzverhältnisse in den älteren Rechtsbüchern des Fränk. Reichs), 1866, No. 5 (Ueber die Quellen zur Geschichte der Begründung der Normannischen Herrschaft in Frankreich), 1867, No. 8 (Ueber die Linköpinger Handschrift des Hermann Korner). — In den Göttinger gelehrten Anzeigen folgende Recensionen 1841, S. 769 ff. (Ueber Löbells Gregor v. Tours), S. 929—957 (Ueber Bährs Römische Literatur im Karolingischen Zeitalter), 1849, S. 1961—1982 (Ueber Bd. 10 des Archivs der Gesellschaft für ältere Deutsche Geschichtskunde), 1850, S. 1—44 (Ueber Gförers Geschichte der ost- und westfränkischen Karolinger), S. 145—152 (Ueber A. Himly: de sancti Romani imperii nationis Germanicae indole atque juribus per medii aevi praesertim tempora), S. 320—345 (Ueber Julius Grimm: de historia legis Salicae und P. R. Roth: Ueber Entstehung der lex Bajuvariorum), S. 393—425 (Ueber Joh. Merkel: de republica Alamannorum commentarii), S. 604—633 (Ueber J. M. Pardess neue Ausgabe von de Breguigny et La Porte du Theil: diplomata, chartae, epistolae, leges aliaque instrumenta ad res Gallo-Francicas spectantia), S. 704—708 (Ueber: Oeuvres de Frédéric le grand t. 6), S. 873—906 (Ueber Kembles: the Saxons in England), S. 1274—1305 (Ueber A. v. Warnstedt: Rendsburg, eine Holsteinische Stadt und Festung), S. 1615—1630 (Ueber Nachträge des 1. Theils und Bd. 2, Abth. 2 der Urkundensammlung der Schlesw.-Holst.-Lauenburg. Gesellschaft für vaterländ. Geschichte und den 2. Bd. v. d. F. A. Asperns codex diplomaticus historiae comitum Schauenburgensium), S. 1690—1696 (Ueber Ladislaus Endlicher: rerum Hungaricarum monumenta Arpadiana); 1851, S. 388—391 (Ueber Steiniger: Geschichte der Trevirer), S. 464—468 (Ueber Ficker: de Henrici VI. conatu electicam regum successionem in hereditariam mutandi), S. 713—718 (Ueber Mackimon: History of civilisation and public opinion), S. 718—724 (Ueber Bodier: recueil des chartes Mérovingiennes), S. 953—980 (Ueber Merckel: lex Salica u. Geschichte des Longobardenrechts), S. 1163—1178 (Ueber memoirs and correspondence of Viscount Castlereagh), S. 1201—1207 (Ueber annuair de la bibliothéque royale de Belgique 1851), S. 1993—2008 (Ueber Juffé: regesta pontificum), 1852, S. 374—388 (Ueber Regesten zur Geschichte der Markgrafen u. Herzöge Oesterreichs), S. 873—898 (Ueber Velschow: Uebersicht der Begebenheiten seit 1459 über das staatsrechtliche Verhältniss Schleswigs zu Dänemark), S. 932—952 (Ueber Collection des cartulaires de France t. IV—VII u. le Glay: Glossaire topographique de l'ancien Cambresis), S. 1593—1622 (Selbstanzeige seiner Geschichte Schleswig-Holsteins in 3 Büchern); 1853, S. 257—283 (Ueber C. de Chersier: Histoire de la lutte des papes et des empereurs de la maison de Suabe und über Abel: König Philipp der Hohenstaufe), S. 297—325 (Ueber Huillard-Breholles: Historia diplomatica Friederici secundi), S. 1057—1075 (Ueber M. B. Guerard: Polyptype de l'abbaye de Saint-Remi de Reims), S. 1657—1667 (Ueber G. F. Claussens Uebersetzung von Munchs: die nordisch-germanischen Völker etc.); 1854, S 41 bis 69 (Ueber Arnold: Verfassungsgeschichte der Deutschen Freistädte), S. 1481 bis 1496 (Ueber Reinhold Pauli: Geschichte v. England Bd. 3), S. 1561—1580 u. S. 1961—1989 (Ueber Castlereagh correspondence vol. I, IX der ganzen Reihe), S. 1647—1652 (Ueber Codex diplomaticus Lusatiae superioris: Sammlung oberlausitzischer Urkunden); 1855, S. 271—280 (Ueber E. L. Dümmler: Piligrim v. Passau und das Erzbisthum Lorch), S. 310—316 (Ueber Eugène de Rozière: Formules Wisigothiques Inédites etc.), S. 389—395 (Ueber Noordewier: Nederduitsche Regtsoudheden), S. 743—756 (Ueber Huillard-Breholles: historia diplomatica Friederici secundi etc.), S. 841—863 (Ueber Grünhagen: Adalbert, Erzbischof v. Hamburg etc.), S. 1899—1916 (Ueber de Wailly: Notice sur M. Daunou); 1856, S. 1033—1055 (Ueber Handelmanns: die letzten Zeiten Hansischer Uebermacht, F. v. Alten: Graf Christoff von Oldenburg u. Paludan Müller: Grevens Feide), S. 1113 bis 1120 (Ueber les annales et la chronique des dominicains de Colmar par Gérard et Liblin), S. 1243—1251 (Ueber Mantels: Lübeck u. Marquard v. Westensee), S. 1251—1260 (Ueber Catalogue général des manuscrits des bibliotheques des de-

partements), S. 1554—1592 (Ueber Anschütz: die Lombarda-Commentare des Ari-
prand u. Albertus), S. 1876—1908 (Ueber t. V der monumenta Germanica); 1857,
S. 184—190 (Ueber L. A. Cohn: de rebus inter Henricum VI. et Henricum Leonem actis),
S. 617—620 (Ueber Bärwalds: Aechtheit und Bedeutung der Urkunde Rudolf I.
betr. die Baier'sche Cur), S. 713—744 (Ueber Kopp: Geschichte der eidgenössischen
Bunde), S. 753—757 (Ueber Junghans: Geschichte Childerichs u. Chlodovechs).
S. 841—868 (Ueber Fr. v. Hurters: Zur Geschichte Wallensteins), S. 1212—1223
(Ueber H. Knudsen: Diplomatarium Christiani I.), S. 1273—1283 (Ueber Leverkus
Urkundenbuch des Bisthums Lübeck); 1858, S. 628—637 (Ueber Bender: Ur-
sprung u. Heimath d. Franken), 1859, S. 641—669 (Ueber Philipps: die Deutsche
Königswahl bis zur goldnen Bulle und über Ficker: Entstehungszeit des Sachsen-
spiegels), S. 761—771 (Ueber Böhlau: Novae constitutiones domini Alberti d. i.
Landfriede vom Jahre 1235), S. 1721—1742 (Ueber K. W. Nitzsch: Vorarbeiten
zur Staufischen Periode), S. 1656—1668 (Ueber Dümmler: das Formelbuch Bischofs
Salomo II., über Quellen zur Baierischen und Deutschen Geschichte Bd. 7 u. über
Revue historique du droit francais et étranger IV u. V), S. 1801—1806 (Ueber A.
Potthast: chronicon Henrici de Hervordia), S. 1930—1934 (Ueber Köpkes Deutsche
Forschungen); 1860, S. 127—137 (Ueber Heinrich Böttger: die Einführung des
Christenthums in Sachsen); S. 890—896 (Ueber Alfred Jacobs: Geographie de Gré-
goir de Tours), S. 1457—1468 (Ueber Guérard: Collection des cartulaires de France
t. VIII u. IX), S. 1481—1487 (Selbstanzeige des 3. Bandes seiner Deutschen Verfassungsgeschichte), S. 1500—1513 (Ueber Carlo Troya: codice diplomatico Lon-
gobardo t. V), S. 1521—1528 (Ueber F. Walter: das Alte Wales); 1861, S. 641
bis 659 (Ueber R. Köpke: die Gründung der Friedrich-Wilhelms Universität in
Berlin), S. 906—917 (Ueber acta rectorum universitatis studii Lipsiensis inde
ab anno 1523 ad ann 1554), S. 922—936 (Ueber Huillard-Breholles: Historia
diplomatica Friederici secundi); 1862, S. 41—45 (Ueber G. Hanssen: die Aufhebung der Leibeigenschaft etc.), S. 101—111 (Ueber Ficker: Vom Reichsfürsten-
stande), S. 121—131 (Ueber Ficker: Das Deutsche Kaiserreich und über Sybel:
die Deutsche Nation und das Kaiserreich), S. 232—237 (Ueber Thudichum: die
Gau- und Markverfassung in Deutschland), S. 306—312 (Ueber Fr. Zarncke: die
Statutenbücher der Universität Leipzig), S. 321—333 (Ueber Deutsche National-
bibliothek I, 1. 2), S. 674—680 (Ueber Zeitschr. f. Rechtsgeschichte Bd. 1, II. 1),
S. 704—713 (Ueber Closs: Jordanis de Getarum origine, über L. de la Marchei
de l'autorité de Grégoire de Tours), S. 1161—1162 (Selbstanzeige seiner Grundzüge der Politik), S. 1261—1273 (Ueber Perthes: Politische Zustände etc. u. über
Klein: Geschichte v. Mainz), S. 1532—1539 (Ueber Berchthold: die Landeshoheit
Oesterreichs), S. 1540—1544 (Ueber Clement: Schleswig, das urheimische Land
etc.), S. 1801—1805 (Ueber Forschungen zur Deutschen Geschichte Bd. 1), S. 1851
bis 1862 (über Jahrbb. der Deutschen Geschichte etc.), S. 1921—1929 (Ueber die
St. Gallener Mittheilungen zur vaterländischen Geschichte und über G. v. Wyss:
eine Zürcher Chronik); 1863, S. 744—751 (Ueber Arneths: Maria Theresia's erste
Regierungsjahre), S. 841—850 (Ueber Potthasts bibliotheca medii aevi), S. 1526
bis 1539 (Ueber Gindely: Rudolf II. und seine Zeit und über Chlumecky: Carl von
Zierotin und seine Zeit), S. 1655—1661 (Ueber Engelhardts: Thorsbjerg's Mose-
fund), S. 1729—1759 (Ueber Forschungen zur Deutschen Geschichte), S. 1801 bis
1813 (Ueber Carl von Norden: Hincmar, Erzbischof zu Rheims), S. 1852—1864
(Ueber Urkundenbuch der Abtei St. Gallen); 1864, S. 81—100 u. S. 481—506

34*

(Ueber Schriften, die Schleswig-Holsteinische Angelegenh. betr.), S. 153—156 (Ueber Schornbroodt: Inventaire analytique et chronologique du chapitre de S. Lambert), S. 342—350 (Ueber Warnkönig u. Gerber: Philippe le Bel), S. 801—808 (Ueber O. v. Heinemann: Albrecht der Bär), S. 1012—1031 (Ueber Wietersheim: Geschichte der Völkerwanderung und über Pallmann: die Geschichte der Völkerwanderung bis zum Tode Alarichs), S. 1469—1476 (Ueber Kemble: Horae feriales), S. 1521—1523 (Selbstanzeige seiner kurzen Schlesw.-Holstein. Landesgeschichte), S. 1713—1720 (Ueber Gerdorf: Codex diplomaticus Saxoniae regiae), S. 1761 bis 1780 (Ueber Cartulaire de l'abbaye de Redon en Bretagne), S. 1881—1888 (Ueber den codex diplomaticus Silesiae); 1865, S. 15—21 (Ueber Reinking: die Kriege der Römer in Germanien), S. 786—795 (Ueber Cartulaire de Brionde), S. 1011 bis 1016 (Ueber P. d'Amincourt: sur la numismatique Mérovingienne), S. 1536 bis 1544 (Ueber Schumacher: die Stedinger), S. 1707—1715 (Selbstanzeige des 1. Bandes der 2. Auflage seiner Deutschen Verfassungsgeschichte), S. 1877—1880 (Ueber Jacob Grimms kleinere Schriften), S. 1881—1893 (Ueber Aschbachs Geschichte der Wiener Universität); 1866, St. 1 (Ueber die monumenta Boica), St. 3 (Ueber Dietrich: die Runeninschriften der Goldbracteaten), St. 5 (Ueber Gfrörer: Zur Geschichte Deutscher Volksrechte), St. 18 (Ueber Huillard-Breholles: vie et correspondence de Pierre de la Vigne). — In der N. Jenaer Literatur-Zeitung u. A. 1843 No. 270 u. 271 (Rec. über Ledeburs Nordthüringen u. die Hermandurer, vgl. Waitz in den Götting. Gel. Anzz. 1852, S. 2033—2035). — In M. Haupts Zeitschr. für Deutsches Alterthum, Bd. 5, S. 565—575 (Glossae Lindenbroginnae), Bd. 7, 1849, S. 160—168 (das Liebelconzil). — In Aegidi's u. Klauhold's Zeitschrift für Deutsches Staatsrecht 1865 (die angeblichen Erbansprüche auf Schlesw.-Holst. u. Herr Prof. Helwing. Erschien auch in Separat-Abdrücken). — In H. v. Sybels historischer Zeitschr. u. A. J. 7, 1865, H. 1, S. 90—111 (die Anfänge des Lehnswesens). —

2308) **Walcke,** Johannes Andreas (L. & S. No. 1284), ist, laut einer authentischen Mittheilung, seit langen Jahren nicht mehr Pächter des Gutes Düssin bei Boitzenburg, sondern lebt hochbejahrt in Lauenburg an der Elbe. — (Vergl. über einen von ihm angestrengten Process um den Besitz der Güter Niendorf am Schalsee u. Goldensee die „Holsteinischen Anzeigen" 1863 St. 14 p. 106—112, St. 15 p. 114—120, St. 16. p. 126—128.)

Von ihm noch:

Ueber den Marjen-Kaland in der Stadt Lauenburg: im 4. Jahresber. der Schleswig-Holstein-Lauenburg. Gesellschaft für vaterländische Alterthümer. (Kiel 1839).

Ueber den Umfang der Regalienrechte und insbesondere auch des Zollregals im Herzogthum Lauenburg v. J. A. Walcke. Hamburg 1840. 8.

Elbschifffahrts-Recht, insbesondere in Rücksicht der Stadt Lauenburg. Mit 76 noch niemals gedruckten Urkunden. Als Erwiderung auf Ostwald's Streitschrift. Hamb., Hoffm. & Campe, 1844. 23¼ Bgg.

2309) **Wald,** Jasper, geboren den 7. August 1805 in Flensburg; Sohn des Kaufmanns gleichen Namens und der Marie geb. Nissen; studirte Theologie seit Michaelis 1826, wurde 1831 auf Gottorf mit dem 2. Charakter examinirt; den 7. Juni 1837, antretend am 5. August, Diakonus an St. Johannis in Flensburg; den 2. October 1842 Pastor in Waabs; den 11. October 1856 Probst für Hütten; den 1. Januar 1859 R. v. D.; den 2. Febr. 1866 ernannt zum Pastor in Hütten, mit Beibehaltung der Probstei.

1) Gab mit dem Candidaten, jetzigem Pastor in Flintbeck, Schultz heraus: „den Jugendfreund" Jahrg. 1—3. Flensburg, Korte Jessen, 1838—1840. 8. SS. 208. Rec. in Heibergs Schleswig-Holsteinischen Blättern. 8. H. 4., in Kühlers Schlesw.-Holst. Schulblatt 1839, H. 3, S. 155. S. auch Flensburger Religionsblatt N. F. Jahrg. 6, 1838, No. 41.

2) Gab seit 1. Juli 1855 heraus den „Hausfreund" Religionsblatt für das Herzogthum Schleswig.

3) Erliess im April 1862 im Verein mit den Pastoren Linde zu Borbye und Baadh zu Cosel einen Aufruf, zunächst an die Amtsbrüder zur Gründung eines Unterstützungs-Vereins für elternlose, hülfsbedürftige Prediger-Töchter. — Ueber diesen Verein erschienen bisher 2 Berichte, der letztere im März 1867.

Einzelne Gedichte im Eckernförder Wochenblatt z. B. 1848, No. 1.

2310) **Walesrode,** Ludwig, (sein Geschlechtsname ist Cohen), geb. in Walesrode im Hannöverschen, lebte eine Zeit lang in Altona, hielt sich in München, seit 1836 in Königsberg auf (wo er sich des Namens Walesrode zu bedienen anfing); trat zum Christenthum über; war wiederholt in Press-Processe verwickelt; wurde 1845 zu einem in Graudenz abzubüssenden Festungsarrest verurtheilt; verliess 1848 Königsberg; ging einige Zeit zu seinem Freunde Jachmann, Gutsbesitzer in Litthauen; später in Hamburg-Altona; 1860 in Berlin, wo er das Blatt „den Fortschritt" herausgab; darauf in Gotha. — Nach Notizen in Tagesblättern, u. A. Pr. Litth. Zeit. von August 1864 und darnach Kieler Wochenbl. 1864 No. 49.

1) Offenes Sendschreiben an den Landtags-Deputirten in Ostpreussen, Verfasser des Aufrufs: „An alle wahrhaft Liberale" in No. 236 der Königsberger Zeitung. Königsberg, Voigt. 8. 8 SS.

2) Glossen und Randzeichnungen zu Texten aus unserer Zeit. Vier öffentliche Vorlesungen gehalten zu Königsberg. 5 Auflagen. Königsberg, Voigt, 1842 bis 1847. 8.

3) Unterthänige Reden. Vier Vorlesungen gehalten zu Königsberg im Winter 1843. Oder Fortsetzung der Glossen und Randzeichnungen. Zürich und Winterthur 1843. 8.

4) Der Humor auf der Bank der Angeklagten oder meine Vertheidigung gegen die Anklage auf Majestäts-Beleidigung. Mannheim 1844. 12.

5) Gab mit Beitrr. v. Crelinger, Freundt, A. Jung, Jachmann, Joh. Jacoby, Cäsar von Lengerke, Wechsler u. Wolf heraus: Königsberger Taschenbuch für 1846. Königsberg, Voigt, 1846. 8. 21³/₄ Bgg.

6) Was bringt die neue Zeit dem Volke? Königsberg 1848 8.

7) Der Cicerone. Ein Führer durch die Hamburger Kunst-Ausstellung im April und Mai 1856 Hamb., Nolte & Köhler, 1856. 8. IV u. 76 SS.

8) Der Storch von Nordenthal. Ein wahrhaftiges Mährchen erlebt und erzählt. Hamb., Hoffmann & Campe, 1856—1857. 16.

9) Gab 1859 ein Beiblatt sur (Hamburger) „Reform" dreimal wöchentlich heraus, das mit dem Ende des Italienischen Krieges einging

10) Gab unter Mitwirkung von L. Bamberger, Mor. Hartmann, Friedrich Kapp, F. Lasalle heraus: Demokratische Studien. Hamb., O. Meissner, 1860 u. 1861. gr. 8. VII u. 487 u. XII u. 554 SS.

11) Pressfreiheit u. Justiz in Preussen. Dargestellt in einem Pressprocess der „Deutschen Jahrbb." Mit einem Vorwort herausgegeben. Nebst 2 Universitätsgutachten. Leipzig 1866. LXXVII u. 130 SS. 8.

Als Journalist vielfach thätig, ohne dass darüber das Detail angegeben werden kann.

2311) **Wallichs,** Christian Adolf, geboren den 13. Mai 1831 in Garding, Sohn des nachfolgenden Fr. Heddies W., Bruder von Jul. W.; besuchte die Gelehrten-Schule in Husum bis Ostern 1850, studirte Philologie in Kiel, München, nahm das Schulamts-Examen u. wurde im März 1856 dr. philos. in Kiel, war dritthalb Jahre Hauslehrer im Mecklenburgischen u. ein Jahr in Holstein u. auf Seeland; Michaelis 1859 bis dahin 1860 Hülfslehrer in Meldorf, 29. Juli 1860 vom 1. Octbr. an 4., 18. Octbr. 1864 3. Adjunct an dem Real-Gymnasium in Rendsburg, Ostern 1864 Collaborator, Mai 1867 Subrector am Gymnasium in Flensburg.

Ueber Thukydides und Kleon: im Flensburger Oster-Schulprogramm 1866. 4.

2312) **Wallichs,** Friedrich Heddies (L. & S. No. 1285), lebt noch als practischer Arzt in Garding.

2313) **Wallichs,** Julius, geb. in Garding, studirte Medicin, wurde 1853 in Kiel dr. med. & chir., nachdem er im Examen den 1. Char. erhalten hatte, war Arzt in Horst, dann und zur Zeit in Neumünster.

De typho anno 1852 exeunte et 1853 incipiente Kiliae endemico diss. inaug. med. Kiliae 1853. 8. SS. 24.

2314) **Wallroth,** Anton Friedrich Christoph, Sohn des Conrectors in Eutin und nachherigen Pastors in Malente Karl Friedrich W., geboren den 3. Mai 1803 in Eutin; auf dem Gymnasium daselbst herangebildet; studirte Theologie, Philologie u. Philosophie auf den Universitäten Kiel, Berlin, Bonn u. wieder Berlin,

1828 in Oldenburg, wo er seine theologischen Prüfungen bestanden hatte, als Collaborator am Gymnasium angestellt; 1829 Conrector am Gymnasium in Eutin; 1833 Compastor daselbst; 1838 als Hof- u. Garnisonsprediger Mitglied des Consistoriums und der Prüfungscommission für die Candidaten der Theologie und Director u. Religionslehrer der Cäcilienschule, einer höheren Töchterschule, nach Oldenburg versetzt; in dieser Stellung, in der er auch Religionsunterricht in Prima und Secunda des Gymnasiums, in der Militärschule und im Schullehrerseminar ertheilte, blieb er 15 Jahre; 1853 Oberkirchenrath, Hofprediger u. Superintendent des Fürstenthums Lübeck und geistliches Mitglied der grossherz. Regierung in, Eutin; Neujahr 1865 Geheimer Kirchenrath.

1) Gab heraus eine Sammlung von 10 Predigten. Lübeck, v. Rhodeu'sche Buchh., 1832. 8.

2) Predigten über die 7 Gleichnisse des Herrn, Matth. 13. Bremen, Kayser'sche Buchh., 1841. 8.

3) Gedanken und Anlagen zu Predigten über Pericopen und andere Stellen der heil. Schrift, sowie zu Gelegenheitsreden. Zum Gebrauch für Geistliche und Lehrer, auch für Zuhörer zur Erinnerung. (Befand sich im Mai 1867 unter der Presse, um in 3 Abtheilungen in Oldenburg, Gerh. Stalling, zu erscheinen.)

Ausserdem mehrere einzelne Predigten und Reden. — An Arbeiten für Zeitschriften hat er sich fast nie betheiligt. — Revidirt.

2315) **Walter,** Barthold Detlev (L. & S. No. 1286).

Das von L. & S. angeführte Manuscript hat Ernst Spangenberg 1831 in seiner Fortsetzung der Hagemann'schen Erörterungen Bd. 9, S. 157—254 im Auszuge mitgetheilt. — Vergl. N. St. M. X, S. 498.

2316) **Waltersdorff,** Charlotte, wahrscheinlich, nach einer Mittheilung, aus Schleswig-Holstein stammend.

Erzählungen für Kinder. Hamburg, Perthes, Besser & Maucke, 1857. S. Itzeh. Nachrr. 1857, Sp. 992.

2317) **Waltersdorff,** Ernst Friedrich, geboren 1755 in Tondern; sein Vater war der Cavallerie-Officier Christian von W. (geb. 1725, gest. 1801 in Schleswig), seine Mutter Barbara Maria Munthe (geb. 1726, gest. 6. Mai 1802); er nahm 1777 den 25. Januar das lateinische Juristen-Examen in Kopenhagen und wurde Auscultant in der General-Zollkammer, den 29. Januar 1782 Kammerherr, 1785 Vice-Generalgouverneur u. 1787 General-Gouverneur auf den Westindischen Inseln, 1790 Generalmajor, 1797 erster Director im General-Postamt zu Kopenhagen u. am 31. Aug. 1798 zugleich erster Director des Theaters bis October 1801, am

16. December 1801 Grosskr. v. D., in demselben Jahre Mitglied der Regierungs-Commission, welche nach Westindien ging, um die Dänischen Inseln von England entgegen zu nehmen, 1801—1808 Oberst u. Chef beim Nord-Seeländischen Landwehr-Regiment, den 21. Januar 1809 aus dem Kriegsdienst u. den 24. Januar desselben Jahrs als General-Postamts-Director entlassen, 1810 ausserordentlicher Gesandter und bevollmächtigter Minister beim Französischen Hof, 1811 bekam er den Titel eines Generallieutenants, 1812 den 28. Januar D. M., den 3. Juli 1819 mit seinen männlichen Descendenten in den Dänischen Grafenstand aufgenommen; starb den 13. October 1820. — Verh. mit Sara geb. Cortwright. — Vergl. Erslew 3, S. 457—458.

Almindelig Militär-Lov for Borgerskabet paa St. Croix (Dänisch und Englisch). Christianssted 1789. 8. 46 SS.

In der Dänischen „Minerva" 1796, IV, S. 166—227 und 1798, III, S. 200 bis 226 (Det sande Forbedringshuus, eller Beskrivelse over Fængslet i Philadelphia, sammenskrevet efter de paa Stedet i Aaret 1795 gjorte Optegnelser, men for største Deelen oversat efter et fransk Mspt. og med Tillæg. Ins Deutsche übers. in Hennings „Genius der Zeit" 1797, März. Auszug in Olivarius „le nord litéraire" No. 1). —

2318) **Waltzel,** Jürgen August Gottfried, geboren den 9. Febr. 1808 in Kiel, studirte Theologie seit Michaelis 1827 in Kiel, wurde 1834 mit dem 2. Char. m. r. A. examinirt, den 27. October 1844 ord. Prädicant in Sieck, den 2. Juni 1847 Compastor in Hattstedt u. Schobüll, den 29. April 1850 Pastor in Sieck, auch seit 1860 Mitglied der Commission zur Bearbeitung eines neuen Holstein. Gesangbuches.

Beitrr. v. ihm im (Itzehoer) Kirchen- und Schulblatt 1846 No. 27 (28 Sätze, das Verhältniss des Predigers zum Bekenntniss der Gemeinde betr.).

2319) **Wangenheim,** Franz Theodor. Nicht zu verwechseln mit dem Dichter Baron von Wangenheim, der gleichfalls 1848 gestorben ist. Geboren im Jahr 1805, lebte schon 1838 in Hamburg; starb zu Altona 4. October 1848. Verheir. mit Karoline geb. Günther. — S. N. Nekrol. d. D. XXVI, S. 907—908, wo jedoch an Biographischem nicht mehr.

1) Hofrath Bummelbein und seine Freunde. Ludwigsburg 1832. 8.

2) Ritter Hanburg v. Hils oder Rache und Vergeltung. Historisch-romantisches Gemälde aus den Zeiten der Kreuzzüge. Braunschweig 1833. 8.

3) Die Polin. Historische Erzählung. 3 Theile. 1) Der Malachowski-Jäger; 2) Ostrolenka; 3) Die Heimathlosen. Braunschweig 1833. 8.

4) Die letzten Stuarts. Histor. Erzählung. Th. 1) Anna Hyde u. d. Stuarts; 2) Blood v. Heath; 3) Das Grab von Southwoldbay. Braunschweig 1833. 8.

5) Der Dachdecker von Maidstone. Historische Erzählung. 2 Theile. Braunschweig 1834. 8.

6) Der Finanzier Law. Histor. Erzähl. 2 Theile. Braunschweig 1834. 8.

7) Historische u. Phantasie-Gemälde. 1) Der Christabend; 2) Das innerste Grab; 3) Das Vermächtnisse; 4) Signor Rana. Braunschweig 1834. 8.

8) Der Jude des 19. Jahrhunderts. Ein Roman. Theil 1. 2. Leipzig 1835. 8.

9) Dr. Francia. Politisch-histor. Roman. 3 Theile. 1) Die Pampas; 2) Das schöne Mädchen v. San Paulo; 3) Der Autokrat. Hamburg 1836. 8.

10) Hakkem ben Haschem. Histor. Roman aus der Jugendzeit des Khalifen Harun al Raschid. 3 Theile. 1) Der Abbaside; 2) der Ommiade; 3) der Gott. Leipzig 1836. 8.

11) Der Mönch. Histor. Roman. 3 Theile. 1) Der Hof von Palermo; 2) Johanna von Flandern; 3) Der Dominikaner. Hamburg 1836. 8.

12) Die Luftschiffer. Novelle aus dem Schattenreiche. Hamburg 1836. 8.

13) Ben-Lee oder: Ist eine Emancipation der Juden denkbar? Biographische Skizze aus dem Tagebuche eines Poeten. Hamb., Berendsohn, 1837. 8.

14) Die Räuber. Roman nach F. v. Schillers Trauerspiel: „Die Räuber." 3 Theile. 1) Die Grafen v. Moor; 2) Franz v. Moor; 3) Karl v. Moor. Hamburg 1837. 8.

15) Jacob v. Molay, der letzte Templer. Histor. Roman. 1) St. Jean d'Angeli; 2) Herr und Knecht; 3) König Philipp. Altona 1838. 8.

16) Historische Novellen. 1) Der Todesengel; 2) Der Schlemihl; 3) Der Bremenser. Hamburg 1838. 8.

17) Die Schwertler von Zürich. Histor. Roman. 3 Theile. 1) Die Bünde; 2) Rud. Stüsseli; 3) Die Eidgenossen. Hamburg 1838. 8.

18) Johann Ziska. Histor. Roman. 3 Theile. 1) König Wenzel; 2) Tabor und Horeb; 3) Der blinde Feldherr. Leipzig 1838. 8.

19) Die Zeitgenossen. Ein Roman. Bd. 1. 2. Leipzig 1839. 8.

20) Die Perle v. Zion. 2 Bdchn. Leipzig 1839. 8.

21) Der Rebell. Histor. Roman. 2 Theile. Leipzig 1839. 8.

22) Weibertreue und Fürstenwort. Histor. Novelle. Leipzig 1839. 8.

23) Aus den Papieren eines Selbstmörders. Ben Lee oder eine Emancipation der Juden ist nicht denkbar. Leipzig 1840. 8.

24) Der Spion. Histor. Roman. 4 Bde. 1) Die Schlacht bei Jena; 2) Die Schlacht bei Wagram; 3) Die Schlacht bei Leipzig; 4) Paris u. St. Helena. Leipzig 1840. 8.

25) Die Seelenverkäufer. 3 Bde. 1) Der Agent; 2) Das Schiff Aloyso; 3) Deutschland und die Union. Braunschweig 1841. 8.

26) Paul Flemming oder die Gesandtschaftsreise nach Persien. Histor. Roman mit 9 Radirungen. 3 Bde. Leipzig 1842. 8.

27) Vierzig Jahre eines Kerkermeisters. 2 Theile. Leipzig 1842. 8.

28) Der Kerkermeister. Leipzig 1842. 8.

29) Das Problem oder: Wer ist der Vater? Grünberg 1842. 8.

30) Der Baiernherzog. Magdeburg 1843, 1844. 8.

31) Der Partisan des 30jährigen Krieges. Histor. Roman mit Holzschnitt. 4 Bde. Magdeburg 1843 u. 1844. 8.

32) Die Höllenkur. Novellen. Zwickau 1844. 8.

33) Marguerite Mercier. Novelle. Braunschweig 1846. 8.

34) Dramatisches. Die Juristen. — Krone und Herz. — Der Egoist. Cassel 1846. 8.

35) Der letzte Sachse und Herzog Heinrich u. Gertrude. Quedlinburg 1847. 2. Ausg. 1852. 8.

36) Schleswig-Holstein. Gedicht. Schleiz 1847. 8.

2320) **Warburg,** Moritz Wolf, geb. in Altona am 18. Juni 1810, Sohn des Banquiers Wolff Salomon W., gebildet auf den Gymnasien in Wolfenbüttel u. Altona, studirte die Rechte auf den Universitäten Berlin, Heidelberg, Kiel, wurde Ostern 1836 examinirt, 2. Char. mit Ausz.; seit dems. Jahre U.-G.-A. und dann auch seit 1851 O.-G.-A. bei den Altonaer Gerichten.

Process wegen Geltendmachung zweier in der Crisis von 1857 uneingelöst gebliebenen Wechselaccepte. Altona — Händtke & Lehmkuhl — 1864. SS. 29. 8.

In Heiberg's Schleswig-Holsteinischen Blättern Jahrg. 1839 (Skizze der Nationalbankverhältnisse). — Revidirt. —

2321) **v. Wardenburg,** Friedrich, Zollverwalter u. Justizrath in Husum während der 40ger Jahre, später emeritirt.

Von ihm stehn einzelne Beiträge im „Kieler Corresp. Bl." 1843, No. 14, S. 63 (Die Commission zur Ausarbeitung eines Gesetzentwurfs für allgemeine Wehrpflicht betr.), No. 24 (Die Deich-Inspectorate u. das Ingenieurcorps); 1844, No. 8 (Die Husumer Stadtkirche), No 10 & 12 (Die Insel Pellworm); im „Alt. Merc. 1843, No. 177, S. 783—784 (Die Geschichte des Branntweintrinkens auf den Westsee-Inseln betr.); — im Itzeh. Wochenbl. 1844, No. 20 (Bepflanzung der Strassen und Wege mit Bäumen). —

2322) **v. Warnstedt,** Adolf Eduard Friedrich Johannes, geboren am 9. April 1813 zu Schleswig, Sohn des k. Dänischen Kammerherrn und Erbherrn der adligen Güter Loitmark und Espenis an der Schlei, Franz Ludwig v. Warnstedt und der Lucie v. W., geborne Matthiessen; der Sohn genoss bis zum 15. Lebensjahre theils im elterlichen Hause, theils in zwei Pensionaten Privatunterricht, besuchte dann bis zum 18. Jahre das Gymnasium in Plön und bis zum 20. Jahre das Pädagogium in Ilfeld am Harz; in den Jahren 1833 bis 1837 studirte er 2 Jahre in Kiel u. 2 Jahre in Göttingen, bestand Michaelis 1837 das juristische Amts-Examen in Kiel mit dem 1. Char. — Während seiner Studien hatte er mit Vorliebe historische, sprachliche und staatswissenschaftliche Vorlesungen bei Dahlmann, Jac. u. Wilhelm Grimm, Benecke, Albrecht, Preller, G. Hanssen und A. L. J. Michelsen gehört. Als G. Hanssen 1842 von Kiel einem Rufe nach Leipzig folgte, wurde Warnstedt

eine ord. Prof. der Nationalökonomie u. Statistik an der Universität
Kiel angetragen, sowie nach Falcks Tode 1852 eine ord. Professur
für Deutsches, Schleswig-Holsteinisches u. Kirchen-Recht. Er zog
aber eine practische Laufbahn vor, wenn ihm auch die Liebe zur
Wissenschaft in derselben blieb. Im Jahre 1850 erhielt er von der
juristischen Facultät in Kiel h. c. die Doctorwürde und im Jahre
1859 creirte ihn die philosophische Facultät in Göttingen h. c. zum
dr. philos. Nach bestandenem Amts-Examen begann er 1837 seine
amtliche Wirksamkeit als Secretär auf dem Amthause der Stormarnschen Aemter zu Reinbeck; hielt sich im Herbst 1839 ein Viertel-
jahr in Kiel zu wissenschaftlichen Studien auf; trat im Januar 1840
in die ihm commissorisch übertragenen Functionen eines Amtmanns
der Holsteinischen Aemter Traventhal, Reinfeld und Rethwisch; im
Mai 1842 zum Mitglied der damaligen Centralbehörde der Herzogthümer
Schlesw., Holst. und Lauenb., der Schlesw.-Holst.-Lauenb. Canzlei
in Kopenhagen ernannt, in welcher er 6 Jahre lang das Amt eines
Departementschefs der geistlichen, Unterrichts- und Medicinal-Angelegenheiten versah. Bei der März-Revolution in Kopenhagen erbat u. erhielt er seinen Abschied ohne Pension u. nahm von April
bis August 1848 Theil an der Redaction des Altonaer Mercurs, in
welchem er viele Leit-Artikel schrieb. Im August wählten die früheren Amts-Bezirke, die Stormarnschen u. Plönschen Aemter ihn
zum Abgeordneten der Schleswig-Holsteinischen Landesversammlung,
deren Mitglied er bis zu deren Auflösung 1851 blieb. Im October
1848 trat er als Rath in die Schlesw.-Holst. Regierung, legte aber
sein Amt ohne Pension nieder, als die Herzogthümer den Dänen
wieder überantwortet wurden. Im Sommer 1851 u. 1852 besuchte
er auf längeren Reisen verschiedene Theile von Deutschland, um
eine Lebensstellung wieder zu gewinnen; nachdem er den Winter
1851/52 in Itzehoe, im Hause seiner verwittweten Mutter, archivalischen Studien obgelegen hatte, trat er im Herbst 1852 in d. k. Preussische Regierung in Merseburg, folgte aber alsdann 1853 einem
Rufe als Rath in das k. Hannoversche Ministerium, in welchem ihm
anfänglich die Medicinal- und Judensachen, sowie die provinzial-
ständischen Angelegenheiten, seit dem Januar 1854 aber die Angelegenheiten der Universität Göttingen u. die rechtlicher Entscheidung
bedürftigen Volksschulsachen des Königreichs Hannover als Referent übertragen wurden. In dieser Stellung verblieb er, obwohl
ihm 1854 die Stelle eines Gouverneurs des Erbprinzen von Sachsen-Weimar, 1855 die Stelle eines Consistorial-Präsidenten in Al-

tenburg, 1858 die Stellung eines Ministerial-Directors in dem k. Preussischen Ministerium der geistlichen, Unterrichts- und Medicinal-Angelegenheiten in Berlin, 1859 die Stelle eines Curators der Universität Bonn angetragen wurde. Er wurde damals zum General-Secretär des Hannoverschen Universitäts-Curatoriums u. später zum Geh. Regierungsrath ernannt, in welcher Stellung er sich noch befindet. Kurz vor seinem Ausscheiden aus seinem Heimaths- land wurde er nach Falcks Tode Präsident der Schleswig-Holstein- Lauenburgischen Gesellschaft für vaterländische Geschichte. An Aus- zeichnungen wurde ihm von dem König von Hannover 1860 die 4. Classe des Guelphen-Ordens, 1865 vom Grossherzog von Baden das Commandeurkreuz 2. Classe des Ordens vom Zähringer Löwen, 1866 v. Herzog v. Braunschweig das Commandeurkreuz 2. Classe des Ordens Heinrich des Löwen, v. Grossherzog v. Hessen-Darm- stadt das Ritterkreuz 1. Classe des Ludwig-Ordens und 1865 vom Herzog von Sachsen-Coburg-Gotha das Ritterkreuz 1. Classe des Sachsen Ernestinischen Haus-Ordens. Im Jahre 1867 wurde er in einem der Wahldistricte Schleswig-Holsteins (Itzehoe-Ditmarschen) zum Mitglied des norddeutschen Parlaments erwählt, in welchem er zur constitutionell-bundesstaatlichen Vereinigung gehörte und seine Stimme für die Annahme der Verfassung abgab.

1) Actenstücke, betr. die streitigen Rechte einer recipirten ritterschaftlichen Fa- milie. Plön 1838. Fol. Vergl. Falcks Handb. des Schlesw.-Holst. Privatrechts. Bd. IV (Altona 1840), S. 242, Note 75.

2) Rendsburg, eine Holsteinische Stadt u. Festung. Eine histor.-staatsrechtliche Untersuchung. Mit 3 Tafeln. Kiel 1850. 8. XII u 228 SS. Recc. Gött. Gel.-Anzz. 1850, S. 1274—1305, Kieler Corresp.′ Bl. 1850, No. 149.

3) *Das Kronwerk der Festung Rendsburg. Kiel 1851. 8.

4) Der Hannoversche Verfassungsstreit. Hannover 1853. 8.

5) Schleswig-Holsteins Recht, Deutschlands Pflicht und der Londoner Tractat. Hannover — Schmool u. v. Seefeld — 1863 u. 1864. 8. VIII u. 113 SS. 3. Aufl.

6) Staats- u. Erbrecht der Herzogthh. Schleswig-Holstein. Kritik der Schriften des Staatsraths Zimmermann und des Geh. Raths Pernice. Hannover — bei dens. — 1864. 8. X u. 254 SS.

7) Das Recht der Erstgeburt in dem Schleswig-Holsteinisch. Fürstenhause. Eine Kritik mehrerer Gegenschriften. Hannover — bei dens. — 1864. 8. VIII u. 140 SS.

8) Rendsburg, die Preussische Politik von 1658, 1848 und ihr Gegensatz 1863. Hannover — bei dens. — 1864. 8. VIII u. 64 SS.

9) Aus A. v. Warnstedt's Staats- u. Erbrecht der Herzogthümer Schleswig- Holstein. Hannover, bei dens., 1864. SS. 34.

10) Urkundliche Beiträge zur Beurtheilung der Schleswig-Holsteinischen Frage. Hannover, bei dens., 1865. 8.

11) Die Oldenburger u. Brandenburger Erbansprüche auf die Herzogthümer Schleswig-Holstein. Auf Grund von Urkunden beleuchtet. Hannover, bei dens., 1865. 8. Rec. Zarncke's Centralbl. 1865, No. 36.

12) Gab heraus: Rechtsgutachten d. Deutschen Juristenfacultäten in der Schlesw.-Holst. Successionsfrage. H. 1, 2. Hannover, bei dens., 1864. XIV u. 146 SS.

Beiträge zu Zeitschriften:

a) In den Nordalbingischen Studien" Bd. VI, Kiel 1851, III—VI (aus dem Jahresbericht 1850—51); S. 21—57 (Einige Urkunden in Betreff der Stadt Rendsburg u. deren Umgegend mit Einleitung). — b) Verschiedene Aufsätze im Altonaer Mercur u. der Allgem. Augsb. Zeitung, sowie eine Entgegnung in der Kreuzzeitung. Amtlich bearbeitet hat Warnstedt: α) die Reform des Schleswig-Holsteinischen Medicinalwesens; β) das Regulativ für das Segeberger Seminar 1844; γ) das Regulativ für die Gelehrtenschulen der Herzogthümer Schleswig u. Holstein 1848; δ) das (später aufgehobene) Pensionsgesetz für die Schleswig-Holsteinische Armee 1851; ε) das (später aufgehobene) Gesetz für die Volksschullehrer-Wittwenkasse 1851; ζ) die jüdische Schulordnung für Hannover 1853; η) sämmtliche v. 1854—1867 für d. Universität Göttingen erlassenen Gesetze, Verfügungen u. Reglements. — Revidirt.

2323) **v. Warnstedt,** Friedrich Emil Georg (L. & S. No. 1291), geboren den 7. November 1785 (nicht 1775) auf Loitmark in Schwansen, Sohn des Geheimen Confer.-Raths, Kammerherrn u. Jägermeisters im 2. Schleswigschen District Friedrich Karl v. Warnstedt († 5. September 1811) und der Johanne Wilhelmine Friederike v. Rumohr; war von 1800 bis 1802 Seecadet, widmete sich dann den Studien, 1806 in Kiel, 1807 Fähnrich beim Jüt'schen Scharfschützencorps, 1809 Kammerjunker, erhielt 1810 Abschied aus dem Kriegsdienst, im Winter 1810/11 Auscultant in der Rentekammer, machte 1820—22 eine Gesundheits-Reise, 24. April 1824 Ober-Landwegeinspector in Holstein, am 22. Mai 1826 Kammerherr, am 17. April 1830 zugleich erster Baudirector bei der Chaussee-Anlage zwischen Kiel u. Altona, 24. Juni 1831 R. v. D., 1834 Verwaltungs-Mitglied der Gesellschaft für die Sammlung und Erhaltung vaterländischer Alterthümer; starb in Plön (auf Travendahl?) den 10. December 1836. — Vergleiche über ihn Fr. Thaarup in Oest's „Materialier" No. 98. N. St. M. X, S. 498, Ersl. III, S. 461—462.

Von ihm noch:

Beviis, at National-Rigdom og National-Velstand ikke maa udledes af udvortes, men indvortes Kilder; eller Britannien uafhängig af Handelen af W. Spence. Oversat. Kbh. 1820. 8.

Thorwaldsens Arbeiten f. die Frauenkirche in Kopenhagen. 1. Brief Januar 1820, 2. Brief Juni 1820. Kopenh. 1820. 8.

* Ueber die im Studirzimmer abgestochene Wegeslinie von Rendsburg nach Neumünster. Hamburg, Perthes & Besser, 1832. 8.

Die Travensalzer Saline bei Oldesloe u. Nachrichten über die in den Jahren 1831 u. 1832 daselbst gemachten Bohr-Versuche. (Als Mspt. für Freunde des Vaterlandes). s. l. 1833. 8. S. Kieler Corresp.-Bl. 1833, No. 53.

Ueber Alterthumsgegenstände, auf welche die Gesellschaft für Sammlung u. Erhaltung vaterländischer Alterthümer die Aufmerksamkeit ihrer Mitglieder u. sonstigen Freunde u. Beförderer der Forschungen über den frühesten Zustand des Vaterlandes u. seiner Bewohner hinzuleiten wünscht. Eine Ansprache. Kiel 1835. 8. SS. 72. Rec. Kieler Corresp.-Bl. 1835, No. 80, S. 385 ff Zweite mit Nachtrag vermehrte Ausgabe. Mit Karte der Gegend v. Bornhöved u. 3 Tafeln Münzabbild., Karte der Insel Amrum. Kiel 1861. 8.

Beiträge zu „den ökonomiske Correspondent" III, No. 10 (Tanker ved den gjentagne Frygt over Fælgerne af det i Udlandet gjorte Laan), V, S. 52—54 (Formynderi-Indretningen); in „Dagen" 1823, No. 280—282 (Dagbog paa en Badereise til Föhr); im Kieler Corresp.-Bl. z. B. 1833, No. 85 (Ueber Alterthumsgegenstände).

2324) v. Warnstedt, Hans Adolf, Bruder des vorhergenannten Fr. Em. G. v. W., geb. zu Loitmark 1791, Kammerherr, Forst- u. Jägermeister im Herzogth. Holstein, 1848 Oberlandforstmeister für die Herzogthümer Schleswig u. Holstein, mit Wohnsitz in Plön, R. v. D.; starb auf der Rückreise von Gastein in Altona am 14. October 1853 im 62. Lebensjahre, und ward auf dem Kirchhofe der St Johannis-Kirche in Plön beerdigt.

Mit dem Grafen Ernst v. Reventlow-Farve: Festgabe für die Mitglieder 'der 11. Versammlung Deutscher Land- und Forstwirthe. Beiträge zur land- u. forstwirthschaftlichen Statistik der Herzogthümer Schleswig u. Holstein gesammelt. Mit einer Titelvignette, 27 Tafeln u. 1 Karte. Altona 1847. 8. SS. 320 u. auch kl. 4. SS. 418.

2325) v. Warnstedt, Karl Ludwig, geboren den 11. August 1808 zu Altona, Sohn von No. 2326, studirte Jura, wurde 1832 zu Glückstadt mit dem 2. Char. m. s. r. A. examinirt, R. v. D., Amtmann in Flensburg, wo er am 16. Juni 1848 von der provisorischen Regierung entlassen wurde, Amtmann zu Steinhorst im Herzogthum Lauenburg u. am 6. October 1866 auf Ansuchen und unter Beilegung eines jährl. Wartegeldes entlassen; lebte 1867 in Meran in Tirol.

1) Stiftungsacte f. das Rumohr-Warnstedtische Familienstipendium f. Studirende. Altona 1861. Fol. (Kam nicht in den Buchhandel).

2) Das Wesen u. die Bedeutung der Feldbefriedigungen Eutin (Lübeck) 1864. 8. Von ihm im Alt. Merc. 1862, No. 157 u. No. 163 u. daraus in d. Jahrb. für die Landeskunde VII, H. 2 & 3, S. 304—326 (Magnus v. Wedderkop, fürstl. Gottorp'scher erster Minister u. Conseilspräsident, Landrath, Amtmann zu Tremsbüttel, Domherr zu Lübeck, Erbherr zu Steinhorst, Moisling, Tangstedt und

Seegaarden, geb 26. October 1673, gest. 16. Januar 1721). Im Alt. Merc. 1867 vom 21. April (Eine Revolution in Dänemark, die Waldcultur betr.) — Im Archiv für Lauenburg I, 1857, S 13—29 (Ueber die wichtigsten rechtlichen Verhältnisse der Bauern im Amte Steinhorst), S. 281—288 (Ueber die Zahl der unehelichen Geburten), S. 423—433 (Bruchstücke aus einer Beschreibung des Amts Steinhorst); II, 1859, S. 103—108 (Die Processstatistik des Amts Steinhorst). — Im N. St. M. V, 1837, S 504—594 (?) (Zur Kunde der Verfassung u. Vertretung der Laudcommünen in den Herzogthümern Schleswig-Holstein).

2326) **v. Warnstedt,** Karl Ludwig Gustav (L. & S. No. 1292). Wurde in Gnaden als Jägermeister im 1. Holst. District den 1. Februar 1831 entlassen. Starb zu Altona den 21. November 1835. — Vergl. über ihn noch N. St. M. X, 498—499. Alt. M. 1835 No. 187 Sp. 3595. Neuen Nekrol. d. D. 13 S. 1048.

Von ihm ist noch ein in Altona 1832 gedrucktes Gedicht.

2327) **v. Warnstedt,** Wilhelm (L. & S. No. 1293), Bruder von No. 2324, und 2323, geb. in den 90ger Jahren des vorigen Jahrh. auf Loitmark; widmete sich dem Forst-Fach u. erhielt auch den Titel eines k. Dänischen Forst- u. Jagdjunkers u. 1824 den eines Jägermeisters; starb unverheirathet am 13. Juli 1840 auf dem adel. Gute Espenis an der Schlei. — Vergleiche über ihn noch N. Nekrol. d. D. 18, 1840, S. 783.

2328) **v. Wasmer,** Friedrich August Theodor, geb. zu Bienebeck, studirte Medicin; wurde 1839 dr. med. & chir. in Kiel; Arzt und seit 16. Febr. 1854 Physicus in Eckernförde.

Nonnulla de psoitide. Diss. inaugur. Kiel 1839. SS. 16.

2329) **Weber,** C. H., wohnhaft zu Wang in der Südervogtei des Wiedingharder alten Koogs.

Von ihm steht im Kieler Corresp. Bl. 1834, No. 104 ein Schreiben gegen ein jn No 86 desselben Blattes gedrucktes Bedenken eines Wiedingharders.

2330) **Weber,** Ferdinand, geb. am 28. Februar 1812 in Kiel; sein Vater der Prof. der Medicin und Botanik Friedrich Weber († 21. März 1823; s. L. & S. No. 1294); sein Grossvater Georg Heinrich W. († 7. Juli 1828, s. Kordes S. 380 u. L. & S. No. 1295); der Sohn war von 1821 bis 1825 im Privatinstitut beim Rector Rohde in Oldesloe, besuchte darauf die Kieler Gelehrtenschule, 1831 die Universität in Kiel, 1832 in Kopenhagen, dann wieder in Kiel und 1835 in Göttingen, auch in Halle, wurde 1837 mit dem 1. Char examinirt u. in demselben Jahre dr. med. & chir. in Kiel, habilitirte sich 1842 als Privatdocent in Kiel u. war Prosector am anatomischen Museum, vertrat 1845—1848 den abwesenden Prof. dr. Behn, wurde 1851 ausserordentl. Prof. der Anatomie, war 1852 interimistisch nach Frerichs Abgang Director der medicinischen Klinik; er starb den 15. December 1860 in Kiel u. wurde den 19. Dec. beerdigt. — Gedächtnissrede auf ihn v. Prof. P. W. Forchhammer; Leichenrede von Past. L. Schrader.

1) Nonnulla de idiosyncrasia in corpore meo observata. Diss. inaugur. Kiliae 1837. 8.

2) Kurze Bemerkungen über Leichen-Section. Kiel 1847. 8.

3) Beiträge zur pathologischen Anatomie der Neugebornen. Liefer. 1—3. Kiel 1851, 1852 u. 1854. SS. 74, 85 und 78. Rec. Götting. Gel. Anz. 1854. S. 1918 ff.

4) Nach seinem Tode, herausgeg. v. Klaus Groth: Plattdeutsche Gedichte. Kiel — Schwers'sche Buchh. — 1861. 8. XXVI u. 100 SS.

Beiträge lieferte er namentlich zu Virchows „Archiv." In den Mittheill. des Vereins nördlich der Elbe etc. 1857, S. 32—37, auch Beil. zu No. 41 der Schulzeitung 1856/57 (Ueber die Lungenseuche der Rinder). —

2331) **Weber,** Georg, Vater-Bruder des vorhergenannten, geb. in Kiel, studirte ebenfalls in Kiel, wurde 1842 das. dr. med. & chir., war im ersten Schlesw. Holst. Kriege Militär-Arzt, siedelte einige Jahre nach Amerika über, ist zur Zeit practischer Arzt in Kiel.

De opii indole pharmacodynamica. Kiliae 1842. 8.

2332) **Weber,** II., bestallter Landmesser; const. Revisor im Landwesensbureau in der Regierung in Schleswig.

Vorschläge u. Ansichten betr. den Anbau der culturfähigen Haidestrecken in Schleswig-Holstein durch Verwendung der rüstigen Armenalumnen, Arbeitslosen u. Hülfsbedürftigen, sowie die demnächstige successive Einrichtung von Armencolonien. Schleswig — 1867. 8. Vgl. Itzch. Nachrr. 1867, No. 59 in einem v. Oesau geschriebenen Artikel.

2333) **Weber,** Otto. (Ein Schleswig-Holsteiner?)

Aeltere Geschichte der Herzogthümer Schleswig u. Holstein. Altona — Lange — 1857. 8. S. Itzch. Nachrr. 1857, Sp. 494.

2334) **Wedel,** Georg Wolfgang Ulrich (L. & S. No. 1298), starb zu Hamburg, wie schon S. 863 im L. & S. bemerkt ist, am 3. Mai 1831. — Vergl. noch N. St. M. X, S. 499. — Eine eigenhändige Biographie Wedel's ist im Besitze des dr. jur. u. ph. Hoffmann in Hamburg, der auch im März 1832 seine Mspte zum Verkaufe brachte.

Von ihm noch: Fünfzig Lehrsätze eines naturgemässen Erdsystems. Hamburg 1830. 8.

Kritik über Ditmar's „zu erwartende Witterung im Sommer 1819" in d. (Hamb.) Lesefrüchten von 1819, Bd. 2, u. das. Bd. 4 (über Ditmars Voraussicht der Beschaffenheit eines jeden künftigen Winters). — Lieferte 1808 Beiträge zu den bei Nestler in Hamburg erschienenen „Unterhaltungsblättern." — Die oben genannten, von dr. Hoffmann zum Verkaufe gebrachten Mspte. waren: 1) Collectanea genealogica ad notitiam familiarum nobilium ducatuum Slesvicensis et Holsatine, 2) Stammtafeln und Collectaneen die Familie Ranzow betr, 3) Oldenburgische, Schaumburgische und Holsteinische Stammtafeln, 4) Stammtafeln Sr. Hoheit des Prinzen Friedrich von Hessen-Cassel-Hanau u. Collectaneen zur Hessischen Geschichte, 5) Genealogica ex diplomatibus scriptoribusque coaevis collecta, 6) Zur Geschichte der Alterthümer der Normannen u Deutschen, 7) Zur Geschichte der Völker und des Ursprungs der Völker auf Erden, 8) Materialien zur Geschichte der Grafen von Holstein-Schaumburg, 9) Materialien zur Dänischen Geschichte, 10) Ad historiam episcopatus Lubecensis, 11 u. 12) Materialien zur Geschichte der Herzogthümer Schleswig u. Holstein, 13) Materialien zur Geschichte des adeligen Geschlechts von Ahlefeldt, 14) zur Oldenburgischen Geschichte (Stammtafeln und Collectaneen), 15) Ad historiam medii aevi, 16 – 20) Materialien zur Fortsetzung des 1823 erschienenen Werks: „Wahrheit u Wahrscheinlichkeit aus mehr als 40jähr. Forschungen". 21) Beweise des Fabelwerks der bisherigen Astronomie, 22) Astronomicorum p. 1—4, 23—33) Materialien zu Wedels naturgemässem Erdsystem, 34) verschiedene Collectaneen. — Mitgetheilt. —

2335) Wehle, Wilhelm, geb. zu Arnis in Schleswig, studirte Philologie u. wurde 1861 in Bonn dr. philos.

Observationes criticae in Petroneum. Bonnae 1861. 8. SS. 64.

Im „Rhein. Mus. f. Philolog." XVII, 1862, S. 469—471 (zu Properz), S. 621 bis 625 (zu Seneca's Epigrammen und zu desselben ludus de morte Claudii) S. 638 (Punisches Sprichwort bei Augustin). —

2336) Wehner, Johann Wilhelm (L. & S. No. 1300) 1818 Archidiaconus in Salzungen; ist, laut einer Mittheilung, das. gestorben.

Von dem christosophischen Gesangbuch erschien, bevorwortet von dr. Claus Harms, die 2. vermehrte Aufl Kiel — Akadem. Buchh. — 1838, SS. 156. Rec. Theol. Liter. Bl. 1838, No. 84.

2337) Weigelt, Georg Christian, geboren den 8. Sept. 1816 in Altona, besuchte das Gymnasium in Altona, studirte Theologie seit Mich. 1837 in Kiel, wurde 1844 Ostern examinirt (2. Char.), trat Ostern 1847 zum Deutsch-Katholicismus über und wurde in demselben Jahre den 28. Juni Prediger der deutsch-katholischen Gemeinde in Hamburg bis Februar 1853, lebte dann als Privatmann u. war von 1856—1860 u. wieder 1865 Besitzer des Nordseebades zu Wyck auf der Insel Föhr.

1) Bibel u. Gegenwart. Predigten, gehalten in der freien Gemeinde zu Hamburg-Altona. Altona, Karl Wendeborn, 1848. 8. VII u. 363 SS. Rec. Norddeutsche Monatsschrift 1849, S. 53—86.

2) Confirmations-Predigt, gehalten am 15. April 1849 in der freien christlichen Gemeinde zu Hamburg-Altona. Hamb. 1849. 8.

3) Urchristenthum u. freie Gemeinden geschildert in Predigten. Hamburg 1851. 8. SS. 180. (Mit Widmung an Prof. Baur in Tübingen VIII.)

4) Zweierlei Kampf um Freiheit. Politische Predigt, d. 18. Oct. 1851. Hamb. 1851. 8. SS. 16.

5) Bilder aus der jüdischen Geschichte. Sechs Predigten zum Verständniss des alten Testaments gehalten in der deutsch-katholischen Gemeinde in Hamburg. Hamb. 1852. 8. SS. 92.

6) Das Gemüth in seinem Verhältniss zum Christenthum u. zur Humanität. Sieben Predigten, gehalten in der freien Gemeinde zu Hamburg. Hamburg 1852. 8. SS. 109.

7) Die Bedeutung der freien Gemeinde für unsere Zeit. Neujahrspredigt. Hamb. 1853. 8. SS. 16.

8) Zur Geschichte der neueren Philosophie. Hamburg 1854—55. 8.

9) Die nordfriesischen Inseln vormals u. jetzt. Eine Skizze des Landes u. seiner Bewohner. Zunächst bestimmt für Badegäste in Wyck auf Föhr. Mit einer Karte der Insel Föhr u. der nordfriesischen Inseln vormals u. jetzt. Hamburg, Meissner, 1858. 8. SS 180. Rec. Liter. u. Krit. Blätter 1858, No. 64.

In Greve's u. Schwartz' Norddeutscher Monatsschrift 1846, Januar, S. 44—48 (Rec. über K. L. Biernatzki's Volksbuch), März, S. 109—124 u. S. 165—194 (Bestrebungen u. Leistungen des Kirchen- u. Schulblattes f. die Herzogthümer); 1847, März, S. 145—191 (Die Deutsche Mystik); Juli, S. 310—312 (Erklärung).

2338) Weihe, Karl Eduard. Hinsichtlich dieses in Hadmersleben, im Magdeburgischen, geborenen Schriftstellers, der 1815 Amtschirurg in Bordesholm u. nach dreivierteljährigem Aufenthalt daselbst von dort als Arzt nach Wesselburen zog, von wo er am 19. März 1824 als Districtschirurg nach Viborg kam, verweisen wir füglich auf Erslew II, S. 478.

2339) Weinhold. Karl Gotthelf Jacob, geboren den 26. October 1823 zu Reichenbach in Schlesien, Sohn eines Geistlichen, gebildet auf dem Gymnasium zu Schweidnitz und den Universitäten zu Breslau und Berlin, wurde zu Halle am 14. Januar 1846 promovirt zum dr. philos.; nachdem er 1846 eine Zeit lang im elterlichen Hause zu Reichenbach gelebt hatte, habilitirte er sich im April 1847 als Privatdocent der deutschen Sprache u. Literatur in Halle; Ostern 1849 ausserord. Prof. derselben Fächer in Breslau, Ostern 1850 ord. Prof. in Krakau, Ostern 1851 ord. Prof. in Grätz, Steiermark, 1854 correspondirendes u. 1860 wirkliches Mitglied der Akademie der Wissenschaften in Wien, Michaelis 1861 ord. Prof. der deutschen Sprache, Literatur u. Alterthümer in Kiel.

1) Aufforderung zum Stoffsammeln für eine Bearbeitung der deutsch-schlesischen Mundart. Breslau 1847. 8. 19 SS. (Wurde theilweise wieder aufgenommen in die Schrift: „Ueber deutsche Dialectforschung").

2) Specilegium formularum quas ex antiquissimis Germanorum carminibus congessit. Diss. pro venia docendi. Halis 1847. 8. SS. 32.

3) Die Sagen von Loki. Leipzig 1848. 8. 96 SS. Auch in Zeitschr. für deutsches Alterthum v. M. Haupt Bd. VII.

4) Mittelhochdeutsches Lesebuch. Mit einer Laut- u. Formenlehre des Mittelhochdeutschen und einem Wortverzeichniss. Wien 1850. 8. VI u. 186 SS. 2. Ausgabe s. t. Mittelhochdeutsches Lesebuch. Mit einer kurzen Grammatik des Mittelhochdeutschen u. Glossar. Wien 1862. 8. V u. 286 SS.

5) Die deutschen Frauen im Mittelalter. Beitrag zu den Hausalterthümern der Germanen. Wien 1851. VI u. 490 SS.

6) Ueber deutsche Rechtschreibung. Aus der Zeitschrift für Oesterreichische Gymnasien 1852, H. 2 besonders abgedruckt. Wien 1852. 8. SS. 36.

7) Ueber deutsche Dialectforschung. Die Laut- u. Wortbildung u. die Formen der schlesischen Mundart. Mit Rücksicht auf Verwandtes in deutschen Dialecten. Wien 1853. 8. VI u. 144 SS.

8) Weihnacht-Spiele und Lieder aus Süddeutschland und Schlesien. Mit Einleitungen u. Erläuterungen. 1. Ausg. Gräz, Damian u. Sorge, 1853. 2. wohlfeile Ausg. 1855. 8. VIII u. 456 SS. Mit 1 Musikbeil.

9) Beiträge zu einem schlesischen Wörterbuche. Anhang zu Bd. XIV der Sitzungsberichte der philos.-histor. Classe der k. Akademie der Wissenschaften. Wien 1854. 8. SS. 110.

10) Altnordisches Leben. Mit 1 Schrifttafel. Berlin, Weidmannsche Buchh., 1856. 8. VII u. 512 SS.

11) Ueber den Dichter Graf Hugo VIII. von Montfort. Grätz 1857. X u. SS. 54. 8. Auch in den Mittheilungen des histor. Vereins f. Steiermark Bd. VII.

12) Ueber den ersten der beiden durch von Karajan jüngst veröffentlichten Sprüche aus heidnischer Zeit. Wien 1858. 8. 6 SS. Auch in den Sitzungsberichten der k. Akademie d. Wissensch. 1858.

13) Die Riesen des germanischen Mythus. (Aus dem Februarheft des Jahrgangs 1858 der Sitzungsberichte der philos.-hist. Classe der kais. Akademie der Wissenschaften Bd. 26.) Wien 1858. 8. SS. 84.

14) Festrede auf Schiller am 10. Nov. 1859 in der Aula der k. k. Franzens-Universität zu Grätz gehalten. Grätz 1859. SS. 15. 8.

15) Die heidnische Todtenbestattung in Deutschland. Abth. 1, 2. Mit 5 lithogr. Tfl. in 4. Wien 1859. 146 SS. Auch in den Sitzungsberr. des k. Akad. der Wissensch. Bd. 29, p. 117 ff., Bd. 30, p. 171 ff. f. 1858 u. 1859.

16) Ueber den Beilaut mit besonderer Rücksicht auf den alemannischen Vocalismus. Wien 1860. 8. Auch im Juli-Heft 1860 der Sitzungsberr. der k. Akad. der Wissensch. in Wien od. Bd. XXXV, S. 132 ff.

17) Der Minnesinger von Stadeck und sein Geschlecht. Wien 1860. 8. SS. 37. Auch im Juli-Heft 1860 der Sitzungsberichte der Akademie der Wissensch. in Wien od. Bd. XXXV, S. 172 ff.

18) Ueber den Antheil Steiermarks an der deutschen Dichtkunst des 13. Jahrhunderts. Ein Vortrag, gehalten in der feierlichen Sitzung der k. Akademie der Wissenschaften am 30. Mai 1860. Wien 1860. 8. 35 SS.

19) Grab-Alterthümer aus Klein-Glein in Untersteiermark. Mit 3 Tafeln. Grätz 1861. 34 SS. 8. Auch in den Mittheilungen des historischen Vereins für Steiermark H. 10.

20) Martin Opitz von Boberfeld. Ein Vortrag, in der Harmonie zu Kiel am 15. Febr. 1862 gehalten. Kiel 1862. 8. SS. 31.

21) Ueber die deutsche Jahrtheilung. Rede zur Feier des Geburtstugs Sr. Maj. Frederik VII. am 6. October 1862. Kiel 1862. 4. SS. 20.

22) Grammatik der deutschen Mundarten. Th. I auch unter d. T. Alemannische Grammatik (XIX u. 471 SS.), Th. II Baierische Grammatik. Berlin, Dümmler, 1863—1867. 8.

23) Rede auf Jacob Grimm, am 2. November 1863 an der Kieler Universität gehalten. Kiel 1863. 4. SS. 14.

24) Ueber die deutschen Fried- u. Freistätten: ist Einladungsprogramm zur Feier des Geburtstags am 6. Juli 1864. Kiel 1864. 4. SS. 19.

25) Mittheilungen zur Alterthumskunde der Herzogthümer Schleswig, Holstein u. Lauenburg od. 24. Bericht der Schlesw.-Holst.-Lauenb. Gesellsch. für vaterl. Alterthümer. Kiel 1864. 8.

26) Red. Bd. VII—IX der Jahrbb. f. d Landeskunde der Herzogthümer Schleswig, Holstein u. Lauenburg, herausgegeb. von der Schlesw.-Holst.-Lauenb. Gesellsch. f. vaterl. Geschichte. Kiel 1865, 1866. Darin von ihm: Bd IX, H. 1, S. 31 bis 39 (Beitrag zur Kunde von Kiel im XV. u. XVI. Jahrh.), S. 40—115 (Die Personennamen des Kieler Stadtbuchs v. 1264—1288), S. 151 ff. (Siegmunds von Haberstein Reise durch Holstein u. Schleswig), S. 142—150 (Ueber Franz Hegewisch), S. 155—157 (J. M. Lappenberg).

Viele Recc. in den ersten Bänden der von Seidl u. Bonitz herausgegebenen Zeitschr. für österreichische Gymnasien. — Beiträge in M. Haupts Zeitschr. f. deutsches Alterthum Bd. VI u. VII; in Kuhn u. Aufrecht's Zeitschrift für vergleichende Sprachforschung Bd 1; in den Mitthh. des histor. Vereins zu Steiermark VII—X; in R. Gosche Jahrb. für Literaturgeschichte Bd. 1, Berlin 1865, S. 1—40 (Ueber das Komische im altdeutschen Schauspiel); in Frommanu: „die deutschen Mundarten" Bd. IV; in den Schlesischen Provinzialblättern, N. F., Bd. 1. — Revidirt.

2340) **Weinmann.** Otto (L. & S. No. 1302), geboren 3. Januar 1766 zu Süderstapel; sein Vater Eberhard W., Advocat das. (cfr. L. & S. No. 1301); der Sohn studirte 1788 in Kiel und war nach bestandenem Examen Advocat in Süderstapel; 1817 Obern. Landgerichts-Advocat, auch Justitiar des Kleinseerkoogs. Starb den 1. Dec. 1846. Verheirathet seit 16. Mai 1806 mit J. Charlotte Havenstein. — (S. N. Nekrol. der Deutschen XXIV, S. 789. Todes-Anzeige im Alton. Merk. 1846 No. 290).

Von ihm noch im „Ditmarscher und Eiderstedter Boten" 1838 (Ueber die Magazin- und Fourage-Lieferung mit besonderer Rücksicht auf Stapelholm. Steht auszüglich auch im Kiel. Corresp.-Bl. 1838, No. 17). —

2341) **Weiss,** Karl Philipp Bernhard, geb. den 20. Juni 1827 in Königsberg in Preussen, Sohn des Consistorialraths und Hofpredigers dr. Weiss daselbst; gebildet auf dem königl. Friedrichscollegium zu Königsberg und auf den Universitäten zu Königsberg, Halle und Berlin, 1852 zum dr. phil. zu Jena, 1862 zum dr. theol. in Königsberg promovirt, seit 1857 ausserordentlicher

Professor der Theologie in Königsberg, seit 1861 Divisionsprediger bei der königl. ersten Armeedivision, am 26. Mai 1863 ordentl. Prof. der exegetischen Theologie in Kiel.

1) Der Petrinische Lehrbegriff. Beitrag zur Theologie, sowie zur Kritik und Exegese des 1. Briefs Petri und der Petrinischen Reden. Berlin 1855. 8.

2) Der Philipperbrief ausgelegt und die Geschichte seiner Auslegung kritisch dargestellt. Berlin 1859. 8.

3) Die beiden Apostelevangelien. Eine Vorlesung. Danzig 1860. 8.

4) Der Johanneische Lehrbegriff in seinen Grundzügen untersucht. Berlin 1862. 8.

5) In Herzogs „Realencyclopädie f. Theologie und Kirche" I., Supplem. sind von ihm die Artikel „Epheser-" und „Kolosserbrief."

Beiträge zu Zeitschriften:

a) Eine Reihe referirender, reflectirender und recensirender Artikel in allen Jahrgängen des „Evangelischen Gemeindeblatts", herausgeg. zu Königsberg in Preussen v. 1848—1862, insbesondere die regelmässigen Uebersichten über die kirchliche Tagesgeschichte; — b) in „Deutsche Zeitschrift für christliche Wissenschaft und christliches Leben"; ausser referirenden Artikeln: 1850 No. 51, 52 (Jacobus und Paulus), 1852, No. 38—39 (Das Verhältniss der Exegese zur biblischen Theologie), 1853 No. 40—42 (Die Lehre Christi vom Lohn), 1856 No. 33—34 (Die Schriftlehre von der Ehescheidung und die Geschichte ihrer verschiedenen Auffassungen), 1858 No. 16—17 (Der Kampf um die christliche Freiheit im apostolischen Zeitalter), 1859 No. 47—48 (Die Ignatiusfrage), 1861, September, (Ueber das Bildliche im N. T.); — Verschiedene Recensionen in dem dazu gehörigen Kritischen Beiblatt, besonders über Delitzsch: Matthäusevangelium, 1854, 3, u. Lekebusch: Apostelgeschichte, 1854, 10, 11; — c) referirende Artikel in der Darmstädter „Allgemeinen Kirchen-Zeitung" und zahlreiche Recensionen in dem dazu gehörigen „theologischen Literaturblatt", besonders 1857—1861, unter denen, als die eingehendsten zu nennen sind: 1857, No. 24 über Wiesinger „der erste Brief Petri", 1858 No. 45 über Hoelemann „Die Stellung Pauli zur Frage nach der Wiederkunft Christi"; 1859 No. 15 über Mehring „Römerbrief"; 1860, 1, 2 über Düsterdieck „Offenbarung Johannis;" 1860, No. 18 über Ebrard „Brief Johannis"; 1860 No. 40 über Wiesler „Galaterbrief." — d) Recensionen in Reuters „allgemeinem Repertorium für die theol. Literatur" Bd. 66, 72, 74, 75, 78, 79, darunter besonders eine ausführliche Besprechung mehrerer die Ignatiusfrage betreffenden Schriften Bd. 78, 3 S. 169—197 und in Bd. 71 (?) „Stuttgarter Briefe". — e) In den „theologischen Studien und Kritiken" 1858, 1 (Die Gesetzesauslegung Christi in der Bergpredigt); 1861, 1, 4 (Zur Entstehungsgeschichte der drei synoptischen Evangelien), 1865, 4. 1866, 2 (Die Petrinische Frage. Kritische Untersuchungen über den 1. u. 2. Petrusbrief); 1865, 1 (Dr. Schenkel's Charakterbild Jesu, besonders von Seiten der Quellenbenutzung und geschichtlichen Behandlungsweise beleuchtet). Ausserdem in dem die Recensionen enthaltenen Abschnitt mehrere ausführliche Besprechungen, besonders von Ritschl „Entstehung der altkatholischen Kirche" 1859, 1; von Otto „Die geschichtlichen Verhältnisse der Pastoralbriefe" 1861, 3; von Weizsäcker Untersuchungen über die evangelische Geschichte 1866, 1; — f) in den „Jahrbüchern für deutsche Theologie" 1857, 2 (Die Prädestinationslehre des Apostels Paulus); 1864, 1 (Die Redestücke des apostolischen Matthäus), 1865, 2 (Die Erzählungsstücke des apostolischen Matthäus). — Auch lieferte der Verfasser sonst häufige anonyme Beiträge zu-kirchlichen und politischen Zeitungen. — Im „Schleswig-Holsteinischen Kirchen- und Schulblatt, herausgeg. v. Past. Rendtorff" 1866, No. 23—28 (Polemische Randglossen zu einem apologetischen Werke). — Revidirt.

2342) **Welcker,** Karl Theodor, (L. & S. No. 1304), war 1831 Abgeordneter in der Badischen Kammer und erhielt als Anerkennung seiner Thätigkeit für die Pressfreiheit u. A. auch eine Dankadresse von Kieler Einwohnern, ward im October 1832 vom Grossherzog von Baden pensionirt und den 22. November desselben Jahrs vom Hofgericht am Oberrhein wegen angeschuldigter Beleidigung der Regierung (in No. 100 des „Freisinnigen") zu 2 Monat bürgerlichen Arrests und in die Kosten verurtheilt, obgleich die Spruchcollegien zu Kiel und Tübingen, auch zu Heidelberg vorher erklärt hatten, dass er nicht strafbar sei; das Obergericht zu Mannheim sprach ihn am 2. Februar 1833 frei; er machte im Spätsommer 1841 eine Reise nach Norddeutschland und kam auch nach Kiel, war 1848 und 1849 Badischer Gevollmächtigter bei der provisorischen Centralverwaltung in Frankfurt und ward den 29. December 1849 auf sein Ansuchen vom 14. Juni dess. Jahrs in Ruhestand versetzt. Vergleiche über ihn: H. E. Scriba's Lexicon Hessischer Schriftsteller 1. Abth. (Darmst. 1831) S. 450—451. Sein Bild im 1. Bd. der Deutschen Volksbibliothek (Hildburghausen und New-York 1832), auch in der Gallerie der Zeitgenossen 4. Jahrg. No. 87.

Noch von ihm:

Die Universal- und die juristisch-politische Encyclopädie u. Methodologie zum Gebrauch bei Vorlesungen und für das Selbststudium. Stuttgart 1827 (A. u d T. das innere u äussere System der practisch natürlichen u. röm.-christl. germanisch. Rechts-, Staats- u. Gesetzgebungslehre. Bd. 1).

Die Vervollkommnung d. organischen Entwicklung des Deutschen Bundes zur Förderung Deutscher Nationaleinheit und Deutscher staatsbürgerlicher Freiheit. Motionsbegründung. Karlsruhe 1831.

Die vollkommene u. ganze Pressfreiheit nach ihrer sittlichen, rechtlichen und politischen Nothwendigkeit, nach ihrer Uebereinstimmung mit Deutschem Fürstenwort u. nach ihrer völl'gen Zeitgemässheit dargestellt in ehrerbietigster Petition an die hohe Deutsche Bundesversammlung. Freiburg 1830. VIII u. 160 SS.

Begründung der Motion, Aufhebung der Censur betreffend. Karlsruhe 1831.

Begründung der Motion, Wehrverfassung betr. Daselbst 1831.

Neuer Beitrag zur Lehre von den Injurien und der Pressfreiheit durch die Rechtsgutachten der Spruchcollegien von Heidelberg, Kiel und Tübingen über den Pressprozess des Hofraths Welcker und durch die Prüfung der hofgerichtlichen Entscheidungsgründe in den Appellationsschriften des Geh.-R. Döllinger und des

Hofraths Welcker. Zugleich mit einem Vorwort über seine Grundsätze, seine Pensionirung u. über den Geist des Freisinnigen. Freiburg, Gross, 1833. 8. 20 Bgg.

Die Gefahren des Vaterlandes u. die Schutzmittel gegen dieselben. Als Motion in der Badischen Kammer der Abgeordneten am 4. Novbr. 1833 vorgetragen Nebst Discussion. Karlsruhe 1833. 8. (Aus der Landtags-Zeitung). —

Redigirte im Verein mit C. v. Rotteck das von ihnen in Verbindung mit vielen Gelehrten herausgegebene Staatslexikon od. Encyclopädie d. Staatswissenschaften. Bd. 1—15 u. Supplement 1—4, Altona 1834—1848. gr. 8. 2 Aufl. 1845 bis 1848. 3. Aufl. Leipzig, Brockhaus, 1856 u. ff. (Ist noch im Erscheinen begriffen).

Ueber Bundesverfassung und Bundesreform, über Bildung und Gränzen der Bundesgewalt, zunächst in Beziehung auf den Schweizerbund und die Schriften von Troxler u. Zachariä über denselben. Stuttgart, Literar.-Comptoir, 1834. gr. 8. 4 Bgg.

Jury, Schwur- u. Geschwornengericht als Rechtsanstalt und als politisches Institut (Aus dem Staats-Lexikon Bd. 9). Altona 1840. 8.

Geheime Inquisitionsprocesse gegen Meiding u. Jordan. Karlsruhe 1843. 8.

Ein staatsrechtlicher Injurienprocess in actenmässiger Mittheilung. Mannheim, Bassermann, 1843. 8. 3¼ Bgg.

Motion, dass d. erste Kammer eine Adresse auf d. Eröffnungsrede beschliessen möge. Vorgetragen in der 7. öffentlichen Sitzung der Badischen 2. Kammer am 9. December 1845. Mannheim, Hoff, 1846. 1¼ Bgg. 4.

Der reichsgräflich Bentincksche Erbfolgestreit rechtlich beurtheilt. Heidelberg 1847. X u. 150 SS.

Grundgesetz u. Grundvertrag. Grundlage zur Beurtheilung der Preussischen Verfassungsfrage. 1. 2. Auflage. Altona, Hammerich, 1847 u. 1851. 8. XIV u. 96 SS.

Der Hochverrathsprocess des praktischen Arztes dr. Rudolf Welcker. Actenmässig mitgetheilt durch den Vater. Mannheim, Bassermann, 1850. IV und 168 SS.

Die rechtliche Begründung unserer Reform mit ihren wichtigsten Folgen. Nebenbei der Beleuchtung eines ungerechten Angriffes. Frankf. a. M., Sauerländer 1861. 8. IV u. 108 SS.

Der Preussische Verfassungskampf. Denkschrift zu der Heidelberger Petition an die 2. Badische Kammer. Frankfurt a. M., Aufforth, 1863. 8. 49 SS.

2343) **Weller,** Peter Christian (L. & S. No. 1305). Geboren war er 1763. Er starb als Probst und Hauptprediger zu Elmshorn am 20. December 1839, 77 Jahr alt. Verheirathet mit F. F. Riesenberger, verwittw. Kochen aus Kiel. — S. N. Nekrol. d. D. XVII, 1839, S. 990—991.

Von ihm noch: Rede bei der Einführung des Hrn. Hospitalpredigers und Katecheten C. H. Carstens zu Elmshorn am 22. Januar 1832. Itzehoe 1832. 8.

2344) **Wenck,** Lud. H. Fr., geb. in Mölln, dr. med. & chir. in Kiel im Febr. 1867 u. Privaldocent daselbst seit Michaelis 1867.

De exemplis nonnullis carcinomatis epithelialis exorti in cicat.ice post lupum excedentem relicta. Kiliae 1867. 4.

2345) Wendell, Johann Georg Friedrich (L. & S. No. 1306); starb zu Rendsburg, wo er am 26. Juli 1774 geboren war, den 29. October 1836 im 63. Jahre seines Lebens. Verheir. mit Anna Margaretha geb. Mumm († 19. Februar 1842). — Sein Sohn Friedrich Matthias Wendell setzte die Herausgabe des „Rendsburger Wochenblatts" fort; derselbe war am 25. December 1798 in Rendsburg geboren und starb daselbst am 15. December 1853. Nach seinem Tode setzte seine Wittwe die Herausgabe des Wochenblatts fort, bis sie, als ihr Sohn früh starb, die Buchdruckerei mit dem Wochenblatt an den bisherigen Factor H. Gütlein verkaufte.

2346) Wendt, Bernhard Christoph Philipp Johann, geboren am 27. August 1835 zu Schönberg im Fürstenthum Ratzeburg, wo sein Vater Privatcopiist war und der Sohn die Bürger- u. Realschule frequentirte, bis er auf das Gymnasium in Ratzeburg kam; derselbe studirte dann Theologie auf den Universitäten Rostock, Erlangen u. Berlin; bekleidete nach beendeten akademischen Studien einige Zeit lang Hauslehrerstellen auf Mecklenburgischen Gütern u. war darauf anderthalb Jahre Prädicant in einer Mecklenburgischen Landgemeinde und eben so lange in Berlin, wo er zu einer dort redigirten Zeitschrift Beiträge lieferte; nach einem kürzeren Aufenthalt in Ostpreussen ging er dann nach Leipzig, um die Herausgabe einiger grösseren theologischen Werke zu veranstalten; am 29. November 1866 ordinirt zum Amtsgehülfen des Pastors Reuss in Sülfeld; erhielt unter dem 10. December 1866 das Schleswig-Holsteinische Indigenat und ward am 17. März 1867 zum Archidiakonus an St. Marien in Rendsburg erwählt, wo er den 2. Juni antrat.

1) Zwei Bücher von der Kirche. Eine Apologie der Lehre Luthers von der Kirche. Halle 1859. (Ist eine auf der Universität Rostock verfasste u. von der theologischen Facultät gekrönte Preisschrift.)

2) Praktische Theologie für die christlichen Gemeinder. Leipzig 1862.

3) Christologische Meditationen. Darstellung der gottmenschlichen Persönlichkeit u. Wirksamkeit Jesu Christi. Das. 1864. 8

4) Kirchliche Ethik vom Standpunkt der christlichen Freiheit. Bd 1: Einleitung in die Ethik. Entwicklungsgeschichte der christlichen Freiheit in der Kirche u. Theologie. Bd. 2: Das Reich Gottes u. das Reich der Welt. Das 1864 bis 1865. 8. XXVII u. 345 u. 423 SS.

5) Der Kampf des Glaubens in der Mecklenburgischen Kirche. Appellation an den Grossherzog v. Mecklenburg-Schwerin in einer Mecklenburgischen Kirchensache. Leipzig 1864. 8.

6) Nothgedrungenes Zeugniss in einer Mecklenb. Sache. Zam Schutz u. Trutz
gegen falsche Angriffe Leipzig 1865. 8.

In Past. Rendtorff's Kirchen- u. Schulblatt 18..7, No. 19 (Zur
Unionsfrage). — Revidirt.

2347) **Wendt**, Johann Christian Wilhelm (L. & S.
No. 1307), seit 5. Februar 1832 Staats-Chirurg in der Dänischen
Armee; Mitglied des Gesundheits-Collegiums in Kopenhagen u. der
Direction für das Garnisons-Hospital; seit 19. November 1833 Mit-
glied des Schleswig-Holsteinischen Sanitäts-Collegiums; erhielt 10.
December 1833 den Rang eines Oberstlieutenants u. den 28. Octo-
ber 1836 den Rang No. 3 in der 3. Classe; war auch Danebrogs-
mann; starb in Folge eines apoplektischen Zufalls in Kopenhagen
den 4. März 1838. — Vergleiche über ihn N. Staatsb. Mag. X. 499;
Pfaffs Mitth. VI, N. F. IV, H. 1—2, S. 116—118; Schriftenverz. in
Callisens med. Schriftst. Lex. Bd. 20; Poggendorffs biogr. liter.
Handw. II Sp. 1295; Erslew III, S. 488—496, wo ausserdem noch
viele Quellen.

In L. & S. ist zu vervollständigen:

Von „Anviisning til at indsamle, tœrre og conservere de i Danmark og Norge
vildtvoxende og dyrkede medicinske Planter" erschien die 2. Aufl. 1812 u. eine
schwedische Uebers. Christiansstad 1816. 8.

Bidrag til Historien af den veneriske Sygdoms Begyndelse og Fremgang i
Danmark indtil Midten af det 18. Aarhundrede. Indledning til en Forelæsning.
Kjøbenh. 1820. 8. Med Tavler. Auch deutsch in Hufeland's Journal f. prakt.
Heilkunde Bd. 55 (1822), Juli, S. 3 sqq.

Om Salep-Roden og dens Surrogater. Med 3 Afbildninger. Kjøbenh. 1820.
8. Rece. Bibl for Lœger I, 1821, S. 90—104; vgl. S. 270—280; Hufelands
Journal der praktischen Heilk. Bd. 58, 1824, Febr. S. 3—34; Journ. complém.
du dictionn. des sc med. 19, 1824, Cah. 73, Juill., p. 38—46.

Freundschaftlicher Besuch auf der Armen-Kolonie Frederiksgabe, Sonntag
den 28. Juli 1822. Als Manuscript. Kopenh. 1822. 15 SS. 8.

Historiske og chemiske Bidrag til Kundskab om enkelte Lægemidler af Slægten
Euphorbia. Kjøbenh. 1823. 8. (Deutsch in Hufelands Journal der Heilkunde
Bd. 60, 1825, April, S. 3—47. S. Trommsdorffs N. Journal der Pharm. Bd. 20,
St. 1, 1830, S. 9—30).

De abusu hydrargyri jam magis increscente, unde morbi et affectiones mor-
bosae syphiliticis persaepe similes nascuntur. Prolusio annuntians scholas clinicas
de morbo syphilitico. Havniae 1823. 8. S. Gerson u. Julius Mag. der ausl.
Heilk. Bd. 6, 1823, Nov. u. Dec., S. 516, Hufelands Bibliotb. Bd. 51, 1824, Febr.,
S. 112—114; Edinb. Journ. of med. sc. vol. 1, 1826, Apr., p. 384—385.

Nogle Efterretninger om Bœrnekopper, Kokopper og de formildede Bœrnekopper, oplæst i Selskabet Nordia. Kjøbenh. 1824. 8. (Deutsch mit Zusätzen
des Verfassers. Kopenhagen 1824. 8). S. Gerson und Julius Magaz. der ausl.
Heilk. Bd. 7, 1824, Mai und Juni, S. 440—446. Pierer allgem. med. Ann. 1824,

Novbr. S. 1498—1503. Rost und Casper's Krit. Repert. f. Heilk. Bd. 8, 1825, H. 3, S 417—423 und andere Journale; S. Ersl. —

Oversigt over Medicinalvæsenet ved Land-Militär-Etaten i Kongeriget Danmark og Hertugdømmene Slesvig, Holsteen og Lauenborg, sammt Fremstilling af den i Aaret 1812 anordnede forandrede Indretning ved militäre Syges-Forsyning med Medicamenter. Kjøbenh. 1825. 8. Deutsch das. 1826. 8. S. Hufelands Bibl. Bd. 55, 1826, Jan. S. 55—68, Heckers litt. Ann. der Heilk. Bd. 4, 1826, Jan., S. 112—119.

Om hensigtmæssig Fornyelse af Laxcer- og Purgeermidlers Anvendelse. Kjøbenhavn 1827. 8. 2 Bl. u. 44 SS. 8. — Nicht im Buchhandel. S. Gersons und Julius Magazin der ausländischen Heilkunde Bd. 13, 1827, März u. April, S. 336—337.

Om Fødemidler og Bespiisnings-Anstalter for Fattige i offentlige Stiftelser, i Garnisoner og i Fængsler. Med 3 Tabb. Kjøbenhavn paa Forfatterens Bekostning, 1828. 8.

Meddelelser om Anstalter for Afsindige i Tydskland og Danmark. J. Breve til en Ven Khb. 1827. Med 1 Tab. Stehn ursprünglich in „Nyeste Skilderie af Kbhavn" 1826. No. 75, 76, 79, 82, 83, 84, 85, 88, 89, 92—94 und 1827, No. 92, 94, 96, 98, 100—102.

Bidrag til Fattigvæsenets Historie 1. Heft. Kjøbenhavn 1829. 8. SS. 100. Steht ursprünglich in „Nyeste Skilderie" af Kjøbenhaven 1828, No. 85—87 u. 92, 93 u. 95.

Lægevidenskabelige Misceller. 1. Hefte. Med 1 stannographeret Plade. Kjøbenh. 1831. 8.

Kortfattet Anviisning til det, en Familienfader har at iagttage naar Cholera nærmer sig, eller har begyndt at vise sig, enten i Staden, eller endog i hans egen Familienkreds, efter paalidelige og erfarne Lægers Skrifter og Meddelelser. (Som Manuscript for Venner). Kjøbenh. 1831. 8.

Kritisk Resultat af Jugttagelserne og Erfaringerne angaaende en i Aaret 1826 i en Deel af Nordtydskland og Nederlandene herskende Epidemie af Mart. W. Plagge. Oversat og noget forkortet. Kbh. 1831. 8.

Almindeligt Hospital i Kjøbenh., dets Jndretning og Forfatning, Pengevæsen, Legater, Historie etc. Kortelig beskrevet. Kjøbenh. 1833. 8. Med 5 Grundtegninger. S. Hufelands Biblioth. Bd. 73, 1835, Mai, S. 237—241, Bd. 75, Mai, S. 224—27 (Antikritik des Verfs.) u. S. 227—29.

*Forskrifter til Syge-Mad og Lædske-Drikke. Af Henriette. Kbh. 1834. 24 SS. 12 (Mspt. für Freundinnen).

Bidrag til Bærnekoppernes og Vaccinationens Historie i Danmark og om de sidste herskende Kopper-Epidemier. Med 2 Tabell. Kjøbenh. 1836. 8. (Deutsch 1836. 8.)

Om Mangleren ved den nuværende Lægevidenskab og Midleren til ad afhjelpe den, af dr. Burchard Eble. Kjöbenh. 1838. 8. Besonders abgedruckt aus Bibliothek for Læger No. 1 f. 1838 (welche letzte Abhandlung wenige Tage, bevor der Tod ihn überraschte, die Presse verliess).

Gab heraus: C. E. Mangors Land-Apothek til Landmænds Nytte; med de det 3. Opl. tilföjede Tillæg og Forbedringer af J. C. Tode. 4. gjemmenseete-Opl., med Fortale. Kjøbenh. 1826. 5. Opl. 1835. 8.

Er war Mitherausgeber von: Nyt Bibliothek for Læger 3—4 Bd. Kbh. 1818 bis 1820 und von Bibliothek for Læger 1—3 Bd. das. 1821—23 und 22—28 Bd. H. 1. 1835—1838. Die einzelnen von ihm für diese Zeitschrr. gelieferten Beiträge führt Ersl. an. — Ferner gab er mit heraus: „Penia eller Blade for Skole-, Industrie-, Medicinal- og Forsœrgelsesvæsen" f. 1821 Kbh. — Beiträge von ihm stehen ausserdem in: „Nyt Bibliothek for Physik" Bd. IX, 1806, H. 2, S. 260—64; — in Frankenaus „Sundhedstidende" 1809 (s. schon im L & S.); — in „Dagsposten" 1816, No. 223—40; — in Hœst's „Chronos" H. 1, 1822, S 1—23 (Om Stjernetyderkunstens Skjœbne i Danmark og især denne Kunsts Medvirkning til Frygten for Tyrkerne; — auch bes. gedruckt;) — in Svensk Läk. Sällsk. Årsberättelser för 1816; — in den acta reg. societ. med. Havniensis ist ausser den im L. & S. angeführten Abhh. im V vol., von ihm noch in vol. VI (acta nova vol. II) 1821, p. 73—87 (Tres historiae introsusceptionis intestinorum una cum sectionibus cadaverum) u. p. 88—99 (de insidiosa mesenterii inflammatione sub aetate puerili). In Otto's „Ny Hygœa" Bd. I, III, VI, VII, VIII; — in desselben „Hygœa" 1827; vgl. Ersl ; — in Frorieps „Notizen aus der Natur- u. Heilkunde" Bd. III. 1823, No. 21, V, 1823, No. 11, XII, 1825, No. 17; — in „uyeste Skilderie af Kjœbenhavn" noch einzelne andere Beiträge, als die oben angeführten auch separat gedruckten; — in H. A. Henke's „Zeitschrift für Staatsarzneikunde" Bd. XI, 1826, H. 2, XII, H. 3, XIV, 1827, H. 3, XVI, H. 3; XXII, 1831, H. 4, Ergänzungsbd. XV, 1831, S. 288—301; Bd. XXIV, 1832, H. 4; — in „Dagen" 1826, No. 32. 50, 61, 68, 80; 1833, No. 181; 1834, No. 75; — in „Politie-Vennen" 1826, No. 528, 1827, S. 708—709. —

Bedeutenden Antheil hatte er an: Pharmacopoea militaris, eller en udvalgt Samling af Lægemidler for de militaire Etater. Efter allerh Befaling udgivet af Over-Directionen for det militäre Medicinalvæsen. Kbh. 1813. Deutsch 1814, und mit neuem Titelblatt 1818.

Bemerkk. von ihm sind eingefügt: J. K. Höst's Oversættelse af Struve's Sygetabel. Kbh. 1810.

Mehrere meistens lateinische Grabschriften, die Ersl. anführt; diverse Lateinische Dänische, plattdeutsche und Deutsche Gelegenheitsgedichte. —

Ein in Heinsius Bücher-Lexikon Bd. 5, 1817, S. 607 angeführte Schrift: Versuch einer chemischen Pflanzenphysiologie existirt wohl als Mspt., ist aber nicht gedruckt. — Vergl. zu diesem Artikel durchgängig Ersl. a. a. O. —

2348) **Wensien,** Schullehrer in Borbye. †.

Von ihm steht im Schleswig-Holsteinischen Schulbl. IX, 1847, H. 3, S. 100—115 (Wodurch wären Schule u. Haus mehr, als bis jetzt der Fall ist, mit einander zu vereinen?)

2349) **Westedt,** Albrecht Friedrich Leopold, geb. zu Henstedt in Norderditmarschen, wo sein Vater Joh. Alb. Friedr. W. († 3. Mai 1859) von 1816 bis 1832 als Diaconus stand. Der Unsere studirte Jura, bestand das juristische Amtsexamen zu Kiel Michael. 1848 mit dem 2. Char. mit Ausz. und ward darauf Kirchspielvogt u. Kirchspielschreiber in Nordhastedt, den 17. September 1860 Kirchspielvogt u. Kirchspielschreiber in Albersdorf, Süderditmarschen, zum 1. Septbr. 1867 Amtsrichter daselbst.

Von ihm in den **Jahrbb** f. die **Landeskunde** III, S. 464—468 (Antiquarischer Bericht aus Nordhastedt).

2350) **Westphal,** G (L. & S. No. 1312), er starb im April 1833. — Vergl. Itzeh. Wochenblatt 1833 No. 18 Sp. 439.

Einige seiner Gedichte stehen im Taschenbuch „Eidora."

2351) **Wethje,** Landmann zu Opdrup in der Satrupharde, Amts Gottorf, im Sept. 1834 erwählter Abgeordneter zur Schleswigschen Ständeversammlung für den 16. ländlichen Wahldistrict, Loit.

Im **Kieler Corresp.-Bl.** 1832, No. 24 (Einige Worte über die Wahl von Abgeordneten durch die Bauerngemeinden); 1833, No. 3 (Die Satrupholmer Parcelisten betr.); No. 6 (Brandversicherung betr.); No 20 (Vorzüge der freiwilligen Brandgilden vor den gezwungenen); No. 24 (Die Abneigung gegen den Militärdienst in Schleswig-Holstein); No. 31 (Communalverfassung betr.); No. 78 (Fragen). — In N. Falcks: Beiträge zur Geschichte der Schleswig-Holsteinischen Landwirthschaft (Kiel 1847. 8.) S. 53—56 (Ein kleiner Beitrag zur Geschichte unserer Landwirthschaft. Steht auch im Neuen Staatsb. Mag. III, 1835, S. 636—638).

2352) **Weyer,** Georg Daniel Eduard, geboren am 26. Mai 1818 in Hamburg, studirte Mathematik und Astronomie zu Berlin, wurde 1852 dr. philos., war von 1839 bis 1843 u. von 1847 bis 1850 Assistent an der Hamburger Sternwarte und Lehrer an der dortigen Navigationsschule, von Michaelis 1850 bis zu ihrer Aufhebung um Ostern 1851 Lehrer an der Seecadettenschule in Kiel, dann Privatdocent der Mathematik das., Ende 1853 ausserord. u. 2. December 1859 ord. Prof. der Mathematik u. Astronomie das., auch Mitglied des Examinations-Collegiums für Landmesser, sowie des für Steuerleute. — Vergl. über ihn auch Poggendorffs biogr. liter. Handwörterbuch der exacten Wissensch. Th. 2.

1) Ueber die Differentialformeln für Cometenbahnen von grosser Excentricität. Berlin 1852. 8.

2) Ueber die Bahn der zweiten Cometen vom Jahre 1849. Hamburg 1853. 4. (Steht auch in den „Astronomischen Nachrichten" Bd. 35.)

3) Ueber die totale Sonnenfinsterniss vom 18. Juli 1860. Vortrag zur Feier des Geburtstages Sr. Majestät des Königs am 6. October 1860. Kiel 1860. 4. SS. 28 mit Figurentafel.

4) Unter seiner Aufsicht wurden berechnet: Tabellen der Zinsen- u. Zinseszinsen für die Spar- u. Leibcasse in Kiel. Kiel 1864. 8.

5) Ueber Zeitbestimmung u. geographische Ortsbestimmung: in der allgemeinen Encyclopädie der Physik, Bd. 1. Leipzig 1865. 8.

Beiträge zu Zeitschriften:

a) Grunerts „**Archiv für Mathematik**" III. 1843 (Neue Construction einer Lambertschen Aufgabe aus der praktischen Geometrie); das. (Eine geometrische Aufgabe); V, 1844 (Ueber die Aufgabe: Ein Viereck von gegebenen Seiten so zu construiren, dass die Diagonalen einander gleich werden); das. (Eine geodätische Aufgabe). — b) Astronomische Nachrichten von Bd. 18, 1841 an verschiedene astronomische Beobachtungen, auf der Sternwarte in Hamburg angestellt, nebst Bahnberechnungen neuer Himmelskörper. — c) In den Monatsberichten der Berliner Akademie der 40ger Jahre verschiedene auf der Berliner Sternwarte angestellte astronomische Beobachtungen. — d) in Gould's astronomischem Journal 1851 astronomische Mittheilungen. — e) in den Berliner Jahrbb. f. 1849 u. 1850 Ephemeridenberechnungen. — f) in den Mittheilungen des Vereins nördlich der Elbe etc. 1857, S. 28—32 (od. Beill zu No. 36 der Schulzeitung 1856/57 (Ueber den Brorsen'schen Cometen), — Revidirt

2353) **Weyse**, Christoph Ernst Friedrich, geb. den 5. März 1774 in Altona, Sohn des Gewürzkrämers u. Bürgercapitains Werner Ernst W. und der Margaretha Elisabeth Heuser; kam auf Veranlassung des Professors C. F. Cramer in Kiel 1789 nach Kopenhagen, um beim Capellmeister J. A. P. Schulz die Composition zu erlernen; den 4. April 1792 adjungirter Organist u. 1794 Organist bei der französisch-reformirten Kirche, 1805 Organist an der Frauen-Kirche, 1809 Gesanglehrer bei der Prinzessin Caroline, den 11. Mai 1816 Titular-Professor, 1819 Componist beim königl. Theater, 1. Aug. 1829 R. v. D., 4. April 1842 50jähriger Jubilar und in dieser Veranlassung dr. philos. an der Kopenh. Universität, auch D. M.; er starb den 8. October 1842 in Kopenh. — Vergl. über ihn Ersl. III, S. 524—525.

In Baggesens „Danfana" 1, 1816, S. 77—92 (Jo, en philosophisk Ballade); in Nyerups „Hertha" S. 109—110 (Signelil af Severus S, med Musik); in Rahbeks „Hesperus" III, S. 140—178 (Autobiographie).

Choral-Melodier til den evangelisk-christelige Psalmebog. Kbh. 1839. qf.

Halvtredsindstyve gamle Kæmpeviser. Melodier, harmonisk bearbeidede og udsatte til Pianoforte. Kbh. 1840. 2 Hefte 1842. qf. (Von der Romanze: „Det var Ridder Hr. Aage" und der Ballade: „Svend Aage og Ingeborg" erschien 1846 eine neue Aufl.).

38 lette Orgelpräludier til Brug ved Gudstjenesten. Kbh. 1843.

Im Erslew sind ausserdem angeführt dramatische Arbeiten, Oratorien und Trauercantaten, zu denen er die Musik gesetzt hat, sowie seine sonstigen Compositionen.

2354) **Wiborg**, Peter Heinrich, geboren in Brunsbüttel, studirte Medicin u. wurde 1838 in Kiel zum dr. med. & chir. promovirt, ist zur Zeit Arzt in Tellingstedt.

Symptomata et diagnosis aneurismatum in aorta thoracis. Kiliae 1838. 4. SS. 16.

2355) **Wichers**, J. (wohl aus Schleswig-Holstein stammend).

Gab heraus: Holztabellen. Vollständige tabellarische Berechnung des cubischen Inhalts aller vorkommenden viereckigen u. runden Hölzer. 4. nach Segondat bearbeitete Aufl. Altona, Schlüter. 8.

2356) Wichmann, Ernst Hinrich, geboren am 7.
April 1823 in Hamburg, Sohn des Schiffszimmermanns Johann Heinrich Wichmann u. der Margaretha Catharina geb. Köster; die Verhältnisse der Eltern gestatteten nicht, auf seine Ausbildung grössere
Sorgfalt zu verwenden; er besuchte als Chorschüler die Kirchen-
schule zu St. Michaelis in Hamburg, eine gewöhnliche Volksschule;
widmete sich nach der Confirmation Ostern 1838 dem Lehrfach u.
blieb bis Ostern 1841 als Gehülfslehrer an der gedachten Schule,
worauf es ihm gelang, eine Stelle an dem Institut des verstorbenen
Herrn J. D. Steinmetz in Altona zu erlangen, in welcher Stellung
ihm zu der Kunst des Unterrichtens auch wissenschaftliche Bildung
zugänglich wurde; er wurde allmählich erster Lehrer der Anstalt;
1849 Michaelis erhielt er die Concession zur Uebernahme einer
höheren Bürgerschule u. Pensionsanstalt in Hamburg, der er noch
jetzt vorsteht. Seit 1862 Mitglied der Hamburger Bürgerschaft,
im April 1867 erhielt er von dem Hamb. Senat für die Wandkarte
die goldene Medaille.

1) Leitfaden für den Unterricht in der Deutschen Sprache. Erster Cursus: der
   einfache Satz. Zweiter Cursus: der zusammengesetzte Satz. Hamburg, W. Jowien,
   1857 u. 1858. 8.

2) Die Aufnahme jüdischer Lehrer in christliche Lehrervereine. Beitrag zur
   Lösung der augenblicklichen Streitfragen in der Gesellschaft für Freunde des
   vaterländischen Schul- u. Erziehungswesens in Hamburg. Altona 1860. 8. SS. 16.

3) * Heimathskunde. Topographische, historische u. statistische Beschreibung v.
   Hamburg u. der Vorstadt St. Georg. Hamburg, bei dems., 1863. 8. Mit
   mehreren Stadtplänen.

4) Geschichte Altonas. Unter Mitwirkung eines Kenners der vaterstädtischen
   Geschichte. (Mit Vorwort von G. Schaar.) Altona, Händke u. Lehmkuhl,
   1865. 8. Mit Illustrationen. SS. 287.

5) Wandkarte des Hamburger Gebiets nebst Umgegend. (6 Blätter.) Nach den
   besten Quellen entworfen und gezeichnet. M. 1:30,000. Hamb., Grüning in
   Commission. Imperialfol.

6) Begleitworte zu der Wandkarte des Hamburger Gebiets nebst Umgegend.
   Eine historisch-topographische Beschreibung der Umgegend v. Hamburg als
   Leitfaden f. den Unterricht in der Heimathskunde. Hamb. H. Grüning, 1867. 8.
   Seit 1848 schrieb er mehrere Artikel über die Schulfrage theils mit Namen,
   theils anonym in Hamb. Blättern, welche bis jetzt nicht gesammelt sind. — Revidirt.

2357) Wichmann, N., Eisenbahn-Postführer im Schleswigschen Speditions-Bureau, sodann, Mai 1864, Bureau-Vorsteher
bei der Schlesw.-Holst. Oberpostinspection, am 10. März 1865 zum
Vorsteher des Postspeditions-Amts (in Kiel) für den Schlesw.-Holst.
Postbezirk, mit dem Titel „Postmeister", ernannt.

Gab mit T. Faber heraus: Coursbuch der Post-, Eisenbahn- und Dampfschiffs-Routen in der gesammten Dänischen Monarchie mit besonderer Rücksicht auf Schleswig, Holstein und Lauenburg Nach amtlichen Quellen. Flensburg, Butnut & Co., u. Kopenhagen 1855. 8.

Coursbuch der Post-, Eisenbahn- und Dampfschiffsrouten. Jahrg. I—X. Kiel, Schwers'sche Buchh., 1857—1866.

2358) **Wiebe**, Eduard, Cantor u. Lehrer zu Altona.

Die Anfänge des Englischen bis zum Lesen und Uebersetzen eines leichten Klassikers. In Verbindung mit dem Anschauungsunterricht. Mit Vorrede. Hamb. & Leipzig 1842. 8.

2358a) **v. Wiechmann**, Marcus Andr. Gottlieb, geb. im December 1783 wahrscheinlich zu Altona, widmete sich dem Militärstande u. brachte es in demselben zum Major. Nach seinem Abschiede wurde er zuerst Generalrevisor bei der Zahlenlotterie in Altona u. 8. Sept. 1833 zweiter Generaladministrator bei derselben. Als solcher † er 6. Januar 1844. Als Wwe. hinterliess er J. D. F. geb. Meyer. — Vergl. N. Nekrol. d. D. XXII, S. 866—867.

Auszug aus dem Exercirreglement für die königl. Dänische Infanterie zum Gebrauch des hiesigen (Altonaer) bürgerlichen Infanteriecorps. Th. 1. 2. Altona 1816. 8.

2359) **Wieck**, Friedrich Georg, geb. d. 24. Juli 1800 in Schleswig; sein Vater B. H. V. Wieck, Kaufmann und Senator daselbst, († 29/11 1851). Nachdem er den ersten Unterricht von einem Hauslehrer empfangen, besuchte er die Gelehrten-Schule seiner Vaterstadt, bis 1815. Er widmete sich dem Kaufmanns-Stande und bildete sich in seinen Musse-Stunden ausser in den Sprachen besonders in Musik, Poesie und im Zeichnen aus. Im Jahre 1820 trat er als Commis in das Spitzengeschäft von Eisenstück & Comp. in Annaberg (Königreich Sachsen) ein, übernahm jedoch 1823 das Export-Geschäft eines verstorbenen Verwandten seiner, in Annaberg kennen gelernten Braut, einer gebornen Marbach, in Bremen. Während er seinem Bruder Theodor in Bremen die Verwaltung überliess, siedelte er selbst mit seiner Familie nach Chemnitz über, im Jahre 1827, um dort für den Waaren-Einkauf thätig zu sein. Hier strebte er, die in England, in Nottingham, ins Leben getretene Bobbinet-Fabrikation einzuführen. Er reiste zu dem Zwecke nach England. Während er als Frucht dieser Reise auch ein Mittel, Strumpfwaaren Elasticität zu geben, den Engländern ablauschte u. uneigennützig Sächsischen Fabricanten mittheilte, gelang ihm, zunächst mit Hülfe des Webers Schönherr in Plauen, sodann seines Bruders Heinrich Wieck, die Herstellung u. Hebung der zur Bobbinet-Fabrikation nöthigen Maschinen. Zuerst in Chemnitz, dann in Harthau gewann sein Geschäft einen hohen Aufschwung, zumal ihm 1833 auf einer zweiten Reise in England gelang, von dorther Arbeiter zu gewinnen u. Maschinen neuester Construction verfertigen zu lassen. Verderblich wurde ihm jedoch die steigende Concurrenz mit den in England immer mehr vervollkommneten u. billiger gefertigten Waaren. Wieck sah sich 1836 genöthigt, seine Fabrik an die Sächsische Maschinne-Bau-Compagnie zu verkaufen. Hiernach begann seine Thätigkeit als Schriftsteller und Publicist. Er gab seit 1843 eine Gewerbezeitung heraus, zu welchem Zwecke er nach Leipzig übersiedelte und arbeitete 1848 in der in Dresden von der Regierung gebildeten Arbeiter-Commission, 1850 für die Industrie-Ausstellung. In Leipzig stand er ausserdem zu zweien Malen, 1847 u. 1855 der polytechnischen Gesellschaft vor. Er war 1851 in London bei der Industrie-Ausstellung; 1854 in München. Die letzten Jahre seines, der Hebung der Gewerbe und Industrie gewidmeten rastlosen Lebens verlebte er in Leipzig, wo er den 17. Januar 1860 starb. Verheirathet zum 2. Male, nachdem seine erste, eben erwähnte Gattin 1840 gestorben war, mit Mary Hedges, einer Engländerin, die 1850 starb. Nur ein Sohn und 2 Töchter, von denen eine aus der 2. Ehe, überlebten ihn. — Vergl. über ihn Leipziger Illustr. Zeitung 1860 und daraus im Kieler Corresp. Bl. 1860 No. 28 und 29. Alt. Merk. Beil. zu No. 79 v. 1860. Itzeh. Nachrr. 1860 No. 18.

1) Deutsch-amerikanisches Goldbuch für Handel und Industrie oder der Weg zum Reichthum durch Erfahrung und Wissen. Erschien englisch in 10. Aufl. und deutsch nach der 10. Ausgabe des Edwin Freedby. 1863. 8.

2) Grundsätze des Patentwesens. Leipzig 1839 8.

3) Die industriellen Zustände Sachsens. Daselbst 1840. 8

4) Gründete und leitete: Deutsche Gewerbe-Zeitung. Organ f. d. Gesammt-Interessen der Industrie und des Gewerbestandes. Leipzig 1843—1860. (Jetzt herausgeg. v. Otto Dammer. Berlin).

5) Betheiligte sich an der Durchsicht „des Buchs der Erfindungen, Gewerbe u. Industrien" Bd. 1. 2. 3. Aufl. Leipzig, Spamer, 1857. 8.

War für Zeitschriften vielfach thätig.

2360) **Wiedemann,** Christian Rudolf Wilhelm (L. & S. No. 1318). Starb zu Kiel den 31. December 1840, nachdem er sich in den letzten Jahren fast aller Geschäfte hatte enthalten müssen. Seine hinterlassene Mineraliensammlung kaufte die Königin im Iuli 1841 für die Universität Kiel. — Vergl. Alt. Merk. 1841 No. 3 S. 11 und No. 4 S. 16. Ein lat. Gedicht auf seinen

Tod s. im Itzeh. W. 1841 No. 5 Sp. 112, vgl. No. 8 Sp. 193. Poggendorffs biographisch-literar. Handwörterb. der exacten Ww. II Sp. 1318.

Im L. & S. fehlen:

Faujas de St. Fonds Reise durch England, Schottland und die Hebriden u. s. w. übersetzt und mit theils eigenen, theils J. Macdonalds Anmerkungen versehen. Bd. 1. 2. Göttingen 1799. 8.

Uebersicht der mineralogisch-einfachen Fossilien nach Werners Classification u. s. w. Göttingen 1800. fol. Ausserdem noch:

Achias dipterorum genus, a Fabricio conditum, illustr. novisque speciebus auctum et conventui physicorum Germanorum oblatum. Kiel, Akadem. Buchh., 1830. gr 8. Mit 2 lithogr. Tafeln.

Von „den aussereuropäischen Zweiflüglern" (1 Bd., s. L. & S., Kopenh. 1828. XXXII u. 628 SS.) erschien Bd. 2 das., Schultz, 1830. A. m. d. T.: Aussereuropäische Insecten (Als Fortsetzung des Meigenschen Werks) 43½; Bgg. (Mit 5 Steintafeln).

2361) **Wieding,** Feodor (L. & S. No. 1320). Während er in Kiel seit 1812 studirte, entschloss sich Wieding, als damals Russland u. Preussen gegen Napoleon kämpften, in Russischen Kriegsdiensten den Feldzug mitzumachen. In dieser Veranlassung nahm er erst den Namen Feodor Wieding an; sein ursprünglicher Name war Fedder Hansen. Er starb den 18. Januar 1850 als Gerichtsschreiber in der Tonder- u. Hoyerharde. — S. N. Nekrol. der Deutschen XXVIII, S. 860—861. Alt. Merk. 1850 No. 22. Carstens, die Stadt Tondern S. 247.

Er schrieb wahrscheinlich noch mehrere Gelegenheits-Gedichte, als im L. & S. angegeben sind.

2362) **Wieding,** Karl Johann Friedrich Wilhelm, geboren den 1. Septbr. 1825 zu Tondern, Sohn des vorherg. Feodor Wieding, besuchte bis Michaelis 1843 die Kieler, dann die Haderslebener Schule, studirte die Rechte in Kiel, trat 1848 in die Schleswig-Holsteinische Armee, in der er 1850 zum Seconde-Lieutenant im 8. Bataillon avancirte, vollendete nach beendetem Kriege seine Studien in Göttingen und Berlin; (dann eine Zeitlang Secretär in Flensburg?); promovirte als dr. jur. in Berlin, und habilitirte sich dort Ostern 1857 als Privatdocent, 1861 ord. Prof. der Rechte in Greifswalde u. Mitglied des akademischen Senats, schlug eine Designation zum Obergerichtsrath in Glückstadt 1864 aus, nahm zu Michaelis 1867 den Ruf zu einer ordentlichen Professur des Schleswig-Holsteinischen u. Preussischen Rechts in Kiel an.

1) Novella Justin. XCIX. Berolini 1857. 8. XI u. 180 SS.

2) Die Transmission Justinians, insbesondere das Wissen oder Nichtwissen des transmittirenden Erben. Leipzig, Voigt u. Günther, 1859. 8.

3) Der Justinianeische Libellprocess. Wien 1865. 8. XX u. 768 SS. Rec. (v. dr. Albrecht Altmann) in Gruchots Beiträgen, 1866 No. 1.

4) Die Prätensionen auf die Herzogthümer Schleswig-Holstein. Greifswald, Akad. Buchh., 1865. 8. SS. 460. Rec. in Glasers Jahrbb. Bd. IV H. 5.

2363) **Wiegmann,** Christian Ludwig (L. & S. No. 1321), seit 19. April 1831 Pastor zu Töstrup, trat an 11. Juli, starb daselbst 59 Jahr alt, den 17. Januar 1841. Er war dreimal verheir.; seine letzte Frau war Maria, die Tochter des Küsters Jensen zu Töstrup. – S. N. Nekrol. d. Deutschen XIX, S. 130— 132. Schleswig-Holst. Schulbl. III, 1841, H. 2, S. 165—166.

Von ihm noch:

Kurzgefasste Geschichte der christlichen Religion und des Kirchenwesens in den Dänischen Staaten, besonders in den Herzogthümern Schleswig und Holstein. Mit einer chronologischen Uebersicht und 2 historischen Tabellen. Kiel & Flensburg, Baurmeister & Comp. 1840. 8. Rec. im Schl.-H. Schulbl. II (1840) H. 1, S. 158—159. Itzeh. Wochenbl. 1840, No. 8.

* Kurzer Inbegriff der Lehre der heiligen Schrift von der Seligkeit der Menschen durch Christum oder der Schleswig-Holsteinische Landes-Catechismus neu bearbeitet u. vermehrt. Flensburg 1840. 8. SS. 76.

Im Schleswig-Holsteinischen Schulblatt 1840, H. 4. S. 150—153 (Ueber plattdeutsche Catechismen und Gesangbücher in unserem Vaterlande). — In Vents „Religionsbl." 3. Jahrg. 1831, No. 4: Missionswesen unseres Vaterlandes. — Uebersetzte auch im Religionsbl.: Die Hymnen dies irae u. stabat mater. — Im Itzeh. Wochenbl. 1826, No. 11—15 (Kurzgefasste Geschichte der Einführung und ferneren Schicksale des Christenthums in unseren Gegenden); 1828, No. 13, Sp. 182—183 (Ueber die ehemalige Cremper Kirche und deren Thurm). —

2364) **Wienbarg.** Ludolf Christian, geboren 1803 in Altona, besuchte das Altonaer Gymnasium, das er Ostern 1822 mit einer Abschiedsrede in Deutschen Versen über die bildende Macht der Poesie verliess; studirte dann Philologie, Philosophie und Aesthetik auf verschiedenen Universitäten, Kiel, wo besonders Prof. v. Berger sein Lehrer war, dem er auch seine Inaugural-Dissertation widmete, Marburg u. a.; in Marburg wurde er 1829 zum dr. philos. promovirt; machte dann in den folgenden Jahren bis 1831 eine Reise in den Niederlanden; wurde neben F. Niebour im Mai 1842 Eigenthümer u. zugleich bis 27. Juni 1846 Redacteur der Hamburger literarischen und kritischen Blätter; nahm lebhaften Antheil an dem Geschick der Herzogthümer während des ersten Krieges derselben mit Dänemark; lebte seitdem grösstentheils in Hamburg-Altona. — Ueber seine literarische Thätigkeit und Stellung handeln unter anderen literar.-histor. Werken über die neueste Periode namentlich Grässe Lehrb. der allgem. Literaturgesch. Bd. 3, Abth 3, Hälfte 1 S. 477, Kühne im 2. Bd. der „Porträts" etc. S. 170 ff.; vergl. auch „Lud. Wienbarg u. die junge Literatur, Programm zu dem Programm der Deutschen Revue" (Marb. 1836. 8), „Männer der Zeit" v. J. 1863.

1) De primitivo idearum Platonicarum sensu. Marp. 1829. 8.

2) Holland in d. Jahren 1831 u. 1832. Th. 1. 2. Hamburg, Hoffmann & Campe, 1834, SS. 232 u. 180.

3) Aesthetische Feldzüge. Dem jungen Deutschland gewidmet. Hamb., bei dens. 1834. 8. X u. 308 SS.

4) *Soll die plattdeutsche Sprache gepflegt od. ausgerottet werden? Gegen Ersteres u. für Letzteres. Hamb. 1834. 8. SS. 44.

5) Zur neuesten Literatur. Mannheim 1835. SS. 120. 2. Aufl. Hamburg, Hoffmann & Campe, 1838. 8. SS. 166.

6) Menzel und die junge Literatur. Progr. zur Deutschen Revue. Mannheim, 1835. 8. SS 28. Vergl. dazu „Ludolf Wienbarg und die junge Literatur, Programm zu dem Progr." (Marburg 1836. 8).

7) Wanderungen durch den Thierkreis. Hamb., Hoffm. & Campe, 1835. 8. 264 SS.

8) Tagebuch von Helgoland. Dus., bei dens., 1838. X u. 253 SS. 8.

9) Geschichtliche Vorträge über altdeutsche Sprache und Literatur. Hamburg, bei dens., 1838. 8. SS. 151.

10) Die Dramatiker der Jetztzeit. H. 1 (handelt über Ludw. Uhland als Dramatiker). Altona, K. Aue, 1839. 8. SS. 112. Rec (von Fr. Hebbel) im Telegraphen für Deutschland 1839 No. 141 & 142.

11) Vermischte Schriften. Bd. I. A. u. d. T.: Quadriga. Altona 1840. 8. 23 1/4 Bgg.

12) Hamburg u. seine Brandtage. Ein historisch-kritischer Beitrag. Mit 1 Plan v. Hamburg, 1 Panorama vom Jungfernstieg u. 3 Ansichten auf 1. Blatt von O. Speckter. Hamburg, Kittler, 1843. 8. 4 1/4 Bgg.

13) Gab heraus neben F. Niebour: Hamburger literarische und kritische Blätter von Mai 1842 bis 27. Juni 1846. Hamburg. gr. 4. Darin stehen von ihm viele Artikel u. Recensionen.

14) Die Volksversammlung zu Nortorf am 14. September 1846. Hamb., Hoffmann & Campe, 1846. 8. 2 1/2 Bgg.

15) Der Dänische Fehdehandschuh aufgenommen. Hamburg, bei dens., 1846. 8. 21 Bgg.

16) Das Dänische Königsgesetz oder das in Dänemark geltende Grundgesetz. In historischer Beleuchtung und zur Inbetrachtnahme für die Frage der Gegenwart. Das., bei dens, 1847. XI u. 159 SS.

17) Krieg und Frieden mit Dänemark. Ein Aufruf an die Deutsche Nationalversammlung. Besonderer Abdruck aus der Reichstagszeitung. Frankf. a. M. 1848. 8. SS. 24.

18) Der diesjährige Dänenkrieg und sein Ausgang bis auf weiter. Schleswig, M. Bruhn, 1849. 8.

19) Darstellungen aus den Schleswig-Holsteinischen Feldzügen. Bd. 1. 2. Kiel 1850 u. 1851. 8. VI u. 366 SS.

20) Das Geheimniss des Worts. Ein Beitrag. Hamburg (Stuttgart, Frz. Köhler) 1852. 8. VIII u. 230 SS.

21) Geschichte Schleswigs Bd. 1. Das heroische Zeitalter. Bd. 2. Die Periode des Vertrags mit Christian I. 1) Die Theilungen. Hamburg 1861 — 1862. 8 Vgl. Kieler Wochenbl. 1862. No. 10.

22) Der Antheil Dänemarks u. der Dänischen Behörden an Hamburgs Schicksal im Frühjahr 1813. Hamburg (Altona, Haudtke & Lehmkuhl) 1863. 18 SS. Im Deutschen Literaturbl. zur Börsenhalle 1844. (Die ci-devant Literaturbewegung diesseits der Elbe). War journalistisch vielfach thätig, lieferte z. B. 1839 u. 1840 Beitrr. zum Telegraphen für Deutschland. ÷

2365) **Wiencke,** J. J., geboren in Hestoft, war in den 30er Jahren Lehrer in Seelent und steht seit Anfang der 40er Jahre als Organist und Schullehrer in Rellingen.

Von ihm im Schleswig-Holsteinischen Schulbl V, 1843. H. 4, S. 134 bis 136 (Sollen die Schullehrer Schleswig-Holsteins Mitglieder eines Mässigkeitsvereins sein?), X, S. 538 — 545 (Ueber die Interpretation in der Volksschule). — In Jess u. Versmanns Kirchen- u. Schulblatt, z. B. 1844, No. 35 (Bemerkungen zu dem Aufsatze: „Was ist die Schule?") — In den „Darstellungen aus dem Christenleben" herausgegeben v. Elb-Pinnauer Schullehrerverein 1857 No. 27, S. 223 — 231 (Grösse im Dienen). — In Sönksens „Schulzeitung' 1860 — 1861, No. 32. (Bemerkungen über Kirchenorgeln). —

2366) **Wiese,** C. H., geb. 10. Januar 1819 zu Schönberg, Segeberger Seminarist, examinirt 1842 (1. Char.), Hauslehrer in Wilster, 1843 Lehrer in Laboe, 1846 Elementarlehrer in Ottensen, 1849 im Januar 7. Lehrer am Gymnasium in Altona, starb in Altona den 1. October 1859. — S. den Jahresber. im Osterpr. 1860 der Alt. Schule.

Im Schleswig-Holsteinischen Schulblatt VII, 1845, H. 1, S. 121 bis 128 (Rec. über J. Nissens „Unterredungen" etc.); VIII, 1846, H. 4, S 130 bis 138 (Recc. über biblische Geschichtsbb.); IX, H. 1, S. 138 — 147, H. 2 S. 118 bis 129, (Journalistisches); S. 182 — 184 (Recensionen); H. 3, S. 52 — 79 (Bibelspruch-Katechismus); XVIII, S. 681 — 693 (Wovon und wodurch uns Christus erlöset hat?); XIX, S. 193 — 207 (Zur Erlösungslehre). — In den „Darstellungen aus dem Christenleben" herausgeg. v. dem Elb-Pinnauer Lehrerverein (1857) No. 49, S. 407 — 415 Das Auferstehn in Herrlichkeit.

2367) **Wiese,** Claus, Hufner in Bentfeld in der Preetzer Probstei; Mitglied der Holsteinischen Ständeversammlung der 40ger Jahre, im Januar 1866 vom k. Sächsischen Ministerium des Innern für Verdienste um die Landwirthschaft mit der grossen Preismedaille in Silber ausgezeichnet; er ist auch Ehrenmitglied des landwirthschaftlichen Kreisvereins zu Bautzen.

In Falcks „Archiv" II, 1843, S. 368—379 (Beiträge zur Geschichte der Probstei in erläuternden Bemerkungen und Zusätzen zu der im N. St. M. X, H. 1 befindlichen Abhandlung des Hrn. Dr. Kuss). — In den landwirthschaftlichen Heften für die Herzogthümer Schleswig und Holstein 1831, Jahrg. 2, H. 1, S. 191—198 (Ueber Vervollkommnung des Rappsaathaus); 1840, H. 1, S. 3—13 Resultate meiner Stallfütterungs-Wirthschaft). — In der landwirthschaftlichen Zeitung für die Herzogthümer Schleswig-Holstein und Lauenburg 1842, No. 34 (Frage), 1843, No. 7 (Probsteier Stallfütterungs-Wirthschaften). — Noch andere Beiträge zu landwirthschaftlichen Blättern. —

2367a) **Wiese,** Rudolph Heinrich, geb. am 10. September 1822 in Schönwalde in Holstein. Als Bureau-Beamter unter dem vorm. Generalzollkammer- und Commerz-Collegium in Kopenhagen angestellt, gab er im März 1848 in Folge der eingetretenen politischen Verhältnisse diese Stellung auf und stellte sich der Schlesw.-Holst. provisorischen Regierung zur Verfügung, arbeitete darauf im Bureau des Kriegsdepartements in Rendsburg, bis er im August selben Jahres in das neu formirte 3. Jägercorps eingereiht wurde; im Januar 1849 Lieutenant und Rechnungsführer im gedachten Corps. In Folge Auflösung der Armee am 28. April 1851 verabschiedet, widmete er sich darauf den mathematischen Studien, namentlich der Feldmesskunst und bestand 1855 in Flensburg das Landmesser-Examen mit dem Character „befähigt." Seit Ende der 50ger Jahre und jetzt noch als bestallter Landmesser in Neustadt lebend.

Beitrag zur Beantwortung der vom Wagrischen landwirtbschaftlichen Verein gestellten Preisfrage: Entspricht die Anforderung der Gutspächter, gegen erhöhte Zinsen das zum Drainiren der Pachtländereien erforderliche Capital vom Gutsbesitzer angeliehen zu erhalten, der Billigkeit? etc. Neustadt 1858. H. Ehlers. Rec. in den Itzeh. Nachrr. 1859. No. 66.

Ausserdem Beiträge zu verschiedenen Dänischen und Deutschen Zeitschriften.

2368) **Wiese,** Theodor Friedrich, aus Kiel, exam. im jurist. Examen zu Glückstadt Michaelis 1810, bis 1834 Etatsrath und Bürgermeister in Kiel, alsdann O.-A.-G.-R. in Kiel, und als solcher in den 50er Jahren pensionirt; auch dr. juris utriusque. †. Verheirathet seit 1815 mit Charlotte Wilhelmine Emilie, geborne Kirstein († 5. Novb. 1856, 69 Jahre alt, in Wiesbaden).

Gab mit N. Dreyer (Syndicus in Kiel) heraus: Vorträge in der Versammlung des Magistrats und der Deputirten Bürgerschaft der Stadt Kiel am 26. Novbr. 1830 über die an dieselben gerichtete Bitte einer Anzahl Kieler Einwohner um Einreichung einer Petition. Kiel 1830. (Für die Mitglieder der Deputirten-Bürgerschaft als Manuscript gedruckt).

2369) **Wieseler,** Karl Georg Joachim, geboren am
28. Februar 1813 in Altencelle bei Celle in Hannover, Sohn des
Pastoren Christian Christoph Wieseler († 1819) und der Juliane
Dorathea Eleonore geborne Schwarzwolle († 1820); besuchte das
Gymnasium Salzwedel in der Altmark von Ostern 1826 bis Michaelis
1831, die Universität Göttingen von Michaelis 1831 bis Ostern
1835; machte das erste theologische Examen 1835 beim Consistorium in Hannover; docirte in der theologischen Facultät zu
Göttingen seit 1836 als Repetent und seit 1839 als Licentiat und
ward am 18. Februar 1840 von der theologischen Facultät zu Kiel
h. c. zum Doctor der Theologie promovirt; war vom 18. September
1843 ausserordentlicher Professor der Theologie zu Göttingen, seit
Ostern 1851 ordentlicher Professor der Theologie zu Kiel, wo er
am 2. Januar 1863 auf sein Ansuchen zu Ostern entlassen wurde,
ging Ostern 1863 in gleicher Eigenschaft nach Greifswalde.

1) De christiano capitis poenae vel admittendae vel repudiandae fundamento.
Commentatio praemio regio ornata. Göttingen 1835. 8. 10½ Bgg.

2) Indagatur num loci Marc. XVI, 9—20 et Joh. XXI genuini sint necne eo
fine, ut aditus ad historiam apparitionum Jesu Christi rite conscribendam
aperiatur. Diss. inaug. Göttingae 1839. 8.

3) Zur Auslegung und Kritik der apokalyptischen Literatur des alten u. neuen
Testaments. I. Beitrag. A. u. d. T.: Die 70 Wochen u. die 63 Jahrwochen
des Propheten Daniel erörtert u. erläutert mit steter Rücksicht auf die biblischen
Parallelstellen, auf Geschichte u. Chronologie. Nebst historisch-kritischen
Untersuchungen über den Sinn u. die ursprüngliche Gestalt der Reden Jesu
von seiner Parusie in den synoptischen Evangelien. Göttingen, Vandenhoek
u. Ruprecht, 1839. gr. 8. 15¼ Bgg.

4) Chronologische Synopse der vier Evangelien. Ein Beitrag zur Apologie der
Evangelien u. evangelischea Geschichte vom Standpunkte der Voraussetzungs-
losigkeit. Hamb., Perthes, 1843. gr. 8. 32 Bgg.

5) Commentatio de epistola Laodicena quam vulgo perditam putant. Göttingae
1844. 4.

6) Chronologie des apostolischen Zeitalters bis zum Tode der Apostel Paulus u.
Petrus. Ein Versuch über die Chronologie u. Abfassungszeit der Apostelgeschichte u. der Paulinischen Briefe. Mit einem Anhange über den Brief
an die Hebräer u. Excursen über den Aufenthalt der Apostel Paulus u.
Petrus in Rom. Göttingen, Vandenhoeck u. Ruprecht, 1848. XVI u. 606 SS.
mit 2 Tff. in qu. gr. fol.

7) Commentar über den Brief Pauli an die Galater. Mit besonderer Rücksicht
auf die Lehre u. Geschichte des Apostels bearbeitet. Mit einem chronol. u.
textkritischen Excurse. Göttingen, Dieterich, 1859. 8. XI u. 612 SS.

8) Eine Untersuchung über den Hebräerbrief, namentlich seinen Verfasser u. seine
Leser. Erste Hälfte. Einladungs-Programm der Kieler Universität zur Feier

des königl. Geburtstages, 6. October 1860. Kiel 1860. 4. SS. 48. Zweite
Hälfte. Einladungs-Progr. der Kieler Universität zur Feier des k. Geburtstages, 6. Oct. 1861. Kiel 1861. 4. SS. 63. Auch in 8. Kiel, Univers. Bchh.
1861. 8. XXII u. 69 u. 92 SS.

9) Gab heraus: J. Christian J. Hansens (welchen vergl.): Wesen u. Bedeutung
des Grundtvigianismus. Kiel, C. Schröder & Co., 1863. 8.

10) Gab mit Abt dr. Lücke heraus: Vierteljahrsschrift für Theologie u. Kirche.
Mit besonderer Berücksichtigung der Hannoverschen Landeskirche. Göttingen,
Vandenhoeck u. Ruprecht, 1845—1848. Von 1849—1851 als Monatsschrift.

11) War Mitherausgeber der allgemeinen Monatsschrift für Wissenschaft u. Literatur. Braunschweig, C. A. Schwetschke u. Sohn (M. Bruhn) seit 1853.

12) Beiträge zur Würdigung der Evangelien u. evangelischen Geschichte. Gotha,
A. Perthes, 1867. 8.

Beiträge zu Zeitschriften: a) Recc. in den Göttinger Gelehrten Anzeigen u. a. 1842, St. 6—9 über Heinr. Böttger's Schrift „Bauers historische Kritik
in ihrer Consequenz" u. über Matthies: „Erklärung der Pastoralbriefe"; — b) in den
„theologischen Studien u. Kritiken" schrieb er die Abhandlungen über
das γλώσσαις λαλεῖν im N. T. im Jahrg. 1838, H. 3 u. 1860, H. 1; die Söhne
Zebedäi Vettern des Herrn. Jahrg. 1840, H. 3; über die Brüder des Herrn in
ihrem Unterschiede von den Söhnen Alphäi 1842, H. 1; der Kanon des N. T.'s
von Muratori von Neuem verglichen u. im Zusammenhang erläutert Jahrg. 1847,
H. 4, vgl. Jahrg. 1856, H. 1; die Sinaitische Bibelhandschrift Jahrg. 1864; die
Leser des Hebräerbriefs u. der Tempel von Leontopolis Jahrg. 1867, H, 4. —
Ferner ausführlichere Anzeigen über Gfrörers Geschichte des Urchristenthums
Jahrg. 1839, H. 3; Lücke's Commentar über die Briefe des Evangelisten Johannes,
3. Ausgabe, Jahrg. 1861, H. 1; Lachmanns u. Ph. Buttmanns novum testamentum
graece et latine u. Tischendorfs notitia ad cod. bibl. Sinaitici Jahrg. 1861; c) in
Rheinwalds allgemeinem Repertorium für die theologische Literatur
u. kirchliche Statistik (später fortgesetzt von Prof. dr. Reuter) viele Artikel
für das exegetische Fach, u. A.: Uebersicht aller über das Leben Jesu v. dr.
D. F. Strauss erschienenen Schriften, vierter Artikel, Jahrg. 1842; Weitzel's
christliche Passafeier der drei ersten Jahrhunderte Jahrg. 1849; über Bleeks Beiträge zur Evangelienkritik Jahrg. 1849; — d) in Pelts „theol. Mitarbeiten
Jahrg. 1840, H. 4 (des Papias Zeugniss über den Presbyter Johannes); — e) in
der Real-Encyclopädie für protestantische Theologie u. Kirche,
herausg. v. Herzog, verf. er u. a. die Artikel: Abiliar, Acro, Annos, Antiochus II—VII,
Arotes, Galaterbrief, Römerbrief, Briefe Pauli an Timotheus u. Titus, neutestament-
liche Zeitrechnung; — f) in Tholucks literarischem Anzeiger u. in den Jahrbüchern für Deutsche Theologie v. Liebner, Dorner, stehen von ihm einzelne
Anzeigen. — Revidirt.

2370) Wiesendanzer, Kaspar, war 1817 Vorsteher
der Buchdruckerei der Wittwe des Rectors Forchhammer in Tondern; ist in Schleswig, wohin er später ging, gestorben. Ein Sohn
von ihm ist Landbesitzer im Kirchspiel Bau. — Mitgetheilt. Vergl.
auch N. St. M. X, S. 435.

Die Geschichte Josephs. Ein Lesebuch für Kinder. Tondern 1817. 8.
Von ihm stehn diverse Beiträge im Tondern'schen Intelligenzblatt.

2370a) **Wiggers,** Wilhelm Eduard, geboren in Rendsburg, besuchte die Gelehrtenschule in Rendsburg und studirte Jura;
examinirt im jurist. Examen zu Kiel Michaelis 1837 (2. Char. m.
sehr rühml. Ausz.), erhielt Bestallung als Untergerichtsadvocat und
Notar u. practisirte in Rendsburg. 1848—51 Mitglied der Schleswig-Holsteinischen Landesversammlung, 1854—1866 der Holstein.
Ständeversammlung. Nach Beendigung des ersten Schleswig-Holsteinischen Krieges ward seine Bestallung nicht bestätigt, indess
erhielt er unter dem 17. Mai 1860 eine neue Bestallung als U.-
G.-A. (in Rendsburg). Sowohl in communalen Angelegenheiten (als
deputirter Bürger u. Bürgerworthalter), wie auch in politischer Hinsicht (namentlich auch 1863—66; Mitglied des 36er Ausschusses)
war W. ausserordentlich thätig.

> Die durch das Transparent „Op ewig ungedeelt" am 25. Aug. 1861 von den
> Rendsburger Bürgern Menthen, Hanse und Köster begangene politische Demon-
> stration in ihrer Vertheidigung und gerichtlichen Beurtheilung. Rendsburg 1862.
> Oberreich'sche Buchh. — Er lieferte auch einzelne, communale Angelegenheiten, z. B.
> die Verschönerung der Umgebung der Stadt Rendsburg betreffende, kleinere Ar-
> tikel für das Rendsburger Wochenblatt, schon in den 40ger Jahren, die aber
> nicht im Näheren angegeben werden können. ÷

2371) **Wilda,** Ferdinand Adolf, lernte die practische
Landwirthschaft und war drei Jahre Wirthschafts-Dirigent eines
Holsteinischen Gutes gewesen, als er sich Ostern 1840 als Privatdocent der Cameralwissenschaften an der Universität Kiel habilitirte,
wo er bis 1845 verblieb.

> 1) Redigirte mit Ernst v. Bruun-Neergaard die landwirthschaftliche Zeitung für
> die Herzogthümer Schleswig, Holstein und Lauenburg. 1842—1843, Juli. 4.
> (Genannt als Redacteur ist er bis No. 4, 1843): Von ihm darin u. A.: 1842
> No. 18, 20, 21, 23 (Die Englischen Getraidezölle); No. 21 (Thierschau zu
> Plön); No. 39—41 (Die Bildung des Landmanns); No. 52 (Nachtrag dazu);
> No. 42 (Die von Riedesel'sche Aufzuchtsmethode des Rindviehs und eine
> Prämie); 1843 No. 25 (Zusatz zu einem Aufsatze v. L. Renard); No. 26
> (Die Bildung des Landwirths); 1844 No. 3 (Ueber Thierarznei-Schulen und
> ihre Bedeutung für die Landwirthschaft).
> 2) Die Landwirthschaft als Wissenschaft und die Bildung des Landwirths. An-
> sichten und Wünsche zunächst in Beziehung auf Schleswig-Holstein. Kiel
> 1843. 8. SS. 96. (Ist der veränderte Abdruck eines schon in der land-
> wirthschaftlichen Zeitung gebrachten Aufsatzes. Vorangeschickt sind des
> Grafen H. v. Holstein (Wuter-Neverstorff) Bemerkungen über die Ausbildung
> zum Landmann).

2372) **Wilda,** Wilhelm Eduard, geboren am 17. August
1800 zu Altona; sein Vater, Namens Seligmann, war Chef eines

Handlungshauses († 1802); der Sohn nahm den Namen seines Stief-
vaters an; er besuchte seit 1816 das Johanneum in Hamburg, seit
Herbst 1821 die Universitäten Göttingen und Heidelberg, um Jura
zu studiren; promovirte in Heidelberg am 14. März 1825; hielt
sich im Sommer desselben Jahrs in Kiel und Kopenhagen auf, um
unter der Leitung und dem Beirath der Professoren Falck und
Kolderup-Rosenvinge Vorkenntnisse zum Studium der Skandinavischen Rechte zu sammeln; im Herbst 1826 war er in Hamburg,
wo er Bürger wurde und nach längerer Reise durch Deutschland,
die Schweiz und Frankreich einige Jahre als Advocat practisirte;
1830 nach Halle übersiedelnd habilitirte er sich 1831 dort als Privatdocent und wurde noch in demselben Jahre ausserordentlicher
Professor; wurde auch Mitglied des Thüringisch-Sächsischen Vereins für Erforschung des vaterländischen Alterthums in Halle und
1833 Mitglied der Gesellschaft für nordische Alterthümer; unternahm 1834 mit Unterstützung der Preussischen Regierung eine
neue Reise nach Dänemark und Schweden; 1838 Mitglied der Deutschen Gesellschaft für Erforschung vaterländischer Sprache und
Alterthümer in Leipzig u. 1841 Mitglied des Vereins für Hamburgische Geschichte; 1842 ord. Prof. des Rechts in Breslau; Mitglied
der Schwedischen und Norwegischen Akademie für Literatur, Geschichte u. Alterthum in Stockholm; 1847 Mitglied der Gesellschaft
für Wissenschaft und Kunst in Utrecht, 1852 Mitglied des Vereins
für Thüringische Geschichte und Alterthumskunde in Jena; 1854
Mitglied des Germanischen Museums in Nürnberg; im Herbst 1854
ordentlicher Professor des Deutschen Rechts in Kiel; 1855 Mitglied
der Gesellschaft für Niederländische Literatur in Leyden; am 1.
Januar 1856 Etatsrath; er starb in Kiel am 9. August 1856. —
Verh. mit . . . . . geb. v. Gerstenberg. — Vergl. über ihn Planck
und Reyscher in der „Zeitschrift für Deutsches Recht und Deutsche
Rechtswissenschaft" Bd. 16, S. 444—463, K. Maurer in Arndt,
Bluntschli u. Pötzl's „kritischer Ueberschau" 4, 1857, S. 380—394;
Nekrolog in der Chronik der Universität Kiel 1857 S. 3—5 v. J.
J. W. Planck.

1) *Ueber das Johanneum und Gymnasium. Ansichten und Wünsche. Hamburg 1821. 8.

2) De libertate Romana, qua urbes Germaniae ab imperatoribus sunt exornatae.
Halae 1831. 8. (Habilitationsschrift).

3) Das Gildewesen im Mittelalter. Halle 1831. 8. (War ursprünglich eine
von der Kopenhagener Gesellschaft der Wissenschaften gekrönte Preisschrift).

4) Gab heraus neben Reyscher: Zeitschrift für Deutsches Recht und Deutsche
Rechtswissenschaft. Bd. 1—10. Leipzig 1839—1847. Bd. 11—16. Tübingen
1847—1856. 8. Von ihm darin Bd. 1, S. 167—320 (Das Pfändungsrecht);
Bd. 2, S. 133—193 (Die Lehre von dem Spiel aus dem Deutschen Rechte
neu begründet), Bd. 3, S. 197—297 u. Bd. 4, S. 148—344 (Der reichsgräflich
Bentincksche Erbfolgestreit. Erschien auch separat. Leipzig 1840. 8).
Bd. 6, S. 377—404 (Uebersicht der deutschrechtlichen Schriften vom Jahre
1841), Bd. 8, S. 200—239. (Die Wetten); Bd. 11, S. 161—253 (Erörterung
und Betrachtung über Gewissensfreiheit); S. 266—302 (Die Preussischen Gesetze über Glaubens- und Religiousfreiheit); Bd. 12, S. 185—209 (Beitrag
zur Lehre von den Familienfideicommissen nebst einem Rechtsfall); Bd. 15,
S. 237—297 (Von den unecht geborenen Kindern). —

5) Geschichte des Deutschen Strafrechts. Bd. 1. Das Strafrecht der Germanen.
(Mehr erschien nicht). Halle 1842. 8.

Im Hamburgischen „Literarischen Anzeiger" 1828 No. 18 (Ueber den
Katalog der Deutschen, Englischen, Französischen, Italienischen und Spanischen
Bibliothek bei W. Bernhardt in Hamburg). — In der (Halle'schen) Allgem.
Literaturzeitung viele Recc., u. A.: 1832 No. 9—11 (über codex juris
Islandorum antiquissimus, qui nominatur Gragás. Praemissa comment. historico-
critica ab J. F. G. Schlegel conscripta [Havniae 1829]); 1835 No. 139—142
(über Warnkönig: Flandrische Staats- und Rechtsgeschichte bis 1305 [Tübingen
1835]); 1835 No. 168 (über R. Schmid: die Gesetze der Angelsachsen [Leipzig
1832]); 1836 No. 10 (über geschichtliche Einleitung in das corpus juris des
Russischen Reichs, übersetzt aus dem Russischen [Riga und Dorpat 1833]); 1837
No. 39—42 (über „Statistik öfver Sverige u. dieselbe Deutsch v. Freese). — Im
Rheinischen Museum für Jurisprudenz Bd. 7, 1834 (Beiträge zur Kunde
und Kritik der älteren Deutschen Rechts- und Gesetzbücher vorzüglich aus nor-
dischen Bibliotheken). — In Brauns Minerva, 1836, Aug. S. 275—335. (Das
Universitätswesen in Schweden). — In den Jahrbb. für wissenschaftliche
Kritik u. A. folgende Recc: 1835 No. 81—83 (über Th. Gaupp: das alte Gesetz
der Thüringer [Breslau 1834]); 1836 No. 16—20 (über Ed. Gans: das Erbrecht
des Mittelalters [Stuttgart und Tübingen 1829 u. 1835]); 1836 No. 76—79 (über
K. Türk: Forschungen auf dem Gebiet der Geschichte [Rostock 1829—1835]). —
In Richters kritischen Jahrbüchern für Deutsche Rechtswissenschaft
u. A. 1837, H. 4 (Rec. über Savignys Beitrag zur Rechtsgeschichte des Adels im
neuen Europa [Berlin 1836]). — In den (Halle'schen) Jahrbüchern für
Deutsche Wissenschaft und Kunst 1838 No. 61—62 (Rec. über Görres'
Athanasius [Regensb. 1838]). — In der allgemeinen Monatsschrift für
Wissenschaft und Literatur (Braunschweig) 1853, S. 120—137 (Das
kirchliche Busswesen im Abendlande). — In Weiske's Rechts-Lexikon sind
mehrere Artikel von ihm z. B. über Autonomie, über Landstände. — In der
Encyclopädie für Wissenschaften und Künste ist der Artikel „Ordalien" von ihm.

2373) **Wildhagen,** Hermann Friedrich Adolf, geb.
am 21. August 1811 zu Grossenwiehe im Amte Flensburg; studirte
Theologie seit Michaelis 1832 in Kiel, wurde 1838 examinirt mit
dem 2. Char, m. A., den 15. März 1843 Diaconus an St. Johannis

in Flensburg, antretend am 18. Juni; am 22 Mai 1849 Pastor in Hohn, 1851 im März wurde seine Wahl in Hohn ausser Kraft gesetzt; am 20. Januar 1852 Pfarrer zu Hückeswagen in Rhein-Preussen, 1857 in Hagen.

Von ihm verschiedene Beiträge im (Flensburger) Religionsblatt z. B. IX, No. 14 (Ein Blick aus der Bibel in gegenwärtige Zustände); XIII, No. 13 u. 14 (Ansprache an Alle, die es angeht); No. 49 (Das Flensb. Religionsbl. u. der Gustav-Adolfs-Verein). Dieser letzte Artikel ist jedoch, wie einige andere in Jahrg. XI, No. 8, 10, 13, XII, No. 12, 16, 21, C. Wildhagen in Flensburg unterzeichnet.)

2374) **Wildhagen,** Jacob (nicht Johann) Nicolaus (L. & S. No. 1324). Geboren in Schleswig den 11. October 1769, besuchte die dortige Domschule u. studirte seit 1789 zu Kiel Theologie, bestand Michaelis 1793 das theol. Amts-Examen auf Gottorf mit dem 2. Char.; war einige Jahre Hauslehrer; 1797 Diaconus in Friedrichstadt u. 1800 alleiniger Pastor daselbst; den 7. Juni 1807 Pastor in Grossenwiehe im Amte Flensburg, wo er den 21. April 1843 im 74. Lebens- u. 46. Amtsjahre starb. Seine Wittwe Margaretha Aug. geb. Edlefsen, († 13. October 1843). — S. N. Nekrol. der Deutschen XXI, S. 1131—1132. Wulffs Verz. S. 15. Flensb. Religionsbl. XI, No. 50. N. St. M. X, S. 500.

Von ihm noch:

Hülfsbuch für Confirmationshandlungen. Theoretisch u. praktisch. Altona, J. F. Hammerich, 1831. gr. 8. XVI u. 270. Rec. N. Prov.-Berr. 1831. S. 603 bis 616.

Die Apostasie. Ein kleiner Beitrag zur Berichtigung der Zeitideen im Itzehoer Wochenblatt 1840, No. 2.

(* Das frühe Eheversprechen oder warum es zu widerrathen, dass Studirende sich in ein Eheversprechen einlassen): in den Schlesw.-Holst.-Lauenb. Prov.-Berr. 1832. S. 579 ff. — Im „Flensb. Religionsbl.“ N. F., Jahrg. VI, No. 21, S 91—63: Erfahrungen u. Bemerkungen; Jahrg. VIII, No. 15: Evangelien od. Episteln; Jahrg. IX, No. 19: Der, den der Tod nicht weiser macht, hat nie mit Ernst an ihn gedacht; No. 28 u. 29: Ueber Adventszeit u. Kirchenjahr; Jahrg. X, No. 33 u. 34: Der Gesetzlose (1 Thessal. 1, 8) ein Bild unserer Zeiten; Jahrg. XI, No 15 u. 16: Vom hohen Adel der Gläubigen. — Beiträge zum Itzehoer Wochenblatt u A. 1840, No. 2 (Die Apostasie).

2375) **Wildhagen,** J. J.; er studirte eine Zeitlang, noch 1833 Theologie, widmete sich nachher der Landwirthschaft u. war Hufner zu Boholz im Kirchspiel Struxdorf, auch Abgeordneter für die Schleswigsche Ständeversammlung.

Von ihm in dem Itzeh. Wochenbl 1844, Beil. zu No. 28 (Ansprache an Schleswig-Holsteins Ackerbau treibendes Volk); 1846, No. 5 (Zweck, Bestimmung

u. Nutzen der landwirthschaftlichen Vereine); 1847, No 12. — In dem Kieler Corresp.-Bl. 1840, No. 32 (Offener Bericht, betr. eine Uebervortheilung bei der Lieferung v. Heu u. Stroh für das Schlesw. Cürassier-Regiment (cfr. No. 36 dess. Bls u. dagegen Wildhagen in No. 38 (Fortsetzung meines offenen Berichts).

2376) **Wilken,** Friedrich (L. & S. No. 1518); er war 1829 auch beständiger Secretär der königlichen Akademie zu Berlin, machte gegen Ende seines Lebens noch einige kleine Erholungsreisen, z. B. 1835 nach München, 1838, nach einem Aufenthalt in Wiesbaden, nach Heidelberg; er starb am 24. December 1840 zu Berlin. — Vergleiche über ihn noch „Allgem. Preuss. Staatzeitung" 1841 No. 35 und die Beilage zur „Augsb. allgem. Zeitung" 1841 No. 12, Neuen Nekrol. d. D. 1840, S. 1189—1196.

Der letzte Band od. des 7. Bandes 2. Abtheilung seines Werkes über die Kreuzzüge erschien Leipzig 1832.

Die im L. & S. als erscheinend angezeigte Schrift über die Gasneriden erschien s. t. Mohammedi filii Chondschani vulgo Mirchondi historia Gasnevidarum, persice et latine versa, annotationibus illustrata. Berolini 1832. 4.

Unter seinen Auspicien erschien noch: Index librorum manuscriptor. et impressorum, quibus bibliotheca regia Berolinensis aucta est ann. 1835—1839. Berolini, Besser, 1835—1839. 4.

Die drei Perioden der k. Preussischen Akademie der Wissenschaften und König Friedrich II. als Geschichtsschreiber. Zwei akademische Reden. Berlin, Duncker & Humblot, 1835. 8. SS. 40.

2377) **Wilkens,** Lehrer in Tetenbüll.

In den Darstellungen aus dem Christenleben, herausgeg. vom Elb-Pinnauer Lehrerverein (Uetersen 1857) No. 42: Unser Glaube ist der Sieg. — Beiträge zur Schulzeitung 1863/64, No. 43 u. ausserdem Correspondenzen.

2378) **Willatzen,** P. J., geb. in Hadersleben, besuchte das Schullehrer-Seminar in Tondern, lebte darauf in Hadersleben u. Rendsburg, ist zur Zeit seit 1852 Lehrer an der Volksschule in Bremen.

1) Liederbuch. Itzehoe 1851. 8.
2) Uferblumen. Gedichte. Kiel, Schröder & Co., 1853. 16. SS. 172.
3) Hannibals Tod. Ein Gedicht. Bremen, Kühlmann & Co., 1857. 8. 77 SS.
4) Nordlandsharfe. Elberfeld, Bädecker, 1858. 8. 191 SS.
5) Gedichte. Hadersleben, Griem, 1860. 8. VIII u. 247 SS. 2. Sammlung. Bremen, Strack, 1862. 16. VIII u. 200 SS.
6) Uebersetzte zum ersten Male: Altisländische Volks-Balladen u. Heldenlieder der Färinger. Bremen 1865. 8. VI u. 354 SS.

Gedichte von ihm in mehreren Tages- u. Wochenblättern, wie dem Itzehoer Wochenbl. u. A. 1851, No. 40; auch in der (Hamburger) „Reform" u. im „Album der Reform."

2379) **Wilmanns,** Wilhelm Franz, geb. am 14. März 1842 in Jüterbog, Sohn des königl. Bauraths Franz Wilmanns und der Josephine geb. Eichenbusch; gebildet bis 1852 in der Bürgerschule in Jüterbog, von Johannis 1852 bis Ostern 1860 auf dem Berliner Gymnasium zum grauen Kloster, von Ostern 1860 bis dahin 1864 auf der Universität zu Berlin (Lehrer vorwiegend Haupt, Hübner, Müllenhoff); am 16. Januar 1864 in Berlin promovirt, wo er im Mai desselben Jahres auch das Oberlehrer-Examen machte; war vom 1. Juni 1864 bis Ostern 1867 Hauslehrer im Hause des Baron C. v. Scheel-Plessen und ist seitdem Lehrer am grauen Kloster in Berlin.

De didascaliis Terentianis diss. inaugur. Berolini 1864. IV u. 68 SS. gr. 8. Von ihm in Moritz Haupts Zeitschr. f. Deutsches Alterthum N. F., Bd. 1, H. 2, S. 217—231 (Zu Walther von der Vogelweide); H 3, S. 439—463 (Chronologie der Sprüche Reimars von Zweter), S. 492—496 (Räthsel). — Im Rhein. Mus. f. Philol, N. F., XIX, S. 528—541 (Ueber die Gerichtshöfe während des Bestehens der lex Cornelia judiciaria). — In Zeitschr. f. d. Gymnasialwesen XIX, S. 316—321 (Rec. über Fr. Pfeiffers Ausgabe v. Walther v. der Vogelweide). — Revidirt.

2380) **Wilms,** Bernd Diedrich, geboren den 13. Novbr. 1813 im Gute Maassleben, besuchte das Seminar in Tondern von 1832 bis 1835, war dann Hülfslehrer in Flensburg, 1836—1847 Districtsschullehrer in Dersau, Mich. 1847—49 Lehrer an der Mittelclasse in Plön, 14½ Jahre Oberlehrer an der Wilhelminen-Freischule in Flensburg, den 26. August 1864 3. Lehrer an der Deutschen Abtheilung des Seminars in Tondern.

Mnemonische Bearbeitung der Welt- und Cultur-Geschichte. Für den Schulunterricht u. das Selbststudium. Flensburg, im Verl. v. Th. Hertzbruch, 1867. 8. XII u. 203 SS. In den Darstellungen aus dem Christenleben, herausgeg. v. Elb-Pinnauer Lehrerverein (1857) No. 17, S 153—160 (Leben im Geist). — Im Schulbl. f. die Herzogthh. Schlesw. u. Holstein XVIII, 1856, S. 249—255 u. S. 390—415 (Ueber Anwendung der Reventlow'schen Gedächtnisskunst in der Volksschule). — Revidirt.

2381) **v. Wimpfen,** Friedrich Ferdinand Franz, geb. den 31. März 1805 in Glücksburg; jüngerer Bruder des nachfolgenden; wurde 1823 von der Rothschilder Cathedralschule auf die Universität entlassen; nahm 1826 das Forstexamen in Kiel; wurde 1827 Forst- und Jagdjunker; den 1. November 1828 Kammerjunker; 1841 Chef des Forst- u. Jagdcomtoirs unter der Rentekammer; erhielt am 1. Febr. 1849 den Titel eines Oberförsters. —

Verheir. seit 1841 mit Jda Sophie Elisabeth Frederike, Tochter des
Geh. Confer. Raths Fr. H. Chr. Johannsen, Präsidenten der Schlesw.
Ober-Justizcommission.

Skov-Taxationen. Kbh. 1836. 8. Vergl. „Blaudinger fra Sorœ". 8 Hefte.
S. 72—75.

2382) **v. Wimpfen,** Karl Wilhelm Anton (L. & S.
No. 1326), geboren den 27. December 1802 in Glücksburg; sein
Vater Tobias Peter v. W., früher Hofcavalier bei der Herzogin v.
Glücksburg, starb als Oberlandwege-Inspector 1813, war ein geb.
Baier, der in Dänische Kriegsdienste gekommen war; seine Mutter
Nicoline Christiane Amalie geb. Bloch, ging 1814 nach des Gatten
Tode nach Dänemark, um ihre Söhne den Unterricht ihres Bruders,
des Prof. Bloch in Nykiœbing auf Falster, später in Roeskilde, ge-
niessen zu lassen. Von Roeskilde wurde der Unsere 1820 im Herbst
auf die Universität Kopenhagen entlassen; ging Ostern 1822 nach
Kiel und in demselben Jahre nach Göttingen, von wo er Michaelis
1823 nach Kiel zurückkehrte u. 1824 das Amts-Examen auf Gottorf nahm, 2. Char. m. r. A.; war darauf anderthalb Jahre meistens
in Kopenhagen, zuletzt als Volontär in der Rentekammer; 1826
Amts-Sekretär in Hadersleben; 9. December 1834 Hardesvogt in
der Wies-Harde des Amts Hadersleben; er nahm Theil an der
Stiftung des Asyls oder der Anstalt zur Aufsicht über kleine Kin-
der in Flensburg; starb den 4. April 1839, 36 Jahr alt. — S.
Dannevirke I (1838/1839) No. 43 S. 219 und No. 47: „Carl v.
Wimpfens Minde" von Prof. Paulsen. N. Nekrol. d. Deutschen XVII
S. 349—350. In No. 44 der Dannevirke von 1838/1839 steht ein
Gedicht auf ihn. Todes-Anz. im All. M. 1839 No. 86. N. St. M.
X; S. 500.

1) Ueber die staatsrechtlichen Verhältnisse der Herzogthümer Schleswig u. Holstein. Kiel 1831. 8.

2) Geschichte und Zustände des Hrzgths. Schleswig od. Südjütland v. den ältesten
Zeiten bis auf die Gegenwart. Flensburg, Baurmeister & Comp., 1839, VIII
und 353 SS. gr. 8. Recc. Kieler Corresp.-Bl. 1839, No. 37, S. 146—147 vgl.
No. 43, S. 173. Heibergs: Schlesw.-Holstein. Bll. Bd. 9, H. I, Itzeh. Wchnbl.
1839, No. 18, Sp. 497—502.

Im Staatsb. Mag. X (1831) H. 2, S. 581—596 (Abhandlung über das Zehnt-
wesen im Herzogthum Schleswig, insbesondere im Amt Hadersleben). Nachtrag
dazu (Ueber die Verwandlung des Zehnten in d. Fünfzehnten) im Neuen Staatsb.
M. I (1833) S. 329—332; — (Ueber den Criminalprocess im Herzogthum Schleswig mit besonderer Rücksicht auf das Amt Hadersleben) im N. Staatsb. Mag. III,
S. 183—211. — In den N. Schlesw.-Holst.-Lauenb. Prov. Berr. 1831, H.

4, No. 1, S. 493—529 (Die Kirchenverfassung in den Probsteien Hadersleben und Törninglehn). — In der „Dannevirke" mehrere Beitrr. u. A. 1838/39, No. 3, S. 10 (Slesvig og Sønderjylland). —

2383) **Wiswe,** Wilhelmine, geb. Diener, Gattin des Buchdruckers Wiswe in Sonderburg auf Alsen; lebte nachher in Cappeln.

Von ihren mehreren Schriften, die sie, laut Mittheilung, verfasst haben soll, vermögen wir nur anzugeben: Freundlicher Rath an junge Mädchen bei ihrem Eintritt ins bürgerliche Leben nebst einer Anweisung, einige der gebräuchlichsten Gerichte zu bereiten, wie auch ein Anhang über das Einmachen des Obstes. Sonderburg — gedruckt u. verlegt von C. Wiswe — 1830. 8. VI u. 66 u. IV u. 42. Rec. in N. Prov. Berr. 1832, S. 284—285.

2384) **Wit,** v. Dörring, Ferdinand Johannes (L. & S. No. 1329); er kam im August 1831 nach Cassel, wo er für einige Zeit seinen Aufenthalt nahm, der ihm anfänglich verweigert wurde. Da ihm dieser Aufenthalt im Juni 1833 wieder verweigert wurde, zog er mit Erlaubniss der Preussischen Regierung nach seinem Gute Urbanowitz bei Cosel; war 1843 Gutsbesitzer in Pschor bei Ratibor; die Nachricht von seinem Uebertritt zum Katholicismus 1845 im September ward widerrufen; im Sommer 1848 hatte er zu zweien Malen das Geschick, aus Breslau hinausgebracht zu werden. (s. Alt. Mercur 1848 No. 338 v. 3. August, S. 1168). Irren wir nicht, so fand er, einer Zeitungsangabe zufolge, vor einigen Jahren Verwendung als Director eines Oesterr. Pressbureaus.

Von den Fragmenten aus meinem Leben u. meiner Zeit (vgl. L. & S.) erschienen im ganzen 3 Theile in 4 Abtheil. Bd. 1. Braunschweig, Vieweg, 1830. 30 Bgg. Bd. 2. 1827. 31 Bgg. Bd. 3. Abth. 1, 1829. 23½ Bgg. Abth. 2. 1830 28 Bgg. 8.

Gab heraus: Mittheilungen aus den Memoiren des Satans. Th. 3. A. u d. Titel: Der Teufel in München und der gefallene Engel. Phantasie u. Erzählung, begründet im Leben der neuesten Zeit. Stuttgart 1829. 20¼ Bgg. 8.

Politisches Taschenbuch für das Jahr 1830. Die Diplomaten. Hamb., Hoffmann & Campe, 1830. 8. XIV u. 360 SS ; f. d. Jahr 1831 das. 1831. 8. VI u. 383 SS.

Meine Berufung an das Publicum. Leipzig, F. A. Brockhaus f. d. Vers., 1831, SS. 51. 8.

Was uns Noth thut! Ein ehrerbietiges und freies Wort, seinen Fürsten und seinen Landsleuten gewidmet. Hamb. 1831. 8. SS. 40.

Wit v. Dörring: Mein Jugendleben und meine Reisen. Ergänzung der Fragmente aus meinem Leben und meiner Zeit. Leipzig, Wigand, 1833. 8. SS. 337.

*Schilderungen und Begebnisse eines Vielgereisten, der ausruht. Th. 1—3. Leipzig, O. Wigand, 1833. 2. Aufl. 1836. 8.

Lieferte einzelne Beiträge zum „Kieler Corresp. Bl." der 30ger Jahre, zu der Abendzeitung 1830, No. 153 u. 154 (Kriegsscenen) und wohl auch zu anderen Blättern noch.

2385) **With,** Georg Christian, geb. am 5. Febr. 1796 in Bedsted im Amte Apenrade, jüngster Sohn des Pastoren Johannes W. das. († 3. Januar 1818) und der Anna Hedewig, geb. Viborg; unterrichtet bis 1812 im elterlichen Hause, dann anderthalb Jahre auf der Gelehrtenschule zu Hadersleben und nach einigem Aufenthalt zu Hause v. Sommer 1814 bis 1816 auf der Gelehrtenschule in Husum; studirte seit diesem Jahre 2 Jahre lang Philosophie und Medicin in Kiel, dann Medicin in Kopenhagen, bestand 1821 das Examen bei der chirurgischen Medicin das. mit dem 1. Char. mit Ausz.; leitete inzwischen auch die Veterinär-Eleven in anatomischen und physiologischen Studien; nach dem Examen Pensionär bei der Stiftung für die Veterinärschule und Stutereiwesen und 24. December 1822 Lector an derselben; 5. Januar 1827 erhielt er den Rang eines ältesten Militärchirurgen; 1829 Mitglied der k. medicinischen Gesellschaft; seit 1833 hatte er den Auftrag, Vorlesungen im Veterinärfach für die Eleven der Militärhochschule zu halten; 1837 Revisor beim Veterinär-Medicinal-Rechnungswesen; 20. Juni 1840 dr. med. in Kopenhagen; 16. November 1844 erster Lehrer an der Veterinärschule; reiste 1845 nach Russland, um die dortige Viehseuche zu untersuchen; 1846 Ritter 3. Classe des St. Annen-Ordens; machte 1847 u. 1849 Reisen nach England; erhielt 11. Aug. 1848 den Professor-Titel; 1850 Ritter des Wasa-Ordens; in dems. Jahre u. 21. Mai 1852 wiederum const. als Gestütmeister; 1. Juli 1851 Mitglied des veterinären Gesundheitsraths; Ehrenmitglied u. ordentl. und correspond. Mitglied mehrerer ausländischer wissenschaftlicher Gesellschaften. — Vergl. über ihn Ersl. III, S. 587—591.

1) Forsøg til Besvarelse af den ved det k. Danske Landhuusholdningsselskab udsatte Opgave: Om den Sum, der i Danmark og Hertugdømmerne er bestemt til Prämie-Uddeling eller Belønning for de bedste Hingster etc., kunde anvendes til Hestavlens Fremme paa en mere hensigtsvarende Maade og i saa Tilfælde ved hoilke Midler dette kunde skee. Kbh. 1832. S. Magaz. f. Liter. X. S 761—65.

2) Ledetraad ved Forelæsninger i Veterinairfaget. Med 9 lithogr. Tavler. Kbh. 1833—1834. 4. Wurde umgearbeitet s. t.: Haandbog i Veterinärvidenskaben, udarbeidet med stadigt Hensyn til Landöconomien. 1. D. Hesten. Med 9 lithogr. Tavler. Kbh. 1836. Recc. vgl. im Ersl.

3) Haandbog i Veterinairchirurgien. 1. Decl. Med 83 Træsnit. Kbh. 1839. Auch Deutsch mit Erlaubniss des Verfassers v. Joh. Mart. Kreutzer. Augsb. 1844. Mit 4 Steindrücken in ½ Fol. mit 37 Abb.

4) De carne mammalium domesticorum aegrotantium judicanda. Diss. inaug. Hafniae 1840. 8. Vergl. ausser mehreren anderen von Erslew angef. Anz.

u. Recc. Pfaffs Mittheill. N. F. 6, II. 11 u. 12, S. 82—93. Zeitschr. f. Med. XIX, 1842, Febr., S. 206—212.

5) Prolegomena til Veterinär-Propädentiken etc. Kbh. 1841. Auch Deutsch mit Anmerkk. und einem Anhang v. P. Jessen. Kopenh. 1847.

6) Om Hestekjœds Afbenyttelse til Fœde for Mennesket ved Levnetsmidlernes nuværende hœie Priis. Kbh. 1847. 8.

7) Rapport om det k. Landstutteri og Hesteavlens Tilstand i Danmark etc. Kbh. 1852. 8. Vgl. „Fædrelandet" 1852, No. 41—43 u. With dagegen das. No. 72—74. Beide Piècen auch bes. gedruckt. Kbh. 1852.

8) Er sah durch u. versah mit Anmerkungen: eine dänische Uebersetzung von J. F. C. Dietrich „Nyeste Dyrlægebog". 2. Aufl. Kbh. 1839 mit 1 Kpfrt. Nachher arbeitete er dieses Buch um und gab es unter dem Titel heraus: Almeenfattelig Anviisning til Huuspattedyrenes Behandling baade i sund og syg Tilstand. Kbh. 1841 mit 1 Kpfrt. u. gab es als Original-Arbeit u. d. T.: Almeenfattelig Anviisning til Huusdyravlen og Huusdyrenes Behandling i sund og syg Tilstand, Kbh. 1842, heraus. Aus der 1. Ausgabe dieser Schrift wurde besonders gedruckt: Om Galskab hos Hunden og de andre Huusdyr. Kbh. 1842. 8.

9) In Verbindung mit den andern Lehrern der Veterinärschule arbeitete er aus: Veiledning til at kjende, forebygge og behandle Faareskab. Kbh. 1841. Sowie

10) Underretning og Veiledning for Veterinäreleverne ved den k. danske Veterinärskole. Kbh. 1844. 4.

Lieferte Beiträge zu „Dagen" 1832, 1836, zu „Berlingske Tidende" 1836—37, u. 1848 eine Abhandlung, die ins Schwedische übersetzt, Malmœ 1848 u. folg. T. erschien: Om Boskapssjukan i Skane, dess Natur og Ursprung, samt Medlen til dess Undertryckande. — Ferner Beiträge zu Hald's „Tidsskrift for Landökonomi" N. R. IV, 149—157; X, S. 249—253, welche letztere Abhandlung auch besonders gedruckt erschien u. d. T.: Beskrivelse af en Reise i Rusland i Aaret 1845 med særligt Hensyn til den der herskende Quægpests Undersœgelse. Kbh. 1848. — Noch einzelne Artikel in „Fædrelandet" 1848, No. 2. 1849, No. 275 veterinären u. landökonomischen Inhalts, worüber, sowie auch über die übrigen eben erwähnten Artikel Erslew durchgängig zu vergleichen ist.

Schrieb ausserdem noch zu mehreren anderen Blättern einzelne mit seinem Namen unterzeichnete Beiträge über Veterinär-Gegenstände. —

Schrieb Vorwort zu der Schrift: „Nye og sikkre Kjendetegn paa at vælge de bedste Malkekoer, eller Guénons Kjendetegn" u. s. w. Kbh. 1846, u. zu J. B. H. Andersens Veiledning til Anvendelse af Guénons Kjendemærker ved Malkekœers Bedœmmelse. Das. 1849.

2386) **With,** Otto Heinrich, geb. in Henstedt in Ditmarschen, studirte Medicin, wurde 1839 dr. med. & chir. in Kiel, war practisirender Arzt 1849 in Oldesloe. (Gestorben?).

Conspectus aegrotorum, qui a mense Octbr. a. 1837 ad eundem usque a. 1838 in nosocomio Friedericiano Kiliensi tractati sunt. Kiliae 1839. 4. SS. 38.

2387) **Witt,** August Joachim, geb. den 22. August 1791 zu Landkirchen auf der Insel Fehmarn. Widmete sich zuerst dem Schullehrer-Stande, später aber bildete er sich selbst immer mehr aus u. studirte dann die Rechte in Kiel, worauf er sich Michaelis 1824 dem juristischen Amts-Examen auf dem Schlosse Gottorf stellte. Er bestand dasselbe rühmlich u. erhielt eine Advocaten-Bestallung für Holstein u. Schleswig. Er practisirte nun zuerst auf seiner heimathlichen Insel, siedelte aber 1840 nach Altona über, wo er auch Procurator beim Ober-Präsidium u. beim Obergericht wurde. Hier legte er sich auch auf Schriftstellerei u. trat besonders als eifriger Gegner der Juden-Emancipation auf, wobei er den dr. med. Reichenbach zum Kampfgenossen hatte. Für ihre Bemühungen erhielten beide am 28. Nov. 1847 einen silbernen, inwendig vergoldeten Pocal mit der Inschrift: „Dem Kämpfer für Recht und Wahrheit von seinen Mitbürgern." Aber schon das nächste Jahr waren alle ihre Bemühungen umsonst, indem es die Juden-Emancipation brachte. Als am 4. Aug. 1850 die von dem ehemaligen Telegraphen-Director J. L. Schmidt beabsichtigte Volksversammlung in Altona von der Polizei verhindert ward, kam auch unser W. in Haft, weil er dabei betheiligt gewesen sein sollte. Indessen wurde er am 21. August wieder frei gelassen, war aber während der Zeit so heruntergekommen, dass er schon am 23. August ein Opfer der Cholera wurde. S. N. Nekrol. d. D. XXVIII, S. 569—570.

1) Auch ein Wort über Judenemancipation. Altona 1841. 8. Zwei Mal in demselben Jahre aufgelegt.

2) Der neue Jeremias oder: Die Angst der Kinder Israels war gross. Ein Nachtrag zu der Schrift: „Auch ein Wort über Judenemancipation" u. Erwiderung . auf den „Neuen Judenfresser des Herrn Christern." Das. 1841.

3) Der Weg zur Wahrheit in der Judenfrage. Das. 1843. 8.

Ueber die Judenfrage in Hamburg u. Altona: in den Altonaer Adresskomtoir-Nachrichten 1847, No. 66 u. 68. — Theater-Recensionen u. sonstige Aufsätze in demselben Blatte. —

2387a) **Witt,** H., geb. in Kellinghusen; Segeberger Seminarist, ·examinirt Mich. 1854 mit dem 2. Char. m. s. r. A., 1858 Lehrer in Glückstadt, liess sich im Herbst dess. Jahrs zum Lehrer an der deutsch-evangelischen Schule „auf dem Hügel" zu Paris anstellen, kehrte nach 4 Jahren zurück u. ward Lehrer in Sommerland, Kirchsp. Süderau u. im Sommer 1866 Lehrer an der Mittelklasse in Glückstadt.

Im Schulbl. f. die Herzogth. Schl. u. Holst. XX, 1858, 8. 714—732
(Die Anwendung der katechetischen Lehrform auf den Religionsunterricht in der
Volksschule). — In Past. Clausen's Kirchen- u. Schulzeitung 1863, No. 10
bis 12, 14, 15 (Die geistliche Inspection der Holsteinischen Volksschule). —

2388) **Witt,** Henning Friedrich, geb. in Langenhorn,
studirte Medicin, wurde in Kiel 1859 dr. med. & chir. und ist zur
Zeit practischer Arzt in Schleswig; auch Inhaber des Oesterr. G.
Verd.–Ordens m. d. Krone.

De atresiae ani congenitae anatomia pathologica. Kiel 1859. 4. SS. 23.
Mit Tafeln.

2389) **Witt,** Johann, geb. 20. März 1798 zu Tetenbüll,
Eiderstedt, Lehrer in Horst, zur Zeit, 1866, Privatlehrer in Altona.

1) Aufgaben aus Paul Halckens mathematischem Sinnen-Confect. H. 1. 2. Itzeh.,
C. F. Claussen, 1851, 1852. 8. 50 SS.
2) Cubiktabelle zur Bestimmung des Inhalts der runden Hölzer. Itzehoe, C. F.
Claussen, 1852. SS. 12.
3) Cubiktabelle zur Bestimmung aller kegelförmigen und cylinderförmigen Körper
unter Annahme einer Normal-Länge von 10 Fuss berechnet. 1 Bg. Fol.
nebst Kritik der „Tabellen zur Berechnung des Kubikinhalts runder u. vierkantig geschnittener Hölzer von J. F. Pfeil." Itzehoe 1853. 7 SS. (Letzteres auch separat).
4) Meine Summirungsmethode der höhern arithmetischen unendlichen Reihen. 1.
Abschnitt: Die Reihen mit ihren summatorischen Gliedern. Auch ein Anhang
zu seinen Aufgaben aus Paul Halckens mathematischem Sinnen-Confect. Itzeh.,
Claussen, 1854. 4. 11 SS.
5) Cubiktabelle zur Bestimmung des Inhalts der vierkantig geschnittenen Hölzer.
Das. 1855. 8. IV u. 48 SS.
6) Aufgabe aus der wichtigen Lehre von den Pythagorischen Zahlen (rationale
Dreiecke mit gleichen Hypotenusen); ein kleiner Beitrag zur unbestimmten
Analytik. Itzehoe, C. F. Claussen, 1856—1860. SS. 32. ÷

2390) **Witt,** Johann Gottfried (L. & S. No. 1330). —
Vergl. noch Schröder in Michelsens Archiv IV, S. 107. N. Staatsb.
M. I (1833) S. 350—351; X, S. 500—501. Prov. Berr. 1829, H.
4, S. 515 u. 522; 1830, H. 2, S. 242—249.

Folgende Schrr. fehlen im L. & S.:
Predigt am 1. Tage des Jubeljahrs 1800 in der Stadtkirche zu Glückstadt ge-
halten und nebst einem Ueberblicke der merkwürdigsten Begebenheiten des 18.
Jahrhunderts z. Andenken dieses Jahres in Druck gegeben. Glückstadt, Augustin,
1800. 4. SS. 24.
*Englands Ueberfall auf das friedliche und neutrale Dänemark. September
1807. 8.
*Ehrenerklärung gegen Hamburgs Ehrenrettung. 1807. 8.
Unterricht im Christenthume. Altona 1812. 8.

Ausserdem noch von ihm: Die Leidensgeschichte Jesu in kurzen Sätzen und Versen. Altona s. a. 8. Neu herausgegeben von seinem Sohne Moritz Georg. Altona 1834. 8. Rec. Itzehoer Wochenblatt, 1834 No. 11, Sp. 275.

2391) **Witt,** Jürgen, geb. in Brockdorf, besuchte das Seminar in Tondern v. 1841—1844, wurde Ostern 1844 mit dem 2. Char. m. s. r. A. examinirt, später Lehrer in Sonderburg.

Praktischer Lehrgang zur naturgemässen leichten und schnellen Erlernung der Dänischen Sprache für Deutsche Schulen bearbeitet. Sonderb., G. G. Grimm, 1856. 8. SS. 189.

2392) **Witt,** Karl Gustav Julius, geb. in Collmar, studirte Medicin, wurde 1860 in Kiel dr. med. & chir. u. ist zur Zeit practischer Arzt in Heide.

Exemplum neurotomiae prosopalgiae secundae causa factae. Diss. inaugur. Kiliae 1860. 4. SS. 11.

2393) **Witt,** Moritz Georg (L. & S. No. 1331). Er wurde den 19. April 1831 Diac., und den 26. August 1863 Hauptpastor in Hohenwestedt, † 7. April 1865. — Vergl. den vorhergenannten Artikel Joh. Gottfr. Witt.

Hülfsbuch zum richtigen Verstehen und praktischen Gebrauch des Landeskatechismus für Hausväter und Lehrer. Rendsburg, (Altona, Aue), 1833. 8.

2393a) **Witte,** Georg Friedrich, geb. 29. Januar 1799 in Schleswig, studirte Jura, bestand das juristische Amtsexamen auf Gottorf 1821 (2. Char. m. rühml. Ausz.), war seit den 20ger Jahren Advocat in Kiel; bei einer grossen Praxis fand er doch Zeit in der Verwaltung des Armenwesens, der Sparcasse und anderer Anstalten und bei Gründung der Altona - Kieler Eisenbahn eine erfolgreiche Thätigkeit zu entwickeln; 1846 Syndicus der Stadt Kiel bis 1864; in diesem Jahre Rath des Appellationsgerichts in Flensburg; Ehrenbürger der Stadt Kiel; starb den 24. Juni 1865 zu Grund am Harz, wohin er sich zur Stärkung seiner Gesundheit begeben hatte; wurde 3. Juli dess. Jahrs in Kiel beerdigt.

Verfasste 1862 einen Bericht über die Organisation der Gesellschaft freiwilliger Armenfreunde, der in einigen Exemplaren gedruckt wurde.

2394) **Witthöfft,** Friedr. Marcus Paul (L. & S. No. 1332). 6. Septbr. 1831 Justitiar des Guts Neu-Nordsee, 11. Octbr. 1834 Syndicus und Stadtsecretär in Kiel, 30. October 1835 Justizrath, starb 25. April 1840. S. N. St. M. X, S. 501 u. N. Nekrol. d. D. XVIII, S. 491—492.

Liess noch abdrucken im Kieler Wochenblatt v. 12. Juli 1837 2 Urkunden, die Stadt Kiel betr. —

2395) **Wittmack,** Karl Herrmann August Theodor,
geb. den 5. December 1814 in Oldesloe, besuchte die Stadtschule
u. das Institut des Rectors Rohde das., widmete sich dem Zollfach
und trat März 1837 als Unterarbeiter ins damalige General-Zoll-
kammer- u. Commerz-Collegium in Kopenhagen, ward 1843 Gevollmächtigter in demselben und erbat und erhielt im März 1848 seine
Entlassung, fungirte dann von April 1848 bis April 1852 als Chef
des Schlesw.-Holsteinischen Zollrevisions-Bureaus, ging auch nach
Kopenhagen zurück, trat aber 1852 im October aus Rücksichten
auf seine Gesundheit aus dem Staatsdienst und gebrauchte das
Schrothsche Heilverfahren auf Lundewiese im Oesterreichischen
Schlesien mit solchem Erfolg, dass er sich dasselbe zu studiren
und bei anderen Leidenden anzuwenden entschloss. Im October
1858 gründete er darauf in Wandsbeck eine ähnliche Heilanstalt; †
im November 1866.

1) Beitrag zum Menschenwohl. Hamburg 1860. Erschien auch als Beilage zu
den „Itzehoer Nachrr.", der (Hamburger) „Reform" und der „Eisenbahn-
zeitung".

2) Noch ein Beitrag zum Menschenwohl oder der Arzneigebrauch und das
Schrothsche Heilverfahren hingestellt vor den Richterstuhl der öffentlichen
Meinung. Hamburg 1863. 12. SS. 56. Auch als Beilage zu mehreren
Tagesbll. veröffentlicht.

3) Freimüthige Gedanken und offene Meinungen, als Beilage zu mehreren Tagesblättern, über denselben Gegenstand veröffentlicht.

Verschiedene Artikel über das Schrothsche Heilverfahren in mehreren öffentlichen Blättern, namentlich Eisenbahn-Zeitung v. 1. Decbr. 1858, im „Freischütz" v. 19. April 1859, in der Hamburger „Reform" v. 20. April dess. J.
und 2. März 1864 (Sendschreiben an das Sanitätscollegium in Kiel), in der
„Hamburger Börsenhalle" v. 24. Sept. 1864. — Nach dem Autogramm. —

2396) **Wittrock,** Nicolaus Conrad Friedrich, geb.
am 1. April 1783 in Neuenbrook, Sohn des Diaconus das., späteren Pastoren in Brockdorf, Hans Wittrock († 1819 auf Hohenhain),
besuchte die Glückstädter Gelehrtenschule, die Selecta des Altonaer
Gymnasiums seit Ostern (20. April) 1801 bis dahin (April) 1803,
studirte darauf Theologie u. Philologie in Kiel, wo er im Convict-
Examen den 1. Char. erhielt, dann eine Zeit lang Hauslehrer und
schon im August 1813 Subrector an der damaligen Stadt- u. Gelehrten-Schule in Kiel, 8. März 1821 Conrector an derselben Gelehrten-Schule. Zu seinem 25jährigen Jubiläum am 28. April 1836
hon. c. von der Kieler Universität zum dr. philos. ernannt; erhielt
1853 den Titel Professor; wurde 1860 Ostern in den Ruhestand

versetzt und R. v. D.; er starb am 15. Juni 1867 in Kiel plötzlich
an einem Herzschlage. — Vgl. über ihn die „Kieler Zeitung" No.
828 vom 20. Juni, „Alt. Merc." vom 20. Juni 1867 (v. H. Ratjen).
Jahresbericht über die gelehrte Schule und die Bürgerschule in Kiel. Michaelis-
Progr. 1835. Kiel. 4. S. 3—31.

2397) **v. Wöldicke,** Heinrich Christian Piel, geb.
in Brunsbüttel, examinirt im Jurist. Amts-Examen in Kiel. Ostern
1842, 2. Char. m. A., erhielt 14. Sept. 1842 eine Bestallung als
U.-G.-A. für die Herzogth.; Kammerjunker, Rath des Appellationsgerichts in Flensburg bis Febr. 1864; am 1. Januar 1859 R. v. D.

Gab heraus: Juristische Wochenschrift, Bd. 1—9. Flensburg, Kastrup, 1854
bis 1862. 4.

2398) **Wohl,** Siegfried, geboren 1807 in Altona, verlor
seine Eltern früh, besuchte seit 1821 das Altonaer Gymnasium,
studirte Medicin in Berlin 1827, wurde daselbst 1831 dr. med. &
chir., ist zur Zeit practischer Arzt in Altona.

De hypertrophia. Berol. 1831. 8.

2399) **Wolansky,** H. E., geb. am 22. August 1769 in
Nortorf; Zögling des Kieler Seminars; war längere Jahre, von
1815—1840 Schullehrer in der Brunswick bei Kiel; 1840 emeritirt;
gestorben in der Brunswiek am 1. Juli 1848. — Mitgetheilt. —

Biblische Fragen, fast alle aus den Barth- und Hänelschen Jugendblättern
ausgezogen. Kiel 1844. 8.

2400) **Wolf,** Conrad Wilhelm Moritz, geb. den 19.
Januar 1806 zu Krummendick, inscribirt als stud. theol. in Kiel
Michaelis 1830, examinirt in Glückstadt 1833 (3. Char. m. s. r. A.)
u. 1834 Michaelis (2. Char.); 3. Januar 1836 Pastor in St. Peter
in Eiderstedt, trat an im April, 1850 entlassen, 1851 im Herbst
ging er nach Amerika, wo er Past. zu Port Hudson in Missouri
wurde. — S. Wulffs Verz. S. 53 u. 54, wornach er Schriftsteller ist. M. D. Voss: Pröbste u. Pred. in Eiderstedt herausgeg.
v. F. Feddersen S. 189—190. Wir sind ausser Stande seine
schriftstellerischen Arbeiten im Näheren zu bezeichnen.

2401) **Wolf,** Hans Eiler (L. & S. No. 1339). Starb als
Pastor zu Maugstrup u. Jägerup im Amte Hadersleben im April
1844. Vergl. über ihn den Neuen Nekrol. d. D. XXII, S. 909
bis 910. Ersl. III, S. 599—600.

Von ihm ist noch übersetzt: Ueber den theologischen Partheizwist von H. G. Clausen. Ein Beitrag zur Geschichte der theologischen Polemik im 19. Jahrh. A. d. Dänischen. Neustadt an der Orla 1832. 8. Vergl. Leipz. L. Z. 1833, No. 117, S. 933—935.

2402) **Wolf.** Heinrich Söncke Theodor, geb. am 18. September 1801 zu Krummendiek, studirte Theologie zu Kiel seit Michaelis 1820, wurde 1824 mit dem 2. Char. m. A. examinirt; am 22. April 1827, antretend am 30. September, Pastor in Hemmingstedt, am 14. December 1835, antretend am 21. Februar 1836, Archidiaconus in Kiel; am 27. Juli 1848—1850 Mitglied der Schleswig-Holsteinischen Landesversammlung; am 25. Mai 1849, antretend am 1. Juli, zum Pastor in Kiel ernannt; April 1854 entlassen, hielt er am 16. Juli 1854 seine Abschiedspredigt und privatisirte dann in Kiel; am 3. November 1855, antretend 20. Januar 1856, Pastor in Bremerhafen.´

1) Gab mit Jacob Haussen (No. 730, wo jedoch aus Vorsehen die Schrift fehlt) heraus: Chronik des Landes Ditmarschen. Hamburg, gedruckt in der Langhofsschen Buchdruckerei, 1833. 8. XXIV u. SS. 515 (Ist dem Subrector Peter Friedr. Hansen, 50jährigem treuem Lehrer in Meldorf, gewidmet).

2) Der Hr. Prof. dr. Pelt u. die durch den Hrn. dr. Harms neu angeregte Fehde über Dinters Schullehrerbibel. Kiel, Baurmeister & Co., 1839. 8. 40 SS.

3) Votum eines Unbefragten über die Katechismusreform. Kiel 1845. 8.

4) Das Bild des Meineidigen. Predigt über Sacharjah 8, 16 u. 17, am 2. Ostertag gehalten, steht: S. 265—276 in der Sammlung v. Predigten u. Gelegenheitsreden zum Besten der Kinder des weil. Past. dr. Gerber in Collmar (Itzehoe 1847).

5) Uebersetzte uns dem Englischen n begleitete mit Vorwort: Theod. Parkers, neuunitarischen Predigers zu Boston, Untersuchung über die Religion. Kiel, C. Schröder & Co., 1848. 8. XXV u. 373 SS. Rec. Nordd. Misschr. v. Greve und Schwartz 1847, S. 528—547.

6) Antrittspredigt, gehalten in Bremerhafen 20. Jan. 1856.

7) Ueber den angeblichen Kirchenjammer in Bremerhafen. Actenmässiger Bericht über die confessionellen Zustände Bremerhafens. Bremerhafen, v. Vangerow, 1862. 8. Dagegen erschien: Abwehr der vorzüglichsten Unwahrheiten in dem sogenannten actenmässigen Bericht des Past. Wolf etc. von einigen Lutheranern. Das., Bostelmann, 1862. 8. Vgl. Kieler Wochenblatt 1862 No. 135, Sp. 538.

Beiträge zu Greve und Schwartz's norddeutscher Monatsschrift für freien Protestantismus 1845 (Octbr.— Decbr.), S. 144—148 (Miscellen); 1846, S. 73—85 (Die Bedeutung der ungeänderten Augsburgischen Confession. Bemerkungen, zunächst veranlasst durch eine Verstümmelung derselben in einem zu Kiel gedruckten Anhang zum Schleswig-Holsteinischen Gesangbuch), S. 425 bis 437 (Ueber Seelsorge in Zuchthäusern und Einrichtung von Asylen für entlassene Sträflinge); S. 548—550 (Zur Abwehr. Gegen den Hrn. Past. Decker in Klein-Wesenberg); 1847, S. 390—408 (Bericht des v. Kieler Zweigverein zur

Versammlung des Landesvereins der Gustav-Adolf Stiftung nach Altona deputirt gewesenen Archidiaconen Wolf). — In den Predigten und Amtsreden namhafter Kanzelredner der Gegenwart, Bd. 3, Leipzig 1866, pag. 43 u. 44 (Abendmahlsrede am Gründonnerstage).

2403) **Wolf,** Johann Heinrich Reinhold, geboren den 19. Februar 1785 zu Wesselburen, studirte Theologie in Kiel seit Ostern 1804, wurde 1808 in Glückstadt examinirt (2. Char.), 30. August 1812 Pastor in Windbergen, trat an 31. Januar 1813, 15. November 1818 Pastor in Hohenaspe, 20. März 1836 Pastor in Itzehoe, 26. April 1836 Probst für Münsterdorf. Starb den 29. Aug. 1857.

1) Predigt am Eröffnungstage der 2. Holsteinischen Ständeversammlung, gehalten in der St. Laurentiikirche zu Itzehoe den 24. September 1838. Itzehoe, Mohns, 1839. 8. SS. 31.

2) Rede bei der Einführung des Herrn Pastors M(artens) in Wilster am 4. Sonnt. nach Trinitatis 1847: steht in Sammlung von Predigten u. Gelegenheitsreden zum Besten der Kinder des weiland Pastors dr. Gerber in Collmar (Itzehoe 1847. 8.) S. 276—288.

2404) **Wolf,** Wenceslaus Leo (Leo-Wolf, William) (L. & S. No. 1341). Er kehrte 1836 von New-York nach Hamburg zurück; starb in Hamburg den 26. April 1850. (S. über ihn zur Erinnerung an den am 26. April 1850 verstorbenen dr. Wenc. Leo Wolf: Freischütz 1850, No. 52, S. 206 und 207 und No. 154. S. 216 einen poetischen Nachruf an ihn. Lexikon Hamb. Schriftst. IV, S. 438—440 unter Leo-Wolf, William). —

Von ihm noch:

De Sarcocele diss. inaugur. Erlangen 1779. 16 SS.

Sendschreiben an seine Herren Collegen, sämmtliche praktische Aerzte in Hamburg. Hamburg 1816.

Remarks on the Abracabra of the nineteenth century or on dr. Sam. Hahnemanns homoeopathic medicine etc. New-York 1835. 272 SS. (Mit Veränderung des Namens u. ohne die Vorrede des Verf.s unvollständig übersetzt von dr. Warburg).

War auch Mitarbeiter an Gerson u. Julius Hamb. Magazin für Heilkunde, sowie an Heckers Archiv.

2405) **Wolff,** Adolf Wilhelm, geboren zu Flensburg den 15. December 1815, besuchte die von seinem Vater, dem Rector dr. Friedrich Karl Wolff geleitete Flensburger Gelehrtenschule von Ostern 1827 bis Michaelis 1835, die Universität Kiel bis Michaelis 1836, Berlin bis Mich. 1838, darauf wieder Kiel u. studirte, nachdem er in seinen ersten Universitätsjahren sich vorzugsweise mit Geschichte, sowie altdeutscher und Römischer Literatur beschäftigt hatte, die Rechte, ward zu Michaelis 1841 examinirt mit dem 2.

Char. m. s. r. A.), wurde zum dr. jur. promovirt 1843 (Diplom v. 27. April), habilitirte sich als Privatdocent an der Universität Kiel und blieb in dieser Stellung bis Mich. 1844, worauf er sich als Advocat (Bestallung vom 18. September selbigen Jahres) in Flensburg niederliess, ward 1847 zugleich Notar, verlor in Folge der politischen Verhältnisse den Genuss seiner Bestallungen im März 1853, wurde jedoch rehabilitirt 1854 u. Appellationsgerichts-Advocat für das Herzogthum Schleswig 1858, übernahm 1859 auch das seiner Gattin Therese Christiane Henriette geb. thor Straten erblich zugefallene adelige Gut Lütjenhorn, privatisirte seit - dem Sommer 1861 in Kiel und zu Düsternbrook, von wo er im Herbst 1865 nach Flensburg u. in seine frühere Stellung als Appellations-gerichtsadvocat und Notar zurückkehrte. — Vergl. über ihn Itzeh. Nachr. 1858, No. 78.

1) De pignore a creditoris heredibus in familiae herciscundae judicium deducto. Kil. 1843. SS. 77.

2) Aus der Jugendzeit. Gedichte. Leipzig, Brockhaus, 1853. SS. 206. Recc. u. A. „literarische u. krit. Bl." 1853, No. 162, S. 801—803, 1854, No. 55, S. 430—431.   In der juristischen Zeitschrift des Schlesw.-Holsteinischen Advocatenvereins Jahrg. 1845, S. 254—281 (Erklärung des dem ersten Vermiether an den Invecten u. Illaten des Aftermiethers zustehenden gesetzlichen Pfandrechts als Afterpfandrecht). — Recensionen in der Jenaer allgemeinen Literaturzeitung 1846, No. 195—197, S. 777—886 (C. Christiansen: Zur Lehre von der naturalis obligatio und condictio indebiti), No. 286, S. 1141—1144 (Niegolewski: de jure superficiario), 1847, No. 39, S. 145—148 (dr. J. Henning: Ovids Heroiden). — Im Nekrologe der Deutschen Jahrg. XXIII, 1845, Th. 1, S. 332—357 (Nekrolog über dr. Friedrich Karl Wolff). — In Slesvigske Provindsial-efterretninger 1863, II. 5, S. 345—446 (Zur Biographie Blasius Eckenbergers). — Beiträge zu K. Biernatzki's Volksbuch f. 1848, S. 77—78 (Thorder Ebsen), 1849, S. 97—98 (Herzog Adolph der Achte), S. 115 (Radbod), S. 124—128, (Aus Flensburgs Vorzeit). — Gedichte in C. Wagners Jahrb. Schlesw.-Holst. Dichter, 1848, S. 203—222 u. Christ. Schad's Deutschem Musenalmanach Jahrg. 8, Würzburg 1858, S. 312—313; ferner in der v. Theod. Hell zu Dresden herausgeg. „Abendzeitung" 1837 u. 1838, im Berliner „Gesellschafter" v. F. W. Gubitz 1837 u. 1838, im Hamburger Telegraphen für Deutschland 1844, in den literarischen u. kritischen Blättern der Hamb. Börsenhalle v. 1844—1847 u. verschiedenen Tagesblättern. — Anonyme publicistische Aufsätze im Hamb. unpartheiischen Correspondenten 1850. — Im Archiv für Philol. u. Pädagogik v. Jahn u. Klotz Bd. XII od. Neue Jahrbb. f. Philol. u. Pädagogik J. XVI, 1846, H. 3, S. 474—480 (Ovids 1. u. 2. Heroide übersetzt). — Nach dem Autogramm revidirt.

2406) **Wolff.** Christ. Theodor, geb. 31. Januar 1837 in Husum, Sohn v. Karl Heinr. August W., (No. 2410), gebildet auf den Gelehrtenschulen in Husum u. Schleswig, studirte Medicin in Kiel seit Michaelis 1855, wurde 1860 dr. med. & chir. in Kiel und ist zur Zeit Arzt in Eckernförde. — Vergl. J. Sigism. Strodt-manns: der C. R. Ad. H. Strodtmann (Hamb. 1851) S. 169.

Do balsamo Copaivae. Kiliae 1860. 4. SS. 12.

2407) **Wolff**, Emil Theodor, geb. 30. August 1818 in Flensburg, Sohn des nachfolgenden Friedrich Karl W.; 1843 zu Berlin dr. philos., in demselben Jahre Assistent am chemischen La-boratorium in Halle, 1847 Lehrer am landwirthschaftlichen Institut zu Brösa bei Bautzen, 1851 Chemiker an der landwirthschaftlichen Versuchsstation zu Möckern bei Leipzig, 1854 Professor der Agri-culturchemie an der landwirthschaftlichen Akademie zu Hohenheim in Würtemberg. Cfr. F. J. P. Riecke Progr. d. Hohenheimer Akade-mie für 1859 (Stuttgart 1859), Poggendorfs biographisch-literar. Handwörterb. der exacten Ww. Sp. 1360—1361, J. S. Strodtmann: der C. R. Ad. H. Strodtmann (Hamb. 1851) S. 171.

1) Diss. inaugur. de compositione fossilium Eckebergitis, Scapolithi et Mejonitis. Berol. 1843. 8.

2) Quellen-Literatur der theoretisch-organischen Chemie oder Verzeichniss der von Anfang des letzten Viertheils des vor. Jahrh. bis zum Schlusse des Jahres 1844 ausgeführten chemischen Untersuchungen über die Eigenschaften u. die Constitution der organischen Substanzen, ihrer Verbindungen u. ihrer Zer-setzungsproducto. Halle, Anton, 1845. 8. 26 Bgg.

3) Vollständige Uebersicht der elementar-analytischen Untersuchungen organischer Substanzen nebst Andeutung der verschiedenen Theorien über deren chemische Constitution. Aus den chemischen Journalen, nach den Original-Abhandlungen in system. Ordnung entworfen. Halle, Anton, 1846. 8. 38¼ Bgg.

4) Die chemischen Forschungen auf dem Gebiet der Agricultur. Leipzig 1847. 8.

5) Das Keimen, Wachsthum u. die Ernährung der Pflanzen. Ein Vortrag zu Klix am 25 u. 31. Jan. 1849 gehalten. Bautzen, Weller, 1849. 8. 60 SS.

6) Die naturgesetzlichen Grundlagen d. Ackerbaues. Bd. 1 a. u. d. T.: Begründung u. Entwicklung der Naturwissenschaft des Ackerbaues, 2. a. u. d. T.: Die Bedeutung der Naturwissensch. f. die Praxis des Ackerbaues. Leipzig, Wigand 1851. 8. 2. Aufl. 1854. 3. Aufl. Leipzig 1856. 8.

7) Jahresberichte über die landwirthschaftliche Versuchs-Station in Möckern I—III. 1852—1854.

8) Versuche über das Wachsthum u. die Ernährung einiger Culturpflanzen. Hohenheimer Progr. 1855.

9) Die Erschöpfung des Bodens durch die Cultur. Nebst Bemerkk. über künstl. concentrirte Düngmittel. Leipzig, Wigand, 1856. 8. 104 SS.

10) Anleitung zu chemischen Untersuchungen landwirtbschaftlich wichtiger Stoffe. Zum Gebrauch bei quantitativ-analytischen Arbeiten im chemischen Laboratorium u. bei Vorträgen über landwirthschaftlich-chemische Analyse. Stuttgart, Weise, 1857. 8. IV u. 96 SS.

11) Die landwirthschaftliche Fütterungslehre u. die Theorie der menschlichen Ernährung. Stuttgart, Cotta, 1861. 8. XVI u. 698 SS.

12) Beiträge zur chemischen Kenntniss der Futterstoffe: Mittheil. aus Hohenheim. II. II, 1855; die Mineralstöffler u. die Stickstöffler in der Landwirthschaft, das. H. IV, 1858 (IV u. 151 SS.). — H. 5: Beiträge zur Erschöpfung des Bodens. (Ueber das Krystalsystem des Zuckers u. die Weinsteinsäure) in Erdmanns Journal XXVIII. 1843; (Chemisch-mineralogische Beitrr. zur Kenntniss des rothen Porphyrs bei Halle) das. XXXIV, 1845; (Vergleichende chemische Untersuchungen der verschiedenen Theile des Rosskastanienbaums) XLIV, 1848; (Ueber den Einfluss der Mineralsalze auf die Entwicklung der vegetabilischen Substanz) LI, 1850; (Schwankungen in der quantitativen Zusammensetzung der Asche einer u. derselben Pflanze) LII, 1851. — Ausserdem viele Aufsätze in landwirthschaftl. Zeitschrr.

2408) **Wolff,** Friedrich Karl (L. & S. No. 1342). 6. Juni 1835 R. v. D., kam 1840 um seine Entlassung ein, feierte vor derselben den 30. Juni 1840 sein 50jähriges Dienst-Jubiläum, zu welchem 4 seiner Schüler die Aufforderung zur Fest-Theilnahme ergehn liessen (cfr. Kiel Corresp.-Bl. 1840 No. 42) u. wurde zum Danebrogsmann ernannt; Johannis 1841 verliess er sein Schulamt, dem er nach seiner Entlassung mit 1200 Thlr. Pension noch während der Vacanz vorgestanden hatte; starb den 28. April 1845. Verheir. seit dem 3. Aug. 1797 mit einer Tochter des Klostervogts Bartelsen in Flensburg. — S. N. Nekrol. d. Deutschen XXIII, S. 332—357 (v. seinem Sohn dr. jur. A. Wolff), Alt. Merc. 1845 No. 103 u. geneal. Nachrichten über seine Familie in J. S. Strodtmanns: der C.-R. Ad. H. Strodtmann, Hamb. 1851, S. 170—172.

Zu seinen Schriften gehören noch:

Schilderung der Gräuel unter dem Triumvirat des Antonius, Lepidus und Cäsar Oktavianus. Nach dem Appiani: im Genius der Zeit 1796, April, No. 7, S. 455—493.

(Seine Sammlung auserlesener Reden des M. T. Cicero Bd. 1. 2. Altona 1823 u. 1824. 2. Aufl. das. 1829. 8., ist recens. in den Ergänzungsbll. der allgem. Jen. Liter. Zeitung, November 1814 No. 127 u. Jahrg. 1830, No. 78 u. 79).

(Seine Uebersetzung des Sophokleischen Ajas, Flensburg 1825. 4., ist rec. in Seebodes Archiv f. Philol. und Pädagogik 1828, II. 3, S. 47—50; sowie seine observationes et emendationes Livianae (Flensb. 1826 u. 1827. 4.) in demselben Archiv 1828 H. 3, S. 31—34).

Philoktet, als Probe einer neuen metrischen Uebersetzung des Sophokles. 1. Hälfte. Nebst Einleitung. Flensburg 1831. 4. SS. 30. 2. Hälfte. Das. 1832. 4. SS. 39.

Schulnachrichten. Flensburg 1831. SS. 20. 4. u. das. 1832. SS. 20. 4. Rec. Neue Prov.-Berr. 1832, S. 270—271.

Einige Verhaltungsregeln, seinen Schülern, die sich der Theologie widmen wollen, bei dem jetzigen Kampfe zwischen Rationalisten und pietistischen Mystikern in unserer Kirche, zur Beobachtung empfohlen. Eine Rede, gehalten vor der

öffentlichen Prüfung am 1. Mai 1832. Flensburg 1832, gedruckt bei Jäger, 24 SS.
8. Rec. N. Prov.-Ber. 1833, S. 479—483.

Antigone des Sophokles, als Probe einer neuen metrischen Uebersetzung des
Sophokles. Einladungs-Programm. Flensburg 1834. 4. XIV u. 21 SS.

König Oedipos des Sophokles, Abth. I. Flensburg 1835. XV u. 20 SS.
4. Osterprogramm.

Voss in seiner Wirksamkeit als Schulmann: steht in den, 1833 v. A. Voss
herausgegebenen Briefen J. H. Voss's. Bd. 3. Abth. 2. S. 237—278.

2409) **Wolff**, Friedr. Rudolf, geboren 12. Juli 1812 in
Flensburg, Sohn v. No. 2408 u. Bruder v. No. 2405, 2407, studirte Theologie in Kiel seit Ostern 1831, wurde examinirt Ostern
1836 (3. m. s. r. A.), 1837 (2. m. A.), 11. Septbr. 1842 ordinirt
u. bis Septbr. 1844 als Prädicant in Adelbye u. Lensahn, 27. Oct.
1844 bis Septb. 1847 in Curau; starb 2. Nov. 1855 auf Hernings-
holm in Jütland.

Drei Festpredigten. Oldenburg 1846. 8. SS. 44.

2410) **Wolff**, Karl Heinrich August, geboren 26. März
1802 in Husum, sein Vater der Pastor Christ. Heinrich Wolff in
Gross- u. Klein-Solt († 21/10 1833 in Husum als emerit.) u. seine
Mutter Catharine Juliane geb. Böhndel (geb. 1765, 26. März, gest.
1828, 2. April); studirte Philologie, wurde dr. philos., Collaborator
an der Gelehrten-Schule in Husum, 1848 d. 1. October mit Pension
entlassen. — Verheir. mit Sara Caroline Brick (geb. 1803, 1. Juli)
seit 21. April 1835. — Vergl. J. S. Strodtmann: „der C.-R. A. H.
Strodtmann" S. 169.

De praepositione ex nomine apta apud Plautum et Terentium. Husum 1848.
4. (Programm der Husumer Gelehrten-Schule). SS. 21.

2411) **Wolff**, Marie Elisabeth, geb. am 11. Mai 1802 in
Flensburg, Tochter von No. 2408 u. Schwester v. No. 2405, 2407
u. 2409; war seit 1. März 1844 verheirathet mit dem Kriegsrath
C. C. Boll in Hadersleben.

Soll Verfasserin der „Elegie an dem Grabe eines Edlen" in den Prov.-Berr.
1831. SS. 231—234 sein.

2412) **Wolff**, Oscar Ludwig Bernhard (L. & S. No.
1344); seit Herbst 1829 a. Professor d. Philosophie in Jena; starb
daselbst am 13. September 1851.

Von ihm noch:

Theater der Hindus. Aus der Englischen Uebersetzung des Sanskrit-Originals
v. H. H. Wilson metrisch übersetzt. Bd. 1. 2. Weimar 1828 u. 1831. 8.

Mythologie der Feen u. Elfen vom Ursprung des Glaubens bis auf die neuesten Zeiten. Aus dem Englischen. Bd. 1. 2. Weimar 1828. 8. Mit 12 Tff. Abb.
u. 1 Vignette.

Gab heraus mit W. Müller: Egeria. Sammlung Italienisch. Volkslieder. Leipzig 1829. 22½ Bgg.

Denkwürdigkeiten eines Hoflakaien. In Bruchstücken aus seinem Tagebuch Th. 1. 2. München, Frankh, 1830. 8. 21 Bgg.

Scherben, Novellen u. Erzählungen mit einer lyrischen u. dramatischen Zugabe. Th. 1. 2. Das., bei dems, 1830. 8. 22½ Bgg.

Sammlung historischer Volkslieder u. Gedichte der Deutschen. Aus Chroniken, fliegenden Blättern und Handschriften zusammengetragen. Stuttgart u. Tübingen, Cotta, 1830. 8. 50½ Bgg.

Johann Friedrich VI. von Sachsen-Weimar. Historische Novelle in dramatischer Form. Leipzig, Hartmann, 1831. 12. 6½ Bgg.

Altfranzösische Volkslieder gesammelt, mit sprach- und sacherklärenden Anmerkk. Das. 1831. 8.

Herbstzeitlosen. Erzählungen u. Novellen. Das., Kollmann, 1831. 8. 18 Bgg. u. 1. Folge. Das. 1832. 8. 14 Bgg.

Die Irrwische des Tags. Ein Roman aus der neuesten Zeit. Das. 1831. 8. 21 Bgg.

Uebersetzte und versah mit Anmerkk.: Philipp August od. die Waffenbrüder vom Verf. von Darnley de l'Orme etc. (G. P. R. James). Das. 1832. 8.

Bearbeitete neben H. Leng: Nouv. Dictionn. Franc.-Allem. et Allem.-Franc. redigé sur le plan de MM. Noel & Chapsal. Weimar 1832. Nouvelle edition. 1844. 8.

Sammelte und übersetzte: Proben altholländischer Volkslieder. Mit einem Anhang altschwedischer, Englischer, Schottischer, Italienischer, Madecassischer, Brasilianischer und altdeutscher Volkslieder. Greiz, C. H. Henning, 1832. 8.

Redigirte den poetischen Theil der seit 1832 erscheinenden „Schnellpost für Moden." Leipzig.

Die schöne Literatur Europas in d. neuesten Zeit. Leipzig, Breitkopf u. Härtel, 1832. 8. Rec. Liter. Notizenblatt. 1833, No. 79.

Wanderung durch Weimar. Eine Weihnachtsgabe. Jena, Cröker, 1833. 8. SS. 32.

Uebersetzte aus d. Französischen: Neue Erzählungen v. M. v. Balzac. Leipzig 1833. 8.

Uebersetzte: Die 32. Halbbrigade. Erzählung aus den Zeiten der Republik v. A. Bargniet de Grenoble. Das. 1833. 8.

Uebersetzte: Die Lucaracha v. Eugen Sue. Th. 1. 2. Das. 1833. 12.

Uebersetzte: Chronik der Kaiserzeit v. A. Bargniet de Grenoble. 1. Per. Das. 1833. 12.

Gab heraus mit sacherklärenden Anmerkk.: Nic. Boileau-Despreaux: Satires. Jena, Bran, 1834. 8.

Gedichte und poetische Uebersetzungen. Mit 7 Kpff. Leipzig, Weber, 1834. VI u. 303 SS. u. 1835. 8.

Uebersetzte: die 7 Todsünden von Michel Raymond. Th. 1. 2. Das. 1834. SS. 534 u. 508.

Das Historienbuch des Jongleurs. Altfranzösische Novellen. Stuttgart, Halberger, 1834. SS. 248. (Auch mit dem Titel: Maja. Bibliothek neuer Originalnovellen, Bd. 4).

und darauf der Landschreiber Tetens in seinen Aemtern constituirt worden war. Starb den 17. December 1846 in Wandsbeck im 70. Lebensjahre. Seine Frau † 30. Decbr. 1852 in Dresden. — S. N. Nekrol. der Deutschen 1846, S. 834. Alt. M. 1846 No. 303.

Im Neuen Staatsb. Mag. IV (1836) S. 669—772: Beschreibung der Stadt Tönning. Erschien auch besonders gedruckt s. t. Beschreibung der Stadt Tönning nebst Erinnerungen, das 1. Viertel dieses Jahrhunderts umfassend. Altona 1838. 8.

2414) **Wollesen,** Christen, geb. den 21. Januar 1806 in Satrup im Sundewitt, besuchte die Flensb. Schule, studirte Theologie in Kiel seit Michaelis 1830, wurde auf Gottorf 1833 examinirt (2. Char. m. r. A.), 1835, 11/3 Catechet an St. Petri in Kopenhagen, den 17. Septbr. 1839 Diaconus in Broacker, den 2. März 1849 Hauptprediger daselbst, 7. Januar 1850 entlassen, 23. Aug. 1854 erster Lehrer an der Erziehungs-Anstalt im Kloster zum heil. Grabe, später dazu Pfarrverweser in Maulbeerwalde, 10. December 1859 Archid. an St. Nicolai in Pritzwalk u. Pfarrer zu Giesendorf u. Neuhausen, Prov. Brandenburg. Er soll daselbst in den letzten Jahren gestorben sein.

1) Die Physiognomie Sundewitts in den Kriegsjahren 1848 u. 1849. Schleswig, M. Bruhn, 1850. IV u. SS. 80. 8. S. Alt. Merk. 1850, No. 73 (Einsendung aus Sundewitt).

2) Lucubrationen über das Urelement der Natur. Schleswig, Linnichsche Buchh., 1853. 32 SS. 8.

3) Uebersetzto ins Dänische s. t. Hertugdœmmet Slesvigs Topographie J. v. Schröders bekanntes Werk. Oldenb., Fränckel, 1854. 8.

2415) **Wolters,** C. H. E., geb. in Altona, studirte Medicin, wurde 1841 dr. med. & chir. u. ist zur Zeit Arzt in Altona.

De prostatoncis. Kiliae 1841. 8.

2416) **Wolters,** Hans Jacob, welchen Schr. im N. Staatsb. M. II, 1834, S. 695 nach Nyerup S. 676 anführt, gehört hierher nicht. Er war 1768 in Ribe geboren, besuchte seit 1785 die Universität und wurde dr. philos. in Kiel, 1803 Zollcassirer u. Postmeister in Fladstrand, jetzt Frederikshavn, 1818 Zoll- u. Consumtions-Inspector daselbst und starb am 7. Februar 1831. — Vergl. über ihn Ersl. III, S. 610, der auch seine Schriften anführt.

2417) **Wommelsdorff**-Friedrichsen, Christian, geb. am 30. December 1821 in Husum; studirte Theologie seit Ostern 1841 in Kiel, wurde Ostern 1847 mit dem 2. Char. m. r. A. examinirt; am 6. September 1857 ordin. Prädicant in Jevenstedt, bei seinem Vater dem Past. P. Friedrichsen; den 17. Febr. 1865 Diac. in Hohenwestedt.

Er lieferte Aufsätze für kirchliche Zeitschriften. Im Kiel. Corresp.-Bl. 1848, No. 214 (Die Schulfrage).

2418) **Wommelsdorff-**Friedrichsen, Johann Christ. Meinert, geb. in Husum, studirte Medicin und wurde 1842 dr. med. & chir. in Kiel, ist zur Zeit Arzt in Nortorf.

Nonnulla de delirio trementi. Kiliae 1842. 8. SS. 27.

2419) **Wrage.** Klaus, geb. am 1. März 1798 in Sarlhausen, Kirchsp. Kellinghusen; dem Lehrer Jargdorff zu Holmfeld und dem Pastor Kuss in Kellinghusen verdankte er die Bildung, welche ihn befähigte, 1817 das Seminar in Kiel zu beziehen; 1819 Hauslehrer in Eckernförde; 1820 Substitut an einer Schule in Cappeln; 1824 d. 9. Mai Adjunct bei dem Küster Voss in Bustorf bei Schleswig; am 10. August 1825 Lehrer am Christians-Pflegehaus in Eckernförde, der Normalschule für den wechselseitigen Schulunterricht; um 1. November 1829 Lehrer an der Wilhelminenschule in Flensburg, seine Leistungen fanden im April 1843 Seitens der Schleswig-Holsteinischen Regierung Anerkennung; er starb in Flensburg 1849 im Alter von 51 Jahren — Verheir. seit 1. März 1826 mit Christina Catharina Dorothea geb. Paulsen aus Cappeln. — Vergl. über ihn Schlesw.-Holst. Schulbl. 1849, XI, S. 630—634.

1) Denzels Entwurf des Anschauungsunterrichts in katechetischer Gedankenfolge praktisch ausgeführt. Mit einem Vorwort v. Denzel. 1. Cursus. Altona 1837. 8. 2. Aufl. Das. 1839. 3. Aufl. 1840. 4. Aufl. 1843. 2. Curs. Das. 1837. 2. Aufl. 1839 3. Aufl. 1844. Im Auszuge erschien dies Werk auch in einer Schwedischen Uebersetzung.

2) Gedächtnissübungen für Elementarschüler Th. 1, 2. Altona, K. Aue, 1839. 8. 2. Aufl. Das. 1841. 8. SS. 46 u. SS. 88 Rec. des 2. Theils im Schlesw.-Holst.-Schulbl. II, 1840, H. 3, S. 161—162.

Nach seinem Tode:

3) Kindlicher Gedächtnissschatz für Schulen. Altona, J. F. Hammerich, 1850. 8. SS. 134.

Im Flensb. Wochenbl. 1846 u. daraus im Schlesw.-Holst. Schulbl. 1846, H. 2, S. 147—151 (Das Martinsstift). — Im Schlesw.-Holst. Schulblatt Jahrg. V, 1843, H. 1, S. 146—148 (An sämmtliche Schullehrer Schlesw.-Holsteins, Schullehrer-Pensionen betr.)

2419a) **Wriedt,** auf Seekamp in Dänisch-Wohlde.

Von ihm Einzelnes in den landwirthsch. Heften, z. B. 1837, H. 2, S. 40—43 (Saatenfolge betr.).

2420) **Wriedt,** Claus Johann Emil, geboren am 30. October 1833 zu Kamp, Kirchsp. Warder, besuchte die Eutiner Gelehrtenschule, studirte Theologie seit Ostern 1853 in Kiel und Göttingen, wurde October 1858 in Glückstadt mit dem 2. Character examin̈rt; im Juli 1864 Rector in Oldesloe, 26. Nov. 1865 Diac. in Itzehoe, 7. Juli 1867 Pastor in Nordhastedt.

Predigt über (den, den Stipendiaten des Tilemann-Müller'schen Stipendiums vorgeschriebenen Text) 1. Kor. 13, v. 13. Kiel, Ak. Buchh., 1857. 8.

2421) **Wülfke,** Georg Nicolaus (L. & S. No. 1348), den 9. October 1838 Interims-Physikus des Amts Husum und der Städte Husum und Friedrichstadt; 1853 den 3. November als Physicus entlassen; starb den 31. März 1858 in Husum, im 59. Lebensjahre. Verheirathet 1. mit Chrĩstine geb. Meinerts († 20. December 1853), 2. mit Anna Christiana, Tochter des Stadtcassirers und Senators Joh. G. Dames in Husum.

Von ihm noch:

Zur Würdigung des Strebens nach Verfassung in Schleswig-Holstein. Beigefügt das Rechtsgutachten des Herrn Raths (J. F.) Schlosser über den Recurs der Schleswig-Holsteinischen Ritterschaft an den Bundestag. November 1830. s. 1. 8.

Ueber die Sylter Landschaftsverfassung und ihre zeitgemässe Verbesserung. Herausgegeben mit einem Vorwort von A. L. J. Michelsen. Kiel, Universitäts-Buchhandlung, 1831. 8. XVI u. 99 SS. 8. Rec. Neue Prov.-Berr. 1831. S. 658—663. Kieler Corresp.-Bl. 1831, No. 70.

Grabrede auf Jens Booysen. (Für Freunde gedruckt). 1833. 8. -

Im Kieler Wochenblatt 1844 No. 72 u 73 (Apotheker-Angelegenheiten). — Im Kieler Corresp.-Blatt 1844 No. 93, 94 u. 95 (Pharmaceutisches und Nichtpharmaceutisches). —

2422) **Würtzer,** Heinrich (L. & S. No. 1350). Starb den 27. Juli 1835 in Berlin. Vergleiche N. Nekrol. d. D. 1835 S. 639 sqq.

Von ihm noch: der patriotische Volksredner (s. Kordes S. 407), 2. Bd. Altona 1797. 8. — Beitrr. zum Journal, Hamb. und Altona z. B. 1805, Bd. 2. II. 6. S. 257—284.

2423) **Wulff,** C. H., Segeberger Seminarist mit dem 2. Char. m. s. r. A., seit 1844 Lehrer in Elmshorn, 1846 in Tating, 1848 zu St. Michaelisdonn, 1849 zu Itzehoe, 1855 Cantor in Glückstadt, im October 1865 in Rendsburg.

In den Darstellungen aus dem Christenleben, herausgegeben v. d. Elb-Pinnauer Lehrerverein (1857), No. 12, S. 107—116 (Christus der Weinstock).

2424) **Wulff,** Friedrich Behrend Jacob, geboren am 25. Juni 1812 in Kiel, Sohn des Tischlermeisters Wulff daselbst,

besuchte die Kieler Gelehrtenschule, studirte Theologie seit Ostern
1833 in Kiel, examinirt 1839 mit dem 2. Char., Neujahr 1840 bis
Michaelis 1843 ausserord. Gehülfe der Kieler Universitäts-Bibliothek,
ging 1845 nach Hamburg als Leiter des neuerrichteten Leseinsti-
tuts der Buchhandlung Perthes, Besser & Mauke, war auch Präses
des Hamburger Schleswig-Holsteinischen Vereins, im Sommer 1849
zuerst provis. und am 8. März 1850 defin. Cassirer und Oberzahl-
meister der Schleswig-Holsteinischen Marine bis Frühjahr 1851,
dann wieder in Hamburg, kaufmännischen Geschäften nachgehend
und seit 1860 Vorsitzender des Schleswig-Holsteinischen Kampfge-
nossen-Vereins das.; starb in Hamburg am 17. September 1865.
Am 8. April 1866 enthüllten seine Kameraden im Schlesw.-Holst.
Kampfgenossen-Verein in Hamburg das unter ihrer Betheiligung
auf seinem Grabe angebrachte Monument. — Vergl. Kieler Wochenbl.
1865 No. 111 v. 21. September.

Verzeichniss der im Schleswig-Holsteinischen Amts-Examen bestandenen
Theologen, nebst einigen Angaben, das Leben und die Beförderung derselben be-
treffend. Kiel, Schwers'sche Buchh., 1844. 4. VIII u. 72 SS. Nachtrag.
Kiel, das., 1847. 4. IV u. S. 65—67. (Nachträge und Berichtigungen dazu,
Kiel 1865, von J. M. Michler, welchen vergl.).

2425) **Wulff,** Hans Andreas, geb. am 26. Sept. 1764 in
Hoyer im Amte Tondern; ältester Sohn v. Andreas Hansen W. u.
der Johanna Jensen; genoss nur den gewöhnlichen Schulunterricht;
vom 16. bis 20. Jahre in einem Spitzenhandelsgeschäfte; darnach
beim Kammer-Assessor Lautrup auf Estrup in der Nähe der Kö-
nigsau, erst Lehrer u. von 1788—1794 Verwalter des Guts; kaufte
1794 die Mühle Wester-Nebel im Amte Veile; 28. Januar 1811 D.
M.; erhielt wegen Fleisses in der Land-Cultur 1810 u. 1823 u. 1825
den 1., 2. u. 3. Prämienbecher der k. Landhaushaltungsgesellschaft;
machte 1829 Reisen in Schleswig und Holstein und dem nördlichen
Deutschland, sich in der Flachscultur zu unterrichten; 6. Mai 1837
Landwesens-Commissär im Amte Veile mit Kammerraths-Rang;
nahm als 1835 für den 15. Jütländischen District u. 1841 für den
22. Landdistrict erwählter Deputirter Theil an den Jütländischen
Provinzial-Ständeversammlungen; 28. Juni 1840 R. v. D.; 8. Mai
1845 als Landwesenscommissär entlassen und zugleich zum wirkl.
Justizrath ernannt; † 6. Januar 1850 in Nebel. — Verh. mit Caro-
line Christiane Paulsen v. Endrupholm seit 1794. — Vergl. Ersl. III,
S. 624—626.

1) Veiledning til at dyrke Hœr og bearbeide den indtil Heglingen af C. G. Rafn.
Anden omarbeidede Udgave, Efter det kgl. Landhuusholdnings-Selskabs
Foranstaltning besœrget. Kbh. 1830. 3. forœgede Udg., ibid. 1837.

2) Oversigt over de Skatter, Byrder og Paalœg, der ere udredte af Kjœbstœd-
beboere og Landmænd paa det frie og ufrie Hartkorn i Nørrejylland for
Aaret 1834. Viborg 1837. 31 SS. fol.

Beiträge zu Hald's „Tidsskrift for Landoekonomi I, S. 199—220
(Bemærkninger samlede paa en i Aaret 1829 foretagen Reise i Hertugdœmmerne
Slesvig og Holsteen samt det nordlige Tydskland med særdeles Hensyn til
Hœrdyrkning), das. S. 221—23 (Beskrivelse over nogle Maskiner til Hœrrens
Brydning og Skjœtning); III, S. 452—76 (Bemærkninger angaaende Hœrrens
Dyrkning og Beredning). — In der von David herausgeg. Zeitschr. Fædre-
landet V, 1829 S. 773—782 (Om den nye Matrikul). — In „Jyllandsposten"
1839 No. 33—34, dens. Gegenst. betr. — Mehreres in Aarhuus-Stifts-
Tidende 1842—1844; im Fædrelandet 1844 No. 1574; in den „Berlingske
Tidende" 1815 No. 185. — Ausserdem führt Erslew noch an, was in den
Provinzialständezeitungen v. Jütland 1836, 1838, 1840, 1842 u. 1844 von ihm
gedruckt ist. —

2426) **Wulff,** Johann Andreas, geb. den 14. März 1780
zu Brede, Amts Lygumkloster; studirte Theologie in Kiel, wurde
examinirt auf Gottorf 1808 (3. Char. m. s. r. A), den 16. März
1815 Pastor in Riesum, Amts Tondern, den 23. Mai 1821 Pastor
in Ries, Amts Apenrade; 6. October 1851 Consistorialrath; † Mai
1856.

In der Dannevirke II (1839/1840) No. 77, S. 304—305 (En Stemme fra det
Slesvigske til Folkets Hœisang ved Deres Majestœters Kongen Christian den Otten-
des og Dronning Caroline Amaliens Salving og Kroning paa Frederiksborg d. 28.
Juni 1840. Gedicht).

2427) **Wurmb,** Adolf Johann Matthias, geb. in Neustadt (?), 1841 dr. med. & chir. in Kiel, zur Zeit practisirender
Arzt in Gelting.

De intoxicatione officinali diss. inaugur. Kil. 1841. 8.

2428) **Wurmb,** Gustav Nicolaus Friedrich, geb. in
Neustadt, dr. med. & chir. in Kiel 1848, zur Zeit practisirender
Arzt in Marne.

De aetherisatione diss. inaugur. Kiliae 1848. 8.

2429) **Wurmb,** (nicht Würmb), Johann Christian Theophilus (Gottlieb) (L. & S. No. 1351), wurde im December 1821
Diaconus in Brunsbüttel, antretend den 14. April 1822; emeritirt
am 17. November 1856; starb am 24. Febr. 1861.

2430) **Wyneken,** Friedrich Detlev Ferdinand, geb. in Lütjenburg, Sohn des Justizraths u. Amtsrichters Wyneken daselbst, besuchte die Gelehrtenschulen in Glückstadt u. Ploen, studirte Medicin in Kiel und Würzburg, wurde 1862 in Kiel dr. med. & chir. u. ist seit 1864 practisirender Arzt in Oldenburg.

De balneis marinis diss. inaugur. Kiliae 1862. 4.

Z.

2431) **Zander,** Christian Ludwig Enoch, geb. am 8. Mai 1791 zu Alt-Schwerin, Sohn des Predigers das. D. H. Z. und der E. geb. Müller, gebildet auf der Domschule zu Güstrow (Rector Fuchs); studirte seit 1810 in Jena u. darauf vor u. nach dem Befreiungskriege, den er als Preussischer Lieutenant im 1. Bataillon von Lützow mitmachte, in Berlin, wurde 1819 bei der Domschule in Ratzeburg angestellt, 1820 Subrector, 1825 Prorector, 1839 Conrector u. Professor, und nach Aufhebung der Domschule Michaelis 1845 Director der Lauenburgischen Gelehrtenschule. — Verheir. 1. mit Julie geb. Passow († 1851), 2. mit Franziska geb. Seer.

1) Der Heereszug Hannibals über die Alpen. Hamburg 1823. Verbessert Göttingen 1828. 8. Mit Charte.

2) Beiträge zur Kunde der Insel Lesbos: Ratzeburger Schul-Progr. v. 1827.

3) Zeittafeln zur Römischen Geschichte. Hamburg 1828. 2 Aufl. 1829. 8.

4) Beiträge zur Kunde der Insel Kos: Ratzeburger Schul-Progr. 1831.

5) Bemerkungen über das Reitertreffen am Ticinus und die Schlacht am Muthul od. zu Tit. Livius 21, 45 u. Sallustius Jug. Kr. 49: Oster-Progr. der Ratzeb. Schule 1835 (gedruckt Schönberg) S. 3—18. 4.

6) Geschichte des Kriegs an der Nieder-Elbe im Jahre 1813. Lüneburg 1839. Mit 7 Plänen. 8.

7) Andeutungen zur Geschichte des Römischen Kriegswesens. Erste bis siebente Fortsetzung: Ratzeburger Schul-Programme 1846, Michaelis 1849 und Ostern 1853, 1856, 1859, 1864 u. 1866, resp. S. 3—18, 3—23, 3—34, 3—31, 3—33, 3—26 u. 3—24 SS. 4.

8) Dissertatiuncula de vigilibus Romanis in: Gratulationsschrift an J. Fr. Besser. Hamburg 1843. 4.

9) Quibus e fontibus Joannes Zonaras hauserit annales suos Romanos: im Oster-Programm 1849 S. 3—20. 4.

Eine ansehnliche Anzahl von Aufsätzen in der allgemeinen Encyclopädie von Ersch und Gruber im 17., 20., 21., 24., 26., 34—40. Theile der ersten Section. — Im Schweriner Abendblatt 1824 (Ueber das Alter des Namens

Germanien. Wieder abgedruckt im 1. Heft des 2 Jahrgangs des Archivs für
Philologie u. Pädagogik v. Seebode 1825). — Noch Mehreres, was nicht anzugeben ist, für verschiedene Zeitschriften. — Revidirt. —

2432) **Zeise,** Heinr., (L. & S. No. 1354), geb. am 26. Decbr.
1793 zu Kellinghusen; Sohn des Apoth. Carl Friedrich Zeise das.
(Sohnes des Pastoren Heinrich Z., s. Kordes S. 512); mangelhaft
unterrichtet in Segeberg (Rector Dose) u. Heide, 1809 Lehrling bei
dem Apotheker dr. Schmeisser in Altona, nach bestandener Lehrzeit in Kopenhagen Amanuensis bei H. C. Oersted, bestand dort
1815 ein Staats - Examen (laudabilis), conditionirte einige Jahre
in Berlin u. Hamburg u. kaufte 1818 die Altonaer Elephanten-Apo-
theke, baute 1822 und 23 eine (erste) Badeanstalt in Altona, widmete 1829—1830 seine Thätigkeit der in Altona errichteten Speiseanstalt, erhielt 1842 wegen seiner Verdienste in der Noth des
Hamburger Brandes eine Medaille, 1838 im Vorstand der Sonntagsschule, 1846—48 Director der Sparkasse, 29. Nov. 1848 Stadtver-
ordneter bis 15. Januar 1853; bemühte sich für die Gasbeleuchtung
Altona's, für das Altonaer Krankenhaus, war mehrere Jahre Präses
des Altonaer Bürgervereins, Ehren-Mitglied mehrerer naturforschenden Gesellschaften, u. A. der zu Emden, der Schlesw.-Holst. patriotischen Gesellschaft, der Hamb. Gesellschaft zur Beförderung der
Künste und nützlichen Gewerbe, war Mitstifter des am 18. Novbr.
1837 gegründeten naturwissenschaftlichen Vereins zu Hamburg; er
starb den 18. September 1863 zu Altona. — Verh. 1. mit Julie
geb. Cordts von 1819—1843, 2. mit Louise geb. Schmeisser. —
Vergl. über ihn einen separat gedruckten Nekrolog aus No. 232 u.
233 der Alt. Nachrr. v. 1863.

Von ihm noch:

Ueber Einrichtung u. Gebrauch der in der Badeanstalt zu Altona zubereitet
werdenden sowohl medicinischen, als auch Russischen u. anderweitigen Dampf-
u. Gas-Bäder. Altona 1823. 8.

Neuer Compressions-Extractiv-Apparat u. dessen zweckmässige Anwendung in
den Apotheken. Mit einer Zeichnung in Steindruck. Altona 1824. 8.

Praktische Anleitung zur vortheilhaften u. sicheren Anwendung der Wasserdämpfe von einfacher u. mehrfacher Spannung, zunächst auf pharmaceutische, wie
auch auf technische Arbeiten u. für den häuslichen Gebrauch. Altona, Selbstverlag,
1831. 8. S. Alt. Merk. 1831, No. 48 (v. Pfaff).

Praktische Anleitung zur Benutzung der Wasserdämpfe zur Zimmerheizung
u. in der Küche. Altona 1831. 8. (Steht auch in der vorgedachten grösseren
Schrift.)

Vorschläge zur Errichtung von Arbeitsanstalten, als zweckdienlichstes Mittel zur Versorgung jetziger Armen u. Vorbeugung zunehmender Verarmung. Altona 1833. 8. SS. 115. Rec. Kieler Corr.-Bl. 1833, No. 97, S. 435—437, No. 99 S. 446—447, No. 100, S. 453—454, No. 101—103.

Ueber die Apotheken in Schleswig-Holstein in merkantilischer u. statistischer Beziehung. Nebst zeitgemässen Mittheilungen über das Apothekerfach, Apotheker-taxe u. s. w. im Allgemeinen. Altona, Hammerich, 1839. 8. Steht auch in Pfaffs Mittheil. N. F. IV, H. 11 u. 12, S. 1—84.

Vorschläge zu einer verbesserten u. dabei Kosten ersparenden Verpflegung der Truppen im Felde, wie in Garnisonen, unter Benutzung einer transportablen Dampf-küche u. weiterer Verwendung der Dämpfe zum Waschen, Trocknen u. zur Bäder-bereitung. Allen Patrioten, welche das physische Wohl des Soldaten fördern, ge-widmet v. H. Zeise u. Sohn. Altona 1849. 8. Vergl. Hamb. Corresp. 1850 v. 7. Mai (unter Rendsburg) u. daraus im Alt. Merk. u. Nordd. fr. Presse.

Die Entwicklungsgeschichte unserer Erde, die Umwälzungen, welche die Erd-oberfläche betroffen haben, u. die in getrennten Epochen erfolgte Neuschöpfung organischer Gebilde. (Vorträge im Altonaer Bürgerverein Winter 1848/49.) Altona 1849. 8.

Die Aëronautik früher u. jetzt, nebst theoretischen u. praktischen Vorschlägen zu einer vervollkommneteren Luftschifffahrtskunst u. Benutzung des Luftballs für technische und industrielle Zwecke. Mit Zeichnungen. Altona 1850. 8.

Das Endlose der grossen und der kleinen materiellen Welt. Der allgemeine Duguerreotyp-Apparat des Universums u. das ewig Bleibende der Erscheinungen im Weltenraume. Altona 1855. 8.

Von seinen vielen Beiträgen zu Zeitschrr. u. Tagesblättern können angeführt werden: In Pfaffs „Mittheil." III, H. 9 u. 10, S. 80—100 (Ueber die Vortheile der Dampfbenutzung in den pharmaceutischen Laboratorien); IV, H. 9, S. 68—83 (Ueber die Benutzung des luftleeren Raumes f. die Aufbewahrung leicht zersetz-barer Arzneimittel, sowie Vorschläge zu einer veränderten Bereitungsart einiger destillirten Wasser); V, H. 3 u. 4 (Noch ein Fall einer Ausmittelung von Blut-flecken). — Alt. Nachr. 1852, 2. Quartal (Die Technik u. das Maschinenwesen als Hauptförderer des materiellen u. geistigen Wohls des Menschengeschlechts); 1862, 1. Quart. (Generalbericht über die Wirksamkeit der Altonaer Speiseanstalt v. Jahre der ersten Begründung 1830 bis Ende 1861). Mehrere Artikel über die Mängel d. alten Alton. Krankenhauses in den Adresscomtoir-Nachrichten v. 1847. In der „Norddeutschen freien Presse" Nov. 1849 (Bericht über eine mit Herrn Coxwell unternommene Luftreise). In den „Hamb. wöchentlichen Nachrichten" 1847, No. 30 (Armenspeisung). — Mehreres in Erdmanns Journal für Chemie der 40ger Jahre. —

2433) **Zeise,** Karl Heinrich Theodor, geb. am 19. April 1822 in Altona, Sohn des vorhergenannten Heinrich Zeise; besuchte eine Realschule seiner Vaterstadt, widmete sich der Pharmacie, die er practisch in Landsberg an der Warthe, Altona und Kopenhagen ausübte; besuchte in den Jahren 1843 u. 1844 in Kopenhagen die

Vorlesungen des Physikers H. C. Oersted, des Botanikers J. F. Schouw u. des Chemikers W. C. Zeise; bestand im Jahre 1844 in Kopenhagen sein Staats-Examen mit dem 1. Charakter (laudabilis); kehrte darauf in seine. Vaterstadt zurück; wandte sich der practischen Chemie zu und übernahm nach dem Tode seines Vaters die von diesem gegründete chemische Fabrik, welcher er noch jetzt vorsteht. — Verheir. seit 1851 mit Meta Mathilde Charlotte Ottilie Paysen aus Plön.

1) Uebersetzte aus dem Dänischen: Naturlehre des Schönen von H. C. Örsted. Hamburg, R. Kittler, 1845. 8.

2) Desgleichen: Neue Märchen v. H. C. Andersen, mit 6 Bildern v. O. Speckter. Das. bei dems. 1846. 8.

3) Desgleichen: Gedichte von H. C. Andersen. Kiel, J. G. Naeck, 1846. 8.

4) Desgleichen: Novellen von Steen Steensen Blicher. Bd. 1. 2. Altenburg, H. A. Pierer, 1846. 8.

5) Gedichte. Altona, G. Blatt, 1847. 8. SS. 312.

6) Uebers. aus dem Dänischen: Ueber das Verhalten zwischen der Naturauffassung des Denkens u. der Einbildungskraft v H. C. Örsted. Altona, G. Blatt, 1847. 8.

7) *Kriegs-Lieder aus Schleswig-Holstein. Hamb., Hoffmann & Campe, 1848.

8) Reiseblätter aus dem Norden. Altona, H. W. Köbner, 1848. 8. (Den Stoff lieferte eine durch Norwegen, Schweden u. Dänemark gemachte Reise).

9) Kampf- u. Schwertlieder. Kiel, C. Schröder & Co., 1849. 8. SS. 68.

10) Uebersetzte aus dem Dänischen: Amleth, Tragödie v. Öhlenschläger, im Versmaasse des Originals. Altona, Adolph Lange, 1849. 8.

11) Neuere Gedichte. Kiel, C. Schröder & Co., 1850. 8.

12) Uebersetzte aus dem Dänischen: Novellen von Christian Winther. Bd. 1. 2. Leipzig, Bock, 1851. 8.

13) Desgleichen: Der König träumt, romantisches Drama in 1 Akt. Altona, Wendeborn, 1852. 8.

14) Desgleichen: Die Erde, die Pflanzen und der Mensch, populäre Naturschilderungen von Joak. Freder. Schouw. Leipzig, C. B. Lorck, 1851. 8. 2. Aufl. 1854. 8.

15) Aus meiner Liedermappe. Altona, Uflacker, 1861. 8. Rec. (v. Wagner) im Eiderstedter u. Stapelholmer Wochenbl. 1861, No. 42.

16) Deutsche Kriegs- u. Sieges-Lieder. Den Kämpfern für Schleswig-Holstein gewidmet. Gesammelt und herausgegeben v. Heinrich Zeise. Altona, Uflacker, 1864. 16.

17) Für die 1847 bei Lorck in Leipzig erschienenen „Gesammelten Werke" von H. C. Andersen lieferte Z. anonym die Uebersetzungen des dramatischen Ge-

dichts „Agnete u. der Meermann", der Märchen-Komödie „die Glücksblume"
u. der Dichtung „Ahasverus". —

Beiträge für den in Berlin erschienenen Gruppe'schen **Musenalmanach**
1853—1855.

Für den Schad'schen **Musenalmanach** 1854, 1858, 1859. — Für das
„**Düsseldorfer Künstler-Album**", 1857, 1858, 1860—1863 u. 1865 — Für
den 2. Jahrg. des „**Neuen Düsseldorfer Künstler-Albums.**" — Für das
Album: „**Deutsche Kunst in Bild u. Lied**", Jahrg. 1859 u. 1866 (Leipzig).
— Für die von L. Wienbarg herausgegeb. „**Hamburger liter. u. kritischen
Blättern** von 1843—1858. —

Für die von K. Gutzkow herausgegebenen „**Unterhaltungen am häuslichen Heerd**", Jahrg. 1856—1861. — Für das „**Bremer Sonntagsblatt**".
Jahrg. 1853. — Für die „**illustrirten Hausblätter**" (Altona 4 u. Fol.)
Jahrg. 1855 u. 1856. — Für die „**Europa**", Jahrg. 1857, 1858, 1862. — Für
die bei Keil in Leipzig erschienene Wochenschrift „**Aus der Fremde**", Jahrg.
1858 u. 1859. — Für die von dr. O. Ule und dr. K. Müller herausgegebene Zeitschrift „**Die Natur**", Jahrg. 1852—1863. — Für die „**Hamburger Jahreszeiten**", Jahrg. 1860—1866. — Für den „**nordischen Courier**", später
„**Altonaer Nachrichten**" von dessen Bestehen an. — Revidirt. —

2434) **Zeitner,** Friedrich Seneca (L. & S. No. 1355).
Sein Vater Andreas Zeitner, Diaconus zu Viöl im Amte Bredstedt,
starb als Pastor zu Bordelum im April 1819. Er selber practisirte
1832 als Arzt in Eckernförde u. starb daselbst im März 1838. —
S. N. N. d. D. XVI, S. 354.

2435) **v. Zerssen,** Karl Nicolaus, war Zollcontrolleur auf dem Bahnhof in Altona, als er im August 1859 an
der Cholera starb. Vergl. über ihn Itzehoer Nachrichten 1859
No. 70 Spalte 1926. Ueber die Ansprüche, welche die von Zers-
senschen Familien-Mitglieder an die im Schaumburgschen belegenen Lehngüter Lauenau, Echtringhausen und Krückeburg erhoben, gab Namens der Juristen-Facultät in Kiel der damalige
Professor Joh. Jul. Wilhelm Planck im Jahr 1853 ein Gutachten
ab. Von ihm ist:

Darstellung des bisherigen Verlaufs der Lehnsangelegenheit d. Familie v. Zerssen. Hamburg 1859. 8.

2436) **Ziegler,** Friedrich Karl (L. & S. No. 1356) war
seit 1818 practischer Arzt in Ahrensboeck, wo er im Februar 1833
starb.

Von ihm noch (Ueber die Cholera) im Kieler Corresp.-Bl. 1831, No. 52
54 u. 87.

2437) **Ziese**, G. A., Sohn von Caspar Andreas Ziese († 16.
August 1832) und Landmann, wohnhaft auf Kieholm bei Cappeln
(Bruder des folgenden J. II. Z. No. 2438).

Von ihm im Alton. Merc. 1855, No. 154 ein Artikel, Drninage betr.

2438) **Ziese**, Johannes Heinrich, geb. den 4. November
1820 zu Dänisch-Nienhof bei Eckernförde, studirte Theologie in Kiel
seit Michaelis 1840, wurde auf Gottorf Ostern 1847 mit dem 2.
Char m. r. A. examinirt, war sodann Hauslehrer bei dem Grafen
v. Brockdorff auf Kletkamp, am 2. Febr. 1851 Diaconus in Itzehoe,
eingeführt am 18. Mai, am 6. Juni 1858 Hauptpastor in Crempe,
eingeführt am 31. October, am 5. März 1864 const. Past. in Gelting, wo er im April dess. Jahres vocirt u. 29. Mai als Pastor eingeführt wurde.

1) Der Gustav-Adolf-Verein ein Prediger der Liebe Predigt, gehalten am 30. Juni
   1857 am Jahresfeste des Münsterdorfschen Probsteivereins der G.-A.-Stiftung
   in Wilster. Itzehoe, A. Nusser in Comm., 1857. 8. 16 SS.

2) Predigt, gehalten bei seinem Scheiden aus dem Amte eines Diakonus an der
   Gemeinde zu Itzehoe am 24. October 1858. Itzehoe, Nusser, 1858. 8. 14 SS.

3) Predigt, gehalten in Glückstadt auf dem Jahresfeste des Holsteinischen Landesvereins der Gustav-Adolf-Stiftung am 6. Juli 1859. Kiel 1859. 8.

4) Ins Leben will das Christenthum hinein. Zwölf Predigten. 1861. In Commission bei A. Nusser in Itzehoe. 8. 126 SS.

5) Die Rückkehr zur apostolischen Predigt od. die Aufgabe der Predigt in der
   Gegenwart gelöst durch die Predigt der Zukunft. Itzehoe, in Commission bei
   A. Nusser, 1861. 8. SS. 67.

6) Gott mit uns! Predigt an dem für Schleswig-Holsteins Befreiung verordneten
   Gottesdienste, gehalten am 2. März 1864. Kiel, Schwers'sche Buchh., 1864. 8.

7) Gastpredigt, gehalten am 9. September 1866 in der St. Nicolaikirche zu Kiel.
   Kiel, C. Schröder & Co., 1866. 8.

8) Ein zwiefaches Wehe des Herrn über die Kirche unserer Zeit. Reformations-
   predigt, gehalten am 3. November 1867. Itzehoe 1867, Ad. Nusser. Rec. in
   Past. Rendtorffs Kirchen- u. Schulblatt 1867, No. 48.

9) Nicht Union od. Confession, sondern Union in neuer Confession, eine Gabe zur
   Reformationsfeier des Jahres 1867. Flensburg, Th. Herzbruch. 42 SS. (Rec.
   Kieler Zeitung 1867 No. 972 v. Jansen, von Pastor Rendtorff in Preetz im
   Kirchen- u. Schulblatt 1867, No. 48). Vgl. dazu im Rendtorffschen Kirchen-
   und Schulblatt 1867, No. 49 (49 Thesen zu der Schrift: „Nicht Union oder
   Confession, sondern Union in neuer Confession" von J. H. Ziese).

In Versmanns Kirchen- u. Schulblatt 1849, VI, Sp. 161—166, 169—175
(vgl. Sp. 312) (Trost- u. Mahnwort an die Kirche). — In der kirchlichen
Monatsschrift 1852, S. 317—327, 329—367, 393—398 (Der 5. Deutsche evangel.
Kirchentag in Bremen).

2439) **Zimmermann,** Gustav, 1845 k. Archiv-Secretär zu Hannover, in den 50ger Jahren einige Jahre ord. Professor der Staatswissenschaften an der Universität Kiel, auch k. Dänischer Etatsrath, den 25. Novb. 1852 R. v. D., später Hannöverscher Staatsrath und Ministerresident in Hamburg.

1) Ein anderes Wort zur Protestation und Entlassung der sieben Göttinger Professoren. Gotha, Müller, 1838. 8. 2½ Bgg.

2) Die Hannoversche Regierung und das Staats-Grundgesetz v. 1833. Hannover 1839. 8.

3) Denkstein für den Hannoverschen Minister des Staats, Cabinets und der auswärtigen Angelegenheiten, Freiherr Geo. Victor Friedr. Dietrich v. Scheele. Hannover, Helwingsche Hofbchh., 1844. 4¾ Bgg. gr. 4.

4) Zur Analysis und Synthesis der pseudoplastischen Processe im Allgemeinen und einiger im Besonderen. Berlin, G. Reimer, 1844. 8. 22½ Bgg.

5) Die Deutsche Polizei im 19. Jahrhundert. Bd. 1, 2. Bd. 3. Ueber die Organisation der Polizei nach dem reformirten Zusebnitt. Hannover 1845 bis 1849. 8.

6) Die Vortrefflichkeit der constitutionellen Monarchie für England und die Unbrauchbarkeit der constitutionellen Monarchie für die Länder des Europäischen Continents. 2. Aufl. Hannover, Rümpler, 1851. XXIV u. 228 SS.

7) Wesen, Geschichte, Literatur, charakteristische Thätigkeiten und Organisation der modernen Polizei. Ein Leidfaden für Polizisten und Juristen. Hannover Rümpler, 1852. 8. VIII u. 256 SS.

8) Das wahre Rechtsverhältniss der Herzogthümer Schleswig und Holstein zu einander, zu Deutschland und zu Dänemark. Hannover, C. Rümpler, 1864. 8. X u. 456 SS.

2439a) **Zimpel,** Chr. F.

Er gab ein „Gutachten über die Bahnhofsfrage zu Kiel", Kiel 1843, mit Karte heraus und nach der Vorrede war der Verf. der Zeit in Kiel.

2440) **Zinck,** Hartnack (Hardenack) Otto Konr. (L. & S. No. 1358) 1791 Musiklehrer am Blaagaardschen Schullehrerseminar bis 1811; wurde den 29. Juli 1809 zum Professor ernannnt; 1816 aus dem Dienste beim Theater entlassen; starb am 15. Februar 1832. — Verh. seit 1774 mit Susanne Elisabeth geb. Pontel († 19. April 1832.) — Vergl. über ihn Erslew III, S. 643—644, wo verschiedene andere Quellen angeführt sind.

Im L. & S. fehlen:

Ledetraad til Forelæsninger over Musik. 1. Hefte. Veiledning til Musik 1. D. Nytaarsgave. Kbh. 1805.

Die im L. & S. angeführten „Frimodige Ytringer over Musikens gavnligste Anvendelse i Staten ved offentlig og grundig Underviisning og Dyrkelse" erschienen 1810, nicht 1814, 12 SS. in 4.

Erslew führt die Beiträge zu den im L. & S. genannten Zeitschriften „Nordia", „For Sandhed", „Minerva" u. „Dagen" namentlich auf u. zwar in der „Nordia" II, 196—213 (Hverken Spøg eller Alvor, men musikalske Drœmmerier og frie Phantasier); — in der Vierteljahrsschrift „For Sandhed" I, 253—271 (Om de Midlers Værd, ved hvilke Tonekunsten kan blive almeennyttig); — in der „Minerva" 1801, IV, S. 63—78 (Ved den fœrste Sammenkomst til det Kjœbenhavnske Syngeinstituts Oprettelse), S. 78—92 (Vink om Methoden i Sang-Underviisning); 1802, IV, S 267—273 (Min musikalske Troesbekjendelse i et Brev til en Anonymus); 1803, I, 29—34 (Ledetrnad til Tonekonsten i Breve for Lærlinge efter 30 Aars Erfaring og Jagttagelse); 1804, 11, 167—192 (Pragmatisk Indbydelse til det Kjœbenhavnske Synge-Instituts endelige Renlisering. Auch bes. abgedruckt Kbh. 1804. 8\); IV, S. 35—62 (Bidrag til Tonekonstens Fremme og pädagogiske Anvendelse. Prœve af et musiknlsk Ugeblad); — zu „Dagen" 1807 (Til Publicum angaaende hans Concert, sammt nogle poetiske Fœlelser ved hans Ansættelse og Ophold her); 1813 (Tale ved Slutningen af hans Forelæsninger over Musikens Anvendelse); 1824, No. 256 (Frimodige Yttringer over musikalsk Disciplin); 1825, No. 168 (Sidste Ord til Danmarks ægte Musikynderc). — Ausserdem nennt Erslew noch folgende Beiträge zur „Zeit. für Literatur u. Kunst in den k. Dänischen Staaten" 2. Jahrg. I, No. 4, 5, 37—39, 40 (Ueber Musik u. ihre Anwendung in den Dänischen Staaten), II, No. 4, 5 (Anhang: über Musikunterricht u. musikalische Erziehung); — zu der Wochenschr. „Sandsigeren" I, No. 38 (Brev til Rahbek); — zu „nordisk Tilskuer" No. 52 (Om offentlig Elementarunderviisning i Musiken); — zu „Maanedstidende for Skolelærere og Opdragere I. Aarg. 1821, S. 81—90 (Musiken som Opdragelsesmiddel). — An Compositionen führt Erslew noch an: Zelim og Mirza, Syngestykke. Versuch in Melodien. Hamb. 1779. 6 Klavier-Sonaten. Das. 1783. Andere Compositionen finden sich in Andersens Melodien zu O. D. Lütkens „Sangbog" gedruckt.

2441) **Zorn,** Hans Heinr. Friedrich, geb. am 23. October 1811 in Preetz, studirte Theol. in Kiel seit Mich. 1830, examinirt 1835 (2. m. A.); den 17. Febr. 1845 Pastor in Sterup, den 10. September 1850 entlassen, 1850 Pastor an dem Lazareth in Neumünster, März 1851 entlassen, 1852 P. in Hoch-Speier, später in Glan - Odernheim, Bayerische Pfalz. Starb den 10. November 1862.

Wir sind ausser Stande, seine schriftstellerischen Arbeiten, die er geliefert hat, anzugeben.

2442) **Zurhelle,** Karl August (L. & S. No. 1360). 1817 Prediger in Hohenhorn, Lauenburg, bis (an seinen Tod?) 1842. — S. Burmesters „Beitrr." S. 170, wonach er im März 1790 geboren wäre.

2443) **v. Zytphen,** Wilhelm Friedrich, war ein Sohn des Generalmajors Ernst Friedrich v. Zytphen, Chefs des 1. Jütischen Infanterie-Regiments († den 3. November 1835) und der Louise Auguste Baronesse Pechlin u. seit dem 10. Decbr. 1830 Seconde-Lieutenant im 2. Jütschen Infanterie-Regiment, später seit 28. Juni 1840 Premier-Lieutenant und nahm 1842 Abschied mit Wartegeld. Wir können nicht in Erfahrung bringen, ob er vielleicht seit seinem Abschiede in Schleswig lebte. In Schleswig erschien wenigstens folgende Schrift von ihm, die auch Erslew III, S. 646 (welchen vergl.) anführt:

Astronomische Hypothesen und Vorschlag einer ·neuen Methode. Globus-Karten zu zeichnen. Schleswig 1844. (Anhänge dazu erschienen Kopenh. 1846).

Druckfehler,

um deren Berichtigung gebeten wird. *)

S. 16 letzte Z. von unten fällt „Revidirt" weg.

S. 136 Z. 5 von oben lies Juynbol statt Juynbole u. setze das e hinter specimen.

S. 144 Z. 17 von oben lies 1865 statt 1856.

S. 229 Z. 7 von unten lies Rahtlev statt Rahtlef u. streiche in Z 7 u. 6 was folgt bis Rathlef.

S. 258 Z. 19 u. 20 von oben streiche die Worte „im Gute" u. lies „in Schönberg".

S. 260 Z. 14 von oben lies beneficium statt beneficum u. rei statt rec.

S. 271 Z. 7 von unten lies Rissler statt Riesler. (Der Artikel hätte dann No. 1774 u. die jetzige No. 1774 hätte No. 1773 sein sollen.)

S. 353 Z. 8 von unten setze die 6 nach dem —.

S. 401 Z. 7 von unten lies Jahrb. statt Jarb.

S. 403 Z. 13 von oben streiche . nach Zeitschriften.

S. 423 Z. 10 von unten lies Herold statt Herdd.

S. 432 Z. 5 von unten lies Heine's statt Heinrichs.

S. 447 Z. 15 von unten lies Sueno Laurentii statt Sueni Laurentio.

---

*) Mir ist es eine liebe Pflicht, des Herrn Ehlers, in dessen Officin das vorliegende Werk gedruckt ist, für vieles freundliches Entgegenkommen an dieser Stelle dankend mich zu erinnern.